国家出版基金项目
NATIONAL PUBLICATION FOUNDATION

劉琳　刁忠民　舒大剛　尹波等校點

宋會要輯稿

14

上海古籍出版社

宋會要輯稿　刑法一

格令一

【宋會要】1 國初用唐律、令、格、式外，又有元和《删定格後勑》、太和《新編後勑》、開成《詳定刑法總要格勑》、後唐同光《刑律統類》、清泰《編勑》、〔晉〕天福《編勑》、周廣順《續編勑》、顯德《刑統》，皆參用焉。

太祖建隆四年二月五日，工部尚書、判大理寺竇儀言：「周《刑統》科條繁浩，或有未明，請別加詳定。」乃命儀與權大理少卿蘇曉、正奚嶼、（承）〔丞〕張希讓〔一〕及刑部、大理寺法直官陳光乂〔二〕、馮叔向等同撰集。凡削出令式〔三〕、宣勑一百九條，增入制勑十五條〔四〕，又録律内「餘條準此」者凡四十四條，附於《名例》之次，并《目録》成三十卷。別取舊削出格令、宣勑及後來續降要用者凡一百六條，爲《編勑》四卷。其釐革一司、一務、一州、一縣之類不在焉。至八月二日上之。詔并模印頒行。

乾德四年三月十八日，大理正高繼申言：「《刑統·勑律》有錯誤、條貫未周者凡三事云。《刑統·職制律》準周顯德五年勑：『受所監臨贓及乞取贓過百匹〔五〕，奏取勑裁。』伏緣準律：若是頻犯，及二人以上之物，仍合累併倍論。元勑無『累倍』之文，致斷案有『取裁』之語。今後犯者望依律累倍過百疋，奏取勑裁；如累倍不過百疋，依律文處分。又《刑統·斷獄律》有『八十』字誤作『十八』字，伏請下諸處，令法官檢尋刊正，仍修改大理寺印板。又《刑統·名例律》三品、五品、七品以上官親屬犯罪，各有等第減贖。伏恐年代已深，不肖自恃先蔭，不畏刑章。今後犯罪之人身無官者，或使已亡祖父親屬之蔭減贖其罪，即須是已亡人曾任皇朝官〔六〕，據品秩得使。如有不曾任皇朝官者，須是前代有功惠，爲時所推，歷官至三品以上者，亦得上請。伏乞永爲定制。」從之。

太宗太平興國三年六月，詔有司取國朝以來勑條纂爲《編勑》頒行。凡十五卷，曰《太平興國編勑》。

端拱二年十月，詔翰林學士宋白等詳定端拱以前詔勑。至淳化二年三月，白等上《淳化編勑》二十五卷、《赦書德音》、《目録》五卷。帝閲之，謂宰相曰〔七〕：「其間賞罰條

〔一〕張希讓：《長編》卷四、《玉海》卷六六等作「張希遜」，乃是避英宗父濮安懿王允讓諱改字。
〔二〕陳光乂：原作「陳光又」，據《長編》卷四、《宋文鑑》卷六三竇儀《進刑統表》改。
〔三〕式：原作「或」，據《玉海》卷六六改。
〔四〕勑：原無，據《玉海》卷六六補。
〔五〕上「贓」字原作「財」，據《宋刑統》卷一一改。
〔六〕任：原作「在」，據《長編》卷七改。
〔七〕謂：原作「調」，據《玉海》卷六六改。

目頗有重者，難於久行，宜命重加裁定。」即詔翰林學士承旨蘇易簡、右諫議大夫知審刑院許驤、職方員外郎李範同別詳定。至五年八月二十一日，驤、範上《重刪定淳化編敕》三十卷。

至道元年十二月十五日，權大理寺陳彭年言：「法寺於刑部寫到令式，皆題僞蜀廣政中校勘，兼列僞國官名銜，云『奉敕付刑部』。其帝號、國諱、假日、府縣、陵廟名悉是當時事。伏望重加校定改正，削去僞制。」詔直昭文館勾中正、直集賢院胡昭賜、直史館張復、秘閣校理吳淑、舒雅、崇文院檢討杜鎬於史館校勘，翰林學士承旨宋白、禮部侍郎兼秘書監賈黃中、史館修撰張佖詳定。

真宗咸平元[2]年十二月二十三日，給事中柴成務上《刪定編敕》、《儀制敕》〔一〕、《赦書德音》十三卷，詔鏤版頒行。先是二月詔戶部尚書張齊賢專知刪定淳化後盡至道末續降宣敕，權判刑部李範、職方員外郎馬襄、同知審刑院劉元吉、權判大理寺尹玘、直集賢院趙安仁、監察御史王濟、大理寺丞劉去華同知刪定。十一月，齊賢等上新敕。又詔成務與知制誥師頏、侍御史宗度、直祕閣潘慎修、直史館曾致堯、晁迥、楊嵎、張庶凝、史館檢討董元亨重詳定。至是成務等上言：「自唐開元至周顯德，咸有格敕，並著簡編。國初重定《刑統》，止行《編敕》四卷。太宗朝遂增後敕，爲《太平興國編敕》十五卷〔二〕。淳化中又增後敕，爲《淳化編敕》三十卷。自淳化以後，宣敕至多，乃命有司別加刪定。取刑部、大理寺、在京百司、諸路轉運司所受淳化編敕及續降宣敕萬八千五百五十五道〔三〕，徧共披閱。凡敕文與《刑統》令式舊條重出者，及一時權宜非永制者，并刪去之；其條貫禁法當與三司參酌者，委本部編次之。凡取八百五十六道，爲《新刪定編敕》。其有止係一事，前後累敕者〔四〕，合而爲一；本是一敕，條理數事者，各以類分。取其條目相因，不以年代爲次。其間文繁意局者，量經制事理增損之；情輕法重者，取約束刑名削去之。凡成二百八十六道，准律分十二門〔五〕，并《目録》爲十一卷〔六〕。又以儀制、車服等敕十六道別爲一卷，附《儀制令》，違者如違令法，本條自有刑名者依本條。又以續降赦書、德音九道別爲一卷〔七〕，附淳化赦書，合爲四卷。其釐革一州、一縣、一司、一務者，各還本司。令敕稱依法及行朝典勘斷、不定刑名者，並准律、令、格、式。無本條者，准違制敕分故失及不躬親被受條區分。臣等重加詳定，衆議無殊，伏請鏤版頒

〔一〕「儀制」下，《玉海》卷六六有「車服」二字。
〔二〕十五：原作「三十」，據《長編》卷四三改。
〔三〕五十五：原作「五十」，據《玉海》卷六六、《宋史》卷一九九《刑法志》一補。
〔四〕累：原作「格」，據《長編》卷四三改。
〔五〕十二門：原作「十一門」，據《玉海》卷六六、《宋史》卷一九九《刑法志》一改。
〔六〕十一卷：原作「十二卷」，據《長編》卷四三、《玉海》卷六六、《宋史》卷一九九《刑法志》一改。
〔七〕九：原作「凡」，據《長編》卷四三改。

下諸路，與律、令、格、式、《刑統》同行。」優詔褒答從之，成務等加階勳。又請定諸司使至三班有罪當續條例。諸司使以上領遥郡者從本品，諸司使同六品，副使至内殿崇班同七品，閤門祗候、供奉（言）〔官〕、侍禁同八品，殿直、内品同九品，奉職、借職同九品下。詔著於令。舊條持杖行劫〔一〕，得財不得財並處死，張齊賢以爲（大）〔太〕重。議貸不得財者，濟堅執。乃詔尚書省集議，卒用〔二〕。成務等言：「强竊盜刑名比例文用一年半法及《配軍條例》，品官犯五流不得減贖，除名配流如法。臣等詳定，並可行用，欲編入勅（史）〔文〕。」詔諸司使臣至三班使臣所犯情重者奏裁，餘並從之。

二年七月三十日，户部使、右諫議大夫索湘上《三司删定編勅》六卷，詔頒行。先是詔湘與鹽鐵使陳恕、度支使張雍、三部判官取三司咸平二年三月以前逐部宣勅，分二十四案爲門删定，至是上之。

景德二年八月十二日，詔諸州：「應《新編勅》後續降宣勅、劄子，並依三司所奏，但係條貫舊制置事件，仰當職官 **3** （史）〔吏〕編録爲二簿，一付長吏收掌，一送法司行用，委逐路轉運使點檢。其轉運司亦依此例編録。」

九月十六日〔三〕，三司上《新編勅》十五卷，請雕印頒行，從之。

十月九日〔四〕，三司鹽鐵副使林特上《三司新編勅》三十卷，詔依奏施行。先是，詔特與直史館權判三司勾院陳堯咨、直史館判度支勾院孫冕、審刑院詳議官李渭編録。至是，堯咨、冕、渭皆補外，續詔審刑院詳議官周寔、大理寺詳斷官彭愈、開封府兵曹參軍孫元方詳勘。及書成上之，特賜勳一轉，餘賜器帛有差。

三年正月七日〔五〕，右諫議大夫、權三司使丁謂上《景德農田編勅》五卷，詔頒行。先是詔謂與户部副使崔端〔六〕、度支員外郎崔昈〔七〕、鹽鐵判官樂黄目、張若谷、户部判官王曾取條貫户税勅文及四方所陳農田利害事同删定，至是書成。昈前任度支判官，嘗同編集，故亦預焉。

四年七月五日，帝謂宰臣等曰：「王濟上《刑名勅》五道，煩簡不等。朕嘗覽顯德中勅語甚煩碎，蓋世宗嚴急，出於一時之意，既以頒下，群臣無敢諫者。」因言：「魏仁浦爲相，嘗作勅草，云『不得有違』，堂吏白云：『勅命一出，違則有刑，何假此言也？』仁浦是之。」王旦曰：「詔勅理宜簡當，近代亦傷於煩。」馮拯曰：「開寶中差諸州通判勅，刑獄錢穀，一一指揮，方今已簡略也。」

〔一〕持杖行劫：原作「持伏行切」，據《長編》卷四三改。

〔二〕「卒用」下疑有脱字。《長編》卷四三云「刑名卒如齊賢之請」。

〔三〕九月十六日：《玉海》卷六六記於九月癸亥即十八日。

〔四〕十月九日：《玉海》卷六六記於十月庚辰即五日。

〔五〕三年正月七日：《長編》卷六一繫於景德二年十月五日庚辰。

〔六〕崔端：原作「僊端」，據《長編》卷六一改。

〔七〕崔昈：《長編》卷六一作「崔曙」，注云「崔曙未見」。

大中祥符二年十一月十九日，詔：「大理寺自今定奪公事，並具有無衡改律令及前後宣敕，開坐以聞。」

六年正月八日，詔：「自今凡更定刑名，邊防、軍旅、茶鹽、酒稅等事，並令中書、樞密院參議施行。」以上封者言二府命令互出，或有差異故也。

九年五月二十五日，帝謂輔臣曰：「法官每定羣臣封奏，多引往年詔敕云：『非有大益，無改舊章，所奏請不行。』」王旦曰：「起請頻仍，則詔令有礙〔一〕，是以法官重於更改。」丁謂曰〔二〕：「近日李溥起請，私鬻茶鹽隨行贓仗全給與人充賞者，多稱假借他人物色，却給元主，頗有情弊，望並納官〔三〕。法寺詳定，已從溥奏。」帝曰：「特從溥奏者，正是憚其不伏爾。下位有所見，當詳究而行之。」

九月二十一日，編敕所上《刪定編敕》、《儀制》、《赦書德音》、《目録》四十三卷，詔鏤版頒行。先是六年四月，判大理寺王曾等言：「得法直司狀稱，咸平元年編敕後來續降宣敕，條同無貫，檢坐失詳，望差官刪定。」詔曾與翰林學士陳彭年、右諫議大夫慎從吉、知制誥盛度、太常博士仇象先、慎鍇、殿中丞閻允恭、（大）〔太〕子洗馬韓允、大理寺丞趙廓、司徒昌運同詳定，止大中（詳）〔祥〕符六年終。又以《三司編勅》條目煩重，亦令彭（言）〔年〕等重詳定增損。至是上之，彭年而下各加階勳。帝以彭年等所編詔勅刪去繁文，甚簡，然有本因起請，更相詰難衡改，前後特留一勅者，今悉刪去，恐異日或須證驗，乃令録所刪勅一本，別付館閣，以備檢詳，不得行用。又命屯田員外郎王汝能、4 太常寺博士張宗象、太常寺奉禮郎謝絳充勘讀官。

天禧元年六月七日，編敕所上《條貫在京及三司勅》共十二卷，詔頒行。

二年十月十七日，右巡使王迎等言：「准詔依趙安仁所請重編定令式，伏緣諸處所供文字悉無倫貫，難以刊緝，望（具）〔且〕仍舊。」從之。

四年正月十三日，知制誥呂夷簡言：「諸州續降宣敕，舊制常令州縣纂次，（令）〔今〕多墮墜不録。望委提點刑獄官專切檢視。」奏可。

二月九日，參知政事李迪等上《一州一縣新編勅》五十卷。先是元年七月，詔迪與翰林學士盛度、知制誥呂夷簡、審刑院詳〔議〕官尚霖、司徒昌運同詳定，至是上之，並加階勳。

十一月十七日，宰臣李迪上《刪定一司一務編勅》三十卷。賜器幣有差。

仁宗（大）〔天〕聖元年三月二十二日，大理寺言：「審刑院、大理寺今後定奪起請刑名者〔四〕，望依大中小事公案給限，庶免留（滿）〔滯〕。」從之。

〔一〕礙：原作「司」，據《長編》卷八七改。
〔二〕丁謂曰：原脫，據《長編》卷八七補。
〔三〕納：原作「給」，據《長編》卷八七改。
〔四〕奪：原作「集」，據《長編》卷一〇〇改。

五年七月四日，提舉詳定編勑所言：「據《編勑》，衆官參詳前後宣勑内只是約束一路或三兩州軍事件，若一例編勑，未得允當。今欲令看詳不銷遍行天下宣勑，類聚抄録，畫一開坐，都爲一卷。候將來詳定了畢，編〔敕〕所於頭尾開説删定行用因依，同《編勑》進呈。乞降中書門下看詳，只乞逐處都作散勑一道，降下刑部，令翻録，下逐路合要行用州軍施行，冀免差互，易爲檢斷。」從之。

七年四月二十五日，詔：「審刑院、大理寺、刑部、三司，自今參詳起請，改定條貫，當降勑行下者，並依《編勑》體式，簡當删定，於奏議後面別項寫定，於降勑之際止寫後語頒下。」

五月十八日，詳定編勑所上《删修令》三十卷〔一〕，詔與將來新編勑一處頒行。先是詔參知政事呂夷簡等參定令文，乃命大理寺丞龐籍、大理評事宋郊爲修令官〔二〕，判大理寺趙廓、權少卿董希顔充詳定官。凡取唐令爲本，先舉見行者，因其舊文，參以新制定之。其今不行者，亦隨存焉。又取勑文内罪名輕簡者五百餘條，著於逐卷末，曰《附令勑》。至是上之。詔兩制與法官同再看詳，各賜器幣、轉階勳有差。

二十一日，翰林學士宋綬言：「准詔，以編勑官《新修令》三十卷，并《編勑》録出罪名輕簡者五百餘條爲《附令勑》，付兩制與刑法官看詳，内有添删修改事件，並已删正，望付中書門下施行。」從之。

九月二十二日，詳定編勑所言：「准詔，《新定編勑》且未雕印，令寫録降下諸轉運、發運司看詳行用，如内有未便事件，限一年内逐旋具實封聞奏。當所已寫録到《海行編勑》并《目録》共三十卷，《赦書德音》十二卷，《令文》三十卷，並依奏勑一道上進。」詔送大理寺收管，候將來一年内如有修正未便事件了日，令本寺申舉，下崇文院雕印施行。

十年三月十六日，詔以《天聖編勑》十三卷、《赦書德音》十二卷、《令文》三十卷付崇文院鏤版施行。先是五 [5] 年五月，詔以大中祥符七年止天聖五年續降宣勑删定，命宰臣呂夷簡、樞密院副使夏竦提舉管勾，翰林學士蔡齊、知制誥程琳、龍圖閣待制韓億、燕肅，判大理寺趙廓同加詳定。又以權大理少卿董希顔爲詳定官，祕書丞王球、大理寺丞龐籍、張頌爲删定官。依律分門爲十二卷。七年六月上之，各賜器幣，仍第進階、勳。至是鏤板，又命權大理少卿崔有方、審刑院詳議官張度校勘。

明道二年五月二十五日，詔曰：「王言爲命，著在格言；君舉必書，聞諸前史。蓋垂名於千古，思傳信於四方。儻成憲之頻更，則彝章之是紊。朝廷所降宣勑命令，不得妄乞更改删去。如實有未便，即委中書、樞密院逐旋取旨。所冀綱條克振，紀律章明，無朝令夕改之文，成草偃風行之

〔一〕上：原作「止」，據《玉海》卷六六改。
〔二〕官：原無，據《玉海》卷六六補。

化。更賴丞疑郎弼，中外藎臣，務罄忠勤，各宜遵守，共致熙寧之運，寬茲宵旰之憂。布告邇遐，當體予意。」

八月二十七日，權判吏部流内銓丁度言：「諸司見管《一司一務編勅》，先于天禧年差官編修行用，後來續降勅望差兩制以上臣僚管勾，看詳刪定。」詔翰林學士（張）〔章〕得象、知制誥鄭向編定聞奏。向知州，以知制誥宋郊代。

景祐元年閏六月十九日，詔翰林侍讀學士范（楓）〔諷〕、御史中丞韓億詳定奏取勅裁及配罪人等條貫，於理檢院置司，仍命審刑院詳議官齊廓同詳定。二年六月九日上之。

二年六月二十四日，翰林學士承旨章得象上《一司一務編勅》并《目録》四十四卷，詔崇文院抄寫頒行。先是詔以大中祥符八（月）〔年〕止明道二年所降宣敕，命判大理寺司徒昌運、判刑部李遜與得象等同刪定。

五年十月四日，審刑院、大理寺上《減定諸色刺配刑名勅》五卷，詔依奏施行。先是二年十一月十五日赦書：「應犯罪人條禁尚繁，配隸尤衆，離土鄉土〔一〕，奔迫道途，有惻朕懷，特申寬典。宜令審刑院、大理寺別減定諸色刺配刑名，委中書門下詳酌施行。」至是上之。

慶曆（二）〔元〕年九月二十一日〔二〕，知開封〔府〕事賈昌朝言：「檢會在府迎頒下令頗多，欲令檢法官類聚編次，以便檢閱。」從之。

四年五月十二日，司勳員外郎呂紹寧請以見行《編勅》年月以後續降宣敕，令大理寺檢法官依律門類分十二卷以頒天下，庶便於檢閱，而無誤出入刑名。從之。

八年四月二十八日，提舉管勾編敕宰臣賈昌朝、樞密副使吳育上《刪定編敕》、《赦書德音》、《附令勅》、《目録》二十卷，詔崇文院鏤版頒行。先是詔以《天聖編勅》止慶曆三年續降刪定，命屯田員外郎成奕、太常博士陳太素、國子博士盧士宗、祕書丞郝居中、田諒、殿中丞張太初、劉述充刪定官，翰林學士張方平、侍讀學士宋祁、天章閣侍講曾公亮、權大理少卿錢象先充詳定官，昌朝、育提舉。至是上之。

十一月二十6五日，命觀文殿學士丁度、翰林學士錢明逸、翰林侍讀學士張錫同詳定《一州一縣編勅》，集賢校理田諒、館閣校勘賈章同刪定。

皇祐元年十一月十一日，詔：「今後凡有上言乞更改條制者，令中書、樞密院審詳利害執奏。」

嘉祐二年十月三日，三司使張方平上新修《（録）〔禄〕令》十卷，詔頒行。先是元年九月，樞密使韓琦言：「内外文武官俸入、添支並將校請受，雖有品式，而每遇遷徙，須由有司檢（堪）〔勘〕申覆〔三〕，至有待報歲時不下者。請命近

〔一〕離土鄉土：似當作「離棄鄉土」之類。

〔二〕元年：原作「二年」。按，據《長編》卷一三二、一三四，賈昌朝以慶曆元年五月權知開封府，當年十二月改權御史中丞，是此「二年」必爲「元年」之誤，因改。

〔三〕「由」原作「申」，「申」原作「中」，據《玉海》卷六六改。

臣就三司編定。」命知制誥吴奎、右司諫馬遵、殿中侍御史吕景初爲編定官，太常博士張子諒、太常丞勾諶、大理寺丞張適爲删定官。至是上之。

七年四月九日，提舉管勾編勑宰臣韓琦、曾公亮上《删定編勑》、《赦書德音》、《附令勑》、《總例》、《目録》二十卷，詔編勑所鏤版頒行。先是詔以《慶曆編勑》(上)〔止〕嘉祐三年續降宣勑删定，命都官員外郎張師顔、權大理少卿王惟熙、屯田員外郎宋迪、太常丞張宗易充删定官，龍圖閣直學士錢象先、盧士宗充(祥)〔詳〕定官，琦、公亮提舉。至是上之。

八年四月十六日，編定禄令所奏[一]，將諸道州軍至京程數分爲三卷，望頒降天下。從之，以《馹程》爲名。

英宗治平二年六月十四日，提舉在京諸司庫務王珪、尚書都官郎中許遵上新編提舉司并三司類例一百三十册[二]。詔頒行，以《在京諸司庫務條式》爲名。以上《國朝會要》。

治平四年十月九日，神宗即位未改元。審刑院、大理寺言：「知汀州周約起請：《編敕》内『諸軍年老病患，揀充剩員中小分者，若願放停，並聽從便。其雜犯軍人須及七十以上，或有篤疾，方許依此施行。若元犯情輕，即奏取指揮。』既云『年及七十，或身有篤疾，依此施行』，即不應更云『若元犯情輕，即奏取指揮』。檢會元起請係嘉祐六年閏八月樞密院劄子：『應看驗諸軍人年老疾病不堪征役人數，有已係半分人，如後來更合減充半分、中小分者，若本人願要放停，並從情願。其雜犯軍人合減充小分，願放停者，即須年及七十以上，或身負篤疾，即依此施行。未及此者，如元犯情輕，即奏取指揮。』顯是修勑時於劄子内節去『未及此者』四字，是致語意不貫，引用疑惑。寺司參詳，依元劄子添入。」詔於《編勑》内「依此施行」字下添入「年未及七十或身無篤疾」一十字，仍仰刑部遍牒施行。

十一月二十七日，詔羣牧判官劉航、比部員外郎崔台符編修羣牧司條貫，仍將唐令并本朝故事看詳，如有合行增損删定事件，旋奏取旨。

神宗熙寧元年二月六日，詔：「近年諸司奏辟官員就本司編録條例簿書文字，頗爲煩冗。今後應係條貫體例，仰本司官依《編敕》分門，逐時抄録入册，不得積留，別差辟官。如續降宣勅歲久數多，合行删修，即依祖宗朝故事，奏朝廷差官修【7】定。見今諸司有官編録處，如替移，更不差填。」

三月十六日，詔：「中書、樞密院及諸司編修條例諸般文字見未畢者，令本處官編纂。見編修官並減罷，與合(人)〔入〕差遣。」

二年五月十七日，中書門下言：「勘會《嘉祐編勅》斷

[一] 禄：原作「録」，據《玉海》卷六六改。
[二] 類：原作「額」，據《長編》卷二〇五改。

自三年以前，後來續降條貫已多，理須删定。自來先置局，然後許衆人建言，而删定須待衆人議論，然後可以加功，故常置局多年，乃能成就。宜令内外官及諸色人言見行條貫有不便及約束未盡事件，其諸色人若在外，即許經所屬州府軍監等處投狀繳申中書。俟將來類聚已多，即置局删定編修，則置局不須多年，而編勑可成。仍曉示諸色人，所言如將來有可採録施行，則量事酬賞，或隨材録用。」從之。

三年五月，群牧判官王誨上《馬政條貫》，行之。

七月二十二日，詔：「編敕所見修續降宣勑及修《嘉祐編勑》，仰候修成一卷日，於逐條上鋪寫增損之意，先赴中書門下看詳，候成日同進呈。」

八月二十一日，中書門下言：「下項刑名有義理未妥，欲並送編勑所詳議立法。一、天下死刑大抵一歲幾及二千人，比之前代，其數殊多。自古殺人者死，以殺止殺也，不當曲減定法，以啓凶人僥倖之心。自來奏請貸死之例，頗有未盡理者，致失天下之平。至如（疆）〔彊〕劫盜並有死法，其間情狀輕重有絶相遠者，使之一例抵死，良亦可哀。若據爲從情輕之人〔一〕，特議貸命，别立刑等，如前代斬右趾之比，足以止惡而除害；自餘凶盜，殺之無赦。禁軍非在邊防屯戍而逃者，亦可更寬首身日限，以活壯夫之命，收其勇力之効。一、徒流折杖之法，久來緣事立法，禁網加密，抵冒者殊甚。良民偶有違犯，便致杖脊，衆所醜棄，爲終身之辱。愚頑之輩雖坐此刑，其瘡不過累旬而平，既平則忘其痛楚，又無愧恥之心，豈肯遂便悛改所爲？是不足以懲其惡也。若今詳定徒流罪，情理不致巨蠹者，復古居作之法〔二〕，如遇赦降，止可次第減月日。彼良民則免毁傷肌膚，但苦之使思咎而知悔，至歲滿則爲完人，可以回心而自新。彼頑民則囚之徒官，經歷年歲，不能恣其狡惡，侵擾善良，庶幾來者懷懼，而姦黨自衰。如此，則俗有恥格之期，官有給使之利。一、刺配之法，大抵二百餘件，愚民冒犯，罕能知畏。使其骨肉離散，而道路死亡者甚衆，防送之卒，勞費尤苦。其間情理輕者，亦可復古徒流之坐、移鄉之法，俟其再犯，然後決刺充軍。諸配軍並減就本處，或與近地。兇頑之徒自從舊法。所有編管之人，亦與迭送他所〔三〕，量立役作時限，不得髠髫。一、令州縣考察士民，有能孝悌力田、爲衆所知者，委鄉里耆宿與令佐保明，州給付身帖。偶有過犯，杖以下情輕可恕者，特議贖罰；如敢再犯，顯是故爲，復行科決。一、奏聽勑裁，條貫繁多〔四〕，致有淹延，刑部亦合重行 8 删定。」從之。

十月十九日，詳定編勑所言：「嘉祐删定編勑官以二

〔一〕情：原無，據《長編》卷二一四補。
〔二〕法：原作「心」，據《長編》卷二一四改。
〔三〕迭：原作「免」，據《長編》卷二一四、《文獻通考》卷一六七改。
〔四〕條：原脱，據《長編》卷二一四補。

年爲任，五年爲兩任〔一〕。乞自今應删定官每月各修勅十條送詳定官，如二年内了當，不計月日，並理爲任〔二〕。如有拖滯，雖過二年，亦理一任。」從之〔三〕。

十一月二十一日，樞密使文彦博言〔四〕：「臣聞刑平國用中典。自唐末至周，五代離亂，刑用重典，以救一時，故法律之外，輕罪或加於重，徒流或至於死。權宜行之以定國亂可也〔五〕，然非律之本意〔六〕，不可以爲平世常法。國家承平百年，當用中典，然因循用法，猶有重於舊律者。若僞造官文書印，律止於流二千里，今斷從絞〔七〕。又其甚者，因近者臣僚一時起請，凡僞造印記再犯皆不至死者，亦從絞坐。既云罪不至死，而復坐絞刑，是不應死而死，用刑之失中也。若以其累犯，責其不悛，即持仗强盗贓滿五匹者死，若止於四疋，雖五七犯不至於絞。况持杖强盗，本法重于造印，則今之用法，甚異律文。恭惟陛下仁覆萬邦，惟刑是恤，方詔法官講議刑典。欲乞檢詳自五代以來于本朝見用刑名重於舊律，如僞造印之比者，以勅律參詳，裁定其當。所冀聖朝協用中典。」詔送編勅所。

十二月二十四日，命宰臣王安石提舉編修三司令式並勅及諸司庫務歲計條例〔八〕。翰林學士元絳、權三司使公事李肅之、權發遣三司鹽鐵副使傅堯俞〔九〕、權三司户部副使張景憲、三司度支副使王靖、同修起居注李壽朋〔一〇〕、集賢校理陳繹同詳定，太子右贊善大夫吕嘉問〔一一〕、光禄寺丞楊蟠、崇文院校書唐坰〔一二〕、試祕〔書〕省校書郎喬執中、許州觀察推官王覿、著作佐郎李深、張端、趙藴、周直孺〔一三〕、均州軍事判官孫亶並充删定官。

四年二月五日，檢正中書户房公事曾布言：「近以《刑統》刑名義理多所未安，乞加刊定，准詔令臣看詳。今逐一條析，《刑統疏義》繁長鄙俚，及其間條約今所不行，可以删除外，所駮《〔疏〕義》乖繆舛錯凡百餘事，離爲三卷上進。」詔布更切看詳《刑統》内如有未便事理，續具條析以聞。

十八日，中書門下言：「編勅所應删條貫，如删定官衆議有不同，即各具所見，令詳定官參詳；如尚有未安，即申

〔一〕五年爲兩任：《長編》卷二一六所載同，然詳文意，疑「五」乃「三」之誤。蓋宋代職官多以三年爲任，唯繁難者減年以優之，任滿無遺闕尚有推賞，以鼓勵再任。此處作「五年」即無優賞之意。
〔二〕爲：《長編》卷二一六作「兩」，似誤，蓋一年多完成工作，便理當兩任，不免濫賞之嫌也。
〔三〕從之：原脱，據《長編》卷二一六引《會要》補。
〔四〕使：原作「院」，據《長編》卷二一七改。
〔五〕「行」原作「從」，「亂」原脱，據《長編》卷二一七改補。
〔六〕本：原無，據《長編》卷二一七補。
〔七〕從：原作「送」，據《長編》卷二一七改。
〔八〕及：原作「文」，據《長編》卷二一八改。
〔九〕「傅堯」下原作豎杠「—」。天頭原批：「渭清按：此並有缺文—之誤。」今按「傅堯」下脱「俞」字，據《長編》卷二一八補。
〔一〇〕同修起居注：原無，據《長編》卷二一八補。
〔一一〕太子：原脱，據《長編》卷二一八補。
〔一二〕坰：原作「炯」，據《長編》卷二一八改。
〔一三〕孺：原作「儒」，據《長編》卷二一八改。

中書門下。」從之。

五月十八日詔：「自今朝省及都水監、司農寺等處，凡下條貫，並令進奏院摹印頒降諸路，仍每年給錢一千貫充鏤版紙墨之費。」

十二月十三日，侍御史知雜鄧綰言：「《海行編敕》，逐官删定將畢。所有《諸路一州一縣敕》自慶曆年删修，行用已久，欲望再行取索，重別論次，接續删定。」從之。

五年二月四日，(太)〔大〕宗正司上《編修條貫》六卷。先是嘉(佑)〔祐〕六年正月，詔魏王宮教授李田編次本司先降宣勅，成六卷。以輙有删改元旨，乃命祕閣校理文同、王汾、陳睦看詳，續命大宗正丞張稚圭、李德芻、館閣校勘朱初平、陳侗、林希同編修。至是上之。

四月二十六日，命集賢校9理、檢正中書户房公事章惇删修《都亭西驛條貫》。夏人再朝貢，三十餘年，西驛條制前後重復，未經删定，至是令刊修。

十二月六日，知審官西院沈立上新(條)〔修〕本院條貫十卷〔一〕、《總例》一卷〔二〕，詔遵行。

六年八月七日，提舉編勅宰臣王安石上《删定編敕》、《赦書德音》、《附令勅》、《申明敕》、《目録》共二十六卷，詔編勅所鏤版，自七年正月一日頒行。先是，詔以嘉(佑)〔祐〕四年已後續降宣勅删定，命大理寺法直官劉賡、左班殿直張宲充檢詳官，刑房堂後官劉衮充點對官〔三〕，祕書丞胡瑗、太子中舍陳偲、大理寺丞張巨、光祿寺丞虞太寧充删定官〔四〕，權大理少卿朱温其充編排官，翰林學士曾布〔五〕、龍圖閣待制鄧綰、權知審刑院崔台符充詳定官，安石提舉，至是上之。安石賜銀、絹各五百，仍降詔奬諭；曾布等九人升任〔六〕、遷官、循資有差。

九月四日，以翰林學士曾布、權御史中丞鄧綰、司勳員外郎崔台符同詳定《一路一州一縣一司一務勅》。綰降黜，權御史中丞鄧潤甫代之。

七年七月二十一日，詔：「今後中書、樞密院諸房應創立或删改海行、一司敕條貫，可並送刑法司及編敕所詳定訖，方得擬進，取旨頒行。」

九月二日，命大宗正丞張叙、宋靖國與國子博士孫純同共編修宗室臣寮勅葬條。十年四月二日上之，詔以《熙寧葬式》爲目。

十月十四日，編勅所言：「删定：諸上禁軍逃走，情狀

〔一〕知審官西院：原作「審刑院」。按，《玉海》卷一六八作「知西院」，即知審官西院（因《玉海》此條在「審官院」題下，故省「審官」二字）。《宋史》卷三三三《沈立傳》述沈立歷官，亦作知審官西院，而未歷職審刑院。且本條下文「新修本院條貫」，《長編》卷二四一作「新修審官西院敕」，是此條事與審刑院無關，「審刑院」三字必爲「知審官西院」之訛脱，因改。

〔二〕總：原作「經」，據《宋史》卷二〇四《藝文志》三改。

〔三〕點對：原作「對點」，據《長編》卷二四七乙。

〔四〕「胡瑗」至「光祿寺丞」十八字原脱，據《長編》卷二四七原注引《會要》補。

〔五〕布：原作「直」，據《長編》卷二四七改。

〔六〕任：原作「仕」，據《長編》卷二四七改。

未明，因被盤問，不曾隱拒，即自首服，罪至死者減一等。」初，大理寺檢法官劉賡以法寺近斷滄州兵士王信逃走，(信)〔改〕名秀，被捕時即別通所隸州，(北)〔比〕會問，至無秀名者，方實招通，原情猶可矜。如鄆州成江已炙了字號，直稱素非黥者，用法(斬)〔漸〕寬，恐未爲便。因賡之請而詳修之。

八年二月三日，司勳員外郎崔台符言：「准詔删修《軍馬司敕》。勘會嘉祐編敕時，有樞密使田況提舉。今來置局，稽考舊例，即未有樞臣總領。伏緣軍政事重，上係國論，顧非臣等淺見寡聞敢顓筆削，欲望檢詳故事，特命典領。」詔樞密使陳升之提舉。

五月十二日，詔：「諸功賞未經酬叙，逢格改者，新格賞輕，聽依立功時；若重，聽從重賞。詳定修入《編勑》。」

九年四月二十六日，詔中書户房習學公事練亨甫等編定《省府寺監公使例條貫》。

五月八日，詔中書堂後官、提點五房公事劉衮、堂後官周清、成州司理參軍王修、三班奉職陳景再行删定《海行編勑》。

六月十二日，詔：「自今應删立條貫，專委官詳定訖，中書、樞密院同進呈，取旨類聚〔一〕，半年一次覆奏頒行。事干急速，即臨時取旨。中書仍令都檢正、逐房檢正、監制勑庫官詳定。」

二十四日，判司農寺熊本言：「乞取索本寺一司勑式，選官重行看詳修定。」詔只于本寺選屬官一員編修，令本寺提舉。

八月十六日，樞密使吳充言：「檢會大中祥符五年十月赦書：『應掌獄詳刑之官，累降詔條，務從欽恤。10今後按鞫罪人，不得妄加逼迫，致有冤誣。其執法之官所定刑名必先平允，内有情輕法重、理合哀矜者，即仰審刑院、刑部、大理寺具事狀取旨，當議寬貸。』治平四年九月，詔開封府、三司、殿前馬步軍司：『今後逐處所斷刑名，内有情輕法重，許用赦書，取旨寬貸。』《在京海行勑》：『諸犯流以上罪，若情重可爲懲戒及情理可矜者，並奏裁。』竊詳赦書之(易)〔意〕，初無中外之别，(祇)〔秖〕緣立文有礙，遂致推擇未均。何則？審刑院、大理寺、刑部等處若非於法應奏，無繇取旨從寬。雖是命官、使(官)〔臣〕等合奏公案，若有情輕法重，方得應用赦書施行，其餘一無該及。後來在京刑獄官司亦得换以取旨，其爲德澤不爲不厚。然天下至廣，囹圄實繁，豈無情輕法重之人，而官吏苟避不應奏之罪，一切以重法繩之，恐未副朝廷欽慎仁憫之意。甲乙二人所犯略同，甲以於法該奏，法寺得引情輕法重取旨寬貸，乙以於法不該奏，遂獲全罪，殆非均當，有幸不幸爾〔二〕。欲今後天下罪人犯徒流罪或該編配者，情輕法重，並許本處具犯狀申提點刑獄司看詳，委是依得

〔一〕取旨：原無，據《長編》卷二七六補。

〔二〕「甲乙二人」至「幸不幸爾」原在「恐未副」下，作正文大字。天頭原批云：「『甲乙二人』至『幸不幸爾』應小注。」今據以改爲小字注，并移于此。

赦書，即繳連以聞。所貴罪法相當，中外一體。如恐地遠淹繫，其川、廣、福建或乞委安撫、鈐轄司詳酌指揮，斷訖（間）〔聞〕奏。仍委中書、樞密院點檢。」詔送重修編敕所詳定以聞。本所看詳：「緣天下州郡日有該徒流及編配罪人，若更立情輕法重奏裁之法，不惟淹繫刑獄，兼恐案牘繁多，未敢立法，乞朝廷更賜指揮。」

九月二十五日，編修令式所上《諸司勅式》二十四卷〔一〕，詔頒行。先是命官修令式，至是先成閤門擡賜式一、支賜式二、賞賜贈式十五〔二〕、問疾澆奠支賜式一〔三〕、御厨食式三、炭式二，上之。

十二月二十日，中書門下言：「重修編勅所勘會，熙寧編勅時係兩制以上官詳定，宰相提舉。乞依例差官。」詔知制誥權三司使公事沈括、知制誥判司農寺熊本詳定。

二十三日，中書門下言：「刑房狀：自來頒降條貫，或送刑部翻録，或只是直付進奏院遍牒。蓋所總不一，關防未備，致其間有不曾修潤成文，及不言所入門目者，亦便行下。欲乞今後應係條貫，並付刑部翻録，或雕印施行，其進奏院雕印條並令住罷。」從之。

二十四日，詔：「勘會熙寧八年司農寺編修常平等勅未得允當，不可行用，已留中。後來未曾委官重行修定。可就差本寺丞、簿編修，主判看詳。其常平勅令一處重行編定以聞。」（以上《永樂大典》卷一九〇二七）〔四〕

【宋會要】〔五〕

11 十年正月二十七日，權御史中丞鄧潤甫言：「乞將應係不以赦降、去官原減條令重修，編勅所及司農寺擇其中可以删除者先次詳定。」從之。

二月二十七日，詳定編修諸司敕式所上所修《敕令格式》十二卷，詔頒行。翰林醫官院五，廣聖宮一，慶寧宮一，大内鑰匙庫一〔六〕，資善堂一，後苑東門藥庫一，提點軍器等庫一〔七〕，入内内侍省使臣差遣一。

八月三日，館閣校勘范鏜上准詔修到《貢舉勅式》十一卷，詔頒行。

十一月四日，詳定編修諸司勅式所上所修《勅令格式》三十卷，詔頒行。龍圖、天章、寶文閣四，延福宮一，起居院

〔一〕二十四卷：《玉海》卷六六作「四十卷」，誤。

〔二〕賞賜贈：原作「支贈」，據《玉海》卷六六改。

〔三〕支賜：原作「支支」，據《玉海》卷六六改。

〔四〕按，以上原稿中縫所標《大典》卷次爲一萬九千二十六，然查《永樂大典目録》，卷一萬九千二十六爲「令」字韻「唐格令」目，卷一萬九千二十七始爲「宋格令一」。本書以上文字據卷首之標題正爲「宋格令一」，則此處《大典》卷次當作卷一九〇二七，蓋徐松手下書吏誤標。

〔五〕此下原標「宋格令二」，而後文刑法一之二七又標「格令二」。今按，此處應仍爲「格令一」。其一，自此頁至刑法一之二六，原稿中縫所標《大典》卷次爲「一萬九千二十七」，據《永樂大典目録》，正爲「宋格令一」。其二，若此處爲「格令二」，則兩處「格令二」共爲三十四頁，而「格令一」僅十頁，「格令三」僅十八頁，大小不倫。據此，今删去「格令二」三字。

〔六〕大内：原作「入内」，據《長編》卷二八〇改。

〔七〕一：原無，據《長編》卷二八〇補。下句同。

一，四方館一，玉牒所一，入内内侍省合同憑由司二〔一〕，翰林圖畫院二，提點内弓箭南庫并内外庫二，後苑御弓箭庫一，入内内侍省使臣差遣四，内侍省使臣差遣三，御藥院二，在内宿直人席薦一。

十二月六日，詳定一司勑令所言：「准送下《刑部勑》二卷，今將所修條并後來勑劄一處看詳。其間事係別司者，則悉歸本司；若兩司以上通行者，候將來修入。在京通用勑已有條式者，更不重載，文義未安者就加損益。其後來聖旨、劄子、批狀〔二〕，中書頒降者悉名曰勑，樞密院班降者，悉名曰宣。共修成一卷，分九門，總六十三條。乞降勑命，以《熙寧詳定尚書刑部勑》爲名。」從之。

元豐元年三月二十三日，詳定諸司勑式所言：「今修定學士院、龍圖、天章、寶文閣等處敕令式，如得旨施行後續降朝旨，乞從本所詳定，編入見修内諸司令式。事(於)〔干〕有司奉行者，並分入諸司。」從之。

六月二十一日，詔：「司農寺見行條例繁複，致州縣未能通曉，引用差誤。昨令編修，已經歲時，未見修成。令丞吳雍、孫路、主簿閻令權罷其餘職事，專一删修，限半年，仍月以所修成條例上中書。」

七月十一日，判司農寺蔡確請令三局丞簿不妨職事，兼删修本寺條例。從之。

九月六日，删定在京當直所修成勑令式三卷，乞以《元豐新定在京人從敕令式》爲目頒降。從之。

十月四日，詔兵部以《貢舉敕式》内武舉勑條，再於諸處索文字，删類成《武舉勑式》以(間)〔聞〕。

十三日，御史中丞、判司農寺蔡確言：「常平舊敕多已衝改，免役等法素未編定。今除合删修爲敕外，所定約束小者爲令，其名數式樣之類爲式，乞以《元豐司農敕令式》爲目。」從之。

十一月十八日，上批：「重(編修)〔修編〕勑所修《海行敕令》未成書，已委官參定《一司敕》〔三〕，不惟次序失倫，兼二書交舉，亦廣占官吏，去取難於照類，或致遺落要切事，或與《海行敕令》相妨，又成瑕典。人功廩賜，亦所宜惜。可令且併力修《海行敕令》，俟成書，以《一司勑》相繼照會編修〔四〕。」

二年五月十二日，成都府等路茶場司上《茶法敕式》，詔行之。先是 12 詔提舉成都府等茶場李稷編修，至是上之，乃詔歲增本司公使錢二百千。

六月二十四日，左諫議大夫安燾等上《諸司敕式》，上諭燾等曰：「設於此而逆彼之至曰格，設於此而使彼效之曰式，禁其未然之謂令，治其已然之謂敕。修書者要當知此，有典有則，貽厥子孫。今之格式令勑即典則也，若其書

〔一〕同：原作「用」，據《長編》卷二八五改。
〔二〕狀：原作「送」，據《長編》卷二八六原注、《玉海》卷六六改。
〔三〕已：疑當作「又」。《長編》卷二九四作「又將」。
〔四〕「司」下原有「書」字，據《長編》卷二九四删。

全具，政府總之，有司守之，斯無事矣。」

九月二十九日，司農寺上《元豐司農勑令式》十五卷，詔行之。先是熙寧九年六月二十四日，判司農寺熊本言：「乞取索本寺《一司敕式》，選官重行修定。」詔令後本寺選屬官一員編修，令本寺提舉。至是上之。三年二月，詔同判司農寺〔一〕、太常博士周直孺陞一任，丞〔二〕、主簿各減磨勘三年，仍賜銀絹。

三年五月十三日，詳定重修編敕所言：「見修敕令與格式兼行，其唐式二十卷條目至繁，(文)〔又〕古今事殊。欲取事可海行，及一路、一州、一縣、在外一司條件，照會編修，餘送詳定諸司勑式所。」從之。

十五日，詳定重修編敕所言：「奉詔月具功課以聞。緣參取衆議，研究義理，及照會抵捂，重複遺畧，正是難立課程之時，乞免奏功課。」詔不許，仍令中書立式。

六月十八日，武學上新修敕令格式，詔行之。

八月九日，中書奏：詳定重修編敕所修立告捕獲倉法給賞條，欲依所定。上批不行，可並依舊給全賞，雖係案問亦全給〔三〕。時議者欲漸弛倉法〔四〕，故修勑官先寬其告賞，自一百貫分等至三百貫，而按問者減半給之。中書以熟狀進，而上察見其情，寢之。

五年二月八日，寶文閣待制李承之、承議郎董唐臣上編修《鹽法》，賜承之銀、絹各五十，唐臣減磨勘一年。

四月三日，户房檢正官吳雍、王震上《都提舉市易司勑》。

九月十四日，詔：「應修明法式並尚書省議定，上中書省，速者先次施行，餘半年一頒。其樞密院并不隸六曹者下刑部，緣功賞者下司勳修立，還送尚書省議。」

二十二日，入内供奉官馮宗道上《景靈(官)〔宫〕供奉勑令格式》六十卷。

十月十二日，詳定重修編敕所言：「准朝旨，六曹等處條貫送編勑所修定。乞自朝廷於官制見在屬官内選差六員爲删定官。」從之。

十二月十五日，尚書省上元豐五年下半年條貫，詔依簽改行下。上每進擬勑令，必簽貼改定，然後降出。其所指(撾)〔擿〕事理，皆有司抵捂也。

六年九月一日，詔：「内外官司見行敕律令格式，文有未便，於事理應改者，並申尚書省議奏，輒畫旨衝革者徒一年。即面得旨，若一時處分，應著爲法，及應衝改者，隨所屬申中書省、樞密院奏審。」

七年三月六日，《詳定重修編勑》書成，删定官尚書刑部侍郎崔台符、中書舍人王震各遷一官，前删定官知制誥熊本、寶文閣待制李承之、李定賜銀絹百。

〔一〕詔：原作「設」，據《長編》卷三〇二改。
〔二〕丞：原作「承」，據《長編》卷三〇二改。
〔三〕係：原作「亦」，據《長編》卷三〇七改。
〔四〕弛：原作「施」，據《長編》卷三〇七改。

七月二十五日，御史黃降言：「朝廷修立13勑令，多因舊文損益，其去取意義則具載看詳卷，藏之有司，以備照使。比者官司議法，於敕令文意有疑者，或不檢會看詳卷，而私出己見裁決可否。乞申飭官司，自今申明勑令及定奪疑議，並須檢會看詳卷，考其意義所歸。所貴法定於一，無敢輕重，本臺亦得以據文考察。」詔下刑部。本部言：「《元豐敕令格式・看詳卷》共二百二十册，難以頒降，乞自今官司定奪疑議及申明勑令，須《看詳卷》照用者，聽就所掌處抄録。」從之。

哲宗元祐元年三月十二日，樞密院言修定《諸將巡教例物條》〔一〕。

二十五日，刑部修立到重(録)〔禄〕條。同日，尚書省上所修《吏部四選勑令格式》，乞先次頒降。從之。

二十七日，門下中書外省修定起居郎、舍人、左右司員外郎蔭補條。從之。

二十八日，户部修定鄭、滑州捕盜賞錢法〔二〕。從之。

四月二日，刑部言：「乞改《六曹通用格》，應檢舉催促文書，並郎官書押行下。所貴逐曹侍郎稍得日力點檢予奪文字。」從之。

三日，禮部言：「(大)〔太〕學、武學條乞一處相照修立〔三〕，貴不致抵捂。」從之。

六日，刑部言：立聚集生徒教授辭訟文書編配法及告獲賞格。從之。

八日，門下中書外省言：「取到户部左右曹、度支、金部、倉部官制條例，并諸處關到及舊三司續降、并奉行官制後案卷宣敕〔四〕，共一萬五千六百餘件。除海行敕令所該載者已行删去〔五〕，他司置局見編修者各牒送外〔六〕，其事理未便、體制未順，並係屬別曹、合歸有司者，皆釐析改正〔七〕、删除重複、補綴闕遺，修到勑令式共一千六百一十二件。并删去一時指揮共六百六十二册，並申明畫一一册〔八〕。乞先次頒行，以《元豐尚書户部度支金部倉部勑令格式》爲名。所有元豐七年六月終以前條貫已經删修者，更不施用。其七月以後條貫自爲後勑。」又言：「上供錢物，舊三司雖置吏拘催，然無總領，止據逐案關到上簿〔九〕，如有不至，遂相因循，歲月之久，官吏遷易，無以稽考〔一〇〕。(令)〔今〕户部雖有分職，度支主歲計〔一一〕，金部以度支關到

〔一〕教：原作「校」，據《長編》卷三七一改。
〔二〕法：原脱，據《長編》卷三七三補。
〔三〕「乞」原脱，「修」原作「條」，據《長編》卷三七四補改。
〔四〕官：原作「言」，據《長編》卷三七四改。
〔五〕海行：原作「修」，據《長編》卷三七四改。
〔六〕各：原作「名」，據《長編》卷三七四改。
〔七〕析：原作「所」，據《長編》卷三七四改。
〔八〕畫一一册：原作「盡一一删」，據《長編》卷三七四改。
〔九〕簿：原作「案」，據《長編》卷三七四改。
〔一〇〕稽：原作「拘」，據《長編》卷三七四改。
〔一一〕主歲計：原作「部」，據《長編》卷三七四改。

之數拘催，然漫無格法〔一〕。本省昨取索所管〔二〕，類以成書，而諸案文簿無可考校〔三〕。已詢諸庫務，求訪舊籍，互相照驗修正，立爲定例。若有不備事節，雖據所見送本部看詳，緣事干諸路〔四〕，尚慮有未盡、不同事，乞令本部取索點勘，如有未盡、不同事件，即補正添入。」並從之。

五月八日，詳定元豐勅令所劉摯等言〔五〕：「編修官差移不定，難得成書。杜紘曉習法令，欲留本局。」詔罷杜紘按察茶事。

十二日，詔試給事中兼侍講孫覺、試秘書少監顧臨、通直郎充崇政殿説書程頤同國子監長貳看詳修立國子監、太學條制。

十七日，詳定重修勅令所言：「應官吏民庶等如見得見行條貫有未盡未便，合行更改，或別有利害未經條約者，並許陳述。」從之。

七月二十五日，門下省言：「刑房修到不以去官、赦 14 降條〔六〕，所留尚多，所删尚少。切謂當職官以職事隳曠，雖去官不免，猶有可言；至於赦降大恩，與物更始，雖劫盜殺人亦蒙寬宥，豈可以一事差失負罪終身？今欲更删改存留。」從之。

八月十二日，三省〔言〕：「中書門下後省修成《六曹條貫》及《看詳》共三千六百九十四册，寺、監在外。又據編修諸司敕式所修到勅令格式一千餘卷，其間條目苛密〔七〕、抵捂難行者不可勝數。欲下尚書六曹，委長（二）〔貳〕、郎官同共看詳，删去本曹舊條已有及防禁太繁、難爲遵守者，惟取紀綱大體切近事情者，留作本司法，限兩月以聞。」從之。

同日，詔頒門下中書後省修到《度支大禮賞賜敕令格式》。

十月二十二日，左右司言：「六曹及不隸六曹官司得旨施行應立法者，自來立到條，本省議奏，取旨施行；非緊切者，制敕庫房類聚，半年一次具册〔八〕，取旨頒降，顯是重煩。欲今後申請，並先行下；應立法者，候立到條，干罪賞者覆定申省；有取會赴期不及者，於後次入册。」從之。

十一月二日，刑部言：「大理寺請罷綱船告賞條。看詳：《嘉祐勅》初無告賞之文，《熙寧勅》唯立新錢綱告賞之法，欲依所請。」從之。

四日，中書省言：「《刑房斷例》，嘉祐中宰臣富弼、韓琦編修〔九〕。今二十餘年，内有該載不盡者〔一〇〕，欲委官將

〔一〕格法：原作「可考」，據《長編》卷三七四改。
〔二〕本：原脱，據《長編》卷三七四補。
〔三〕「簿」原作「部」，「考」原作「爲」，據《長編》卷三七四改。
〔四〕干：原作「例其」，據《長編》卷三七四改。
〔五〕「定」、「所」二字原脱，據《長編》卷三七七補。
〔六〕刑房：《長編》卷三八三作「刑部」。
〔七〕苛：原作「奇」，據《長編》卷三八五改。
〔八〕次：原脱，據《長編》卷三九〇補。
〔九〕宰臣富弼韓琦編修：原缺，據《長編》卷三九一補。
〔一〇〕載：原作「在」，據《長編》卷三九一改。

續斷例及舊例策一處，看詳情理輕重去取，編修成策，取旨施行。」從之。

六日，樞密院言：「諸路將兵那移赴闕人處，合依旨申樞密院外，若本處用舊條例差使，即不須申。其元豐《將官敕》、《軍防令》『差訖申樞密院』一節欲删去。」從之。

十六日，太師文彦博言：「尚書省二十四司郎官遷改不定，往往未能周知本案事務。欲令左右司點檢勘當，定爲式例，左右丞覆視。刑部尚書蘇頌熟知臺省典故，亦乞委之詳定。兼尚書省見裁減六曹寺監迂枉文字〔一〕，欲令蘇頌與左右司同共看詳結絶。」並從之。

二十八日，詔中書省編修《刑房斷例》，候編定，付本省舍人看（祥）〔詳〕訖，三省執政官詳定，取旨頒行。

二年八月四日，詔：「創立改法，並先次施行；應修條者，類聚，半年一進呈，以正條入册頒行。若非海行法，即書所入門目，裁去繁文行下〔二〕，仍類奏〔三〕。六曹季輪郎官點檢，具事目申尚書省、樞密院，令左右司、承旨司看詳當否〔四〕，甚者取旨賞罰〔五〕。」從樞密院言也。

二十四日，詔門下中書後省修立《司封考功格式》，先次施行。

十二月二十四日，詳定重修敕令書成，以《元祐詳定勅令式》爲名頒行。先是元年三月二十四日〔六〕，詔御史中丞劉摯、右正言王覿〔七〕、刑部郎中杜紘將《元豐敕令格式》重行刊修〔八〕，至是上之。修書官光禄大夫吏部尚書蘇頌、朝散郎試大理卿杜紘、奉議郎試侍御史王覿、朝散郎王彭年〔九〕、朝奉郎宋湜、祝康、奉議郎王叔憲、宣義郎石謂、李世南、承務郎錢蓋各遷一官〔一〇〕，蔡州（一）觀察 15 推官晁端禮循一資，宣義郎張益減磨勘一年，奉議郎陳兟、承奉郎劉公噩減磨勘二年。

〔三年〕閏十二月一日〔一一〕，尚書省言：「初，《官制》未行，凡定功賞之類皆朝廷詳酌之。自行《官制》，先從六曹用例擬定。其一事數例輕重不同，合具例取裁。或事與例等，輒加增損，或功狀微小，輒引優例，並當分別事理，等第立法。今以舊條增修，凡事與例同而輒增損漏落者杖八十，内事理重已施行者徒二年〔一二〕。如數例重輕不同，或無例而比類他例者，並具例勘當，擬定奏裁。」從之，仍增三省、樞密院相干事並同取旨。

〔一〕迂枉：原作「見在」，據《長編》卷三九一改。
〔二〕去：原作「取」，據《長編》卷四〇四改。
〔三〕仍：原作「勿」，據《長編》卷四〇四改。
〔四〕承旨司：原作「丞旨同」，據《長編》卷四〇四改。
〔五〕「甚」上原有「不當」二字，據《長編》卷四〇四删。
〔六〕元年：原作「六年」，據《長編》卷三七三改。
〔七〕「右正言王覿」五字原缺，據《長編》卷三七三補。
〔八〕紘：原作「紞」，據《長編》卷三七三改。
〔九〕王彭年：原作「王朋年」，據《長編》卷四〇八改。
〔一〇〕錢蓋：原作「錢益」，據《長編》卷四〇八改。
〔一一〕「三年」二字原脱，據《長編》卷四一九補。
〔一二〕已：原作「他」，據《長編》卷四一九改。

四年六月十六日，詔：「范育、穆衍限一月看詳舊三司(權)〔榷〕貨務已行之法。宜於今者〔一〕，與戶部參酌，著爲令。」

八月六日，詔：「自今應修條，除法意小有不足當修補外，其更易增損並須類聚申尚書省，候得指揮，方許編修。其尚書省所修條，先經左右司看詳，執政官筆削，方許更改。」

五年正月二十三日，戶部言：「諸路綱運到京，例皆少欠。《元豐公式令》：諸州解發金銀錢帛，通判廳置簿，每半年具解發數目及管押、附載人姓名，實封申尚書省。《元(佑)〔祐〕敕》誤有刪去，合重修立。」從之。

六年五月十二日，尚書省立《監臨主司受乞役人財物枉法者罪賞法》。從之。

同日，刑部言：「一路等條有『不以去官〔二〕、赦降原減』條，合行刪去。如樞密院奏請鳳翔揀中保寧兵士投換及改刺擅投〔三〕，中書省請熙河蘭岷路(番)〔蕃〕部司公使錢輒支用，坐倉糴諸軍糧不取軍人情願者，皆不以去官、赦降原減，並合刪去。」從之。

二十九日，尚書省言：「門下中書後省詳定諸司庫務條貫，刪成敕令格式共二百六冊，各冠以『元祐』爲名。」從之。

八月十七日，河北路都轉運司言：「一路等條有不以去官、赦降原減係條太重者，如黃河諸埽修護隄道不得侵掘民田等罪，雖該德音降赦，並不原減；黃河隄岸不至危急，妄有句集人夫，並科違制罪〔四〕，不以赦降、去官原免。其不原減、原免之文，並乞刪去。」從之。

八年六月十六日，門下中書後省言：「準朝旨編修在京通用條貫，取到在京諸司條件，修爲一書〔五〕。除係海行一路一州一縣及省曹寺監庫務法，皆析出關送所屬，內一時指揮不可爲永法者且合存留依舊外，共修成敕令格式若干冊。所有元祐三年十月終以前條貫已經刪修收藏者，更不施行。其十一月一日以後續降，自爲後勅；及雖在上件月日已前，若不經本省去取並已行關送者，並合依舊施行。仍乞隨敕令格式，各冠以『元(佑)〔祐〕』爲名。」從之。

二十日，刑部言：「修立到司門條，內陳請廢置移復城門關津橋道，並申刑部；及部送官物出入，晝時具部送人姓名申所屬寺監及尚書本部。」從之。

紹聖元年八月二十六日，三省言：「見今比較鹽事、看詳役法、措置財利之類，名目不 16 一，雖各置局行遣，緣官屬多是兼(令)〔領〕，於職事未能專一。今已置重修編敕所，除官長可以兼領外，只於刪定官內量添員數，令專一看(祥)

〔一〕令：原作「今」，據《長編》卷四二九改。
〔二〕條：原作「修」，據《長編》卷四五八改。
〔三〕刺：原作「敕」，據《長編》卷四五八改。按，此謂改身上所刺字擅投別軍。
〔四〕制：原作「治」，據《長編》卷四六四改。
〔五〕修：原作「收」，據《長編》卷四八四改。

〔詳〕中外利害文字，並從朝廷選差。」詔從之，仍不拘資序，節次選補，不得過六員。又詔差户部尚書蔡京、大理少卿劉賡重行編修詳定，並依熙寧、元豐舊例，權於東西府空閑位置局。

十月九日，三省因言「《元祐編勑》刊去嘉祐、元豐州軍創修園亭、改立官司之禁，以故近歲諸道土木昌熾，民罷財屈，而藩鎮近臣尤甚，監司莫敢問」，詔重修編敕所依舊立法。

十一月一日，刑部言：「被旨：六曹、寺、監檢例必參取熙寧、元豐以前，勿專用元祐近例；舊例所無者取旨。按□降元祐六〔門〕〔年〕門下中書後省修進《擬特旨依斷例册》，並用熙寧元年至元豐七年舊例，本省復用黄貼增損輕重。本部欲一遵例册，勿復據引黄貼。」詔：黄貼與原斷同，即不用；内有增損者，具例取旨。

二年正月五日，提點京東東路刑獄趙屼言：乞於蔭補條内删去「長幼爲序」字。從之。

四月九日，詔：「將來大禮並依《元豐大禮令式》，其元祐所修敕令勿用。令所屬參按新舊令式並續降，如有合依元祐所改事，即明具事本簽貼改正，餘並從元豐舊例。」

五月十四日，詳定編修國信條例所言：「欲依《元豐海行勑》體例分修爲敕令格式，其冗不可入者即著爲例。」從之。

六月三日，詳定重修敕令所言：「故燒黄河浮橋者，罪賞並依故燒官糧草法。即於浮橋内停火及遺火者，各依倉庫内燃火遺火律。看守、巡防及部轄人不覺察，各減犯人五等，監官又減一等。其上流船栰在五里内停火者杖八十，在十里内遺火者杖一百，帶火於浮橋上下過者並准此。黄河浮橋脚船劄漏合用燈者，監官審察，差部轄人監守，用訖撲滅。本州置板榜書火禁於橋兩岸曉示。」從之。

七日，詳定重修勅令所〔修〕〔言〕：「中散大夫、横行使以上及發運、監察官、知州帶安撫、總管、副總管、鈐轄，並沿邊安撫、提點鑄錢、總管、提轄將官，若走馬承受、都將、隊將、押隊，川〔陝〕〔峽〕路知州、通判，及内侍官任遥郡刺史以上，併大使臣充三路沿邊及川廣都監、巡檢、駐泊、捉賊、知城堡、寨主赴任，大使臣授川廣親民見闕或創差赴任，或於川、廣、福建路短使官員，殿侍、散直、大將、軍將，在京吏人各係朝廷非次差出勾當，并在京指使、伎術官各係軍期出入或急速勾當，並給遞馬。」從之。

十月十七日，監察御史董敦逸言：「乞詔吏部，自陛下親政以來，應文武百官因罪犯移替後蒙辨雪者，旋具姓名關刑部、大理寺，令詳所犯，檢引敕條。若按察官司委有不當，奏取指揮施行，庶公朝刑無冤濫。」從之，仍令詳定重修敕令所立法。

二十三日，詳定重修敕令所言：「修立參選人應試、免試，及17選人、使臣得替，蔭補、進納、應舉出身假官京府助教，並停、替合注官者，春秋試推恩等，皆有條格。」從之。

十二月二十七日，尚書省言：詳定重修敕令所修立禁私鑄錢法。從之。

三年四月十七日，詔：「轉員後取諸班直及諸軍上名年歲出職人，令殿前馬步軍司、軍頭司並檢詳元豐年例施行。將來諸班直出職人，令樞密院以熙寧、元豐年取揀安排條與元（佑）〔祐〕定格參詳立法。」

六月八日，詳定重修勅令所言：「常平等法在熙寧、元豐間各爲一書。今請敕令格式並依元豐體例修外，別立常平、免役、農田水利、保甲等門，成書，同海行敕令格式頒行。」降詔自爲一書，以《常平免役敕令》爲名。

七月九日，吏部言：「欲乞以八路四選闕付有司或編敕所〔一〕，用熙寧、元豐舊條並紹聖新制一處參酌，條具成書，庶有司易爲引用。」詔令吏部四選同共編修。

八月二日，詳定重修敕令所言：「乞將見修《貢舉敕令格式》依《常平敕》別爲一書。」從之。

十二月十八日，翰林學士承旨、詳定國〔子〕監條制蔡京言：「奉敕詳定國子監三學並外州軍學制。今修成《（大）〔太〕學敕令式》二十二册，以『紹聖新修』爲名。」詔以來年正月一日頒行。

二十八日，大理寺修立到重禄人受乞財物，雖有官印，並不用請減當贖法。從之。

四年十一月二十二日，三省言：「録事、都事已下功過，除尚書省已有條外，門下、中書省未有法，理當一體。」詔給事中、中書舍人同編修。

十二月三日，尚書省言〔二〕：「《元豐度支令》『上供科買物應改罷若減者〔三〕，聽以額責所屬計價費封樁』後增注文稱：『無額者以三年中數，因災傷或特旨免改者非〔四〕』，今乞删去注文〔五〕。又《令》『諸國用物所科供〔六〕，非元科供處者，聽以封樁價費還之』後增入『其千貫以下不在還例』，今乞删去。」從之。

二十八日，大理寺言：乞立人吏互相保任法〔七〕。從之。

元符元年二月十七日，户部言：「潭州知、通任内應副銅場買銅賞罰條，請著爲法。」從之。

三十日，刑部言：「欲於《編敕》『巡檢〔八〕、縣尉應承告强盜，而故不申』條『徒二年』字下〔九〕，添入『重法地分係結集十人已上者，仍不以赦降、去官原減』。」從之。

四月二十九日，《詳定删修軍馬司勅例》成書。先是紹

〔一〕闕：原作「關」，參《長編》卷四九四元符元年二月己未條引林希此奏改。
〔二〕省：原脱，據《長編》卷四九三補。
〔三〕科：原作「租」，據《長編》卷四九三改。
〔四〕非：原脱，據《長編》卷四九三補。
〔五〕今：原作「並」，據《長編》卷四九三改。
〔六〕「諸」原作「渚」，「科」原作「料」，據《長編》卷四九三改。
〔七〕立：原作「正」，據《長編》卷四九三改。
〔八〕於：原作「令」，據《長編》卷四九四改。
〔九〕條：原脱，據《長編》卷四九四補。

聖元年正月十日詔：『《軍馬司敕例》久不删修，類多訛缺，可差官置局修定。』二年正月十八日，詔差知樞密院事韓忠彦提舉管勾，刑部侍郎范純禮、度支員外郎賈種民充詳定官。至是上之。降詔奬諭知樞密院事曾布、知定州韓(宗)〔忠〕彦，餘賜銀絹有差。

六月十一日，尚書左僕射、兼門下侍郎章(溥)〔惇〕上《常平免役敕令》〔一〕，詔頒行之。惇賜詔奬諭，仍賜銀絹三百匹兩；詳定官翰林學士承旨、朝散大夫、知制誥蔡京遷一官。其餘官吏減年支賜有差〔二〕。

八月二十九日，三省言：「國子監丞畢仲愈言：乞詔近臣申講六官 18 之制〔三〕，達之天下；州置六曹參軍，而省去職司無補之員。左司郎中呂温卿言：請諸路監司及州縣各以事務格目倣省部分六案〔四〕。」詔送詳定一司敕令所。

二年五月五日，刑部言：「驅磨告發出失陷錢物合推賞者，(令)〔令〕上户部參驗，如有請屬冒賞，各杖一百，賞錢五十貫。」又乞立僞造文鈔及知情者流配告賞等條。並從之。

七月四日，中書舍人趙挺之詳定編修國信條例。

八月三日，宰臣章惇、翰林學士承旨蔡京、大理少卿劉賡進呈《新修海行勅令格式》。惇讀於上前，其間有元豐所無而用元(佑)〔祐〕敕令立者，上曰：「元祐亦有可取乎？」惇等對：「取其是者。」上又問：「所取幾何？」惇等遂進呈新書所取元豐、元祐條，并參詳新立件數。上令逐條貼出。又問：「誰修元祐勅令？」京對：「蘇頌提舉。」惇等又讀太學生聽贖條，上問：「新條耶？舊條耶？」京對：「臣等參詳新立。蓋州縣醫生尚得聽贖，(大)〔太〕學生亦應許贖。」次進呈格式件數，上曰：「元豐止有賞格，元祐俱無。」惇對曰：「然。」惇等又言所進册多，乞只進净條入内，餘付有司。上令皆進入。閏九月二十六日頒行。先是紹聖元年九月二十七日，差宰臣章惇、門下侍郎安燾提舉。户部侍郎王古爲詳定官，仍令專詳定右曹常平、免役法等勅；劉賡專詳定海行敕。至是上之。詔賜惇銀、絹各一百匹兩，詳定官各轉一官，删定官減三年磨勘，仍賜銀、帛有差。校勘官吳頤候一司勅了日取旨。

五日，宰臣章惇等言：「請將申明《刑統》律令事以續降相照添入。或尚有未盡事，從勅令所一面删修，類聚以聞。至來年正月一日施行。」從之。

九月二十五日詔：「編修《刑名斷例》成書，曾旼〔五〕、安惇各減二年磨勘，謝文瓘、時彦各減一年磨勘。」

〔一〕敕令：原作「令敕」，據《長編》卷四九九乙。
〔二〕年：原作「半」，據《長編》卷四九九改。
〔三〕近：原作「迎」，據《長編》卷五〇一改。
〔四〕請、務：原無，據《長編》卷五〇一補。倣：原作「放」，據文意及字形改，《長編》作「依」。
〔五〕旼：原作「收」，據《長編》卷五一五改。

閏九月四日，樞密院修立陝西、河東等路弓箭手合輪城寨上番防托稱疾避免條。從之。

三年七月二十四日，徽宗已即位，未改元。中書省言：「《元(佑)〔祐〕編敕》：『諸海行敕内不以赦降原減事件，除傳習妖教，託幻變之術，及故決、盜決江河隄堰已決外，餘犯若遇非次赦，或再遇大禮赦者，聽從原免。』後來刪去上條，遂使一有所犯，雖累(皆)〔該〕恩沛，無以自新。」詔以元祐舊法。

十二月二十七日，詔刪改元符敕數十條，皆紹聖以前法輕而新制重者，悉復其舊。

徽宗建中靖國元年正月十日，中書省言：「《元符户婚敕》：『諸臣寮丁憂或亡殁，應借舍宇，而輒以人户見賃屋借之者，以違制論。即本家輒出賃所借屋者，准此。所入賃直，計贓重者坐贓論。』看詳：官員丁憂亡殁借官舍之意，蓋爲恩恤近上臣寮及亡殁之家。若計賃直，贓重仍坐贓論，甚失朝廷優異近臣之意。況今因有許借空閑官舍居止之文，若將出賃，或以非空閑官舍借者，已自有罪，上條合行刪去，更不用。」從之。

二月十七日，承奉郎王寔[19]狀：「伏見新頒《元符敕令格式》，其間多有未詳未便者，伏望更加詳究，特爲陳請再議刪定。一、舊法申明：『《刑統》養同宗子，昭穆相當，男在(目)〔日〕父母不曾遺還本生，男既死，母遺孫出外。法無許遺孫之文，自是不合遺出。』元符申明(講)〔謂〕：『《刑統》養子尚許遺還，即所生之孫自可包括。設如養子生孫皆在，若父母欲遺還，而依申明，即遺子留孫，甚非法意。』寔竊詳舊法申明謂養子既終身於所養父母，即於其死，義不可遺孫，若子孫皆在，自當從所養之命。是舊法特謂養子既死，即謂遺孫之理。元符(駁)〔駮〕議恐或未詳。」都省批送刑部勘當，尋送大理寺參詳：有子即有孫，其子既已遺，即無留孫之理；其子若死，即難以遺孫。今欲依舊法申明行下。「一、舊法：諸奉制推鞫及根治公事，已給限而限内結絶未得者，具因依、合展日限申尚書省、樞密院。無故稽違者，一日杖一百，五日加一等，罪止徒二年。新定敕稱：已給限而無故稽違者徒二年。寔竊詳，推鞫究治有非朝夕可結絶者，故法許其展限。若(上)〔尚〕有稽違，即自一日等第論罪，至十五日已上方徒二年。今法已稽違一日已上即論徒二年，竊慮官司迫於禁限，或鹵莽結斷，别致害犯，有所未便。」從之。

二十二日，大理少卿周鼎言：「看詳：元豐六年八月十八日敕：『大理寺勘斷竊盜，該案問減等，隨減至罪名給賞。』立法之意，蓋謂當時見行《熙寧編敕》，竊盜該案問減者，無許給賞之文；而大理寺所治竊盜，多是犯在京畿，及事干官物，故雖該案問減等，特許隨減至罪名給賞。今海行令文既已立諸賞犯人案首減等備受，各依本法，則本寺推斷竊盜，該案首減等者，其賞理合亦依本法追給。緣上件朝旨元批入大理寺令，係一司别(致)〔敕〕，從來未經申明

衝革。伏乞朝廷詳酌，付有司參照，删去上件指揮，今後依海行令文施行，所貴用賞均一。」從之。

二十六日，尚書省言：三班奉職葛中復狀：「《元符編敕》内一項：『《元祐敕》，諸化外人爲奸細，并知情、藏匿、過致、資給人皆斬。即藏匿、過致、資給人能自告、捕獲者，事雖已發，並同首原。』今敕改云：『能自獲犯人者，事雖已發，原其罪。』中復看詳：舊藏匿、過致、資給奸細之人，能自告捕獲者，皆許原罪，蓋欲廣開屏除奸細之路，或告或捕，因而獲者，皆得原罪。今敕止言自獲，若只告而他人獲之者，拘文不免。如此，則身力不加，或羸弱等人，既不能擒捕，必須自默，不敢告言，甚非設法屏除奸細之意，欲衝改本條不行。」從之。

六月六日，刑部言：「承奉郎王寔狀：『伏見新頒《元符敕令格式》，其間多有未詳未便者，伏望更加詳究，再議删定。一、舊法申明：《刑統》僧道在父母喪内犯姦，於凡姦本罪上累加四等。大理寺再看詳，只合加二等。元符申明稱：僧道雖從釋老之教，其於父 20 母與凡人不殊，今合更加居喪罪。緣監主内犯姦加一等，若在父母喪中，合更加二等，即僧道合累加四等。寔竊詳《刑統》稱監守内姦者加凡人一等，即居父母及夫喪；若僧道姦，又加一等，(此)〔比〕凡人通加二等。法意甚明。蓋緣僧道既無居喪之理，即不當居喪加等，然與凡人有别。今申明敕稱：監主内犯姦加一等，若在父母喪中合更加二等，即是累加三等。且《刑統》自無加二等之文，雖從監臨上加二等，亦不累加至四等。顯是新法乖誤，合行删正。』大理寺參詳：『僧道於本家財分、身下課役之類，皆不入俗人之法；或父母服，匿不舉哀，亦無條禁。既已離俗出家，則人倫之義已絶。其在父母喪内犯姦，依律只合加二等。今欲依此申明行下。』都省勘會：『大理寺稱僧道離俗出家，則人倫之義已絶，未得允當。兼未見申明監臨主守、居父母喪，於監守内犯姦合如何加等。』大理寺重别參詳立法：『居喪與道士、女冠既别立文〔一〕，其下統言又加一等，則是道士、女冠居喪更無累加之文，在律已明。今來王寔申請元符申明乖誤，合行删去，委得允當。所有監守、居喪犯姦，自合依律，居喪又加一等，通加二等。』今欲申明行下。所有前參詳事理，伏乞照會，更不施行。」從之。

三十日，詔頒《鬬殺情理輕重格》於諸路。先是格(上)〔止〕用於刑部、大理寺，而州郡議刑往往出於臨時，或得高下其手。至不能決，則以疑慮奏裁，以是多留獄。大理卿周鼎以爲請，故有是詔。

七月一日，臣僚上言：「今朝廷名爲看詳元符增重及創立條件，其實將熙寧、元豐以來條制一概率意增損。欲乞置局重修勅令，委詳定官舉辟刑部、大理寺官或歷任内曾任法寺及外任檢法者充屬官。其已行增損條制，並乞付

〔一〕冠：原作「官」。天頭原批：「應作『女冠』。」今據改。下文同。

本局再行修完。」詔：「差郭(如)〔知〕章、周鼎看詳，王吉甫、錢蓋同看詳。應合删改增損條例事件，並依累降指揮施行。仍令看詳所逐旋具删修到條件申僕射廳點檢，詳正取旨。其梁士能等依舊於僕射廳看詳祗應，左右司更不詳定。」

八月二十六日，刑部言：「勘會本部編修一路等敕令，緣係四萬餘件，蒙朝廷責限三年了當。有合申請事件：一、乞修成書，申三省等處，限半月看詳有無未盡未便。二、乞應取會事件，並依《六曹通用令》押貼子會問回報日限。三、乞應所修條内有在京官司合行事件，乞從本部相度釐析關送。」從之。

九月九日，吏部言：「鄜延路經畧安撫使司(伏)〔狀〕：『准勅：諸司屬官與本路經畧安撫、監司係親嫌者並迴避。經畧安撫司管勾機宜文字官非。本司契勘一路監司所部官並係統屬，雖於别司屬官，在法亦令互察。除帥臣子弟充書寫機宜文字自有别條外，其餘辟置機宜官依條並在刺舉之例。今若不避親嫌，則恐於薦辟刺舉皆有妨礙。今條【21】内並不該載，慮有未盡。』本部欲乞於上條内除去註文『經畧安撫司管勾機宜文字官非』一十三字外，即别無衝改前後條貫。」從之。

崇寧元年五月十二日，臣寮言：「三省六曹所守者法，法所不載，然後用例。今顧引例而破法，此何理哉？ 且既用例矣，則當編類條目，與法並行。 今或藏之有司，吏得並緣引用，任其私意，或至煩瀆聽聰，甚無謂也。欲將前後所用例以類編修，與法妨者去之〔一〕，庶幾可以少革吏姦。」詔吏部七司已編類外，(今)〔令〕他曹依奏編修。

六月十六日，尚書省言：「檢會吏部尚書趙挺之等言：『准條，引例破法及擇用優例者徒三年。蓋爲有司當守法，法所不載，然後用例。今有正條不用而用例，例有輕重，而止從優者，此胥吏欲廢法而爲姦也。』朝廷已立法禁。欲自今決事實無正條者，將前後衆例列上，一聽朝廷裁決。」從之。

二十一日，中書省、尚書省送到白劄子：「元符三年七月二十四日敕：『檢會《元祐編敕》，諸海行勅内不以赦降原減事件，除傳習妖教、託幻變之術，及故決、盜決江河隄堰已決外，餘犯若遇非(決)〔次〕赦或再遇大禮赦者，聽從原免。勘會勅内諸條並不以赦降原減者，蓋謂禁約指望恩赦，故作罪犯之人。既遇非次赦宥或兩該大禮，事體輕者理合原免。今元符新敕諸條内增添不以赦降原減，比舊甚多，又更將上條删去，遂使一有所犯，雖累該恩沛，終身無以自新。奉聖旨：依舊條仍先次施行，所有犯在今年四月十五日赦前之人，亦依上條施行。』勘會元犯既不以赦原，雖再遇大禮赦，亦難從原免，其減降即並係非次推恩；若盡從原免，其『不以赦降原減』遂成空文。」詔元符三年七月

〔一〕妨：原作「防」，據《文獻通考》卷一六七改。

二十四日指揮更不施行。

七月二十六日，中書省〔言〕：「檢會崇寧元年七月六日奉聖旨：『編敕更不編修，並依《元豐敕令格式》施行。其元祐後來所編修更不施行，仍並毀板。』七月九日奉聖旨：『並依《元符敕令格式》施行，其今年七月六日指揮更不行用。所有《元祐勑令格式》及元符三年以後衝改《元符敕令格式》續降指揮，并板並行毀棄。』勘會昨修《元符敕令格式》，内有係干一司一路等條法，並行釐出，不曾編修，今來自合依舊行用。竊慮諸處疑惑，合申明行下。若其間有衝改動元豐法制者，仍具利害因依申尚書省。」從之。

八月十二日，樞密院奏：「今來追復元豐法制，已衝改元祐條件不行者，其元祐條件有原係樞密院指揮。」詔令有司勾收，申樞密院焚毀。本院今後依此遵守。仍令進奏院遍牒，並依此施行。

九月二十八日，中書省、尚書省勘會下項：「一、元符三年已後衝改《元符敕令格式》續降指揮并板，合依朝旨並行毀棄，其創立條件不係衝改《元符敕令格式》者，自依舊行用。一、七月二十六日詔書：今來追22復元豐法制，已衝改元祐條件不行者，其元祐條件勾收，申尚書省焚毀。勘會所有未曾衝改元祐年條件，自合依舊行用。一、勘會昨修《元符敕令格式》，内有係干一司一路等條法，並行釐出，不曾編修，今來自合依舊行用，須行新法日即依新法施行。一、勘會昨修《元符敕令》，爲户部見修禄秩，其《禄令》更不曾編修。後來建中靖國元年十月二十七日，得旨罷修禄秩，遵依見管令式條貫施行。今欲申明，將見行《禄令》條件且依舊行使，仍令一司敕令所將元祐年衝改舊法《禄令》條貫詳看，申尚書省。」從之。

十一月九日，都省白劄子：「契勘一司一路等條，内有係元祐以來續降指揮，雖不係釐出條件，若係衝改動元豐法制者，亦合具利害因依申尚書省。」詔令刑部申明，遍牒行下。

二年正月四日，尚書右僕射、兼中書侍郎蔡京等奏：「昨具陳情，乞諸路置學養士。伏奉詔令講議立法，修立成《諸州縣學勑令格式》并《一時指揮》凡一十三册，謹繕寫上進。如得允當，乞下本司鏤版頒行。」從之。中大夫、試尚書刑部侍郎、充講議司詳定官劉賡特授太中大夫，奉議郎、試起居舍人、充講議司參詳官林攄特授承(義)〔議〕郎，承奉郎、將作監丞、講議司檢討文字呂沆特(受)〔授〕承事郎。

三年二月二十九日，蔡京言：「奉詔令講議司修立六尚局條約聞奏〔一〕。謹以元陳請畫一事件，並稽考參酌，修立成殿中省、提舉所、六尚局、供奉庫《勑令格式》并《看詳》共六十卷。内不可著爲永法者，存爲申明。事干兩局以上者，總爲殿中省通用。仍冠以『崇寧』爲名。所有應干條畫、起請、續降申明，及合用舊司條法，已係新書編載者，更

〔一〕「立」下原有「以」字，據本書職官一九之九删。

不行用；不係新書收載，各合依舊引用。」從之。

十月十八日，詳定一司敕令所修立到《龍圖天章寶文顯謨閣學士蔭補推恩格》。從之。

大觀元年七月二十八日，蔡京言：「伏奉聖旨，令尚書省重修《馬遞鋪海行法》頒行諸路。臣奉承聖訓，删潤舊文，編纘成書，共爲一法。謹修成《勅令格式》、《申明》、《對修》，總三十卷，并《看詳》七十卷，共一百册，計六複，隨狀上進。如或可行，乞降付三省鏤版，頒降施行。仍乞以《大觀馬遞鋪敕令格式》爲名。」從之。

十一月十一日，兵部尚書、兼侍讀、詳定一司勅令左膚奏：「伏聞神考詳告有司，修書之法必分敕、令、格、式，著爲成憲，以示天下萬世，不可改也。今兵部所有《陝西、河東弓箭手敕》乃崇寧元年修成頒降，（格）〔敕〕令、格、式混而爲一，既已乖違神考修書之旨，兼以元符、建中靖國不許引用年分條法修成，及（至）〔自〕頒降至今，銜改名件不少，紊錯舛繆，難於考證。伏望遵依神考修書法，分爲敕、令、格、式，重別刊定，垂之永久。」詔：「修書舊無定制，神考垂訓，分敕、令、格、式之法，萬世不易。今繼志述事，而有司尚或違戾。可依奏重[23]行删定。」

二年三月十五日，殿中少監、同詳定一司敕令宋昪奏：「伏覩陛下親政以來，繼志述事，纖悉無遺，横議異端，剗刷殆盡。元祐海行條法雖已投畀炎火，獨諸路、一司敕令删修未完。前後條法尚藏元祐指揮，官司至今執用，俾前日焚毁詔旨却成虚文。竊詳諸路、一司敕令，熙寧以來置局刊定，迨今三十餘年，未能成書。昨承乏本所官屬，亦嘗深究其弊。蓋是自來官必分房，房必分路，如川、廣等路駟程遼遠，一有取會，動經歲月，官吏安坐（侍）〔待〕報，即於他路了無相干，而勤惰能否且無勸沮之法，欲書之成，未易得也。欲望特降睿旨，本所删定官吏〔不〕分房，令協力共修一路。才候了日，別取他（日）〔路〕，共行删修。其每路書成，並申納朝廷審覆，逐旋頒降。若有違戾，仰本路申明，删改行下。如此，不過數年，必見完書。仍乞納以課程，嚴立期限。内詳（密）〔審〕精密者量加旌擢，稽違牴牾者特行罷黜。庶幾成一代不刊之典。」詔：「置局修書，餘三十年，計日之力，所費之廣，書猶未成。吏慢失職，不可不懲。可並依所奏，每路限一季。其弛慢官吏，虚糜歲月，仍令懲汰以聞。」

九月十八日，詔：「名不正則言不順，言不順則事不成，名不可以亂實久矣。比閲《軍馬司敕例》，有敕令格式之名，而名〔實〕混淆，敕中有令，令中有格，甚失先帝設此逆彼，禁於已然未然之訓，殆未足以稱揚功遵制之意。可令有司重加刊正。」

十一月二十九日，御筆：「批閲近奏，以六曹事修例爲條。且法有一定之制，而事有無窮之變，苟事一爲之法，則法不勝事。又其輕其重，其予其奪，或出於一時處斷，概爲定法，則事歸有司，而人主操柄失矣。宜令詳定一司敕令所，應於六曹已施行事爲永制者，修爲敕令格式外，其出自特旨，或輕或重，非有司所決，可以垂憲者，編爲定例，以備稽考，餘悉删去，庶使官吏不得高下其手。」

三年六月十三日，中書省、尚書省勘會：「詳定敕令所修到外路敕令格式等，朝廷置局審覆，設官置吏，糜費禄廩，顯屬重複。」詔罷審覆，如事干諸路，下逐路安撫、轉運、提刑、提舉司依公看詳，子細簽貼。如有未盡未便事件，限半月指陳利害，保明申尚書省。

七月四日，詔：「内外官司應已行之令，一意遵承，毋或覬望，輒有動摇。若妄言傳播改革，及敢沮壞，許諸色人陳告，白身與三班奉職，有官人轉兩官，有名目人轉兩資；不願轉資，依白身人推恩，並支賞錢五十貫。」

七月九日，臣寮上言：「伏見近時刑名有出於臣僚一時隨事建議，不經思慮，取辦目前，恐輕重有不協於中者。願詔有司將臣僚前後奏事所立刑名看詳，酌中立爲定制。合用舊條者，宜依舊條施行。庶幾有罪不失，而人無冤濫。」詔依奏，仍令刑部逐旋看詳，申尚書省。

四年四月二十四日，給事中蔡[24]嶷奏：「竊惟人主稱制，故輒違者論以違制之罪。臣伏見比來有司以己見條陳事，方欲立法，輒請論以違制，此臣所未（論）〔諭〕也。不唯間因細事，暗增重刑，實亦理勢非順，其名不正。欲望睿慈明示戒。兼因事立法者，豈容臆決？謂如付在所司討論參考，然後頒行，亦可以杜絶輕重不（論）〔倫〕、罪同罰異之弊。」從之。

六月三十日，刑部奏：「聖旨：『神考稽古創制，講明治具，維時憲度，盡載《編敕》，悉出睿斷裁成，親加筆削，故行之甚久，曾無抵疵。繼而元符續敕令，疏密重輕，頗有不同，遂致踳駮，寖失本意。可委刑部檢詳元豐頒降敕令格式，條具聞奏。如有該載未盡，參以紹聖所降敕令施行。』今來元豐頒降敕令格式書完具，欲令先次遵依施行。如該載未盡，參以紹聖所降敕令，庶幾元豐敕令便可施行。」又奏：「《元豐敕令格式》係元豐七年正月一日頒降，所有後來續降，在元豐八年三月五日已前，亦合參照施行。」詔從之，仍具元符、崇寧後來敕令等，或因官司申請，各不失法意，有所補完，及隨事創立，與《元豐敕令格式》别無妨礙者，且合遵依施行。内有刑名輕重不同，去取失當，即令本部、大理寺限一月條具前後意義，簽貼成書，取旨。

八月三日，詔：「近降指揮，刑部檢詳元豐頒降勅令格式，條具（開）〔聞〕奏。可。」

十三日〔一〕，委本部依元降指揮疾速條具。其令存留□用，應干敕令續降等條件，仍仰刑部、大理寺編類成書，申尚書省看詳，取旨頒降。所有今年七月一日刑部申明先次遵守指揮更不施行。

〔一〕十三日：此三字當是衍文，致使上條無尾，此條無頭。詳文意，此二條實爲一事，若去此三字，連上條讀作「可委本部」云云，文意甚順。

閏八月十八日，工部尚書、《聖政録》同編修官李圖南奏：「臣將《大觀内外宗子學敕令格式》等與奏稟到條畫事件，重別詳定到《宗子大小學敕》一册，《令》七册，《格》五册，《式》二册，《申明》一册，《一時指揮》一册，《對修敕》一册，《令》一册，總二十一册〔一〕。謹繕寫上進。如得允當，乞付尚書省禮部頒降。」從之。

政和元年二月一日，手詔：「神宗皇帝稽古立極，垂裕後世，敕令格式之制，視六經實相表裏。而政令有所因革，官司有所建明，宜行修纂，以便遵用。可依熙、豐、紹聖故事，設官置吏詳定删修。差何執中提舉。仍限一年成書。」

二十三日，尚書左僕射何執中奏：「准敕差提舉詳定删修敕令格式。今以熙、豐、紹聖修書舊例參酌，乞從本所關牒諸路監司，遍下本路州縣，曉諭官吏、諸色人，如有見得見行敕令、續〔降〕等條貫，有未盡未便，合行更改，或別有利害未經條約者，指揮到日，限兩月内具狀分明指説，實封經所在投陳。隨處州軍附急遞至京，仰都進奏院直赴本所投下。在京亦從本所報閤門等處，依此曉諭施行。」從之。

四月十三日，尚書左僕射何執中奏：「近蒙聖恩差提舉重修敕令。臣歷觀祖宗以來，除天聖、慶曆、嘉祐、熙寧《編敕》、《元符敕令格式》，各有曾差宰臣提舉 25 之例。蓋是元豐成書，輕重去取，一出神筆刊削，復有總領之官。今陛下聖學高明，獨觀萬事之表，緝熙先烈，無不仰遵。元降手詔，並依元豐、紹聖故事，當逐時條上，以稟睿訓。雖元降手詔並依元豐、紹聖故事，終當以元豐爲法。欲望寢罷提舉敕令之名，以盡遵制揚功之美。」詔可，以「兼領」爲名，同提舉官准此。初以同知樞密院王襄同提舉重修敕令，是日襄奏，以筆削潤色，一稟聖裁，提舉之名，所不敢當，故有「同兼領」之命。

二十四日，臣僚言：「東南茶鹽已盡〔覆〕〔復〕熙、豐舊法。緣熙、豐、紹聖以來，前後申明、續降不一，宜編次遵守，乞委官修類成書。」從之。

十二月二十七日，詳定一司敕令所奏：「奉聖旨編修禄秩，以元豐、大觀式修定。今修成禄令、格等計三百二十一册。如得允當，乞冠以『政和』爲名，雕印頒降，下本所先次施行。其舊法已係新書編載者更不行用外，令〔來〕〔未〕經編載，及政和元年十二月十七日已後續降，自合遵守。」詔依。二年二月十三日，詔詳定官乞不推恩外，删定官李良佐、周穗、李富國、周用中、周因、何天衢、何亮、戴該，檢閲文字吳守仁、〔裼〕〔楊〕發各轉一官。内選人比類施行。

二十八日，鄭居中奏：「《學法》一百三十卷，御筆裁成者列於卷首，乞冠以『政和新修』爲名，仍乞付國子監頒降。」從之。

〔一〕二十一册：按上述只二十册，又《群書考索》後集卷三〇引《長編》作「二十二册」，未知孰是。

二年二月一日，手詔：「朕躬覽萬幾，講求民瘼，作新憲度，孚於萬邦。事之缺者悉已補完，法之弊者隨即更革。熙、豐詔令，具在謨訓，思與天下，共遵成憲。今貨殖通阜，商旅貿遷，民物安堵，邊隅綏静，中外經費頗以寬舒，持之歲年，其效必著。尚慮妨功害能之士，貪利希進之徒，乘間抵巇，妄意申陳，輕議增損，規毁其成。應今日已行法令，三省恪意遵守，無容妄有紛更。非窒礙而輕議改易者，（已）〔以〕違制論。仍令御史臺覺察彈奏。」

二十二日，詔：「詳定重修敕令所官吏置局未久，趁辦條敕，進呈了畢，委有勤勞。删定官各特轉兩官。選人改合入官，更轉一官。使臣各轉兩官。内尹正特與轉行遥郡一官外，一官許回（受）〔授〕有官有服親。供書使臣轉一官，減三年磨勘。編修手分及承受下手分、點進使臣、知雜司手分各轉一資，有官人轉一官，仍各減三年磨勘。内差使臣借差，不隔磨勘。無官人有出職法者，内少五年以下人願先次出職者聽，少三年以下出職人仍與占射差遣一次，二年以下更循一資；五年以上候補至前行或職級日與先次出職；其未有名目人願换大將，減三年磨勘者亦聽。」

二十八日，臣僚上言：「竊見詳定一司敕令所參稽前後憲令，條爲萬世之常法。朝廷尚慮修書之官未必能盡知天下土俗之所宜，與夫民情之所便，故書成之日，必下之逐路監司審覆可否，然後施行。爲監司者往往志在觀望，不復研究是非，審覆遂25爲文（巨）〔具〕。臣愚欲乞詔諸路監司，今後審覆一司敕令格式，必選擇本路通曉政事之官，同共究心參考。如能指摘差失，有可採擇，即以爲監司善最；或鹵莽保明，及法行之後却有未盡未便，即乞量行黜責，庶幾有以勸懲。」從之。

九月十五日，詔：「今年五月已後，應見行鈔法洎茶鹽法合傳載者，大小綱目，具著爲令。」以太師蔡京還冠宰司，圖制國用，公藏私餘，上下皆足，故有是詔。

二十九日，尚書省言：擬立到《諸路州軍分曹掾掾格目》共三十册〔一〕。詔自來年正月一日奉行。

十月二日，司空、尚書左僕射、兼門下侍郎何執中等上表：「修成《勅令格式》等一百三十八卷，并《看詳》四百一十卷，共五百四十八册，已經節次進呈，依御筆修定。乞降敕命雕印頒行，仍依已降御筆，冠以《政和重修敕令格式》爲名。」從之，仍自政和三年正月一日頒行。先是政和元年二月一日，詔以尚書左僕射何執中提舉，同知樞密院事王襄同提舉，至是上之。仍詔兼領官何執中、詳定官李孝稱、任良弼、承受官張僧祐、删定官劉宏、杜充、張燾、錢隨、尚諭，杜嚴、劉寄各轉兩官。

十一月十一日，臣僚言：「乞命有司類次詔書律令可以訓民者爲一書，與婚冠之禮先後頒焉。州縣委官專掌，孟月屬民而讀之。」從之。（以上《永樂大典》卷一九〇二七）

〔一〕下「掾」字疑衍或誤。

格令 二

【宋會要】

27 三年二月七日，殿中省六尚供奉勅令所書成，詔詳定官朝請郎殿中監高伸、朝議大夫殿中少監曹昱、删定官朝散郎殿中丞王迢、朝奉郎殿中省主簿趙士謡各轉一官，內曹昱仍轉行。承受官裴詵更不推恩。使臣、手分、書寫人、書奏人各與轉一官。無官人轉一資，內無資可轉者或不願轉人各支賜絹二十匹，或願候有正官日收使者聽。進奏官減二年磨勘。

二月二日〔一〕，中書省言：「檢會《大觀重修中書令》：『諸每歲取旨下近臣，博求疏遠賢能之士以備器使。』勘會博求賢能，須待聖旨，豈可立爲常法？兼詔侍從官薦舉臣僚，亦難立每歲之文。」詔上條不行。

九月四日，刑部（奉奏）〔奏：「奉〕御筆改定條法內稱『主』者。其應緣條法內更有似此合改稱呼者，仰刑部檢勘，逐一條具，參酌擬定，申尚書省。典賣田宅交易文契、要約〔二〕，錢主改爲典買人，業主改爲典賣人。失賊遭劫之家稱被主、變主、事主、財主者，改爲被盜人。主婚人改爲掌婚人。主守改爲典守。主司改爲典司。監（司）〔主〕改爲監守。諸欠應納田宅入官，其元主改爲元納田宅人。無主死人改爲無識認屍人。雇人限滿願留主家，改爲元雇之家。主駕綱運改爲駕放海外。蕃舶主改爲首領。遺物不知主名，改爲所遺人。主將已下改爲首將。主鑰人改爲掌鑰人。主持官物改爲掌管官物。吏人主行改爲吏人管勾。主兵官改爲掌兵官。以田佃與人限滿並佃人爲主，改爲歸佃人。馬主改爲管馬人。已買物未令入官、寄椿物主之家，改爲元賣之家。主典改爲掌典。」從之。

四年三月二十三日，殿中監、詳定六尚供奉勅令、兼詳定一司勅令高伸等言：「契勘本所見責限編脩一路法及祿秩、六曹條例等，文字浩瀚，全藉官吏夙夜協力。緣比來人吏避見督責，往往干求他處差遣，兼帶請給。本所雖差人權行管勾，然虚占名闕，積滯課程之弊未之能免。伏望聖慈特降睿旨，應今後差出人並行開落姓名，不許帶行本所諸般請給。除係傳宣、內降外，餘降到，如有一切違礙，且依今來指揮，亦許本所奏知不行；其已差出人，亦乞開落姓名。庶幾人各赴功，杜絕僥求之幸，速得成書。」又奏：「契勘本所無舊請人，吏祿稍薄，如允臣等今來所乞，欲望聖慈許依九域圖志所無舊請人則例支破；其有舊請人，願依無舊請人者亦聽。」詔並依，雖奉傳宣、內降、宣押，亦不許。

〔一〕二月：疑當作「三月」。
〔二〕要約：原作「邀約」，據文意改。按文契乃正式契書，要約則私相約定。本書食貨六九之二六「其間有正行立契，或有止立要約與女之類」，是也。

四月十五日，殿中監、詳定六尚供奉勅令、兼詳定一司勅令高伸等上修立到《諸路歲貢六尚供奉物法》，詔令頒行。

七月三日，詳定一司勅令所奏：「修立到諸縣丞任内種植林木，以青活[28]須及二萬株，有增虧者賞罰如法。」從之。

五日，中書省言：「檢會《政和名例勅》：諸律、《刑統疏議》及建隆以來赦降與《勅令格式》兼行，文意相妨者從《勅令格式》。其一司、學制、常平、免役、將官在京通用法之類同。一路、一州、一縣有別制者，從別制。其諸處有被受專降指揮，即與一司、一路、一州、一縣別制事理一同，亦合各行遵守。專降指揮緣未有明文該載。」詔令刑部申明行下。

八月二十二日，利州路轉運判官高景山奏：「伏覩親民官於令罷任處不得寄居，及見任官不得於所任州縣典買田宅，著于勅令；至若罷任處典買田宅，獨無禁約，臣竊疑之。且寄居猶不可，況罷任處典買田宅乎？臣竊見近時士大夫至有今日解秩，而明日立券殖産者。膏腴之田不素圖之，安可即置？彼既當官之日營營自殖，則臨事豈無高下之心？又況朝解印而暮占籍，與吏民伍，其於害義傷風，豈特寄居之比邪？伏望明立條禁，俾罷任者限以歲月之久，方聽自便。庶足以責其行法治衆，上副朝廷峻等威、厲廉節之意。」詔於條内添入「罷任未及三年者同」。

十月十九日，詔：「自今以民功被賞遷秩者，依戰功法，仍選任在戰功之上。武臣有戰功、犯贓罪者，不得親民，著爲令。」

二十日，刑部奏：「欲依户部擬到紹聖常平、免役令『諸承買場務已給付後，正身有違礙而無同居親主領者，別召人承買』，擬定『主領』字作『掌領』字。」從之。

十二月二十四日，中書省言：「政和四年十月二十日勅：諸以民功被賞轉官者，選任在戰功之上，仍依戰功法；諸有戰功人有贓罪者不得親民。勘會民功人犯罪合追降及準例入重者，除因農田、水利、賑濟、居養、安濟、漏澤違慢外，並合依戰功法取旨施行。」詔令刑部申明行下。

同日，尚書省言《政和賞令》「諸應轉一官者，承直郎以下改合入官；非軍功捕盜者，將仕郎不滿五考，從事郎、登仕郎不滿四考，文林郎、通仕郎不滿三考，並循兩資」等條。詔：「逐條内稱戰功或軍功者，其有民功之人並依戰功法。所有一司一路并應干條法内稱戰功、軍功者，(及)〔令〕六曹及詳定一司勅令所依隨事參照，條具比擬，申尚書省。」

二十六日，將仕郎、充國朝會要所檢閲文字李彌遜奏：「臣仰惟神宗皇帝睿智遠覽，鼎新百度。陛下聖孝繼志，增光益美，纖悉備具。其前後詔條固已載諸甲令，藏在官府矣。然閲時既久，中更廢弛，衝改混殽，申明重複，深慮官吏奉行之際，浸失本指。欲望令在京官司，各具所司應自熙豐之初、崇觀以後被受創行事件元降指揮，編類成書。其諸路郡縣通用者，委自六曹類聚，刊(再)〔印〕頒降。

仍乞申戒内外常切遵執。」詔令在京内外官司各條具元豐、崇觀以來見行及衝改事件申尚書省。

五年四月十六日，刑部郎中李[29]繹奏：「伏覩《政和令》：『諸命官將校犯罪自首，遇恩全原、去官勿論者，具事因及條制申尚書省或樞密院。』緣自來在外官司於狀内多不如令詳具有無專條戰功，别犯併計，却致刑寺再行取會，動經歲月，莫能結絶。欲乞立嚴禁，使之遵守，庶幾革去迂滯滅裂之弊。」詔依奏，仍令刑部立法申尚書省。又都省勘會：「今來令官司事因狀内詳具有無戰功等，其民功亦合一就立法。」從之。

八月九日，手詔：「法以制人，不以便己，故法出于至公，無牽於私意。稽考《元豐官制》，刑部爲議法之官，尚書省爲創法出令之地。今有司請立法，往往自便。應脩勅令格式，並歸一司勅令所，候脩畢，送刑部議定立法，申尚書省詳覆，取旨頒行，如《元豐格》。其逐處見編脩官吏並罷。」

十三日，詔：「一司勅令所張官置吏，以删立法令爲職。而有司輒自請立法，不歸本所立文，蓋欲自便。近降指揮申飭，以革其弊。訪聞勅令吏人往往不習法令，又多三省、樞密院給使之人，食其俸而身不在役，以故法久不成，虚縻廩禄。可自今並不得差三省、樞密院人，其見在吏人並行試補，汰其不能者。如違，以違御筆論，仍仰御史臺彈奏。」

十一月十二日，尚書度支員外郎張動奏〔一〕：「竊以東南六路上供糧斛，歲額數百萬石。前此真、楚等有轉般七倉，其掌管官吏、裝卸兵卒，糜費至廣，弊亦如之。自陛下灼見利病，講究直達，出于宸斷。推行以來，舳艫相銜，萬里不絶，雖五湖之遠，皆應期而至。不唯省轉般之勞，而絶侵盗失陷之弊，内外刑獄爲之一清，兹實萬世之利。臣自承朝旨差委編修，遂參照政和四年六月二十日以前所降直達綱條勅及申明、指揮，修立成書，并看詳共成一百三十一册，總爲一部，計二十複，並已經尚書省看詳訖。所有前後應干指揮，已係新書編載者更不行用；其不係新書所收，文意不相妨者，并七月一日以後續降指揮，自合遵守奉行。謹具進呈。如允所奏，先付本部鏤板頒行，内釐送條件限十日録送所屬。」從之。

六年閏正月二十九日，詳定一司勅令王韶奏：「修到《勅令格式》共九百三卷，乞冠以『政和』爲名，鏤版頒行。」從之。

六月五日，户部尚書、兼（許）〔詳〕定一司勅令孟昌齡等奏：「今參照熙寧舊法，修到《國子監律學勅令格式》一百卷，乞冠以『政和重修』爲名。」詔頒行。

十三日，禮部尚書白時中等奏：「今將《崇寧貢舉（去）〔法〕》改修到《御試貢士勅令格式》總一百五十九卷，乞冠

〔一〕張動：原作「張勳」，據《宋史》卷二〇四《藝文志》三改。

以『政和新修』爲名。」詔頒行。

七年四月十六日，詳定一司勑令所奏，脩成《吏部侍郎左右選條例》，詔令頒行。詳定官孟昌齡等更候三次進書取旨推恩。

五月二十七日，禮制局編修《夏祭勑令格式》頒行。詳議官兵部尚書蔣猷、保和殿學士蔡攸、顯謨閣待制蔡絛各轉兩官。30 承受官中侍大夫、青州觀察使鄧忠仁更不推恩。檢詳官辟（廱）〔雍〕司業尚佐均、朝奉郎郭三益、徐秉哲、太常博士王昇、承議郎王沔、奉議郎杜從吉、正字李陞、迪功郎崔造各轉一（各）〔官〕，減三年磨勘；選人改合入官，仍減二年磨勘。檢討官倪登、王庭老各轉一官，選人比類施行。

八月九日，中書省言：「檢會律文『在官犯罪，去官事發，犯公罪流以下勿論』，蓋爲命官立文〔一〕。後來勑文相因修立，掌典解役謂出職歸農，已離本司，及勒停永不收叙〔二〕。亦同去官免罪。如此，若犯罪之後，則生姦弊，解役歸農，僥免重罪，兼與命官犯罪去官不同。」詔：政和勑內掌典解役者聽從去官法一節删去不行。

二十五日，臣僚上言：「竊以比年以來，六曹等處申請因事立法，指定刑名者甚衆，或乞依某條，或乞（料）〔科〕某罪。閱時滋久，陳請猥多，本末輕重，不無舛紊。臣謹按《政和令》，因事奏請立（治）〔法〕，不得指定刑名。法意詳盡，理應遵守，而亦有專一科罪指揮，是致玩習，無所畏憚。欲望特降睿旨，凡因事應立法而輒定刑名者，乞嚴立斷罪條法施行，庶使便文自營之人知所懲戒。」詔令勑令所立法，申尚書省。

十二月二十八日，樞密院言：「修成《高麗勑令格式例》二百四十册，《儀範坐圖》一百五十八册，《酒食例》九十册，《目録》七十四册，《看詳卷》三百七十册，《頒降官司》五百六十六册，總一千四百九十八册，以《高麗國入貢接送館伴條例》爲目，繕寫上進。」詔送同文館遵守施行。

八年四月二十四日，中書省言：「檢會諸受制書急速者，當日行下，遇夜收到，限次日午時前；非急速者，限一日。諸承受御筆處分，無故違限一時者徒二年，一日加一等，三日以大不恭論。看詳：承受御筆處分理宜虔恭，不可稽緩，然謄寫指揮或遇假及出者，齎就宰執書押用印，并入夜有門禁限隔，理宜立限行遣，而元條未曾立行下之限。」詔於「制書」字上添入「御筆」二字。

五月十八日，臣僚言：「方今政事所先，理財爲急務。比者已詔諸路，而《旁通格》會元豐以來財用之數，將乘其出入，通其有無，以制國用。又因建利者之言，推明榷酤、鹽鐵、里衍等事于四方。是數者皆宜講求畫一之法，使當於人情，宜於久遠。乞依元豐條例司、崇寧講議司故事，置

〔一〕爲：原作「謂」，據《文獻通考》卷一六七改。
〔二〕此注原作正文，據文意改。

經制司於尚書省，領以宰臣，措置官吏，專責推行，以幸天下。」詔：「諸路所上《旁通格》并日近臣僚推明財計等事，可付編修《聖政録》官講畫，分別條目。仍差高伸、李棁、柳庭俊、王安中、劉嗣明爲詳議官，張大亨、張灝、丁彬、王禮、李子奇爲檢閲官。」

重和元年十二月十三日，殿中省編脩《六尚法》書成，詳定官蔡行、少監趙士謡、删定官李佖、高堯臣各轉一官，檢閲文字、手分各轉一官，書寫人、書奏、通引、進奏官各減二年磨勘，依四年法比折。内未有名目人31候有名目日收使，願换進義副(刷)(尉)者聽。諸色人共四十一人，賜錢一百貫文，付本所等第支給。

宣和元年五月十九日，中書省言：「檢會臣僚上言：『臣聞天下之所恃以爲治者曰法，而勅令格式者法之具也。臣契勘一司勅令所上下官屬無慮三十餘員，而詳定官居半，臣竊怪之。今詳定官類多中臺長貳或侍從官領宮祠者兼之，蓋甚重也。然中臺長貳或各有本職，使其究心力，或有所不給，而侍從官領宮祠者，朝廷本以優賞，不可責以職事。且十羊九牧，甲可乙否，爲屬官者將奚所取正而爲之適從？非特如此，凡兼詳定，其賞給、人從之類率皆添給，又書成奏功，例有增秩之賞。此在朝廷，固不較其多寡也，誠恐于法(誠)(令)之損益利害實未有補，而徒爲此紛紛爾。伏望睿斷量立員數，擇其練達典章、深曉法令者，俾兼詳定，則著勅令格式，以輔成一代之治，豈小補哉！』奉旨：員額、犒設等令尚書省措置取旨。勘會：詳定檢閲官已有立定員額外，詳定官係臨時取旨差除，難以立額。」詔：「本所官請給並依九域圖志所則例支破，不得例外添破酒食犒設之類，違者以違制論。」

八月二十四日，詳定一司勅令所奏：「新修《明堂勅令格式》一千二百六册，乞下本所雕印，頒降施行。」從之。其後詔經進書官吏各轉一官資，選人改合入官；不經進書人依例減三年磨勘，人吏願補進義副尉者聽；不係首尾人，依例減二年磨勘。

二十五日，成都府路提刑司奏：「乞今後有盜昊天玉皇上帝、諸州天慶觀聖祖殿、及神霄玉清萬壽宮殿内供獻之物，未有專一斷罪條法。」刑部、大理寺今具下項：「諸盜大祀神御之物者流三千三百里。謂供神御，凡其餘儀仗亦同。其擬供神御謂營造未成者。及供而廢闕、若饗薦之具已饌呈者徒二年，饗薦謂幣牲牢之屬，饌呈謂已入於所經祀官省視。未饌呈者徒一年半，已闋者杖一百。已闋所接神御。若盜釜甑刀匕之屬，並從常盜之法。勘會盜昊天玉皇上帝及聖祖殿内供獻之物，自合引用盜大祀神御之物斷罪外，神霄玉清萬壽宮内供獻之物雖未有明文，理當比附前項條令斷罪，欲申明行下。」從之。

十月三日，刑部尚書王革奏：「契勘鞫獄干證無罪之人，依《政和令》合責狀先釋。自來不曾立限，遂致縱留動經旬月。伏覩《開封府令》有不得過兩日之文，其餘官司與外路理合一體立法。若違限不放，亦未有專一斷罪條約。欲望付有司參詳，以《開封府令》修立海行並違限刑名，頒下在京刑獄官司並諸路遵守。」詔令尚書省立法。今增修下條：「諸鞫獄干證人無罪者，限二日責狀先放。其告捕及被侵（捐）〔損〕人唯照要切情節，聽暫追，不得關留證訖，仍不得隨司即證。徒以上罪犯人未録問者，告示不得遠 32 出。衝改本條不行者，鞫獄干證人〔無〕罪應責狀先放，而於令有違者，論如官文書稽程律計日，罪者杖六十。」從之。

十二月二十八日，尚書省言：「措置到《詳定一司勅令所事件》一册，〔詳〕定官係以十員爲額，内四員欲乞元選曾任刑法差遣或通曉刑法之人承替。額内已改官先到□□令今後依此選除。其餘額外人依已降指揮，滿資日罷任。一、勘會勅令格式，昨降指揮，須歸一司勅令〔所〕編修，革其自便。其詳定官編修到本局勅令，亦與簽書，顯屬妨嫌；自〔今〕係修本職條令，並免簽書，更不干與。」從之。詳定官今後以三員爲額。

二年八月二十七日，刑部狀：「詳定一司勅令所修立到：諸綱運，緣路官司輒截留附搭官物者，於行程内批書兩相情願附搭者同。當職官吏並徒二年，命官先次衝替，人吏勒停。即乞衝改拘截附帶他物者以違制論、發運司常加覺察等條，本部已議定立訖。」從之。

三年五月九日，詳定一司勅令所奏：「今將兩浙、福建路供到皇祐以後至政和三年終應干條制册，修成《勅令格式》進呈。」詔依奏頒降施行。

六月二十七日，提舉利州路常平韓思儼奏：「切見朝廷逐時頒下申明續降條制，但以年月先後編次，月日寖久，在官者未能通知，姦吏因之得爲輕重。乞（照）〔詔〕有司，應被受見行勅令逐門編入，庶使良法美意粲然易見。」詔令尚書省立法。

四年十二月二日，知平陽府商守拙奏：「伏覩舊法，鄉村居民會要處許置爐造熟鐵器用，即不該載鎮寨。切詳諸路州郡所管縣鎮多寡不同，河東、陝西縣多而鎮少，河北、京東縣少而鎮多。其逐鎮居民人烟過于河東縣分，兼各有知鎮或監官，並管烟火賊盜，注親民資序，及有巡尉去處，自可責委覺察，奉行條令。今欲乞諸路有監官鎮寨内亦許置爐造熟鐵器用。若私造禁兵器等，並依上件罪賞施行。只乞於前項條内『州縣城外』字下添注入『鎮寨有監官兼烟火公事處同』一十（三）〔二〕字，庶得法意周盡，即不衝改前後條貫。」從之。

五年八月十四日，刑部增修下條：「諸重禄案吏人輒引非本宗同居緦麻以上親罷役吏人雖親亦同。在案及書寫文書者，并引人犯贓與同罪。」從之。

欽宗靖康元年四月二十日，大理卿周懿文言：「《勅令格式》自熙寧以後四經編修，率不踰十年；《元符勅令》行之最久，經十二年，亦重修纂。見行勅令自政和三年頒行，迨今一十五年，未再編次，其間緣因革建明，條目至多，抵牾乖戾，無所適從。乞下勅令所編次。」從之。

九月十二日，臣僚言：「祖宗以來，皆有一定之法，若所謂皇祐、嘉祐、元豐等《編勅》是也。因事更改，則隨條貼說，有司易于奉行，天下皆可循守。自蔡京當國，欲快己私，恐人擬議，遂乞降御筆手詔，出于法令之外，不復經由朝廷，有33司得之，遂爲定令。或因人而請，或因事而設，前後自相抵牾者甚多。乞自今年以前，凡所降御筆手詔，内令省曹寺監、諸司，外令監司、諸州縣，各具録類聚，繳申朝廷，付勅令所將祖宗及見行條貫參考删修成書，然後頒行。目下内外官司並乞且用元豐、嘉祐《編勅》，以俟新書之成。」從之。以上《續國朝會要》。

高宗建炎二年四月三十日，福建路提刑司言：「靖康元年以前所降御筆手詔、或御批手詔、或御筆、或手詔、或御寶批、或御筆依奏、或御寶批依奏、或御筆依擬定之類，未審合與不合亦同御筆手詔引〔入〕見行條法。」詳定一司勅令所看詳：「靖康元年九月十三日指揮：御筆手詔令勅令所重行參修。所有御批手詔、或御筆、或手詔、或御筆依奏、御筆依擬定、御寶批、及批依奏詳定之類，亦合依元降指揮施行。」從之。四年二月二十三日德音〔一〕：「自今除靖康元年正月一日以前御筆係出於法令之外依累降指揮施行，其餘減杖、恤刑之類者並合依舊遵守。」

五月十日，滁州推官趙伯總言：「比年以來，法令變更，易於反掌。且如靖康元年九月十三日議者乞用元豐、嘉祐之法，仍候脩書之成。殊不知兩法之中，自相抵牾者固多。雖嘗行之，至十月十四日，則又律令用嘉祐格〔二〕，擬斷依元豐條，仍行一司一路等法，餘依已降指揮，是前日申明又衝改矣。至靖康二年四月二十八日，再檢會速令申明，其餘海行等法不係御筆手詔修立者自合依舊引用，所有十月十四日指揮更不施行。以此觀之，則是前弊略不能革，數易之後，尚乏成書，參考删修，徒爲虚設。乞付有司議定，專用一年之法，即不得輒引相妨之文，以紊成憲。」詔：「本無御筆手詔者，自合依舊引用政和海行等法。恐諸處疑惑，令申明施行。」

三年四月八日勅：「自今並遵用嘉祐條法。内擬斷刑名，嘉祐與見行條制輕重不等，並從輕；賞格即聽從重。其官制所掌事務格目及役法等，有引用窒礙，或該載未盡事件，並令有司條具以聞。」既而刑部侍郎商守拙條具：「欲將鬭毆盜博引用嘉祐條外，其餘將嘉祐與政和勅參酬相照，合從輕，謂如畧和誘人爲人力女使，《嘉祐勅》依畧和誘人爲部曲律減一等，《政和勅》論如爲部曲律，合從嘉祐減一等之類。賞典之類並合從重，謂如獲盜黄汴河官木，《嘉祐勅》一名杖罪、錢五貫，《政和勅》每人杖罪、錢二十貫，合從二十貫之類。責限條約之類並合從寬。謂如《嘉祐勅》犯罪經官司斷遣，屈抑者聽半年内披訴，與重勘，《政和勅》稱事已經斷

〔一〕「四年二月」以下原稿單作一條，然據文意，當是緊接上文續叙後事，不當提行，否則前後年代錯亂。

〔二〕律令：原作「祿令」，據《建炎雜記》甲集卷四、《兩朝綱目備要》卷五改。

而理訴者，一年内聽乞別勘，即合從一年内之類。其一司、一路、一州、一縣、在京、海行，及嘉祐所不該載，如免役、重禄、茶鹽、香礬、六曹通用等事，並合依見行條法。若事干軍政邊防機密，漏泄、聽探，34情理深重，并修書未成間，《嘉祐勑》與見行條法相照引用，窒礙者並合取自朝廷指揮。」從之。至四年十月二日，重修勑令所再條具嘉祐法疑礙項目申請，奉詔：「遵依嘉祐成法外，情犯刑名至有輕重，亦難以並依。令本所隨事損益參酌，務要曲盡人情法意。仍依已降指揮，將合行增損刑名擬定以聞。」

四年六月七日，大理卿、兼同詳定一司勑令王衣言[一]：「修勑舊例，關報刑部，遍下諸州軍等處，出榜曉示諸色人等，陳言《編勑》利害，於所在州縣投陳，入急脚遞，發赴都進奏院，本院赴部，所投下。如看詳得委有可采，即保明申朝廷，乞與推恩。仍乞以『詳定重修勑令所』爲名[二]，就用見使印記，將見在勑局與大理寺供職官并力，同共依元降指揮對脩，止請見任請給。」從之。

十日，勑令所言：修勑舊例，合差提舉官。詔差范宗尹提舉，張守同提舉。既而又言：乞將以次所差官於銜内帶删定官及編脩官。詔詳定一司勑令所删定(言)〔官〕兼重脩勑令删定官，詳定一司勑令兼詳定重修勑令，同詳定一司勑令兼同詳定重修勑令，大理寺官兼詳定重修勑令删定官。

八月一日，臣僚言：「自渡江以來，官司文籍散落，無從稽考，乃有司省記之説[三]，凡所與奪，盡出胥吏，其間未免以私意增損，舞文出入。望下省部諸司，各令合干人吏將所省(已)〔記〕條例攢類成册，奏聞施行。内吏部銓注條例乞頒下越州雕印出賣。」詔六曹百司疾速條具申尚書省。紹興元年四月二十四日，詔：「百司進呈條册，候降到頒行，各具册抄録送刑部，仍逐季具有無衝改、續降關報。如有差漏及違慢不報，即依舊制人吏杖一百。」十月二十九日，又詔：「先令左右司郎官以省記之文刊定頒行，恐不能專一，可改送勑令所立限刊定，鏤版頒降。内吏部條法最爲急務，責限一月，餘並限一季成書。」紹興三年三月十三日，從臣僚所請，復詔令百司各將已省記條例與合爲永格。續降指揮先委本處當職官吏精加看詳，置册分門編纂，申納朝廷。如有所隸去處，即申所隸審覆圓備，送勑令所看詳，取旨頒降，逐處收掌。所有合用紙筆朱墨等，各具合用數目申所屬應付。其後諸司編類到省記條令，並從勑令所看定訖，取旨頒降。

四(月)〔日〕，勑令所言：「奉詔將嘉祐與政和條制對修成書，本所節次往鄰近州軍抄録續降等文字，未到。竊慮坐費歲月，難以成書，除已降嘉祐、政和條法參照先次删脩

[一] 衣：原作「依」，據《玉海》卷六七改。
[二] 爲：原作「謂」，據《玉海》卷六七改。
[三] 省記：原作「省己」，據《建炎要録》卷三六改。

外，緣其間有情犯重而刑名輕，或立功輕而推賞重者，乞從本所隨事損益，參酌擬脩。」從之。

十月二十一日，刑部員外郎王綱等言：「律稱日者以百刻，稱年者以三百六十日。竊詳上條既言稱年以三百六十日，即是一月係三十日爲限。諸條及指揮内有以月爲限者，（爲）〔謂〕如軍人 35 許首身之類適當在三十日，而遇小盡者，有司往往便以二十九日爲月引用，却作違限。蓋緣未有明文，遂致疑惑。」詔尚書省行下。

紹興元年五月二十三日，詳定重修勅令所言：「伏覩赦書：應仁宗法度理合舉行，可自今並遵用嘉祐條法，將《嘉祐勅》與《政和勅》對修。本所今將《政和勅》並《嘉祐勅》先次參脩，書成，乞先次進呈，鏤版施行。」詔依。於五月二十八日進呈畢，詳定官韓肖胄續請編脩官吏除詳定官乞不推恩外，望依政和進勅例施行。詔：「重修勅令所費用浩大，仰本所官疾速刊修，候成書日，一並優與推恩。」

八月四日，參知政事、同提舉重脩勅令張守等上《紹興新勅》一十二卷[一]，《令》五十卷，《格》三十卷，《式》三十卷，《目録》一十六卷，《申明刑統》及《隨勅申明》三卷，《政和二年以後赦書德音》一十五卷，及《看詳》六百四卷。詔自紹興二年正月一日頒行，仍以《紹興重修勅令格式》爲名。先是建炎三年四月八日指揮，可自今並遵用嘉祐條法。於是下勅令所，將嘉祐與政和條法對修。至紹興元年五月二十八日先修勅一十二卷進呈訖，至是續修成（令）〔令〕、格、式並申明等上之。詔詳定官權工部侍郎韓肖胄落「權」字，同詳定大理卿王衣除權刑部侍郎。見在所并已離所删定官宣教郎鮑延祖、劉一止、曾恬、宣義郎李迒、文林郎何許、胡如壎、修職郎王洋、迪功郎李藹、陳戣、虞澐、陳康伯、張域、大理寺官兼删定官大理正孔仲京、大理丞孫光庭、張柄、路彬、大理評事趙公爟、許大英、檢閲文字使臣、兩經進書人各轉一官，内選人改合入官，並更減二年磨勘。一經進書人各轉一官，選人改合入官。不經進書人減二年磨勘，選人循一資，無資可循人與改次等合入官。知雜司、法司、編修手分、開拆司以下等第推恩。後詔温州都孔目官陳邦材，令本州支賜絹一十疋，以本州供報抄録政和以來續降詳備故也。

二年八月二十九日，臣僚言：「自頒降《紹興新書》之後，恐官司申請創立條禁或增重刑名，寖失祖宗立法之意。乞令有司如遇臣僚續有申請，並檢會昨用嘉祐法參酌修書元降指揮，參照修立施行。」從之。

三年九月五日，權刑部侍郎兼詳定一司勅令章誼言：「朝廷比修《紹興勅令格式》，簡編浩博，衆議紛紜，書務速成，論靡專決，去取之間，不無舛錯。厥今頒在有司、州縣權行，漸見抵牾。欲承疑遵用，則衆聽惑而不孚；欲因事

[一] 同：原作「司」，據《建炎要録》卷三四改。

申明，則法屢變而難守。望詔監司、郡守與夫承用官司〔一〕，參考祖宗之舊典，各摭《新書》之闕遺〔二〕，悉隨所見，條具以聞，然後命官審訂，删去訛謬，著爲定法。」從之。

十五日，詔：「今後執政官留身奏事，並依宰臣條例。其閤門見行條令，勑令所删修。」

十八日，勑令所看詳：「臣僚陳請：『吏部七司近因申請，修立到人吏 36 犯贓，同保人停降編管斷罪之法。自降指揮後來，銓曹之吏稍知畏戢。然獨行於吏部七司，而户部以下諸司亦莫之行。乞將上條並入《尚書六曹寺監通用勑令》施行。』本所看詳：渡江以來，銓部案籍不存，遂以《大觀六曹寺監通用勑令》條立法禁。今欲將《吏部七(旬)〔司〕通用勑令》並入《大觀尚書六曹寺監通用勑令》施行。」從之。

二十七日〔三〕，尚書右僕射、同中書門下平章事朱勝非等上《吏部勑》五册、《令》四十一册、《格》三十二册、《式》八册、《申明》一十七册、《目録》八十一册、《看詳司勳獲盜推賞刑部例》三册、《勳臣職位姓名》一册，共一百八十八册。詔自紹興四年正月一日頒行，仍以《紹興重修尚書吏部勑令格式並通用勑令格式》爲名。先是建炎四年八月一日，臣僚言：「渡江以來，官司文籍散亡，無從稽考，乃有司省記之説，未免以私意增損出入。乞下省部諸司，各令合干吏人將所省記條例攢類成册，奏聞施行。」詔令六曹百司疾速條具，申尚書省。紹興元年十一月二十九日，又詔：吏部條法最爲急務，令勑令所限一月先次鏤板。續詔以廣東轉運司録到元豐、元祐吏部條法，與吏部七司省記到元豐、崇寧看詳，政和重修格式，及天聖七年以後案例，至紹興三年七月二十四日續降指揮條册，參酌修立，依限頒降。時禮部尚書洪擬、兵部侍郎章誼爲詳定官，左承議郎宗庠、左通直郎張博、左從政郎李材、魏良臣、左修職郎金安節爲删定官。相繼修到尚(書)左右、侍左右、司勳、司封、考功條。而勑令所切言〔四〕：「前項條法雖已申納尚書省，緣七司條法所繫非輕，自來凡有成書，並經聖覽，方始頒行。」詔令繕寫投進。至是上之。有旨，曾編修進書詳定官各特轉一官，删定官各減三年磨勘，知雜司、編修手分、書寫人以下各等第推恩。

四年三月二十七日，刑部言：「政和二年七月一日以後至建炎四年六月終續降，係參酌删修成《紹興新書》，見今遵用外，其建炎四年七月一日以後至紹興三年十二月終海行續降指揮，昨緣本部遺火不存，已下湖、温州抄録到續降指揮，見行編類，鏤版頒降。其紹興四年正月一日以後續降指揮，合依舊法，春秋編類，頒降施行。」從之。

四月二十四日，前廣南東路轉運判官章傑言：「朝廷

〔一〕郡：原作「都」，據《歷代名臣奏議》卷二一三改。
〔二〕各：原無，據《歷代名臣奏議》卷二一三補。
〔三〕按：《建炎要録》卷六九記於十月二日癸未。
〔四〕切言：「切」字或衍或誤。

自渡江以來，圖籍散亡，官曹決事無所稽據。臣爲郎時，嘗乞下諸路編緝。繼而備使嶺外，於是徧行所部搜訪，繕寫到祖宗以來條令及纂集前後續降指揮，凡一千十八卷，并地圖一十面。望下有司更加訂正，然後頒之列曹。」勑令所看詳：「章傑抄録條册內，户部一司計一百九册，共一百八十卷。今將目録勘逐部當行人契勘已有未有條令名件開坐在前，乞將户部一司降付本部，參照見行條令遵守照使。如有相 37 妨窒礙者，即從本部看詳施行。」詔：章傑抄録到條册內，事干六曹，分送逐部看詳以聞。

五年三月一日，詔監司、(師)〔帥〕守限一月條具逐路州縣被受專法，修寫成册，申尚書省。蓋以兵火之後，州縣(授)〔援〕專法申述，朝廷無所考據，往復詰問，久而不決，因臣寮上言，故有是命。

六年八月十八日，刑部員外郎周三畏言：「國家昨以承平日久，因事增創，遂有一司、一路、一州、一縣、海行勑令格式，與律法、《刑統》兼行，已是詳盡。又或法所不載，則律有舉明議罪之文，而勑有比附定刑之制，可謂纖悉備具。乞自今除朝廷因事修立一時指揮外，自餘一切，悉遵見行成憲。」從之。

九月二十一日，尚書右僕射、同中書門下平章事、提舉詳定一司勑令張浚等上《禄秩新書》：《海行勑》一卷，《在京勑》一卷，《海行令》二卷，《在京令》一卷，《海行格》一十一卷，《在京格》一十二卷〔一〕，《申明》一十五卷，《目録》一十三卷，《修書指揮》一卷，《看詳》一百四十七卷。詔鏤版施行。初，臣僚起請，乞下詳定一司勑令所將嘉祐、熙寧、大觀《禄令》并政和《禄格》及前後所降指揮，詳定成法，修爲紹興新書。本所尋將嘉祐以來并政和元年十二月以後二十五年續降指揮，先次編修到紹興海行文武官請受并在京宰執、親王、侍從、卿少、員郎、丞簿而下職事官應干請給勑令格等。至是書成上之。詔離所提舉官資政殿學士、提舉臨安府洞霄宮沈與求，詳定官顯謨閣待制、知福州張致遠，見在所詳定官吏部侍郎晏敦復，删定官右從事郎方穎、(在)〔左〕宣教郎王居修、(在)〔左〕從事郎張庭俊、左迪功郎李朝正、右迪功郎方扔，並各轉一官；內選人改合入官。見在所詳定官户部侍郎王(候)〔俣〕落「權」字，離所删定官減二年磨勘，人吏已下等第推恩。

七年四月八日，左司員外郎樓炤言：「兵火以來，文書闕逸，頻年省記，品式粗周。而因緣申請者至今未已，務爲一切，紛亂舊章，甚者至于徇人而變法，用例以破條，甚非法守之義。此而不革，法將廢矣！望飭中外官司，自今恪守成法，無得輕議衝改，及已有明文者不得用例。」從之。

是年閏十月二日，左正言辛次膺奏：「近有廢法而用

〔一〕據後八年「十月三日」條及《玉海》卷一三五所述此次所上《禄秩新書》，內《格》(含《海行格》、《在京格》)共二十五卷，而此處海行、在京相加止二十三卷，當有誤。

例者，且以二事言之：故侍從、執政之家用致仕、遺表恩澤，乃援例而補異姓者；特奏名進士及以恩例補文學之人，不候赦恩，乃援例而參部者。且事或無條，乃可用例；事既有條，何名爲例？一例既開，一法遂廢。望今後凡有正條，不許用例。」詔（中）〔申〕嚴今年四月八日指揮行下。紹興九年二月九日[一]，御史中丞勾龍如淵言：「有司用例之害有四，大略以胥吏私自記録，並緣有姦。乞將官司應干行過舊例，委官搜檢，並行架閣；並吏人私記録者，重立罪賞，限十日首納燒毀。仍飭有司，今後一切以法令從事。而訴事之人敢輒引例者，官員[38]徒一年，百姓杖一百。」詔勑令所取索百司行過舊例，删修取旨。

八年六月十九日，尚書左僕射、同中書門下平章事、兼樞密院使趙鼎等上《諸班直諸軍轉員勑》一卷、《格》一十二卷、《親從親事官轉員勑》一卷、《令》一卷、《格》五卷。詔降付樞密院行使，仍以《紹興樞密院諸班直諸軍轉員勑令格》及《紹興樞密院親從親事官轉員勑令格》爲名。

十月三日，尚書右僕射、同中書門下平章事、提舉詳定一司勑令秦檜等續上《禄勑》一卷、《禄令》二卷、《禄格》一十五卷，《在京禄勑》一卷、《禄令》一卷、《禄格》一十二卷，《中書門下省尚書省令》一卷，《樞密院〔令〕》一卷、《格》一卷，《尚書六曹寺監通用令》一卷，《大理寺右治獄令》一卷，《目録》六卷，《申明》六卷。詔自紹興九年正月一日頒行，仍以《紹興重修禄秩勑令格》爲名。先有詔將嘉祐、熙寧、大觀禄令并政和禄令格及政和元年十二月十七日後來續降指揮編修，除已先次脩成《勑》二卷、《令》三卷、《格》二十五卷、《目録》一十三卷、《申明》一十五卷、《修書指揮》一卷、《看詳》一百四十七卷，于紹興六年九月二十一日進呈訖，至是續脩上焉。詔詳定官吏部侍郎晏敦復、户部侍郎李彌遜、見在所删定官右迪功郎方疇、任紳、左迪功郎李郁並各轉一官，内選人依條施行；曾經修書離所删定官減二年磨勘。

九年十月二十五日，臣寮言：「紹興法令，著爲成書，願飭有司，成法具載方册者務在固守，無輒時加新意，妄議增損。」詔令勑令所取索内外申明、續降指揮，看詳可以永久通行者，編類成法，餘並取旨。十一年十一月二十七日[二]，臣寮言：「自紹興修法成書之後，十年之間，或因州郡申請，或因臣寮建明，創立條禁，增減刑名，衝改不一，是爲續降指揮。乞令監司委屬官、州委司法、縣委主簿，各將被受續降指揮，依勑分門編類成書。仍于紹興法中應衝改條内，分明貼出『照某年月日續降衝改指揮』，長吏再行照對，不得漏落。」詔依。十三年六月十五日，尚書刑部員外郎李景山言：「紹興重修法令成書，頒行甫及一紀矣。然

[一] 九年：原作「元年」，據《建炎要録》卷一二六改。
[二] 原稿「十一年」以下分段另作一條。按，以下同論紹興法，文意相接，不應分條，否則年代錯亂，今連寫。

其間或親頒詔旨裁定刑名，或因修别條衝改不用，雖皆已得指揮見行遵用，而勑令格式仍舊未改。誠恐姦吏得以舞文，望詔有司將見頒勑令格式參定改正，别行頒印。」詔令勑令所增修頒降。

二十七日，詔：「今後勑令所删定官，差曾任親民，參用刑法官。」

十年十月七日，尚書右僕射、同中書門下平章事、提舉詳定一司勑令秦檜等上《在京通用勑》一十二卷、《令》二十六卷、《格》八卷、《式》二卷、《目録》七卷、《申明》一十二卷。詔自紹興十一年正月一日頒行，仍以《紹興重修在京通用勑令格式》爲名。先是紹興六年六月一日，大理正張柄言：「伏見國家修復舊章，以幸天下，如紹興新書，係將嘉祐、政和勑參 39 酌成書，其於常法之外增立條制並一切删去。以至兵火後來省記到一司專法，盡經左右司及勑令所逐一參酌詳定，然後引用。惟是大觀《在京通用》至今依舊遵守，兼内有已經衝改、不該引用之文，尚載典册，頒之郡縣百司及車駕臨幸之所在，於觀聽實爲未允。乞送修立官司逐一看詳删削。」詔令詳定一司勑令所重别删修頒降。勑令所言：「欲乞將《崇寧在京通用條法》，自崇、觀後來至紹興八年六月終應受續降指揮，修爲紹興新書。檢會一司專法内又各釐正在京通用，并大理寺又有崇寧續附在京法。緣昨來所得聖旨内未曾有前項釐正、續附二件條法名色。」有旨令編寫修入。至是上之。時尚書右僕射秦檜提舉，參知政事孫近同提舉，刑部侍郎陳棗詳定，大理卿周三畏同詳定，左奉議郎周林、右宣教郎陳抃、左從政郎石延慶、左迪功郎方雲翼、何逢原爲删定官。詔本所官吏等該首尾修進詳定、删定官並各轉一官，選人改合入官；經修不經進書詳定、删定官各減二年磨勘；以下人吏等第推賞。

十一年八月九日，臣寮言：「《紹興保狀式》：若係毁失付身之類，並結除名編置之罪，所以深防欺詐，重示誡懲，使人知法之不可犯，不可輕任此責也。然稽之見行條法，則罪不至於是，使無辜去失之人益艱於求保。望詔有司，今後保狀結罪之文止稱甘伏朝典，一從抵罪之法。」詔令吏部改定狀式（之）〔以〕聞。

十二年十二月十四日，太師、尚書左僕射、同中書門下平章事、提舉詳定一司勑令秦檜等上《六曹通用勑》一卷、《令》三卷、《格》一卷、《式》一卷、《目録》六卷、《寺監通用勑》一卷、《令》二卷、《格》一卷、《式》一卷、《目録》五卷、《庫務通用勑》一卷、《令》二卷、《目録》四卷、《六曹寺監通用勑》一卷、《令》二卷、《格》一卷、《式》一卷、《目録》五卷、《六曹寺監庫務通用勑》一卷、《令》一卷、《格》一卷、《目録》三卷、《寺監庫務通用勑》一卷、《令》一卷、《目録》二卷、《申明》四卷。詔自紹興十三年四月一日頒行，仍以「紹興重修」爲名。先是紹興六年六月一日，大理正張柄言：「《大觀六曹寺監庫務通用法》内有已經（重）〔衝〕改，乞送修立官司逐一看詳。」詔下勅令所重别删修頒降。後本所言：欲將《大觀六曹寺監庫務通用條法》自崇、觀後來至紹興八年六月終應受續降指揮，修爲紹興新書。至是上之。時太師、尚書左僕射秦檜提舉，參知政事王次翁同提舉，權户部尚書張澄爲詳定，大理卿周三畏同詳定，左從事郎游操、左從政郎洪适、左脩職郎沈介、〔左〕迪功郎潘良能、右迪功郎張表臣爲删定官。有旨：勅令所編脩大觀六曹寺監等通用條法，依昨進《在京通用令》體例推恩。

十三年閏四月四日，臣僚言：「乞詔有司將祖宗舊法所載『雖累諱後招〔一〕，終因自服，依案問自首』之文仍舊存留，將近修 40 立『再勘方招減一等，三問不承，不在減等』之法，特賜删去。」勅令所看詳：「律云『知人欲告』，（反）〔及〕『案問欲舉』，爲其本情將有發覺，不容隱拒，必須自首，方獲減科。勅云：『因疑被執之人，雖有可疑之迹，贓證既未分明，則無必按之理。若不因其自服，所犯無由顯露。』以此推原律、勅意義，蓋謂因疑被執之人，贓證未明，故可隱拒；雖經累諱後招，終是因其自服，即與『知人欲告』、『案問欲舉』事體不同。所以熙寧勅添立注文，合從（咸）〔減〕等。元符、政和、紹興勅皆以上件舊文詳定成法。至紹（聖）〔興〕六年内，福建憲司申明，嘉祐、元豐（去）〔法〕有曾經盤問，隱拒本罪，更不在首減之例，遂行删去，却添入初問、再問、三問之文，不唯使犯罪之人無自新之路，亦恐知雖首無益，終不自服，反致淹延。今欲從臣寮所請，删去紹興六年八月二十三日限定次數指揮，依舊遵用紹興勅内依案問自首之文。」從之。

十月六日，太師、尚書左僕射、同中書門下平章事、提舉詳定一司勅令秦檜等上《國子監勅》一卷、《令》三卷、《格》三卷、《目録》七卷，《太學勅》一卷、《令》三卷、《格》一卷、《式》二卷、《目録》七卷，《武學勅》一卷、《令》二卷、《格》一卷、《式》一卷、《目録》五卷，《律學勅》一卷、《令》二卷、《格》一卷、《式》一卷、《目録》五卷，《小學令格》一卷、《目録》一卷，《監學申明》七卷，《修書指揮》一卷。詔自來年二月一日頒行，仍以「紹興重脩」爲名。是年二月二十三日，國子司業高閌言：「監學在京日應合行事務，並遵用宣和新修法。昨緣兵火散失，目今别無遵照。雖見存元祐、紹聖條令，皆係舊法，窒礙不同。欲下脩法官司，將元祐、紹聖并見行條法指揮一處詳定（條）〔修〕立。」又言：「昨降指揮，太學并諸路科舉取士，依遵元豐成憲。所有學法在宣和間用元豐以來條件參修，自合以元豐法爲主。今來本監有先省記到元豐學法，及取到秀州元豐學令，並係祖法，乞送勅局參修。」勅令所言：「元祐、紹聖監學條法，照得係國子監、太學、武學、律學等法，共成一部，合（依）〔一〕就參修。其武學、律學條法等包括小學法在内，兼小學條件不多，係在太學法之後附載。」既而高閌復言：「勅令所一就修武、

〔一〕招：原作「詔」，據下文改。

律學法，本監見存建中靖國新法，武、律學法具載詳備，乞將與元祐法參修施行，庶不抵牾。」並從所請。至是書成上之。詔依昨進大觀六曹寺監等通用條法例推恩，禮部、國子監詳審官各減二年磨勘。

十二月二十九日，臣僚言：「蜀中四路差官，著于條令甚詳。昨頒降《吏部七司法》，付之逐路，藏於有司，當職官不能遍曉，參選官（慢）〔漫〕不及知，姦吏舞文，爲害甚大。乞令成都府路轉運司翻印關諸路，依紹興新書，許人收買，所貴人皆曉然。有不依法者，聽于逐路提刑、安撫司陳訴改正。」從之。

十四年五月十七日，大理評事孫敏修言：「《紹興勅》海行條内稱不以赦降 41 原減，若遇非次赦或再遇大禮赦者，聽從原免。而其（問）〔間〕有釐析爲一司專法，如擅支常平司錢之類，既非海行條内所載，有司拘文，不復引用，理實可矜。乞下所屬參酌輕重，除去『海行條内』四字，庶幾釐析爲專法者亦霑恩霈。」刑部看詳，欲如所請。從之。

十六年五月十三日，尚書省言：「已降詔旨，委諸路監司、郡守措置裕民事件。今已條具來上，次第施行。尚慮條目頗多，易成散（浸）〔漫〕，久遠無以稽考，欲委官編類成秩。」詔令吏部侍郎王循友、户部侍郎李朝正編類成册，印本頒降諸路州軍。

十七年十一月六日，太師、尚書左僕射、同中書門下平章事、提舉詳定一司勅令秦檜等上《常平免役勅》五卷、《目録》二卷，《令》二十卷、《目録》六卷，《格》三卷、《目録》一卷，《式》五卷、《目録》一卷，《申明》六卷，《釐析條》三卷，《對修令》一卷，《脩書指揮》一卷。詔自來年三月一日頒降，仍以《紹興重修常平免役勅令格式》爲名。先是紹興六年六月一日，大理正張柄言：「紹聖常平免役條内有已經衝改，願送修立官司看詳。」詔送勅令所參照删修。後十四年二月十六日，勅令所言：「紹聖法脩書後來續降指揮，除（正）〔政〕和三年四月以前係昨修《政和續附法》已參用去取，更不合引用外，欲從本所將政和三年四月一日修《政和續附》已後至今應干續降，與紹聖、政和舊條一處參修。」從之。至是上焉。時太師、左僕射秦檜提舉，刑部尚書周三畏詳定，右儒林郎黄卓、左迪功郎林機、右迪功郎周紫芝、張好問爲删定官。詔依進國子監條（司）〔法〕體例推恩。於是提舉官秦檜依例轉一官，回授賜親屬一名六品服，恩數依轉官例。

十九年六月八日，太師、尚書左僕射、同中書門下平章事、提舉詳定一司勅令秦檜等上《吏部七司》並《七司通（判）〔用〕》、《續降》共二百五十六卷，《目録》三卷，《脩書指揮》一卷。其事干有司及一司、一路、一州等指揮，並行釐出，分爲二十七卷。所有專爲一名或一事一時申請，不該（條）〔修〕入七司條（司）〔法〕者並作《別編》一百四十八卷，共四百三十五卷。詔頒降，仍以「紹興看詳編類吏部續降」爲名。先是紹興十年十二月二十五日，權兵部侍郎張宗元言〔一〕：「應吏部續降指揮，分案條具，〔乞〕命官修飾其便於人、合於理，依倣舊文，編爲一書。」詔令吏部長貳措置。於是吏部尚書吳表臣等言：「今遇每旬具合施行及否者上省，如得允當，乞送勑令所依倣成憲，立文修法。」書成，具勑、令、格、式，別爲卷帙。後勑令所言：「吏部法昨已修至紹興三年四月終，今來合自紹興三年五月爲頭編修。本所逐一取會看詳得其間有事干海行者，有合屬七司者，有係一司或一路專法者，即難以一衮修爲吏部七司法。兼海行及吏部等法各已修爲勑令格式，亦難別爲卷帙。今來吏部具到續降指揮約42二千七百餘件，若不逐一分別編類，竊恐官司引用疑惑。今欲將前項吏部具到指揮，於內將衝改不行或重複及事干海行等條不合收入吏部法者，並別用册編載外，將其餘事干七司合存指揮，並隨事分門，分爲七司及通用編類。」又言：「編類續降至紹興十一年終，所有自紹興十二年至紹興十五年六月終，接續編類。」並從之。至是上焉。時檜爲提舉，刑部侍郎韓仲通爲詳定，右承直郎盛師文、右儒林郎黄然、右文林郎楊迥、右從事郎吳松年、右迪功郎魏師心並爲删定官。詔依常平免役法例推恩。既而秦檜辭免恩命，尋賜檜孫填進職一等，孫女孺人封令人，依例賜對衣、金帶。

十月四日，上與輔臣論：「有司立法不可太重，恐難必行。可諭勑令所檢會日前建明，有不可行者，並須改正。」

二十一年七月二十八日，太師、尚書左〔樸〕〔僕〕射、同中書門下平章事、提舉詳定一司勑令秦檜等上《鹽法勑》一卷、《令》一卷、《格》一卷、《式》一卷、《目録》一卷，《續降指揮》一百三十卷、《目録》二十卷；《茶法勑令格式》并《目録》共一卷、《續降指揮》八十八卷、《目録》一十五卷。詔頒行。鹽法以《紹興編類江湖淮浙京西路鹽法》爲名，茶法以《紹興編類江湖淮浙福建廣南京西路茶法》爲名。先是紹興十九年十月三十日，幹辦行在諸軍糧料院王珏言：「竊以茶鹽之法，祖宗成憲非不詳備，然歲月寖久，積弊滋深。蓋緣州郡申明，或因都省批送，或因陳獻，或因海行，並皆隨事設宜，畫時頒降。比自建炎之後來未編集，例多斷闕，改之〔文〕〔之〕文，無復參照，往往州縣所引專法，間是一時省記，因此黠吏舞文，得以輕重其手。望下勑令所取應係茶鹽文字并續降畫一、見行條法，看詳編定。」于是勑令所言：「尋下諸處抄録到《元豐江湖淮浙路鹽法》，并元豐修書後來應干茶鹽續降指揮八千七百三十件。今將見行遵用條法逐一看詳，分門編類。」至是上之。時太師、尚書左僕射秦檜爲提舉，刑部侍郎韓仲通爲詳定，左迪功郎魏師遜、右儒林郎方涇、左修職郎周麟之、右從事郎何溥爲删定官。詔修進茶鹽法，依吏部七司例皆推恩。

二十三年十一月九日，詳定一司勑令所上《大宗正司

〔一〕兵部：原作「吏部」，據《建炎要録》卷一三八、一四一改。

勅》一十卷、《令》四十卷、《格》一十六卷、《式》五卷、《申明》一十卷、《目録》五卷。詔頒行。先是紹興十四年七月十四日，諸王宫大小學教授王觀國言：「宗室支派散居四方，雖有大宗正一司法令，而難以推行。」禮部取到諸宫院狀：「契勘本司專法係在京日删修，其間有目今權在外難以推行者，或内有合行删修者，請從勅令所删修。」從之。至是書成進呈，上諭輔臣曰：「徧閲所修，甚有條理，可頒降施行。」續詔依茶鹽法進書例推恩。

二十五年九月十三日，太師、尚書左僕射、同中書門下平章事、[43]提舉詳定一司勅令秦檜等上《寬恤詔令》一百六十八卷、《目録》三十一卷、《脩書指揮》一卷。詔頒行，仍以《紹興編類寬恤詔令》爲名。（一九）〔先〕是紹興二十三年八月二十八日，前權知惠州鄭康佐言〔一〕：「陛下臨御以來，詔令爲民而下者十常八九，莫先省刑罰也，薄稅斂也。然親民莫如守令，按察莫如監司。而守令之職，固當精白一意，務使實惠及民；若監司歲内巡歷所部州縣或不周徧，則遐方僻壤，郡邑官吏奉行必有不謹。望飭攸司，自中興以來省刑罰、薄稅斂，凡卹民寬厚之詔令，編類成書，以賜守令。仍令監司歲内分巡所部州縣，務要周徧，以察奉行詔令之當否、官吏之勤惰。」詔下勅令所編類。至是成書上之。有旨依昨修大宗正司法進書例推恩。

二十六年七月二十七日，上諭輔臣曰：「昨來卿等奏陳，近年有司申明續降指揮，多有與祖宗成法違戾去處，已令有司看詳改正，至今不曾具到。」沈該等奏曰：「六部以謂，若一頓更改，恐致紛紛，欲每因一事，便改正一項。」上曰：「此固好，然恐吏輩臨時得以舞文玩法。不若督促，與一番改正。」先是魏良臣乞令省部具續降申明指揮，付有司看詳，庶與祖宗舊法不相背戾，詔從之。至是未上，故有是旨。

十月十七日，詳定一司勅令所言：「本所與實録院、國史日曆所、玉牒所皆係宰執提領一般書局，各有進呈及御前降出文字。本所舊曾差置内侍官充承受并諸司及提舉諸司官，欲依例出差。」詔都大提舉諸司差延福宫使、寧遠軍承宣使、入内内侍省押班李珂，承受官差入内内侍省東頭供奉官、幹辦御藥院兼太一宫李綽。

閏十月一日，臣寮言：「文昌，政事之本。今户部之婚、田，禮部之科舉，兵部之御軍，工部之營繕，以至諸寺監一司專法之外，竊意無條而用例者尚多有之。欲望深詔大臣董正治官，悉令有司子細編類，條具合用之例，修入見行之法。一有隱匿之弊，重寘典憲。」從之。

十二月十五日，尚書左僕射、同中書門下平章事、提舉詳定一司勅令万俟卨等上《御試貢舉勅》一卷、《令》三卷、《式》一卷、《目録》一卷、《申明》一卷、《省試貢舉勅》一卷、《令》一卷、《式》一卷、《目録》一卷、《申明》一卷、《府監發解

〔一〕鄭康佐：原作「鄭唐佐」，據《建炎要録》卷一六五改。

勑》一卷、《令》一卷、《式》一卷、《目録》一卷、《申明》一卷，《御試省試府監發解通用勑》一卷、《令》一卷、《格》一卷、《式》一卷、《目録》一卷、《省試府監發解通用勑》一卷、《令》二卷、《格》一卷、《式》一卷、《目録》二卷、《内外通用貢舉勑》二卷、《(令)〔令〕》五卷、《格》三卷、《式》一卷、《目録》四卷、《申明》二卷、《釐正省曹寺監内外諸司等法》三卷、《修書指揮》一卷。詔可頒降，仍以《紹興重修貢舉勑令格式》爲名。是年正月九日，臣寮言：「國家取士，如棘闈糊名之法，悉沿唐制，而又增廣。立號、謄録、監試、巡鋪，以至代筆、挾書、繼燭，禁戢尤嚴。獨緣試官容私，44 公道不行，或先期以出題目，或臨時以取封號，或假名以入試場，或多金以結代筆。故孤寒遠方士子不得預高甲，而富貴之家子弟常竊巍科。乞下有司重修科舉之法，革去近年容私之弊。如挾書、代筆、繼燭，必欲盡禁；如封彌、立號、謄録，必欲依條；如考校、定去留、分高下，必欲至公；如知舉、參詳、考試官，仍乞御筆點差，以復祖宗科舉之法。」後勑令所言：「科舉取士，一宗條令盡載《貢舉法》。係自崇寧元年七月修立，經今五十餘年，其間衝改及增立名件不少，前後所降申明，州縣多不齊備。欲將上件《崇寧貢舉條法》逐一取索，重修施行。」從之。時宰臣万俟卨爲提舉，户部侍郎王(俁)〔俣〕爲詳定，右宣教郎柳綸、右宣議郎魏庭英、左從政郎趙瓛、右從政郎范岡、左迪功郎陳榕爲删定官。至是書成上之，詔依《寬恤詔令》進書例推恩。(以上《永樂大典》卷一九〇二八)

格令 三

【宋會要】

45 二十七年四月二日，吏部狀：「侍御史周方崇上言：『伏覩近日勑令所删定官不問歲月遠近，偶值進書，例行改官。雖推賞係舊例，然前(比)〔此〕亦少假歲月，不如是之冒濫也。竊見《紹興雜壓令》：删定官在著作佐郎、國子監丞之上，既改官除監檢鼓院等差遣，則序位反(存)〔在〕著作佐郎之下。欲望將選人删定官雖經進書，令依太學正録例，到任一年，通及五考，方與改官。仍乞將選人任删定官及其餘選人職事雜壓，重行修立，别爲一等。』本部看詳：選人任删定官，欲令雜壓在太學博士之下。其磨勘改官，在任及一年，有出身人通及四考，無出身人五考，即依紹興六年三月二十七日已降指揮施行。其進書賞並與比類循資。仍自今降指揮日爲始。」從之。

二十八年三月二十七日，司農卿湯允恭言：「全蜀之地初置宣撫處置使，則許便宜行事；既立總領財賦司，則有措畫指揮。二者出於軍興一時濟辦，多與一司一路及見行條法不相照應。望降指揮，俾制置司、總領所各具元來所得便宜措置指揮，取會四路憲、漕、常平司、見今州縣承受奉行與紹興新書不同處，及斷立罪賞輕重或相抵牾，逐一參照，條具申奏，下勑令所看詳，將合存留條件編入紹興新書，頒降四川專一遵守。」從之。

二十九年四月十五日，尚書右僕射、同中書門下平章事、兼提領詳定一司勑令所湯思退言：「中書、門下、尚書三省實總萬機之務，其章程品式以應期會者亦各有本省之法。伏見中書、門下勑令格式實大觀中脩纂，歷年既久，而尚書省第有省記條册。竊慮官制、事名或有增改、續降命令所當修（著）〔者〕，望下有司重修三省成法。蓋三省之法實著出令官人之程格，其小兼載吏員遷補之次序，非他法比，欲與宰執同共選差尚書侍郎、給、舍兩三人，同本所詳定官以典故法令參修，以（來）〔求〕至當。臣雖備員提領，緣今來係三省法，合同宰執詳議審覆。乞將來進書，臣更不推恩。所有選差官係三省屬官，論思乃其本職，乞不入銜，及不添請給、書史之類。」從之。其後三十一年二月八日，刑部侍郎、兼詳定官黄祖舜條具修三省法申請，未幾詔罷勑局，修書指揮（逐）〔遂〕寢，至乾道六年七月十九日纔降詔復修焉。

三十年八月十一日，尚書右僕射、同中書門下平章事、兼提舉詳定一司勑令陳康伯等上《尚書左選令》二卷、《格》二卷、《式》一卷、《申明》一卷、《目録》三卷，《尚書右選令》二卷、《格》二卷、《申明》二卷、《式》一卷、《目録》三卷，《侍郎左選令》二卷、《格》一卷、《申明》一卷、《目録》三卷，《侍郎右選令》二卷、《格》二卷、《式》一卷、《申明》二卷、《目録》三卷，《【46】尚書侍郎左右選通用勑》一卷、《令》二卷、《格》一卷、《式》一卷、《申明》二卷、《目録》一卷，《司封勑》一卷、《令》一卷、《格》一卷、《申明》一卷、《目録》一卷，《司勳勑》一卷、《令》一卷、《格》一卷、《申明》一卷、《目録》一卷，《考功勑》一卷、《目録》一卷、《改官申明》一卷、《修書指揮》一卷、《釐析》八卷。詔下本所頒降，仍以《紹興參附尚書吏部勑（卷）〔令〕格式》爲名。先是紹興二十八年九月十九日，權吏部尚書賀允中言：「比年以來，臣寮奏請，取便一時，謂之續降指揮，千章萬目，其於成憲不無沿革。舞文之吏依倚生姦，可則附會而從權，否則堅吝而沮格。惟是吏部七司見今所用法令最爲急務，若無一定之法，革去久弊，而望（詮）〔銓〕曹之清，不可得也。願詔勑令所嚴立近限，將吏部七司祖（宜）〔宗〕舊制與續降指揮參定異同，先次（條）〔修〕纂，立爲定制，庶免用例破條之患。」後詳定官黄祖舜言：「見修吏部七司條法，欲將舊來條法與今來事體不同者立爲參附條參照。」上謂輔臣曰：「祖宗成憲不可廢也，存之以備用甚當，但令所修法須與祖宗法意不相違背。」仍諭諸詳定。」既而權吏部尚書周麟之言：「吏部諸選引用續降指揮，前後不一，或臣寮建明，或有司申請，皆經取旨，然後施行。今以續降條册觀之，乃有頃年都省批狀指揮參列其間，亦曰『續降』，誠未爲允。」詔令諸選具紹興二十五年以前批狀指揮，如有類此者，仰勑令所可削則削之。時陳康伯爲提舉，刑部侍郎黄祖舜爲詳定，右迪功郎聞人滋、左從政郎徐履、右從政郎陸游爲删定官。至是書成進呈。上曰：「頃未立法，加以續降太繁，吏部無所遵承。今既有成法，若更精擇天官長貳，銓曹其清矣。」宰臣湯思退奏曰：「頃未立法，官員到部，有所整會，一求之吏，並緣爲姦，金多者與善例，不然則否。」上曰：「今既有成法，當令一切以三尺從事，不可更令引例也。」續詔脩進官與《刑名斷例》成書通推恩賞。

同日，尚書右僕射、同中書門下平章事、兼提舉詳定一司勅令陳康伯等又上《刑名斷例》〔一〕、《名例》、《衛禁》共二卷，《職制》、《户婚》、《廐庫》、《擅興》共一卷，《賊盜》三卷，《鬬訟》七卷，《詐僞》一卷，《雜例》一卷，《捕亡》三卷，《斷獄》二卷，《目録》一卷，《修書指揮》一卷。詔下刑寺遵守，仍以《紹興編修刑名疑難斷例》爲名。以紹興二十六年九月二十九日御史中丞湯鵬舉言：「三尺之法，天下之所通用也。四海九州，萬邦黎獻，知法之所載而已，安知百司庶府之有例乎？例之所傳，乃老姦宿贓祕而藏之，用以附下罔上，欺(或)〔惑〕世俗，舞文弄法，貪饕貨賂而已。望詔吏部、刑部條具合用之例，修入見行之法，以爲中興成憲。」後勅令所詳定官王師心言：「據刑寺具到崇寧、紹興《刑名疑難斷例》，并昨大理寺看詳本寺少卿元衮申明《刑名疑難條例》，乞本所一就編修。」從之。初，紹興四年四月二十三日，47 刑部侍郎(故)〔胡〕交脩等乞編集《刑名斷例》，當時得旨，限一季編集。又紹興九年三月六日，臣寮言，請以建炎以來斷過刑名近例分類門目編修，亦得旨限一月。是年十一月一日，臣僚復建言：「前後所降指揮非無限期。取到大理寺狀，雖曾編修審復，即未上朝廷。竊詳編類之意，蓋爲刑部進擬案引用案例，高下用情，輕重失當。今既未成書，不免隨意引用。乞下刑寺根究節次立限之後如何編類，再立嚴限，專委官看詳。」遂詔刑部委(員)〔郎〕官張柄、晏孝純，大理寺委(平)〔評〕事何彦猷、趙子籈，依限一月。時編集止紹興十年。其後湯鵬舉奏：「勅令所且言：(詔)〔照〕得《紹興斷例》，大理寺元止編到紹興十五年以前，所有以後至二十六年終即未曾編類，理合一就編集。」至是成書，與《參附吏部法》同日上焉。詔：勅令所修進《吏部參附法》，并《刑名疑難斷例》，依昨進御試等條法進書推恩。其本所差到大理正周自强、丞馮巽之、評事賈選、潘景珪，各與減一年磨勘，以嘗兼權删定官，編過《斷例》及審覆故也。以上《中興會要》。

孝宗隆興二年正月七日，宰臣湯思退言：「今百司皆有成法，中書國政所出，三省之法不可不修。」詔權中書舍人何俌、馬騏、檢正諸房公事葉顒、右司員外郎沈樞同共編脩；候成書，差尚書、侍郎、給事中詳定覆。

二月二十四日，臣僚言：「今日之弊，在於捨法用例。法者率由舊章，多合人情；(出)〔例〕者出于朝廷一時之予

〔一〕刑名：原作「刑部」，據上條及下文改。

奪，官吏一時之私意。欲望明詔中外，悉遵成法，毋得引例。如事理可行而無正條者，須自朝廷裁酌，取旨施行。」從之。

五月二十六日，吏部尚書金安節言：「比因臣僚言銓曹用例之弊，臣即與郎吏疏謬例之當去與定例之可用者，悉上于朝。切慮定例雖下，人不得知，欲望申飭有司鏤版刊示。」從之。

乾道元年七月二十日，權刑部侍郎方滋言：「乞將紹興元年正月一日以後至目今刑寺斷過獄案，於内選取情實可憫之類，應得祖宗條法奏裁名件，即編類成書；及將勑令所脩進《斷例》更加參酌。」從之。

二年六月五日，刑部侍郎方滋上《乾道新編特旨斷例》五百四十七件，《名例》三卷，《衛禁》一卷，《職制》三卷，《户婚》一卷，《廐庫》二卷，《擅興》一卷，《賊盜》十卷，《鬬訟》十九卷，《詐僞》四卷，《雜例》四卷，《捕亡》十卷，《斷獄》六卷，分爲一十二門，共六十四卷；《目録》四卷，《脩書指揮》一卷，《參用指揮》一卷。總七十卷。仍乞冠以《乾道新編特旨斷例》爲名。從之。

八月九日，户部郎官司馬伋言：「契勘銓綜之司，唯法是守，令有二(徒)〔途〕，是啓姦吏舞文之弊。欲望明詔吏部七司，如有勑令前後不同者，並委有司删定可否，止從其一。」從之。

三年五月二十八日，臣僚言：「切見紹興續降指揮未經編類，前後異同。乞詔有司删修，總爲一集，頒示天下。」詔刑部條具。既而刑 48 部言：「紹興續降指揮已修至建炎四年六月終，自當年七月至紹興十八年應干申明及衝改法令指揮，已嘗下大理寺、江東西提刑等司抄録，見在本所。所有十八年以後至目今續降，伏乞劄下諸處繕寫赴部；并諸百官司元係省記專法，内有事干海行，并改衝條制，理合一就取索參修。」從之。

四年三月二十三日，臣僚言：「伏見近日將紹興續降重行删修。緣四十年間，前後申請無慮數千，重複抵牾，難以考據。乞且委大理寺官同共看詳，先經正、丞，次至卿、少，一如獄案詳難，定其可否，類申刑部。然後以所隸事目分送六部，六部長貳、郎官更加參詳，委得允當，即著爲定令。庶幾勑令之頒，可以經久。」從之。

十一月二十九日〔一〕，祕書少監、兼權刑部侍郎汪大猷言：「切見紹興以來續降幾至二萬餘條，間見層出，前後(外悟)〔舛牾〕者不可一二數。比因臣僚所請，命刑寺官如斷案例以次删修。然至今數月，未知所裁。欲望明詔有司，亟賜編集。有舊法不能盡而續降可以參用者，即分類編次之；有舊法文不分明而續降因事重出者，即參酌損益之；有舊法所無而後來因事立制者，即修立以爲法；有一時權宜處分不可著爲成制者，即存留以照用；有舊法本自可用

〔一〕二十九：本書職官四之四五作「二十八」。

而續降不必行者，即皆删去。庶幾一代法令，粲然備具。」詔依，仍差大猷兼詳定官，大理少卿王彦洪、韓元吉兼同詳定官〔一〕，吏部郎官鄭伯熊、户部郎官曾逮、刑部郎官蔡洸〔二〕、劉芮、大理寺丞潘景珪、大理司直洪蒧並兼删修官。限一年編修。

十二月十八日，秘書少監、兼權刑部侍郎、兼重修勅令詳定官汪大猷言：「昨脩《紹興新書》，係用嘉祐法與政和法對脩。今來重脩勅令，亦乞以嘉祐法參酌脩立。」從之。

五年三月二十五日，吏部侍郎周操言：「切見吏部七司條令，自紹興三十年以後節次申明、續降，未經修緝。欲乞委官就吏部置局，依倣舊書，隨事纂集。」詔依，仍委逐司郎官并吏部架閣文字官編類。

六年五月，樞密院檢詳諸房文字張敦實言：「比者朝廷命官置局，重脩紹興以來法令，然(上)〔尚〕未及諸路一司法令。乞取四川、二廣逐路專行者，並加脩削，目爲《乾道新修一司法》。」從之。

八月二十八日，尚書右僕射虞允文言：「昨將紹興勅與嘉祐勅及建炎四年十月以後至乾道四年終續降指揮逐一參酌删削，今已成書。《勅》一十二卷，《令》五十卷，《格》三十卷，《式》三十卷，《目録》一百二十二卷，《存留照用指揮》二卷。繕寫進呈。乞冠以《乾道重脩勅令格式》爲名。」詔依，仍自八年正月一日頒行。

十月十五日，尚書右僕射虞允文言：「伏見勅令所見修《乾道新書》，係將諸處録到續降指揮計一萬二千二百餘件，除合删去外，今於舊法有增損元文五百七十四條，帶修創立三百六十【49】一條，全删舊文八十三條，存留指揮一百二十八件，已成書頒行。欲望明詔諸路，候頒到新書，其間如有疑惑事件，許限兩月，各條具申本所，以憑檢照元修因依，分明指説行下。」從之。

七年正月十二日，提舉福建常平茶事周自强言：「切見《乾道新書》既以頒行，自今凡有申請衝改，必先送所屬曹部詳議，如果合衝改，然後取旨删修。若舊法已備，止請申嚴者，乞更不施行。」從之。

九月十一日，權刑部侍郎、兼詳定一司勅令所王秬言：「本所重修海行勅令格式，已至乾道四年終。今乞將乾道五年以後續降指揮，令本所詳定修削，每三年一次編類，申朝廷審覆頒降。」從之。

十一月二十七日，詔令户部將《乾道新修條令》并《申明》户婚、續降指揮編類成册，送勅令所看詳，鏤版遍牒施行。

八年八月十八日，大理少卿、兼同詳定一司勅令莫濛言：「契勘中書門下省、樞密院法係大觀間修立，尚書省法係崇寧間修立，並未嘗審訂去取，止是引用省記。今乞將

〔一〕韓元吉：原作「韓光吉」，據本書職官四之四五改。
〔二〕蔡洸：原作「蔡光」，據本書職官四之四五改。

崇、觀以後至乾道八年終重加修緝，并三省通用法、三省樞密院通用法一㮚修立。」從之。

九年二月六日，右丞相梁克家、參知政事曾懷上《中書門下省敕》二卷、《令》二十二卷、《格》一十三卷、《式》一卷、《申明》一卷，《尚書省敕》二卷、《令》七卷、《格》二卷、《式》三卷、《申明》二卷，《樞密院敕》四卷、《令》二十四卷、《格》十六卷、《申明》二卷，《三省通用敕》一卷、《令》五卷、《格》一卷、《式》一卷、《申明》一卷，《三省樞密院通用敕》二卷、《令》三卷、《格》一卷、《式》一卷、《申明》三卷，《目録》二十卷，并元修《看詳意義》五百册，乞冠以《乾道重修逐省院敕令格式》爲名。從之。

三月二日，臣僚言：「伏見《乾道新書》與舊法頗多違戾，訪聞六部每遇一事，動輒申請，方能施行。乞令長貳條具，如有未便，即重行删修。」從之。以上《乾道會要》。

淳熙元年四月二十八日，敕令所言：「喫菜事魔或夜聚曉散，因而傳習妖教，州縣不行覺察，自當坐罪。緣（係）〔條〕内令、丞、巡尉、都監、知、通、監司既有分立等第斷罪，其後徒黨已成者，若（從）〔泛〕言『命官』，即是（即是）監司、知、通、令、丞等皆合衝替，致無以分别；兼巡尉、都監職專警捕，欲將『命官』字改爲『巡尉、都監』字。及於『衝替』字下云『餘五百里編管』，不顯『餘』係是何色目人，所以删去『餘』字，却照得條内上文，添入『厢耆等人』四字，在『五百里』字上爲文。庶幾罪責有以區别。」從之。

十月九日，詔：「六部除刑部許用乾道所修《刑名斷例》，及司勳許用紹興編類獲盗推賞刑部例，并乾道元年四月十八日措置條例弊事指揮内立定合引例外，其餘並依成法，不得引例。」先是臣僚言：「今之有司既問法之當否，又問例之有無。法既當然，而例或無之，則是皆沮而不行。夫法之當否人所共知，而例之有無多出吏手，往往隱匿其例，以沮壞良法，50 甚者俟賄賂既行，乃爲具例，爲患不一。乞詔有司，應事有在法炯然可行，而未有此例者，不得以無例廢法事。」詔下六部看詳。至是來上，因有是詔。

二年十二月四日，參知政事龔茂良等上吏部七司法三百卷，詔以《淳熙重修尚書吏部敕令格式申明》爲名。先是乾道五年三月，吏部侍郎周操言：「吏部七司條令，自紹興以來凡三經修纂。起於天聖七年以後，至紹興三年七月終成書，目曰《吏部七司法》；自建炎二年八月至紹興十五年六月終成書，目曰《新吏部七司法》；自紹興三年四月〔至〕三十年七月成書，目曰《參附吏部七司續降》。上件條令，卷册浩繁。又自紹興三十年以後，更有隆興《弊事指揮》及節次申明、續降，散（浸）〔漫〕於各司之間。乞委六部主管架閣庫官置局，依倣舊書，每事編類成門；仍令逐司主令法案晝一供具結罪，以憑編類。候敕令所修敕令畢日，取吏部七司（以）〔已〕成三書，及今來架閣庫官編類紹興三十年以後指揮、續降，重行删（條）〔修〕，共成一書。」詔從其請。至是來上。時龔茂良爲提舉，權吏部尚書蔡（洸）

〔洸〕爲詳定官，軍器監鞏湘、宣教郎蓋經、儒林郎張季樗、宣教郎曾植、承務郎丁常任、宣教郎軍器監主簿樂備、從事郎樓鑰並爲删定官。詔經修進書詳定、删定、兼删定官各轉一官，選人改合入官，提舉、承受諸司官各轉一官；經修不經進提舉、同提舉官各減三年磨勘，詳定、同詳定官、删定、兼删定官各減二年磨勘；不經進書承受、主管諸司官各減二年磨勘；本所進書人吏、吏部差到供報手分各轉一官資；并本所諸司人兵等，各依例犒設一次。

三年正月十三日，勑令所言：「本所近修《吏部七司・尚右》，從龍四色人犯贓許蔭補并致仕推恩條，已于内删去犯贓一節，係犯贓人不許蔭補。其旁照海行法内第二條與此相關，當時得旨，令照上條删去犯贓一節。今來勑令所除將第二條係從龍等四色人既已删去『曾犯贓及』四字，若第二條内『歷任有入己贓』字删去外，尚恐引用疑惑。本所今重別看詳：中大夫、武功大夫以下條内除依舊法外，仍于『化外人』字下添入『除犯入己贓外』六字，在『聽奏乞』字上立文。所有元申前項海行法第二條，乞更不施行。」從之。

三月二十九日，參知政事龔茂良等上《吏部條法總類》四十卷。先是淳熙二年十一月，有詔：「勑令所將吏部見行改官、奏薦、磨勘、差注等條法指揮分明編類，別删投進。若一條該載二事以上，即隨門類釐析具入。仍冠以《吏部條法總類》爲名。」至三年三月五日，詳定官蔡洸等言：「除將吏部見今引用條法指揮分類各就門目外，其間有止是吏部具鈔狀體式之類，及内有將來引用條件，並已于法册内盡行該載訖，今更不重行編類。」至是來上。時 51 龔茂良爲提舉官，户部尚書蔡洸爲詳定官，軍器監鞏湘、宣教郎張季樗、奉議郎曾植、承奉郎丁常任、軍器監主簿樂備、宣義郎樓鑰、從事郎陸杞爲删定官。

四年正月二十三日，詔：「自今春秋頒降進册，從刑部長貳點檢，別無差錯漏落，方得繳申。」以本部申到春頒進册多有錯漏故也。

五月二十五日，詔：「勑令所參酌到適中斷例四百二十件，以《淳熙新編特旨斷例》爲名，併舊《斷例》並令左右司拘收掌管。今後刑寺斷案別無疑慮，依條申省取旨裁斷外，如有情犯可疑，合引例擬斷事件，具申尚書省參照施行。」

十一月十一日，參知政事李彦穎等上參考乾道法，詔以《淳熙重修勑令格式》爲名。先是淳熙二年，臣僚言《乾道新書》尚多抵牾，未免時有申明。至三年六月十一日，詔差户部尚書蔡洸兼詳定官，大理少卿吳交如同詳定，燕世良、俞澂時暫兼删定官。許於諸處選差通習法令人吏，將《乾道新書》抵牾條令，就勑令所與本所官同共逐一參攷刊修。時本所官户部侍郎單夔爲詳定官，宣教郎張季樗、宣教郎樓鑰、承奉郎丁常任、從事郎吳天驥、從事郎周碩爲删定官。七月十四日，勑令所言：舊有五千四百餘條，昨(條)

〔修〕乾道法日，於内删改創修九百餘件。除今來合修改者置册投進外，詔令將今次改定條文逐旋置册進入，其元不動文并別無抵牾條件，不須投進。八月二日，詔六部將乾道五年正月以後應續降衝改條令，限半月開具送勅令所一就删潤。（四八年月）〔四年八月〕三日，詔勅令所將今來脩到抵牾條件，於見行乾道法内對定删修，通作一書。至是上之。詔詳定、同詳定官、删定、兼删定官各特轉一官，内選人候改官了日收使；本所修書人吏，有官人各減二年磨勘，餘人令户部各支犒設錢三十貫文。

五年二月二十一日，中書門下省言：「命官陳乞改（政）〔正〕過名，前推録問官吏不當收坐伏辯，條法前後修改不一，難以遵用。」詔遵依紹興重修，入淳熙新法施行。其乾道重修令并淳熙三年八月十日重修《乾道鞫獄令》，並令勅令所删定。

七月二十一日，大理司直、兼勅令所删定官王夢若言：「尋訪得舊本《嘉祐編勅》四十七卷，乞委法官點檢校勘。」詔賈選、王夢若、張維點檢校勘。

六年五月六日，吏部言：「重修《淳熙新書》務合祖宗成憲，乞將續降指揮依舊制類成編勅，與法令並行，毋（改）〔致〕輕改成法。」從之。

七月一日，刑部郎中潘景珪言：「朝廷欽恤用刑，以條令編類成册，目曰《斷例》，可謂曲盡。昨有司删訂，止存留九百五十餘件，與見斷案狀，其間情犯多有不同，難以比擬。乞下刑部將隆興以來斷過案狀編類成册，許行參用，庶幾刑罰適中，無輕重之弊。」詔刑部長貳選擇元犯與所斷條法相當體例，方許 52 參酌編類；其有輕重未適中者，不許一槩修入。

六日，右丞相趙雄等上《諸路州軍賞法》一百三十九卷、《目録》一十七卷，《諸路監司酬賞法》四十七卷、《目録》五卷，《通用賞法》一十三卷、《目録》一卷，《西北州軍舊賞》一卷。詔以《淳熙一州一路酬賞法》爲名。先是乾道二年六月二十七日，吏部侍郎李益謙言：「本選近據諸路州軍或監司申奏到小使臣、校尉陳乞任賞，其間有格所不載。本處檢引一司一路專降指揮條法，皆是川廣邊遠城寨等處，並係熙寧、元豐、大觀以前所降指揮。本部推尋酬賞體例，又多案牘不存。乞下諸路州軍監司抄録一司一路專降指揮，著爲成法。」至六年正月二十七日，左司員外郎閻蒼舒言：「見修賞法止是四川、二廣、兩浙、京襄、湖南北、江東西、福建、兩浙州軍，并諸司計一百八十餘處外，其餘見今在北界路未通州軍並不該載。」詔：「其未復州軍，令勅令所別作册開列。」至是書成上之。時趙雄爲提舉，參知政事錢良臣同提舉，兵部侍郎劉孝韙爲詳定官，大理卿賈選爲同詳定，迪功郎邵擬、宣教郎大理寺丞張維、（宜）〔宣〕義郎胡長卿、宣教郎宋之瑞、宣教郎樓鍚、從政郎鄭瀶爲删定官。詔依淳熙二年進《七司條法》指揮體例推恩。

十三日，權知徽州陳居仁言：「乞下勅令所裒集隆興優恤詔旨，類而分之，如代納折帛、蠲減重賦、懲罰科擾之類，立三十二條。大書鏤板，頒之郡國，名曰《隆興以來寬恤詔令》。申戒官吏，務在遵行。」從之。

七年三月二十五日，勅令所言：「昨乞將乾道五年至淳熙六年終續降創立並衝改海行法，取會所屬。今來逐一取(道)〔到〕，有合入三十七件，並是見行，欲離入新書本門之後。」從之。

五月二十七日，詔勅令所修立百司省記法，以《淳熙重修百司法》爲名。先是大理(寺)〔司〕直、兼勅令所删定官李大理言：「渡江以來，官司文籍散逸，多出于老吏一時省記。今以百司計之，總一百七十餘處。其(問)〔間〕有略舉事端，泛爲臆説，如所謂不記是何月日指揮、不記何人申請者不可勝數。四五十年來，老胥猾吏憑藉此書，並緣爲姦，蓋非一日。此書當修，非其他比。惟是有司供報出於吏手，差互不同，若據憑便修成法，其間私行隱匿，供報漏落，他日復得以肆爲姦弊。乞下百司疾速抄録省記與見行條法，責本處職級及當行人吏結罪盡實供報，毋致隱匿。如將來書成之後，輒以漏落事件，却乞申明照會，其當職官吏重作施行。」九年六月，詔權行住修。

二十八日，右丞相趙雄等上《淳熙條法事類》四百二十卷、《目録》二卷。先是淳熙六年二月十六日，都省言，海行新法凡五千餘條，檢閲之際，難以備見。詔勅令所將見行勅、令、格、式、申明，體倣《吏部七司條法總類》，隨事分門修纂，別爲一書。若數 53 事共條，即隨門釐入。仍冠以《淳熙條法事類》爲名。至是書成上之。時趙雄爲提舉，參知政事錢良臣同提舉，權户部侍郎陳峴爲詳定官，大理卿賈選同詳定，刑部郎中潘景珪、儒林郎奚商衡、承直郎任洙、奉議郎郭明復、迪功郎李友直、承直郎(刑)〔邢〕紳爲删定官。詔依淳熙六年進書體例推恩。

八年六月十九日，詔：「淳熙重修吏部勅、令、格、式、申明既已頒行，其舊條難爲雜用。自今如有疑惑，可申尚書省取旨。」先是吏部侍郎趙汝愚言：「昨降指揮，令勅令所將《紹興吏部七司法》、《吏部七司續降》、《參附吏部七司法》三書，又取自紹興三十年以後至淳熙元年終節次續降，及集議弊事指揮，重修吏部七司勅令格式。至淳熙二年書成。除是年正月以後指揮合作後勅遵用外，自淳熙元年十二月終以前申請指揮自不合行用。然勅令之文簡而深，請奏之辭詳而備，居官者既未能精通法意，遂復取已行之例，用爲據依，故吏因得並緣爲姦。望委本部主管架閣文字官盡取建炎以來逐選見存指揮，分明編類成沓，付本選長貳、郎官，參照《新書》重行考定。取於《新書》別無抵牾者，編類成册進呈，取自裁斷，存留照用外，其餘盡行删削，自今法案不許引用。」至是書成，故有是詔。

十年三月二十三日，詔勅令所將乾道七年及淳熙三年所降違限不投税告賞指揮並與刊除，自今專一遵守淳熙新法。先是乾道七年指揮：以物産一半没官，一半(允)〔充〕

賞。淳熙三年指揮則以所告物全給告人。後來淳熙新法所載：違限不投税者，三分物産，以一分没官，而告人只以没官之物一半充賞。是告人之賞乃六分之中給其一也。緣新法與續降既許並行，故有司承用之際，或得容心，姦吏舞文，因例爲市。至是臣僚請削去續降，當專一遵守淳熙新法，故有是命。

九月二十五日，詳定一司勑令所删定官莫叔光言：『《淳熙新書》所修者止於乾道四年，其乾道五年正月以後至淳熙七年六月以前所降指揮並未銓次。今因淳熙命書之名，莫敢引用。乞申飭四方，使考首篇所載指揮，明知續降不曾衝改。《新書》所已修者，自以條法爲斷；《新書》所未入者，自據指揮而行。」從之。

十一年五月一日，勑令所上紹興三十二年六月十一日以後、淳熙十年十二月以前寬恤事件成書，凡三百卷。

十月二十七日，勑令所看詳：「臣僚奏：《紹興勑》節文：『諸因事呼萬歲者徒二年，其不因事者杖一百。』紹興五年刑部看詳，乞將因事到官，實負冤（仰）〔抑〕，官司欲加刑禁，避怕一時鍛錬輒呼者，依不因事法。乾道敕於『不因事者杖一百』之下註云：『雖因事到官，實負冤（仰）〔抑〕，避免刑禁而輒呼者同。』研究前項看詳及補註，其於裁酌輕重，切當事情。今淳熙重定敕止54云『諸輒呼萬歲者徒二年』，所有紹興勑及刑部看詳二項悉皆删（者）〔去〕，不復區别。乞下勑令所遵用舊法及已看詳事理施行。本所今重别參酌改修：『諸輒呼萬歲者徒二年，兵級配本城，再犯配五百里。若因怨嫌者，諸軍對本本人依階級法〔一〕，餘人對本轄官配本城。其實負冤抑者杖一百。』詔令刑部遍牒。」從之。

十三年十月六日，臣僚言：「吏部《尚書左右選通用令》：『冒親被蔭，自陳聽改正。雖已經陞改，仍依初補法。』與《考功承務郎以上使臣通用令》：『命官妄冒奏授注：謂奏孫作男之類〔二〕。已陳首改正者，與通理前任未經磨勘年月，仍添展二年。』二條自相抵牾。乞下有司詳議。」吏、刑部長貳看詳：「《尚書左右選令》内雖説冒親被蔭，不曾開説如何僞冒。今欲於『被蔭』字下添入注文『謂奏孫作男之類』七字。《尚書考功令》内『已陳首改正者』下文有『與通理前任未經磨勘年月，仍添展二年，以後依常例不理爲過犯』二十六字，欲令删去，却添入『雖已經陞改磨勘，其以前歷過年月並不許收使，仍依初補法』二十四字。庶幾法令歸一，不致抵牾。乞下勑令所詳定，重行修立成法。」從之。

同日，臣僚言：「《刑部法》：諸官司失入死罪，其首從及録問〔三〕、審問官定罪各有等差。而《考功令》：『諸歷任

〔一〕本人：疑有誤。
〔二〕此注原抄作大字，據文意改。
〔三〕首從：原作「首後」，據下文改。

曾失入死罪，未決者兩該磨勘，已決者三該磨勘。』」一槩施行，初不分別推勘官、審問、録問官。乞令有司將《考功》失入官磨勘一節，以《刑部法》爲比，審問、録問官比推勘官稍爲等降。」吏、刑部長貳看詳：「《刑部法》各已該載分別首從，推勘、審問、録問官等降不同。惟《考功令》通説曾失入死罪，不曾分別。今欲於《考功令》内『曾失入死罪』字下添入注文『謂推勘官』四字，即與審問、録問官稍分等降，庶幾于《刑部法》不相抵牾。乞下勑令所修立成法。」從之。

十四年三月十八日，中書舍人、兼詳定一司勑令陳居仁言：「乞下勑令所取祖宗免役舊法，并户部取括紹興十七年以後續降指揮，本所官公共精加參考，其有與舊法抵牾者即行刪（者）〔去〕。仍具申朝廷，修爲一書，名曰《役法撮要》。候成，鏤板頒之天下，以一民聽，以梶吏姦。」從之。

十五年五月二十八日，修立《諸軍及配軍逃入郴桂界捕獲賞格》。臣僚言：「郴州宜章、桂陽縣并桂陽軍臨武縣管下，民性頑獷，好武喜動。其逃走軍兵既無生業，往往爲盜。今來郴、桂境内捉獲逃軍，乞與倍他州之賞。」勑令所重別參酌立法：「諸軍及配軍逃亡入郴州、桂陽軍界〔一〕，捕獲者以海行賞格倍給。獲藏匿或過致、資給者准此。」從之。以上《孝宗會要》。

十六年八月二十五日，臣僚言：「仰惟國家《新書》之設，昭如日星，事制曲防，靡不畢具。而又以頒降指揮，釐爲《申明》，一定不易，所以一民聽而塞吏姦。然州縣之間，往往雜取向來申請續降指揮，凡《申明》所 55 載者悉與成法參用。書既不載，而下無從折衷，上不得盡察，由是輕重出入，惟吏所欲。雖有明曉詳練之官，但見有所稽按，即爲施行。嘗攷其故，蓋向來續降指揮，其間或有便於人情，至今合行，而新舊《申明》闕遺不載，是以相循錯雜，悉至引用。昨淳熙五年七月内因臣僚奏請，乞將乾道修書以前申請續降指揮更加考訂，取其可行者附于《新書》之後，其餘不許引用。壽皇嘗命有司立限條具，然一時去取不過數件。其後雖更《淳熙新書》既成，而有司參用如故。弄文舞法，皆起乎此。乞明詔有司行下，内而百司庶府，外而監司州郡，令各條具，斷自今日以前、《淳熙新書》以後，凡經引用續降指揮，隨勑申明不曾收載者，並行置册編録，供申刑部。候齊足日，繳申朝廷，委官詳與參訂，取其《新書》闕遺者，附于隨勑申明之末，鏤版頒行。其已經改者悉從刪削，不許更有引用。庶幾法度昭明，有司有所遵守，而民聽不惑。」從之。

紹熙元年八月九日，臣僚言：「伏見至尊壽皇聖帝命官考訂成淳熙一書，其間申明、續降往往刪除，從一定之制，悉以《新書》從事，非書所載，一切不得引用。特未知《淳熙新書》止將乾道四年十二月以前指揮刪修而成，自乾

〔一〕「軍」上原有「縣」字。按桂陽縣乃郴州屬縣，桂陽軍則與郴州平級，此乃指軍而非指縣，因刪。

道五年至淳熙七年續降指揮既未經修，即非刪去。當時勅令所於進書之前，蓋嘗取旨，以謂乾道五年正月一日以後應干續降不收載者，並合依舊遵守。《新書》之首具載此旨，昭然甚明。緣所在官吏元不曾讀首篇所載之文，往往弗能詳知，便意《新書》盡衝續降。弄法者得行其意，奉法者不知所從。臣淳熙十年九月内嘗具奏，乞申勅四方，使考首篇所載，明知乾道五年正月以後、淳熙七年六月以前續降不曾衝改，鏤板見諸春頒。至於非書所載，直云一切不得引用，初不明指乾道四年以前已經刪去者爲不得用，乾道五年正月以後、淳熙七年六月以前元非刪去者自合遵承。乞檢坐淳熙十年九月二十五日指揮，並臣今所在〔一〕，頒示中外，咸使明知，庶幾政令之信，無所愆違。」從之。

二年正月二十七日，臣僚言：「淳熙新修《新書》止乾道四年，自乾道五年至今二十二年之間，申明、續降，未經修纂。比因臣僚有請，令諸處各條具修書以後，凡經引用續降指揮，並行置册編類，供申刑部，候齊足日繳申朝廷，委官參訂。經涉二年之久，諸處供申未足。乞行下刑部，立限（崔）〔催〕督，蚤與參訂頒行。」從之。

四月十二日，臣僚言：「臣聞自昔天下之所通行者法也，不聞有所謂例也。今乃於法之外，又有所謂例。法之所無有者，則援例以當法；法之所不予者，則執例以破法。生姦起弊，莫此爲甚。蓋法者率由故常，著爲令典，難以任情而出入；例者旋次創見，藏于吏手，可以弄智而重輕。是以前後 56 臣僚屢有建請，皆欲去例而守法。然終于不能革者，蓋以法有所不及，則例亦有不可得而廢者；但欲盡去欲行之例，只守見行之法，未免拘滯而有礙。要在與收可行之例，歸於通行之法，庶幾公共而不膠。今朝廷既已復置詳定勅令一司，臣以爲凡有陳乞申請，儻于法誠有所不及，於例誠有所不可廢者，乞下勅令所詳酌審訂。參照前後，委無抵牾，則著爲定法，然後施行；如有不可，即與畫斷，自後更不許引用。如是，則所行者皆法也，非例也，彼爲吏者雖欲任情以出入，弄智而重輕，有不可得，姦弊自然寖消。舉天下一之於通行之法，豈不明白坦易而可守也？」從之。

十七日，臣僚言：「近者朝廷復置勅令刪修官，蓋將會稡續降，編緝無遺，使章程條目昭然可見，誠爲中外之利。然則法貴乎簡，不貴乎繁。今勅令格式既勒成書，餘外建請衝改，不知其幾，皆百姓所未聞。庀官其間者雖欲檢伺欺弊，未必盡究，猾吏黠胥掩藏玩弄，得以容姦。民庶冒昧，陷於非辜；郡縣奉行，乖于定令。若斯之類，爲害實多。請循其原，蓋繇立法以病法，革弊而滋弊，文書猥冗，非所以明邦典而定民志也。乞詔攸司，將前後續降指揮非已編成書者，精加審訂，冗併者省之，異同者析之，可久者著之，難行者削之。蒐剔彙萃，各有倫要，使中外共覩，無

〔一〕在：疑當作「奏」。

或瞀亂，是爲一代之良法。」從之。

五月六日，臣僚言：「淳熙所修《新書》止乾道四年而已，自乾道五年至書成之日凡十有餘年，自書成以迄於今又十有餘年矣，則是二十二年之間，申明、續降未經修纂也。比因臣僚有請，令諸處各條具修書以後，凡經引用續降指揮，並行置册編録，供申刑部，候齊足日，繳申朝廷，委官參訂。此淳熙十六年八月所降指揮也。今諸路州軍抄録到部者纔五十餘處。且朝廷法令不可一日而不齊，諸處編録不過數日而可辦，顧迺經涉二年之久，而供申有未足乎，官吏玩習，無迺已甚！乞下刑部立限（崔）〔催〕督，蚤與參訂頒行。」從之。

同日，權工部侍郎潘景珪言：「恭惟至尊壽皇聖帝一朝大典，著爲成書，固已頒之史館矣；獨于法令一書，纔修及乾道四年，自五年以至今將二十餘年，未嘗一加删潤之力。臣不敢妄議法令之萬一，深惟前後臣僚申請殆非一端，前後指揮行下殆非一事。或有舊法不能盡，續降參照者；或有舊法文不甚明，而續降因事重出者；或有舊法元不該載，後因事立爲成法者；或有舊法本自可用，而續降不必行者；或有一時權宜措置，而後不可引爲（帝）〔旁〕用者。交互之際，出入之間，誠恐未免有抵牾而相參差者，或删而去，或存而留，使著爲成書，定爲成法，而生民永可以爲司命，是豈宜一朝而緩也哉！臣嘗見祖宗時，遇修書則置局，書成則罷。願陛57下體此之意，特命大臣選擇周行之士，付以删潤之職，分其條目，期以歲時，使之精考而修削之。比至書成，則還其元職，不復再爲一司。」從之。

八月三日，詔勑令局明立法禁：「應屍雖經驗，妄將傍人屍首告論到官，致拷掠無罪人誣服，因而在囚致死者，依誣告罪人法。其家屬妄認者，以不應爲重坐之；至死者，加以徒刑。其承勘官司依故入人論罪。」先是臣僚言：「處州何强因罵人力何念四，别無毆擊實狀，忽逃而之他。有何閏勝者于溪淤内尋得一不識名屍首，遂誣告何强，以爲毆殺其僕。檢驗委有致命痕傷，而僕之父亦妄行識認。官司禁勘，逼勒虚招，何强竟死於獄。後何念四生存復還。使何强不死於獄，必死於法。治獄之官可非其人，推鞫讞議之際可不致其審哉！昨來臣僚申請下大理寺看詳，一時止具檢驗不實條法申嚴行下，而妄告、妄認、妄勘者竟不施行，其冤濫豈無所歸耶？乞行下删修。」故有是詔。

三年六月二十四日，臣僚言：「竊惟朝廷方嚴盗鑄之禁，不可不稍優捕獲之賞。照得賞格：獲私鑄錢不滿五火，止減磨勘半年；五火以上減一年，十火以上減二年，二十火以上止減三年。且捉獲私鑄三、四火已是不易，乃止減得磨勘半年。一任之内，一官吏之身，積而至于二十火，固無此等事。儻或有之，出等殊賞，乃止減得三年磨勘，計功酬勞，誠是太輕，何以激勸？乞將上項賞格重加詳定。知、通、都監、縣令、巡尉獲私鑄，照應前項乾道九年八月八日指揮内已增修減磨勘至轉官等項目推賞。所是舊立不滿五火至二十火以上之文，竊恐于火數太多，難得及格之人，由此坐視，不切用心緝捉。欲將『不滿五火』之文改作『三火以上』，增作『減磨勘一年』；『五火以上』改作『三火以上』，增作『減磨勘二年』；『十火以上』改作『五火以上』，增作『減磨勘三年』；『二十火以上』改作『十火以上』，增作『轉一官，選人循兩資』。所有命官親獲賞格，并諸色人獲私鑄錢賞格，亦乞從前項乾道九年八月八日指揮內已增修賞典施行。」從之。以上《光宗會要》。

慶元二年十一月十八日，刑部言：「臣僚劄子：『乞將彊盜除貸命再犯依元項指揮處斷外，並彊盜已經斷配，再犯兩次以上，照淳熙十三年二月六日已降指揮施行；餘並照元項指揮擬斷。』本部措置，除曾犯彊盜斷配，謂非貸命者。再犯行劫兩次以上，自依已降指揮處斷外，其初犯百姓行劫，欲增作四次以上，謂未曾事發者。方許照應淳熙十三年指揮施行。如不及今來所增次數，即聽依乾道六年三月二十五日指揮施行。」從之。乾道六年三月二十五日指揮：「應彊盜贓滿，內爲首及下手傷人，若下手放火，或因而行姦，或殺人加功，並已曾貸命再犯之人，已上六項並依舊法處斷。[58]餘聽依刑名疑慮奏裁。」淳熙十三年指揮節文：「彊盜苟不犯六項，雖累行劫至十數次以上，併贓至百千貫，皆可貸命。謂宜除六項指揮外，其間有行劫至兩次以上，雖是爲從，亦合依舊法處斷。」律：諸彊盜無首從。勑：諸彊盜十貫若持仗五貫者絞。

四年十二月四日，新權知滁州曾漸言：「大宗正司、內侍省、太史局、太醫局皆有補授遷轉之法，未嘗不關由吏部，而吏部無明文可以參考。以至省部寺監吏職補授亦然。當官者苟欲參究本末，不免迂回詰問，且又有不可得而取索者。乞將一司一所補授遷轉及省部寺監吏職補授應所專用格法及續降指揮，命官立限，聚爲一書，倣《淳熙一州一路酬賞法》之體，鏤版頒行。」詔令勑令所類聚，限一年修立成書。

嘉(慶)〔泰〕元年二月十四日，禮部尚書、兼吏部尚書張釜言：「《吏部七司法》蓋尚左、尚右、侍左、侍右、司勳、司封、考功通用之條令。自紹興三年迄淳熙二年，凡四經修纂，訂正去取，纖悉備盡。孝宗皇帝尚慮條章汎濫，不便觀覽，復詔大臣分門編類。然編類之後，迨今又及二十有七年，其間有朝廷一時特降之指揮，有中外臣僚報可之申請，歷時寖久，不相參照，重復抵牾，前後甚多。或例寬而法窄，則引例以破法；或例窄而法寬，則援法而廢例。予奪去取，一出吏手。若更遲以歲月，則日復一日，積壓愈多，弊倖愈甚。竊見孝宗皇帝乾道五年，嘗詔七司郎官并吏部架閣將未經修纂指揮置局編類，仍委長貳同共點檢。乞檢照乾道五年已行體例，將吏部七司未經修纂應干申請畫降，委官編類，正其抵牾，刪其重複，輯爲一書，頒降中外。」從之。

三月十八日，權户部尚書、兼詳定勑令官韓邈等言：

「本所近進呈《慶元編類寬恤詔令》并《役法撮要》，已降指揮雕板印造。今已畢備，乞自四月三日頒行。」從之。

二年十一月四(月)〔日〕，臣僚言：「《吏部七司法》自孝廟令勅局删修，凡有建立，間出御筆裁處，無非參酌爲經久可行之典。成書既上，又令編成總類，以便參照。至今已二十八年矣。自淳熙初元積至今日，凡臣僚申請建議續降，不知其數，涉歲既久，吏得並緣爲姦。其所欲行，則援引隨至；無所請囑，則多爲沮抑。蓋歲久不曾參酌去取，編入成書，則其弊必至於此也。乞令吏部疾速編集二十八年續降指揮，置册繳申朝廷，行下勅局公共看詳，去其抵牾重複，而定其可以永久遵行者。毋得輕易變動祖宗舊法，以至寬縱生弊。庶幾一代成法，燦若日星，昭示無窮。」從之。

三年七月十九日，户部侍郎李大性言：「國家之法非不整整，而建議之人增損變更，不無可議。乞今後凡有建請，須下之六曹，審之勅省，更參照舊法有無衝改，然後施行。其或舊法已當，不應衝改者，許宰執開陳，給59舍繳駁，臺諫論奏。」從之。

四年五月二十三日，户部侍郎王蓮、刑部侍郎周珌等言：「恭奉指揮參修吏部七司條法，已將淳熙二年正月一日以後續降指揮四千四百餘件，參酌一部舊法三千二百餘條，可以附入舊法者就舊法本條删潤，元無舊法則創行修立。今已每月申納提舉官。欲乞候提舉官看下，送三省合屬房分檢正、都司審覆訖，類聚牒送吏部詳審施行。」從之。

開禧元年五月二日，權吏部尚書丁常任等言：「參修吏部七司條法，今來成書，乞以《開禧重修尚書吏部七司勅令格式申明》爲名。」從之。

六月十九日，右丞相、提舉編修勅令陳自强等上表：「昨準指揮參修吏部七司條法，已將合修指揮參酌可以附舊法者增潤删修，無舊法者創立爲法，如是權行指揮難以立法者，編節作申明照用。今已成書，上進以聞。」從之。

嘉定二年五月八日，臣僚言：「度牒綾造於文思院，用尚書省及祠部、左右司印。今姦民一切假僞爲之，於此而不痛加懲絶，則縱弛陵夷，何以爲國？其有僞造之人，坐以重辟。官吏士庶能捕獲全火者，白身則與補官，選人則與改秩，京官則比附酬賞。凡所經由官吏、僧道，能審驗舉覺得實者，亦重立賞格。其有經由，容隱不覺，而發於他處者，亦當根究，重寘之罰。仍令禮部與敕令所參定條法，行下諸路州郡，書之粉壁，明以示人。」從之。

五年十月八日，知通州喬行簡言：「竊觀見行條法，計贓定罪元以二貫成疋，至紹興而增爲三貫，至乾道又增爲四貫，且令候絹價低平日别行取旨。仰見祖宗達權適變，不憚弛法以便民，惟恐寘人於深憲。今江北專用鐵錢，近年以來，比之内郡銅錢，數輕三倍，匹絹之直，爲錢十千。而犯贓者以絹定罪，亦如銅錢以四貫爲疋。贓輕罪重，犯者易入，深可憫惻。」事下大理寺，申：「四川專法，以錢計贓定罪者，鐵錢二文當銅錢一文。今兩淮用鐵錢，與川郡事體一同，合行下應用鐵錢去處，並照應四川專法施行。」刑部以聞，從之。

六年二月二十一日，刑部尚書李大性言：「《慶元名例勅》，避親一法，該載甚明，自可遵守。《慶元斷獄令》所稱鞫獄與罪人有親嫌應避者，此法止爲斷獄設。蓋刑獄事重，被差之官稍有親嫌，便合回避，與銓曹避親之法不同。昨修纂《吏部總類通用令》，除去《名例勅》内避親條法，却將《慶元斷獄令》鞫獄條收入。以此吏部循習，每遇州縣官避親，及退闕、換闕之際，或引用斷獄親嫌法，抵牾分明。兼《斷獄令》引(兼)〔嫌〕之項，如曾相薦舉，亦合回避。使此法在吏部用以避親，則監司、郡守凡薦舉之人皆當引去。以此見得止爲鞫獄差官，所有昨來以《斷獄令》誤入《吏部總類》一節，當行改正。照得當來編類之時，吏部元有避嫌條令，却無引嫌名色，故牽引60《斷獄令》文編入。欲將元參修《吏部總類法》親嫌門内删去《斷獄令》，所有《名例勅》却行編入。」從之。

八年二月四日，吏部尚書、兼詳定勅令官李大性等言：「《慶元海行勅令格式》一書，先來用淳熙海行法并乾道五年以後至慶元二年終續降指揮删修成書，即是慶元二年十二月以前但干海行指揮，其可行者已於此書該載。又《開禧吏部七司法》一書，先來用淳熙吏部法并淳熙二年以後至嘉泰四年十月終續降指揮删修成書，即是嘉泰四年十月以前但干吏部指揮，其可行者已於此書該載，凡是不合修者並行删去。品式具備，昭著日星，是宜有司一意遵守。而吏胥爲姦，旁緣出入，或以遠年續降已經删修者復行引用，殊失公朝修立成書之意。所有海行指揮在慶元二年十二月終以前，吏部指揮在嘉泰四年十月終以前，凡新書所不該載者，並不合引用。其修書以後再有續降指揮，却合作後勅遵用施行。庶幾恪守成憲，免致抵牾。伏乞朝廷特降指揮，仍劄付吏、刑部照應，遍牒施行。」從之。

十二年十二月二十二日，臣僚言：「京官知縣在法按罷，如曾經推勘體究，罪狀顯著，滿二年後參用；有不經取勘體究，而贓證明白者，滿一年半後參選。其有按章内無贓濫實跡，止因職事曠弛，放罷後半年參選。此臺、部見遵守之法也。臣竊謂官於近地者除道塗日月之外，猶有三兩月閑廢。官於湖、廣、福建、江東西等處，則治裝般挈與道塗之程必須數月，洎至中都，則半年之限已滿，到即參部詣臺，初無拘礙。則是雖經按罷，而罰不治其毫毛。況有當敗壞之邑，日欲求脱，以罷爲幸，換授注闕，反爲得計。乞行下臺、部，如二年、一年半爲限者，仍舊限；半年者，自今後令展作一年。須絶無贓濫，方許參選。如有違法科斂之人，仍舊以〔一〕年半爲限，不許援一年之例。庶幾遭論而歸者，略使家居循省，伺候限滿，不敢遽萌僥倖之望。」從之。

十三年九月十八日，大理評事趙善璙言：「伏覩命官因臣僚論列，監司按發，不曾經有推勘體究之人，並免約法，乾道元年二月二十二日指揮也。命官因州軍按發，不曾經所司推勘體究之人，並免約法，此乾道二年十月九日指揮也。至紹熙四年七月八日指揮，則又謂按章內雖曾追勘干連人，止泛言本官贓汙罪犯，無的確犯由、贓數證佐驗白之人，並用免約法指揮。且臣僚之論列、監司郡守之按發，豈得已哉？往往審訂事迹，考察情狀，而後剌來上。然慮其(問)〔間〕有未盡實者，所以立此三條，是亦寧失不經之意也。士大夫不能仰體此意，至有不自愛重，冒禁觸辜，廼借是而覬免。一至銓曹，百計求脱，經營關節，緘封事目，交結胥徒，扳援非例，過犯狼籍而欲免約法者有之，情本涉私而欲約 61 以公罪者有之，甚而約罪經涉歲久，而欲改約者又有之。不恤其法之不可行，惟欲狥情以屈吾法。乞自今臣僚、監司、州郡按發官吏，每遇省部符關刑寺之時，其合該前項指揮，並免約法；其當約法之人，大理寺先約罪，附籍申省部照會，省部亦附籍符寺照應。俟犯人到選，省部關會，照籍告示。庶幾法令明信，人知不可幸免，皆爲君子長者之歸。」從之。

十四年十一月四日，臣僚言：「曩時吏坐贓者，或加徒黥，甚至極典，初未聞悔還而寬之也。今官吏之盜財受賄，往往事將敗露，即作先期悔還，竟從末減。檢驗不定要害致命之因，以違制論，法至嚴矣，而近者檢覆失實，則廼爲覺舉，遂以苟免。臣竊謂犯贓不應用悔還之律，檢驗不定致死之因，不當用(舉)〔覺〕舉之令。」下刑部詳議，從之。

十五年十月六日，臣僚言：「今士大夫遭論被劾者，或由風聞，或指事實，雖曰不經鞫勘，是豈無一二之當其罪，盍亦反求諸己？方且朝叩天閽，暮經朝省，以(來)〔求〕改正，比比皆是。使其元犯有追勒者，有永不與親民者，有未許注授放入國門者，有礙仕進之人，猶當斟酌輕重，行有等差；至如始從鐫秩放罷之類，其官已叙，其闕已注，廼復汲汲于改正。甚至追勒之人自詒伊戚，情法兩重，厥法行焉。其于叙官在刑寺理期，猶有可諉；惟是勒停一節初無叙復專條，廼包羞囑託，與吏表裏，徑行參選。弄法之姦，莫此爲甚！乞下臣此章，令刑曹、勅局相與看詳，立爲定法。除某件合改正外，其餘不許陳乞，如叙復追勒，必申朝廷斟酌施行。」(行)〔從〕之。以上《寧宗會要》。（以上《永樂大典》卷一九〇二九）〔一〕

〔一〕「格令三」之《大典》卷次，原稿中縫標作「卷一萬九千二十八」。按，據《永樂大典目録》，《大典》所録宋格令共爲三卷：卷一九〇二七爲「宋格令一」，卷一九〇二八爲「宋格令二」，卷一九〇二九爲「宋格令三」。今所存徐松原抄本及嘉業堂抄本均不見卷一九〇二九，而《輯稿》此門所記載之內容直至嘉定十五年，並無缺失。據此，葉渭清認爲《輯稿》「格令三」所標《大典》卷次「一萬九千二十八」疑爲「一萬九千二十九」之誤，此卷《大典》原目正爲「格令三」（見葉氏《宋會要校記》）。按，葉説是，今改。

法官〔一〕

【宋會要】

62 太祖乾德四年八月十二日，詔：「應刑部、大理寺見任及今後授官，並以三周年爲滿。如常在本司區別公事，至滿日便與轉官。如有疏遺，不（准）〔在〕此任限。」

太宗太平興國七年八月，詔曰：「朕以刑法之官重難其選，如聞自來月給隨例折支，宜令三司，自今後少卿、郎中已上（科）〔料〕錢，於三分中二分特支見錢，員外郎已下並全支見錢。如他官任刑法官者，亦依此例。」

端拱二年十月，御札：「朝臣、京官等，令御史臺告諭：有明於格法者，許於閤門自陳，當議試可，送刑部、大理寺充職。其大理寺官滿三年無闕，一依元敕改轉。」

真宗咸平二年二月〔二〕，詔：「審刑院舉詳議官，自今宜令大理寺試斷案三十道，取引用詳明、操履無玷者充任。」初，宰臣張齊賢奏：「審刑院舊例，舉詳議官令刑部只試斷案二道，俱通，則便令赴職，仍多改賜章服。竊詳所斷案牘，皆取其事小者以試之，是以多聞中選。」真宗曰：「如此，則求人不精，何以懲之？」齊賢因請釐革。

四月，知審刑院雷有終言：「大理寺斷官每有公案，定斷刑名，經中奏後，內降付審刑院詳議。其議官看詳或寺司定斷刑名輕重未允，即劄下本寺問難。其本斷官略無所執〔三〕，隨而入狀改定，謂之『覺舉』。且法寺出入刑名，朝廷略無劾問，甚非欽恤之義也〔四〕。欲乞自今若將杖罪入徒或徒罪入杖，其本斷官具名銜以聞，下本寺就勘取旨。或杖、笞罪遞互出入，即依舊取覺舉官狀改正，更不行勘。」從之。

八月，判大理寺王欽若言：「本司近日文奏甚簡，請止留詳斷官張維等八人，其張文普等四人望令省罷。」詔從之，文普等悉授近便知縣。

六年十二月，詔：「自（有）〔今〕有乞試法律者，依元敕問律義十道外，更試斷徒已上公案十道。並於大理寺選斷過舊〔案〕條律稍繁、重輕難等者，拆去元斷刑名、法狀、罪由，令本人自新別斷。若與元斷並同，即得爲通。如十道全通者，具狀奏聞訖〔五〕，於刑獄要重處任使；六通已上者，亦奏加獎擢〔六〕；五通已下，更不以聞。」

〔一〕原稿於「宋會要」下所批題爲「法律」，再下方又批：「按，當是『試法律』。」今按，「法律」與「試法律」均不確。本門內容又互見本書職官一五之三一至一五之四七，彼處標目爲《法官》，與正文內容切合。陳智超認爲此處亦應題《法官》，今從之。

〔二〕二月：本書職官一五之三一作「三月」。

〔三〕略：原作「各」，本書職官一五之三一原稿作「路」，均不可通，據文意當作「略」，因改。

〔四〕欽：原作「輕」，據本書職官一五之三一改。

〔五〕訖：原作「乞」，據文意改。

〔六〕加：原作「如」，據本書職官一五之三三改。

景德元年四月，詔：「御史臺、刑部、大理寺推直、詳覆、詳斷官年未滿，諸處不得輒有奏舉。」先是，推直官等有缺，即令兩省給、舍已上保舉而授之，至有憚於案讞，或别求舉奏改授他職，故有是詔。

二年三月二十四日，詔：「自今所舉大理寺斷官、刑部詳覆官，已試斷案五道，遣官與二司互考。」又審刑院言：「准敕與刑部、大理寺詳定：自今投狀乞試格法，并審官院、流内銓等處引見時乞試人，並依元敕試律義十道合格外，更試斷案三道，兩道通者奏取進止。所有奏舉到詳覆、詳斷并揀選到法直官，并審官、銓司引見時不曾[63]乞試，特奉聖旨與試人等，止試斷案三道，通二道者爲合格。其兩項人所試斷案，以斷敕内取一人犯罪多者情欵與試，合得元斷刑名同，即爲通；如罪犯易見者，取兩人情欵，與元斷刑名同，即爲通。仍依近敕〔一〕，並差官與刑部、大理寺交(牙)〔互〕考試。」詔從所請，内試到三粗者，卷子仰徹連以聞，别取進止。其選到審刑、詳議官亦准此。

五月，詔：「刑部自今每定試斷案人，前一日差詳覆官一人親往大理寺，委判寺、少卿等臨時旋差斷官一人，與差去官同於公案庫内揀選自來條件稍繁〔二〕、輕重難等者公案，即不得令手分檢取。仍據所借道數，令判寺官實封，具公文晝時牒送刑部，只在本廳收掌，亦不得下所司收直〔三〕。候引試日，當面與同監試官驗認大理寺元封，拆開揀試，去却法狀、斷語，兼令詳覆官等同共監試，令所試人自新别斷。其餘通否次第，一依前後條貫施行。」

六月，詔：「刑部、大理寺、三司法直官、副法直官等，自來以令史轉充。自今應法直官、副法直官，令銓司於見選人中選流内官一任成三考、幹謹無遺、習書判者，具名引見，試斷案五道。差官與刑部、大理寺、三司交(牙)〔互〕考試，以可者充。三司、大理寺滿一年，刑部滿三年，無私罪，並與京官。」先是端拱中，樞密直學士寇準上言，至是申明之。

九月，詔：「審刑院詳議、刑部詳覆、大理寺詳斷官自今任滿，如書罰四次已上，未得考課引對。其同簽連累者件析以聞，當酌其輕重差降任使。内供職無遺曠者，歲滿優與升奬。」

大中祥符元年正月，詔曰：「刑罰所施，蓋資乎審克〔四〕；議讞之任，當慎於選掄。咨乃仕進之流，能明科律之要，各宜自薦，式協旁求。應京朝官有閑習法令、歷任無贓濫者，許閤門進狀，當遣官考試。如有可採，即任以審刑院詳議官。」初，審刑院、刑部、大理寺皆闕屬官，累詔朝臣保任及較試，皆不中選，乃有是詔。

八月，知審刑院朱巽舉太子中允彭愈、光禄寺丞張有

〔一〕敕：原作「軟」，據本書職官一五之三三改。
〔二〕去：原作「出」，據本書職官一五之三四改。
〔三〕直：疑當作「置」。
〔四〕蓋：原作「益」，據《宋大詔令集》卷二〇一改。

則，又知審刑院事劉國忠舉大理寺丞閻允恭堪充詳議官，詔刑部尚書温仲舒、給事中張秉同考試。既而太子詹事、權判刑部慎從吉暨省寺衆官覆視仲舒等所試，通粗不同，而仲舒等又引禮部侍郎魏庠等前試大理寺丞裴常、前武昌軍節度推官慎鍇，前荆南觀察推官崔育材所定通粗爲比。詔令百官集議。吏部侍郎張齊賢等議，裴常、慎鍇亦不中程，詔奪其官，彭愈亦罷。

三年四月，權判大理寺王秉式言：「本寺官屬多避繁重，自今望令權詳斷官未替，不得別求任使。如實不明法律，委在寺衆官體量以聞，方許外任。正詳斷及檢法官年滿，亦俟替人，方得出寺。」從之，其權詳斷官以半年爲限〔一〕。

六年四月，判大理寺王曾等言：「自咸平元年編敕後至大中祥符五年八月，續降詔敕 64 千一百餘道，及諸路案内引到行用詔敕并《新編敕》〔二〕、《三司編敕》、《農田敕》共三千六百餘道，内有約束一事而詔至五七者。條目既廣，慮檢據失於精詳，望差官删定。」詔令編敕所依咸平删録。

六月，詔：「自今應京、朝、幕職、州縣官乞試斷案者，委考試官等躬親就庫密揀公案，親自封記，候試時於中更選合要道數，依元敕精加考試，不得仍前令庫胥簽檢，致有漏泄。其所試斷案須是引用格敕分明，方始定斷合用何罪，勿使鹵莽。如違，其所試官並重寘之法。其大理寺應係新舊草檢、宣敕等庫，自後並差官封鏁，無使人吏擅有開閉。」初，中書以試律人名進呈，宰臣王旦言：「從來已有差遣，或已授遠官，雖是法寺要人，恐涉規避，已不施行。其間預試而中選者，亦甚僥倖。緣選人未經六考，無兩人同罪薦舉，則無階升陟。此輩雖（六）〔云〕詳練格法，或考試不精，則幸者多矣。或權於審刑院則例改章服，歲滿又加等差使。以此，尤須得人盡公程試〔三〕。」帝曰：「如卿所言誠有。所試斷案，往往先知，洎至定刑，則第曰合入徒罪、合入杖罪，即不指陳犯何條格，致得某罪。自今選官精加考試，仍更條約。」故有是詔。

十二月，大理寺又言：「舊制，審刑院詳議官、大理少卿、詳斷官三年滿無遺闕，考課改官。景德中，詔歲滿四經書罰者，審官院以聞，量其輕重，殿降差使；如詳刑允當，優與升奬。向來審刑詳議官年滿，雖有責罰，亦優獲差使；而本寺詳斷官偶有責罰不及四次者，止授知縣，則是詳斷官資叙與監臨場務無異〔四〕。況京朝官充刑部詳覆官、開封府諸曹參軍，任滿日並通判諸州。今本寺日有檢斷，鮮能無累。欲望歲滿書罰不及四次者，授通判諸州，以勵官屬。」詔自今兩經書罰，情輕者奏取進止〔五〕。

〔一〕斷：原作「判」，據本書職官一五之三五改。
〔二〕案内：原作「同」，據本書職官一五之三五改。
〔三〕試：原作「式」，據本書職官一五之三六改。
〔四〕異：原作「巽」，據《長編》卷八一改。
〔五〕止：原作「旨」，據《長編》卷八一改。

八年閏六月，詔：「京官充大理寺、刑部職任及御史臺主簿、三司檢法官，不得便服街行及市肆下馬。委御史臺糾察之。」

十月，詔自今無得舉京朝官充大理寺檢法官。

天禧元年六月十四日，詔：「大理寺自來所舉官内，幕職、州縣官須及兩任六考。今後但歷任及五考已上，並許保舉。」從本寺之請也〔一〕。

二年正月，詔：「審刑院詳議官自今歲滿，並令中書依例差遣。」

二月，大理寺言：「準大中祥符七年九月敕，判寺盛度言：『本寺斷官八員、檢法官二員，近年權差官充，多不精〔習法律，望〕依咸平二年敕〔二〕，令審刑、大理寺、刑部〔衆官舉奏〕。』時詔依其請，令所舉須經兩任六考。〔今臣等參〕詳：準天禧元年五月敕，舉奏幕職〔州縣官但歷任〕及四考已上施行。本寺欲乞比類〔前敕，但〕歷任五考已上，並許保薦，仍於法官將滿前一月具名以聞。所冀精詳法〔歷〕〔律〕，得遂〔公平〕。」從之。仍令自(多)〔今〕所舉官先送審刑院試律義五道，具通〔否〕以聞。

閏四月，〔右正〕言劉〔燁〕上疏言：「在京刑法曹掾之官，近日多因〔臣僚陳乞〕65差授。自今望下銓曹精擇寒素之士，無得以權勢親屬充選。」從之。

四年四月三日，審刑院、刑部、大理寺言：「衆官參詳：今後斷官、法直官於年限未滿前，先次舉官。内舉到幕職、州縣官，須(曹)〔曾〕有奏舉主者，先還審刑院試律義五道，得通三者。若斷官，即更試斷中小案一道，仍取斷敕合用律文者。如所試合得元斷敕，即申奏施行。如試律但通二已上，及斷案雖不合元斷刑名，但引用條法、節略案款稍知次第，亦自審刑院聞奏，送大理寺試案二十道，委判寺官保明，具可否以聞。其法直官先試義外，并斷中小案，稍知使用條法次第，不必與元斷法狀一同，但參驗曾習法律者，並依例以聞，送大理寺試公事三兩月，亦委判寺官保明可否以聞。後更不得舉京官充斷官。」詔從之，并刑部詳覆、法直官亦準此。

仁宗天聖元年三月，判大理寺張師德等言：「參詳詔條，選人求試充法官〔三〕，自來下法寺考試能否。伏緣所試斷公案並是在寺府吏寫録行遣，及掌管敕庫，皆知所犯罪人姓字并元斷刑名。苟或漏泄〔四〕，即有誤精求。欲望自今並令御史臺考試。」從之，仍令審刑院、大理寺知判官内輪差一員，與斷官一員赴御史臺同共考試。

二年六月，詔：「自今三司檢法官有闕，令流内銓依公揀選，保明以聞，其三司使、副更不得保舉。」

八月十二日，詔：「審刑院今後所舉詳議官並須先會

〔一〕本寺之請：原作「今寺之情」，據本書職官一五之三六改。
〔二〕本條及下條原稿多缺文，並據本書職官一五「法官」門補。
〔三〕求：原作「來」，據本書職官一五之三七改。
〔四〕或：原作「誠」，據本書職官一五之三八改。

問本人，如願充職，方得奏舉。其年滿詳議官，候替人到交割，即得離院。」先是同判貝州韓錫言：「昨爲審刑院舉充詳議官，準中書劄子發遣赴闕。臣今情願不就詳議官，仍乞舊任。」帝許之，因有是詔。

十月，吏部流内銓磨勘到選人王揆等八人歷任功過，引見。仁宗曰：「内有逐任出入人罪者，今後勿差充刑獄官。」

三年四月，審刑院言：「近敕，所舉詳議官並須會問本人，如願充職，方得奏舉。以此深煩往復，頗亦非便，自今乞更不會問。」從之。

四年十一月二十三日，詔：「今後舉到大理寺詳斷、檢法官，年滿日，且與一任家便知縣後，即與同判差遣。其見在寺官員，年滿日差遣，一依舊例施行。」

五年九月二十一日，中書門下言：「檢會去年十一月得旨：『今後大理寺詳斷官、檢法官年滿日，且與一任家便知縣後，即與同判差遣。』其今後舉到刑部詳覆官，年滿日欲依大理寺官例施行。」從之。

六年十二月八日，詔：「自今詳議官須是曾歷在京刑法司升朝官，方得奏舉充職。其詳斷、詳覆、法直官亦須幕職、州縣官内選舉精練格法者充。如到職後却有法律生疏，稍涉私徇，其先舉官重寘之法。」

七年九月，詔：「今後所舉法官，令審刑院、刑部、大理寺知院、主判官等，並令同罪保舉。」

十一月，詔：「自今刑部、大理寺舉幕職、州縣官充詳覆、詳斷、法直官等，如職[66]任内犯入己贓，其舉主並當同罪。或舉主不至追官、停任，及該赦原免并遇減降者，具情理取旨，或降官秩，或降差遣。如職任外犯贓罪，於所犯人下減二等，更不取旨。若在任及離任後犯私罪，其舉主更不收理。」

九年二月，詔：「自今後所舉大理詳斷、法直官，須有出身令録已上，歷任中曾充司法或録事參軍或職官各成資官者。闕詳斷〔一〕、法直官，並須先取索目前乞試斷案人但歷五考已上者，令衆官將元試卷看詳，取其通數稍多、引用不失者，並許保舉，更不拘資品。若其間無人，或未知行止，即且依前項指揮舉官。其考試所舉之人，律義依舊只試五道，内問《疏義》二道，以二通已上爲中。更試中小案三道，其案取約三道刑名，（無）〔兼〕以重罪引用律條者合試。若得一通或二粗，即免試公事，便除京官。若試得一粗，或書劄稍堪引用有取者，亦與聞奏，送本寺試斷案三二十道，如堪充職任，本寺主判官已下保明以聞。其所試如重罪同，輕罪内差錯一件刑名，亦許爲同；或輕罪不同，重罪引用刑名正當，高下差誤一等，於杖、徒、流、死刑名不差者，亦許爲粗。其法直官依舊試律義外，亦以舊案三道試鋪引法，仍以都引刑名條數十分爲率，得六分同者爲合格。

〔一〕「闕」字似應在句末。

試日，令審刑院差詳議官二員，大理寺差判寺或權少卿壹員，〔赴〕御史臺同試。其所舉人，並須見在任及歷任曾有轉運、發運使一人，或（太）〔文〕武升朝官二人同罪奏舉，依銓格合充舉主人數者，方得奏舉。若充大理寺詳斷、檢法官年滿日再任者，亦聽。如轉官及三周年，便與磨勘；候再任滿日，與折一任知縣，差家便通判。」自是刑部詳覆、法直官亦據此詔，從之。其合該轉官資年限即依舊例，如願再任者亦聽。

明道二年十一月，詔刑部：「天下旬奏公事，令法直官與詳覆官分定看詳。候二年滿日，如在任舉（駭）〔駁〕覆奏公事別無不了，即乞與轉京官〔一〕；更一年滿日，別舉官充替。」

景祐二年二月九日，中書門下言：「審刑院、大理寺、刑部當職官員供職懈慢，今後並須早入晚出。所有公案文字仰逐旋結絶，仍令御史臺覺察。」從之。

三年十一月三日，新荆湖北路轉運使司徒昌運言：「乞今後詳斷官滿日，依敕選充審刑詳議官。」詔：「自今審刑詳議官有闕，於年滿詳斷官内選充，免試公事。如未有年滿者〔二〕，即於外任曾歷詳斷、詳覆官内保舉。曾出入人罪者勿舉。」

寶元元年六月，三司檢法官孫抗言〔三〕：「三司刑名之有疑者，乞如開封府例，許至大理寺商議。」從之。

康定元年三月七日，大理寺言：「據詳斷官郭昌等狀，今後案牘應係法寺定斷者，其主行之人受賕者，請以枉法論。」從之。

皇祐四年三月十四〔日〕〔四〕，詔：「大理寺詳斷官自來大事限三十日，中事二十日，小事十日，審刑院遞各減半。然不分有無禁囚，大懼炎暍之 67 際〔五〕，待報淹久，起今四月，盡六月，案内係有禁囚者，減限之半。其益、梓、利、夔、廣南東西、福建、荆湖南等州軍〔六〕，即依急案例斷奏。」

嘉祐六年八月二十九日，詔：「審刑院、大理寺日有諸路州軍奏到公案，慮失於審慎，或致滯留。今後審刑院、大理寺詳議、詳斷官闕，（直）〔宜〕令知院、判寺、少卿與學士院、御史臺、舍人院同罪輪舉法律精熟、論議通明之人以聞。餘依詔條〔七〕。仍令詳議、詳斷官每至月終，各具所斷未了公案道數、承受月日，朱書大中小事元限月日，作單狀，仰知院、判寺、少卿於次月五日以前類聚繳連以聞〔八〕。其詳議、詳斷官更不得差諸處勾當。」

英宗治平元年十一月二日，中書門下言：「新差提點

〔一〕「乞」字當衍。
〔二〕如未有年滿：原作「如有未滿」，據本書職官一五之四〇改。
〔三〕孫抗：原作「孫杭」，據《長編》卷一二二改。
〔四〕日：原無，據本書職官一五之四一補。
〔五〕暍：原作「臘」，據《長編》卷一七二改。
〔六〕荆湖南：《長編》卷一七二無「南」字，疑衍。
〔七〕詔：原作「照」，據本書職官一五之四一改。
〔八〕聚：原作「衆」，據本書職官一五之四一改。

兩浙路刑獄公事賈壽言：『審刑院、大理寺詳斷諸色公案，並須詳定同進。如經奏斷後失錯，兩司官吏等並不在覺舉之限。然苟有失錯，不許自陳，則慮法官雖覺其失，懼於科罰，不肯自引其咎而就責。如此，則所枉之罪未必發露，徒使罪人枉陷重辟。已經奏斷，但於犯人未行決問，能自覺舉改正，許從律文原減之法。』檢會今年五月七日詔，審刑院詳議、刑部詳覆、大理寺詳斷官如斷案或定奪差失，雪罪不當，及失舉駁，曾經勘罰及三次者，並當責降。已上雖經赦降，並理爲次數。如事係重大，或有涉情弊，雖只一次(一)，亦當重行降黜。其檢法、法直官鋪條差失者，亦准此。及仰刑房置簿，畫時抄上，不得漏落。如次數合該責降，便仰檢舉施行。」詔：「今後所入事狀並須主判官等連簽。如三次改動刑名，元斷官、議官並理爲一次勘罰。其大理寺一司不在覺舉條更不行用。及仰刑房置簿，如前敕施行。」

神宗熙寧元年二月十六日，大理寺言：「敕閣自來輪差詳斷、法直官兼監，半年一替。緣斷官日詣審刑院商量文字，及中書、密院勾喚不定，難爲專一監守，欲乞專差檢法官二員監敕閣，更不輪管本寺紙庫、錢庫，簽書銓曹、審官院文字。及移法直官房依舊於閣下，仍差歸司官二人、府史二人同共管勾。舊條：審刑院、刑部、大理寺不許賓客看謁及閑雜人出入，如有違犯，其賓客并接見官員並從違制科罪。乞并親戚不許入寺往還，所貴杜絶姦弊。」從之。

五月六日，御史臺言：「看詳奏舉乞試法官等條制，今與審刑院、大理寺衆官將前後所降指揮參詳到六條，委得經久可行。所有今日以前應係試法官敕劄，乞更不行用。」從之。

三年三月二十五日，詔：「試用法官條貫，候法官皆是新法試到人，即依此施行。立定試案、鋪刑名及考試等第式樣一卷，頒付刑寺及開封府、諸州，仍許私印出賣。」

九月，令考試法官所分爲三等考定所試之人。如無合入上等之人，即止從本寺(二)。仍逐場未得駁放，合各具等第、通數以聞。

五年五月十四日詔：「68大理寺詳斷官每二人同共看詳定斷文案外，更於奏狀上繫銜(三)，仍同點檢。」從本寺所請也。事具「大理寺」。（以上《永樂大典》卷二一三〇九）(四)

(一) 只：原作「知」，據本書職官一五之四二改。
(二) 寺：疑當作「等」。
(三) 銜：原作「御」，據本書職官一五之四三改。
(四) 原稿中縫所標《大典》卷次作「卷二萬一千三百九十」，然查《永樂大典目錄》，此卷乃「别」字韻「事韻」目，與刑法無關。陳智超《解開宋會要之謎》改作卷二一三〇九，甚是，此卷乃「法」字韻「事韻」目。蓋抄書者於「二萬一千三百九」下誤添一「十」字。

宋會要輯稿　刑法二

禁約　一〔一〕

【宋會要】

❶太祖建隆四年七月九日，武勝軍節度使張永德上言：「當道百姓家有疾病者，雖父母親戚，例皆捨去，不供飲食醫藥，疾患之人多以饑渴而死。習俗既久，爲患實深。已喻今後有疾者，不計尊幼，並須骨肉躬親看視，如更有違犯，並坐嚴科。」從之。

乾德四年五月十三日，詔曰：「如聞西川諸色人移置内地者仍習舊俗，有父母骨肉疾病，多不省視醫藥。宜令逐處長吏常加覺察，仍下西川管内，並曉諭禁止。」

八月五日，詔曰：「朕自下巴、邛，繼行恩宥，務去煩苛之政，俾蘇疲瘵之民。尚念國家之歲賦常租，猶令蠲免；臣下之倍稱出息，豈可誅求！應西川諸州人户，自前有負僞國臣僚博放出利錢帛者，詔到日並與除放。如或元非出利及今後别有逋債，不在此限。所在長吏，其備録詔書以諭關内百姓。」

二十二日，詔曰：「時和年豐，有國上瑞。今三農不害，百姓小康，夏麥既登，秋稼復稔，倉箱有流衍之望，田里無愁歎之聲。實上天之垂休，豈涼德之所致。諸道刺史、縣令，職在養民，所宜敦勸，各令儲蓄，以備凶荒。尚慮下民恃此豐登，廣有費用，或蒱博好飲，或游墮不勤。有一於此，是爲棄本，倍宜約束，無抵憲章。所在長吏及令佐等，當明加告諭，使知朕意。」

六年六月十一日，詔曰：「厚人倫者莫大於孝慈，正家道者無先於敦睦。況犬馬尚能有養，而父子豈可異❷居？有傷化源，實玷名教。近者西川管内及山南諸州相次上言，百姓祖父母、父母在者，子孫别籍異財，仍不同居。詔到日，仰所在長吏明加告誡，不得更習舊風，如違者並準律處分。」

開寶八年正月二十六日，詔：「今後或有丘園宿德、鄉縣耆年，並委所在州縣官等時與延（客）〔容〕，親加問訊，察人民之疾苦，除胥吏之誅求。凡有踰違，咸須改正。」

太宗太平興國六年十二月二十九日，詔：「中外官吏以告身及南曹曆子於賈區權息錢者，並禁之。違者官爲取之，不償其直。」

七年五月二十二日，詔曰：「《書》云『民惟邦本〔二〕，本固邦寧』；《傳》云『人生在勤，勤則不匱』。故一年耕則有三年之食，百日勞則有一日之息，所以敦本厚生、足兵足食

〔一〕禁約：原作「刑法禁約」，按「刑法」二字爲大類之名，今删。《長編》卷一三三慶曆元年八月壬辰條原注引《會要》有此目。

〔二〕惟：原作「爲」，據《尚書正義》卷七、《宋大詔令集》卷一八二改。

之大署也。如聞南畝之地，污萊尚多；比屋之民〔一〕，游墮斯衆。歲稔則犬馬或餘於粱肉，年饑則妻子不厭於糟糠。罕能固窮，遂至冒法。豈君人者教化之未審，而爲吏者誘道之乖方？宜伸交儆之詞，式變已然之俗。今膏澤屢降，麰麥將登，當及此時，便爲儲蓄。應州縣長吏，限詔到日告諭鄉民：常歲所入除租調外，不得以食犬彘，多爲酒醪；嫁娶喪葬之具，並從簡儉；少年無賴輩相聚蒲博飲酒者，鄰里共捕之。凡爾庶民，宜體兹意。」

九月二十五日〔二〕，詔曰：「應沿邊州軍縣鎮等：朕尊臨萬國，子育兆民，思欲覆載之間，盡躋仁壽之域。兵者兇器，豈必用之？況契丹一邦〔三〕，素無釁隙，頃歲交通使命，**3** 各保封疆，亭候無虞，烽塵罷警。尋以太原舊壤，僭竊相承，毒虐生民〔四〕，拒違朝化，朕所以親提鋭旅，直抵孤城，蓋爲伐罪之行，靡有黷武之意。而契（舟）〔丹〕朋附逆黨，棄背驩盟，輒率氈裘之民，來爲脣齒之援〔五〕。蚊蝱暴集，不免於驅除；豺狼無厭，須行於翦滅。既平汾晉，尋幸塞垣，靡辭再駕之勤，親畧全燕之地。諒兹曲直，炳若丹青。邇年金革甫寧，創痍漸復，百姓等各思安堵，勉務力田，不得闌出邊關，侵撓帳族，及掠奪畜産，擾動邊陲。宜令所在州縣嚴加詗邏，違者重論其罪。生口羊馬等並送於塞外，以稱朕屈己息民之意焉。」

雍熙二年閏九月二十四日，詔曰：「嶺嶠之外，封域且殊，蓋久隔於華風，乃染成於污俗。朕常覽傳記，備知其土風，飲食男女之儀，婚姻喪葬之制，不循教義，有虧禮法。昔漢之任延理九真郡，遂變遐陋之地，而成禮義之俗。是知時無古今，人無遠近，問化之如何耳，豈有弗率者乎！應邕、容、桂、廣諸州，婚嫁喪葬、衣服制度，并殺人以祭鬼、病不求醫藥，及僧置妻孥等事，並委本郡長吏多方化導，漸以治之，無宜峻法，以致煩擾。」初，帝覽《邕管雜記》〔六〕，知其俗陋，故下是詔。

四年正月十日，帝以萬州所獲犀皮及蹄、角示近臣。先是，有犀自黔南來，入忠、萬之境，郡人因捕殺之。詔自今有犀勿復殺。

淳化元年八月二十七日，峽州長楊縣民向祚與兄向收共受富人錢十貫，俾之採牲〔七〕。巴峽之俗，殺 **4** 人爲犧牲以祀鬼，以錢募人求之，謂之採牲。祚與其兄謀殺縣民李祈女，割截耳、鼻，斷支節，以與富人，爲鄉民所告，抵罪。著作郎羅處約奉使道出峽州，適見其事，抗疏以聞，因下詔劍南東西川、峽路、荆湖、嶺南等處管内州縣，戒吏謹捕之，

〔一〕屋：原作「星」，據《宋大詔令集》卷一八二改。
〔二〕按，此詔《宋大詔令集》卷二一四繫於十月十五日癸酉，《長編》卷二三、《宋史》卷四《太宗紀》一繫於十月五日癸亥。
〔三〕丹：原作「舟」，據《宋大詔令集》卷二一四改。
〔四〕虐：原作「雪」，據《宋大詔令集》卷二一四改。
〔五〕來：原作「求」，據《宋大詔令集》卷二一四改。
〔六〕雜：原脱，據《長編》卷二六、《直齋書録解題》卷八補。
〔七〕牲：原作「生」，據下文改。

犯者論死。募告者，以其家財畀之，吏敢匿而不聞者加其罰。

九月二十一日〔一〕，崇儀副使郭載言：「前使劍南日，見富人家多(召)〔招〕贅婿，與所生子齒，富人死即分其財，貧民多捨其父母出贅。甚傷風化而益爭訟，望禁之。」詔從其請。

二年閏二月十九日，詔曰：「京城先是無賴輩相聚蒲博，開櫃坊，屠牛馬驢狗以食，私銷鑄銅錢爲器用雜物。並令開封府嚴戒坊市捕之，犯者斬，隱匿而不以聞及居人邸舍僦與惡少爲櫃坊者，並同其罪。」

四月二十七日，詔：「雷、化、新、白、惠、恩等州山林中有羣象，民能取其牙，官禁不得賣。自今許令送官，以半價償之。有敢藏匿及私市與人者，論如法。」

六月二十三日，詔：「陝西路諸州戒疆吏謹視，有掠生口闌出邊關賣與戎人者，捕之，寘于法，匿不以聞者同罪。」

七月二日，詔：「先是黃門方保言獻議，於邠、寧、慶等州買羊，分遣官健牧養村野間，侵民田，妨種蓺，數郡被其害。自今宜罷之。」

七(月)〔日〕〔二〕，詔：「江南、兩浙諸州，民先(聚)〔娶〕旁妻在太平興國元年已前者，爲人所訟，不得受。」

十二(月)〔日〕詔：「嶺南諸州幕職、州縣官等，並許攜妻孥之任。秩滿，不得寄 5 寓於部內，違者罪之。」先是，黃播以知縣秩權守象州，寄孥於桂州。播被疾且革，潛遣迎妻子至治所。疾愈，自陳於轉運使，因復遣妻子詣本處。本道以聞，帝憫之，釋播罪而降是詔。

十二月十日，詔曰：「地氣方閉，不可起衆興作，以發天地之氣，致生人之疾疫。應京城諸處力役土功，並宜權罷，以奉順時令焉。」

三年十一月二十九日，詔曰：「兩浙諸州先有衣緋帬、中單，執刀吹角，稱治病巫者，並嚴加(楚)〔禁〕斷，吏謹捕之。犯者以造妖惑衆論，寘于法。」

五年二月二十六日，詔：「劍南諸州民爲州縣長吏建生祠堂者〔三〕，宜禁之。」先是，官吏有善政，部內豪民必相率建祠宇，刻碑頌，以是爲名，因而掊斂，小民患之。帝知其事，故降是詔。

五月十二日，詔曰：「先是歲用蒿數十萬圍，供甄官及尚方染作，自今染作以木柹給之。造弓弩先用牛筋，自今工官爲弓弩，其縱理用牛筋，他悉以羊馬筋代之。」歲省牛筋千萬。帝孜孜政理，慮物有横費，恐吏督責急而民有屠耕牛以供官者，故下是詔。

〔一〕按，《長編》卷二一繫於九月六日戊寅。

〔二〕七日：原作「七月」。按，據本書通例，如前條爲「七月二日」，此條同月而不知日，則書爲「是月」，而不作「七月」。又下條若爲「十二月」，再下條則僅書爲「十日」，而不書爲「十二月十日」。是知以下二條之「月」皆當爲「日」之訛，因改。

〔三〕祠：原僅存右部「司」，據文意補。

八月三日，詔：「應文武臣僚子弟因父兄亡歿録用者，如未經百日輒出，并冒哀求仕，釋服從吉者，仰御史臺察訪聞奏。」

至道二年八月二十八日，詔制置劍南、峽路諸州旁户。先是，巴、庸民以財力相君，每富人家役屬至數千户，小民歲輸租庸，亦甚以爲便。上言者以爲兩川兆亂，職豪民嘯聚旁户之由也，遂下詔令州縣責 6 任鄉豪更相統制，三年能肅静寇盜、民庶安堵者，並以其豪補州縣職以勸之。遣職方員外郎時載、監察御史劉師道乘傳齎詔書諭旨。既而載等復奏，旁户素役屬豪民，皆相承數世，一旦更以他帥領之，恐人心遂擾，因生他變。帝然之，其事遂寢。

真宗咸平元年十月二十八日，禁峽州民殺人祭鬼。

二年七月二十二日，司封員外郎高如晦言：「三司每下牒諸州，多失通濟，或折科物色非其所産〔一〕，或移割税賦不便於民，或言若徇公而意在私曲〔二〕，或事若利官而貽患於後，如此條件甚衆。外方既爲所統，一例遵承。欲望自今許諸州軍長吏詳視〔三〕，如理實有害，即具駁奏。」從之。

三年六月六日，詔：「河北諸州軍凡有科率，本官當親閲文簿均配，不得專委廂鎮，違者罪之。」

十六日，著作佐郎胡則言，請課河北州縣種榆〔四〕、柳，以備材用。從之。

四年十二月二日，詔曰：「昨益、利、彭州戍兵謀亂，自貽刑憲，悉就誅鋤〔五〕。眷彼黎甿，或多反側，用寬詿誤，式廣好生。宜令逐州除逃亡徒黨見擒捕外，其餘一切不問。」及「以西蜀自王均叛涣之後〔六〕，人心未寧，亦有小民潛相誑惑。宜令長吏嚴切警察，如有訛言動衆、情理切害者，斬訖以聞」。

五年四月十二日，詔西川官吏勿留東人。從知益州馬知節請。

景德元年十月三日，令河北〔七〕、河東、陝西沿邊州軍倉場謹火禁。備戎諜也。

十一月十五日，詔留守官司〔八〕：「如車駕離京後，有無賴 7 不逞輩騷動人民、情理難恕者，並斬訖以聞。」

二年二月二十五日，詔曰：「頗聞戎人所寓，潛寘毒於鉼罌，投之井中，留害民庶，間者永静軍多獲此藥。宜布告河朔，使知其事。」

九月九日，詔：「舉放息錢，以利爲本，僞立借貸文約

〔一〕其：原作「有」，據《長編》卷四五改。
〔二〕意：原作「其」，據《長編》卷四五改。
〔三〕詳：原作「祥」，據《長編》卷四五改。
〔四〕州：原脱，據《長編》卷四七補。
〔五〕悉：原作「來」，據《宋大詔令集》卷二二七改。
〔六〕「以西蜀」以下，據《宋大詔令集》卷二二三、二二七、《長編》卷五〇，當是同日另一詔書。
〔七〕河北：原脱，據《長編》卷五八補。
〔八〕官：原脱，據《長編》卷五八補。

者，從不應爲重科罪。」
十月十一日，詔：「京東近經水潦，應州縣不急之務擾民者悉罷。」
三年六月六日，禁諸路轉運使副、諸州官吏與管内官屬結親，違者重寘其罪。
八月十日，詔：「渭州、鎮戎軍向來收獲蕃牛以備犒設，自今並轉送内地以給農耕，宴犒則用羊、豕。」
九月二日，開封府言：「文武官亡歿，諸寺擊鐘未有定制。欲望自今大卿監、大將軍、觀察使以上，命婦郡夫人已上，許於天清、開寶二寺擊鍾，其餘悉禁。」從之。
十(月)〔日〕〔一〕，詔：「如聞陝西沿邊州軍〔二〕，游惰之民聚而蒱博，急則爲盜，恣擾鄉閭。宜令所在申明舊詔，嚴行禁止〔三〕。」
十八日，詔：「如聞河北官吏市民物，給直不當價，宜令轉運使以前詔揭榜戒之。」
十一月八日，詔：「應以歷代帝王畫像列街衢以聚人者，並禁止之。」
十二月二十日，詔：「牛羊司畜孳乳者並放牧之，無得宰殺。」
四年八月十五日，詔：「自今内庭及含光等殿、在京諸處齋醮〔四〕，内臣於諸司庫務宣索物料，並令庫務具名數押書付逐司，方得給付。給訖，連内臣文字實封送三司置籍，每旬具兩本進内，一留中，一下尚書内省用印，憑由除破。其奉詔監葬者，事8畢亦具費奏聞，録別本送三司憑由司勘驗〔五〕，如前制。」先是，内中須索文記，委都知司勘驗除破，頗有留滯踰年未能結絶者，上令樞密院〔六〕、三司議定此制。因出内省所批文簿數卷示宰臣，皆以諸司奏知牘背爲之。帝曰：「宮中用此記事，始自先朝，凡宮禁省費，多此類也。朕常以在京廨舍營宇所費材木素無條約，三司提點司不能盡察，因令事材場、八作司日具支用件狀進内。邇者閤承翰面陳官廨櫟折〔七〕，望傳宣給換，因知有此條約，不敢妄費。蓋關西採市羣木，軍民甚勞，若無禁制，其弊滋甚矣。」
九月十六日，詔曰：「所寶惟穀，兆民之天，出於耕耘，是謂勞苦。今萬邦嘉靖，五穀大穰，是謂有秋，允符上瑞。如聞里巷，多所棄捐〔八〕，宜令開封府告諭居民〔九〕，無得棄擲米麥食物，犯者重寘其罪。」

〔一〕日：原作「月」，據《長編》卷六四改。下條《長編》卷六四繫於九月十九日戊午，益證此條不當作「十月」。
〔二〕軍：原作「郡」，據《長編》卷六四改。
〔三〕止：原作「之」，據《長編》卷六四改。
〔四〕齋：原作「齎」，據《長編》卷六六改。
〔五〕下「司」字原脱，據《長編》卷六六補。
〔六〕上：原作「仍」，據《長編》卷六六改。
〔七〕折：原作「析」，據《長編》卷六六改。
〔八〕多：原無，據《宋大詔令集》卷一八二補。
〔九〕居：原無，據《宋大詔令集》卷一八二補。

十月七日，詔：「京城倉場受芻糧勿得留滯，令三司、開封府察之。」

大中祥符元年六月八日，詔曰：「朕憂勤視政，清淨保邦，將儉德以是遵，庶淳源而可復。乘輿服御之物已屏於紛華，宮闕苑囿之規當存於樸素。至於王公戚里，卿士庶民，因贈遺以相誇，翦繒綵而爲飾。且念蠶績所出，機杼斯勞，安可滋侈麗之風，爲浮靡之用？宜申誕告，用示予懷。應寺觀祠廟許依舊外，大內及宮院諸苑囿等自前已有綵繪者，若便塗改，益成勞費，宜令依舊，今後止用丹白〔一〕，不以五綵裝飾，皇親士庶之家亦不得施用。其幡勝除恩賜外〔二〕，許用【9】綾絹，不得用羅；諸般花止許用通草〔三〕，不得用縑帛。」

十月一日，詔：「內臣傳宣取索，並令齎御寶文字爲號，仍先降式付所由司，以辨詐妄。」

二年正月一日，因觀殿庭假花株，帝曰：「此花承前多翦繒綵爲之，今止用草。自茲郊禋，青城園苑亦令準例。」

十二日，詔曰：「字氓之術，敦教爲先。眷乃細民，尚迷至化，但謀酣樂，罔慎行藏。或靡顧宗親，顯求析户；或不問尊長〔四〕，潛舉息錢。頗開獄訟之源，終致流離之苦。念茲多僻，宜示禁科。自今有誘人子弟求析家產，恣爲不逞，及輒壞墳域者，仍逐處即時捕捉，并許本家親族鄰人陳告，鞫按以聞，當議決配。其知情放債人所假錢物，不在還理之限。如因事彰露，應干繫官吏鄰保，並等第勘斷。」時開封府民孫亮誘豪家子韋日新遊飲無度，私舉息錢；亮又假詞訴理祖業，求析家產。命分配充常州牢，遂以戒中外焉。

四月二日，詔：「金明池每歲爲競船之戲，縱民游觀者一月，仍許羣官游賞，御史臺、皇城司不得察舉。」

五月二十一日，直集賢院楊侃請令諸州縣無遣胥吏下鄉追事。從之。

六月十一日，詔曰：「如聞京城多有無賴輩妄稱稟命詗察諸司，宜令三班捕而懲之〔五〕。」

二十一日，詔：「文武官自今非公事不得入京百司諸公署〔六〕。如監臨官挈家止廨宇者〔七〕，許親故來往，無得妨其公事。」

三十日，禁皇親募工造侈靡服物。

七月四日，詔曰：「禁咒之方，擊刺之術，既【10】靡緣於南畝，實有亂於齊民。言念僻違，用申科禁。其河北諸州軍民户惰棄農業，學禁術、槍劍、桃棒之伎者，自今委諸縣

〔一〕丹：原作「月」，據《宋大詔令集》卷一九九改。
〔二〕其：《燕翼詒謀録》卷二引作「春」。
〔三〕通：原無，據《燕翼詒謀録》卷二補。
〔四〕問：原作「聞」，據《長編》卷七一改。
〔五〕三班：原作「三司」，據《長編》卷七一改。
〔六〕署：原作「局」，據《長編》卷七一改。
〔七〕挈：原作「絜」，據《長編》卷七一改。

令佐常切覺察，違者論如法，情重者以令衆〔一〕。」

〔八月〕十六日〔二〕，詔：「洞真宮及諸公主宅所須之物任便市易，勿令雜買務供應。」時駙馬都尉柴宗慶家僮自外州市炭入京城，所過免算，至則盡鬻以取利，復於雜買務市炭重取之，家僮輩競有求丐，故禁絶之。

十九日，詔澶州自今民以耕牛過河者勿禁。時河朔牛疫，河南民以牛貿易者甚衆〔三〕，而澶州浮梁主吏輒邀留之，故也。

二十二日，詔河北沿邊州軍公吏不得非禮使之。時邊郡以北境遣使朝聘，爲之主禮，常肄習樂部〔四〕，以備宴犒，復教公吏爲俳優，至有以醜言斥軍校咎累爲之戲笑者，人或不堪。帝以爲非馭下之體，故戒之。

三年正月二十七日，知天雄軍寇準言，振武等軍士援送契丹使過境，已各給裝錢。詔以準不當擅有給賚，命備償還官。

二月二十五日，禁荆南界殺人祭棱騰神〔五〕。

三月十八日，詔：「如聞太康縣民有起妖祠以聚衆者，令開封府即加禁止。」

四月二十九日，詔：「訪聞關右民每歲夏首於鳳翔府岐山縣法門寺爲社會，游墮之輩晝夜行樂，至有姦詐傷殺人者。宜令有司量定聚會日數，禁其夜集，官司嚴加警察。」

四年正月十六日，詔江湖間貧民捕魚，豪户不得封占。

九月三日，詔：「諸路州軍縣鎮應文武[11]官見居遠任家屬寓止者，如其子孫弟姪無賴，不幹家業，即嚴行約束。苟不悛革，則并其交游之輩劾罪以聞。」

十一月十四日，詔：「諸路轉運、提點刑獄、安撫等司自今不得牒監場務京朝官、使臣，令體量州縣官吏。」以其統攝之下言多不實故也。

五年正月十七日，詔：「訪聞閭閻門内，有人衆目爲先生，每夕身有光，能於隙竅出入無礙，是必妖妄惑衆，其令開封府速擒捕禁止之。」

五月十三日，詔：「川陝諸州屯兵草茅覆屋〔六〕，連接官舍，頗致延火，宜令自今壞者，漸易以瓦，無得因緣擾民。」

六月二十六日，詔：「沿邊民有盜契丹馬趣近南州軍貿市者，宜令所在嚴禁止之。」

七月十日，知益州李士衡言：「永康軍村民社賽，用棹

〔一〕情：原無，據《宋大詔令集》卷一九九補。
〔二〕八月：原無，據《長編》卷七二補。按《長編》，以下三條皆爲八月事，「八月」二字不可不補。但《長編》三條日分又均與此異：此條作十一日癸巳，下條作十四日丙申，再下條作十七日己亥。俱相差五日，未知何故。今姑仍舊。
〔三〕河南：《長編》卷七二作「京東」。
〔四〕肄：原作「隸」，據《長編》卷七三改。
〔五〕人：原脱，據《長編》卷七三補。
〔六〕州：原脱，據《長編》卷七七補。又「陝」疑當作「峽」。

刀爲戲，望行禁止。」從之。

十九日，開封府言：「三司先降紙式，並長二尺三寸，付洪、歙州擣造。除給中書、樞密、學士院外，自餘止用次等黄紙，非詔勑所用，悉染淺色。近日頗有踰式者，望申明前禁。」從之。

閏十月十四日，詔：「訪聞邊臣每正旦五鼓即張燭慶賀〔一〕，日聚宴樂，至有夜分而城不扃者，自今不得復然。」

六年三月二十七日，詔：「兩京諸路場務、津渡、坑冶等，不得令仕宦之家該蔭贖人主掌，其合該贖金及疾耄者，即以次家長代之。」先是，陳留縣民田用之、盧昭一爭奪酒務，用之父見任幕職，昭一身爲試秩，因條約焉。

七月二十四日，禁内外羣臣市官田宅。

八月二十六 12 日〔二〕，禁沿邊集軍中子弟閱習樂聲〔三〕。上封者言其勞擾故也。

九月二日，詔：「如聞質賣邸舍〔四〕，而鄰並權要家留其契券以艱難之，可申明條約〔五〕，無使復然。」

十一月五日，詔申嚴火禁。

七年五月四日，詔：「兩浙諸州有屠牛充膳，自非通議烹宰，其因緣買者，悉不問罪。」初，司勳員外郎孔宗閔上言：「浙民以牛肉爲上味，不逞之輩競於屠殺，事發即逮捕滋廣，請釋不問罪。」狀下兩浙轉運使陳堯佐，悉同其議，故有是詔。

二十四日，吏部流内銓言：「諸州有親屬爲部内官者，到任一考已下，依舊對換；一考已上，請令俟成資日依得替例放罷〔六〕。」從之。

七月二十六日，詔兖州壽丘、慶丘，非行禮禁人登陟。

八年正月十七日，上封者言：「自今文武官授川峽任〔七〕，其家族有所依而輒攜赴者〔八〕，請不許首罪。」從之。

十九日，詔：「如聞諸軍亡命卒每擒獲，多妄引同輩常共賭博，逮捕既衆，豈無濫刑？自今有司更勿窮究，止用本罪論決。」

二月十六日，詔：「皇城内諸司、在京百司、庫務、倉草場無留火燭。如致延燔，所犯人洎官吏悉處斬，番休者減一等。」

九年四月十一日〔九〕，禁江南民賣黐膠。違者，一斤已上以不應爲重論。

六月二十七日，詔以物價至賤，令小民無得輕棄食物，違者重寘其罪。

〔一〕旦：原作「至」，據《長編》卷七九改。
〔二〕二十六日：《長編》卷八一繫於六日乙丑。
〔三〕集：原作「寨」，據《長編》卷八一改。
〔四〕質：原作「貿」，據《長編》卷八一改。
〔五〕條：原脱，據《長編》卷八一補。
〔六〕令：原作「今」，據《長編》卷八二改。
〔七〕「授」原作「受」，「峽」原作「陜」，據《長編》卷八四改。
〔八〕所：原作「因」，據《長編》卷八四改。
〔九〕十一日：《長編》卷八六記於二十四日丁酉。

七月三日，禁民私販紫赤礦。

二十三日，詔中書門下：「今者屬歲律之云秋，慶甫田之多稼，忽茲僥亢，遂産蟲螟。惟部吏之侵漁，**13**則孽蟲之紛擾，感召之應，古今攸同。今後〔臣〕僚等各守官箴，勿貽公議；子弟等務思進益，無至踰違。苟揚令淑之名，必行甄奬；或至悔尤之咎，諒不矜容。咨爾宰府，奉而行之。」

八月五日，禁京城殺雞。

十五日，詔曰：「藪牧之畜，農耕所資，盜殺之禁素嚴，阜蕃之期是望。或罹宰割，深可憫傷。自今屠耕牛及盜殺牛罪不（致）〔至〕死者，並繫獄以聞，當從重斷。」

九月十六日〔一〕，詔：「民負息錢，無得逼取莊土、牛畜以償。」

十一月九日〔二〕，禁廣南西路白鑞〔三〕。一本作「臘」，鑞旁字是。

天禧元年正月二十八日，禁陝西採盧甘石。

八月十二日，禁採捕狨。

十月七日，内殿崇班、閤門祗候羅元備言：「伏見諸路苗稼栽茂，即奏豐稔，或多失實。自今請俟登稔，乃許以聞。」詔從之。其已奏豐稔而非時災沴者，即須言上，違者重寘于罪。

十一月十六日，禁川峽民畜飛梭〔四〕。

二年十一月二十五日，祕書丞朱正臣言：「前通判廣州，竊見蕃商多往交州貿易，齎黎字及砂鑞錢至州，頗紊中國之法。望自今犯者決杖配牢城，隨行貲貨盡没入官。」詔廣南轉運使洎廣州覆議〔五〕，既而上言：「本州海路與交州、占城相接，蕃商乘舟，多爲海風所漂，因至外國，本非故往貿易。欲望自今應齎到黎字、砂鑞等錢，並没入官，其餘博易所得，布帛取三分之一，餘悉還之。所犯人以違制失論。」從之。

三年七月三日，詔：「河東路不許攜家赴任，州軍有官員挈家**14**在彼者，並令遣離本任。」

二十五日，屯田員外郎鍾離瑾言：「竊見諸州長吏纔境内雨足苗長，即奏豐稔，其後霖潦霜旱，蝗螟災沴，皆隱而不言，上罔朝廷，下抑民俗。請自今令諸州有災傷處，即時騰奏，命官檢視。如所部豐登，亦須俟夏秋成日上奏。如奏後災傷者，聽別上言，隱而不言者論其罪。」從之。

十月四日，詔：「益、梓、利〔六〕、夔州路沿邊夷人有鼓銅器，許於夷界用之，州縣勿責其違禁。其内地百姓齎入夷界賣鬻者，即依詔勅論罪。」先是，富順監言始姑鎮夷

〔一〕十六日：《長編》卷八八繫於四日乙巳。
〔二〕九日：《長編》卷八八繫於二十七日丁卯。
〔三〕鑞：《長編》卷八八作「蠟」。
〔四〕飛梭：原作「飛稜」，據《長編》卷九〇改。
〔五〕洎：原作「泊」，據《長編》卷九二改。
〔六〕利：原作「州」，據《長編》卷九四改。

人家有銅皷，子孫祕之，號爲右族〔一〕，而朝法所禁，因有是詔。

十三日，禁興州三泉縣、劍、利等州白衣師邪法。

十六日，禁京師民賣殺鳥獸藥。

四年四月二十四日，詔：「訪聞忻、代州民秋後結朋角觝，謂之野場，有殺傷者，自今悉禁絶之。」

九月二十六日，太子太保王欽若請令江淮制置使罷顧民船，兩浙、淮南權罷和糴，聽商旅入中。並從之。

十二月八日，詔：「自今中使傳宣，賫手詔御寶文字赴中書、樞密院，係遷秩加恩事，並先赴入内都知司上籍，覆奏訖，仍給付施行。」

仁宗天聖元年閏九月二十六日，詔：「應翰林醫官院、司天監、天文圖畫院，但係藝術官等處，今後更不得妄進文字，并告託皇族國親、形勢官員請求干黷，乞行奏薦，改轉名目服色，及夾帶實封文字希求恩澤。如違，據所降出求恩澤人姓名，科違制之罪。或有所進文[15]狀者，仍令閤門承進常切點檢，別無違礙，方得進入。」

二年二月十二日，殿中丞李丕緒言：「乞止絶内外姻戚，不得更有陳乞班行等充外郡（押）衣襖使命。」詔今後差下押衣襖使臣，坐此奏取知委結罪文狀。

七月十三日，侍御史兼知雜事姜遵言：「臣僚取便於三司、開封府看謁，并帶職文臣等出節呵止，有違條貫，及翰林醫官、司天監丞等未轉至朝官，多隨服色佩魚，並乞嚴賜止絶。是皆舊有條約，久而稍弛，有司不能振舉。」詔申明之。

三年三月二十二日，詔：「金明池教習船，有司列水嬉，士民觀者甚多，有蹴踏而死者。令本地分巡防人員止約，令勿奔湊。」

十月九日，詔：「得替知州、通判、都監、監押、幕職州縣官，不得將逐處公人於益州止射，占留綱運管押。」

四年四月十八日，翰林學士夏竦言：「福建、廣南接江南西路，百姓於山澤中採取龜倒埋培中，生伐去肉，聲動數里，人不忍聞，暴殄天物，最爲楚毒。又只取殼上薄皮數片，謂之龜筒，賣與私作玳瑁器人，得直至微。伏乞禁止。」從之。

閏五月六日，中書門下奏：「檢會天（僖）〔禧〕元年赦文，應諸道州、府、軍、監、縣等承受得三司非次有科取收買製造物色等，並須畫時具事由實封聞奏。内有科率農民，事非急切及數目浩大者，仍須別候朝旨。諸路轉運、提刑司每承朝旨降下諸色人論訟公事，其間甚有不銷一例差官事件，今後仰逐司詳上件事理施行。」[16]帝曰：「事貴簡淨，勿至勞擾百姓。前來條貫，並令申明施行。」

五年二月二日，中書門下言：「北戎和好已來，歲遣人使不絶，及雄州（摧）〔榷〕場商旅往來，因兹將帶皇朝臣僚著

〔一〕右：原作「古」，據《長編》卷九四改。

譔文集印本傳布往彼，其中多有論説朝廷防遏邊鄙機宜事件，深不便穩。」詔：「今後如合有雕印文集，仰於逐處投納，附遞聞奏。候差官看詳，別無妨礙，許令開板，方得雕印。如敢違犯，必行朝典。仍候斷遣訖，收索印板，隨處當官毀棄。」

七月九日，詔：「應今後停削命官使臣，不得過河西至府州縣收買羊馬興販。」

八月七日，河東路提點刑獄朱正辭言：「河陽、懷、澤州已來，鄉村百姓百十人爲羣，持幡花螺鈸鼓樂，執木槍棹刀，歌舞叫嘯，謂之迎聖水以祈雨澤，斂取錢物，誑惑居民。」閤門祇候韓永錫言：「陝西州軍及京畿許、鄭界，少壯子弟聚集起置上廟朝嶽社，人(名)〔各〕著青緋衫子，執擎木素棹刀及木槍，排旗子沙羅，作隊迎引祭祀之物，望行禁止。」中書門下檢會《編敕》，諸色人上嶽及祭諸祠廟，並不得置造平頭輦、黄涼傘、黄纓、茜緋鞍復係禁物色，并亂集衆人，執擎兵刃。如違，晝時收捉勘斷。詔：「神社槍旗等嚴行鈐轄，如有違犯，内頭首奏取敕裁，及許陳告。」

九月二日，御史臺言：「開封府近日多有臣僚取便出入看謁，雖有先降敕命，未聞遵守施行。」詔令御史臺、街司常切覺察聞奏。

七年閏二月二日，詔：「見任近臣除所居外，無得於京
17 師廣置屋業。」

六月十一日，殿中侍御史朱諫言：「河北邊城每進奏院報狀至，望令本州實封呈諸官員。若事涉機密，不爲遍示。」從之，仍令轉運使密爲告諭。

二十五日，三司言：「準詔，臣僚置莊田以三十頃爲限，將吏十五頃爲限，仍只許一州之内典買〔一〕。伏緣有修營墳域之家，若只一州，慮有地非便宜，或塋域狹隘，須移他處營葬者，欲望除莊産外，聽別置墳域，以五頃爲限。」奏可。

十二月八日，東染院使張可用言：「邊州官員頗有連宵聚會及非時開閉城門者，望申禁止。」奏可。

九年正月十八日，詔：「京城救火，若巡檢軍校未至前，聽集鄰衆赴救。因緣爲盜者奏裁，當行極斷。」帝聞都輦閭巷有延燔者，火始起，雖鄰伍不敢救，第俟巡警者至，以故焚燔滋多，因有是命。

二月十三日，御史中丞王隨言：「選人歷任有負犯停殿，或因監司奏不理慢公者，望自今委吏部勘會，勿許改名。」奏可。

五月二日，上封者言：「按《長定格》，乾德六年八月詔書，臣僚違越不公，許人陳告獎擢。望申舊敕，以儆臣倫。」奏可。

閏十月十五日，詔：「如聞諸路進奏官報狀之外，別録單狀，三司、開封府、在京諸司亦有探報，妄傳除改，至(感)

〔一〕買：原作「賣」，據《文獻通考》卷一二改。

〔惑〕中外。自今聽人告捉，勘罪決停，告者量與酬賞。」

十一月十八日，詔：「夷門山、繁臺，公私無得掘土，委開封府覺察聞奏。」

十年三月五日，上封者言：「諸州知州、總管、鈐轄、都監，多遣軍卒入山伐[18]薪燒炭，以故貧不勝役，亡命爲盜。」詔申條約，自今犯者嚴斷，仍委轉運使察之。

八日，詔以京城民舍頻有延燔，慮奸狡之輩作過，聽人陳告，得實，賞錢百千。

五月十六日，遂州李景上言：「僧遊峨眉山者，苟無約束，恐致爲非。望降詔，須限一月發遣出山。」詔申一季之限。

六月八日，詔：「廣南、福建、江浙官無得乘轎出入，如山險及病跨馬不得者聽。」

二十一日，筠州何申甫言：「臨江軍婦人沈倶以鼠菌草殺夫，以移告管内辨此草，鋤根。竊意它州亦有，乞令剗毀。」從之。

七月六日，上封者言：「外任臣僚有貪汙不公、虐民害物者，轉運使雖知事端，又未有論訴發覺，只以『見更體量』，別具聞奏。洎至中書，但以所奏送審刑院，準備他日斷案，規免收理。若所犯人至替，事不發覺，即無懲戒。欲望自今但爲轉運司體量者，即令審官、三班、吏部銓上簿拘管，縱不發露，得替到闕，亦與降等差遣。如應磨勘，亦脚色之内著其事。」詔從之。

明道二年四月十七日，詔：「比來羣臣、宗戚、命婦廣託進奉，干祈恩澤。自今例得進奉外，餘一切止絕，委有司覺察其違。凡寺觀所進乾元節香合、山儀悉停，惟功德表疏許官司附驛騰奏，内東門司受接以聞。所當賜者，内東門司據例取旨。凡事有傳宣指揮，許有司實封覆奏；官應升殿者，翌日面審進止。其内批改官若差任，或事應商量者，未得即行，委中書門下、樞密院審取處[19]分。凡中外表奏，不得緣親戚於禁中投進，並閤門、通進司、登聞鼓檢院受而進奏，違者論罪。凡京都營壁、倉（軍）〔庫〕、邸店以時修繕，其他悉從三司計檢功料，須旨乃行。天下寺觀塔廟，不得奏求創始修建，其有廢壞，以常住錢聽加營補。凡羣臣乞升殿奏事，容先陳啓，須中書門下、樞密院進白可否，俟旨乃聽。」是時，（常）〔帝〕新總權綱，羣臣屬望，及降是詔，無不快躍，以爲天子明察纖微，雖潛慝隱姦無所容其私焉。

五月十二日，詔：「卜相伎術、篤廢殘疾之人，妄言災異，陰規禳厭，誑惑中外，冀取貨財，並投隸遠方。委官司嚴切禁止。」

八月三日，著作佐郎劉沆言：「伏覩三司催錢牒内帶出左藏庫闕錢數目，泄漏機事；及内中先將金銀買舒州羅源等莊，賜與靈仙觀、乾元寺充常住。乞賜禁止。」詔令三司，今後行出錢帛文字，不得泄漏見在數目。所買官莊，下轉運司差官往靈仙觀、乾元寺，標撥元買官莊并諸般物色，盡給人户，依舊耕佃。

二十七日，審刑院詳議官劉京言：「諸州軍非朝旨不得擅有科率，如違，並從違制私罪定斷。」從之。

十月四日，起居舍人、知諫院孫祖德言：「判襄州張耆造到私宅樓子，俯臨社稷祠壇，伏乞毁拆。」詔耆放罪，樓子拆去，不得存留。

九(月)〔日〕[一]，太常丞、同監左藏庫韓琦言：「今後有内臣傳宣取索金銀錢帛等，乞依自來條貫，候見合同憑由，即得支給。仍令本庫次日覆奏，降下三司照[20]會除破。」從之。

十一月十七日，中書門下言：「檢會先詔，外任臣僚有貪污不公，被轉運司體量聞奏者，候得替與降等差遣。欲今後顯有不公，即依例施行；若别無顯狀，不降等差遣。」從之。

十二月二日，臣僚上言：「三班人吏抑屈使臣，賄賂公行，嗟怨之聲，聞於道路，欲乞戒約。」詔三班院、審官院、流内銓人吏，今後如有受贓，並行決配。

景祐元年二月十五日[二]，右諫議大夫、新授知泰州孔道輔言：「父母年老，今暫到兖州寧親後，立便赴本任。」詔：「道輔昨降職任，差知泰州，不奏候朝旨，枉路赴兖州，免勘特放罪，令本州發遣疾赴任訖奏。」

五月十一日，龍圖閣待制燕肅乞今後内外官司合用宣敕條貫，寫録廳壁，朝夕看讀。從之。

十二日，上封者言：「在京尼師之輩或入内庭，國親之臣多接朝士，洩禁中之語，爲外人所聞。乞今後入内師尼特賜一絶，國親臣僚亦乞誡礪。」詔劄與入内内侍省相度，及令諸宫司取知委狀。

十八日，詔：「今後每豐稔，百姓不得率斂錢物建感恩道場。」

六月九日，詔：「臣僚失儀，依條責罰，更不理爲過犯。」

七月十二日，中書門下言：「内降劄子，諸處承準宫闈教旨事件未得施行，次日面奏，審取指揮。不該上殿處，當日内實封申中書、樞密院，再取旨施行。」從之。

十月十九日，開封府請今後僻静無鄰舍居止宰殺牛馬，許人告捉給賞；無鄰人處，以本住業主家財添給。依奏，業[21]主只罪勾當人。

二年二月五日，上封者言：「近日多有臣僚私入三司及開封府、御史臺看謁。伏以三司掌天下錢帛，國家會要之司，御史總持憲綱，繩糾愆謬，開封府政事繁重，四方表則，豈容私入請謁！竊慮别有寄囑，妨廢公務。淳化、景德，明有條詔，並各禁止，許御史臺糾奏，久無覺舉，漸失遵稟。乞申明約束，其看謁、接見監司，並從違制論。」從之，

[一] 九日：原作「九月」，據《長編》卷一一三改。
[二] 按：《長編》卷一一四繫於二十三日甲寅。

仍令御史臺、街司常切覺察，違犯具名聞奏。

十月九日，前廣南東路轉運使鄭載言：「廣州每年多有蕃客帶妻兒過廣州居住，今後禁止廣州不得賣與物業。」詔知廣州任中師與轉運使相度以聞。

二十一日，臣僚上言：「駙馬都尉柴宗慶印行《登庸集》中，詞語僭越，乞毀印板，免致流傳。」詔付兩制看詳聞奏。翰林學士承旨章得象等看詳：「《登庸集》詞語體制不合規宜，不應摹板傳布。」詔宗慶悉收衆本，不得流傳。

十二月十四日，詔：「益、梓、利、夔路民夜聚曉散〔一〕，傳習妖法，能反告者賞錢五萬，以犯者家財充。」

三年二月十三日，太常少卿、直昭文館扈稱言：「近歲士庶之家侈靡相尚，居第服玩僭擬公侯，珠琲金翠照耀衢路，約一襲衣千萬錢不能充給。乞差近臣議定制度，以分等威。」詔曰：「如聞輦轂之間，士民之族，罔遵矩度，爭尚紛華，服玩僭奢，室屋宏麗。儻懲革之弗至，恐因循而滋多。宜專命於攸司，再申明於彝憲，酌其舊式，著此成規。其令兩制與太常禮院㉒同詳定以聞。」

二十一日，詔：「在京巡檢人户鋪分，選内侍與新舊城巡檢同相度以聞。」以屢有火災也。

三月二十一日，天章閣待制李（絃）〔紘〕言：「官員使命往來，差防送人常一二百人，止在道路兵士雖給口食二升，裹費不足。乞量官品高下，差十人已來給護。」詔依官位量差，違者並行朝典。

四月七日，河北轉運司言：「滄州南皮縣令朱谷，部民論取受不公，懼罪逃走，已行收捉。」詔將來遇赦不原，永不録用。今後命官、使臣依此例。

二十五日，臣僚上言：「近日多有臣僚私入三司、御史臺、開封府看謁。乞今後更有臣僚妄託公事，私入看謁，其接見者及監門使臣一等科罪。」慮有合入省商量事者，詔如實有公事，許赴省府商量。

六月十五日，福建轉〔運〕使言：「南劍州祆人饒曾託言鬼神，恐赫民財，已依法處死。曾二弟見在本鄉，請從江南江陰軍羈管。今後有犯者，許人告捕鞫罪，籍没家財。本縣官不時覺察，即與衝替。」從之。

十一月三日，國子博士王正平言：「諸州官得替進發，逐處公文百姓用金銀花送路，貧者不免作債，乞今後止許用草花獻送。」從之。

十二月十七日，詔：「諸宮觀、寺廟在城外合行朝拜處，今後只令知州軍監、通判、幕職官輪赴〔二〕，都監、監押更不得去。」

四年四月四日，詔：「廣南西路諸色人不得容留溪洞婦女在家驅使，見在者不問契約年月，並放逐便。」

十月十六日，侍御史知雜事龐㉓籍言：「朝廷每差使

〔一〕民：原脱，據《長編》卷一一七補。
〔二〕幕：原脱，據《長編》卷一一九補。

臣、道士往建州武夷山設醮，差借人夫及般舡，準備迎送，來往勞役。乞自今以官物供辦。」詔今後如遇設醮合用，並以官物充，不得非理擾民。

五年二月五日，殿中丞、通判建州高易簡言：「每差殿頭、道士到武夷山設醮，多置買物色。今後不得令入州，貴免騷擾。」詔：「今後每投龍設醮，不差內臣及差殿侍齎送。本處知州或通判往彼嚴潔設醮，投送龍簡，道士本州選差。」

五月二十八日，監察御史張宗誼言：「向西諸路州軍臣僚罷任，隨行車乘多是所歷州縣差借人牛牽(洩)〔拽〕，乞行止絶。」詔申明前勅。

六月三日，詔：「臣僚赴任、罷任，不得差店户、百姓(檐)〔擔〕擎物色及借車牛。」

十一月四日，三司言：「乞差官點檢宣借官宅，及自來曾宣借官中宅屋之家，未經店宅務取索元借文字者，許勾當人陳首。」從之。

寶元二年三月十七日，左正言、直集賢院吳育言：「竊聞近歲以來，有造作讖忌之語〔一〕、疑似之文，或不顯姓名，暗貼文字，恣行毀謗，以害讎嫌。臣只傳聞〔二〕，未審虛實。若有此事，乞降出姓名，問其事狀，情若涉於妖妄，意或在於傾邪，則乞嚴與行遣，以絶奸弊。」詔開封府、御史臺常切覺察。

五月十四日，刑部言：「著作佐郎王師旦爲於御街上行馬，致軍巡人申舉，蒙開封府勘罪。檢會中書劄子，御路上只許近上臣僚行馬，及海行條貫本條無指定刑名，並從違制失私罪。其王師旦從上條杖 24 一百，止私罪定斷。」省司再詳：「只言許近上臣僚行馬，即不指定品位、職名，竊慮更有品位稍高，臨時無由定奪。今欲自宣德門至天漢橋北御路上〔三〕，只許應合出節臣僚及正任觀察使已上行馬。如隨從聖駕出入及宗室、内庭、宮院車騎，不在此限。」從之。

二十二日，右司諫、直集賢院韓琦言：「欲乞不以年分整齊，但見得官中支用顯有虛費，即定奪減省。仍望先飭宮掖之間，務修節儉，凡奢靡之飾、奇巧之玩、無名支賜、無度取索，一切罷之。」詔三司計會入內內侍省施行，餘並依奏。

二十三日，(左)〔右〕司諫、直集賢院韓琦言：「在京故將相、兩地、戚里、近臣之家，例合占留六軍兵士，枉破衣糧，永爲私家僕隸，但資冗食，久妨軍役，乞定奪〔減〕省。」詔依奏。

六月十九日，右正言、直集賢院吳育言：「條例之中，明有賞格，以巡檢、縣尉捉賊，使臣監務課利增盈，令佐存

〔一〕讖：原作「纖」，據《長編》卷一二三改。
〔二〕「只」下疑脱「據」字。
〔三〕門：原脱，據《長編》卷一二三補。

撫招攜人户歸業，設法催科，不行追擾刑責，此類皆等第酬奬。及得替到闕，所司並不舉行。乞選官與法寺詳定，自今應《編勅》合有酬奬，除在任遷擢逐時便行外，自餘本官到闕，各據勞績，所司舉行，不須待陳狀叙理。仍立日限，免使延滯。」詔酬奬者有司疾速施行。

康定元年五月二日，詔：「訪聞在京無圖之輩及書肆之家，多將諸色人所進邊機文字鏤板鬻賣，流布於外。委開封府密切根捉，許人陳告，勘鞫聞奏。」

三日，中書門下言：「訪聞近日無知之輩，妄25稱官中括取人户錢物。請重禁言者，欲許人告捉給賞。」從之。

十一月四日，知萬州馬元穎言：「乞下川陝〔一〕、廣南、福建、荆湖、江淮，禁民畜蛇毒蠱藥，殺人祭妖神。其已殺人者，許人陳告，賞錢隨處支銅錢及大鐵錢一百貫。」從之。

十二月六日，司勳員外郎馬彝言：「昨判大理，累見諸州奏案，多有官員率吏出錢創置公用器物。望自今犯者重斷，委按察官覺舉。」從之。

（三）〔二〕年三月五日〔二〕，詔：「今後舉人不得以進獻邊機及軍國大事爲名，妄希恩澤。」

七月十七日，中書門下言：「訪聞浮薄小人撰長韻詩嘲訕大臣，令開封府密加察訪，許人陳首，給錢三百千充賞。願就官者，亦與補命。」

二十四日，詔樞密院：「自今皇城司探事，相度事理，方得行下。」

八月十六日，直集賢院、知諫院張方平言：「臣承乏諫省，及今未五十日，凡内臣、外戚、醫官之類，遷轉者且二十八人，大則防、團、刺史，小則近職要司。伏以邊陲用兵，將士暴露，狂賊有憑陵之勢，王師無尺寸之功，宜增爵賞，以待勳勤。彼矢石之下，鋒刃之前，以首爭首，以命爭命，上功于朝，報賞之際未嘗有特恩殊命及之者。今帷幄密侍，肺腑近戚〔三〕，坐受優寵，動需厚賜。至于方伎雜類，恩澤過宜。伏願慎兹威福之柄，深計安危之本，無容親近之干請〔四〕，以撓公朝之法制。仍乞宣諭執政之臣，今後即有傳宣、内批，諸非次不正除授，必須詳酌事體覆奏。其或僥求過分，宜爲26條約禁止。」詔並依前降指揮，常切遵守〔五〕。

十月二十六日，臣僚上言：「日近河北諸州軍有停閑〔六〕、丁憂、不及第人，亦非鄉土，多經遊邊郡。停閑者不思己過，至犯律法。丁憂者不執親喪，唯求經營謁託，稍不如意，便有誹謗。下第者不言文理紕繆，無由進取，凡得聚首，例生怨嗟。況國家西事未寧，宜杜絶此輩。望降指揮

〔一〕陝：疑當作「峽」。
〔二〕二年：原作「三年」。按康定無三年，「三」爲「二」之誤。《長編》卷一三一此條繫於慶曆元年三月七日丙辰，慶曆元年亦即康定二年（此年十一月改當年爲慶曆）。因改。
〔三〕戚：原作「歲」，據《長編》卷一三三改。
〔四〕干：原作「奸」，據《長編》卷一三三改。
〔五〕常：原作「嘗」，據《長編》卷一三三改。
〔六〕停閑：原作「停閉」，據《長編》卷一三四改。下同。

三路都轉運司轄下州縣〔一〕，常令覺察，無致聚集。不是土居者，盡可斷絶遊邊。」詔令河北、河東、陝西都轉運司依所奏。

二十七日，翰林學士蘇紳言：「沿邊臣僚筵會，自今並不得以女伎祇應〔二〕。」從之。

慶曆二年正月二十八日，杭州言：「知仁和縣、太子中舍翟昭應將《刑統律疏》正本改爲《金科正義》，鏤板印賣。」詔轉運司鞫罪，毀其板。

六月十五日，詳定減省所言：「請今後宗室及郡縣主、兩地臣僚、節度使、殿前馬步軍都副指揮使、兩省都知押班母妻〔三〕，依舊賜冠帔，兩府許乞長女或長子之妻，餘並不許。僧道紫衣、師號，除御前恩賜外，臣僚不得奏薦。如於延州納細色軍糧一百萬石，賜衣或師號。」詔中書、樞密、郡王、使相、宣徽、管軍節度并皇親正刺史以及長公主，許依舊奏薦，餘如所請。

三年七月二十七日，臣僚上言：「益州每年舊例，知州已下五次出遊江，并山寺排當，從民遨樂，去城稍遥。竊以軍資、甲仗、錢帛、軍器、法從以至糧倉、草場等庫藏，須藉官員在城管勾，欲乞下本州，今後遇此筵設，更（牙）〔互〕常輪通判、職官各 27 一員在州照管，及提舉監官專防守倉庫。」從〔之〕。

四年八月七日，度支判官李參言：「自今在京作過人該徒配外州者，無得差駕綱、接送諸般名目上京，其在京場務亦不得指定抽差及招填影占。如違，干繫官吏嚴行勘斷。」從之。時内東門司胥史犯自盜贓，決配黃州〔四〕，有姻戚内侍爲求綱役上京，作（方）〔坊〕指射爲甲匠，三司覺其（都）〔姦〕妄故也。

十一月十七日，詔曰：「朕夙承先訓，恭紹丕基，賴二聖之貽謀，奉三靈之眷命，必藉衆賢之助，以躋至治之風。詳刑之局，掌法之臣，宜盡（京）〔哀〕矜，務從平允。牧守之任，綏養爲先；漕輓之司，澄清是寄。至於令宰，實字吾民，所宜撫卹疲羸，蠲除苛察，布寛大之詔，流愷悌之聲。布告遐邇，知朕意焉。」

五年五月七日，皇城司言：「訪聞在京諸色軍人、百姓等訛言云道：『四月不戴皂角牙，直到五月脚擺沙。』恐是不祥之言，乞行禁止。」詔開〔封〕府嚴切禁止，如敢狂言，依法施行。

七月十六日，知延州梁適言：「保安軍推場慮有官員於場内博買物色，乞科違制之罪。」從之。

六年十二月一日，判大（明）〔名〕府夏竦言：「準朝旨封

〔一〕三路：原無，據《長編》卷一三四補。
〔二〕女伎：原作「妓女」，據《長編》卷一三四改。
〔三〕「軍都副指揮使兩省」八字原脱。前六字據宋代官制補。宋殿前司、侍衛親軍馬軍司、侍衛親軍步軍司合稱「三衙」，簡稱「殿前、馬、步軍」，其最高統領官爲都指揮使、副都指揮使。「兩省」二字據《長編》卷一五二補。
〔四〕黃州：原作「慈州」，據本書刑法四之二二、《長編》卷一五一改。

下定州王德基所奏，近邊無圖之輩，有游墮拳勇，乞與羈管。欲望遇邊防警急，長吏籍名羈管，的有材武，許保明，與殿侍散直。」從之。

四日，臣僚上言：「益州路州縣，乞今後諸色人不得遠詣轉運、提刑司舉留官員，候逐司巡歷到處陳狀。」從之。

七年六月二日，諫官上言：「風[28]聞近年官員中有不修士檢，不畏物議，鋭於進取，紛然馳騖，遂有『五鬼』之號出焉。日近復聞有『六耗』、『七虚』之説，雖事類不一，良由被此名者更相(纔)〔讒〕怨，伺察出入，指定爲疵。以是分曹成黨，非議詆欺。瀆我盛明，嫚我盛際，傷敗風教，無甚於此。唐長慶中，八關、十六子者，于時朝政不綱，姦邪並進，是使羣小得以朋比。自張又新、李續之竄斥之後，此風(寢)〔寖〕息。豈公朝盛際，宜有此事！伏乞下御史臺覺察，特行禁止。如今後更敢妄以名聞上者，望於法外嚴行治罪。」詔：「令開封府密切覺察，如有浮薄之人撰寫上件文字，許人指定姓名，具實封文字陳告，登聞鼓院、檢院、開封府畫時收接投進。勘鞫不虚，所犯人有官者重行貶削，無禄者便與決配；告首人優與官資，不願身事者，官給賞錢五百貫。知情及同撰之人，首告並與放罪，亦依上項酬奬。」

十月九日，判北京賈昌朝言：「河北諸州軍及總管司等爭飾厨傳，以待使客，肴饌果實，皆求多品，以相誇尚。蓋承平日久，積習成風，稍加裁損，遂興謗議，爲守將者不得不然。近永静軍收買公用羊麦，剩取數目，偶因發擿，遂至彰露。其如諸處州縣似此者多，衙前公人亡家破産，市肆商賈虧本失業者不可勝數。欲乞應河北州軍有公使錢，除管領軍校接待信使，不得輒有減刻外，其餘筵會迎送，並從簡約，不得令衙前公人遠詣諸處求買珍異之物。所買諸般公用物色，[29]並須依準市價，不得虧損百姓。」從之。

十二月十二日，詔：「訪聞貝州來投軍民，多行殺戮，以邀功賞，其令賈昌朝〔一〕、王信等嚴切約束，違者以軍法從事〔二〕。」

八年正月十日，詔：「士庶之家所藏兵器非《編勅》所許者，限一月送官，如敢有匿，聽人告捕之〔三〕。」

十二日，祕閣校理〔四〕、知相州楊孜言：「進奏院逐旬發外州軍報狀，蓋朝廷之意，欲以遷授降黜示賞功罰罪，勉勵天下之爲吏者。積習因循，將災異之事悉報於天下，奸人贓吏、游手兇徒喜有所聞，轉相扇惑，遂生觀望，京東逆黨未必不由此而起狂妄之謀。況邊禁不嚴，細人往來。欲乞下進奏院，今後唯除改差任臣僚、賞罰功過、保薦官吏，乃得通報，自餘災祥之事，不得輒以單狀僞題、親識名銜以報天下。如違，進奏院官吏並乞科違制之罪。」從之。

三月四日，詔：「諸傳習妖教非情涉不順者，毋得過有

〔一〕朝：原作「期」，據《長編》卷一六一改。
〔二〕軍法從事：原作「運法從之」，據《長編》卷一六一改。
〔三〕告：原作「造」，據《長編》卷一六二改。
〔四〕校理：原作「校書」，據《長編》卷一五八、《武溪集》卷一〇改。

追捕。」初，王則之亂，州郡大索妖黨，被繫者不可勝數，帝恐濫及良民而寬之。

皇祐元年三月十二日，〔判〕北京賈昌朝言：「乞依定州韓琦奏，定州界以北一概禁止採伐林木。」從之。

二年八月七日，環慶走馬承受公事元舜言：「乞禁絶邊臣養放鷹鶻，如差兵士飛放，以違制論私罪。」從之。

九月二十七日，詔：「中書門下：朕紹承駿烈，祇服先猷，蹈道以臨庶邦，謹憲而持大柄。馭其予奪，正以賞刑，悉任至公，靡容紊法。比有憸幸〔一〕，肆興妄圖，或違理覬恩，或負罪希貸，率求【30】内出，間亦奉行。蠹政虧風，莫斯爲甚。雖屢頒於詔約，曾未絶於祈求。兼慮臣庶之家，貴近之列，交通請託，巧詐營爲，陰致貨賕，密輸珍玩，寅緣結納，侵撓權綱。方務澄清，當嚴禁約；儻復逾犯，斷在必行。重念成湯以六事責躬，女謁包苴之先戒；管氏以四維正國，禮義廉恥之具張。矧宗祀之涓成〔二〕，屬祥釐之均被，嘉與中外，紬此非衺〔三〕，勉于自新，以隆至治。今後應内降指揮特與恩澤及原減罪犯者〔四〕，並仰中書、樞密院并承受官司具前後詔條執奏，不得施行。及臣庶之家，如有潛行賄賂、結託貴近者，並令御史、諫官覺察論奏。咨爾丞弼，體朕意焉。」

三年二月十九日，詔：「近侍之臣，考決大議，令利害曉白。尚慮輕肆之人陳舞空言，幸撓其端。夫利百而法乃變，令下而議不起，然後民聽不眩，而憲度行焉。自今有依前項事爲議者，並須究知厥理，審可施用。若其事已上而驗問無狀，一當施之重罰。」時河北入中糧草既更用見錢法，恐要利者扇其事，故下是詔。

四年二月四日，詔開封府：「比聞浮薄之徒作無名詩，玩侮大臣，毁訾朝士，及注釋臣僚詩句以爲戲笑。其嚴行捕察，有告者優與恩賞。」

六月十一日，詔：「河北、河東、陝西沿邊今後不得夜間筵會。及令逐路經畧安撫〔使〕、轉運、提刑司覺察，如違奏裁。」

九月十七日，詔：「訪聞諸州進奏官日近多撰合事端騰報，扇惑人心，及將機密不合報外之事供【31】申。今後許經開封府陳告，如獲，進奏官不候年滿，優與授官出職，餘遞遷職掌；不願本院轉職，當議比類安排。本犯人特行決配，同保人等第斷遣。同保覺察告首捕獲，亦與免罪酬獎。監官不舉覺，致有敗露，當行衝替降官。仍今後只得以樞密院送下報狀供申，逐處施行。」

至和元年九月五日，詔：「比聞差官繕修京師官舍，其初多廣計功料，既而指羨贏以邀賞，故所修不得完久〔五〕。

〔一〕比：原作「此」，據《文恭集》卷二四改。
〔二〕涓：原作「消」，據《文恭集》卷二四改。
〔三〕衺：原作「衷」，據《文恭集》卷二四改。
〔四〕特：原作「將」，據《文恭集》卷二四改。
〔五〕所：原脱，據《長編》卷一七七補。

自今須實計功料申三司。如七年内損隳者，其監修官吏及工匠並劾罪以聞。」

二年二月二十四日，中書門下言：「近日面奉德音，今後傳宣内降，除依得法律賞罰外，餘並仰中書、樞密院及所屬官司執奏〔一〕。恭惟聖慮深切，蓋欲杜請託之門，塞僥倖之路也。忠義之士，莫不稱慶。以臣愚昧，復有淺見。且君上由中之命尚容執奏，而臣下過分之情未加裁損，非所謂尊君卑臣之義也。竊見近年臣僚有不循法律，以私黨自任者，陳乞保薦，而執政之臣内防怨謗，外徇私情，明知違越，不敢阻難，必將所上表章進上取旨。陛下至仁待物，多賜允從。既從之後，則便以爲例；援例者衆，則法殆虚設。夫三尺之法，天下所共，豈有大君之命許執法而不行，羣臣所求並違法而取旨！罔上附下，莫此之甚。乞今後中外臣僚保薦官吏、陳乞親屬、叙勞干進、援例希恩者，仰中書、樞密院、三司及所屬官司，一例依前後條詔指揮，更不得用例施行，及[32]進呈取旨，違者坐之。」詔可。

嘉祐二年九月五日，龍圖閣直學士、知諫院陳升之言：「近日内降恩賞頗多，雖許有司執奏，然亦時有奉行，虧損政體，無甚於此。臣嘗觀治世設官制禄，不以假人，必得賢才，乃授其任。今之任人，殊不及古。雖然，遷次補用之法，中書、樞密院國朝典故具存焉。若命一官，除一職，參之典故，故爲可與，質之公論，不以爲非，當議于朝、拜于廷可也。或典故所當得，其職事者不時上聞，朝廷故未嘗抑臣下自陳，使之公言於朝，然後授之亦可也。不知有求之人，何故捨此而不爲，必欲緣近習女謁而後進？是必自度於典故爲不當得，所以去坦夷公直之途，而蹈邪險私曲之徑也。伏惟陛下以大公至正臨御天下，亦嘗患近習女謁撓壞法律，故屢詔有司，事從中出者皆令執奏。然天地并容，曲從其欲，其間時有假貸，故僥倖之人習知如此，所以干請日甚一日也。料左右私謁之人，瀆陛下睿聽亦已煩矣。雖聖度含覆，將厭其喋喋無知者乎，但卹於小不忍，不能驟絶之也。臣歷觀前世，近習女嬖之説行，使人君賞罰之柄不得由至公之道，法度未有不陵遲，而國家未有不顛覆者。此臣所以夙夕憤歎，不敢不盡其愚，陛下不得不留神審計而速斷也。願特降詔旨，應臣下於法當蒙賞而未列上者，聽其自陳，中書、樞密院參考典故以聞。如僥倖求内降指揮，委二府劾奏，正干請者之[33]罪。如此行之，則中外不敢萌覬覦之心矣。此制若行，不罰一人而群下固已肅然矣。其蠹雖大，絶之甚易，在陛下一言，則天下蒙幸。」有詔從之，而升之復上言：「伏聞已降指揮中書、樞密院，應臣下僥求内降恩賞，許令劾奏，正干請者之罪，即未覩明文頒下。望特降詔付御史臺，令告諭中外，使知朝廷立法必行之意，而人不敢犯。若有犯者，有司得以按劾施行。」詔令御史臺、閤門出榜告諭。

〔一〕司：原無，據《長編》卷一七八補。

三年九月二十二日，詔開封府止絶百姓，不得以獻送爲名，製造御服之類，於街市乞貸錢物。

十二月十一日，知成都府趙抃言：「傳宣使臣，川中不得住過十日；內侍省官差出內臣傳宣等，須日行兩驛，所住處到發三日。」並依奏。

英宗治平三年七月十二日，詔：「今後沿邊大教，不得放士庶入教場絞棚觀看。」（從之）

治平四年七月四日，（神宗已即位，未改元。）侍御史吳申言：「乞察訪豪民與妃嬪之家用賂爲親得官者，許人陳告給賞，削其官籍，没納貨賂。」詔令御史臺、開封府察訪以聞。

十月二十五日，侍御史張紀言：「河南府本是故都，衣冠將相占籍繁夥，其如民力凋弊，甚於佗州。」詔今後臣僚鄉里田宅在河南府，不得陳乞骨肉充本府通判、知縣，仍不得陳乞兩人同時在彼。（從之）

神宗熙寧元年二月十六日，詔：「今後曾任中書、樞密院及節度使以上，所居第宅子孫不得分割。」

十二月四日，詔：「今後內批降指揮，[34]俟次日覆奏訖，即於當日行下文字，守爲永式。」

二年十月九日，詔：「金明池每遇傳宣打魚，今後只得令本池兵士採打，不得更差百姓。」

閏十一月二十五日，監察御史裏行張戩言：「竊聞近日有姦妄小人肆毁時政，搖動衆情，傳惑天下，至有矯撰勅文，印賣都市。乞下開封府嚴行根捉造意雕賣之人行遣。」從之。

四年十一月十二日，太子中允、充崇政殿説書王雱言：「差押賜父安石生日禮物。勘會自來押賜，例有書送人事，赴閤門繳書，申密院取旨，密院出劄子許收，兼下牓子謝恩。緣父子同財，禮無饋遺，取旨謝恩，一皆僞詐〔一〕。竊恐君臣、父子之際，爲禮不宜如此。欲乞今後應差子孫弟姪押賜，並不用此例。」從之。

七年六月十九日，樞密副都承旨張誠一言：「乞令三司約計年例宣紙，預遣軍大將或殿侍就出産州軍管押上京，專置寫宣吏人。」詔降紙式下杭州抄造，歲五萬番。自今公移常用紙〔二〕，長短廣狹不得與宣紙相亂。

九年六月十八日，判太常寺高賦言：「乞河北、河東沿邊安撫、外都水監丞、逐路提舉便糴茶鹽之類、走馬承受及朝廷專差出外諸般勾當公事臣僚，依法運使等〔三〕，所至州縣不得令官吏、軍員、妓樂出城迎送。」詔除走馬承受公事外，令中書立法以聞。

八月九日，詔中書門下：「訪聞司農寺見出賣天下祠廟，辱國黷神，此爲甚者。可速遍降指揮，更不施行。自今

〔一〕詐：原作「作」，據《長編》卷二二八改。
〔二〕移：原作「私」，據《長編》卷二五四改。
〔三〕法：疑當作「發」。此蓋謂上述官員依發運使、轉運使等之例，所至州縣不得令官吏等出城迎送。

司農寺、市易35司應改更條貫、創請事件，可並進呈取旨，不得一面擬進行下。」

九月，詔：「今後將作、都水、軍器監如遇差出勾當公事官出外，並不得赴筵宴。」

十年三月二十二日，中書門下言：「刑部删立到：『諸災傷州軍合降下司敕減等斷遣賊盜者，夏田災傷自四月一日至八月終，秋田災傷自八月一日至四月終爲限，限内犯者，方得減等。』今欲頒下。」從之。

元豐元年五月七日，詔：「應有謁禁之官，如士人内通醫藥者，聽往還。」

九月六日，詔：「州縣官吏毋得迎送過客，即泛遣使命及太中大夫、觀察使以上聽如舊。」

二年二月十五日，詔：「大理寺官屬可依御史臺例，禁出謁及見賓客。」

十二月十三日，御史舒亶言：「比聞朝廷遣中官出使，所至多委州郡造買器物，其當職官承望風旨，追呼督索，無所不至，遠方之民受弊良甚。乞重立條約。」詔兩浙提點刑獄司體量實狀以聞。

二十八日，詔：「在京管軍臣僚，外任路分兵官、將副、押隊使臣，禁出謁及見賓客，著爲令。」

四年四月二十五日，侍御史知雜事舒亶言：「執政大臣接見賓客已有約束，而子弟過還看謁，交接賓友，未之禁止，實於事體未安。」詔中書立法。其後立法：執政官在京本宗有服親戚非職事相干及親屬，不得往還看謁，違者並往還之人各杖一百。

八月十二日，詔：「河東、陝西路轉運司及同經制馬甲等，應副軍興，各已分撥錢物，自可擘畫計置。36其須至於民間賃借等事件，即時明給價值，不得直行科率。仍常切撫存人户，務令安静，無致搔擾。如有措置乖失，令提刑、提舉司密具事由聞奏，當議重行廢黜。有失舉覺，與同罪。」

五年四月十七日，詔：「鄜州百姓陳訴，昨鄜延路軍興日科率之物名件不一，内亦有非軍中要急使用。可下李承之等，除軍中委的要用之物方得科買製造，如敢此外配率及耗費官錢收買，當重行黜降。并仰提點刑獄司覺察。」

六年正月二十六日，詔：「官司如轄下有申請，並須明具合用條例行下，不得泛言依條例施行。」從提舉京師常平等事黄寔請也。

五月十三日，詔：「州郡禁謁，並依在京百司例，仍令詳定重修編勅所立法。」從前知湖州唐淑問請也。

六月十七日，尚書右司郎中楊景畧乞左右司官依樞密都承旨例禁謁。從之。

二十一日，詔諸路主管機宜文字及幹當公事官並禁謁見。

七年十月二十二日，詔諸路兵官、沿邊都監，武臣知城〔一〕、縣、堡寨主〔二〕，如尚書左右司禁謁法。

八年四月二十二日，詔成都府織造錦、緊絲、鹿胎，並權罷。從知府呂大防請也。

七月二十八日，詔罷提舉開封府界、京東、京西路將兵官謁禁。從劉奉世之請也。

哲宗元祐元年四月四日，詔：「諸路分兵官、將副、沿邊都監，武臣知城、縣及堡寨主，非本處見任官不得往謁及接見。如職事相干并親戚，並聽往還。其往謁及接見賓客 37 違法，并見之者各杖一百。」知大名府韓絳言：「路分兵官、將官不得出謁、接見賓客，僅同囚禁，恐非待將佐之體，乞賜刪除禁約，以示優恩。」故有是詔。

二十四日，監察御史韓川乞除官局依舊不許接賓客外，內謁禁並廢。監察御史上官均乞除開封、大理官司依舊行謁禁外，其餘一切簡罷。如罷謁禁後小大之臣或敢挾私背公，慢職玩令，執法言事之吏得以糾舉上聞，黜之謫之。於是尚書省看詳，參用舊條，申飭謁禁之制。其舊條中徒二年者，悉從杖一百；本應輕者，聽從本條。並從之。

十一月十五日，吏部言：「諸色人援引舊例，僥倖求入官者甚衆，小不如意，則經御史臺、登聞鼓院理訴。若不約束，恐入流太冗。請今後諸色工匠、舟人、伎藝之類，初無法合入官者，雖有勞績，並止比類隨功力小大支賜，其已前未經酬獎者亦如之，則僥倖之路塞而賞不至濫。」從之。

二十八日，尚書省言：「門下中書後省并詳定重修勑令所刪定官，檢閱、點檢文字使臣，並依在京職事官禁謁法。」從之。

三年三月一日，詔《編敕》及春秋頒降條具勿印賣。

六月十三日，詔：「河、岷、蘭州沿邊，今後蕃客入漢販賣，回日許所經城寨搜檢，不得帶錢入蕃。若在漢界，從其便。」

十二月十八日，詔禁民庶傳録《編敕》。

四年正月二十三日，詔：「寺監屬官、庫務官，若職事有當赴左、右司郎官廳商議者，明具合議事報左、右司，呈稟執 38 政〔三〕，得筆方許赴。」

同日，詔：「州縣當水陸之衝者，監司、守令非假日並禁謁〔四〕，著爲法。」

十月六日，左諫議大夫梁燾等言：「乞約束逐路監司及都水官吏，應緣修河所用物料，除朝廷應副外，並須和買，不得擾民。」從之。

十一月二十六日，尚書省言改立發運〔五〕、轉運、提刑預伎樂宴會徒二年法。從之。

〔一〕城：原無，據《長編》卷三四九補。
〔二〕寨：原作「塞」，據《長編》卷三四九改。
〔三〕呈：原無，據《長編》卷四二一補。
〔四〕禁：原無，據《長編》卷四二一補。
〔五〕立：原作「正」，據《長編》卷四三五改。

五年五月十四日，樞密院言：「令舉人及曾聚學人〔一〕，并陰陽、卜筮、州縣停廢吏人、諳造兵器工匠，並不得入溪洞與歸明蠻人相見，違者以違制論。」從之。

七月二十五日，禮部言：「凡議時政得失、邊事軍機文字，不得寫録傳布，本朝會要、國史〔二〕、實録不得雕印。違者徒二年，告者賞緡錢十萬。內國史、實録仍不得傳寫。即其他書籍欲雕印者，選官詳定，有益於學者方許鏤板。候印訖送祕書省，如詳定不當，取勘施行。諸戲褻之文，不得雕印，違者杖一百。委州縣、監司、國子監覺察。」從之。以翰林學士蘇轍言奉使北界，見本朝民間印行文字多已流傳在彼〔三〕，請立法故也。

十二月二十五日，刑部言：「應天下郡縣水陸驛路所經，並行禁謁，知州、通判〔四〕、縣令、劍門關都監，非假日不得出謁。即謁本州見任官及職事相干若親屬〔五〕，并泛遣使命或知州、鈐轄以上者聽。發運、監司在州縣者準此。」從之。

六年六月十二日，詔：「諸路州縣自今非法令所聽，不得以官物賒貸及抑配，亦不得以財産質出，令監司鈐束。如違，并監司不切覺察，並取39旨重寘於法。」

閏八月十二日，刑部言：「墓田及田内林木土石〔六〕，不許典賣及非理毀伐，違者杖一百，不以蔭論，仍改正。」從之。

九月二十八日，御史中丞鄭雍言執政官行謁禁法非便，詔官員有利害陳述勿禁。

十月十二日，殿中侍御史楊畏言：「近日布衣薛鴻漸、林明發以妖妄文字上聞，詔送兩浙、福建路轉運司根治。臣聞鴻漸教本自海上異域，入於中國已數十年，而近者益熾，故其桀黠，至敢上書，以幸張大。願詔逐路監司嚴切禁止。」從之。

七年二月三日，詔：「商賈許往外蕃，不得輒帶書物送中國官。」

九月七日，詔：「軍人不許習學、乞試陰陽文書，如違犯，並依私習條。」

十一月二十六日，刑部言：「夜聚曉散、傳習妖教者，欲令州縣以斷罪〔七〕、告賞全條於要會處曉示，監司每季舉行。」從之。

八年四月十二日，御史中丞李之純言：「願降明詔，禁廣南東、西路人户採珠，止絶官私不得收買外〔八〕，海南諸蕃販真珠至諸路市舶司者，抽解一分入官外，其餘賣與

〔一〕聚：《長編》卷四四二作「教」。
〔二〕國史：原無，據《長編》卷四四五補。
〔三〕「已」原作「以」，「彼」原作「北」，據《長編》卷四四五改。
〔四〕判：原作「州」，據《長編》卷四五三改。
〔五〕親：原作「親親」，據《長編》卷四五三刪。
〔六〕墓：原作「暮」，據《長編》卷四六五改。
〔七〕令：原無，據《長編》卷四七七補。
〔八〕「私」原作「司」，「收」原脱，據《長編》卷四八三改補。

民間。欲乞如國初之制，復行禁榷，珠（具）〔貝〕抽解之外，盡數中賣入官，以備乘輿、宮掖之用。申行法禁，命婦、品官、大姓〔一〕、良家許依舊例裝飾者，令就官買，雜户不得服用。及民間服用諸般金飾之物，浮侈尤甚，而條貫止禁銷金，其縷金、貼金之類，皆至糜壞至寶，僭擬宮掖。往年條禁甚多，亦乞修立，如銷金之法。」詔縷金、貼金之類，令禮部檢舉舊條，珠子令户[40]部相度以聞。

紹聖元年五月二十三日，三省、樞密院言：「近聞姦人多妄説朝廷未施行事，以惑民情。」詔開封府界提點司及諸路監司常切覺察，其違犯者並依法，情重録案以聞，當議編配，有蔭人不用蔭，命官重行黜責。

九月十四日，三省奏事畢，上宣諭曰：「昨日城東開壕處有役兵輒毆部役使臣，卿等知否？」宰臣章惇等對：「不知。」上曰：「輦轂之下，小人敢爾，須當重行處置。蓋大衆所聚，不然，恐無以彈壓。仍趨開封府，令速具案。」

十月二日，殿中侍御史井亮（米）〔采〕言：「西戎仰中國和市以生，操縱在我，所以制其命，邊人與之私貿易非便。」詔陝西、河東經畧、提刑、轉運司申嚴其禁。

十一月二十五日，户部尚書蔡京言：「詳定勅令所刪定、看詳、檢閲官，乞依舊例，假日許接見賓客，不許出謁。」並從之。

二年正月二十一日，樞密院言：「諸武臣任主兵差遣、沿邊安撫官、走馬承受，並不得乘轎子。」從之。

同日，刑部言：「諸習學刑法人合用敕令式等，許召官委保，納紙墨工（真）〔直〕，赴部陳狀印給，詐冒者論如盜印法。」從之。

四年三月十九日，詔：「亡殁官員家屬合給倉券者，服闋後三年外起發，更不支給。及官吏知情違法，除依條斷罪外，仍勒均陪支過錢物。」從詳定重修勅令所言也。

十一月二十一日，大理寺言：「制書應給借者〔二〕，具狀經郎官書押注籍，限五日還納，限滿應留照用者聽量展。若還納違限，斷罪準官[41]文書稽程律加二等。」從之。

二十八日，吏部言：「官司承告彊盜，其行移不得開具告人姓名，郡邑每季檢舉。」從之。

元符元年三月三日，户部言：「諸押綱人押荆湖南路鹽糧綱，已受省部付身，除程限三十日，到轉運司公參。如無故違限，論如之官限滿不赴律，違限月日仍不理磨勘。」從之。

十九日，詔：「近聞省寺官多私謁后族之家，或以邂逅爲名，諸處宴聚，不可不戒。」

四月十五日，尚書省言：「宗室宮院遺火，宗正司取勘聞奏，宗室及同居尊長展磨勘年、罰俸給有差。祗應當直

〔一〕大：原作「夫」，據《長編》卷四八三改。
〔二〕借：原脱，據《長編》卷四九三補。

人若女奴失火，同保人不覺察，或同祗應人不即救應〔一〕，勾當使臣不切鈐束，等第坐罪。」從之。

五月十五日，尚書省言：「進奏官許傳報常程申奏及經尚書省已出文字，其實封文字或事干機密者，不得傳報。如違，並以違制論。即撰造事端謄報若交結謗訕惑衆者，亦如之。並許人告，賞錢三百貫。事理重者奏裁。」從之。

二十三日，禮、刑部言：「請諸赴朝參宗室如有疾病請朝假，申閤門，閤門報入内内侍省，差使臣押醫官看驗。如涉詐妄，所差使臣申大宗正司。其請假一日者，正任以上具牓子於閤門投下，閤門關宗正司；遥郡以下申大宗正司施行。若月内請過三日者，亦報所屬，差使臣押醫官看驗。每半年一次比較，二十日以上取誡勵，三十日以上罰俸半月，四十日以上罰俸一月，五十日以上取旨責罰。即痼疾未能痊者，委大[42]宗正司保明奏裁。」從之。

二年二月九日，熙河蘭會路經畧司言：「押伴瞎征般次使臣郭詠等具析，般次人内夾帶回紇劉三等至京。請今後解發諸蕃般次，不許數外夾帶，私下抵換人口上京。如違，即抄點併押伴使臣並以違制論〔二〕。」從之。

二十七日，權殿中侍御史鄧棐言：「伏見發運司屬官，近執政大臣與駙馬都尉皆用恩例爲親戚陳乞，望下有司立法。」詔張敦義罷發運司管勾文字。

八月十日，詔：「應國戚、命婦入内，輒將帶元自内中放出及作過經斷宫人者，並以違制論。」

十八日，詔：「諸上殿進呈文字，並批送三省、樞密院，不得直批聖旨送諸處，違者承受官司繳奏。」

九月十九日，通判潭州畢漸言：「請應元祐中諸路所立碑刻紀述等，並令碎毁。」從之。

閏九月十二日，詔：「諸供官之物，轉運司豫計置錢，令本州於出産處置場，比市價量添錢和買，亦許先一年召保請錢，認數中賣。即輒抛降下縣收買及造製物色者，並以違制論，不以去官、赦降原減。」

十四日，御史中丞安惇言：「欲應陝西沿邊收復故地并納降疆界内，有羌人墳壠及靈祠寺觀等，不得輒行發掘毁拆。」從之。

徽宗建中靖國元年七月二日，河東路轉運使孫賁言：「河東習俗儉陋，死者焚之，懵不知禮。韓琦知太原，官營墓域使葬，其後龐籍奏蠲地税，孫沔乞令三寺主之，歲度一僧，仁宗悉從其請。逮今歲久，弊俗如故。乞令太原守臣同轉運司官常加禁約，無廢前規。應河東州縣依此。」從之。

崇寧元年[43]正月二十六日，詔：「應民庶朝嶽獻神之類，不得倣效乘輿服玩，製造真物，秖得圖畫焚獻，餘依舊條。及令開封府并諸路、府界監司逐季舉行，粉壁曉示，仍

〔一〕同：原作「自」，據《長編》卷四九七改。
〔二〕押伴：原作「押往」，據《長編》卷五〇六改。

嚴切覺察施行。」先是臣僚言：「竊惟小民無知，因祠賽社會，兵仗旗幟執引先後，乘輿器服或張黃蓋，造珠簾車馬，備飾儀衛，呼喝載路，京師尤甚。坐《元符令》止之。」故有是命。

十二月二十七日，詔：「諸邪説詖行、非聖賢之書并元祐學術政事，不得教授學生，犯者屏出。」

二年六月十八日，詔：「應官員不得與宗室、戚里之家往還。其宗室、戚里之家門客，申尚書省保明，選行義純正之人充。其見在門客準此。」

七月十三日，知泗州姚孳狀：「伏覩學制，凡邪説詖行、非先聖賢之書并元祐學術政事，不得教授。非此法特施於太學耳，其在外者厲禁未加。且邪説詖行非特成人之學可禁，而童子之學亦不可不禁。」講議司看詳，欲令諸路州縣并開封府管内遍行曉諭，應私下聚學之家，並仰遵守，一依上條。從之。

三年四月十九日，中書省、尚書省勘會：「近據知廉州張壽之繳到無圖之輩撰造《佛説末刦經》，言涉訛妄，意要惑衆。雖已降指揮，令荆湖南北路提點刑獄司根究印撰之人，取勘具案聞奏，其民間所收本限十日赴所在州縣鎮寨繳納焚訖，所在具數申尚書省。竊慮上件文字亦有散在諸路州軍，使良民亂行傳誦，深爲未便。」詔令刑部實封行下開封 44 府界及諸路州軍，子細告諭，民間如有上件文字，並仰依前項朝旨焚毀訖，具申尚書省。

六月十二日，臣僚言：「檢會前後臣僚奏請有礙條禁，特乞且依今來指揮施行，其類非一，甚非所以維持紀綱、與衆共守之意。欲乞惟供奉至尊及措置邊防法難具載者，許臨時奏請，其餘著在敕令，並仰有司遵守。所有特乞權依今來指揮之類並罷，庶使因緣苟且之人無復有意外之幸。」詔從之，如今後輒敢陳乞，以違制論。仍令御史臺覺察彈奏。

十月十三日，户部狀：「承都省批下熙河路提舉司奏：『契勘本司自來差官體量坊場、河渡，或檢察災傷，或被朝旨分定州軍選差官結絶刑禁等事，其依條合差出之官，每遇差委，須計會本州占留。守臣收斂人情，便爲申乞，別行差官。既無官可差，往復行遣，動經三兩月方肯前去，率皆遲誤。兼坊場、河渡係出納淨利錢，若所差官逗遛月日，枉有積壓官錢。檢察災傷及獄囚在禁，却居家待免，尤爲害事。蓋是自來別無專條禁約，本司今欲乞立法，應監司依條差官，別無違礙，不許申乞占留，依限起發。輒推避及爲申者，並科杖一百罪。』」從之。

四年正月二十三日，詔曰：「日者諸路監司靡卹百姓，或增價折税，或併輸糴買，聚斂掊克，自以爲能。州縣觀望，又有甚焉。百方罔利，求益公帑，規取苛細，害侵小民。其令中外按察官覺察糾劾以聞，當議重貶，以戒貪（雪）〔耆〕。」

45 四月十二日，中書門下省送到白劄子：「勘會民間私鑄錢寶及私造鍮石銅器，各有條格及朝廷近降指揮，自合遵守外，全藉監司、州縣及巡捕官司上下究心，方能杜絶。今具約束事件下項：一、私鑄錢、私造銅器罪賞條禁，並仰於逐地分粉壁曉示，仍真謹書寫，監司所至點檢。一、獲私鑄錢寶、私造銅器合支賞錢，才候見得情由，即據合支數目立便支給，各於犯人名下理納入官。一、鄰保内如有私鑄錢寶、私造銅器之人，若知而不告，並依五保内犯知而不糾法。一、提刑司每歲比較巡捕官所獲私鑄錢寶、私造銅器一路最少之人（名）〔各〕二員聞奏〔一〕，當議除合得罪賞外，明行陞黜，以爲勸戒。」從之。

十月二十二日，尚書省劄子：「奉御筆：『備邊兵馬消耗甚多，蓋（蓋）自衣糧不時賙給。切當留意措置招填，檢察官司預椿請受，無令減剋，兑折坐倉。』今勘會諸軍及減剋請受、兑折坐倉，不止陝西、熙河，應三路沿邊皆當立法。」從之。

五年二月二十四日，詔：「河北、京東機户多被知、通及以次官員拘占，止給絲織造匹帛，日有陪費侵漁。可詔監司常切按察，如敢循舊拘占機户織造，諸色人陳首，將所虧過機户工價等錢計贓定罪，行下諸路約束施行。」

三月二十三日，京東東路安撫使狀：「據萊州申：『契勘舊係禁海地分，不通舟船往來。昨因鈔鹽新法，令客人借海道通行，往淮南等州軍般販鹽貨。今來若不依舊 46 法禁止，竊慮夾帶姦細及隱藏海賊，難以辨認，別致生事。本州已行下沿海地（方）分，令依舊權行禁絶百姓船。』本司今相度，欲依本州所申，權行禁止。」從之。

八月十九日，詔：「訪聞諸路監司屬官擅行文書付下州縣及出按所部，犯分搔擾。可令今後學事司屬官許出諸處點檢學事外，餘並不得離（同）〔司〕出詣所部，及不得擅移文書付下州縣。即有公事差委勾當者，徑詣所差處，沿路不許見州縣官及受饋送。違者徒二年，仍不以赦降、去官原減。」

大觀元年七月十六日，詔：「天文等書，悉已有禁，奉法弛慢，私藏盜習尚有之，一被告訐，詿誤抵罪。可令諸路，應係禁書，限一季首納，並與免罪；不首，復罪如初。」

八月十二日，詔：「在京有房廊屋業之家，近來多以翻修爲名，增添房錢，往往過倍。日來尤甚，使編户細民難以出辦。若不禁止，於久非便。自今後京城内外業主增修屋業，如不曾添展間椽地步者，不得輒添房錢。如違，以違制論。」

二十一日，新差權提舉江南東路常平等事何誼直劄子：「臣竊見豪右兼并之家，雕楹刻桷，異服奇器，極珠璣紈綺之飾，備聲樂妓妾之奉，傷生以送死，破産以嫁子，專利自厚，莫知紀極。臣願申明禁令，事爲之制，待以期月，行之必信。臣蓋知防範禮樂，以輔太平之功者，有在於是

〔一〕「最少」之上，據下文「罪賞」、「陞黜」之語，當有「最多」二字。

也。」奉御筆：「可詳所奏，定五禮之制條上。」

十月十九日，四方館使、萊州防禦使郭天信奏，乞今後 47 中外並罷翡翠裝飾。上批：「先王之政，仁及草木禽獸，皆在所治。今取其羽毛，用於不急，傷生害性，非先王惠養萬物之意。可令有司立法聞奏。」

十一月十四日，詔：「比來京師傳報差除，皆出僞妄，蓋緣小人意不得騁，造言欺衆，規欲動搖，以幸回遹。姦不可縱，可令開封府立賞一百貫，許人告捕，仍以違制論。」

二年正月二十九日，詔：「古者命之教，然後學。比聞上書及黨人聚徒立衆，教以邪説，所習非正，違理害義，其能一道德、同風俗乎！除士子並合入所在學外，自今應於鄉村城市教導童稚，令經州縣陳，赴所在學試藝一道，文理不背義理者聽之。上書及黨籍人不在此限。違者以違制論。」

三月十三日，詔：「訪聞虜中多收蓄本朝見行印賣文集書册之類，其間不無夾帶論議邊防、兵機、夷狄之事，深屬未便。其雕印書鋪，昨降指揮，令所屬看驗無違礙，然後印行。可檢舉行下，仍修立不經看驗校定文書擅行印賣告捕條禁頒降，其沿邊州軍仍嚴行禁止。應販賣藏匿出界者，並依銅錢法出界罪賞施行。」

五月一日，詔：「工作之事，兵匠不足，遂顧民工，已恐勞人。比來官司顧募拘占，更以爭奪，稍不如意，斷以重刑，甚非悦以使民、民忘其勞之意。應官局不以前後有籍無籍民工，仰限指揮到，並放逐便。自今造作，計其工限，軍工委有不足，方許和顧民工，事訖即遣，不得以他事故作占留。應今日以 48 前，緣局所被罪編管民工，並放逐便。其官司以給付身文帖者，限三日於開封府送納類聚，具狀繳進。如違及輒有奏請者，以違制，令御史臺、入内内侍省按劾以聞。」從之。

六月十六日，尚書省言：「安濟坊本意以養疾病細民，訪聞諸路官員將帶送還、般家等人，妄作病患名目寄留在安濟坊，希覬日支官米，以給口食。欲今後並以違制論。」從之。

七月二十五日，新差權發遣提舉淮南西路學事蘇棫劄子：「諸子百家之學，非無所長，但以不純先王之道，故禁止之。今之學者程文，短晷之下，未容無忤，而鬻書之人急於錐刀之利，高立標目，鏤板誇新，傳之四方。往往晚進小生以爲時之所尚，爭售編誦，以備文場剽竊之用，不復深究義理之歸，忘本尚華，去道逾遠。欲乞今後一取聖裁，儻有可傳爲學者式，願降旨付國子監并諸路學事司鏤板頒行，餘悉斷絶禁棄，不得擅自賣買收藏。」從之。

八月十四日，信陽軍言：「契勘夜聚曉散、傳習妖教及集經社、香會之人，若與男女雜處，自合依條斷遣外，若偶有婦女雜處者，即未有專法。乞委監司每季一行州縣，覺察禁止，仍下有司立法施行。」從之。

十二月八日，臣僚言：「自今後監司并屬官、帥司等處差勾當公事官，於廨宇所在遇筵會，許折送供不盡酒食。其餘巡歷所至，止許收例册内饋送。仍乞今後於舊例册外，别作諸般名目收受，並同監主自盜法，立49賞許人陳告，仍不以赦降、去官原減。隨行人吏亦乞於合破酒食外量與添破，重行立法。走馬承受、屯田安撫副使，亦乞依此。仍乞今後朝廷專差體量公事官，更不許收受逐處酒食饋送，違者亦依此。伏乞立法施行。」詔：「部使者以澄察刺舉爲職，今則諸路監司貪饕無厭，冒法受饋，鮮廉寡恥若此，州縣不法可得上聞乎？宜修立法禁，遍行諸路，先次條具以聞。」

同日，詔：「天下每歲賜錢合藥以救民病，比聞州郡因循苟簡，姦猾干請，不及貧病，惠靡逮下，吏慢弗察。可詳立法，修製不依方，給散不如法，徒二年。當職冒請者以自盜論。」

三年四月二十二日，臣僚言：「訪聞近因上殿論事，而好事之人因緣傅會，造爲語言，事出不根，喧播中外，動摇上下，因以脅持言語，顯其震怒。亦恐姦人伺間，肆爲異謀，浸淫成風，爲患不細。伏望特降睿旨，令開封府出牓禁絶施行。」奉詔，仰開封府嚴行禁止，仍令刑部立法（開）〔聞〕奏。其後刑部修立到條目：臣僚上殿論事而因緣傅會、興造語言、喧播中外、動摇上下者，以違制論。從之。

五月十九日，臣僚言：「伏見福建路風俗，剋意事佛，樂供好施，休咎問僧，每多淫祀。故民間衣食因此未及豐足，獄訟至多，紊煩州縣。家産計其所有，父母生存，男女共議，私相分割爲主，與父母均之。既分割之後，繼生嗣續，不及襁褓，一切殺溺，俚語之『薅子』，慮有更分家産。建州尤甚，曾未禁止。伏50乞立法施行。」上批：「遠方愚俗，殘忍薄惡，莫此之甚。有害風教，當行禁止。仰本路走馬承受密切體量有無實狀以聞，候到，立法禁止。如有違犯，州縣不切窮治，守倅、令佐並當重行竄黜，吏人決配千里。」

八月二十六日，詔毁在京淫祀不在祀典者。其假託鬼神，以妖言惑衆之人，令開封府迹捕科罪，送鄰州編管，情重者奏裁。

九月十八日，臣僚言：「竊見每年皇帝本命及天寧、天慶、天祺、天貺節，三元及諸處醮設，皆有降到青詞等，係崇奉高真，祝延聖壽，理當嚴潔。其諸路州軍往往於軍資、公使庫或吏舍收掌，顯屬不虔，乞行約束。」詔立法行下。今擬修下條：「諸受朝廷降到設醮青詞等，並以複匣於長吏廳置櫃，嚴潔封鏁，臨日給付宣讀。若祠所不在城下，即量遠近，用匣封送。」從之。

二十五日，詔：「經大製煉砒霜、硫黄、朱砂等藥，已令不得入皇城門。即今毉藥和劑局見修合湯藥，如有合使上件藥物之類，宜行止絶，庶使疾病服藥者免爲熱藥所毒，不致横夭，其利甚大。」

十一月九日，兵部侍郎、詳定一司勅令王襄等奏：「福建、荆湖南北、江南東西有生子不舉者，近詔申嚴禁約，其刑名告（實）〔賞〕止行於福建，而未及江、湖諸路，乞一等立法。」從之。

十九日，禮部狀：「修立到下條：諸非品官之家，不得以真珠爲飾。」從之。

二十八日，詔：「京畿并諸路州軍宫觀寺院，比來所屬不切檢舉已降指揮，公然容縱在[51]任或寄居官居（居）住安下，縱意改造，或貯積官物，或權泊軍兵，甚至於因像設以築垣墻，就厨堂以爲厩厠，産乳屠宰。黷教慢神，莫此爲甚。可勘當舊制，重别修立，除經過暫居不得過十日外，其餘見任或寄居官并軍兵及官物居占，並限一季起移。或尚敢留，並以違制論。仍許寺觀越訴，州委守倅、路委監司按劾施行。如稍涉容庇，並與同罪。」

四年正月二十二日，臣僚言：「欲乞應天下寺院不得設高座僭據，使其徒列拜其下。如搢紳士大夫敢有屈膝並列以辱君命者，尤當重爲法禁。使天下後世知崇尚儒術，遏絶横流，自聖時始，庶亦一變而至道。」詔非其徒而設拜者，以大不恭論。內令御史臺、外仰監司糾劾覺察。

三十日，詔：「當春發生，萬物萌動，在京委開封府、京畿并諸路仰州縣官告諭奉行，令禁止伐木、毁巢、殺胎、麛卵。檢會舉行，牓示知委，常切覺察。違犯，依條施行。」

二月一日，詔：「諸色人然頂、煉臂、刺血、斷指，並行禁止。」

十一日，詔：「訪聞河北諸路帥司人吏與沿邊巡檢、捕盜官司兵員、管營等，上下計會，受賕作弊，容縱客旅，公然般運違禁物色，透漏盜販過界。帥臣、安撫通知其弊，莫肯按劾，彌縫膠固，牢不可破，雖設禁制，僅成虚文。可申嚴約束，帥臣并沿邊安撫及合屬官吏等，日後如有違犯，正犯人於常法外加等科罪，官吏知情者與同罪。仍增告捕賞典，仰走馬承受常切覺察。令[52]樞密院立法申明行下。」

三月二十七日，臣僚言：「伏見無知之民日以屠牛取利者，所在有之。比年朝廷雖增嚴法度，然亦未能止絶。蓋一牛之價不過五七千，一牛之肉不下三二百斤，肉每斤價直須百錢，利入厚，故人多貪利，不顧重刑。臣竊謂力田爲生民之本，牛具爲力田之本，若不禁屠牛而覬稼穡豐登，民食富足，誠不可得。況太牢唯祀天與祖，祭神亦不敢用，今貪利之民計會上下，秖作病牛倒死，申官披剥，因緣屠〔一〕，不畏官司，肉積几案，羅列市肆。冒法而不爲禁、啖食而不知忌如此，非所以尊崇神祇，申嚴命令。伏望特下有司立法，凡倒死牛肉每斤價直不得過二十文。如輒敢增添者，約定刑名，其買賣人並同罪，許人告捉。肉既價賤，則賣者無利，雖不嚴禁增賞，自絶其弊。」詔：「（詰）〔告〕獲殺牛賞依元豐格，并見行斷罪，並令刑部檢坐申明行下，常切遵守施行。」

〔一〕「屠」下似脱一字。

六月七日，上批：「訪聞日近有諸色人撰造浮言，誑惑羣聽，亂有傳播賜予差除，以少爲多，將無作有之類，可嚴行禁止。仍於御前降到捉賊賞錢內支一千貫文，開封府門外堆垜，召人告捕。如捉獲虚造無根言語情重人，即支充賞錢。」

七月七日，詔：「勘會私有銅鍮石等，在法自許人告；如係販賣，即許人捕；若私鑄造，亦有鄰保不覺察斷罪之法。況私有銅鍮石，昨雖曾降指揮立限首納，而無知之人玩法，無所畏憚。今已增立罪賞，尚慮53民間將同常事，以不應存置之物依舊隱藏，不行首納，可限今來指揮到日，於州縣鎮寨散出曉示，仍限一月內許人經所在官司首納，依實直支還償錢。過月不納或收藏隱匿，聽鄰保諸色人糾告，勾收入官；知而不告，事發同罪。兼慮官司不切奉行，諸州仍委通判、縣委知令專切警察督責施行，無致滅裂弛慢。候限滿，令本路轉運司具諸州縣首納到名數申尚書省。」

閏八月八日，給事中蔡嶷奏：「臣觀輦轂之下，士庶之間，侈靡之風曾未少革，富民墻屋得被文繡，倡優下賤得爲后飾，殆有甚於漢儒之所太息者。雕文纂組之日新，金珠奇巧之相勝，富者既以自夸，貧者恥其不若，則人欲何由而少定哉！願明詔有司，因時立法。若衣服之宜，屋室之制，械器之用，金玉之飾，辨其等威，以示制度。唯無駭於俗，不甚苛細而易以遵守者，具爲品式而頒焉。其制一定，然後嚴爲之禁，孰敢有不從者乎？庶幾仰稱陛下敦厚風俗之意。」詔送議禮局。

十月一日，詔：「近傳僞詔曰：『朕承祖宗之烈，在位數年，深思股肱之臣，盡皆忠輔，以相予治，不可得也。前宰相蔡京目不明而(疆)〔彊〕視，耳不聰而彊聽，公行狡詐，行迹諂諛，內外不仁，上下無檢。所以起天下之議，四夷凶頑，百姓失業，遠竄忠良之臣，外擢暗昧之流，不察所爲，朕之過也。今州縣有蔡京蹤跡，盡皆削除；有朋黨之輩，悉皆貶剥。仰內外文武臣僚無隱。』奉54御筆：內外盛傳此御筆手詔，深駭聞聽。且姦人乘間輒僞撰詔，撰造異端，皷惑羣心。可立賞錢，內外收捕，并沿流州縣等處，仍立知情陳告者特與免罪。候獲，不以赦降原減，當於法外痛與懲治。仍立賞錢五百貫文，召人告捉。」

六日，詔：「近撰造事端，妄作朝報，累有約束，當定罪賞。仰開封府檢舉，嚴切差人緝捉，并進奏官密切覺察。」

十五日，詔：「在京并外路州郡，自來多有愚夫惑於邪説，或誘引人口，傷殘支體，或無圖之輩緣作過犯，遯迹寺院，詐稱沙彌陁頭，苟免罪辜，閃避徭役。煉臂、灼頂、刲肉、燃指、截指、斷腕，號曰教化；甚者致有投崖赴谷，謂之捨身。州郡有一譁傳騰播，男女老稚羣聚咨嗟，皷動蠢愚，掊歛錢物，殘害人命，互相漸染，有害風教。在法自有明文禁止，有司不切遵守，日來尤甚。可檢會條制遍行下，如有違犯，並依法科罪。其誘引之人爲首，仍重加編配。如有因父母疾患割股割肝之類者非。若州縣尚敢苟且，不切禁止，其本路監司、守臣並行嚴斷。在京委開封府，京畿并諸路委監司，歲首檢舉行下。」

政和元年三月二十一日，詔：「諸路公使支用，隨逐處各有已定例册。其監司所在及巡歷，或朝省遣官，所至州郡往往多不循例，過有供饋。朝廷察知其弊，遂修立崇寧五年春頒敕，諸與所部監司若朝省所遣使命至本路，以香藥饋送者徒二年，折計價直，以自盜論。雖已行下，而訪[55]聞其間或不顧廉恥之吏，尚敢巧作名目，或將香藥變爲飲食之類，折等價錢，貪冒無厭，不知（正）〔止〕極。今後監司或朝廷所遣官至本路，雖非以香藥饋送并折計價直，而輒敢巧爲别色名目收受者，並依上項崇寧五年敕條施行。」

四月十五日，刑部奏：「定州乞申嚴，自今將銅錢出雄、霸州、安肅、廣信軍等處，隨所犯刑名上各加一等斷罪。」從之。

十九日，詔：「獄吏不卹囚，至多（廋）〔瘐〕死。州縣公人受文引追逮，多帶不逞，用鐵環杵索毆縛，乞取錢物。深可惻憫，宜嚴立法禁。」

六月十六日，詔：「川路接夷界地，自今（取）〔敢〕有請射開（懇）〔墾〕，以違制論。」

二十日，臣僚言：「官員年六十以上及曾犯贓罪情重，不注知縣，進納授官不許權縣事。」從之。

七月四日，臣僚言，成都府泛科民間織造錦綺等非便。令約束，無使暴吏抑配擾民。

十八日，臣僚言：「應許舉辟官司不得奏辟權貴親屬。除依元豐舊制外，不得旋置窠闕，增辟冗員。乞申告戒，常切遵奉，稍有違戾，必罰無赦。」

九月十七日，詔：「比年遣使，不計重輕，皆以詔使爲名，凌脅州郡，甚非觀風察俗之意。應文武臣僚奉使，只依所領職任稱呼。其供饋依監司。巡歷所至，州縣迎送不許出城。沿邊自來合差人馬防護，不得過數。如違，以違制論。」

十一月十二日，臣僚言：「竊惟陛下親御詔墨，訓迪厥官，所以申勸沮，示好惡，可謂至矣。然而士大夫昧於擇術，至有廢人事而談天，捨[56]儒術而言命，馳辯穿鑿，時乎幸中。故權門貴勢或悦其面佞，鯫生狂士或藉以善鑽，寖淫成風，爲害不細。臣願特降睿旨，申以戒飭，專尚儒學，勿談術數，庶幾習是勝非，安於義命。」詔牓朝堂禁止，如日後違犯，有玷士風，當行停廢，永不齒録。仍令御史臺覺察糾劾以聞。

二十三日，臣僚言：「士大夫有詣僧寺參請入室，至去冠帶，衣緇褐，折腰俛首，合爪作禮，立侍席末，師受其説而弗慚。其甚至有少妻寡婦屏去侍妾，密隨其徒更入迭出，敝教化，壞風俗，莫此爲甚。乞非其徒而於僧寺入室者，以違制論。婦妻有犯，乃坐尊長。」詔：「士大夫習聖人之正道，服先王之法服，而反易緇素，擎跽曲拳於釋子之前，曾無愧恥。觀此流且以純素恬淡寡合自高，要譽於鄉曲之間，較其實則奔競躁進，毀譽是非，未必不甚於常輩。加之婦女出入，揉雜無間，誠宜禁止。可依所奏。」

二十四日，詔：「毀傷人體，有害民教。況夷人之教，中華豈可效之？宜增賞禁止，監司不舉同罪。」

二年二月五日，臣僚言：「一時特旨，乃人主威福操縱御下之權，豈容攀援爲例？乞詔有司，恪遵成法，不得以例決事。頃歲命一司勑令所以六曹事可爲永制者修爲法，其出自特旨、非有司所決者，編集以備稽考。閱歲斯久，未聞奏御，亦乞立限修纂。」詔自今援例破條者徒二年，令御史臺覺察彈奏。

四月十二日，臣僚言：「福建愚俗，溺子不育，已立禁 57 賞。頑愚村鄉，習以爲常，鄰保親族，皆與之隱；州縣勘鞫，告者認妄。究其弊源，蓋緣福建路厚其婚葬，至如殯葬，不得其力。供祭羅列焚獻之物，創新繒帛，里閭之間，不問知識，盡行送禮。不顧父母具存，藏凶服以待送喪之用，利赴凶齋，意在所得。使遭喪者所費浩瀚，遂致有父母之喪，歲月深久而不葬。愚貧之俗，避於葬費而焚棄。伏乞有司詳議，士庶等各立格法。」刑部看詳：「福建路溺子，已有增立新法外，所有江南東西、荊湖南北路溺子，雖有大觀四年四月敕生子而殺刑名告賞，今乞於逐項條內『生子』字下各添入『孫』字一字，并於敕內第一項『放逐便』字下添入『賞仍依格』四字。」又禮部看詳：「福建路婚葬豐厚等條，已有海行外，今重別擬定下項：諸父母存，非本宗及內外有服親而輒凶服送喪，受顧行喪人非。若遇父母喪而過百日無故不(嬪)〔殯〕者，各杖六十。」從之。

六月二十二日，臣僚言：「訪聞入蕃海商自元祐後來，押販海船人時有附帶曾經赴試士人及過犯停替胥吏過海入蕃。或名爲住冬，留在彼國，數年不回，有二十年者，取妻養子，轉於近北蕃國，無所不至。元豐年中，停替編配人自有條禁，不許過海。及今歲久，法在有司，未常檢舉。又有遠僻白屋士人，多是占户爲商，趨利過海，未有法禁。欲乞睿斷指揮，檢會元豐編配人不許過海條，重別增修，及創立今日已後曾預貢解及州縣有學籍 58 士人不得過海條賞，明示諸路沿海、次海州軍。」詔依。有條令者坐條申明行下，其曾預貢解及學籍士人不得過海一節，於元條內添入。

七月三日，宣州布衣臣呂堂上書：「東南數州之地，尚有安於遺風，狃於故習，忮害不悛，公然殺人，賊父子之仁，傷天性之愛，男多則殺其男，女多則殺其女，習俗相傳，謂之『薅子』。即其土風，宣、歙爲甚，江寧次之，饒、信又次之。有不變者，寘以極刑，殺一警百，使人有畏懼之心，則所活人命不可勝計矣。」詔依福建已得指揮，仍委監司按察，如有違犯，重寘於法。

八月一日，詔：「比來內外職事諸司官等有同列處，多是獨陳本處利害。賞罰之類，專一畫旨，不候通簽，一面施行，使賞恩不出於公上，罰怨歸於人主，殊失事上之義。自今諸司局所雙員以上者，並不許獨員畫旨。如違，官員坐流刑，吏人決配。令尚書省立法以聞，仍御史覺察糾劾聞奏。」

十一(月)〔日〕[二]，詔：「古我先王，綏厥兆民，一夫不獲，時予之辜。朕嗣守祖宗鴻業，休養生息，四海泰定，夙興夜寐，罔不惟民之承。比年以來，詔令數下，訓迪戒諭，毋得騷動，播告之修，不匿厥旨。吏輒託法自便，廢格違戾，奪其農時，害其常生，役使無藝。其令諸路監司檢舉前後不得科買、科配、率斂、差顧、假借、製造紐折之類條詔，申明牓諭，咸使知之。自今後有違者，罪加一等，吏人配 59 二千里。即以(疆)〔彊〕爲和、以抑勒爲情願者，罪亦如之。因而乞取，以自盜論贓，輕配千里；若陳訴而不爲理直者，徒二年。其大觀三年以後許差顧及和預買指揮可更不施行。」

十一月十一日，臣僚言：「自今已後，諸在外見任官如私置機軸，公然織造匹帛者，並科徒二年。仍乞下有司，立爲永法。」詔依奏，許人告，立賞錢二百貫，及許越訴。

二十一日，臣僚言：「竊見近時士大夫或居本鄉，或寄他郡，或居休謝事，或朝廷差與宮觀之類，自係閑居，別無職事干預，則其與在任官固有間矣。其間不自愛重，鮮廉寡恥之徒，自選人以上至曾歷禁從者，交通州縣見任官員，非法受財，囑託公事，爲人延譽，干求薦章；倉場庫務，請納錢物；至於廨舍官舟，假借居止，一有不如所欲，則怨謗紛然。又況擅用時估實直騷擾行鋪，人已苦其供應，或有不還價錢者。其弊百端，靡所不有。蓋緣自來別無檢舉，而條禁或有未盡故也。臣愚願降睿旨，行下諸路衝要州縣，應係閑居官非見任者，委自監司密行體究，常切覺察，如有前項一切違犯，許人按舉聞奏。乞賜詳酌施行。」從之。(以上《永樂大典》卷二一七七七)

禁約 二

【宋會要】

60 政和三年三月二日，臣僚言：「陛下肇新官制，自公、少而下以及武臣，考古驗今，是正名實。然臣竊謂名雖正矣，而亂名者無禁；律雖設矣，而破律者無誅。官爲將仕，尚稱祕校；職列諸曹，仍呼府判。則名實安得而正乎？」詔令開封府曉示約束。

八月十五日，臣僚言：「《軍馬敕》：諸教、象法謄録傳播者杖一百。訪聞比年以來，市民將教法并象法公然鏤板印賣，伏望下開封府禁止。」詔印板並令禁毀，仍令刑部立

[二] 十一日：原作「十一月」。按《宋大詔令集》卷一八六載此詔，注明時間爲「政和二年八月十日」，可證此詔非十一月所下，「月」爲「日」之誤。

法申樞密院。

九月二十七日，詔：「後苑作製造御前生活所翻樣打造纈帛，蓋自元豐初置，以爲行軍之號，又爲衛士之衣，以辨其姦詐，遂禁止民間打造。日來多是使臣之家顧工開板，公然打造，更無法禁。仰開封府候指揮到，除降樣制并自來民間打造二紅相纈外，並行禁止。其外路亦不許打造，客旅興販入京，違者以違御筆論，許人告，賞錢三千貫文。所有（所有）纈板，許人陳首，赴府送納焚毁。仍令出牓，委四廂使臣告示後，限五日，有犯依此施行。」

十月一日，尚書省言：「訪聞諸色人多將京城内私下寄附錢物、會子之類出城，及於外處行使，有害鈔法。」詔寄附錢、會子輒出新城外行用者徒二年，許人告，賞錢以會子所會、錢賞之。

十三日，荆淮江浙等路發運副使賈偉節奏：「當今太平極治之時，而號名之間，誦習傳道，猶有稱漢官、漢[61]地、漢服之類，士大夫習見爲常，因循不改，誠非尊重朝廷、齊一海内之意。宜明降詔書，號名之間，悉稱云『宋』，凡舊稱『漢』者一切禁止，亦三代著有夏、有商、有周之義。」從之。

十一月十九日，臣僚言：「江南逐年秋夏之交，深僻溪澗往往有人卒暴死亡者，皆因取魚之患。愚民採毒藥置於水中，魚食之而死，因得捕之。蓋止知取魚之利，而不知害人之命也。欲望嚴立罪賞禁止。」詔以毒藥捕魚者杖一百，因食魚飲水而殺人者減鬬殺罪一等。

十二月二十七日，詔：「自今應内外非刑禁官司，不得輒置小荆杖栲訊。」

二十九日，臣僚言：「諸帥臣、監司，凡按察之官，所以表率一道，每於朝拜行香之日，往往敢憚夙興，稱疾免赴。曾未（喻）〔踰〕時，迺復出謁，遊從燕飲。上下相習，無或顧忌。欲望嚴立法禁，如既以疾病不赴而輒出入游賞宴飲者，以大不恭論。庶幾傲慢不虔之吏，有所懲畏。」詔刑部立法申尚書省。三月二十三日，刑部修立到條：「諸按察官遇朝拜行香以疾免赴而輒出謁若遊宴者，各徒一年。」從之。

四年二月五日，臣僚言：「欲乞下諸路括責州縣，前此有以講説、燒香、齋會爲名而私置佛堂、道院，爲聚衆人之所者，盡行毁拆。明立賞典，揭示鄉保，仍令逐都保每季具有（無）邪法聚衆申縣，縣申州，州申提刑司，類聚以上朝廷。結集徒黨，事非細密，申令已明，儻復違犯，當嚴鄰保之法。州城兵官、縣巡尉，[62]其不覺察之罪比佗官宜加等坐之。庶止邪於未形，且使無知之人免陷於刑戮。」從之。

三月十八日，尚書省契勘：「密州接近登、萊州界，係南北商賈所會去處，理合禁止蕃舶及海南舟船到彼。今添修下條：諸商賈海道興販不請公憑而行，或乘船自海道入界河及往登、萊州界者，販諸蕃及海南州縣物回，若海南州縣船到密州界，同徒二年。往大遼國者加二等。已買賣取與者徒三年，私相交易者仍奏裁。船物給賞外，仍没官。不請公憑而未行者徒一年，並許人捕。以上保人減犯人三等，同行人各杖八十。」從之。

六月十九日，權發遣提舉利州路學事黄潛善奏：「仰惟陛下推崇先志，凡非先聖賢之書若元祐學術政事害於教者悉毋習，士宜彊學待問，以承休德。而比年以來，於時文中採摭陳言，區別事類，編次成集，便於剽竊，謂之《決科機要》，偷惰之士往往記誦以欺有司。讀之則似是，究之則不根於經術本源之學，爲害不細。臣愚欲望聖斷特行禁毁，庶使人知自勵，以實學待選。」詔立賞錢一百貫告捉，仍拘板毁棄。仰開封府限半月，外州縣限一月。

二十七日，開封府奏：「太學生張伯奮狀奏，乞立法禁止《太平純正典麗集》。其間甚有詐僞，可速行禁止，仍追取印板繳納。」詔：「已賣在諸處者許限一月繳納，所在官司繳申尚書省。如違，杖一百。賞錢五十貫，許人告。」

七月五日，御筆：「取會到入63内内侍省所轄苑東門藥庫，見置庫在皇城内東北隅拱宸門東，所藏鴆鳥、蛇頭、萌蔓藤、鉤吻草、毒汗之類，名品尚多，皆屬川廣所貢。典掌官等三十餘人，契勘元無支遣，顯屬虚設。蓋自五季亂離，紀綱頽靡，多用此以勦不臣者，沿襲至于本朝。自藝祖以來，好生之德洽于人心，自干憲綱，莫不明寘五刑，誅殛市朝，何嘗用比？自今可悉罷貢額，並行停貢，仍廢庫，放散官吏，比附安排。應毒藥并盛貯器皿，並交付軍器所，仰於新城門外曠闊迥野焚棄，灰燼於官地坎瘞，分明立堠摽識，無使人畜近犯。疾速措置施行。」

十二日，詔：「諸路提刑司常行覺察夜聚曉散徒衆及督責，仍每年具部内委無夜聚曉散徒衆申尚書省。」

十三日，詔：「中外不許越職侵官，援例申請，以害成法。」

八月十三日，權發遣廣南東路轉運判官公事李堯文奏：「竊見諸州外縣多以公事付廂收繫，動成底滯。縣之有廂，止於地分廂界，非有舍獄之設也，類以邸店逐月輪受。廂吏恣行乞取，其毒有甚於囹圄，願行禁止。應諸縣不得以公事付廂收繫，委監司常切覺察，庶幾人均恤隱之澤，可以仰副陛下子育庶民之意。」從之。

三十日，詔：「河北州縣傳習妖教甚多，雖加之重辟，終不悛革。聞别有經文，互相傳習鼓惑致此，雖非天文、圖讖之書，亦宜立法禁戢。仰所收之家經州縣投納，守令類聚繳申尚書省。或有印板石刻，並行追64取，當官棄毁。應有似此不根經文，非藏經所載，準此。」

九月八日，臣僚言：「訪聞惠州海豐縣長橋亭壁上張掛白絹水墨畫龍圖子一面，四畔用紫絹緣。兼本路民庶之家多有上件龍圖子，並是久未來置造〔一〕，其愚民不曉，因循習以成風。蓋是自來官司失於奏請，全失奉君之禮，無

〔一〕「未」字疑衍。

所禁約。」詔：「仰監司體究因依，如別無他弊，特免根究，繳申尚書省，仍速行禁止。民庶之家，仰限一月，經州縣首納免罪。逐州縣類聚納尚書省，逐旋進納。」

十一月二十五日，臣僚言：「竊見民間尚有師巫作爲淫祀，假託神語，鼓惑愚衆，二廣之民信向尤甚，恐非一道德、同風俗之意也。臣愚欲乞申嚴法禁，以止絶之。若師巫假託神語，欺愚惑衆，徒二年。許人告，賞錢一百貫文。」

五年四月二十三日，臣僚言：「江南盜賊間作，蓋起於鄉閭愚民無知，習學槍梃弓刀。藝之精者從而教之，一旦糾率，惟聽指呼，習以成風。乞詔有司，責鄰保禁止，示之厚賞，敢爲首者加以重刑，庶免搔擾。」從之。

八月十二日，刑部、大理寺奏：「修立到條法：諸臣僚樞密院都承旨，左右司郎官，一省録事、都事，樞密院逐房副承旨，差守闕守當官〔一〕、法司及貼司同。大理寺、開封府、國子監、太學、辟廱官，赤縣若左右廂縣勾當公事。不許出謁及接見賓客。翰林學士承旨、翰林學士、給事中、中書舍人、起居郎、起居舍人、太子侍讀侍講，尚書刑部、殿中省官，司農寺長 65 貳丞，並禁出謁。假日即見客。尚書省官，六曹，秘書省及寺監、御史臺檢法主簿，遇假日聽出謁，仍許見客。」從之。

十一月四日，臣僚言：「諸色人燃頂、煉臂、刺血、斷指，已降指揮并行禁止，日來未見止絶，乞行立法。」詔：「毀傷支體，有害風教。況夷人之法，中華豈可效之？累有處分，終未能革。可徧行下，違者以大不恭論。添賞錢三千貫文。監司、守臣知而不舉覺，與同罪。京師委開封府嚴行禁止。」

六年正月二十三日，詔：「近來京師姦猾狂妄之輩，輒以箕筆聚衆立堂，號曰天尊、大仙之名，書字無取，語言不經，竊慮浸成邪慝。可令八廂使臣逐地分告示〔二〕，毀徹焚燒。限三日外立賞錢三千貫(牧)〔收〕捉，犯人斷徒二年，刺配千里，官員勒停，千里編管。若因別事彰露，本地分使臣與犯人同罪。每月一次檢察告示〔三〕，取使臣知委，繳連聞奏。京城内外準此。」其後閏正月二十七日，臣僚又言，乞徧下諸路約束，詔依前降指揮行下。

閏正月八日，尚書省言：「訪聞士庶之家以閏月爲嫌，至於几筵之類，收藏不復祭饗，失禮爲甚。自今許人告，以徒二年坐之。」從之。在京令開封府止絶。

五月十五日，提舉寶籙宮、兼詳定一司敕令王詔奏：「内外官司應今後行遣文字，並用真楷，不得草書。至於州縣請納鈔旁，亦依此例。乞令尚書省立法。」詔諸官文書輒草書者杖八十。

二十一日，詔：「訪聞成都府大慈寺門樓斜廊安設鴟尾，66 沿襲五季專恣之弊，僭侈無度。其(師)〔帥〕府、監司

〔一〕下「守」字原脱。按北宋三省均設有守闕守當官，見《宋史》卷一六一《職官志》一，因補。

〔二〕分：原作「方」，據《愧郯録》卷六改。

〔三〕一次：原作「二次」，據《愧郯録》卷六改。

七夕率皆登臨宴飲，無復忌憚，吏民聚觀，不可以訓。今後七夕排當登寺門事可罷，如更有以此虧違典禮者，仰帥臣禁止施行。」

六月十一日，詔：「訪聞諸路民間多是銷毀銅錢，打造器皿，毀壞錢寶，爲害不細。仰尚書省申明條法，重立賞，嚴行禁止。」檢會政和賞格，告獲鉟銷、磨錯、翦鑿錢取銅以求利及買之者，杖罪錢一十貫；徒一年錢二十貫，每等加一十貫；流二千里錢七十貫，每等加一十貫。詔於賞格内杖罪添作五十貫，徒一年七十貫，流二千里一百貫，餘並申明行下。

七月三十日，詔：「訪聞相州林(攄)〔慮〕縣、邢州龍岡縣天平、陵霄二山高崖之上有捨身臺，每歲春月，村民燒香，聞有僧行誘惑，使人捨身者，導以法事，欲悔不能。僧行利其貲財衣物，愚民無罪而就死地。不有禁止，何以愛民！仰本州縣當職官常切覺察，犯者以故殺論，仍令主僧償命。許人告捕，每名支賞錢一千貫，白身與補進義校尉，有官人轉兩官，諸色人轉兩資，並不原赦。官司失覺察，以違御筆論。仍版牓揭示二縣山路。監司、走馬失按劾者與同罪，仍著爲令。」

十月十八日，入内内侍省武翼大夫、淮南路走馬承受公事王道奏：「外路州軍百姓有報仇怨，包藏禍心，多用砒霜毒藥密以中人。伏望特降睿旨，盡收入官，不得私相買賣。」詔違者徒二年，許人告，賞錢三百貫。

十一月十67日，冬祀赦〔一〕：「勘會累降指揮及嚴立法禁，諸路州縣不得科配、率斂、差顧、假借什物、製造紐折之類，及租賦、和買不得前期催理，并和買之物須得即時支價錢。訪聞州縣循習既久，經赦猶未盡革，仰監司點檢，速行改正。所有不即支給價錢，仍互相按劾以聞，違者徒三年，許人告，吏人配千里。」

二十九日，詔：「比聞諸局擅遣大小使臣出外計置物件，所遣官騷動州縣，擾害良民。自今無付受朝旨，輒遣使臣出外，若所在受而爲施行者，並〔以〕違御筆論。令監司覺察，御史臺彈劾以聞。」

十二月十日，刑部奏，修立到諸監司依監司例人凡可按刺州縣者同。輒赴州郡筵會及收受上下馬供饋者，各徒二年等條。從之。

七年六月九日，臣僚言：「近詔吏部有禁謁之文，諸部中亦有職任煩重於天官者，而謁制未行，恐難獨異。」詔户、禮部、兵、工部並依吏、刑部法禁謁。

二十五日，前提點江南東路刑獄周邦式奏：「江南風俗循楚人好巫之習，閭巷之民一有疾病，屏去醫官，惟巫覡之信。親戚鄰里畏而不相往來，甚者至於家人猶遠之而弗

〔一〕「冬祀」前原有「詔令」二字。查《宋史》卷二一《徽宗紀》三，政和六年十一月十日「己亥，祀昊天上帝於圜丘，赦天下」，即此所謂「冬祀赦」，「詔令」二字應爲衍文，今删。

顧，食飲不時，坐以致斃。乞立法責鄰保糾告，隱蔽而不言者坐之。」詔令監司、守令禁止。

七月六日，臣僚言：「臣竊惟朝廷大恢庠序，養士求材，每患晚進小生蹈襲剽竊，不根義理。頃因臣僚奏請，嘗降御筆，明行禁絶。書肆私購程文，鏤板市利，而法出姦生，旋立標目，或曰『編[68]題』，或曰『類要』，曾不少禁。近又公然冒法如昔，官司全不檢察。乞令有司常切檢舉，緝捕禁絶。」從之。

十七日，詔：「廣東之民多用白巾，習夷風，有傷教化，令州縣禁止。」

八月三日，詔：「訪聞河朔郡縣凡有逐急應副河埽梢草等物，多是寄居命官子弟及舉人、伎術、道僧、公吏人等別作名目攬納〔一〕。或干託時官權要，以攬狀封送令佐，恣其立價，多取於民，或令民户陪貼錢物，郡縣爲之理索，甚失朝廷革弊卹民之意。自今並以違御筆論〔二〕，不以蔭贖及赦降、自首原減。許人告，賞錢一千貫，以犯事人家財充。當職官輒受請求者與同罪。」

十一月六日，臣僚言：「伏覩令，州官及本縣官不許託縣鎮寨官買物。訪聞貪吏違法，禁託買而不禁自買，故州官行屬縣，縣官行鎮寨，多出頭引收買疋帛絲綿等物，外邑鎮寨之民尤甚苦之。欲乞今後州縣官非廨宇所在，如因事至邑鎮寨，唯許買飲食藥餌日用之物外，餘悉禁之。仍立法行下。」户部供到《政和敕》：「諸監司依監司例人凡可按刺州縣者同。不係置司去處，每遇出巡，止許收買飲食藥餌及日用物色，其餘輒置買者，依託所部命官賣買物色法。」契勘即無州縣官非廨宇所在，因事至屬邑鎮寨，唯許收買飲食藥餌日用之物外，不許買他物法條禁。詔於上條内「賣買物色法」字下，添入「州縣官出外準此」。（從之）

十二月十三日，詔：「除刑部斷例外，今後應官司不得[69]引例申請。」

八年正月十二日，詔：「訪聞拱州每年社會賽，城隍土地聚集百姓軍人，張黄羅繖及唱喝排立起居行列。兼本州南寺幹辦年例作葬佛會，多是僧行預散帖子，糾率縣下鄉民户百姓，男女同處，身服布衣，首施紙花，沿路引迎紙佛。及經由道路，林木皆用紙錢裝掛，選地焚燒，數千餘人並行舉哭事。奉御筆：爲累經赦宥，特免根究，可下本州禁止。今後除宮觀崇奉天神許存留紅黄繖扇外，餘遍下諸路，州軍委知通，縣委令佐，官司躬親契勘，有處仍與免罪，當官焚毁訖，申本路轉運司覈實保明有無漏落以聞。所有葬佛服縞素等舉哭一節，仰止絶。如日後有犯，爲首糾率人並杖脊，黥配遠惡去處，預會人各等第科罪。州縣守倅常切覺察，仍遍行下。守倅失覺察，徒二年。監司按劾，廉訪使者互察。」

〔一〕等：原無，據本書方域一五之二八補。
〔二〕自：原無，據本書方域一五之二八補。

二月十二日，詔：「君出命以尹衆，主道也。古之人言聖君、明君、人君，以尊天子；帝君、大君、元君，以嚴高真。循名而考實，豈人臣可得而稱者？今則或以制名，或以命字，或指相謂爲君，紊上下之分，乖君臣之義，不可以訓。宜行禁止，以詔萬世，違者以大不恭論。」

同日，臣僚言：「應官司不得引例申請，法所不載，故用例以相參，則事不失輕重。且元豐即無不許用例之制，惟元祐例立法禁，不得引用。今一切不用，則皆元祐之事。又有司臨時高下其手，可以爲弊。」詔除無正條引例外，不得引例破條，[70]及不得引用元祐年例。

二十五日，詔：「朕君臨萬邦，富有四海，天下之奉，何有所闕？除依歲格任土作貢外，未始有抑配科率。詔誥訓飭，止絶搔擾，形于翰墨，丁寧備至，未嘗少寛科率之刑。間有御前自京給降見錢、度牒、銀絹付諸監司，於出産州軍仍以市價私相和買口味木石之類者有之，以備薦饗宗廟，須宣大臣戚里，亦非以專於奉己爲事。監司敢以御前錢物計置到物用爲己有，以充苞苴饋獻，罔上弗虔，罪何可逭！當重爲禁之。今後有犯者，以大不恭論，不以赦降、去官原減。違者御史糾劾以聞。」先是，臣僚上言：「臣訪聞天下收買御前上供等物，有司多以御前爲名，廣行計置。或虚擡價直，侵漁入己；或過數收買，不盡供貢；或分爲苞苴，公行獻饋。奉上弗虔，人皆切齒。如日前兩浙漕臣劉既濟、無錫縣丞張興等，並以寅緣爲姦，上干典憲。蓋是自來別無法禁，難以禁察，遂至如此。伏望特降睿旨，措置立法，專差御前官司受納天下收置上供之物。如某鈔某日買到某物若干，價錢若干，逐一開坐，據數交納，即時投進，聽給印鈔收附文字，令歸本處照會。」故有是詔。

三月一日，臣僚言：「一人之尊，先天弗違，以道爲本，而遐方外郡俳優之賤，猶敢爲道家者流戲於庭墀之下，臣竊憤之。伏願特降睿旨，使民知禁。」詔合行禁止，如違，以違制論。

四日，詔：「訪聞江東路饒州管下鄉落之[71]間，信用師巫，蔽溺流俗，多以紙帛畫三清上真與邪神同祀，以祈禳爲事，葷茹雜進，殊不嚴潔，甚失崇奉高真之意。自今仰本路提點刑獄行下所屬州縣，嚴行禁止。後有犯者，以違制論。仍拘收三清等畫像赴逐處宮觀收掌。諸路準此。」

五月四日，尚書户部管勾公事李寛奏：「臣聞大而化之之謂聖，兆於變化謂之聖人。如孔子雖有先聖之號，至於聖則不敢居。嘗曰：『若聖與仁，則吾豈敢？』自非有聖人之位，爲天下君，豈得而言聖哉？今則制名命字，率多以聖爲稱，甚非所宜。欲乞凡以『聖』爲名、字，並行禁止，以正名稱。」從之。

七月十二日，饒州浮梁縣丞陸元佐上言：「近世有取王者之實以寓其名者，有取霸者之迹以寓其名者。有里名東宫者，不可不改其里；有院名中宫者，不可不易其額。有僭玉皇之尊者，其禁尚未廣；有褻瀆三清者，不可不嚴。」詔行下逐處并所屬，令改正禁之。

二十四日，詔：「訪聞川(陝)〔峽〕民庶因賽神祇，引拽簇社，多紅黃羅爲繖扇，僭越無度，理當禁止。可檢會近降不許裝飾神鬼隊仗指揮，内添入『民庶社火不得輒造紅黃繖扇及彩繪以爲祀神之物紙絹同』。犯者以違制論，所屬常切覺察。」

八月五日，臣僚言：「近者臣僚被旨保明官吏等姓名推賞，欲乞今後止得開具等第姓名，不得指定陳乞，違者重立憲禁，以正國體，以重君命。」詔依奏，違者以違制論。

九月十三日，詔：「州縣【72】遏糴，以私境内，邊將殺降，以倖功賞，殊失惠養元元、招撫羌戎之意。自今有犯，必罰無赦。」以刑部尚書范致虚言：「州縣擅下遏糴之令，實爲民害；邊將殺降，沮外夷嚮化之心。乞立法，輒殺降者如殺人之罪。」故有是詔。

閏九月十一日，提舉河北西路學事張綽奏：「伏見士大夫有造私第而干謁者，無雨暘寒暑之憚。故命令一出，人皆知之，曰某官乃某人門下也。既得之，獲舉者必謝，受謝者不辭，恬不以嫌疑爲避。欲望睿斷，應有公舉而輒私謝者，立法以禁止之。」詔：「諸省臺寺監官以公事見宰相、執政者，詣都堂及所聚廳處。若得替、赴任參辭者準此。即屬官及所請召若親戚，不以有無服紀，聽詣府。」

二十六日，給事中趙野奏：「士庶之間，豈宜以『天』字爲稱？凡世俗以『君』、『王』、『聖』三字爲名、字，悉命革而正之，然尚有『天』字爲稱者，竊慮亦當禁約。」詔：「莫尊於天，而人名之，瀆莫甚矣，可依所奏。」

重和元年十一月十五日，中書省言，乞在京官司遇壬戌日不奏刑殺。從之。

十二月十二日，臣僚言：「姦人巧詐，妄爲命令，恐動官司，規求貨財者，都城之内尚或有之，況萬里之遠耶？詐稱御筆，於左藏庫公取金銀，有若開封王師旦者；詐奉御筆，齎金字牌搔擾人民，有若濬州趙士誠者；有許紐折收贖産業，詐撰御筆手詔，如威德軍趙滂者；有稱本路勾當，乞取錢物，詐作御前奄篋，如唐州許洵、丁詔者。其姦狀【73】敗露，臣之所知者數人而已。乃若蹤跡詭祕，假詔命於州縣之間而事未發露者，又不知其幾人也。陛下常降親翰，謂自今無付身受朝旨，輒遣使臣出外計置物件，所在受而爲施行者，並以違御筆論。宸衷所念，有及於此，亦恐詐僞者因之而肆姦也。然臣竊謂方其真僞未分，是非未辨，託朝廷之命如前所疏數人者，所在官吏豈得不信而奉承乎？伏望特詔州縣當職官，凡遇有勾當之人，常切覺察。或事有可疑，許取索付受文字看驗。如此，則真僞是非判然可見，而詐稱御筆以惑州縣者必不能容其跡，庶幾仰奉君親，益尊命令。」從之。

十五日，開封尹盛章奏：「竊惟陛下即位以來，屢詔有司討論禮制，張官庀局，首尾十年，始克成書。伏自新書之頒，累年于兹矣。比者帝子下降，帥臣之家始修舅姑饋盥之禮，位置棗栗，進拜唯謹。事既傳聞，下至閭巷細民，無不咨嗟歎息，以謂雖王姬之貴，陛下猶且以新儀從事，況我曹之賤而敢有不遵者乎！日者陛下又慮所頒《新儀》天下遵行未偏，在京流俗尚又沿循舊例者，再降處分，令本府立法施行。臣契勘民間冠昏，所用之人多是俚儒、媒妁及陰陽卜祝之人。臣已令四廂並籍定姓名，逐旋勾追赴府，令本府禮生指教。候其通曉，即給文帖，遇民庶之家有冠昏喪葬之禮，即令指（受）〔授〕《新儀》。如尚敢沿循舊例，致使民庶有所違戾，及被呼不赴，因緣騷擾，邀阻 74 賄賂，並許本色人遞相覺察陳告，勒出本行。其不係逐廂籍定之人，不許使令。所貴各務講尋《新儀》，上下通曉。本府恭依處分，立到條法：一、違儀不奉行者，以違制論，不以去官、赦降原減。」從之。

宣和元年正月二十一日，詔：「昨降指揮，諸路州軍除奉天神之物許用紅黃繖扇等外，其餘祠廟並行禁絶。訪聞諸處畫壁、塑像、儀仗之類，尚多僭侈，或用龍飾。可限指揮到日，本州長貳、當職官檢察僭侈名件，（圩）〔圬〕墁改易，仍加嚴飾，不得褻慢。委廉訪使者覺察以聞。」

二月四日，提舉道籙院奏：「伏覩僻遠鄉邑，畫三清、玉皇儀像於尺素方紙間，每薦以盤葷盃酒，混雜諸神。習之既久，不爲禁止。欲望特降睿旨下諸路，委監司、廉訪、守令及以次當職官吏〔申〕嚴行下，覺察搜訪，正以典刑，仍以捕獲彊盜之賞賞之。」從之。

三月十四日，詔：「今後官司稽違，三經臺察，事大者不以赦降原減。」

二十日，權發遣京畿計度轉運副使賈讜奏：「仰惟聖治法令全具，名分不逾，而天下州府儀門之外，猶立碑刻，文曰『應軍州官於此下馬』。此蓋藩鎮僭擬之弊，因循未除。欲望特降睿旨，悉令除毁。」從之。

四月一日，詔：「滄州清池縣饒安鎮市户張遠、無棣縣新豐村張用〔一〕、清州乾寧縣齊玘等，各爲燒香受戒，夜聚曉散，男女雜處，互相作過，見今根勘。仰承勘官子細研窮，不得漏失有罪，亦不得横及無辜。兼訪聞滄、清、恩州界日近累有 75 夜聚曉散公事。從來條約甚明，深慮愚人易惑，因而滋長，害及良民，仰本路提點刑獄司檢會條貫申明行下，令逐州縣鎮粉壁曉示，重立告賞。其爲首人於常法之外，當議重行斷罪。」

二十二日，臣寮言：「五（部）〔禮〕禁令，斷自聖學，著爲成書，嚴若防範，不可踰也。臣伏見郡守、縣令奉法不虔，士俗民風故習猶在，昏葬之禮務爲僭奢，有司熟視，恬不呵止，五禮之禁令僅掛墻屋。謂宜申嚴詔旨，責監司按舉而行之，使太平盛典不爲空文。」詔仰禮部檢會前後累降指揮申明行下，監司以時按劾。

五月四日，權發遣福建路轉運判官公事鄭可簡奏：

〔一〕棣：原作「隸」，據《宋史》卷八六《地理志》二改。

「應任刑獄官，不許兼他職及容本州權暫差委，庶幾心不兩用，事得其情。」從之。

八日，臣僚言：「欲望出自宸斷，唯知、通許用妓樂，其次郡縣官除赴本州公筵及遇外邑聖節開啓與旬休日聽用伎樂外，餘乞並依教授法。」詔：「郡縣官公務之暇，飲食宴樂，未爲深罪。若沉酣不節，因而廢事，則失職生弊。可詳臣僚所奏，措置立法，將上取旨施行。」

十四日，臣僚言：「臣竊見近日臣僚多稱官名，選人自一命以上，例呼宣教，所謂七階，鮮有稱者。文臣朝請郎、武臣武功郎以下，通呼大夫者往往有之。其妄冒稱呼，不可概舉。況政和《職制令》，諸命官不得容人過稱官名，自有明文，但未舉而行之耳。伏望聖慈特賜申敕，今後如有違犯，在京委御史臺，在外委監司糾劾以聞。」詔 76 依奏，如承宣使稱節度使，節度使稱相公，王稱大王之類，並悉行禁止。如違，並以違制論。委御史臺、東上閤門覺察彈奏。

六月十四日，臣僚言：「竊見邇來凡朝廷進用人材，除授差遣之類，曾未擬議，而士大夫間好事者樂於傳播，撰造無根之言。欲望明詔有司，嚴爲禁止。」詔：「今後妄有傳報差除，以違御筆論，委三省、御史臺、開封府覺察，仍令開封府捉事使臣告捉。」

八月十八日，京東西路提舉學事司奏：「本司管勾文字職事與他司屬官不同，每歲看詳文武學生上舍等試卷及州學講義，每年上舍等題目，文字最爲浩繁，其禁止接送之法，乞依諸路州學教授條禁施行。」從之。

十九日，河東路都轉運司奏：「伏覩律節文：諸堂外甥女不得爲婚姻，違者杖一百，離之。《刑統疏議》：外甥女亦係堂姊妹所生者，於身雖無服，據理不可爲婚。契勘上件律文，止爲堂外甥女不得爲婚，即未審再從姊妹所生女合與不合成婚，有此疑惑。乞申明降下。」刑部參詳：「律稱己之堂姨及再從姨、堂外甥女並不得爲婚者，蓋爲母之同列及己身卑幼，使尊卑混亂，人倫失序，故不得爲婚姻。雖《刑統議》止稱堂外甥女，謂堂姊妹所生，緣律內稱男不得娶己之再從姨，其再從舅者婚再從姊妹所〔生〕女，即與男娶再從姨尊卑事體無異，於理亦合禁止。」從之。

九月二十二日，臣僚言：「比者關中使命往來，州縣循襲舊例，以 77 和顧爲名，前期追集農民，以備驅役，拘繫占留，動經旬月，民力不堪。乞立法禁止，仍令監司覺察。」從之。

十月二日，河北路轉運副使李孝昌奏：「近歲諸路上户有力之家苟免科役，私以田産託於官户。或量立價錢，正爲交易；或約分租課，券契自收。等第減於豪彊，科役併於貧弱。雖有法禁，莫能杜絶。其間亦有假於官户久而不歸者，起訟滋獄。傷教敗俗，莫此爲甚。乞委監司、郡守嚴加檢察。」詔尚書省立法。

二年正月二十八日，臣僚言：「乞自今後諸司及州縣當職官若被受朝省拋降應國用所須之物，輒敢不依元數拋置，妄有增加者，不以已未供納，其剩數並乞計贓論罪。若敢依前違犯，許人陳告，及乞委廉訪使者常切覺察。」從之。

三月十九日，朝奉郎、守開封府右司録李侗奏：「伏見監司被受御筆處分，或暫攝帥府，或託故在假，身不行而委官以代之。被委小吏，請託避免，動涉月日，莫肯就道。慢命不虔，於此爲甚。欲望嚴立約束。」詔：「今後監司被受御筆處分，無故不親往，輒委官者，徒二年，不以失減。」

四月十四日，權發遣提舉淮南西路學（士）〔事〕楊通奏：「今竊見州縣官陞朝以上，因仍舊例，多用主斧爲從物，其事甚細，而於禮非所宜。蓋主爲君道，斧象君德。前日以有主爲言者，陛下一切禁止矣。今用主斧，則其爲儀物名稱，若近於僭，欲乞睿旨特行禁約。」從之。

十八日，詔：「今後應勾追被盜人 78 到官，對會訖便行疎放。或委有事故，聽獄官具情由稟長吏，通不得過五日，庶幾革去姦弊。仰刑部檢詳立法。」

六月十二日，詔：「自今銜改元豐法制，以大不恭論。」

二十日，詔：「先帝董正六部，應依條式，事奏鈔畫。聞近來差注、轉官、支賜、支破、請給、封贈、回授等事，不合具鈔及應取旨者，皆批狀送鈔旁，有違官制。自今後並遵依元豐法令，如違，仰御史臺彈奏。今日以前特免改正。」

七月二十一日，詔：「應諸路工役去處，不得支破犒設等。」

十一月四日，臣僚言：「一、温州等處狂悖之人，自稱明教，號爲行者。今來明教行者各於所居鄉村建立屋宇，號爲齋堂。如温州共有四十餘處，並是私建無名額佛堂，每年正月内取歷中密日，聚集侍者、聽者、姑婆、齋姊等人，建設道場，鼓扇愚民，男女夜聚曉散。一、明教之人所念經文及繪畫佛像，號曰《訖思經》、《證明經》、《太子下生經》、《父母經》、《圖經》、《文緣經》、《七時偈》、《日光偈》、《月光偈》、《平文策》、《漢贊策》、《證明贊》、《廣大懺》、《妙水佛幀》、《先意佛幀》、《夷數佛幀》、《善惡幀》、《太子幀》、《四天王幀》。已上等經佛號，即於道釋經藏並無明文該載，皆是妄誕妖怪之言，多引『爾時明尊』之事，與道釋經文不同。至於字音，又難辨認。委是狂妄之人僞造言辭，誑愚惑衆，上僭天王、太子之號。」奉御筆：「仰所在官司根究（指）〔詣〕實，將齋堂等一切毀拆。所犯爲首之人依條施行外，嚴立賞格，許人陳告。今後更有似此去 79 處，州縣官並行停廢，以違御筆論。廉訪使者失覺察，監司失按劾，與同罪。」

二十七日，臣僚言：「背公徇私而忘出位之戒者，尚或未能仰體聖意，至有因陛對而輒薦所知者，有緣創局而格外奏辟者，有欲使便於營私而乞與對移者，有將秩滿而乞與再任者，籍籍紛紛，不可概舉。是以冗濫百出，漫不可支。臣願陛下明詔輔臣，精加進擬，必度德而後定位，必量能而後授官，開公正之路，塞邪枉之門。其或職非得以進退人材而妄伸薦引如臣前所陳者，乞賜睿斷，重行竄殛。」詔依所奏，仰三省遵守，御史臺彈奏。

三年正月十三日，詔：「兩浙、江東路賊發，應知州、通判，應州縣等官，並不得陳乞致仕、尋醫、侍養，并請假離任。已陳乞及離任者，令本路監司疾速勾還本任。託疾致仕者，令中書省記録，候賊平取旨。」

二十一日，詔：「訪聞兩浙、江東路因備禦羣賊，修完城壁，計備糧食之類，大段騷擾。方賊徒嘯聚，深爲不便。仰逐路監司嚴切覺察，應修完城壁、計備糧食等，不得妄有抑配及因緣乞取。違者，並具事因取旨，當議重加典憲。仍令宣撫司鈐束覺察。」

二十五日，詔：「自來收買計置花竹果石，造作供奉物色，委州縣監司幹置，皆是御前預行支降錢物，令依私價和買。累降指揮，嚴立法禁，不得少有抑配。比者始聞贓私之吏借以爲名，率多並緣爲姦，馴致搔擾，達於聞聽。可限指揮到，應有見收買花石、造[80]作供奉之物，置局及專承指揮計置去處，一切廢罷，仍限十日結絶，官吏、作匠、錢物並撥歸元處。已計置造作、收買到見在之物，所在樁管具奏。若爾後尚敢以貢奉爲名，因緣科擾，以違御筆論。」

二月一日，詔：「水陸船車輒置旗號牌牓，妄稱御前急切綱運物色，因而搔擾州縣者，以違制論。係臣僚之家私物及興販而輒稱御前綱運物色者，以違御筆論。許人告，賞錢五百貫。」

二日，詔：「近來臣庶之家於淮南、兩浙、福建等處計置山石花竹之類，致有騷擾，可令禁止，違者以違制論。」

四月一日，臣僚言：「忻、代州、寧化軍界山林險阻，仁宗、神宗常有詔禁止採斫，積有歲年，茂密成林，險固可恃，猶河朔之有塘濼也。比年採伐漸多，乞立法禁。」從之。

九日，懷安軍奏：「奉聖旨，尚書省公相廳改作都廳，内外都廳並行禁止。契勘本軍職官目前並於都廳聚議文字，今準前項指揮，欲將本軍都廳改作簽廳爲名。如蒙允許，其條令内所載亦乞準此貼改施行。」從之，諸路依此。

二十四日，詔：「臣僚章疏，不許傳報中外，仰開封府常切覺察，仍關報合屬去處。内勅黄行下臣僚章疏，自合傳報；其不係勅黄行下臣僚章疏，輒傳報者以違制論。」

二十五日，臣僚言：「欲乞應官司出賣鈔旁，如諸色人輒敢販賣，於官價外增搭一文以上，乞重寘于法。仍立賞，許人告，庶絶搔擾細民之弊。」奉御筆相度施行。尚書省勘會：「[81]諸色人增價販賣鈔旁定帖，即與公吏人等增價轉賣事體無異，緣（五）〔令〕文未明，今相度，欲諸色人增價販賣鈔旁定帖罪賞，並依公吏人增價轉賣已降指揮施行。」從之。

二十七日，中書省、尚書省言：「勘會僧尼所用鐃鈸，已措置令在京文思院廣行製造出賣。訪聞多有昨來首納未盡數目，竊慮影帶私造，難以禁戢。」詔：「應首納未盡鐃鈸，限一月許隨所在官司陳首，特與免罪。官爲鐫鑿字號，給據照驗使用。如出限不行陳首，斷罪、告賞並依私有銅法。仍仰所屬（言）〔嚴〕行覺察，公吏人等不得阻節，接便乞取騷擾。」

五月十六日，中書省、尚書省言：「四月二十八日奉御筆：『應諸路和糴，比較優劣及糴場官吏乞取減剋、邀阻留滯，取樣過數，或妄立名目收錢，若命官、進士、僧道、公人等請託入中等事，仰尚書省檢會見行條令，措置增立刑名及告賞條格，行下諸路遵守。』勘會和糴斛斗、請託入中，罪賞已嚴。其宣和二年正月十九日指揮，止爲東南六路，餘路亦合依此。今措置諸路斛斗和糴、請託入中等，欲並依前項東南六路已降指揮施行。」從之。

閏五月七日，尚書省言：「契勘江浙喫菜事魔之徒，習以成風。自來雖有禁止傳習妖教刑賞，既無止絶喫菜事魔之文，即州縣、監司不爲禁止，民間無由告捕，遂致事魔之人聚衆山谷，一日竊發，倍費經畫。若不重立禁約，即難以止絶，乞修立條。」從之。

十九日，82 臣僚言：「古者府吏胥徒皆有常職。今州縣小吏或濫躋仕版，不欲去里閭，遠親戚，則又求仕鄉邦，夤緣請託。乞今後州縣人吏緣勞績入官者，不許任本州縣差遣。」從之。

六月十四日，京西南路提舉常平司奏：「准御筆：『近歲諸路州軍公吏人違條顧覓私身，發放文字及勾追百姓，或謂之家人，擅置繩鏁，以威力取乞錢物，爲害遍於四方。監司、守令坐視，漫不省察。可令諸路提舉常平官躬親巡按，點檢覺察。應公吏人除依許顧家人外，輒置家人或貼身之類者，並以違制論。許人告，賞錢一百貫。仍許民户詣監司越訴。』本司官除已不住點檢覺〔察〕施行外，看詳公吏人令本家親戚或他人顧到人力，以借爲名，下鄉勾當，追呼搔擾乞取，即與私置家人事體無異。緣未有該載明文，欲乞應公吏人令本家親戚或借請他人力等，發放文字，勾追百姓，並依前項御筆指揮施行。」從之，諸路依此。

二十七日，中書省、尚書省言：「竊聞諸州軍公使庫置造陳設及從人衣裝之類，并筵會，多是不支見錢收買，只出頭子於行户取索，動經歲月，不即支還價錢。或遇守臣移替，新官更不管認，使行户雖執頭引，無處支請。及聞州縣見任官員亦有不支見錢，只用頭子取索，不即支還價錢者，以致替罷不能還足而去，委屬搔擾，殊不體認朝廷愛民之意。欲下逐路監司體訪，如有官中及官員未還行人價錢，嚴立法禁，83 勒限支還，常切覺察。勘會見任官及公使庫并買物充官用，支還價錢，各已有立定日限、斷罪法禁，所屬監司及廉訪使者並合常加按察，約束遵守。所有前官買過公使及官用物色，若有未還價錢，如已出違條限，合依法科罪外，其後官自合認數支還。今欲申明行下，如後官不爲支還者，仰所屬監司、廉訪使者覺察，按劾聞奏。」詔從之。

七月六日，三省言州縣祀神，聚衆相毆，未有禁約。詔今後爲首罪輕者徒二年。

八月二十五日，詔：「諸路事魔聚衆燒香等人所習經文，令尚書省取索名件，嚴立法禁，行下諸處焚毀。令刑部遍下諸路州軍，多出文牓，於州縣城郭鄉村要會處分明曉諭。應有逐件經文等，限今來指揮到一季内，於所在州縣首納。除二宗經外，並焚毀。限滿不首杖一百，本條私有罪重者自從重。仍仰州縣嚴切覺察施行，及仰刑部、大理寺，今後諸處申奏案内如有非道釋藏内所有經文等，除已追取到聲説下本處焚毀外，仍具名件行下諸路照會，出牓曉諭人户，依今來日限約束首納，焚毀施行。」

九月二日，臣僚言：「臣聞四海之廣，所與共治者莫嚴守令，而監司刺舉之官也。伏見近歲以來，任非其人，背公自營，倚令搔衆。到職之後，上之德意弗務宣究，民之利病弗務詢採，一意以附託權勢爲計，委之營緝田產，製造器用，與辦治其私者，公然不以爲嫌。由是傍立名目，侵用 84 公錢，須索誅求，靡有藝極，公私被害，有不可勝言者。甚則指名其人，假託氣焰，彊市橫斂，抑配追呼，弗酬其直，弗顧其力，類多有之。伏望特降詔旨，自今有敢蹈習抵犯，重立典刑，内令御史臺、外委廉訪使者覺察按治。」詔：「被委及委之者並以枉法自盜論，御史臺、廉訪知而不按與同罪，仍鏤版印給諸路監司。」又詔：「以降指揮禁止監司、守令爲人營治私事，如差使臣等出外勾當，而憑藉聲勢，干託監司、州縣，或搔擾百姓者，並依已降指揮，仍並以違御筆論。」

二十二日，臣僚言：「官守鄉邦，著令有禁，陛下待遇勳賢，優卹後裔，故其子孫宗族有除授本貫差遣，不以爲嫌，示眷禮也。而邇來非勳賢之後，多任本貫及有產業州縣官。其田舍連屬，悉皆親舊，而胥吏輩並緣爲姦，民訟在庭，以曲爲直。撓法營私，莫此爲甚。乞除勳賢之後得旨令子孫任本州官及曾任宰執外，餘令自陳，對移一等差遣。願罷者聽。匿而不言或冒居者，必罰無貸。」從之。

十月八日，詔：「訪聞城寨掌兵官近年已來多規求差出，妄作假故，動經數月，離去本任。其一寨職事，並付權官，比及任滿，虚受賞典，深屬僥倖。今後諸路城寨掌兵官，除軍興許差外，餘並不得差出、給假、離任，違者以違制論。」

二十一日，詔：「諸非應奉司輒遣使臣來往州郡計置收買什物果石者，以違御筆論，守臣、監司應付者與同罪。」

二十九日，詔樞密院：「禁軍闕額 85 請受、收租〔一〕、保甲封樁錢物，非專承樞密院及三省、樞密院同降指揮，不許使用，不得一例作朝廷諸司封樁錢物借支支那。如違，以違制論。」

十二月十五日，臣僚言：「邇者因事援例，侵紊成憲者，間出於疏遠之吏，開端之漸不可不杜也。乞嚴行禁止。」從之。

二十七日，詔：「進奏院朝報非定本事輒傳報者，令尚筆論。」

〔一〕「受收」二字原倒，據文意乙。

書省檢會以降指揮，别行措置約束取旨。」

四年四月十二日，中書省、尚書省言：「勘會官司被受條制，置籍編録，以元本架閣。并應注衝改而不注，或編録不如法，若脱誤有害，所掌吏人替日交受，並已有斷罪約束條法，自合遵守，更不銷别有增立。伏乞申嚴行下。」詔：「應被受條制置册編録者，並用印，當職官以所受真本逐一校讀訖，付吏人掌之。如違，杖一百。」

二十八日，詔：「國朝置禁旅於京師，處則謹守衛，出則扞邊境。故擇諸爽塏，列屯相望，將校步騎，馳走教閲，分都置舍，多寡往來，各有區處，以相保守，其法甚嚴。比來官司、臣僚指射干請，置局增第，致令禁旅暴露湫隘，不安其居，聞之惻然。夫介胄之士所與共患難，惟有以恤其私，然後可使之竭力。自今敢有如前指射者，以違制論。」

七月六日，臣僚上言：「伏見自來州縣官奉行法度，或有殿負，則本司檢舉書罰，曾不踰時。至若究心職事，悉力公家，於格合該推賞，則猾胥老吏多方沮抑遷延，以倖賕謝，不爲保明。甚者經涉歲月之久不[86]能得，遂致士大夫接武臺省，喋喋陳訴不已。今著令除獲盜推賞有限三十日保明之文外，餘並未有立定期限；有司留難而有情弊，罪亦止於杖八十而已。法不勝姦，遂成文具。臣愚伏望特賜明詔，今後官員奉行熙、豐、崇、觀以來成法，合該推賞，所屬保明勘會應報之際，比類獲盜法，量立期限。如留難而有情弊者，加等坐罪。庶幾信賞不爲黠吏所持，止息士大夫爭訟，實有補於政教。」詔申明行下。

八月十六日，三省言：「命官所得轉行及回授恩賞，或未至止官及未該回授，並不許收留，俟該使日陳乞，以絶僥冒。」從之。

二十二日，詔：「諸沿邊官吏輒以私書報邊事，以違制論。」

十月十八日，詔：「訪聞州縣倉場受納多不以時，留滯鄉民，物斛露積，或遇風雨，遂成棄物，非理退换，爲害不細。今後應退换物，並書文籍，違者以違制論。」

十二月七日，詔：「應買物斛，差官稱量，被差官不躬親監臨，或指數約貌，量收出剩，或得支用過數目爲已稱量出數者，各杖一百。赴本處宴會者加一等。」

十二日，權知密州趙子晝奏：「竊聞神宗皇帝正史多取故相王安石《日録》以爲根柢，而又其中兵謀、政術往往具存，然則其書固亦應密。近者賣書籍人乃有《舒王日録》出賣，臣愚竊以爲非便，願賜禁止，無使國之機事傳播閭閻，或流入四夷，於體實大。」從之。仍令開封府及諸路州軍毁板禁止。如違，許諸色人告，賞錢[87]一百貫。

二十四日，臣僚言：「林虙編進神宗皇帝政績故實，其序稱『先臣希嘗直史館，因得其緒，纂集成書』。鬻於書肆，立名非一，所謂《辭場新範》之類是也。乞禁止。」從之。

五年五月二十七日，中書省言：「訪聞外路縣官多有不恤民力、抑勒侵擾事件。鄉村陳過詞狀，未論所訴事理如何，却先根刷陳狀人户下積(久)〔欠〕，不問蠲放分數、倚閣年限，並行催索。百姓避懼，遂致不敢到官披訴寃抑。或因對證，勾追人户到縣，與詞狀分日引受。若遇事故，有遷延至五七日不能辨對了當，非理拘留，妨廢農事。又有保正長、甲頭之類，日限分催税數，仍令三日赴縣衙出頭比磨期限，迫促趨赴下辨鄉村〔一〕，地里窵遠，多是不得及時催督，皆屬未便。今乞轉運司覺察，如有上項去處，並行止絶，日後常切點檢。仍遍行曉示鄉村知悉。勘會租税輒勾催税人赴官比磨已有法禁外，縣道民訟與追會到公事，並合每日受理行遣，不當分日引受。其人户有欠，自合平日催督，若遇赴訴，却根刷出户下積欠催索，顯是故爲抑塞，並屬違法。」詔令户部坐條申明，及遍下諸路監司，常切覺察點檢。如有前項違慢去處，並仰按劾施行。

六月十一日，中書省言：「近降指揮，禁止市井營利之家不得以官號揭榜門肆，其醫藥鋪以所授官號職位稱呼，自不合禁止。檢准宣和五年三月十七日延康殿學士趙遹奏，乞降睿旨禁止88市井營利之家、伎巧賤工不得以官號揭榜於門肆，詔令開封府禁止，外路依此。」詔宣和五年三月指揮更不施行，令開封府出榜曉諭。

七月十三日，中書省言，勘會福建等路近印造蘇軾、司馬光文集等。詔：「今後舉人傳習元祐學術，以違制論，印造及出賣者與同罪，著爲令。見印賣文集，在京令開封府，四川路、福建路令諸州軍毁板。」

十一月二十七日，提舉潼川府路常平等事呂希莘奏：「竊見近來州郡多差軍人散在市井，以捉事爲名，侵漁百姓，恐嚇求取，其弊百端。小不如意，肆爲凌暴，良民被害，甚於盜賊。欲望特詔有司立法，諸州郡非廂巡捕兵而輒差軍人散在街市以捉事爲名者，重爲之禁。提刑司覺察，每季檢舉。出榜曉示，使民間通知。庶使太平之民，各享安業之樂。」從之。

十二月四日，尚書省言：「勘會禁止蕃裝、胡服，斷罪、告賞指揮已嚴，近日士庶於頭巾後垂長帶，有類胡服，亦合禁止。」詔申明行下，仍令閤門、御史臺、太常寺、開封府常切覺察及彈奏。

五日，權發遣萬州李載奏：「本州非時監司呼索採取石硯，民無休息，欲乞於農務之月，不許採取。」虞部供到即行禁止，不許採取指揮，及無立定上供之數條法。看詳萬州硯石，監司相承勞民採取，顯屬騷擾。欲乞立法，應見任官輒下州縣差人採取者，並科違制之罪，仍計庸坐贓論。從之。

六年正月十三日，秦鳳路經畧安撫使郭89思奏：「訪聞管下州縣將人户籍充樂人、百戲人，尋常筵會接送，一例有追呼之擾。乞降指揮，除聖節開啓外，截日改正。」禮部狀稱：「將人户籍充樂人、百(戰)〔戲〕人，勒令閲習百戲、社

〔一〕辨：似當作「辦」。

火，尋常筵會接送追呼等，即未有禁約條法。看詳除聖節開啓并傳宣撫問之類外，並合立法禁止。」詔州縣輒抑勒人户充樂人、百戲、社火者杖一百。

二月四日，臣僚言：「比者紛然傳出一種邪説，或曰《五公符》，或曰《五符經》，言辭詭誕不經，甚大可畏。臣竊意以謂其書不可留在人間。」奉聖旨，令刑部遍下諸路州軍，多出文榜，分明曉諭。應有《五公符》，自今降指揮到，限一季於所在官司首納，當時即時焚毁〔一〕，特與免罪。如限滿不首，並依條斷罪施行。仍仰州縣官嚴切覺察。詔：「限一季首納，限滿不首，依讖書法斷罪，許人告，賞錢一百貫。餘依已降指揮。」

三十日，詔：「諸路州縣公人犯贓私罪，依格雖會恩永不收叙，或雖許叙，皆有期限。若有所規避，改易名姓應召募，官司明有法禁。訪聞州縣近來多以不應叙或合叙而歲月未滿，或曾斷罪而改易姓名之人，輒敢違法收補，容庇姦猾，肆爲欺擾。可申明條約行下，仍令逐路監司常切覺察。」

三月四日，詔：「臣寮將帶人從，依格各有定數，其輒借人力，除宗室已立法外，在内供職臣僚亦合一體禁止。今後應臣僚輒帶借（債）〔倩〕或售顧人力入宫門，罪賞並依宗室法。將帶過數，止坐本官。若兼領 90 外局，所破人從非隨本官輒入者，自依闌入法。」

同日，提舉荆湖北路常平等事鄭庭芳奏：「契勘天下坊場所入，酒利最厚。比年買撲坊場之家，類多敗闕，多因州縣官令酒場户賣供給酒及薦送伶人之類。欲乞朝廷立法。」勘會：除在任官薦送人於所部已有法禁自合遵守外，餘合取自朝廷指揮。詔：「見任官將所得供給酒抑配，令酒場户出賣者，以違制論。」

八日，詔：「諸路提刑司奏請申發根催，各有日限。訪聞吏緣不虔，公然弛慢，憲司、州縣恬莫加（血）〔恤〕，或法寺退駁，致有往復留滯。可自今奏案並限三日申發，除依條關申外，仍仰御史臺檢察稽滯去處，彈劾以聞。」

閏三月二十五日，中書省言：「臣僚言（臣僚言），神宗皇帝肇修免役之法，罷豪右管勾公庫，增吏禄以養廉。而近歲士大夫奔競成俗，饋獻苞苴之風盛行於時，不可不禁。詔令立法。今擬：諸命官以金繒、珠玉、器用、什物、果實、醯醢之類送遺按察官及權貴，若受之者，並坐贓論。」從之。

二十九日，中書省、尚書省言：「勘會諸色因（祀）〔祠〕賽、社會之類，聚衆執引利刃，從來官司不行止絶。其利刃之具雖非兵仗，亦當禁止。」詔：「應諸色人因祠賽、社會之類執引利刃，雖非兵仗，其罪賞並依執引兵仗法。仍仰州縣每季檢舉條制，出榜禁止。如以竹木爲器，鑞紙等裹貼爲刃者，不在禁限。」

四月二日，詔：「河南府中嶽有受戒亭一所，内立石

〔一〕當時：似當作「當官」。

刻，并嵩山戒壇院、91嶽寺竹木洞見塑中嶽聖帝受戒之像及碑文等，並行毀棄。應有似此褻瀆聖像去處，仰所屬常切覺察，遵依已降指揮施行。輒敢存留，並以違制論。」

四日，臣僚言：「乞詔有司，應諸州公使庫輒均配人户米麥，及在任官令機户織造匹帛者，重立憲法，庶使黷慢之吏少知畏戢。」詔令尚書省立法。尚書省修到：「諸外任官自置機杼或令機户織造匹帛者，各徒二年，計所利贓重者以自盗論，仍並許越訴。」從之。

五月六日，臣僚言：「伏覩宣和二年御筆：『在京官司輒置櫃坊收禁罪人，乞取錢物，害及無辜，已降指揮，並令去拆，及已重立法禁。又訪聞外路尚有沿襲置櫃坊去處，爲民之害尤甚，限一日去拆。自今敢置者，以違御筆論。』臣謹按，詔書數下，訓辭深厚，恩施甚美，盛德之事也。然豪吏擅私，貪夫求利，覆出爲惡，無所畏忌。四方萬里之遠，耳目所不及者，其爲害可勝言耶！或鎖之櫃坊，或幽之旅邸，近則數月，遠則一年。守貳不能察，監司不以聞，銜寃之民，無所告愬，殊失陛下勤恤民隱之意。欲望特降處分，在京選彊明郎官一員，遍詣捉事使臣家，毀拆禁房。於法應捕人，限當日解府；有不及者，許送厢寄禁。輒經宿者，許人告，重坐以罪。在外委監司，各據分界，歲巡州縣，親詣點檢，毀拆私置櫃坊、禁房。見有拘留人户去處，按劾以聞。庶幾少副詔書懇惻本旨，實天下幸甚。」詔依宣和二年已降御筆指揮，餘92令尚書省立法。

十七日，臣僚言：「竊見監司、守令皆赴寄居之家酒食，甚者雜以婢妾，深夜方散。交通所部，弛廢職事，二者固已違法；因緣稔熟，遂至請囑公事，無所不至，如此豈復虔奉詔條、嚴戢官吏！伏望特降睿旨，重立法禁。」詔守令依監司法。

九月二十三日，詔：「諸路監司沿流合破舟船，訪聞多差定牽挽人兵，每遇出巡，歸司依舊占留，不即發遣。可令立法禁止，仍不以失減。」

十月一日，詔：「品官之家，依格，鄉村田産免差科，其格外之數並同編户。隨襲官依品格置到田産，並充贍墳，特免夫役；夏秋税物並免支移折變，於本縣止納本色；及所居莊舍宅宇，亦免加擡等第。日後子孫並不許典賣。如有一切衝改，並特依今降指揮。餘人自不合援例。」

七年正月二十四日，詔：「民間私置博刀及爐户輒造，並依私有禁兵器法。見有者限一月赴官首納，限外罪賞依本法，仍令諸路提刑司行下所屬州縣。」

二月二日，詔曰：「朝廷詔爵禄以待士，士修身潔己以奉公，故廉恥之道行而各安其分。比者士或玩法貪污，遂致小大循習，貨賂公行，莫之能禁。外則監司、守令，内則公卿大夫，託公徇私，誅求百姓，公然竊取，畧無畏憚，將何以安上訓下乎！昔我祖宗，未嘗容貸，至杖脊朝堂，配流(領)〔嶺〕表，内外以治，至於丕平。今其風浸興，不大黜責，莫之可懲。其令被擾之人及盗取公私財物并指引過度者，並許赴尚[93]書省陳訴，當重寘於法。仍令御史舉按以聞，毋或緘默阿徇，以稱朕意。」

三月十三日，中書省、尚書省言：「諸路當職官多是亂出頭引下行，過收買物色，行人見其數目甚多，少肯應副，即便收送下廂。本廂禁繫，動是旬日，不免貴價鄰州鄰路收買應副，且免杖責。遠方尤甚，民户無所告訴，良可憫恤。」詔：「官員收買物，將行人輒送廂收禁者，以違制論。仍令廂司置簿，如有送廂公事，即時抄上，巡押、州縣按察官、監司、廉訪出巡點檢。如違，按劾以聞，當重寘典憲。」

四月五日，尚書省條下條：「諸非見任官有貪恣害民、干撓州縣而迹狀顯著者，監司按劾以聞。」從之。

五月二日，詔：「内外官以苞苴相賂遺，其賂遺并收受人並以坐贓論。如有違犯，必行竄責，令御史臺常切覺察彈奏。」

同日，詔：「今後内外官遵依已降詔旨，並以三年爲任，如治狀顯著，仍許再任。輒敢陳乞替成資，以違御筆論。」

七月一日，詔曰：「朕惟王者之法易避而難犯，若苛舉細故，使人拘畏而忌諱，非所以示大體也。臣僚建請，士庶名、字有犯『天』、『王』、『君』、『聖』及『主』字者悉禁。既非上帝名諱及無經據，諂佞不根，貽譏後世。并壬戌日宰執燒香住斷刑、釋輕罪，至留繫佚罰，皆非朕意，可並勿行。」

八月二十日，中書省、尚書省言：「契勘諸州軍每遇受納、糴買，往往差公使庫官領之，其害不可勝言。應管公使庫官並不得差充受納、糴買，違者重行流[94]竄。」詔應管勾公使庫官輒差充受納、糴買及受差者，各以違制論。

十月一日，中書省言：「奉議郎、守尚書都官員外郎葉三省奏，昨見諸路財計之臣有以羨餘爲獻而被賞者，臣竊惑之。欲自今有以羨餘獻者勿復推賞，仍令别路監司驅磨覈實以聞。其間稍涉虚僞，則重加竄斥，驅磨不實與同罪。庶幾誕謾之風熄，而人之忠厚之歸。」詔坐條申嚴行下。

十二月十九日，詔：「二浙漕計積弊之久，訪聞自來多務看謁，妨廢職事。自今可恪守詔條，迎送之類，除專使外，餘一切並罷。如違，以大不恭論。」

同日，詔：「市户非聖節不許假借，自有定制。比來貪吏以和顧、和賃爲名，須索無厭，不爲給還，仰諸路監司覺察。」

欽宗靖康元年五月五日，臣僚言：「醫官周道隆、王舜康、王永言、荆璋初以大請官錢，奉旨勘鞫。及至案具，準内降御寶批，特與放免。竊以謂，法者，太祖、太宗之法，所與天下共之，不得而私也。若使獄具可以幸免，則人人安然玩法，無所懲艾，前日之弊殊未易革。乞正典刑，以厲其餘。」從之。

同日，監察御史余應求言：「開封府尹王時雍奏：『奉御批：開封府禁勘御前使喚西兵蔡宗等三人，並不曾刦盜。抵事使臣范振亂捉平人，可依理施行。又言：其人係屬京畿等路制置司盧功裔下，止因被盜人暮夜錯認賊人頭面，以至范振涉疑收捉。伏見近年官司類以御前二字刦持上下，（具）〔且〕六軍之衆，當齊[95]以一法，不可更分御前使喚之人，以失其餘軍士之心。兼自來權貴之家及諸局分多占蔽部曲〔一〕，盜博縱恣，稍加繩治，反遭屈辱。懲革此風，誠在今日。臣待罪天府，請坐不能戢盜之罪。』有旨放免。臣詳觀時雍所言，則是近年宦官用事，凌轢百司，其弊皆若此也。范振宜在釋放，此事宜在懲格。今但赦時雍之罪而已，振猶取勘具案，所陳之弊曾未禁戢。夫以軍卒犯公事而乞降御寶，以被盜人錯認而云亂捉平人，以宦者當直而稱御前使喚，此皆可深疑者。奏請之臣以微末私事誣罔聖明，其罪固不容誅，而陛下又爲之作御前使喚之名〔二〕，特降御寶行下〔三〕，則其失又甚矣。陛下往者下詔，有曰不任中人〔四〕，言猶在耳，今乃遽信其言，爲之委曲批降。陛下即位之初，內侍莫不恐懼畏避，靡敢輒干以私。曾未數月，遽復爲此，宦者之權自此復盛，而以私事求請者何所不至也！自今若此等類，乞一切杜絕，敢以私事干請御寶者，重寘于法。然後正功裔誣罔之大罪，明范振涉疑之無辜，其時雍所陳，嚴加禁約。庶幾抑宦者，尊主威，絕近習請謁欺弊之原，伸百司屈辱刦持之弊。」從之。

六日，臣僚言：「去秋四方豐稔，粒米狼戾，至今春夏物價賤，而官私錢（弊）〔幣〕匱乏，無以收糴。不唯公上費出無節，兼恩倖之家收蓄不訾，亦緣鑄錢銅料爲他工匠盜寫奇玩什器及銷毀錢寶以營厚利，致官冶銅料闕絕，不登課額。錢（弊）〔幣〕匱[96]乏，職此之由。欲乞申明銅禁，除照子、磬、鈸籍記工匠姓名許造外，餘一切禁止。」從之。

十日，禁士庶之家以銷金爲飾。

七月十五日，詔：「祖宗以來，歲有抛買合用之物徧下諸路，既不過數，又復有常，故物不踊貴，民易供應。自崇寧以來，大臣誤國，庶事紛起，而侈靡隨之，無有紀極。太上皇帝念黎元之困，革舊政之弊，乃下明詔，罷非泛抛買。朕恭承德意，要在裕民。聞省部尚有檢舉年例，便行抛買非不可闕之物及不可減之數，致州縣官吏並緣爲姦，未免前日困民之弊。可具祖宗抛買之額，酌今日合用之數，立爲定式。如係軍須或急闕之物，不得已者亦指定合用，不得濫增數目，及取特旨。如州縣被受抛買多增物數，或貼納錢物，官吏分盜，雖入己數少，據所剩準全入己論。按察官失於按發，並以等第議罪。」

八月二日，臣僚言：「祖宗以來，天下禁兵皆使之習攻守戰陣之法，挽彊擊刺之利，至於他伎，未嘗學也，故用心專而藝能精。近年以來，帥臣、監司與夫守倅、將副，多違法徇私，使禁卒習奇巧藝能之事，或以組繡而執役，或以機

〔一〕諸：原無，據《靖康要録》卷五補。
〔二〕前：原無，據《靖康要録》卷五補。
〔三〕御：原無，據《靖康要録》卷五補。
〔四〕有：原作「又」，據《靖康要録》卷五改。

織而致工，或爲首飾玩好，或爲塗繪文縷，公然占破，坐免教習。名編卒伍而行列不知，身爲戰士而攻守不預。至有因緣請託，陞遷階級，或在衆人之上。遂使轅門武功之士困於差役之勞，末作庇身之人復享安閑之利。所以兵陣教習之法日廢，工匠技巧之事日多。97 兵政之弊，一至於此。欲乞除行兵合用工匠外，其末作他技皆嚴行禁止。」從之。

二十三日，臣僚言：「朝廷比令六曹、寺監條具逐歲拋科物色，多不盡實。聞即今京東所科買如泗水上供綿、木炭及燕山絲之類，並如宣和七年以前，元不少減。至於不要(今)〔本〕色，止督價錢，炭每秤、〔綿〕每兩皆至六百。逐州縣所取名色不同，其視詔令爲空文而已。方命虐民，曾無體國之意。望申飭有司，條上其實，如有應罷、催擾如故及並緣爲姦、規利入己者，並重賜施行。」詔犯者並從違制科罪，姦利入己以贓論定之。

二十八日，臣僚言：「陛下昨以章服之濫，悉從釐正，在京委禮部、在外委郡守移文告諭，俾之自陳。除在京臣僚不住繳申禮部及外路十餘州已申照會外，其餘去處久未聽從，尚有僥倖之意。望量立日限，再俾自陳，仍令在外州軍具數申禮部。自今尚敢違慢，許覺察舉劾。」從之。

高宗建炎元年六月二十二日，詔曰：「方時艱難，兵革未息，中原經刦掠之禍，四方有調發之勞。方徹樂菲食，夙宵在念，與羣臣共圖康濟。訪聞州郡官吏歌樂自若，殊無憂國念民之心。未欲便行誅責，可自今未得用歌樂筵燕，敢有違犯，監司按劾以聞。」

七月十一日，詔：「〔近〕年在京并外任官多求差出，託故便私，般家東下，假勢作威，搔擾百端；及外州縣奉使、寄居，待闕官甚多，委是坐費廩禄。令吏部關牒諸部省臺寺監、諸路監司，具98自今年五月一日以前差出官罷歸元任，及月具奉使并寄居、待闕官申尚書省。」

八月二十四日，詔州縣官不得於見任科役人匠造竹木等什物。從中書舍人劉珏之請也。

二十七日，臣僚言：「淮南真、(楊)〔揚〕、楚、泗等州係九路沿流之衝，舳艫相銜，不下數十州郡，終日將迎，職事盡廢。況即今祇備車駕巡幸及防姦禦寇，事務非一，乞一切迎送並行住罷，雖非泛使命及本路監司太中大夫以上等官，亦不許接送。所貴郡縣官吏各得一意修舉職事。」從之。淮南、江浙並依此施行。

十二月二日，詔曰：「朕側身寅畏，與二三大臣宵旰圖治，罔貴奇玩，罔好畋游，罔昵近習使干政事，罔有邪封、墨敕以濫名器，夙夜正心持誠，祈天助順。訪聞小人爲姦，或詐欺請託，鬻爵是謀；或臂鷹走犬，畋獵是習。乃(狂)〔誑〕百姓，輒謂御前之物。朕之好惡何以昭示外人？何以格于上帝？慮近習餘風未殄，朕不遑寧。仰三省、樞密院榜諭戒約，言官覺察彈奏。敢有違者，重寘于法。並許人告，賞錢一千貫。內畋獵之人輒稱御前鷹犬者，根治得實，配沙門島。」

二年正月六日，户部侍郎呂頤浩言：「臣嘗聞官軍所至，爭取金帛之罪猶小，刦掠婦女之禍至深。嘗觀唐李晟復京師，秋毫無所犯，惟別將高明曜取賊妓一，即斬以徇。願以此事申諭主兵將帥，各令體認聖朝仁政，儻或有犯，必罰無赦。昨來鎮江府城中婦女有尚在軍中者〔一〕，亦乞 99 速令放歸。」詔劄與都統制、行軍諸將知委。

七日，知鎮江府錢伯言奏：「已依處分，螺鈿椅卓於市中焚毀，萬姓觀者，莫不悅服。」上曰：「還淳返朴，須人主以身先之，天下自然嚮化。」先是，鎮江府軍資庫，杭州、溫州寄留上供物有螺鈿椅卓并脚踏子三十六件。前十日降聖旨：「螺鈿淫巧之物，不可留，令錢伯言於通衢遣官監毀。仍榜諭，使人知朕崇儉去華，還淳返朴之意。」上因伯言奏至〔二〕，故又及此。

二十一日，令揚州開具見稱御前頓放金玉等物，亂占屋宇寺院去處申尚書省，不得漏落。及訪聞兩浙路有妄稱御前收買海味等物者，仰本路提刑司收捉根勘，先具聞奏。仍令尚書省出榜曉諭。

二月二十三日，詔曰：「先王省方，所以觀民；天子巡守，蓋將展義。粤朕纂臨之歲，肇爲時邁之行。爰繇睢陽，來撫淮甸，詢究民瘼，采聽風謡。頗聞東南，極困征斂，繹騷未定，憯怛靡忘。方將孚惠澤以感人心，躬節儉以先天下，卑宮菲食，刑家御邦，而掊克之臣，奉行失指，務爲奢利，志在悅諛。營繕廣於塼灰，期會急於星火。轉輸罷極，趣督暴苛。自聞張皇，旋即貶黜。以至率私財而助國，下及胥徒；納經稅以輸倉，大增概量。亦既訓告，俾悉蠲除，尚餘弊端，猶鬱輿議。若郡縣沿供須以奉公上，侵漁民貲；監司妄犒設以市私恩，耗蠹邦用。豈不知民貲匱則斂怨於國，邦用竭則復取於民？吏弗知思，朕復何望！豈表儀之不 100 至，將播告之未修，云何糾紛，自作詩謬！茲中嚴於儆飭，庶咸變於恪恭，克黜乃心，丕從朕志。嗚呼！高宗遯於荒野，爰知稼穡之勤；宣帝興于閭閻，洞悉艱難之務。茲見自昔中興之主，未有不通衆志之微。朕久涉兵間，深燭民隱，況撫巡之滋久，顧情僞之益分，每聆怨咨，重軫矜憫。自今詔令到日，其各懇款恤民，務銷愁歎之聲，同底樂康之俗。布告列位，深體至懷，否有常刑，朕不汝赦。故茲詔示，想宜知悉。」先是，江南西路安撫使胡直孺言：「切見經制司抛科塼灰等萬數浩瀚，錢出民間，怨歸公上，此害一也。勸誘忠義之人以私財助國，而憲司往往均科錢數，此害二也。諸州軍受納苗稅，大加合耗，此害三也。朝廷所須，郡縣取之於行户，所欠數千計而尚闕不足以償，此害四也。監司多不體國，巧爲犒設之名，動揺軍情，人益驕恣，帥臣、郡守威令不伸，此害五也。望下寬恤之詔，除此五害，然後汰監司之躁妄，黜帥守之懦庸，懲縣令之貪殘，

〔一〕城：原作「賊」，據《建炎要録》卷一二改。
〔二〕伯：原作「信」，據前文及《建炎要録》卷一二改。

去官兵之愚怯者。」故降是詔。

三月十一日，臣僚言：「江淮荆浙等路州縣，輒於賊過之後科率百姓金銀錢米等物，或稱犒賞，或稱創置防城軍器之屬，往往並緣爲姦，肆行侵盜。伏望嚴立約束，委監司覺察，敢有抵冒者，重行黜責。監司知而不糾，與同罪。」從之。

四月十日，詔：「非警急不得擅閉城門，非因圍閉急闕不得輒拘城中房錢。拘到錢置曆收支，專充軍須，不得他用。」

五月十101一日，曲赦河北、陝西、京東路：「昨降詔曰：『今後如聞見任官有涉疑異志者，止許經不干礙官陳告，如迹狀明白，委非誣罔，即收捕付獄以聞。如輒一面擅行殺戮，事雖有實，亦坐擅殺官吏之罪。仍仰上下覺察爲賊反間、妄亂語言姦細，許諸色人捕捉赴官，比常格倍賞推恩。』又詔：『聞軍旅及小民内有頑惡兇悍之人，輒敢凌犯官吏，欺壓良民，苟不如意，誣以姦細之名，反中賊計，遂使被誣者枉遭刑戮。令帥司徧下所部，出(旁)〔榜〕約束，立賞錢三百貫，許人捕捉，并從軍法處斷。』」建炎四年十月十四日[一]，通判臨安府鄭作肅言：「去冬賊馬過江，州縣驚擾，鄉分輒因把隘結社，率衆刦奪財物，甚者指平人爲姦細，殺戮良善。乞令逐州行下諸路，令本保内每十家結爲一甲，遞相委保，不得刦奪財物及妄以姦細爲名殺戮平人。如有違犯，聽甲内人詣保陳首，賞錢一百貫省。如本保内不即陳首，却致因自敗露，並一等科罪。仍乞限十日結甲了當。其鄉村把隘處如遇實有姦細，亦須解送本保，解縣施行。」從之。紹興四年四月十二日，大理寺丞韓仲通言[二]：「近因泗州申請，獲僞齊姦細依化外姦細推賞轉官，或恐遠方兇悍之徒貪賞，妄殺良善，爲害滋大。乞應知有姦細，並告官司收捕，依條(結)〔給〕賞。若擅收捕致殺傷，不經官司勘證者，爲首人坐以故殺傷人罪。契勘江、湖、閩、廣之遠，西北士民流寓者衆，若被誣執，因而遇102害，其(其)必不能遠赴行在伸訴。仍乞鏤板遍行。」詔刑部限三日勘當。

七月十六日，詔：「自來入川峽之人[三]，依法經官司投狀，給公憑聽行。今多事之際，尤宜幾密，若詐冒入川杖一百，已度關者加一等，所犯重者從重，候事息日即依常法。」

三年二月二十三日，詔：「江淛等州軍應客旅般販米斛，並從便往來，其經由官司如敢非理騷擾阻節，許客人經尚書省越訴，官員停替，人吏決配。仰提刑司覺察。」四年二月二十三日德音[四]：「禁米穀鋪户停米邀勒高價，如違

[一]「建炎四年」以下原稿分段另作一條。按，以下乃承上文述禁以奸細之名妄殺良善之另二事，非别爲一條，否則年代混亂。以下亦多有此類。

[二]通：原作「綺」，據《建炎要録》卷七五改。

[三]峽：原作「陝」。按，以下只言「入川」，知此與陝西無關，當爲「峽」之誤。

[四]原稿以下另作一條，據内容并。下條《建炎要録》卷二〇載於建炎三年二月二十三日壬申，可證。

杖一百。」紹興元年三月十九日，詔：「比來行在米價騰踊，或重税以困其興販，或遏糴以扼其流通，或奪舡以害其往來。今後仰州縣特蠲收税，嚴止遏糴，及不得奪裝載米斛舟船。如違，並以違制論。」六月十九日，詔：「浙西州縣米價翔貴，雖有南船載到瀕海諸州，多被米牙人邀阻，用大斗低價量糴私停，高價出糶。仍令温、台、明、越州嚴行約束。」

同日，詔：「監司、州縣有擅立軍期司爲名，諷諭迫脅，掊刻民財，自今盡令止罷。違者委御史臺專切糾察，當重寘典憲。」從尚書右丞葉夢得之請也。

九月十日，詔：「監司、守臣今後不得並緣軍興，妄有横歛。如違，命官竄海外，吏人決配。」

十二日，詔：「江東西、湖南北、兩浙、福建守倅今後並不許出謁及受謁、接送，違者徒三年，雖監司亦不許接送。如係休務假日准此。官屬非實緣幹辦事，妄作名目，輒求差出，與103差者各徒二年。」十一月九日，都省言：「近以軍興之際，州郡將迎送謁，妨廢日力，遂降指揮，立守倅受謁、出謁之文。訪聞緣此却有端坐廨宇一兩日不出廳者。」詔：「自今及有職事及急速利害並許接見外，受謁、出謁依已降指揮。如依前廢事，仰監司按劾以聞。」

十一月三日，德音：「訪聞州縣近因軍興，並緣爲姦，非理科率，如修城科買塼石，採斫材木，及沿江州郡科造木筏，致費四五十千，大困民力。並令日下住罷，如依舊科率，許人户越訴，及探訪得知，其當職官並竄嶺表。」

十五日，衢州盈川縣進士呂南翼言：「近來場務私置巡子四五十人，常持杖鄉村往來，及夜半舉火，以捉私酒爲名，破毁人家什器，挾勢刦掠財物。竊恐夜深，民間不知，或相鬭敵，因兹成事。」詔逐州縣長貳常切覺察，如違，重行黜責。

二十五日，詔：「今後舡户輒敢攬載無券引軍人，不以曾與不曾作過，許諸人告捉，每名支賞錢五十貫。其犯人並依軍法施行，及舡户名下船没官，或給告捕人充賞。如軍人散往私小路鄉村僻静處作過，其經從官司失覺察，致透漏去處，並科違制之罪。」

四年正月二十八日，詔：「訪聞士大夫避難入福建者，所至守隘之人以搜檢爲名，拘留行李，又不聽去，稍自辨明，至有被害者，不免復還温、台，而逐州不許入城，至今縣鎮有不得安泊之禁。老幼流離，進退無所，甚非朕存卹衣冠之意。可行下104戒飭逐州，令約束所在防托官辨驗，如來歷分明，不得輒有邀阻。」

二月一日，詔：「巡幸所至，令御營使司嚴切覺察，如有官員、將兵、人吏彊占民間舍屋，輒奪商旅舟船，買物不還價直，及諸般騷擾等事，將上取旨，犯人重作施行。應干官司取索等事，不經三省、樞密院取旨行下事件，州縣不得回報，亦不得應副。三省、六曹不得發白帖子勾唤人吏，須經官長印押勾追方許發。如違，官員勒停，吏人決配。仍出牓曉示。」
四月三十日，詔：「比年以來，爵賞失實，名器(寢)〔寖〕輕，人不加勸。蓋自童貫、譚稹之流統兵，乘時射利，預乞空名告勑、宣劄，任意書填，馴致今日，未能遽革，深屬冒濫。可自今後應將帥、監司、守臣等，並不得陳乞空名告勑、宣劄。如係實有功人，即仰保明申奏，以憑推賞。雖大臣出使，亦當遵守。如違，重寘典憲。」

五月二十三日，詔：「訪聞行在諸軍及越州內外，多有宰殺耕牛之人，可令御營使司出榜禁止，諸色人告捉，賞錢三百貫。犯人依軍法，如係軍兵，其本軍統領官取旨施行。」十月十四日〔一〕，詔知情買肉興販者徒二年，許人告，賞錢五十貫。紹興元年九月二十九日，詔越州內外殺牛、知情買肉人並徒二年，配千里，立賞錢一百貫。十一月二十六日，詔左藏庫支錢三百貫，於尚書省都門椿垛充賞，許諸色人告捉。如紹興府內外捕盜兵官不切用心緝捕，並先勒停。仍令尚書省檢坐指揮，出[105]榜曉示。二年九月四日赦，五家結爲一保，鄰保知而不糾及主兵官失覺與同罪。三年二月六日，禁影帶宰殺，妄以斃死投報，其賞格並如上條。五年二月二十五日，詔應殺官私牛罪一等，官司斷罪不如法杖一百，其告獲殺官私牛及私自殺者，每頭賞錢三百貫。二十三年三月二十四日，以軍器監丞黃然言，復申嚴條法禁止。二十八年十一月二十三日赦，禁農生牛犢使納錢者。

六月八日，詔：「行在受納米斛、錢帛倉庫，今後須管兩平交納，不得大量升合，非理退剥，阻節騷擾。如違，許納人經尚書省越訴，其合干官吏並科二年之罪。及許人告捉，每名支賞錢二百貫。仍令尚書省出榜曉示。」

九日，尚書省言：「勘會三省、樞密院、六曹、百司人吏，自軍興以來，全無忌憚，請託受賕，弊端不可概舉。除已差人密行覺察，如有漏泄朝廷未下有司政事差除之類，又受請託賄賂，私相看謁，六曹、百司等處因公事受乞錢物等事，即具姓名密報，送所司根勘，即依法施行。竊慮未知上件措置，尚有抵犯，理合檢會條法，申嚴曉告。」詔三省、樞密院、六曹令尚書省出榜，百司等處令六曹隨所隸出牓，並於門首曉諭。是日進呈，令海巡八廂密行視(密)〔察〕，兼出榜曉諭。上曰：「人吏請託受賕，不可不革。然此風已久，須三令五申，使上下通知而不敢犯。恐一旦付之八廂，犯法者必衆。」范宗尹曰：「更望訓諭八廂，止[106]爲人吏，不可使及百姓。若行在百姓因此恐懼不安，則亦非便。」上曰：「不惟不及百姓，公人受賕固有可闕畧者，如大程官送勑告、宣劄之類，各有所得，豈人吏受賕之比？朕當一一諭之。」

十七日，閤門言：「奉旨，近來臣僚爲患在朝假，往往赴局治事及看謁，並無約束。自今後如在假輒(起)〔赴〕局

〔一〕此句以下原分段，今併。

治事及看謁，令閤門覺察彈奏取旨。內文臣令御史覺察彈奏。」詔臣僚爲患在朝假，若不妨本職自合赴局治事外，餘依已降指揮。

二十三日，詔：「諸軍統制官常切鈐束，不得容縱軍兵等帶領無圖百姓，挾持兵勢，採打魚蚌、蓮荷、菱草，踐踏苗稻及拆去笆籬，斫伐墓園桑竹等。如有違犯之人，並依彊刈田苗已降指揮，立賞錢五百貫，許諸色人告捉。犯人並申解樞密院，重作施行。其統制官不切覺察，亦當重寘典憲。仍出牓禁約。」

七月六日，詔：「閩粵商賈常載重貨往山東，令廣南、福建、兩浙沿海守臣措置禁止。」四年七月十九日〔二〕，禁明越州、山東游民來〔往〕販糴。紹興二年三月九日，禁江浙之民販米入京東，及販易縑帛者，瀕海巡捕官覺察止絕。告捕人賞錢三千貫，白身補承信郎，有官人取旨推恩，犯人並依軍法。三年二月一日，禁販箭簳往山東，其有透漏并元裝發州縣，當職官吏並流三千里，各不以〔去〕官、赦降原減。三年八月七日，詔：「應水陸興販出界，其知情負載及隨舡售顧火兒，並徒二年罪。」三年十月[107]二日，禁客人以箬葉重龍及於茶篰中藏（節）〔筯〕鰾漆貨過淮，前往外界貨賣，許人告捉，並行軍法。所販物充賞外，其當職官吏等並依客舡泛海往山東法，並流三千里，不以去官、赦降原減。每旬具申以聞。京西等路州縣界首並依此。四年二月十九日，禁客人收買諸軍春衣絹往僞界貨賣，罪賞並依透漏（節）〔筯〕鰾條法。五年五月十九日，以沿海人户五家結爲一保，不許透漏舟舡出北界。如違，將所販物貨盡給充賞外，仍將應有家財田産並籍没入官。同保人減一等。六年六月二十一日，禁販海金沙往僞界。十二年八月三日，禁客旅私販茶貨，私渡淮河，與北客私相博易。若糾合火伴，連財合本，或非連財合本而糾集同行之人，數內自相告發者，與免本罪，其物貨給告人。若同伴客人令本家人告發者，亦與免罪，減半給賞。仍比附獲私茶鹽法，令户部立定賞格。二十二年八月二十六日，禁泉州商人泛海私販。上宣諭曰：「累有約束禁止私泛海商人，聞泉州界尚多有之，宜令沿海守臣常切禁止，無致生事。」

九月十五日，臣僚言：「近年州縣之吏贓貪頗衆，望應官員犯入己贓，許人越訴。其監司、守倅不即究治，並行黜責。」從之。

十八日，進〔皇〕〔呈〕越州勘到岢嵐軍狂人王師昊怪妄惑衆事，上曰：「必是狂蕩，可只送鄰州編管。朕大開言路，鼓、檢院進狀日關聽覽。言有可採，至命以官；言或不當，雖斥朕躬，朕[108]亦置而不問。至於狂誕惑衆，不免畧須禁止。卿等可以此意曉諭士民。」

紹興元年三月十七日，詔：「諸州軍依已降指揮，免行錢並罷，見係行人户更不作行户供應。見任官買賣並依市

〔二〕自此句以下原稿分段，今併。

價，違者計贓，以自盜論，許人户越訴。監司所部州軍，分明出榜曉諭，如有違戾，按(刻)〔劾〕聞奏。候邊事寧息日，令户部取旨依舊法。」

四月四日，詔：「令樞密院劄下諸軍統制，今後遇軍兵出城打草，須差使臣部押，不得將人户田苗收刈。如或違犯，許人告捉，賞錢一百貫。其統兵將佐不切覺察，亦當重黜責。」

五月〔二〕十四日〔一〕，詔曰：「朕遭時艱難，盜賊蜂起，比分遣將帥，招來平蕩，而民力久困，不可枝梧。訪聞縣令貪緣爲姦，廉者取羨餘，悦權貴，爲進身之術；貪者充家。民無所聊，朕甚憫惻。雖累降指揮，州縣不得非理科率，緣其間實因軍期急切，有不得已合須索之物，竊慮州縣假此聲勢，過數率斂，爲害不細。仰自今後州縣如有似此合科物色，須管明以印榜開坐實數於前，次具鄉村户口若干，依等第每户合出若干，仍具一般印榜申監司，因出巡親行按察，不得更似日前先多科其數，然後輕重出入〔二〕。如違，官竄嶺表，人吏決配。仍許民户越訴。」

九月二十五日，詔：「福建路轉運司不得齎牒下所部州縣抑勒士民出備助軍錢物，如違，仰提刑司覺察聞奏。」以福州寄居陳義夫願以人户一錢之産均出十錢以助軍資，於是[109]本路運司遣官齎牒諭下四州，知漳州綦密禮言其事，故有是命。

十月四日，詔：「已降指揮，令逐軍自二月十三日後權住採斫。若闕少柴薪，申取指揮，給限於買到山内採斫。如擅出城斫柴，當依軍法。將佐不鈐束，重寘典憲外，今後諸軍并三衙遇得朝廷指揮，許打柴軍兵並令長官給號，差官部押。如無押號及雖有而採斫墳塋林木作過，許巡尉、鄉保收捉，赴樞密院取旨，部押官重作行遣。」從臣僚請也。

二年正月二十一日，樞密院言：「訪聞日近有諸軍使臣、軍兵等趕逐居民，彊占屋宇，致人户不得安居。」詔令樞密院出榜禁止，如違犯之人，仰臨安府收捉，申解赴樞密院，重作行遣。

二月十一日，詔：「臨安府居民多不畏謹火燭，雖已差殿前、馬、步軍司人兵救護，緣措置未嚴，致多攘奪財物，民甚苦之。可更令本府差定救護人兵，仍令逐司并臨安府依東京例，各置新號并救火器具，候撲滅即時點覷搜檢訖，方得放散。及仰臨安府差緝捕使臣，立賞錢收捉遺火去處作賊之人。犯人並依前項指揮，其寄贓隱匿之家，許依已立日限陳首，仍與免罪給賞。」二年三月四日，詔：「臨安府城内犯强盜及放火燒有人居止之室，並依開封府條法斷罪。告捕人除依條推賞外，令所屬具詣實聞奏，當復與推恩，仍令尚書省出榜。」二年三月二十八日，知臨安府宋輝言：「日近有遺火去處，其犯人多是避[110]罪走閃，根捉不獲。乞

〔一〕二十四日：原作「十四日」，據本書刑法四之四四、《建炎要録》卷四四補。
〔二〕入：原作「没」，據本書刑法四之四四改。

每五家結爲一保，互相覺察。逃亡軍人及姦細盜賊停藏之家，仰同保人赴官陳告，特與免罪。仍今後人户有遺火去處，本保人先次收捉正犯人赴府，如正犯人走失，其同保人並一例科罪。」從之。二年十二月十二日，尚書省言：「臨安府近來累經遺火，至焚燒官司舍屋，間有存在，皆是瓦屋。今措置朝天門以南除諸軍營寨外，應官司舍屋舊用茅草搭蓋者，限十日改造瓦屋，限滿差官點檢。」詔依，尚書省出榜曉諭。二年十二月三十日，詔行在榷貨務火禁并行在省倉、草料場火禁，並依皇城法。三年十二月九日，詔：「臨安府官司已改造瓦屋，開通瓦巷，各有專降指揮。今後如有違犯之人，依條根治，命官降一官，民户徒一年，當職官奉行滅裂，亦從降官行遣。」三年十二月十一日，殿中侍御史常同言：「乞委臨安府守臣多方措置，於緊切地分專置防火司，立望火梯樓，多差人兵，廣置器用，明立賞罰。」從之。三年十二月十七日，詔：「今後火發去處，委官及臨安府當職官監轄軍民，約度火勢遠近拆截，不得乘時作過。其救火之兵，並不得帶刀劍軍器出寨，因而邀奪物色。又乘火之際，於相去遠處尋求有力之家，用鐵猫鉤索於屋上鈎定，商量乞覓錢物，稍不滿意，即便拆拽。令臨安府覺察犯人，計贓斷罪，重者取旨。又因火發，有良民妻女人口迷路，爲人誘引，知下落不肯收贖者，許 11 赴尚書省陳訴。」七年十一月九日，進呈臨安府火禁條約，放火者行軍法，失火延燒數多者亦如之。上曰：「放火、失火，豈可同罪？大凡立法太重，往往不能行。」趙鼎曰：「失火延燒多者，止可將上取旨斷遣。」上曰：「止於徒亦足矣，庶幾可以必行。兼刑罰太重，非朝廷美事。」

八月二十七日，詔：「訪聞行在漸賣花木窠株〔一〕，或一二珍禽，此風不可長。及有舟船興販，多以旗幟妄作御前物色，可嚴行禁止。如或官司合行收買者，須明坐所屬去處。其花木窠株、珍禽，可劄下臨安府諸門曉示〔二〕，不得放入。」

九月二十五日，詔：「令三省、樞密院常切戒飭檢察，將兵不得妄有拖拽舟船、開發篋笥及因而攘奪物色。如違，軍兵重行斷配，將官取旨施行。」從殿中侍御史黄龜年請也。

十月二十九日，樞密院言：「宣和間，温、台村民多學妖法，號喫菜事魔，鼓惑衆聽，劫持州縣。朝廷遣兵蕩平之後，專立法禁，非不嚴切。訪聞日近又有姦猾改易名稱，結集社會，或名白衣禮佛會，及假天兵，號迎神會。千百成羣，夜聚曉散，傳習妖教。州縣坐視，全不覺察。」詔令浙東帥憲司、温台州守臣疾速措置收捉，爲首鼓衆之人依條斷遣。今後遵依見行條法，各先具已措置事狀以聞。三年四月十五日，申嚴收捕徽、嚴、衢州傳(受)〔授〕魔法人。四年

〔一〕賣：原作「賞」，據《咸淳臨安志》卷四〇改。
〔二〕諸：原無，據《咸淳臨安志》卷四〇補。

五月四日，詔令諸路措置禁止喫菜事魔。六年六月八日，詔結集立願〔一〕、斷絶飲酒，爲首人徒二年，鄰州編112管，從者減二等。並許人告，賞錢三百貫。巡尉、廂耆、巡察人并鄰保失覺察，杖一百。七年三月二十四日，禁東南民喫菜。有妄立名稱之人，罪賞並依事魔條法。九年七月八日，以臣僚言喫菜事魔立法太重，刑部遂立非傳習妖教，除爲首者依條處斷，其非徒侶而被誑誘，不曾傳(受)〔授〕他人者，各杖一百斷罪。十一年正月九日，臣僚乞黜責婺州東陽縣官吏，以不能擒捕事魔之人。詔自今州縣守令能悉心措置，許本路監司審覈以聞，除推賞外，量加獎擢。十一年正月十七日，尚書省檢會《紹興敕》：「諸喫菜事魔或夜聚曉散，傳習妖教者絞，從者配三千里，婦人千里編管。託幻變術者減一等，皆配千里，婦人五百里編管。情涉不順者絞。以上不以赦降原減。情理重者奏裁，非傳習妖教流三千里。許人捕至，(死)〔以〕財產備賞，有餘没官。其本非徒侶而被誑誘，不曾傳授他人者，各減二等。」又紹興九年七月八日，刑部看詳臣僚劄子，喫菜事魔本非徒侶而被誑誘、不曾傳授他人者各從徒二年半。委是立法太重，請各杖一百斷罪。詔依《紹興敕》斷罪，其紹興九年七月八日指揮更不施行。十二年七月十三日，詔：「喫菜事魔、夜聚曉散、傳習妖教，情涉不順者，及非傳習妖教，止喫菜事魔，並許諸色人或徒中告首，獲者依諸色人推賞，其本罪並同原首。自今指揮下日，令州縣多出印榜曉諭，限兩月出首，依法原罪。限113滿不首，許諸色人告如前。及令州縣每季檢舉，於要會處置立粉壁，大字書寫。仍令提刑司責據州縣有無喫菜事魔人，月具奏聞。」十五年二月四日，上曰：「近傳聞軍中亦時有喫菜者，若此輩多食素，則俸給有餘，却恐驕怠之心易生。可諭與諸處統兵官，嚴行禁戢。」於是降旨行下。二十年五月二十七日，詔申嚴喫菜事魔罪賞，仰提刑司督切檢察，須管每月申奏，務在恪意奉行。三十年七月二十日，知太平州周葵言，乞禁師公勸人食素。刑部看詳：「喫菜事魔，皆有斷罪、告賞，前後詳備。准紹興六年六月八日詔〔二〕，係結集立願、斷絶飲酒。今來所申爲師公勸人食素，未有夜聚曉散之事。除爲首師公立願、斷酒依上條斷罪追賞外，欲今後若有似此違犯，同時捕獲之人，將爲首人從徒二年斷罪，鄰州編管，仍許人告，賞錢三百貫。其被勸誘爲從之人，並從杖一百。如徒中自告，免罪追賞。」

十二月三日，詔：「大理寺官自卿、少至司直、評事，雖假日亦不得出謁及接見賓客。令本寺長貳常切覺察，仍令尚書省出榜於本寺門曉示。」七年七月十五日，三省言：「謁禁之制，皆有專條，比緣多事，因循廢弛。昨因臣僚論列，已降指揮申嚴。訪聞近來依前不遵法禁，非唯〔無〕以

〔一〕立：原作「王」，據後文引此詔改。
〔二〕詔：原脱，按上文有六年六月八日詔，據補。

杜絶請求，亦恐妨廢職事。」詔令刑部再檢坐條法申嚴，委御史臺常切覺察，仍出榜曉諭。如有違犯之人，具名聞奏。七年十二月十三日，臣僚言：「國家[114]著令，臺諫不許出謁，而賓客之造請者許見不以時。給舍不許出謁既與之同，而受謁乃特在於假日，使論思獻納者例壅於見聞而不得盡知是非利害之實。乞詔有司更定給舍受謁之令，一視臺諫。」詔依。九年七月十六日，詔申嚴謁禁之制，仍今後御史臺每季檢舉。九年八月十七日，臣僚言：「乞申嚴謁禁，及在外新任待闕官吏，寄居於新部，與吏民私相往還者，並乞禁絶。」從之。十年八月四日，詔：「謁禁之制，具有成法，仰御史臺覺察彈劾。」十一年三月十三日，中書門下省奏：「契勘紹興七年十二月十三日臣僚言，乞更定給舍受謁之令，一視臺諫。今來頒降新書，修立臺諫、兩省官不許出謁，雖非假日，亦許見客。切緣臺諫許風聞言事，欲廣耳目，故雖非假日亦許見客。其兩省官所掌書牘、繳駁、制誥、記注等事，盡是朝廷機密利害，即與臺諫事體不同，兼有紊祖宗舊制。」詔依崇寧舊法，給事中、中書舍人、起居郎、舍人並禁出謁，假日許見客。十八年七月十三日御史臺主簿陳夔、二十二年四月二十七日國子監主簿史才、二十二年七月十三日祠部員外郎李嵓老，並乞申嚴内外謁禁之制。二十六年九月四日，尚書省劄子，申嚴檢正都司官不許出謁及接見賓客之令。二十七年四月十八日，詔除臺諫、兩省依令雖非假日亦許見客外，餘官非旬假日並不許出謁、受謁。如違，御史臺彈奏。二十[115]七年五月五日，詔給事中、中書舍人、起居郎、起居舍人並依紹興十一年三月十三日已得指揮禁出謁，假日許見客。從兩省請也。二十七年十二月二十一日，左正言何溥言，乞推行外官謁禁之令，大要監司視臺諫，典獄視大理，自餘官概同在京百司，而職事相干者勿坐。

八日，上諭輔臣曰：「昨日因看《韓琦家傳》，論戚里多用銷金衣服，嚴行禁止。朕聞近來行在銷金頗多，若日銷不已，可惜廢於無用。朕觀《春秋正義》，謂質則用物貴，淫則侈物貴，蓋淫侈不可不革。」越二日，復有旨：「古者商旅于市以視時所貴尚而爲低昂，故淫則侈物貴也。訪聞(此)〔比〕來民間以銷金服飾甚盛，可檢舉舊制，嚴行禁絶。」都省勘會：「民間以銷金爲服飾，《紹興敕》内雖有立定斷罪，其小兒婦人自合一體禁止。」詔申明行下，如有違犯之人，並依敕條斷罪。仍令尚書省出榜曉諭。後五年十一月二十四日，上復謂輔臣曰：「銷金、翠羽爲婦人服飾之類，不惟糜損貨寶，殘殺物命，而侈靡之習實關風化，朕甚矜之。已戒宮中内人不得用此等服飾，及下令不得放入宮門，無一人犯者。尚恐士民之家未能盡革，可申嚴止之，仍下廣南、福建禁採捕者。」十二月七日，諸王宮大小學教授錢觀復乞檢會祥符、天聖、景祐以來勅條，申嚴約束。詔：「今後銷金爲服，增賞錢三百貫。其採捕翡翠及販賣并爲服飾，並依銷金爲服罪賞。其以金打箔[116]并以金箔粧飾神佛像、圖畫，供具之類，及工匠並徒三年，賞錢三百貫。鄰里不覺察，杖一百，賞錢一百貫，許人告。其見存神佛像、圖畫、供具，諸軍撚金錦戰袍，並許存留。所有翠羽、銷金服飾，限三日毀棄。」九年五月十七日，申嚴金、翠。十年五月四日，詔其犯金、翠人并當職官，除依條坐罪外，更取旨重作行遣。二十六年九月二日，沈該等奏：「安南人使欲買撚金線段，此服華侈，非所以示四方。」上曰：「華侈之服如銷金之類，不可不禁。近時金絶少，緣小人貪利，銷而爲泥，不復可用，甚可惜。蓋天下産金處極難得，計其所生不足以供銷毀之費。朝廷屢降指揮，而奢侈成風，終未能禁絶，須申嚴行下。」該等曰：「謹奉聖訓，便當嚴立法禁。」二十七年三月二十一日，内降詔曰：「朕惟崇尚儉素，實帝王之先務，祖宗之盛德。比年以來，中外服飾過爲侈靡，雖累行禁止，終未盡革。朕躬行敦朴，以先天下，近外國所貢翠羽六百餘隻，可令焚之通衢，以示百姓。行法當自近始，自今後宫中首飾衣服並不許鋪翠銷金，仰幹辦内東門司（當）〔常〕切覺察。如違，以違制論。」次日，復詔：「自今後宫中如有違犯之人，令會通門捉獲，先於犯人名下追取賞錢一千貫充賞。如不及數，令内東門司官錢内貼支，將犯人取旨。其元經手轉入院子儀鸞等從徒三年罪。」於是有司條具：「乞自今降指揮，應士庶貴戚之家，限三日毀棄。如違，並徒二年，117 賞錢三百貫。今後不得採捕翡翠并造作鋪翠銷金爲首飾、衣服，及造貼金、縷金、間金、圈金、剔金、陷金、解金、明金、泥金、楞金、背金、影金、盤金、織金、線金、鋪蒙金、描金、撚金線、真金紙。應以金泥爲粧飾之類，若令人製造及爲人造作，并買賣及服用之人，並徒二年，賞錢三百貫，許諸色人告。婦人并夫同坐，無夫者坐家長，命官婦申奏取旨。仍并下諸路州軍嚴行禁止，每季檢舉，巡捕官、當職官常切覺察。如違，仰監司按劾。」從之。（以上《永樂大典》卷二一七七八）

禁約 三〔一〕

【續宋會要】

118 淳熙元年四月二十八日，詔：「諸非僧結集經社及聚衆行道者，並依紹興二十一年正月二十八日詔旨，仍令勅令所修立條法。」

六月十三日，詔：「已授差遣人朝辭訖，限半月出門。如元在臨安府住居之人及現任行在官，同居有服親與免出門，不許出謁。若有違戾，令御史臺覺察彈奏。」

十二月十五日，盱眙軍守臣言：「乞自今有蔭應贖之人，並不許通放過淮博易。如有違犯，透漏錢銀，事發到官，並不許引用蔭贖，止依無蔭人例斷遣。」從之。

〔一〕按，「禁約三」爲淳熙至嘉定，「禁約四」爲紹興至乾道，此二部分位置應互換。嘉業堂本編次已誤，《輯稿》沿之。今仍其舊。

二年二月十二日，詔：「自今將舉人程文并江程地里圖籍興販過外界貨賣或博易者，依與化外人私相交易條法施行。及將舉人程文令禮部委太學官點勘訖，申取指揮刊行。」

五月十四日，詔：「湖北轉運司約束州縣，應有科敷軍器物料錢或招軍去處，截日住罷。（過）〔遇〕合支招軍例物，止令逐州省司公庫通融支遣。」以監察御史劉藩言：「湖北州縣收買分拋軍器物料，科擾於民，多不支錢。近年以來，帥司劄下免行起解，止令出備招軍例物，民始受弊。近降指揮招人雖減分數，比之送納物料猶爲煩費。蓋皮筋、鐵葉，屠夫、冶户容或有之，若轉而爲錢，則私家所無，必致資易穀帛以備輸納〔一〕，甚爲民害。」故有是詔。

六月一日，詔：「諸路監司遇巡歷到州縣，檢照有無科罰民户錢物。如敢違戾，即令給還，官吏重寘典憲。」從司諫湯邦彦請也〔二〕。

七月十日，詔：「六曹等處人吏不得與諸路作承受，規圖厚利，探報利害，入斥堠轉送。如違，計贓坐罪。及諸司遞發筒牌，令當官入遞印押發（於）〔放〕，不得私帶移文字傳遞。」從度支郎中王松老請也。

十月十五日，詔：「兩淮州軍及帥臣、監司并駐劄御前諸軍，應有事干邊防軍機文字、緊切事宜，許具奏并申三省、樞密院，不得泛濫申發或作劄子具報他處。如敢違戾，具職位姓名，取旨重作施行（切）。」

二年二月二十三日〔三〕，中書門下省言：「湖南、北路每歲販茶，除官司差撥軍兵戍守彈壓，訪聞所差官以巡綽爲名，將過往客旅興販物貨不問有無文引，攔截搜檢騷擾。」詔湖南、北帥、憲司戒約部轄兵將官，各嚴行鈐束所部官兵，務要鎮静，毋令非理騷擾生事。如有違犯，重作施行。

（二）〔三〕年五月七日〔四〕，詔：「民間採捕蝦蟇，殺害生命，訪聞多是臨安府緝捕使臣所管火下買販，及主張百姓出賣〔五〕。令本府日下先次出榜曉諭，三日外别差人收捉赴府懲治。如捉獲火下貨賣，即將所管使臣一例坐罪。」

八月十七日，臣僚言：「臨安府前有人户私置牢房，與公人通同作弊，專一鎖閉理對知在公事之人，號曰關留店，每夜不下一二十人，雖無脚匣，亦有門鎖。」詔本府常切覺察，不得依前違戾。

二十【119】六日，中書門下省言：「累降指揮約束州縣，不（輙得）〔得輙〕因公事科罰百姓錢物，許人越訴，坐以私罪，非不嚴切。近來尚有人户經臺省陳訴不絕。」詔：「自今有

〔一〕資：疑當作「貿」。

〔二〕湯邦彦：原作「湯邦孝」，據《宋史》卷三四《孝宗紀》二改。

〔三〕二年：疑當作「三年」。

〔四〕三年：原作「二年」，據本書刑法二之一四六同詔改。彼處文字與此小有不同，「七日」作「八日」。

〔五〕主張：本書刑法二之一四六作「縱容」。

經臺省陳狀，事實干己者，仰户〔部〕開具科罰官職位、姓名申尚書省。」

十月十六日，中書門下省言：「已降指揮禁約奢侈踰制事件，緣輦轂之下，四方取則，奉法行令，當自近始。若臨安府不切遵守，則外路必將倣傚，視同文具。」詔：「行在專委臨安府守臣嚴切禁止，斷在必行。如有違戾，令御史臺覺察彈奏，先次將守臣重行責罰，其犯人依條斷罪追賞，有官人取旨施行。外路州軍依此，仍委監司覺察按劾，多出文榜曉諭。」

十七日，中書門下省言：「訪聞鄉民歲時賽願迎神，雖係土俗，然皆執持真仗，立社相夸，一有忿爭，互起殺傷，往往致興大獄，理宜措置。」詔諸路提刑司行下所部州縣，嚴行禁戢。如有違戾，重作施行。

十二月七日，詔：「臨安府城外占據江岸之家收掠撞岸錢等，日下住罷，仍於沿江一帶出榜曉諭。」臣僚言：「自六和塔至黑樓子沿岸沙地爲形勢之家所占，析而爲八，或收撞岸錢，或收賃地錢，雖柴薪果實之屬，無有免者。稅場既已取之於公，形勢之家又取之於私，咫尺之間而有公〔稅〕〔私〕兩稅，民何以堪？乞行住罷。」故有是命。

四年二月七日，監察御史齊慶胄言：「沿海諸處屯駐水軍，多因土地所産，輒置軍團。遇有民旅將到物貨，雖已經商税，未許貨賣，必令赴團上曆給牌解牙息，方得自便。客販由此妨滯，物價因而騰踴。乞令住罷。」從之。

四月二十八日，詔：「曾經編配吏人及見役吏人，並不許充官民户幹人。如違，許人陳告，依冒役法斷罪追賞。」先是，前知常州晉陵縣葉元凱言：「州縣形勢官户及豪右之家，多蓄停罷公吏以爲幹人，恃其姦惡，持吏短長，官物抵頑不輸，詞訟則變白爲黑，小民被害。乞立條制，行下禁止。」故有是命。

八月二十七日，詔：「累降指揮，立法禁止私販耕牛過界。如聞近來邊界多有客旅依前私販，顯是沿邊州軍奉行滅裂。自今如有一頭透漏過界，因事發覺，其守臣以下取旨重作施行，帥臣、監司亦坐以失覺察之罪。」

十一月十二日，詔：「已降指揮，江上、四川駐劄諸軍兵官不許接見賓客，恐妨軍務及干求騷擾。如有違戾，將受謁及看謁之人一例重作施行。干求乞覓若借舟船人馬之類，並計贓論。」

五年六月二十日，詔：「湖北、京西路沿邊州縣，自今客人輒以耕牛并戰馬負茶過北界者，並依軍法。其知情、引領、停藏、乘載之人及透漏州縣官吏、公人、兵級，並依興販軍須物斷罪。許諸色人告捕，賞錢二千貫，仍補進義校尉，命官轉兩官。其知情、停藏同船同行梢工、水手能告捕及人力女使告首者，並與免罪，與依諸色人告捕支[120]賞。知、通任内能捕獲，與轉兩官。」從知隆興府辛棄疾請也〔一〕。

〔一〕隆興府：原作「興隆府」，據《宋史》卷四〇一《辛棄疾傳》乙。

七月十二日，濠州言：「隆興元年二月十三日敕興販耕牛過界罪賞，與乾道編類指揮不同。緣本州乃是極邊，慮奉行牴牾不便。」詔自今興販過淮，知情、引領、停藏、負載之人并透漏去處，賞罰並依隆興元年五月九日（膘）〔鰾〕膠過淮已得指揮，令户部遍牒兩淮州軍遵守。

九月九日，詔：「沿江船户五家結爲一甲，如有透漏奸細、盜賊及違禁之物，甲内人一等科罪。仍立賞錢二百貫，許告。如甲内人能自首，獲與免罪，亦支賞錢。沿江州軍依此。」

十二月十一日，詔：「訪聞興元府大軍有總領所發到紅漆牌子金書聖旨，每過打請日分，掛於倉中廳上。監倉先着公裳拜訖，次令統領將官以下著公裳拜畢，方令軍中打請。可劄下四川總領所，日下禁止。」

十八日，臣僚言：「沿淮州軍多有透漏錢銀茶貨及違禁等物，其最甚者莫若正陽之水寨。蓋水寨每發一船，其管事將官各有常例。乞嚴行禁止。」詔本路帥、憲、守臣常切覺察，犯人依條斷罪追賞。仍約束水寨首領，違者重作施行。

七年四月十五日，臣僚言：「已降指揮放免行錢，繼罷市令司，非不嚴切。諸路州軍間有別作名色如行頭之類，收買物色，未免科擾。乞令所屬申嚴行下，不得循習前弊。」從之。

五月二十日，詔：「自今諸路監司并州郡吏卒，除依條差出勘旁借請外，輒用白狀借請，並計贓斷罪。」

二十八日，詔：「自今應諸司屬官止令置司州軍依格支破當直人，不得下外州取撥及收受錢糧衣賜等入己。如有違戾，令諸司互察，重寘典憲。」

六月十六日，詔：「監司、郡守毋得以寬剩爲名，刻剝州縣非正額錢物。其巡歷處，到任之初亦不得抑勒州縣，輒取獻納。如有違戾，在外許監司互相覺察，在内令臺諫按劾以聞。」

七月九日，臣僚言：「乞戒飭州縣，非帥臣、監司不許用紫帟幕，列郡不許用牙旗及轎前列扇，通判、知縣不得用紫轎衣，州郡遠接不得發遣旗幟、圍子、槌劍之屬，止於所部界内隨宜迎迓。」從之。

八月十九日，詔：「旱傷去處，如客旅興販米斛過稅場，即時免稅通放，不得妄作雜稅及船力勝收錢。」

十月二十四日，臣僚言：「廣南諸郡創鬻沙彌、師巫二帖以滋財用，緣此鄉民怠惰者爲僧，姦猾者則因是爲妖術。」除出給沙彌文帖已立限收毀外，詔廣東西路帥司行下所部州軍，將給過師巫文帖並傳習妖教文書，委官限一月根刷拘收毀抹，嚴行禁止，毋致違犯。

八年正月二十一日，臣僚言：「愚民喫菜事魔，夜聚曉散，非僧道而輒置庵寮，非親戚而男女雜處。所在廟宇之盛，輒以社會爲名，百十爲群，張旗鳴鑼，或執器刃橫行郊野間。此幾於假鬼神以疑衆，皆王制所當禁。」詔諸路提刑司嚴行禁121戢，州縣巡尉失於覺察，並寘典憲。

五月一日，上謂輔臣曰：「近日都下銷金鋪翠復行於市，不必降指揮，只諭王佐嚴加禁戢。若有敗露，京尹亦（能安）〔安能〕逃責耶？朕以宰耕牛、禁銅器及金翠等事刻之記事板，每京尹初上輒示之。」

七月十一日，詔：「四川制置生日慶賀之禮，如有循襲違戾，餽者、受者并寘典憲。」

十二月五日，詔：「自今州縣學校倉庫有大頹弊者，許隨宜修葺，不得別假名色以擾民。內則臺諫，外則監司，各以狀聞，重寘典憲。」

九年三月二十一日，詔：「諸路轉運司行下所部州軍，將見賣舉人時務策并印板日下拘收焚毀，令禮部檢坐見行條法，申嚴禁約，（延）〔勿〕致違戾。」以給事中施師點言：「文字過界，法禁甚嚴，人爲利回，多所抵冒。竊見書坊所印時文如詩、賦、經義、論，因題而作，不及外事。至於策試，莫非時務，而臨軒親試，又皆深自貶損，以求直言，所宜禁止印賣。」故有是命。

四月九日，詔：「自今州郡文武官再任，並不得講到罷禮數，及不得令府庫更新製造應干物色。」

九月十三日，明堂赦：「保正副依條所掌止於煙火、盜賊、橋道等事，訪聞官司動以一切取辦，如修葺材料、差顧夫力，至於勒令催科，並是違法。今後州縣遵守條令，不得泛有科擾。如違，許充役家越訴，仍令監司按劾以聞。」

同日，赦：「罪人財産自有應籍没法，訪聞州縣輒用私意違法拘籍，以資妄用。自今如有依法合行籍没財産人，並須具情犯申提刑司審覆，得報方許籍没。仍令本司常切覺察，如有違戾，按劾以聞，許人户越訴。」

二十五日，臣僚言：「四川州郡常職之外，有所謂檢察局務、提點倉場者，類皆於員外創添以周給親舊。身非正員，無職事繫慮，徒以耗蠹國用，於月給外巧求以便私計。乞下逐路監司覺察，如有違戾，按劾以聞。」從之。

十月二日，詔：「諸路帥司、監司、州軍遍行曉諭富室上户，因舊年旱傷借貸人户米穀，不得高折價錢，並還（學）〔本〕色，仍取利不得過五分。敢有違戾，許欠户經監司、帥守陳訴。或人户（抛）〔拖〕欠不還，亦許經官理索。」

十一月二十一日，詔：「廣東經略司曉諭大奚山民户，各依元降指揮，只許用八尺面船採捕爲生，不得增置大船。仍遞相結甲，不得停著他處逃亡人。如有逃亡人，令澳長民户收捉，申解經略司，重與支賞。」以樞密院言：「大觀間曾降指揮，大奚山民户所置船面不得過八尺，近年多有興化、漳、泉等州逋逃之人聚集其處，易置大船，創造兵器，般販私鹽，剽刦商旅。」故有是命。

十年正月四日，詔禁淮西州郡採捕。臣僚言：「淮南州郡有里正、保長，又有總首、緝捕等人，緣地饒麞鹿鶉兔之屬，當官者欲得以爲包苴，歲科此輩採捕，例成白取。每至冬間，盡將漁者拘集，名曰綱船，督以使巨亘兵，課日採

122 捕，復立賞禁其私市。戕物性，奪人力，莫此爲甚。〔乞〕嚴行禁止。」故有是命。

十一月六日，詔：「州縣文移、市肆牌額，不得輒犯廟諱，違者依法坐罪。」

十一年九月二十九日，詔：「諸路州軍犯盜等人間有意欲報讎及受吏人教唆，妄將本處富室上户及沿海有船之家以停藏資給之類攀引追逮，州縣不審是否，便行捕治。及所在巡尉弓兵、商税場務以搜檢銅錢爲名，輒將船户舟中所需之具指爲軍器，欺詐錢物，致使無辜之人枉被追擾。令諸路提刑司及沿海帥臣、制置司各約束所部州縣，常切禁止。如有違戾，覺察以聞。仍出榜曉諭。」

十二年三月八日，右正言蔣繼周言：「今蕃樂有名《渤海樂》者盛行于世，都人多(肆)〔肄〕習之，往往流傳宫禁，乞行禁戢。」從之。

二十五日，前發遣筠州趙謐言：「湖外風俗，用人祭鬼，每以小兒、婦女生剔眼目，截取耳鼻，埋之陷穽，沃以沸湯，糜爛(飢)〔肌〕膚，靡所不至。蓋緣販弄生口之人偷竊小兒、婦女，販入湖之南北者，貪取厚利。乞行下諸路州軍，應興販生口入湖南北者，嚴立賞罰。委自監司、守臣專責巡尉，如能捉獲此類彊盜，與之酬賞。」從之。

二十八日，詔：「内外諸軍兵將官赴樞密院審察，其官司諸色人往往巧作名色，乞覓欺詐。自今許諸色人指名赴樞密院陳告，將犯人送所屬根勘，重作施行。其告人每一名支賞錢三百貫。事理重者取旨，特與轉官資。仍出牓曉諭。」

七月二日，右正言蔣繼周言：「乞明詔諸軍將佐，於屯駐去處自今後並不許私置田宅、房廊、質庫、邸店及私自興販營運。」從之。

八月二十九日，詔：「殿前司行下韶州屯駐摧鋒軍，嚴行禁止軍中回易，將見科敷錢物日下除(於)〔放〕。仍仰廣東經略、提刑司取見營運科抑名色及除放過錢數，開具申樞密院。日後帥臣、監司如失覺察，並行責罰。」從知英州許從龍請也。

九月二十三日，詔：「應被差郊祀景靈宫、太廟行事等官，如敢仍前託故避免、申乞改差之人，委臺諫密切覺察，具名彈奏，取旨施行。」

十月二日，詔：「淮南東路帥、憲司差使臣二員，專一機察楚州北神鎮私渡，仍令繫銜。如失覺察，仰逐司按治。」

十一月二十二日，南郊赦：「在法，病人無緦麻以上親同居者，厢耆報所屬，官爲醫治。訪聞比來店舍、寺觀遇有病患，避免看視聞官，趕逐出外，及道路暴病之人，店户不令安泊，風雨暴露，往往致斃。可令州縣委官檢察，依條醫治，仍加存恤，及出榜鄉村曉諭。」十五年明堂赦同。

同日，南郊赦：「州縣間有將人户計口抑賣食鹽〔一〕，嚴限催錢，過於常賦，深山僻遠無得免者。稍有違限，便行追斷號令。可令提舉司覺察禁戢，如有違戾，按劾施行。」十五年明堂赦同。

同日，赦：「官司輒立茶鹽鋪〔二〕，虚給帖子，均科人户，勒令齎錢赴鋪繳納，未嘗[123]支給茶鹽，顯是違法科抑。仰提舉司及諸州主管官嚴行禁戢，仍許人户越訴。」十五年明堂赦同。

同日，赦：「州縣酒坊多就人户賒糴米麥，不支價錢，即將酸黄酒擡價折還；或因節朔、吉凶、修造之類，抑勒酤賣，監繫追納官錢，顯屬騷擾。可令監司常切覺察，如有違戾去處，按劾以聞，仍許人户越訴。」十五年明堂赦同。

同日，赦：「州縣以權勢親戚過往干託，輒於鄉村差借人夫，顯屬違法。仰監司常切覺察，按劾以聞，仍許人户越訴。」十五年明堂赦同。

同日，赦：「人户折帛錢，已降指揮，聽以錢、會中半輸納。訪聞州縣間有抑納銀兩，重困民力，可令監司覺察按劾。」十五年明堂赦同。

十一月十一日〔三〕，兵部勘會：「擅入溪洞及典賣田產與夷人，斷罪、告賞非不嚴備，蓋緣當職官吏奉行不虔，致有臣僚陳請。」詔令廣西帥司約束逐州，遵依見行條法，常切嚴行禁止，今後如有違戾，仰本司將當職官吏按劾施行。

十四年正月二十三日，新知秀州趙亮夫奏：「所在州縣有神祠去處，每歲秋成豐稔，多用器械之屬前後導引。乞申嚴條令，行下諸路州軍，告諭民間，應有所藏迎神兵器，立限出首，赴官交納，許以木、錫代用。」從之。

十五年正月二十日，詔：「近聞不逞之徒撰造無根之語，名曰小報，轉播中外，駭惑聽聞。今後除進奏院合行關報已施行事外，如有似此之人，當重决配。其所受小報官吏，取旨施行。令臨安府常切覺察，御史臺彈劾。」

五月二十九日，知南安軍趙不邃言：「乞令江西守令遇有祈禱，只許用香花鼓樂迎神，不得輒持兵器。」詔令諸司常切覺察禁戢，毋致違戾。

十二月五日，臣僚言：「日來都城之内，士庶盡持青繖。始時不過二三尺，今乃悉是重簷巨蓋。又帥臣、監司、通判出入，隨轎皆有乘馬胥吏，稍遇晴熱，例使人持黑油繖遮日，多至三五十柄，見者嘆駭，謂駕後亦不如此，非所以尊崇輦轂，觀示四方。乞下有司嚴行禁戢。」從之。以上《孝宗會要》。

淳熙十六年二月四日，登極赦：「私放軍債及質買所轄請給、賞賜，前後約束甚嚴，(倘)〔尚〕慮有力之人依前牟利侵尅，致使軍士不能贍家，可令主帥嚴行覺察，將見欠債負並行除放。訪聞諸軍回易市帛等物，賒與官兵，重搭息

〔一〕賣：原作「負」，據本書食貨二八之四五改。
〔二〕鋪：原缺左旁，據本書食貨二八之四五補。
〔三〕按，此日分失次，「十一月」疑當作「十二月」。

錢，却於請給内過數除尅，及輒差請受最多人掌管庫務、店肆，稍有虧欠，勒令陪償。又有見占私役、科攤造作及買工之類，弊幸不一，致令軍士貧乏。前後約束雖已嚴切，深慮未能盡革，仰主帥嚴行禁戢，將見欠本軍錢物並行除放。尚有違戾，在内委御史臺、在外委總領所覺察以聞，重寘典憲。」

七日，禮、刑部言：「將來遇丁卯皇帝本命日，依例合禁屠宰、禁刑。」從之。

五月十一日，前權發遣洋州王知新言：「竊見本州真符縣沿邊所置關隘，皆高山峻嶺，[124]林木參天，虎豹熊羆，不通人行，自可以限隔。自辛巳歲（比）〔以〕來，歸正之人將關外空閑山地給令耕種，今已三十年，生子生孫，蕃息甚衆，盡是斫伐林木，爲刀耕火種之事。一二年間，地力稍退，又復別斫一山。兼又皆射獵，故於深山窮谷持弓挾矢，探虎豹之穴。又將林木蓊翳之處開踏成路，採取漆蠟，以爲養生之具。如此一年復一年，林木漸稀，則關隘不足恃矣。或有姦細潛伏於關外，去州縣極邊，官司無緣得知，如此則叛亡難禁，姦細不防矣。」詔令四川制置司行下沿邊州郡，將應有林木關隘去處措置嚴切禁戢，毋致採斫。

十六日，户部郎中豐誼言：「沿江並海深水取魚之處，乞許令衆户舟楫往來，從便漁業，勿有所問，不得容令巨室妄作指占，仍舊勒取租錢。雖昔係耕種之地坍落，今爲深水，亦不在占據之限。豪彊尚敢違戾，州縣儻或縱容，即許人户越訴，擇其首倡，重作懲戒。」從之。

閏五月二十日，詔：「今後有私撰小報，唱説事端，許人告首，賞錢三百貫文，犯人編管五百里。」

六月五日，詔諭：「前不曾差人往榷場并海外去處收買物貨，深慮或有假作名色，夾帶銅錢、銀兩過界。仰沿邊官司密切譏察，如有似此之人，先次拘管，即時具奏聽旨。」

七月三日，詔：「鎮江、建康都統制司嚴行約束，今後修城軍人并搬運甎灰等人將帶銅錢至沿邊諸州，或因事敗露，其統兵官或管押將副、使臣等，並仰逐州取會名銜，具申朝廷取旨施行。如州郡或行容庇，一例行遣。」以臣僚言：「楚州修築城壁，鎮江萬兵往來更替，并隨行親屬裝載船隻，因而藏匿銅錢過江。又本軍與建康軍中津發甎灰官船動以百計，經從揚州、高郵管下乃至楚州，逐處雖行禁戢，勢力不加，誰敢向邇？兼聞近來軍人結黨，遞相隄防，負錢於前，持（鋌）〔梃〕於後，間有掩捕，公然搶奪，雖死不顧。乞行禁止。」故有是詔。

十一月二十五日，詔：「福建路監司嚴戒州縣，如有盜賊緊急，不得輒於數里之外起動保甲，役使農民。有或違戾，特許越訴，必寘典憲。」以右正言黄掄請也。

紹熙元年三月八日，詔：「建寧府將書坊日前違禁雕賣策試文字日下盡行毀板，仍立賞格，許人陳告。有敢似前冒犯，斷在必行；官吏失察，一例坐罪。其餘州郡無得妄用公帑刊行私書，疑誤後學，犯者必罰無赦。」從起居郎諸葛廷瑞請也。

四月十七日，詔臨安府：「今後江上客人販到柴薪，不得侵近居民屋舍，仍舊於塘岸寬闊處或沙地上垛放，常切檢舉約束。」

二年二月二十五日，詔：「盱眙、安豐軍每遇客旅過淮博易，差官檢視，不許差歸正、歸朝人。」

三月十七日，侍御史林大中言：「近有造匿名詩嘲訕宰相、學官及樞臣、侍從者，乞申嚴法禁，有犯毋貸。」詔本府多出文牓曉諭，如有捉獲[125]之人，送獄根勘，重作施行。

六月十一日，臣僚言：「長官曹屬相遇於塗，自有定制。今也不問別曹異局，必揭簾相揖，甚則並輿相語，有駭觀瞻，識者以謂避遇之制廢矣。至於夜集衆以諷誦梵文，立社首以裒掠民財，假巫祝以誑惑庶衆，興妖祠以張皇禍福，其在明時，皆所當禁。乞謹飭有司，申嚴厥令，一或有犯，必加以罪。」從之。

十二日，臣僚言：「沿邊無賴之民渡淮行刦，殺人放火，蹤跡敗露則復竄淮南。有司究治，乃比附亡叛歸本所，減二等坐之。今淮北作刼而復歸淮南，正以淮之南作窠穴耳。乞明詔有司，申嚴行下沿邊州郡，出榜曉諭，一季之後作過徒伴供通贓證分明者，並照現行條法。罪不致死，合從寬貸，亦乞照應已降指揮，分配屯駐軍施行。」從之。

十月四日，胡南提刑孫逢吉言：「近年以來，爲守令者不修其官，以待考察，往往崇飾虛僞，撰造政績，或葺一亭舍，或疏一陂渠，或於常費薄有所蠲，或於舊弊微有所革。自職事而言，皆其所當（違）〔爲〕者，而刊刻碑記，張大其事，繪畫圖册，表聞于朝，甚者摹印裝褾，徧納中外。至於分配坊市建立生祠，陰諷士民借留再任，其間餉遺請託，何所不有！監司在遠，難盡察知，蓋有誤以其姓名登徹天聽者矣。此誕謾詐巧之大者，誠不可不禁遏也。」詔檢坐建祠、立碑、舉留條制，申嚴行下。

四年六月十九日，臣僚言：「朝廷大臣之奏議、臺諫之章疏、内外之封事、士子之程文，機謀密畫，不可漏洩。今乃傳播街市，書坊刊行，流布四遠，事屬未便，乞嚴切禁止。」詔四川制司行下所屬州軍，並仰臨安府、婺州、建寧府照見年條法指揮，嚴行禁止。其書坊見刊板及已印者，並日下追取，當官焚毀，具已焚毀名件申樞密院。今後雕印文書，須經本州委官看定，然後刊行。仍委各州通判專切覺察，如或違戾，取旨責罰。

十月四日，臣僚言：「恭惟國朝置（建）〔進〕奏院於京都，而諸路州郡亦各有進奏吏，凡朝廷已行之命令，已定之差除，皆以達於四方，謂之邸報，所從久矣。而比來有司防禁不嚴，遂有命令未行，差除未定，即時謄播，謂之小報。始自都下，傳之四方，甚者鑿空撰造，以無爲有，流布近遠，疑（悟）〔誤〕群聽。且常程小事，傳之不實，猶未害也，倘事干國體，或涉邊防，妄有流傳，爲害非細。乞申明有司，嚴行約束，應妄傳小報，許人告首。根究得寔，斷罪追賞，務在必行。」又言：「朝報逐日自有門下後省定本，經由宰執，始可報行。近年有所謂小報者，或是朝報未報之事，或是官員陳乞未曾施行之事，先傳于外，固已不可；至有撰造命令，妄傳事端，朝廷之差除，臺諫百官之章奏，以無爲有，傳播于外。訪聞有一使臣及閤門院子，專以探報此等事爲生。或得於省院之漏泄，或得於街市之剽聞，又或意見之
126 撰造，日書一紙。以出局之後，省部、寺監、知雜司及進奏官悉皆傳授，坐獲不貲之利，以先得者爲功。一以傳十，十以傳百，以至遍達於州郡、監司。人情喜新而好奇，皆以小報爲先，而以朝報爲常，真僞亦不復辨也。欲乞在内令臨安府重立賞牓，緝捉根勘，重作施行。其進奏官令院官以五人爲甲，遞相委保覺察，不得仍前小報於外。如違，重寘典憲。」從之。

十二月四日，樞密院進呈：「兩淮、荆襄控扼去處，全藉山林蔽護。訪聞民間採斫，官司更不禁止。」上曰：「屢有約束，久而人玩，宜再禁戢。」

五年二月十八日，臣僚言：「遏糴之風，近日尤甚。去歲江浙、湖南皆有旱傷去處，唯是江東爲甚，而湖南、江西所損差多。米價甚賤，足可遠近通流，州縣各顧其私，聽信城市之民妄言不可放米出界。乞督責兩路監司，約束州縣，不(便)〔使〕遏糴，以惠斯民。」從之。

四月十四日，刑部〔言〕：「御史臺、太常寺、臨安府先承指揮同措置臨安府諸門，緣以祀事，中夜啓閉。本部照得，如遇行事官有合趁受誓戒及朝参等官，從太常寺預夜關報經由門户，於五更二點開門放入，即行鎖閉。令監門官吏嚴緊守鑰，不得搭關擺鎖，狥私出入，須候依時開門。其餘行事官祀祭畢，依時入門。」從之。以上《光宗會要》。

紹熙五年七月十七日，禮部、太常寺言：「伏覩皇帝御名并同音計一十八字：擴、闊鑊切。廓、郭、𢊍、崞、霩、鞹、鞟、𡽱、彍、𠠬、劆、㨯、籗、籗、篧〔一〕、啯、漷。乞下刑部、國子監，於《文書式》并《韻畧》内添入，從禮部行下都進奏院頒降回避。」從之。

九月十四日，明堂赦：「訪聞湖、廣等處州縣殺人祭鬼及略(賞)〔賣〕人口，并貧乏下户往往生子不舉，條法禁約非不嚴切，習以爲常，人不知畏。可令守令檢舉見行條法，鏤板於鄉村道店、關津渡口曉諭，許諸色人告捉，依條施行。仍仰監司嚴行覺察，毋致違戾。」

十一月二十四日，刑部言：「乞照昨來浙西提舉司所申，行下内外諸軍，嚴行約束所遣回易官兵，不得以收買軍須爲名，公然販賣私鹽。如有違戾，重作施行。」詔令刑部鏤板行下内外諸軍主帥約束。

慶元元年八月十七日，詔：「有司檢坐見行條法，給榜下州軍縣鎮，今後現任官收買飲食服用之物，並隨市直，各

〔一〕篧：原脱，據《釋文互註禮部韻略》附《貢舉條式》補。

用見錢，不得於價之外更立官價。違，許人户越訴。在外令監司按劾，在内令御史臺覺察。」從臣僚請也。

十二月二十四日，樞密院言：「勘會有不畏公法之人，謁見兵官，乞覓錢物，或占據屋舍，或挃賣物貨〔一〕，或告求關節。稍不如意，撰造事端，誣謗迫脅，必欲從其所欲。甚者教唆他人上書伏闕，投納短卷，恐嚇主帥，疑惑衆聽，以逞其私。若不嚴加禁約，無緣止絶。」詔：「令内外諸軍今後如有似此不畏公法等人，許押赴所在州軍先次收禁，具申樞密院，送有司根勘。如事理頗輕，依條施行，127特送僻遠州軍居住。或稍涉情重，取旨施行。仰諸軍出榜軍門曉諭。」

二年二月十二日，知臨安府謝源明言：「向蒙高宗皇帝、孝宗皇帝矜恤本府支費百出，遂降指揮，應諸軍等處收買物色，并依條收税。近交權勢之家及官司〔二〕、寺觀等處收買木植浩瀚，或執官司公據，或守申請指揮，不問多寡，盡免抽解，遂使前項詔令皆爲虚文。乞申嚴前項指揮，行下本府照應施行。」從之。

六月十五日，國子監言：「已降指揮，風諭士子專以《語》、《孟》爲師，以六經子史爲習，毋得復傳語録，以滋盜名欺世之僞。所有《進卷》、《待遇集》并近時妄傳語録之類，並行毁版，其未盡僞書併令國子監搜尋名件，具數聞奏。今搜尋到《七先生奥論》、《發樞》、百鍊真隱李元綱文字、劉子翬《十論》、潘浩然子《性理書》、江民表《心性説》，合行毁劈。乞許本監行下諸州及提舉司，將上件内書板當官劈毁。」從之。

八月十四日，中書門下省〔言〕：「訪聞臨安府城内外私鹽盛行，多是無賴之徒脅持鋪户、寺觀、營寨或士庶之家隨門挃賣，理合措置。欲令臨安府日下大字鏤板曉諭，以前罪犯一切不問，若今後再敢違犯，許諸色人告，依格給賞，犯人送獄根勘，依法斷罪、追賞。如自能執捕販人赴官陳首，（降）〔除〕與免罪外，更與依格推賞。」從之。

二十七日，臣僚言：「鉟銷之禁，不可不嚴。且如輦轂之下，實爲法令之始，孝宗皇帝固嘗親有訓戒矣。今乃列肆負擔，無非銅器，打鑄稜作，公然爲業。又如建康之句容，台州之城下，專以古器得名，今則紹興、平江等處皆有之。江西之撫州專以七筯器皿得名，今則四明、隆興、鄂州、静江等處皆有之。且今（治）〔冶〕司歲鑄生銅，所入蓋自有限，其餘皆是取給於淋銅、浸銅。夫毁一錢則（則）有十餘之獲，小人嗜利十倍，何所顧藉？欲責之守令，凡臣庶家所有銅器及僧道供具，立以近限，赴官鐫鑿，不得續行置造。如有違犯，坐以違制之罪，不以蔭論。官吏失覺察，罪亦如之。其鼓鑄打造爐户，仰所屬州縣括籍姓名，監令日下改業，犯者決配海外，永不放還。仍乞重立賞格，許人告

〔一〕挃：原作「桎」，據後「八月十四日」條改。挃，强賣。
〔二〕近交：疑當作「近來」。

捕。」詔令三省措置條具將上。三年正月，三省措置下項：「一、令諸路監司、守臣行下州縣等結甲，立罪賞，粉壁曉諭。一、令諸路監司、守(官)〔臣〕根刷私鑄銅器之家，免罪改業，再犯立賞斷配。一、有於軍寨、寺觀、舟船内鑄造，仰主兵官、巡尉嚴切緝捉。一、官民户除日前現有腰帶鍒鑻及鞍轡、作子、照子外，應有銅器并有銅釘飾器具不許使用。一、巡尉、都監捉獲鉟銷銅錢到官，即與保奏推賞。一、内外應奉官司等處，法物等應用銅鑄釘飾，限一月申朝廷，仍舊使用。一、僧道鐘磬等并民間及船户日前置到銅鑼，係防托使用者，仰寺觀主首及民户各開具件數，經州府陳狀鐫鑿，限一月申官。128 一、鑄造之家未賣器皿，委官置場，立限聽人户投賣。一、鐘磬等、鞍轡、作子，令文思院鑄造，聽人户、僧道請買。一、應造軍器須用銅者，申所屬支降。一、民間照子，令湖州拘籍工匠在官鑄造，從人户請買。一、諸路監司、州軍公然呼集工匠鑄造，今後敢自違戾，外責監司互察，内委御史臺彈奏。一、自今降指揮之後，官員、士庶尚敢私下收買者，許人陳告。一、今降指揮到日，仰諸路監司等鏤板曉示。一、有關防未盡事件，許所在官司限一月(降)〔條〕具申聞。」詔令刑部疾速遍牒施行。

十月七日，知臨安府趙師睪言：「元祐五年，蘇軾奏西湖有五不可廢，而放生池首居其一。至紹興十三年，議臣謂今之臨安，鑾輿駐蹕，尤宜涵養，以示渥澤。乞檢會天禧故事，仍舊以湖爲放生池，禁止採捕。高宗皇帝賜可，令本府措置，申明約束。淳熙二年慶壽赦文，嘗令本府立賞禁戢，專責巡警官司，毋或縱容。臣蒙恩假(手)〔守〕，首當遵奉，然揭之具未立〔一〕，無以示虔寓敬，而天禧之碑淪於草莽，匿於居民，往來之人不知其爲放生池。欲於西湖之濱，置立亭宇，書以扁牓，每遇誕節前一日，從守臣率官吏於亭縱釋鱗翼，推廣上澤。仍明具條制及前後頒降指揮牓亭左右，庶幾表制嚴備，人知崇敬。」從之。

十三日，潼川安撫司言：「瀘、叙州、長寧軍沿邊，連接夷蠻，全藉禁山林箐以爲限隔，從條不許漢人擅將物貨輒人蕃界，侵越禁山，斫伐林木。照得蠻人載馬(叙)〔於〕叙州，互有齎帶板木前來本州變賣，是致諸司遞年常下叙州打造舟船，州縣寅緣騷擾。乞令叙州委知、通常切覺察檢舉，毋令漢人將物貨擅入蕃蠻界販賣，斫伐禁山林箐，須候蠻人齎帶板木出江，方得就叙州溉下交易。如有違犯，被捉到官，送獄根究，從條斷罪，追賞施行。如遇打造舟船，自行差人收買板材置造，無得準前直下叙州打造，免致騷擾。」從之。

三年正月十一日，監察御史沈繼祖言：「乞戒敕外官無故不得輒與朝(例)〔列〕通書，其合通書只許一幅，如慶賀之類止於三幅。及在外書問往來，並不許過數，若過數不許接受。如違，並許彈劾，重加責罰，以儆有位。」從之。

〔一〕「揭」下似脱一字。

五月二十一日，臣僚言：「乞戒敕朝士，今後不得輒與謁士、術人等書，騷擾外路。如有持書以取錢酒者，並計贓，與書及與錢物者同罪，許人告。著之令甲，務在必行。外令監司，內令御史臺覺察奏聞。」從之。

二十五日，臣僚言：「古者宰衡出鎮則曰判。判者，專制之稱也，非庶僚可擬。今一州一軍一縣皆曰判，下至丞、簿、稅亦曰判，何判之多也？判司簿尉以朝議爲未足則曰『中大』，令倅而上稱以『中大』爲未足則曰『太中』。且夫朝議，八十一元士也；太中大夫，天子之侍從臣也。今使人得以自相推予，何僭濫如之！不特此耳，服食器用，率多
129 踰越。且三簷青蓋，昔時郡國長吏用之，以其遠君而伸也。輦轂之下，雖貴極一品，亦惟獨簷。今州縣之間，官無大小，下至士庶以及皂隸，率用三簷，填街塞巷，蔽空如雲。混殽若此，何以正名分、别姦慝耶？欲望斷自聖衷，官稱各從其實，出而御蓋，非長吏無得用三簷。敢有越者，重寘于憲，亦反樸還淳之漸也。」從之。

十二月二十七日，臣僚言：「州縣之間，害民者莫甚於科罰，虐民者莫甚於慘酷。且如以贖罪並緣而責其獻納，以酒稅牽連而責其認錢，或科敷於里正、保正長，或橫歛於師巫、僧道，或利富室之財而啓誣告之風。監司所當廉察也，或以頭子錢爲名而科取州縣；郡守所當表帥也，或以助州錢爲名而科取屬邑。此科罰之害民者也。非州縣長官不許受辭，而他官輒受禮；非親民不許科決杖罪，而鎮寨敢自專推司，輒自訊囚，荆杖代用藤條，觀望鍛鍊，備極荼毒。此慘酷之虐民者也。前後禁約科罰、慘酷條令，大字鏤板行下諸路郡邑，揭于通衢，其有犯者，必罰無赦。」從之。

四年二月五日，國子監言：「福建麻沙書坊見刊雕太學總新文體〔一〕，內丁巳太學春季私試都魁郭明卿《問定國是》、《問京西屯田》、《問聖孝風化》。本監尋將案籍拖照得，郭明卿去年春季策試即不曾中選，亦不曾有前項問目。及將程文披閱，多是撰造怪辟虛浮之語，又妄作祭酒以下批鑿，似主張僞學，欺惑天下，深爲不便。乞行下福建運司，追取印版，發赴國子監交納。及已印未賣，並當官焚之。仍將雕行印賣人送獄根勘因依供申，取旨施行。」從之。

三月四日，詔：「吊祭使人過界，仰經過州縣嚴行禁止民間，不許歌樂及觀看，人户毋致衣服華飾。」

十一日，臣僚言：「今天下郡邑鄉聚每歲立社，計户裒金以造作兵器，小有忤意，變故隨生。近者都城鬻賣娛悦童稚之具，多有裝飾兵器，弄僞成真。乞今後遇有獻神禱旱等事，不得以頭刃爲戲，凡物之像兵器者亦不許復鬻於市。」從之。

二十一日，臣僚言：「乞將建寧府及諸州應有書肆去

〔一〕總：疑誤。

處，輒將曲學小儒撰到時文改换名色，真僞相雜，不經國子監看詳，及破碎編類，有誤傳習者，並日下毁板，仍具數申尚書省并禮部。其已印未賣者，悉不得私買。如有違犯，科罪惟均。」從之。

四月二十九日，詔：「應朝士以下並不許講旦朔慶賀私謝苛禮，惟議職事，陳利害，方許相見。其有無故看謁、躁進不悛者，朝士則令御史臺覺察，局務則令所屬長官按劾。」

五月六日，臣僚言：「楚俗淫祠，其來尚矣。惟是戕人以賽鬼，不宜有聞於聖世。俗尚師巫，能以禍福證兆簧鼓愚民，歲有輸於公，曰師巫錢，自謂有籍於官。官利其一孔之入，於是縱其所爲，無復誰何，浸淫妖幻，詛厭益廣，遂至用人以祭。每遇閏歲，此風猶130熾。乞告戒湖北一路監司、帥守，先嚴官吏收納師巫錢之禁，然後取其爲巫者，並勒令易業，不帥者與傳習妖教同科，庶幾此俗漸革。」從之。

十三日，詔：「今後女冠、道士不得出入宮禁。三宮準此。」

十六日，臣僚言：「邇歲以來，革私鑄之姦，嚴銷毁之禁，猶沙毛，猶未盡戢。乞下所屬監司、州縣，督責廂分，警飭巡尉，嚴保伍之法，申粉壁之禁，使盜鑄之弊銷，般販之習弭，行用之患革。一有違戾，鋤去本根，庶幾窒其弊於本（厚）〔原〕，享其利於經久。」從之。

八月二十九日，臣僚言：「南恩州介於德慶府、新、高、雷、化數州之間，程途相去三五百里之遠，久例凡有送迎並過往，類差農民以爲夫脚，既妨農時，遂失本業。他處遞相倣傚，實爲民害。又軍兵所押馬綱經從州縣鄉村，最爲擾民。每綱馬二疋，係差一人牽駕，故路無壅遏。今乃成群散走，馳突于道，過城市則衝踏人物，遇秋成則踐損禾稼。乞下諸路監司禁約州縣，不得輒差農民充夫脚，所屬約束取馬官兵嚴行部轄，不得擾害州縣，損傷禾稼。如違，並寘典憲。」從之。

九月一日，臣僚言：「浙右有所謂道民，實喫菜事魔之流，而竊自託於佛老以掩物議，既非僧道，又非童行，輒於編户之外別爲一族。姦淫汙穢甚於常人，而以屏妻孥、斷葷酒爲戒法；貪冒貨賄甚於常人，而以建祠廟、修橋梁爲功行。一鄉一聚，各有魁宿。平居暇日，公爲結集，曰燒香，曰燃燈，曰設齋，曰誦經，千百爲群，倏聚忽散，撰造事端，興動工役，夤緣名色，歛率民財，陵駕善良，橫行村疃間。有鬪訟則合謀併力，共出金錢，厚賂胥吏，必勝乃已。每遇營造，陰相部勒，嘯呼所及，跨縣連州。工匠役徒悉出其黨，什器資糧隨即備具。人徒見其一切辦事之可喜，而不知張皇聲勢之可慮也。及今不圖，後將若何？乞行下浙西諸郡，今後百姓不得妄立名色，自稱道民，結集徒黨。嚴切曉諭，各令四散着業。如敢違戾，將爲首人決配遠惡州軍，徒黨編管。務要消散異類，使復齒於平民，以推廣陛下抑誕怪、暢皇極之意。」從之。

五年正月二十六日，臣僚言：「聞二廣州軍凡爲僧者，豈真出家之人，蓋游手之徒遍走二廣，奮緣州郡求售(爲)〔僞〕帖，號曰沙彌，即擅自披剃爲僧，或即營求住持寺院。不數年間，常住財物掩爲己有，席捲而去，則奔走他鄉，復爲齊民。乞明詔二廣監司禁約州軍，自今後不許妄給沙彌僞帖。如已給，立限許自首納，嚴示賞罰，毋致違戾。」從之。

八月二十八日，臣僚言：「乞令所在官司自到任之日，即具吏人姓名，保明申常平司。如已經斷罷不該收叙之人，不許存留。其合叙用之人，非經元犯官司陳乞，不許收叙。其州縣官任滿日，仍於印紙内畫一批書不曾違法收叙經罷吏人，以憑稽考。庶幾爲吏者稍知斷罷叙(役)〔復〕之難，131 亦皆有以自愛，是亦檢柅吏姦之一端也。」從之。

十一月十八日，臣僚言：「乞今後祠祭，須管候禮畢班退，方許徐徐收徹。如吏卒準前讙譁，御史臺重行斷治。或是攝察監(察)〔祭〕，即仰具申本臺，敢有縱容，併加彈劾。」從之。

同日，臣僚言：「乞今後隨駕儀衛，須管各依次序接續安行，不得參差錯雜羣臣班列。仰班吏遵依儀式，務令整肅。或遇庭廡窄處，亦須隨宜措畫，略依雜壓，稍成班序。如敢違戾，並令御史臺彈劾，重寘典憲。」從之。

六年五月六日，詔：「令内外諸軍主帥，應軍士見欠營運息錢，日下並與除放，今後不許科抑，差撥不㢓營運之人。儻違今來所降指揮，在内委御史臺，在外委總領所，不係總領、制司去處委守臣，各常切覺察，稍有違戾，取旨施行。仰主帥日下給牓，諸軍寨門曉示。」從樞(察)〔密〕院請也。

嘉泰元年二月十七日，臣僚言：「邇來姦人往往藏形匿影，緣飾語言，或密牓通衢，或潛投訟匭，用以動揺州縣，誣衊善良。大抵守令行法奉公，羣小類多不悦，按察之官設或先有憎惡，誤采其説，必致守令枉罹罪譴，姦人因得武斷一方。其風始於州縣，寖淫入於都城，甚至詆(許)〔訐〕朝臣，譏訕時政，其迹若近於公，而其心實根於揺撼。此風漸長，非國之福。乞頒詔旨，嚴戒諸路按察官，不許采聽暗昧不根匿名文書。有如民間冤抑，自當明著年月，指陳實事，親經所屬陳訴，即爲施行。其有上書陳説利害，即委之納言之官，擇其果忠於爲國、不涉私邪者，即爲敷納于上。如是，則州縣守宰各得展布，不爲巧猾之所傾陷；公朝親信盡忠竭節之臣，得以功名終始，而不爲讒邪之所動揺。姦萌杜絶，國勢尊安，實宗社之幸。」從之。

四月十三日，御筆：「風俗侈靡，日甚一日，服食器用，殊無區別。雖屢有約束，終未盡革。今回禄之後，凡官民户起蓋屋宇，一遵制度，務從簡朴，毋事華飾。銷金鋪翠，並不許服用。除先將宮中首飾衣服等令内東門司日下拘收，焚之通衢，其中外士庶之家，令有司檢照前後條法，嚴立罪賞禁止。貴近之家，尤當遵守。如有違犯，必罰無赦。」

二十四日，新權知資州劉述言：「臣竊見蜀之邊郡多與蕃界相接，深山峻嶺，大林巨木，綿亘數千百里，虎狼窟宅，人迹不通，自無窺伺之虞。祖宗禁止採伐，不爲不嚴，有如施州邊民嗜利冒禁，公然斫伐，萬一夷人從此出没，則八寨防托遂成虚設。嘗申諸司力行禁止，曾未數歲，侵斫如初。乞行下施州，令守倅任責，差人於水溢、十二渡等處巡邏，月具申樞密院。如敢犯禁，重寘典憲。守倅失於覺察，亦乞罷黜。凡蜀郡禁山，各於要害之地一例照應施行。」從之。

九月十九日，臣僚言：「臣昨試郡吴興，首問獄囚，自當年正月至月終〔一〕，境（由）〔内〕已殺四十九人，而鄰里掩蓋不以聞者不預[132]焉。臣甚駭之，力詢其故，皆淫祠有以啓之。所謂淫祠者，始因愚民無知，以謂殺人而死可得爲神，其家父子兄弟與夫鄉黨鄰里又憚聞官之擾，相與從臾，使之自經，於是立廟以祠，稱之爲神。故後之凡欲殺人者三五爲群，酹酒割牲，謂之起傷，起傷之廟蓋偏于四境之内矣。生不正典刑，死乃得立廟，遞相倣傚，皆以殺人爲喜，豈清明之世、近畿之地所宜有哉！臣近禱雨祠山，訪之道途，頗言廣德愚民殺人之風漸入吴興。寖寖不已，其害將有不可勝言者。乞行下所屬，應淫祠不載祀典者盡行毁拆，勿令再造。凡有殺人而自經者，以法戮尸；其父母兄弟妻孥不即諫止，與夫已殺人而逼令自經、祠之以廟者，次第坐罪，從之遠方。」從之。

十二月十一日，詔：「已降指揮，禁止銷金鋪翠，非不嚴切。訪聞外方州縣視爲文具，略不禁止，可專委逐路提刑專一禁戢。如守令奉行滅裂，仰具名聞奏，切待重作行遣。如所部内尚有製造服著之人，併將提刑一例責降。」

二年二月二十八日，新差權知隨州趙彦衛言：「恭惟國家祖功宗德，超冠百王；真賢實能，遠踰前代。史館成書，有《三朝國史》、《兩朝國史》、《五朝國史》，莫不命大臣以總提，選鴻儒以撰輯，秘諸金匱，傳寫有禁。近來忽見有本朝《通鑑長編》、《東都事略》、《九朝通略》、《丁未録》與夫語録、家傳，品目類多，鏤板盛行於世。其間蓋有不曾徹聖聽者，學者亦信之，然初未嘗經有司之訂正。乞盡行取索私史，下之史館，公共考核，或有裨於公議，即乞存留，仍不許刊行。自餘悉皆禁絶〔二〕。如有違戾，重寘典憲。」從之。

六月十三日，臣僚言：「比年以來，有所謂白衣道者，聾瞽愚俗，看經念佛，雜混男女，夜聚曉散，相率成風，呼吸之間，千百響應。江浙於今爲盛，閩又次之。臣恐此風寖長，日甚一日，其患有出於意料之外者。乞申飭有司，必舉而行，以正風俗，不許私創庵舍。」詔令逐路監司常切覺察，如有違戾去處，條具聞奏。既而又詔諸路監司各行下所部

〔一〕「月終」上疑脱一數字。
〔二〕禁：原作「盡」，據《兩朝綱目備要》卷七改。

州縣，出牓曉諭，限半月許令本州自陳，給據付主庵人收執。如出限不自陳及再有創置之人，告(受)〔首〕支給賞錢一千貫，先以官錢代支，却與犯人名下追納。其庵舍産業盡行籍没入官，候出給公據足日，逐州置籍申監司類聚施行。

七月九日，詔：「令諸路帥、憲司行下逐州軍，應有書坊去處，將事干國體及邊機軍政利害文籍，各州委官看詳。如委是不許私下雕印，有違見行條法指揮，並仰拘收，繳申國子監，所有板本日下並行毁劈，不得稍有隱漏及憑(籍)〔藉〕騷擾。仍仰江邊州軍常切措置關防，或因事發露，即將興販經由地分(乃)〔及〕印造州軍不覺察官吏根究，重作施行。委自帥、憲司嚴立賞牓，許人告捉，月具有無違戾聞奏。」以盱眙軍獲到戴十六[133]等，輒將本朝事實等文字欲行過界故也。

十二月九日，權知萬州趙師作言：「峽路民居險遠，素習夷風，易惑以詐，易煽以惡，致使淫巫得肆簧鼓。凡遇疾病，不事醫藥，聽命於巫，決卜求神，殺牲爲祭，虚費家財，無益病人。雖或抵死，猶謂事神之未至。故凡得疾，十死八九。又其俗以不道干富，祀諸昏淫之鬼，往往用人，僥冀作福，流爲殘忍，不可備言。乞行下本路，先禁師巫，俾之改業，嚴結保伍，斷絶禁呪及祭鬼器用，庶幾拔本塞源，不致滋長。」詔仰本路提刑嚴切禁止，務要盡絶，如有違犯，重作施行。

三年五月十八日，臣僚言：「臣聞治道之要在正風俗，而風俗之别則有二焉，曰民俗，曰士俗。民俗不正，士俗救之；士俗不正而欲正其在民者，不可得也。厥今之正風俗，莫先銷金(補)〔鋪〕翠之飾。竊見近日以來，街坊賈人公然貨鬻，倡優下妾恣爲服飾。以至游手之徒爲左道之奉，迎神祠佛，千百爲群，裝侈隊仗，曳地爲衣，金翠奪目。臣推其本，弊不在民，實緣士夫之家狃於豪貴之習，服用華侈，則下而民俗得以轉相視傚。乞申嚴法禁首飾，士夫犯者痛罰，雖貴不赦，告者立賞，雖多不吝。若此，則士俗既正，民俗不正者未之有也。」從之。

七月二十一日，臣僚言：「今日民力殫匱，極可憐憫，州縣之間，恬不顧恤。守臣知財富之當急，而不知民力之不支，或委曹職，或差監當，或檄異縣之僚，惟敏健是擇，又輔之以殘刻之州吏。其人稟承風旨，奔赴期會，不復知有百姓之痛癢。户税合輸之外，刻刷殘零，驅磨隱漏，已納者迫以重輸，産去者抑令陪納。編氓役户，冤痛無訴；邑長縣佐，旁觀而不敢言。國家倚民爲命脉，而州郡視縣猶子舍，豈應不恤如此！乞嚴戒諸路守臣，今後不許以拘催税賦、刻刷官錢爲名，别差本州官吏及外縣官下屬邑騷擾。其間知縣果有罷軟不勝任者，只就當邑僚佐選委，仍須斟酌緩急，使應期會。若本縣素來限節已定，不許破限迫趣，重爲户長之害。或有違戾，監司覺察按劾，重寘典憲。」從之。

十一月十一日，南郊赦文：「訪聞形勢之家違法私置獄具，(僻)〔擗〕截隱僻屋宇，或因一時喜怒，或因爭訟財産之類，輒將貧弱無辜之人關鎖饑餓，任情捶拷，以致死於非命。雖偶不死，亦成殘廢之疾。被苦之家不敢伸訴，深爲可憫。自今赦到日，仰守臣多立賞牓，遍示縣鎮，嚴行禁止。如有(祠)〔詞〕訴到官，須管盡情根究，依法施行。或州縣奉行不虔，仰提刑司按劾，月具有無違戾以聞。」

四年三月九日，樞密院奏：「步軍都虞候李郁言，街市鋪户、典當質庫輒將弓弩箭鑿之屬公肆出賣收當。乞下所屬重立罪賞約束，但係軍器，不許收當出賣。」從之。

二十五日，閤門舍人林伯成言：「驢騾駞馬有乘載之功，宜禁輕殺，以備般運。牛皮[134]筋角受納去處，毋致散失，以供軍須之用。」從之。

五月十四日，知桂陽軍王斐言：「乞下沿江屯駐等處，嚴戒主帥不得容令統制官已下輒役部曲修造私室。仍委總領專一覺察，將違戾兵官具姓名奏劾，併坐主帥失察之罪。」從之。

十六日，臣僚言：「牛皮筋角惟兩淮荆襄最多者，蓋其地空曠，便於水草，其民用之不恤，所以多斃。姑以臣前任安豐一郡言之，每歲官收皮角不下千餘件。尋常皆係姦民計會所屬估賣，却行轉賣與北人。蓋緣州解至臨安，重有所費，而不解發者，省部未嘗稽考。若從朝廷委自提刑司專一拘刷申解，仍許於係省或經總制錢内支破脚剩縻費之類，嚴加禁約，如州縣輒賣及拘占不發者，必寘重罰，如此，則非惟朝廷省支買之費矣。膠鰾翎毛，載在令甲，禁止甚嚴，比年公然過界，累有敗獲，甚至見任官親戚僕從等專以此爲優潤之資。蓋緣外借應副民間使用之名，其實在於過界獲利數倍。今若頓加杜絕，不許過江，又恐民間闕用。欲倣鉛礬乳香體例，從雜賣場量立數目給官引，隨膠鰾翎毛撥付沿邊州郡，置厝給賣。其無官引者不許過江，沿路覺察，並同販鉛礬之法而加嚴焉。如此則姦民無所容其計矣。」從之。

六月十七日，詔：「累降指揮，三衙江上諸軍不得私借人馬舟船，非不嚴切。訪聞日來畧不遵守，至於巧作名色，輒差權攝，支送月餽，蠹耗財賦。自今截日住罷，除赴趁朝參官許量差借馬外，餘並限一日拘收回軍馬，亦不踏逐將隊戰馬。尚或不悛，必罰無赦。」

八月二十七日，臣僚言：「廣西諸州之土丁初爲防盜設，命土豪首領選其壯而可用者部爲隊伍，教以弓弩擊刺之法，有司歲一點集撫勞之。今諸州之民無非土丁，凡有工役，驅馳迫逐，不以人類待之。壯者去而爲盜，弱者東逃西走，有死而已。廣東鹽司捕私鹽之令，每日責弓兵必要獲鹽。小人並緣爲虐，客船有零鹽三五觔則陰取湊數，解之鹽司。甚者散入鄉民之家，取其食鹽爲私鹽，抖擻漁船淹造之鹽爲私鹽，鹹魚汁爲煎鹽水。英德府之山石，其南取掘已盡，其北隸浛光縣，峭拔萬仞，下臨大江，近山之民驅而取石，不問能否。沿崖攀木，縛(閤)〔閣〕棧於半空之間，穴山洗石，有性命之憂。肇慶府之硯石歲鑿不已，致江水滲入。今則候冬月(嚴)〔巖〕水稍淺，命農夫車水，硯匠伐石。又有新坑南坑，搜挾殆遍。夫匠絡繹山間，歲失生業，不能自存。廉州之合浦産珠，或云古有是語，實未嘗有珠。貪者影響傳聞，拘籍漁船爲採珠户，其擾不可一二計。海南四州黎洞地與南蕃相望，有所謂茅葉沉香，黎人得之甚艱，買者傳以爲珍。一路士夫競囑四州收買，或差人入洞彊買，竟不得生還。又有脅之以威，遂至出省地焚刼生事。一方135之民何辜！乞詔二廣監司常切覺察，諸州縣官吏等人不得(投)〔役〕使土工，不得科抑蜑丁，不得以食鹽厚誣平民，不得以淹造之鹽、魚汁羅織客旅，英德不得放取山石，肇慶不得取硯石，廉州不得取海蚌之屬，海上四州不得遣人入黎洞買香。有一違戾，官吏按劾，以違制論，餘人決配。」從之。

十月二十七日，臣僚言：「在廷之臣自一命而上，至位絶百僚，莫不各以其官職爲稱。今州縣官之初品與夫一再循轉者，即取卿監、侍從、兩府之階官過爲稱呼，如彼右列，抑又甚焉。以至守令丞簿之屬，僭稱曰判，小小監當，例以判院呼之。欲戒飭州縣，一遵中都事體，隨其官職爲稱，不得輒循故習，僭有過制。」從之。

開禧元年五月十八日〔一〕，工部郎官吳鑄言：「昨者朝廷禁止私鑄銅器，閭巷游手末作鑄造賣鬻之風一旦寢息。而在京官司工役之處，或因製造軍器及公廨用度之物，旁緣打造，潛行貨鬻。竊恐人見輦轂之下尚敢如此，遠州遐邑相率効尤，漸不可制，乞申嚴禁約。」從之。

二十五日，詔：「訪聞內外諸軍將合干等人有詐作百姓名色私放軍債，已是違戾法禁，又輒將物貨高價抑賣，每遇支散衣糧料錢等，輒於打請之際，倚恃部轄，徑行兜取，顯屬掊剋。自今降指揮到日，仰主帥嚴行禁戢，如敢仍前違犯，主帥覺察，開具姓名申樞密院，取旨重寘典憲。主帥不行覺察，亦當重議鐫罰。可令三省、樞密院給降黄榜，下諸軍曉示。」

十一月九日，淮東提舉陳績言：「主將剋剥至重，莫甚於今日。私役之弊，買工之弊，差使營運之弊，未嘗少革。是猶曰公家之事然也，至於屯駐之所私買田宅，役官兵以爲之管幹，役軍匠以爲之營造，竹木甎瓦之屬悉取之官。國家竭民力以養兵，而主將迺竭兵力以奉己。乞今後應管兵官輒敢(放)〔於〕屯駐之所私置田宅，許民間告首，以違制論。」從之。

二年四月十七日，臣僚言：「都城之內，連甍比屋，脱有火災，隨時撲滅，獨於彈壓一事，猶未深講，臣請條其利

〔一〕此條前原有「禁採捕」三字以作細目，似《大典》原有，然以下內容仍爲禁約雜録，與上文同，時間亦緊連，不應別立此目，今删。但本部分之末另有三條，內容爲禁採捕，此目疑原在其處。

害而備言之。方鬱攸之滋熾也，姦民幸災，乘時剽掠，張皇聲勢，動摇人心，爲害一也。河渠貴相貫通，政欲舟楫無壅，而公私巨舫，舳艫相銜，竹木排筏縱横，偪塞阻礙，傷害人命，其爲害二也。古者棟宇之盛，謂之木祆，曩者一爇之後，土木之侈反過於前，是欲以人勝天，豈不悖理傷道？其爲害三也。欲令臨安府於通判、幕職官及本府兵將官内，先次推擇彊敏有才之人，以備緩急。遇有遺漏，即差委於要害處分布彈壓。仍分差總轄使臣撥隸彈壓之官，拘集頭項火下四散幾察，如有姦民乘勢掠人財物、鼓譟驚衆者，即時收捕，枷送所屬根勘，情重者依軍法施行。應公私坐船，常時並不得放令入城及於裏河擺泊。應公私修造竹木，并用舟船136乘載，不得編成排筏撐駕入城。應官民户不得以板木器用壅塞河道。令臨安府多出文牓，豫先曉諭約束。犯人以違制論，彈壓官吏等不切覺察，次第責罰。」從之。

三年正月十六日，行在榷貨務狀：「行在務場每歲收趁課額八百萬貫，應副左藏西庫，就支大軍給遣及朝廷封樁財計。建康一千二百萬貫，鎮江四百萬貫，應副淮東總領所給遣屯戍軍馬支費，并解發上供封樁之數，事繫重害。今諸州府却依安撫司行下，更不顧客販茶鹽舟船，並行拘(膚)〔敷〕。設有不敷之人，便作有悮軍期行遣，遂使客人畏懼，不肯興販，三務所收課利全然稀少。乞指揮下三務場，遍牒曉諭興販茶鹽客人知委，有茶鹽船經本務場陳乞，送鋪户保明詣實，給黄旗、公據收執興販，州縣等處不得妄有拘擾。違，仰客人指實越訴，將官吏重(行)〔作〕施行。」從之。

十月十七日，臣僚言：「乞申飭諸路監司，嚴切覺察部内，如有因科買而不還價錢，以和糴而輙作姦弊，即州追都吏，縣追典押及承行人吏，並行决配。仍許人户越訴。内守令縱容，情理巨蠹，即併按劾以聞。」從之。

嘉定二年七月四日，權知漳州薛揚祖言：「科罰之爲民病，在在有之。夫以小小爭訟而姑從科罰，已非息爭之道，今有以殺傷而至死者，亦或以罰而苟免，則寃氣何所伸！乞明詔四方，使爲郡縣者不至科罰病民。」又言：「古有四民，捨士、農、工、商之外無他業。自佛法流入中國，民俗趨之，而南方尤盛。有如漳郡之民，不假度牒，以奉佛爲名，私置庵寮者，其弊抑甚。男子則稱爲白衣道者，女子則號曰女道男人〔二〕，失時不婚不嫁，竊修道之名，濟姦私之行。乞嚴切禁戢，應非度牒披剃之人，並(係)〔令〕各歸本業。」從之。

三年三月二十日，臣僚言：「淮甸旱蝗，江湖中熟，商販不通。乞下諸路監司，嚴戒州縣官通販米之舟，弛下河出界之禁，無得出税截糴。或巧作名色拘留米舟，許客人經所屬陳訴，監司按劾以聞。」從之。

〔二〕女道男人：疑有誤。

四年十二月二十五日，臣僚言：「今日之習俗，僭擬踰制，冒上無禁，流弊至此，不可不革。青蓋之制，輦轂之下非親王、宰執不得輒用，今通都大邑，不問貴賤，憧憧往來，蔽空如雲。黄幄之設，尚方所用，今編户齊民一有醮設，張之私室。宜令臨安府帥臣具見行條令一切禁止，如有違戾，必寘諸罰。」從之。

五年二月十九日，臣僚言：「今之任於廣者，凡有出産，皆賤價收之而歸舟滿載。南方地廣民稀，民無蓋藏，所藉土産以爲卒歲之備。今爲官吏（疆）〔彊〕買，商旅爲之憚行，若不禁戢，慮傷民力。乞下廣東、西兩路監司、帥臣嚴行約束，違者按劾，重寘典憲。」從之。

八月一日，臣僚言：「州郡商税，經費所繇出也。今沿江場務較之往年，所收十不及四五，推原其繇，皆士大夫之貪黷者實爲之。巨艘西下，137客貨如山，經由場務，曲爲免税，沿江諸郡因此凋弊日甚，其可不思所以扶持拯捄哉！乞令沿江州郡揭榜税場，嚴行禁戢，如有違戾，許令守臣密具職位、姓名申尚書省及御史臺。」從之。

九月二十八日，臣僚言：「竊見漳、泉、福、興化，凡濱海之民所造舟船，乃自備財力興販牟利而已。朝廷以備邊之務不可弛，間籍定其數，更番以備防托。柰何州縣創例科取，胥吏並緣搔擾百出，利歸於下，怨歸於上。乞行下漳、泉、福、興化等郡禁戢，沿海諸邑凡大小海船除防托差使外，應干科歛無名色錢並行蠲免。如温、台、明等有海船去處，亦一例禁戢，毋得非法科取。若水居小船，不應丈尺，不得拘籍騷擾。如違，許船户越訴，官吏計贓，重寘典憲。」從之。

二十九日，臣僚言：「沿江有諸屯，州郡有禁旅，蓋欲專備緩急，豈容輒充私役？今不惟私役，至於寄居皆得借事，教閲披帶一切蠲免。平時不習紀律，不識行陣，方時閑暇，恬不爲怪，脱有緩急，何所倚（伏）〔仗〕！乞嚴戒江上諸屯依時教閲，並不許差借私役。諸路州軍禁軍，自監司、守倅而下不許占破役使及非法差出，須令逐日盡赴教閲。諸屯責總餉之官，諸路責帥臣，嚴行覺察，不測委官點檢。如或違（例）〔戾〕，從實具申朝廷，將主帥、守臣重賜懲戒，庶幾武備修明。兼諸縣土軍、弓手近日專充州縣役使及下鄉追呼，教閲一事尤不之問。乞並下諸路提刑司嚴切約束，違者提刑司從公奏劾，例行降黜，亦可爲緩急之備。」從之。

十二月二十日，臣僚言：「州縣之間，頑民健訟，不顧三尺。稍不得志，以折角爲耻，妄經翻訴，必欲僥倖一勝，則經州、經諸司、經臺部，技窮則又敢輕易妄經朝省，無時肯止。甚至陳乞告中，微賞未遂其意，亦敢輒然上瀆天聽，語言妄亂，觸犯不一。不有以懲之，則無忌憚，不但害及善良，官司亦爲其紊煩。乞徧下州縣揭牓曉示，今後經州、縣、監司及至臺部，的然虚妄者，必行收坐，妄經朝（首）〔省〕者重作施行，欺罔天聽者定行編配。」從之。

六年四月二十六日，右諫議大夫鄭昭先言：「張官置吏，各有司存。獄有重囚，差官審覆，委之倅貳。令倅或辭避不行，至委幕職代之，隨司吏胥不受約束，不過具成案，涉筆紙尾而已，冤枉何自而伸？縣闕正宰，權攝當屬邑佐，今縣官不差，至委郡僚或外官兼攝，擅作威福，非理擾民，民力安得不困？苗税自有省限，固當責之令佐，今乃差官交納，或差州吏下縣，已納再輸，已放復催，監繫鞭笞，殘虐如此。酒税自有定額，監官皆係正員，今乃欲應人情，酒務則差官提督，税場則别委拘收，規圖添給，且利贏餘，紊亂如此。乞明示中外，自今仍前違戾，外則委監司覺察，内則許臺諫風聞，重寘典憲。」從之。

六月二十九日，臣僚言：「曩歲權姦用事，讒邪得志，四方[138]游士紛集都城，假借聲援，簧鼓是非，甚至脅持朝士，淩駕言路，動如所欲，同聲相應，實繁有徒。更化以來，斥遠輕浮，亦當漸變，不意此風復長，士大夫惴惴然有朝不謀夕之憂。乞下臨安府嚴行禁止，如有仍前撰造脅持鼓惑，令總轄使臣密切根緝追勘施行。」從之。

十月二十八日，臣僚言：「國朝令甲，雕印言時政、邊機文書者皆有罪。近日書肆有《北征讜議》、《治安藥石》等書，乃龔日章、華岳投進書劄，所言間涉邊機，乃筆之書，鋟之木，鬻之市，泄之外夷。事若甚微，所關甚大。乞行下禁止，取私雕龔日章、華岳文字盡行毁板。其有已印賣者，責書坊日下（徼）〔繳〕納，當官毁壞。」從之。

十二月六日，臣僚言：「陛下（當）〔嘗〕降御筆，官民户造屋一遵制度，無事華飾。今都城内外多建大第，傑棟崇梁，輪奐相高。至於釋老之宫，峻殿邃（閤）〔閣〕，僭擬莫狀。此土木奢僭之弊也。陛下亦嘗降御筆，銷金鋪翠不許服用，令有司檢照條令，申飭中外，務在必行。今禁防既寬，銷金日盛，什物器用、燕羞果核，無一而不施金。此銷金奢僭之弊也。監司、郡守迎新供帳，泰侈特甚，幃幕俱用綾羅，褥裀包以綺錦。此州縣奢僭之弊也。執侍管軍戎服乘騎，此軍將之當然，今内管軍之官出則乘轎，暖幄自衛，作爲奇巧以充饋送，盛飾優伶以供宴娱。此軍官奢僭之弊也。甚至民德不一，衣服無常，都城皂隷高巾大袖，混雜士流，民庶妻妾冠帔珠翠，僭擬貴族。其他未易悉數。教化不明，法制廢壞，夫豈細故！乞申嚴土木之制及銷金條令，所在官司供帳不得徇例過數，管軍官不許循習舊弊。仍風厲中外，率循禮範，以爲民則，共革奢僭之俗，助成殷富之風。」從之。

七年三月十六日，臣僚言：「辰、沅、靖三州内則省民居之，外則爲熟户山猺，又有號曰峒丁，接近生界，迤邐深入，團峒甚多。平時省民得以安居，實賴熟户之猺與夫峒丁相爲捍蔽。創郡之初，區處詳密，隄防曲盡，故立法有溪洞之專條，行事有溪洞之體例，無非爲綏邊之策。近年以來，生界猺獠多有出没省地而州縣無以禁戢者，皆繇不能遵守良法。夫溪峒專條，山猺、峒丁田地並不（計）〔許〕與省民交易，蓋慮其窮困無所顧藉。今也州郡悉聽其與省民交易，利於牙契所得輸稅可以資郡帑汎用。而山傜、峒丁之丁米掛籍自如，催督嚴峻，多不聊生，反引惹生界出没省地。若騷騷不已，其害有不可勝言者。乞明敕湖、廣監司行下諸郡，凡屬（奚）〔溪〕峒去處，所有山傜、峒丁田業一遵成憲，不得擅與省民交易，犯者科以違制之罪。」從之。

五月十六日，嘉興府狀，乞令倭舶前來本部住泊趁歲計。詔：「權令嘉興府行下華亭縣住泊海南船隻抽解，如客人陳給公據，仰本府具申户部出給，及不得住泊高麗倭船。其客人起發前往海139南州軍，仰本府縣嚴行覺察，不得容令夾帶銅錢，申提刑司委官搜檢，亦不許將元船再販物貨往廣、泉州軍。如輒有夾帶銅錢到於别處，官司敗獲，守臣、知縣並行鐫責。仍行下兩浙轉運司、慶元府照會，及浙西提刑司專一覺察施行。」

九月二十六日，臣僚言：「今之風俗，自京畿以至江浙，其微之不可不謹者非一。社稷之所報有常祀也，今愚民之媚於神者每以社會爲名，集無賴千百，操戈被甲，鳴鉦擊鼓，巡行於鄉井之間。萬一有嘯呼其間如竊弄潢池之兵者，則里社何以禦之？此習俗之不可不謹其微者一也。古者衣服有常，民得歸一，今愚民以迎神爲名，妄一男子，目以爲神，如古者立（户）〔尸〕以祭，冠冕之華，服色之僭，飾金車，張（皇）〔黄〕蓋，縱觀者不駭，執法者不訶。僭亂之俗，莫此爲甚。此習俗之不可不謹其微者二也。古之命名者不以日月山川，非獨欲其不難於避也，蓋名以立義，義以王行。今之士夫與豪傑之旁午於鄉井者，或襲古帝王之名，殆將何爲耶？此又習俗之不可不謹其微者三也。天下之事必自其微而謹之，微之不謹，積習至著，殆有難於（政）〔改〕者。乞明詔大臣，申嚴行下監司、郡守，鏤牓曉示，嚴行禁戢。其或不悛，必置重憲。」從之。

八年正月二十八日，臣僚言：「京師，風俗之樞機；禮教，人心之防範。陛下崇尚朴素，躬履儉約，固嘗特降御筆，首嚴銷金鋪翠之禁。曾未數月，冒犯如故。臣以爲行法固自近始，而尤當禁絶其源。竊見京城内外有專以打造金箔及鋪翠銷金爲業者不下數百家，列之市肆，藏之篋笥，通販往來者往往至數千人。若於其源而盡絶之，販造者既無所容，則服用者不期革而自革矣。乞行下臨安府，檢坐見行條法，申嚴牓示，其打造金箔及銷金鋪翠工匠等人，仰日下改業，將應干作具經官首納。如限外不首，仍前製造、販賣，並許人告，犯人從杖罪科斷，枷項號令監賞，候犯人替。外路州軍專委轉運司嚴切禁戢，準此施行。」從之。

五月一日，禮部尚書、兼給事中曾從龍等看詳：「殿中侍御史、兼侍講應武奏：『去年江浙災傷州郡，多爲官司掩蔽，減放租税率不以實。權與倚閣四等以下當年所欠二税，直俟今秋成熟，方許催納。所有六年以前諸色税賦零欠，悉與蠲放。』從龍等看詳，欲下户部疾速具申尚書省。『一、諸州科折綾綿、豆麥之類，惟計一歲所費，科之上户。蓋上户力勝重賦，無可辭難，自二等而下則非其比。近年以來，州郡利於贏餘，大率多科數目，乃使二等之末例同科折。乞令户部、轉運司行下諸州，除折帛自有成法外，其綾綿、豆麥之類，止合指定合用數目，如科折過數，許人户越訴。』從龍等看詳，欲下户部嚴行約束。如違，許人户越訴。『一、諸路州縣人户多有坍江落溪之田，140業既不存，税則如故，州縣不與除減，遂至人户困於虚賦，監錮斷決，無所告愬。乞令上司差官檢覆，除豁二税，毋掛簿籍，久爲民害。』從龍等看詳，欲下諸路運司嚴行約束，如遇人户陳訴，即與差官覈實，除豁施行。『一、諸州坊場多有敗闕既久，額錢仍舊。或界限已滿，抑使抱認；或敷攤衆户，使之均納。追呼監繫，無由了絶。乞令所屬監司審覈，如敗闕日久，合與體減，不許抑勒抱認。敢有違戾，令監司覺察。』從龍等看詳，欲下所屬監司覈實，取見敗闕去處具申尚書省，取旨除豁，劄内藏庫照會施行。『一、預借人户税賦，臣僚屢有奏請，朝廷屢行禁止，非不嚴切。訪聞州縣奉承不虔，多是循習。如役錢一項，或借及三兩年，盡被官吏侵欺，故民間每受預借之苦。乞令諸路提舉常平司行下諸州縣照應施行。其餘諸色税賦，亦合照已降指揮，不得先期預催。如有違戾，許人户越訴。』從龍等看詳，欲下户部照累降指揮申嚴行下，約束施行。」並從之。

十一日，右正言、兼侍講倪千里言：「版曹歲買綿絹於諸郡，不以時估定價，率以官價抑民，倅廳督諸縣，諸縣責牙儈，紛紛追擾，民胥怨咨。乞令户部，如諸郡申發到綿絹則樣，仰依時估定價，不得減剋。仍行下轉運司嚴行禁戢，諸郡不得科擾。如違，按奏施行。」從之。

七月四日，主管户部架(閤)〔閣〕文字周勉言：「今日生民之苦，其最甚者，税斂之日急。郡守以豐裕爲能，縣令以峻急祈免。一縣之賦十分，而解九分之九，可以少舒矣，然文移之出，如雷如霆，縣吏逃逸，故爲令丞者日坐湯火塗炭而每不聊生，柰之何長吏不恤也！版曹大計，臣不能知，專人下郡，豈曰美事？求無陵暴，賂必不貲。若是，欲郡之寬縣，郡胥之無爲侵竊，不可得也。夏秋二税，法有省限，今兩浙州郡有以三月末而催夏税者矣。有責絹以錢，必四月取，又因買絹他郡而規取其贏者矣。均之税也，貧者稱(貨)〔貸〕子錢，則一月之先有一月之害。然則版曹、州郡專人亦可無遣乎？税斂苟及九分有奇，亦可少緩乎？省限亦可復乎？」兼給事中曾從龍等看詳，欲乞嚴行禁戢，仍許御史臺覺察。」從之。

八月二十二日，臣僚言：「竊見兩浙、江、淮等路今歲旱魃爲虐，種不入土者什七八，加之飛蝗肆毒，所過一空，民心嗷嗷，甚可憂也。且州縣之間，正使有無相通，未至艱食。今聞帥臣、守令各私其境，以鄰爲壑，禁遏米斛，並不出本路州縣之界，遂至上户閉糴，望風翔貴，盜賊間作，流離餓莩不絶于道。遲以旬月，其害有不可勝言者。乞行下並仰通販米斛，舟楫往來不得禁遏，經由場務不得收力勝等税錢，聽民旅從便糶糴，官司不必定其價直。如有違戾，外委監司，內而臺諫覺察彈劾，重寘典憲。」從之。

二十七日，臣僚言：「竊惟朝廷張官置吏，上141下相維，無非使之奉行主德。乃有立意本善而流弊滋甚者，諸路監司差官、餽送之弊是也。冬夏慮囚則差官疎決，義倉慮移易則差官覈實，楮價慮折閱則差官體訪。路凡幾州，州凡幾縣，而監司不能以徧歷，故聽遣其所屬而互察之。承其命者固當體其分遣之意，今乃奉檄而行，惟利是圖，稍不滿欲，多端羅織；餽遺悦心，雖有過愆，置而不言。為監司者亦將何從而察之耶？乞今後諸路應差官吏，須（釋）〔擇〕清廉介潔之人，除批券之外，其餘餽送並不許接受，比以贓論。」從之。

十二月四日，臣僚言：「銅錢銷毀，最為大患，今欲嚴行禁戢，非必創為條令，但遵守舊法，務在必行。如有冒禁者，以銷毀不多，或從闊略〔一〕，一遵條令，庶幾銅錢不至消耗，實非小補。」從之。

三十日，臣僚言：「比者旱蝗為孽，民食奏艱，朝廷經理，不遺餘力，蠲廩朝奏夕可，惠至渥也。臣久歷州縣，備究疾苦，凶年饑歲，惟中户最可憫憐。蓋中人之家，入僅償出，粒米狼戾，尚鮮蓋藏，不幸遇災，自救不給，州縣例行科抑，使之出粟。期會督迫，逾於常賦，鬻田貸室，轉糴應輸。富者乘時高價取贏，反遂其吞并之計；胥吏並緣推排，以飽谿壑之欲。乞行下應旱荒州縣，出粟賑糶，未免亦科及中户，當量察其有無，不可專論産錢；多方招誘，不可專事抑勒。如官司過於暴刻，胥吏緣此取受，許人户越訴，當擇其甚者重寘典憲。」從之。

同日，臣僚言：「臣簉跡會朝，或因奏對，備見內諸司之吏與夫仗衛之人，離次而錯立，聚首而簇談，心竊怪之。至於身之冠服，各有常度，或迺持幞帽于手，繫衫服于腰，短褐便衣，恬無忌憚。乞行下所屬，嚴立約束，應入出宮門，衣冠並須如儀裹戴服繫。行立之際，務在整肅。其或不恭，重寘典憲。所隸官司或不覺察，亦加責罰。庶幾天極崇嚴，主勢隆重。」從之。

九年正月二十五日，臣僚言：「州縣之間，事力有限，而游士挾書以干懇者，甚非所宜。乞申飭有位，應有求書抵州縣干乞，或親書，或連銜，並不許發。其州縣得書，亦不許輒有應副。違者示以懲罰。」從之。

十年三月一日，臣僚言：「近因職事，檢獄天府，其間王正國等屢入番國漏泊一事，案牘所供，殊駭觀聽。復聞沿海州縣如華亭、海鹽、青龍、顧逕〔二〕、江陰、鎮江、通、泰等處，姦民豪户廣收米斛，販入諸番，此尤利害之切者。乞行下沿海州軍，各敕所屬縣鎮，籍定海舟。應有買販入番，先具所載名件經官給據，委官檢實，方得出海，巡警官司看驗公憑，方許放行。如係禁之物，許令徒黨告首，重者以舟

〔一〕此處似有脱文。
〔二〕逕：原脱，據下頁「十一年四月四日」條補。

中之物充賞。至若米斛在舟，只許會計舟人期程食用。庶幾姦民知所畏戢。」從之。

八月二十九日，臣僚言：「比日以來，海多寇盜，剽掠平民，如廣之多槳船，温、台之捕魚船，所至爲害。沿海官兵皆相爲囊橐，一旦 142 有警，不肯極力追捕，間有捕獲，類多故縱。乞行下沿海州軍及逐州巡捕等官，應界分之火遇有劫盜，立限緝捉，踰時刻不獲者，即行責罰。或行劫之盜續被他處捉獲，兵級與賊一同坐罪。其官屬有失覺察，重賜鐫責。」從之。

十月四日，臣僚言：「選侯擇令，所以分民社之寄，重藩宣之託，職任蓋不輕也。而（疆）〔彊〕梗弗率，猶得以爲州縣之（橈）〔撓〕，則亦積習既深，而其類非一爾。何者？倚勢干請，挾公濟私，則有寄居之擾；事力有餘，劫制是務，則有豪富之擾；抵冒法禁，刑責不加，則（有）宗室之擾；鼠牙雀角，珥筆健訟，則有頑民之擾；隱占逋賦，怨怒督促，則有攬户之擾；甚而侵撓事權，陵轢傾陷，則又有同官之擾。臣備數臺察，每遇受詞，目覩其弊，尋行體訪，皆無籍之徒陷於微利，受情而來，多者或至數十爲群，竄易顛末，巧飾詞理，期於必中。聽受之際，固不容不致其審。近者畿邑之民有訴其長者，至有司究詰，乃得其所使之實，聞者爲之駭愕。夫以天府耳目之近，官聯之密，且猶若此，則四方萬里之廣，蓋可知矣。欲行下諸路郡縣，明行揭示，俾各知分義之守。仍令聽受官司或遇此等詞訴，必須公心究竟其實。若州縣長吏貪謬殘虐，悖理傷道，則嚴行按奏，重寘於法。或（疆）〔彊〕横姦欺之輩妄爲陵犯，亦必遵照（申）〔甲〕令，嚴與施行。」從之。

十一月二十九日，臣僚言：「臣聞楮幣之折閱，原於銅錢之消耗；銅錢之消耗，原於透漏之無涯。乞行下慶元、泉、廣諸郡，多於舶船離岸之時差官檢視之外，令綱首重立罪狀。舟行之後，或有告首敗露，不問緡錢之多寡，船貨悉與拘没。仍令沿海州郡多出牓示於灣隩泊舟去處，重立賞格，許人緝捉。每獲到下海銅錢一貫，酬以十貫之賞，仍將犯人重與估籍，庶幾透漏之弊少革。」從之。

十一年四月四日，臣僚言：「朝廷以浙左諸郡去歲小歉，民生艱食，權宜通變，從商販運米過江，救災恤民，不容不爾。夫何乘隙好利之徒，抵冒法禁，一離江岸，蕩無禁止，遵海而往，透入虜界者不一。邇者浙右如華亭、海鹽、江陰、顧逕等處，其爲漏泄米斛不可勝計。且天禍彼國，連年飢饉，猶且逞其兇暴，而吾之姦民趍利玩法以資盜糧，利害豈小！乞行下淮浙漕司及沿海州郡，各飭所屬措置關防。如獲到違戾之人，研窮勘鞫，處以軍法。其能告捕者，官司給賞之外，盡以所載之物與之。斷在必行，期以無犯。」從之。

十二年六月二十八日，都省言：「勘會見錢稀少，會價漸至低減，訪聞日來皆由銅錢下江并番舶偷載，與夫越界販賣出外。已劄下諸路提刑、提舉、轉運、市舶司，日下各嚴切行下所部州軍，差人嚴行搜檢船户，不許偷載銅錢下船。如有違犯之人，許同舟徒伴并諸色人告首，即將犯人送獄根勘，仍於名下重與追賞，犯人143并船户與所販物貨并船盡籍没入官，一體決配斷罪。仍仰州縣分明重立罪賞，多出文牓曉諭，常切從公緝捉，無使透漏。仍仰所部監司覺察州縣違慢去處，切待取旨，重行鐫責施行。」

八月九日，臣僚言：「今日楮券之弊，較之開禧之前，固不若彼之甚。州縣稱提，久而厭玩，不無折閲去處。然振起其折閲之漸，而杜絶其致弊之因，其策在錢而不在楮，蓋錢者所以權乎楮也。今日之錢，鼓鑄不登，滲漏不貲，銋銷日蠹，私家藏匿。疊是四弊，固宜銅錢日少，而無以濟楮(弊)〔幣〕之流行。乞申明禁令，凡坑冶鼓鑄責之所司，必欲歲數增衍。至於蕃賈之滲漏，工匠之銋銷，豪民贓吏之藏積，嚴行禁止，無尚虚文，無恤浮議，則銅錢可以漸裕，子母可以相權，楮(弊)〔幣〕之價不至於隨起而隨(朴)〔仆〕矣。至若州縣稱提之策，則民賦輸納、官吏俸給一用錢會中半之説猶可奉行，而嘉定九年臣僚所奏具在可覆。乞檢舉頒下州縣，務在必行。」從之。

十一月十一日，臣僚言：「錢塘爲天子之行都，神京之禁地。三數年來，庸人販夫詭親王貴胄之名，占他人墳壠之地以爲石蕩，打(繫)〔擊〕穿鑿，豈獨山川鬼神爲之不寧，而山居之民亦不得安跡。乞行下所屬嚴切禁止，不許仍舊公然打鑿，所是已鑿空洞，亦乞旋行填塞，以實舊址。」從之。

十二月三日，臣僚言：「天祐我宋，百年故土挈之來歸，虜日敗亡，正不足慮。第惟邊城稽事屢以稔告，而彼(彊)〔疆〕旱潦無歲無之，反聞虜得竊糴吾境，姦民趨利，公然般販，非細故也。虜之長技，所恃爲馬，連年師徒(販擾)〔敗撓〕，十耗七八。彼平時取馬，或於西界，仇怨以來，既不復通，遂乃厚捐珍寶，竊市於吾襄漢間，甚而膠鰾亦從而往，借寇兵、資盜糧，莫此爲甚。乞行下沿邊州郡，應民間移運米穀及有交易，並令本鄉總保或鄰甲保識，委無出界情弊，方許通行。如已保識而故違出界者，併保識人同罪。及販賣膠鰾軍須等物，併令所屬官司嚴切巡捕。如或奉行不虔，别致發覺，官吏重行責罰鐫罷。」從之。

十三年九月六日，臣僚言：「折科之弊，利不歸於公上，而害切於生民。始也惟係省務，其斂尚微，自後諸務從而効之，所征無藝。民賦頓增，上供暗(滅)〔減〕，歲復一歲，至今極矣。乞令兩浙轉運司先行約束，專差精(疆)〔彊〕官屬覈實，若數外多科升合，許民户越訴，當職官皆坐以違制之罪。」從之。

十四年二月十二日，臣僚言：「國朝差役，有保正，有户長。保正主掌煙火，奉行文引，而又有收捕兇暴盜賊之虞；户長夏則催税，秋則催苗，而又有併催二税役錢之苦，所以任民之力不爲不重矣。今州縣官吏於斯二者，不惟不加優恤，又且乘時刻剥，勢單力窮，必致破蕩。乞行下州縣，令保正專任煙火、文引之責，諸色科斂並行禁絶；户長惟任拘催二税役錢[144]之責，其有恃頑拖欠之户，即與嚴行追斷。庶使充役之家不至重困。」從之。

六月十六日，德音赦文：「勘會蘄、黄州并管下縣鎮民户，昨緣避地，流移渡江，今欲復業之人，應隨行衣物牛具驢馬之類，並不得邀阻收税，舟船免力勝。如有違戾，許民户越訴。仍多出文牓曉諭。」

九月十日，明堂赦文：「勘會漳、泉、福、興化四郡瀕海細民以漁爲業，所得其實無幾，州縣官吏不恤，却行征取。自今赦到日，仰本路轉運、提刑司常切覺察，如州縣仍前違戾，按劾聞奏。」又赦文：「勘會諸縣起解本州及上司財賦，如糴本錢、牙契錢、忠順官錢、經總制錢之類，各有立定窠名。訪聞諸州軍不恤縣道，逐時添立項目錢數，遂爲永額。可令日下改正，或有違戾，仰監司覺察，按劾以聞。」又赦文：「勘會保正副依條止掌烟火、盗賊、橋道等事，訪聞官司動用，一切取辦，如修葺材料，差顧夫力，勒令催科，並是違法。仰今後州縣遵守條令，不得汎有科擾。如違，許充役之家越訴。仍仰監司覺察，按劾聞奏。」

十五年十月十一日，臣僚言：「國家置舶官於泉、廣，招徠島夷，阜通貨賄。彼之所闕者如甆器、茗、醴之屬，皆所願得，故以吾無用之物易彼有用之貨，猶未見其害也。今積習玩熟，來往頻繁，金銀、銅錢、銅器之類，皆以充斥外國。頃年泉州尉官嘗捕銅鋌千餘斤，光爛如金，皆精銅所造，若非銷錢，何以得此？頗聞舶司拘於歲課，每冬津遣富商請驗以往，其有不願者，照籍點發。夫既驅之而行，雖有禁物，人不敢告，官不暇問。銅日以耗，職此之由。臣愚謂宜戒飭舶司，俾之從長措置，至冬不必遣船，只如初制，聽其自至。彼既習用中國之物，一歲不通，必至乏用，勢不容不求(求)市於我。吾以客主之勢坐制其出入，機察其違犯，較夫津遣豪民賫物求售，坐視其弊而莫之禁者，得失有間矣。乞亟賜行下，是亦禁戢銅錢、稱提官會之一助也。」又言：「泉、廣每歲起綱，所謂麤色，雖海運以達中都，然水脚之費亦自不貲。今外帑香貨充斥，積壓陳腐，幾爲無用之物，臣以爲當令舶司就地頭變賣，止以官券來輸左帑。乞併賜行下，其於稱提官會亦非小補。」又言：「蕃夷得中國錢，分庫藏貯，以爲鎮國之寶。故入蕃者非銅錢不往，而蕃貨亦非銅錢不售，利源孔厚，趨者日衆。今則沿海郡縣寄居不論大小，凡有勢力者則皆爲之，官司不敢誰何，且爲防護出境。銅錢日寡，弊或由此。儻不(行)嚴行禁戢，痛加懲治，中國之錢將盡流入化外矣。乞亟賜行下，應興販銅錢下海入蕃者，別立賞格，許人指告。命官追官勒停，永不叙理；百姓籍没家財，重行決配。」並從之。

十一月六日，臣僚言：「比年以來，游(官)〔宦〕不得志之士，犇謁無顧忌之儔，專事口吻，論議横生，勃乎不知底止。大則以此希榮[145]干進，小則以此摇尾乞憐，稍弗快意，撰造事端，驚聽駭聞。萬一有激，其關繫至不細也。乞下臣此章以風厲之，仍行下臨安府揭榜曉示，俾之改過自新。如或不悛，臣當指實彈奏，重行懲治。」從之。

十六年正月五日，臣僚言：「年來僞楮日甚，丁卯舊楮綴補以爲新者有之，蜀道楮綱潛易於中流者有之，小夫窶人之家盜天子之權私鑄印文者亦有之。如一界之楮爲數若干，行之數年之間，耗於水火，耗於破損，耗於遐方，踰界而不易者，又不知其幾也。及其界滿而收也，其數常溢，則僞楮之多可知。今僞造有禁，刊之印文，編之敕令，非不嚴具，而愚民無知，抵冒自若。意者朝廷過於仁厚，前後犯禁之人未必盡論如法，故小人猶得以玩之歟。乞條具累朝僞造官會之禁，嚴立黄版，揭示都闉，仍下逐路鏤版，其有犯者，斷在必行。官司或失覺察，併寘典憲，仍重捕獲之賞。」從之。

十一日，臣僚言：「六飛駐蹕錢塘閱數十年，宫殿所峙，實在鳳山之前，蓋古人所謂自天目山龍飛鳳舞而至者。鄉來鳳山一帶路南未闢，車馬冠蓋多由嘉會門路。比年八盤嶺屢經砌疊，其平如砥，遂爲通衢。殊不思前近帝闕，後涉禁山，行人敢爾紛擾，非所以示尊崇也。乞下殿前司，日下自和寧門相近八盤嶺路口建立門關，麗正門西舊自有門，並行關閉。除巡徼軍兵往來外，應干官員等轎馬、買賣物貨等人，並立牌禁止，不得經行。違者具名申尚書省，重作行遣。官兵並不許假徼巡之名，因而取道。仍乞指揮令臨安府嚴揭賞牓禁約，增重帝都，實爲利便。」從之。

八月五日，詔：「令户部日下遍牒諸路州軍，嚴行約束當職官吏，將受納苗米，不得過數增收，多量斗面。如有違戾，許人户越訴。并行下逐路轉運司更切覺察，將違戾去處按劾施行。仍多出文牓曉諭。」

十七年二月二日，詔：「令刑部關牒六部、御史臺、諫院、寺監、帑庾，應胥吏凡經斥逐，不以元犯輕重，曾無勘決，日後並不許引赦限及特行收叙入役，以幸吏姦。」

四月八日，臣僚言：「臨安府、轉運司凡所施行公事，兩造在庭，有押到而未供者，有已供而未呈者，未免押出召保。幸卒毆打乞覓〔一〕，輒於委巷之中僦客邸爲關留之所，名曰窠裏。得錢則聽其責保而去，無錢則執縛拘縶，魚貫蟻聚，臭穢薰蒸，隆暑嚴寒，備極其苦。安邊所及南北兩厢，錢塘、仁和兩縣，循習倣傚。已令轉運司、臨安府委官嚴行根刷追斷，毁拆窠栅，鏤牓曉示。自今知在人關留窠裏，仰家屬經御史臺越訴，將犯人重斷編管。四鄰不告，一例懲治。」從之。

九日，臣僚言：「今進奏有邸吏，各分郡以掌之。苟事出於公，則凡案牘之要程，緘縢之彝具，俾之申達，足副使令。其如利己自營，務求巧便，知私人之可用，而不知常度之不146可違，知曲徑之可從，而不知公法之爲可憚，於是部曹寺監之吏，有因州郡委囑，冒充承受。郡守明知其人可

〔一〕幸：疑當作「牢」。

以倚仗，委心屈己而聽之，動以二三千緡捐予其家，供請託之費。或馳書要位，控露款私，必使委曲投陳，探求意嚮。或公銜列事，未即緘封，必使審細斟量，旋行改易。又甚至結連吏黨，皷倡浮言，附託賄徒，播謄虛說。守之所短則多方掩覆，更謂循良；守之所忌則撰事興誣，力爲排訾。以賤吏而敢與(候)〔侯〕牧交通，罪固不容於誅矣。謹按御史臺、三司人吏結甲，不得充州郡承受，月狀申省，具有明文。矧在諸司，並居朝職，嚴於戢吏，理亦宜然。乞行下六部、寺監等處，依倣御史臺見行條制，月具逐司人吏自主令而下並不得充州郡承受，結狀保明申尚書省，仍申臺證會。若官吏通同，故相容庇，並許覺察彈奏，追鞫犯吏，重作施行。其諸州申達文字，奏邸屬吏專一稟承，但示至公。併下臨安府備揭賞牓，責令緝捕使臣常切密探，有外郡差人齎持書餽復往舊爲承受之家，即行收捉。究勘得實，計贓估配，將守臣之違戾者取旨鐫罷。」從之〔一〕。

淳熙二年十二月十七日〔二〕，慶壽赦：「臨安府西湖係放生池，專降指揮，不得採捕。邇來小民冒利採取，所屬本嘗禁止，可令本府嚴立罪賞，出牒禁戢，專責巡警官司，毋得容縱。應諸路州軍放生池依此。」

三年五月八日〔三〕，詔：「民間採捕田鷄，殺害生命，雖累有約束，貨賣愈多。訪聞多是緝捕使臣火下買販，及縱容百姓出賣。令出牓曉諭，差不干礙人收捉。如火下貨賣，捉獲，其所管使臣一例坐罪。」

四年六月二十日〔四〕，詔江東提刑司下所屬州郡禁止採捕蜂兒。從知寧國府蔡洸請也。(以上《永樂大典》卷一九三九二)

禁約 四〔五〕

【宋會要】

147 紹興三年三月十八日，知臨安府盧知原言：「車駕駐蹕臨安府，屯兵既衆，居民浩穰，今欲相度每夜三更斷

〔一〕天頭原批：「『從之』下增小注『以上《續會要》』。」按，此部分之前已標《續宋會要》，此處不必再注。此批似爲葉渭清據嘉業堂本所加，因其字迹與下二批同。嘉業堂本此處先注「以上續會要」，但又點去。

〔二〕天頭原批：「淳熙二年十二月十七日及三年五月八日兩條，移前第一百十九頁前半十五行四年二月七日條上。」此批及下條批語所言頁碼與行數與今《宋會要輯稿》影印本合，則當是葉渭清所批。今按，審以下三條均爲禁採捕，其內容及時間均與上文迥不相接，蓋在《大典》中本是獨立之部分，徐松手下書吏誤爲抄合。又原稿前文刑法二之一三五誤插入「禁採捕」一目(見該處校記)，亦似本在此處。此三條應與本卷後文禁採捕諸條合併，而不應移併於前文(嘉業堂本已移併於前文，葉渭清當即據嘉業堂本批)。

〔三〕此條前刑法二之一一八亦有，作五月七日，其餘文字亦小異。

〔四〕天頭原批：「四年六月二十日條應移第一百十九頁後半第六行八月二十七日條上。」

〔五〕禁約四：原作「禁約三」，徑改。按年代次序，本部分應移至「禁約三」之前。

夜，五更依舊許人行往。」從之。

七月四日，浙東福建路宣諭朱異言：「衢州所蓋東嶽神祠氣象雄偉，州人每遇嶽神生日，人户連日聚集，百戲迎引，其服飾儀物大段僭侈。竊慮所在崇奉淫祠之人遞相倣傚，别致生事。應州縣奉祀神祠，設祭迎引，輒以旗鑼、兵仗，僭擬服飾爲儀數者，令提刑司行下諸州縣，嚴行禁止。」詔坐條行下。

二十二日，詔：「江北流寓之人賃屋居住，多被業主騷擾，添搭房錢，坐致窮困。又豪右兼并之家占據官地，起蓋房廊，重賃與人，錢數增多，小人重困。令臨安府禁止，仍許被抑勒之人詣府陳告。根究得實，將業主重行斷遣，其物没納入官。本府不爲受理，許詣朝省越訴。」

同日，詔：「宗室及有蔭不肖子弟多是酤私酒，開櫃坊，遇夜將帶不逞，殺打平人，奪取沿身財物。令臨安府寅夜密行收捕，如獲上件作過之人，先行收禁枷訊，具奏聽旨。」

十月十七日，監察御史、廣南東西路宣諭明橐言：「訪聞邕州之地南鄰交趾，其左右江諸洞〔一〕，五鎮寨諸坑場，多有無賴之徒畧賣人口，販入交趾。又邕、欽、廉三州與交趾海道相連，逐年規利之徒貿易金、香，必以小平錢爲約，而又下令其國小平錢許入而不許出。二者之弊，若不申嚴禁止，其害非輕。臣已檢坐見行條制行下三郡外，欲乞自今二廣邊郡透漏生口、銅錢，應帥臣、監司、守倅、巡捕、當職官，乞比犯人減等坐罪。」詔依奏，令户、刑部限三日立法申尚書省。立法見「刑制」。

十一月八日，臣僚言：「浙東衢、嚴之間，田野之民每憂口衆爲累，及生其子，率多不舉。又旁近江東饒、信皆然。望賜止絶。」刑部檢準見行條法，爲係江南東西、荆湖南北、福建路，其兩浙東西路未有，乞依上條。詔依。五年閏二月九日，臣僚言，不收養子孫，二廣尤甚。詔：其該載不盡路分，依兩浙等路見行條法。八年五月十六日，詔：「應州縣鄉村第五等、坊郭第七等以下人户及無等貧乏之家，生男女而不能養贍者，每人支錢四貫，于常平或免役寬剩錢内支給。官吏違慢，以違制論。仍委守令勸諭本處土豪、父老及名德（增）〔僧〕行常切曉喻禍福，或加賙給。如奉行如法，存活數多，許本路監司保明，並（無）〔與〕推賞。」十五年六月二十一日，臣僚言：「已降指揮，生男女每名支錢四貫文，于常平或免役寬剩錢内支。竊聞州縣免役錢所收微細，乞發義倉之粟以賑之。」詔於見管常平、義倉米内每人支米一碩。二十年六月四日，以臣僚言復申嚴行下。二十八年十一月三日，以臣僚言，詔勑令所立法。

四年二月二十三148日，詔：「今後諸路有頒降詔令，並仰監司關報州縣，真書文字，鏤板印給于民間。仍約束巡尉不得以修葺粉壁爲名，差人下鄉騷擾。」以臣僚言置立粉壁之

〔一〕諸：原作「州」，據《建炎要録》卷六九改。

弊也。

四月十五日，御史臺言：「訪聞西北流寓之民乍到行在，往往不知巷陌，誤失人口。其厢巡人不即收領送官，責問本家識認，至被外人用情誘藏在家，恐赫以言，或雇賣與人爲奴婢，或折勒爲娼者甚衆。雖有常法斷罪、告賞，緣未曾申嚴約束，望下臨安府措置禁止，常切覺察。」從之。

二十九日，上諭宰輔曰：「前日王居正上殿劄子，論收買御爐炭須胡桃紋、鵓鴿色者，何嘗有此指揮？」續檢到兩浙轉運司下婺州買炭牒，果有上件紋、色，上蹙然曰：「宫中每常用炭，並不揀擇，當艱難之時，豈宜以此擾人，可令速罷。仍令户部講究，更有似此之類，並行禁止。」

七月六日，臣僚言：「乞下諸路，今後有賣陣亡恩澤自首及因人告首，所給付身便行毁抹，餘人悉免根究。如自首之人，特與放罪；若因人告發，合推究斷罪，給賞，不得枝蔓。」詔：「若有賣陣亡恩澤自首之人，不以所犯在今降指揮前後，並合遵依已降指揮施行。」

十月十七日，宰執進呈臣僚奏疏：「車駕進發有日，恐州縣以供億擾民，朝廷雖已降約束，乞粉壁曉諭。」上曰：「朕常出使河朔，見宣和間茶鹽條法粉壁列屋長廊，徒爲文具，適以害民，不如多出文榜。」趙鼎曰：「陛下聖慮及此，幸甚。」

十一月六日，宰執進呈監察御史田如鼇論幾事不密則害成：「朝廷近來未行之事，中外已自喧傳，及號令之出，往往悉如衆人所料。嘗推求其故，皆緣人吏不能謹所致。」上曰：「此緣吕頤浩不知大體，雖賣物人亦縱之入政事堂，每每漏泄。」趙鼎曰：「前此中書省、樞密院置皇城内，如在天上，何由探知？自渡江，屋宇淺隘，人跡錯雜，自然不密。」上命申嚴法禁，又詔應漏泄邊機事務，並行軍法，賞錢一千貫，許人告。仍令尚書省出榜。

五年閏二月二十三日，都省言：「三省、樞密院人吏約束條貫，其輙入酒肆并開置邸店沽賣酒食之類，所立告賞切恐太輕，理當增立。」詔各更增立賞錢一百貫，餘並依累降旨揮，仍出牓曉示三省制勑院門、樞密院宣旨門。

五月十九日，户部言：「禁戢私鑄銅器，已有見行條法罪賞。若私置爐烹鍊，鉟銷、磨錯、剪鑿錢寶鑄造銅器，乞以五家結爲一保，自相覺察。除犯人依條外，若鄰保内不覺察，亦乞依私鑄錢鄰保知而不糾法。」詔依。六年五月二十七日，詔：「今後有銷毁錢寶及私以銅鍮石製造器物賣買興販者，一兩以上並依服用翡翠法徒二年，賞錢三百貫。鄰保失覺察鑄造，並杖一百，賞錢二百貫，許人告。仍令州縣每季檢舉。」六年六月二十五日，申嚴禁止，仰逐路監司月具有無所犯及捉獲人數申 149 尚書省。八年八月二十七日，臣僚言：「乞將諸路見存鍮石、銅器許存留外，後來更不許鑄造販賣，許人告捉，罪賞依法外，有民間合用之物，就官鑄造出賣。」詔申明行下。十年五月十三日，户部言：「續降禁（錮）〔銅〕器指揮，一兩以上並依翡翠服用法徒二年，賞錢三百貫。緣立法太重，諸路州縣未見遵依。今欲並依紹興舊法，一兩杖一百，一斤加一等，令衆三日，配本城，十斤配五百里。廂耆、巡察人失覺察，杖八十。杖一百罪，賞錢五十貫；徒二年，錢七十貫，每等加十貫；流二千里，錢一百貫，每等加十貫。鄰保知而不糾者，以犯人減一等。仍州委通判、縣委令丞，先將見造賣銅器之家應有動用作具限一日並行毀棄，及將自來私造銅器之人先籍定姓名，版榜曉示。其民間見賣銅器，限一月令人户赴所屬送納，隨斤兩給還價錢。州縣當職官吏違戾，具名取旨。」十二年四月三日，户、工部言：「今欲將民間見買賣銅器之物立定每兩價錢不得過二十文足，輒增價錢一文以上，並依紹興十年五月十三日指揮。」二十六年六月二十二日，户、工部言：「其買銅器之人未有約束，欲並從杖一百私罪科斷。」七月十一日，御史中丞湯鵬舉言：「乞將已成坯而未鑄者、已鑄而未出賣者，並許諸色人告，盡以家業充賞，仍以犯人斷配錢監。」二十七年四月八日，左司諫凌哲言：「欲將天下寺觀佛像、銅磬之屬官爲籍訖存留外，自後鑄造者許人告首，僧徒、工匠施與、受施並依見行罪賞斷遣。」二十八年七月二十四日，户部言：「士庶之家除照子，及寺觀佛像、鐘磬、鐃鈸、官司銅鑼存留外，其餘所有鍮石銅器，如違限不納入官，不滿十斤杖一百，賞錢一百貫，十斤以上並徒二年，賞錢三百貫，許諸色人告。或豪富、命官之家限外尚敢沉匿，依條給賞、斷罪外，具名取旨。當職官奉行違慢，重行黜責。鑄銅器匠人立賞錢三百貫，許人告捉，從徒二年斷罪，配鑄錢監重役。」二十八年十月十日，提領鑄錢所言：「乞行下逐州府，如有鑄銅工匠願投充近便鑄錢監工匠之人，更不刺軍號，日支食錢二百五十省、米二勝半，常加存恤，無致失所。」並從之。

八月二十四日〔一〕，德音：「應潭、郴〔二〕、鼎、澧、岳、復州，荆南，龍陽軍，循、海、潮、惠、英、廣、韶、南雄、虔、吉、撫州，南安、臨江軍，汀州管内，訪聞逐路州縣昨因捕盜，創置軍期司，行移公文，追科差役，猾胥姦吏以此恐嚇良善，無所不至。今來軍事已定，仰提刑司委官點檢，並行住罷。如尚敢存留，按劾以聞，當議重實典憲。又前項管内州軍應見收藏驅虜到人，或展轉雇賣，買人知情，至今未令逐便，如限滿依舊拘留，並從畧人爲女使法科罪。鄰保知而不糾，減犯人罪一等，許被虜人或親屬次第陳訴。」

六年二月八日，監察御史梁弁[150]言：「行在倉官任滿有出剩之賞，每交納諸州綱運必多般加量，遂致虧折，追納監繫，桎梏相望。欲望寢罷監官出剩之賞，若任内交納不

〔一〕天頭原批：「渭清按：此八月二十四日是紹興五年，此德音卷一萬三千二百二十『田訟』門引有，正作五年，可證。」按，原稿上條中連帶叙述後事之每一小條均分段自爲一條，以致年月混亂，此「八月二十四日」承前似爲紹興二十四年之八月二十四日，故葉渭清所批如此。今合爲一大條，不提行分段，讀者自知此條亦爲五年事。渭清所稱之條見本書刑法三之四七。

〔二〕郴：原作「柳」，據本書刑法三之四七、《中興小紀》卷一九改。

擾，特與推恩。」從之。

十九日，中書門下省言：「訪聞臨安府并諸路州縣，多有邪僞之人于通衢要鬧處割截支體，刳剔腸胃，作場惑衆，俗謂南法，遞相傳習。若不禁止，爲害不細。」詔令刑部檢坐斷罪條法，遍牒諸路州縣，申嚴禁止。

四月二十四日，太常博士李弼直言：「川(陝)〔峽〕四路邊面聯屬，綿亘數千餘里，所恃爲形勝者非特山蹊險阻，蓋有林木以爲障蔽，謂之禁山。祖宗時，每帥臣到官，即分遣屬吏檢閱禁山，爲典故。頃歲以來，以軍興而製器械，運糧而造船筏，自近及遠，採斫殆盡。異時障蔽之地，今乃四通八達。望詔有司檢會禁山條例，嚴行約束。」詔令四川安撫制置大使司相度禁止。

七年六月十五日，尚書省勘會：「淛江西興兩岸濟渡多因過渡人衆，爭奪上船，或因渡子乞覓邀阻，放渡失時，致多沉溺。自紹興元年至今年，已三次失船，死者甚衆。其監渡官係兼職，難以專一，理合措置。」有旨：「如裝載過數，梢工杖八十；致損失人命，加常法二等。監官故縱與同罪，不覺察杖一百，輒以渡船私用或借人並徒一年，其新林、翕山私渡人杖一百。仍許人告，賞錢五十貫。」

九月二十二日，明堂赦：「訪聞虔、吉等州專有家學，教習詞訴，積久成風，脅持州縣，傷害善良。仰監司、守令遍出文榜，常切禁止，犯者重寘以法。」十三年閏四月十二日，尚書度支員外郎林大聲言：「江西州縣有號爲教書夫子者，聚集兒童，授以非聖之書，有如四言雜字，名類非一，方言俚鄙，皆詞訴語。欲望播告天下，委監司、守令，如有非僻之書，嚴行禁止。」詔令本路提刑司繳納，禮部看詳取旨。

八年三月七日，台州州衙門外有匿名文字，其間稱常平主管官李椿年刻薄等事，欲率衆作過，言頗不遜。上諭宰臣曰：「兵火以來，官錢多有失陷。既差官檢察，若稍留心職事，便生誣毀，此必州縣人吏所爲，萬一作過，當遣兵勦殺。」趙鼎已下退而歎服上之英明。

十九日，御史中丞常同言：「吏部差注、關陞、磨勘、奏補等事，人吏、書鋪邀求常例，數目至多。」上曰：「官員到部，所費如此，則到官之後，豈免貪取，何以責廉？令尚書省出榜部門，嚴行約束。」

十年四月二十一日，詔：「新復州軍官員到行在整會差遣之類，如所屬胥吏非理阻抑，乞覓一錢以上，取與并過渡人並一等計贓，重行科罪，不以赦降原免。許告，賞錢五百貫。仍令尚書省出榜。」

十一年正月十二日，桂(楊)〔陽〕監言：「皇帝本命日，近降指揮禁止屠宰，所有禁刑一節，不曾該說，理合禁約。」刑寺看詳，雖《紹興令》内未曾修立成法，緣今來既已降指揮，丁亥日禁止屠宰一日，所有決151大辟并流以下罪，如遇丁亥日亦不合行決。從之。

八月七日，詔：「應干託州縣雇人輒差科，或以官錢應付，及於寺觀、人户借夫，或以借夫爲名收受雇直入己，本罪輕者並以違制論，不以赦降原減。按官屬出巡及官員被差幹辦公事，合雇人夫輒過數，及于街市驅逐賣物村民，準此。」

十二年五月十四日，詔：「皇城週迴高阜望見禁中去處并州城上人行，先立法收捉，從徒二年科斷。其候潮門上及城上平視禁庭，並不禁止。可令臨安府日下壘塞踏道，有犯罪，依已降指揮施行。」

十三年五月十九日，中書舍人楊愿言：「乞天申令節天下訪求遺跡，各置放生池，申嚴法禁，以廣好生之德。」詔諸路監司措置以聞。是日，工部郎中林乂言：「臨安府西湖自來每歲四月八日郡人會于湖上，所放羽毛鱗介以百萬數。比年以來，往往採捕，殆無虛日，至有竭澤而漁者，傷生害物，莫此爲甚。乞檢會天禧故事，依舊爲放生池，禁民採捕。」從之。十七年十月二十一日[一]，知荆門軍趙士初言：「恭覩條法，畜有孕者不得殺，禽獸雛卵之類，仲春之月禁採捕。今來伏遇丁亥日禁屠宰，未嘗禁漁獵，乞添入丁亥日禁漁獵之文。」詔依。詳見「禁採捕」。

六月十九日，左修職郎趙公傳言：「近年以來，諸路書坊將曲學邪説不中程之文擅自印行，以瞽聾學者，其爲害大矣。望委逐路運司差官討論，將見在板本不繫六經子史之中而又是非頗繆於聖人者日下除毁。」從之。十五年七月二日[二]，兩浙東路安撫司幹辦公事司馬伋言：「建州近日刊行司馬温公《記聞》，其間頗關前朝政事。竊緣曾祖光平日論著即無上件文字，妄借名字，售其私説。」詔委建州守臣將不合開板文字並行毁棄。十五年十二月十七日，太學正孫仲鼇言：「諸州民間書坊收拾詭僻之辭，託名前輩，輒自刊行，雖屢降指揮禁遏，尚猶未革。欲申嚴條制，自今民間書坊刊行文籍，先經所屬看詳，又委教官討論，擇其可者許之鏤板。」從之。

十二月九日[三]，上諭輔臣曰：「朕前日降出錢樣，卿等見否？更不成錢，仍是銷鎔好錢私自皷鑄。可降指揮，盡令銷毁，民間不得行使，官司亦不許受納。今日若不嚴爲之禁，將來盜鑄愈多，則尤費力也。」於是詔民間應現在私鑄輕薄當二毛錢並搥毁。

十四年正月二十九日，詔：「北（史）〔使〕所過州軍如要收買物色，令接送館伴所應付，即不得縱令百姓與北使私相交易，引惹生事。可劄下所屬立法禁止。」

九月一日，詔：「士庶與國姓同，單名偏傍并連名相犯之人，令刑部遍牒州軍，限一月改正。如違，從杖一百

[一] 此句以下原稿另作一條，今併。
[二] 此句以下原稿另作一條，今併。
[三] 天頭原批：「渭清按：十二月九日是十三年。《宋史·本紀·高宗七》，十三年十二月辛卯，毁私鑄毛錢。是月癸未朔，九日則辛卯也。」按，因原稿上條中之小條分段，此十二月九日似爲紹興十五年十二月九日，葉渭清辨之，是也。

斷罪。」

十五年十一月十六日，右諫議大夫何若言：「伏見近降指揮，應有差遣人五日朝辭出門，蓋以息奔競、絶窺覦也。而苟得無耻【152】之徒，猶留宿不去。欲望申戒敕，日後有犯，重賜黜責。」從之。

十六年二月三日，臣僚言：「近來淫祠稍行，江浙之間，此風尤熾，一有疾病，唯妖巫之言是聽，親族鄰里不相問勞，且曰此神所不喜。不求治于醫藥，而屠宰牲畜以禱邪魅，至于罄竭家貲，略無效驗，而終不悔。欲望申嚴條令，俾諸路監司、郡守重行禁止。」詔令禮、刑部坐條行下，如不係祀典，日下毁去。

二十年六月二十四日，宰執進呈直秘閣、前權發遣閬州王湛言：「乞守令每遇勸農，不得輒用妓(藥)〔樂〕宴會賓客，仍責郡縣之官因農時躬駕鄉亭，出入阡陌，糾罰游(隋)〔惰〕，以田萊墾闢爲之旌賞。」上曰：「四川去朝廷遠，雖降指揮，多奉行滅裂，可令户部立法。」

八月十九日，太醫局言：「《本草》玉石部中有砒霜一味，委有大毒，並無起病之功。望令出産州軍今後不許收採，商旅不得依前貨賣，見在者並令燒毁。重立斷罪，許人告捉施行。」從之。

十二月十五日，詔：「應貸農民以米穀者，止許以米穀償之，如輒敢準折以(前)〔錢〕及重增其利，致有欠負，官司不得收理。」

二十一年閏四月十六日，知沅州傅寧言：「湖南北兩路風俗，每遇閏月之年，前期盜殺小兒以祭淫祠，謂之『採生』。望下逐路帥臣、監司，督責巡尉，如一任之内糾察採生七人以上，依獲(疆)〔彊〕盜法，特與推賞。失于糾察，因事發覺，巡尉坐失捕强盜之罪。」從之。

二十二年十一月十八日，南郊赦：「近來州縣違法差公吏、兵級、廳子之類賫執文引，遍下鄉村民户假借什物器用，妄行需索所無之物，抑令置備，因而搔擾乞取，民被其害。仰監司覺察按劾，如敢容庇，許監司互察。」

二十三年四月十五日，上宣諭輔臣曰：「近令臨安府收捕破落户編置外州，本爲百姓除害。前日有論訴緝捕下人恐赫取覓，妄有供具，可令有司子細根治，務要得實。恐小人無知，及有搔擾，甚非除害安民之本意。」

二十四年八月十三日，宰執進呈温州平陽縣布衣黄元壽進狀，内一項：「温州科柑，每歲保正和買百顆，以爲常額。所納者須及尺寸，稍有分毫不至，或五六顆然後折當一顆。稍有違拒，鞭笞兩至。」上曰：「可劄下本州照會，不得非理科擾。并福建荔枝，不曾使令收買，今後亦不得供進。」

二十五年十一月二十七日，三省、樞密院言：「頃者輕儇之子輒發親戚箱篋私書訟于朝廷，遂興大獄，因得美官。緣是之後，告訐成風。考簡牘于往來之間，録戲語于醉飽之後，雖朋舊骨肉，實相傾陷，薄惡之風，莫甚於此。乞令有司開具前後告訐姓名，議加黜罰。」詔令刑部開具取旨。二十六年正月二十四日，御史湯鵬舉言：「乞申嚴州縣，今後應有告訐私事者，或雜以公事，不許受理，則事不干己之法必行，而此風自息。稍或不悛，追證不實者，重寘編配。」從153之。

十二月九日，參知政事董德元等言：「監司、守臣競事刻剝，重爲民蠹者：一郡常賦自有定額，乃取無名之資，謂之羨餘；官有常俸，猶或不繼，而乃禄無用之人，謂之權攝；學校則有校正、講書之職，庫務則有檢察、指教之名，創置不一，誅求日繁，民力困弊。望嚴行禁約，或有違戾，仰御史臺及監司彈奏，重寘典憲。」上曰：「此等無非害民者，可依此行下。」

二十六日，宰（職）〔執〕進呈張晟差除，上曰：「張晟是會稽人，前日論及紹興府科買箭笋大擾百姓，皆前此曹泳、趙士彩所爲[一]。」魏良臣等奏：「聞士彩在紹興日事苞苴，不獨此郡箭笋，如平江府洞庭柑每對二千，宣州蜂兒每斤不下三十千，近增至四十千，科于民間，極以爲苦。」上乃詔悉罷之，因宣諭曰：「朕尋常未曾毫末有取于民，如日用紙亦不令臨安府收買，恐至騷擾，只自令人於市肆中買，仍得佳者。」魏良臣等奏：「陛下聖德恭儉如此，雖古帝王何以加！」

「二十六年」二月二日[二]，左朝請大夫、提舉江州太平興國宮劉才邵奏：「近年民間受弊，莫甚于受納、追催、差役三事。倉場官吏與攬子爲市，阻節人户，米則多加合數，絹則抑取輕錢，或於一碩一疋别責常例。計其浮費，已過正數一二倍[三]。此受納之弊也。追催本屬户長，今則差公人，或差土豪、土軍，所至將帶槍手動十數人，驚擾鄉民，煩費百出。此追催之弊也。民間田業，税貫高低灼然，差役自上及下，而猾吏求賂，每闕一名，必追十數户[四]，請求脱免，所費不貲。此差役之弊也。欲委諸路監司詢訪民間利病以聞，詳爲法禁。」上可其奏，曰：「此三者皆民間大事，宜速行之。」

三月十八日，侍御史湯鵬舉言：「近年州縣許用妓樂，遂有達旦之會，監司、郡守或戒約之，則閧然生謗。此風起于通判，行于司理。至于盜用官錢、（宫）〔官〕酒，苦刻牙人、鋪户，恣縱市買，以至縣官筵會之費盡科配于公吏。乞于天申節及人使往來之處，守臣休務之日，許用妓樂于公筵，其餘自總管、謀議官、通判以下，並不許擅用借用。違者，委監司、郡守即時具奏。」從之。

五月十六日，新（受）〔授〕起居舍人兼權給事中凌景夏、新除授中書舍人吳秉信，各論奏錢塘縣百姓楊康以市井駔

[一] 彩：原作「粲」，據《建炎要録》卷一七〇改。下同。
[二] 二十六年：原抄本有此四字，被後來整理者删去。按此四字不當删，今復其舊。《建炎要録》卷一七一繫此條事於二十六年二月一日癸酉。
[三] 一二倍：《梅溪居士集》卷八作「三倍」。
[四] 追：原作「進」，據《梅溪居士集》卷八改。

會輒敢進狀，欲專一府屠宰之利，使其儕輩拱手失業，乃以廟享及御膳爲辭，輕量朝廷，媟瀆宗廟。乞送大理寺根治，重行斷遣。並從之。時楊康進狀，以元係浙江賣羊官圈都牙人，今乞依舊在圈專一管幹。其賣羊（贏）〔羸〕落錢每年二萬三千貫文，盡乞獻納歸官，買辦四季酌獻等使用，及買獻内膳御膳羊。仍乞朝省降約束，其他牙人不得在圈作弊。事下臨安府看詳，故有是論列。

七月五日，御史臺檢法官褚籍言：「近年以來，州縣守令類多貪墨，每有等第豪户及僧道富贍者犯罪，一至訟庭，154往往視爲奇貨，連逮禁繫，動經旬月，方令入狀，以願獻助錢物爲名，或作贍軍支用，或作修造亭館，更不顧其所犯輕重，一例釋放。乞嚴立法禁，凡犯罪者輕重自有斷罪條法，如或巧作名目，令犯人獻助錢物以自（勉）〔免〕者，官吏當以坐贓論。」從之。

十三日，御史中丞湯鵬舉言：「逐州私置税場，廣收醋息，倍有所入，盡歸公庫，恣己所用。波及僚屬，兼局添給，所在有之，如蘇、湖、秀之兵職、曹官，令佐請給，其間月有二三百千者，而居民、僧道、店鋪、舟船經由場務，無不科歛以納醋息，其害不可言者。伏乞申嚴守倅，遵依紹興敕令，按月支見任供給。違者並以自盜論，令臺諫、監司按（刻）〔劾〕。」從之。

九月一日，太學録萬成象言：「昨者大臣專國，權傾天下，乃於始生之日受四方之獻，寶貨珍奇，輻湊其門。至于監司、州郡，轉相視效，屬吏諂奉，爭新効奇。屯兵所在諸將，遺賂金珠綵帛，貲以萬計。甚者給綵張樂，百戲迎引，所至騷然，逾於誕節。夫以州郡而爲朝廷之儀，人臣而享天下之奉，名分不正，未有甚于此者，乞嚴禁止。」詔令有司立法。刑部立法，諸内外見任官因生日輒受所屬慶賀之禮，及與之者，各徒一年，所受贓重者坐贓論。

十一日，太學博士何俌言：「伏見元降指揮，將送饋折會之類紐計過數者，皆以贓坐。近年監司、郡守益有供給之外遞相送遺，公行博易，月至千（綿）〔緡〕者。至於官屬，往往虚創名件，謂之兼局、提點、檢察、監催之名，其所入亦有月至二三百緡者。而閑慢小官合得供給俸錢，或虚折酒醋，或累月倚閣，其爲不均如此。望下按察官司嚴行禁止，悉遵見行條法。」從之。

十月十九日，詔：「訪聞街市貨賣熟藥之家，往往圖利，多用假藥，致服者傷生，深爲惻然。自今後賣藥人有合用細色藥，敢以他物代者，許其家修合人陳首。如隱（敝）〔蔽〕，却因他人告首者，與貨藥人一等斷罪，並追賞錢三百貫，先以官錢代支。其犯人不理有官及蔭贖，並依不如本方殺傷人科罪。令臨安府及諸路州縣出榜曉諭。」

閏十月十五日，刑部看詳臣僚劄子：「在法，州縣違法差雇夫轎車馬之類，及驅逐街市賣物村民，並以違制論，不以赦降原減。官吏亂作名色拘占舟船者徒一年科罪，並許人户越訴。其州縣見任官私役工匠，即未曾申嚴禁約。今欲乞見任官如敢於所部私役工匠，營造己物，依律計庸準盜論。若緣公興造，即具事因送所屬量事差撥，仍依籍内姓名從上輪差，務要均平，及令所役官司（擾）〔優〕支雇直。如有違犯，並許人户越訴。監司不行覺察，依條科罪施行。」從之，仍令勑令所編入成法。

十一月二十五日，尚書吏部員外郎王晞亮言：「比年以來，承平寖久，侈俗益滋。婚姻者貿田業〔一〕，而猶耻率薄，以至女不能嫁，多老於幽居；送終者罄[155]力追修，而營繕無資，以至親不能葬，多留于淺土。富者競侈而越法，貧者（疆）〔彊〕傚而墮業。欲望委監司明加誡飭，使稱家有無，各遵禮制，毋尚侈靡。」從之。

十二月十八日，宰執進呈知盱眙軍吳説劄子，乞今後禁止取蜮人。上曰：「暴殄天物，是誠可禁，第恐貧民以取蜮爲生，一旦禁之，遂至失業。此與捕魚一般，何由禁得？古之聖人先仁民然後愛物，今但令官司不得買蜮，民間各聽從便。」

三十年三月十四日，臣僚言：「今錢塘南山士庶墳墓極多，往往與（刑）〔形〕勢之家及諸軍寨相鄰，横遭包占平夷，其子孫貧弱，不能認爲己有。乞令臨安府出牓，嚴行禁約，并本縣官吏不得受賂容情，擅行給佃。如有違犯，仰人户徑詣臺府越訴，重行斷治。」從之。

四月十九日，詔：「應已得差遣人遵依舊法，限半月出門；州縣闕官，應專攝者，不得差本處寄居官；内已有差遣人，不得於行在并臨安府權攝。狥情冒差者，並以私罪收坐。」從吏部請也。

十一月二十一日，知黎州馮時行言：「本州係極邊，與吐蕃、南蠻接境，全仰百姓土丁防托，而官吏求索紅桑木、琵琶槽交椅、楠瘤影洗鑼、吐盂、土酥、蕃葡萄、川椒、紅花、虎豹皮，百色騷擾，是致土丁逃亡，不能自存，乞行禁止。」詔下本路轉運司覺察，如違，即行按治。仍出牓曉諭。

十二月六日，臣僚言：「邕州管下官吏受賄停留販生口之人，誘略良口，賣入深溪洞。左江一帶，七源等州竊近交趾〔二〕，諸夷國所産生金、雜香、朱砂等物繁多，易博買。平民一入蠻洞，非惟用爲奴婢，又且殺以祭鬼。其販賣交易，每名致有得生金五七兩者，以是良民横死，實可憐惻。乞申嚴法禁，仍每季令帥、憲司檢察，行下邕州及沿路州軍，取別無興販，結罪保明詣實帳狀申。」詔令刑部增立賞格。

三十一年五月八日，知臨安府趙子潚言：「訪聞街市無圖之輩插帶掉篦，及着卧辣，用長藤爲馬鞭，聚衆于酒肆，吹唱《鷓鴣》，手撥葫蘆琴，跪膝勸酒，有傷風教。今立賞錢一百貫文禁止，違者從重斷遣，有官廕人申取指揮。及近有官員出城外，張小涼傘，上用紅油火珠，亦乞禁止。」

〔一〕按，以下二句爲駢句，「貿」字上下當脱一字。
〔二〕七源：原作「七元」，據《元豐九域志》卷一〇改。

從之。

八月十八日，知臨安府趙子潚言：「近來品官之家典雇女使，避免立定年限，將來父母取認，多是文約内妄作妳婆或養娘房下養女，其實爲主家作奴婢役使，終身爲妾，永無出期，情實可憫。望有司立法。」户部看詳：「欲將品官之家典雇女使妄作養女立契，如有違犯，其雇主并引領牙保人，並依律不應爲從杖八十科罪，錢不追，人還主，仍許被雇之家陳首。」從之。

十月十八日，詔：「將來視師經由去處，排辦頓遞，修治道路，不得過爲華飾，勞民費財。三省行下約束，如有違戾，令監司按劾，御史臺彈奏。」

三十二年二月二十九日，臣僚言：「訪聞州郡尚有以
156 獻助爲名而下科率之令，如福州每産錢一文輒科八文，建州每産錢一文輒五文或三文，民甚病之。往往它郡間有此類，望賜止絶。如有輸納難再給還，即乞理爲本户將來税賦之數。仍乞鏤板行下，違者許民户越訴，當寘嚴憲。」從之。以上《中興會要》。

孝宗紹興三十(三)[二]年未改元。十月二十七日，户部言：「近日民間多有貨鬻銅器者，公然銷錢鑄造。乞行下州縣，將逐處銅匠籍定姓名，如有違犯人，先次斷罪，押赴鑄錢監充役。」從之。

隆興元年三月十三日，中書門下言：「檢會已降指揮，應諸軍不得令軍人回易及科敷買物，尅剥士卒請給。訪聞諸軍近日放免虚錢，仍前勒令回易及俵散布帛、柴炭之類，并開坊造酒分俵，量其請給，每月剋除。合嚴行禁止。」詔三衙諸軍遵依已降指揮，如敢再有違戾，許軍人徑赴三省、樞密院越訴，願移軍别入役或願離軍者聽。

四月七日，臣僚言：「邇來風俗侈靡，日甚一日。民間泥金飾繡，競爲奇巧，衣服器具皆雕鏤(粧)[妝]綴，極其華美。望飭守臣，嚴切禁止。」詔檢會紹興二十七年禁鋪翠銷金手詔申嚴行下。七月二十五日，中書門下省言：「竊見邇來臨安府士庶服飾亂常，聲音亂雅，如插掉篦、吹鷓鴣、撥胡琴、作胡舞之類，已降指揮嚴行禁止外，訪聞歸朝、[歸]正等人往往不改胡服，及諸軍有倣傚蕃裝，所習音樂雜以胡聲。乞行下諸軍及諸州縣，並行禁止。」從之。

二年正月十日，知潭州黄祖舜言：「竊見湖南、北多有殺人祭鬼者，耳目玩習，遂成風俗。乞委兩路監司嚴行禁戢，如捕獲犯人，依法重作行遣。」從之。

十四日，詔：「諸州飲燕之費，豐侈過當，傷財害民。自今各令務從省約，敢有違戾，必寘之罰。仍令户部條約行下。」

同日，詔：「諸州公庫合支見任官供給，止許送酒，仍不得過數。敢以錢物私饋，並以違制論，令提刑司常切覺察。」

二月六日，知潭州黄祖舜言：「竊見湖南人户有欠負客人鹽錢貧無以償者，至以男女折充奴婢。望敕湖南提

司嚴切禁戢。」從之。

三月二十七日，德音：「勘會高、藤、雷、容等州累降指揮禁止採捕翠羽、蚌珠、玳瑁、龜筒、鹿胎之屬，非不嚴切，尚慮貪吏抑勒民户採捕，傷害物命。仰本路監司常切覺察，如違，按劾聞奏。」

六月三日，權給事中葉顒言：「淮南州縣例以丁夫迎送過客，多至百餘人，少不下一二十人，甚者使供菲屨之直，陪道里之費，謂之差借。去歲餽餉給邊，有司不能預辦舟楫，盡奪客舟以載，甚者既歸而復往，謂之摺運。欲望明詔本路監司常切覺察，如州縣或有違戾，具名按奏。」從之。

七月二十日，知賀州秦籲言：「贛、吉、全、道、賀州及静江府居民常往來南州等處興販物貨，其間多有打造兵器出界貨賣者，乞行下諸州縣巡尉及津務鎮場，嚴行157禁止。如遇商人有夾帶兵器，並拘没入官。」從之。

九月十九日，權發遣昌化軍李康臣言：「竊見二廣婚姻喪葬，習爲華侈，誇競相勝，有害風俗。〔乞〕行下二廣，委帥守、監司常切覺察。如違，重寘典憲。」從之。

同日，户部言：「準送下寧江軍申，四川近日多有浮浪不逞之人規圖厚利，於恭、涪、瀘州與生口牙人通同誘略良民婦女，或于江邊用船津載，每船不下數十人。其劍門關即自鳳州興販入對境州軍，茶馬司押馬軍兵即自金、房州興販入京西、湖北、湖南一帶，亦有即自瀘州販入夷界者。欲乞行下四川監司，遍牒所部州縣，置立粉壁，令民間通知。仍仰巡尉常切覺察，如有違犯人，收捕赴官，依法施行。」從之。

乾道元年正月一日，大禮赦：「勘會宰殺耕牛罪賞非不嚴備，因州縣失于檢察，使愚民多有違犯。仰具指揮于鄉村要鬧處分明出榜曉示，仍督責合捕官司嚴行覺察。」

同日，赦：「勘會州縣輒將犯罪人不問輕重，巧作名色，勒令獻助錢物，顯是違犯。仰監司覺察按劾。」

同日，赦：「勘會豪右兼并之家多因民户欠負私債，或挾怨嫌，恣行絣縛，至於鏁閉，類若刑獄，動涉旬月，重違條禁，良善受弊。仰州縣嚴行覺察。」

同日，赦：「勘會累年以來，已將日前科須敷率一切罷去，竊慮州縣不體至意，尚有違戾，及縱容公吏巧作誅求。可令諸路監司常切覺察，如違，按劾以聞。」

同日，赦：「勘會諸州公使醋庫，累降指揮不得科抑人户。訪聞州府利於所入，依舊抑配，至及人户、軍營、寺觀，甚爲苛擾。仰監司舉察按治。」三年十一月二日、六年十一月六日、九年十一月九日南郊同此制。

八月三日，臣僚言：「伏見朝廷以比年服飾侈靡，故嚴鋪翠銷金之禁，詔旨叮嚀，務在必行。今都城約束雖嚴，民不敢犯，而遠方風俗習爲華靡，未容遽革。欲望申敕諸州，嚴行禁止。」從之。

二年三月十二日，詔：「應私鑄銅器，蠹壞錢貨，建康府、台、明州尤甚，可專委守臣嚴切禁止。」

七月一日，三省、樞密院言：「勘會已降指揮，沿海州軍興販物貨往山東者，已立定罪賞，非不詳備。訪聞尚有冒法之人，公然興販，理合申嚴約束。」詔沿海逐路帥臣常切檢察，仍每季具有無興販過北界船隻開具奏聞。

十月三十日，四川茶馬司言：「園户收販茶子入蕃界，已有申獲罪賞指揮〔一〕，近日輒有持茶苗入蕃博賣，深屬不便。欲乞行下，並依茶子罪賞施行。」從之。

十一月十一日，詔：「諸路兵官經由州軍按教，輒以饋送私受錢物，並合坐贓論，仍令監司檢察。」

三年三月二日，臣僚言：「伏見錢寶之禁，非不嚴切，而沿淮冒利之徒不畏條法，公然般盜出界，不可禁止。乞劄下沿邊州縣，嚴加覺察，如捕獲犯人，與重寘典憲。」從之。

五月十四日，知邵武軍王份言：「本軍管下鄉【158】村多有不畏公法之人，私置兵器，結集人丁，歲以爲常，謂之關社。持鎗杖，鳴鑼鼓，千百成羣，動以迎神爲名，甚者倚恃徒黨，因而爲盜。欲望約束行下，自今有犯，並依結集立社法，庶幾頑俗有所畏憚。」從之。

七月四日，詔：「淮東、西路安撫司行下沿邊州軍，嚴切立賞，禁止私渡買馬人。如有違犯，具姓名申三省、樞密院，取旨重作施行。」

十一月二日，大禮赦：「勘會民間多有殺人祭鬼及貧乏下户往往生子不舉，甚傷風俗。可令逐路州軍檢舉見行條法，令于縣鎮鄉村曉諭，嚴行覺察，許人陳告。」九年十一月九日同此制。

四年八月十四日，尚書省言：「檢會累降指揮，令沿邊州軍禁止私擅渡淮，如遇捕獲私渡人，並依軍法。訪聞近日禁防不密，仍多私渡，深慮透漏姦細，合再行約束。」詔沿邊州軍常切遵守，仍鈐束縣令、巡尉嚴行關防。若有透漏，致它處官司捕獲，其當職地分官並取旨行遣。

十月九日，權知廉州唐俊義言：「本州昨蒙朝廷降詔罷貢珍珠，然官吏不能仰體上意，公然採取，日甚一日，以至逼勒蜑户深入無涯之淵，墜身殞命，皆不之恤，期于得珠而後已。〔乞〕行下本路監司，嚴行禁戢。如違，具職位、姓名按劾聞奏。」從之。

六年四月二十八日，臣僚言：「近日每遇批旨差除，朝殿未退，事已傳播，甚者諸處進奏官將朝廷機事公然傳寫謄(執)〔報〕。欲乞嚴行禁止。」詔三省檢坐條法，出榜曉諭。

十月二十八日，權發遣盱眙軍龔鋈言：「每年津發歲(弊)〔幣〕過淮交割，其隨綱軍兵及使臣等日不下四五十人，往往循習年例，私傳錢寶出界，并夾帶私商，不容搜檢。欲乞劄下本軍，自今隨綱兵士、使臣不許過淮，止於本軍句直官兵據合用人數差撥，庶可革銅錢過界之弊。」詔依，今後仍有違犯人，具姓名申取朝廷指揮。

〔一〕申獲：原作「中書」，據本書職官四三之一一三改。

七年三月十一日，知明州、兼沿海制置使趙伯圭言：「伏詳銅錢(同)〔出〕界，法禁甚嚴，緣海界南自閩、廣通化外諸國，東接高麗、日本，北接山東，一入大洋，實難拘檢。乞自今應官司銅錢不得輒載入海船，如有違犯人，重作施行。」從之。

二十二日，權吏部侍郎王之奇言：「竊見關外諸州連接敵境，多有歸正、忠義之人及逃亡惡少之徒，以興販爲名，嘯聚邊境，動輒成羣。久而不禁，將有未萌之患。欲望申敕州縣，嚴行禁止。」詔宣撫司措置施行。

六月十八日，知紹興府〔一〕、兩浙東路安撫使蔣芾言：「據本司參議官高敞劄子，頃在北方，備知中原利害。如山東沿海一帶，登、萊、沂、密、濰、濱、滄、霸等州，多有東南海船興販銅鐵、水牛皮、鰾膠等物，虜人所造海船、器甲，仰給于此。及唐、鄧州收買水牛皮、竹箭桿、漆貨，係荆襄客人販入北界。緣北方少水牛，皮厚可以造甲。至如竹箭桿、漆貨，皆北所無。伏望敷奏，於沿海沿淮州軍嚴行禁[159]絶，如捕獲客人有興販上項等事，與重寘典憲。」從之。

八年二月二十九日，浙東提點刑獄公事程大昌言：「竊見豪民私置牢獄，前後詔旨禁戢非不嚴備。訪聞近日形勢之家，仍前私置手鏁枷杖之屬，殘害善良，恣爲不法。欲乞申嚴禁約。」詔依，内情理重害者，令州縣具姓名申奏，取旨行遣。

九年三月六日，臣僚言：「伏見朝廷禁止見錢，三貫以上不得出城門，五貫以上不得下江，已立定罪賞。其諸軍每月支請券食見錢動計萬數，往往出城歸寨支散衆軍，却將見錢衷私般載外州回易，以致行在見錢稀少。乞行下殿前、馬、步軍嚴行約束，如有違戾，即依立定罪賞施行。」從之。

六月八日，詔：「諸路監司、郡守不得非法聚斂，並緣申請，妄進羨餘。違者重寘于罪，令御史臺常切覺察彈奏〔二〕。」

禁採捕〔三〕

太祖建隆二年二月十五日，詔曰：「鳥獸蟲魚，宜各安于物性；罝罘羅網，當不出于國門。庶無胎卵之傷，用助陰陽之氣。其禁民無得採捕蟲魚，彈射飛鳥，仍爲定式。」

太宗太平興國三年四月三日，詔曰：「方春陽和，鳥獸孳育，民或捕取，甚傷生理。自今宜禁民二月至九月無得捕獵，及持竿挾彈，探巢摘卵。州縣長吏嚴勑里胥〔四〕，伺察擒捕，重致其罪。仍令州縣于要害處粉壁揭詔書示之。」

真宗景德四年二月十三日，詔：「方春用事，前令禁採捕鳥獸，有司當申明之。」

〔一〕紹興府：原作「興州府」，據《南宋制撫年表》卷上改。
〔二〕奏：此字原僅存殘筆，據文意補。
〔三〕原無此題，與上文之間僅空數字，今據内容補。
〔四〕吏：原作「史」，據《宋大詔令集》卷一九八改。

大中祥符二年十一月二日，詔曰：「朕承天育物，體道臨人，宗上聖之無爲，期有生之咸遂。況列真秘宇，大覺仁祠，式示欽崇〔一〕，豈宜褻瀆！自今應傷生鷙禽之類，粘竿、彈弓等物，不得携入宫觀、寺院，及有屠宰，違者論如法。仍令開封府條約民間，無使廣有採捕。」

三年二月十九日，詔：「諸州應粘竿、彈弓、罝網、獵捕之物，於春夏依前詔禁斷，犯者委長吏嚴行決罰。」自後每歲降詔申戒。

八月二十四日，詔以將祀汾陽，沿路應有粘竿、彈弓并罝網及諸般飛放獵捕禽獸并採取雛卵等，並令禁斷。

九月十七日，詔：「將來祀汾陰，百司并從駕臣僚等，應網罟、鷹鶻傷生之物，並不得將行。令御史臺(採)〔覺〕察聞奏。」六年將幸亳，亦下此二詔。

四年正月二十五日，帝謂宰臣王欽若曰：「已禁斷採捕，尚慮隨駕臣僚從人以鷙禽、網罟妄稱于廟内獻送，宜嚴戒約之。」

八月五日，詔曰：「火田之禁，著在禮經；山林之間，合順時令。其或昆蟲未蟄，草木猶蕃，輒縱燎原〔二〕，有傷生類。應天下有畲田，依鄉川舊例，其餘焚燒田野，並過十月，及禁居民延燔。」

十二月十二日，上封者言：「京城多殺禽鳥水族以供食饌，有傷生理。」帝謂近臣曰：「如聞内庭洎宗室市此物者尤衆，可令約束，庶自内形外，使民知禁。」

八年八月二十四日，禁獲龍河魚者〔三〕。初，皇城司言，民有私捕河魚，故命開封府諭禁之。

九〔160〕年四月二十四日，詔：「江南民先禁黐膠，自今復有違犯者，一斤已上從不應爲重，一斤已下從輕斷之。」

八月四日，禁京城殺雞者，違即罪之。初，帝曰：「始聞京中烹雞者滋多，增害物命。」故行此禁。

十一月一日，詔：「應因修三宫觀採斫木植山林之處，公私永禁採伐，餘處亦任採，取樵薪者聽從便。」

天禧元年八月十一日，詔禁捕採取狨毛。

十一月八日，詔：「淮南、江浙、荆湖舊放生池廢者，悉興之；元無池處，沿江淮州軍近城上下各五里並禁採捕。」

三年二月七日，詔禁諸色人不得採捕山鷓。

十月十六日，禁京師民賣殺鳥獸藥。

仁宗天聖四年四月十八日，詔：「山澤之民採取大龜倒植坎中，生伐去肉，剔殻上薄皮，謂之龜筒，貨之作玳瑁器。暴殄天物，玆爲楚毒。宜令江淮、兩浙、荆湖、福建、廣南諸路轉運司嚴加禁止。如官中須用，即臨時計度之。」

六年二月十二日，詔：「禁止諸色人等持黏竿、彈弓、罝網及諸般飛放獵捕禽獸，採取雛卵，犯者嚴斷。」

〔一〕欽：原作「劍」，據《宋大詔令集》卷一九九改。
〔二〕燎：原僅存右部，據《宋大詔令集》卷一八二補。
〔三〕獲龍：疑有誤。

景祐三年二月五日，詔曰：「國家本仁義之用，達天地之和。春令方行，物性咸遂，當明弋獵之禁，俾無麛卵之傷。眷乃攸司，各謹常憲。應有持粘竿、彈弓、罝網及諸般飛放獵捕禽獸并採取雛卵及鹿胎人等，於春夏月並依條嚴切禁斷。今後春首舉行。」

六月十五日，詔曰：「冠服有制，必戒於侈心；麛卵無傷，用蕃于庶類。惟兹麀鹿，伏在中林，俗貴其皮，用諸首飾，競刳胎而是取，曾走險之莫逃。既澆民風，且暴天物。特申明詔，仍立嚴科，絶其尚異之求，一此好生之德。應臣僚士庶之家，禁戴鹿胎冠子，及無得輒採捕製造。」乃購賞以募告者。

慶曆〔四〕〔七〕年六月二日〔一〕，詔蓄猛獸而害人者〔二〕，以違制論。

高宗紹興十三年五月十九日，中書舍人楊愿言：「天申令節，〔乞〕詔天下訪求國朝放生池遺跡，申嚴法禁，仰祝聖壽。」從之。

十九日〔三〕，尚書工部郎中林乂言：「竊見臨安府西湖實形勝之地，天禧中王欽若嘗奏爲放生池，禁採捕，爲人主祈福。比年以來，佃于私家，官收遺利，採捕殆無虚日，至有竭澤而漁者〔四〕，傷生害物，莫此爲甚。今鑾輿駐蹕，王氣所存，尤宜涵養，以示渥澤。望依天禧故事，依舊爲放生池，禁民採捕，仍講利害而浚治之。」詔令臨安府措置。

十一月十四日，詔：「諸路州軍每遇天申節，應水生之物，〔以〕係省錢贖生，養之於池，禁止、斷罪依竊盜法。」

十四年五月一日，宰執進呈諸路已置放生池事。上曰：「此事固善，但恐有妨細民漁採，所害亦大，其元有處可令復舊。」

十七年十月二十一日，知荆門軍趙士初言：「丁亥日禁屠宰，未有禁漁獵，望于條禁内添入丁亥日禁漁獵之文。」從之。

二十年二月三日，軍器監丞齊旦言：「今江浙之民樂于漁捕，往往飾網罟、罾弋，以竢春時操以入山 161 林川澤，所取必竭，蓋未有斷罪。望詔有司，申嚴法禁。」刑部看詳，禁止採捕，在法止科違令之罪，欲從杖八十科斷。從之。

二十七年九月二十九日，宰執進呈知均州呂游問奏：「本州城下邊接漢水〔五〕，乃是放生去處。公使庫歲收魚利錢補助收(賣)〔買〕天申節進銀，自金州以來，密布魚枋，上下數百里，竭澤而漁，無一脱者。乞將本州魚枋盡行毁拆，除免公使庫魚利錢窠名，嚴立法禁，後來不得復置，仍禁止

〔一〕七年：原作「四年」，按《長編》卷一六〇繫於慶曆七年六月二日乙巳，據改。

〔二〕害：原作「告」，據《長編》卷一六〇改。

〔三〕十九日：按本書通例，當云「同日」，蓋此目之文乃《大典》輯録，沿而未改。此日林乂奏又見於本書刑法二之一五一。

〔四〕有：原無，據本書刑法二之一五一補。

〔五〕本州：原無，據《建炎要録》卷一七七補。

應干沿流不得採捕。」上曰：「均州所貢銀數不多，而經營至此，必是別無窠名錢物可以應辦。且放生雖有法禁，亦細民衣食所資，姑大爲之防，豈能盡絶？今自官中竭澤採捕以供誕節，其亦不仁甚矣，宜依奏。」

二十九年二月九日，詔：「比得太宗皇帝尹京日禁斷春夏捕雛卵等榜文，訓敕丁寧，唯恐不至，仰見深仁厚澤及于昆蟲。今付三省，可申嚴法禁行下，以廣祖宗好生之德。」既而宰臣沈該等言：「伏奉御筆，頒降太宗皇帝尹京日禁採捕，仰陛下以不殺之仁，再造區宇，推愛人之心普及含生，恩被動植，雖鳥獸魚鱉，罔不咸若。好生之德，用符祖宗，實萬世無疆之休。乞宣付史館，垂示無窮。」于是可其請。

十二日，知樞密院事陳誠之言：「竊見民間輕用物命以供玩好，有甚于翠毛者，如龜筒、玳瑁、鹿胎是也。玳瑁出于海南，龜則山澤之間皆有之，取其殼爲龜筒，與玳瑁同爲器用。人爭採捕，掘地以爲〔坎〕，倒（直）〔植〕坎中，生伐其肉。至于鹿胎，抑又甚焉。殘二物之命以爲一冠之飾，其用至（危）〔微〕，其害甚酷。望今後不得用龜筒、玳瑁爲器用，鹿胎爲冠，所有興販製造，乞依翠毛條禁。」從之。（以上《永樂大典》卷二一七七九）

金禁〔一〕

禁造僞金

【宋會要】

162 太祖開寶四年，開封府捕得僞造黄白金民王元義等案問〔二〕，皆伏辜。帝怒，並決杖，流于海島，因下詔曰：「昔漢法作僞黄金者棄市，所以防民之姦弊也。比云京城之内競習其術，轉相誑耀，此而不止，爲盜之萌。自（京）〔今〕應兩京及諸道州府，禁民無得作僞金，違者捕繫，案驗得寔，並寘極典。」

詔禁市金

【宋會要】

大中祥符元年，帝以京城金銀價貴，以問三司使丁謂，謂言多爲西賊回鶻所市入蕃，詔約束之。

禁服用金

【宋會要】

孝宗隆興元年，上封者言：「乞詔有司，自今拍造金

〔一〕天頭原批作「雜禁」，按以下四條出《大典》卷九四八四「金」字韻，陳智超謂應作「金禁」，今從之。

〔二〕造黄白：原無，據《長編》卷一二補。

箔、金線之家，尚敢取金以縻壞器用，衣服與神佛之像尚敢取金以粧飾，皆論如法，仍許人陳告。」詔户、工部檢坐見行條法申嚴行下。

禁金出關

【宋會要】

淳熙元年五月十五日，盱眙軍守臣言：「銅錢、金銀并軍須違禁之物，不許透漏過界，法令甚嚴。本軍係與泗州對境，逐時客旅過淮博易，射利之徒殊不知畏。且本軍與泗州以淮河中流爲界，渡船既已離岸，無由敗獲。今欲自客旅往渡口正路本軍西門外立爲禁約地分，遇有違犯之人，分別輕重斷遣，庶幾有所畏憚。今條畫如後：一、照應榷場逐時發客過淮博易，係經由本軍西163門出入，今欲每遇榷場發客，令搜檢官先就西門搜檢，如無藏帶金銀、銅錢并違禁之物，方得通放。若客人經由西門搜檢之後，于西門外未至淮河渡口搜獲藏帶金銀、銅錢者，欲將犯人比附越州城未過減一等斷遣，仍將搜獲到金銀、銅錢、物貨盡數充賞。一、今欲于淮河渡口築土墻，置門户以爲禁約地分。如客旅或諸色人藏帶金銀、銅錢輒過所置墻門，雖未上舡或已上舡而未離岸，即與已過界事體無異，欲並依已出界法斷罪，犯人應有錢物盡數給與搜獲之人充賞。」從之。（以上《永樂大典》卷九四八四）

宋會要輯稿　刑法三

定贓罪

【宋會要】

1國朝之制，凡犯贓者，據犯處當時物準上估絹平贓。如所犯贓去見禁處千里外及贓已費用者，皆於事發處依犯時中估物價約估，亦依上估絹平贓，兼具贓物已費、見在，其生産之類有無蕃息，及以贓轉易得物，皆具言之。內有經赦，即言在赦前後，贓錢絹匹入案。估時，皆長吏、通判、本判官面勒行人估定實價，其制勘推勘者，亦勘官監估。

太祖建隆二年二月二十五日，詔：「自今犯竊盜，贓滿三貫文坐死，不滿者節級科罪。其錢八十爲陌。」先是，周廣順中勑，竊盜計贓，絹三匹以上者死，絹以本處上估爲定，不滿者等第決斷。至是以絹價不等，故有是詔。

三年二月十三日，詔曰：「竊盜之徒，本非巨蠹，姦生不足，罪抵嚴科。今條法重於律文，財賄輕於人命，俾寬憲網，用副哀矜。今後犯竊盜，贓滿五貫處死，以百錢足爲陌；不滿者決杖、徒、役，各從降殺。」先是，漢法一錢之罪必加重法，周初以所犯贓滿絹三匹坐死，帝以死者不可復生，以錢代絹，滿三千(又)〔文〕處死，及是又改。

太宗太平興國二年八月二十五日，知資州、著作佐郎成肅上言：「先是開寶六年六月丁亥詔書，劍南西川吏民犯竊盜贓以鐵錫錢計之，滿萬錢者抵罪，犯强盜贓滿六千者亦抵法。鐵錫錢輕，四直銅錢之一，願均定其**2**法。」事下有司，法寺言：「劍南諸州官市金銀、絲絹、茶鹽，悉以鐵錫錢四當銅錢之一，他物價隨時高下，不可以爲準。自今本犯竊盜、强盜及佗贓，並望以銅錢一千爲銀一兩定其罪，亦猶內郡國以絹論。」從之。

四年九月二十六日，詔曰：「先是江浙諸州所定法，以絹計贓物，絹價錢每二疋當江北之一，今宜以千錢爲絹一匹計贓論其罪〔一〕。」

五年三月二十一日，詔：「荆湖、嶺南等處絹價錢，自今所定法如江浙例，悉以千錢爲絹一匹論其罪。」

八年十二月二十三日，福州言：「先是銅、鐵錢兼用，鐵錢三直銅錢當一。吏受賕盜用官物，參以銅、鐵錢計其贓差重，自今望悉以銅錢定罪。」從之。

至道三年七月二十二日，詔逐處將鐵錢依時價準折銅錢實數定罪施行。

大中祥符六年二月一日，詔川峽四路贓錢〔二〕、賞罰錢以小鐵錢十當一。

天禧元年十月二日，殿中侍御史薛奎言：「災傷州軍

〔一〕絹一：原脱，據《長編》卷二〇補。
〔二〕峽：原作「陝」，據《長編》卷八〇改。

有饑民爲盜者，望止以見贓估斷，餘已費者不計。」詔審刑院、大理寺定奪以聞。

三年二月十二日，殿中侍御史董温其言：「自今凡認贓，當官員前令變主識認，題號著字；内不是元贓，即勘官著字。至録問時，令本判官更切覆問。又準先降敕命，應諸色贓物委長吏著字記號，令被盜家識認，斷訖，當面給付。當納官司者籍其數，金銀疋段等送軍資庫，衣甲器械送甲仗庫。自餘品配折支料錢及估計貨賣，充禁囚紙筆，不堪者[3]焚毁。又被盜之家如是認贓之時明知不是已物，虚有識認，或舊有嫌讎，致官司承誤斷殺平民者，其認贓人從誣告死罪已決法科處。」從之。

仁宗天聖八年三月，詔：「審刑院、刑部、大理寺今後案内有收理合納官名件，除係干錢穀物色數目稍多，即依自來體例申奏外，自餘錢帛不及貫、疋、石、秤并棒杖器刃之類，並於案内節掠合納官數，候降（剌）〔敕〕下寺，直牒三司勘會，依例施行。内無還寺敕文者，候奏上公案，直牒三司。」

景祐元年閏六月二十九日，法寺請今後凡勘賊盜所通贓物，稱於人户處典質，即先取簿曆（詔）〔照〕證，方得追取。若官司挾情教令指説，又追取贓物，抑令民陪備，並科違例罪。從之。

三年四月二十三日，開封府言：「客司李簡三受人錢，並經杖罰，今又使却欠負錢，乞特決停。今後公人犯贓杖已下經三次者依此。」奏〔可〕。以上《國朝會要》。

神宗元豐二年十二月四日，成都府、利州路鈐轄司言：「往時川峽絹匹爲錢二千六百，以此《編敕》估贓兩鐵錢得銅錢之一。近歲絹匹不過千三百，估贓二匹乃得一疋之罪，多不至重法，盜賊寖多。」法寺乞以一錢半當銅錢之一，從之。

紹聖二年四月二十三日，詔：「陝西雜用銅錢、鐵錢地分，計贓者以銅錢爲準。如只用鐵錢處，即紐計銅錢定罪。」

徽宗建中靖國元年九月六日，刑部言：「《元符令》，定罪以絹者，每絹一匹準錢一貫三百。近歲物價踴貴，非昔時[4]比，一絹之直多過於舊價，乞於令文添入『若犯處絹價高者，依上絹計直』。」從之。

二十二日，中書省檢會元符三年十一月七日指揮，彊盜計贓應絞者，贓數並增一倍。贓滿不曾傷人及雖傷人情理輕者，奏裁。其用兵仗、湯火之類傷人及殘虐財主，并情狀酷毒者，或污辱良家，或入州縣鎮寨内行劫，不在奏裁之限。若驅虜官吏、巡防人等，罪不至死，仍奏裁。詔彊盜應絞者並依舊計贓，其前降指揮内增倍一節更不施行。

大觀元年閏十月二十日，詔：「計贓之律，以絹論罪，絹價有貴賤，故論罪有重輕。今四方絹價增貴，至兩貫以上，而計絹之數獨循舊例，以一貫三百足爲率。計價既少，抵罪太重，可以一貫五百足定罪。」

政和五年三月二十一日，刑部尚書慕容彦逢等奏：「竊見刑獄官司承勘公事，内有合備贓賞之人，先盡拘本家財產，遣出家屬，封閉室宇，以備填納。其間贓賞數少而財產數多，及勘證不合出備者，事決之後給還，稽違動經歲月，妨廢營生，因致失所。乞詔有司立法，應承勘官司，如犯人合備贓賞，先下所屬估定財產，據合備的數撥截拘管。如勘證不合備贓賞者，斷訖，限當日給還。」從之。

六年四月十九日，刑部奏：「檢會當年閏正月二十四日敕中書省，刑部員外郎李揆奏：『竊見天下諸縣推鞫彊盜，依條解州結斷，其間有所通贓數稍多，初勘官司以追究未足，不敢解送，動 5 經歲月，未能結（施）〔絶〕。乞特詔有司立法。』詔令刑部立法申尚書省。本部尋下大理寺修立到，諸縣推鞫彊盜而追到贓已滿，或別有輕罪，各不礙檢斷者，先次結解，餘贓從後追。」從之。以上《續國朝會要》。

高（祖）〔宗〕建炎元年六月七日，大理正、權尚書刑部郎中朱端友言：「看詳見今犯罪計絹定罪者，舊法以一貫三百足準絹一疋，後以四方絹價增貴，遂增至一貫五百足。州縣絹價比日前例皆增貴，其直高下不一，欲應州縣犯贓，合計絹定罪者，隨當時在市實直價計貫伯紐計絹數科罪。其鐵錢地分，並以銅錢計數科罪。」詔自今計絹定罪，並以二貫爲準。

二年二月十七日，詔：「犯枉法自盜贓罪至死者，籍没家產入官。」

三年八月二十三日，大理寺言：「陝西路舊法唯許行鐵錢，不許私用銅錢，所以計贓以鈔面爲準，紐銅錢定罪。今來本路既得通使銅錢，即計贓者合據犯處以銅錢估價爲準，如元贓即以銅錢計絹價準贓。」從之。謂如犯時本處絹每疋鐵錢三十貫文，銅錢三貫足，即元贓鐵錢一十貫足準銅錢一貫足計贓之類〔一〕。

紹興三年九月八日，詔曰：「朕聞子產鑄刑書，叔向罪之，蓋刑法世輕世重，有倫有要而已。昨因臣僚有請，舉行祖宗之制，欲杖脊贓吏於朝堂，痛恨椎膚剥體於斯民，亦以刑止刑之意也。復思紐絹之法，與祖宗立意大不相侔。是時絹值不滿千錢，故以一貫三百計疋，是官估比市 6 價幾過半矣。其後嘗因論（例）〔列〕，遂增至二貫足。目今絹價不下四五貫，豈可尚守舊制耶？可每疋更增一貫，通作三貫足，俟戎馬平定，絹價低小，別行取旨。而今而後，贓吏犯法，夫復何言！」

十月十四日，臣僚言：「按敕，竊盜以贓準錢及四百以上，即科杖罪；纔及兩貫，遂斷徒刑。且承平之日，物價適平，以物準錢則物多而錢寡，故抵罪者不至遽罹重法。迨今師旅之際，百物騰踴，贓雖無幾而錢價以多，一爲盜竊，不下徒罪，情實可憫。乞將《紹興敕》犯盜定罪者遞增其數，庶使無知窮民免致輕陷重憲。」詔令刑部勘當。「契勘計絹定罪者，元估每疋價錢二貫足。近承今年九月八日手

〔一〕此注原抄作正文，據文意改。

詔，每匹增錢一貫足，通作三貫足，即是二貫以十分爲率，增及五分。所有應敕內計錢定罪，既係錢輕物重，即與紐絹事體無異，理合隨宜比附定罪。除彊盜緣情理兇惡，以錢定罪，自合遵依舊制外，今參酌臣僚所乞將敕內犯竊盜以錢定罪者遞增其數事理，緣在法不止竊盜一事，其餘計錢定罪者，理合一體措置。今欲權宜將敕內應以錢定罪之法各與遞增錢五分斷罪，謂如犯竊盜三貫徒一年之類〔一〕。候邊事寧息，物價平日依舊。」從之。

十九年十一月十四日，南郊赦：「勘會犯罪籍没財産條法，皆是情犯深重，本以禁奸戢吏。訪聞州縣輒挾私意，違法籍没罪人財産，因而妄用，殊非立法本意。如有罪犯依法合行籍没 7 財産之人，並令所屬具情犯條法申提刑司，審覆得報，方許拘籍。仍仰監司常切覺察。」二十二年十一月十八日南郊赦、二十五年十一月十九日南郊赦、二十八年十一月二十二日南郊赦、三十一年九月二日明堂赦並同此制。

同日，南郊赦：「勘會已降指揮，應緣經界乞受財物，如見係給重祿公人因本職乞受錢物，見行重（録）〔祿〕法斷罪；若不係給重祿人并百姓差役等人受請求曲法作弊等事，並依見行紹興條法律文斷遣。內公吏人犯枉法自盜罪至流，即籍没家財。所有未降指揮已前斷配、籍没家財之人，如依今來指揮不該斷配、籍没家財，並特與改正。」

二十六年四月十七日，祕書少監楊椿言：「伏覩紹興二十二年、二十五年赦文：『如有今後籍没財産之人，並令所屬具情犯條法申提刑司，審覆得報，方許拘籍，仍仰監司常切覺察。』其所以約束關防周悉如此，而所至猶有不遵赦令，輒任私意籍没罪人財産者，蓋緣未曾立法斷罪故也。望詔有司申嚴行下，如是違法籍没罪人財産，及不先申提刑司審覆得報便行拘籍者，科以（某）〔其〕罪，監司不覺察者降一等坐之。庶幾政平訟理，不致濫及無辜。」上曰：「此須立法斷罪，但刑名不必太重，務在必行。」五月十七日，乃詔：「諸財産不應籍没而籍没者，徒二年；若應籍没而不申提刑司審覆，及雖申而不待報者，杖一百；監司不覺察者，各減一等。 8 著爲令。」

二十七年三月七日，權尚書刑部侍郎張杓奏言：「法者，天下之平。今泉貨之用，銅鐵相準，在法有制。然四川郡縣俗行錢引，以引定價，準之銅錢以定罪犯，遂致不侔，則有自笞入杖、入徒，或應徒而流，或應流而死者。謂如彊盜持杖，銅錢五貫，鐵錢十貫，俱坐絞刑。若盜錢引十道，便以十貫爲罪，市價止八貫，比之銅錢止是四貫，少一貫，遂處以死。又如枉法二十疋絞，計銅錢六十貫，鐵錢一百二十貫，若受錢引一百二十道，便以一百二十貫計罪，市價止計九十六貫，比之銅錢止是四十八貫，少一十二貫，亦處以死。由是言之，四川之法偏重，極可憫恤。欲望行下四川州縣，凡以錢引定價科罪者，並依犯處市價爲數。」從之。

〔一〕此注原抄作正文，據文意改。

三十年九月二十三日，臣僚言：「伏見外路州郡或以闕乏爲名，挾私喜怒，因事檢估人户家産，侵欺妄用，不申朝省，難以稽考。乞自今於合行檢估之家，並坐條先申審刑部，及將諸估錢物實數關户部拘收，並令解赴行在庫分交納，州縣不得侵用。如違，乞重寘典憲。」從之。

三十一年八月二十二日，詔知臨安府趙子潚：「拘籍到王繼先房廊、田園、山地并應干物件，並令臨安府估價出賣，其賣到錢逐旋赴激賞庫送納。內木植如有堪好者，存留椿管使用；金銀、見錢并鞍馬，令激賞庫拘收，令項椿管，專充犒賞將士；海船交付李寶；元封雜物并箱籠，令本府委清彊得 9 力官逐一開拆抄劄，具名件申尚書省，不得容縱偷盜。」（以上《永樂大典》卷七五二〇）

訴訟 〔一〕

【宋會要】

10 太祖乾德二年正月二十八日，詔曰：「設官分職，委任責成，俾郡縣以決刑，見朝廷之致理，若從越訴，是紊舊章。自今應有論訴人等，所在曉諭，不得蓦越陳狀。違者先科越訴之罪，却送本屬州縣依理區分。如已經州縣論理，不爲施行，及情涉阿曲，當職官吏並當深罪。仍令於要路粉壁揭詔書示人。」

（明）〔四〕年六月三日〔二〕，宋州觀察判官何保樞上言：「民爭訟婚田，多令七十以上家長陳狀，意謂避在禁繫，無妨農務，又恃老年不任杖責，以此紊煩公法。欲望自今應年七十以上不得論訟，須令以次家人陳狀。如實無他丁而孤老惸獨者不在此限。」從之。

太宗太平興國二年九月八日，有司言：「詔問老而訟不實者不可以加刑，當詳定其法。准《名例律》，八十以上、十歲以下及篤疾，聽告謀反叛逆、子孫不孝及同居之內爲人侵犯者，餘並不得論告。官司受而爲理者，各減所理罪三等。又乾德四年六月（訟）〔詔〕，七十以上爭（詔）〔訟〕婚田，並令家人陳狀。又律：『家人共犯，止坐尊長〔三〕。於法不坐者歸罪其次。』疏云：『於法不坐者，謂八十以上、十歲以下及疾患者。』自今應論訟人有篤疾及年七十以上，所訴事不實，當坐其罪而不任者，望移於家人之次長；又不任，即又移於其次。其論訟人若老及篤疾，當其罪不任者，11 論如律。」從之。

雍熙四年四月四日，詔曰：「悼耄之歲，刑責不加，斯聖人養老念幼之旨也。然則爭訟之端，不可不省；姦險之作，抑亦多途。或有恃以高年，多爲虛誕者，並從乾德四年六月詔書從事。」先是太平興國二年九月詔書，老人論訟事

〔一〕此下原有「田訟附」三小字，今「田訟」升爲二級標題，因删此三字。
〔二〕四年：原作「明年」，據下條改。
〔三〕止：原作「上」，據《唐律疏議》卷五改。

虛，罪其次家長。至是有司以爲或不知情，虛坐其罪，請依乾德詔書，七十以上不得論訴，當令宗族中一人同狀，官乃爲理，若實孤老即不在此限，乃下此詔。

至道元年三月十五日，詔：「諸道州府軍監，今後部下吏民有再詣闕陳訴，朝廷勘鞫，事皆不實者，更改陳訴，州不得爲理，即禁錮，具前後事狀奏取進止。」

五月二十八日，詔曰：「古者二千石不察黄綬，故事丞相府不滿萬錢，不爲移書，所以明慎經制而斥去苛碎，各守職分而不至踰越也。今分建轉運之任以按察風俗，州縣吏皆文學高第，朝廷慎選。甘棠聽訟，固惟舊焉；肺石稱冤，安及於此！應諸路禁民不得越訴，杖罪以下縣長吏決遣，有冤枉者即許訴於州。」

真宗咸平元年七月三十日，詔：「論事人如所訴虛妄，素好持（入）〔人〕短長，爲鄉縣之害，再犯徒、三犯杖者，令所在具前後所犯械送軍頭引見司。」從陝西轉運使陳緯之請〔也〕。

六年七月十八日，詔：「軍士因將校科責，挾恨訴訟，推劾虛妄者，並禁錮奏裁。」

十一月十七日，詔曰：「國家選擇群材，明慎庶獄。列州縣之職，屬在審詳；委漕運之臣，俾其廳察。而[12]詣闕越訴，頑猾亦多，不顧憲章，（忘）〔妄〕陳文狀，洎行推鞫，頗有紊煩。特舉詔條，用清刑辟。應論訴公事，不得驀越，須先經本縣勘問，該徒罪以上送本州，杖罪以下在縣斷遣，如不當，即經州論理。本州勘鞫，若縣斷不當，返送杖罪，並勘官吏情罪，依條施行。若本州區分不當，既經轉運司陳狀，專委官員或躬親往彼取勘，盡理施行。情理重者，備録申奏，仍於鄰路差官鞫問斷遣。若實有不當，干繫官吏一處勘訖，結案申轉運使。流罪以下先次決放，死罪及命官具按聞奏。如轉運使收接文狀，拖延避事，不切定奪，致詣闕陳論，差官制勘，顯有不當，即并勘轉運司官吏。如公然妄興論訴，玷瀆官員，該徒罪以上者，逐處決訖，禁奏取裁。其越訴狀，官司不得與理。若論縣許經州，論州經轉運使，或論長吏及轉運使、在京臣僚，并言機密事，並許詣皷司、登聞院進狀。若夾帶合經州、縣、轉運論訴事件，不得收接。若所進狀内稱已經官司斷遣不平者，即別取事狀，與所進狀一處進内。其代寫狀人不得增加詞理，仍於狀後著名，違者勘罪。州縣録此詔當廳懸掛，常切遵稟。」

景德二年六月十三日，詔：「諸色人自今訟不干己事，即決杖枷項，令衆十日。情理蠹害，屢訴人者，具名以聞，當從決配。恐喝贓重者處死，被恐喝者許陳首，免其罪。」時曹州民趙諫與其弟諤皆兇狡無賴，恐喝取財，交結權右，長吏多與抗禮，率[13]干預郡政。太常博士李及受詔通判州事，諫適來京師，即投刺請見，及拒之。諫大怒，慢駡而去，因帖榜言及非毁朝政。及得之，以匿名書未敢發。會大理寺丞任中行本諫同鄉里，盡知其姦慝，密表言之。真宗即遣中使就訪京東轉運施護、知曹州謝濤并及〔一〕，皆條疏諫兄弟醜迹〔二〕，乃逮繫御史獄。又詔開封府、曹州吏民先爲諫、謌恐喝者得自首釋罪。命捜其家，得朝士、内職、中貴所與書尺甚衆，計贓鉅萬。詔並斬於西市，黨與悉決杖流嶺外，與之游者並坐降黜。故有是詔。

七月十三日，詔：「自今詣闕論事人，須具州縣施行不當，曾經轉運使披訴日月，鼓司、登聞院乃得受之。越訴虚妄論如法。」

十四日，詔曰：「先是咸平六年十一月勑，禁論訴驀越。近日詣闕進狀人多稱轉運司不爲收接，及至降勑施行，多未經轉運司陳狀。自今應論訴稱州縣斷遣不當者，轉運使即時收接，看詳施行。如合候務開，及别有違礙格勑，不合施行者，亦當面告示，取索知委結罪狀。如所訴事理合與施行，轉運使行遣不當，不與收接，須詣闕披陳者，並具曾經轉運陳訴日月、因依，方許詣鼓司、登聞院進狀。若將來勘鞫，却有虚妄，依法科罪。」從河北轉運使劉綜之請也。

四年五月十三日，詔：「自今文武官無例于閤門上封者，並諸色人並許詣鼓院進狀。本院官看詳，其告機密及論訟在京官吏，許實封進内。自餘刑訟冤【14】枉、朝政闕失、民間利害，並許上言。事有可採，亦依例進入，違理不可行者罷之。其鼓院不行，如本人稱不盡情，即許詣檢院披訴。仰詳事理，如委是允當，即判書狀付之；如實不當，即繳連聞奏。如檢院不判審狀給付，即許御史臺陳訴。其兩院委實行遣不當者，方得邀車駕進狀，兩院官必行朝典；如涉虚妄，科上書詐不實之罪。如未經鼓院進狀，檢院不得收接；未經檢院，不得邀駕進狀。如違，亦依法科罪。如是令人代筆爲狀，即不得增添情理，别入言詞。并元陳狀人本無枝蔓論奏事，被代筆人誘引、妄有規求者，以代筆人爲首科罪。」

大中祥符元年正月二十九日，詔曰：「朕務闢言路，期清化源，念庶獄之斯繁，多烝人之誤犯，宜遵寬簡，式示哀矜。前詔條約接駕進狀，又近日以來，所犯猶衆，悉坐徒刑，頗軫朕意。雖從減等，尚恐未明，特審載於情由，免陷人於刑法。自今車駕出，如入内内侍省送到接駕人等，仰軍頭司官密詢事宜訖，内有未依勑命經歷逐處者，具録劄子，分明曉示。如堅（訖）〔乞〕施行，即取責（乞）〔訖〕施行。如稱不細認勑命誤來接駕進狀者，取乞不施行狀，當議更不勘罪。若内稱已曾經歷逐（虚）〔處〕、依得勑命者，即不取狀，本司逐色具狀實封聞奏，候御寶批出，即得施行。」先是内出條約，邀車駕陳狀人及禁中所録進狀數，詔樞密曰：「下俚愚民，不知條法，偶來進狀，便至重刑。今後更令引見司逐名【15】據事理及曾與不曾經鼓、檢院進狀，具合經某

〔一〕謝濤：原作「謝清」，據《長編》卷六〇改。
〔二〕醜：原作「配」，據《長編》卷六〇改。

司行遣，内中但批合與指揮，免使愚民陷於法也。」時上元行幸，訴事希恩者衆，有司舉前詔，悉以違（治）〔制〕論，特詔寬其罰焉。

四年九月十日，詔：「自今訴訟，民年七十以上及廢疾者不得投牒，並令以次家長代之。若已自犯罪及孤獨者論如律。」

五年四月二十四日，詔：「比來因公事勘斷人經年遇赦，多詣闕訴枉。自今宜令制勘官，每獄具則請官録問，得手狀伏辨，乃議條決罪。如事有濫枉，許詣録問官陳訴，即選官覆按。如勘官委實偏曲，即劾罪同奏；如録問官不爲申舉，許詣轉運、提刑司，即不得詣闕越訴。」

六年三月十七日，開封府勘三司磨勘吏訟判官楊嵎欵狀，帝曰：「此誠申嵎行遣不當[一]。大凡因公事送人吏付有司劾問，須俟推鞫得實，法寺定斷，方見刑名，豈有行下文字便須合招違敕罪？致小吏興訟，是不解事。役使公人，然雖可恕，其如顯是違勑文？」不欲因人吏責降，嵎特免追官，與監當，元訴人決杖停職。

七年三月十三日，殿中侍御史曹定言：「諸州長吏有罪，恐爲人所訟，即投牒本州首露，雖情狀至重者亦以例免。請行條約。」詔：「自今知州、通判、幕職官、使臣等首罪，如實未彰露，則狀報本路轉運司[二]，令檢格條，縱當原免，亦書于曆。」

九月十日，詔：「如聞外州百姓詣登聞院釘足斷指訴事者，有司以妄自傷殘，並先決杖，流離道路，深可嗟 16 憫。自今並送所屬州縣，依法決罰。」時忻州有民詣檢院釘手訴田，帝因謂宰臣曰：「朕頃蒞京府，有蘄州女子訴父經縣理田産被杖，千里而來，不爲田而爲父也。此事或有枉撓，即傷和氣。」因有是詔。

天禧元年十月十一日，詔：「如聞諸班直、諸軍坊監庫務官健，飲博無賴，或部分稍峻，即捃摭興訟。今後所訴事並須干己、證佐明白，官司乃得受理，違者坐之。情或巨蠹，具案以聞。人員被欺嚇者，仰自首露，並釋其罪。」

三年六月九日，詔：「兵部郎中、直史館陳靖，頃以典領藩條，決遣民訟，知胥徒之納賄，列事狀以上言。既歛怨於寺司，遂受誣於吏議。載披封奏，深用軫懷。非汝瑕疵，宜從洗滌。」靖先知泉州，有民張績、張雅訟父産，績、雅皆假子。靖奏條理待報，未下，又覆奏其事，并發法寺胥吏受請納貨得實。既而法官摘靖奏中有「必是不經聖覽」之語，以爲指斥乘輿，抵靖私罪。及是靖訴雪前事，故有是詔。

七月十八日，詔：「今後有進狀稱累經勘斷不當、披訴抑屈事，下本路轉運司或提點刑獄司，詳所陳，取索前後公事案看詳，如實有抑屈，未盡情理，（堪）〔勘〕斷不當，即仰依公盡理施行訖奏。如勘斷已得允當，即告示知委。如不

[一] 申：疑當作「由」。
[二] 司：原作「使」，據《長編》卷八二改。

伏，再陳訴，即勘本人情罪區分。如是指論本路轉運、提刑司，即下别路施行。」

五年六月九日，詔：「廣南路民訟命官不公者，須本官在任及得替未發、事實干己及條詔許訴者，乃得受[17]理。如已離在路，除犯贓及私罪徒已上，即委轉運、提刑司體量[一]，證佐明白非誣構者，乃得追攝。自餘杖以下私罪，飛驛以聞。」時侍御史燕肅言：「嶺南遐遠，攝官校吏多務阿私，在任命官順之以情則惠姦，糾之以法則聚怨。故有無端之輩，或遭刑責，或違請求，聞其得替，將到闕庭，捃拾微釁，興起訟詞。官司不詳事理大小，即行追對，往來萬里煙瘴之鄉，或懼迢遥，便行擬伏，以此負讟，亦可憫傷。故有懼致此患，務於因循者，望行條約。」故有是詔。

仁宗天聖八年八月一日，詔登聞檢院：「今後諸色人投進實封文狀，仰先重責結罪狀，如委實别有冤枉沉屈事件，不係婚田公事，即與收接投進。如拆開却夾帶婚田公事在内，其進狀人必當勘罪，依法斷遣。所有爭論婚田公事，今後並仰詣登聞鼓院投進，依前後條貫施行。」

九年八月九日，審刑院言：「請自今鞫劾盜賊，如實枉抑者，許於慮問時披訴。若不受理，聽斷訖半年次第申訴。限内不能翻訴者，勿更受理。」從之。

十年正月二十二日，詔：「制置轉運使、知州奏劾所部官吏罪，反爲被劾人論奏者，自今無得受理。凡按察官悉如此比。」

景祐元年六月十五日，中書門下言：「檢會條貫，諸色人訴論公事，稱州軍斷遣不當，許於轉運司理訴，轉運不理，許於提點刑獄陳訴者，慮諸色人方欲轉運披理，却值出巡地遠，難便披訴。自今如因提點刑獄巡到[18]諸般公事，未經轉運理斷者，所訴事狀顯有枉屈，即提點刑獄收接，牒送轉運司，即不得收接常程公事。」從之。

三年七月七日，淮南轉運副使吳遵路言：「民被骨肉指論本父亡没，元是異姓養男，奪却田業。年歲既遠，事理不明，欺罔幼孤，規圖賄財。乞自今論伯叔以上尊親是違律養男，其被養本身、所養父祖並已亡殁，官司不在受理之限。」奏可。

康定二年正月二十六日，詔：「自今諸討捕獲劫賊，須於現任州軍、轉運司陳狀，保明申奏。如官司不爲申奏，或自因事故離任，許參選日進狀叙陳，送刑部定奪。如定奪未了，限一年别具申訴，送别司再定。委是刑部不當、本人妄訴，並依法施行。如不曾進狀及披述，經隔三年，更不在叙述之限。」

八月，詔：「軍人差出戍邊，如有事訴理，一面前去，委所隸官司移牒訊問。若須對理，候軍迴乃得陳訴。」

慶曆七年三月十七日，權御史中丞高若訥言：「近年以來，犯罪之人已經斷遣却來訴雪者，多下逐處看詳定奪。

[一] 提刑：原作「提點」，據《長編》卷九七改。

除合別行根勘結絶外，有定奪得顯是理訴不實及更有妄論他人或帶不干己事者，乃至再三進狀，紊煩朝廷。定奪得不合訴雪者，承例多止報罷。以此狂愚之輩僥倖理雪，亦有官司因循爲之雪罪者。一成之法，遂可苟免。欲乞今後理雪罪名者，除定奪得合行別勘斷遣外，如顯然不實及妄論他人或帶不干己事者，令逐處分明聲説勘罪，依法【19】施行。如經三度虚妄論訴不息者，委執政臣僚量遠近取旨安置羈管，所冀稍抑姦妄。」從之。

十月二十二日，詔：「今後命官犯罪，經斷後如有理雪者，在三年外更不施行。」

皇祐元年十一月十三日，詔：「民有訴冤枉而貧不能詣闕者，聽投狀轉運、提點刑獄司，附遞以聞。」

四年四月九日，詔：「應今後命官犯罪理雪，如曾丁憂，並與除出持服月日外，依《編敕》年限釐革施行。」

五年八月一日，詔：「災傷之民訴于轉運司而不受者，聽逐州軍繳其狀以聞。」

十一月二十七日，詔：「廣南州縣簿書被蠻賊焚劫，而已經官司理斷者，勿受理。」

嘉祐三年閏十二月七日，詔：「中外有陳叙勞績或訴雪罪狀，中書批送有司者〔一〕，謂之送殺，更不施行。自今宜令主判官詳其可行者，別奏聽裁。」

四年十月十二日，詔：「應今日以前因過犯經斷，有司引用刑法差誤，後來爲礙條貫，三年外不許理雪，致久負冤抑者，並仰經所在投狀以聞，當議別委官司定奪改正。」

神宗元豐三年六月十五日，如京使高通上其叔永亨獄中訴冤文字二十二紙〔二〕，乞移永亨別路州軍待報，免爲呂惠卿等横加刑禁〔三〕，冤死牢獄。上批：「永亨邊遠小臣，犯法不枉〔四〕，而主帥治其姦狀，尚不知懼，乃敢飾情自言，兇頑之實，於此可見。仰見勘官司分析寬縱罪人、漏泄獄情因依以聞，仍將來遇恩不原。」

五年五月四日，詔：「訴訟不得理應赴省訴者，先詣本曹。在京【20】者先所屬寺監，次尚書省本曹〔五〕，次御史臺，次尚書都省，次登聞鼓院。六曹諸司寺監行遣不當，並詣尚書省。」

哲宗元祐元年三月十四日，詔：「熙寧元年正月已後至元豐八年三月六日赦前，命官、諸色人被罪合行訴理，並限半年進狀，先從有司依法定奪。如内有不該雪除及事理有所未盡者，送管勾看詳訴理所。」

四月十二日，看詳訴理所言：「應係内降探報公事，於法不合受理者，如内有情可矜恕，具事理申奏。」從之。

十三日，看詳訴理所言：「刑部等處送到官員、諸色人

〔一〕有司：原作「省司」，據《長編》卷一四四原注改。
〔二〕二十二：《長編》卷三〇五作「三十二」。
〔三〕横加：原無，據《長編》卷三〇五補。
〔四〕不枉：原無，據《長編》卷三〇五補。
〔五〕次：原作「依」，據《長編》卷三二六改。

犯罪進狀理雪公案，其間有一案干連數人，內有情犯一般者，並合一體施行。緣係不經進狀之人，致未敢便行一處看詳奏聞。」詔令一處看詳以聞。

(三)〔二〕年正月十八日〔一〕，詔看詳訴理所：「應元祐元年明堂赦恩以前，內外官司所斷公事內有情可矜恕者，並聽於元限內進狀訴理，依前詔看詳。」

八年十月十日，御史中丞李之純言：「欲望朝廷嚴飭省部，勾檢前後詞狀文簿名件行下，在京者令本部長(二)〔貳〕緊行催驅，在外者令府界及諸路監司互行取索，責限促期，早令與決了當。如察見委有情弊，即按劾奏聞，等第降黜，以警慢吏。其所差定奪官員如承受經百日不爲結絶者，雖得替交割，並須勒留，候畢了日方給與批書曆子前去。如此則不敢遷延幸免，民間訴事早得辦正。」從之。

紹聖元年六月十九日，殿中侍御史 21 郭知章言：「近年官吏、軍民詣闕，辨明酬奬，理訴冤抑，司勳、刑部會問稽留，有逾一二年不決者，辨訴之人致竭資産，困躓道塗，而官吏習爲鹵莽，惟以沮格爲能。乞令左右司每季分取司勳、刑部辨訴未了事，具情節及詰難、疎駮因依，如(望)〔妄〕作滋蔓，行遣稽留，隨事大小罪之。」詔左右司郎官取索司勳、刑部酬奬、叙雪事催促，如有違滯，舉劾施行。

二年三月十七日，江南西路轉運副使馬瑊言：「訴事而自毀傷者官不受理，事干謀叛以上不用此制。」從之。

元符元年六月二十五日，御史中丞安惇言：「伏思神宗皇帝勵精圖治，明恤庶獄，天下莫不知之。而元祐之初，陛下未親政事，姦臣乘時議置訴理所〔二〕，凡得罪於熙豐之間者〔三〕，咸爲雪除，歸怨先朝，收恩私室。意者呼吸罪黨〔四〕，用爲己助。未審當時有司如何理雪，儻出姦意，不可不行改正。欲乞朝廷委官，將元祐中訴理所公案看詳〔五〕，如合改正〔六〕，即乞申明得罪之意，復依元斷施行。」詔蹇序辰、安惇看詳，內元狀陳述及訴理所看詳語言於先朝不順者，具職位、姓名以聞。

十月二十三日，看詳訴理所奏：「元祐訴理公案內〔七〕，如語言止係稱美置訴理事，未審合與不合聞奏。」詔語言過當者貼説〔八〕。

二年正月二十一日，詔：「元祐訴理事件內〔九〕，公人、軍人、百姓，其語言非于先朝不順者，令看詳訴理文字所、左右司更不看詳。」

徽宗崇寧元年三月十八日，詔：「應諸色人詞訟，22

〔一〕二年：原作「三年」，據《長編》卷三九四改。
〔二〕訴理：原倒，據《長編》卷四九九乙。
〔三〕熙豐：原作「元豐」，據《九朝編年備要》卷二五、《文獻通考》卷一六七改。
〔四〕黨：原作「當」，據《長編》卷四九九改。
〔五〕「訴理」原倒，「案」原作「按」，據《長編》卷四九九乙改。
〔六〕合：原作「何」，據《長編》卷四九九改。
〔七〕案：原作「按」，據《長編》卷五〇三改。
〔八〕當：原脱，據《長編》卷五〇三補。
〔九〕件：原無，據《長編》卷五〇五補。

六曹行下别處定奪理斷，經赦尚未了者，内事小並令依條結絶，若事大合差官置司推究者，令本曹量事大小給限，催促結絶。如違，仰本曹檢按究治。若本曹失催及不切檢察究治，並令御史臺及尚書省催驅房點檢申舉。如催驅房不切檢舉，令左右司申舉施行。」

二年四月八日，臣僚言：「乞令内外應受詞訟官司，並如六曹法置退狀簿，其六曹詞訟不屬本處者，即具事因關送施行，庶幾有以關防檢察。」從之。

三年六月十八日，中書省言：「勘會命官、諸色人陳乞理訴功罪之類，稱熙寧、元豐條制因元祐改更，既行看詳勘當，却係熙寧、元豐舊有條例；或係别無定制，出於朝廷臨時詳酌處分；或所訴事理，計其年限，依條釐革。」詔今後如有似此妄亂陳訴之人，並量輕重取旨施行。

政和元年二月五日，詔：「應邀車駕陳訴人係尚書省釐會事，可令左右司置籍拘管，候結絶勾銷，月具已未與決名件進入。」

四年七月四日，中書省言：「勘會官司承受諸色人詞訴，狀内稱『上命』及『與民作主』之類，其受狀之官便將陳狀人根勘，及一面具奏待罪。上件言語(言)雖不當稱，緣愚民無知，别無情意，即與言語不順事體有異。」詔今後官司承受諸色人詞訴，狀内有上件語言者，並勿受理，令别陳狀。

八年閏九月十四日，臣僚言：「伏覩州縣聽訟，其間或有冤濫，即詣監司申訴，而監司多不即爲根治，但以23取索公(按)〔案〕看詳爲名，久不結絶，或只送下本處，或不爲受理，致無所控告。自來非無法禁，蓋官吏玩習，恬不介意。雖廉訪使者許摭實以聞，而訟牒難以悉陳，上瀆天聽。臣愚欲乞詔有司立法，諸路監司有能改正州郡所斷不當，總其實數，歲終考校，以爲殿最，庶幾訴訟獲申，以副陛下愛民之意。」詔臣僚所言切中今日監司之弊，可措置立法行下。

十月十三日，臣僚言：「臣自到臺，日閱四方詞訟，訴酬賞稽違者率居其半。遠者至十餘載，近者或五六年，結恨銜冤，深可憐憫。夫賞不踰月，欲人知爲善之利也，今留滯如此，何以勵之使勸乎！臣究其所以然，爲弊有七：酬賞保明，自有條式，所屬未嘗參對，致省曹點照不完，旋行取會，又不如期應報，其弊一也。邸吏承受文狀，不即時投下，候伺求覓，視多寡爲後先，至有沉匿經年而不上者，其弊二也。六曹猾吏倚法爲姦，賄賂公行，則洗垢吹毛，曲爲沮抑，其弊三也。間有不圓，理須整會，則自應會問，徑行催促，却令重别保明，便作結絶，其弊四也。掌典代替，文案並不交承，多有漏落，無憑舉催，其弊五也。司勳勾復，專務自營，謂稽留之罰輕而差失之罪重，故根蔓牽連，以問難爲得計，其弊六也。省曹行遣，無故稽違，于法自當彈奏，然經隔歲時，率以赦恩原免，故公然無所忌憚，其弊七也。凡此積有歲年，胥吏舞文，惟有力者往往緣姦而得志，孤寒寡援者24一歸於無可柰何。近者胥吏因循，不以爲事，日趨于廢弛，而終更赴訴者稽留待報，困於羈旅，皆由此也。陛下循名責實，設慶賞以馭群臣，而輕重與奪之權乃歸胥吏。然此數者，關防舊有成法，若但申明行下，深恐玩習，徒爲虚文。兼聞六曹住滯酬賞無慮萬計，願頒睿旨，別行措置，見今積壓，立限催督，尚有違戾，則赦恩不原。庶幾賞信必行，人無觖望。」詔尚書省取六曹未結絶名件，應賞未賞如言者所論，開具以聞，當行黜責。輒隱漏不實，以違詔〔論〕，赦降不原。

宣和元年十二月六日，臣僚言：「省部應年月未絶公事，並行根刷，責近限結絶。仍乞今後省部催促究治，每及二年以上而未結絶者，並類聚申朝廷，勘會住滯因依，取旨黜責。庶幾諸路警畏，不敢慢易，而理訴之人早獲伸雪。」詔依奏，仍限一月。

二年六月二十五日，詔：「應陳訴事，遵依累降指揮，不得用例破條。條所不載者，仍不得援引優例。違者以違制論。」

三年三月二十三日，詔：「被賊人户復業，如有論訴，並不得受理。應以前罪犯一切不問，並與釋放。」

五年正月二十八日，詔：「諸被受監司行下辭訟，應追治者，先追陳訴人，方許推治，著爲令。」從提點京兆府路刑獄鄒子崇之請也。

高宗建炎四年二月二十三日，德音：「昨差張浚爲川陝京西湖北路宣撫處置使，見在秦州置司，所有川陝等路去行在地里迂遠，民間疾苦無由得知，或負冤抑，無緣伸訴，25仰宣撫處置司詢訪疾苦以聞。民有冤抑，亦仰經宣撫處置司陳訴。」

紹興元年十一月十三日，詔：「官員犯入已贓，許人越訴，其監司、守倅不即究治，並行黜責。」從知瓊州虞沇請〔也〕〔一〕。

二年九月四日，赦：「應經斷人依限三年外不許訴雪，如元因有司勘斷委有不當，致久負冤抑，在五年限内者，並仰經所屬投狀以聞，刑部審實改正。」四年九月十九日明堂赦、七年九月二十二日明堂赦、十年九月十日明堂赦、十三年十一月八日南郊赦、十六年十一月十日南郊赦、十九年十一月十四日南郊赦、二十二年十一月十八日南郊赦、二十五年十一月十九日南郊赦、二十八年十一月二十三日南郊赦、三十一年九月二日明堂赦並同此制。

三年十月二十二日，詔：「諸路州縣自紹興元年正月一日以前〔二〕，應因群寇殘破，占據去處乘時作過之人，限今降指揮到日，將已受理詞訴限十日結絶，不得枝蔓。日後更有詞訴，並不得受理。曾經金人占據去處，依紹興府已降指揮施行。」以臣僚言：「所在寇亂，愚民無知，乘時作過，何所不有？事既滅息，而姦人或挾怨仇，或規賄利，轉相告訴，無有已時。黨與未平，〔牽〕連逮繫證按，獄久不決，死者甚衆。」故有是詔。

〔一〕虞沇：原作「虞開」，據《建炎要録》卷四九、《宋史全文》卷一八上改。

〔二〕元年：原作「二年」，據《建炎要録》卷六九改。

四年十二月十一日，刑部言：「臣僚劄子，乞立法，應人户於條許越訴而被訴官司輒以佗故捃摭者，隨其所訴輕重，以故入人罪坐之。本部看詳立法：諸人户依條許越訴事，而被訴官司輒以他事捃摭追呼赴官者，家屬同。杖八十；若枷禁棰拷者，加三等。欲乞遍牒施行。」從之。

六年十二月十九日，江州進士孫復禮進狀訟 26 德安令黄覿等〔一〕，御筆批令監司體究已，下本路漕司施行。上曰：「孫復禮亦須知管，如體究所訟不實，即痛與懲誡。檢鼓院止許士庶陳獻利害，儻挾私怨，有所中傷，不惟長告訐之風，亦非求言本意。」

十二年五月六日，詔：「帥臣、諸司、州郡自今受理詞訴，輒委送所訟官司，許人户越訴，違法官吏並取旨重行黜責。在内令御史臺彈糾，外路監司互察以聞。仍月具奉行有無違戾申尚書省。」《紹興令》：諸州訴縣理斷事不當者，州委官定奪；若詣監司訴本州者，送鄰州委官。諸受訴訟應取會與奪而輒送所訟官司者，聽越訴，受訴之司取見詣實，具事因及官吏職位、姓名，虚妄者具訴人，申尚書省。

十三年八月二十三日，禮部言：「臣僚劄子，江西州縣百姓好訟，教兒童之書有如《四言雜字》之類，皆詞訴語，乞付有司禁止。國子監看詳，檢準紹興敕，諸聚集生徒教辭訟文書杖一百，許人告。再犯者不以赦前後，鄰州編管。從學者各杖八十。今《四言雜字》皆係教授詞訟之書，有犯，合依上條斷罪。欲乞行下諸路州軍、監司，依條施行。」從之。

十四年四月七日，刑部言：「臣僚劄子：『民有冤抑，訴于郡守、監司，其所委定奪之官或不即與決，緣是（按）〔案〕牘亡失，間被拆換，亦無從稽考。欲乞令縣官每月終具所承定奪事目，畫一開坐被受年月日，若干件已回申，若干件見索（按）〔案〕、已未索到，結無漏落文狀申本縣，類申本 27 州，本州類申逐司。如此，一閲盡在目前，易爲督責，不惟下情無壅，且可以察官吏之能否。』本部看詳，欲依所乞行下。」從之。

十五年四月二十二日，尚書省言：「民户理訴詞訟，遠詣朝廷披陳，慮有冤抑，遂改委他司定奪。訪聞元行官司惡其指論，捃以他事，非理科罪，是使抱冤之民不敢伸訴。」詔令諸路監司、州縣將民户陳訴事務並仰長官躬親審詳，依公理斷，無致少有偏曲。仍仰所屬監司覺察按劾，當議重作行遣。監司違戾，仰帥司互察。

七月二十日，臣僚言：「昔王符作《愛日篇》，深言民之不獲理於州縣，故遠詣公府，復不能察而延之日月，此小民所以易侵苦，而天下所以多困窮。方今之弊，何以異此？乞令諸路各置籍，凡民户經由臺部及朝廷訴事，行下所委官司去處，除程期外，並限一季或至半年具申。如敢稽慢，則從本部檢舉奏聞，特賜行遣。非特以戒慢吏，將見遠民

〔一〕黄覿：原作「黄覨」，據《建炎要録》卷一〇七、《宋史全文》卷一九下改。

舉無冤枉。」從之。

十八年二月十四日，刑部言：「臣僚奏請：『在法，放停人吏與詞訟之人交涉者徒一年，因而計屬公事加一等，受財重者自從重。此良法也。然於放停人吏則知畏，而見役人吏及(雖)〔雄〕横有力之家，與健訟之人陰爲奥援，表裏相通，致使良善之人深被其害。欲望更加參訂，重立法禁。』本部看詳，見役人吏與詞訟之人交涉，欲元條徒一年上加一等，從徒一年半。若因而爲計囑公事，更加一等，從徒二年斷罪。各28係遞加一等。」從之。

二十一年十一月十七日，刑部言：「臣僚陳乞禁約健訟之人，本部欲於見行條法指揮外，其訴事不干己并理曲，或誣告及教令詞訴之人，依法斷訖，本州縣將犯由、鄉貫、姓名籍記訖，縣申州，州申監司照會。若日後再有違犯，即具情犯申奏斷遣，從斷訖再注。仍先次鏤板曉諭。」從之。

二十二年五月七日，臣僚言：「今後民户所訟如有婚田、差役之類，曾經結絶，官司須具情與法叙述定奪因依，謂之斷由，人給一本。如有翻異，仰繳所給斷由于狀首，不然不受理，使官司得以參照批判，或依違移索，不失輕重。將來事符前斷，即痛與懲治。」上宣諭宰臣曰：「自來應人户陳訴，自縣結斷不當，然後經州，由州經監司，以至經臺，然後到省。今三吴人多是徑至省㈠，如此則朝廷多事，可依奏。」

二十四年四月九日，上宣諭宰臣曰：「前日孟饗，有利州民王孝先邀駕，訴閬州守臣王陟在任不法㈡，用刑慘酷，枉遭決刺，宜差人押送本路監司究實㈢。」慮蜀道險遠，追逮爲勞也。

二十六年七月三日，臣僚言：「比年臣僚有緣誣告不測之罪，投竄遐裔，無路自明者，迺因郊赦，與之昭洗㈣，甚盛德也。然中外陳訴辨雪，檢、鼓院上封者滋多，頗涉冒濫。如其所犯元因語言疑似之類，誠可矜憫，至于姦贓狼籍，已經按治，跡狀顯著，人所共知者，亦復巧飾詞理，公肆誕謾，咸稱向曾違忤權臣所致，例圖解免。望詔29有司，應自今陳雪過名之人，並須檢會元犯事因㈤。如係贓罪已經勘劾者，乞止依元斷條法施行。」刑部看詳：「命官犯罪，若元因人户論訴及因監司、郡守按發，鞫勘贓證結(按)〔案〕，曾經録問，别無翻異，已行斷遣，如日後陳訴者，欲具元斷因依分明告示。其餘一時被罪或因緣連累等斷遣之人，若有訴雪，從有司更行看詳。委有冤抑，即行開具因依，申取朝廷指揮。」從之。

十月二日，臣僚言：「向者風俗媮(簿)〔薄〕，告訐大興，

㈠徑：原作「經」，據《建炎要録》卷一六三改。
㈡王陟：原作「王陞」，據《建炎要録》卷一六六、《宋史》卷二四七《趙不棄傳》等改。
㈢監：原作「官」，據《中興小紀》卷三六、《建炎要録》卷一六六改。
㈣昭：原作「照」，據《建炎要録》卷一七三、《文獻通考》卷一七三改。
㈤事因：原作「因事」，據《建炎要録》卷一七三乙。

士大夫陷於憲(綱)〔網〕者前後非一。比降詔旨，檢舉追復，仍許自行陳訴。然有司尚多艱阻，能自伸雪者十無一二，誠爲可矜。欲望嚴飭有司，將紹興二十五年十月二十日以前應斷過之人，除犯大不恭、不孝及蠹國害民，并枉法、不枉法監主自盜、彊乞取，已上並因人告發，跡狀明白者，各論如法。其餘犯在上件月日前者，不以年限，許自陳訴，委官看詳。如實係無辜，則與行改正，理元斷月日。若稍涉疑似，則且與除落過名，所有元斷官吏並免收坐。」從之。

二十七年七月二十二日，侍御史周方崇言：「民間詞訴，必有次第經(曰)〔由〕，若僥妄躐越，則坐之以罪。苟情理大有屈抑，官司敢爲容隱，乃設爲越訴之法，而敕令該載者止十數條。比年以來，一時越訴指揮亡慮百餘件，頑民反恃此以擾官司，獄訟滋長。望行下刑部，將一時許越訴指揮非《編敕》所載，並令敕令所重加删除，以省訟牒。」從之。

二十30八年八月二日，上諭大臣曰：「近來州縣人户詞訴稍多，既經監司，又經臺省，又復進狀乞送大理寺，比比皆是。無他，其弊有二：其一不治妄狀，其二受理官司沿襲舊例，却送元來去處。如此，不唯善良受弊，無所赴愬，而訟牒紛紜，至有一二十年不決者。卿等竊爲措置。」於是詔：「諸色人進狀及詣朝省陳訴州縣等處理斷不當公事，送所屬曹部施行，仰今後不得却送所訴官司，別委官司，立限依公結絶。若所訴虚妄，依條施行。候結絶訖，申尚書省，令本省置籍拘催。如有違戾，三省覺察取旨。」

三十年十月七日，詔：「應民間訟牒，有事不干己，並仰參照成憲，依公施行。其訴州縣不法，自當受理，不許輒加以告訐之罪。」〔從〕左正言王淮之請也。

紹興三十〔二〕年八月二十三日，孝宗即位未改元。詔：「所在罷役人吏多誘導姦豪，巧生詞訟，實爲鄉曲之蠹。自今如或不悛，當議刺配，永不移放。」

〔十二月〕二十四日〔一〕，詔：「比來省部人吏隨事生弊，命官、士庶理訴公事，法雖可行，賄賂未至，則行遣迂迴，問難不已。若所求如欲，則雖不可行，亦必舞法以遂其請。自今如有冤抑之人，許詣登聞鼓院陳訴，當議重寘於法。」

孝宗隆興元年九月二十二日，臣僚〔言〕：「命官斷罪，其始悉由刑部、大理寺擬定刑名。今於既斷之後，遇有雪訴，却付外路監司委官看定，徇情出入，則是外路監司(及)〔即〕得駁正刑寺，事屬倒置。乞自今遇有命官陳訴元斷不當31者，並不許送外路監司，先委大理寺官參酌情法，保明申部，再委刑部郎官、長貳重行看定，續次申省，送左右司審詳取旨施行。」從之。

二年正月五日，三省言：「人户訟訴，在法先經所屬，次本州，次轉運司，次提點刑獄司，次尚書本部，次御史臺，

〔一〕十二月：原脱，據《建炎要録》卷二〇〇補。

次尚書省。近來健訟之人，多不候官司結絶，輙敢隔越陳訴，理合懲革。」詔除許越訴事外，餘並依條次第經由，仍令刑部遍牒行下。

二十日，臣僚言：「伏覩刑部關牒，不許人户越訴，甚爲至當。然州縣、監司所受詞訟，多有經涉歲月不爲結絶者，欲乞行下刑寺，將州縣、監司詞訴分別輕重，立限結絶。如限滿尚未與決，許人户次第陳訴。」從之。

八月十三日，臣僚言：「伏見御史臺訟牒日不下數十紙，皆由州縣斷遣不當，使有理者不獲伸，無辜者反被害，遂經省部，以至赴臺。乞令御史臺擇其甚者，具事因與元斷官吏姓名奏劾，取旨行遣。」從之。

乾道元年正月一日，大禮赦：「應過犯經斷人，依條限三年外不許雪訴。如元因有司違法勘斷不當實在五年内者，並經所屬投狀以聞，當議實責改正施行。」

同日，赦：「勘會進士枉被州縣刑責，依條令所屬審定，保明聞奏。慮恐所屬多係元斷官司嫌避遷延，不爲保奏，仰諸路監司遇有訴理之人，即取索元（按）〔案〕委官看定，如係枉斷，即令所屬疾速依條保奏施行。」九年十一月九日同此制。

十七日，中書門下省言：「近日四方之人多[32]有經省部、御史臺陳訴冤抑者，有司事無果決，遂至久困逆旅，情實可憫。」詔三省、樞密院開具應干人結絶事件〔一〕，分委刑部、大理寺，限一月與決。如合追逮及案牘未具，委逐路監司限兩月理斷，並各具已斷事目聞奏。

二年七月九日，臣僚言：「比來民訟至有一事經涉歲月，而州縣終無予決者，緣在法，縣結絶不當而後經州，州又不當而後經監司。乞自今詞訴在州、縣半年以上不爲結絶者，悉許監司受理。」從之。

四年六月十八日，權户部尚書曾懷言：「近來監司、州縣承受省部看詳定奪事件，動經歲月，不爲結絶。今欲行下諸路，自指揮到日，並限一月結絶，具名件申尚書省。」從之。

七月十三日，臣僚言：「竊惟守令治所部之兇頑犯法者，監司、郡守（刻）〔劾〕所隸之贓私不法者，皆所以奉行天子之法也。比年多有所部之民、所隸之吏曾遭治劾者，往往懷怨挾恨，公肆論訴。使其訟得行，則爲守、令、監司者殆將縮手而不敢問矣。小人長惡不悛，何所忌憚！望特降指揮，如敢以私事訟元治劾之官者，更不究問虚實，即以告訐之罪罪之，庶幾此風衰息。」從之。

十六日，三省言：「邇來健訟之人多巧作緣故，妄經臺省越訴，理合措置。應所訴事並須依條次第經由，仍真謹書寫，通不得過五百字，亦不許連粘畫一單子在前。應過詞狀日，輪都司官一員點檢，如不依式該説已經某處結絶者，並即時退還。所[33]受訟牒，專一置簿抄上，赴左右司

〔一〕人：似當作「未」。

斟量行遣。或已經陳辭，見送有司看詳定奪，如限外未有結絶，或官司理斷不當者，方許經朝廷陳訴。應陳詞人除軍期急速、事干人命許越訴外，餘敢於宰執馬前投陳白紙及自毁傷者，並不得受理。」從之。

八月十六日，中書門下言：「近來無賴健訟之人，自知理曲，意謂官司不爲受理，往往妄自毁傷，合行約束。」詔今後如有似此等人，先依條斷罪，將所訴事更不受理。

五年七月一日，大理寺丞魏欽緒言：「越訴之法，前後申嚴非不詳備，今有所訟至微而輒以上聞者，又有冒幸而伏闕者，則越訴之法殆爲虚設。欲望明詔有司，嚴立法制，庶幾人稍知畏。」詔送刑部看詳。已而刑部看詳到條制，詳見「刑制」門。

六年八月二日，宗正少卿、兼權户部侍郎王佐言：「朝廷慮猾吏之爲民害，故開冒役越訴之門。然頑民姦巧，往往假此爲脅持縣道之計，甚至舉論闔縣之吏。乞自今有論訴冒役者，必須指陳所犯及收叙不當因依，如敢挾私妄訴，與重作行遣。」從之。

六日，刑部侍郎王秬言：「近日訟訴滋繁，其弊有二：一曰妄訴之弊，二曰改正之弊。夫訟有當決于州縣、監司者，有當決于省部、朝廷者。州縣頑民狃于健訟，例皆投牒省部，紊煩朝廷。乞自今除身負冤抑、事繫利害方許陳訴，其餘瑣屑並不許受理，則妄訴之弊可以少革。刑部訟雪過犯，前後非一，其間亡幸坐累固不爲無人，然巨 34 姦積惡，有不可不正典刑者。小人粉飾事情，百端伸訴，蓋未嘗治其誕妄之罪。乞自今遇有訟雪過犯之人，令別勘官司精加覆治，果有冤抑，即與洗滌；如妄有陳列，更與重作行遣，則改正之弊可以少革。」從之。

十一月六日，大禮赦：「勘會已降指揮，命官雪訴罪犯，刑寺見得委實冤抑、合行改正之人，其元斷月日令一就看定。近來胥吏故作沮抑，意在請求，却兩次申省，顯是迂枉。自今後應命官理雪冤抑，如委合改正，其元斷月日並令刑寺一就看定，申省取旨。」

七年三月三日，中書門下省檢正諸房公事司馬伋言：「近有爭〔訟〕産業、理雪過名之人，輒作公私利濟、軍期機密文字具奏，紊瀆天聽，委涉欺罔。乞自今遇有士庶進狀陳訴，並赴鼓院投匭，方許進入。」從之。

十二月十四日，臣僚言：「民間詞訟多有飜論理斷不當者，政緣所斷官司不曾出給斷由，致使健訟之人巧飾偏詞，紊煩朝省。欲望行下監司、州縣，今後遇有理斷，並仰出給斷由。如違，官吏取旨行遣。」從之。

九年十一月九日，大禮赦：「勘會命官犯罪，曾經體究勘鞫，被斷之後雪訴冤抑，已有別定、別勘條法。其元因官司按發，一時直降指揮先次停罷、降官衝替之類，不曾經體究根勘，或有實負冤抑，緣無理訴條限，有司拘文，不爲受理，情實可矜。可並與照別定、別勘年限施行。」

同日，赦：「勘會民間諸色人訟訴事節，州縣、監司各有[35]結絶日限。近來官司往往縱容人吏，故作遷延，或枝蔓行遣，希望求囑，至有經涉歲月不爲結絶者，使實被枉之人困于逆旅，其當職官恬不加恤。今赦到日，將應未結絶名件限一月依公結絶。如違，許人户越訴。」

淳熙元年三月二十九日，御前忠佐軍頭引見司言：「每遇車駕行幸，有唐突人所訴事不經次第，本司（降奏）〔奏降〕指揮從杖一百斷罪。乞自今有似此唐突人，令臨安府斷罪訖，報軍頭司照會取旨。」從之。

十月十四日，詔：「自今監司被受三省六曹委送民訟，並令躬親依公與決，疾速回報。若事干人衆或涉遠路，須合委定奪，亦令立限催促。候到，從本司再加詳審，別無不當，方得具申。仍令所屬曹部置籍稽考住滯，申尚書省，具所委監司取旨。」

五年八月十三日，知平江府單夔言：「詞訟改送，止欲別議是非，使不失實而已。若前斷之官已經移替，自不妨復付之本處，于事既已無嫌，更得舊訟悉理，民無遠赴之患。」從之。

六年九月十六日，明堂赦：「命官雪訴罪犯，刑寺見得委實冤抑，合行改正，所有元斷月日若再令陳乞，却致往返虚延歲月。可令刑寺一就看定，申尚書省。」

十月十六日，詔諸路監司：「自今應有脅持州縣訴不干己者，籍定申聞臺省，候將來再犯，累其罪狀，重寘典憲。」先是，刑部尚書謝廓然言：「郡縣、臺省訟牒繁夥，皆閭里亡賴憑藉囂訟，以爲囊橐。縱使守令稍有風力，猶不[36]免其指摘舊例已行之事，撰造無根難明之謗，甚者俟其任滿到（關）〔闕〕，公然攔拽，凌辱無禮，故近來州縣坐是愈不可爲。」故有是命。

七年六月十三日，詔監司、郡守：「應所屬官吏或身有顯過而政害於民者，即依公按刺。或才不勝任而民受其弊者，亦詳其不能之狀，俾依近例，改授祠禄，不得務從姑息，致有民訟，方行按刺。若廉察素明而的知其興訟不當者，則當爲白其是否，以明正其妄訴之罪，不得一例文具舉覺。」

十二月十六日，詔：「自今獄事委送鄰郡，或鄰郡追逮稽慢不遣，令具申監司，從監司差人追發。若被訴人在禁而詞主再追不出，即將被訴人先次知責。」

九年八月二十六日，詔諸路監司：「自今人户訟訴有合送別州追人索按推治者，止就鄰近州軍，仍不得過五百里。」

十五年八月二十六日，詔：「諸路凡有訟事，斟酌大小輕重，於送獄之際不許輕率。仍令刑獄長貳常切稽考，御史臺常切覺察。」

淳熙十六年閏五月七日，大理卿陳倚言：「近來人户理訴婚田等事，皆有監司、州縣自可理斷者。其間有不曾次第經由官司，或雖曾經由，不候與奪，及有已經官司定奪，自知無理，輒便越經天庭進狀妄訴，於貼黄指定乞送大理寺，顯是全無忌憚。乞今後應有進狀訴事，從自來體例，先次降付尚書省，量度輕重，合與不合送寺，取旨施行。」從之。

紹熙元年六月十四日，臣僚言：「州縣遇[37]民訟之結絶，必給斷由，非固爲是文具，上以見聽訟者之不苟簡，下以使訟者之有所據，皆所以爲無訟之道也。比年以來，州縣或有不肯出給斷由之處，蓋其聽訟之際不能公平，所以隱而不給。其被冤之人或經上司陳理，則上司以謂無斷由而不肯受理，如此則下不能伸其理，上不爲雪其冤，則下民抑鬱之情皆無所而訴也。乞諸路監司、郡邑自今後人户應有爭訟結絶，仰當廳出給斷由，付兩爭人收執，以爲將來憑據。如元官司不肯出給斷由，許令人户徑詣上司陳理，其上司即不得以無斷由不爲受理，仍就狀判索元處斷由。如元官司不肯繳納，即是顯有情弊，自合追上承行人吏，重行斷決。」從之。

紹熙五年九月十四日，明堂赦：「州縣民户詞訴已經朝省、監司受理，行下所屬州縣追究定奪之類，往往經涉歲月，不與斷理，使實負冤抑之人無由伸雪。仰諸路監司催促，限一月依公結絶。如仍前遷延，許人户越訴，將當職官吏重作施行。」自後赦並同。

慶元元年六月二十一日，知臨安府錢象祖言：「日來頗多滯訟，乞戒飭御史、監司常切覺察。有翻理不決之訟，必差官吏分互委送，閱實審訂，使是非枉直咸得其當。至有經投匭進狀者，亦先從都司詳所屬曹部見今所行果有未盡，朝廷別委清（疆）〔彊〕明練之吏重爲看定。」從之。

三年三月二十七日，臣僚言：「乞申嚴舊法，行下諸路，應訟事[38]照條限結絶，限三日内即與出給斷由。如過限不給，許人户陳訴。」從之。

四年八月五日，臣僚言：「乞行下諸路監司、州縣，如有告訴事干人命，並須實係被害之家血屬，其所訴事理證據分明，方許追勘。倘涉誣罔，須與反坐。其詐稱被盜放火之人，如正賊敗獲，究證得實，曾將平人誣罔騷擾，必坐以（坐）〔罪〕。其他誣告之事，罪當反坐者，並須從條斷治，州縣具情節申提刑司，提刑司具申刑部照會。庶幾姦罔之風稍戢，實清獄訟之切務也。」從之。

十月二日，臣僚言：「百姓有冤，訴之有司，將以求伸也。今民詞到官，例借契錢，不問理之曲直，惟視錢之多寡。富者重費而得勝，貧者銜冤而被罰。以故冤抑之事，類皆吞聲飲氣。乞行禁止。」從之。

六年閏二月五日，臣僚言：「乞申敕户、刑兩司，刷其詞訴名件，斟酌事宜，立定日限，趣令結絶。其或所屬官司仍前稽違滅裂不報，及雖回報而定斷失當，飜論不已者，則從省部擇其甚者申奏一二，乞行責罰。不惟止及監司、郡守，而經由官司例皆懲治。」從之。

五月十四日，中書門下言：「户部詞訴公事，多是移送定奪，枝蔓遷延，遂致積年不曾結絶。」詔：「户部行下所屬曹部，將目今應干累年未了詞訴公事，須管目下盡行定斷，不得仍前循習舊弊，復致積壓，詞訴不絕。各具已結絕名件申尚書省。」

嘉泰元年二月十二日，監察御史施康年言：「乞戒飭諸路監司，凡有詞訴，必[39]使盡情處斷，務要結絕。如或淹延歲月，與決不當，猶或上聞，令御史臺擇其尤者，將本路監司彈劾聞奏，仍將所屬州縣官吏重寘如法。若頑民健訟，事涉細微，輒敢投匭進狀，亦令所屬常切檢舉，重作行遣。」從之。

開禧元年六月二十一日，臣僚言：「乞下諸路郡縣，應干獄訟並令照條令理斷，如有淹延數年、重爲民害者，委監司糾察。如監司不糾察，或自爲淹延者，從臺諫論奏。」從之。

十一月十一日，監登聞鼓院章燁言：「進狀之弊，有一事而累經進狀，或經年而未曾結絕者，是法令之不立、賞罰之不行故也。前來奏劄所以顧重朝廷之事體，申飭諫院，自今進狀，凡所送官司除程，與限一月結絕，仍具結絕因依備申諫院。如違限不與結絕，或結絕、或未結絕而所斷不當，以致冤民再進狀者，許諫院稽考，隨事輕重劾奏而責罰之。或官司結絕已得公當，而頑民健訟，復敢虛妄進狀者，當從狀尾所甘坐以上書虛妄不實之罪，務在必行。如是，則冤枉可以伸，嚚訟可以息。」從之。

十三日，臣僚言：「州縣之間獄訟繁多者，告訐未盡革也。蓋罷役胥徒與夫武斷鄉曲、頑賴無業之人，交相表裏，窺伺善良。始則搜剔疑似，鈐制恐脅，詐取財物；繼以巧飾虛詞，公形訴牘。州縣類多不察，與之受理，根連株逮，鍛鍊非辜。加以貪刻之吏利其資財，抄估籍沒，肆其慘毒。間有得直者，固已家破産亡，而所誣告訐之[40]人未嘗反坐，不過科以不應爲不干己之罪而已。乞行下監司、州縣，申嚴告訐之禁。官吏有敢故縱違犯者，重寘典憲，其告訐之人照條反坐。」從之。

二年二月五日，臣僚言：「省部送下公事，有已經州縣、監司累年不決者。臣初怪其健訟，及探討本末，始知多因官司不能分明剖析，致使兩詞經臺、經部、經都省而不以爲瀆。乞自今省部送下公事，送之監司者，監司不可付之郡太守；送之郡太守者，郡太守不可付之郡縣吏。大率地位稍近者易囑託，分勢稍高者難請求，必須監司、太守自行理斷。」從之。

嘉定三年四月二十四日，臣僚言：「詞訴之法，自本屬州縣以至進狀，其資次遼絕如此。今捨縣而州，捨州而監司，等而上之，至于臺省，乃有不候所由官司結絕而直敢進狀，或至伏闕。乞自今進狀，如係臺省未經結絕名件，許令繳奏取旨，行下所送官司，催趣從公結絕。如所斷平允，即從斷施行；如尚未盡，却行一按追究，即不得徑行追會根勘，則紀綱正而刑罰清矣。」從之。

五年八月一日，臣僚言：「乞自今令左右司以進狀之籍照程限稽考，必令所送官司分辨曲直，申上朝省，見得日前所斷果有屈抑，將官吏重寘之罪。若所訴事未經定奪而輒詣鼓院者，都司勿與施行。本無屈抑而妄言屈抑者，必與懲治。」從之。

九月二日，臣僚言：「竊照《慶元令》：『諸受理詞訴限當日結絶，若事須追證者，不得過[41]五日，州郡十日，監司限半月。有故者除之，無故而違限者聽越訴。』今州縣、監司理對民訟，久者至累年，近者亦幾一歲，稽違程限，率以爲常。乞戒飭監司、州縣，照應條法，應詞訴稽程不爲結絶者，即與次第受理，已結絶即與出給斷由。仍下户、刑部，如受理詞訴，即時出給告示；不受理者，亦於告示内明具因依。庶使人户憑此得經臺省陳理，民情上達，冤枉獲申。」從之。

六年六月七日，權刑部尚書曾從龍言：「乞今後每遇歲終，從本部具諸路及諸州軍詞訟未結絶名件申尚書省，摘其歲月最久者劄下本處具析不結絶因依，仍具當職官姓名并吏人，取旨量行責罰，庶幾民訟免至淹延。」從之。

八月二日，臣僚言：「自今部中所受民訟，棘寺所勘公事，須令從公予奪，盡情根究，不得更循囑託，覩望顧慮。其或不悛，本臺密切體訪彈奏。」從之。

十月二十六日，權户部侍郎李珏言：「竊惟今日中外之弊，莫甚于（按）〔案〕牘積滯。吏習因循，視民政爲不切之務。近因置籍稽考諸路監司并州郡承受本部發送民訟，截至九月終，未結絶共一千三百三十四件，其間蓋有經數年尚未結絶。近而兩浙轉運司未結絶者亦二百四十餘件。是致人户不住經部、經臺催趣。乞許從本部倣財賦殿最之法，歲終將諸路、諸郡所受臺部符移，擇其淹延最甚者申朝廷，量行責罰。至於留意民政，獄訟平理，並無違滯，亦許以姓[42]名上聞，特加旌擢，庶使爲政者皆知以民事爲急。」從之。

七年九月十九日，臣僚言：「四方投匭之辭，正緣屢涉有司，未平兩造。及上達簾陛之前，乃必分枉直之地，若復付之悠緩，終將無所予決。乞明敕有司，今後應經匭院進狀，都省竊詳，嚴限送部，盡索前後所斷，照法指定，不許復行改送。如委屬冤枉，即與申雪。或元斷已當，嚚訟不悛，必加懲治。本部逾限不爲結絶，或致再詞，仍議官吏稽違之罰。則天聽尊嚴，民情洞達，朝省訟牒立至簡清，益廣聖主明目達聰之意。」從之。

十年十一月四日，臣僚言：「近年（疆）〔彊〕宗大姓武斷尤甚，以小利而漁奪細民，以彊詞而妄興獄訟，持厚賂以變事理之曲直，持越訴以格州縣之追呼，大率把持官吏，欺壓善良。乞戒飭監司、守臣，其有訟訴，必詳加審察。已結絶者則取索斷由，重加審定；未結絶者則立限催斷，具由情節。如見得委有情弊，予奪不公，即與追治承吏；若乃憑恃兇狡，飾詞越訴，意在挾持，即將犯人嚴與根究，必罰無赦。」從之。

十二年十二月二日，臣僚言：「夫民必有爭而後(刑)〔形〕於訟。訟之所起，始於其鄉而達于其邑，使邑有賢宰，則訟可息，爭可定。自其縣未足以平其心，然後訴之于州；州又未足以平其心，然後訴之於監司。已出于其勢之不得已，孰知其又有經臺部而猶未止者。乞下此章，申儆州縣，凡有民訟，隨時斷遣。或遇臺部送下狀詞，亦仰監 43 司及所部郡縣察詳事理，疾速施行。其或以獄爲市，淹延歲時，紊亂曲直，臣當次第覺察以聞，重寘典憲。」從之。

田訟

太祖乾德四年閏八月五日，詔：「應先隔在劍外人，蜀平來認田宅者，如已過十五年，除本户墳塋外，不在理訴。」

太宗淳化二年正月二十六日，詔：「荆湖、淮南、江南、兩浙、西川、嶺南管内諸州民訴水旱害田稼，自今夏以四月三十日，秋以八月三十日，違限者更不得受。」

真宗景德二年六月九日，詔：「河東管内有訴認仍僞命前祖先莊産者，止給荒田、墳墓，其桑熟地土不在分割之限。」

大中祥符九年九月十六日，詔：「昨緣蝗旱，今始得雨，諸處務開公事比常年更延一月，八年以前婚、田等事未得受理，俟豐稔如舊。」

十八日，詔：「諸路州縣七月以後訴災傷者，准格例不許，今歲蝗旱，特聽收受。」

仁宗天聖七年五月十一日，太常博士王告言：「昨通判桂州，每歲務開，民多爭析財産。洎令追鞫，多是積年舊事。按僞劉時，凡民祖父母、父母在，子孫始娶便析産異爨。或敏於營度，資業益蕃；或惰不自脩，田畝蕪廢。其後尊親淪逝，及地歸中國，乃知朝廷《編敕》，須父亡殁始均産，因萌狡計，以圖規奪。或鄉黨里巷傭筆之人，(替)〔潛〕爲教引，借詞買狀，重請均分。洎勾捕證佐，刑獄滋彰；或再均分，遂成忿競。故每新官到任，動須論訴。游手之輩，僥倖實多；勤愨之民，冤抑無告。今請限乾興元年正月 44 一日以前，凡廣南民若祖父母、父母在日分産與子孫者〔一〕，悉以見佃爲主，不在論理之限。」詔如所奏，仍以敕到日爲限，其限後若祖父母、父母在而别籍者論如律。

九年五月十二日，京兆府言：「涇陽縣民劉顯等五户訴，先於二十年前以田竭産鬻於豪户。其時割税不盡，自後無田抱税，相繼輸納，累經披訴，未蒙蠲改，即移本縣覆驗得實。按新《編敕》，凡立契十年以上，縱有未盡税數，亦不在均送之限。竊詳上件百姓累嘗披訴，蓋是縣司徇豪民之意，未曾改正。不田而税，於理無文。兼當府諸縣似此貧户田盡税在者甚多，望下有司，别定規制。」事下大理寺，具言《編敕》未行之前，已經官司論理，合下本府改正。仍

〔一〕「母父母」三字原脱，據上文及《長編》卷一〇八補。下文同。

慮諸路有似此官吏厄塞細民、曲徇豪倖者，望以敕到日給限一年，聽白官司改正。限滿不首，勿更論理。從之。

景祐四年十月二十三日，御史臺言：「威勝軍狀，録事參軍楊中孚訴於澶州請買官莊，爲宗璘爭買，乞賜定奪，詔付詳定。看詳，如依澶州及刑部，用啓倖隱税條定奪。緣元按衛南税簿點檢，中孚所請買田元在樓店簿内，開閣税賦；今來已收入催科簿内椿管税額，三司稱未落簿盡，未爲失陷。若依法寺引用迴避詐匿不輸條，却給地與中孚。又緣中孚違限不納價錢，告囑手分未出户帖，虚鑿税簿，避兩料税物，以此難給與中孚仍舊爲主。所隱税物，若無宗璘告論，官司無因得知。欲望給田宗 45 璘，用爲激勸。中孚昨於澶州以財行求鄉縣手分，用倖免兩料税物，見充録事參軍，躬掌簿籍，輕冒典章，乞行降黜，以戒群倫。今後但用倖隱避不納省税，不以税額落與未落，其田土並給與告事人充賞。」從之，中孚特令衝替。

五年五月三日，詔：「諸色人論田土詣闕進狀，朝廷下轉運、提刑差官推勘者，並依令十月一日以後施行，不得有妨農務。」從中丞晏殊請〔也〕。

慶曆二年十月五日，〔詔〕：「訪聞諸處有廕子恃其罰贖，遇小有水旱，即糾集人衆，爲辭牒之首，妄擾州縣。自今後不得聽爲狀首，如違，鞫實奏斷。」

治平四年閏三月十八日，神宗即位未改元。詔：「天下有閑官并彊徒之輩，昏賴田土，有妨農業，令轉運、提刑司早催促結絶施行。」

哲宗紹聖元年八月二十六日，左正言張商英言：「許州陽翟縣豪民蓋漸家貲累巨萬計，女兄弟三人，有朝士之無耻者利其財，納其仲爲子婦，以漸非蓋氏子，關通州縣，訟而逐之，三分其財而有之。蓋漸無所生養父母，法合承分，詣朝省理訴，終爲勢力者所扼。欲乞送不干礙官司推究情弊，以伸沉冤。」詔令户部選差郎官依公根勘，具案以聞。

十一月十六日，左司諫〔張〕商英言：「〔穎〕〔潁〕昌府百姓蓋漸遮執政馬首聲冤，稱侍御史來之邵滅絶本家祭祀，規奪父祖財産。臣以之邵在風憲之任，爲小民毁辱，不自奏辨，〔送〕〔遂〕具劄子論奏，蒙送户部選郎官看詳。按法，諸義子孫身雖存而 46 所養所生父母、祖父母俱亡，被人及自有所論訴，各不得受理。據臣所聞，蓋漸曾有姑證是庶生親姪男，又有改嫁母阿張證是義男，於法皆不可用。乃是所養祖父母於其母嫁之後，養以爲孫，于條正是義孫。若無所生父母，即官司不當受理，此訟止是片言可決。訪聞〔穎〕〔潁〕昌府公〔按〕〔案〕内自有之邵手書，欲將蓋氏住宅兑換房錢。審若有之，知情明甚。文昌從官，舉動如此，深可嗟駭。望早賜施行。」同並後由此罷〔一〕，事具「黜降」門〔二〕。

高宗紹興二年三月十七日，兩浙轉運司言：「准《紹興令》，諸鄉村以二月一日後爲入務，應訴田宅、婚姻、負債者勿受理。十月一日後爲務開。竊詳上條入務不受理田宅等詞訴，爲恐追人理對，妨廢農業。其人户典過田産，限滿備贖，官司自合受理交還。緣形勢、豪右之家交易，故爲拖延至務限，便引條法，又貪取一年租課，致細民受害。」詔：「應人户典過田産，如於入務限内年限已滿，備到元錢收贖，别無交互不明，並許收贖。如有詞訴，亦許官司受理，餘依條施行。」是年八月十五日，臣僚言：「法之有務限，要所以大爲之防，今若一決其防，不免于爭競。但既在務限前投狀，自可申(飾)〔飭〕有司，嚴行理贖，或寄錢在官，給據爲憑業。今若改法，恐有其弊，至于害民。」户部契勘：人户典田年限已滿，于務限前收贖，自有見行條法。若于務限内年限已滿或未滿，錢、業主兩情願收贖，自聽從便。若有論訴，自合依 47 紹興務限條法。詔依。

四月十一日，德音：「訪聞福建路范汝爲等賊徒及上四州軍曾係 作賊招安之人，自前占據鄉村民田耕種，或雖不占據而令田主計畝納租及錢銀之類。今賊魁已行誅戮，深慮尚敢憑恃恩貸，占奪民田，認爲己業，仰州縣出榜曉諭，許人户陳訴，官爲斷還。」五年八月二十四日，德音：「應潭、郴、鼎、澧、岳、復州，荆南、龍陽軍，循、梅、潮、惠、英、廣、韶、南雄、虔、吉、撫州，南安、臨江軍，汀州管内，訪聞昨來作過首領，多是占據民田，或雖不占據而令田主出納租課。今來既已出首公參，尚慮依舊拘占，人户畏懼，不敢爭訟，仰州縣多出文榜曉諭，限一月陳首，退還元主。如依前占吝，許人户陳訴，官爲斷還。」

閏四月十日，户部言：「賣田宅，依法滿三年而訴，以利息、債負準(拆)〔折〕，或應問鄰而不問者，各不得受理。邇來田價增高於往昔，其賣、典之人，往往妄稱親鄰(至)及墓田鄰至不曾批退；或稱卑幼瞞昧，代書人類百端規求。雖有滿三年不許受理條限，緣日限太寬，引惹詞訟。」詔典賣田産不經親鄰及墓田鄰至批退，一年内陳訴，出限不得受理。

十三年六月二十八日，大理寺參詳：「户部所申違法典賣田宅，陳訴者依勑自十八歲理限十年，係謂典賣田宅之時年小，後來長立，方知當時違法之類，即合依自十八歲理限十年陳訴。其理三年限自陳，係謂陳乞恩賞、理訴罪犯之類，與十(件)〔年〕事理不 48 相干。欲依本部看詳施行。」從之。

十九年十二月十三日，權尚書户部侍郎宋貺言：「湖湘、江淮之間，昨經寇盜，多有百姓遺棄田産。比年以來，

〔一〕同並：疑是「商英」之形誤。商英坐蓋漸事，紹聖二年八月罷左司郎中，添差監商州酒稅，見本書職官六七之一一及《宋史》本傳。

〔二〕黜降：原作「黜監」，按《宋會要》無「黜監」門，而張商英罷仕見本書職官六七，正爲「黜降」門，因改。

各思復業，而形勢户侵奪地界，不許耕鑿。欲望立法誡飭。」户部措置，欲乞下江南東西、荆湖南北、淮南東西路安撫、轉運、提刑司，檢坐見行條法，出榜曉諭。如被上户侵奪田土之人，仰赴官陳訴。若幹當人係白身或軍人，即仰依條重行斷遣；如有官人，即同形勢、官户人家，並具情犯、姓名申朝廷，依法重作施行。州縣觀望，不爲受理，仰監司按劾。其四川、兩浙東西、二廣、福建、京西路亦乞依此。從之。

孝宗隆興元年四月二十四日，大理卿李洪言：「務限之法，大要欲民不違農時，故凡入務而訴婚、田之事者，州縣勿得受理。然慮富彊之家乘時恣横，豪奪貧弱，於是又爲之制，使交相侵奪者受理不拘務限。比年以來，州縣之官務爲苟且，往往借令文爲説，入務之後，一切不問，遂使貧民横被豪奪者無所伸訴。欲望明飭州縣，應婚、田之訟，有下户爲豪彊侵奪者，不得以務限爲拘。如違，許人户越訴。」從之。（以上《永樂大典》卷一三一二〇）

勘獄

【宋會要】49 太宗太平興國五年閏三月二十四日〔一〕，詔：「應命官犯徒已上罪，去官事發者，宜令逐處追尋勘鞫，以其狀聞。」

八年八月二十日，詔：「今後勘諸司使副、供奉（宫）〔官〕、殿直等，案内須具出身、入仕因依，法寺斷罪亦取敕裁。」

雍熙三年九月二十三日，著作佐郎劉芳言：「朝廷差出制勘使臣，自來只於本州附遞，竊慮漏洩獄情，今後望許直發遞。」從之。

十月二十二日，有司言：「準太平興國六年五月詔書，諸道刑獄大事限四十日、中事二十日、小事十日〔二〕。一日笞十下〔三〕，三日加一等，罪止杖八十。自來諸道刑獄出限三十日以下者，比官文書稽程定罪，故違日限稍多者，即引上件詔書，從違制定罪。今請別立條制，凡違四十日以下者，比附官文書定斷，罪止杖八十，四十日以上奏取旨。如事有關連，須至移牒刺問致稽緩者，具以事聞奏。」

四年八月八日，將作監丞辛著言：「今後差使臣制勘公事，望令於所勘事州軍鄰近處據名抽差司獄。」從之。

端拱元年十二月二十七日，兗州判官劉昌言〔言〕：「竊見外州府推勘刑獄，多於禁人本狀之外根勘他罪。欲乞今後除事該劫盜、殺人，須至根勘外，其餘刑獄並不得狀外勘事。」從之。

〔一〕二十四日：《長編》卷二一繫於二十六日己巳。

〔二〕日：原脱，據《長編》卷二一補。

〔三〕「一日」上疑脱「出限」二字。《唐律疏義》卷九：「其官文書稽程者，一日笞十，三日加一等，罪止杖八十。」此詔蓋仿此。

二年二月十八日，詔：「今後應宣敕差出勘事使臣，朝辭日具所勘公事因依，回日具招對情罪事節進呈。」

淳化二年四月一日，詔：「諸路 50 轉運使今後差官勘事，並於幕職、州縣〔官〕內揀選清强官一員，仍於本州别選清干礙監當京朝官或監押幕職一員同推〔一〕，務要盡公，以絶枉曲。」

十四日，詔：「應差官制勘，并轉運司差官推勘，及省寺□公案不圓、合行取勘等事，敕下之日，先具事由送大理寺，仰本寺置簿抄上，候勘到公案，下寺斷遣，了日勾鑿。內有延遲過違日限者，便仰舉行勘責。」

八月十八日，光禄寺丞奏言：「勘鞫公事，欲乞今後命官、將校等合該杖罪，則牒送本州仍舊勾當，候敕命指揮；如徒罪，仍舊收禁。」從之。

三年五月十九日，御史臺言：「欲乞今後慮制勘官約束一行人等〔二〕，不得容有囑求，及到州府無泄事情。如違，並許逐處官吏舉覺。」從之。

七月十六日，詔：「訪聞諸州（事）〔軍〕應刑獄公事，若是州府受情，須至經轉運司論訟。其間須富豪形勢之輩，却於轉運司請求司吏揀選州縣將欲任滿之人推勘。令逐路轉運司今後並須使副親自差强幹能勘事人，不得更似日前，致有違越。」

三十日，峽路轉運使崔邁言：「川峽之民好訟，皆稱被本州抑屈。又闕官抽差，乞今後如非疑獄及不關人命，只依元敕行遣，減去同共勘斷二人，仍乞縣令之中容選清强差使。」詔逐路轉運司今後應勘事，只差勘官一人。如公案了當，依舊例請録問官、檢法官一員。或有大段刑獄公事，臨時取旨。

四年五月二十九日，詔：「御史臺應有刑獄公事，51 御史中丞以下躬親點檢推鞫，不得信任所司，致有寃濫。」

七月三日，淮南路提點刑獄尹玘言：「今後制勘使臣乞不指（謝）〔射〕州縣，踏逐係官空閑舍屋充制勘院。」從之。

十一月十五日，知制誥柴成務言：「應差官勘事及諸州推鞫罪人，案成差官録問，其大辟罪别差職員監決。如録問翻變，或臨決稱寃〔三〕，即别差官推勘。此誠重刑之至，然臣詳酌，滋長弊倖。且人之犯罪至重者死，數有翻變，或遇赦免，則姦計得成，縱不遇恩，止是一死。近見蓬州賈克明爲殺人前後禁繫一年半，七次勘鞫，皆伏本罪，録問翻變。賴陛下英明，經赦不放，差轉運副使蔣堅白、提點使臣董循再同推勘，方得處斷。其如干連證逮，州縣追禁，此又何辜？欲望今後朝廷、轉運司、州府差官勘鞫，如伏罪分明，録問翻變，輕者委本州處别勘，重者轉運司鄰州遣官鞫勘。如三經推勘，伏罪如初，欵辨分明，録問飜變，（監）

〔一〕清干礙：無義。似當作「不干礙」或「清强、不干礙」。
〔二〕慮：疑有脱誤。
〔三〕臨：原作「監」，據下引《刑統》改。

〔臨〕決稱冤者，並依法處斷。」事下大理寺詳定，本司言：「檢會《刑統》，唐長慶元年十一月五日敕：『應犯罪臨決稱冤，已經三度斷結，不在重推之限。自今以後，有此色，不問臺與府縣及外州縣，但通計都經三度推勘，每度推官不同，囚徒皆有伏欵，及經三度斷結，更有論訴，一切不在重推問之限。其中縱有進狀敕下，如已經三度結斷者，亦許執奏。如告本推官典受賂，推勘不平，及稱冤事狀有據驗者，即與重推。如所告及稱冤無[52]理者，除本犯死刑外，餘罪於本條加一等。如官典取受有實者，亦於本罪外加罪一等。如因徒冤屈不虛者，其第三度推事官典本法外加等貶責，第二度、第一度官典節級科處。』今詳《刑統》内雖有此條，承前官吏因循，不能申明，自今請〔依〕成務起請施行。」從之。

五年三月二十一日，黄御河催運葉傚言：「河北轉運使李若拙先差〔刑〕〔邢〕州散參軍廉成式往通利軍勘公事〔一〕，近七十日尚未了當。文式元是犯事人，若拙不合抽差。乞令逐路轉運司，今後更不得差散參軍、文學、長史、司馬、別駕并配衙前人等勘鞫公事。」詔文式見勘公事，令轉運司疾速別差官替，訪送樞密院與記姓名〔二〕。

四月十一日，詔：「開封府左右軍巡、司録司，炎暑之月，禁繫極多，皆是淹延，令御史臺差官取勘知府張宏等情罪以聞。」

十一月四日，著作佐郎夏象言：「制勘公事，只令於鄰近州府抽差司獄〔三〕，其間或是親姻，必有倖門。乞令制勘官取便抽差。」詔今後凡差官推勘公事，所要司獄取便抽差，即不得全然隔驀州府。

至道元年正月十一日，詔曰：「朕君臨大寶，子育羣生，漸致隆平，匪務煩劇，而禁者尚密，深用疚懷。諸州長〔史〕〔吏〕雖職在親民，而動多率意，恐致枉濫，須革因循。宜令轉運使申諭諸州，應勘鞫罪人，如情理別無枝蔓，杖罪以下長〔史〕〔吏〕與通判量罪區分，徒以上結正行遣。」

十一月二十九日，詔：「審官院自今不得差京朝[53]官往本鄉里制勘、勾當〔諸般〕公事〔諸般〕。如中書、樞密院要京朝官差遣，並仰具本官鄉貫去處供申。其推勘官仍令御史臺亦依此指揮。」

二年九月十四日，河北轉運使高象先言：「欲乞今後除降宣敕令差官外，所有經本州軍指論公事，只委是知州、通判、職官〔事〕〔等〕依公推勘斷遣，更免差官支費。」從之。

三年四月二十七日，審刑院言：「并州推官羅伯英起請，乞令後授宣敕及轉運司差官推勘公事，所到推勘處，州府不得置〔延〕〔筵〕會迎待及到推勘院相見。看詳並得允當。」從之。

〔一〕成式：後文兩處均作「文式」，未詳孰是。
〔二〕訪：此當指篇首之「葉傚」，「訪」「傚」當有一誤。
〔三〕司獄：原作「司娖」，據下文改。

真宗咸平元年三月二十日，判大理寺尹玘言：「諸州奏案多不圓備，欲別定推勘條式頒下。」從之。

十月十九日，帝謂輔臣曰：「往者憲司承詔推事，多詣中書稟命，或有愛憎，尤爲非便。」張齊賢曰：「推勘官但執詔命，不原事理，箠楚之下，何情不得？漢相周勃下獄，見獄吏則頭槍地〔一〕，故云『削木爲吏議不對』是也。」帝曰：「斯尤可念，卿等當慎用刑，期於平允。」

二十日，詔：「應降宣敕推勘公事，並須據實勘鞫，不得抑勒，令禁人須依宣敕，虛有招通。今後所差勘事官敕内，入此聖旨。」

二年四月八日，御史中丞張詠請自今御史、京朝官、使臣受詔推劾，不得求升殿取旨及詣中書稟命。從之。

十四日，帝謂宰臣曰：「所差京朝官推勘公事，承命之後，多聞稱疾，此有所規避也。」張齊賢等曰：「朝廷比選儒臣，冀明理道，使之鞫獄，殊未盡心，案文多所不 54 圓，疏駁更勞推覆，動罹枉撓，實起怨咨。若不塞其弊源，恐有傷於和氣。欲望於三班中選定（詣）〔諳〕會推鞫刑名者十人，以備差使。」從之。尋以殿直孫遜等赴中書祇候，勘事依勘官支料錢，見收仍與食直錢，及定三年一替。

九月二十日，詔差殿中丞毌丘震托（刑）〔邢〕州制勘公事〔二〕，放朝辭，便令進發。所有盤纏錢，令閤門依例支給。仍自今後制勘公事放朝辭者准此。

四年四月十四日，知沂州王矩言：「轉運司差轄下官吏推勘公事，如不得了當者，乞量定責元〔三〕。」詔諸路轉運司今後並須選差（詣）〔諳〕會刑獄清强者，不得鹵莽差遣，致刑禁淹延。

五年八月六日，水部郎中何蒙言：「今後如有經轉運司陳狀論理公事，乞且於本州選官將狀看詳，如必然即差官推勘。」詔：「諸路轉運司有論訴公事，並先取索本州公案，參酌事理，不得便憑文狀。如事須推治，即選清强官勘鞫。」

景德元年八月十一日，詔：「諸差勘事官等，有犯贓私罪官員，並須具從來有無舉主入案，令審刑院、大理寺更加檢覆。」先是，帝曰：「向來中外奏薦，並令連坐，有被舉者或罹僭犯，多匿舉主姓名。」故有是詔。

二年四月八日，右諫議大夫薛映言：「兩浙民多因屠牛、私販酒麯茶鹽，并盜竊賊隨贓捉獲，亦有屯駐禁軍酒醉或軍人賭錢。逐事證驗詣實，不必追證，雖係徒刑，自來只當直司勘狀，當日依法斷遣。及有外縣勘證結正到諸雜徒罪公 55 案，看詳情節圓備，所送罪人當面引問，別無未同者，只重責審狀，依法施行，不更下司禁勘。今轉運司牒州，今後當直司不得輒斷徒罪公事。臣以爲事理分明，不

〔一〕槍：原作「梠」，據《漢書·司馬遷傳》改。
〔二〕托：疑當作「赴」或「往」。
〔三〕責元：似當作「責罰」。

宜虛(須)〔煩〕刑禁，乞依舊許當直司斷徒罪公事。」帝曰：「苟事狀章明，不須繫獄者，固當即時決遣。」

八月十八日，左巡使艾仲儒言：「在京勘公事，乞依外處例，許指射推司姓名，抽差一兩人祗應。」詔只得定名一人，餘令本府差定。既而知開封府司録參軍王諫奏，乞罷御史臺及制勘所指差曹司。詔除在京勘公事依前詔外，其餘公事不得定名抽差。

九月，詔：「應差推勘録問官，除同年同科目及第依元敕迴避外，其同年不同科目者不得更有辭避。」

三年八月二十八日，詔：「今後宣(檄)〔徽〕院勘使臣，非贓污及公罪徒以上，並不在禁限。」

大中祥符二年七月二十九日，詔：「大辟罪人案牘已具，臨刑而訴冤者，並令不干礙明幹官吏覆推。如本州官皆礙，則委轉運、提點刑獄司就近差官。」時光化軍斷曹興，將刑稱冤，復命縣尉鞫治，刑部上言縣尉是元捕盜官，事正干礙，望頒制以防枉濫故也。

十一月十日，御史臺推勘官章得一言：「奉宣赴懷州制勘都監王懷一踰違事，緣本人掌兵，乞先差官衝替，然後捕鞫。」帝曰：「懷一犯罪被推，將惴恐不暇，得一之奏過也。」帝令依所受命速往追勘。

三年四月十九日，詔：「內外官犯罪被推，情理昭然，不即引 56 伏，窺望滯留者，並權格，仍不得領務，常從人亦罷去之。」先是，虞部員外郎、知通州李慕清以不察鹽場官爲盜，累遣官按劾不承，爲御史臺所舉，故有是詔。

四年十一月十六日，詔：「今後差官覆劾事，如前案大事既正，雖有小節目不圓，但不是出入罪者，其元勘録問、檢斷官更不行勘，只收理聞奏。審刑院、大理寺候奏到取旨。」

二十六日，大理寺言：「推鞫公事，並須當職官躬親監轄。向來定斷刑名，輕重未適。欲自今除司理參軍并專受命鞫獄之官，如不躬親，並依舊制。自餘諸色勘鞫，偶有違犯，具事以聞。如所劾罪出入重於前條，即依元制。」從之。

〔太平興國〕五年閏三月二十六日〔一〕，詔：「應官吏犯徒以上(徒)罪，去官事發者，宜令逐處鞫之，以其狀聞。」

〔大中祥符五年〕四月二日〔二〕，詔：「遣官制鞫公事，所差推典如經七次無法司駁難者〔三〕，遞遷一級。如未有闕，即令守闕。」

十八日，詔：「文武官被制劾者，所司移報閤門，禁止朝謁。」時常參官有別制推問，或因事到京，即便入見及上

〔一〕太平興國：原無。按，若據原稿，此條承前應爲大中祥符五年，而祥符五年乃閏十月，非閏三月。下條爲四月，則此條亦非閏十月之誤。考《長編》卷二一載此詔於太平興國五年閏三月二十六日己巳，年月日均與此合；本書本門首條（刑法三之四九）亦載此詔，時爲太平興國五年閏三月二十四日，與《長編》只差二日。據此可知，本條乃太平興國五年事，蓋《大典》書吏録出此條，未連年號，編纂者遂誤插於此。

〔二〕以下仍爲大中祥符五年事，今補六字。本條又見《長編》卷七七。

〔三〕推典：原作「推鞫獄卒」，據《長編》卷七七删改。

殿奏事，閤門及所由司不知故也。

八月二十九日，詔：「制劾刑獄無特處分者，並依推勘條式決遣，流罪及命官別具案以聞。」時詳議官查拱之言〔一〕：「諸州奏案多以所降宣命止言制劾應干繫官吏情罪具案以聞，乃悉拘禁以伺斷勑，頗成留滯。」故有是詔。

十月二十五日，詔：「掌獄之官，累降詔條，務從欽恤。今承景貺，尤軫深衷。今後案鞫罪人，不得57妄加逼迫，致有寃誣。」

七年正月十七日，詔：「推勘公事干連女口當爲證者，千里之外勿追攝，移牒所在區斷。」時鼎州判官孫韙受財坐罪，轉運使牒鄆州追其妻證，三子皆幼，帝愍之，故有是詔。

四月十二日，詔：「諸路差官推勘刑獄，已追劾而受敕移官者，俟決訖方得赴任。」先是，金部員外郎梁象言：「外州推劾有方行追鞫或當結案次，以勘官受命移官者，皆避事牒本州而去。洎再差官，復有追擾，淹延刑禁，漏泄獄情，乞行條約。」故有是詔。

八月十九日，詔曰：「齊俗之刑，蓋非獲已，苟違詳審，必爽至和。如聞推劾之官，罔尊欽卹之念，加於巧詆，迫以自誣，遂使憲章，或虧平允。自今勘鞫官須盡理推勘本犯，不得以（刑）〔形〕勢及元奏抑令招服，致有枉曲。如因事罥罣及被訴虛招情罪，別勘詣實，其元勘官當行朝典。」先是，三司、開封府奏劄子（刻）〔劾〕事，止依元降事意令人伏辨，帝慮誤入其罪，故有是詔。

八年七月九日，詔：「今後公事干連知州、通判、都監贓私罪，許轉運司差官取勘外，自餘知州、通判、都監公罪，並就本州差無干礙官取勘。其統屬官長吏量公私贓罪輕重，於州院、司理院及差職員取勘。」

九年正月七日，糾察在京刑獄王曾、趙稹上言：「咸平縣民婦盧與養子爭財〔二〕，府縣官吏恣受其賄，知府慎從吉男亦爲請求。慮軍巡訊問，有所顧避，望移鞫他所。」宰臣奏曰：「若委臺司，又稹知雜御史，亦爲礙58事。」即令殿中侍御史王奇、（王）〔三〕司户部判官梁固雜治其事〔三〕，中使譚元吉監鞫。帝又謂王旦曰：「昨譚元吉監劾公事，並不知的然管勾之事。降敕具條樣名目，自今監劾，逐時付與，使有所遵據。」

六月二十三日，樞密直學士任中正言：「昨見吉州奏姜遵知縣日取銀百兩，衆以遵清幹，必無此事，朝廷合差官押赴制勘，免爲轉運（斷）〔鍛〕鍊。」宰臣王旦曰：「王曾嘗保任遵，近到中書言亦如此。朝廷雖差官押去，豈便能保明實無贓濫？但常指揮江南轉運、提點刑獄官專切管勾，如稍偏曲，罪在兩司受之。」

〔一〕查拱之：原作「杳拱之」，據《長編》卷七八改。

〔二〕養子：原作「義」。據《長編》卷八六，此案乃咸平縣民張贇妻盧氏與養子質互訟事，則是「義」爲「養」之誤，又脱「子」字，因改。此文過於簡略，文義不甚明白，當參《長編》。

〔三〕户部判官：原作「户部郎官」，據《長編》卷八六、八七改。

八月二十八日，詔：「大辟罪臨刑聲冤者，並送不干礙刑獄留禁，具馬遞申轉運、提點刑獄，就州選官覆勘。」

十月十二日，詔：「中書、樞密院今後差官勘事，各置簿記之，庶見逐州治迹能否。」

天禧元年正月十日，詔：「諸路轉運、提點刑獄每受朝廷降下及訴訟公事，不體事理，先取公案看詳，便於別州差官置司推鞫，妨廢所差官職事，及多煩擾。自今須詳事理施行。」

十一月七日，侍御史知雜呂夷簡言：「臺直官所劾公事，自來有同科同年及第者，多援詔文稱有違礙〔一〕，望行條約〔二〕。」詔自今勿復迴避〔三〕。

十二月二十六日，玉清昭應宮判官夏竦乞代母赴臺證事。從之，如事須問母者聽就其家。

二年二月，詔：「軍巡院所勘罪人，如有通指合要干證人，並具姓名、人數及所支證事狀申府勾追。候(詔)〔照〕證畢，無非罪者 59 即時疎放〔四〕。」

三月二十三日，知虢州查道言：「諸路承例遣幕職官鞫問本路轉運、提(點)刑獄官公事，體頗未便。望自今止令兩司互相推問。」從之。

四月十四日，判大理寺李虛己言：「請自今命官犯贓，不以輕重，並劾舉主，私罪杖以下勿論。」從之。

七月八日，詔：「應制勘公事，不得援例於御史臺差推司。」

三年五月一日，詔：「自今管軍將校、沿邊總管、鈐轄犯贓私罪當禁錮者，即以本司事付長吏訖禁勘。」時鄜延鈐轄高繼勳犯私罪，勒停後始以本司事付知州，因有是詔。

四年正月二十三日，詔：「桂州職官宜令流內銓各添(註)〔注〕及五員，仍揀選壯年辦事人往彼。除供本職外，祇候轉運、提點刑獄司差遣推勘定奪公事。」

二月，詔：「大理寺自今駮勘并留案及翻變再勘公案等，候札送都進奏院催促，即具申審刑院，令本院置簿抄上，委詳議官一員管勾，仍與衆官同簽書，知院、通判押。點檢日數稍多，令本寺移文催促，或更未奏，即同牒本路提點刑獄司催促。候斷奏訖，即判院官當面勾銷簿曆。」

五月一日，太常少卿、直史舘陳靖言〔五〕：「竊見逐路轉運、提刑司差推勘公事，並支口食，其間官典輒或取舍不公，以俯近赦宥，因循勘結，不務專研。乞今後應差勘官勘正前來公事，其餘官典並須取勘罪僁。」詔逐路轉運、勸農司，今後應勘鞫公事，並選差清幹官，如或鹵莽及拖延俟赦，仰具元由，別差官勘結元勘 60 官吏情罪以聞。

仁宗天聖二年正月，詔：「開封府自今禁勘公事干係

〔一〕援：原作「授」，據《長編》卷九〇改。

〔二〕約：原作「納」，據《長編》卷九〇改。

〔三〕按，此句《長編》卷九〇作「詔自今回避」，與此正相反，疑以此文爲是。

〔四〕「非」字疑衍。

〔五〕史：原無，據《長編》卷九五補。

〔一〕援：原作「授」，據《長編》卷九〇改。
〔二〕約：原作「納」，據《長編》卷九〇改。
〔三〕按，此句《長編》卷九〇作「詔自今回避」，與此正相反，疑以此文爲是。
〔四〕「非」字疑衍。
〔五〕史：原無，據《長編》卷九五補。

外州軍，追捉照證人及合行會問公文，令入馬遞發放，不得將常程公事一應發遣。」

二年六月一日，右巡使張億言：「伏（觀右）〔覩在〕京官員過犯，下臺差官取勘，乞今後更不於開封府抽差，所司只就本臺差人勘鞫。」中書門下奏：臺司自有四推人吏，限以年歲，遷轉出職，而公事至少，絶無勞績，乞依億所奏。從之。

十一月六日，御史臺推直官林永言：「奉敕往相州勘鞫前大名府永濟縣令崔道昇指論百姓劉寧打折母手及强奪地土事，道昇前後推勘五年，逐度招承虚誣，每經録問，多是飜變。頑猾恃賴罰銅，繫治平人，以致貧民嗟怨廢業。況本人已經編配，不改前非。望詳察事理，（時）〔特〕降指揮。」詔以道昇爲安州參軍，其餘干連人並放。

四年六月二十三日，中書門下言：「據安州奏，轉運司差荆南府節度推官徐起到州置院，取勘本州官吏，爲不覺察參軍崔道升衷私逃走歸鄉事〔一〕。凡推勘公事，須事理稍大，或錢穀、刑獄，或事干兩詞，須要對定勾追干證者，即合特置院推勘。今詳安州公事情理，顯然於理不須差官置院。兼檢會今年閏五月八日敕命，條貫分明，欲申明告諭。」從之。

七年十二月，詔開封府：「自今府界諸縣推鞫賊徒獲半以上，贓證分明，公事解狀内大情已正，止有小可未盡事意，宜令更不收理本縣。」

八年十一月二61十八日，詔：「今後差臺官并三司判官、開封府推判官勘鞫公事，並與本任添支。」

景祐元年正月五日，京東路提點刑獄崔有方言：「今後應承準宣敕推勘公事，除命官、使臣、將校或死罪及情理切害者奏聞外，其餘流罪以下，雖所受宣敕内言具案聞奏，並乞推勘條敕先次斷遣。」詔流罪以下除指定姓名具案聞奏外，其餘干連人並依推勘條施行。

二十四日，殿中侍御史龐籍言：「勘鞫知定州馬洵美，據祁州通判成璧磨勘出（分）〔公〕使錢物支銀羅，送與高繼勳等充送路，乞責逐人詣實文狀，以憑定奪。」詔公用文曆更不磨勘，其已磨勘出事件更不施行。仍令龐籍疾速結案聞奏，不得淹延刑禁。

六月十七日，御史中丞韓億言：「準敕勘鼓司官吏不合接馬季良乞致仕狀。朝廷比置鼓司，蓋使申理冤枉，豈可未經奏御，更許退還？鼓司官吏更不取勘。」詔億合具奏裁，不合擅繳敕放罪，仍勘鼓司官吏以聞。

閏六月二十九日，審刑院、大理寺言：「欲乞今後凡勘盗賊所通贓物，稱於人户處典質，即先抽取簿曆照證，方得追取。若是官司挾情，教令賊人妄有指説，及官司追取贓人等，抑令（户民）〔民户〕賠備贓物，並科違制之罪。」從之。

七月十六日，河東轉運司言：「今後諸州刑獄中，如有

〔一〕道升：上條作「道昇」。

轉運、提刑巡歷，審問得大情未正，差官推勘，大情顯別者，所屬理一次重難勘事，批上曆子。」從之。

三年二月七日，龍圖閣62直學士燕肅言：「諸般公案，乞申明前敕，如無情弊枉曲，不得駁勘，及依條不得用例破敕。委知審刑官，如妄行駁勘，並令申舉。」從之。

四年正月十三日，詔：「諸州勘大辟罪人，結成公案，聚聽録問，或罪人翻變，骨肉申冤，本處移司差無干繫官吏推勘。或再翻變，即申轉運、提刑司差官推勘。」

寶元二年五月一日，兩浙路提點刑獄周陵言：「今後命官犯罪係州府禁勘者，乞案成録問後，並就近申轉運或提刑司，於轄下別郡選差官吏再行録問。如事理分明，即繳案申奏；若事無證據，顯有抑屈，即明具抑屈不平事件申本司，別差不干礙官員覆勘。」從之。

康定二年九月十七日，翰林學士聶冠卿言：「天下州府勘到命官公案，內有干連收理人數甚多，亦有情理至輕及本不合得罪，枝蔓推究，頗害良善。緣奏案之時先已決訖，法司雖行點檢，免其緣坐，亦追究不及。且愚民無知，制在官吏，誅求驅使，何敢不從？即事原情，誠可嗟憫。欲乞今後所勘命官，使臣內有干連人，須是灼然有過，於法明有正條，方得收罪。自餘連累，若須要照證，暫勾分析，事了先放，只於案後聲説。」從之。

慶曆二年十一月六日，詔：「今後御史臺鞫獄自依舊令外，或有別制委官劾事，合止所劾臣僚朝參者，不得直牒閤門，並從御史臺關報。」從御史中丞賈昌朝之請。

(二)〔三〕年三月二十二日，詔：「諸路轉運、提刑司，今後準朝旨差官勘63鞫公事，仰具所差官職位、姓名入馬遞以聞。」

四年十二月二十七日，知諫院余靖言：「竊聞太常博士王翼西京勘公事回，賜緋章服。伏以朝廷賞罰，當慎其源，勸沮之本，不可不惜。伏見真皇御宇，敦尚仁愛，勘事之官惟能雪活人命，乃得叙爲勞績，至今書於甲令。又伏覩工部郎中呂覺陳留勘公事迴上殿，自陳着緋年深，乞改章服，陛下曰：『待別因差遣與換章服，朕不欲因勘事與人恩澤。』臣在殿門詢問呂覺，初聞此語，乃知陛下聰明照見隱微，書於《起居注》，以爲美事。伏緣朝廷之士，貪得務進者多，故須每於事端，抑其奔競。今來陸經以交通財賄自取深罪，而勘事之官先得恩澤，外人以爲深文重法能合上旨，今後苛酷之吏望風希進，衣冠下獄，必加深罪，有傷陛下欽恤之仁、慎罰之義矣。伏乞今後勘事臣僚上殿，不得妄乞恩澤。如有陳乞，並委閤門、御史臺彈奏，特行嚴斷，以示陛下仁愛之德。」詔今後臣僚上殿，令閤門將前後條貫分明曉諭，不得因進呈公事後輒有乞恩澤。

五年七月二十五日，詔：「諸州自今有犯死罪公案，仰於卷內分明開説有無祖父母、父母年八十以上及篤疾、家無朞親成丁，一處聞奏，免往復淹延。」

七年十月十二日，赦書〔一〕：「應諸道州、府、軍、監諸色人詣闕披訴冤枉事，自來行下諸路轉運、提刑司差官置院推勘。甚有狥情偏曲，及所差官不曉道理，承前勘鞫，致元64訴之人冤狀不伸，例遭重斷。憫其抑塞，宜令中書門下别爲約束者。」詔〔二〕：「今後應有訴冤枉事，中書置簿籍其姓名、事件，封元狀下本路轉運司，如已經轉運司，即下提刑司，選清彊官置院推勘，務要窮究事端，伸理冤枉。候斷放日，具節略公案入馬遞（開）〔聞〕奏，中書對簿銷落。推勘官如在任三次差勘，别無飜異，特與理爲勞績；如或準前鹵莽，别致詞訟，亦當嚴行降黜。」

皇祐三年六月三日，詔：「昨差推直官郭申錫往慶州華池縣置院勘馬祐公事〔三〕，勘官自二年十二月到彼，馬祐至次年三月方勾追到院。今後朝廷差官往外州軍院推勘公事，須預先劄下置院州軍，仰先勾追元進狀人收管知在，或關禁訖疾速入馬遞申奏，以憑發遣推勘官往彼，免致推獄虛有留滯。」

五年九月二十二日，侍御史毋湜言：「伏睹祖宗朝有中外臣僚公事發露，多送御史臺推勘，當時羣臣頗有畏懼。自承平既久，此制漸隳，官吏犯法，罕有置御史獄者。近日道士趙清貺等請求公事，干連執政大臣，固宜於御史詔獄〔四〕。竊恐今後習以爲常，有事干大臣，止於所司及差官推勘。儻不能盡公伸法，或容苟免，則挾私冒禁者豈有懼朝廷之意也！乞今後公事不以大小，但干涉執政臣僚者，並乞送御史臺勘鞫，冀新人聽，以協公議。仍須降詔旨，以爲定式。」詔應有合行取勘公事，並臨時取旨。

嘉祐五年三月二十四日，江浙等路65提點鑄錢公事沈扶言：「準詔赴邵武軍推勘院監勘曾均打殺阿黃公事。勘會建昌軍上件爭競公事，始自嘉祐三年事發，四年六月方始斷遣，在禁及在獄病患到家身死者一十八人。乞下本軍，應係經兩次勾追照證，除係公人之外，特加存恤。其死亡之家，與免色役一次。」詔：「令江西轉運司勘會，本軍應曾經禁勘照證公事身死人之家，不問有無罪犯，並與免户下二年差徭、科配。其餘被追照證曾在禁者，與免一年，内有罪者更不免放。」

七年正月七日，權御史中丞王疇等言：「聞糾察在京刑獄司嘗奏，府司、左右軍巡皆省府所屬，其録大辟之翻異者，請下御史臺。竊惟府縣之政，各存官司，臺局所領，自有故事。若每因一囚飜罪，用御史勘劾，是風憲之職下與府司、軍巡共治京獄也，恐不可遽行。」從之。

神宗熙寧二年閏十一月八日，遣提舉司勾當公事沈衡

〔一〕按，此甚可疑。查諸史，慶曆七年十月十二日並無赦事，至十一月二十八日戊戌始有南郊赦，疑此月日誤。
〔二〕按，此下當非赦書之文。赦書言「宜令中書門下别爲約束」，此應是經中書門下研究後所下「别爲約束」之詔。
〔三〕申：原作「伸」，據《宋史》卷三三〇《郭申錫傳》改。
〔四〕詔：疑當作「置」。

鞫前知杭州〔一〕、龍圖閣學士祖無擇於秀州，遣内侍管（擔）〔押〕無擇乘驛騎就對獄。又遣權御史臺推直官張景直鞫前知明州、光禄卿苗振於越州。皆以御史王子韶得其不法事故也。景直以親嫌辭，命職方員外郎徐九思代之。

二十二日,命崇文院校書張載劾苗振事。初遣徐九思，未行，而王子韶乞別選人，故改命載。於是呂公著與程顥等皆言：「載賢者，不當使鞫獄。」上曰：「鞫獄豈賢者不可爲之事邪〔二〕？」弗許。

九年四月三日，詔遣權提點開封府66界諸縣鎮公事蔡確乘驛騎劾秦鳳路轉運司及熙河路官吏以聞。

八月二十九日，詔：「司農寺不合擅令天下出賣祠廟，爲首之人已令取勘，其後來失覺察改正官吏並取勘以聞。」

九月二十三日，手詔：「訪聞秦州制勘院見收禁熙河路官員人數不少，今本路都、副總管既新移易，或未（知）〔之〕任，萬一或有邊事，乃是都無人倚託。可速令制勘院，見禁繫熙河路官員如徒罪以下，候詔勘訖，疾速發歸本任。内有因追禁闕官去處，仰轉（連）〔運〕司於本路及鄰路選差得替、待闕、見任官權行管勾訖以聞。」

元豐元年閏正月五日，上批：「近降相州吏人於刑寺，謂求失入死罪刑名事〔三〕。緣開封府刑獄與法寺日有相干，深恐上下忌礙，不盡情推劾，致姦贓之吏得以幸免，宜移送御史臺〔四〕。」

四月三日，詔：「宰臣吳充免進呈及簽書相州獄，候案上，中書、樞密院同取旨。令知諫院蔡確〔五〕、黃履，監察御史裏行黃廉就臺劾實，仍遣御藥院李舜舉監之〔六〕。」先是，充言：「御史臺鞫相州獄，連臣婿文及甫，其事在中書有嫌，乞免進呈或送樞密院。」又御史上官均言：「臣與蔡確治相州獄踰兩月，觀其執法刻深〔七〕，不考情實。大理持天下之平，若挾情重輕其手，朝廷所宜深治也。陛下必欲令蔡確兼領〔其〕事，亦乞止就本臺與臣等參治。」故有是詔。

二年正月十七日，知大理卿崔台符言：「乞自今大理勘事内有情法不稱者，許依三司條例斷67奏。事若重密，仍依審刑院、三司、開封府例，上殿奏裁。」從之。

八月十二日，中書言：「應朝旨置獄究治事，欲委審刑院、刑部置簿主管〔八〕。非特旨立限者，及一季未奏，下所屬催促。無故稽留若行移迂緩并所屬不催舉〔九〕，並劾奏，責刑房季終點檢〔一〇〕。」從之。

〔一〕提舉司勾當：原作「舉勾當當」，據本書職官二七之四八補删。
〔二〕事邪：原無，據《揮麈録》卷三補。
〔三〕謂：原作「請」，據《長編》卷二八七改。
〔四〕御：原無，據《長編》卷二八七補。
〔五〕諫：原作「監」，據《長編》卷二八九改。
〔六〕李舜舉：原作「李舜英」，據《長編》卷二八九改。
〔七〕執：原作「刑」，據《長編》卷二八九改。
〔八〕置：原作「主」，據《長編》卷二九九改。
〔九〕迂：原作「宿」，據《長編》卷二九九改。
〔一〇〕終：原作「中」，據《長編》卷二九九改。

四年三月六日，詔：「自今諸司見勘未結案公事，令御史臺刑察不得輙取索情節，其承受官司亦不得供報。」

六月四日，詔：「開封府治蓋漸之獄，禁繫已久，詳其所治，在民間至爲小事。本府所以如此淹延者，以御史所言，致爲意外推求，盛暑之際，追逮不已，冀附致近臣之罪，以塞言者之口〔一〕。宜限五日結絶，無得枝蔓。」

五年六月一日，詔：「鄜州制勘公事，追繫八十一人。當此盛暑，非人情所堪，可限十日結案。景思誼、張誼〔二〕、張蕘發來赴闕，如有罪，案後以聞。其得力蕃官亦先疎出，有罪就鞫之。」

十二月十七日，奉議郎王欽臣言：「諸路監司被制書鞫事，所降指揮有差官取勘者，有取勘聞奏者，一例差官。伏緣詔旨自有區别，伏望申明，自今朝旨稱取勘者，監司自勘，委勘處或鄰近通判録問檢斷。如干繫者衆，須當置司，乃得差官。」從之。

同日，承議郎、試比部員外郎宇文昌齡自鄜州制勘回進對，賜緋章服。

哲宗元祐元年正月十八日，御史安惇言開封府推官胡及推勘公事漏獄情〔三〕。詔送吏部，與降等差遣。

四月二十四日，殿中侍御史林旦言：「竊聞在京諸 68 州獄推問囚徒〔四〕，勘官或多畏避嫌疑，或利於苟簡〔五〕，不肯親臨訊問，箠楚枷錮，一委胥吏。」詔刑部立法以聞。

三年五月二日，三省言：「大理寺右治獄並罷，請依三司舊例，於户部置推勘、檢法官，治在京官司應干錢穀公事。」從之。

四年正月二十二日，詔：「開封府妨礙公事，事體小者送户部取勘。」以刑部言大理寺右治獄廢故也。

五年八月二十五日，刑部言：「犯罪會恩及去官應原，而特旨猶推者，雖又會恩及去官，推奏如旨。」從之。

七年三月十四日，河東路經略司言：「應邊防或機密軍政公事，係帥臣一面推勘者，監司更不點檢。如察得寃濫，許具狀聞奏。」從之。

紹聖二年五月二日，詔：「户部推勘官，令本部長貳舉第二任知縣資序以上、實歷親民或刑獄人充。」

三年正月十九日，刑部言：「權提點湖北路刑獄周鼎言：按例，鞫獄必據告者本章，非本章所指而蔓求他罪，以故入人罪坐之。比有司劾囚，囚茫然莫知所以被劾者，或自疏他過，奏請窮治，滋長犴獄，絶無愛利之風，與律意不合。」詔鞫獄請治狀外事者，論如求他罪律。

〔一〕塞：原作「奉」，據《長編》卷三一三改。
〔二〕景思誼張誼：原作「景思詣」，據《長編》卷三二七改補。
〔三〕惇：原作「敦」，據《長編》卷三六四改。
〔四〕諸州：按《長編》卷三七六所載，稱「在京大理寺、開封府司、左右軍巡司」，未及外地，疑「諸州」當作「諸司」。《長編》卷二一一「上躬親聽斷京城諸司獄」，是也。
〔五〕或利於：原無，據《長編》卷三七六補。

元符元年六月四日，尚書省言：「大理寺修立到：大辟或品官犯罪，已結案未録問而罪人翻異，或其家屬稱冤者，聽移司別勘。若已録問而翻異稱冤者，申提刑司審察。事有不可委本州者，差官別勘。」從之。

徽宗大觀元年八月四日，尚書省言：「大理少卿任良弼劄子奏：『竊聞州[69]縣推獄，承勘盜賊，多容妄稱山林田野宿泊，更不根究的實窩藏去處，不惟使代支官賞無從追理，兼藏盜之家，干繫鄰保等人無所憚畏，致有公然容養，縱令他界作過，侵害良民。欲乞應州縣推治强盜，並須根究窩藏住止、鄰保地分，依法施行。』理當明立條約：諸推强盜而不根究窩藏之家及住止、鄰保地分人者，各徒二年，不盡者減二等。監司當行檢察，其違慢官吏並從違制科罪。」從之。

四年二月十三日，刑部尚書白時中奏：「今後應奉制令監司推鞫公事，如合委官，候省符到日，具所委官職位、姓名及置司處所申部，仍令所委官依條供申。如違，許從本部奏劾施行。」從之。

（致）〔政〕和四年四月十八日，刑部奏：「晉寧軍申：『承勅，應諸路推勘掾官，除本職及依條該載許差窠名，餘不得泛領庫務，仍不許接送。本軍係不置掾官，自來止是曹官兼推勘公事，與掾官事體一同，即未審合與不合依上條施行。』大理寺參詳到，本軍係不置掾官，止是曹官兼推勘，即與掾官事體無異，理合依上條施行。」從之。

十二月十八日，中書省言：「檢承《政和令》：『諸犯罪會恩或去官應原免勿論，而特旨猶推，雖又會恩或去官，並奏取旨。』勘會朝廷降指揮取勘聞奏，或具案申尚書省公事，後來遇赦降，係命官、將校如所犯合該恩原，依法合具事因申尚書省或樞密院，刑寺約法，上朝廷處分。其餘〔諸〕色人所犯，元係朝旨[70]取勘，後來會恩非應結案者，若止從有司一面施行，慮其間所犯情理重輕不倫，亦合具情犯申取朝廷指揮。」從之。

五年十二月十八日，刑部尚書慕容彥逢奏：「竊見被鞫罪人自知不免，往往泛引讎怨，妄有指執，終雖辨明，而已枉遭追訊。乞照有司誣執人並結勘別科，事發更爲之罪。」從之。

六年十一月四日，詔：「今後不法官吏已被按察所劾而輒論告（案）〔按〕察官者，雖係指斥等事，須候結斷罪了絶，再將論告之人與按察官同共推勘，明正典刑。如是不實，即將誣告之人特於法外別行重斷。」尚書省檢會陝西河東路宣撫使童貫奏：「朝廷置監司、郡守之官，皆付以按察之權，所以澄清所部。若不法之吏以被按察官所發而告論按察官之罪，欲以遷延苟免，則按察之職不得行法。雖因禁不許告論，在律已有明文，然近年以來，陝西頗有似此。」故有是命。

七年四月三日，詔：「州縣有刑禁處，推司獄子最爲急切。仰諸路提點刑獄檢察，所部獄子有未行重（録）〔禄〕法處，並依重禄法施行。其移勘公事，須先次契勘後來承勘司獄與前來司獄有無親戚，令自陳迴避。不自陳者，許人告，賞錢三百貫，犯人決配。」

八月二十五日，詔：「應命官、命婦犯罪，在法三問拒抗，輒不承伏，方具奏稟，乞行追攝勘鞫，示與常人有異。累年以來，刑法官司往往不遵條法，不顧官品，未知所犯輕重，更不三問，習常奏乞，直行 71 追攝，枷訊榜掠，無所不至。如此，與常人何異？則命官終不得蔭身，豈不有違祖宗法令、輕朕爵禄乎？可自今後命官、命婦犯罪，依法須俟實有三問不承，方行奏稟追攝，再一問枷，又一問訊。以上並爲不承者，即不得依前違法輒有奏稟及亂行收禁、枷訊拷掠。可立條令，載在《斷獄》，著爲永法。如違，其官吏以違御筆科罪。仍仰御史臺出榜，在刑獄官常切按察糾劾。」

宣和元年十月八日，提點潼川府路刑獄公事蒲卣奏：「乞自今後被受御筆及特旨體究根勘公事，應合差推勘官並依本條，更不拘礙諸司。雖不拘常制，亦不得違專條，所貴差請得行，不致淹滯。」從之。

二年九月二十三日，中書省言：「勘會諸路監司、郡守被奉特旨置司推勘公事，其指差司獄支破請給及緣獄司費用之類，皆有條法。近來往往旋行申請畫一，致有數千里待報去處，顯是淹延刑禁。」詔今後被奉特旨置推勘公事，不得申請畫一。如違，重行黜責。

十二月六日，臣僚言：「推勘事畢，不得輒具官吏有勞，乞行推賞。如違者，取旨黜責。」從之。

三年六月五日，臣僚上言：「官員所犯，已有旨先次停罷取勘之人，其間却有已得替不在本處，或任川廣差遣。在法，須差人賫問目取勘，往來已淹結絶，雖該霈宥，不獲沾恩。欲乞應官員有犯已得旨先次停罷取勘之人，並令同在一處，就便供答文字，則是非曲直，便可判見，不至遷延。若 72 五百〔里〕外，除贓私罪自合究治外，其犯公罪只乞以衆證爲定，案後書坐，庶免留獄滯訟。」〔詔〕徒以上罪並依奏。

四年正月二十八日，刑部奏：「應犯罪會恩或去官應原免勿論，被旨取勘者，如所降指揮內聲説雖已該恩或去官而令取勘，合作特旨猶推外，若無此聲説，泛降指揮取勘，自不合作特旨猶推。欲申明行下。」從之。

六年四月一日，尚書省言：「提舉兩浙路鹽香茶礬事李弼孺申〔一〕，獄官推勘鹽茶公事不當，已有奉行違戾徒二年、不以赦降去官原減條法外，今相度諸州獄司官吏逐年承勘私鹽茶公事，如無違戾不當，欲乞量立賞格。」從之。

二十五日，前權發遣京西南路提點刑獄公事周因奏：「臣每見諸大辟已録問（得）〔有〕飜異，提刑司自合依條差不

〔一〕李弼孺：原作「李弼據」。按《吴郡志》卷七載兩浙提舉茶鹽司題名：「通直郎李弼孺，宣和五年到任，六年丁憂。」正是此人。據改。

干礙官司別推；至臨赴刑時翻異，本州不免再申提刑司，乞差官別推。若只差本部官，竊慮有所觀望，未盡冤抑。欲望睿旨，今後已經提刑司詳覆行下本州論決，臨赴刑時翻異，乞令鄰路提刑司差官別推，庶得別無觀望。」詔：「今後大辟已經提刑司詳覆，臨赴刑時翻異，令本路不干礙監司別推。如本路監司盡有妨礙，即令鄰路提刑司別推。」

七年六月二十二日，臣僚上言：「臣願陛下亟命刑部，悉令開具見今體究與推勘未了公事以聞，取其稽滯淹久、屢推不報者，重賜降黜，以爲慢令容姦之戒。仍命刑部舉行元豐稽留奏劾之令，嚴立近限，73使之結絶。若刑部失糾，亦當坐罪。」詔令尚書省責限下刑（部）舉催，餘依奏。刑部失糾，令尚書立法。今修立下條：諸差官被旨推鞫追究公事，下所屬及御史臺差官就推官〔一〕。無故稽違而不奏劾者杖一百。從之。

高宗建炎二年二月十六日，德音：「應見被根勘，取勘未畢，除該今降德音外，尚有餘者，仰監司點檢，督限十日結絶了當，無致淹延。」

七月五日，江東提刑司言：「取勘本路監司違慢，乞委鄰路監司。」從之。

紹興元年二月二十五日，江南西路提刑蘇恪言：「州縣見勘强盗公事已招認者，其勘司猶候追贓齊足，及捉獲到同盗人，方始勘結。方今盗賊擾攘，欲乞將本路見勘强盗、傷殺人等重罪已係招認，情犯分明，並限日下先次斷結，其贓物從後推究，所貴無留滯。」從之。

十月二十四日，宰執進呈呂頤浩推僞造告劄文字，事連潘永思。上曰：「永思雖戚里，既有過，安可廢法？」於是詔永思罷見任閤門職事就逮〔二〕。

三年三月十五日，臣僚言：「乞今後有特旨推勘及具情犯申尚書省及樞密院者，除止留正犯及依法合奏之人具案聞奏外，餘並許令先次決遣，著爲定制。」續具大理寺看詳：「《紹興敕》，諸獄案以非本處得論之人上聞者杖一百。今來罪人若不係元降指揮取勘人數，依法非應奏裁，謂如非情重法輕之類，若行先次決遣，即別無妨礙。欲依臣僚所乞施行。」從之。

九月十七日，廣南東路74宣諭明槖言：「二廣去朝廷遠，官吏奸贓狼籍，見今合勘者，廣西運判王據、南恩州司户莫憲章、陽春縣令陳子鎮〔三〕、桂陽權縣令馬緘、廣州通判韓禧〔四〕，皆已積年未曾結絶。竊緣嶺南官吏淹延刑禁，巧作姦幸，避免罪罰，久已成俗，徒使朝廷法令不行於遠方，不信於遠人，姦贓之徒無所畏憚。」詔並令見承勘官司疾速根勘結絶，（具）原案聞奏，如尚敢稽違，當重寘憲典。仍令帥（師）〔司〕先具體究遷延不當并不切用心催促當職官

〔一〕後「官」字疑當作「同」。
〔二〕職：原作「執」，據《中興小紀》卷一一改。
〔三〕陽春：原空，據《建炎要録》卷七三原注補。
〔四〕韓：原空，據《建炎要録》卷七三原注補。

職位、姓名申尚書省。

十二月十一日，江南東路提刑司言：「撫州司理院見禁周七十等，爲周三十七身死公事，將及一年，淹禁坐獄，並不結絶。又本院見罪人陳俊爲行刀殺死張進，至今亦及一年有餘，未曾結絶，以致陳俊脱去枷杻，跳牆逃走，見今未獲。其司理參軍宋仲和顯是弛慢不職，已牒信州取勘。」詔宋仲和先次放罷，令本路提刑司催促信州疾速取勘，具案聞奏。

四年三月二十一日，〔臣僚言〕：「伏見江西安撫大使趙鼎奏，爲馬居中根勘李操、曾欽臣等公事。內李操受本司統領官文廣金二百兩，乞止令文廣在外供答文字，與免追攝入院。詔令趙鼎指揮文廣依實供答。竊〔以〕宣諭司元按李操四事，唯受金一事尤爲要切，陛下既已灼見其情，爲之謫大帥，罷二漕，停憲臣，斥勘官，固欲盡得贓狀，以明懲戒。而一年之後，乃復滅裂如此，則不若不治之爲愈也。望下帥司及勘院，75密追文廣赴獄根勘。如文廣近嘗宣力捕盜有功，即乞候上斷罪日量行減降施行，庶幾獄訟早得結絶。勘會趙鼎已赴行在，除參知政事，所有文廣竊慮在外供答未圓，枉致淹延刑禁。」從之。

五年二月二十八日，尚書省言：「勘會紹興令文，事已經斷而理訴者，一年内聽乞別勘。法意蓋謂元勘不當，負冤抑之□。近來命官、諸色人不論元勘當否，陳乞別勘，致奸贓之人二請行賂，動(終)〔經〕歲月，不能結絶。」詔：「應命官、諸色人陳乞別勘，在條限内者行在令刑部、在外提刑司先行責限，委不干礙官體究詣實。如委涉冤抑不當，即分明開具事狀申尚書省，下所屬依條別勘施行。」

閏二月六日，尚書省言：「勘會宣諭按發過諸路未結絶公事，續降指揮，令刑部每三日一次舉催，如有住滯，取旨重行黜責，尚未見奏到案狀，顯屬違滯。」詔：「令逐路提刑司及承勘官，自今降指揮到，限十日勘結了當，專差人賫奏案赴行在。如敢依前違慢，當職官重寘典憲，人吏決配海外。」

七月十五日，詔：「今後刑獄官司承受(案)〔按〕發命官犯贓公事，仰先次拘留正身，候聽參對，依條決絶。如失行拘留，致得逃竄，當職官吏仰提刑司按劾，申尚書省取旨，重作行遣。」

十月九日，刑部言：「監司按發公事應推鞫，不得送廨宇所在州軍，已有立定條法外，其諸州軍發劾屬吏，即無不許送本州取勘條法。今來若將合取勘公事送別州76取勘，竊慮干連追呼，轉致淹延。乞今後止送本州，依公取勘，若勘結未圓，獄官不得稟受。如違，依監司稟受法斷罪施行。候勘結圓備，即差鄰州官前來録問，庶得日後杜絶詞訟。若諸州軍按發屬吏已申監司，一例按削，如後有陳訴，欲令監司並不作妨礙。其監司按發官吏如有陳訴，欲除初按發司外，餘司並不作妨礙，免致移獄追證，重成留滯。」從之。是年六月二十八日，都省劄子奏官員理雪元勘不當、有司用防嫌例皆送鄰路追證滯淹等事，刑部得旨，具（致）〔列〕如右。

十二月二十一日，宰執進呈知衡州向子忞不法取勘事。上曰：「監司，外臺耳目之官，既按劾，自當推治。然有罪者家居待命，而證佐無辜之人往往淹延囚禁，動經歲月，深可憫也。」子忞罪狀既明，別不須干證，第黜責其身足矣。」趙鼎乞將子忞落職放罷，更不須取勘，從之。

六年正月二十五日，殿中侍御史王縉言：「乞應置司推鞫公事，有干證及陳訴等人死於獄中，及拷掠慘毒、責出即死者，候結案訖，令提點刑獄司委檢法官取索（碎）〔詞〕款看詳，有詞款異同而申報病死者，研究情實，如有冤枉，即具事因申尚書省。」從之。

六月八日，詔：「今後外路諸司應承勘公事，並仰依條根勘結絶。若計程過半年，不見申奏到案狀，令刑部具被受官司職位、姓名申尚書省，取旨行遣。其見勘未結絶去處，各仰照應元降指揮勘結施行，不得依前住77滯。」

七月八日，右司諫王縉言：「竊見諸處推勘姦贓之吏，干連追禁有至一二百人者。蓋司獄之利在於枝蔓，而無辜受害，有不勝言。望令諸路應推勘公事，其干係人並依湖南路已得指揮施行。」從之。時以湖南路運司起大獄，無辜就逮，死者甚衆，詔委本路提刑司躬親疎放干繫人，故縉援此爲請。既而侍御史周祕又言：「命官犯贓，合用干證人者，不可一概放釋，乞令時暫勒留對證。如有司故作淹留，並令監司按劾。」從之。

八月一日，中書舍人董弅言：「近取會到刑部諸路見勘命官公事，計二百二十四件。其間姦贓不法等罪，爲數百二十有一。其干連禁繫有及三四年未結絶，死於狴犴，又不知其幾何人。臣愚欲望申敕諸路提點刑獄官詳加檢察，務在平允。其有事匪究實，妄作滯繫〔一〕，並按劾以聞。如提點官故縱不舉，他司自合互察，亦乞申嚴條令。」從之。

是年十一月七日，詔諸路體量取勘公事人，刑部開具住滯尤甚者申尚書省，取旨施行。以臣僚言「諸路未結絶公事有二百八十九件，其間有自紹興二年淹延至今日」故也。

七年十月六日，刑部開具下項：「一、鼎州爲（循）〔修〕職郎舒邦彥於安撫司使臣何商處受寄李允文激賞庫并宅庫金銀，侵欺入己，委邵州根勘。本部計一十次催促，並無回報。一、廣東經略安撫司奏：『本州訪聞得進義副尉、權廣州香山鎮林智在任與本鎮副坊洪浩爲78保，領黃世通不納牛皮事，林（知）〔智〕取乞洪浩銀七十兩等，已牒廣州送所司根勘施行。據申，林智逃走，乞下高州催勘施行。』本部已勘會，自合一面移文高州，發遣前來本州根勘。計二十九次符下廣州，四次申到因依，兩次根治，即目未有結絶。」詔：「知州、勘官各特降一官，餘當職官展二年磨勘，（遂）〔逐〕處當行人吏各杖一百，決訖勒罷，永不得充役。被

〔一〕繫：原作「係」，據《建炎要録》卷一〇三改。

受推治不回報官罰銅十斤，人吏從杖一百科斷。仍令帥司開具合降官、展年、罰銅人職位、姓名申尚書省，其逐年件公事，各限十日依條勘結施行。」

十一月十八日，廣南東路提刑司言：「德慶府根勘封川縣令林廷輝在任不法〔一〕，上下受囑，故作違慢。本司催勘〔二〕，計八十八次，經七箇月，未見申到結絶。其本府官吏係（在）〔左〕朝散大夫、權知軍府文彦博〔三〕，右朝奉郎、權通判陳泳，左從政郎、録事參軍兼司户司法吴廷賓。」詔各降一官。

八年五月二十七日，福建轉運判官范同言：「贓吏翻異〔四〕，不改前勘，乞并初勘共不得過三次。」上曰：「官吏犯贓，既已斷罪，多進狀訴雪，何也？ 比年尤多。」宰臣趙鼎曰：「意在僥倖改正，須更令體究。」執政劉大中曰：「在法雖許雪訴，却合再勘。」上曰：「若再勘委實無罪，元勘官吏固應黜責；若勘得所訴不實，却合別勘妄訴之罪。」宰臣秦檜曰：「當送刑部施行。」

六月八日，刑部言：「今後諸路州縣及推判官司勘鞫公事，雖有緣故，若經一年之外不決者，並 79 具因依申本路提點刑獄司，備申刑部及御史臺，看詳有無冤滯，申取朝廷指揮施行。」從之。

十一月五日，詔：「令諸路帥司各選委强明官一員，將本路應見禁一年以上公事並專一催促勘結，仍逐旋具已結勘過名〔件〕申尚書省。」

九年八月三日，臣僚言：「契勘廣右（避）〔僻〕遠，刑禁每多淹延〔五〕，其弊有三：其一，監司輕於按發，不加審劾，或所勘與所按不同，則疏駁移推，必欲如其所按。又諸郡申請移推、詳覆之類，皆不即報應，有及三五月者，率以爲常。其二，罪人易於飜異，多緣奸吏之所教令。每一移推，旋改情節，或自招伏而令家屬稱冤，或故爲不圓以使監司疏駁，或沉溺遞角以致奏案不到，遷延歲月，以待按發之官去任。或徒伴有死亡者，然後計囑官司，盡脱其罪。其三，追證取會及差官審録之類，一涉他州，互相推避，文移往返，動經歲月。以上三弊，皆有成法，特有司奉行不虔，遂致弛廢，欲乞檢坐申嚴行下，遵守按察施行。」從之。

十一年六月十五日，臣僚言：「伏見紹興五年臣僚起請，諸鞫獄明白而妄行飜異，雖罪至死者，三經別推，即令逐路提刑司申察繳奏，加本罪一等，仍著爲令。至紹興七

〔一〕封川：原作「封州」，據《宋史》卷九〇《地理志》六、卷二〇〇《刑法志》二改。

〔二〕催：原作「推」，據文意、字形改。廣東提刑司乃是催促德慶府勘結，並非本司推勘。「催勘」一詞又見上條。

〔三〕文彦博：疑有誤。彦博名臣，婦孺皆知，不應姓同，取名又同。別考《廣東通志》卷二六，有知康州軍州事文彦弼。康州於紹興元年陞爲德慶府，然州名似未廢，故《宋史·刑法志》前云「德慶府勘封川縣令事」，後云「知州、勘官各抵罪」，則所謂「知州」當即本條之「權知軍府」，「文彦博」亦恐爲「文彦弼」之誤。

〔四〕贓：原作「職」，據《建炎要録》卷一一九改。

〔五〕刑：原空，按後紹興二十三年十月十一日條云「淹延刑禁」，參補。

年指揮，流罪以下雖不繳奏，亦依此施行。蓋緣當時偶有奸民抵法，有司始爲此請。然而其間豈無冤濫，萬一吏非其人，情未盡得，而概以此律論之，不無失入者矣。欲望除贓罪自合依前項繳奏外，其80餘死罪、流以下移推之法，悉依祖宗舊制。」從之。

十二年正月十四日，門下省勘會：「專差三省、樞密院六人行遣制勘文字，參照案牘，委得平允，頗見究心。」詔各與轉一官資，礙止法人依條回授。轉資人候入正額日支破請給〔二〕，願換支賜者仍聽支本色。

二月二十三日，臣僚言：「比者諸路推究飜異公事，或朝廷委之鞫勘，多於閑慢可差出之官，例皆初官蔭補子弟及新第進士，於法令實未暇習，其勢必委之於其下，老胥猾吏得以輕重其手。欲乞行下諸路逐司，應有勘鞫公事，並須擇曾經歷任人，庶幾奸吏無所措手。」

十三年三月十三日，刑部言：「奉詔，令大理寺選差寺丞一員，前去荊州取勘知雍州俞僉冒請遥郡全俸事，仰一就催結湖南北、廣西見禁淹留公事，餘路令刑部、大理寺體倣措置催促。今契勘諸路見承聖旨、朝旨取勘公事計一百三十三件，欲候今降指揮到日，專委本路提刑躬親前去逐州取（素）〔索〕檢點，限十日勘結。內有委合守待追取會問公事，即嚴立近限催促。如或出違所責日限，仰提刑具職位、姓名申部，取朝廷指揮施行。」從之。

閏四月二十九日，刑部言：「今後翻異及駁勘公事，應合該二案勘結官吏內有替移者，免行拘留鞫，令供願於某處聽候供狀結罪狀。如不在元指去處，令提刑司具因依申朝廷，先次施行。」從之。

十四年四月三日，詔：「刑部將半年以上未81結絶公事開具名件，行在委本部，外臺委所屬監司，量事輕重，責限催促結絶。內月日稍遠者，取問因依申奏。仍檢舉前後已得指揮，申嚴約束，如敢違戾，並（當具）〔具當〕職官吏申尚書省，取旨施行。其不係申奏、本處一面論決公事，或有淹留，許被追干證之家越訴。」

十五年正月十日，刑部言：「勘會監司差官推鞫公事，如録問有翻異，或家屬稱冤，依法合行移文鄰路提刑、轉運司差官別推。今來淮南路提刑司係本路轉運司通行主管，若逐司有翻異或稱冤，合依法別推公事，欲乞移文鄰路提刑、轉運司差官施行。」從之。

十六年三月一日，刑部言：「宣和二年御筆，諸路州軍勘推公事，干照之人每程給米一升半、錢五文。紹興修書，即不該載。今欲檢照前項修立成法，諸鞫獄他處，追到干照人，若無罪合遣還而貧缺者，推鞫官司計程於囚糧內以錢米當官給之。又鞫獄他處追到無罪干照人合遣還而貧闕者，每程人給米一升半、錢一十五文。」從之。

〔二〕入正額日：原作「入正韻額入」，據文意改。本書職官一八之六二載紹興十一年七月十四日詔：「三省轉資人候入正額日與支破請給。」文句正同。

五月十四日，吏部看詳：「福建提刑司奏，應鞫獄、録問、檢斷、體量公事，于非坑冶興發去處縣丞内通行選差經任寔曉法之人。如或缺官，即于合差出初任已經一考以上員數内通行選委。本部欲依所乞，餘照應紹興十四年五月已降指揮。」從之。

二十一年八月十九日，詔：「今後諸州軍承勘兇惡强盜案成，候審録訖，將前元勘始末一宗案款録白二[82]本，審録問官具詣寔保明文狀申繳，赴提刑司并刑部，行下大理寺收管。候所屬保奏到陳乞推賞之人，參照並同，方許依格定賞。餘依見行條法施行。」

二十二年八月六日，大理正孫敏修言：「州縣胥吏因緣推究强、竊盜罪人，而教令虚通贓物，追逮無辜，因而受賂。又有推鞫强盜，捕盜官希賞，求囑獄吏，鍛鍊平人，誣服其罪，奸詐不可槩舉。欲望申嚴法禁行下，仍令監司覺察似此去處，重作行遣，庶幾刑無濫及。」從之。

二十三年十月十一日，大理寺丞環周言：「乞自今後結解公事，不得退還下縣。如委有情節不圓，長官審實推鞫，依限結斷，庶使吏不得容奸，民受其賜。」刑部看詳：「在法，犯徒以上及應奏者送州。若本州見得所勘情節未圓，事礙大情，委合取會事件，仰行下所屬取會，斷結施行，即不得將解到罪人退送下縣，重行勘結，庶免囚徒迂往，淹延刑禁。今看詳，欲行下諸州軍，各仰常切遵守。」從之。

二十七年二月二十一日，監察御史何溥言：「伏見在京諸獄，刑察御史每季點檢，夏、冬仲月刑部郎中循行督遣，而郎官所指如遇勘鞠失實，事理妨礙，直行移送。惟御史未有明文。乞今後御史點〔檢〕覆察諸獄，許依刑部已得指揮施行。」從之。

十一月六日，詔：「今後遇有勘鞫公事，並于京朝官曾經任人内選差諳曉刑獄及有材幹之人。如缺京朝官，即從提刑司于一路選差。（提刑司于一路選[83]差）提刑司妨礙，即於轉運司。」以臣僚言「所差選人僥倖陞改，顧望出入，獄失其平，乞選差京朝官，庶幾事體稍重，不爲威勢摇奪」故也。

二十八年五月七日，刑部言：「今後應中外翻異、駁勘及别推公事，若前勘有不當，依條合一案推結者，其官吏未有替移事故，即依紹興九年指揮施行。如委有替移事故、難以追會者，候供證盡寔，先次結案。其不當官吏雖遇恩、去官，仍取伏辨，依條施行。合一案推結者，其檢斷、簽書、録問官包括在内，除無『勿原』指揮外，依指揮雖遇赦、去官亦合取責伏辨。」從之。

十一月二十三日，南郊赦文：「應鞫干證如係緊切，方得時暫追證，有罪先次摘辨，無罪日下疎放。尚慮當職官不切究心，仰監司常切覺察，不得容庇。」

二十九年二月二十四日，詔：「今後諸路應被差推勘官，指定所屬州郡司獄姓名，徑申元差官司，即時行下所屬發遣，無得巧作規免。」以刑部侍郎黄祖舜言「被差之官指名申所屬差司獄等人，多爲挾州郡之勢，巧作推避，及至别項指差，類皆庸懦之吏，對翻異之囚，不得推詰得情」故也。

五月十一日，廣西提刑王孝先言：「殺人無證，屍不經驗公事，依條先具（按）〔案〕奏裁，候朝廷斷下，專委提刑前去審問施行。若或情犯稍有可疑，或罪人翻異申冤，具奏取旨，方行下差官重勘。往來待報，經隔年歲，不得決遣。今欲乞案成先申提刑，親行審問訖，後具奏取旨斷遣。」刑部看詳：「奏裁公事，雖斷勑下日尚委提刑司審問，蓋防冤濫，重惜人命。若先申提刑審問訖具奏，竊慮或有失寔。今後（訖）〔乞〕將諸路初奏到上件狀降斷勑下日，委提刑親行審問，如有可疑及翻異，即從本司選差清强官重別勘鞫。候案成，申本路不干礙監司先漕臣，次提舉官。躬親審問，如無翻異，即報所差官，于案內聲説聞奏。若依前翻異，從審（問）監司一面差官別勘。如監司俱有妨礙，即申安撫司差官。尚行翻異，令本司具案并翻異因依申取朝廷指揮。」從之。

三十年五月十三日，詔：「今後外路翻異之囚，悉（依）祖宗條格施行，更不移送大理寺。」先是，有司建議外路之獄三經翻異，在千里內者移送棘寺，刑部侍郎張運言其非祖宗法，至是給舍看詳，故有是命。以上《中興會要》。

紹興三十二年八月二十三日，孝宗已即位，未改元。詔：「州縣捕獲盜賊，獄吏往往教導，使廣引豪富之人，指爲窩藏，至有一家被盜，鄰里騷然，賊情未得，而胥吏之家賄賂充牣。自今除緊切干證外，不得泛濫追呼。如違，許被擾人越訴，及反坐吏人以藏匿之罪。」

十一月二十五日，詔樞密院〔即〕刻將張耘送大理寺根勘。以殿中侍御史張震言其刻剥士卒、侵盜錢糧故也。

二十八日，大理寺丞蔡洸言〔一〕：「乞自今監司差鞫獄之官，仰於當日具姓名申 84 刑部。若在法當避，即別具改差之官申聞。倘有稽違，許刑部究察之。」

二十九日，樞密院檢詳刑房文字許樞言：「在法，獄囚翻異皆委監司差官別推。若犯徒、流罪已録問後，引斷翻異，申提刑司審詳。如情犯分明，則行下斷遣。或大情疑慮，推勘未盡，即令別勘。然近者翻異多係滑吏犯贓、奸民犯盜之類，未至引斷，只於録問便行翻異，使無辜之人濫被追證。乞自今如有似此等類，即從前項引斷翻異申提刑司審詳指揮施行。」從之。

隆興元年二月十七日，詔大理寺丞俞長吉前往吉州根勘豪民易致堯不法公事。以右正言周操論致堯「家資豪富，雄據一方，收養亡命至數百人，陷害良善，致之死地，官司熟視，莫敢誰何」故也。

二年二月初一日，中書門下省言：「訪聞廣州縣鞫獄，推吏受贓，往往指教罪人翻異，移司別勘，累歲不決，使干

〔一〕蔡洸：原作「蔡況」。按蔡況不見於記載，「況」當爲「洸」之誤。據《宋史》卷三九〇《蔡洸傳》、《建炎要録》卷一八五及雍正《江西通志》卷四六，紹興三十年蔡洸爲大理寺丞，至乾道三年出知吉州，與此條時間正合，因改。

連無辜之人枉被刑禁，間有死亡，甚失朝廷好〔生〕欽恤之意。乞令本路提刑司常切覺察，如違戾去處，具當職官吏姓名按劾聞奏。」從之。

五月二十三日，詔：「今後内外贓私不法官吏，或已按劾，稽于勘鞫，不即結絶，可令尚書省置籍檢舉，月具節目聞奏。」

八月十三日，知潭州益陽縣謝純孝送本路提刑司取勘。以言者論其拆换赤曆、盜用官錢故也。

乾道元年正月一日，大禮赦：「應鞫獄干證如係緊切照勘，方得時暫追證，有罪先次摘斷，無罪日下疏放。前後約束，非不嚴備，尚慮當職官不切究心，止憑胥吏枝蔓追逮，連及無辜，有失恤刑之意。仰監司常切覺察，不得容庇。」

五月十四日，刑部言：「據舒州申，本州諸縣犴獄淹延，動涉歲月。蓋由淮南之人多自浙江遷徙，在法合于本貫會問三代有無官蔭，及祖父母、父母有無年老應留侍丁，及非犯罪事發見行追捕之人。若數人共犯，則自東徂西，皆合會問，道途往返，少亦不下數千里。竊謂住及七年以上者，自可以見住州縣爲本貫，庶幾官司易勘爲結。本部今契勘，如犯死罪及徒以上并合用蔭人，根勘官司自合依條逐處會問，所有其餘罪犯，欲從本州申請施行。」從之。

六月十一日，詔：「自今諸縣結解大辟，仰本州長吏先審情寔，如無冤抑，方付獄，獄官親行勘鞫。仍委長吏逐旬慮問，如違，許監司按〔刻〕〔劾〕以聞。」

二十三日，權刑部侍郎方滋言：「乞自今命官曾爲監司按發，不經所司推勘之人，並免。」從之。

七月二日，詔：「今後諸路州軍被差體究官，務要從寔，如輕重出入，並寘典憲。」

二年二月八日，以新知貴州姚孝資言：「在法，諸録囚有翻異者聽別推，然後移推，初無止限，至有一獄經六七推不得決者。證佐之人，追呼拘繫，率被其毒。乞自今内外之獄至三推未成者，其證佐人免行追呼，庶幾無辜得免殞于非命。」詔今後承勘 85 翻異公事，如經三推者，其緊切干證人若干礙出入情節，方許追證，其餘不得泛濫追呼。

三年正月二十五日，大理少卿劉敏求言：「伏見州縣之獄追逮最多，淹延最久者，無如强盜、贓吏，皆擇其重罪，研窮詳備。其餘輕罪非應累併者，惟令鞫正大情，雖有小節未圓，勿復追證，並須依限結案，庶使早正典刑，免枝蔓留滯之弊。」從之。

十二月二日，臣寮言：「竊見近歲以來，大理獄多取決于大臣，州縣獄多取決于太守。獄官不循三尺，專以上官私喜怒爲輕重，求民無冤，不可得矣。欲望明敕中外，自今有忘公循私、阿意爲獄者，重作行遣，庶幾冤抑獲伸，而刑罰不至濫及。」從之。

四年王月二十一日，權刑部侍郎姜詵言：「乞自今遇有翻異公事，先須本路提刑、轉運、安撫司遍行差官推勘。

倘尚伸冤，却于鄰路再差，勿復隔路。其已遍經鄰路置勘而又翻異者，令後勘官開具前後所招及翻異因依，申取朝廷指揮。」從之。

六月十四日，臣寮言：「竊見監司、郡守按發所部，或有止據一時訪聞，便具申奏，致降指揮先次(收)〔放〕罷。後來勘結，止係公罪，于法不致差替、衝替、追官、勒停，其被按之官情理可憫。欲望特降睿旨，如有似此濫被按發之人，並依舊與本等差遣。」從之。

五年正月二十八日，臣寮言：「竊見監司、郡(首)〔守〕發摘官吏，必先委官體究，體究有罪則繼以鞫勘，若云無罪則寘而不問，所係亦甚重矣。比來體究官或迎合上官，或阿蔽黨與，或力報怨仇，或委胥吏逮至鞫勘，則體究之事如此，鞫勘之寔如彼，紛錯無據，莫可考證。乞自今凡體究不寔者，並令案後收坐。」從之。

十二月二十五日，詔大理寺丞單夔前往潮州根勘知州曾造不法公事。以臣僚論造贓污狼藉，爲監司所劾，凡三置勘，造輒翻異故也。

六年二月十八日，(臣)浙東提刑程大昌言：「自今審問重勘公事，于選人致仕已及一考以上〔一〕，內有(暗)〔諳〕曉刑獄及有材幹之人，與京官通行選差。」從之。

三月二十六日，權刑部侍郎汪大猷言：「契勘諸路推勘翻異公事，在法于提刑、轉運、安撫司以次差官。竊詳近制，提舉常平亦係監司，乃于法特不許差，委有未當。乞自今諸路遇有推勘翻〔異〕公事，許提舉常平依諸司差官。」從之。

同日，權刑部侍郎汪大猷言：「竊見諸勘鞫公事，多是翻異別勘，録問官未嘗詰問，纔聞冤便取責短狀以出。後勘官見累勘不承，慮其翻訴不已，獄情一變，或坐失入之罪，故爲脱免。乞特降指揮，自今録問官遇有翻異，當廳令罪人供具實情，却以前案并翻詞送後勘官參互推鞫，不得更于翻詞之外別生情節，增減罪名。其累勘不承者，依條選官審勘。」從之。

四月十九日，權刑部侍郎汪大猷言：「勘會昨降指揮，今後監司按發官吏，不得送置司州 86 軍根勘。今來諸路多不遵守，其承勘州軍被受不同，(旅)〔旋〕行申審，文移往復，遂成稽滯。乞將元降指揮申嚴行下。」從之。

六月三日，權刑部侍郎汪大猷言：「大理寺擬斷案後收坐者不一，其間多有去官及經恩赦者。緣法有具事因申寺之文，故有司不敢但已，必候元勘官司取責逐官脚色、犯由申寺，方敢結絶。緣法有住居江浙而守官在福建，其事發却在湖廣，亦有干連數十人者，必欲一一取責，方得圓結，遂致經隔數年，紛紛無已。今乞將案後收坐除不該赦及非自首、去官之人，及雖該赦亦合候結案取旨伏辨，自依

〔一〕致仕：此語誤，蓋致仕即退休，既已退休，何來「一考以上」？又退休之人大抵年老，何可選充刑法之任？據文意，似當作「入仕」、「歷任」之類。

本法外，其他所犯，令元勘官司于結案之後開具干連名銜定斷。兼所具事因即是犯由，既真案已到，則所犯輕重亦可槩見，不必一一取責。」詔刑部看詳申尚書省。已而（部刑）〔刑部〕看詳，乞于《斷獄令》「命官、將校犯罪自首、遇恩、去官，開具事因」令文下，添入「若因事干連者，元勘官司于正犯人結案後，限五日取干連官名銜，聲説所犯因依，隨案供申。如不見得名銜，即具因依及所犯處地分、月日申刑部」。從之。

八月九日，臣寮言：「竊見州縣鞫勘未圓，于檢斷有礙，不得不疏駁會問者，而承准官吏殊不介意，有堅執前勘已當而不復審寔者，有所問數事而畧報一二以塞責者，有故爲迂迴曲折而終不得其寔情者。乞下刑部、棘寺，將諸處取會事件加嚴程限，有稽違者，具官吏姓名糾舉以聞。」從之。

十七日，刑部言：「凡勘鞫體量公事有不當者，雖于案後收坐，往往在任或有親故避免，或有離任及事故之人。乞自今應案後收坐官吏，即時行下所屬，具職位、姓名、事因申朝廷，嚴賜施行。」從之。

十一月十六日，大理少卿周自强言：「伏見監司、郡守按發贓吏，多送鄰州根勘，其干連人被追逮者多至一二百人，少亦不下數十人。獄成之後，往往翻異，差官別勘，至有經年不決者。乞自今見任官公事，止差官本州根勘，不得輒送鄰州。若獄成翻異，惟據所翻之事別勘，所有干證止許追緊切人。或有濫追淹禁，並令提刑司案奏。」從之。

七年九月十八日，江東路提點刑獄公事胡襄言：「竊見諸州軍推勘大辟已經申奏，蒙朝廷依條斷下，罪人或臨刑翻異，或家屬稱寃，在法更合申取指揮。緣伺候回降，動經數月。今後如有似此等人，乞令提刑司一面差官別勘，却申省部照會。」從之。

十月四日，（昭）〔詔〕：「諸路見勘公事內，有五次以（止）〔上〕翻異人，仰提刑司躬親前去審，具案聞奏。如仍前翻異，即根勘着寔情節，取旨施行。內有合移送大理寺者，即差人管押赴闕。」

八年九月十七日，詔大理寺丞吳淵前往處州置勘右從政郎〔一〕、專一措置處州庫山等處銀場管准不法公事。以准侵盗官銀入己故也。

十二月八日，詔大理寺正 87 潘景珪前往泉州根勘提舉市舶陸沅不法公事。以沅在任贓汚狼藉故也。

九年閏正月十一日，以中書門下省言：「命官獲賊合該推賞者，多有計囑獄司，將無辜人煆煉，例目爲賊，希求賞典，有司觀望，結案保奏。合行禁戢。」詔自今諸路州軍推勘强盗，止將正賊根治，不得以無辜人狥情勘鞫。保奏官以元案再行審寔，倘無僞冒，方得申奏。如違，許監司按（刻）〔劾〕以聞。

〔一〕丞：原脱，據本書職官四三之一六六補。

五月十六日，新知湖州趙師夔言：「竊見諸州軍重囚或有翻異，必于鄰郡差官再勘。承勘官吏深慮犯人供具異同，則爲元勘官司之累，往往循習舊案，相爲符合，使有冤抑者不得自伸。乞下諸路監司，嚴行戒約。」詔依。仍令監司遇差官推勘，仰檢坐故失故(人)〔入〕、失出失入條法，移文所差官照會，不得違戾。

二十六日，兩浙東路提點刑獄公事鄭興裔言：「獄者所以合異同之詞，差官置勘，正欲得其寔情。今之勘官往往視爲常事，出入其罪，上下其手，及至翻異，則又別勘，或後勘駁正所犯不至前勘之重，或前勘已得寔情而後勘却與出脱。雖在法有故出故入、失出失入之罪，徒爲文具。欲望明詔有司，俾之遵守。」詔刑部檢坐見行條法，申嚴行下。

十一月九日，大(理)〔禮〕赦：「勘會被差鞫獄、録問，起發違〔時〕及輒占留(詞)〔辭〕避者，皆有成法。近來所差之官，往往不即起發，飾詞避免，或妄稱它司先以差委。文牒往來，遷延月日，致使罪人久被囚繫。今後如有似此之人，仰監司、守臣覺察按劾，重寘典憲。」

同日，赦：「勘會鞫獄之官多不親臨，惟憑推吏鞭楚，傅致深文，審録引斷，隨即翻異，追逮干連，經涉歲月，深可憐憫。今後並仰獄官依條親行勘鞫，務得寔情，除緊切干證人外，不得枝蔓追呼。如有違戾，許監司按劾以聞。」

十二月一日，臣寮言：「竊見諸路帥臣、監(帥)〔司〕差官置院，雖勘大辟贓吏，有合具案奏聞者，勘官往往止俟結録畢，即時出院，將帶人吏歸元處，旋寫奏案，竊慮有暗受出脱、變換情節者。乞自今勘推大辟贓吏合具案奏聞者，須就院申發。敢有違戾，當重作行遣。」從之。

九日，臣寮言：「獄貴初情，初情利害寔在縣獄。今大辟之囚，必先由本縣勘鞫圓備，然後解州。州獄一成，奏案遂上，刑寺擬案，制之于法，則死者不可復生矣。竊見外郡大辟翻異，鄰州鄰路差官別勘，多(致)〔至〕六七次，遠(致)〔至〕八九年，未嘗不因縣獄初勘失寔。乞自今後遇有重囚翻訴，委官根勘，見得當來縣獄失寔，將官吏并坐出入之罪。」詔刑部看詳申尚書省。

淳熙六年六月，刑部言：「昨乾道重修法，增立『縣以杖、笞及無罪人作徒、流罪，或以徒、流罪作死罪送州者，杖一百。若以杖、笞及無罪人作死送州者，科徒一年。』緣縣獄比之州獄，刑禁事體不同，止合結解送州，故縣不坐出入之罪。今欲依乾道【88】重修法科罪，如係故增減情狀，合從出入法施行。」從之。

嘉定五年十二月十四日，臣寮言：「刑獄，民之大命。州縣之間，其弊有可言。如勘死囚，雖得其情，或憚于詳覆之(糜)〔縻〕費而徑用奏裁；如該徒、流，法所不宥，或畏于州郡之疏駁而止從杖責。罪至死、徒者，法當録問，今不復差官，或出于私意而徑從特判；獄有翻異者，法當別鞫，今被差之官或重于根勘而教令轉欵。寒暑必慮獄囚，法也，今監司按行之時，多是詭爲知在；遇夜不得行杖，法也，今郡邑斷遣之際，或至燈下行刑；獄許破常平錢米，亦皆法也，今守令不以經意，或從減剋，或支不以時，遂至囚多（瘦）〔瘐〕死。凡是數者，冤抑寔多。乞行下諸路提刑司嚴行覺察，照見行條法，或有違戾，罪在必刑。」從之。

十五年九月二十四日，臣寮言：「民之犯罪至于重辟，勘結自有限日，而近之作縣者委成于吏，枝蔓騖弄，動淹歲月。或導囚翻異，變亂獄情；或牽執平民，妄行追擾；或根連干證，與囚同禁。致失農業，甚至（廋）〔瘐〕死，豈有不傷和氣！乞嚴勑郡縣，自今民有麗于刑辟，凡有關于人命者，悉遵日限結正，無得淹留。其或奉行不虔，許監司具官吏姓名聞奏。」從之。（以上《永樂大典》卷一九九七八）

宋會要輯稿　刑法四

配隸

【宋會要】

1 國朝凡犯罪，流罪決訖配役，如舊條：杖以上情重者，有刺面、不刺面配本州牢城。仍各分地里近遠，五百里、千里以上及廣南、福建、荆湖之别。京城有配窑務、忠靖六軍等。亦有自南配河北屯田者。如免死者配沙門島、瓊、崖、儋、萬〔安〕州，又有遇赦不還者。國初有配沙門島者，婦女亦有配執鍼者，後皆罷之。

太祖建隆二年五月一日，詔：「應有配流人及流貶官在邊遠處者，並與移置近地；如見在近地者，不在更移之限。所有移置處所，申奏取裁。應配流人除刺面及曾任職官人别行指揮外，其餘不刺面及配役婦人並放逐便。」其後赦書、德音約此著條。

八月二十六日，詔刑部：「應諸道州府有犯鹽麴之人合配役者〔一〕，祇令本州充役。」

（二）〔三〕年七月十九日〔二〕，詔搜索内外諸軍不逞者，悉配隸登州沙門島。先是，雲捷軍逃卒李興僞刻侍衛司印，捕得斬之，故有是命。

乾德四年〔閏〕八月二十一日〔三〕，詔搜索殿前諸軍亡賴者得數十人〔四〕，悉黥面配通州義豐監。

五年二月十四日，御史臺言：「伏見大理寺斷徒罪人非官當罰銅之外〔五〕，送將作監役者，其將作監舊兼充内作使，又有左校、右校、中校局〔六〕。比來工役並在此司，今雖有其名，無復役使，或遇祠祭供水火，則有本司供官。欲望令大理寺依法斷遣徒罪人役〔七〕，並送付作坊應役。」從之。

自後命官犯罪當配隸者〔八〕，多於外州編 2 管，或隸牙校；其坐死特貸者決杖黥面，配遠州牢城。經恩量移，即免軍籍。大凡命官犯罪，多有特旨，或勒停，或令釐務，贓私罪重即有配隸，或處以散秩〔九〕。自遠移近者，經恩三四，或放從便。所以禁貪濫而肅流品也〔一〇〕。

四月十六日，閱殿前承旨不逞者百二十六人，往隸鄆、

〔一〕「鹽麴」原作「監者」，「配役」原作「役配」，據《長編》卷二改乙。
〔二〕三年：原作「二年」，據本書刑法七之一、《長編》卷三改。《長編》繫於七月二十五日庚辰。
〔三〕閏：原脱，據本書刑法七之一、《長編》卷七改。《長編》繫於此月九日庚午。
〔四〕數十人：《長編》卷七作「十數人」。
〔五〕「罪」原脱，「官當」原作「當官」，據《長編》卷八補乙。
〔六〕中校：原脱，據《長編》卷八補。局：《長編》作「署」，蓋「局」字乃避英宗諱改。
〔七〕役：原作「後」，據《長編》卷八改。
〔八〕配：原脱，據《長編》卷八補。
〔九〕以：原無，據《長編》卷八補。
〔一〇〕流：原作「諸」，據《長編》卷八改。

齊、冀、博、德〔一〕、滄等州。

太宗太平興國二年正月二十八日，詔曰：「先是罪人配西北邊者多亡投塞外，誘羌戎爲寇。自今當徙者，勿復隸秦州、靈武、通遠軍及沿邊諸郡。」自江南、湖、廣平後，罪人皆配南方〔二〕。

五年二月四日，温州言，捕獲養猫鬼呪詛殺人賊鄧翁并其親族。械繫送闕下腰斬，鄧翁親族悉配隸遠惡處。

七年閏十二月八日，詔曰：「朕宵衣旰食，未嘗暫忘於憂勞；分職設官，豈可不思於勤瘁！況復刑名至重，且州郡寔繁，若動取於勅裁，則何勝於利禄！雖累行詔諭，而尚慮因循，仍有事宜，更從條約。應諸道州府犯徒、流罪人等，並配隸所在牢城禁錮，不須傳送闕下。仍不得輒以案牘聞奏，稽留刑獄，並所在決遣。違者論其罪。」

雍熙四年十二月十三日，詔：「應諸道擒獲劫賊，獄成遇赦者隸本城軍，仍廩給之。」先是，江南轉運使許驤上言，劫盜遇赦得原還本鄉，讎告捕者，多行殺害，請以隸軍，故也。

淳化元年十一月十八日，詔：「竊盜、强盜至徒以（北）〔上〕并劫賊，罪在赦前而少壯者，並黥面配本城。」

三年四月十四日，詔：「江南、兩浙、荆湖 3 等處吏民先犯罪配嶺南，諸禁錮者並還本郡，仍禁錮之。」

八月二十八日，詔：「廣南東西路先是犯罪配隸人皆荷校執役，自今除之。」

四年正月二日，詔：「西川、江南、兩浙、荆湖、廣南、泉、福等路僞命軍校及官吏配隸諸州禁錮者，所在以聞，並給牒許歸故郡。」

七月六日，詔：「凡婦人有罪至流者，免配役。」

閏十月四日，詔：「今後應諸色罪犯人配衙前者，並不得與本貫州府。」

真宗咸平元年十二月二十日，詔：「雜犯至死貸命者，不須配沙門島，並永配諸軍牢城。兇惡情重者，審刑院奏裁。」

四年七月五日，詔：「福建、廣南、江淛、荆湖遠地，應强盜及持杖不至死者，依法決訖，刺配本處五百里外充軍。」先是，并其家部送上京，多殞於道途，特有是命。

景德元年正月一日，詔：「川、廣犯事人解送赴闕配逐處及已逐便者，正身已亡，兒幼小無以存濟者，委逐處勘會，給與公憑，放還鄉里。又所送罪人赴闕，多是與一房老幼同來，拋廢田園，流散道路。自今止得押送本身并妻，（知）〔如〕骨肉願從者亦聽。」

二月，詔御史臺：「自今應流配罪人止令逐州轉遞，如合差使臣、官吏押送者，即於逐州閑慢勾當并因巡歷使臣及公吏内抽差，押送前去，逐州交割。」

〔一〕德：原脱，據《長編》卷八補。
〔二〕南方：原作「南房」，據《宋史》卷二〇一《刑法志》三改。

二年四月二十三日，詔曰：「先是，諸路部送罪人至闕下者，軍頭司引對便坐，即將決遣，或刑名疑誤，則無所準詳。自今委本司召法官一人審定以聞。」

九月二十九日，詔[4]：「廣南西路州軍有縱火焚人廬舍情理兇蠹者，依法決訖，刺配五百里外牢城。」

十月二十一日，詔：「今後應盜賊合刺配牢城者，並配千里外。其河北、河東州軍並配過黄河南，陝西州軍配潼關東，荆湖南路州軍配嶺南，北路州軍配過漢江，江南、兩浙並配江北，川峽州軍配出川界，廣南州軍近嶺者配嶺北，不近嶺者東西路交互移配，福建路亦配廣南、江浙。其同火人量遠近散配。」

三年六月一日，詔：「川峽民爲盜配軍者，如再犯至徒及情理難恕，並部送出川峽界，配諸州軍牢城。」

七月十七日，樞密院言：「諸路部送罪人赴闕者，皆令軍頭司引對，頗爲煩細。望止令本司依例降配。」帝曰：「朕慮其間或有枉濫及情理可矜者，令銀臺司自今諸處送到罪人，並先取審狀，送樞密院進擬，付軍頭司施行。其情涉屈抑者，不須取狀，即令引見。」

十二月二十九日，廣南西路安撫使邵曄言：「今後犯罪人配隸廣南牢城者，乞委轉運使詳元犯情理兇惡者，以便宜分配，隸所部州軍。」從之。

大中祥符元年正月六日，詔：「左降宣配隸諸州衙前者，所在件析以聞。配流徒役人及奴婢、鍼工並放從便，黥面配隸者具元犯取旨。」以天書降也。

二十五日，詔軍頭引見司：「自今諸處部送罪人至司，先上其數，如近休假，即日以聞。」

十月二十六日，東封赦：「應配罪人先委逐處決配五百里外州軍者，今後秖配本州，情[5]理重者配隸鄰近州府。」

三年二月二十四日，詔：「如聞兩京諸路隸忠靖徒役人，刺配者即給衣糧，不刺配者止給囚人日食，各有家眷，或至匱乏，宜令依例給之。」

閏二月七日，詔：「江南、福建路罪人配廣南充軍，至配所逃歸者，自今止委逐處勘罪，差人押送元配州軍，依法決訖收管。」舊條，應配廣南罪人逃歸者，逐州奏裁，工部郎中袁煒以謂繫獄淹久，故有是命。

五月，知昇州張詠言：「當州水陸要衝，多有兇惡之輩放火爲盜，準詔刺配潭、賀州充軍訖。檢會舊條，累犯惡跡者禁身奏裁。請應自來兇惡之人犯杖罪十次，徒罪七次，或犯徒杖罪作賊違戾父母者五次，及厢界與兇惡通情，搔擾侵凌人者，所犯杖罪三次，及犯侵擾人至徒一次者，並許刺配登、萊、沂、密、福建路州軍充軍。」詔須累犯兇惡合申奏者，及放火、盜財，杖訖刺面，配一千里外牢城。

十二月二十二日，詔沙門島流人量給口糧。初，使至，言其多殍死，請粗給菽粟。樞密副使馬知節曰流人無廩食之理，帝憫之，特有是詔。

五年四月十三日，詔江、淮南諸州不刺面配役人咸釋之。從安撫使李迪等奏請。

十六日，雄州言：「邊人越入北界賭博者，望準法決訖，徙隸向南軍籍〔一〕。」從之。

六月二十九日，詔：「諸軍故斷手足指以避征役及圖徙便郡者，自今決訖並隸本軍下名，罪重者從重斷，傷殘甚者決配本鄉五百里外牢城。」從知昇州張 6 詠之請。

十月一日，帝謂宰臣曰：「天下犯罪配牢城者多非，令總括其數，非盡朝廷配去。蓋外州承准宣勅，犯罪情重不可留於鄉邑者，以故移配稍多。時久承平，所宜（斂）〔欽〕恤。」遂詔：「法寺取開封府、殿前、侍衛、軍頭司等處見用宣勅，凡干配隸罪名，悉送樞密院，詳所犯量行寬恤，改易配牢城罪名。內軍人須合配者，並降填以次禁軍。及本城諸色人情重須配者，量所犯輕重，更不刺面配，定官役年限，令本處使役。如遇赦，不以役滿、未滿咸釋之。俟詳定訖進納入內，朕自省審訖付中書門下，與法寺再加詳度，如皆允當，即降指揮。」

閏十月，詔：「京城盜賊該決杖配隸者，免其令衆，即送配所。情理重者奏裁。」

六年正月八日，詔曰：「配隸之人，刑科至重。屬膺善貺，文舉鴻儀，載念黎氓，益懷欽恤。其先降宣勅，罪不至死，配隸逐州五百、千里外牢城及沙門島，憫其稍重〔二〕，特議從寬。宜令審刑院〔三〕、大理寺、三司將前後條貫編類以聞。」既而取犯茶鹽礬麴、私鑄錢、造軍器、市外蓄香藥、帶銅錢、誘漢口出界，主吏盜貨官物〔四〕、馬遞卒盜官物、夜聚爲妖，皆比舊法咸從輕減。

二月一日，詔：「廣南、福建、川峽路軍民兇惡爲患者，依法斷訖，并家眷械送赴闕；其非兇惡者，令轉運司散隸部內牢城。三司、開封府、殿前、侍衛、軍頭引見司應配人，除奉宣大刺面外，餘並依招軍例小刺。諸處已刺指揮字者，止添所配處。應押赴闕及配 7 隸諸處者，并家眷並給口食。川峽路贓錢斷罪者，以小鐵錢十當一。」

三月十六日，詔：「沙門島罪人除該赦遣赴闕外，自餘量其所犯，輕者徙至近地。」

五月十一日，詔：「諸州凡配隸罪人於鄰州者，皆録其犯狀移送逐處，置簿謄録，以防照會。」先是，令揀配軍外隸上軍者，舊例移配第云「賊某配某所」，而隱其狀犯，難於證驗。京西提點刑獄周寔言其事，因請條約之。

七年二月一日，詔：「負犯人刺面者，多大刺文字，毀傷既甚，深可哀矜。自今官吏點檢，如有違越，委所司覺察聞奏，永爲定制。」

〔一〕徙：原作「徒」，據《長編》卷七七改。
〔二〕其：原作「甚」，據《宋大詔令集》卷二〇一改。
〔三〕院：原作「部」，據《宋大詔令集》卷二〇一改。
〔四〕「主」原作「至」，「盜」原脱，據《長編》卷八〇改補。

十二月三日，詔：「諸州部送罪人赴闕及他州者〔一〕，並所在爲券，給以口糧，仍令依程而行，不得非理縶扑〔二〕，倍道起發。有疾，牒所至州縣醫治，死者檢視無他故〔三〕，即給公憑付部送人〔四〕。違者，所在官司劾罪以聞。」先是，淄州遣牙校送罪人赴闕，塗中至斃者多，懲其懈慢，因條約之。

八年閏六月八日，詔廣州：「自今不逞之民五犯罪者，依法決杖刺配嶺北州軍牢城〔五〕。內未滿五次而情理切害者，亦准此。」

八月十九日〔六〕，知密州孫奭言：「本州累有强劫賊，結案遇赦或赦後捉獲，准詔配本城。朝廷以本城、牢城分爲輕重，今若一槩處斷，慮失詔意，請下法官參議。」詔自今準詔刺配本城者〔七〕，並止配本城有軍額指揮，不得例配牢城。

九年正月，詔開封府：「自今應勘到罪人，除顯有條法合行 8 配隸編管外，其餘並須進呈取旨。」

七月十九日，詔：「强劫賊人罪當死，以德音降從流者，決訖仍隸本城。」初，磁州賊逯憲持杖行劫，德音降，罪免配，州疑刑輕，狀下法寺詳定，而有是詔。

十一月八日，河西軍節度使、知許州石普坐私習天文，妄言日蝕，除名配賀州，詔聽其挈族從行。先是，帝聞普在禁所思幼子，輒泣下，謂宰臣曰：「流人有例攜家否？」王旦等曰：「律令無禁止之文。」乃有是詔。

天禧元年七月二十一日，上封者言：「江南有因事配軍人，悉兇惡之徒，既不許差出，又無役使。望檢會元犯罪名輕重，（升）〔并〕隸廂軍。」從之。

八月五日，詔：「諸路民爲盜而質狀小弱〔八〕、當配本城者，如所犯情重，並配牢城。」先是，知潞州錢惟濟言〔九〕：「準前詔，今後爲盜者刺配本城。臣自到任以來，累捉到穿牆賊，並贓滿五貫已上，身首小弱，準條並配本城永寧指揮。永寧雖本州，有軍額，請給甚厚，所募之人並少壯任披帶者。今爲盜小弱免死之輩參於其中，深未允當，乞行條約。」故有是詔。

九月，詔：「自今軍人、曹司賭錢罪犯，並依法決刺面，配外處牢城。」

二年三月十七日，詔：「諸班直〔一〇〕、諸軍妻坐姦者，決訖即放，不須隸作坊鍼工，其見役百五十七人皆釋之。」

〔一〕諸州：原作「諸路」，據《長編》卷八三改。
〔二〕扑：原作「朴」，據《長編》卷八三改。
〔三〕「者」下原有「雖」字，據《長編》卷八三刪。
〔四〕付：原作「赴」，據《長編》卷八三改。
〔五〕嶺北：原作「嶺南」，據《長編》卷八五改。按前景德二年十月二十一日條云「廣南州軍近嶺者配嶺北」，則作「北」是。
〔六〕十九日：《長編》卷八五繫於本月七日甲申。
〔七〕本城：原作「牢城」，據《長編》卷八五改。
〔八〕民：原脱，據《長編》卷九〇補。
〔九〕知：原無，據《長編》卷九〇補。
〔一〇〕「班」下原有「殿」字，據《長編》卷九一刪。

閏四月十九日，詔：「諸州該四月二十七日赦文，劫盜至死降徒流〔一〕，傷人者刺配沙門島，内廣南路配瓊、崖、儋、萬安州〔二〕，益、梓路配商、虢、均、金、襄、鄧等州，利、夔路配荆湖南路州軍，9並隸牢城；不傷人者，刺面配千里外牢城。罪不至流〔三〕，並刺面配本州牢城。」先是，赦書强劫盜不殺人者悉奏裁，濱(隸)〔棣〕巡檢趙繼昌言：「如此等人，朝廷若配本州，慮不悛革。」故條約之。

九月十八日，詔：「配沙門島人，仰(遂)〔逐〕州選吏部送，差兵防護，州府遞相交割。」舊有此條，是年泗州亡失配沙門島軍士，故申明之。

二十八日，起居舍人呂夷簡言：「按《編勑》，配罪人父母妻子不欲同行者，亦聽。其有并一房家累部送赴闕者，未有著令，極有老幼馳走，以至夭殁。望自今當配送者，長吏召問，如不願同行者聽。若不至强梁者，止決配近州；情重與鄉里爲患、不可留者，部送京師。」奏可。

三年二月五日，詔：「沙門寨監押不得挾私事非理殺配流人，委提點五島使臣常察舉之，違者具事以聞，重寘其罪。」先是，著作佐郎高清、襄州文學焦邕皆以罪配隸〔四〕，監押董遇因事殺之。至是，清長子伐登聞鼓上言遇責賂不足，誣以構叛。詔詰遇，而清既死，無以證辯，故有是命。

八月九日，詔：「自今京城内犯盜賊人合刺配忠靖者，並配外州軍牢城。其人力偷盜并京城外竊盜贓數合刺配武肅、武和者，分配京東西、淮南州軍。」先是，開封府言：「承前竊盜等第決配忠靖六軍，慮於輦轂聚集稍多，望分配外州牢(臣)〔城〕。」寇準請止配京東西、淮南州軍，(仍)〔乃〕下是詔。

十八日，詔：「謀殺、故殺、劫殺人罪至死，用今月三日赦原者，諸州並依强劫10賊例刺配本城〔五〕，情重不可宥者部送京師，自今用爲定式。」

十月十四日，中書門下言：「準詔，犯銅鍮石、私酒麴，並免極刑。今參詳，罪至死者，請令所在杖脊黥面，配五百里外牢城。」從之。

四年六月十六日，益州路安撫呂夷簡言：「淳化五年，西川有從草寇刺面充應運雄軍百姓，請擇罪重者分配潼關以東州府牢城。」從之。

十二月，知開封府呂夷簡言：「請今後應賊人竊盜、持杖，穿牆五貫以上，强盜滿三貫及持杖罪不至死者，更不部送赴闕，只委逐處依法決脊杖二十。内身首强壯者刺配五百里外牢城，兇惡難恕者刺配千里外遠惡州軍牢城。若老小疾病久遠，不堪充軍役者，依法施行。」事下法寺，既而言

〔一〕徒：原作「從」，據《長編》卷九一改。
〔二〕安：原脱。按瓊、崖、儋、萬安州均在今海南省，萬州則在今重慶市萬縣，于理不合，今補「安」字。《長編》亦脱此字。
〔三〕流：原作「死」，據《長編》卷九一改。
〔四〕焦：原作「蕉」，據《長編》卷九三改。
〔五〕刺：原無，據《長編》卷九四補。

舊條皆押赴闕，今請如夷簡所奏。詔可，仍候斷訖刺「指揮」二字，取轉運使指揮移配。

乾興元年七月，永興軍言，民王延福累犯巨蠹，已刺面杖配蔡州牢城。詔今後不得直行刺配，如有此類，依決訖收禁奏裁。

仁宗天聖元年七月，侍衛步軍司〔言〕：「開封府勘斷不刺面配忠靖徒役人，本司只是令本指揮收管，日支口食，差節級監赴八作司徒役，至夜歸營。欲乞今後直送八作司轄下司分收管。」從之。

閏九月十一日，陳州言：「近宛丘縣盜牛賊人決訖收禁，申取轉運司移配。禁繫四十餘日，方得牒配舒州牢城。伏緣當州去轉運司地里不遠，尚爾稽緩，竊慮諸道似此，轉有淹延。欲望自今只委 11 知州、通判等依法決訖，酌情輕重，刺面配五百里或千里外牢城。」奏可。

二十一日，詔：「南北作坊見管配到諸軍家口充鍼工，并裁造院先召到女工，並放逐便〔一〕，今後更不配充鍼工。如有犯此刑名者，依斷訖配窑務及致遠務無家累兵士。」

二年二月，開封府言：「應斷訖賊情重兇惡者，乞字樣稍大〔二〕，仍於兩面分刺，所貴與招募之人稍異，難爲逃走，燒炙塗藥。」詔如委實兇惡巨蠹，只一面刺稍大字樣。

四月，開封府言：「準近詔，應過犯軍士合移配者，並配鄭州賈谷山採造務。今得車營務狀，本務軍士故要配採造，以故多有叫反，以冀移配。請自今後軍人合移配者，依原舊條外，應不喫酒叫反及叫萬歲，並刺配商州坑冶務。」奏可。

八月，開封府言：「醋庫刺面曹司徐政坐逃走，該赦捕獲，按格條即無諸軍刺面、不刺面曹司逃走捉獲之文，今欲依厢軍逃走三年已上，不曾取却字號，杖一百，刺配千里外牢城。自今應諸軍、諸司庫務刺面曹司不以有無料錢逃走，並依厢軍條。其不刺面曹司亦乞明降條制。」事下法寺，請不刺面曹司不以有無料錢，如逃走三年内捉到者，第一次杖七十，首身杖六十。再犯捉獲、首身，並於逐次上遞加一等，仍舊收管。至第三次及逃走三年已上，決訖刺配五百里外州軍。近軍分首身決訖仍舊，皆以赦後爲坐。奏可。

三年四月，詔：「如聞開封府軍巡院見禁罪人内，有已 12 決配遞外州及側近州府轉送者，動經旬日，尚未監送往彼，暑月虛有淹延。自今並須晝時〔時〕差人監送所配去處，病患差人醫治，損日押出。如更淹滯，並當嚴斷。」

七月，詔：「自今馬遞鋪軍士受贓、窩盤劫賊、供食、指導、偵探巡捕者，所在具事狀聞奏，當遠配。」時岢嵐軍郵鋪軍士有爲賊嚮導者，配沙門島，逢恩不放，因有是命。

〔一〕便：原脱。按《長編》卷一〇一引此詔作「并放從便」，是「逐」字下當有「便」字，今補。
〔二〕「乞」下疑脱「刺面」二字。

八月，臣僚言：「諸州斷强賊，決配遠惡州軍或沙門島，多在路走透。蓋部送之人不切監防，請行條約。」事下樞密院，勘會天聖元年十二月宣，監防遞配强劫賊，須選有行止衙校前去。若受錢縱去，重行斷遣。又按《編勑》，配送罪人須分明置曆管係，候到配處，畫時具交割月日回報元配之處。若經時未報，即移文根問。若在路走失者，隨處根逐元監送人緊行捕捉。遂詔申明前制，仰逐處據所配罪人約度地里、日數，移文會問，每年終具數聞奏。轉運使每半年一次舉行指揮，常切關防，不得曠慢。

十月，開封府言：「百姓陳文政及妻阿宗坐誘虎翼兵士妻傭雇得錢，法當徒二年半。夫妻皆雙瞽，應原。文政恃瞽爲惡，乞送外州編管。自今有恃老疾不任決，故作過犯，情難恕者，勘罪取旨，送外州編管。」奏可。

十一月二日，給事中王隨言：「諸州罪人合該配遞，不送赴闕，直行斷遣者，或有憎愛組織，便行配移，或并妻男女之荒遠，鮮有生還，慮傷至和。望自今令長（史）〔吏〕已下依公勘鞫，13 集廳録問，依法施行訖録案，坐條具所配地里，上刑部詳覆。」奏可。既而開封府言：「京府準條配罪名件不少，與外州不同，兼於次日具罪由、刑名、配處報糾察司訖，今如隨所奏，更下詳覆，枉費行遣，虛負曠慢，欲具依自來條例。」從之。

二十日，車營務言：「扶駕軍士元額多闕，緣係重役，無人招募。欲望今後雜犯罪人合配南山、賈谷山採造務者，並配本務。」奏可。

四年正月二十二日，知益州薛田言〔一〕：「先準詔，西川犯罪配牢城人如遇赦〔二〕，委寔老病不任征役者放停，許於所配州軍居住，不放歸鄉。今得邛州狀，有係宰牛配軍之人，即非老疾，未敢放停，奏取旨。」帝曰：「遠方細民犯罪，雖不至重，遇赦歸農，亦是寬恩。然日意欲羈縻，又非欽恤之旨。」

二月，開封府言：「檢會條貫，凡作賊三犯徒，軍人不喫酒叫反，喫酒再犯，因與人相爭忿叫萬歲，舊例決訖並刺配商州坑冶務及配西京南山、鄭州賈谷山採造務。近準詔，並權住配。自今有合配罪人，乞指定去處。」詔合配坑冶務罪人並配廣南遠處牢城。

八月，開封府言：「東窑務軍士儲慶等各不飲酒呼萬歲，準格當配廣南。本務工役最重，又江浙人務求決配家鄉，規免重役。望自今犯者依法杖訖，却送本務，再犯刺配沙門島。」奏可。

九月，殿前司言：「秦州勘斷駐泊渤海軍士郝斌，杖配白州牢城，州牒發遣妻子付本夫，尋轉遞往彼。續準本處牒，所配軍不到，根 14 究稱在道病死。欲乞自今犯事配軍，委逐處相度，如所配處路從京師，不至迂遠，即令押就

〔一〕知：原無，據《長編》卷一〇四補。
〔二〕西川：《長編》卷一〇四作「兩川」。

本營，搬取妻男。路遠即問本人，如要妻男，即發遣前去，不要即放逐便。」詔從之。其妻男同往者仍據數給沿路口食。

十月二十六日，户部副使王博文言：「陝西沿邊蕃族捕送逃軍，頗有因差勾當或遠探伏路，伐木採柴，偶逢蕃賊，拒敵不下，被虜掠前去。蕃部利於賞給，經涉年月，返捕送官。有司勘鞫，但招背漢投蕃之罪，依條處死。請降赦，邊臣不令下司。自今如有蕃部捕到兵士，根勘但如此類，稍有憑據、情理分明者，特與貸命，減死一等，決配遠惡州軍牢城。」詔：「自今但不是故投蕃部，詳酌稍有證據，根勘分明者，特與貸命，決配外州牢城訖奏。情至輕者奏裁。」

十二月，詔：「今後應在京工巧匠人等犯罪該配流者，具事奏裁。」

五年正月十七日，中書門下言：「累據諸處勘到衙前軍人部送配軍在路逃竄，望下諸路，今後應配送罪人内有强惡罪，並須牢固監防，不管走失，仍先具元犯因依移文所配州軍。」從之。

八月六日，詔：「諸路州軍刺犯罪人，仰點檢隨行物色，具數牒交付防送公人管押前去，沿路罪人使用，置曆支給。」

九月八日，汀州言：「兵帳見管雜犯配軍三百五十九人，並是景跡賊盗之輩，人數稍多，望權住配。」奏可。凡諸州有奏配軍多，皆如此例。

十九日，臣僚言：「嶺外雜犯配軍至多，皆兇（疆）〔彊〕
15 頑狡，積惡難改，聚之遠方，黨扇非便。如所犯切害，合配遠惡處外，自餘請稍減去，以安遠方。如江淮篙工、水手使過水脚錢之類，但於嶺北重役，皆可移配。望除元條明言配嶺南外，今後毋得擅配往彼，合移配者止於嶺北量地里、有役處，情理切害、須配遠惡以誡衆者奏裁。」從之。

六年正月，勾當汴口康德輿言：「沿汴河清軍士盗伐榆柳，自來杖配西京開山指揮，緣比（便）〔汴〕河功役（憂）〔優〕輕，故要移配，欲望自今後止配汴口廣濟指揮。」奏可。

五月二十三日，京東轉運使蕭貫言：「乞今後流配軍人如有盤纏錢物，於長牒内具數，交與管押之人。如罪人要用，即於牒内批鑿給付，庶免侵盗，以安流竄。」奏可。

七月二十二日〔一〕，開封府言：「今後京城内偷盗牛馬驢騾宰殺，爲首者並刺配廣南本城。又府司每勘該赦（疆）〔强〕刼賊並配武肅、武和指揮，人數已多，今後應罪人配上件軍者，散配遠處本城。」並從之。

八月，知永興軍姜遵言：「關中之民性多剛愎，鮮勤耕鑿。村落之間，貧者恃强攘竊，敗獲止是決杖縱去，兇頑不畏刑責。請應陝西捉獲强盗賊贓及一貫已上，永配牢城，

〔一〕按，以下四條原在本門之末，即刑法四之六八，單作一頁。蓋徐松手下書吏漏抄，故補抄於另頁。今據葉渭清批語移補於此（嘉業堂本已移）。

一貫已下再犯及竊盜，不計赦前後，但經三犯，並配軍。庶令悛改，肅清關輔。」奏可。

七年正月二十四日，屯田郎中崔立言：「《編勅》：應配遞罪人有父母妻子不願隨者，亦聽。本處多不審問，一例起遣，經過州府又不接狀，老幼流離，多至損失。望勅諸道，所過州郡子細取問，不願隨者逐旋放還。」從之。

閏二月一日，荆湖南路轉運使言：「諸州雜犯配軍，比來多轉送全、邵、郴、道州，皆無重役。本路惟潭州水運牽挽，又造船、冶鐵工役尤衆，望傳諭諸州，自今應配當路者悉送潭州。」奏可。

三月二日，開封府言：「準詔，軍人作賊不以廂、禁軍，逃亡捉獲、曾持杖、⿰⿱穴貝刂牆罪皆至流者〔一〕，並決訖配千里外牢城，犯徒者配五百里外牢城。即不言刺面與否。欲請該上條移配者，悉刺面。」奏可。

五月，文思使、知邕州曹克明言：「近日諸路以雜犯軍人配當州本城、牢城者甚多，並是累犯兇惡，與民爲害。當州地連交阯，竊恐別結徒黨，難以鈐束，望自今後住配罪人往邕、欽、廉州。」奏可。

六月，隰州防禦使何俊言：「昨知慶州，竊見京城近上禁軍因過犯配環慶牢城者，多是少壯武藝之人，或有不改前非，投入蕃部，教習武藝，勾引結集，望自今住配。」奏可。

七月四日，知滑州李若谷言〔二〕：「河清軍士盜伐（提）〔堤〕埽榆16柳，準條凡盜及賣、知情者，贓不滿千錢以違制失論，軍士刺配西京開山軍，諸色人決訖縱之；千錢已上繫獄裁如持杖鬥敵，以持杖竊盜論。臣所部州多此輩，蓋堤埽重役，故圖徒配。欲望自今河清軍士盜不滿千錢者，決訖仍舊充役；千錢以上及三犯者，決訖刺配廣南遠惡州牢城；諸色人準舊條施行。」事下法寺，請如所奏，凡京東西、河北、淮南瀕河之所，悉如滑州例。從之。

八年四月，法寺言：「請今後陝西犯青鹽罪至加役流者決訖，内少壯堪披帶者配蕃落指揮，給與請受。自來販青鹽經徒罪願充軍者，委自長吏選少壯堪披帶者，亦配蕃落。」事下涇原、環慶、鄜延路相度。既而諸路言：「蕃〔落〕指揮係禁軍招填，皆選人材弓力有勇猛者。今犯鹽百姓皆游惰之輩，既加徒罪，豈惜行止，不惟紊瀆軍法，兼慮間變蕃情。欲乞自今罪至加役流決訖，取少壯堪披帶配近裏州軍牢城；犯鹽經徒之人願投軍者，亦不收充蕃落。」奏可。

八月七日，詔：「如聞犯罪配流廣南、福建、荆湖，有帶妻子者，本身道死，妻子無託。自今願回鄉里者，逐處遞送還鄉，仍給口券。如本犯罪於律妻子不合還鄉者，自如律。」

九年二月二十二日，詔曰：「朕以禋燔潔祀，雷雨推

〔一〕⿰⿱穴貝刂：原作「⿰⿱罒貝刂」，據文意與字形改。《漢語大字典》：⿰⿱穴貝刂，又作「⿰貟刂」，音貢，用頭鑽入。關漢卿《調風月》：「我便是⿰貟刂牆賊，蝎螫㗩聲。」今西南一些地區的方言仍稱以頭鑽入爲「⿰貟刂」。

〔二〕李若谷：原作「季若谷」，據《長編》卷一〇九改。

恩，念兹配隸之人，特示矜寬之典。或許歸田里，或移近鄉園，用推在宥之仁，咸啓自新之路。惟彼均輸之寄，逮於牧守之權，宜盡詳明，庶符委屬。宜令廣南東西、荆[17]湖南北、江南東西、淮南、兩浙、京東、京西路轉運使副親往本路諸州軍監，取赦前見管雜犯、刺面不刺面配軍，與逐州長吏、兵官同共取索配犯因依，勘會配到後有無違犯，看詳揀選，就近體量移配。其廣東西、荆湖南北、福建並移江浙州軍，江南、兩浙並移配淮南州軍，淮南並移京東，京西亦與量移側近州軍牢城及本城無料錢軍分。元不刺面人不得刺面，亦依此移配。元係廣南、荆湖、福建配江北州軍，即量移往近南州軍，不得移過嶺南及大江。仍相度大小州軍合銷人數均配。其年老病患者，看驗委寔不堪醫治充役，即給公憑放停，遞歸本貫州縣知在，係帳編管。元奉（宜）〔宣〕敕永不放停，及情理巨蠹，累行惡跡，攪擾州縣，豪彊欺壓良善，恐嚇錢物，并借詞論訴不忤己事，僞造符印，或持杖驚劫，傷殺人命，及不受尊長教訓、父母陳首人等，不得移配，亦不得以老患爲名放停。其餘雜犯人中少壯堪披帶者，即押赴闕，送軍頭司揀選，分配諸軍安排。如不願量移及赴闕者，亦聽從便，仍具分析聞奏，當量遷改軍分。不得將赦後配及經赦已量移人一例揀選。自來選遷至威邊騎射及本城有料錢人，相度本處合銷執役數外，分配於事務多處州軍一般軍分諸雜差使。候了日，具析都數開坐，驛置以聞。」

閏十月八日，三司鹽鐵判官蕭律上言：「廣州每歲押雜犯罪人配嶺北、福建者，其數甚衆，皆[18]不計赦前後，但杖罪三次，悉不黥面徒配，又不給日食，所過縻以鐵索，求丐口糧。苦痛如此，有惻行路。竊以遠方之民魚鹽自給，縱犯笞杖，未爲巨蠹，本因一時奏請，累經赦宥，未滌宿負。望除此勑，以惠遐陬。」詔：「自今犯徒并赦前二次、犯杖赦後五次者，委本州審度情理，移配嶺北州軍，或止羈管。」

十年六月十二日，詔：「自今鄉書手移減税務，雖決杖，亦黥面配五百里外本城。犯徒奏裁。」

二十七日，右諫議大夫趙賀請自今配罪姦惡之人，本房老小若病不願行，亦聽從便。奏可。

七月三日，益州路鈐轄司言：「西川決配充軍之人奏乞停者，自今望下本路閲元犯，保委聞奏，免縱兇惡還鄉，復爲搔擾。」從之。

十月十六日，侍御史李紘上言：「前領陝西轉運，沿邊有老病軍士，多是川峽配到，蹇瘦甚多。蓋元配一房，日食不足，深可憫傷。望自今川峽配軍牢城之人，如女年十五以上已定婚，及子婦不欲從，乞放逐便。」從之。

明道二年五月十四日，詔：「劫盜在今年二月丁酉及三月庚寅赦書以前，合刺面隸五百里外州者，有司不須具奏，並按赦文施行。劫盜傷人，仍隸千里外。疎決以前諸罪人，追逮未至，須至具欵，準疎決施行。若疑獄及死罪者，聽奏取指揮。宣籍逃亡能自歸若獲者，更不刺面，許還舊籍。」

十一月三日，龍圖閣直學士狄棐言：「廣州雜犯罪人五犯杖罪，不以赦前赦後，決訖配嶺北州[19]軍本城。近改更赦後五犯，方行刺配。欲乞並依元勅。」詔五犯杖罪，赦前者送鄰州編管，赦後者即依前降指揮施行。

景祐元年三月十八日，京東轉運使張存言：「點檢兖、沂、萊、密四州見管配役三百餘人，乞今後竊盜犯流人權免配役。」詔：「見配役人並放還歸農，今後如有情理輕者，特免配役，候豐稔日依舊。」

四月二十九日，中書門下言：「諸路州軍明道二年三月赦前配軍人，除十惡、殺人放火、父母陳首及元是軍人作過配到者依舊外，自餘雜犯配軍人並放逐便。」

五月二日，中書門下言：「檢會編敕，應配軍該恩放逐便，後有恃憑兇惡，不務農桑，盜竊資財，恐嚇民户，罪不致死者，並決訖刺配牢城。」詔應合該放停人以此告示，仍責誡勵文狀。

二十二日，提點京東路刑獄崔有方言：「應災傷州軍捉獲强劫賊人，有因飢困與家人共犯，俱合重斷者，乞數內勘會一名元不是行兇惡、情理輕者決放。」詔從之。仍決徒刺配本州牢城，候豐稔日依舊。

三年七月五日，詔：「諸道新犯罪人內準宣勅合配沙門島者，今後止刺面配廣南遠惡〔州〕軍牢城。如南人即配嶺北。」

九月二十三日，國子博士盧南金言：「今後沙門島罪人日支口食一升，不得妄以病患別致殺害，及本寨船栰當切有管。」詔殺害人命，船栰嚴加鈐轄，餘不行。

康定元年〔七〕〔八〕月六日〔一〕，中書門下言：「開封府、京東西、河北、淮南應罪人合配千[20]里、五百里外牢城者，請並配永興軍。仍令本軍自今取爲盜貸命并雜犯罪人，候及三二百人，團作指揮，以威捷爲額，選軍校教閱，分隸逐路。如遇戰鬥，令于陣前驅使，果能用命立功，保明聞奏，當議酬奬。內貸命劫賊人本以情理可憫及有疑慮貸命者，若至配所更作過犯，罪法至徒，情理兇惡者，處斬訖奏；其餘非貸命配到者，如有過犯，加常法一等斷遣。」詔可。

十月二十三日，權知開封府吳遵路言：「乞今後京城內偷盜犯贓錢十貫以上，並配永興軍或二千里外牢城。」詔京城內偷盜贓錢十貫已上，年五十已下，無病，並決配永興軍牢城；年五十已上，並決配二千里外牢城。

二十五日，詔：「應諸處捉到彊劫賊人，並依法施行，不得解赴開封府乞降朝旨，却納中書。其合配五百里、千里外牢城者，刺配永興軍牢城。」

二年八月三日，知儀州、禮賓副使曹僖言：「應開櫃坊停留軍伍樗博之人，乞依法決訖刺配清邊弩手。」從之。

〔一〕八月：原作「七月」。按，《長編》卷一二八、《玉海》卷一三九此事皆在八月五日，據改月分。此作「六日」，蓋詔下之日。

慶曆元年八月二十日〔一〕，詔：「沿邊弓箭手於近裏州軍別置産業以避役者，決配近南州軍本城。」

二年三月十六日，詔軍頭司擇沙門島放還罪人之伉健者，隸近京歸遠、壯勇指揮。

五月十八日，陝西轉運使下咸言：「所部民有累犯罪而其理兇悍者，請籍其姓名，毋令出外。」從之。

十一月十八日，詔：「罪人累犯爲盜及諸兇惡，依法決訖，並黥面徙，以逐州遠近差次籍爲21役兵。」

三年五月十一日，詔：「諸路配役人在疎決以前者，並釋之。」

七月十六日，詔：「諸路犯罪人自今不得配隸河北沿邊州軍〔二〕。」

二十五日，詔廣南轉運司：「諸配軍有累犯情涉兇惡者，許便宜處斬以聞。」

四年四月二日，詔廣南東西、荆湖南北路轉運司、提刑司：「比者(郡)〔群〕盜結集，未盡捕滅，其體量逐路配軍及編管人内，有兇惡不可存者，徙配近裏州軍。仍令諸路罪人權住配往四路。」

三日，詔：「自今諸處合移配罪人，除不配往川界及沿邊州軍外，餘據地里遠近均配逐處，各置簿拘管，不得只配以南州軍。轉運、提刑司常切體量，如配到人多，即具申奏，移於一般軍分地里罪人少處。」

七月十六日，法寺言：「自今差出屯駐、駐泊禁軍，妻口在營及諸處犯姦，各加姦罪二等，軍人改配鄰州一般軍分下名收管，父兄子弟並刺面。諸色人不刺面，配鄰州本城。」從之。

八月七日，詔：「在京犯罪配隸外州軍者，不得因差役上京，在京諸司亦不得指名抽差。」時内東門吏犯贓配黄州，其親戚多内臣，求駕綱上京，而南作坊射爲甲匠。權三司度支判官李參奏，以謂恐毋以懲姦，故禁止之。

五年十一月十二日，審刑院、大理寺言：「參詳，乞諸處不刺面配本城、牢城人願從軍者，當職看驗，如人材少壯，別無疾病，與刺面充之下廂軍，不支例物。如充軍後不犯徒罪，依條遷補，官司不得抑勒充軍。」從之。

六(月)〔年〕七月22七日，詔：「如聞州郡民若犯輕罪而多行刺配他處，使其有離去鄉里之歎，朕甚憫之。自今非嘗受朝廷指揮，毋得擅於法外施行。」

八年十月九日，上封者言：「決配親從、親事官、輦官，請不得占留當直及令上京，雖有該揀，不得放停。」從之。

皇祐二年十(一)〔二〕月六日〔三〕，詔知制誥曾公亮、李絢看詳諸州軍編配罪人元犯情理輕重以聞。自今每降赦後，即命官看詳如例。

〔一〕按，此實爲康定二年，至十一月始改爲慶曆元年。
〔二〕路：原脱，據《長編》卷一四二補。
〔三〕十二月：原作「十一月」，據《長編》卷一六九改。

十五日，審刑院、大理寺言：「荆湖南路安撫司奏：『近爲潭州不住準逐處推院公文，追呼鄉縣干證，人數頗衆，有妨農業。望自今勘斷公事内有累作過犯之人，並令官司根檢元犯逐度公案照驗入案。若委是毀失公案，檢尋不得，即暫勾元犯罪時干連之人，取責證據，的確不虛，亦許累爲度數，如依應得上項《編勑》，即行刺配。如檢尋元犯公案不得，又無從初干連人照證，即不入連累之數。仍令轉運、提刑常切覺察點檢。如又違犯，其官司從違制分故失定罪〔一〕。所有(有)軍民、公人犯罪，内有情理兇惡，條法不該刺配，不可存留在彼，即依慶曆六年七月七日朝旨奏裁。所貴別無枉失，追擾平民，有妨農務。』寺司參詳，其累犯該配人已有前項《編勑》外，有似此經隔年歲，其間或與州縣官吏通同作弊，偷毀公案，後却經官司論理，稱刺配不當，蓋是未有釐革條貫，以致引惹詞訟。欲乞應累作過犯罪人依條刺配後，却稱元初刺配不當者，限一[23]年内許經逐處理訴。如在一年限外，官司不得受理。」從之。

三年十月十三日，翰林學士曾公亮言：「昨奉勑，以明堂赦後看詳諸道編管配軍人罪犯輕重，逐時具狀貼黃奏訖。伏思自前南郊赦令，雖與今一體，及其奏到罪人犯狀，久不蒙移放。不惟赦令失信，其間甚有州軍妄行編配，遂致一二十年羈囚至死，傷害和氣，衆所共聞。欲乞特降恩旨，今後依此，永爲著例。兼詳益、梓、利、夔四路地里至遠，凡取索干證文字，經年未得齊足。況此四路各有鈐轄司，欲乞今後益、梓、利、夔四路編管配軍人，如經大赦，只就本路轉運、鈐轄司同共看詳，據犯狀輕重量移釋放。」詔依奏。其益、梓、利、夔路編配人内情理重及干礙條貫者奏裁。

五年十月二十七日，臣僚上言：「切見諸州軍犯罪人送逐處編管，若非不肖之流，即是無圖之輩，不自知非，恐生異意。欲乞今後有編管人，逐州軍及十人以上，即送鄰近州軍編管，仍不許在極邊之處，切慮誘衆糾集作過。」詔今後編管人更不配沿邊州軍。

十一月四日，(詔)南郊赦：「應東西兩川配出川界之人永不放還鄉里者，其間有情輕偶被詿誤之人，宜令所在件析以聞。」

十二月二十一日，詔：「川峽人刺配爲内地軍者，遇揀停毋得放歸，其令關津常譏察之。」

至和二年七月二十日，詔：「蕃部犯青白鹽坐法當死者，自今並配沙門島；若群黨爲民害者，聽奏裁。」

嘉祐三[24]年十二月六日，京東轉運使王舉元言：「登州沙門島每年約收罪人二三百人，並無衣糧，只在島户八十餘家傭作，若不逐旋去除，即島户難爲贍養。蓋諸州軍不體認條法，將罪人一例刺面配海島，内亦有情不深重者。

〔一〕失：原作左旁「古」，據文意當作「失」。「故失」者，故意、過失也。《長編》卷三七四：「官吏並科違制分故失定斷。」

如計每年配到三百人，十年約有三千人，内除一分死亡，合有二千人見管，今只及一百八十〔人〕，足見其弊。蓋無衣糧，須至去除，有足傷憫。望嚴戒諸路州軍，除依《編勑》合配海島外，餘罪不得配往。登州年終具收配到沙門島罪人元犯因依〔一〕，開項申奏，委刑部點檢，如不合該刺配往彼者，具事由以聞。」從之。

五年三月二十五日，詔登州改配沙門寨罪人三十二人於諸州牢城〔二〕。

七年九月七日，明堂赦：「陝西路北犯青白鹽配逐處充軍者〔三〕，如經一赦，並押送本路安撫司，以人材壯健者改配原住州軍蕃落或保捷指揮，小弱者止隸本城。經今赦者，且與量移。編管人年七十已上或篤疾者，不以赦數，並放（遂）〔逐〕便。在京雜犯配軍隸步軍司者，自來不得量移揀放，今並與量移揀放。」

八年五月十三日，詔：「赦前雜犯編管人，除情理兇惡并吏受贓徒以上，川峽人編管在銅錢地分，依嘉祐七年十月十八日指揮不移放外，命官、使臣即具元犯以聞，餘量重輕及赦數移放。」

十月二十八日，詔：「明堂赦後特行編管人，經即位赦未放者，諸路轉運司指揮諸州軍，具元犯以聞。」

治平四年六月二25十五日，神宗即位未改元。登州并沙門寨監押李慶奏，依赦分析罪人二百七人。詔特取三十二人，仍選使臣二人管押赴闕，交付軍頭司，刺面分配淮南路牢城。內一名遇赦不還，改配荆湖南路牢城。餘係所犯情重及在彼未久，並仍舊。

神宗熙寧三年正月二十四日，審刑院、大理寺斷通州百姓仇承廣等九人持杖（疆）〔彊〕劫，贓滿合處死，特貸命，決脊杖二十，刺面配廣南東西路逐州牢城。御批：「可分析移配，仍今後應持杖强盜群隊賊人，不要全火置在一路州軍。」於是承廣等分配廣南、陝西、河北諸州軍。

三月四日，詔：「今後彊劫賊合該刺配廣南者，如同火五人以上，不得同配一路州軍，並須分擘，兼配河北、河東、陝西邊遠州軍。如係河北等三路賊人，即分配廣南、福建州軍。」

六月二十六日，詔諸路提刑司勘會逐州軍經略、安撫、鈐轄司特刺配充軍人元犯因依聞奏〔四〕。

十一月十六日，詔：「諸路編管人，令提刑司於逐州軍選官，與當職官吏看詳元犯，檢坐條貫詳定，委是州郡法外編管，即放逐便訖，具事理聞奏。雖於法不合編管，情理重害者，奏請朝旨。」

二十六日，京東轉運司言：「準詔揀選雜犯配軍，鄆州揀中兵（事）〔士〕內朱信等三人元係親從官配到，未敢一例

〔一〕州：原脱，據《長編》卷一八八補。
〔二〕改：原脱，據《長編》卷一九一補。
〔三〕北：疑有誤。
〔四〕特：原作「將」，據《長編》卷二一二改。

送陝西宣撫司。」樞密院言：「欲令勘會，如不是慶曆八年殿內作過，即依例招填。」上批〔一〕：「龍猛、龍騎蓋是在京禁旅，於理不便，今止選於極26邊効用。雖是慶曆八年雜犯詿誤人亦不妨，可並令一例揀選。」

四年四月十二日，詔：「慶州叛軍已就戮，其同居骨肉配充奴婢，及年二十以上刺配京西牢城者，令永興軍路安撫司勘會，內有服紀於法不該緣坐者，即放令逐便。內充軍者仍給與公據。所有元係軍人配往湖北牢城者，即（令）〔令〕依舊收管，更不改配。」

五年閏七月二十一日，知審刑院崔台符言：「看詳沙門島量移罪人，（令）〔今〕先次編排到熙寧元年以前罪人趙能等共九十三人，情理輕者分作兩等。」詔趙能等四十四人並量移過海，相度情理輕重，分配逐路牢城。姚素等依舊收管。先是，知登州李師中言島之流人多，戍兵少，不便，請減徙故也。

六年六月四日，樞密〔院〕言〔二〕：「登州沙門寨罪人請以（以）二百〔人〕爲額，額外有二百一人，若移配過海，恐非禁姦之意。〔乞〕自今配沙門島罪〔人〕並配瓊、崖、儋、萬〔安〕州牢城，其見在人依例隨赦量移。」詔以三百人爲額。

七月十八日，知登州李師中言：「近累奏乞移沙門島罪人，今來者未已，不惟事繫防虞，兼罪人已無處存泊，更添戍兵，亦無着處。今後許本州月具沙門島罪人姓名、鄉貫、犯由申樞密院，置簿抄録，更不下本州取索額外人數，但據簿量移。如此，則令出惟行，行之可久。」詔：「除朝旨刺配外，諸處因德音續配到人且於登州收禁，驛奏犯由以聞，仍增兵防守。餘從之。」

七年六月十八日，詔〔三〕：「諸班直并皇城27司親從官配隸諸路州軍充牢城、本城年五十以下，情理輕者，班直改配龍騎〔四〕，親從官配壯勇。仍令刑部立諸班直敘法。」先是，衛士以小罪或連坐降配者多，其居南方者尤不便風土，多死焉。自恃才武，窘於衣食，或亡爲盜賊，故命收卹。

十年正月二十九日，詔：「自淮以南州軍應合配罪人，並配廣源州。」

二月四日，中書門下言：「廣南東、西路權住配罪人，今事宜寧息，欲下逐路，復令如故。」從之。

十二月十一日，詔：「應配在衙前并刺面配本城、牢城編管、羈管人等，在京委三司、開封府、步軍司，諸路委轉運使副、判官、提點刑獄司，分詣轄下州軍，同當職官取索犯由看詳，依赦移放。」

元豐三年八月十四日，詔知成都府張詵覺察姦盜〔五〕，存撫人户，務令安靜。應犯罪情涉兇惡、法不至編配者，聽

〔一〕上批：原脱，據《長編》卷二一七補。
〔二〕《長編》卷二四五作「審刑院言」。
〔三〕詔：原作「籍」，據《長編》卷二五四改。
〔四〕「改」下原有「罷」字，據《長編》卷二五四刪。
〔五〕察：原脱，據《長編》卷三〇七補。

編配出川〔一〕，俟瀘州事平日如故。

九月二十二日，詔：「熙寧十年以前配沙門島罪人，具配到後有無過犯以聞。百姓移鄉十年，不（不）犯徒者，轉運司酌情輕者放逐便。」

五年七月三日，上因論刑，曰：「先王之制，肉刑蓋不可廢。夫人受形於天，以法壞之，故謂之肉刑。揚子曰：『肉刑之刑，刑也。』周穆王訓刑，大則五刑，次則五宥，又次則贖，凡十五等，輕重有倫。至漢文帝罷之。若革秦之弊，欲休養生民，則可矣；如格以先王之法，則不得爲無失。三代之時，民有疆井，分別圻域，彰善癉惡，人重遷徙，故以流爲重。後世之民遷【28】徙不常，而流不足治也，故用加役流；又未足懲也〔二〕，故有刺配；猶未足以待，故又有遠近之別。蓋先王教化明，習俗成，則肉刑不爲過也。」

十月二十三日，知蘭州李浩乞諸路雜犯罪刺配人，一、二千里者免決，充蘭州本城廂軍。從之。

六年二月二十五日，种諤言：「自今捕獲侵犯邊界西人，依朝旨施行外，若諸處探子捕獲非作過西界人〔三〕，並乞刺配荆湖或京西本城。」從之。

三月二十六日，上批：「早來擬奏配軍畫一法，内稱『刺充某指揮配軍』，恐於上軍稱呼有嫌，可諭修法官改云『某指揮雜役』。」時犯罪法應配流者，其罪輕得免配行，盡以隸禁軍營爲雜役。然禁卒素憚配法，嘗恥言之。上於人情至微，無不曲盡。

五月十二日，詔：「降配禁軍營雜役卒，在京可輪月刺配，先殿前司，次馬軍司，次步軍司，周而復始。」

閏六月二十三日，詔尚書刑部：「應移鄉人，情理輕者十年，稍重者二十年，遇赦檢舉，放令逐便。令刑部著爲令。」

八月七日，兩浙轉運司言：「犯盜徒五百里外州軍無放還法，乞比移鄉人例放。」從之。

八年九月四日，三省、樞密院言：「該配合從本府及軍馬司斷遣者，並依法配行。無軍名者，五百里以上並配牢城，鄰州、本州〔四〕，並配本城。强盜或三犯竊盜，因盜配軍後更犯罪，若謀殺并以刃故傷人，放火，强姦，或人力姦主已成〔五〕，造畜蠱毒，及教令人并傳習妖教，故沉有人居止舟船，拒捕，已上於【29】法合配者，并諸軍犯階級及逃亡應配千里以上，並依法配行。無軍額、五百里以上，配牢城；鄰州或本州，配本城；已係本城，配牢城；已係牢城，配重役。」從之。

十月八日，詔改新配法。初，神宗以流人離去鄉邑，或疾死於道，而護送禁卒失教習，有往來勞費，故倣古法，犯

〔一〕川：原作「州」，據《長編》卷三〇七改。
〔二〕懲：原作「徵」，據《長編》卷三二八改。
〔三〕探子：原作「捕子」，據《長編》卷三三三改。
〔四〕本州：原作「本府」，據《長編》卷三五九改。
〔五〕力：原作「刁」，據《長編》卷三五九改。

罪應流者加決刺，隨所在配處諸軍重役。至是中丞黃履有言，故令應配者悉配行〔一〕，並如舊法。

哲宗元祐元年六月十四日，詔：「雜役配軍，諸路州軍並配本州牢城，在京者元犯配廣南，分配東、西窑務，三千里者配車營務，二千里者分配廣固指揮。自今犯杖以上罪〔二〕，並依元犯配行。」

十二月二十一日，刑部言：「赦書節文，應赦書該載不盡事，所屬看詳，比類條析聞奏。看詳開封府界諸路，向來違犯常平法編配之人，比違犯重禄法事理尤輕。其經今赦，未合放逐便者，欲乞比類推行重禄法編配之人，並具元犯保明聞奏。」從之。

二年六月十七日，開封府言：「續降朝旨，河北、河東、陝西、京東西、淮南路，開封府界竊盜贓滿五百文以上，并强盗不該刺配，内杖罪免決，徒減從杖，並給招軍例物，刺填本處或鄰州厢軍。看詳在京犯盗一貫至徒，即無編管，六貫已合刺配。行此重法，尚無畏懼。欲請本府界有犯，更不行減免，並準法斷罪，給例物刺充厢軍。」詔開封府界竊盗贓滿一貫以上，并强盗不該刺配，從所請。

三年二月八日，三省言：30「配軍及逃亡軍人應部送者，遇寒月隨所斷州及所過州權留工役，給請受，至二月乃遣。」詔在京及諸路特展至三月。

二十一日，詔：「應刺面、不刺面配本城、牢城編管，經明堂赦恩不該放人，通今年德音已前年月已及格令，其緣坐編管、羈管人亦通及十年以上，聽依赦移放。」

四月二十一日，監察御史趙屼言：「《元豐勅》，重法地分劫盜者，妻子編管。《元祐新勅》一切削去，前此編管者宜不少，請令從便。」從之。

四年十月十九日，刑部言：「開封府奏：『元降權宜指揮，欲乞將竊盜至徒刺填一節先次住罷外〔三〕，其强盜不該刺配之人〔四〕，乞依舊存留，刺填厢軍。』欲依所奏。」從之。

六年八月十二日，詔：「京城内諸官司向來因推行重禄法，行賂並違犯常平法編配之人，並依元祐二年三月二十五日指揮移放。」

二十三日，滄州言：「按《元祐敕》，錢監及重役軍人合配者，除沙門島及遠惡處依本條外，餘並勒充本指揮下名，其不可存留者，即配別監及它處重役。則是係以廣南爲輕，重役爲重，遂不配行。今重法地分重役人多是累曾作賊〔五〕，却令徒伴會於一處〔六〕，易於復結爲盜。其告捕之人見其依舊只在本營或別重役處，相去不遠，懼其讎害，不敢告捕。欲乞於上條『沙門島』字下添入『廣南』二字。」從之。

〔一〕「令」下原有「改」字，據《長編》卷三五九删。
〔二〕杖以上：原作「杖以下」，據《長編》卷三七九改。
〔三〕次：原作「往」，據《長編》卷四三四改。
〔四〕該：原作「刻」，據《長編》卷四三四改。
〔五〕今：原作「令」，據《長編》卷四六四改。
〔六〕「却」原作「劫」，「伴」原作「半」，據《長編》卷四六四改。

閏八月十七日，大理寺言：「配軍並不許特行投換，在京已投換者，但犯杖已上罪，並依元犯里數配出。若自首并已31投換充作坊工匠而犯杖以上罪，非犯盜及餘犯非情重者，聽免。」從之。

十一月十九日，刑部言：「配沙門島人：强盜親下手，或已殺人放火，計贓及五十貫，因而强姦，親毆人折傷，兩犯至死，或累贓滿三百貫、贓滿二百貫以上，謀殺人造意或加功因而致死，十惡本罪至死，造畜蠱毒藥已殺人，不移配。强盜徒伴殺人，元不同謀，贓滿二百貫，遇赦移配廣南，溢額者即配遠惡處牢城。餘犯遇赦移配荆湖南北、福建路州軍，溢額者即配廣南牢城。沙門島人遇赦不該移配〔一〕，并遇赦不還，而年六十已上，在島五年，移配廣南牢城；在島十年，依餘犯格移配；篤疾或年七十，在島三年已上，移配近鄉州軍牢城。犯狀應移而老疾者同。其永不放還者，各加二年移配。」從之。

紹聖元年十一月十八日，刑部言：「廣西轉運司奏，海北罪人配過海南，人數稍多，别無功役。今立到朱崖等軍牢城額數。」從之。

元符元年十二月二十六日，詔：「應犯罪合配本州、鄰州，身手强壯而願免決配、填逐路軍者聽，輒抑勒者依故入人罪法。」

三年正月二十六日，徽宗即位未改元。沅州奏：「本州牢城宣元置一百人，役使不足，乞依辰州以三百人爲額。仍下諸路將罪人合配者，並與免決，刺送本州牢城。」兵、刑部請如本州所乞，從之。

九月十六日，陝西轉運司奏：「準刑部符：『都省送下保平(章)〔軍〕奏：勘會陝西州縣多盜賊，内有逃軍者，見今虢州賊徒，驚擾一方。皆緣諸路賊人免決配到，工役辛苦，因逃走，恣爲不法。伏乞指揮，天下應免決刺配陝西諸路罪人，内有元係犯强盜、情理稍重者并鑄錢之人，不32得配陝西州軍。』本部下逐路相度。本司相度，陝西申請委是允當，兼諸司亦相度得穩便，唯鄜延路要兩色人依舊刺配。」詔元符元年九月七日犯罪該配免決(次)〔刺〕配陝西、河東逐路廂軍指揮更不施行。元符元年九月七日指揮檢未獲。

徽宗崇寧三年三月十四日，尚書省言：「比年强盜累犯，習知案問，皆能巧法求免，或累十犯猶入生議。又配流者盡往東南諸路，歲無慮千計，至配所者則聚爲寇掠，中道亡命者復暴横鄉閭，爲良民害。今欲倣《周官・司圜》〔圜〕土之法，令諸州築圜土以居强盜貸死者，晝則役作，夜則拘之。視罪之輕重以爲久近之限，許出圜土日充軍，無過者縱釋之。」從之。

五年正月十九日，詔罷圜土。

大觀元年五月二十八日，通判河陽張竦言圜土之法，

〔一〕自「强盜徒伴」至此句原脱，據《長編》卷四六八補。自此句以下均專指沙門島人，脱去此段則文意不明。

乞檢會前後所修圜土成法，早賜頒降施行。」從之。

七月十五日，池州言：「勘會永豐監除見管兵匠及外州軍差來兵士六百九十五人外，見闕六十四人。勅黜鑄御筆『大觀通寶』小平錢，字精細，係背赤仄，合增添烏磨錢工共二十五萬三千工。今來所闕人工，雖已一面剗刷廂軍、和雇百姓，相兼烏磨錢寶，闕少人工數多。今相度，欲乞下諸路，將合配罪人除本犯罪至死貸命刺配并合配遠惡州及沙門島，并强盜殺人合該刺配人各依法(剩)〔刺〕配外，餘犯徒、杖合配之人，並乞免決，配填本州永豐監。如犯人年五十五以上及瘦[33]弱不堪工役之人，不許一例刺填。候額足日住配。」從之。江、饒、建(此)〔州〕並依此。

閏十月二十日，靖州奏：「本州只管牢城一指揮外，別無廂軍，委是差使不足，竊慮緩急闕人。乞添置宣節一指揮，以五百人爲額。依崇寧三年四月九日勅命指揮，下諸路州軍，除合配本州、鄰州及沙門島、廣南西路，并强盜及元犯情理兇惡人外，將(扶)〔持〕杖竊盜并其餘合配之人免決刺配本州宣節指揮，候人額足日住配。」從之。

十一月五日，詔：「訪聞配沙門島罪人已踰額數一倍，所配隸皆貸命强惡之人，防托之兵其數甚少，慮不足以制姦惡，可更增二百人。」

二年三月二十一日，都省劄子：「勘會圜土法，後來犯罪之人方合配入圜土，其已前已配牢城、本城重役等人自合依舊，更無改入圜土之法。切慮諸路不曉法意，誤將已配之人一例改配入圜土，合申明行下。」從之。

八月十九日，臣僚言：「切見黎賊自去秋結集作過，攻劫諸軍，殺害官吏，致煩朝廷遣官選將捕殺。體訪得海南諸州軍甚有逃背配軍走投黎界，緣海南配軍盡是所犯情理兇惡或免死配流之人，昨東西兩路進兵，逢賊戰鬥，率先迎敵多是大字配軍，滋長賊勢，邊防爲患。乞將應今後所犯情理兇惡合刺配海南之人，權且配海北水土惡弱州軍，候將來黎人馴熟，別降指揮施行。」從之。

九月十五日，中書省據廣南西路經畧司勾當公事闞沅劄[34]子，乞立法，凡有作過流竄之人入本路界，官司即時徧報本路監司，差人管押，置行程曆，批上所過。寔有疾病，即所至結罪保明，庶不敢違慢朝廷法令。仍乞立法，應編管海南人秖於循、梅、恩、新等處，自係惡弱之地，免致惡黨逃入黎峒，并常與黎人交通。詔編管海南人，依大觀二年八月十九日指揮編管海北水土惡弱州軍〔一〕，候將來黎人馴熟，別降指揮。餘依，仍令刑部立法。

四年三月二十七日，詔：「配圜土法並罷，已配圜土之人且依舊法，候銷盡日，其圜土即行去拆。」

政和二年二月十二日，尚書刑部侍郎馬防等奏：「契勘昨降指揮，應配沙門島人爲溢額權配廣南遠惡處，海南

〔一〕十九日：原作「十六日」，據上文「八月十九日」條及後文宣和三年「十二月二十九日」條改。

州權配海北。緣遠惡處内海南住配外，海北新、循等九州前後配過人數不少，深恐未便。乞除合配沙門島并海南人依已降朝旨配海北遠惡處外，將其餘應配遠惡處人權配廣南諸州軍。將來沙門島并海南人配行，即（依）並依舊。」從之。

三年正月二十一日，靖州奏：「本州運糧兩指揮各五百人爲額，見管一百餘人。所闕人兵，欲乞於大觀元年閏十月二十一日指揮，諸路州軍除合配本州、鄰州及沙門島、廣南東西路并强盜及元犯情理兇惡人外，其餘合配之人免決，刺配靖州運糧兩指揮，候額足申乞住罷。」從之。

二月二十五日，永興軍等路提刑司申：「商、虢兩州界多係山林，素來逃軍盜賊聚集作過去處，乞[35]今後應强盜人更不配填商、虢州外，將其餘合配之人配填施行。」從之。

閏四月五日，權提轄措置陝西路坑冶蔣彝奏：「昨來本路錢監招刺人匠未足，間係諸處降配到罪人充諸監人數。後因減廢錢監，並行住罷。今來乞仍舊下刑部，遍下諸路合配二千里以上、本路千里以上牢城情重人，並乞轉押付本司分擘刺填入監，候將來人匠足日住罷。」並從之。

四年八月十三日，工部奏：「定國軍狀：契勘韓城縣東、西兩錢監人匠見闕，乞下諸路州軍，除犯强盜及合配廣南遠惡、沙門島并殺人放火兇惡之人外，將其餘犯流、徒合配之人，並乞免決，先刺同州韓城縣錢監等，候額足住配。」刑部欲依行下諸路，仍於刺「錢監」字定「東」、「西」二字，候刺填數足日申乞住配。仍以所降指揮年月先後，資次配填施行。所有止犯流、徒不該刺配之人，難議施行。」從之。

五年三月七日，刑部奏：「府畿轉運司狀，爲拱州復爲輔郡，合置牢城指揮，所有人兵乞先次量度配填。欲下諸路州軍，將合配之人量度地里，先次配填本州施行。」從之。

六年四月三日，大理卿李伯宗奏：「契勘自來合編配之人，如有瘡病未任科決，合編配，所至一面看驗，疾損日科決訖銷籍。緣犯人有送廣南遠惡州軍編配之人，往回萬里，移文取會，若沿路別無失墜，動經半年，方有報應，致久掛事阻，不能結絶。乞今後有合編配瘡病之人，報本路[36]提點刑獄司，置籍拘催科決施行。」從之。

七年二月十一日，詔：「懷、衛二州界於太行、（太）（大）河之間，姦宄憑恃險阻，倚爲淵藪。訪聞諸處間將犯强盜之人配填逐州，至則逋逃，難於緝捕。可依商、虢二州例，更不配填。立法行下。」

六月四日，河東路經畧安撫使薛嗣昌奏：「據知平定軍郭价申：『契勘本軍係河東山嶮最幽僻去處，緣此盜賊、逃軍隱藏。昔日李免一卒，動河東、北兩路，將兵不能收捉，必至於厚賞招出，即非李免有智謀强勇，止是藏泊於山林幽隱去處所致也。欲乞申明朝廷，乞今後免降配强盜人至本軍，寔爲利便。』兼臣契勘遼州與平定軍事體一般，乞下諸路州軍及開封府，今後將强盜罪人並免降配平定軍、遼州。」從之。

九月二十五日，手詔：「明堂大赦，加恩寓内，應沙門島見禁罪人，雖皆巨蠹，亦既貸死，而晝監夜禁，與死爲鄰。天道貴生，在所矜恤。可令本州當職官檢會元犯，據罪重輕，分爲三等，具年月久近，限半月申刑部，取旨移配遠惡州軍，以示生意。仰刑部遍牒京畿諸路，今後罪人除特旨外，權住配流海島，候及額日仍舊。」

八年五月二十三日，陝西河東河北路宣撫使童貫奏：「檢會昨鄜延路經畧使賈炎奏：『乞今後城寨官、公使庫官員使臣收買漢蕃弓箭手、廂禁軍、馬遞鋪之類請受文旁，興販轉放，違犯之人仍乞朝廷不以入己各依本罪外，不論有無戰功，並不以去官、37赦降原減，一例重行廢斥。内寔有膽勇戰功，禦邊得力之人，乞委帥臣相度奏留，充本路準備使喚，或充効用，候立到奇功與甄叙。』詔從之。契勘鄜延路第二將張安元係鄜延路蕃弓箭手長行，累立戰功，轉至武功大夫，昨因買文旁事追官，韶州編管。其人委有膽勇，緩急可以驅使，乞依前項賈炎申明，許留自效。」從之。

九月十六日，詔：「開封府今後應斷配盜賊，令本府每名添差防送兵士一名，千里以上添二名，湖南、廣南添兵級三人，海島添兵級五人監防。經歷州縣依此差人交割，監轉前去。内配二千里以上罪人，從府尹量酌所犯，如係情重及兇惡之人，一面下吏部添差小使臣一員、院虞候一名管押，直至配所交割。内院虞候除支口券外，每日給食錢二百文，取配所收管公文報府，保明聞奏，仍置籍勾銷。」

宣和二年十月三日，翰林學士趙野奏：「竊詳犯罪應編配之人，在法皆以本犯情罪輕重立定地分遠近，依令不得過應配地里三百里，蓋欲刑當其罪也。昨大觀元年，因白波輦運司等處申請，將諸路合配千里以上及本路、鄰路合配鄰州五百里罪人，並配西京白波窑務及汜水輦運司廣濟重役。其間有增加地里大段不同者，謂如京西鄰路數内，京東路登州犯罪合配鄰州或五百里之人，若配窑務、廣濟，係配及二千里以上，又（加）〔如〕餘路瀘州有合配千里之人，即係配及四千38餘里者，委是情法未稱。乞應諸路合配罪人，並以地里相當，依令不得過應配處所三百里，方得配所。所貴遠近得宜，少副陛下恤刑愛民之意。」詔從之。

十二月十八日，中書省、尚書省言：「勘會命官犯罪編配、遇赦應量移者，自來止是刑部以地（理）〔里〕、赦數量移近鄉州軍，即未有立定紐計地里遠近、隨赦數量移條，至有遠近輕重不倫之弊。除見行條法自合遵依外，今擬修下條：諸命官犯罪編配、遇赦應量移者，以編配地里隨所犯情理輕重，依移放格赦數紐計爲分，元編配地里外剩數不計。每赦量移一分。謂如合二赦放，元係三千里，以一千五百里爲一分；合三赦放，以千里爲一分之類。若所移地里内無州者，移以次近鄉州從之。元犯編配鄰州或量移已至鄰州，若遇赦未該放逐便，合量移者，即移近鄉州。如不願移者聽，仍理爲赦數。以上奏抄内擬定合移地里州軍，并取到刑部狀，稱所修條下別無未盡未便。」從之。

三年二月三日，刑部奏：「均州狀：『爲本路舊管禁軍効忠一指揮、勁武牢城厢禁兩指揮，今來効忠全指揮準宣往利州路防戍，計差發却三百五十一人，本路安撫司只差到一百人補戍，見今闕人彈壓防守。契勘牢城見管兵員二百四十三人，其間一百九十三人並係諸州軍强劫盜賊配到。自來有効忠一指揮數百人彈壓，則容元犯强劫盜一百九十餘人在州，未至可虞。39今既闕少禁軍，州司不敢別有陳請，只乞指揮諸路州軍將强劫盜賊權住配填本州牢城，候滿三年，別取朝廷指揮。』本部勘會，自來牢城溢額，並依條申本部，乞行住配。今來均州牢城雖不係溢額，緣爲本戍闕禁軍彈壓防守，事屬未便。今勘當，欲依本州所乞事理，權行(在)〔住〕配施行。」從之。

八月二十日，刑部奏：「嚴州申：『本州牢城指揮額管厢軍二百人，因方賊燒劫，多被殺傷逃避，見缺一百八十八人。欲乞下諸路州軍，將合配罪人配填。』本部勘會，欲乞下諸路，將所强姦盜除殺人放火及情犯兇惡之人外，契勘應配地里填額施行。」詔依所申，其被賊去處，徽、杭、衢、婺、處等州，依此施行。

十二月二十九日，中書省言：「勘會沙門島罪人，已降指揮，候及五百人，令具奏聽旨。及配海南人，昨來係爲黎人作過，權配海北，今來黎人已是馴熟。」詔大觀二年八月十九日、政和二年二月十二日指揮更不施行。

四年三月二十六日，臣僚上言：「竊見犯罪編配之人，有量移叙免之法，遇赦則原之，録犯由二本，一則附遞至所配隸州軍，一則隨罪人前去，此著令也。蓋有所犯之由則知元罪之重輕與歲月之久近，故赦至則看詳奉行，無復淹滯。必二本者，防遺失也。乞申勑有司遵奉成法，仍加大字真書。遇有編〔配〕之人，本曹官吏須先録犯由點對訖，乃得書斷訖到州軍。無犯由、不全者，並申提刑司取會劾治。尚40或違慢，例加顯黜。」從之。

五年六月五日，大理少卿聶宇奏：「伏覩《政和勑》，祖父母、父母老疾應侍養，家無期親成丁者，犯配沙門島、遠惡州及廣南並配千五百里以上配鄰州，而雜犯移鄉者，初未有損減之法。乞將殺人會赦應移鄉者，如合給丁侍親，許依法犯量移鄰州〔一〕，庶使配移之人均不失其養親之心。」從之。

七年五月九日，德音：「京東、河北路州縣，應兩路編管、羈管及配到人，並與減三年移改，命官理爲一赦。如元犯係杖已下特旨編配，並開具元犯申尚書省，當議特與移放。」

十一月十九日，南郊制：「應犯流罪配役人，並放(遂)〔逐〕便；應刺面、不刺面配軍、編管人等，除謀叛以上緣坐人〔二〕、强盜已殺人外，並特與減三年，理爲檢放年限。在

〔一〕犯：似當作「與」。
〔二〕人：原作「入」，據本書刑法四之三一乾道三年「十一月二日」條改。

京委所屬、開封府、步軍司，在外委諸州當職官，量元犯輕重，依條揀選移放訖，節署犯由，在京申尚書刑部，諸路申提刑司審覆訖類聚申刑部。其配軍、編管、羈管人係永不移放者，年五十五以上至今及十二年，年六十以上及七十〔一〕，其餘緣坐編管、羈管人至今及七十，並具元犯聞奏，當議量輕重移改，或放逐便。若篤疾并年七十以上，編配及五年，驗寔特與放逐便。雖年限未足而祖父母、父母年及八十以上，無兼侍或篤疾者，具元犯因依奏裁，當議看詳情理罪犯，特與量移。應罪人元犯止係杖罪，因官司奏請，特旨編配、羈管人者，除依條合放與〔二〕，諸州當職 41 官限一季内具元犯申刑部，看詳情理輕重聞奏，當議特與移放。應諸色人因殺傷、强竊盜并殺人賊及合捕死罪人，而編管及刺面、不刺面在逐州軍者，除赦前依條合放外，餘候編配到及三年，具元犯因依聞奏。」

高宗建炎元年五月一日，赦：「應編配、移鄉人永不移放者，並放逐便；沙門島罪人不以年歲遠近，並移近鄉五百里州軍。」二年十一月二十二日，赦：「應犯流罪配役人並放逐便。沙門島人限赦到兩月内，具元犯因依、配到年月日，自到有無過犯，開（拆）〔析〕聞奏，當議特與量移。」三年四月八日同元年五月一日之制，内情理重者仰所在州軍具元犯申尚書省，取旨移放。

二年六月五日，臣僚言：「建炎元年五月一日赦書，内應編配移鄉人（并）〔永〕不移放者，並放逐便。且如秦州兵士該赦者幾及百人，元係隸牢城指揮收管鈐制，嚴於它軍，僅免作過。今一旦盡給公據，放令逐便，乃爲游手，散處城市，小則剽竊，大或嘯聚，爲患不細。欲權勾收公據寄官，依舊月給錢糧，本營居住，仍與優輕窠坐，俟其歸鄉日給據聽行。」從之。

十一月二十二日，赦：「應刺面不刺面配軍、編管、羈管人等，除謀叛已上緣坐（入）〔人〕、强盜已殺人外，並特與減三年，三歲理爲揀放年限。其係永不移放而祖父母、父母年及八十以上或篤疾者，具元犯因依奏裁。以上情理巨蠹及蕃部、溪洞人，具元犯因依及自到後有無過犯 42 開析奏裁，當議看詳情犯，特與量移〔三〕。」紹興元年九月十八日明堂赦、四年九月十五日明堂赦、七年九月二十二日明堂赦、十年九月十日明堂赦、十三年十一月八日南郊赦〔四〕、十六年十一月十日南郊赦、十九年十一月十四日南郊赦、二十二年十一月十八日南郊赦〔五〕、二十五年十一月十九日南郊赦〔六〕、二十八年十一月二十三日南郊赦、三十一年九月二日明堂赦恩，並同此制。

四年十月二日，臣僚言：「欲乞應州縣吏人緣罪犯配隸它州者，須行驗實，不得輒有停放。如以寔病放還者，更

〔一〕七十：似當作「七年」。
〔二〕與：疑當作「外」。
〔三〕特與：原作「時」，參上文宣和七年「十一月十九日」條用語改。
〔四〕十一月：原作「十二月」，據《宋史》卷三〇《高宗紀》七改。
〔五〕十八日：原作「十一日」，據《宋史》卷三〇《高宗紀》七改。
〔六〕二十五年：原作「二十三年」，據《宋史》卷三一《高宗紀》八改。

不許再叙入役。」詔令尚書省申嚴行下。

十一月十二日，刑部言：「乞應諸路人犯配沙門島，權配海外州軍。謂萬安、昌化、吉陽軍，瓊、鬱（州）林州〔一〕。廣南、福建、江西、湖南北路人應配廣南遠惡及廣南者，並止依本法配行。仍須各及二千里以上州軍，無二千里以上州軍，止於廣南東路、西路從一遠配，候道路通快日依舊。」從之。

紹興元年九月十四日，詔《政和敕》免決刺配靖州運糧等指揮更不施行。皆以虜人入寇，向北道路未通故也。

紹興元年正月一日，德音：「應編配、羈管、安置、居住命官並與理爲一赦，編配諸色人特與减三年，三歲理爲揀放年限。其蔡京、童貫、王黼、朱勔、李邦彦、孟昌齡、梁師成、譚（禛）〔稹〕及其子孫，並係誤國（之）害民之人，并苗傅、劉正彦、王鈞甫〔二〕、馬柔吉、王世修、張逵、苗翊、苗瑀、范瓊及其家屬，43 皆係反逆之家，更不移放。」

五月二十二日，詔：「今後持杖劫盜并其餘合配之人，並令依法真決，據地里配行。其政和三年正月二十一日免決刺配靖州運糧指揮更不施行。」以泉州言「比緣賊馬，路途梗澀，配去之人不到配所，乞今後依法真決配行，候道路通快日依舊」故也。未幾，汀州又言免決刺配池州錢監、靖州運糧等指揮，乞並依法決配，詔依上條。

二年九月四日，詔：「四川見編配、羈管及因事停降命官，有已遇恩或期限已滿，合該移放及叙復者，令宣撫處置使司依便宜指揮，一面依條施行訖，類聚具奏。」

十八日，刑部言：「今年九月四日赦書內一項〔三〕：『應命官、公人、軍人犯罪除名，有特旨斷例并刑部、大理寺合斷刑名外，一時特旨除名、停替、羈管、編配、安置之類，本不合坐罪者，並與除落，仍理元斷月日。』本（日）〔部〕勘會，『本不合坐罪』，非謂全不合坐罪者，其雖有罪犯而止係杖笞公坐、情理不至深重者，亦合依赦除落，仍理元斷月日。」從之。

三年二月十五日，詔：「部送罪人，所至州軍不差人交替，（如）〔知〕通並從徒一年科罪。仍差職官一員專一主管。令詳定一司勑令所立法申尚書省。」

三月十九日，詔：「今後應差兵級、公人等部送罪人，除合破口券外，每人逐日添支食錢五十文，所至州縣即時批支。仍令監司常切覺察。」

五月二十九日，臣僚言：「竊見邇來編管之人，各賂管押人，往往不達其所 44 至之地，或止出門，或於半途而遂反。雖有差禁軍部送罪人之法，緣紹興條格並無立賞許告之文，是致防送者尚得以受情而縱釋，使作過之人道亡而歸，萃於行在，肆爲姦慝。乞檢舉依在京、開封府、六曹通用勑，許人告捕給賞，庶使防送者不敢擅縱，而過惡者不敢

〔一〕此注原作正文大字，據文意改。
〔二〕鈞：原作「均」，據《建炎要録》卷二一改。
〔三〕四日：原作「一日」。按《宋史》卷二七《高宗紀》四，此年九月一日無赦，九月四日辛酉「以彗出大赦」，據改。

遁還。」從之。

四年正月二十三日，臣僚言：「車駕駐蹕臨安府，即與開封府事體無異，若有犯盜合配本府之人，理難止配本府。今欲權行引用在京法，並配近本府州軍。所有臨安府四至州軍有犯罪合配本府之人，亦乞比附罪人不得編配入京條，〔不得〕配臨安府，候車駕回鑾日依舊。」從之。

三月二十日，大理寺言：「決配指揮，紹興元年正月十四日勅：『行在見任官、三省、樞密院、六曹、百司人吏等，並不得於五軍并諸頭項統兵官下兼帶差遣，及諸軍人不得互換相兼。今後有犯被差又差之者，有官人除名勒停，無官人決配。』紹興元年五月二十四日詔：『自今後州縣如有合科催物色，須管明以印榜開坐寔數若干，仍具一般印榜申監司。監司因出巡視行按察，不得更似日前先多科其數，然後輕重出入。違者竄嶺表，人吏決配，仍許民户越訴。』《嘉祐勅》一《宣敕》言：『當行極斷、決配、除名之類，本犯輕者並以違制論，仍具案奏聽勅裁。』《大觀尚書六曹寺監庫務通用勅》：『諸稱配及編管（少）〔不〕言地（理）〔里〕者，並五百里外。』其前立定決配明文〔一〕，庶使承 45 用官司有以遵守。」勅令所看詳：「犯罪之人情狀輕重不一，本罪刑名自有等差，決配之法不得不異。若謂前項元無立定決配之文，立爲定法，恐或罪不稱情。今欲申明，如於逐項指揮有違犯之人，除依法定斷本罪外，取旨量輕重決配施行。」從之。

九月十五日，明堂赦：「勘會流配役人依條會恩則放，訪聞州軍不遵條令，遇赦則尚行拘留，情寔可矜。仰限赦到日，須管日下放令逐便。仍仰提刑司覺察，如違奏劾。」七年九月二十二日明堂赦、十年九月十日明堂赦、十三年十一月八日南郊赦、十六年十一月十日南郊赦、十九年十一月十四日南郊赦、二十二年十一月十八日南郊、二十五年十一月十九日南郊赦、二十八年十一月二十三日南郊赦、三十一年九月二日明堂赦〔二〕，並同此例。

五年七月二十一日，臣僚言：「竊聞前此朝廷之議，以宣州勘黃大本及秀州勘呂應問二人所犯〔三〕，候其獄具，中取一人尤甚者，用祖宗舊制真決刺配，以警贓吏。今大本既依法論決，而應問贓罪貫盈，止從編置。自去年九月十二日在秀州準敕編管化州〔四〕，十七日至平江府，即作在道會赦量移。且應問贓罪百倍大本〔五〕，吳中士庶皆能言之，而經斷五日之内，便用赦量移，何應問之幸，而大本之不幸也〔六〕！望特降指揮，不許用今赦量移之文，差人管押前去化州編管，庶幾貪贓之吏知不可以計免，或少懲艾。」46 從之。

〔一〕此句似有脫誤。
〔二〕二日：原作「一日」，據《宋史》卷三二《高宗紀》九改。
〔三〕「秀」原作「充」，「呂」原無，據《建炎要録》卷八八改補。
〔四〕敕：原作「刺」，據《建炎要録》卷八八改。
〔五〕問：原作「門」，據《建炎要録》卷八八改。
〔六〕不幸：原作「不幸幸」，據《建炎要録》卷八八删。

九年正月五日，新復河南州軍赦〔一〕：「應配及編管、羈管人並特與減三年，三歲理爲揀放年限。永不量移或不放還者，若篤廢疾及年七十以上，仰所屬驗寔，特與放還。配軍年五十以上，到本處已及十年，年六十以上五年，編管、羈管人情重及五年，稍重及三年，情輕及一年，亦與放還。仰所屬限一月疾速依赦移放施行。若元係緣坐及所犯情理巨蠹、事干邊界蕃部、溪洞人，仰所屬開析元犯因依。其配吉陽、昌化、萬安軍、瓊州罪人，雖永不量移或永不放還者，限赦到十日內，所屬各具元犯人到配所有無過犯聞奏，當議量輕重特與移放。」十二年九月十三日徽宗梓宮還赦同此。

十三年十二月十七日，階、成、岷、鳳州提刑司言：「在法，罪人不得編配入京及往三路沿邊、川峽路。今來逐州密接北界，委是無處配行。」刑部勘當，欲將階、成、岷、鳳州犯罪合該刺配之人計地里，權行配入川峽路州軍。從之。

十七年十二月一日，刑部言：「契勘編配、羈管等命官及事干邊界、情理重害之人，遇赦依法合係所管州軍勘驗，別無過犯，方許保奏。本部以所犯情理輕重，(接)〔按〕法具奏鈔擬奏，聽旨移放。訪聞近來州軍往往更不依法具奏，一面引赦移放，深屬不便。欲遍下諸路州軍，各守成法，仍仰提刑司檢察違戾去處按劾。」從之。先是，右文林郎周行已計囑本州一面引赦移放，爲衢州人户告發，故有 47 是請。

十九年八月二十二日，刑部看詳：「捕獲沿海劫盜，並係持杖兇惡徒衆，理宜措置關防。今欲將合該刺配廣南及三千里之人斷訖，權行刺配鄂州都統制軍下；二千三百里以下之人斷訖，量地里遠近，權行刺配池州、鄂州、建康府都統制軍下，並收管重役使唤。其刺字欲以所配州府屯駐軍重役字爲文〔二〕，候盜賊衰息日依舊法。」從之。二十四年二月二十三日，有旨：「今後將臨安府已配盜賊逃歸之人，並以合該配地里，分配江州、鄂州軍下重役。」

二十三年四月二十三(年)〔日〕，詔：「編管、羈管人在諸州軍者，於法止許月赴長吏廳呈驗。訪聞比來多不用法，囚禁鎖閉，甚於配隸，可令遵守成憲。」

二十四年二月二十三日，詔：「臨安府今後捕獲正犯盜賊，已行斷配，逃走復回，合該展配之人，並以合配地里，依紹興二十三年已降指揮，分配池州、鄂州都統制軍下重役，各以所配州屯駐軍重役刺字，常切監管，毋致走逸。」以知臨〔安〕府曹泳有請，從刑部看詳也。先是，紹興二十三年十二月十三日，知臨安府曹泳劄子：「契勘本府近緣賊盜稍多，雖不住緝捉根勘，斷配往遠惡州軍，其配軍多是不旋踵復到本府作過。緣本府係車駕駐蹕去處，理宜措置禁止。今相度，今後凡遇斷配賊人，欲望許依海賊例，應有合

〔一〕赦：原作「申」，據《三朝北盟會編》卷一九一改。
〔二〕所：原脱，據下條補。

配之人，量遠近分配池州、建康府、鎮江府、鄂州、太平州駐劄軍分重役。不唯免至盜賊仍前【48】歸府作過，兼可補填軍額。」刑部看詳：「欲令臨安府將日後勘斷正犯盜賊依法合配之人，候斷訖量地里遠近，權行刺配諸軍下收管。其合配千里已下之人斷訖，權行分配池州；其合配千里已上之人，權行分配鄂州。並都統制軍分，送將下收管重役。各以所(酬)〔配〕州屯駐軍重役刺字，常切監管，毋致走逸。(仰)〔仍〕仰斷遣處差人〔禁〕錮監押前去。餘依見行條法施行。」從之。

十一月二十二日，詔：「今後臨安府所差使臣管押編配廣南并遠惡州罪人及兩次，押到編配所，別無疎虞，與減一年磨勘；在路有死損人數及兩次，與展一年磨勘。其管押編配千里以(以)上罪人及兩次，押到配所交管，與減半年磨勘；如在路有死損人數及兩次，與展半年磨勘。以上展、減磨勘對行比折外，理數賞罰並至二年止。餘依見行條法施行。」以大理正許興古(古)〔有〕請，下刑部看詳，故有是命。

十二月二十三日，詔諸路州軍如有編管之人願充厢軍者聽。上因宣諭大臣曰：「朕昨在元帥府，見河朔州軍將編管人穿鎖傳送旅店，三五相聯，乞丐於市。蓋緣不(不)支口食，以致於此，誠可憫惻。可申嚴約束行下。」

二十六年閏十月十七日，大理寺丞莫濛言：「竊見江西及浙東沿海强盜應配者，並分配諸軍重役。蓋以江西之與沿海，乃盜賊素〔出〕之處，故犯盜之强劫者，然後配以重役，而犯竊盜初不與焉。比於紹興二十四年，因臣寮建【49】請，凡諸路應犯盜合配之人，不分强竊，悉從重役之配。竊謂諸路强盜俾同於江西及沿海去處，增重其配可也，至於竊盜穿窬之徒，其情理豈可與兇惡强悍者同日而語哉！乞更加參詳，使輕重各適其當。」刑部看詳，除正犯强盜之人照應已降指揮，其犯竊盜之人並仰依見行條法。從之。

二十七年九月二十一日，尚書省言：「勘會諸路州軍斷犯强盜合配廣南并遠惡州軍，已依舊配行外，其餘見配諸軍重役人，緣積以歲月，人數漸多，理合措置。」詔今後並依舊法施行，更不配填諸軍。其逐軍已配到人，令户部量行增添請受。

三十年五月四日，領殿前都指揮使職事楊存中言：「本司大軍在明州定海縣駐劄，逐時收捕海賊，解赴所屬根勘，罪不至死者配。竊慮逃竄，復爲盜賊。本司見招人填闕，欲於内選人材及等者刺填龍猛、龍騎指揮闕，支破全分請給，所貴海道安静。」從之。

八(月)〔日〕〔一〕，刑部看詳：「乞將犯强盜貸命并遇赦及兇惡强盜合該刺配之人，仰元勘州軍除合配海外，及老弱怯懦疾病人依舊配行外，將少壯人斷訖，量地里遠近，押

〔一〕八日：原作「八月」。按高宗以下各條均記事至日分，此條「八月」當爲「八日」之誤，因改。

赴本路帥司，躬親審量，如强壯堪充軍役，即刺填本路闕額將兵下等，支破請給。如日後逃走，捉獲，當行軍法。」從之。後刑部言：「諸路州軍有至帥司路遠，竊慮罪人往返走逸，欲與本州軍長(史)〔吏〕親行量審，將勘充軍人申本路帥司，待報合刺填某州軍，徑自押 50 赴，即不得放本州及鄰州充軍役。」從之。

八月二十三日，詔：「諸路將犯罪合編管人不得配隸行在傍近五百里内州軍。」從知信州徐林之請也。

孝宗紹興三十二年六月十三日，登極赦：「應編配及移鄉人并永不移放者，並放逐便。」

十四日，臣寮言：「近降指揮，將强盜并持杖劫盜貸命流配之人并押赴屯駐軍，隨等仗依招軍法刺填。竊詳犯人皆是兇惡强横之徒，若至軍前方行刺配，深慮在路逃竄，無以辯驗。乞(今)〔令〕元勘州軍從長貳擇健壯堪充軍者，先次刺填龍猛或龍騎指揮，然後差人押赴屯駐軍，庶幾沿路免致逃竄。」從之。

十月二十六日，臣僚言：「防托海道，全藉水軍，乞將海賊貸命人互配諸處水軍，令元斷州郡多差兵級管押。如三人已上，即逐旋發遣。」從之。

隆興元年正月八日，臣僚言：「諸州斷配賊例送廣南遠惡州軍，緣其間瀕海，多有盜船嘯聚，深慮滋長姦惡，乞自今並分撥赴淮上水軍收管。」從之。

二年正月九日，臣僚言：「近日强盜貸命之人，多是配隸二廣，其間州郡往往一例差使，並無關防，遂致逃逸，聚成(郡)〔群〕盜。乞自今强盜更不配入二廣，止配諸軍重役使喚。其見在諸州配軍，各仰嚴作關防，無令出入。」從之。

八月十四日，臣僚言：「諸軍兵効用亦有犯罪合行刺配之人，在法却配隸諸州牢城。緣此等元係揀中及有素習武藝者，乞依倣强盜配屯駐軍法，令主兵官鈐擇 51 强壯，量地里遠近刺填別軍分。」從之。

乾道元年正月一日，大禮赦：「勘會犯流配役人，依條會恩則放。訪聞州軍不遵條令，遇赦到尚行拘留，情寔可矜。仰限赦到，除元犯惡逆及事干邊界外，須管日下放役。仍仰提刑司覺察，如違按劾。」三年十一月二日、六年十一月六日、九年十一月九日大禮赦，並同此制。

八月十二日，册皇太子赦：「應配軍、編管、羈管人永不移放者，祖父母、父母年及八十歲以上，無兼侍或篤疾者，具元犯因依奏裁。」

二年六月三日，淮西總領楊倓言：「近日將强盜罪不至死者，擇其健壯配屯駐諸軍。訪聞諸州多將老弱不堪充軍之人一例分配，深慮虛占軍額，緩急不足倚仗。欲乞申飭諸州，委自長貳一一精加選擇。」從之。

三年十月三日，翰林學士、知制誥劉珙言：「竊見自來强盜貸命配流之人，往往纔至配所，即行竄逸，亦有道殺防卒而歸者。昨降指揮，令擇其壯健刺填充軍，此法甚當。比來諸處多將情重者配遠惡州郡，情輕者分隸諸軍。(下)

流遠郡者皆竄逸，隸軍中者少遁逃。欲乞自今應有減死一等之人，其情重者並大字配屯駐軍，情輕者止刺填軍分，庶幾惡少知所警懼。」從之。

十一月二日，赦：「應刺面不刺面配軍、編管、羈管人等，除謀叛以上緣坐人及事干邊界或强盗已殺人外，並特與減三年，三歲理爲揀放年限。」六年十一月六日、九年十一月九日大52禮赦，並同此制。

四年三月九日，知臨安府周淙言：「近來所至郡縣時有小竊三五爲群，剽劫民旅。蓋因諸處斷配人未至配所，中路逃竄；或已至配所，官司縱釋；及有分往諸處屯駐軍，軍中失於拘管，遂至散逸。既無所歸，聚集爲盗。乞令諸州知、通及屯駐軍統兵官常切點檢，每一季具所管編配人姓名、有無逃亡，保明申朝廷。仍委諸路帥臣及提點刑獄覺察施行。」從之。

五年八月四日，龍神衛四廂都指揮使、廣州觀察使、充鄂州駐劄御前諸軍都統制趙撙言：「强盗減死配隸屯駐軍人，近日人數漸多，其間有累犯不悛，相結逃竄者，若不措置收捕，竊慮聚集爲害。乞自今如有擒獲似此等人，將爲首結連者依軍法處斬，自餘徒黨並嚴行斷遣。」詔依從來軍中條法施行。

十日，權刑部侍郎汪大猷言：「近降指揮，江、池州屯駐軍并韶州摧鋒軍緣近年擬配人數已多，各權免二年配填。竊見建康、鎮江、荆南、鄂州與三處事體不同，所有强盗貸命刺配之人，乞更不分隸，並依地里遠近配諸州軍牢城。」從之。

六年閏五月二十八日，臣僚言：「近降指揮，應强盗合配隸屯駐軍人權行住罷，依舊配諸州牢城。竊緣犯强盗者皆是積惡亡命之徒，深慮州郡不能拘制，或有走逸，嘯聚爲盗，乞將强壯堪披帶者依舊配隸屯駐軍。」從之。

九月十七日，詔：「刑部行下外路駐劄諸軍將，諸處犯强盗貸命配到53重役之人，如今後輒敢逃亡，捕獲勘證情犯，本軍可徑依軍法施行。」

九年七月一日，樞密院言：「强盗配隸屯駐軍人，多有短(少)〔小〕癃老及殘疾不堪執役者，虛填軍額，理宜措置。」詔今後合配人免駐屯配軍〔一〕，各隨所配地里遠近配諸軍州牢城收管。

淳熙元年五月三十日，詔：「自今走失强盗配軍，依犯流已決未役、已役未滿而主守不覺亡罪，杖一百斷遣。或有妄作緣故，放停强盗配軍，比附取配軍充宣借、被差官司輒遣，徒二年斷罪。違戾去處，委本路安撫、提刑司按劾。」以知隆興府龔茂良言「斷配罪囚未到配所，中路託病，爲之寄留，往往更不發遣，乞立法禁」，故有是命。

八月十五日，詔廣州：「自今有正犯强盗、持杖劫盗之人，如人材少壯，並量遠近分配潮、韶兩州摧鋒軍。」以知廣

〔一〕免駐屯配軍：疑當作「免配屯駐軍」。

州曾汪言，本州去鄂州屯駐處隔越嶺嶠，雖差人防押，多致竄逃作過，乞止配隸摧鋒軍，故從〔之〕。

九月十二日，知静江府張栻言〔一〕：「近來配隸之人，雖有指揮，劫盜罪不致〔死〕，逐州長貳躬親審量少壯之人配屯駐軍，此誠良法。若逃亡出首，又押配元配所，竊慮復致竄逸。欲將首身人審量强壯，刺填軍兵，其餘刺充作院、壯城指揮。」從之。

三年六月五日，詔諸路帥、憲司：「自今所部州軍有犯罪應配人，更不分隸屯駐諸軍，（諸）依見行條法指揮斷配施行。」從樞密院請也。

十月四日，詔：「犯私鹽除應配及杖以下自依法外，將合科 54 流罪人相貌强壯、及得等杖堪充征役，並依已降指揮免罪、免追贓，刺填軍額。其元係舟船内被獲之人，即刺充本路水軍。」

十四日，詔：「辰州深接溪洞，與沅、靖一等邊郡，自今諸州軍應配强盗及情理兇惡之人，不得配隸辰州。」從本州請也。

十一月十二日，南郊赦：「應刺面配軍、編管、羈管人等，除謀叛以上緣坐人及事干邊界，或强盗已殺人及貸配重役人外，並特與減三年，理爲揀放年限。令諸州當職官量元犯輕重，依條揀選移放訖，節略犯由申提刑司審覆，類〔申〕刑部。內命官具元犯聞奏。其永不移放人，祖父母、父母年八十以上或篤疾者，保明以聞。情理巨蠹及溪洞蠻人等，並録元犯并後來有無過犯，開析奏裁。」自後郊赦同。

同日，（敕）〔赦〕：「編管、羈管人如無保識人，鎖閉廂房，別無口食，其間飢餓疾病死亡。自今編管、羈管人無保識者，本州日支米二升、錢二十文贍養。如有疾病，即時差人醫治，無致死亡。」自（令）〔後〕郊祀赦同。

四年四月二十二日，詔：「廣南東、西路重行修葺牢城營，其有闕處，即行創造，盡收管配隸人在營著役。」從樞密院請也。

十二月十二日，楚州言：「準勅，犯私鹽科徒、流罪人刺充水軍，緣本路即無屯駐水軍，未審合配是何軍分。」法寺契勘，楚州既無屯駐水軍去處，即合依六路犯私鹽被獲，依已降指揮刺填軍額施行。其他諸路理合一體。從之。

五年二月一日，知廣州周自强言：「55 諸路專委通判、簽判，縣專委令，各置籍，遇有傳到配軍，即時注籍，差人押往前路州縣，候取到交領，亦注於籍。有竄逸者，嚴責部送之人根捕。仍令通判常切覺察，每月本州交傳過人數有無截留走失，申本路帥司檢察。其諸州斷配過人，若計程應至配所而未有報到交收者，即時移文沿路州縣會問。若詢究得有截留役使之人，並申所屬帥司根治施行。」從之。

六年九月二十七日，詔：「自今大理寺并諸州勘到强

〔一〕栻：原作「拭」，據《宋史全文》卷二六上改。參《宋史・張栻傳》。

盜內有貸命人，並令勘會的寔鄉貫，遠行分配，不得相近，庶使其徒相遠，無以啓其姦謀，免致生事。」

七年九月十四日，詔：「私鑄銅器，須并其家屬押赴鑄錢監，則將來不致逃竄。」

八年四月十五日，詔：「自今强盜貸命人，並配隸廣東摧鋒軍、福建左翼軍、湖北神勁軍，湖南、江西、江東安撫司親兵，成都府飛山軍、雄邊軍，及諸路州郡係將、不係將禁軍重役，專聽部轄人役使，刺字以某軍或某州重役爲文，仍隨罪犯輕重，酌地里遠近分配。內摧鋒等諸軍軍額每五十人，諸州禁軍軍額每一百人，逐年各與支破諸州牢城長行請給。候及五年無過犯，與免重役；如敢逃走，依軍法施行，其本轄人從杖一百科斷，更降本職名一等。仍責部轄人每月具存在報所屬，備申三省、樞密院。」先是，紹興三十二年六月，詔强盜并持杖竊盜貸命流配之人，令元勘州軍長貳擇壯健堪充軍者，先次刺填 56 龍猛或龍騎指揮，差人押赴屯駐軍。至乾道五年以後，議者屢以不堪執役爲請，嘗廢不行，止隨所配地里遠近配諸州軍牢城。淳熙元年，臣僚或謂配屯駐爲便，立爲永制，至是復改命焉。

五月十六日，詔：「自今强盜抵死特貸命之人，並爲額上刺『强盜』二字，餘字分刺兩臉。若額上曾經刺字者，即元係貸命之人，不須更行追會。」以浙西提刑司言，强盜內有逃軍已經貸命斷配之人避免再犯重刑，到官不寔通元犯及元配去處，追會有至數四，終不得寔，故有是命。

十九日，刑部言：「已降指揮，强盜貸命並配充諸路州郡係將〔一〕、不係將禁軍下重役。尚慮諸州所差部送人或致竄逸及故作住滯，乞自本部排《千字文》號，每名給行程曆一道，開具前後部送條法指揮，隨斷勑行下。候到本州，將犯（斷）人斷配訖，如法錮身，依條差人防送。所過州軍限一月差人交替，仍批上到發日時，當職官印押訖，催發前去。罪人在路病患，即申官司，州委兵官、縣委巡尉交管醫治，候痊安即時發遣，仍批行程曆。」從之。

十二年三月八日，詔：「應過淮盜馬見今編管人，仰各州軍差人押赴本路帥司，刺充禁軍收管。」沿淮竊馬之人特旨編管諸路州軍者，緣事干邊界，獨無年限移放，因臣僚有請，故有是命。

八月二十五日，廣東經略安撫司言：「殿前司摧鋒軍統制，韶州駐劄關瓙申，乞將滿及五年重役者，許令揀選 57 少壯堪披帶（迭）〔達〕等仗人刺填軍額，放行義兵請受錢米。」詔特與刺填義兵一次，令諸路軍今後照應淳熙八年指揮，不得過數配充本軍重役。

十一月五日，詔，泉州駐劄殿前司左翼軍前後所收諸州軍刺配强盜重役人，有長大少壯者〔二〕。

〔一〕「州」下原有「軍」字，據上文「八年四月十五日」條刪。
〔二〕此下有脫文。

到官稱本寺何由引用蔭減不遇〔一〕，只據見任之官約法申上，注擬之際，利害非輕。乞令吏部四選今後合約法之人，須開具四代、官稱，一併行下刑寺，依條約法施行，庶使九品之官被罷免者得以改過自新。吏部勘當，若蒙許從所請，乞行下諸州軍，日後遇有刑獄(秦)〔奏〕案文字，即開具前項四代姓名、官稱，就案內一併具申刑部施行。從之。

嘉泰三年五月二十一日，右正言李景和言：「大辟之獄，在縣則先以結解，在郡則申以審勘。罪狀明白，刑法相當，郡申憲司，以聽論決，是謂詳覆；情輕法重，情重法輕，事有疑慮，理可矜憫，憲司具因依繳奏朝廷，將上取旨，率多從貸，是謂奏案，著在令典。二者皆屬憲司之職，初無許令諸司自奏之文。比年以來，詳覆之獄固已絶無而僅有，奏案一事乃委諸郡，冒法自爲，漫不復問。其事皆起於提刑失職，縱吏受贓，以致於此。乞行下諸路提刑，悉令條具，故違典憲，嚴爲之法，以警其失職之罪。」從之。

開禧元年二月十五日，新權發遣無爲軍張穎言：「乞下監司、州郡，應今後有殺人强盜罪案，須管督責獄官從公盡情勘結，即不許 58 憲司肆意姑息，妄廢祖宗成法，不行詳覆，致令州郡妄指疑慮可憫之類具奏。如或委是疑慮可憫，合行具奏罪案，先從當職官吏、次第守臣契勘得寔，因共結罪保明奏上，庶幾論決當理，姦民絶幸。〔須〕管牢固拘管事理重害之人，如有走〔失〕逃逸，將守倅、當職官吏及監管兵官取旨責罰。」

〔淳熙〕十五年十一月十六日〔二〕，詔湖北神勁軍權住配三年。從本路帥臣之請也。

淳熙十六年三月十三日，臣僚言：「竊見諸州軍流配二廣、海南罪人，無非故犯法律而得此也，而乃巧生計謀，創爲截留之例，遠者不過中路，近者只在七五程之間，或假夤緣，或行賄賂，或求書劄，或憑技巧，便得截留，更不到元斷地所。深恐兇惡之人不知所畏，犯者日繁，非刑期無刑之意。乞行下諸路提刑司，將流(犯)〔配〕二廣、海南罪人，他州不得仍舊截留，須管押至元斷地所。」詔檢坐見行條法，委諸路提刑司嚴切禁止，將違戾去處按劾以聞。

六月十六日，臣僚言：「近降指揮，應諸路州軍見編配、羈管及移鄉等人，除謀叛并緣坐及事干邊界編配并强盜殺人貸配月具存在外，(人)其餘罪犯即已該登極赦恩，並放自便。夫編配黥徒，隸籍他州，仰給衣糧，平時州郡窘於用度，常若不給，今聞赦放，即便捐除，困弱者懷飢寒之憂，强悍者思飽煖之策，既無資(籍)〔藉〕，直有相聚爲盜耳。乞(今)〔令〕所在州軍編配應赦合放罪人，願歸鄉井者給據停放，其無 59 所歸、不願停放者改刺存留，庶幾依舊仰給衣

〔一〕原稿此句以下與上文接抄，但文意不相連貫。又此門標目爲「配隸」，而下文及嘉泰、開禧二條內容均涉刑獄奏案事，與配隸無關，不知從何處錯簡而來。今已不可還原，姑於前後空行，保留於此，以俟再考。

〔二〕淳熙：原無，按此十五年應是淳熙十五年，今添。

糧，不致失所。」從之。

七月十九日，詔：「刑部行下諸路州軍，將該遇赦恩合放逐便之人，當官審問願與不願放停，如不願放停，仍舊存留，支破請給。」從臣僚之請也。

八月十五日，檢正諸房公事王回等言：「諸州軍配隸人因該指揮停放之後，除有力可以歸鄉聽其自便，其餘在道失所之人，行下所在州軍出榜，許合就便陳狀，從各州給據，改充厢軍，依條按月支給衣糧。如願再歸元放停去處，亦與關牒回程州縣，量給口券，送至地頭。如其間有奸猾不逞之人，不願充軍，於道路結集作過，乞令所在州軍巡尉官司等捕捉赴官根勘，重作施行。仍多鏤文榜曉示。」從之。

紹熙二年三月八日，詔：「諸路州軍將登極赦以前所配摧鋒等軍并諸州係將、不係將禁軍重役人，自到配所如不曾經逃走被獲，別無過犯，并元犯不係情理深重巨蠹之人，即開具元犯事因，結罪保明，具申樞密院取旨，特免重役。」

二十四日，詔：「諸州軍如有諸色人犯情理兇惡或强盜合配之人，照沅州條法，不得配往靖州。」以靖州守臣姚渠言：「本州接連溪洞蠻猺去處，在沅州二百里之外，前後作過爲本州之患，多因配隸之卒，乞依沅州例，免配本州。」故有是命。

九月十六日，知瓊州黃揆言：「今中外之姦民以罪抵死而獲貸，必盡投之海外以爲兵，是聚千百虎狼而共寘之一【60】丘也。今其日積者已多，而纍纍遞送者方來而未已，一旦稔惡積釁，潰裂四出，臣恐偏州之民項背不能帖席而卧也。乞自今凡兇惡貸死而隸于流籍者，許分之沿江諸屯及其他遠惡之地，無專指海外以爲兇藪，庶幾陰銷潛削，不至滋蔓，流毒偏方。」從之。

三年三月二十一日，臣僚言：「朝廷立法，犯入已贓公吏并强劫盜等人，配至所在州軍，自有年限〔一〕，方許放停逐便。近年以來，州軍更不照應，一二年間，隨即放停，是致人皆玩法，以配爲常〔二〕。或經三五度刺配者，再至所竄州軍，更不悛改，不過易地居處，愈肆其惡，寔爲民害。乞行下諸路，應犯法刺配人如至本州，須依條限，方許放停。如限内再有所犯，乞撥入屯駐軍中重役，永不許逐便。」從之。

六月十六日，權知梅州陳友聞奏：「乞將配隸犯强盜人刺填摧鋒軍，免逋逃山谷，嘯聚爲盜。」上曰：「如此則免嘯聚山谷，爲〔害〕良善，甚好。恐在軍收之，又不相能。」友聞奏：「此曹皆是亡命之徒，尋常配隸〔三〕。」

九月二日，詔：「今後諸州軍如有兇惡强盜合配之人，

〔一〕年：原無，據《文獻通考》卷一六八補。

〔二〕以配爲常：原作「以配面爲」，據《文獻通考》卷一六八改。

〔三〕按，此語似未完。

照全州已得指揮，不得配往武岡軍。」以本軍言「本軍在溪洞蠻獠腹心之内，朝廷及諸路州軍將兇惡强盜貸命重役之人斷配本軍，竊恐竄入溪洞嘯聚」故也。

四年十一月二十八日，知温州孫楙言：「本州士人胡昶恃勢把持，詐取錢物，究勘皆是寔跡，姦贓狼籍，爲害一方。偶以祖蔭聽贖，送鄰州編管，尚慮他 61 日還鄉復讎報怨，爲害愈多。乞行下建寧府，將胡昶牢固拘管，雖經赦宥，或年限已滿，不許放還，庶幾永嘉一郡生靈稍獲安居。」詔特不移放。

五年二月三日，樞密院言：「已降指揮，將强盜貸命罪人並配隸摧鋒軍等處并諸路州軍係將、不係將禁軍重役，候及五年無過犯，與免重役。（命）〔令〕來節次有已免重役人，據所在州軍申乞，改刺軍額收管，并已有改刺充禁軍去處。緣上件重役人（充）犯情理深重，所以配充重役，今既以年限與免重役，便得改刺充禁軍，不惟正禁軍恥與爲伍，又且永遠得支給禁軍衣糧，及在犯配牢城人上〔一〕，竊恐輕重失當。」詔將諸軍并諸路州軍已得指揮免重役之人，自今後並與改刺充本州牢城收管，支破牢城衣糧。內有係韶州摧鋒軍、泉州左翼軍、江陵府神勁軍，潭州、隆興府、建康府安撫司親兵，成都飛山軍、雄邊軍，並改刺元駐劄處本州牢城收管。餘依節次已降指揮施行。

慶元元年正月二十六日，詔：「令刑部鏤版遍下諸路州軍，將犯配僞造會子人，須管責令本營每日酉點，嚴切關防，常令存在，不得差出借事，致令走逸。如有違犯，即將兵官合干人等重行降責。」

五年三月二十八日，臣僚言：「遠方豪民一罹大辟，傾其家貲，請求附會，作疑獄奏，多得減死，倖僥已甚。使到配所，居作如法，不許還鄉，猶云可也，又復計囑防送，中途縱逸，公私通知，恬不爲怪。乞行 62 下諸道，今後如有疑獄已經奏減者，仰差得力之人防送，具起離日分申刑部。仍令刑部行下所隸州軍，候罪人到日，即便繳申照會。如或遇限不見申到，許刑部檢舉，送本路監司根究，按覈以聞，重寘典憲。」從之。

五月二十三日，臣僚言：「乞行下諸路州軍，應貸命配軍罪人，令沿路選差軍兵牢固管押傳遞，取各州交管公文回照，不得容令管押人受囑作弊。如有走透，知、通、兵官各坐以罪。及配隸州軍須管牢固關防，不得作借事公文縱放，違者併坐知、通、當職官之罪。令所在州軍專委巡尉根捉見今逃竄在管下搔擾作過之人，解赴所司，押歸元配去處。所有胥吏犯贓罪至徒之人，永不許放叙，亦令各州縣根刷，如有衷私存留在役，日下逐出，大字具姓名，用版牓揭于州縣之門，不許復入。如有違戾，其州縣容縱官司亦各坐罪。並令監司常切覺察，御史臺體訪彈劾。」從之。

六年十月二十二日，臣僚言：「大辟奏讞，貸以重役，

〔一〕及：似當作「反」。

在法再犯，必加（銖）〔誅〕戮。今此徒既獲貸死，又無官役，至配所未幾，乃委身求託於貪婪士夫之當官者，强所隸之州，給之以放停之據，而遂蓄之於私家，或使之自便。彼無以自養，復嘯聚以害人。乞舉行條法，重役之人州縣不許放停，與之經營給據，留於私家，許人告首，重寘典憲。」從之。

嘉泰元年四月二十七日，詔：「令諸州軍各將見管强劫盗配軍并日後似此配到之人，63約束當職官吏常切鈐束，不得輒行差撥。如違，從監司按劾，重作施行。若因事敗露，其守臣並議責罰。」

八月九日，臣僚言：「逃軍非爲盗則嘗殺人者也，黥隸之後，或傳送之不專，或拘繫之不謹，或夤緣而差出，或計幸而脱放，散處鄉落，長惡不悛。又有富家巨室，囊橐其姦，則自竊而盗，自結集而嘯聚，爲民之害蓋不少矣。乞戒飭有司，申嚴條令。縣則責之令尉，嚴立保（五）〔伍〕，有犯同坐；州則責之守臣，明行關報，旬〔具〕存否。凡兇惡强盗，並令牢固拘管。一路（刑）〔則〕委提刑司，每遇巡歷，按籍閲視，如有違戾，覺察以聞。」從之。

三年六月十八日，臣僚言：「竊惟人之犯罪，有流配者，罪未至死，故至配所，仍俾著役，猶有自新之路。近緣州郡匱〔乏〕，以黥卒溢額，申聞省部，乞令住配。纔得指揮，初未嘗遍牒諸州軍，每遇他郡罪人押到，則以住配却之，甚至一二千里之遥，竟以牒回。其間嚴寒極暑，疾患所侵，斃於非命者不一。況已配之人，又復押還，不知本州軍置之何所。若易他郡，則先以刺定州軍之名，豈容再改刺乎？乞明詔有司，今後諸路州軍有申到配軍溢額去處，先委本路監司差官從寔勘會，果係溢額，方許住配，仍疾速遍牒諸州軍照會。或有已配未到之人，所配州軍雖是溢額，具與收管，不得再行傳押回歸。仍乞逐路提刑司常切糾察，毋得違戾。」從之。

七月三日，前知漳州方銓言：「爲民之害者，莫甚於猾吏；而64爲民害之尤者，又莫甚於已黥之猾吏。今之士大〔夫〕乃有蓄之私家以爲鷹犬，收之官府以爲爪牙。民之被害者，雖欲執之以聞於官，則彼已黥矣，尚何所顧藉，往往亦逡巡而退却。乞行下諸路，委自提刑覺察，庶幾姦猾不爲民害。」從之。

四年正月二十三日，臣僚言：「後世衣食之路日蹙，犯法者既衆，配隸之人中路多逸。及到配所，州郡憚於贍養，往往故縱不捕。此徒雖倖脱免，而其身寔無所容於天地間，飢寒切身，若非（郡）〔群〕衆販賣私商，即是聚爲强盗。配隸之人，蓋有二種。其間鄉民一時鬥毆殺傷，及胥吏犯贓貸命流配等人，設使逃逸，未必皆是强勇，能爲大過，欲止從徒配本州牢城重役，立爲赦限，限滿給據，復爲良民。至於累犯强劫及聚衆販賣私商、曾經殺傷捕獲之人〔一〕，皆

〔一〕獲：原作「人」，據《文獻通考》卷一六八改。

能跳梁山溪，運動兵仗，非村民、胥吏之比，欲並配屯駐軍，立爲年限，限滿改刺，從正軍衣糧。此外更有前後逃亡未獲之人，該遇今郊，亦並許出首，投充正軍。不惟人有改過之門，而軍伍之中亦得强壯之助，誠爲利便。」從之。

四月十二日，臣僚言：「兩淮編置之人，多因渡淮作過，遂麗三尺，械頸縶足，閉鎖牢城，聽其死而後已，豈不可憫！欲將諸州所收過淮編置罪人，特令分刺屯駐諸軍，各使自効。」詔令諸路安撫司行下逐路州軍，先次密切開具見拘管編置人姓名、元犯，於旬呈日審驗，畫一開具老弱强壯姓名、人數申樞65密院。

開禧元年閏八月十九日，臣僚言：「配隸、羈、編管之條，非姦贓强盜殺人貸命與夫鬥殺情重者，不以是罪之。酷虐之吏，曾不是思，創爲押出外界之例，稽之《刑統》、《新書》無是法。欲嚴飭中外，自配隸、編、羈管之外，惟他郡作過之人許勒還本貫，其餘悉從本條科罪，不得輒將土著之人并家屬押出外界。」從之。

嘉定五年十二月十六日，信陽軍申：「信陽最係極邊，今他郡將斷訖兇惡强盜等人編配本軍，未便。」從之。

七年八月五日，知鎮江府史彌堅言：「關防傳送配隸强盜走逸之弊，前後頒降指揮，可謂詳密。然續降申明，頗與舊法牴牾，所合檢坐條法指揮，畫一開具。乞從朝廷更切審訂，分明頒降施行。一、檢準《慶元令》：『諸應部送罪人，逐州軍常切預差禁軍二十人，籍定姓名，在營祇備。遇有押到罪人，依次差撥，即時交替，不得越過。』彌堅看詳，此項係舊法，應被差防送軍兵，許令逐州交替。一、檢準《慶元隨敕申明》：(明)乾道七年八月内勅：『斷配海賊並兇惡强盜，有配廣南遠惡或海外州軍去處，若只循例逐州傳押前去，竊慮交替稍頻，縱其走透。』彌(間)〔堅〕看詳，此項申明蓋爲海賊并兇惡強盜〔配〕廣南遠惡及海外州軍者設，係專差人管押，逐路傳遞，押至路首，州軍交替。一、嘉定四年八月内，臣僚奏請：『凡四方極刑來上，情有可憫，悉從原貸，黥隸遠方。必置之廣南惡弱之地者，所以尉謝死者之冤。今66所在州軍押發罪人，名曰長送，往往前途走逸，甚者斃於遠行，没於無辜。欲乞朝廷遇有貸配，不必使之長送遠役，遇逐州交替即止。除批行程曆外，別具公狀判憑回州照會，以驗至否。倘有走逸，即行根捕，責以必獲。』彌堅看詳，此項奏請蓋爲矜憐押送軍兵，類因長送，往往至死，故欲將貸配之人使防送軍兵逐州交替，免致無辜斃於遠役。一、嘉定五年正月内，臣僚言：『守將縱姦，犯盜黥徒或配遐方，(群)〔郡〕憚所費，付之遞鋪傳押，一得所欲，隨即釋去。所配之郡，守將吝於衣糧，牒至未必受，受則與之空文，無所廩給，率皆竄逃，復出爲害。乞申戒郡將，(犯)〔凡〕有此徒，必專人押往。憲司歲終檢察，或中道而遁，或回牒不至，先追推吏根究。仍申捕亡之令，其逃軍被獲，詰其竄逸之由，或配所不支衣糧，則將守臣重加鐫責。』彌堅看詳，此項蓋因州郡守將不切留意防傳，或致縱姦，是致臣僚有此奏陳。彌堅看詳舊法與節次臣僚申明，關防走逸，矜恤無辜，皆有深意，恐難以一時臣僚申請盡行更改，致使州郡引用，未免疑惑。若不畫項指陳，尤恐有違法意，官吏得以用情出入，關繫非輕。欲望送有司審計，分別重輕，某罪可以逐州，某罪可以逐路，某罪可以專人押至配所，明賜指定，頒降諸道州軍，使有憑據，恪意奉行，免有疑惑。」從之。

九年三月二十七日，新知南恩州翟昫言[一]：「乞應羈管、編配之人，不得仍前巧作 67 名色借事；非遇恩赦，不得給據放令還鄉。」從之。

十四年九月十日，明堂赦：「應有犯罪，除從條合行編管并情理重害及曾經奏斷、特旨施行外，其餘或因州軍一時任意非法編管人，自今赦到日，仰提刑司取索元犯看詳，如見得情理稍輕，給據放令逐便。」

十二月一日，臣僚言：「民之犯罪至於流放者，其去死刑無幾，蓋欲使天下爲惡者有所戒懼。今流放未幾，皆得因緣而返。此輩本非良善，況復刑餘，何所顧藉？一旦得還，寧復安靜？乞行下諸路州郡，自今以往，凡刺配罪人須押致竄所，嚴故縱逋逃之禁，絕借事截留之弊。其已逃亡而歸、復恣睢於閭里者，則申嚴舊制，毋爲文具。」從之[二]。（以上《永樂大典》卷一五一六八）

斷獄

【宋會要】

69 太宗雍熙三年五月，刑部言：「果州、達州、密州、徐州官吏枉斷死罪，雖已駁舉，而人命至重，死者不可復生，非少峻條貫，何以責其明慎！按《斷獄律》，從徒罪失入死罪者減三等，當徒二年半，公罪分四等。望自今斷奏失入死刑者，不得以官減贖，檢法官削一任，更贖銅十斤，本州判官削一任，長吏並勒停見任[三]。」從之。

真宗景德二年七月五日，上封者言[四]：「刑部舉駁外州官吏失入死罪，准《斷獄律》，從流失入死罪者減三等[五]，徒二年半。公罪分四等，定斷官減外徒二年，爲首者追官，餘三等徒罪並止罰銅[六]。伏以法之至重者死，人之所保

〔一〕翟昫：原作「翟昀」，查字書無「昀」字。雍正《廣東通志》卷二六光宗、寧宗間有知韶州翟昫，應即此人，因改。

〔二〕原稿此後有四條（自天聖六年七月至七年閏二月），單作一頁，乃本門前文漏抄之文，今已移至本書刑法四之一五天聖六年五月二十三日條之後，參彼處校記。

〔三〕「長」原作「本」，「停」原脱。按《宋史》卷一九九《刑法志》一引刑部張佖此奏，此句作「長吏則停任」，據以改補。

〔四〕封：原作「刑」，據《長編》卷六〇改。

〔五〕等：原作「年」，據《長編》卷六〇改。

〔六〕銅：原作「錮」，據《長編》卷六〇改。

者生，儻官司不能盡心，則刑辟乃有失入。蓋幕職、州縣官初歷宦途，未諳吏事，長吏明知從坐，因循不自詳究。雍熙三年七月勑，權判刑部張佖起請，失入死罪不許以官當贖，知州、通判勒停。咸平二年編勑之時，輒從删去。臣以爲若依格法舊條，似虧懲勸；或準張佖起請，又未酌中〔一〕。欲望自今失入死罪不至追官者〔二〕，斷官衝替，候放選日注僻遠小處官，繫書幕職、州縣官注小處官，京朝官任知州〔三〕、通判，知、令、録、幕職授遠處監當。其官高及武臣〔四〕、内職奏裁。」詔可。

大中祥符七年九月十二日，權知開封府王（曉）〔曙〕洎判官等坐斷獄失誤罰金〔五〕。初，法寺准詔，長吏爲部民所訟〔六〕，罰訖代之。帝以京府事繁，與外郡異，止命增贖銅十斤而復70其任。

八年八月二日，開封府判官國子博士韓允、殿中丞權大理少卿閻允恭並除名，允授岳州文學，允恭授復州文學。百姓崔白杖脊配崖州牢城，白子端決杖配江州本城。白家于京師，素無賴，凌脅羣小，取財以致富〔七〕。先有滿子路，强狠任俠，名聞都下；又有趙諫，以豪横伏法。白謂人曰：「滿子路，吾之流輩也，趙諫，吾門人爾，餘不足筭也。」百姓梁文蔚與白鄰居〔八〕，白素欲强買其舍，文蔚未之許，屢加詬辱。會文蔚死，妻張與二子皆幼，白日夕遣人投瓦石以駭之。張不得已徙去，即以其舍求質錢百三十萬，白固以九十萬市之〔九〕。張訴于京府，白遂增錢三十萬，因潛減僦課，以己僕爲證，詣府訟張，且厚賂胥吏。白素與允恭善，遂祈允恭達其事於允〔一〇〕，坐張妄增屋課，杖之。白因大言，衒其事于鄽閭。皇城司廉知以聞，詔捕白付御史臺，鞫問得實，故並及罪責。

九年三月八日，免給事中慎從吉，削一任，翰林學士、給事中、知制誥錢惟演罷職守本官。初，咸平縣民張贇妻盧訴姪質被酒詬悖。張，豪族也。質本養子，而證左明白。質納賄胥吏。從吉子大理寺丞鋭時督運石塘河，往來咸平，爲請求縣宰，本縣斷復質劉姓。而弟令與盧同居，質洎盧迭爲訟。縣聞於府，會從吉權知府事，命户曹參軍呂楷就縣推問。盧之從叔虢畧尉昭一納白金三百兩于楷〔一一〕，楷久而不決，且以俟追劉族爲名，即還府。盧兄（大）〔太〕子71中舍文質又因進士吳及納錢七十萬于從吉長子大理寺丞鈞，以其事白父，而隱其受賄之狀。盧又詣府列訴，即下

〔一〕酌：原作「酬」，據《長編》卷六〇改。
〔二〕不：原脱，據《長編》卷六〇補。
〔三〕京：原作「景」，據《長編》卷六〇改。
〔四〕臣：原作「品」，據《長編》卷六〇改。
〔五〕洎：原作「泊」，據《長編卷》八三改。
〔六〕所：原無，據《長編》卷八三補。
〔七〕財：原作「材」，據《長編》卷八五改。
〔八〕蔚：原作「尉」，據下文改。按，《長編》卷八五此及下文均作「尉」。
〔九〕「市」上原有「因」字，據《長編》卷八五删。
〔一〇〕祈：原作「從」，據《長編》卷八五改。
〔一一〕號：原作「號」，據《長編》卷八六改。

右軍巡院。昭一兄澄嘗以手書達惟演，云寄語從吉，事連鈞、鋭，請緩之。時及已亡命，軍巡請搜捕，且曰：「未得及，則獄不具。」從吉亟召軍巡判官祝坦至聽事後廡詢之，毁所請狀，又令鋭密問坦獄情若何，頗自疑懼，因密作奏，請付御史臺，未報。糾察刑獄王曾、趙稹詣便殿以聞，且言事涉從吉，慮軍巡顧避。稹方知雜，請不以付臺，乃命殿中侍御史王奇、三司户部判官著作郎直史館梁固鞫治，仍遣中使譚元吉監之，逮捕者百餘人。獄成，奪楷、（均）〔鈞〕二官，配隸衡、郢州；鋭、坦、文質皆奪一官，坦貶（豪）〔濠〕州司户參軍。盧澄本陳留縣大豪也，常入粟得曹州助教，殖貨射利，侵牟細民，頗結貴要，以是益横。劉綜知府日，常犯法，綜憤其豪縱，重繩之，奪官配郢州，仍請後有過不以贖論，詔可其奏。至是，與昭一並決杖，澄配隸江州，昭一特除名。從吉、惟演並坐責，餘責罰有差，情重者配隸外州軍。

二十一日，右諫議大夫慎從吉追一任官，著作佐郎高清杖脊，黥面，配沙門島。清知（大）〔太〕康縣，民有詣府訴家産者，清納其賄。時已罷任〔一〕，即逃避他所〔二〕。知府慎從吉請對〔三〕，言其子鋭先假清白金七十兩，望傳詔捕繫，仍别置獄。遂命駕部員外郎劉宗言〔四〕、監察御史江仲甫推劾。清匿于進士丁禹家，禹白官捕得之，且搜 72 其家，獲財貨甚衆，衣服有侈靡違禁者，因揭榜許民户告首，并得他贓狀。獄具，法寺以其所受贓不分枉直，改命屯田員外郎丁慎脩覆按。清枉法當死，帝命貸之。清，庫部郎中士宏之子，景德中進士，宰相寇準以弟之女妻之。寇死，故相李沆家復取爲婿。歷官以賄聞，頗恃媚援，以是欺蠹小民，務自奢縱，被服如公侯家。初，慎鋭就清假貸，清以多納賕賄事將敗，遂諾之，求其爲助。時方鞫盧氏獄，從吉發此事，欲以自解。鋭素狡獪，始假清銀，欲爲庇護，及聞有訟，即以還之。前以盧氏事奪一任，至是又坐請求削衛尉寺丞。從吉坐首露在已發後〔五〕，又奏報不實，用官減當罰金，詔以從吉累犯憲章〔六〕，合當黜竄，特追右諫議大夫，免其安置。鋭配單州。自餘決罰配隸者數十人。宗言、仲甫以鞫獄失實，並黜監物務。府界提點虞部員外郎姚潤之、内殿崇班閤門祇候王承謹坐不能察舉〔七〕，復保任清，並免所居官。

仁宗天聖九年十二月十五日，刑部言：「漣水軍鞫僧處照僞爲公驗抵死，省司詳覆，按處照始與人鬬，巡邏者白官，乃持公驗，顯是未嘗行用，失入死罪。望下轉運使選官

〔一〕已：原作「以」，據《長編》卷八六改。
〔二〕他：原脱，據《長編》卷八六補。
〔三〕府：原作「家」，據《長編》卷八六改。
〔四〕宗言：原作「宗古」，據《長編》卷八六及《宋史》卷二七七《慎從吉傳》改。下同。
〔五〕後：原無，據《長編》卷八六補。
〔六〕犯：原作「奉」，據《長編》卷八六改。
〔七〕謹：原作「僅」，據《長編》卷八六改。

詳案牘，具當否聞奏。」從之。

十年五月十一日，審刑院言：「虞部員外郎、知睦州劉宗諒坐誤以犯杖囚杖脊配軍人決杖釋放，法應罰銅二十斤。」特絀遠處監當〔一〕。

明道二年十二月六日，刑部言：「潭州四月旬禁狀内，弓手雷遂因根捉賊【73】人，摑打婦人阿劉身死，該赦合移鄉千里，不合刺配漳州牢城。」詔改配潭州本城，其檢斷官吏免勘特放。

景祐三年正月七日，中書門下言：「今據臣僚進狀，洗雪罪犯，尋送別司定奪，屢有改正元斷罪名。顯是前來斷奏及定奪官不切審詳，或有狗私，是致定斷不得盡公。欲令審刑院、大理寺、刑部，今後命官、使臣披雪犯罪，經別定奪顯是不當者，元奏斷、定奪、簽書官員不以赦前赦後，並具姓名聞奏。」從之。

四月九日，法寺奏斷泉州録事參軍張尋失吳皓死罪，徒二年半公罪定斷，合追一任勒停；支使施收罰銅三十斤勒停，通判張大冲二十斤，知州蘇壽十斤，各與監當；權司法呂喬卿權南安主簿，准條去官，詔特衝替。

八月十五日，知蘄州、虞部員外郎王蒙正責洪州別駕。坐故入林宗言死罪，合追三官勒停，特有是命。判官尹奉天、司理參軍劉涣並坐隨順，奉天追兩任官，涣曾有議狀，免追官監酒。借職崔克明將酘黄酒入己，特免除名，追官勒停。通判張士宗隨順蒙正，虚妄申奏，追見任官。黄州通判潘衢不依指揮再勘林宗言翻訴事，罰銅三十斤，特勒停。權蘄水主簿鄭照搜求宗言事〔二〕，罰銅九斤；蘄春知縣蘇諲録問不當，罰銅十斤，並特衝替。宗言將官麻入己，罰銅八斤，特勒停。殿直皇甫振借銀與蒙正，合罰銅七斤。録事參軍尹化南、司法參軍胡揆不駮公案，各罰銅五斤。轉運使蔣【74】堂〔三〕、吳遵路以勾當發運勞績免勘，優與知州。提刑徐越、趙日宣爲勾提到蒙正，特免勘，越近便知州，日宣近從便合入差遣。

十一月十日，梓州路提刑司言：「法司人吏失出入徒罪二人以上及二人以下再犯，乞求不差充法司〔四〕。」詔可。

寶元二年十二月十四日，就（徒）〔徙〕知廬州、祠部郎中、集賢校理王質監舒州靈仙觀，前通判、比部員外郎陳執方通判潭州，並坐失入囚死罪。自餘幕官、曹掾連坐五人。先是，執方已去官不坐，又例當知州，帝覽其案，曰：「執方雖去官，乃同知樞密院執中之兄也〔五〕，外方不知者，見其獨免，謂朝廷因執中而私之，可且更令通判大郡一任，亦非降也，但欲均其罰爾，兼與執中免多言之謗。」宰臣以處斷詳允，皆常意所不及，乃奉詔施行。

〔一〕「特」上疑脱「詔」字。
〔二〕「水」上原有「州」字，應是衍文。蘄水乃蘄州屬縣，林宗言即原蘄水知縣。
〔三〕堂：原作「當」，據《長編》卷一一九改。
〔四〕求：似當作「永」。
〔五〕同：原脱，據《長編》卷一二五、《宋史》卷二一一《宰輔表》二補。

二十五日，屯田郎中、知閬州張保之言：「縣司解送公事，若犯死罪只作徒以上或本犯徒却作死罪解送赴州，州司勘正，縣司官吏乞申明合與不合成故失入罪論。」事下法寺，衆官看詳：諸縣申解公事，州與縣解罪名差互不同者，縣司官吏依令文更不問罪；或解徒以上，到州推勘，却至杖罪及平人，即從違制失定□；如挾私故意增減，即以故入人罪論。從之。

至和二年二月五日，廣州司理參軍陳仲約特勒停。仲約任廣州司理參軍，鞫囚失入死罪，從公罪坐贖銅放〔一〕。帝謂知審刑院張揆曰〔二〕：「死者不可復生，而獄吏它日猶得敘用，豈可不重其罰 75 也！」乃特勒停〔三〕，仍遇恩未得敘用。

嘉祐六年十月十八日〔四〕，詔：「磨勘選人歷任内曾失入死罪，未決者〔五〕，俟再任，舉主應格〔六〕，聽引見。已決者，三次乃許之。若(夫)〔失〕入二人以上者，雖得旨改官，仍與次等京朝官。」

治平四年十一月二十六日，(英)〔神〕宗已即位，未改元。詔新判大理寺、太常少卿祝諮依舊與提刑差遣。右司諫劉庠言：「諮同任少卿斷銀沙獄，失入大辟七八十人，賴朝廷疑其冤，覆於御史臺，皆得減等。諮之用法不詳，見於已試，豈可復主天下之平？」故罷之。

神宗熙寧二年九月七日，詔審刑院、大理寺元簽書檢斷蘇州百姓張朝法官，並命御史臺取勘奏聞。以張朝因堂兄張念六以槍殺朝父死〔七〕，後走却，被朝(提)〔遇〕見，打死張念六。審刑院、大理寺用法斷朝犯十惡不睦當死奏案，而參知政事王安石引律奏，朝父爲房兄所殺，則於法不得與之私和，則無緣責其不睦，合依條得加役流罪，會赦合原。上得是奏，乃詔依安石所議施行，其審刑院等法官以用法不當，故有劾也。

十二月十一日，詔：「今後失入死罪，已決三名，爲首者手分刺配千里外牢城，命官除名編管，第二從除名，〔第三〕、第四從追官勒停；二名，爲首者手分遠惡處編管，命官除名，第二從追官勒停，第三、第四從勒停；一名，爲首者手分千里外編管，命官追官勒停，第二從勒停，第三、第四從 76 衝替。以上赦降、去官不免，後合磨勘、酬獎、轉官，取旨。未決者，比類遞減一等〔八〕，赦降、去官又遞減一等。内使相、宣徽使、前兩府，取旨；大卿監、(閤)〔閣〕門使以上，(以)〔比〕類上條降官、(降官)落職、分司或移差遣；其

〔一〕罪：原脱，據《長編》卷一七八補。
〔二〕「帝」原作「常」，「審刑」原脱，據《長編》卷一七八改補。
〔三〕勒停：原脱，據《長編》卷一七八補。
〔四〕按，《長編》卷一五九慶曆六年十月，又卷一九五嘉祐六年十月兩載此詔，其載慶曆六年者誤也。《會要》職官與刑法二門皆用此詔，均作嘉祐六年。
〔五〕未：原脱，據本書職官一一之一五補。
〔六〕舉主：原作「與王」，據本書職官一一之一五改。
〔七〕以槍：原作「行搶」，據《宋史》卷二〇一《刑法志》三改。
〔八〕類：原作「數」，據《宋史》卷二〇一《刑法志》三改。

武臣知州軍，自來不習刑名者，取旨施行。」

三年六月十八日，詔：「審刑院、大理寺官坐失入秦州百姓曹政死罪未決，判審刑院韓維、齊恢已去官，及會熙寧二年十一月二十六日德音，勿論；〔詳〕斷官李逵〔一〕、胡澤並衝替，權大理少卿蔡冠卿與小處差遣〔二〕，權判大理寺許遵、〔詳〕議官朱大簡、韓晉卿、趙文昌、馮安之並與移一般差遣。」

四年四月十二日，詔開封府、河東轉運使取勘太原府及經略司、審刑院、大理寺勘斷王育等刑名不當以聞。刑房申：「太原太谷縣尉王育權本縣，斷高福行奸，因謀合人白雅并妻阿程隱庇不通，捶拷至死。本府官吏以阿程爲有罪之人，將王育爲失減。法寺又引律稱所拷數不過，合無罪，并依比司攝判去官勿論外，只將令手分族寫獄子申報及拆粘公案〔三〕，從不應爲重杖八十私罪，贖銅八斤。今詳阿程係與夫同犯，于法止坐尊長及不合隱庇，既阿程身死，顯是官司于法不應捶拷。准律，鬬殺傷論至死加役流，今王育合于加役流上定斷。會降徒三年〔四〕，追一官，更罰銅十二斤，勒停。所有太原府應干官吏、河東經略司、審刑院、大理寺主判官，並各有上項減誤斷罪名不當。」77故也。

五年十〔一〕月五日〔五〕，詳定編敕所、開封府言：「定奪沂州軍賊李則合依條于斬刑上從按問，欲舉自首減二等。」詔依。其沂州官吏失入李則死罪，審刑院、大理寺、御史臺定奪不當官並取勘以聞。

十年六月十六日，詔：「刑部、審刑院、大理寺歲終比較刑法官，內有失入罪及失錯、稽違多者，具名以聞，當量輕重，特與施行。」

元豐二年四月二十六日，詔權判南京國子監、尚書駕部郎中鄭宗礪罰銅十斤致仕。坐前知眉州失入人死罪〔六〕，會〔舍〕赦而宗礪年已七十餘故也。

哲宗元祐元年十二月十七日，尚書省言：「左司狀：『失入死罪未決并流、徒罪已決，雖經去官及赦降原減，舊中書例各有特旨。昨於熙寧中，始將失入死罪倚入海行敕，其失入流〔七〕、徒罪例爲比死罪稍輕〔八〕，以此不曾入敕，只係朝廷行使。近准朝旨，于敕內刪去死罪例一項〔九〕，其徒、流罪例在刑房者依舊不廢，即是重者不降特旨〔一〇〕，反異于輕者，于理未便。』本房再詳，徒罪已決例既不可廢，即

〔一〕李逵：《長編》卷二一二作「李達」。
〔二〕冠：原作「寇」，據《長編》卷二一二改。
〔三〕族：疑當作「旋」。
〔四〕「會」下疑脱「赦」字。
〔五〕十月：原作「十一月」。按，《長編》卷二三九繫於十月五日庚辰，並注云：「此據密院《時政記》，十月五日事。」據刪。
〔六〕罪：原脱，據《長編》卷二九七補。
〔七〕流：原作「死」，據《長編》卷三九三改。
〔八〕死：原作「元」，據《長編》卷三九三改。
〔九〕「例一項」及下句「其徒流」，原缺，據《長編》卷三九三補。
〔一〇〕不降特旨：原缺，據《長編》卷三九三補。

死罪未決例仍合存留，乞依舊存留《元豐編勑》全條。」從之。

四年五月二十七日，詔：「諸路斷流配罪已當，若本案内徒以下罪有出入者，奏裁。其出入笞杖及半年徒，從刑部下所屬改正。」

六年八月十六日，樞密院言：「中書省以知岷州康識前任知鄜州日失入死罪〔一〕，有詔特差替。緣識久在熙河，見係本路鈐轄、知岷州，今防秋是時。」詔識展磨勘二年，罷差替[78]謫命。

七年八月五日，臣僚言：「伏見法寺斷大辟，失入一人有罰，失出百人無罪；斷徒、流罪，失入五人則責及之，失出雖百人不書過。常人之情，能自擇利害，誰出公心爲朝廷正法者〔二〕！乞令於條内添入『失出死罪五人比失入一人〔三〕，失出徒、流罪三人比失入一人』。」從之。

紹聖四年四月十五日，刑部言：「前臨江軍判官李適在任失入三人死罪，合追兩官勒停，兩遇大禮，合該原免。」詔李適依斷特免勒停，與小遠處差遣。

元符三年五月二日，徽宗已即位，未改元。臣僚言：「大理寺讞斷天下奏案，元豐舊法無失出之罪罰，後因臣僚建言，增修失出比較。逮紹聖立法〔四〕，遂以失出三人比失入一人，則一歲之中偶失出死罪三人者，便被重譴，甚可惑也。夫失出者〔五〕，臣下之小過；好生者，聖人之大德〔六〕。請罷理官失出之罰〔七〕。」詔紹聖四年十一月二十九日指揮勿行。

徽宗宣和三年閏五月五日，詔朝奉郎汪希旦特降一官。刑部、大理寺言希旦前任齊州士掾，鞫獄失出刼盜趙俊死罪，失入申進、王弼死罪，會赦當原，特有是命。

十二月五日，臣僚言：「伏見大理寺斷袁州百姓李彦聰令人力何大打楊聰致死公事，其大理寺以元勘官作威力斷罪可憫，寺正、丞、評並無論難，因少卿聶宇看詳駁難，稱是李彦聰止合杖罪定斷，其寺丞與評事亦從而改作杖罪。案上刑部，看詳疏難，稱大理寺不將李彦聰作威力，使令毆(繫)〔擊〕致死斷罪未當，欲[79]令改作斬罪。其寺正、評事議論反復，少卿聶宇執守前斷，供報省部。本部遂申朝廷，稱大理寺所斷刑名未當，已疑難不改，若再問，必又依前固執，枉有留滯，伏乞特賜詳酌。既而大理寺檢到元豐斷例，刑部方始依前斷杖罪施行。訪聞寺正、評事其初皆以聶宇之言爲非，兼刑部駁難及申朝廷詳酌則以斬罪爲是，杖罪爲非。若聶宇依隨刑部改斷，則刑部以駁正論功，聶宇失

〔一〕死：原脱，據《長編》卷四六四補。
〔二〕「出」下原有「入」字，據《長編》卷四七六刪。
〔三〕死：原脱，據《長編》卷四七六補。
〔四〕法：原缺，據《文獻通考》卷一六七補。
〔五〕夫失出：原缺，據《文獻通考》卷一六七補。
〔六〕人：原脱，據《文獻通考》卷一六七補。
〔七〕請罷理官：原缺，據《文獻通考》卷一六七補。

出之罪將何所逃？直至尋出元豐斷例，刑部方始釋然無疑，使李彥聰者偶得保其（守）〔首〕領，則杖者爲是，斬者乃非矣。伏望聖慈取付三省，辨正是非，明正出入之罪。兼（詳看）〔看詳〕法寺案□□□□宿尤無執守〔一〕，其議李彥聰案，遂持兩□□□□望併賜黜責施行。」詔高宿降一官，周懿文罰銅十斤。

高宗紹興元年八月二十九日，刑部尚書胡直孺言〔二〕：「大理寺自去年七月以後到今，畧舉出入刑名死罪十四件，流罪以下一百餘件，並係郎官王綱親行疏駮改正，除徒、流及出入死罪不計數外，其失入死罪五名，皆死中獲生。若不附之推恩，則無以激勸尚公之吏。」詔朝請郎、守大理少卿王綱特（受）〔授〕朝奉大夫。

二年六月二十九日，詔大理寺當斷靖州鄭誼作不應爲重杖罪差錯官，左奉議郎、評事黃邦俊，右朝奉郎、行丞路彬，各罰銅十斤。

三年四月四日，駕部員外郎韓膺胄言：「凡獄官失入死罪者，乞終身廢之，雖經赦宥不原，80 如祖宗法。」上曰：「此仁宗之事也，其仁民詳刑如此。」

六月二十三日，臣僚言：「中軍統領官張識冒請逃亡軍人米，刑寺元斷公罪，待致朝廷疏問，却將盜米贓罪杖斷作贓罪流，顯見前斷不當。」其刑部、大理寺事屬失職，寺丞胥介、評事許絳、權刑部郎官劉藻各特降一官，章誼、元衮各罰銅十斤，仍令李與權將元勘入當人吏疾速根勘施行。續有旨，張識追毀出身以〔來〕文字，除名勒停，特送筠州編管。

四年二月七日，都省言：「大□□□百姓孫昱等案〔三〕，內孫昱所殺人係屍□□□〔四〕，作疑慮奏裁，其刑寺並不引用。比緣朝廷疏問，方乞添入，顯屬鹵莽。」詔大理寺當職丞、評各（將）〔得〕罰銅十斤，刑部人吏各罰銅五斤。

三月十四日，詔大理寺當職丞、評事各得罰銅二十斤，刑部郎官罰銅十斤，刑部人吏從杖一百科斷。以宣州奏勘到有蔭人檀偕及佃客阮授、阮捷毆縛葉全三等五人至死〔五〕，內三人係因執盜而殺外，有陳伴弟等三人係故殺平人〔六〕，衆證分明，止因屍不驗，作疑慮奏裁，有司不駁正，爲臣僚所論，再送御史臺看詳定斷，故有是行遣。

五年三月十六日，御史臺言：「准詔，委臺屬憲臣常切檢察，月具所平（及）〔反〕過刑獄以聞，三省歲終鈎考，當議殿最。契勘本臺官吏奉詔條平反刑獄，職當檢察，緣上件鈎考殿最之法，本臺循習舊□□時取摘案欵點檢，不無希

〔一〕所缺四字據後文所述，似應作「周懿文高」。
〔二〕胡：原作「朝」，據《建炎要録》卷四六改。
〔三〕據《建炎要録》卷七二，所缺字當是「理寺斷」。
〔四〕據《建炎要録》卷七二所述此案，所缺字應是「不經驗」。
〔五〕「檀」原作「擅」，「佃」原作「地」，「阮」原作「院」，據《宋史》卷二〇一《刑法志》三改。又，葉全三，《宋史》及《文獻通考》卷一七〇作「葉全二」，但《建炎要録》卷七二亦作「葉全三」。
〔六〕以上二句之「三人」，當有一作「二人」，方合五人之數。

賞之嫌。令後歲□□本臺并諸路提刑司81檢察名件，以出入徒以上與杖以下罪爲再者，取旨施行，所貴官吏以得舉職。」從之。

四月九日，給事中陳與義言〔一〕：「臣聞魏相條奏，多採賈誼、晁錯之言；龔勝上言，實本王陽、貢禹之意。本朝道德名臣議論至到，莫如司馬光者。曹州嘗奏强盜趙倩等二人案，作情可憫，乞從寬貸。光則上奏曰：『如趙倩等所犯皆得免死，則盜賊加盛，良民無以自存，殆非懲惡勸善之道〔二〕。乞自今後天下州軍勘到强盜〔三〕，情理無可愍，刑名無疑慮〔四〕，輒敢奏聞者，並令刑部舉駮，重行典憲。』泰寧軍勘到姜齊，懷州勘到魏簡，耀州勘到張志松〔五〕，皆爲毆殺人而妄作情理可愍、刑名疑慮奏裁。光則上奏曰：『于殺人者雖荷寬恩，其被殺者何所告訴？非所以禁制凶暴、保安良善也。乞今後應奏大辟，刑部于奏鈔後別用貼黃聲説情理如何可憫，刑名如何疑慮，今擬如何施行。門下省省審〔六〕，如何委得允當，如有不當及用例破條〔七〕，即奏行取勘。』以道德名臣議論如此，豈其樂殺人也哉！乃所以禁奸暴，申冤枉，期於庶獄之平允〔八〕，而措一世於無刑也。大批獄之庇〔九〕，無佗，有所出入則不得其平。陛下哀矜庶獄，患中外之吏容心毁法，乃紹興三年正月，沛然下詔，以訓以戒，天下皆知推廣好生之德，獨州郡妄奏以出人之罪者尚多有之。乞採用司馬光之言，申嚴立法。」從之。

六年六月五日，刑部審覆：「大理寺看詳到宋悆元勘林德珍等不係失入死82罪分明，其已斷本官作失入公罪徒，特差替指揮刑名合與改正。」從之。先是，悆以左迪功郎爲明州司理，勘到林德珍等公事翻異，提刑司再差官重勘，奏悆作失入死罪行遣，悆進狀訟究，（一）〔至〕是改正。

十一年五月二十七日，臣僚言：「知泉州富直柔因本州奏勘殺人海劫黃□□，州院官吏將合斷配陳翁進作陳進哥，領□□□重杖處死，却將陳進哥作翁進解押上州。既而直柔將錯誤官吏送司理院取勘外，上章（白）〔自〕劾，得旨令直柔根勘官吏，具案以聞。臣以謂上件錯誤係本州事而復令本州勘，恐未肯盡情究治，欲乞令本路監司取勘，候案上取旨，重賜施行。臣契勘直柔身爲前執政而不親郡事，致僚屬弛慢如此。直柔知其失職，遂力請奉祠，今雖已得宮觀，亦當具正典刑。竊見近撫州官吏誤殺陳四閑，其知州已下雖去官，猶坐罪有差。若罪同而罰異，不唯無以厭

〔一〕義：原脱，據《建炎要録》卷八八補。
〔二〕非懲：原缺，據《傳家集》卷四八補。
〔三〕「强盜」及下句「情」，原缺，據《建炎要録》卷八八補。
〔四〕疑：原作「可」，據《傳家集》卷四八、《建炎要録》卷八八改。
〔五〕「耀」原作「輝」，「勘」原作「堪」，據《傳家集》卷四八改。
〔六〕省審：原脱「省」字，據《傳家集》卷四八、《長編》卷三五九補。按此「省」字爲動詞，《建炎要録》卷八八亦脱。
〔七〕破：原脱，據《建炎要録》卷八八補。
〔八〕平：原作「中」，據《建炎要録》卷八八改。
〔九〕「庇」下疑脱「盜」字。此似謂司馬光大加批評斷獄者之庇護盜賊。

服人心，且使後來者莫知所戒懼焉。」詔令本路提刑司取勘，具案取旨。

七月十六日，刑部（詳看）〔看詳〕臣僚所論諸州獄官誤殺不應死罪人，及巡尉希賞、强執平人以爲寇等：「契勘紹興十一年五月十七日詔，自今大辟罪人赴刑日，令長吏遣當職官引囚，親行審問鄉貫、年甲、姓名、來歷，别無不同，即依法施行。若巡尉捕盜，意在希賞，便將平民執以爲寇，係律官司入人罪。若入全罪以全罪論，從輕入重以所剩論，合從故入人罪法科斷。83 欲乞朝廷申嚴行下。」從之。

十八年閏八月七日，大理寺丞石邦哲言〔一〕：「伏覩《紹興令》，決大辟皆於市先給酒食〔二〕，聽親戚辭訣〔三〕，示以犯狀，不得窒塞口耳、蒙蔽面目及喧呼奔逼。而有司不以舉行，殆爲文具，無辜之民至有强置之法。如近年撫州獄案已成〔四〕，陳四閑合斷放，陳四合依軍法〔五〕。又如泉州獄案已成〔六〕，陳翁進合決配，陳進哥合決重杖。姓名畧同而罪犯迥别，臨決遣之日，乃誤以陳四閑爲陳四〔七〕，以陳翁進爲陳進哥〔八〕，皆已決而事方發露。使不窒塞蒙蔽其面目口耳，而舉行給酒辭訣之令，則是二人者豈不能呼寃以警官吏之失哉？欲望申嚴法禁，如有司更不遵守，以違制論。」從之。

二十八年二月二日，殿中侍御史葉義問言：「嘗具奏，殿前、馬、步軍司差人招軍，而吐渾押官潘勝者强作輦官，得旨行下根究。今刑部將元捉人定斷杖一百。公論殊爲不平。臣聞蹙路馬芻有誅〔九〕，以天子之所乘馬也。况夫輦官，最爲親近，孰謂强捉充軍，擬行改刺而可以輕刑處之！刑部官吏不取奏裁而擅行處分，望賜行遣。」詔刑部官各罰銅十斤，當行人從杖八十科斷。

孝宗乾道六年八月六日，權刑部侍郎王秬言：「比來犯罪人或經赦宥，刑寺例皆擬以情重，所得之罪往往過舊遠甚。如赦前所犯贓盜，于法當徒，經赦之後反置之死配。乞自今凡經赦宥情重法輕之人，有司擬斷，毋得過本罪。」從之。

九年五月 84 二十六日，兩浙東路提點刑獄公事鄭興裔言：「獄者所以合異同之辭，差官勘鞫，正欲得其實情。今之勘官往往出入情罪，上下其手。或棰楚煆煉，文致其罪；或衷私容情，陰與脱免。雖在法有故出故入、失出失入之罪，幾爲文具。欲望明詔有司，俾之遵守。」〔詔刑〕部

〔一〕丞：原作「臣」，據《文獻通考》卷一六七改。
〔二〕決：原作「史」，據《文獻通考》卷一六七改。
〔三〕訣：原作「決」，據《文獻通考》卷一六七改。
〔四〕「近」原作「枉」，「已成」原缺，並據《文獻通考》卷一六七改補。
〔五〕「四」下原空一格，據下文及《文獻通考》卷一六七，此處並不缺字，故連書。
〔六〕獄案已：原缺，據《文獻通考》卷一六七補。
〔七〕「誤」下原有「設」字，據《文獻通考》卷一六七删。
〔八〕「翁」原作「公」，「陳進哥」原無「陳」字，並據《文獻通考》卷一六七改補。
〔九〕天頭原批一「竊」字，嘉業堂本徑改「蹙」爲「竊」。按「蹙（踧踖）路馬（天子之馬）芻有誅」乃《禮記・曲禮》文，此批妄。

檢坐見行條法申嚴行下。

二年四月二十七日[一]，臣僚言：「獄者，愚民犯法，固其自取，然亦有遷延枝蔓而情實可憫者。竊見春夏之交，疫癘方作，囚繫淹抑，最易傳染。一人得疾，馴至滿獄，州縣謂之獄殟。乞明詔諸路監司、守臣，遵守成憲，入夏之初，躬親或差官慮囚。如犯大辟，立限催促勘結，不得遷延枝蔓。其餘罪輕者，即時斷遣。見坐獄人或遇疾病，亦須支破官錢，爲醫藥饘粥之費，具已斷遣人數及有無疾病以聞。仲夏復命憲臣斷行疎決，無致後時，務令囚繫得脱疫癘炎暑之酷。」從之。（以上《永樂大典》卷一九九七九）

獄空

【宋會要】85凡諸州獄空，舊制皆（除）〔降〕詔勑獎諭。若州司、司理院獄空及三日以上者，隨處起建道場，所用齋供之物並給官錢，節鎮五貫，諸州三貫，不得輒擾民吏。

太宗太平興國七年八月十五日，兩浙路轉運使高冕言：「部内諸州繫囚甚多，蓋知州、通判慢公，不即決遣，致成淹延。或虚奏獄空，隱落罪人數目，以避朝廷按問。望自今虚奏獄空及見禁人狀内落下人數、隱縮入禁月日者，許本州官吏互相申糾，重行朝典。」從之。

淳化三年四月十二日，詔：「諸州須司理院、州司、倚郭縣俱無禁繫，方得奏爲獄空。如逐司官吏自勤發遣致獄空者，仰長吏勘會詣實，批書印曆，更不降詔獎諭，並依《編勑》施行。」

真宗大中祥符二年四月十二日，詔：「諸州雖封部閑静，獄空及季者亦賜詔獎之。」

五月八日，銀臺司言：「降詔書獎諭饒、歙州獄空，看詳皆是州司、司理院互有獄空，不應得《編勑》條貫。今後乞先委刑部將旬奏禁狀點勘不謬，即具奏降詔。刑部點勘如依得《編勑》，即具以聞。」

十一月一日，權判刑部慎從吉言[二]：「伏見提點刑獄司所奏獄空狀[三]，本部比對，多不應《編勑》。外州妄覬獎（語）〔諭〕，沽市虚名。近據邠、滄二州勘鞫大辟罪囚干註數人，纔一夕即行斬決。況前代京師決獄，尚須覆奏，蓋欲慎重大辟，豈宜一日之内，便決死刑[四]！朝廷比務審詳[五]，恐有寃濫，即非求急速，如此則不體朝旨，邀爲己功[六]，但務獄空，必無所益。欲望依準前詔，不得獎諭。今後專委

[一] 二年：按，前已述及乾道九年事，此前似當補「淳熙」二字。

[二] 言：原脱，據《長編》卷七二補。

[三] 伏：原作「復」，據《長編》卷七二改。

[四] 便：原作「使」，據《長編》卷七二改。

[五] 「廷」原作「庭」，「務」原作「要」，據《長編》卷七二改。

[六] 爲：原脱，據《長編》卷七二補。

提點刑獄〔一〕、轉運司將州府軍監以公事多少分三等，第一等公事多處五日，第二等十日，第三等二十日，須州司、司理院、倚郭縣全無責保、寄店之類，方爲獄空。所以知州、通判勘會詣實，各與批上曆子，直俟得替赴闕，具狀開（祈）〔析〕保明以聞。」奏可。

神宗元豐五年四月一日，知開封府王安禮言三院獄空，詔送史館，安禮遷一官，推判官許懋〔二〕、胡宗愈、劉摯、劉仲熊並賜章服。軍巡判官畢之才以下十四人爲三等，第一等遷官，第二等減磨勘二年，第三等一年，吏史轉資。仍賜絹千疋〔三〕、銀一百五十兩、錢五百千。

七日，大理卿崔台符言本寺獄空，詔送史館，台符減磨勘二年〔四〕，少卿韓晉卿、楊汲一年。

九月十三日，大理卿楊汲等言獄空〔五〕，詔付史館。

十月六日，詔大理寺獄空，官吏量與支賜。

六年六月二十五日，龍圖閣直學士、朝奉郎、權知開封府王存言三院獄空，詔開封府官吏並依元豐五年推恩。

十月十三日，朝奉郎、試大理卿楊汲言大理寺斷絶獄空〔六〕，詔付史館，以汲試刑部侍郎。

七年正月十八日，知開封府王存言司録司、左右軍巡院獄空，乞付史館。詔王存遷一 86 官，官吏令第勞上司勳。

二月十一日，以開封府獄空，賜知府王存獎諭敕書、銀絹百疋兩，推判官胡宗愈等銀絹三十匹兩。初，存等奏獄空〔七〕，命如故事遷官，而門下省以謂前此存等以獄空遷官，或賜章服，才半歲，今推賞不可，上乃命止賜詔及銀絹而已。

四月十九日，大理卿王孝先言本寺獄空，詔降敕獎諭。自今有司上獄空，令御史臺、刑部按實。上以開封府、大理寺比歲務爲獄空，恐希賞不實也。

八年四月四日，大理卿王孝先等言獄空，詔付祕書省，仍令學士院降詔獎諭。

哲宗元祐三年三月二十八日，開封府獄空，詔付史館，權知府錢勰轉一官，推官賜章服。

九月（十）七日〔八〕，龍圖閣待制、權知開封府錢勰知越州，朝散大夫、倉部郎中范子諒知蘄州，朝奉大夫、新差提點河北西路刑獄林邵知光州〔九〕，仍各贖銅二十斤。內勰展三年磨勘，邵展二年磨勘。坐奏獄空不實也。

〔一〕專：原作「轉」，據《長編》卷七二改。
〔二〕判：原無，據《長編》卷三二五補。
〔三〕賜：原作「次」，據《長編》卷三二五改。
〔四〕減：原脱，據《長編》卷三二五補。
〔五〕汲：原作「伋」，據《長編》卷三二九改。
〔六〕卿楊：原缺，據《長編》卷三四〇補。
〔七〕空：原作「宗」，據《長編》卷三四三改。
〔八〕七日：原作「十七日」。按，《長編》卷四一四繫於九月七日庚戌，卷四一三原注亦云「九月七日錢勰降黜」。此處「十」字應是衍文，因删。
〔九〕邵：原作「郡」，據《長編》卷四一四改。

紹聖二年正月十六日，龍圖閣直學士、權知開封府王震言：「司録司、左右軍巡院狀，並無見勘公事及門留知在人請官。」詔送史館，賜銀絹章服、減磨勘年有〔差〕。

二十八日，前副都指揮使、保康軍節度使苗授言殿前司獄空，詔賜銀絹有差。

徽宗崇寧四年閏二月六日，詔開封府獄空，王寧特轉兩官。兩經獄空，推官晏幾道、何述、李注推官轉管勾使院賈炎並轉一官，仍賜章服；法曹曾諤轉一官，減二年磨勘；倉曹楊允、户曹劉湜、兵曹陸偕、士曹張元膺，各減三年磨勘；軍巡判官賀項、張華、孫況、張必，檢法使臣李宗謹、程諒，各轉一官，減二年磨勘。一經獄空，推官曹調賜金紫，工曹王良弼轉一官；司録李士高減二年磨勘，候叙用了日收使；檢法〔司〕〔使〕臣劉禹臣特與轉一官，減二年磨勘。

九月十三日，大理寺劄子：「勘會本寺今月七日獄空，已具奏聞去訖。伏覩開封府第一次獄空，申乞支破雜供庫錢管設官吏，依立春祈神例，用衙前樂祇應。二獄空，蒙下户部支降錢二百貫文。欲望朝〔庭〕〔廷〕特依近例，支賜錢下寺排設。」詔依例支賜錢二百貫文。

五年十月三日，開封尹時彦奏開封府一歲内四次獄空，乞宣付史館。從之。

大觀元年九月二十九日，敕：「檢會大觀元年八月刑部、大理寺斷絶〔天〕獄空，〔夫〕〔未〕曾推恩。取到大理寺狀，勘會七月二十五日起首稱辨，到二十九日終斷罪盡絶，八月一日申奏。今具到斷絶官職位、姓名，數内王衣、周澤、商守拙、林淵並自七月二十六日中書差，依崇寧四年例減半推恩。内周澤、商守拙各與減二年磨勘，王衣〔一〕、林淵比類施行。大理寺卿馬防、少卿任良弼各轉一官。」

二年五月二十四日，中書省勘會大理寺今年四月二十七日獄空，詔〔依〕崇寧五年六月三日例推恩，朝請大夫大理卿曹調、朝議大夫大理少卿任 87 良弼各與轉行一官。

九月十四日，開封府尹宋喬年奏：「勘會今年五月十七日本府獄空，嘗面奏乞不推恩，而訓戒丁寧，不許辭免，且有勸能之語。臣仰承眷奬，不敢牢辭。今曾〔不四〕旬，囹圄再空，其管設官吏之類，已得指揮依例施行外，若更奬賚，顯屬僥倖。欲望慈聖特降睿旨，更不施行。」詔府尹令學士院降詔，餘官降勑書獎諭，人吏依例支賜。

三年二月十四日，前淮南東路提點刑獄公事吳慈奏，前任本路管下州縣申到自大觀元年至二年六月終獄空月日、次數。又陜州奏大觀元年二月州院、司理院、平陸等縣獄空月日。詔：「淮東提刑并陜州知州并降勑書奬諭，平陸縣知佐、通判、司理院當職各指射差遣一次，通判陜州、州院、〔亭〕〔高〕郵軍軍院、海州司理院當職官各支賜絹二十疋。」

〔一〕王衣：原作「王依」，據上文及《宋史》本傳改。

四年五月四日，文武百僚、尚書左僕射何執中等言：〔復〕〔伏〕見開封府左治獄空，並斷絶，上表。乞宣付史館。」從之。

政和元年十二月十一日，朝散大夫、知解州上官行奏：「臣昨任京東西路提刑，准大觀元年八月七日御筆手詔，京師犴獄屢空，四方郡縣（又）〔久〕繫不決，令監司慮囚決獄，〔使〕囹圄之空，遍及天下。臣受奉聖訓，躬督州縣，本年終一路州縣並經獄空，京東近郡缺闔境澄清，悉資神化。臣嘗具全路獄空應詔以聞，乞宣付史館，以彰聖德。臣備員使事，無補涓塵，本年獄空，已曾兩被敕書奬諭，州縣獄官亦蒙朝（庭）〔廷〕漸加激勸。契勘京東舊係重法地分，素號獄訟煩冗。昨來全路獄空，與一州一縣獄空事體不同，皆聖化旁達，民知不犯。考之編簡，前此未聞。小臣區區，不避僭越，伏望特降睿旨，付之信史。」從之。

二年五月十八日，刑部奏：「知密州曹量奏：『竊見諸路州縣凡有獄空，自來未嘗奏聞，欲乞今後令逐路提刑司據州縣申到獄空去處，每月類聚奏聞，庶使無留刑禁，罪辜獲免淹繫。』刑部欲依本官奏乞事理行下。」從之。

三年九月十二日，詔大理寺、開封府自今不得奏獄空，其推恩、支賜並罷。

四年十一月二日，刑部奏：「淮南東路提點刑獄司申，據高郵知縣狀，具到獄空次數。本部看詳，州縣獄空，理當立法，今申提刑司類聚，月終奏聞。詔依。今據修下條：諸州縣獄空並申提點刑獄司類聚，月終以聞。」

五年三月，詔：「已降處分，開封府限三日結絶公事。今兩獄奏空，其官吏究心公事，依應批旨，即日奏上，頗見宣力，可依昨獄空例推恩。開封府尹盛章、少尹陳彦修、李孝端、左司録事李傳正、右司録事王行可並轉一官。餘有官人減三年磨勘，無官人等第支賜。」

六年二月二十七日，大理卿李百宗奏：「伏覩本寺本月二十一日兩推獄空，已具表稱賀奏聞。」詔：「大理卿李百宗、少卿李傳正及正、丞各特轉行一官，捉事使臣各支賜絹五疋，杖直 88 節級、長行、通引官、捉事人、專知官各支賜絹三疋，表奏司各支賜絹二疋。餘並依崇寧四年十月八日指揮推恩。」

四月十五日，中書省言：「奉詔，開封兩獄并四厢赤縣並獄空，可取索官吏、推獄等職次、姓名，擬定取旨推恩。除〔四〕厢、兩縣官別作施行外，詔六曹官吏、推獄等依兩獄已得指揮推恩。尹王革、少尹張徽言、王規、司録趙靖、孟楊各轉一官，内張徽言回授本宗有官有服親，王規、趙靖依條施行；左右獄掾官陳翼等四人，議刑掾官范榛等二人，檢法官梁立等四人，催促推勘公事并廳司使臣戚廉等六人，缺司使臣陳宗道等二人，左右獄推級葛思等二人，雜務掾官王直方等二人，奏報〔使〕臣戚友直、監門使臣沈皆、催促使臣趙鼎等三人，四厢官滕陶等四人，捉事使臣韓應等十一人，各減磨勘三年；開封（府）、祥符兩縣官許大年等九人，各減磨勘二年；左右獄推級賈乂等，各等第支賜。」

九月十七日，開封尹王革等奏：「契勘七月初十日，本府六曹、兩獄、四廂、十六縣獄空，已具表稱賀訖。今保明到合推恩官吏下項。第一等三十一員[一]：尹一員乞不推恩，少尹二員，司録二員，刑曹三員，左右獄掾四員，議刑掾二員，檢法使臣四員，催督并監勘公事聽司使臣四員，吏人一名，催督并監勘公事准備差遣使臣二員。第二等一十九員：士曹官二員，議曹官一員，兵曹官二員，工曹官二員，舊新左廂官二員，東明、鄢陵、酸棗、扶溝知縣四員，催促公事官并使臣四員，書狀兼奏報使臣一員、進武副尉一名。第三等三十五員：舊新右廂官二員，陳留、中牟、雍丘、祥符、長垣、開封、咸平、陽武知縣八員，雜務掾官二員，催督監勘公事准備差遣使臣一員，捉事使臣十七員、進義副尉一名，監大門使臣二員，提轄使臣二員。人吏，第一等四十三人：左右獄職級二人、推司一十三人，刑曹〔職〕級一名、典書一十人，户曹職級二人、典書二人，法司手分八人。第二等六十五人：左右獄推司二十人，士曹職級二人、典史四人，户曹典書六人，儀曹職級一名、典書五人，兵曹職級二人、典書一十人，刑曹典書五人，工曹職級一名、典書五人，催(捉)〔促〕待報公事職級二人。第三等一百八十七人：士曹典書五人，户曹典書一十四人，兵曹典書二人，刑曹典書一名，工曹典書一名，奏司職級一名、典書一名，監讀案典書四人，左右獄副典書八人，六曹副典書二十人，左右獄獄子五十人，六曹獄子三十七人，刑獄案職級七人、典書一十九人，副典書四人。」詔：「第一等官員各轉一官，人吏有官資人各轉一官資，無官資人各支賜絹一十疋。第二等官并有官人吏減三年磨勘，無官人吏各支賜絹七疋。第三等官并有官人吏各減二年磨勘，(無官人吏各支賜絹七疋第三等官 89 并有官人吏各減二年磨勘)[二]。無官人吏各支賜絹五疋，左右獄獄子各支賜絹三疋，六曹獄子各支賜絹二疋。」提刑錢歸善等轉一官，屬官減三年磨勘。內王序、錢歸善轉行，餘礙止法人依條回授，年限不同人依條施行。

十二月六日，太師、魯國公臣蔡京言：「伏覩開封尹王革奏，奉詔，開封府見禁公事稀少，仰催促結絶，冬祀前奏獄空。十月二十九日，據左右獄等處公事並已斷絶，即日獄空。」詔許稱賀。

七年四月三日，王革又奏：「奉詔，開封府見禁公事稀少，可催促奏獄空。據本府左右獄、六曹、四廂并鄢陵縣狀，見禁公事並已斷絶，即日獄空。乞宣付史館。」詔送秘書省，仍拜表稱賀。

重和元年十二月五日，詔：「開封府獄空，已降指揮等第推恩，並依政和六年九月例施行。」盛章轉一官，張徽

[一] 按下文僅二十五員，疑有誤。以下總數與實數亦多不合。

[二] 作小字之文原作大字，審文意此二十五字實承上而衍，今加圓括號並改爲小字，以示當删。

言、王吉甫、李中正、梁立、戚廉、龐思轉一官，並回〔後〕〔授〕本宗有官有服親；孟彦弼、范榛依條減四年磨勘；秦熹更不推恩。

宣和五年十一月二十六日，河陽元紹直言〔一〕：「本州兩獄並無見禁公事，各是獄空。」奉詔特許支破係省錢，賜宴犒設官吏。

高宗紹興六年六月四日，大理寺奏：「左右推見禁公事勘斷盡絶，即目獄空，省〔紀〕〔記〕得在京日本寺官上表稱賀。」詔免上表，令學士院降詔獎諭。十三年六月二十三日大理少卿朱斐等、二十二年五月一日大理卿許大英等、二十六年四月十九日大理少卿章燾等、二十九年正月一日大理少卿金安節等，及三十年四月十八日、三十一年五月八日大理寺並奏獄空，各詔免上表稱賀，令學士院降詔獎諭。

十三年正月十五日，臨安府奏左右司理、府院禁勘公事並已結斷了當，即目獄空。詔令學士院降詔獎諭。是年五月二十八日，臨安府奏左右司理、府院并管下錢塘等九縣，内外一十二處，並皆獄空，降詔如前。

十九年三月十四日，上諭宰臣曰：「諸州申奏獄空，〔皆〕是將見禁罪人於縣獄或廂界藏寄〔二〕，此風不可滋長。今後如奏獄空，可令監司驗實，或有妄誕，即行按劾，仍令御史臺覺察彈奏。若不懲戒，則奏甘露、芝草之類，崇虚誕謾，無所不至矣。」

三十一年五月十二日，宰執進呈大理寺獄空。上曰：「今大理寺及臨安府近在闕下，雖未敢謂刑錯，然獄訟清簡，冤抑得伸，亦庶幾矣。惟是諸路憲臣或不得人，則吏彊官弱，民無所訴。深恐此弊未革，卿等更宜商量措置。」

孝皇隆興元年五月，知盱眙軍周琮言本軍獄空。

十二月二十六日，大理卿李洪言大理獄空，乞上表稱賀，不允，令學士院降詔獎諭，推級等於贓罰錢内等第支給食錢。

二年五月，知荆門軍胡儔言本軍獄空。同月，荆湖北路提點刑獄公事富元衡言本路獄空。

十月，福建路提點刑獄公事任盡言〔言〕本路獄空。

90 乾道二年正月，知興化軍張允蹈言本軍獄空。

三月二十一日，知揚州周琮言本州獄空。

四年八月十六日，大理卿韓元吉言大理獄空，乞上表稱賀，不允，令學士院降詔獎諭，推級等於贓罰錢内等第支給食錢。

十九日，權發遣臨安府周淙言本府獄空〔三〕，降詔獎諭，推級等本府量行犒設。

五年二月二十二日，知揚州莫濛言本州獄空。

六月四日，大理卿沈度言大理獄空。降詔獎諭，推級

〔一〕河：原小字注「缺」。據《授堂金石文字續跋》卷一一《改修孟州門頌詔廳碑》載，宣和五年，元紹直爲「中散大夫、權知河陽軍州□管勾神霄玉清萬壽宮兼管内勸農使」，據補。

〔二〕廂：原作「相」，據《建炎要録》卷一五九改。

〔三〕周淙：原作「周琮」，據《乾道臨安志》卷三改。

等於贓罰錢內等第支給食錢。

同日，知廬州郭振言本州獄空。

七年十二月二十五日，皇太子、領臨安尹惇言本府直司三院獄空，上表稱賀。令學士院降詔獎諭，推級等本府量行犒設。

八年正月，知荆門軍胡儔言本軍獄空。

二月，知贛州洪邁言本州獄空。

九月十一日，大理少卿馬希言大理獄空，免上表，令學士院降詔獎諭，推級等於贓罰錢內等第支給食錢。

十一月，知贛州洪邁言本州獄空。

九年閏正月二十二日，皇太子、領臨安尹惇言本府獄空。詔免上表稱賀，推級等本府量行犒設。

二月六日，皇子、判寧國府魏王愷言本府獄空。令學士院降詔獎諭。

同日，知荆門軍胡儔言本軍獄空。

七日，知贛州洪邁言本州獄空。

十二月，知成都府薛良朋言本府獄空。

淳熙十六年閏五月二十三日，大理少卿陳倚等言大理獄空，乞上表稱賀。詔免上表，令學士院降詔獎諭。

紹熙元年十二月二十二日，大理寺丞周曄言：「舊例奏獄空，犒賞胥吏，凡所經由，等第支給，至數千緡。寺庫既不能(辨)〔辦〕，獄雖無繫囚，但申省部，不敢陳奏，遂至賒作獄空，常欠利債。且屢空屢奏，盡善盡美，豈可以犒吏之故有隱於君父乎？臣又見獄空有奉表稱賀之禮，有降詔獎諭之文。陛下謙沖，抑稱賀而不許；人臣何德，受獎諭而不辭！且職事無曠，分所當然。乞明詔寺臣，凡遇獄空，悉以聞奏，無用犒吏，降詔獎諭亦乞特免。」從之。

三年十一月二十六日，知臨安府袁說友言本府獄空。詔學士院降詔獎諭。

嘉泰二年正月十五日，司農少卿、兼知臨安府丁常任言本府獄空，詔令學士院降詔獎諭。詔曰：「天府素號浩穰，比加繕治，庶務尤劇。卿通明詳練，輔以儒雅，從容裁剸，弗弛弗苛，用能數月之間，下安其政，庭無留訟，狴犴空虛。朕以好生爲德，期于無刑，首京師以示四方，卿之功茂矣。載覽封章，良深嘉歎。」

四年七月七日，試太府卿、兼知臨安府王輔之言本府獄空，詔令學士院降詔獎諭。詔曰：「京師衆大之區，獄事繁多，刑書填委，惟剸裁無滯，始足以表倡四方。卿本以公平，加之潤飾，從容剖決，務得其情，迄無械繫之民，卒至圄空之效。厥功茂矣，良用歎嘉。繼自今以往，期於無刑，以廣朕好生之德，顧不美哉！」

開禧元年正月二[91]十三日，權工部尚書、兼知臨安府趙師羼言本府獄空，詔令學士院降詔獎諭。詔曰：「犴獄之留，大《易》所戒。粵我國家哀民之患，罹罪者衆，每詔郡國，亡得淹繫，至仁之念，蓋與天通。卿屬籍之英，法從之老，日繇才選，再領京邑。惟其彊濟開敏，平決如流，又能本之忠愛，以無冤者，圜扉之內，論讞用（單）〔殫〕，朕甚嘉之。夫使上之德意志慮無壅，而民被惻隱之實惠，茲朕所望於承流宣化之臣也，顧可靳一（扎）〔札〕之褒，不使四方知勸而慕乎！」

二月二十五日，大理卿、（無）〔兼〕刪修勑令官曾㮚等言：「本寺數月之間，獄凡再空。昨嘗陳請，欲循故事上表，未蒙朝廷賜報。照得頃年特以犒吏薄費乞行請免，因此成例，恐非所以彰聖世無窮之休。欲望許令上表稱賀，宣付史館，以明帝王錯刑之極功。所有依例合支犒設，本寺自於見追贓罰、籍没錢内那融支遣，取自朝（庭）〔廷〕指揮施行。」詔免上表稱賀，令學士院降詔奬諭。詔曰：「蓋聞刑者所以輔治，而非所以致治也。今律令煩多，吏或深文，使吾元元罹于非辜，朕甚痛之。故凡天下具獄，悉上廷尉，庶幾哀矜審克，期于無刑。間者數月之間，圄空不試，至于一再[一]，非卿等持法平恕、蔽斷詳明之效歟！《書》不云乎：『俾予從欲以治，惟乃之休。』此舜之所以美臯陶也。覽奏來上，嘆嘉不忘。與免上表稱賀。」

二年二月十二日，直寶謨閣、權發遣臨安軍府事趙善防言本府獄空，詔令學士院降詔奬諭。詔曰：「夫刑，所以輔治也。惟教之未孚，民不幸而入于刑，非吾有司蔽斷不留、審克亡濫，則刑者乃將以厲民，豈輔治之意哉！卿履潔抱公，化流京邑，憫茲有衆，或底罪辜，能（單）〔殫〕厥心，濟以巳恕，俾狴犴毋（瘦）〔瘐〕死之苦，而國家廣好生之仁，任吾攸守之事者，不當如是乎！覽奏歎嘉，曷維其已。」

嘉定二年七月八日，大理寺言：「本寺獄空，欲遵累降指揮免上表稱賀，仍免降詔奬諭外，有犒吏一節，欲於本寺贓罰錢内減半支給。」從之。

六年正月二十四日，直煥章閣、兼知臨安府趙時侃言本府獄空，詔令學士院降詔奬諭。詔（元）〔曰〕：「惟衆大之區，五方之民聚焉，故其俗錯雜而麗于辟者衆，欲犴獄之清，難矣。卿儒雅而齊以通，彊敏而行以恕，于茲累月，克底圄空者。廣漢神于擿姦，不聞其能止姦；延篤明於聽訟，不能使之無訟。載披卿奏，良用歎嘉。《詩》不云乎：『商邑翼翼，四方之極。』使朕好生之德達于天下，端自茲始，何惜璽褒，不以示勸！」

九年五月十二日，大理卿錢仲彪言：「本寺獄空實及一年，即與時暫獄空不同，欲遵典故，乞令上表稱賀，宣付史館。所有犒設吏人，即照舊例於本寺贓罰錢内減半支給。」詔依，令學士院降詔奬諭。詔（元）〔曰〕：「朕觀至治之世，時和歲豐而禮遜之俗興，家給人足而爭奪之風息。是以刑錯不試，囹圄屢空，朕 92 甚慕之。比歲（早）〔旱〕蝗，近延郊甸，每慮飢寒之民冒法抵罪，麗於廷尉者衆也。而期月以來，獄無頌繫，實惟汝等明刑弼教，風動四方，以稱朕期于無刑之意。省覽來奏，嘉歎不忘。所請上表宜免。」

[一] 再：原作「載」，據《咸淳臨安志》卷六改。

十一年正月十六日，直徽猷閣、兼知臨安府程覃言本府獄空，詔令學士院降詔獎諭。詔曰：「爾以材被選，典領神皐，馭吏愛民，恩威相濟，詰姦禁暴，犴獄用虛。使朕庶幾成、康錯刑之風，爾尚繼趙、張尹京之政。載披來奏，嘉歎不忘。」

十六年六月六日，太府卿、兼權户部侍郎、兼知臨安府袁韶言本府獄空，詔令學士院降詔獎諭。詔曰：「朕（爲）〔惟〕京師首善之地，布德流化，當自近始。德化不洽，刑獄滋煩，何以示四方萬里哉！爾以通儒尹畿甸，明恕勤敏，百廢具興，嚴威不施，隱然彈壓之望。刑清獄簡，用奏圄空，斯可爲承流者勸矣。批覽來章，不忘嘉歎。」（以上《永樂大典》卷一九九八三）

冤獄

【宋會要】

93 太祖建隆二年九月，詔：「幕職、州縣官、檢法官因引問檢法雪活得人命乞酬奬者，自今須躬親覆推，方得叙爲功勞。餘准唐長興四年、晉開運二年勑施行。若引問檢法雪活，不在叙勞之限。自後凡雪活者，須元推勘官枉死已結案，除知州、繫書官駮正本職不爲雪活外，若檢法官或轉運，但他司經歷官舉駮別勘，因此駮議，從死得生，即理爲雪活。若從初止作疑似，不指事狀，或因罪人翻異別勘雪活者，即覆推官理爲雪活，仍勘元推官一案斷遣。或逢赦，亦須招罪狀。其雪活得人者，幕職循一資；州縣官、幕職非時參選。若雪活一人者，替罷日刑部給與優牒，許人以上加章服；已有章服，加檢校官；檢校至五品以上及合賜章服，并京朝官雪活，並許比附奏裁。或覆推官妄欲變移，希冀酬奬，却爲元推勘官對衆憑者，其元駮議及覆推官各以出入人罪論。」

真宗咸平六年十二月，勑：「應自今叙雪活及捉賊勞績，文武官等合與不合該酬奬者，並令審刑院詳覆聞奏。」

景德二年五月二十一日，詔：「自今後雪活得人性命者，理爲勞績。」先是，著作佐郎曹定奏長吏雪活，乃其職分，不當更論課最。至是，判刑部慎從吉復上言，以爲長吏誤失用刑，率皆受責，雪活冤獄，曾不霑恩，懲勸之間，未協於理。故有是詔。

仁宗天聖四年八月八日，前權知石州判官馮元吉辨雪得百姓李海等兩人不該極典，帝曰：「特與超授一資，仍賜緋章服。」

景祐二年十二月二十七日，審刑院定奪太常博士陳希亮雪活合得酬奬，詔賜緋。

三年九月二十一日，大理寺言：「據詳斷官楊務本、焦好問狀，昨蘄州太常博士林宗言爲盜官物該極典，尋疏駮覆勘，雪活得宗言死罪，乞賜酬奬。」詔各賜銀絹三。

寶元元年二月二十九日，刑部言虞部員外郎鄭知白雪活得徐德一名性命，合該酬奬。詔賜金紫。

八月九日，刑部言：「據前右軍巡判官、大理寺丞馮振狀，雪活得許從善一名，乞酬奬。看詳不應《編勑》酬奬。」詔候依例合移入川通判，與當一任通判。今後正該雪活條貫，即與酬奬。

康定二年三月七日，審刑院、大理寺言廣濟軍録事參軍麻永肩任和州録事參軍日，雪活得賊人于誠、陳益死罪，合該勑酬奬。詔與兩使職官，賜緋。

神宗熙寧四年九月十六日，太子中允、檢正中書刑房公事李承之以駁正法寺大辟四人及刑部失覆大辟一人，特遷太常丞。

高宗紹興三年三月二十二日，惠州言：從政郎、前司士曹事、兼管左推勘公事孟師尹入議狀，駁正黄四等七名作淩遲處斬，録問駁正，無罪釋放。詔孟師尹特與改合入官。

四年十月四日〔一〕，詔右宣教郎、新知道州營道縣 94 孟師尹與轉一官。以師尹前任惠州司士曹，入議狀駁正前勘官吏吕克勘入無罪人廖九等六人斬罪事〔二〕，作無罪釋放訖故也。

五年二月十七日，詔：「左朝奉大夫、知建州鄭彊躬親鞫正汀州（永）〔寧〕化縣冤獄大辟十人〔三〕，與轉兩官。其知寧化縣楊耆年勘斷不當，候案到，令刑部於案後聲說。」汀州寧化縣以大辟十人（甚）〔具〕獄上郡，彊躬臨審問，親加鞫治，又遣縣官按驗得寔，皆非其罪，十人冤獄並獲平反。刑部侍郎胡交修乞寵以增秩之賞，及乞將耆年勘斷不當重加譴黜，故有是命。

六年七月二十七日，漳州言：「司理參軍、右迪功郎林聘明辨流、死罪刑名五件，計一十人，欲望推賞。」刑部勘當，林聘明辨裁決公事五件，已得允當，其元勘不當去處，合下本處依條施行。詔林聘與減一年勘磨，餘依。

七年十月九日，知信州永豐縣事李景山上書：「（伏）見黄岡彊盜初無事發之（回）〔日〕，復無被盜之人，彼警捕之官貪功妄作，悉繫平民二十有五人，違法鍛練，致誣服者十有三人。有司觀望，肆其慘毒，卒成其罪。審問之吏，屬之武人，既不能辨其冤濫；議法之官，公事誕慢，又不能條其可否。而姦吏得以舞文，不俟聞而誅戮，實而流竄，斯民抱冤茹苦，籲天莫聞。朝廷移送九江辨正，其事昭然，殊無盜迹。既得其情，悉以上聞，朝廷以九江所推與黄岡不同，移鄰路別勘，委監司親鞫，果（背）〔皆〕平人而釋之。然黄岡冤濫以漁爲業，以船爲居，遽爲捕人盡驅而繫之，所居八舟與夫舟中生生之具、衣物錢米之屬，悉拘納于公帑。臣願黄

〔一〕按，《建炎要録》卷六三原注謂孟師尹遷一秩在紹興四年正月乙亥（二十五日），與此不同。

〔二〕六人：《建炎要録》卷六三作「五人」。

〔三〕建州：原作「河州」，據《建炎要録》卷八五改。按，河州在今甘肅臨夏市。據史，紹興元年金國攻占熙河，關陝不復爲宋所有，不當再置知河州。

岡盡以元舟錢米衣物歸之，可乎？一時追捕者十有三人，而家屬無慮十數人〔一〕，閱歲之久，必有流離轉徙，或適他人、或爲奴婢者，願下元勘鞫郡尋訪家屬盡歸之，可乎？黄岡既誣以爲兇惡，洗外凌遲者二人〔二〕，臣願下黄岡訪其親屬，官給錢米以存撫之，可乎？ 凡此數端，實幽明之急務。」從之。

二十六年六月二十一日，秘書省正字張孝祥言：「乞將去歲郊祀以前官吏犯贓私罪，除州縣監臨之官因民論訴，監司按劾，即依條看詳審實外，如係取怒故相，並緣文致，有司觀望鍛鍊成罪之人，乞免審實，便與改正。」上宣諭曰：「近來如此雪正者甚〔多〕，已令刑部施行。」（以上《永樂大典》卷一九九八七）

斷死罪

【宋會要】

95 淳熙四年五月二日，詔迪功郎、建康府右司理史光祖特改承事郎，仍減三年磨勘。以駮正死罪李慶等三十人推賞也。

出入罪

【宋會要】

淳熙元年六月四日，敕令所言：「大辟翻異，後來勘得縣獄失實，乞止依乾道敕條科罪； 如係故增減情狀，合從出入法施行。」從之。《乾道敕》增立縣以杖笞及無罪人作徒、流罪，或以徒、流罪作死罪送州，杖一百； 若以杖笞及無罪人作死罪送州者，科徒一年刑名。 先是，臣僚言縣獄失實，當將官吏一等推坐出入之罪。 刑寺謂縣獄與州獄刑禁不同，故是看詳之〔三〕。

六年十二月十六日，詔：「命官犯贓至死，後因理雪，特與減降，而元勘鞫官吏應坐失入死罪者，止從犯人所得流罪理爲失入施行。」（以上《永樂大典》卷一五四五九）〔四〕

〔一〕十數人：似當作「數十人」。

〔二〕洗外：似當作「法外」。

〔三〕故是：似當作「故令」。

〔四〕原標卷次爲一五四五八。按《永樂大典目録》，卷一五四五八諸韻字與「罪」無關，自卷一五四五九始爲「罪」字韻，葉渭清據此認爲「八」應作「九」（《宋會要校記》），今從改。

宋會要輯稿　刑法五

親決獄

【宋會要】**1**太祖乾德四年八月二十四日，帝御講武殿親録開封府繫囚，會宥者數十人。

太宗太平興國七年五月十六日，西窑務役夫夏遇醉毆傷隊長楊彦進，召至便殿，帝親問狀。彦進具伏與指揮使牛鷴素嫉遇〔一〕，因巧誣之。帝怒，斬彦進，流鷴海島，擢遇十將，仍賜束帛銀帶。先是，內園吏高進誣告役夫朱希惡迹，帝召問狀，乃進嘗求賂於希，希不與，誣之也。帝怒，杖進脊流海島，希爲庶人。至是，宰相以帝親決獄，察見隱微，相率賀，仍請以其事付史館，從之。

九年二月十三日，詔曰：「著作佐郎龍士元告其姪小喜之罪〔二〕，獄既具，將加刑，朕疑其有姦，因令有司再窮問，果得士元姦狀。方今撫育黎元，欽恤刑憲，豈容照臨之下，尚有冤枉之人！　黷亂政經，損傷和氣，望其安治，其可得乎！　應兩京及諸道州府，凡有鞫獄，宜令盡心，無致枉撓。」先是，士元居於單州，其兄士安卒十餘年，子小喜承其父業。士元貪利，欲奪之，乃誣告小喜無賴好蒱博，將加罪斥去之。士元嘗笞捶小喜喧呼，其母因驚而死。知州劉察、通判田贇嘗爲士元所召飲宴，故爲具獄書奏。既引對，帝覽之，疑小喜被誣，付御史臺鞫之，果得實狀。士元決杖，配商州衙前禁錮，察、贇俱免官，家財仍令中分。乃下是詔。

十五日，御崇政殿引見諸軍人負罪被鉗者，釋之。先是，去年冬，有盜數人夜入人家**2**劫取財物，經時不獲。帝欲必得之，令厚其貲賞，果有告者，乃軍卒數人〔相〕結約，夜踰壘垣而出〔三〕，同行劫盜。後盡獲其黨而戮之。因偏索軍中〔四〕，累有罪罰、兇惡無賴者，得數百餘人〔五〕，不忍悉誅，遂以鐵鉗鉗其頸〔六〕，羈於本軍。至是盡釋之，仍各賜錢三十文，舊日缺受缺。

六月二十六日，開封□□寡婦劉氏有姦狀〔七〕，恐事露，憂悸成疾。復懼其子陳告，遂令侍婢陳訴〔八〕，稱其子王元吉寘毒食中，因疾〔九〕，但未死。事下右軍巡按之，未得

〔一〕伏與：原作「狀」，據《長編》卷二三改補。
〔二〕罪：原與下「獄」字互倒，據《宋大詔令集》卷二〇〇乙。
〔三〕夜踰壘垣：原缺，據《太宗皇帝實録》卷二八補。
〔四〕因偏索：原缺，據《太宗皇帝實録》卷二八補。
〔五〕得數百餘人：原缺，據《太宗皇帝實録》卷二八補。
〔六〕鉗鉗：原脱一「鉗」字，據《太宗皇帝實録》卷二八補。
〔七〕氏：原無，據《太宗皇帝實録》卷三〇補。
〔八〕陳：原無，據《太宗皇帝實録》卷三〇補。
〔九〕因：原缺，據《太宗皇帝實録》卷三〇補。

實狀，移左軍巡。推典受劉賂，掠治元吉〔一〕，元吉自誣。相次劉以疾死。及本府引問，元吉始以實對。府中徒繫數月，不能決，又移司録司，盡捕兩軍巡元推胥吏按問之，稍見誣構之跡〔二〕。府中以追捕者衆，列狀引見。帝以元吉藥母事狀暗昧，令免死決徒。開封府將杖之，元吉大呼曰：「元吉苟受刑，府中官吏豈得了乎！須盡還元吉所用貨賂。」府中不敢決，因問行賂之狀，元吉歷指之，遂具詞欵上言。元吉復令妻張撾登聞鼓，帝覽之，臨軒顧問，悉見其冤狀，亟令中使收捕元推官吏，送御史臺再鞫之。至是獄具引見，推官張雍、左右軍巡判官韓昭裔、宋延煦並奪一官勒停〔三〕，左右軍巡使殿直龐則、王業並降充殿前承旨。又博州博平令楊處仁嘗增改劉氏詞狀，亦追一官；毉人陳士良誑稱元吉嘗用解毒藥〔四〕，曹司孫節受賂，並杖脊配沙門島。司吏以依理一推鞫，等第給賞，又賜元吉妻張氏帛十疋。先是，元❸吉繫左軍巡〔五〕，爲獄吏繫縛，謂之鼠彈箏，榜治備諸慘毒，不勝其苦。至是，帝復令縛獄吏，以其法償之，吏宛轉號叫〔六〕，唯求速死。帝曰：「汝猶不勝其苦〔七〕，他人能勝之乎？」及解其縛，兩手不能舉，良久方復。帝謂宰相曰：「刑獄有如此慘酷，京城尚如此，況僻遠乎！」遂以諫議大夫辛仲甫代劉保勳知開封府〔八〕，保勳洎判官李繼凝各奪一季俸〔九〕。

雍熙二年十月一日，御崇政殿引問御史臺、開封府禁囚數百人，據罪狀輕重疎決之。既罷，謂宰臣：「朕録囚徒，殊不覺勞，但座少時耳。如中外臣僚皆留心政務，天下安有不治者。古人宰一邑、治一郡，或致飛蝗避境、猛虎渡江，況人君能惠養黎庶，伸治冤滯，豈不感召和氣乎！」宋琪等對曰：「陛下勤勞致治〔一〇〕，蒼生之幸也。」

端拱二年五月十九日，以旱，御崇政殿録在京諸司繫囚，多所寬宥。分命常參官四十二人決天下獄。時自季春不雨，帝乃臨軒親決庶獄，是夜雨足。

淳化三年六月十六日，以暑甚，御崇政殿録在京諸司繫囚數百人，流罪以下悉與原赦。

七月二十五日，御崇政殿録在京諸司繫囚，流罪以下悉從原宥。尋敕諸路，見禁囚除四殺、官典犯正枉法贓外，餘死罪降從流，流已下遞減一等，杖已下釋之。

五年正月十三日，以春和在候，閔其幽繫，御崇政殿録在京諸司繫囚，流已下悉從原宥。帝謂宰相曰：「古人立

〔一〕掠：原脱，據《太宗皇帝實録》卷三〇補。
〔二〕構：原作「講」，據《太宗皇帝實録》卷三〇改。
〔三〕延煦：原作「廷照」，據《太宗皇帝實録》卷三〇改。
〔四〕「士」原作「上」，「元」原作「之」，據《太宗皇帝實録》卷三〇改。
〔五〕左：原缺，據《太宗皇帝實録》卷三〇補。
〔六〕宛：原作「死」，據《太宗皇帝實録》卷三〇改。
〔七〕「勝其苦」及下「他」，原缺，據《太宗皇帝實録》卷三〇補。
〔八〕甫代：原缺，據《太宗皇帝實録》卷三〇補。
〔九〕凝：原缺，據《太宗皇帝實録》卷三〇補。
〔一〇〕下：原缺，據《太宗皇帝實録》卷三四補。

法非欲察，蓋欲親善遠罪者覩之以爲鑒 4 誡耳。既犯刑憲繫牢獄者，有司宜盡心聽斷，無有壅滯，斯爲供職矣。」

四月十日，御崇政殿録在京諸司繫囚，流罪已下悉從原放。帝以炎月決獄（雍）〔壅〕滯，詔劾知開封府張宏已下。及宏請罪，復釋之。

至道元年二月十二日，（入）〔以〕京畿闕雨，御崇政殿録在京諸司繫囚。流已下悉原減，其毆傷支體干人命者聽從法隱設，及逋欠者理納償官，餘罪皆從輕重，非故犯者悉原之。殿中丞常顯信以前知兗州日坐事爲通判李延所訟，出爲團練副使；大理評事林倓隱漏前任贓罪，除名配商州衙前；大理評事宋克正前知考城縣，擅出官倉斛斗入己，貸死除名，配商州衙前。帝又謂左右曰：「外州刑獄多有淹繫，蓋官吏不能躬親科斷。朕今頃刻間悉與疎理，又何難哉！」乃諭開封府判官楊徽之已下，應犯杖罪即躬親區處，不得更付所司。

四月二十日，御崇政殿録在京諸司繫囚。除十惡、四殺，官典犯贓，損散官物外，自大辟罪以下並與原減。大理寺丞魏霽坐劾事河陰與官吏宴飲，特免見任。侍御史張利涉益州爲政浚急，（泊）〔洎〕盜攻劍門，亦以此爲言。帝詰其致寇之由，利涉不能對，遣出具欵來上。帝以三司別有繫囚，多委左右軍巡院，動淹時月，不速斷囚，詔自今三司屢更，可下兩軍巡，只令本部判官當廳推鞫。

真宗咸平元年二月六日，帝御崇政殿録在京諸司繫囚，並減等，情理可恕者並釋之。（以）〔仍〕詔：「5 西京（乃）〔及〕諸路繫囚，限勑到日，長（史盡）〔吏畫〕時決斷，如有冤濫，即與申理，限三日内具畢聞奏。追證未圓、候對欵者，亦速爲結絶。老幼疾患不任科責者，流、徒罪準律收罰，杖已下釋之。」時以彗星見也。

三年二月二十日，以京畿闕雨，御崇政殿録在京諸司繫囚，多所原宥。

四年二月十一日，以京畿闕雨，御崇政殿録在京諸司繫囚。死罪者詳覆之，餘悉從輕，杖已下釋之。

七月〔二〕十九日[一]，御便殿，引見三司軍將趙永昌，臨訊之。永昌凶狠無行，督運江南，所爲多不法，知饒州韓昌齡廉其贓狀及違禁事，移於轉運使馮亮[二]，坐決杖停職。遂撾登聞鼓，訟昌齡與亮訕謗朝政，仍僞爲印，作亮等求解之狀，詔下御史臺鞫問。帝察其詐，引見，召前饒州録事楊傑證其事，永昌屈伏，遂斬之。釋亮不問，而昌齡以酒過貶郢州團練副使。

六年十一月一日，以萬安太后疾，御崇政殿録在京諸司繫囚，徒已上遞減一等，杖已下並釋之。

景德二年四月二十三日，令軍頭司自今引見罪人，召法官先定刑名。時本司言，開封府獄囚當引見，不坐格律，

[一] 二：原脱，據《長編》卷四九補。
[二] 使：原作「司」，據《長編》卷四九改。

請再送引見司定斷，帝慮其稽遲，故有是詔。

三年四月十五日，命樞密直學士劉綜〔一〕、西上閤門使李允則、工部侍郎董儼、龍圖閣待制戚綸、宮苑使劉承珪〔二〕、知制誥朱巽、龍圖閣待制陳彭年、東上閤門使曹利用，分詣三司、御史臺、開封府、殿前侍衛馬步軍司編敘繫囚。翌日，6帝御崇政殿臨決之，雜犯死罪降流，流、徒遞降，杖、笞釋之。時御史臺引都官員外郎竇諲，前知京兆府長安縣，坐苛刻劾罪。帝曰〔三〕：「親民之官，不循理道，酷用刑罰，宜擯棄也。」遂令分司西京。除殺人者論如律，餘罪遞降、釋之。日旰既罷，復令軍頭司、引見司覆奏所決刑名，審視訖，乃命施行。自是每歲暑熱，皆遣官（徧）〔編〕排，親臨疎放，遂爲定制。

四年閏五月二十七日，御崇政殿録在京諸司繫囚，多所原減。

大中祥符元年五月十七日，御崇政殿録在京諸司繫囚。流已下遞減一等，笞、杖釋原之。

二年五月十二日〔四〕，御崇政殿録在京諸司繫囚。死罪從流，流從徒，徒從杖，其下並釋之，殺人者依法。民有户絶而妻鬻産適他族者，至是事發，而估錢已費用。有司議，準法産業當没官，帝令以産業給見主，納估錢支與存者〔五〕。

三年五月十七日，御崇政殿録在京諸司繫囚。唯强盗準法，餘死罪降從流，流、徒並降從杖，流仍配隸，杖已下釋之，凡五百五十九人。

四年五月十四日，御崇政殿録在京諸司繫囚。殺人者死，自餘死及徒、流遞減一等，杖已下釋之。五年五月十三日、六年五月一日、八年五月十四日、天禧三年五月十五日、四年六月九日，並同此制。

七年正月十四日，御崇政殿録在京諸司繫囚，多所原減。以車駕行幸故。

五月二十二日，御崇政殿録在京諸司繫囚。死罪至徒、流遞減，杖已下釋之。贓7吏董塋配曰外牢城〔六〕，永不與官。前一日編排外，至日又遣中使以《罪目》二卷付宰臣王旦等，令與知開封府王曙等再（祥）〔詳〕審訖施行〔七〕。

天禧元年五月十三日，御崇政殿録在京諸司繫囚。死罪情理輕者流海島，徒、流遞減一等，杖已下釋之。

五年五月一日，御崇政殿録在京諸司繫囚。死罪降從流，流從（徒），杖已下釋之。

乾興元年五月七日，仁宗即位未改元。帝御崇政殿録在京

〔一〕劉綜：原作「劉琮」，據《長編》卷六二、《宋史》卷二七七《劉綜傳》改。
〔二〕珪：原作「圭」，據《長編》卷六二改。
〔三〕曰：原脱，據《長編》卷六二補。
〔四〕十二日：《長編》卷七一繫於二十四日戊寅。
〔五〕支與存者：原作「者存之」，據《長編》卷七一改。
〔六〕按，《長編》卷八二大中祥符七年六月丙辰（二日）詔有眉州通判黄瑩以納賄配白州，應即此事，此句當作「贓史黄瑩配白州牢城」。
〔七〕曙：原脱，據《長編》卷八三補。

諸司繫囚，各從原降。

仁宗天聖元年三月九日，御崇政殿録在京諸司繫囚。既原減訖，又出軍頭司所録刑名示中書、樞密院，再令看（祥）〔詳〕，始付外施行。」

二年五月九日，御崇政殿録在京諸司繫囚。雜犯死罪已下遞減一等，杖已下釋之。三年五月九日、四年五月十三日、五年五月十三日、八年三月九日、九年五月十九日、景祐元年三月二十三日、二年五月十三日、寶元二年五月十五日、慶曆二年五月九日、三年五月四日、四年五月九日、五年四月一日、六年五月一日、九月七日、七年三月八日、八年三月二十四日、皇祐元年三月二十五日、二年六月二十八日、（五）〔三〕年五月二十八日、四年三月十六日、六年正月二十六日、嘉祐七年二月五日，並同此制。

七年五月十五日，御崇政殿録在京諸司繫囚，減原者四十三人。軍卒亡命限一月首露，送所管依例原減，至死者奏裁。仍詔：「今日已前諸處送到及已追未（致）〔至〕諸色人，8 候勘到所犯情罪，仰依疎決例斷訖奏聞。有疑慮者奏裁。其逃走軍人更不刺面，依舊收管；及疎決已前軍人犯死罪者，並奏取旨。」十年四月六日，減降死罪、原減亡命軍卒同此制。

明道二年五月十四日，御崇政殿録在京諸司繫囚，減重罪，（事）〔釋〕輕罪。仍詔疎決（其）〔以〕前諸罪人，追逮未至，須到（吳）〔具〕欵，（進）〔準〕疎決施行；若疑獄及死罪者，聽奏取旨；在籍逃亡能自歸若獲者，更不刺面，許還本所。自後每疎決，悉用此制。

景祐二年五月十九日，御崇政殿録在京諸司繫囚。死罪從流，流已下原之。

七月二十五日，帝（已）〔以〕五月疏決罪人，有事發未追，合該降釋，遂詔刑部：「應三京、畿縣見禁罪人，除劫、謀、故、鬬並爲已殺人者，並十惡、官典正枉法贓、監主自盗、僞造符印、放火依法外，雜犯死罪並降從徒，情理重及鬬殺情可閔者，依減降決配五百里外牢城，其餘流罪降徒，杖已下並放。」先是，詔疑罪奏裁，故始立爲定法。

四年五月九日，御崇政殿録在京諸司繫囚。帝謂宰臣王隨曰：「今旦皇子誕生，疎決固宜寬貸。」隨等拜賀。是日，死罪降從流配嶺南牢城者五人，流罪配近郡軍籍者五人，徒十三人，杖、笞三十一人並釋之。

寶元二年四月二十五日，開封府言：「今後疎放前，有罪人稱祖、父告勑在外及婦人稱有娠，乞且送知在；如無官告、娠孕，不與原免。」從之。

康定元年五月十一日，詔以近降德音，更不疎 9 決繫囚。

二年五月九日，御崇政殿録在京諸司繫囚。流已下減一等，杖已下原之。

慶曆四年（三）〔五〕月十四日〔一〕，開封府言酸棗縣吏受賕拷掠平人，事發而逃。帝曰：「吏人舞文受賕，雖仲夏疎

〔一〕五月：原作「三月」。按下文言「仲夏疎理」，仲夏乃五月，知此「三」當作「五」，因改。

理，勿以常例原之。」

皇祐五年五月十三日，御崇政殿録在京諸司繫囚。雜犯死罪已下遞減一等，徒已下釋之。至和元年正月二十五日、二年四月二十三日、嘉祐元年四月二十三日、二年二月二十六日、三年二月十二日、閏十二月十六日、四年四月二十八日、五年二月三日、五月十九日、六年二月十二日、六月十七日，並同此制。

嘉祐七年五月八日，詔：「自今疎決罪人，以降指揮所至時刻爲限，在編排後者，(每)〔毋〕得以減論。」

英宗治平元年二月二十二日，帝御崇政殿録在京諸司繫囚。雜犯死罪以下遞減一等，杖已下釋之，鬬殺情可閔者決配五百里外牢城，彊劫罪至死者廣南牢城，情理重者廣南遠惡州軍。二年二月十七日、六月四日、三年三月十四日、六月二十六日，並同此制。

治平四年四月十九日，神宗即位未改元。上御崇政殿録在京諸司繫囚。雜犯死罪已下遞降一等，杖已下釋之。熙寧元年三月二十八日、三年八月九日、四年六月十三日、五年四月五日、六年七月十三日、七年三月五日、八年五月一日、十年三月二十一日、元豐元年三月七日、四年四月十五日、六年【10】五月十五日、七年五月十四日，並同此制。

神宗熙寧九年六月十五日，上御崇政殿録在京諸司繫囚。除犯謀殺、鬬殺者並爲已殺人者，並十惡、彊盜、僞造符印、放火、官員犯(人)〔入〕己贓、將校軍人公人犯枉法贓、監主自盜贓並依法，其餘犯死罪降從流，流降從徒，徒降從杖，杖已下並放。內鬬殺情理輕者減一等，并雜犯死罪情理重者依所降決訖，並刺面配千里外牢城，斷訖録案聞奏。强盜罪至死情理輕者減一等，刺配本住處三千里外牢城。開封府界諸縣見禁罪人，一依上項疏決。指揮到時以前，應犯徒罪並降從杖，杖罪已下只委本縣斷放，徒已下罪即解府，依疏決施行。

九月十一日，詔開封府該今年六月十五日疏決，內見禁(布)〔有〕孕婦人係杖罪情輕者，並釋之。

元豐三年四月十七日，審刑院、刑部言：「宣州民葉元有爲同居兄亂其妻，縊殺之，又殺兄子，而彊其父與嫂爲約契，不訟於官。鄰里發其事，州爲上請。」上批：「同居兄亂其妻，或彊或和，既本無證左，又罪人今皆已死，則二者同出於葉元有一口〔一〕，不足以定罪。然以妻子之愛，既罔其父，又殺其兄，繼戕其侄，背逆天理，傷敗人倫，宜以毆兄至死律論。」

哲宗元祐元年正月十七日，上御延和殿疎決在京繫囚。除常赦所不原外，雜犯死罪已下降一等，杖已下釋之。二年四月七日、六年六月一日，並同此制。

元符三年十一月九日，徽【11】宗即(已元民立)〔位未改元〕。詔：「皇太后服藥，宜施恩宥，以速康和。」御崇政殿疎決在京見禁罪人。

徽宗崇寧元年閏六月八日，上御崇政殿疎決罪人，如故事。二年六月十五日、三年六月二十二日、四年六月十二日、五年六月十

〔一〕「同」原作「周」，「有」原脱，並據《長編》卷三〇三改補。

二日、大觀元年六月二十二日、二年五月二日、三年五月十三日、四年八月二十二日，政和元年四月二十四日、二年五月七日、三年五月六日、五年五月十三日、六年六月八日、八年六月十九日，宣和元年五月二十七日、三年閏五月十五日、四年五月二十九日、五年五月十八日、六年五月二十六日、七年六月十一日，並同此制。

高宗建炎二年六月十一日，疏決行在揚州并屬縣及行在大理寺、御史臺、殿前馬步三司見禁罪人，除犯劫殺、謀殺、故殺、鬬殺並爲已殺人者，并十惡、僞造符印、放火、官員犯入己贓、將校軍人公人犯枉法贓、監主自盜贓，並依法，其餘雜犯死罪降從流，流罪降從徒，徒罪降從杖，杖罪已下並放。內鬬殺情理輕者減一等，并雜犯死罪情理重者依所降決訖，並刺配千里外牢城，斷訖録案聞奏。强盜罪至死依所降決訖，情理重者刺配廣南遠惡處，情理輕者刺配二千里外，並牢城。又詔東京大理寺、御史臺、殿前馬步三司、開封府、京畿、西京、南京、北京及諸縣准此。三年七月三日行在疏決建康府、四年六月十一日、紹興元年六月二十三日行【12】在疏決越州，並同此制。

紹興二年五月二十四日，詔：「今月二十五日疏決臨安府並屬縣及行在大理寺、御史臺、殿前司、馬軍司、步軍司見禁罪人，依例差官編排引見。大理寺、御史臺宜差户部侍郎黄叔敖、同管客省四方館閤門公事劉公彦，臨安府、殿前司、馬軍司、步軍司宜差工部侍郎韓肖胄、同管客省四方館閤門公事宋籛孫。」

二十五日，上御後殿疏決臨安府并屬縣、行在諸司繫囚。除犯四殺、十惡、僞造符印、放火、官員犯〔人〕〔入〕己贓、將校軍人公人犯枉法贓、監主自盜並依法，其餘雜犯死罪遞降一等，杖罪已下釋之。內鬬殺情理輕者減一等，并雜犯死罪情理重者依所降決訖，並刺配千里外牢城，斷訖録〔按〕〔案〕聞奏。强盜罪至死依所降決訖，情理重者刺配廣南遠惡處，情理輕者刺配二千里外，並牢城。三年六月二十四日、四年六月二十五日、五年五月二十五日、六年六月十六日、七年六月二十二日、八年六月五日、九年六月十三日、十年閏六月二日、十一年六月五日、十二年六月二十三日、十三年五月二十七日、十四年六月二十六日、十五年七月二日、十六年六月十六日、十七年六月二十七日、十八年六月二十六日、十九年六月十九日、二十年七月四日、二十一年六月九日、二十二年六月十九日、二十三年六月十九日、二十四年六月十二日、二十五年七月四日、二十六【13】年六月二十四日、二十七年六月九日、二十八年六月十四日、二十九年閏六月二日、三十年六月九日、三十一年六月二十五日、三十二年六月四日，並如此制。

三年六月二十四日，軍頭司引見疏決罪人，大理寺一火一名，臨安府三火三名，杖罪並放。

四年六月二十四日，詔：「今月二十五日疏決臨安府并屬縣及行〔在〕大理寺、御史臺、殿前司、馬軍司、〔步軍司〕見禁罪人，依例差官編排引見。大理寺、御史臺宜差户部尚書黄叔敖、帶御器械楊沂中，臨安府、殿前司、馬軍司、步軍司宜差吏部侍郎鄭滋、同〔館〕〔管〕客省四方館閤門公事韓恕。」

二十五日，軍頭司引見大理寺、臨安府疏決罪人，有旨放。

八年六月三日，臨安府勘到故知閤門事潘永思、幹事人郭壽之私用過錢物情節，內壽之招認使過錢三千緡，餘七人共認各不下一二千緡。上曰：「既無文約，又別無照據，必是郭壽〔之〕妄有通攤，豈可抑勒招承？可除壽之外，餘並日下放免。」趙鼎以下退而讚上之聰明，曰：「此一事勝疎決多矣。」蓋時方盛暑，已〔釋〕〔擇〕初五日疏決，故有是言。

孝宗隆興元年六月十九日，上御後殿録行在諸司繫囚，雜犯死罪已下遞降一等，杖已下釋之。隆興二年六月十六日、乾道元年六月一日、二年六月七日，並同此制。

乾道三年六月二十三日，上御後殿引見疏決罪人，尋有旨引見例疎放。

四年五月二十八日，上御後殿疏決罪[14]人，如〔二十〕〔三年〕六月之制。

六月七日，上謂宰相曰：「朕前日見疎決全是文具，可具典故將來。」蔣芾奏曰：「祖宗朝皆人主自臨決囚徒，不拘暑月。至景德中，盛暑臨決，遂爲定制。」上曰：「朕欲依祖宗故事，先令有司具囚情欵，前數日進入，朕親閱之，可釋者釋之，可罪者罪之，庶不爲虛文。可降指揮，今後並依祖宗典故。」八日，詔：「自今每歲疎決，依祖宗典故，預行差官前去御史臺、大理寺、臨安府、殿前馬步軍司編叙繫囚，定其罪目，申尚書省進呈。」

七月二十七日，詔：「陰雨未晴，竊慮刑獄淹延，有奸和氣，御史臺、大理寺差梁克家、張説，臨安府、殿前馬步軍司差陳彌作、康湑，編叙繫囚，定其罪目，申尚書省取旨，點定名件，擇日引見，臨軒審問，決遣罪人。」二十八日，詔：「臨軒慮問，決遣罪人，編排引見官差汪大猷、張説、周淙、宋直温。其日俟進食，後殿特坐引呈，並依疎失罪人體例施行。」三十日，上特御後殿，臨軒引見決遣罪人，餘依今年五月之制。

六年閏五月十日，詔：「今歲疎決，御史臺、大理寺差鄭聞、張説，臨安府、殿前、馬、步軍司差王秬、宋鈞，將見禁罪人編叙繫囚，定其罪目，申尚書省進呈取旨，擇日引見。」十一日，詔疎決罪人，編排引見差官汪大猷、張説、姚憲、宋鈞。十四日，上御崇政殿，疎決罪人，依四年七月之制。

七年六月五日，詔：「今歲疎決，御史臺、大理寺差葉衡、宋鈞，臨安府、殿前、馬、步軍司差[15]司馬伋、王抃，將見禁罪人編叙繫囚，定其罪目，申尚書進呈，取旨降下，擇日引見。」七日，詔疎決罪人，編排引見官差王秬、宋鈞、晁公武、王抃。十一日，宰臣虞允文奏：「皇太子昨至臨〔臨〕安府引問公事，內一二輕罪便可疎決，屬吏白之太子，不許，以臨軒疏決在近故也。」上曰：「甚善。」十四日，上御後殿疎決罪人，如六年閏五月之制。

八年四月，詔：「今歲疎決，御史臺、大理寺差韓元吉、徐本中，臨安府、殿前、馬、步軍司差馬希言、龍雱，將見禁罪人編叙繫囚，定其罪目，申尚書省進呈，取旨降下，擇日引見。」

六月七日，詔疎決罪人，編排引見官差鄭聞、徐本中、莫（蒙）〔濛〕。十二日，上御後殿疎決罪人，如（十）〔七〕年六月之制。

九年五月二十八日，詔：「今歲疏決，御史臺、大理寺差韓元吉、王抃，臨安府、殿前、馬、步軍司差馬希言、龍雱，將見禁罪人編叙繫囚，定其罪目，申尚書省進呈，取旨降下，擇日引見。」三十日，詔疏決罪人，編排引見官差沈度、龍雱。六月一日，上御後殿疏決罪人，如八年之制。

省獄〔一〕

太祖建隆二年六月九日，以旱，詔：「東京管内見禁罪人，除惡逆、不孝、劫賊、故殺、放火、官典受枉法贓不放外，其餘雜犯死罪，除同情共犯頭首處死，餘並減一等配靈武，流罪以下減三等，杖罪已下並放。所有不該釋放罪人，令開封府尹速與疏決。其大名府、滑、衛、澶、鄆、濮、齊、相、磁、（刑）〔邢〕、洺、貝、冀、博、鎮、深、趙、易、定、祁、滄、德、（瀛）〔瀛〕、莫、（推）〔雄〕、霸16州，敕到日並依此處分。」

太宗太平興國九年六月八日，遣殿中侍御史李範等八人往兩浙、淮南、江南、西川、廣南録問刑獄。先是，登聞院引對婦人李氏，自陳云無兒息，身且病，恐一旦溘死，家業委棄，欲未死有所歸。帝因謂宰臣曰：「此婦人數日前朕已令開封府依所欲裁置之，今復來告訴，稱其父已被繫矣。此是小事，何用禁繫？京輦之下尚敢如此，天下至廣，冤枉可知。朕恨不能徧閱天下獄訟〔二〕，親行決斷〔三〕。每見大理寺斷遣諸州刑獄，多爲其中有小未盡即却之。今國家封疆廣遠〔四〕，來往動是五七千里，再令勘覆，轉是淹延〔五〕。今後宜令周細詳酌，如不干人命，便與斷決，不須重勘。」〔宋〕琪等曰：「謹奉詔。」即日分遣使焉。

雍熙二年八月一日，詔曰：「朕以庶政之中，獄訟爲切，欽恤之意，何嘗暫忘。蓋郡縣至廣，械繫者衆，苟有冤抑，即傷至和。今遣秘書丞崔維翰等六人分往兩浙、荆湖、福建、江南、淮南，逐路按問，小事即決之，大事須證左者促行之，仍廉察官吏勤惰以聞。」

四年正月十六日，詔曰：「庶務之中，惟刑是恤，苟獄訟有所枉抑，則和氣爲之損傷〔六〕。宜遣右補闕韓援等分往西川、嶺南、江浙等路按問刑獄，小事即決之，大事趣令結絶。事有可斷而官吏故爲稽緩者，鞫其狀以聞。官吏臨事彊明，獄無寃滯者，亦以名聞，當行旌賞。見禁人内有命

〔一〕原無此題，據眉批補。
〔二〕閱：原作「闕」，據《太宗皇帝實録》卷三〇改。
〔三〕親：原作「新」，據《太宗皇帝實録》卷三〇改。
〔四〕疆：原作「彊」，據《太宗皇帝實録》卷三〇改。
〔五〕淹：原作「掩」，據《太宗皇帝實録》卷三〇改。
〔六〕之：原無，據《宋大詔令集》卷二〇〇補。

官并合該申奏者，具案以聞。」

端拱二年四月四日，遣殿中侍御史[17]劉丹等八人分録天下刑禁。

五月十九日，詔曰：「昨以炎熱在候，聽覽餘閑，狴牢盡出於擊囚，軒陛躬行於斷決。冀申淹滯，罔憚勤勞。載念方州，實繁庶獄，或官吏不明於詳讞，則縲絏得無於冤沉？是用特遣使臣，就令疏決，庶洽和平之氣，式昭欽恤之仁。宜差朝官、京官四十人，分十四路。往逐處點檢見禁罪人。流罪已下如録問無闕違，又非錢穀干繫者，與本處知州軍、通判等約法決遣，不得淹滯刑禁。」

淳化元年四月五日，以自春不雨，選近臣分往諸處決刑獄。

三年五月十六日，以久旱，分遣常參官乘傳往諸路決獄。帝以久愆時雨，憂形於色，謂宰相曰：「亢陽滋甚〔一〕，朕懇禱精至，並走神祇，而猶未獲膏澤者，豈非四方刑獄冤濫，郡縣吏不稱職，朝廷政理有所缺乎？」是夕降雨尺餘。翌日，宰相以時雨應期，相率拜賀，帝曰：「朕孜孜求理，視民如傷，内省於心，無所負矣，而久愆時雨。蓋陰陽之數非朕所憂，朕所憂者在政化之未孚、官吏之不稱職耳。」因切責宰相，李昉等慙懼拜伏，退上表待罪，詔答之。

五年正月十六日，遣京朝官十七人分詣諸州決遣刑獄，因饑持（伏）〔杖〕劫奪藏粟，止誅爲首者，餘悉減死論。

至道元年四月十九日，詔曰：「朕撫臨區夏，勤恤黎元，每夙夜以惟寅〔二〕，庶昆蟲之咸遂，而刑罰未措，獄訟尚繁。適當炎酷之時，慮鬱和平之氣，言念於此，良深惕然。是以分命使臣〔三〕，往申寬典，俾無枉[18]撓，稱朕意焉。宜令常參官乘傳分往諸路，與長吏同決遣刑獄。應惡逆、四殺，官典犯贓，欠負官物見行催理不赦外，其劫盗止誅首惡，餘黨悉杖脊刺面，配本處牢城〔四〕。其餘罪流以下遞降一等，杖已下放。所至決遣訖，具刑名事狀，附疾置以聞。」時命侍御史元玘、職方員外郎李範、户部員外郎魏廷式、都官員外郎孫紘、比部員外郎直昭文館勾中正、虞部員外郎呂宏之、太常博士直昭文館席羲叟、太常博士李昭素、《春秋》博士王柄、太常丞劇元吉、殿中丞李居簡、梁正、馬表微、著作郎李通微、太子中舍彭繪、著作佐郎楊士元、直史館趙況、直集賢院趙安仁、大理寺丞張維、樂世隆、李承信等二十二人〔五〕，殿直陳居爽等十人，三班奉職崔懿等十二人，凡四十四人分往焉〔六〕。

真宗咸平元年二月五日，詔曰：「朕欽承先訓，嗣守鴻

〔一〕亢陽：原作「我旱」，據《長編》卷三三改。
〔二〕以：原作「之」，據《宋大詔令集》卷二一五改。
〔三〕是以：原無，據《宋大詔令集》卷二一五補。
〔四〕配：原脱，據《宋大詔令集》卷二一五補。
〔五〕二十二人：按以上所列只二十一人，似有脱漏。
〔六〕四十四：原作「四十五」。《長編》卷三七作「四十四」，與以上數字之和相合，據改。

圖，視民如傷，惟刑是恤。言念庶獄，尚多繫囚，或冤枉莫伸，或滯淹未決，感傷和氣，莫甚於斯〔一〕。凡爾庶僚，各宜匪懈。應在京禁囚，已親疎決〔二〕。其西京、諸路繫囚，限勑到日，長吏晝時決斷〔三〕，如有冤濫，便與申理，限三日内畢聞奏〔四〕。内追證未圓，須對欵者，疾速結絶。老幼疾患不任科責者，流、徒罪准律收贖，杖已下並放。若欠折官物，經赦未放者，並具析申奏，當議除放。禁囚無食者，量破官米。獄内掃洒潔净，供給水漿，職官專切檢校。枷杖輕重，並須一依令式，不得踰越制度。」

四月一日，以愆旱，命 19 翰林學士宋湜、王旦、知制誥李若拙疎決三司、御史臺、開封府繫囚。詔曰：「朕道未方古，德罔洽人，致使庶獄尚繁〔五〕，五刑未措，興言及此，良用愧焉。載念黎人，陷于刑辟。或犴楚之下，痛急自誣；或狴牢之中，苦極誰訴。感傷和氣，職此之由。是用分命使車，徧詣方郡，申此納隍之意，成予空圄之心。宜遣常參官馳往諸路，疎決刑獄。」

三年十月二十三日，命翰林學士王欽若、知制誥梁顥爲西川〔六〕、峽路安撫使，仍詔所至録問繫囚，除十惡至死，官典犯正枉法贓至殺人，劫殺、謀殺、故殺、鬬殺並爲已殺人不降外，餘死罪、徒、流、流已下遞降等，杖已下釋之。死罪合該減降情理難恕者，疾置以聞。

四年二月十二日，詔曰：「去冬以來，嘉雪未普，今春將半，膏澤尚愆。農事方興，亢陽是懼。徧走郡望〔七〕，精祈上穹，感應未聞，祇畏良切。得非郡國之内，獄訟滋彰，狴牢之間，縲繫淹久，或傷和氣〔八〕，乃兆災氛！是遣使車，巡行諸路，決其留滯，務盡哀矜。宜令庫部員外郎程渥等乘驛分詣諸路，疎理繫囚，杖已下並放。内有公然淹緩刑獄之處，具事以聞。」

六年二月十九日，遣朝臣、使臣分往京東西、淮南水災州軍賑恤貧民，疎理刑獄。

六月八日，詔陝西諸州疎理繫囚。

景德元年正月二十五日，平虜城上言軍營遺火，焚居人廬舍甚衆，遣閤門祇候謝德權乘驛至寧邊軍，會孫全照同往窮詰其故。軍民謀剽財物者，並按軍令； 20 軍校不知情者，決杖，隸别州員僚直；餘並論如律。

八月十六日，詔曰：「江吳之分，亢暵爲災，言念烝民，遘之艱食，致罹法網，或繫圜扉，特命使車，就加欽恤。宜令户部判官李防、直史館張知白、閤門祇候李守仁、郭盛、乘驛分詣江南東西疎理繫囚，據見禁罪人，與長吏已下勘

〔一〕於：原脱，據《宋大詔令集》卷二〇一補。
〔二〕已親疏決：《宋大詔令集》卷二〇一作「朕已躬親疏決」。
〔三〕晝：原作「盡」，據《宋大詔令集》卷二〇一改。
〔四〕「畢」下，《宋大詔令集》卷二〇一有「具」字。
〔五〕「庶」原作「度」，「繁」原作「繫」，據《宋大詔令集》卷二〇一改。
〔六〕顥：原作「灝」，據《長編》卷四七、《宋史》卷二九六《梁顥傳》改。
〔七〕徧：原作「編」，據《宋大詔令集》卷一五一改。
〔八〕和：原脱，據《宋大詔令集》卷一五一補。

問，詣實情欵，限三日內依法斷遣。若重罪照證未圓者，亦須催促了當。民間有不便(者)〔之〕事，相度利害以聞。名山大川靈祠，委長吏精虔祭醮。」

二十七日，詔曰：「朕臨馭寰區，憂勤政理，眷惟遠俗，尤所注懷。慮庶獄之稽留，或齊民之疾苦，是用下詔疏決，命使撫存，特申欽恤之恩，以慰黎元之望。宜令直史館何亮、閤門祗候康宗元〔一〕，乘驛往廣南東西路疏理繫囚。民間不便事，與長吏實封以聞〔二〕；所至父老、軍校犒勞撫問之。」

(三)〔二〕年九月五日〔三〕，以淮南秋旱，民饑，命轉運使疏理管內繫囚。

二十六日，詔：「給事中董儼、職方員外郎韓國華、知開封府張雍同慮問本府見禁罪人。情理輕者，即時決遣；其連逮證勘者，有催督結絕，無使留滯。」時府獄禁囚二百餘人，慮其決斷淹延故也。

十二月二十二日，命鹽鐵判官馮亮、直史館陳堯佐、閤門祗候高繼忠〔四〕、侍其振，分詣開封府界提點刑獄〔五〕。

大中祥符二年五月十二日〔六〕，以陝西旱，遣三司鹽鐵判官楊可馳驛往疏決繫囚。除罪至死及官典犯贓外，餘流罪已下遞降一等，杖已下釋之，雜犯死罪 21 情理可閔者奏裁。

三年八月十八日，以淮南旱，詔轉運、提點刑獄官疏理繫囚，並從減等。民有盜粟食者，量事裁遣。

七年六月五日，詔曰：「齊民之刑，惟舜猶恤。導揚善氣，方屬於豐穰；長養仁風，適當於炎暑。念茲縲紲〔七〕，或有繫淹，特示寬恩，並從輕典。除在京禁囚朕已親疏決外，宜令兩京、諸路限敕到，據見禁罪人除重刑外，便仰長吏躬親詳鞫情欵，流罪降等決遣，杖已下釋之。官典等不得一例減降。管內縣分應係杖罪，並就縣疏放。」

天禧三年八月十五日，命開封府釋杖已下繫囚。

五年五月一日，詔曰：「朕撫馭寰區，憂勤旰昃，屬畝蒸之戒候，慮刑罰之滋冤。是用祗率舊章，親決庶獄。雖浩穰之地，咸被於矜寬；而溥率之間，豈無於淹繫？爰申誕告，式洽至仁。應兩京、諸路流罪降從徒，徒〔降從〕杖，杖已下並放。內十惡、五逆、官典犯贓、持杖行劫、盜官物、僞造符印、放火等罪，不在此限。」是日，帝親疏決京師繫囚，復下是詔。

仁宗天聖十年三月二十七日，詔曰：「江淮之間，愆亢

〔一〕宗：原脫，據《長編》卷五七、《宋大詔令集》卷二〇一補。
〔二〕封：原脫，據《宋大詔令集》卷二〇一補。
〔三〕二年：原作「三年」，據《長編》卷六一改。以下二條亦二年事，均見《長編》同卷。
〔四〕高繼忠：原作「高維忠」，據《長編》卷六一改。《長編》除一處誤作「維」外，多處均作「繼」，《宋史全文》等及本書「蕃夷」類、《補編》亦作「繼」。
〔五〕詣：原脫，據《長編》卷六一補。
〔六〕十二日：《長編》卷七一繫於十八日壬申。
〔七〕茲：原脫，據《宋大詔令集》卷二一五補。

爲沴，宜示從寬之典，用蘇艱食之民。昨命馬(李)〔季〕良等體量安撫，候到災傷州，索見禁囚，與長吏訊問。除死罪及情理巨蠹兇惡爲民患、官典犯罪不以輕重並如法外，自餘徒、流遞降一等，杖已下並放；雜犯死罪刑名疑慮情可憫者，具事驛奏。」

景祐二年五月二十四日，詔逐路轉運使副、提點刑獄、朝臣、使臣分於轄下州軍疎決刑獄。

【22】二十七日，中書門下言：「已差府界提舉朝臣、使臣及臺官高若訥、蕭定基等，分逐縣疎決刑禁，欲令因便密切體量逐縣昨經霖雨，收刈不及夏麥并潦浸低下秋田分數，具實以聞，不得下司行遣，引惹陳訴。」從之。

六月二日，中書門下言：「今年五月二十五日，已降勑令，應諸州軍縣等見禁繫罪人，令轉運、提刑司分頭疏理。所有路、州、軍奏取勑裁公案，欲令法寺看詳，如係五月二十五日已前事發，並依今來疎理施行。」從之。

〔三年〕七月二十五日〔一〕，詔以興國寺災，見禁人更不根問，並特放罪。三京、畿縣見禁罪人，各差官減降疎決，雜犯死罪降從流，流罪從徒，杖已下並放。

八月五日，淮南轉運使言：「準詔往轄下州軍疎理見禁罪人，其加役流已下徒役人，乞許依德音例疎放。」詔應係今年五月二十五日以前配到者，並放逐便。

四年五月十三日，詔：「在京已行疎決，其開封諸縣、西京、南京、畿縣見禁罪人，各差官疎決，雜犯死罪以下遞降一等，杖已下放。」

康定元年六月十一日，詔：「三京疎決刑獄，在京翰林學士王堯臣、天章閣待制宋祁〔二〕，西京侍御史趙及，南京侍御史方偕，開封府界諸縣直史館張子皋、集賢校理胡宿，與提點縣鎮公事官員分往疎理。應雜犯死罪降從流，徒罪降從杖，杖已下釋之。」

慶曆二年十月十四日，詔：「冬至日近，應在京刑獄，遣使趣令理決，無使淹繫。」

三年五月四日，帝【23】親録繫囚。命侍御史沈邈等分(諸)〔詣〕京畿及三京，其諸路委轉運使、提點刑獄官親行疎決。雜犯死罪已下遞降一等，杖已下釋之。

四年六月二十二日，詔：「天下刑禁，或多冤滯，況當炎暑，須行疎決。其下三京、諸(疎)〔路〕，委長吏據見禁囚，除十惡、四殺、强竊盜、放火、僞印、官典〔正〕贓外，雜犯死罪情可閔者，具案驛奏，餘罪遞降一等，至杖並放。侵損於人情難恕者，各依本法科斷訖奏。在京諸縣令開封府依此施行，無得出入人罪。」

五年四月一日，帝親録繫囚。雜犯死罪以下遞降一等，杖已下釋之。命監察御史劉元瑜等往三京疎決。以司天監言四月朔日太陽當食而陰晦不見故也。

〔一〕三年：原脱，據《長編》卷一一九補。
〔二〕祁：原作「祈」，據《宋史》卷二八四《宋祁傳》改。

七年三月八日，帝親録繫囚，詔天下雜犯死罪已下遞減一等，杖以下釋之。以歲旱故也。

皇祐三年五月一日，詔：「(思)〔恩〕、冀等州旱，其令長吏精虔禱雨，決繫囚，無或淹滯。仍令轉運司體量今年夏税以聞。」

至和(三)〔二〕年正月八日〔一〕，詔開封府：「畿内及輔近郡繫〔囚〕雜犯死罪以下遞降一等，杖已下釋之，鬭殺情輕者仍聽奏裁。」

八月一日，詔開封府：「畿内及輔郡繫囚雜犯死罪已下遞降一等，杖已下釋之，鬭殺可憫者聽奏裁。」

二日，太平興國寺奉安祖宗神御禮畢，詔：「在京并輔郡見禁罪人除犯十惡、四殺、官典正枉法贓、監主自盗、僞造符印、放火不赦外，其餘雜犯死罪降從流，流罪降從徒，徒罪已下並放。如鬭殺情理可憫者，奏裁。限敕到日，仰長吏已下當面決遣訖，具事狀以聞。」

嘉祐元年八月二十六日，詔開封府繫囚徒24罪降從杖，杖已下釋之。

二年二月三日，帝親録繫囚，雜犯死罪已下遞降一等，杖已下釋之。三京及輔郡仍遣官疏決。

三年閏十二月十六日，帝親録繫囚，雜犯死罪已下遞降一等，杖已下釋之。及遣官疏決三京。

六年十一月十七日，帝親録繫囚，如三年閏十二月之制。

七年二月三日，詔河北、陝西、京東、京西、淮南、兩浙、荆湖北路災傷州軍，就委官疏決。

英宗治平元年三月十一日，帝親録繫囚。十惡、四殺、官典犯正枉法贓、監主自盗、僞造符印、放火論如法，餘死罪降從流，内情理重及鬭殺可憫者，依降刺配五百里外牢城，强盗當死亦依降刺配廣南牢城，情理重者配廣南遠惡州軍；流降從徒，徒降從杖，杖已下並放。命權御史臺推直官向宗道等三人疏決開封府諸縣罪人。

二年二月十七日，帝親録繫囚。除十惡、四殺、官典犯贓、監主自盗、僞造符印、放火外，鬭殺可憫及劫盗至死，決訖刺配牢城，餘犯死罪〔至〕徒各降一等，杖已下釋之。命權御史臺推直官張公度、(郡)〔群〕牧判官裴煜疏決府界諸縣罪人，京東西、淮南轉運使、提點刑獄疏決災傷州軍罪人。

六月四日，帝親録在京繫囚。除十惡、四殺、官典犯贓、監主自盗、僞造符印、放火不降，餘罪死降從流，流從徒，徒從杖，杖已下放。餘罪情重及鬭殺可憫者，依降決配五百里外牢城，强盗罪死者廣南牢城，情理重者廣南遠惡州軍。命直集25賢院王廣淵、祕閣校理錢藻，與開〔封〕府界提點疏決開封府諸縣罪人。

〔一〕二年：原作「三年」，據《長編》卷一七八改。以下二條亦爲二年事，見《長編》卷一八〇。

三年三月十四日，帝親録在京繫囚。除十惡、四殺、官典犯贓、監主自盜、僞造符印、放火不降，餘罪死降從流，流已下遞降之。降在流而情重及鬭殺可憫者，依降決配五百里外牢城；强劫盜罪死者沙門島，流者廣南牢城。杖已下放。命尚書屯田郎中徐總、館閣校勘劉瑾、祕閣校理錢藻，與開封府界提點分詣諸縣疏決。

六月二十六日，帝親録在京繫囚。除十惡、四殺、官典犯贓、監主自盜、僞造符印、放火依法外，死罪降流，情理重并鬭殺可憫者各刺配五百里外州軍牢城，强竊盜罪死者配沙門島，流者配廣南牢城。餘罪遞〔降〕一等，杖已下釋之。命都官郎中張公度、屯田郎中范道卿，與開封府界提點分詣諸縣疏決。

治平四年神宗即位未改元。四月十九日，上親録在京繫囚。除十惡、四殺、官典犯贓、監主自盜、僞造符印、放火依法施行外，應雜犯死罪並降從流，内情理〔重〕并鬭殺情理可憫者，依減降決訖，各配五百里外牢城；强劫該死賊人亦依減降決訖配沙門島，罪至流依減降刺配廣南牢城。其餘流罪降從徒，徒罪降從杖，杖罪已下並釋之。仍命集賢校理劉瑾、孫洙往開封府界諸縣，依在京指揮疏決。

神宗熙寧二年三月二十八日，上親録在京繫囚，命官往諸縣疏決。

三年七月九日，詔：「今後疏決或及府界、三京，仰 26 中書於初降德音日取旨，仍與在京同日指揮，限疏命到以前，應犯罪人權住斷遣，聽候指揮。四京縣更不差官，應犯杖罪并降從杖罪已下，只委本縣依次日所降朝旨施行。」

九年五月十六日，中書門下言：「在京左右軍巡院、司録司、開封府祥符縣，當此暑月，應有刑獄淹延。」詔遣檢正中書刑房公事張安國計會當職官，疾速結絶以聞。自是歲著爲例。

元豐元年三月七日，詔：「諸路監司覺察巡按，結絶刑獄，毋令淹蔓。」

八日，遣檢正中書吏房公事王陟臣、檢正刑房公事范鏜同三司、開封府吏了絶見禁獄，疑者申中書、樞密院。同知諫院黄履言：「近遣官禱雨，今又降釋罪囚。聞三司罪人七十餘火而免者四，開封府百餘火而免者五。由二者推之，則淹延未決者蓋多矣。乞令隨其罪之輕重，立限結絶，庶乎被澤者衆矣。」

十二月四日，詔開封府界提點司、諸路監司分決繫囚，内干照及事輕者先斷遣。

二年六月三日，命權御史臺推直官盛南仲、權檢正中書刑房公事王修同催促結絶在京繫囚。

三年四月十四日，詔：「開封府界、京東西、河北、河東〔一〕、陝西等路久苦旱災，近〔維〕〔雖〕霑潤，未至優渥，深慮刑獄或有冤留，上干和氣。可令諸路分委監司，在京遣

〔一〕河東：原脱，據《長編》卷三〇三補。

中書刑房檢正督遣繫囚。」

七年十一月八日，中書言開封府、大理寺禁繫甚苦〔一〕，詔令監察御史與刑部郎官速往點檢，催促結絶。

哲宗元祐元年 27 正月三日，詔曰：「久愆時雪，慮囚繫淹留，在京委刑部郎中、御史，開封府界令提點司〔二〕，諸路州軍令監司催促結絶〔三〕。」

四月五日，以久不雨，詔疎決在京繫囚，雜犯死罪以下遞降一等，至杖釋之。

十二日，詔：「在京并開封府界諸縣見禁罪人，內有根究未見本末，或會問結絶未得者，在京差左司諫王巖叟，開封府界諸縣差監察御史孫升，親往分視獄囚，約法斷遣。」右諫議大夫孫覺言：「或有所在減降之恩雖出聖意〔四〕，然獄吏治囚，根究未見本末，或會問在遠州縣，候事畢議法〔五〕，始引減降，得從輕坐。臣以爲在京左右軍巡、司録司乞差兩制官一員〔六〕，畿內諸縣差諫官、御史一員分視獄囚。」故有是詔。

九月十七日，權知開封府謝景温言：「明堂大赦，乞差推官一員，將帶人吏及法司一名，與府界提刑分詣諸縣，催促決遣該赦不合原免公事。如內有久被禁繫，根究未見本末，證佐在遠〔七〕，所犯該徒以上罪〔八〕，令申解赴府斷遣，杖已下即一面結絶。及乞今後每遇非次疎決并冬夏仲季月盛暑嚴寒，在京差官催促結絶之時，本府亦依此施行。」從之。

二年六月十一日，權知開封府錢勰言：「近制疎決，朝廷差臺官催促諸縣禁囚，慮諸縣懼見點檢，以不圓公事便行申解，遂差推判官將帶人吏及法司，與府界提刑分詣諸縣催促決遣。本府每遇非次疎決并盛暑嚴寒，在京差官催促結絶。畿內諸縣禁繫人數不 28 多，近者朝廷添置提刑與提點司，係監司兩員逐時巡按，不容留滯。今本府事多，推判官每季差出，委有妨闕。欲請凡遇疎決，如不差御史，即本府輪官下縣如故。」從之。

十一月二十八日，詔以雪寒，促決見囚。

三年八月二十八日，録繫囚，雜犯死罪已下遞降一等，杖以下釋之。開封府界及三京准此。

四年三月二十二日，疎決在京繫囚，雜犯死罪以下遞降一等，至杖釋之。以時雨稍愆也。

二十七日，詔：「諸路監司除近便州軍□躬親外，餘各於轄下選官分詣諸州軍，將見禁公事與當職官逐一躬親引問，除死罪於法合聽旨及重傷守辜外，餘並疾速斷訖

〔一〕苦：《長編》卷三五〇作「多」。
〔二〕界：原作「略」，據《長編》卷三六四改。
〔三〕催：原作「摧」，據《長編》卷三六四改。
〔四〕減：原作「藏」，據《長編》卷三七五改。
〔五〕畢：原作「異」，據《長編》卷三七五改。
〔六〕兩：原作「西」，據《長編》卷三七五改。
〔七〕證佐：原作「正左」，據《長編》卷三八八改。
〔八〕上：原作「正」，據《長編》卷三八八改。

以聞。」

五年二月十二日，疎決四京、府界諸縣繫囚〔一〕，除常赦所不原外，雜犯死罪以下遞降一等，杖以下釋之。其後又詔疏決應天下州、府、軍、監、縣等繫囚。

六年六月十二日，詔：「方盛暑，慮刑獄淹繫，除在京府界諸縣已降疎決，其諸路令監司除置司處及鄰近州分詣外，其餘州軍選官催促結絶，事理輕者先次斷放。」

紹聖元年四月八日，詔：「時雨稍愆，慮刑獄淹繫，在京委刑部郎官及御史一員，開封府界令提點刑獄，諸路令監司催結繫囚，事輕者先次斷放訖奏。府界徒以下罪人，罪狀顯著不該配及申奏者，雖小節不圓，並決訖以聞。」

十九日，以時雨稍愆，疎決四京并府界諸縣繫囚，如故事。

十二月十一日，詔：「久愆時雪，慮刑獄淹延，29在京委刑部郎官及御史一員，開封府界并諸路州軍並令監司按所部結絶，內事理輕者先次決遣。府界徒以下罪人罪狀分明，不該編配及申奏公事，並斷訖以聞。」

三年五月十六日，詔：「春夏以來，雨澤以時，二麥豐稔，尚慮刑獄滯留，更宜深恤。其諸路州縣，委監司分（誼）〔詣〕逐處，催促結絶見禁公事。」

四年五月八日，詔：「皇太妃近嘗服藥，及雨澤稍愆，農田在望，宜頒恩宥，以導嘉祥。疎決應在京、府界并三京及諸縣罪人。」

元符二年三月二十六日，詔：「稍愆時雨，竊慮刑獄淹延枝蔓，在京委刑部郎中及御史一員，開封府界令提點，諸路闕雨州軍令監司，催促結絶見禁罪人。」

四月十五日，以時雨稍愆，疎決在京及河南、應天、大名府繫囚，雜犯死罪以下遞降一等，至杖釋之。

七月四日，詔以盛暑，在京令刑部郎官，開封府界令提點、提舉司，諸路令監司，催促結絶囚禁。內干照人及事理輕者，先次決遣。

三年四月三日，詔：「諸路刑獄慮有淹延，除四京已降德音外，令諸路監司分頭催促結絶見禁罪人。內干照人及事理輕者，先次斷放。如委有事故，親到不遍處，即選官前去，仍具起發及每到處月日并事故（囚）〔因〕依徑申尚書省。如有疾病之人，即仰當職官常（竊）〔切〕點檢醫治。」

徽宗建中靖國元年四月二十九日，中書省勘會，正當時暑，竊慮刑獄淹延枝蔓。詔：「在京委刑部郎官及御史一員，開封府界30令提點，諸路州軍令監司，分頭點檢催促，結絶見禁罪人。內干照人及事理輕者，先次斷決訖奏。內府界徒以下罪人，罪狀分明、不該編配及申奏公事，或雖小節不圓，不礙大情，并許一面決斷訖奏。其府界及諸路監司如委有事故，親去未得，即選官前去，仍具每到處月日、事故因依徑申尚書省決。」自是歲著爲例。

〔一〕界：原作「罪」，據《長編》卷四三八改。

崇寧二年正月二十六日，詔曰：「臣僚言，天下囹圄見劾治者一百四十餘事，證逮多者五七十人，少者尚二三十人，已無慮數千人矣，而縣之獄不與焉。窮冬沍寒，重圍叢棘之中，桁楊接摺之下，寧無向隅而泣者！慮傷陰陽之和，朕甚憫之。可令監司乘驛躬訊，限一月結絶，仍具獄官姓名、推治事目報御史臺，令具籍檢察。」

四年十一月十四日，朝奉郎、前提點梓州路刑獄公事王峴劄子奏：「昨在任，每年承尚書刑部符，承中書省勘當，時暑，竊慮刑獄淹延枝蔓，詔令諸路監司分頭點檢，催促結絶見禁罪人。然川路遼遠，比至勑命到日，多是過時，囹圄囚人實未霑恩賜。臣欲乞著爲定令，今後路分遠處更不候降敕，並令監司每年於六月中分頭催促結絶斷放，仍具所到州縣月日徑申尚書省檢察施行，庶使遠人均霑惠澤。」從之。

大觀元年八月五日，詔：「京司犴獄屢空，四方郡縣吏或以微文細故，（招）〔捃〕摭追逮，久繫不決，甚非欽恤之意。可令監司分（諸）〔詣〕所部慮囚決獄，其或淹延不治，31留禁無辜，即按劾以聞。」

政和二年七月二十二日，臣僚言：「諸路監司歲奉詔旨分部決獄，而承例差官，吏或不虔，徒爲文具。乞令監司每被旨決獄，皆依當日親行，若計程旬日未周，方聽差官。」從之。

三年九月九日，都省言：「尚書刑部郎中錢歸善奏：『承勑節文：正當時暑，竊慮刑獄淹延枝蔓，在京委刑部郎中及御史一員分頭點檢，催促結絶見禁罪人，内干照人及事理輕者，先次斷訖奏，杖已下應禁者並與責保知在。』委本部員外郎耿良能點檢催促，大理寺等處節次具已結絶名件奏聞外，所有未了公事，見行催促。」詔：「五月恤刑，蓋當炎暑，朝廷所以示寬恕之政，豈可稽留！直至秋深，尚未結絶，顯屬過期。自今後仰所委官限一月結絶，如取會未圓，見行推治公事，自合依條施行。」

六年五月十四日，詔：「每歲大暑，差官慮囚，外路限四月，在京限六月行下。」以川、廣路遠，受命多後時，故有是詔。

七年二月二十五日，詔：「諸路監司每年分定州軍巡按決獄，往往不徧，民無所訴，令互察彈奏。」

宣和六年四月四日，臣僚言：「伏望詔有司根究見今諸路被旨根勘未了公事最久者，顯絀一二，以示慢令之戒。自餘皆責近限，趨令結絶。」詔見禁勘公事如大情已正，小節未圓，並仰疾速結絶。應干證人並先次疎放。仍令提點刑獄官躬親徧詣所部催促，其巡歷不徧去處，選官前去，不管少有淹延刑禁。

32高宗建炎元年九月十九日，兩浙、福建路撫諭江端友言：「比年以來，州縣刑獄淹滯。臣忝使兩路，欲乞許臣所至州縣，依祖宗遺使法親閲獄訟，或遣提刑司分詣本路。其大節已具、小節未圓者，約法從輕，日下斷遣。其雜犯死罪有疑惑、情理可憫、須上請俟報者，比緣盜賊未平，道路不通，奏章未必得達。兼朝廷多事，或不以時行下，罪人久繫，不幸(瘦)〔瘐〕死，則非上請本意，亦乞酌情減降斷遣訖奏聞。」詔除張換、王瓊外，餘撫諭官准此。十一月三日，又言：「臣已遵依詔旨，遍牒兩路州(運)〔軍〕，不候臣及提刑到州，一面遵依聖旨施行去訖。臣恐一過之後，復循舊弊，欲望聖慈特令今日以後，並依九月十九日已得指揮，候將來盜賊寧息，遞角通行，即依舊法。仍令提刑司常切覺察，有斷獄稽程、淹久不決者，依條勘劾。」詔諸路依此。

紹興元年九月五日，詔：「越州見勘軍人黃德等，令刑部郎官躬親往彼取索公案看詳審問。如情犯別無飜異，即依今來指揮斷遣；如或情節可疑，難便處斷，即具奏聞。」先是，越州勘到軍人黃德、陸青、周立、徐青、傅青、吳城、百姓苗貴持杖劫盜前酒庫人員李成等差出買柴船，殺死四口，各合(家)凌遲處斬。所殺之人屍不經驗，疑慮奏裁。既詔黃德依斷凌遲處斬，周立、陸青、苗貴並特處斬，徐青、傅青、吳城並決重杖處死，而又命官録問云。

十月三十日，詔：「致理之體，先德後刑。比來33旱既太甚，斯民嗸嗸而望雲霓，深可憫惻。朕惟兢兢業業，祇畏祈禳，未嘗敢自赦也。竊慮刑法失當，獄訟淹滯，怨懟所由生，而和氣消鑠多矣。可令逐路憲臣限指揮到日，日下躬親前去，遍詣諸州縣刑獄，催督結絶施行。如違，當議黜責。」

二年五月十三日，詔：「霖雨不止，諸處刑獄竊慮淹延，行在委刑部郎官，在外委提刑躬親催督，結絶見禁公事，具已結絶月日申尚書省。」

十二月十五日，刑部侍郎章誼言：「近者分遣五使，按行郡縣，親加敕戒，以刑獄爲首務。若將命之臣僅能察訟(諜)〔牒〕之繁詞，按稽緩之小吏，亦何足以仰副惻怛哀矜之(惠)〔意〕哉！欲望應制勘事自贓罪、流罪與夫元降指揮具情犯申奏外，其餘徒、杖而下，自非重害不可貸捨，悉許五使酌情斷遣，具按以聞。庶幾使指所臨，獄訟即決，遠邇之民，咸被實德。若分鎮去處、四川路分，望委帥臣、監司限日結絶。」詔令劄與諸路宣諭官，其四川令宣撫制置使司，分鎮去處令鎮撫使，各差官點檢結絶。

三年七月十六日，詔：「浙東路及臨安府、嚴、秀等州，久闕雨澤，竊慮刑獄淹滯，仰兩浙路提刑躬詣所部州縣，將見禁罪人事小者監視決遣，事大及合行追逮干照者疾速催促勾追結絶。如遐遠去處，即仰選差通判、幕職官分詣，仍逐旋具已施行次第申尚書省。」既而右司諫唐煇言〔一〕：「乞令提點刑獄所到州縣，不得憑案牘，委胥吏，須一一親自34引問，聽其言，察其情，無罪者即出之。獄吏高下，嚴寘以法。庶幾冤枉獲伸，感召和氣。其所選官分詣者，亦乞依此。」從之，仍先詣最未得雨去處決遣。

〔一〕煇：原作「輝」，據《建炎要録》卷六七改。

二十二日，詔：「大理寺、臨安府等刑獄已施行外，諸州縣囚禁尚多，其間慮多冤枉淹繫，令臨安府及諸州各遣彊明官分詣諸縣，檢察決遣。」爲久闕雨澤，故有是詔。

四年六月十一日，詔：「大理寺、臨安府并錢塘、仁和兩縣見禁公事委御史臺官、刑部郎官，諸州縣刑禁委提點刑獄官，并躬親前去務察〔一〕，催促結絶。如外邑遐遠去處，令提刑司選差官前去。」

五年正月一日，刑部尚書章誼等言〔二〕：「紹興四年十二月二十五日手詔，爲正月朔日有蝕之，講求闕政、察理冤獄等事。本部檢會今來車駕駐蹕平江，乞委郎官一員詣本府應刑獄去處，點檢見禁，催督結絶施行。」

五月二十四日，宰執進呈疎決，上曰：「外路如何？」趙鼎曰：「臣記得每年夏熱時，令提刑司催決獄事，自渡江後不曾舉行。」上曰：「行在大理寺等處禁繫不多，須行諸路，令無淹延刑禁，庶暑熱時不致罪人疾病。」於是下詔：「正當時暑，竊慮刑獄淹延枝蔓，行在委刑部郎官及御史一員，臨安府屬縣并諸路州軍令監司分頭點檢，催促結絶見禁罪人。内干照人及事理輕者，先次斷訖奏。臨安府屬縣徒已下罪，事狀分明，不該編配及合申奏公事，或雖小節不圓，不礙大情，並許本府一面決斷訖35奏。杖以下應禁者，並與責保知在。（徐）〔除〕行在外，有事故不能親行，即選官前去，仍具每到處月日、事故因依徑申尚書省。」自是歲著爲例。

六年六月二十八日，刑部尚書胡交修言〔三〕：「奉詔爲六日己巳地震，察冤繫、禁苛擾等事，欲乞差委本部郎官詣臨安府并仁和、錢塘兩縣、大理寺、殿前、馬、步軍司點檢見禁，催督結絶。其諸路州縣及應有刑獄去處，欲委逐路提點刑獄官檢察。」從之。

七年七月二十九日，詔：「已降指揮，諸路州縣刑獄官司，並令提刑躬親疾速催促，結絶見禁公事；僻遠委官前去，逐旋具已結絶過件數申尚書省。仍令諸路提刑遵稟已降指揮，恪意詳審，即不得將不係僻遠去處一例差官前去。須於旬申已結絶公事名件，狀内具〔有〕無冤濫申尚書省。」以臣僚言乞申戒監司務在詳審故也。

八年六月十八日，詔曰：「近雨澤稍愆，可令浙西提刑躬親遍詣刑獄官司，催促結絶見禁公事。内僻遠州縣不能周遍，許委官前去。諸路闕雨去處依此。」

十一月四日，大理寺奏：「差官詣諸路結絶滯獄，以廣南東、西路地遠，乞就鄰路委官。」上曰：「二廣去朝廷遠，民間冤滯無所赴訴，尤當欽恤，正須本寺官前去。如江浙近地，苟有冤抑，不患不聞，止令帥司選官。」時大臣咨嘆，以思慮所不及。既而有旨，廣南東路差薛倞，西路差朱斐，

〔一〕務：疑當作「檢」。
〔二〕章誼：原作「張誼」，據《建炎要録》卷八三改。參《宋史・章誼傳》。
〔三〕胡：原作「故」，據《宋史》卷三七八《胡交修傳》改。

量帶推獄前去，將本路應見禁一年以上未結絶公事並行勘

36 結，即不得因而却致枝蔓。具刑寺應干合催結絶逐路公事，許長貳條具委付，內有小節不圓、不礙刑名公事，許隨宜結絶，餘令逐官具畫一申尚書省。

九年六月二十五日，詔：「以日近雨澤稍愆，（在行）〔行在〕委刑部官及御史各一員，臨安府屬縣并諸路州軍令監司分頭點檢，催促結絶見禁罪人。內干照人及事理輕者，先次斷放。臨安府屬縣徒以下罪，事狀分明、不該編配及申奏公事，雖小節不圓，不礙大情，並許一面斷遣訖申奏。杖以下應禁者，並責保知在。如監司有故不能親行，仰選官前去，內僻遠州縣即州委守臣、縣委通判、職官，務在恪意奉行，毋致冤濫。」

十一年七月十九日，詔：「旱暵既久，雨未霑足，已差官躬親前去決獄。可丁寧告戒，務要去淹滯，察非辜，無或苟簡，徒爲文具。其干連逮捕，先令州縣即時疏放。無令愁嘆之聲，致傷和氣。」

十二年三月三日，詔：「以日近雨澤稍愆，切慮刑獄淹延，在內委刑部郎官、監察御史，在外委提點刑獄官，躬親逐一慮問，責限結絶。雖小節未圓，不礙大情，並免追逮。或有冤濫，即與申理，干連無罪人日下便行責放。各（且）〔具〕已檢察斷放過名件聞奏。」二十九年三月四日，詔：「自冬及春，甚愆雨澤，雖側躬省咎，祈禱未應。深慮內外有獄訟淹延，失於詳平，致傷和氣。可在內委刑部，在外令提刑司，躬至州縣索案結絶。」

十三年正月十九日，詔：「郴州見勘前知邕州俞儈〔一〕，

37 令大理寺選差寺丞一員前去，疾速根勘結絶，具案奏聞，的具見勘及回報官司的實違滯去處取旨。其湖南北、廣東西路見淹留公事，仰一就取索，催促勘結。餘路令刑部、大理寺體倣，措置催促，月具結絶名件及有無淹延申尚書省。」以臣僚言：「儈在任日，冒請遥郡全俸及路分鈐轄添支，（討）〔計〕贓二十四（又）〔以〕上，及侵欺朝廷買馬錢。元令象州根勘，近因臺臣論列，送湖南提刑司，見付郴州，迄今三年，未聞結絶。緣邕管係儈舊治，往往相與圖救，致無辜之人久此拘囚，而巨贓未正典刑，乞詰其住滯之因。」故也。

十五年（正）〔四〕月八日〔二〕，上前一日嘗宣諭曰：「彗星見，朕甚懼焉，卿等可圖所以消弭之道。」秦檜因奏上前太宗、真宗朝嘗緣彗星疎決獄囚等事，上曰：「可且降詔，以四事爲主：避殿、減膳、寬民力、恤滯獄。（度）〔庶〕幾應天下以實不以文也。」於是內降詔曰：「太史奏彗出東方，朕甚懼焉，已避殿、減膳，側躬省愆，尚慮征科苛擾，獄繫淹延，致傷和氣，上干垂象。可令逐路提點刑獄官躬親詣所

〔一〕儈：原作「澮」，據《建炎要録》卷一四八改。

〔二〕四月　原作「正月」，據《建炎要録》卷一五三改。四月三日戊寅夜彗出東方，即其事。正月無彗出。

部決獄，具已決遣、未決遣及盡絶月日逐一以聞。應枝蔓干連人日下疎放，仍準備朝廷遣官檢察。其（其）有貪酷官吏，並仰按劾，重行黜責。」續詔，其行在刑獄令刑部郎官、監察御史躬親逐一決遣。二十六年七月九日，詔：「太史奏彗出東方，朕甚懼焉，已避殿、減膳，側（身）〔躬〕省愆，尚慮刑獄冤濫，官吏貪殘，致傷和氣，上干垂象。諸[38]路提刑司官親詣所部州詳慮決愆，將枝蔓干連人日下疏放，務施實惠，以盡應天之實。」

十二日，内降制曰：「近降手詔，委逐路提點刑獄官躬親決獄，逐一開具聞奏，仍日下疎放枝蔓干連之人。尚慮不切奉行，委御史臺覺察，按劾黜責，三省擇其尤稱職者，取旨陞擢。」

二十五年七月三日，宰執進呈疎決文字，上宣諭曰：「行在刑獄皆已審克，外路須令憲臣因疎決旨揮下，躬親詣州縣檢斷，庶無冤濫。」

二十八年四月二十七日，三省言：「每歲三伏内，聖恩疎決慮囚，其外路委官旨揮同時行下，緣川、廣等路去朝廷遥遠，旨揮到日已過盛暑，竊慮未稱矜恤之意。伏覩政和六年五月十四日聖旨，盛暑點檢囚禁，外路限四月下旬預行檢會。欲乞依政和例，預於四月檢會行下。」有旨遵依施行。越三日，上復諭輔臣曰：「疎決減降，蓋念盛暑囚禁，特施恩惠，固當依政和間指揮施行。至於慮囚，乃是祖宗成憲，似不當拘以時月，宜令有司各舉（嘗）〔常〕職。」乃詔諸路州軍，令提刑須於六月初躬親前去點檢，催促結絶見禁罪人。内干照人及事理輕者，先次斷放。如提刑闕官，仰監司躬親分頭前去。内僻遠州縣，即州委守臣，縣委通判、職官。其所委官點檢催促過刑禁，並仰本路監司復行檢察，如斷放不當，滅裂違滯，即按劾聞奏。是年六月一日，詔以（東）〔兩〕浙東、西係最近路分，令邵大受、徐康躬親遍詣逐州軍點[39]檢催促。仍依已降指揮，不得多帶人從。自是歲以爲常。

孝宗隆興元年四月三日，詔：「霖雨爲沴，行在委監察御史，外路委監司、守令，催促見禁公事，疾速結絶。事理輕者，先次決放。如有冤濫，從實改正。」

二十三日，詔：「每歲盛暑，合慮囚徒，諸路州郡委提刑於六月内遍詣所部，將見禁公事催促結絶。事理輕者，先次決放。内僻遠州縣，即州委守臣，縣委通判、職官，各具已施行事件申尚書省。」自是歲著爲例。

六月十九日，詔：「以時當盛暑，深慮囹圄淹延，追逮枝蔓，行在所委刑部郎官及御史各一員，臨安府委提點刑獄，前往催促結絶。事理輕者，先次決斷。臨安府屬縣徒已下罪，一面斷遣。自今歲著爲例。」

八月二十四日，詔：「委監察御史一員親詣大理寺及三衙、臨安府并（前）〔錢〕塘、仁和縣，催促見禁公事，疾速結絶。内事理輕者，先次決斷。如有冤濫，從實改正。」

十一月二十六日，中書門下省言：「勘會當此雪寒，竊慮刑獄淹延，深可矜憫。」詔委刑部郎官前詣大理寺、臨安府并錢塘、仁和兩縣，催促結絶。

二年三月十四日，中書門下省言：「外路州軍每歲盛暑慮囚，四月下旬方檢會行下，竊慮二廣、四川道路遥遠，指揮到日亦已過時。」詔：「二廣、四川令提刑於六月初親詣所部點檢結絶。内僻遠州縣，即州委(守)臣，縣委通判、職官，各具已施行事件申尚書省。」自是歲著爲例。

八月二十六日，詔：「久雨未晴，深(採)慮刑獄淹延，有奸和氣，可令侍御史尹穡往大理寺、臨安【40】府決遣。」

二十七日，詔：「浙西、江東霖雨害稼，竊慮刑獄淹滯，可令逐路提刑前往州縣決遣。」

乾道元年二月二十四日，詔：「久雨未晴，深慮刑獄淹延，有奸和氣，可令殿中侍御史章服往大理寺、臨安府、仁和、錢塘兩縣，兩浙東西路令提刑躬親詣所部州縣決遣。」

二年四月四日，詔：「淫雨爲沴，害及禾麥(一)，豈刑政失中以致咎歟？可令侍從、臺諫講究所宜以聞(二)。其臨安府并諸路郡縣見禁刑獄，立(見)(限)結絶，委官分詣檢察，以稱朕寅畏之意。」

五日，詔：「久雨未晴，深慮刑獄淹延，有傷和氣，大理寺、臨安府委臺官一員，浙西州縣委憲臣往決遣。」

六月(三)，中書門下省言：「邇來淫雨爲沴，竊慮刑獄淹延，雖委官決遣，尚恐未盡。」詔：「大理寺、臨安府并三衙及浙西州縣見禁罪人，在内委刑部、御史臺官，在外州委守臣，縣委通判，躬親就獄引問。如大情已正，内鬭殺情理輕并雜犯死罪至徒罪已上，各減一等斷遣，杖罪已下並放。」

九月十二日，詔：「温州諸邑近被水災，已差唐瑑前往賑恤(四)，可就令點檢本州并諸縣刑禁，將杖罪以下先次疏放。如有冤抑，從實改正。」

三年八月二十四日，臣寮言：「積陰久雨，尚未晴霽，深恐州縣之間刑禁淹延。欲望特降睿旨，在内委郎官，在外委提刑，檢察兩浙州郡刑獄，決遣滯囚。」從之。

五年十二月十七日，詔：「以雨雪愆期，竊慮刑獄淹延，追逮枝蔓，行在所委刑部郎官，臨安府屬縣委【41】本府通判各一員，躬親點檢，疾速結絶，仍各具決斷名件申尚書省。」

六年閏五月四日，詔：「以久雨未晴，深慮刑獄淹延，有傷和氣。大理寺、臨安府并屬縣、三衙見禁罪人，在内委刑部郎官，在外委通判躬親決遣，具已斷名件申尚書省。」

八年六月九日，中書門下省言：「行在三衙見禁罪人，已降指揮疎決，其馬軍行司見在建康屯戍，理合一體施行。」詔委户部郎官、淮西總領滕膺躬親前往決遣。

(一)「沴」、「害」二字原作「冷宮」，據《宋史全文》卷二四下改。
(二)講：原作「讜」，據《宋史全文》卷二四下改。
(三)六月：疑是「六日」，自神宗以下各條記事均至日矣。
(四)唐瑑：原脱「唐」字，據本書食貨五八之五乾道二年九月「十一日」條補。

淳熙元年十月九日，詔：「陰雨未已，大理寺、臨安府并屬縣、三衙及諸路州縣見禁罪人，杖罪已下並放，在内委臺官，在外委提刑決遣。」二年六月、三年八月、十月、四年十月，皆以久雨，並同此制。

五年五月八日，詔：「浙西常州、鎮江府及淮南、江東西州郡有稍愆雨澤去處，竊慮刑禁淹延，逐路見禁罪人各委提刑決遣，杖已下罪並放。」

十六年四月八日，中書門下省言外路州軍每歲盛暑慮囚。除二廣、四川已降指揮外，詔：「餘路州軍令提刑須管於五月下旬躬親前去點檢，催促結絶見禁罪人。内干照人及事理輕者，先次斷放。如提刑闕官，仰監司躬親分頭前去。内僻遠州縣，即州委守臣，縣委通判、職官躬親分頭點檢催促，應所委官各具所到及點檢日時、已施行事件申尚書省。其守倅等點檢催促過刑禁，並仰本路監司復行檢察，如滅裂違滯，按劾奏聞，務在恪意奉行，不致冤濫。如奉行不虔，42令御史臺覺察彈劾。」自是歲以爲例。

閏五月二十四日，詔：「馬軍行司見在建康屯戍，所有見禁罪人，並依行在疎決減降，仍委淮西總領躬親前去決遣。」自是歲以爲例。

二十六日，中書門下省言：「正當時暑，深慮囹圄淹延及追逮枝蔓，理合催促結絶。」除諸路州軍已降指揮委官點檢外，詔：「行在委刑部郎官及御史各一員，臨安府屬縣令提刑躬親前去點檢結絶見禁人。内干照及事理輕者，先次斷放；徒已下罪事狀分明、不應編配及申奏公事，雖小節不圓，不礙大情，並許一面斷遣訖申奏；杖以下應禁者，並責保知在。如提刑已往別州慮囚，或闕官，即令漕臣一員前去。各具所到點檢日時、已施行訖事件申尚書省，務在恪意奉行，不致冤濫。如奉行不虔，令御史臺覺察彈劾。」自是歲以爲例。

九月十九日，詔：「陰雨未晴，竊慮刑獄或有淹延去處，大理寺、臨安府并屬縣、三衙及兩浙諸路州縣見禁罪人，在内委臺官，在外委提刑，躬親即時前去。如路遠去處，分委通判檢察決遣。内杖罪已下并干繫等人，並日下踈放；應臨安府并屬縣見監追贓賞錢及轉廂號令之人，可並日下免追釋放。」

（淳）〔紹〕熙元年十月四日[一]，前知柳州趙彦禮言：「伏覩指揮，每歲盛夏慮囚專委提刑，如提刑闕官，仰監司分頭前去，此良法也。臣謂提刑之職，固當慮〔囚〕。且以廣西一路論之，所管二十五州，一兩月安能徧歷，孰若令監司43分詣，無問提刑闕與不闕。然指揮内既令監司躬親，又謂内僻遠州縣，即〔州〕委守臣，縣委通判、職官，臣恐監司畏暑重出者假此爲自便之計，雖置司之鄰州近縣，或指

〔一〕紹熙：原作「淳熙」。按，《輿地碑記》卷三《柳州碑記》「柳侯遺碑」條云：「淳熙己酉，太守趙彦禮復得舊斷碑并蓋於學宫草莽間。」淳熙己酉即淳熙十六年，據此可知趙彦禮知柳州在此年前後，則此處之「淳熙元年」乃「紹熙元年」之誤，因改。

爲僻遠，悉委之守倅、職官矣。夫州縣之獄，正恐州縣官吏不時點檢結絶，致有冤滯，故委監司親慮，不惟可使官吏知畏，不敢淹留，而禁囚冤枉亦得自伸。若復委之守倅、職官，則其間徒有慮囚之名而無實者多矣。乞戒飭監司，每歲各隨置司去處地里遠近，分（諠）〔詣〕所部州軍點檢，催促結絶見禁罪人，限五月下旬起發，至七月十五日以前巡徧。如屬縣非監司巡歷經由之路，即從監司委官前去，仍各開具所過州縣月日、慮囚名件關白提刑司，類申朝廷。並不許妄以近便州縣指爲僻遠，分委守倅、職官，庶幾慮囚之法不爲文具。」從之。

七月十四日〔一〕，詔：「近日雨澤稍愆，竊慮刑獄淹延，大理寺、臨安府并屬縣、三衙及諸路闕雨州縣，應見禁罪人，在內委臺官，在外令提刑（委官）躬親即時前去檢察決遣。內杖罪已下并干繫等人，並日下疎放，仍將已斷放過名件逐一開具聞奏。應申奏（按）〔案〕狀，督責疾速依條施行，毋致違戾。」

紹熙元年十一月二十七日，臣僚言：「縣獄之設，縣官任其責，小則決遣，大則申所屬州郡，非徒文具而已。比年以來，士大夫寓居多以外邑爲便，縣官甫下車則先詔問權要聲援〔二〕，往往循習諂媚，互相交結。其爲權要聲 44 援者，因縣官之見知，遂假此以恐嚇齊民，或以私忿未決、債息未償，輒將小民拘送縣獄。縣官方承奉之不暇，乃俾老胥猾吏鍛鍊追考，有一人抵罪或至一户蕩産，甚者根連逮捕以決權門之獄。雖其事可以立談判者，亦必拘囚月餘，如此則小民被虐者若何而申訴！乞行下諸郡屬縣，嚴行戒約，應小民有不因詞訟而輒相寄獄，郡守、監司不行覺察，許經臺省陳訴。」從之。

五年四月十一日，詔：「雨澤稍愆，竊慮刑獄淹延，差官檢察決遣。」

二十一日，中書門下省言：「近日稍闕雨澤，竊慮刑獄淹延，除大理寺、臨安府并屬縣、三衙及兩浙路州縣已降指揮委官決遣外，尚慮江東西、兩淮州縣亦有闕雨去處。」詔：「江東西、兩淮路提刑躬親即時前去，將見禁罪人檢察決遣。內杖罪以下并干繫等人，並日下疎放。如路遠去處，分委通判，仍將已斷放過名件逐一開具聞奏。應申奏案狀〔三〕，督責疾速依條施行，毋致違戾。」

慶元元年二月七日，詔：「陰雨未晴，有妨二麥，竊恐刑獄淹延，感傷和氣。大理寺、臨安府并屬縣，三衙及兩浙諸路州縣見禁罪人，在內委臺官，在外委提刑，躬親即時前去。如路遠去處，分委通判檢察決遣。內杖罪以下并干繫等人，並日下疎放，仍將已斷放過名件逐一開具聞奏。其諸處申奏案狀，督責疾速依條施行，毋致違戾。」

〔一〕七月：與前條月分失次，疑有誤。
〔二〕詔問：疑當作「訪問」。
〔三〕狀：原無，據上紹熙元年「七月十四日」及下條補。

三月十七日，勘會四川、二廣州軍每歲盛夏慮囚，詔令逐45路監司各隨置司去處遠近，分詣所部州軍，限五月下旬起發，躬親前去催促結絕見禁罪人。內干照人及事理輕者，先次斷放。至七月十五日以前巡遍。如屬縣非監司巡歷之路，委官躬親分頭前去點檢催促，並仰本路監司復行檢察。自是歲以爲例。

四月十三日，勘會外路州軍每歲盛暑慮囚，除二廣、四川已降旨揮外，詔餘路州軍令監司依已降旨揮，各隨置司去處地里遠近，詣所部州軍，限五月下旬起發，躬親前去點檢催促結絕見禁罪人。內干照人及事理輕者，先次斷放。至七月十五日以前巡遍。如非監司巡歷經由之處，即令監司委官躬親分頭前去點檢催促，各具所到及點檢日時、已施行事件關牒提刑司，類聚申尚書省。內所委官點檢催促過刑禁，並仰本路監司復行檢察，如滅裂違滯，按劾聞奏。或奉行不虔，令御史臺覺察彈劾。自是歲以爲例。

六月十二日，都省勘會：「正當時暑，深慮囹圄淹延，追逮枝蔓，理合催促結絕。」詔行在委刑部郎官及御史一員，臨安府屬縣令提刑，躬親前去點檢，催促結絕。事理輕者，先次斷放。臨安府屬縣徒以下罪，事狀分明、不應編配及申奏公事，雖小節不圓，不礙大情，並（詣）〔許〕一面斷遣訖申奏。杖以下應禁者，並責保知在。如提刑已往別州慮囚，或闕官，即令漕臣一員前去，各具所到及點檢日時、已施行訖事件申尚書省。（知）〔如〕奉行不虔，令46御史臺覺察聞奏。自是歲以爲例。

二十六日，詔：「馬軍行司見在建康府屯戍，理宜一體，並依行在疎決減降，仍委淮西總領躬親前去決遣。」自是歲以爲例。

十二月八日，詔：「時雪未降，見行祈禱，竊慮刑獄淹延，致傷和氣。大理寺、臨安府屬縣、三衙及兩浙路諸州縣見禁罪人，在內委臺官，在外委提刑，躬親即時前去檢察決遣。內杖罪以下并干繫等人，並日下疎決。」

四年八月二日，詔：「陰雨未晴，見行祈禱，令大理寺、臨安府并屬縣、三衙各委長官，日下躬親檢察決遣。除緊人、干繫人外，並與疎放。」

開禧二年三月十六日，殿中侍御史徐柟言：「近年以來，州縣官吏以獄爲市，大辟之干連，强盜之證對，縲繫充斥，非法絣訊，任意鍛鍊，極其慘酷。每遇提刑巡歷，責寄厢保，及監司出境而囚繫如初。盛夏之月，恐其蒸鬱，故分遣疎決。至於隆冬寒凍，其苦甚於盛夏，良由監司雖於五月巡歷所部，平遣囚徒，殆與一時經過無異，足跡未嘗一登獄門，囚徒未嘗引問，案牘未嘗閱視，非法收禁者未嘗根究，赴訴責保者未嘗受理，宜乎州縣得以揣摩，罔知畏憚。乞令監司每歲十月下旬躬詣巡歷疎決，一遵盛夏五月下旬慮囚之法。」從之。

九月十七日，詔：「四川、二廣州軍，令逐路監司依每歲所降盛暑慮囚指揮，各隨置司去處地里遠近，分詣所部州軍，限十一月下旬起發，躬親前去點檢，催促結絶。事理輕者，47先次斷放。至來年正月十五日以前巡遍。如屬縣非監司經由之路，即令監司委官，躬親分頭前去點檢催促，各具所到及點檢日時、已施行事件關牒提刑司，類聚申尚書省。內所委官點檢催促過刑禁，並仰本路監司復行檢察，如滅裂(遣)〔違〕滯，按劾聞奏。或奉行不虔，令御史臺覺察彈劾。」餘路州軍亦同此制。每歲如之。

嘉定五年六月二十日，臣僚言：「祖宗立國，以恤刑爲急務。每遇祈寒隆暑，必令提刑司分委官於所部州縣慮囚。臣觀廣右州郡多號瘴鄉，司臬事者憚於衝寒冒暑、深入煙嵐，所委之官非州之倅則簽與推也。然廣右州軍有倅者未一二，而所委職官間有癃(者)〔老〕補攝之人，每得臺檄，更不起發，必遲之數月而後至，或有違命托故而規圖改差者，爲囚徒者將何以赴愬！乞(刑)〔行〕下本路提刑司，凡有慮囚決獄，如躬親所不及，必精擇所委，務得其人，無使癃老補攝之人得以淹囚留獄。」從之。

六年七月十八日，臣僚言：「乞行下諸路提刑，每遇諸郡疎決，先令兵官責實土牢見禁人數，或不測於未決獄之前，躬至土牢閲視之。其有不應拘繫以至死者，許其戚屬陳告，守與兵官皆當(生)〔坐〕罪。每委官下縣決獄，亦先令尉司吏級審責有無拘繫平民。有非法拘繫者，許人告首，痛懲一二，以革其害，使斯民無抑抳誣告之患。」從之。

十四年六月十七日，臣僚言：「今後遇暑慮囚，命所差官將臨安48府三獄見禁公事，除情理深重、常例所不得原者，自合聽候依法施行，其餘各隨輕重，盡行編排，減降決遣。大理寺、三衙、兩赤縣並照應一體斷決。其今年斷遣未盡者，截自未降停決指揮以前，行下所屬催促，速與減降裁斷，庶縲紲之囚亟拜實惠。」從之。

七月十五日，白劄子言：「刑部見催促諸路累翻積年未決之獄共四十六件，其間有係八年、九年公事，今來已經涉七年，尚未了絶。兼諸路翻異公事徑行移勘、不曾申上者又不知其幾。淹延刑禁，追逮干連，旁及無辜，或有死亡者，皆因頑囚避罪妄翻，及有元勘失實，遂致興獄不已。乞朝廷照淳熙十四年及紹熙四年已降指揮，令諸路提刑躬親將翻異之獄，與逐州守臣臨安府即令兩浙運司同守臣〔一〕。更切從公審勘。如罪人情狀明白，別無可疑，委係避罪妄翻，即照刑寺已定斷得旨事理施行；若見得前勘有未盡情節，委涉冤抑，可疑及未經刑寺定斷，並仰具奏取旨施行。其元勘失當官吏，並與免一案推結收坐一次，庶幾治獄一清。」從之。（以上《永樂大典》卷一九九八〇）

〔一〕此注原作正文，據文意改。

宋會要輯稿　刑法六

檢驗

【宋會要】

1 真宗咸平三年十月，詔：「今後殺傷公事，在縣委尉，在州委司理參軍，如闕正官，差以次官，畫時部領一行人躬親檢驗，委的要害致命去處。或的是病死之人，只仰命官一員畫時檢驗。若是非理致命及有他故，即檢驗畢畫時申州，差官覆檢詣實，方可給與殯埋。其遠處縣分，先委本縣尉檢驗畢，取鄰近相去一程以下縣分内，牒請令、尉或主(薄)〔簿〕；一程以上，只關報本縣令、佐覆檢，獨員處亦取鄰州縣最近者。覆檢詣實，即給屍首殯埋，申報所隸州府，不得推延。」

大中祥符六年二月一日，詔曰：「京邑至大，閭閻實繁，每有喪亡，重行檢視。或在鬱蒸之候，頗稽藏瘞之期。爰覩奏對，請從簡便。然則民命至重，刑政攸先。官司所陳，固軫畫傷之念；命令將出，彌增欽恤之懷。宜令開封府，自四月至八月死亡者，不須覆檢，餘月仍舊施行。」

天禧二年五月十三日，權知開封府樂黄目言：「應有非理致命及諸般殺傷人屍首，如檢驗、覆檢官吏等定奪得致命去處，大事得正，或有小可聲説傷損去處不同，別無妨礙，不係要害致命去處者，只從違制失科罪。如是鹵莽，不切定奪，出入致命去處，即從違制。」從之。先是，本府官司檢定金刃殺傷屍，它官 2 覆檢則以爲箠撻所害，初檢官坐是差繆，從違制徒三年科罪。至〔是〕黄目言其刑名頗重，故條約之。

三年九月十六日，詔：「今後三月以後，八月以前，應有非理致命公事，只本州縣差官覆檢。九月以後，一依元敕施行。」

仁宗天聖元年四月十二日，審刑院、大理寺言：「諸道州縣分每有非理殺傷公事，遇夏月請官覆檢，去鄰縣遥遠之處有所未便。欲望自今應諸處覆檢屍首，不以冬、夏，並依咸平三年十月敕施行，其天禧三年九月敕更不行用。」從之。

二年四月十二日，詔：「諸處有病患及非理致命身死者，須候再差官覆檢，方得埋瘞。外州闕官處頗有淹滯，炎暑多致傷壞，因有異同，枉興詞訟。宜令今後所差官，須集干連人分明檢驗，具有無他故定上。自四月一日後至九月更不覆檢，春、冬依舊制施行。」

三年十一月，詔：「今後春、冬月，在京及畿内縣鎮，除非理致命、事有不明、兩爭并干礙勘照死刑須合覆檢者，即依前敕差官覆檢外〔一〕，其餘自縊割、投水、病患諸般致死

〔一〕依：原作「以」，據現存《永樂大典》卷九一四複文改。

事理分明者，檢驗後尸首主別無詞説，即給付埋殯，更不覆驗。」

明道二年十二月二十七日，河東路提(刑點)〔點刑〕獄張仲尹言：「應刑獄司内有要切罪人病患者，乞差不干礙官隔手看驗。」從之。

景祐三年四月三十日，開封府言：「舊制，公私家婢僕疾病三申官者，死日不須檢驗。或有夾帶致害，無由覺察，望別爲條約。」詔今後所申狀内無醫[3]人姓名及一日三申者，差人檢驗，餘依舊制。

五年七月二十一日，大理評事林槩言：「伏覩《編敕》：『應殺傷及非理致命公事，在縣委尉，在州委司理參軍，畫時躬親集衆檢驗委的要害致命去處，申本屬州軍差官覆檢，給與埋殯。縣尉即檢驗訖，於最近州縣有雙員處請官覆檢，受請官不得推避。』竊詳諸縣只當於最近州縣有二員處那官覆檢，今來不明上件敕意，每有非理死傷公事，縣尉檢驗纔畢，多就近移牒本縣令佐，便行覆檢。欲乞今後縣尉檢驗訖，於別州縣最近處請官覆檢，不得一例移牒。」從之。

康定二年二月十七日，詔：「自今諸縣令佐受到諸縣牒請覆檢者，須本縣簿、尉及監當官員闕，縣令獨員在縣，方聽依條免去。」

神宗元豐八年六月二十四日，知河南府韓絳言：「山陵役兵病死，方盛暑之際，臣權宜與免檢覆。然輒違詔條，自劾以聞。」工部言人命所繫，恐致欺弊。詔特依絳所奏，仍赦罪。

哲宗元祐七年七月十一日，殿中侍御史楊畏言在京刑獄姦弊：「近開封縣申李賨病癰死，及本臺牒府差官覆檢，乃拷掠致死。其糾察在京刑獄一司既歸臺察，今後若有禁囚死亡，乞從御史臺差官依條檢驗施行。」

徽宗政和七年十月十九日，詔：「訪聞福建路州縣鄉村委官檢驗、覆檢，多不躬親前去，只委公人同耆壯等。事干人命，慮有冤枉，仰提點刑獄申明條法，行下州縣，違者奏劾，不以赦[4]原。」

宣和六年六月十八日，淮南西路提刑雷壽松奏：「殺人公事，有司推鞫，以驗定致死之因爲據，(兩)〔而〕檢驗官吏多是規避，並不即申驗狀，動經旬月。若所驗致死之因不實不盡，而獄情疑貳未決，或兩詞互有陳論，雖欲再差官覆檢，則其屍已是壞爛，難以辨明，往往遷就挾同結斷，甚者受賂請託，以時增改。蓋緣從來未有定申發驗狀條限，今欲乞應驗屍官吏候驗，限當日具驗狀申所屬，仍於狀内分明書填驗畢申發日時。如違限，仍乞立斷罪刑名。」詔依所乞，〔申〕發(達)〔違〕限從杖一百科罪。

高宗紹興三十二年閏二月六日，臣僚言：「在法，檢驗之官州差司理，縣差縣尉，以次差丞、簿、監當，若皆闕，則須縣令自行。至於覆檢，乃於鄰縣差官。若百里之内無縣，然後不得已而委之巡檢。三尺具在，不可不守。方今州縣之官，視檢驗一事不肯親臨，往往多以事辭免，率委之巡檢。蓋緣巡檢武人，其間多出軍伍，致有不識字畫者，姦胥猾吏因得其便，往往是非曲直，顛倒狗情。乞申嚴檢驗之條，其初驗官須委司理、縣尉、丞、簿，不許以事辭免。至於覆驗，如委無官可差，仰所在州縣選差曉事、識字巡〔檢〕前去。如有不虔，重寘典〔憲〕。」從之。

孝宗乾道元年五月二十六日，臣僚言：「近日州縣所差檢驗官，其間多有素昧書畫、庸儒畏避之人。乞今後遇有差檢驗官，令守、令選擇諳曉世務者，內武臣仍差識字、有心力人。」從之。

九[5]年十月四日，臣僚言：「諸大辟同案五人，及殺人應死而屍不經驗，旁無證佐，不應奏者，監司一員審問；如在三百里外〔一〕，則牒鄰州通判。此〔着〕〔著〕令也。其間乃有視爲不急之務，在近者固未必躬親審問〔二〕，而在遠者鄰州通判亦復託故不行，甚至擇主簿、監當無能之人、州郡可輟者充大使，冤濫何所伸訴！欲望申敕刑寺檢舉施行。」詔御史臺覺察。

淳熙元年五月十七日，浙西提刑鄭興裔言：「檢驗之制，自有成法。州縣視爲閑慢，不即差官，或所差官遲延起發；或因道里隔遠，憚於寒暑，却作不堪檢覆；或承檢官不肯親臨，合干人等情弊百端。遂使冤枉不明，獄訟滋繁。今措置格目，行下所屬州縣，每一次檢驗，依立定字號，用格目三本，一申所屬州縣，一付被害之家，一申本司照會，並依格目內所載事理施行。并繳格目一本，令刑部鏤板，頒下諸路提刑司，依此施行。」從之。興裔措置格目云：一、某處於某年某月某日某時據某人狀乞驗屍首，本案人吏某人承行，於某日某時差某人賫牒某處官初檢，本官廨舍至泊屍地頭計幾里，人吏某人押批，本案官某官〔三〕，覆檢亦如之。一、初檢官某時承受，將帶仵作某人、人吏某人，於某日某時到地頭，集耆甲某人、保正副某人，及已死人親如是親兄即填云「親兄」，如是堂兄即填云「堂兄」之類。某人。初撿到已死人某人痕損，數內致命因依，的係要害致命，身死分明。各於驗狀親簽，於當日某時差某人賫初檢單狀保明申某處，仍於當時對衆入某字號遞〔四〕，具狀繳連[6]格目申本司照會〔五〕，人吏某人押批，初檢官職位、姓名。一、覆檢官某時承受，將帶仵作某人、人吏某人，於某日某時到地頭，集耆甲某人、保正副某人，及死人親如是親兄即填云「親兄」，如是堂兄即填云「堂兄」之類。某人。覆檢到已死人某人痕損，數內致命因依，的係要害致命，身死分明。各於驗狀親簽畢，其屍即時責付血屬買棺木埋瘞。若其家貧乏或無主之家，即合勒行兇人陪備。或某人委實又無力可出，且令耆保應

〔一〕里：原脱，據《永樂大典》卷九一四補。
〔二〕者：原脱，據《永樂大典》卷九一四補。
〔三〕本案官：原脱「官」字，據《慶元條法事類》卷七五補。
〔四〕遞：原作「證」，據《慶元條法事類》卷七五改。
〔五〕格目：原作「檢檢目」，據《慶元條法事類》卷七五改。

錢買用，本縣依價給還，並不得燒化。如違令來約束，依前燒化，日後致有詞訴，其覆檢官與保正、耆甲、仵作、人吏必有情弊，定當根究施行。仍於當日某時差人齎覆檢單狀保明申某處，仍於當時對衆入某字號遞，具狀繳連格目申本司照會，人吏某人押批，覆檢官職位、姓名。

慶元二年十月四日，敕令局以《淳熙令》、紹熙五年十月四日聖旨指揮參酌增(閏)〔潤〕，修立下條：「諸驗屍，州差司理參軍，本院囚別差官，或止有司理一員準此。縣差尉，闕即差簿、丞，丞不得出縣界。監當官，皆(關)〔闕〕者縣令前去。若過十里或驗本院囚，牒最近縣〔一〕，其郭下縣皆申州。應覆驗者，並初驗日先次申牒差官。應牒最近縣〔二〕，而百里內無縣者，聽就近牒巡檢或都巡檢使。內覆驗應止牒本縣官，而獨員者準此，並謂非見出巡(補)〔捕〕者。右入《淳熙重修職制令》，以《淳熙令》并紹熙五年十月十四日聖旨指揮詳定〔三〕。係衝改元條，乞行下刑部，先次遍牒遵守施行。」從之。以知長寧軍張子震有請故也。

嘉泰元年正月二十八日，臣僚言：「近日大辟行[7]兇之人，鄰保逼令自盡，或使之説誘被死家，賂之錢物，不令到官。嘗求其故，始則保甲憚檢驗之費，避左證之勞，次則巡尉憚於檢覆，又次則縣道憚於勘鞫結解。上下蒙蔽，欲知省事，不知置立官府本何所爲。今若縱而不問，則是被殺者反爲妻子、親戚乞錢之資，甚可痛也。乞明指揮，凡有殺傷人去處，如都保不即申官，州縣不差官檢覆，及家屬受財私和，許諸色人告首，並合從條究治。其行財、受和會之人，更合計贓，重行論罪。」從之。

嘉定四年十二月二十二日，江西提刑徐似道言：「推鞫大辟之獄自檢驗始，其間有因檢驗官司指輕作重，以有爲無，差訛交互，以故吏姦出入人罪，弊倖不一。人命所繫，豈不利害！伏見湖(廣)〔南〕、廣西憲司見行刊印正背人形，隨格目給下檢驗官司，令於損傷去處依樣朱紅書畫横斜曲直。仍仰檢驗之時唱喝傷痕，令衆人同共觀看所畫圖本，衆無異詞，然後著押，則吏姦難行，愚民易曉。如或不同，許受屈人徑經所屬訴告。乞徧下提刑司徑行關會様式，一體施行。」從之。既而刑部取索所刊正背人形式様參酌，大理寺申稱湖南提刑司格式稍爲詳備，乞下諸路提刑司體倣施行。

六年十二月六日，臣僚言：「今縣邑檢驗，偶本縣有嫌，合牒鄰縣委官。鄰縣多不相統屬，或遇移文，不曰所屬官有假故，則曰已差出無人。或預有所聞，則併與緘封不啓。如此數四，往返累[8]日，雖即申聞憲司、州郡，亦非旦暮可畢，暑月腐壞，至不可驗。由是姦胥黠吏因得並緣，不得其情，多基於此。乞下諸路提刑司約束諸縣，遇有檢覆公事，合牒鄰縣差官者，即於移牒封題明著某事，有辭避不

〔一〕縣：原脱，據《慶元條法事類》卷七五補。
〔二〕縣：原脱，據《慶元條法事類》卷七五補。
〔三〕十四日：上文作「四日」，當有一誤。

承、稽違時日者，重與責罰。」從之[一]。

矜貸

【宋會要】9 太宗至道二年八月十一日，蜀州言捕獲劫賊十人，内文次年十三，其父令持兵器從行，法當死。帝以其幼騃，特宥之。

真宗景德元年八月八日，知壽州陳堯佐言：「飢民劫害藏粟麥者凡七十餘人，以彊盜計贓，並合處死。」詔並決脊，黥面配牢城，爲首隸五百里外，餘隸本城。

四年十一月十一日，有司言捕獲象州民盧霜等，嘗以飲食饋賊，已減死決杖，配隸諸州，比類竄遁者已散令擒捕，請行嚴斷。帝曰：「遐方愚民爲賊所迫，供置食物，乃是常理。」乃揭榜曉諭，並釋其罪，已獲者令本州量事決責以聞。

二十日，驍騎小校張信棄市，餘配隸外州。信訴指揮使蓋贇御下嚴急，鞭撻過當，陳堯叟曰：「都虞候李繼和言士卒不稟所部，合從軍令。」帝曰：「如罪在士卒，可以嚴斷；若捶楚過當，安可不盡其理耶？」馬知節曰：「太祖朝每命將校，唯取剛方有斷、士卒畏威者。」帝曰：「此蓋時所宜爾。」即下吏按劾，信款云[二]：「贇飲酒後教習，決責部下。信遂以弓弰擁卒四十餘，厲聲曰：『我輩終爲指揮使乘醉所鞭殺。』即徑詣馬軍司陳告。」贇[三]，雖曰飲酒，而所鞭士卒皆有過者。繼和請斬告者十餘人，餘配沙門島，罰指揮使、都虞候。詔誅信，餘決杖配隸外州，輕者復隸本軍。贇決配許州員僚直，其都虞候不能覺察，副指揮使不10能裨贇，並下本州決罰。

十二月六日，釋殿前司虎翼都虞候高鸞、城外都巡檢步軍副都指揮使王隱罪。初，河南場火，隱等集近便營兵救撲，而殿前司上言鸞等非本轄，當俟宣旨，請罪之。帝以救焚之急，又隱以便宜行事，故詔釋之。因戒自今令遵守往制。

大中祥符五年九月十八日，開封府勘糧料院專句司吏因諸軍批請納賂[四]，罪當徒。帝曰：「此但紙筆之費，累而爲贓，第決杖釋之。」

八年五月二十五日，妖人谷隱黥面配瓊州牢城，遇赦不放還，斬重榮黥面配汀州牢城，靳有方黥面配沙門島。詔解州管内百姓僧道等曰：「先王立法，在怪力而必誅；有國詳刑，亦哀矜而爲務。顧小民之多僻，習左道而相傳，

[一]《大典》卷次原缺。按，此門題作「檢驗」，葉渭清疑在卷一九五二六「驗」字韻「事韻」目（《宋會要校記》），當是。現存《永樂大典》卷九一四「屍」字韻「驗屍」門有複文。

[二] 款：原作「疑」，據《長編》卷六七改。

[三]《長編》卷六七「贇」下有「云」字。

[四] 司：原作「院」，據《長編》卷七八改。

苟用常科，難逃極斷，屈茲彝憲，投寘遠方。惟彼朋徒，合行追捕，特從寬宥，咸許自新。其谷隱下弟子，除係禁勘別行指揮外，其餘干連人並放，仰州縣安撫，各令着業，自今不得傳習。」隱先以罪編管於解州，因用妖術惑郡人，重榮師事之，有方嘗給取隱資財甚衆〔一〕，至是御史鞠劾而謫之。

天禧元年十一月六日，開封府長垣縣民李遂與其子同盗殺驢，法並坐徒，詔特免其子。

五年四月十二日，事材場軍士楊勝等三人杖脊、黥面，配沙門島；當宿監官内殿承制石惟清削兩任，贖銅二十斤，勒停；下番監官内殿崇班閤門祇候王承瑾〔二〕、供奉官閤門祇候張惟一並勒停；自餘主典軍校皆決杖、降 11 職有差。坐本場火發，勝等洎惟清法當處死，特貸之。

仁宗天聖元年十一月十二日，知漣水軍、都官員外郎鄧餘慶，永興軍興平縣監酒稅，殿直何承勛，鎮南軍監進賢鎮鹽酒務、殿直易著明，秦州三陽寨主、供奉官、（閣）〔閤〕門祇候荆信，特貸命，決配遠處牢城。餘慶坐受承天院僧惠良銀器，騫越差充院主；承勛自盗官印印文鈔，并盗官錢；著明偷官錢、酒，及截落稅錢入己；信將陳米等假借人户名目作新色斛斗入中，求利入己。並准條合處死，特貸之。仍降詔諸道，今後更有似此違犯，必當依法施行。

十一月十六日，寧州民龐張兒特貸死，罰銅百二十斤，與龐惜喜家。審刑院斷張兒毆龐惜喜死，當極刑。張兒年九歲，童稚爭鬭，無殺心，特矜之。

四年二月二十四日，開封府教學人董可道特貸死，杖脊十七放。可道箠學生死，宰臣曰：「據法合死，然原其情理，教道童孺，不施榎楚〔三〕，無以訓習，故禮稱家塾黨庠術序，乃閭里就學之所。」帝曰：「情雖可矜，法亦難屈。」知府王臻亦言：「父母無他子，頗甚悲苦。」特有是旨，以慰父母之心。

六年五月十二日，貸鳳翔府盩厔縣尉孫周翰命，決杖二十，刺面配廣南（城牢）〔牢城〕。以決百姓田義至死非辜，而恩矜之。

十月六日，貸前滑州觀察支使索希甫死，刺面決配遠州牢城。以希甫受百姓劉興錢銀，斷阿張、劉興聽離，合枉法極刑，特寬常法全之。

七年五月七日，京兆府民魏太嬌 12 妻趙處死，特給母張錢二十千、米五石，并廩諸縣，日食米二勝終張身。奏裁趙毆太嬌至死，當處極刑。據太嬌母張狀，稱趙有男四人，皆幼小，張年八十六，無的親，恐趙歸法之後，難以自活。府爲具奏，特有是旨。

〔一〕給：原作「給」，據《長編》卷八四改。

〔二〕瑾：原作「僅」，據《長編》卷九七改。

〔三〕榎：原作「複」。《文獻通考》卷一七〇引此事云：「開封民聚童子教之，有因榎楚而死者。」《三國志·魏志·孫禮傳》：「老者不可加以榎楚。」榎同檟，檟楚即以檟木荆條爲刑具。因改。

九月五日，泉州民柯智特貸命，杖脊，刺配廣南。智毆養男蔡伯先死，法當棄市，本州言智養伯先爲子已五年，上請，特矜貸之。

天聖八年十一月六日，監翰林司、閤門副使郭承祐特貸命，免決刺，除名，配岳州衙前編管。坐盜金銀什物，除罪輕及該赦外，計贓一百四十一匹零，監主自盜，合寘極典，詔從寬宥。儀鸞司指揮使謝演私借壁衣與承祐，翰林司專知官郭顯、勾押官賀吉、前行開元庫子趙達、閔遇知盜不告，及爲承祐取索偷那官物，於曆上私作入庫，長行趙德於衣版内偷藏出官物，事發逃走，八作司典苟潤私借赤白匠與承祐家私使，各杖一百。翰林司庫子蔡賨等六人，藥童長行閻成、庫子董昇、儀鸞司工匠侯昌、金銀庫子張用等四人，翰林司長行李均等一十四人，十將劉和、法酒庫長張嫌，並受承祐指揮，盜出官物及借金銀什物等罪，各杖八十。翰林司指揮使丁矩寄藏官酒，合杖九十。比部員外郎郭世隆爲男承祐送到手本額外當直長行七人在宅私占，及受男將到官物，承祐已坐罪流，合杖八十私罪。翰林司副□越興〔一〕、藥童長行王恩知承祐偷盜不告，犯在赦前，[13]合原免。詔演、矩並於外州近下軍分降資安排，興於外州近下軍分安排，丁將、專知官、勾押官等並移近下庫，世隆特勒停。又翰林司監官郭中和於官曆上押字，撥酒供與承祐，合徒一年私罪，監御厨李遵懿、監八作司劉懷懿、徐奎、張永和，各不合借工匠與承祐，勾當庖務錢恕不合私差宰手，並從杖八十私罪。同勾當翰林司夏元亨、王守忠各不覺察，杖八十公罪。監儀鸞司劉從愿、王克基、何誠用、藍昌裕、林志華，各杖六十。詔中和特勒停，遵懿、恕、懷懿、奎、永和、元亨、守忠並衝替，餘兼勾當亦差替，各未得與差遣。

九年七月七日，慶州民楊士廉特貸命，配隸廣南牢城。坐僞刻蒿場印爲輸鈔，計贓應死，特矜之。

八月三日，鬱林州民黄晟囊免死，黥面配沙門島，遇赦不還。坐毆蔣公歸死，計贓錢裁千五百，法皆死，特矜之。

九月二十八日，都官郎中、前知嘉州張約免死，杖脊，黥面配連州牢城。坐受賕枉法，計銀千五百兩，法抵死，在降詔約束之前；其後又受銀二百六十兩，法應（綾）〔絞〕，特矜之。初聞約在郡貪瀆，詔轉運使高覿體量其事。且言約越次補牙職，又令教練使楊澄吉恐喝，取楊齊古錢，澄吉逃遁，即分遣使搜捕，揭牓許吏民告首。約時以代歸華州，遂委陝西轉運司押領赴嘉州。澄吉亦坐黥面，配商州坑冶。

十月三日，渝州民黄漆特免死，黥面配隸海島。坐（挺）〔梃〕殺盜粟人程大，法應死，特矜之。

十一[14]月二十三日，舒州民王翰堂叔昇挾刃殺翰，翰以（挺）〔梃〕傷昇死，詔釋之。

〔一〕缺字疑爲「知」，翰林司官有專知、副知，見本書職官二一之八。「越」疑當作「趙」，據下文，「興」爲其名。

十年正月二十四日，安州劫賊胡参特貸命，黥面配沙門島。參以父命劫孫緒財，法當死，情可憫，特矜之。

二十八日，益州民費進特贖銅百二十斤，婢趙氏配鄰州羈管〔一〕。坐怒趙索逋錢，毆趙死，法當死，進年十四，上請，特矜之。

三月九日，真定府井陘令張起免除名，奪三官。坐倍取職田(取)〔紬〕絹十五匹，法應奪四官，除名，特矜之。

四月十八日，虞部郎中、知棣州王涉特免黥面〔二〕，配廣南本城，永不録用。坐冒請官職田，估贓絹百七十匹，法應死，用赦原罪外，有不容佃户訴災，輸物估贓五十匹，法應加役流，除名，特矜之。

六月四日，祕書丞、知永興軍興平縣王袞特免除名，授廣南文學。坐受銀估贓絹三十匹，法應加役流，特矜之。

明道二年正月十三日，廬州言州境災歉，有偷掘白殯墓見尸，望貸命決遣。詔贓錢不滿一千如法，豐稔仍舊。

景祐元年正月二十八日，濠州民王泮奇罰銅一百二十斤，入楚李婆之家。泮奇相爭斫木柴，用鎌斫傷楚李婆致死，合處死。年九歲，上請，特矜之。

三月十七日，西京作坊使、英州刺史、知定州馬洵美特貸命，除名，免決，配連州牢城。侍禁馬慶宗除名。坐以公用酒米等偷糴入己，法應死，特貸之。

七月十三日，密州民劉道明、王真貸命，刺配廣南牢城。毛晸三人決杖十七。道明坐妄論，王真計謀同事夜間聚【15】會，假造劍霞草龍惑衆，准條處死，晸等知妖妄不告，合徒一年半，特詔矜之。

八月九日，濠州民謝象爲李齊打殺母并驚殺孩兒，後却打齊致死，合決脊，情理可憫，詔象特放。

四年二月七日，洪州別駕王蒙正特除名，配廣南編管，永不録用。坐私通父婢、前任取受楊澄吉金，故入温嗣良流罪，合流三千里，特有是命。司理參軍劉涣、主簿鄭照爲從，各徒三年。袁恕虚稱折賣，得小池莊，杖八十。並該赦釋放。詔恕、照並勒停，涣衝替。蒙正女，劉從德妻〔三〕，今後不令入内。兒女見與皇族爲婚者，除已成結，更不得爲親。

閏四月二十七日，武寧軍節度使、真定府路總管夏守恩特貸命，除名，配連州編管。坐受軍民錢物，枉法贓六十二匹，合處死，職事官三品，請議。驍武軍士周祚轉遞錢物，事發逃走，捉獲，合處斬。男内殿承制元吉取受借錢，虚妄上奏，假令其徒上書，詐不實，徒二年。本司手分孫素各不取覆，合決杖一百。詔守恩付朝堂集百官議，據御史臺奏，請依斷處死，詔特貸極刑。周祚貸命，刺配沙門島，

〔一〕按，此文似有誤，據下文，趙已死。「婢趙氏」疑當作「與婢趙氏家」，連上讀，配鄰州者爲費進。此事與前天聖元年「十一月十六日」條及下文「景祐元年正月」條類似。

〔二〕棣：原缺，據《宋史》卷一〇《仁宗紀》二補。

〔三〕劉：原無，據《長編》卷一二〇補。劉從德爲真宗劉皇后兄子。

元吉等依斷。守恩差使以兵卒三十人監伴前去。

六月三日，六宅副使李士彬殺義男并堂姪女、小兒三口，法應死。詔士彬久在邊任，特貸極刑，依舊勾當。今後更有所犯，必行朝典。

八月十九日，太常博士曾易占除名，配廣南衙前編管。坐前知信州玉山縣受賕，事發，命監察御史裏行張宗誼按其罪，法當死，特16貸之。

五年五月四日，開封府言，殿侍李玉逃歸安州葬母，事訖首身，詔特原其罪。

康定元年三月四日，原州乾興寨主、供奉官李繼明，監押、殿直孫佶，並特貸命，決脊杖二十，刺面配沙門島。坐賊圍鎮西堡，不晝時出兵赴堡救援，及改換時辰申報，致官軍敗衄，合比附死罪除名，特矜之。

慶曆四年四月十日，知秀州、祠部郎中、集賢校理錢仙芝特貸命，決脊杖十七，配沙門島，遇赦不還。坐在任遺越枉法贓滿，法當死，特矜之。

英宗治平元年四月三日，左侍禁、監温州商税徐可道令兵典寫編敕，事既發，乃題充公用。法寺斷私罪杖，詔特改爲公罪。

六月九日，三班奉職和欽貸死，免決，刺配福建路牢城。欽貸所部虔州綱錢，贓至絞，特減死。知審刑院盧士宗奏欽坐情輕〔一〕，乞稍寬減，帝曰：「刑故無小，若故而得寬，則犯者滋甚，非刑期無刑之道〔二〕。俟有過誤，貸無傷也。」

神宗熙寧七年十二月二十一日，入内祗候高班内品（梨）〔黎〕慶之、梁恭禮，入内高班吳立、張德恭，特免除名勒停。入内副都知、左騏驥使王昭明追兩官，免除名勒停。入内殿頭張球、衛元璉追一官勒停。慶之誤發内降文字，恭禮白昭明，令立、德恭入内求龐夫人重封印。盜御寶，流三千里，係十惡，除名勒停。球、元璉知所部犯法不舉劾，減三等，特矜之。

九年五月三日，開封府百姓孫真特杖脊，配沙門島，遇赦不還。勾當皇城司、内侍押班王中正17罰銅三十斤〔三〕，守衛人特決杖一百。真造妖言，越皇城、宮城、殿垣，於法處死，守衛人徒二年半，特矜之。

元豐元年二月二十三日，上批〔四〕：「前安南戰棹都監楊從先等，昨以孤軍深入賊境，大小數十戰，雖無甚斬獲，然官軍亦不至傷敗。而師還繫獄，殆將逾年，原其勞於王事，實可矜愍。況昨已經郊赦，宜並釋之。其一行有功將士，等第賞録。」

二年正月二十六日，詔：「勒停人前梓州司户參軍姜適狂妄上書，罔上惑衆，特示寬貸，可除籍，郴州編官。」適

〔一〕知：原脱，據《宋史》卷二〇〇《刑法志》二補。
〔二〕非刑：原脱「刑」字，據《宋史》卷二〇〇《刑法志》二補。
〔三〕罰：原作「置」，據《長編》卷二七五改。
〔四〕上：原作「止」，據《長編》卷二八八改。

辟穀，自謂有長年術，館于金明池，其方不驗故也。

五月二十三日，梓夔路(鈐)〔鈐〕轄司上瀘州路分都監王宣等所部親兵不救護主將，詔並免死，等第決配，重傷人免杖。

七月十二日，詔：「御史臺見鞫安南宣撫招討司事，吳充諸子有干涉細故，並免根治。」

四年十二月二十三日，宣州觀察使、入內副都知李憲言：「準朝旨，具析擅歸本路因依。臣以糧草蹙迫，不可久留，遂迤邐迎接餽運。」詔憲力圖來効，以贖今罪。

五年正月六日，環慶路經略司言〔一〕，涇原路隊將李貴扇搖兵衆逃歸，乞特行法以懲後。盧秉又言：「貴情非巨蠹，昨以出界兵將上下失律，臣即權宜傳放罪指揮，兼已奏得朝旨。若更追劾〔二〕，恐致驚疑。」詔釋之。

二月五日，開封府言：「令文，諸老幼疾病犯罪應罰銅，而孤貧無以入贖者，取保矜放。本府日決獄訟，應贖者多孤寡貧乏，又無鄰保，不免責廂巡狀，以便取保 18 之文。自今乞從本府審察〔三〕，貧乏直行放免。」從之。

(二)〔三〕月二十一日〔四〕，知桂州張頡言〔五〕：「昌化軍劾符破結九人犯持仗彊盜殺人，罪皆死，緣係捕盜官招誘，令解下弓刀，支與酒食，然後擒縛。若從捕獲法，慮致生黎疑懼，將來無以示信。」詔釋之。

五月十三日，河東經略司言：「豐州屯駐神鋭指揮因脩葭蘆寨，王安等百餘人鼓動軍衆，擅還豐州，及恐喝指揮使張臻，語言不遜。內已捕斬十六人。」詔續捕獲人證左明者，並處斬，餘更不得推究。爲首之家屬應緣坐者，押赴豐州處斬。其後經略司言，安等已斬，莫知爲首者，而安有母年六十三，上特貸之。

十月六日，詔涇原路第八將戴嗣良、賈辯免所追官。先是，嗣良等出師，亡失二分一釐，當追一官。既而嗣良自陳計數不及二分，故詔免之。

六年十一月十七日，朝請郎蒲宗閔可免劾，爲尚書都官郎中。初，詔張汝賢定奪宗閔與郭茂恂互奏事多不當，以茶法推行之初，宗閔能協力職事，不爲異論所搖，故免之。

十二月二十二日，上批：「追官免勒停、衝替人孫諤元犯情爲可矜，又經大宥，可除落衝替。」諤初爲國子監直講，坐受參知政事元絳囑從孫伯虎陞內舍，及爲絳請求判監黃履以伯虎爲小學教諭〔六〕，追兩官。諤上書自明，故有是詔。

〔一〕司：原作「使」，據《長編》卷三二二改。
〔二〕劾：原作「効」，據《長編》卷三二二改。
〔三〕本府：原脱，據《長編》卷三二三補。
〔四〕三月：原作「二月」，據《長編》卷三二四改。
〔五〕知：原脱，據《長編》卷三二四補。
〔六〕履：原作「復」，據《宋宰輔編年録》卷八改。

七年十一月二十二日，詔太府少卿吳安持免勒停㈠，差監曹州酒務。先是，安持誣奏宰臣蔡確弟碩應私罪徒二年，蔡確言：「安持本緣臣家事，[19]乞特寬赦。」故有〔是〕詔。

十二月一日，三班奉職李槩貸死，免除名，追二官勒停。坐毆盜袴遞卒死，大理寺當槩公罪絞，特貸之。

八年五月二十四日，刑部言：「趙謽等坐父世居嘗謀不軌，除名、停降、鏁閉，今已十年，乞比類流配人。」詔免鏁閉，就僧屋居之。

哲宗元祐元年閏二月二十二日，刑部言：「乞應該登極赦以前雜犯配軍，除元係軍人及宣赦永不放還者更不移放，其元犯殺人、放火、强盜、僞造符印、謀殺人、持杖竊盜罪至徒，雜犯死罪貸命，并餘罪徒已上情理凶惡者，在京令所屬及開封府、步軍司，諸路令轉運使、副、判官、提刑司取索元犯，看詳量移。」從之。

四月六日，監察御史孫升言：「知興國軍楊繪、簽書淮南節度判官廳公事沈季長，註誤深刑，情非故冒，嘗居近侍，義難自陳，望特令理訴斷遣所取索元案看詳。」從之。

五月八日，殿中侍御史林旦言：「熙寧初改議助役法，知許州長葛縣事樂京、知唐州湖陽縣事劉蒙，各因入州會議役法，遂自劾待罪，作擅去官公罪，徒二年，各追一官勒停，情實可矜。願令有司改正。」又看詳訴理所言：「樂京言役法不便，自劾待罪，斷徒二年公罪，即與擅去官事理不同，合從末減。」詔樂京特與除落致仕，授承議郎，召赴闕。劉蒙物故，賜帛五十匹付其家。

八月十八日，刑部言：「重法地分劫盜因按問首告減等，依常法妻子不緣坐，慮有已行編管者，請令逐便。」從之。

二年二[20]月十六日，奉議郎、前軍器監計置材料劉仲昕㈡，前軍器少監蔡碩，並貸命，免真決㈢，追毀出身已來告敕文字，除名勒停，仲昕送昭州、碩韶州編管。

三年四月二十一日，監察御史趙屼言：「《元豐敕》，重法地分凡劫盜者妻子編管㈣，《元祐新敕》一切削去，則前此編管者宜不少，請令從便。」從之。

八月十三日，秀州團練副使、本州安置、不得簽書公事沈括賜絹百匹，仍從便居止。以括上編修《天下郡縣圖》故也。

五年九月二十五日，詔：「勝如堡使臣執到西賊四人，特免責罰，熙河蘭岷路經略使范育、知蘭州种誼並特放罪。」

八年九月十五日，詔：「京東西、河北、淮南路饑民爲盜者，特末減。」

㈠持：原作「特」，據下文及《長編》卷三五〇改。
㈡監：原脱，據《長編》卷三九五補。
㈢真：原作「其」，據《長編》卷三九五改。
㈣凡：原作「元」，據《長編》卷四〇九改。

紹(興)〔聖〕元年二月二十七日，中書省言：「聞河東路災傷所被甚廣，盧饑民爲盜，請河東路轉運司災及七分處，盜罪至死減等，杖脊刺配牢城。」

五月十五日，詔編管黄州蔡碩特放逐便。從其母請也。

七月二十一日，宰臣章惇等奏曰：「前日再謫呂大防、劉摯、蘇轍、梁燾、劉安世，并司馬光、呂公著追謚誥贈典，及仆神道碑，既牓朝堂，衆論咸以爲寬。餘人連逮尚衆，陛下許其自新，一切不問，莫不忻悦。」上曰：「據其罪狀甚可誅，然不欲究其事，乃用輕典，聊示懲責爾。」

十一月十六日，開封府民呂安坐斥乘輿，大理寺論當處斬，上批「特貸死」。再取旨，上曰：「此因醉狂語，與情理悖逆者異，故貸其死。」

二年正月十一日，詔：「開封府寄杖未決罪人，悉緣病
21 孕，久縻囚繫，方春發生，推覺大〔一〕。應徒罪情重減從杖一百，情輕減從杖八十，餘罪不以輕重並放。殿前、馬、步軍司、大理寺准此。」

元符二年二月十七日，上御崇政殿，軍頭司引見涇原路擒獲西界統軍嵬名阿埋、妹勒都逋等共二十七人，詔並特貸命，釋縛，押赴懷遠驛。

閏九月十六日，詔東頭供奉官、權鎮戎軍平夏城監押劉貴特貸命〔二〕，除名勒停，留充本路極邊巡防使唤。坐擅殺斗子李立，以戰功贖罪也。

徽宗崇寧元年二月十六日，詔：「趙諗謀反，從坐者既已伏誅，應曾詿誤人未在吏者勿推，親戚不當緣坐者並釋放。」

五月二十三日，詔曰：「昔在元祐，權臣擅邦，倡導邪朋，誣詆先烈，善政良法，肆爲紛更。紹聖親攬政機，灼見群慝，斥逐流竄，具正典刑。肆朕(篹)〔纂〕承，與之洗滌，悉復收召，寘諸朝廷，而締交合謀，彌復膠固，唯以沮壞事功〔三〕、報復仇怨爲事，譊譊詆訕，必欲一變熙寧、元豐之法度爲元祐之政而後已。凡所論列，深駭朕聽。至其黨與，則遷叙不次，無復舊章。或繇冗散之中，登殿閣而撫四面；或既殂謝之後，還舊職而加横恩。撓法惠姦，鮮不類此。稍從屏遠，姑務函容，而言路交攻，義不可遏。迺擇其尤者，第加裁削，以適厥中。尚慮中外詿誤之人未免反側，盍詳示訓諭，以慰安衆情。應元祐以來及元符末嘗以朋比附會得罪者，除已施行外，自今已往一切釋而不問，在言責者亦勿復輒以爲言。朕
22 言不渝，群聽毋惑。」

四年七月二十二日〔四〕，詔曰：「朕嗣承先烈，夙夜究宣，罔敢怠忽，常懼弗及。迺者詢謀逮下，而士輒乘間詆訕，無所忌憚。朕惟父子兄弟之分，於義有害，在法靡容，

〔一〕推覺大：此語無義，似爲「推行寬大」之誤。
〔二〕夏：原作「下」，據《長編》卷五一六改。又劉貴，《長編》作「劉賁」。
〔三〕事功：原作「爲」，據《長編紀事本末》卷一二一改。
〔四〕《長編紀事本末》卷一二一繫於七月十九日甲寅。

已屈常刑，止從遠竄。然士流於俗，見利忘義久矣，朕甚憫焉。蓋行法而明教，宥過而示恩，貸其終身不齒之罪，俾之自新，朕之遇士厚矣。應上書(奉)〔奏〕疏見羈管人，可特與放還鄉里，仰州縣長吏同監司取責親屬保任其身，仍令三省量輕重，具名立法聞奏。」

九月五日，詔曰：「元祐姦黨詆訕先帝，罪在不赦，曩屈常憲，貸與之生，屏之遠方，固無還理，棄死貶所，豈不爲宜！今先烈紹興，年穀豐稔，鑄鼎以安廟社，作樂以協神民，嘉祥荐臻，和氣浹洽，肆頒赦宥，覃及萬方。興言邪誣，久責遐裔，一夫失所，朕尚惻然[一]，用示至仁，稍從内徙。服我寬德，其革爾心。應嶺南移荆湖，荆湖移江淮，江淮移近地，惟不得在四輔畿甸。」

大觀二年四月十三日，開封尹宋喬年奏：「欲乞今後外州軍承開封府移送到强盜不曾殺人，但贓滿或傷人應死者，并同犯人，並許奏裁。所貴萬一有原貸之理，可以廣陛下好生之德。」詔：「强盜贓滿、傷人法所不貸者已衆，及貸于京師而不貸於移送之人，法不一矣，可依所奏。」

政和五年十月八日，詔：「成(中)〔忠〕郎、監政州清川縣市易務沈希能係宗室女夫，因事下獄，今已一年，家極貧乏，無以贍給。其宗室女年少，止有一 23 嬰兒外，並無人照管，兼累經赦宥，可特放罪，仍免根勘。」

六年四月十三日，詔：「眉州違法開井，本路轉運司已行改正，棧閣了畢，所有令提刑司取勘漕臣指揮更不施行，特與放罪。」

八年六月二十八日，詔曰：「朕惟先王以仁爲恩，以義爲理。仁之施者惟恐其不博，而義之盡者有所不爲。朕奉承祖宗令緒德澤之美，垂休無窮，稽唐虞忠厚之政，解漢、唐嚴苛之法，所以惠天下者甚厚。比年以來，内自畿甸，外薄四海，民重犯法，囹圄屢空，而逆亂之謀、謗議之言與夫妖妄嬌誣，撰造非語，不在於鄉閭之小民賤吏，而出於勳臣之世、禁從之間，庠序崇養之士，迭相附會，以僞爲真。朕照知邪謀，俾加驗治，至于旬浹。蹤跡既露，乃命有司，佐以近密，研窮究賾，情犯斯得。尚慮獄詞或出誣伏，詔遣審録，至于再三，閲實無爽，一聽以法，無加損焉。姚立之、王大年一介賤士，不足比數。劉昺出入禁闥腹心之臣，王寀儒館通籍，勳閥之後，而議論交通，蹤跡往復，詩歌酬唱，辭所連逮者三十人。悖逆不道，謗訕妖訛，載籍所未嘗有，人臣所不忍聞。立之、大年、寀誅止其身，家屬悉原；昺特貸死，長流海外，又聽其子隨逐。非故屈法宥奸，蓋所以體天道之貴生，視斯民之覿德。故兹詔示，可出榜朝堂，布告在位，咸使聞之。」

宣和三年五月十五日，通判睦州葉居中特貸命，免真(次)〔決〕，刺配長流瓊州。令所在州軍枷項，差大使臣一員、24 禁軍二十人、將校二人管押前去，逐州交替。坐部

[一] 惻：原作「測」，據《長編紀事本末》卷一二四改。

領管下巡尉弓兵同杭、越將兵二千五百餘人收捕兇賊方十三等，致損折軍兵人數甚多，仍被賊徒入城放火。居中自陳有母親陳氏年老，見病，别無依倚，又自緣擷損腰脚，見求醫將理待罪，乞賜寬宥，故有是詔。

六年四月二十一日，責授岳陽軍節度副使致仕李遘可特從寬貸，降充團練副使，依舊致仕，免除名安置。坐令京東窑務監官收買木植並不依價支錢，又支官錢買賣，求玉入家。法寺奏除議減外，徒三年，合追見任并歷任兩任文字。詔以遘被遇神考及累立戰功，故有是旨。

七年五月十七日，詔：「昨處分招安河北、京東路群賊，如能出首，應已前罪犯一切不問，並與釋放，各令歸業。訪聞賊徒多有元被驅虜協從入火，已曾作過，後來未經官司招安間，先已出火；並已經招安出首歸業後，去失元給公憑者，因而鄉里不敢存住，走竄他處；或投刺充填諸軍之人，既已自新，其未充軍日前若作過爲盜等。自合依所降招安前後處分，一切不問，免罪收管。如有見在官司收禁之人，依此施行。」

欽宗靖康元年六月二十一日，詔：「統制官郝懷、張逵並除名勒停，隨軍自效。」以擅離南北關地分，法當斬，河南制置副使解潛有請，特貸之。

八月二十八日，尚書省言：「福州將兵作過，殺守臣柳庭俊，已就招安。緣將副劉政、姚成等先不能彈壓兵衆，25以致作亂，至南劍州乃能擒捕首惡之人。」詔將官許以功贖過，其餘軍兵並放罪。

高宗建炎元年八月一日，詔：「余大均、陳冲〔一〕、洪芻各特貸命，除名勒停，長流沙門島，永不放還。張卿才責授文州别駕，雷州安置。李彝責授茂州别駕，新州安置。王及之責授隨州别駕，南恩州安置〔二〕。周懿文責授隴州别駕，英州安置。胡思責授沂州别駕，連州安置。」以御史鞠治陳冲、余大均、洪芻、王及之等，皆在圍城中誘致内人爲妾，及因抄劄金銀，自盜入己，論當棄市。上曰：「王及之等所犯當戮，有司之法如此，但朕新政，重於殺士夫。」故有是命。

四年五月二十七日，詔：「修職郎蔣安義、進武副尉張大任並特貸命。內蔣安義除名，免真決，刺配瓊州牢城；張大任決脊杖二十，刺配廣南遠惡州軍牢城收管。」以安義等坐就番人招安投報，從僞命作知州、通判，及出牓賺人入城，被番人虜殺死不可計數，知番人去，依前入城，僞領州事，法當死，故特貸之。

九月二十九日，范宗尹言：「昨日邵諤傳旨，越州禁勘内侍蘇淵子，如無顯然罪犯，即令日下踈放，已依旨施行訖。」上曰：「朕於有功即賞，有罪即罰，犯罪之人未嘗妄

〔一〕陳冲：原作「陳仲」，據《建炎要録》卷八、《宋史》卷二〇〇《刑法志》二改。下同。

〔二〕恩：原脱，據《建炎要録》卷八補。

貸。止緣其家數人遺骸無人收斂，於人情非所安。儻無顯過，且令其子瘞之。」先是，蘇淵者夜殺其一妻二妾而自裁，上疑二子預知，因付有司。

十月二十九日，臣僚言：「今年春，以前福建路提刑林杞擅殺苗傅徒中張政，26除名勒停，送連州編管，恐罪罰過重，未蒙施行。」詔林杞放令逐便。

十一月十二日，保義郎劉涣、迪功郎陸寅、趙霔、承信〔郎〕張椿、承節郎於正、吏部入品令史薛舜民、吏部左選守當官楊澤、揚州助教鄭敱〔一〕、百姓鄭甄、屠爽。詔劉涣特貸命，除名勒停，決脊杖二十，刺配雷州牢城收管。楊澤、薛舜民、鄭甄、趙霔、陸寅、張椿、於正、屠爽、並依斷。內鄭（甄）〔敱〕、趙霔、陸寅除名，展三期敘。張椿勒停，於正降一官。鄭甄決脊杖十七，送五百里外編管。餘依大理寺所申。以涣等僞造尚書省印、吏部印各一顆，僞印官告、差劄等，因臣僚上言，法寺鞫實，薛舜民、楊澤、劉涣並合準條於絞刑私罪上定斷，合（契）〔決〕重杖處死，鄭甄、陸寅並合於流二千里私罪上定斷，趙霔合於徒三年私罪上定斷，張椿合杖一百，屠爽合杖八十，並私罪上定斷，故特貸之。

十三日，權知湖口縣孫咸贓罪抵死，貸命，特刺配連州牢城。上曰：「祖宗時贓吏有杖朝堂者，黥面特配，尚爲寬典。」

十四日，詔：「迪功郎、邵武軍泰寧縣主簿吳明卓特降一資。」時本軍百姓頻移出城，而軍期司人吏丁宗賢者亦將人口出城，明卓乃虛作知軍訪聞，將宗賢斬首號令，法當死，特貸之。

紹興三年二月八日，詔：「選鋒部隊將、借補保義郎王福特貸命，除名勒停，決脊杖二十，刺配瓊州牢城。」以福有酒毆殺㛹，依法合死，緣累立戰功，故特矜之。

三年三月十八日，詔：「左承直郎、池州東流27縣令王鮪特貸命，除名勒停，永不收叙，送新州編管。其合追贓錢令所屬疾速依條追納入官。」以鮪節次納苗米，例外科納水脚等錢入己，准條於絞刑定斷，特貸之。

四月四日，詔：「李嗣昌特貸命，除名勒停，永不收叙，送梅州編管。其合追贓錢等，令所屬疾速依條追納入官。餘依大理寺所申。」以嗣昌元係保義郎、監汀州寧化縣商税鹽務，嘗兼受納和糴米，有印給虛鈔、（拆）〔折〕價入己等罪故也。

十月十八日，江南西路安撫制置大使趙鼎言，乞將喬信特降官資，免行取勘，或與放罪，責其後效。詔依奏免勘，特與放罪，令本司責其後效。以信軍馬把截捕殺彭友等〔二〕，賊火徒黨數多，衆寡不敵，是致不能成功，日夕憂疑，不能安職，故貸之。

〔一〕按字書無「敱」字，疑有誤。

〔二〕彭友：原作「彭文」，據趙鼎《忠正德文集》卷二《乞免勘喬信》奏、《建炎要録》卷六四改。

十一月十七日，詔：「承直郎、權邵州新化縣張師文特貸命，除名勒停，送韶州編管，餘依大理寺所申。其合追贓錢等，令疾速依條追納入官。」以師文除罪輕該恩外，法當死，故特矜之。

四年九月一日，詔：「呂應問特貸命，除名勒停，永不收叙，送化州編管。其合追贓錢等，令所屬疾速依條追納入官。」以應問知秀州華亭縣，將職田糙米換到苗米入己，并將贓罰庫枋歸湖州修屋，刑部稱應問於贓罪絞刑上定斷故也。

五年八月十八日，淮南東路宣撫使韓世忠言：「選差統領官韓彦臣等前往淮陽軍，活捉到知軍、成忠郎王拱等，并逐人家屬共四十二人。」詔王拱等不合從僞，罪當【28】誅戮，緣皆係朝廷赤子，可特貸命，依見今官資，並送忠鋭軍第五將收管。

六年正月八日，詔：「承信郎徐如海特貸命，追毁出身以來文字，除名勒停，決脊杖二十，刺面配化州牢城收管，永不放還。」以如海屢往僞齊販賣，因過江來作姦細，至臨安府劄探軍馬起發，法寺鞫實，係情理重，故特貸之。

五月二十六日，詔：「僞都統華知剛等一十三人不合從僞，罪當誅戮，緣係朝廷赤子，並特貸命，撥與劉光世收管。」以鄜瓊捉獲，故矜之。

七年九月二十七日，詔：「右宣教郎、知温州永嘉縣李處廉特貸命，除名勒停，送新州編管。餘依大理寺所申，仍籍没家財。」以處廉未赴任間，受所部人周知萬錢物，及令人吏代支錢買乳柑不支還，到任受葉芘、郭浩金銀事；及買到無主船錢并贓罰錢不即書曆，別置私曆；及因林賁爲公事在官，有女使高十八娘入城，令吳徹顧本人充本家女使，因理斷葉昉與陳褒墳地事，枉法受葉昉等金銀。法寺鞫實，准條於絞刑贓罪定斷，故特貸之。

九年七月二十七日，詔：「借補通直郎馮邦傑特免科罪，令臨安府追毁借補文字，差人押出本界。」以邦傑上書所陳事言實無根，理不足採，故特矜之。

十六年正月二十一日，詔：「承信郎全勝特貸命，除名勒停，永不收叙，送宜州編管，仍籍没家財。」以勝前監荆南府石首縣建寧鎮税，坐贓抵法故也。

十七年六月十八日，詔：「進武校尉李福除名勒停，不刺【29】面，配昭州本城收管。」以福本太平州駐劄軍，以合伴持杖行劫，法當死，特貸之。

二十四日，詔：「右從政郎、新建康府司户參軍張次留除名勒停，永不收叙，送循州編管，仍籍没家財。」以次留前權湖州西安鎮税，坐贓法當死，特貸之。

七月五日，詔：「保義郎房天倪除名勒停，永不收叙，送廉州編管，仍籍没家財。」以天倪前監江西安〔府〕〔撫〕司酒務，坐贓法應死，特貸之。

九月十六日，詔：「從義〔郎〕禹珪除名勒停，送萬安軍編管。」以珪侵盜官錢，妄投北界，爲泗州押還，法當死，特

貸之。

十二月二十二日，詔：「左迪功郎曾巖追毀出身以來告勑文字，除名勒停，送(阮)〔沅〕州編管。」以巖前任鄂州管内安撫司幹辦公事，因押經總制錢赴行在，沿路盜貸入己，法當死，特貸之。

二十六日，詔：「武節郎楊林除名勒停，永不收叙，送化州編管，仍籍没家財。」以林權鎮江府駐劄右軍第二(政)〔正〕將，冒請逃亡事故軍兵錢物入己，爲都統王勝所劾，法當死，特貸之。

十八年五月二十六日，詔：「右宣義郎詹宗古除名勒停，送南安軍編管。」以宗古監臨安府浙江税，坐贓法當死，特貸之。

六月九日，詔：「保義郎、太平州指揮使周用特貸命，除名勒停，決脊杖二十，刺配昌化軍牢城收管。」以用毆擊妻阿龔，因傷致死，又逼逐阿龔前夫朱明二子出外，且欲將明陣亡恩澤貨賣。至是爲其子所告，法寺鞫實，故有是命。

二十二日，詔：「保義郎、監潭州南嶽廟趙伯勸特[30]貸命，除名勒停，令臨安府差人押送大宗正司鏁閉。」以伯勸乘酒毆擊百姓錢三致死，法寺鞫實，乃有是命。

閏八月二十七日，詔：「武翼郎魏文除名勒停，永不收叙，送廉州編管。」以文前權西和州臨江寨，兼管酒税，坐贓法當死，特貸之。

十一月二十七日，詔：「武功大夫、京畿第二將、臨安府駐劄廖周弼除名勒停，永不收叙，送惠州編管，仍(管)〔籍〕没家財。」以周弼管幹修造景靈宫萬壽觀，受贓法當死，特貸之。

十九年三月二十四日，詔：「武節郎、特添差嚴州准備差使韓展除名勒停，送漢陽軍編管。」以展毆妻，辜内致死，法當絞刑，特貸之。

六月十四日，詔：「左宣教郎何柔中除名勒停，永不收叙，送容州編管，仍籍没家財。」以柔中(知前)〔前知〕廣州新會縣，坐贓法當死，特貸之。

二十三日，詔：「保義郎游伯虎除名勒停，永不收叙，不刺面，配道州本城收管，仍籍没家財。」以伯虎前監潮州惠來場鹽税，犯贓法當死，特貸之。

七月十日，詔：「右通直郎、通判遂寧府張括除名勒停，送静江府編管。」以括本廳主管印，賣退馬減價，欺盜官錢，法當死，特貸之。

十五日，詔：「右迪功郎、新差監臨安府在城都酒務孟彦康除名勒停，永不收叙，送賀州編管，仍籍没家財。」以彦康前權秀州崇德，犯贓法當死，特貸之。

八月二日，詔：「承信郎、建康府駐劄御前選鋒軍使臣張横除名勒停，送饒州編管。」以横毆擊百姓馬臯，辜内身死，法當絞，特貸之。

二十年[31]二月六日，詔：「進武校尉、池州太平州駐劄御前都統制王進下使喚靖臯除名勒停，送南恩州編管。」

以皐用刃殺百姓蔣臘哥身死，法當絞，特貸之。

四月二十五日，詔：「右承務郎徐滋除名勒停，永不收敘，送廉州編管，仍籍沒家財。」以滋前監廉州都鹽倉，坐贓法當死，特貸之。

六月十九日，詔：「保義郎竇昷除名勒停，送建州編管。」以昷毆擊百姓鄭義致死，法當絞，特貸之。

二十三日，詔：「右宣教郎吳擇鄰除名勒停，永不收敘，送昭州編管，仍籍沒家財。」以擇鄰前知潭州湘鄉縣〔一〕，坐贓法當死，特貸之。

二十四日，詔：「武功郎東文，從義郎馮青、陳全，忠訓郎周寧，成忠郎趙興，承信郎李真，各除名勒停，不刺面，分配逐州軍本城收管，東文韶州，馮青袁州，陳全建州，周寧洪州，趙興建昌軍，李真邵武軍。」以文等並持杖劫奪民財，法當絞，故特貸之。

七月四日，武翼郎、御前破敵軍使臣藺宏除名勒停，送邵武軍編管。以宏毆擊百姓李彥致死，法當絞，特貸之。

九月十一日，詔：「降授左承事郎、前福建路安撫司主管機宜文字吳元美除名勒停，送容州編管。」以鄭煒告論元美任太常寺主簿，坐與李光交結，因言章補外，心懷怨望，遂將蠅、蚊爲名，撰造《夏二子傳》，指斥國家及譏毀大臣，以快私忿。刑寺鞫實，法當死，特貸之。

十二月二十六日，詔：「右從政郎謝弼除名勒停，永不收敘，送静江府編管，仍籍沒家財。」以弼任普州安岳[32]縣令，坐贓法當絞，特貸之。

二十一年四月五日，詔：「忠翊郎閻温除名勒停，送潭州編管。」以温毆擊百姓吳二致死，法當絞，特貸之。

十月十九日，詔：「左武大夫、充御前選鋒第一正將陳忠除名勒停，送萬安軍編管。」初，忠緣公毆擊所部軍兵宰宥致死，既而聞宥妻阿崔與其婿米立謀欲復讎，懼，即令以毒藥殺二人，於法應死，特貸之。

十二月五日，詔：「成忠郎劉俊除名勒停，送利州編管。」以俊謀殺郭漸不克，法應絞，特貸之。

十六日，詔：「入内内侍省東頭供奉官、寄資武翼郎吳曇除名。」以曇主管建康府行宮大内鏁鑰，虛作客人中賣花木，盗錢入己，法當絞，特貸之。

二十二日，詔：「臨安府徑山能仁禪院僧陸清言決脊杖二十，刺面配廣南遠惡州軍牢城。」以清言撰造偈頌，蠱惑士庶，至有指斥語言，於法應絞，特貸之。

二十二年四月五日，詔：「保義郎邢若思除名勒停，永不收敘，送德慶府編管，仍籍沒家財。」以若思前監廉州白石場，坐贓法當絞，特貸之。

六月十日，詔：「進武校尉、殿前司策選鋒軍使臣徐朝除名勒停，送饒州編管。」以朝毆擊百姓黃五三致死，當絞，特貸之。

〔一〕湘鄉：原作「潭鄉」，據《宋史》卷八八《地理志》四改。

八月九日，詔：「秉義郎、新添差袁州兵馬監押趙不塾除名勒停，令南安軍押送大宗正司鏁閉。」以不塾前任本軍兵馬監押，因與管界巡檢張逵宴會，戲謔發怒，不塾毆逵，限内致死，法當絞，特貸之。

二十三年三月二十五日，詔：「右迪功郎鄧衎除 33 名勒停，永不收叙，送廣州編管，仍籍没家財。」以衎前監秀州新城市税，坐贓法應絞，特貸之。

六月二十八日，詔：「入内内侍省東頭供奉官、寄資修武郎裴詠除名勒停，送海外瓊州編(官)〔管〕，永不放還。」其初，詠被旨往盱眙軍傳宣撫問北使，私市北貨，尋被拘收，心懷怨望，有指斥語言，法當絞，特貸之。

二十四年十二月二十一日，詔：「右通直郎、知明州鄞縣程緯除名勒停，永不收叙，送貴州編管，仍籍没家(則)〔財〕。」以緯坐贓法當絞，故特貸之。

二十五年六月二十二日，詔：「宜州觀察使、殿前司選鋒軍統制、權發遣江南東路馬步軍副總管王升罷從軍，令日下前去之任，饒州駐劄；男忠訓郎世雄特貸命，除名勒停，決脊杖二十，不刺面，配邕州本城收管。」初，世雄因赴武舉不第，心懷怨望，撰造《平治之書》，譏訕朝政，及作詩有指斥語言，爲楊名所告。法寺鞫實，故有是命。

二十六年六月二十五日，詔：「武翼郎楊暉、承節郎王榮除名勒停，永不收叙。暉送横州、榮送藤州編管，各籍没家財。」以暉前權廣南經略司準備將領、監廣豐倉門，榮前任五鎮巡檢，並坐贓，法寺鞫實，當絞，(是)〔故〕有是命。

二十七年九月十四日，詔：「前知處州鄒栩特免真決，送吉州編管，仍不收叙。」栩乃浩之子，以犯贓，法寺准條合(退)〔追〕毁出身以來告敕，除名勒停，流三千里。上曰：「所取贓是入己否？」沈該曰：「據案是入己。」上曰：「浩元祐間有聲譽，其子乃爾。既犯贓，34 法不當赦，可特免真決。」故有是命。

三十年六月十九日，詔：「忠翊郎、前監永康軍青城縣酒税王楊特貸命，追毁出身以來告敕文字，除名勒停，送静江府編管。」以楊任内欠本軍酒課，及酒務曆内虚收錢引，乃與娼妓踰濫，法(守)〔寺〕稱除罪輕該恩，准條於絞刑合決重杖處死，又稱楊嘗有戰功，故特貸之。

八月三日，詔：「右從政郎、前潭州寧鄉縣令吕大壯特貸命，追毁出身以來告敕文字，除名勒停，送韶州編管。」大壯在任日，令押録於縣庫窠名錢内妄作名色支用，及與娼妓踰濫。法寺稱除罪輕，准條於贓罪上斷，合決重杖處死，故特貸之。

孝宗隆興元年正月十六日，詔：「右朝請大夫、新知永州陸廉特免真決，除名勒停，追毁出身以來文字，不刺面，配韶州牢城，仍籍没家財。」坐前知滁州贓污不法，爲養老軍人經御史臺陳告，大理寺勘鞫是實，故有是命也。

三十日，詔：「修武郎、閤門祗候、充御前神鋭軍第五將張耘特貸命，除名勒停，追毁出身以來文字，免真決，不刺面，配惠州牢城，仍籍没家財。」以耘差往漢陽軍屯駐，欺隱樞効槍杖手借請錢米入己，大理寺定斷當絞，特貸之。

五月六日，詔：「成忠郎、前監秀州崇德縣酒税郭世倫特貸命，追毀出身以來文字，除名勒停，永不收叙，送藤州編管，仍籍没家財。」以世倫在任私置文曆，盜用官錢，大理寺定斷當絞，特貸之。

二年九月八日，詔：「降授敦武郎、殿前左[35]翼軍權統制魏尚特貸命，免真決，除名勒停，追毀出身以來文字，不刺面，配韶州牢城。」坐在任減尅軍士錢糧入己，故有是命。

乾道元年正月二十六日，詔：「中衛大夫、貴州刺史、建康駐劄御前後軍統制、兼知壽春府頓遇特貸命，追毀出身以來文字，免真決，刺配吉陽軍牢城。」以遇屯兵戍守邊郡，金人未至，棄城逃避，緣嘗被受宣諭司文檄，特貸之。

二年二月六日，詔：「武義大夫、充殿前司神勇軍訓練官王傑特貸命，追毀出身以來文字，除名勒停，送藤州編（官）〔管〕。」以傑部轄官兵裝發馬草，因問百姓周二借房宿泊，其人不從，傑乃用拳及縱人毆打，致周二赴水而死，故有是命。

十二日，詔：「右宣教郎、新通判廬州龔疇特貸命，追毀出身以來文字，除名勒停，永不收叙，免真決，不刺面，送賀州牢城收管，仍籍没家財。」以疇前任江陰軍僉判，擅支經總制及下綱縻費錢充修造等用，及貸支官錢買和糴銀，及勾牙人擅增和糴米價，爲知軍宋藻所發，本路憲司鞫實以聞，故有是命。

十七日，詔：「降授忠訓郎、前監〔贍〕軍激賞新北酒庫呂安行特貸命，追毀出身以來文字，除名勒停，決臀杖二十，不刺面，配韶州牢城收管，仍籍没家財。」以安行在任收受浮鋪賃屋錢入己，并額外多破柴水、夫脚錢，及節次貸借官錢，妄作修葺公廨支遣，送大理寺鞫勘，悉得其實，故有是命。

九月四日，詔：「左從政郎、前建康府上元縣令[36]李允升特（特）〔貸〕命，追毀出身以來文字，除名勒停，決脊杖二十，刺面，配惠州牢城收管，仍籍没家財。」以允升在任日私於廳側置上庫，拘收贓罰錢并諸色雜收官錢，並不附曆，節次盜支入己，大理寺定斷當絞，特貸之。

三年二月二十九日，詔：「右朝議大夫、直秘閣、權廣南東路提點刑獄公事石敦義特貸命，爲癃老免真決，追毀出身以來文字，除名勒停，永不收叙，刺面，配柳州牢城。」以敦義任廣東提舉日盜用鹽脚、贓賞錢等入己，及減尅鹽亭户鹽本錢買銀入己，贓污狼籍，爲言者論列，送大理寺勘鞫得實，故有是命。

五年五月一日，詔：「右從政郎、前化州司法參軍趙戢特貸命，除名勒停，追毀出身以來文字，送欽州編管，仍籍没家財。」坐在任受納人户役錢不書于曆，皆收盜入己，法寺勘鞫詣實，合決重杖處死，特貸之。

同日，詔：「右朝請郎薛袞特貸命，追毀出身以來文字，除名勒停，決脊杖二十，刺面，配韶州牢城收管，仍籍没家財。」坐前任化州及瓊州日，將軍資庫出剩銀錢及椿留買馬錢並撥入犒賞，充非泛雜支，及收買金珠香物並不還價錢，法寺鞫勘詣實，當贓罪絞，特貸之。

九月二十四日，詔：「右文林郎、監明州昌國買納鹽場兼催煎張廣仁特貸命，追毀出身以來文字，除名勒停，決脊杖二十，刺面，配惠州牢城。」以廣仁在任增秤亭户鹽，於亭户單狀内添寫鹽數，盜請官錢入己，故有是命。

十月[37]十一日，詔：「右文林郎、前贛州會昌縣令韓元奕特貸命，追毀出身以來文字，除名勒停，送韶州編管，仍籍没家財。」以元奕在任縱容胥吏並緣爲姦，違法科歛民錢入己，私役工匠，不支食錢，數買綿帛，虧減價直，大理寺定斷當重杖處死，特貸之。

六年五月二十七日，詔：「右朝散郎、前知潮州曾造特貸命，追毀出身以來文字，除名勒停，送南雄州編管，仍籍没家財。」以造在任日贓污不法，爲漕司所劾，繼而臣僚論列，故有是命。

七月十四日，詔：「武節郎、前監吉州在城商税張綰特貸命，追毀出身以來文字，除名勒停，永不收叙，送韶州編管，仍籍没家財。」坐在任受税務諸門津押曆錢及除減官税錢，分受入己，大理寺斷當贓罪絞，特貸之。

九月十七日，詔：「成忠郎孫尚特貸命，追毀出身以來文字，除名勒停，決脊杖二十，刺面，配廉州牢城收管，仍籍没家財。」以尚被差押市舶司麄色香藥綱赴行在交納，將胡椒盜拆官封，出賣錢銀等物侵盜入己，大理寺斷合決重杖處死，特貸之。

十月十八日，詔：「武翼大夫、前權發遣横州皇甫謹特貸命，追毀出身以來文字，除名勒停，決脊杖二十，刺面，配梅州牢城收管，仍籍没家財。」以在任受賂及侵盜官物入己故也。

七年正月二十一日，詔：「武翼郎、閤門祇候、建康府屯駐官薛千虎特貸命，追毀出身以來文字，除名勒停，送連州編管。」以千虎用錫板僞造官會行用，大理[38]寺鞫實，當重杖處死，以千虎嘗立戰功，特貸之。

八年九月十七日，詔：「右從事郎、專一措置處州庫山等處銀場管凖特貸命，追毀出身以來文字，除名勒停，決脊杖二十，刺面，配連州牢城，仍籍没家財。」坐將銀場折合銀收盜入己，銷錢爲銅以應官課，朝廷遣大理寺丞吴淵即處州置勘得實，大理寺定斷，合決重杖處死，特貸之。

十月十六日，詔：「保義郎孫文亮特貸命，追毀出身以來文字，除名勒停，決脊杖二十，送韶州編管，仍籍没家財。」坐任臨安府緝捕使臣，部下捕獲僞造官會人，文亮將特犒設錢收受入己，大理寺定斷，合決重杖處死，特貸之。

十一月十二日，詔：「忠翊郎石永寧特貸命，追毀出身以(身)〔來〕文字，除名勒停，送潭州編管。」以永寧管押臨江軍米綱，從綱(稍)〔梢〕盜米，及自入己，大理寺定斷當絞，特貸之。

十二月三十日，詔：「忠翊郎趙善諏特貸命，追毀出身以來文字，除名勒停，永不收叙，送南外宗正司庭訓訖鏁閉，永不放還。」以善諏因造私酒酤賣，爲所由所捕，乃用斧斫死所由，大理寺定斷當死，特貸之。

九年三月二十八日，詔：「右宣教郎、權知英州吳名世特貸命，追毀出身以來文字，除名勒停，永不收叙，送藤州編管，仍籍没家財。」坐在任收受金銀及詭名請兵士借請入己，大理寺鞫勘得實，故有是命。

淳熙二年三月一日，臨安府、大理寺奏北界姦細張弼、張禹案。上曰：「可備所招情欵牒還 39 對境，彼遣姦細來，爲我所得，曲在彼。今遣還之，使知愧。」宰臣葉衡等奏：「此誠足以示陛下威德，但張弼累次往來刺(深)〔探〕，罪犯與張禹不同。」上曰：「張弼令依法施行，只張禹牒還。」

九月十四日，詔：「南安軍司户參軍蔡大廉特貸命，除名勒停，送化州編管，永不收叙。」時茶寇自吉州犯南安軍上猶縣界，漕臣錢佃委大廉應辦鄂州都統解彥詳軍馬錢糧，廉以妻産難乞給假，有誤軍期，法當處斬，特貸之。

十一月十六日，詔：「儀鸞司看管官物人石安、王進各特貸命，決脊杖二十，刺面，配二千里外州軍。」以大内火，石安、王進輪當守宿，法寺奏並當死，緣係積油衣致火，故特貸之。

四年三月四日，詔：「敦武郎、監通州買納鹽場張孝寬特貸(之)〔命〕，追毀出身以來文字，除名勒停，永不收叙，送柳州編管，仍籍没家財。」以提舉鹽事官奏劾孝寬與吏並緣爲姦，盜用官錢入己，鞫得其實，故有是命。

六年六月十二日，大理寺奏强盜案，内八名當斬，三名當重杖處死。上曰：「三名所坐稍輕，正當大暑，不欲多殺，可貸其死。」

八年五月二十七日，詔：「平江府司法時亨祖特貸命，追毀出身以來文字，除名勒停，送筠州編管，仍籍没家財。」以亨祖在任兼常平庫，節次貣貸常平頭子、坊名錢私用，故有是命。

九年正月二十四日，詔：「軍人詹保特貸命，決脊杖二十，刺面，配海外州軍牢城收管，永不放還。」保先因毆死葉先貸命配道州，逃竄歸，庸 40 顧張彥文家，因趙汝諧醉酒，執刀欲殺彥文，保勸止之，併欲殺保，保遂以木檐打汝諧右足致死。法司擬罪當(寺)〔死〕，後省言保冒不測以救顧主之死，本無殺汝諧之心，據其所爲，猶是果義，故貸之。

十年閏十一月六日，前知信州鉛山縣蔣億特貸命，除名勒停，免真決，不刺面，配惠州，仍籍没家財。以侵盜官錢入己故也。

十二年十一月二十二日，南郊赦：「諸路州縣見追積年官贓，并捉獲私茶鹽酒醋匿税商販、違禁之物；及應犯罪合追贓備賞，并以官錢代充之人，如委實貧乏，或已不存，無可催理，見行監錮家屬并干繫人名下均攤備償；及監司、州縣一時增立若特立賞錢，或已籍没家財外，有追理未足之數，無可送納，或見在配所，除尅請給，並特與蠲放。仰州縣多出文榜曉諭。」十五年明堂赦同。

同日，赦：「應命官本犯係公罪，在任不曾經取勘及已去官，監司、州軍不驗照去官條法，輒差人追捕拘繫，赦到日並與釋放。」十五年明堂赦同。

同日，赦：「應官員、諸色人犯罪，赦後尚合收坐及猶應勒停、僧道還俗之類，如非情理深重及因事干連、案後收坐，公罪笞杖之人，特依今赦放免。」十五年明堂赦同。

十四年三月八日，詔：「南康軍民婦阿梁特貸命，決脊杖二十，送二千里外州軍編管。」刑部尚書葛邲言：「阿梁因與葉勝同謀，殺夫程念二，葉勝身死在獄，今已九年，節次翻異，凡十差官勘鞫，已降指揮處斬。既差官審問，又行翻異，41 復差江東提刑耿延年親勘。今延年申請，程念二元係葉勝殺死，阿梁初不同謀，與前來十勘不同。今若便以提刑司所勘爲據，則十次所勘官吏皆合坐以失入之罪，干連者衆。以一人所見而易十次所勘，事亦可疑；若不以提刑司所勘爲據，則又須别差官再勘。葉勝既以瘐死獄中，阿梁得以推托，淹延歲久，追逮及於無辜，委是有傷和氣。竊謂九年之獄，十官之勘不爲不詳矣，而猶有異司，則謂之疑獄可也。夫罪疑(爲)〔惟〕輕，則阿梁當貸死。既不死，則所有前後推勘官吏亦難坐以失入之罪。乞自聖裁。」(故是)〔是故〕貸之。

十五年九月八日，明堂赦：「在法，違欠茶鹽錢物，止合估欠人并牙保人物産折還，即無監繫親戚填還及妻已改嫁尚行追理之文。昨令户部申嚴行下，許人户越訴。訪聞人户欠負客旅及店鋪價錢，緣係榷貨，有已經估籍家産、償還不足、依舊監繫，及逃亡死絶又行監繫牙保人等，(率)〔牽〕聯不已。可並與除放，毋致違戾。」

紹(興)〔熙〕元年正月二十八日，詔：「前知秀州華亭縣劉璧特貸命，追毁出身以來文字，除名勒停，永不收叙，免真決，不(面刺)〔刺面〕，配贛州牢城收管，仍籍没家財。」坐在任盜縣庫錢入己及受部民賄賂，法寺鞫實故也。

六月十四日，詔：「前知金州秦嵩特貸命，追毁出身以來文字，除名勒停，送潭州編管，仍籍没家財。」是日，上御後殿，宰執留正等進呈嵩案〔一〕。上曰：「贓污實跡如此之多，豈可輕 42 恕？」留正等言：「嵩罪在不貸，但向來亦有戰功，例須薄減，然亦當除名編管。」上曰：「如是足矣。」

八月十五日，宰執進呈臨安府奏審洪知言斷罪。上曰：「張枸欲杖脊、黥配，罪不至此，却(以)〔似〕太重，不用蔭真決編管足矣。」知言本臨安府術士，守臣張(杓)〔枸〕奏其平日憑(特)〔恃〕口吻，專以欺詐爲生，前後過惡不一，乞

〔一〕留正：原作「劉正」，據《宋史》卷二一三《宰輔表》四改。下同。

不以蔭決配故也。

二十五日，宰執進呈知平江府袁説友奏，乞將閻儀貸命。上曰：「罪疑惟輕，既有所疑，豈可不貸？」先是，説友奏平江府所勘閻儀打死孫十三事，其罪有可疑者故也。

三年七月二日，詔：「前監文思院上界常良孫特貸命，追毁出身以來文字，除名勒停，永不收叙，免真決，不刺面，配萬安軍牢城收管，仍籍没家財。」以良孫在任日節次盜造作金銀入己，因提轄林復覺察，棘寺追勘得實，以家世之故，特貸之。

十三日，詔：「知嚴州葉籌特貸命，追毁出身以來文字，除名勒停，永不收叙，免真決，刺面，配遠州牢城收管，仍籍没家財。」坐在任將公庫錢盜支入己。先是，臣僚論列，令浙西憲司勘鞫得實，宰執奏其年老不任真決，上只令刺配。

十九日，宰執進呈成州奏，勘到北人王臯爲過界劫盜西和州管下血厚家財物[一]，殺死捕盜人王仲。刑部擬王臯合斬刑上定斷，葛邲奏曰：「且令土牢拘管。」陳騤奏曰：「若此等人，不知拘留爲是，且牒還爲是？」上曰：「令牒還對境，亦示我包容之意。」

四年七月十三日，詔：「修武郎石[43]大協特貸命，除名勒停，永不收叙，免真決，送潭州編管，仍籍没家財。」以大協添差監建昌軍在城酒税，因附押牙税、免丁等窠名錢赴行在，沿路盜貸入己，棘寺鞫實，法當死，係陳國大長公主孫，特貸之。

五年二月七日，詔：「陸材特貸命，決脊杖二十，刺面，配廣南州軍牢城收管。」先是，平江府奏勘，有蔭人陸材拈甎還搏從叔父陸濤致死，法寺定以杖死，奉聖旨陸材特貸命，真決，不刺面，配廣南州軍本城收管。既而臣僚繳奏，故有是命。

紹熙五年九月十四日，明堂赦：「應命官在貶所物故，可自今赦到日，仰所在州軍勘檢詣實，許令從便歸葬訖，保明具申省部。若元犯事理重者，申取朝廷指揮。」

閏十月二十一日，知臨安府袁説友言：「乞將本府見行項固拘鎖之人，如元係配隸者，即押回元配所；如有强壯者，即照淳熙十年五月内本府已承指揮，與分刺屯駐軍；其餘皆連各人家屬，分押出本府鄰州界。庶幾姦盜有自新之路，無終囚之苦。」詔令臨安府將見管賊人各差人管押分送外州軍牢固拘管，月具存在申三省、樞密院。既而有旨，除所犯五次以上并刺配之人仍舊拘管外，餘並放令逐便，不得入臨安府界。

慶元六年五月六日，中書門下省言：「近日祈禱雨澤，檢會淳熙十四年八月二十六日赦：『應諸路州軍一時監司、守臣特判編管之人，並仰逐路提刑取元斷由子細詳覆，除情理重害、[44]應得條法許仍舊外，其他于條不應編管而

[一] 血厚：據文意此應是人名，而似無以「血」爲姓者，疑誤。

編管者，並令一面給據疏放，具已疎放人數申尚書省。」照得上件指揮行之歲久，近來州郡全無申到已放人數情節，竊慮奉行不虔，理合檢舉。」詔令諸路提刑司照應已降指揮，常切覺察，或有似此違戾去處，按劾以聞。

嘉泰二年十一月十一日，起居郎、兼權刑部侍郎林采言：「嘉泰改元，一全年天下所上死案共一千八百一十一人，而斷死者纔一百八十一人，餘皆貸放。夫有司以具獄來上，必皆可議刑之人，蒙陛下貸其非辜者凡一千六百三十人，豈謂細事？欲令秘書省修入日曆，上以示陛下好生之德，下以戒有司用刑之濫。」從之。

三年十一月十一日，南郊赦文：「刑獄飜異，自有條法，不得於詞外推鞫。其干連人雖有罪，而於出入飜異稱冤情節元不相干者，録訖先斷。近來州郡恐勘官到來，臨期勾追遲緩，却將干證人盡行拘繫，破家失業，或至死亡。可並令釋放，著家知在。如違，許被拘留人經監司陳訴。」開禧二年、嘉定二年明堂赦亦如之。

又赦文：「應命官本犯係公罪，在任不曾經取勘及已去官，監司、州軍不檢照去官條法，輒差人追捕拘繫，赦到日並與釋放。」開禧二年、嘉定二年明堂赦亦如之。

開禧二年五月二十五日，詔：「韓林係勳臣韓世忠親孫，久在責缺有可放令逐便。」

三年三月二十六日，吏部尚書兼給事中陸峻、兵部尚書宇文紹節、吏部侍郎兼直學士院衛涇、工【45】部侍郎兼知臨安府趙善堅、龍圖閣(待)〔侍〕制在京宮觀辛棄疾、吏部侍郎雷孝友、户部侍郎梁季珌、林祖洽、禮部侍郎兼刑部侍郎史彌遠、大理卿李訦、太常少卿兼權直學士院兼權中書舍人兼樞密副都承旨田澹、大理少卿奚士遜、起居郎趙夢極、起居舍人許奕、侍御史徐柟、户部侍郎兼刑部郎官費培、左司諫朱質、右正言葉時、監察御史王益祥、喬夢符、宗正丞兼權刑部郎官周震、大理正史厚宗、大理寺丞沈紡、大理評事權丞林大章、大理司直兼評事王益之、大理寺主簿兼評事施械、大理評事鮑澣之、趙時適、翁濙、鮑華、沈實狀奏：「逆曦就戮，族屬悉當連坐，恭奉聖旨，令臣等集議合得刑名聞奏。臣等竊詳，反逆議罪，父子年十六以上皆絞，伯叔父、兄弟之子合流三千里，自有正條外，所有十五以下及母女、妻妾、子妻妾〔一〕、祖孫、兄弟、姊妹，敕無罪名，律止没官，比之伯叔父、兄弟之子，服屬尤近，即顯没官重於流三千里。蓋緣坐没官〔二〕，雖貸而不死，世爲奴婢，律比畜産。此法雖存而不見於用，其母女、妻妾、子妻妾、祖孫、兄弟、姊妹合於流罪以上議刑。竊緣上條所載，止謂謀反，疏文云臣下將圖逆節者設。今來吴曦建號稱元，備極僭擬，反逆已成，上條未足以盡其罪。伏乞睿斷施行。」詔：「吴曦叛逆，族屬悉合誅戮，朕念其先世，不忍夷滅，除曦妻、男並

〔一〕子妻妾：原脱，據《文獻通考》卷一七〇補。
〔二〕没：原缺，據《文獻通考》卷一七〇補。

決重杖處死外，其男年十五以下并女及生子之妾〔一〕，並分送46二廣遠惡州軍編管。內女已出嫁者免。親兄弟有官人〔二〕，除名勒停。應吳璘位下子孫並移徙出蜀，分往湖廣諸郡居住，吳玠位下子孫與免連坐，通主吳璘墳廟祭祀。令四川宣撫制置司取見服屬、官職照應施行訖聞奏。」

二十七日，四川都大茶馬吳摠言：「逆賊吳曦不遵臣節，上負國恩，下隳家世，臣與闔室罪當萬(坐)〔死〕，謹同男昭等伏闕待罪。」詔吳摠落職放罪，并吳昭等並照應已降指揮，於湖廣州郡居住。

五月二日，權四川宣撫使安丙言：「逆臣吳曦罪當赤族，丙以吳氏三世爲將，其族甚大，吳玠下諸房素與吳挺父子不相往來，雖吳璘下諸子，其間亦有與吳曦絕迹不相交者，若依法一槩誅戮，懼有傷聖天子好生之德。恭承詔(免)〔旨〕：其吳曦一門附於逆黨者，並加誅戮；其餘協從，置而不問。今具列吳曦一門當行誅斬、其他異居族人當與原免者，各具姓名如後：一、吳曦二子，已斬首號令。一、吳晛係曦之堂弟，受曦僞命，爲侍中兼司農卿。一、吳(柄)〔炳〕係曦之父挺同胞兄弟。一、吳曉係曦同母弟，曦僭號之後，除集英殿修撰、知興元府、充利州東路安撫使。一、吳晫係曦之親弟。已上六人並已斬首號令，其他婢妾等已分送諸軍嫁與軍兵去訖。一、吳玠委係勳臣，其諸孫與(兵)〔吳〕曦不協。一、吳挺異母兄吳摠〔三〕，舊與挺不和。在孝宗皇帝朝，摠嘗於御榻前稟曰：『以挺之權太重，異時有變，臣乞不坐。』此言中外之所共47知。一、吳挺異母兄吳擴已死〔四〕，擴之妻係宗女，清節凜然。曦僭竊之後，以書召之，斥詈曦所遣人，曦有『親戚畔之』之語。一、吳挺異母弟吳拭已死，拭之妻劉氏聞曦僭號，叱罵曦三日，暮夜號哭，曦遣人扶出，掩門不許再入。一、吳挺異母弟吳拯已死，止有一孫，幼小，素不爲曦所齒。已上五房，雖在法不可免，而其情則可矜，中心昭然，欲乞特與原貸施行。」詔除安丙已施行人外，餘並照三月二十六日已降指揮施行。吳摠依舊責授團練副使，特許於湖廣州軍從便居住。

九月十七日，端明殿學士、知沔州、兼四川宣撫副使(內)〔安〕丙言：「契勘逆曦僭叛，在法當誅夷三族，聖恩寬大，念其先世保蜀之勳，並特貸命，止流(徒)〔徙〕湖廣州軍居住。所有家產如吳摠、吳拭，皆仍令收管合得租利之屬。止是吳挺係曦之父，此一房田業自當籍沒。此外吳璘位下諸房子孫，朝廷雖已降指揮流徙湖廣居住，緣其人皆富貴膏粱之久，不辨菽麥，一出蜀口，必填溝壑。臣今仰體朝廷忠厚之意，欲乞將吳璘位下子孫田產除吳摠、吳廣兩房俱有子孫可以給付，吳拭妻劉氏見存，無子孫，俱與免籍沒

〔一〕及：原作「反」，據《文獻通考》卷一七〇改。
〔二〕官：原作「宣」，據《文獻通考》卷一七〇改。
〔三〕摠：原作「總」，實一字異寫，因吳挺兄弟之名偏旁俱從「扌」，又下文亦作「摠」，故改。
〔四〕擴：原作「廣」，據《名臣碑傳琬琰集》上卷一四改。下句同。

外，其餘人皆癡庸病風之人，欲乞指揮免行流徙出蜀，止分送潼川府、夔州路州軍居住，依歸朝人體（列）〔例〕，與計口支給廪粟，俾可自存。所有本分田産及諸房應關外四州田，併用招集民兵，止從宣撫司更各人與支給行錢三百貫，令往48夔州、潼（州）〔川〕路州縣任便居住，庶吳璘子孫免溝壑之患。」詔劉氏、趙氏並照已降特免遷徙指揮施行，餘從之。

十二月六日，御史中丞雷孝友言：「嘗觀漢誅梁冀，而張綱條其無君之心十五事。以韓侂胄而視冀所爲，其罪惡蓋有加焉，謹條列而言之。侂胄恣情專擅，凡所欲爲，不復奏稟，僞作御筆批出，同列憚其權勢，不敢爭執。此其無君之心一也。廟堂以徐邦憲嘗請建儲，欲召用之，侂胄駕言上怒未已，每輒沮止，不知其意安在。此其無君之心二也。機速房乃軍國要密之地，而輒置於私第，凡所調發，與群吏爲密，廟堂不得與聞。此其無君之心三也。金字牌合自御前給降，而擅留于私家，凡所遣發，未嘗關白于上。此其無君之心四也。周筠本侂胄僕厮，乃作恭淑皇后親屬補授。此其無君之心五也。蘇師（但）〔旦〕乃侂胄書吏，而階銜輒帶隨龍。此其無君之心六也。寢室上下四圍皆用羅木，如木圍之制。此其無君之心七也。諸婢房閤皆宮禁之物，各有內中鐫記。此其無君之心八也。搜索其家，有北界牓文三紙，逆曦僞蜀牓文一紙，皆不以上聞。此其無君之心九也。壽慈宮錢物寶玩，侂胄皆先用掌記抄録，擇其所欲，盜歸私第，其餘僞作太皇太后分賜。此其無君之心十也。侂胄罪惡，所宜肆諸市朝，與衆棄之。陛下曲爲容貸，俾其全軀，又活其孥，而天下之人但知稱兵首亂、殘民誤國，至其蓄無君之心49有如此十事者，或未盡知。乞下臣此章，播告中外，使（減）〔咸〕知侂胄負滔天之罪，而陛下聖度優容如此，以詔天下來世。」從之。

嘉定二年五月十三日，詔：「羅日愿欲狂妄作過，已送有司勘證處斷訖，其奸黨親屬並合照法移徙外，或有註誤誘協人未發覺到官，更不追究。令尚書省給降黄牓曉諭。」

三年正月八日，詔：「淮東、湖南、江西三路節次申奏盜賊作過。皆緣權臣妄開兵釁，科擾頻仍，（斷）〔繼〕以旱蝗，州縣失於存撫，是致姦民倡率嘯聚，貽害縣鎮，良軫朕懷。除（非）作過賊首合行收捕外，其餘協從人等並從原貸，許以自新，各令復業。仍仰州縣多方賑恤。」

十五日，詔：「楚（州）、衡、（彬）〔郴〕、吉州、南安軍等處盜賊作過，除賊首合行收捕外，其餘協從等人如能（鮮）〔解〕散歸投，並從原貸，各令復業，許以自新。仰州縣多方賑恤。」

四年十一月二十八日，詔：「承信郎王從龍特貸命，決脊杖二十，刺面，配泉州左翼軍重役使喚，仍追毁誥命。」以從龍招安黑風峒羅孟二等，受賊賄貸以來資給之，及受李元勵書，佯敗而走，法（守）〔寺〕言在律合斬，雖皆疎決，非雜犯之比，亦當處以死刑，詔特貸之。

八年十二月三日，臣僚言：「邇者畢再遇、周虎、莊松輩盜請錢米銀兩，罪狀顯著，聖心寬（怒）〔恕〕，以其守禦徼勞，止從鐫秩，略行追索，僅移所居，旋令自便。昔漢魏尚爲雲中守，厥功茂矣，上功首虜差六級，文帝下之吏，削其爵，不少貸。夫再遇等區區之功，何足50比魏尚，而尚以私錢饗士，視再遇輩（刼）〔尅〕士卒錢以自私，萬萬不侔。文帝用法則如彼，陛下用法止如此，臣知陛下措心積慮，拳拳念功，過文帝遠甚。乞下此章，播告天下，繼今如有贓敗，自從本條，更不爲例。庶幾中外知寬恩不可倖得，成法所宜遵守。」從之。（以上《永樂大典》卷一五〇〇四）

禁囚

【宋會要】51國朝《獄官令》，禁繫皆輕重異處，因家送飲食，獄官檢視，即時付與，無使減節滯留。若囚死罪，枷杻；劫賊在禁五人以上，別差軍人及將校日夕防守。婦人及流以下，去杻。婦人在禁皆與男夫別所，仍以雜色婦人伴守。杖罪散禁，若隱情拒抗者亦加許[一]。八十以上、十歲以下及廢疾、懷姙、侏儒之類，雖犯死罪亦散禁。

太祖開寶二年五月十一日，詔曰：「扇暍泣辜[二]，前王能事；恤刑緩獄，有國通規。朱夏既臨，溽暑方盛，睠茲縲繫，深用哀矜。宜令有司限詔到，其囚人枷械，囹圄户庭，長吏每五日一次檢視，灑掃務在清潔。貧無所自給者供飲食，病者給醫藥，小罪即時決遣[三]，重繫無得淹滯。」

太宗太平興國七年五月九日，知相州張仲容言：「諸州兵馬監押、郎幕使臣等，或因小事，直送百姓、軍人赴所司禁繫，皆不牒報。欲望自今先具罪犯申本州，詳酌事理禁留。」從之。

九年三月三日，詔：「自今天下繫囚，依舊例十日一具所犯事因、收禁月日申奏。其門留[四]、寄禁、店户將養，保明出外知在，並同見禁人數，仍委刑部糾舉。如事理可斷及事有小虛，有禁繫者，本處官吏重行朝典，人吏仍勒停，配重處色役。奏禁人數不以實及淹延日月，當密行察訪，許人告。」

雍熙三年二月十二日，左拾遺張素言：「諸州縣繫囚動經旬月，（迄）〔乞〕令自今諸縣鎮禁繫不得過十日，仍令本州長吏察訪。」從之。

四月四日，詔：「諸道州府凡禁繫52之所，並須灑掃牢獄，供給漿飲；械繫之具，皆令潔淨；疾者爲致醫藥，無家者官給口糧；小罪即決遣，大罪審辯其情，無致淹延。」（至）〔自〕是每歲首夏下詔書如此例。

[一] 許：疑當作「械」。
[二] 「泣」下原有「等」字，據《宋大詔令集》卷二〇〇刪。
[三] 決：原作「次」，據《宋大詔令集》卷二〇〇改。
[四] 門：原作「間」，據《文獻通考》卷一六六、《宋史》卷一九九《刑法志》一改。

至道(德)三年二月，令京城諸司不得專械繫人。

真宗咸平三年六月十三日，詔曰：「朕亭育萬方，哀矜庶獄。民或多僻，義在正刑。而方屬炎蒸，深憂繫滯。仍慮理直者不能自辯，情輕者苟或禁留，縲絏之中，飲食失所，時行告諭，當體朕懷。宜令兩京及諸路，見禁罪人有罪輕者，不得禁留，旋爲疏理；徒罪以上疾速勘斷，無致淹延。」

四年二月二十六日，知黄州王禹偁上言：「病囚院每有患時疾者，互相浸染，或致死亡。請自今持仗劫賊徒流以上有疾[一]，即於病牢將治；其鬭訟、户婚杖以下得情欵者，許在外責保看醫，俟痊日區分。」從之。

五年八月二十七日，詔：「四排岸司繫囚無親屬者，量給薪米，仍速裁斷。」

景德三年七月一日，詔曰：「應禁勘盜賊，委長吏鈐轄，無令妄引徒伴；以時飲食，有疾者醫治之。仍分輕重、男女，别房禁繫。」時上封者言：「盜賊多緣私憾，妄引無辜，官司因而追擾。又重禁者拳手，令小兒哺食，多受饑渴；不問所犯大小，同繫一牢。」帝憫之，故詔誡諸道焉。

九月二十六日，詔陝西諸州納質院戎人並放遣之。先是，蕃落每爲寇盜，既經和解，所在慮其復叛，因置此院，收其子弟，有壯年禁錮至白首者。帝聞而憐之，特有是
53 命。

大中祥符四年十月三十日，詔：「訪聞天下司理院、州院罪人獄死者，皆司理參軍與州曹官迭差檢驗，慮相庇蓋。自今須選差不干礙刑獄官，依公檢驗。」

五年十二月二十八日，河東路提點刑獄張懷寶言：「伏見諸路大辟罪，皆俟旬終報轉運、提刑司，若旬初、路遠，即禁囚動經半月，或有情款疑互，審察不及。自今望令即日報兩司。」從之。

六年十一月四日，詔：「諸州所供禁囚犯由，其命官居禁及責保參對者，悉以所犯别狀申奏。」初，諸道通爲一奏，至有命官犯輕，讞同於重獄者。帝以非便，命刑寺議，故有是詔。

八年二月，詔開封府：「(命)〔今〕後應命官合該勘鞫，未得追禁，奏候指揮。」

五月，詔開封府：「應禁罪人並置印簿抄上緣身衣物拘管，候斷放日給付銷簿。獄内不得置紙筆硯瓦。每遇夜有未結絶罪人監送下禁，早晨引領赴府，並差職員部押，緣路不得縱與外人言語，亦不得於店肆暫住。如違，勘罪嚴斷。」

九年四月二十三日，詔：「三京、諸路大辟罪，獄既具而非理致罪死者，委糾察、提點刑獄官察之。」

天禧元年十一月，開封府言：「左、右軍巡見禁勘罪人，今值冬寒，若不問輕重，須候結案，必恐淹延。欲望許

[一] 自今持仗劫賊：原作「自今持伏劫劫賊」，據《長編》卷四八改。

除大辟罪依舊結案外，其餘流罪以下公事，止依在府勘事體例寫長狀，具劄子繳連録問後，送法司定刑名斷遣。」從之。

四年十二月，詔：「自今每軍巡院禁繫情理兇惡重罪人數稍多，即 54 從府司牒殿前或馬、步軍司，逐院選差兵士十五人，員僚、節級各一人，寅夜防護，候斷訖即放歸營。」

仁宗天聖二年十一月二日，臣僚上言：「御樓賜赦，見禁罪人並於樓前釋放，支賜綿袍、頭巾、麻鞵。今詳釋罪已是厚恩，望別定制。」詔自今後所給衣物，須罪人在禁一月以上，委是貧不濟者即給。

四年正月，糾察在京刑獄司言：「左軍巡勘咸平縣賊姜則爲累行打劫，録問並無翻異。其人手指凍落九指，欲乞今後令當職官吏躬親勒醫人子細看驗，如有疾患瘡病，鈐轄獄子、醫人看承醫療。」從之。

八年五月，詔：「大辟公事，自今令長吏躬親問逐，然後押下所司點檢勘鞫，無致偏曲，出入人罪。若依前違慢，致有出入，信憑人吏擅行考決，當重行朝典。」時感德軍司理楊若愚不申長吏，考決無罪人駱憲等，加石械上，若愚特追一官，典押、獄卒各刺配，因有是詔。

六月，（詔）開封府言：「準律，諸主守不覺失囚者，減囚罪二等；若囚拒捍走者，又減二等。皆聽一百日追捕。自來失囚，依條給限監捕，限滿不獲，方行決斷，內有減至杖罪者，若便行斷遣，又礙律文，須至一例給限。伏緣京畿諸縣亦有失囚，若不分重輕，一例監捕，頗復淹延。欲乞自今在京及府界諸縣應失囚本非（固）〔故〕縱，依律減至杖罪以下者，便行決遣，更不給限，所走罪人散行捕捉。」從之。

十年正月二十一日，詔：「諸州傳囚，若所過未差捕送人，55 住日續其口糧，不得過三日。」

明道二年六月九日，中書門下言：「天下配隸罪人禁奏待報者甚衆，既淹牢禁，亦煩裁決。宜委有司參酌，當取旨者減其等，著爲定法，以省奏請之煩。」詔權御史中丞范諷，天章（問）〔閣〕待制王聞，秘閣校理范仲淹與審刑院、大理寺主判官同詳定以聞。

景祐元年五月二十七日，左司諫姚仲孫言：「天下郡縣禁囚，或稱繫死獄中者，或不因疾患、非理致死者，請令徑報提刑、轉運省察。」詔諸州軍刑獄禁罪內不因疾患、非理致死者，提刑常切體訪覺察，出榜曉示，許人陳告。委是故行殘虐，勘鞫事理不虛，告事人與支賞錢一百千，以係省錢充；公人與轉一資；同犯首告者與免罪，仍轉資、支賞。

慶曆七年三月七日，河東轉運司言：「近年郡國刑獄中，罪人多是禁繫連月，飲食失所，及栲掠而死。上下隱庇，檢驗時秖以病患爲名。欲望令轉運、提刑司每巡歷至州縣，先入刑獄中詢問罪人，其有禁繫人身死，仰晝時具檢驗狀申二司點檢。如情理不明，有栲掠痕，立便取索公案，差官看詳，依公施行。」從之。

皇祐二年三月二十六日，廣南東路提點刑獄席平言：「準敕《職制》條：『每〈州〉旬具本州及外縣禁繫，并隨衙門留、保管出外人數，開坐犯由、禁日，次第供提刑點檢。』又《斷獄》條：『諸縣每旬具禁數、犯囚斷遣刑名、月日申州點檢。如可斷不斷，小事虛禁，淹延不實，並令舉劾，更不開坐諸縣人數。』竊詳二條，《職制》則[56]具州縣禁數，《斷獄》則不開人數，未委如何遵守。」詔付法寺，法寺言：「欲依景德四年、景祐四年勑，『每旬具本州』字下去『及外縣』字〔一〕，餘如舊條施行。」從之。

英宗治平二年二月七日，開封府言：「軍巡院見禁杖瘡未損逃走軍人，乞責付所轄去處監防執役，依疾病之例，日給口食。內羸瘦未任功役者，亦與口食。委官司鈐轄，如法造致，供給將理，不得減剋。今後如此類，並乞準例。」從之。以上《國朝會要》。

治平四年十二月二十二日〔二〕，神宗已即位，未改元。詔：「夫獄者，民命之所繫也。比聞有司歲考天下之奏，而〈瘦〉〔瘐〕死者甚多，竊懼乎獄吏與犯法者旁緣爲姦〔三〕，檢視或有不明，使吾元元橫罹其害，良可憫焉。其具爲令，應今後諸處軍巡、州司理院所禁罪人，一歲內在獄病死及兩人者，推司、獄子並從杖六十科斷。再增一名，加罪一等，至杖一百止。如係五縣以上州〔四〕，每院歲死及三人，開封府司、軍巡歲及七人，即依上項死兩人法科罪，加等亦如之。典獄之官如推獄經兩犯，即坐本官，仍從違制失入〔五〕。其縣獄亦依上條，若三萬户以上，即依五縣以上州軍條。其有養療之〔六〕，不依條貫者，自依本法。仍仰開封府及諸路提點刑獄每歲終會聚死者之數以聞，委中書門下點檢。或死者過多，官吏雖已行罰，當議更加黜責〔七〕。」

神宗熙寧元年六月三日，詔：「今後四京及諸路州軍旬禁犯囚，並限一月申發，諸縣申本州者限十日。」

十月二日，詔：「諸處禁繫罪人，[57]慮冬寒有失存恤，在京刑獄司及諸道，委當職官吏，應繫人獄房常給柴炭，務令温煖。製造衲襖并衲襪、手衣，權給與闕少衣服罪人。及所供飯食，無容司獄作弊，使囚人凍餒，以致疾患。仍委長吏逐時提舉。」

哲宗元祐七年十二月四日，詔：「應獄死罪人，歲終委提刑司，在京委御史臺取索，具姓名、罪犯報刑部，數多者申尚書省。」

八年二月五日，中書省〈言〉：「檢會元祐五年五月二十五日指揮：『諸路、開封府界提刑司每歲終具諸獄〈瘦〉

〔一〕及：原脱，據上文補。
〔二〕二十二日：蘇軾《乞醫療病囚狀》（《東坡全集》卷五二）引作「二十四日」。
〔三〕犯：原作「奉」，據《東坡全集》卷五二改。
〔四〕上：原作「軍」，據《東坡全集》卷五二改。
〔五〕入：原脱，據《東坡全集》卷五二補。
〔六〕養療之：原作「司若」，據《東坡全集》卷五二改。
〔七〕以上二句，原作「官吏雖不科斷，更加點責」，據《東坡全集》卷五二改。

〔瘐〕死人數，仍開（柝）〔析〕因依申刑部，內數多者申尚書省。在京禁繫委御史臺取索，報刑部看詳。」上件朝旨即無許分別禁繫人數目。至元祐七年，諸路具到獄死人數，刑部遂分每禁二十人以上死一人者，更不開具。即是今後應繫囚處，歲禁二百人，許破十人獄死。深慮州縣獄官公然懈弛，甚非欽恤之意。」詔刑部，今後更不得分禁繫人數，依元降朝旨，將（瘦）〔瘐〕死人數多者申尚書省。

紹聖元年七月九日，（浙）江南東路計度轉運副使周之道言：「昨領刑部職事，竊見府界、諸路刑獄司見勘命官等公事，自紹聖元年以前尚有二百餘件。乞下府界、諸路提刑司具入禁年月日、見禁人數及未結絶者（依）申刑部，依條限舉催，有故留滯者許奏劾。」詔令刑部立限，過限即奏劾，餘從之。

徽宗大觀二年十二月十八日，上批：「比閲刑書，因考案式，一事不備則案不如式。然罪有重輕，【58】人有衆寡，人衆罪重，已該極刑，則其輕罪，不當追證。如會問逃軍之類，軍狀未至，餘人久繫，不得結斷，是以輕罪妨重罪，以重罪待輕罪。犴獄之繁，良以此歟，甚非先王欽恤之意。可自今勿俟輕罪，免其追證，庶無留獄。」

三年五月七日，中書省勘會：「正當時暑，竊慮刑獄淹延枝蔓。」詔：「在京委刑部郎中及御史一員，京畿并諸路州軍令轉運、提刑、提舉常平司分頭點檢，催促結絶見禁罪人。內干照人及事理輕者，先次斷訖奏。京畿徒以下罪，事狀分明，不該編配及合申奏公事，或雖小節不圓，不礙大情，並許一面結決斷訖奏。杖以下應禁者，並與責保知在。除在京外，有事故不能親行，即選官前去，仍具每到處及月日、事故因依徑申尚書省。」

政和二年二月七日，臣僚上言：「竊聞遠方郡邑官吏多輕視獄囚，不盡書曆，雖在法有一百之罪，深（怨）〔恐〕未盡遵承。及門留、知在，亦多不書，致監司無由檢察，遂成留滯。欲乞州縣獄囚并門留、知在，敢不書曆者，除本罪外，量輕重立法，特行黜責。仍先委監司常切檢察，庶無留滯之弊。」詔：「可令刑部疾速遍牒諸路監司鈐束所部，如有不法去處，即按劾奏。作檢舉申明行下。」

三年七月二十三日，大理寺丞郭異求奏：「應刑獄官司寄禁無人供送飯食之人，依正禁人支破，或乞減半支給。」詔減半支破。

十二月八日，臣僚上言：「竊見遠方官吏於文法既疎，於職事【59】亦怠，故刑罰失中，民不能無冤。積日累久，得無傷陰陽之和，虧仁厚之政！願委耳目之官，專一分録所部見禁囚，遇有冤抑，先釋而後以聞，歲終較所釋多寡爲之殿最。其徼功故出有罪者，論（所）〔如〕法。」詔依奏，仍令刑部立法。

四年八月十七日，權發遣京畿提點刑獄公事林箎奏：「乞應今後獄司取會獄事，其承受官司再催不報，故作不完者，並令獄司除申所屬官司施行外，在京徑申御史臺，在外申提刑司，依法案治。」從之。

十二月十四日，刑部郎中李緯奏：「諸路奏案，凡承勘、結絶、入遞，雖有程限，然州郡尚或因循，淹滯囚繫，至有結絶後數月方入遞者。欲乞今後諸路奏案，並令法寺點檢，如有稽留，摘其甚者上之朝廷，下之有司，依法勘劾施行。」從之。

五年六月二十二日，開封尹盛章奏：「(陳)〔奉〕御筆：『時當大暑，應兩獄繫囚，催督限日近結絶。』所有已未上朝廷斷遣公事，欲乞候案上，共限三日斷下。如有續上公事，亦乞依此。」詔依奏，限三日斷下，無致鹵莽。

六年正月二十五日，刑部尚書慕容彦逢奏：「勘會奏案等專條，入遞後限一日，以申奏姓名、日時、引號牒進奏院。如承本院報未到者，別録以聞，仍稱説再申奏事因入遞，牒會依上法。凡此以防遺滯，欲使繫囚早獲決遣。臣竊見諸州從前多不舉行上條，其未到進奏院，亦無文籍拘催。今欲乞諸州不依限牒會，依案申詳覆違限條科罪。仍令進奏院 60 置籍，以時催促，候別録到(房)〔方〕許勾銷。庶幾有以檢察，不至留獄。」從之。

閏正月二十三日，刑部員外郎李撲奏：「應縣鞫强盜追贓已至罪止，或別有重罪不礙刑名者，許先解州結斷，續追餘贓，庶獄無留滯。」從之。

宣和元年二月六日，舒州言：「據從仕郎、司兵曹事兼管左推勘公事田泰靖言：竊以禁囚有無人供食，在法許令官爲造給，其間有病患之人，理合改造粥食調理。緣請到官米多是經年陳次米斛，難以製造粥食，不免旋行兑换新色白米造食供給，仍監勒醫人用藥醫療，乃獲痊安。詢究得以前並不曾如此改造飲食，至於損失人命者，往往緣此。蓋條内別無許令改换別色飲食之文，遂致刑獄官司無以遵守，按部之官亦難檢察。今欲乞申明朝廷，應病不應責出而無人供食者，據應給米兑换新色白米，改换粥食，獄官躬親責給罪人食用。」從之。

二年正月二十六日，尚書右司員外郎翁彦深奏：「伏覩陛下欽恤庶獄，四方大辟疑者以聞，輒爲末減，而州郡不能審克，吏乘爲姦，邦刑所加，多貧人子，罕及富民。觀其奏牘之首，脚色纖悉備載，而畧其户等高下，不爲無意。乞應奏裁，並著等第，察其弊者，顯懲一二。」從之。

三年二月二十三日，詔：「應江東、兩浙路諸州申奏到見禁待報公案，大理寺大案十日，中案、小案限五日，刑部大案限五日，中案、小案限三日上省，候賊平日依舊。其應已 61 申奏公案干證無罪人，如官司違法留禁，仰監司點檢覺察，按劾施行。」

四年六月八日，臣僚言：「州縣刑禁，本以戢姦，而官吏或妄用以殺人。州郡猶以檢制，而縣令惟意所欲，淹留訊治，垂盡責出，不旋踵而死者，實官吏殺之也。乞依《在京通用令》，責出十日内死者驗覆，如法重者奏裁，輕者置籍歲考。其不應禁而致死者，亦奏裁。」從之。

十二月二十四日，詔：「應在禁罪人，官司避免檢察官點檢，輒（私）〔移〕他所者，以違制論，許被禁之家越訴。仍委監司、廉訪使者覺察。」

五年六月二十日，刑部奏：「檢會臣僚上言：『伏覩州縣鞫獄，在法不得具情節申監司，及不得聽候指揮結斷，此蓋朝廷欲使州縣盡公據實，依〔法〕斷遣，不得觀望，且使獄刑無淹延之弊。而比年以來，諸路監司往往狹情偏見，每有公事，必使州縣先具情節申稟，聽候指揮，方得斷遣。稍未如意，即再三問難，必快其欲而後已。臣愚欲乞特降睿旨，補完見行條法。應囚在禁，如監司指揮具情節及令聽候指揮結斷者，州縣不得承受，一面依條施行。如監司見得果有情弊及情理未盡，即別行按劾。』勘會上件事理，刑部每半年一次檢舉行下，係一時指揮，自合遵守施行。若監司於所部刑獄，令承勘官司稟受推鞫，已有《政和勑》科罪。又近降御筆：『囚在禁，如監司指揮具情節及令聽候指揮結斷者，以違制論。仍令監司、廉訪使者互察。』既互察，在監司 62 合坐違制之罪，即隨事朝廷自有特旨黜責，不須更行立法。欲下諸路監司、州縣，遵守近降御筆處分施行。」詔依。如違，以違制論。

六年正月十二日，提點京東路刑獄公事孟特奏：「準刑部符，承上項勑，本司係專一檢察刑獄稽違，如有情犯可疑，或事干非常，理合要見所犯情由檢察，未審合與不合隨時取會看詳，依條施行。」大理寺參詳：「提刑司既係專行檢察刑獄，若實有情犯可疑，或事干非常，理合要見情由檢察，即合隨事取會。」尚書省言：「應干禁囚，監司並不合令聽候指揮結斷外，其不許令具情節，謂本司送下公事或干涉逐司妨礙。」詔令刑部申明，遍牒施行。

七年四月十一日，尚書省言：「罷獄子等不行重祿。深惟獄吏切於囹圄，故立重法以馭姦猾。今緣小費，開其枉法。合復獄子重祿。罷諸囚在禁病死，歲終保明條不行。獄囚在禁而死，政和中以最多、最少立爲賞罰，囚不枉濫，合復囚禁歲終保明法。」從之。

高宗建炎三年四月八日，赦文：「應諸路見禁公事，除該今來赦合原放外，內有未結正者，限十日結絕了當。或有合申奏斷遣之人，亦仰疾速依條結案申奏，不得淹延刑禁。」（四年二月二十三日德音、紹興元年正月一日改元赦、九月十八日明堂赦、四年九月十五日明堂赦、七年九月二十二日明堂赦、九年正月五日新復河南州軍赦、十年九月十日明堂赦、十二年九月十三日徽 63 宗梓宮還赦（內「申奏」下「不得留滯。其經一年以上未結絕者，令提刑司限十日根究見住滯去處，申尚書省取旨施行」）、十三年十一月八日南郊赦、十六年十一月十日南郊赦、十九年十一月十四日南郊赦、二十二年十一月十八日南郊赦、二十五年十一月十九日南郊赦、二十八年十一月十三日南郊赦、三十一年九月二日明堂赦，並同上制。）

四年二月二十三日，德音：「三省、樞密院：淹延刑禁，可限德音到日，令提刑司關牒所部州軍照會，今後奏案並發往行在。」

同日，德音：「鞫獄干證人無罪，依條限當日責狀先放。訪聞州縣多將干證無罪人與正犯人一例禁繫，動經旬月，公然乞取。蓋緣當職官漫不覺察，致平民受弊。自今監司常切覺察按劾，無令蹈習前弊，違例條法〔二〕。」

十二月二十九日，江南西路轉運判官張匯言：「乞將應係昨因蕃寇潰兵作過之時，若有乘時殺人放火、虜奪財物者，如首領人已經捉獲，依法斷罪外，其餘徒黨元係脅從，本無他意者，委州縣詳度虛實，方許受理。所有緣此見禁勘公事，既大情已正，小節未完，並許結斷。」詔仍委提刑司專切點檢覺察，即不得將作過正賊妄作脅從之人，一例不行受理。其見禁公事，限半月結絕。

紹興二年七月十五日，刑部言：「據臣僚奏請：『縣囚在禁病者，流罪以下情款已定，皆許如《在京一司法》，責保知在。』緣依條犯罪徒以上送州，情款 64 方定，即是在縣別無流、徒罪情款已定禁囚外，看詳《在京法》係謂病囚困重，非兇惡者許責保在外，損日追斷；《紹興法》，杖以上囚在禁病者〔三〕，止係量病勢聽家人入侍，即無該載困重者許責保在外之文。今若依臣僚所乞，諸州病囚困重者，不問徒、流，並依《在京法》。緣在京病囚依法即時申所屬并刑部、御史臺，日具醫治加減文狀，困重者申所屬，差不干礙官押醫看驗有無他故，及責囚得病所由連報。雖犯徒、流罪，而情款已定，非兇惡者，方許責保在外，損日追斷。其在外州軍即別無關申所屬檢察去處，若不委官看驗，又慮別生姦弊。今欲乞諸州病囚比附《在京法》，即時申知、通，有監司處申監司，各常行檢察，日具醫治加減文狀。困重者仍即時申州，差不干礙官押醫驗有無他故，及責（困）〔囚〕得病所由連報。雖犯徒、流罪，而情款已定，非兇惡者，即行責保知在。州委元差押醫每三日一次看驗，如委實病損，即時申所屬，却行勾追赴獄，聽候斷遣。」從之。

十二月二十六日，臣僚言：「乞自今已後，令州縣月具繫囚存亡之數，長吏結罪保明申提刑司，歲終舉行斷罪之法。仍每路比較一州一縣死囚最多之數，具當職官吏姓名，取旨黜責，其最少處亦乞量行褒賞。」詔令敕令所重別删修增立刑名申尚書省。三年三月五日，敕令所增修到條法，已入《紹興重修敕令》及《重修斷獄令》。

四年三月六日，御史臺 65 言：「訪聞臨安府捉事使臣等多私置禁房，收繫罪人，一面追呼搔擾，非理鍛鍊，動經旬日。解所屬推治，又與當勘推獄等往還行賕，要從元初鍛鍊，規圖厚賞，致無辜之人枉被刑禁，深可矜恤。乞詔有司嚴立法禁，許人陳告。仍下臨安府檢察，如有私置禁房去處，責令日下去拆，其捉事人并推獄情弊，常切覺察，重作施行。」從之。

五年閏二月十二日，尚書省言：「州縣治獄之吏專事慘酷，待其垂死，皆託以疾患殺之，亦未嘗依條視驗醫治。

〔二〕例：疑當作「戾」。

〔三〕杖以上：原作「杖以下」。按《慶元條法事類》卷七四：「杖以下情款已定責保知在，餘別牢醫治，……稍重者仍量病勢聽家人一名入侍。」所謂「餘」即指杖以上。據改。

(庶)〔雖〕有歲終計分斷罪條法，並不奉行，理合申嚴。」詔：「諸路去年分合依條計數，至今未見具奏，除已行約束外，令諸路提刑司將管下諸州禁囚病死人數，遵依條敕計分斷罪。仍疾速比較聞奏，不得容庇違滯。仍候指揮到，限十日專差人賫赴行在。」於是五年，宣州上收禁三百五十五人，即無病死人數，以最少去處，當職官各轉一官。婺州武義縣七十二人，雖死過四人，即不及六釐，最少處。衢州六百一十八人，不曾死過人數，內衢州當職官各轉一官。福州即無死損人數，當職官與轉一官。六年，江陰軍七十四人，病死過四人，最少。臨安府一千六百三十四人，病死無，臨安府當職官與轉一官。七年，福州六百八十三人，病死無，福州當職官與轉一官。五年，舒州宿松縣七人內一名病死，計死一分，當職官特降一官。惠州病死二分六釐以上，當職官特降一官。六年，洋州一66百二十二人，病死一十二人，當職官特降一官。七年，汀州武平縣四十人，死損二人，紐及五釐，汀州武平縣當職官展一年磨勘。

十二年九月十三日，赦文：「勘會禁囚貧乏，無家供送飲食，依法每名官給鹽菜錢五文。即今物貴，行在可增作二十文，外路增作一十五文。仍令當職官常切檢察，毋令減剋作弊。」十三年十一月八日，南郊赦：「勘會禁囚無家，依法官給飲食。訪聞近來州縣多不預行樁備，取給公吏，因而掊剋，致多(瘦)〔瘐〕損。仰逐州守臣斟量，每月預行樁備應副，毋得減剋作弊。」

十三年六月四日，詔：「今後應諸官司送下見禁取會未完并患病罪人赴在城巡檢司知管，責保人，並與依臨安府見禁罪囚例支破飲食，內病患者差醫人醫治。」尋詔諸路州軍依此。

十四年五月二十九日，臣僚言：「刑辟之間，禁繫爲重。其罪當禁者，有曆以書之，應書不書，具有成法。比來州縣或避滯留之責，更不附正曆，輒置單子以爲私記，使案察者無以稽察，淹抑者無所訴告。欲望申飭有司，檢坐前後條令，嚴行禁止。」從之。

二十一年三月二日，詔：「今後命官犯罪逃亡，如勘得干繫人已供情犯分明，即據招先次結斷，案後根捉，候獲日依已斷干繫人數供具案申奏。」以成都府路提點刑獄司有請，從刑部看詳。

閏四月二十六日，臣僚言：「《紹興令》，諸囚在禁病者，官給藥物醫治，大理寺醫官二員輪日宿獄。緣官中67不曾支給藥物，又無合破官錢，或遇疾疫，名有醫而實無藥，法意幾爲虛設。望明詔有司，行下內外之獄，量支官錢，修合湯藥，所費甚微而所利甚大。」上曰：「可令户部依《紹興令》措置，官給藥物，酌度合支錢數申尚書省。」尋詔户部措置到：每歲殿前、馬、步軍司各支錢五十貫文，大理寺一百貫文，京府、節鎮一百貫文，餘州六十貫文，大縣三十貫文，小縣二十貫文。置曆收支，若歲終餘剩錢數，即充次年支用。

二十七年十一月二十七日，詔：「諸路見禁公事，所犯人約係死罪，即仰州軍具單狀二本申提刑司檢察，本司繳連一本申刑部點檢勾銷。如後來勘得却是大辟公事，亦具情節供申。其單狀並依旬具禁狀條式施行。」熙寧四年七月，御史陳乞如上件，至是臣僚乞檢行故事，從之。

二十八年十月二十三日，南郊赦文：「勘會在獄病囚，官給藥物醫治，病重責出，自有成憲。竊恐州縣循習苟簡，致有(瘦)〔瘐〕死，誠可憐憫。仰諸路監司、守倅檢察，毋致違戾。即不得在職醫官糾差醫僧及貨賣藥人直獄，恣行追擾，啓倖生事，以致淹延。」三十一年九月二日明堂赦同此制。以上《中興會要》。

孝宗隆興元年十一月二十六日，中書門下省言：「勘會大理寺、臨安府獄囚，近緣雪寒，已降指揮除破糧食外，更給柴炭，貧者假以襖袴、手衣之類。其外路州軍亦合一體施行。」

二年正月二十七日，尚書省言：「福建諸州軍間有地震之處，68已令本路帥臣、監司條具民間利病，措置賑恤。竊慮刑獄冤濫，禁繫淹延，理合催促。」詔本路監司取索所部州縣見禁罪囚，一一推究所犯，以時結絶。如故作淹延，具守、令姓名申尚書省。

六月八日，臣僚言：「比來州縣獄囚率多死亡，蓋由禁繫猥衆，牢户不清，當此蒸溽，易成疾疫。欲望嚴申敕守、令，將見禁罪囚除有罪犯深重速行勘結外，其餘所犯稍輕并枝蔓干證人，並日下決遣疎放。」從之。

同日，臣僚言：「訪聞州縣之獄，率多滯留不決，致前後死亡不一。伏望申敕諸路監司，察所部守、令，如有貪虐昏謬，尚敢故作淹延，以致在獄多死之人，即具姓名按劾，重寘典憲。」從之。

乾道元年正月一日，大禮赦：「勘會在獄病囚，官給藥物醫治，病重責出，自有成憲。竊恐州縣循習苟簡，致有(瘦)〔瘐〕死，誠可憐憫。仰諸監司、守倅常切檢察，毋致違戾。」三年十一月二日、六年十一月六日、九年十一月九日大禮赦，並同此制。

同日，赦：「訪聞州縣多以私意將不應禁人寄獄，皆不書禁曆，或遇按察官到，盡責付公(入)〔人〕在外看守，候按察官過，却行收禁，動經歲月。雖有約束，竊慮尚循舊弊，仰監司覺察，按劾以聞，當議重寘典憲。」

十二月二十九日，新知潮州黄昭祖言：「竊見潮州近奏，海陽縣見禁獄囚盜取獄内器(伏)〔仗〕奔逸。契勘州縣每獲盜賊，其贓、仗並寘獄内，以備估值定罪。歲月淹延，不復防閑，故時有投隙破械、直取器仗69而出者。欲乞明敕州縣，自今遇獲兇盜，秖留贓物在獄照看，其器仗並寄收甲仗庫。」從之。

六年二月二十二日，左諫議大夫陳良翰言：「竊見州縣囚禁，往往不即與決，非特有正禁之繁，又且有寄禁之濫，疫癘一作，多殞非命。契勘禁囚自有日限，具載甲令，不許淹延。欲乞特降指揮，應州縣之獄，仰守、令依限決遣。」從之。

十一月十六日，大理少卿周自强言：「乞自今監司、郡守、按察官吏，如遇差官勘鞫，內合有干證，止許追緊切人。或有泛濫追逮，淹延囚禁，致多（瘦）〔瘐〕死者，並令提刑司按奏。」從之。

七年六月十日，刑部言：「準批下臣僚劄子：『乞令諸州長吏每旬同當職官慮問州院、司理院禁囚，諸路監司每季親詣所部州縣，將見禁囚徒逐一慮問。』照對上項申請，《乾道重修令》該載甚備，今乞申嚴行下。」從之。

八年五月一日，刑部侍郎鄭聞言：「竊見州郡獄囚，方當盛暑，漸染時氣，或致疾病，雖有醫者療治，多不留意，遂致死亡相繼。乞下諸路提刑司，將州縣醫人姓名籍定，務在加意診視，不得滅裂。」從之。

十月九日，工部侍郎、兼臨安府少尹莫濛言：「乞自今將州郡徒以上囚人禁及三月者，令提刑司類申刑部置籍，立限催促。如或稽程，繩治如律。庶幾獄囚不致久繫。」從之。

九年三月二十二日，詔：「刑部長貳、郎官并監察御史，每月通輪一員，分作兩日，往大理寺、臨安府親録囚徒，仍具名件聞奏。」以上《乾道會要》。

淳熙元年正月 70 八日，詔：「諸路禁囚有不得其死或人數稍多，獄官、令佐、守倅悉坐其罪，不以去官赦原。」以大理卿周自强言，廣西獄囚死於凍餒、笞掠者甚衆，故有是命。

三年四月二十七日，知潭州李椿言：「《乾道新書》，諸强盜囚在禁，每火死及五分以上，依囚在禁病死、歲終通計及一分法，蓋防獲盜之人徼求功賞，誣執平人計數，坐獄身死之弊。然假如强盜二人，一名偶死，便成五分，坐一歲通比及分之罪，可謂不幸。」敕令所看詳，欲於上條「每火」字下添入「謂三人以上」五字爲注文。如死及五分以上，合依强盜五分法科罪外，若强盜二人以下，在禁病死，止用諸囚在禁病死法，歲終通計分數科罪施行。從之。

十一月十二日，南郊赦：「應諸色人犯罪在禁，雖已未結正，見得合該赦原，止因元係指揮准勘合具情犯申省，有司不敢一面原放，申會待報，可並直依今赦施行。」六年、九年、十二年、十五年赦同。

同日，赦：「見禁公事有合結正者，限十日結絶，有合申奏者，亦疾速申奏，不得淹延刑禁。在外委提刑司，在內委御史臺，常切覺察。」六年、九年、十二年、十五年赦同。

八年五月二十三日，詔：「縣獄如州兩獄例，以常平或義倉米支破糧食，歲上繫囚饑寒（瘦）〔瘐〕死於獄者爲吏殿最。」以臣僚言縣獄不支糧，多有飢死，故有是命。

十二年十一月二十二日，南郊赦：「州縣囚糧合以係省米充，訪（問）〔聞〕諸縣不即依時支撥，止取給於吏卒，可
71 令監司常切覺察，毋致違戾。」十五年明堂赦同。

十三年十月八日，前權知德慶府趙伯逷言：「每遇盛

暑之月，其守倅等點檢催促結絶刑禁，仍仰本路監司復行檢察，如滅裂違戾，按劾聞奏。而遠方州縣所謂慮囚者，實爲文具。守臣去郡獄不遠，尚有親臨決遣者，至於通判、職官，或畏冒暑，或憚遠涉，往往秪令人下縣取索，而供報上司，却云某日某時躬親起離。諸路州縣如慮囚敢不親行，許令監司、守臣覺察，奏劾施行。」從之。以上《孝宗會要》。

紹熙元年七月十二日，臣僚言：「州縣獄必有曆，凡有罪而入禁者，必書其月日，以時檢舉結絶，無致淹延，此法意也。往往不能仰體朝廷欽恤之意，(疚)〔究〕心獄事。公事到官，付之吏手，不問曲直，將干連無辜之人一例收禁。獄犴常滿，不上禁曆，號爲寄收，乞取厭足，旋行疎放。乞申飭諸路提點刑獄常切覺察，自今後分上下半年，從本司印給赤曆，下州縣獄官，以時抄轉所禁罪人，不得別置寄收私曆。州委司法，縣委佐官，五日一申，隨即檢舉，催促結絶。巡歷所至，索曆稽考，如輙將干證無罪之人淹延收繫及隱落禁曆，不行抄上而別置曆者，按劾聞奏，官吏重寘典憲。」從之。

十月二十五日，臨安府言：「已降指揮，依倣開封府。其三獄直司并錢塘、仁和兩縣公事所隸臺察，罪囚禁曆日申臺部，即無漏落，比之外郡隸提刑司事體不同。若一槩從提刑司出給禁曆，委官檢舉，催72促結絶，不唯禁曆在路恐有泄漏，兼慮委官一節於臺部實有相妨。乞尊從御史臺已降指揮施行。」從之。

二年三月二十四日，刑部言：「大理寺參詳臣僚奏請：『州縣之間諸案知在人數多少、歲月久近莫得而知，乞委提刑分上下半年，從本司印給赤曆下州縣，凡逐時諸案知在之人，並令抄轉在曆，催促結絶。』臨安府申：『本府三獄直司及錢塘、仁和縣公事所隸臺察，今來令置知在人曆，其臨安府并錢塘、仁和兩縣難以從提刑司一槩同外郡給曆。』今看詳，欲委自本府詳照臣僚所奏，別給知在人曆，分上下半年印記發下三獄直司并錢塘、仁和兩縣，遵依已降指揮，將諸案應知在人抄轉施行。若臺部官每遇點檢刑獄，許從一就取索按驗。」從之。

十一月二十七日，南郊赦：「在獄病囚，官給藥物醫治，病重責出，自有成憲。深慮州縣循習苟簡，不與救療，及不照條責出，因致死亡，仰監司、知、通常切覺察。」

四年七月二十五日，知臨安府袁説友言：「遵承舊制，凡盜賊累犯，其人桀黠難制，與已斷逐而復回者，項筒永遠拘鎖外縣寨，日給糧食。惟是積日既久，拘囚數多，罪固可嫉，情亦可憫。在法〔一〕，羈管、編管各有年限，蓋未嘗終其身而拘囚也。乞將本府見行項筒拘鎖之人，如元係配隸者，即押回元配所；如有(疆)〔彊〕壯者，即照已承指揮，與分刺屯駐軍；其餘分押出本府鄰州界。」詔令臨安府將見管賊人各差人73管押，分送外州軍牢固拘管，日具存亡申

〔一〕法：原作「發」，據《東塘集》卷一〇改。

樞密院。以上《光宗會要》。

紹〔興〕〔熙〕五年九月十四日，明堂赦：「勘會在獄病囚，官給藥物醫治，病重責出，自有成憲。深慮州縣循習苟簡，不與救療，及不照條責出，因致死亡，仰監司、知、通常切覺察。」自後郊赦並同。

慶元六年五月六日，詔：「令大理寺、臨安府并屬縣及三衙、諸路闕雨去處，見禁囚徒並仰即時點檢看視，其間稍有病患，即遵守見行條法施行，毋爲文具。」

嘉泰元年正月七日，臣僚言：「乞令諸路提刑司檢坐應禁、不應禁條法，出給版牓，大字書寫，行下逐州縣，委自通判、縣丞各於獄門釘掛曉示。被禁之人如因罪入獄，仰就取禁曆，書寫所犯并月日、姓名，著押曆上，以並新收，出獄日亦如之，以憑銷落。其有不能書寫者，令同禁人或當日書鋪代書，親自押字。仰通判、縣丞逐時點檢，如遇月終申發禁曆赴提刑司，從提刑躬親檢察行下。內有不應禁而收禁者，提刑按劾守、令以聞。仍許不應禁人或家屬經提刑司越訴，如提刑不爲受理，仰經刑部、御史臺越訴，乞從本臺覺察彈奏。仍乞更令提刑司每歲終檢察管下州縣獄空最多并禁人最少者一兩處，具申尚書省，取旨激勸。如因民訟見得不實，坐以妄申之罪。」從之。

三年十一月十一日，南郊赦文：「在法，禁囚應給飲食，合於轉運司錢內支；其病囚藥物，合於贓罰錢內支。訪聞州縣違戾，却將合給禁囚飲食，止 74 令獄子就街市打掠，或取給於吏卒，病囚藥物抑勒醫人陪備。是致禁囚飲食不充，飢餓致病，醫人無錢合藥，病囚無藥可服，多致死亡，誠可憐憫。可自今赦到日，應合給囚糧並仰守、令於轉運司錢內分明取撥，置造飲食；病囚藥物並於贓罰錢內支破修合。各具赤曆收支，不得仍前再令獄子輒於街市打掠，及勒醫人陪備藥物。如違，仰監司按〔勒〕〔劾〕以聞，重寘典憲。」自後郊祀、明堂赦文並同。

四年正月六日，臣僚言：「乞內委刑部，外委提刑，戒察獄司，應非事干人命及重害公事，勿許妄禁。」從之。

十八日，臣僚言：「竊見縣獄苦無囚糧，而城下之邑尤甚。法許於運司錢內支，往往縣道不敢支破，例多倚辦於推獄，私取於役户，分甘於同禁之人，簞食入獄，攫拏紛然，極可憐憫。乞從諸縣申州，就於常平米支撥，歲終州具實支數申提舉司出豁。」從之。

開禧三年三月二十九日，詔：「應州縣輒將病囚押下巡尉司以致死亡者，許被死之家直經刑部陳訴。仍令提刑司於歲終別項檢察，併行具申，將州縣官重作施行。」以臣僚言：「州縣之獄遇有病囚，多是不切醫治，聽其自愈。至疾勢稍篤，欲避免在禁死亡之數，則一切付巡尉司交管。彼巡尉司既無醫藥可療，又無飲食可給，拘繫空屋，困頓飢餓，往往至於死亡。」故有是命。

嘉定三年四月二十六日，詔：「諸路提刑司歲終擇一路獄囚〔瘦〕〔瘐〕死最多者，必按劾以懲不職；擇一路 75 醫療全活最多者，必薦舉以勸其勤。刑部則總覈之。」從臣僚請也。

七年正月七日，詔：「應州縣除事干人命及重害公事，許照條收禁，提刑司以州縣申到禁曆，須管躬親檢察，將不應禁及久囚去處嚴行責罰，毋爲文具。」從臣僚請也。

八年六月十三日，臣僚言：「夫州縣之獄凡爲民害者，朝廷因臣僚奏請，屢嘗戒飭，獨囚糧一事未見施行。獄户沈鬱，易於生疾，一有乏食，病輒隨之。州縣但謂之獄瘟發動，而不知其端蓋在於此。江浙州郡皆有囚糧，遠州僻郡大率疎畧。乞令僻遠之州皆視内郡，以見管食米正行支破，縣則以贓罰錢物收羅充數。仍令提刑司免其解發，別置循環曆二本，名曰『囚糧曆』，日具支破姓名，取其著押。不願支者，亦明書何人饋餉，俾隨禁曆月申提刑司，以備參考。仍乞行下提刑司，申嚴見行條法，歲終類申刑部，閱瘐死人數多者，將守、令量行責罰。」從之。

十六年八月八日，大理司直朱藻言：「乞行下諸路提刑司嚴戢諸縣，除附郭縣獄許通判寄收罪囚外，凡佐官遇有合收禁人，須具事因申解本縣，遵照條令書上禁曆。如擅自送獄，不許接受。」詔送刑部看詳，申尚書省。已而刑部言：「準都省批下朱藻奏，尋下刑寺看詳，今據本寺申：『勑，諸囚不應禁而禁者徒二年，當職官知情與同罪，失覺察者減二等，許被關留人越訴。看詳得州縣將不應禁人輒行收禁，自有見行條法指揮。其[76]間縣佐寄收人，多是不曾書上禁曆，非理囚禁。今本官奏請，誠爲允當。』本部欲從刑寺看詳到事理施行。」從之。

十一月六日，臣僚言：「訪聞安邊所屬官多不稟命，使長輒將每日送下公事不問輕重，遇夜寄錢塘、仁和兩縣并諸厢、尉司等處。淹繫日久，不即予決，拘囚囹圄，病痛相纏，前後死者不知其幾。乞行下兩縣等處，每日仰官吏具本所有無送下寄收公事申御史臺，以憑稽考。如或仍前違戾，許被寄禁人家屬直經本臺陳訴。訪聞得實，將當職官具申朝廷，重賜鐫責，公吏決配。」從之。以上《寧宗會要》。

（以上《永樂大典》卷九二一六）

枷制

【宋會要】

[77]宋朝《獄官令》：諸枷：大辟重二十五斤，流、徒二十斤，杖罪十五斤。各長五尺以上，六尺已下；頰長二尺五寸以上，六寸以下；共闊一尺四寸以上，六寸已下；徑三寸以上，四寸已下。仍以乾木爲之，其闊狹輕重刻志其上。杻：長一尺六寸已上，二尺已下，廣三寸，厚一寸。鉗：重八兩已上，一斤已下；長一尺已上，一尺五寸已下。鏁：長八尺已上，一丈二尺已下。

太宗淳化二年九月，詔所置枷，徒、流罪重二十斤，死罪重二十五斤，並用乾木，長短闊厚如令。

三年十月，大理寺丞惠價言：「州縣制枷多不如令。請委逐處知州、通判依令制造稱校，一依等第書字刻訖，各據所犯罪施用。違者官吏劾罪，不（恕）〔如〕令者一切毀棄。」

〔景德〕四年十二月二十八日〔一〕，太常博士、河北提點刑獄陳綱言：「諸州勘事，杖已下，法當令衆及抗拒不招當枷問者，未有定制。自今請置枷重十五斤。」命法寺參議，如綱奏，從之，仍須情狀頑惡及準條令衆者方得行用。

真宗天禧二年二月，工部郎中、知制誥盛度言：「請委軍巡使、判官點檢見管枷杻鏁鋜，如有竅稜生澀，修葺錯磨滑易，無致磨損罪人肌膚。如違，獄子乞行嚴斷，官吏重行科罪。」從之。

二月〔二〕，詔：「開封府將見造到枷並依式樣，斤重刻字爲記，令左右軍巡使、判官依元條輕重施用。常切覺察，不得違越。」

仁宗慶曆五年三月二十六日，殿中丞田穎[78]言：「伏覩《獄官令》內，大辟以下枷有三等，獨盤枷之制不著令式，而天下有司常所用之。縣送徒於州，州送囚於他所，催理官物，督責賦稅，錮身千里之外，荷校連月之間，考其所設，議謂得宜，審其所行，當須定制。今諸處輕者同於無用，重者致於太刻，輕重不等，何以爲法！且小杖亦立分寸，豈盤枷獨有差殊。欲乞許置盤枷，委有司明立觔數，頒行天下，俾之遵守。」從之。

徽宗政和五年十一月十七日，中散大夫、新差提點京畿刑獄公事、兼提舉保甲錢歸善奏：「臣檢會《政和敕》，諸笞、杖若諸軍小杖制度違式者，已有斷罪之文，而獨訊囚杖枷、杻未有專法。臣欲乞下有司，修立補完，以稱陛下欽恤之意。」詔違者以違制論。

宣和元年五月六日，詔：「獄具盤枷，止重十斤，日近官司不究法意，增置斤重過倍。其犯罪編配枷錮，不惟途路苦楚，枉致性命亦皆有之。可檢會政和斷獄條式，行下內外刑獄官司，常切遵守。其見使不依法式者，速令改正。若敢違戾，以杖刑法施行。仰刑部、御史臺覺察彈奏。」

高宗紹興十二年四月二十六日，御史臺言：「檢會《紹興令》，諸獄具，當職官依式檢校，枷以乾木爲之，長者以輕重刻式其上，不得留節目，亦不得釘飾及加筋膠之類。仍用火印，從長官給。訪聞當職官吏視爲虛文，並不依時檢舉，甚失朝廷欽恤刑獄之意。詔令刑部行下內外應有刑獄去處，各仰遵守成法施行。敢有[79]違戾，在內令御史臺、諸路委提刑司彈劾以聞。仍季具奉行有無違戾申尚書省。本臺今檢點得錢塘、仁和縣長枷并大杖各有違戾。內錢塘縣杖直丁貴大杖一條，重多五錢半〔三〕；仁和縣第二等長

〔一〕景德：原脱，據《長編》卷六七補。
〔二〕二月：上條已是二月，此條疑是三月。
〔三〕五錢半：疑是「五斤半」。

枷一具，重多一斤；第三等長枷二具，輕少半斤。臨安府供到狀：錢塘縣左奉議郎、知縣方懋德，右宣議郎、縣丞蔡純誠，左修職郎、主簿趙彦端，左迪功郎、縣尉陳從易；仁和縣左從政郎、知縣王鞏，左從政郎、縣丞范光，左迪功郎、主簿謝沇，左迪功郎、縣尉劉贄。」詔兩縣官吏各降一官。

（以上《永樂大典》卷五八一一）

宋會要輯稿　刑法七

軍制〔一〕

【宋會要】

[1] 太祖建隆三年七月，詔搜索内外諸軍不逞者，悉配隸登州沙門島。先是，雲捷逃卒李興僞刻侍衛司印，捕得斬之，故有是命。

乾德三年十一月，斬雄武軍卒百人。先是，詔諸道籍驍勇兵送闕下，太祖親團結爲雄武軍，命王繼勳主之，仍給緡錢，俾娶妻。繼勳縱其軍白日掠人妻女於都下，街使不能禁，里巷驚擾，半日方止。帝聞之，大怒，即命捕而戮之。小黄門閻承翰見而不奏，亦杖數十。

四年閏八月，搜索殿前諸軍亡賴者，得數十人，悉黥配通州義豐監。

太宗太平興國九年二月，釋軍人被鉗者。先是，去年冬有軍人夜入人家劫盜，捕之經時不獲。太宗欲必得之，令厚其購賞，果有告者，乃軍人數輩結約，夜踰壘垣而出，盡獲而戮之。因偏索軍中累有罪罰、兇愚無賴者，得百餘人，不忍殺，以鐵鉗鉗頸，羈於本軍。至是並釋之，仍各賜錢三千。

至道二年，詔：「自今沿邊城寨諸軍内有故自傷殘、冀望揀停者〔二〕，仰便處斬訖奏。」

真宗咸平五年五月十四日，詔：「西路將士臨陣巧詐退避者，即按軍令，不須以聞。」

六年七月四日，詔：「陝西振武軍有願依河東廣鋭例，官給價直市戰馬者，聽。」先是，帝曰：「河東廣鋭元是州兵，官給中金充馬價〔三〕。其兵各立社，馬亡，醵錢同市以補之者，自然用心養飼，官亦爲利。關西振武亦可依廣鋭例處分，令立社市馬。」

十八日，帝曰：「累有臣僚言，邇來軍旅之間(若)〔苦〕不懔畏都將，蓋緣此輩爲過犯，自抵科懲，即生怒恨，掎摭論訴〔四〕，乞行極斷。朕熟思之，便依此行，復有妨礙。如近者繼有論訴本軍人員非理不公，事皆得實。若論者不報，覆加嚴刑，或有他謀，亦不敢告，即所繫大矣。只可降宣命，今後諸軍因人員科責，挾恨 [2] 論事，鞫勘虚妄者，並禁錮取旨。」

景德(四)〔元〕年四月〔五〕，詔：「諸軍厢主至員僚，今後各依職，一階一級，全歸伏事之儀，違者處斬。其御前忠佐軍頭見排陣使〔六〕、總管亦准此。」

〔一〕按，此門之文出《大典》卷八三四五「兵」字韻「兵令」目，其内容爲軍令或軍法。其中條文固多與刑法有關，但亦有多條無關刑法，似應歸於「兵」類。

〔二〕揀：原作「楝」，據字形及文意改。《邵氏聞見録》卷一八：「汝揀停之兵，如何能佃官田？」揀停謂揀擇而停免其兵籍。

〔三〕充馬價：原作「克價」，據《長編》卷五五改補。

〔四〕掎摭：原作「紀拾」，據《長編》卷五五改。

〔五〕元年：原作「四年」，據《長編》卷五六改。

〔六〕頭：原無，據《長編》卷五六補。

七月，如京使何士宗言〔一〕：「詔書條貫：禁軍將士等各依舊等級，並行伏事之禮〔二〕，違者按軍令。其廂軍將士等未立條制，欲望約前詔減一等定令。」帝曰：「禁衛兵士無他役，唯習戎藝耳，且廪給優厚。欲其整肅，有所懔畏，故設此條禁，今以廂軍約此施行〔三〕，必恐滋彰，難於經久。況尊卑相犯，自有條律，不行可也。」

是月，詔：「北面諸路駐泊兵馬使臣等，自今臨陣之際，能率先用命殺賊者；與賊鬬戰，生擒獲賊者；臨陣擒獲賊首領者；偷侵營寨，能驚賊，令擾亂，及擒獲人畜者；諸偏裨下軍士與戎人鬬敵，能用命策應，殺退賊者；戎人爲誘兵翼張〔四〕，受命掩擊，能破走之者；賊遊騎往來或近大軍，受命掩襲而擒殺者〔五〕；用命深入被傷者；臨陣能用命入賊，斫刺其首領，分散其旗鼓者：並賞之。其擒賊首領酋渠者并奪得旗鼓者，悉加等焉。如賊已敗走，所奪車帳、生口、資財、牛羊、什物等，給與立功者。斬獲首級及奪得馬，如前詔給以金帛。仍令都總管等依此條制，差其功伐，或承制遷其資級，或賜以錦袍、銀帶、金帛。內遷職，十將已(十)〔下〕補置訖以聞，副總頭、副兵馬使已下即給牒以俟朝旨；使臣等亦給文據，仍具功狀來上。若尅日會戰不齊者；夜喧衆者；不俟賊 3 稍前，而遥箭亂射者；軍陣既列，如都監、軍員、使臣於步騎兵內擅簡取一卒一騎者；欄後馬有犯者；陣既成列而不齊者；旗鎗交錯隊伍者〔六〕；賊兵至，可以出軍而不出者；方戰鬬而觀望不救者；兵器不預修理，致臨陣不堪施用者；巧詐以避征役者；臨陣先退者；貪爭貲畜而不赴殺賊者〔七〕；當遣入賊境，規避不去，既復命言不以實者；被遣斥候而不覺賊來者；臨陣不射賊，及有餘箭輒棄之者；遺失鎧甲兵器者；既賊伏降而輒殺者；分布軍號及傳軍中令不慎密而漏泄者；受命逐賊，只至某處而輒過者，總管下衙隊軍員并左右指揮使臣、忠佐及隨從當直人等，及使臣、軍員下押前隊員僚、軍頭、十將并隨從當直人等，臨陣輒離左右及不受節度者：並斬。」

二年二月，詔開封府：「自今殿前、侍衛司軍人合追攝證對公事者，如舊制。其軍人身死，犯杖罪，送本司施行；若將校及軍人犯徒罪已上者，未得直牒追攝，奏聞取裁。」時殿前、侍衛司言：「開封府多直行捕逐禁軍兵士，并不關報本司，事恐非便。」故有是詔。

〔一〕何士宗：按《宋史》卷一八九《兵志》三引此事亦作「何士宗」。然《長編》卷五五作「何士寧」，並注云：「何士寧未見。」疑《長編》爲是。何士宗在宋初與田錫、胡旦齊名，至道初任荆湖轉運使（見衢本《郡齋讀書志》卷一九、《長編》卷三八），則是名士。而如京使乃武官，其人不知名，故《長編》言未見。

〔二〕禮：原作「理」，據《長編》卷五五改。

〔三〕今：原作「令」，據《宋史》卷一八九《兵志》三改。

〔四〕爲：原作「與」，據《文獻通考》卷一五二改。

〔五〕殺：原作「賊」，據《文獻通考》卷一五二改。

〔六〕伍：原作「件」，據《文獻通考》卷一五二改。

〔七〕赴：原作「負」，據《文獻通考》卷一五二改。

三年八月，帝問知樞密院王欽若等曰：「每發禁軍及補戰馬，其數或有異同者，何也？」欽若等對曰：「騎、步諸軍，樞密院但按籍而遣，本軍於在處旋取見數以言。」帝曰：「若然，則不惟有所闕誤，亦且不得的確。可下殿前、侍衛馬步軍，自今後據諸班直并禁軍具逐指揮見管將校姓名、所轄人數，內差出者具言見在某處，離營若干年月，何處替回，或【4】是新添配到。內馬軍亦令具逐指揮已有闕馬之數，其營在京者逐月具實封奏狀，於次月五日赴樞密院通進，外處就糧者每兩月一奏，依此分析。仍令逐處各選知次第典級，令密切主掌，非奉宣取索，不得輒供。」

十月，帝宣示：「御史臺所勘神衛率斂，訪聞內外諸軍常有此事，緣條法甚重，朕慮諸軍見此處斷，各懷憂疑，可速降宣遍諭之。自今年十月十日已前，應曾率斂請求者，並特放罪；如有率斂物色見在者，並給還本主。今後尚敢踰違，其造意及行用受贓者，並當極斷。人員知情者同坐，不知情者決杖配隸。仍令逐營置版榜示之。」

四年十二月，詔：「廂軍及諸州本城犯，所部決杖訖，並移隸他軍。內情理重及緣邊隨軍者奏裁[一]。」先是，法寺言請與禁軍同等，帝以軍秩既有差降，故犯者亦從末減。

大中祥符元年三月，詔：「應諸道州府軍監廂軍及本城指揮，自都指揮使已下至長行，對本轄人員有犯階級者，並於禁軍斬罪上減等，從流三千里上定斷。副兵馬使已上勘罪，具案聞奏。廂軍軍頭已下至長行，准勑犯流免配役，並徒三年上定斷，只委逐處決訖。節級已上配別指揮長行上名，長行決訖配別指揮下名收管。如本處別無軍分指揮，即配鄰近州府軍監指揮收管。內有別犯重者，自從重法。其諸司庫務人員兵士有犯上件罪名者，並依前項廂軍條例施行。」

十(一)〔二〕月[二]，詔：「內外諸軍勿得科率部下，盛爲軍裝及錦繡之【5】飾。」初，興元府寧朔戍將課軍中服錦繡以壯戎容，士伍廩給不充其費，因相與謀亡命爲盜。帝知之，故有是詔。

三年十月，殿前、侍衛親軍馬、步軍等司言，分析到諸軍累作過犯員僚、節級、兵士。帝宣示知樞密院王欽若等曰：「俱是無賴不逞之輩，本營畏懼，不敢申陳。然一概行之，失於輕重，可分作四等：一等配海島，一等配遠處牢城，一等降配遠處本城，一等降配[三]。並依例刺面，仍中書、樞密院籍之，遇赦不得放還。逐處只在差使，不得諸處屯駐。」

是月，(詔)皇城司奏：「察訪御龍直班院副指揮使呂遇日暮醉歸，馳馬奔逸不能制，百姓石謙爲馬踐傷甚。」又言：「常時本班將士無故不出，今不能禁。」帝曰：「可下開封府按問。」因謂王旦等曰：「禁軍將士無故不令出本班，故每班置市買二人。太祖朝法令嚴肅，無敢犯者；太宗時

[一] 考：原無，據《長編》卷六七補。
[二] 十二月：原作「十一月」，據《長編》卷七〇改。
[三] 句末疑脫「本處牢城」。

稍從寬貸，亦安敢醉酒馳馬以歸？」旦等言：「此皆驍勇之士，正當因事誡約。」帝然之。

四年九月，詔殿前、侍衛司，宣徽院、三司、軍頭司：「自今以請託爲名率斂軍（頭）士緡錢者，其同謀及受贓並處斬，軍校知情者連坐，不知情者決配。」

十月，宣示：「大凡國家詔令，每諭中書、樞密院常須執守施行，無議輕改。朕素聞軍中不便之事，其兵士人員所得戰馬稍良者，則有勢力者及將校等以弱馬豪易之，其人但飲忿含怨，不敢伸理。累降宣命（鈴）〔鈐〕轄，如敢輒借改易軍員、兵士戰馬者，當寘極典，猶有犯者，朕唯貸死而懲之。自三五年來，衆皆爲便，人無 6 敢違。數日前，有臣僚自邊上來，言緣路驍捷、驍武兵士脚下鞍馬，復有爲人易者。察之，蓋因入契丹界臣僚，所給借馬或有病患，乞於緣路諸軍納換，曾降宣命因其奏。自此緣邊州（爲）〔謂〕朝廷弛禁，倣傚犯之。可降宣命，應差赴契丹界持禮臣僚，並選擇准備馬同行，不得更於沿路州軍輒借回易。仍明以此意曉諭。」

五年二月，内殿崇班、閤門祇候錢昭厚言：「河清卒有惰役者，以鎌斧自斷足指，利於徙鄰州牢城[一]。自有此類，望決訖復隸本軍。」從之。

九月，殿前司言：「諸軍訴本軍校長歛錢飾營舍什物[二]，數少者，望令皷司勿受之。」帝曰：「軍民訴事有瑣細非切害者，朕常寢而不行。若明諭有司，則下情壅塞，而人有冤滯矣。」不許。

六年三月，帝曰：「京師每遇冬至、寒節假日，許士庶賭博，其禁軍違犯，一例捨之。可再降宣命，曉示軍人仍舊禁，犯者論如律。」五年，詔一應軍人出九和合而賭錢者與同罪，民伍論如律。先是，軍人賭博以違制徒二年，仍降其名次。律有博戲賭博財物者杖一百，出九和合如之，而無軍人出九條格。鳳州威邊軍健閭晏以己錢借韓興賭戲，州坐興徒，晏第從杖科，因以上言。狀下刑寺，請自今同其罪。從之。

二月[三]，詔：「隨駕〔侍〕衛、殿前司所管諸班直、諸軍如有過犯、情理難原者，並申取樞密院指揮。其行宮内外庫務諸色人等，如公然爲非，理重者申取宣徽使馬知節指揮。仍仰量其所犯，嚴行斷遣，内情重者即便斬決，不候勑裁。」

八年三月，詔：「河北諸州自今差防送兵士，不得以馬軍充。」初，河朔州郡每 7 臣僚經由，多以驍武、雲翼軍防送，所給官馬第令其家飼餵，而死者幾半，至是有司上言故也。

六月，詔：「忠靖六軍人員[四]、十將，今後不得輒有取受本指揮兵士及諸色配役人等錢物。其執役處並仰置簿，次第均匀差遣。仍各用心部轄，常須齊整，無致別作過犯。」

〔一〕利：原作「例」，據《長編》卷七七改。
〔二〕什：原作「仗」，據《長編》卷七八改。
〔三〕此條月分失次，疑有誤（上條見於《長編》卷八〇，作「三月」不誤）。
〔四〕忠靖：原作「忠翊」，據下文及注文改。

如違，許人陳告，勘逐不虛，犯〔人〕當行決配，被取受却錢物人免罪。陳告人若係忠靖六軍，(常)〔當〕與優輕處執役。如是被取受却錢物人並不陳告，致別有彰露，亦當重斷。仍令各置板榜抄録宣念，於本營張掛。」先是，以忠靖六軍所〔管〕軍校凡受其貨賂者則優假之，無所賂者則委之重役，頗非均濟，故條約之。

閏六月，詔：「殿前、侍衛軍司，如非時宣取兵士，候見御寶文字乃得交付。如無，則畫時奏取進止。所降宣命仍仰本官躬親收掌，不得傳付所司，每遇轉遷，遞相交受。」先是，宮城遺燼夕宣詔諸軍，皆即時奔赴。帝以王旅之衆，非時召集，宜有符驗，因條約之。

九月，詔：「諸路轉運司，殿前、侍衛馬步軍，軍頭司、三司、宣徽院、開封府、諸司庫務等處人員、兵士等，如內有殺賊得功及諸般使喚得力者，或因官中取索之時，具詣實結罪供申所轄去處，委得詣實，保明申奏，不得更受僥倖虛妄及有隱落。」

九年正月，詔樞密院逐月進兵馬都數，每季易之。

天禧元年八月，詔：「樞密院所録諸班、諸軍兵籍，並令整備，無容主史漏泄。」

十月，詔：「如聞諸班直、諸軍、坊監庫務官健飲博無賴，或部分稍峻，即招誘興訟。仰今後所訴事，並須干己、證佐明白，官司乃得受理，違者坐之。或情理巨蠹，即具案以聞。」

8 二年十一月，詔：「環、慶、寧三州禁兵犯罪至死者，委本州依條區斷訖，申總管司。罪狀切害者依舊例。」先是，上封者言環、慶、寧三州禁兵犯極刑者，獄既具，先以案牘申總管司以俟裁斷，往復近十日，致留滯，故條約之。

三年五月，詔：「自今放停軍士願還鄉里者，並依大中祥符五年詔驗認得實，即遣之。」時《編敕》止用大中祥符元年八月十三日敕，放停軍士願還鄉者，移牒會問其骨肉，仍奏取進止，方遣之，而不録五年敕文。至是知河陽孫奭言不便，乞改用五年敕。故從之。

乾興元年十二月，詔：「今後差發諸軍人員、兵士赴逐處，本州長吏讀示宣命，不得歛掠錢物與本押使臣、殿侍，仍責知委結罪文狀管係訖起發。如稍有違，因事罥罣，或人陳告，人員、都將並當決配，元造意掠錢物人處斬。管押使臣、殿侍只於兵士側近安泊，不得入館驛。」

仁宗天聖三年七月，詔：「應有歸遠指揮處密降約束，自今節級、兵士內有作過者，本管人員區分後致死，若事不挾情，其人員不得收禁，具事由奏裁。」初，象州戍兵(譚)〔潭〕州歸遠指揮使尹元等以本營卒莊成喫酒，作決臀杖七十餘身死，轉運使王湛以成累犯兇惡，奏乞矜免元等，(太)〔仁〕宗令元無干繫人並特放，故有是詔。

十二月，詔：「自今軍人犯私置兵器等，其本路人員連累負犯者，並從杖罪斷遣，即更不等第降職。」

四年四月，審刑院言：「准敕：『軍員、節級等因公事情不涉私，行小杖決人十五已上因而致死者，具奏取裁。』自來法寺檢斷，依諸色官員因公事小杖決人杖數過多致死律條，考因數過以致死者徒二年定斷取旨。緣軍法務嚴，與他官不同，若依上條，似未允當。欲乞自今應軍 9 節級因所管人有過，情理難恕，須合區分，情不涉私，行小杖決十五已上因而致死者，並從律文『決罪不如法以故致死徒一年』上失減三等杖八十定斷，仍具情理取旨。」從之。

五年四月，樞密院言：「諸歸遠指揮係雜犯配軍人揀充，先曾密降宣命，如有賭博、喫酒、劫盜、恐喝、不受約束者，便行處斬。訪聞近日軍伍漸有倫序，慮其間有因輕罪配軍，今來再犯小過，逐處盡從極斷。欲降宣，就糧并屯泊州軍，如歸遠節級、兵士不改前非，再作過犯，先詳前犯，如是貸命決配之人又作過者，即依宣命施行；若前罪稍輕，再作過犯者，止依法決斷。仍此宣命不得下司，令長吏慎密收掌。」從之。

七年，審刑院、大理寺言：「准敕，定奪軍人隨身裝着衣物與軍號法物，立定名目，開坐聞奏。寺司檢會前後條貫，並無諸軍軍號與隨身裝着名件明文。尋牒殿前、侍衛馬、步軍司，會問到諸軍兵士合屬軍號與隨身裝着衣物名(姓)〔件〕。殿前司捧日、天武、拱衛、驍騎、驍勝、寧朔、龍猛、飛猛、神勇、宣武、虎翼、衛聖，緋紬衫子；渤海，紫紬衫子；吐渾，紫絁衫子。諸軍指揮，緋小綾卓畫帶甲背子(冬)〔各〕一領，係軍號；請到春冬衣賜製造軍裝隨身裝着衣物，即不係軍號。春衣，馬軍七事：皁紬衫、白絹汗衫、白絹裌袴、紫羅頭巾、緋絹勒帛、白絹襯衣、麻鞋。步軍七事：皁紬衫、白絹汗衫、白絹裌袴、紫羅頭巾、藍黃搭膊、白絹襯衣、麻鞋。冬衣，馬軍七事：皁10紬綿披襖、黃絹綿襖子、白絹綿襪頭袴、白絹夾襪頭袴、紫羅頭巾、緋絹勒帛、麻鞋。步軍六事：皁紬綿披襖、黃絹綿襖子、白絹綿襪頭袴、紫羅頭巾、藍黃搭膊、麻鞋。侍衛馬軍司員僚直、龍衛、雲騎、武騎，帶甲剩(負)〔員〕，紫絁衫子各一領，係軍號；請到春冬衣賜軍裝隨身裝着衣物，不係軍號。春衣七事、冬衣七事，與前殿司並同。侍衛步軍司神衛、神衛水軍、奉節、床子弩雄武、飛山雄武，各紫衫；虎翼水軍、虎翼，各緋衫子。諸軍指揮使緋卓畫背子，係軍號；請到春冬衣賜製造軍裝隨身裝着衣物，不係軍號。春衣七事、冬衣六事，並與殿前司同。殿前司諸班直，馬軍諸班直，殿前指揮使、左右班，內殿直，散員指揮，散都頭，散祗候，金槍東西班，鈞容直長行，舊例自初(伏)〔入〕班時請到例物銀束帶各一條，至出職及轉班，並隨身帶去。內有病死者，亦付本家。若正身犯事該決配已上罪，即例納官。其諸班直錦襖子、背子、銀鞍轡，步人御龍四直渾銀度金腰帶、錦襖子、背子、皁羅真珠頭巾及旗號等，並係儀注物色。寺司看詳，殿前司諸班直、馬軍長行等所有儀注物色，亦合係屬軍號法物。乞自今諸軍兵士將軍號法物轉賣、典當者，並依至道元年并大中祥符七年六月二十四日敕，從違制本條定罪；若將衣賜製造到隨身衣物非時破貨典賣，即依天禧四年四月二十五日敕，從不應爲重杖八十上定斷。」從之。

明道〔四〕〔元〕[11]年五月〔一〕，詔禁軍料錢五百犯階級者斬。先是，開封府言《編敕》禁軍料錢三百犯階級者斬，刑名大重，故易之。

七月，益州路鈐轄司言：「自今兩川配隸軍籍之人，其元犯兇惡者不得放還鄉里。」從之。

景祐元年九月，樞密院言：「陝西沿邊戍兵多爲近上將臣選置麾下，及臨行陣而裨將鮮得精兵自隨。請自今以全軍隸逐將下，不得擅有占留。」從之。

寶元二年十月，臣僚上言：「邊地用兵之際，悉藉全其隊伍，熟其將守，多被帥臣挑揀以爲防衛，是致餘殘冗怯之衆，每臨行陣，屢先挫衄。其精擇者雖驍勇强梁，然而部伍不成，軍分錯雜，既無本轄將領，致使人心攜貳。乞今後每差衙隊，只得於全指揮内勾充，不得於逐指揮内揀選抽差。如違，並科違制之罪。」從之。

十一月十五日，范雍言：「今後臨陣有退却走洎妄言賊勢、扇摇軍伍者，只於隨處處斬。」詔如有所犯者，仰押赴經略使，依軍法處置。

是月，韓琦等言：「鎮戎軍昨來戰賊敗狀，雖是主將素不經歷，軍員亦貴部分。其如兵士等方布行陣，纔被賊兵呼譟來逼，即已不能駐足，一槩奔潰。今或只坐主將、軍校之罪，雖有所動，即恐兵士等以法不加衆，向去臨陣戰，又即依前退却。且謂自有主將被刑，復免一時鋒刃之害，唯求生路，豈有鬬心。兼聞諸路士卒往往如此，不唯膽勇將佐動爲兵衆所誤，深慮軍氣不振，上損國威。欲乞今後主兵官員與賊接戰，手下兵士並令軍員已下至[12]節級依次約束，如有不用命退却之人，便令軍員等於陣前處斬。若軍員不能部轄，致部伍錯亂，却亦令主將即時處斬。所貴士卒畏法，以取勝功。」從之。

康定元年八月二十四日〔二〕，端明殿學士李淑等言：「參酌古制，定到銅符、木契、傳〔言〕〔信〕牌〔刑〕〔形〕制及施用條件：銅符之制，上面刻篆字曰某處發兵符，下面鑄虎豹爲飾而中分之。右符五，左旁作虎豹頭四。左符一，右旁開四竅，爲勘合之處。又以上面篆文相向，於側畔刻十干字爲號。第一符勘甲己字，第二符勘乙庚字，第三符勘丙辛字，第四符勘丁壬字，第五符勘戊癸字。左符全刻十干半字〔三〕，右符止刻甲己等兩半字。右五符留京師，左符降逐處總管、〔鈴〕〔鈐〕轄、知州軍官高者掌之。凡發兵，樞密院下符第一至第五，周而復始。全指揮三百人至五千人用一虎一豹符，五千人以上用雙虎雙豹符。下符日，樞密院以右符第一爲始，盛以匣，封以樞密院印，差使臣賫宣命同下。宣頭内言下第一符發兵若干，本處將左符勘訖〔四〕，即發兵與使臣，復封右符付使臣還，仍急遞以聞。本處置

〔一〕元年：原作「四年」，據《長編》卷一一一改。
〔二〕八月二十四日：《玉海》卷八五同。《長編》卷一二九繫於十月十三日乙未。
〔三〕半字：原作「字半」，據《長編》卷一二九乙。
〔四〕左：原作「佐」，據《長編》卷一二九、《玉海》卷八五改。

簿録下符次第、月日及兵數，不得下司。其木契上下(而)〔面〕並題某處契，中剖之。上三段〔一〕，中爲魚形，并題一二三次第。下一段〔二〕，中刻空魚，爲勘合之處，左側題云『左魚合』，右側題云『右魚合』。上三段留總管、(鈴)〔鈐〕轄司官高者掌之，下一段付諸州軍城寨主掌之。每總管、鈐轄司發兵馬百人[13]以上〔三〕，先發上契第一段，盛以皮囊〔四〕，封以本司印，差指使并牒賫往逐處，驗下契與上契合，即發兵，却封上契付去人還，仍報總管、(鈴)〔鈐〕轄司。其發第二、第三契亦如之。掌契司各置簿抄録發契次第、月日及兵數，互照驗之。其傳信牌，中爲池槽藏筆墨紙〔五〕，令主將掌之。每臨陣傳言語，寫紙上置牌中，持往報兵官，復寫事宜牌中而還，仍臨時密以字號爲驗。其字號只令主將旋定，毋得漏軍中。」詔有司製造，仍令淑領其事。

慶曆元年十二月二十一日，中書、樞密院並言：「欲令諸路將帥各置親兵，選有武藝膽勇充，每月特給錢二百。應出師臨敵，援護本官，如陷没者，親兵並皆處斬。」詔陝西、河東諸路總管許置親兵百五十人，招討鈐轄百人〔六〕，招討都監等七十人，餘並如所請施行。時陝西用師，或陷没將官，而麾下大率以罪不加衆，或援護不謹，故特嚴其制而有是命也。

二年二月十四日，詔：「今後與賊兵戰之後，内有兵士在身別無傷損，只是割却耳鼻，或遺失器甲、剥脱衣服者，顯是一向怯懦，全不曾鬭敵。仰主將當面驗認委實，集衆處斬訖奏，仍令於教場上曉示知委。」

四年三月二十三日，詔：「禁軍料錢滿伍百有犯階級者，自今毋得作情理可憫奏裁。」

十一月十一日，詔：「主兵之官，皆有牙隊帶器械以從護之，其遇賊不用命而致陷没主將者，自今人雖衆，並以軍法論。苟能顯立功効，亦當優拔之。其令諸路總管司嚴申(飾)〔飭〕戒。」

五年六月，詔：「諸軍將[14]卒如經戰鬭，敢僞入箭頭在身，欲希功賞者，以違制論。軍中失覺察者，坐之。」

是月，詔殿前、馬、步軍，自今内外禁軍非武藝優者，毋得入優輕差遣。

十一月，詔河北安撫司：「如聞自保州兵叛，多務姑息，恐軍情益驕。其密諭主兵臣僚常加撫御之，如敢輒犯軍律者，亦聽法外施行。」

七年正月十二日，樞密〔院〕言：「陝西四路兵馬，自來分在主兵官員及都司巡檢下，洎外城堡寨防守〔七〕。當邊上事宜之時，裹外兵馬辛苦頗均。今邊事漸寧，諸將下兵

〔一〕段：《玉海》卷八五同，《長編》卷一二九作「枚」。下同。
〔二〕一：原作「二」，據《長編》卷一二九、《玉海》卷八五改。
〔三〕百人：原作「日千人」，據《長編》卷一二九、《宋史》卷一九六《兵志》一〇、《武經總要》前集卷一五改。
〔四〕盛：原無，據《武經總要》前集卷一五補。
〔五〕墨紙：原無，據《長編》卷一二九補。
〔六〕招討：《長編》卷一三四無此二字，《玉海》卷一三九有。
〔七〕洎：原作「泊」，據下文文意改。

馬絶少出入，比之巡檢下及城寨諸軍，不唯勞逸不同，兼恐漸成慵惰。欲令逐路經畧司，將裹外兵馬定日分作番次，輪互差撥，務要均一，慣習披帶。定奪聞奏。」從之。

皇祐元年六月，詔管軍臣僚：「自今麾下軍士非有戰功，毋得請遷隸上軍。」

四年八月，詔：「川峽四路配軍元犯情輕〔一〕、合揀放者，押送本軍，其不願者亦聽之。」

英宗治平元年二月，樞密院言：「請河北、河東、陝西就糧禁軍年五十以上者，子孫、弟姪、異姓骨肉年三十以下，雖短本指揮等樣一兩指，但壯健任征役之人，許以爲代。無親戚，即召外人爲代，皆不支例物。即雖年五十以上，無病，樂在軍者，射弓七斗、弩兩石，聽依舊。」從之。

四年五月三日，神宗已即位，未改元。樞密院言：「國家置兵，本備戰守，而主兵之官率多冗占雜使。欲令逐路帥臣、安撫使詳此事節，嚴行約束轄下州郡及主兵之官，今後犯者，奏乞[15]法外重斷，仍每季舉行訖奏。及下本路轉運使、提點刑獄官，每因巡歷，覺察奏聞。庶幾除去宿弊，稍減冗費，邊備兵政漸有倫理。」詔每年春首令樞密院舉行此制。

是月，詔：「奉園兵士等樣、例物、請受，即依奉先指揮招置。其諸班違犯及改配等，並合（作）〔依〕禁軍。」舊制，奉先兵士犯杖以下情輕者斷訖，仍舊犯徒以上及杖罪，情理重者，杖訖配千里外牢城。

八月十八日，殿前、侍衛馬、步軍司言：「准詔相度知辰州張宗義上言：『諸軍每年一次造年額簿，上謄録舊簿鄉貫，唯加起一歲。欲乞應係諸軍年額簿，今後開坐軍人投軍時鄉貫、歲數、庚甲，括定年幾，更不別造新簿。』當司檢會，准《嘉祐編敕》，内外諸軍逐指揮置年甲簿二道，抄寫軍員、兵級鄉貫、姓名、的實年幾并投事到營年月日，委總管、鈐轄、主兵當職官員點檢印押，一於住營處兵官廳收掌，一付本營指揮使廳封録照使。其新收人數並依此抄上。若遷補移配入別指揮，即仰互相關報。内軍員、節級仍於補充文字開坐。今勘會在京諸班直、諸軍指揮，久來已有年甲版簿卷曆據，每歲首即不曾飜換。竊慮外州軍有承例每年飜換處，自今並令止絶，敢有違犯，準敕科罪。」從之。

神宗熙寧元年正月，樞密院言：「諸路州軍多差兵級營置雜物以助公用，分給官員。及至犒設將士，全然疎（簿）〔薄〕。蓋緣上下利於供給，致違條貫。所差兵士打柴燒炭，不任重役，往往投賊；兼先有保州燒炭軍員以納課不充[16]逃走。並宜禁止。」從之。

二年九月，審刑院言：「應諸路州軍人犯罪情重法輕難恕者，仰逐處具所犯申本路經畧安撫或總管、（鈴）〔鈐〕轄司，詳酌情理，法外斷遣。」詔無經畧安撫、總管司，方許申

〔一〕峽：原作「陝」，據《長編》卷一七三改。

(鈐)〔鈐〕轄司施行。

三年五月十四日，詔：「諸廂軍指揮兵士依禁軍例，分五都管轄。」

四年十月二十八日，樞密使吳充言：「應犯軍所坐不至巨蠹者，每十一月後至明年正月終，並依法斷刺訖，且留於本處工役；候至二月，即差人遞送所配州軍。其已配未發，雖遇恩降，並依元斷。如願便之配所者，亦聽。首獲逃軍合遞還本所者准此。」從之。

五年閏七月四日，詔：「諸廂軍係教閲者，不在教閲之上。」

十二月，詔：「今後諸路屯戍迴引見，諸軍力曾有功勞，所在不爲酬奬，或輕重未當功狀者，許於軍頭司自陳。本司抄劄所訴事理，責(指)〔詣〕實結罪文狀并隨身公據以聞。」

六年九月二十一日，詔：「自今樞密院降宣差撥諸路州軍役兵，先契勘本州合均定使役人數就差外，有剩合差那者，即先自近及遠差撥。如本州合役人未足，不得分擘應副別州，虛致交互往來。」

十月四日，詔：「諸軍排連長行充節級，應取功勞人者，取兩次以上人。若功勞等即分先後，先後等即分輕重，輕重均即以所傷多者爲先。」

元豐元年正月一日，提舉修閉澶州曹村決口所總管燕達言：「士卒有犯無禮及呼萬歲，乞豁口斬訖以聞。若有扇摇軍 17 人掠奪財物及叫呼動衆，爲首者亦乞處斬，爲從者則減等配千里外牢城。」從之，毋得下司。

(八月)〔閏正月八日〕[一]，斬内殿崇班、机榔縣巡防(坊)地分陳嵩，刺配三班差使、机榔縣守把胡清沙門島。坐無故棄城寨也。

閏正月十四日，福建路體量安撫司言：「捕獲廖恩黨龍騎卒李員[二]、楊禪，乞法外重斷，所冀元刺充軍之人有所畏憚，不敢竄走。」上批：「並處斬梟首示衆[三]。」

三月二十一日，詔：「應諸軍軍員等與管軍臣僚同姓名者，並令改名。」

二年十一月二十六日，詔：「禁軍教閲廂軍，毋得以爲作院工匠。」

四年正月九日，詔曰：「韓存寶總領重兵，往討小蠻，不能擒戮首惡，虛有暴露士卒，使忠勇之士無所効命。不候朝旨，輒自退軍，逗撓怯避。韓永式同商量軍事，輒敢符同。今遣侍御史知雜事何正臣、幹當御藥院梁從政於軍前告諭存寶、永式罪狀，當正典刑；曉告將校士卒，並由存寶節制，不任退軍之罪，其所立功依例推賞。」

二十六日，樞密院擬(令)〔定〕彭孫討瀘州夷賊隨行軍

[一] 閏正月八日：原作「八月」，據《長編》卷二八七改。蓋將「閏正月」三字誤移於下條，又訛「日」作「月」。
[二] 廖恩：原作「廖思」，據《長編》卷二八七改。
[三] 梟：原作「裊」，據《長編》卷二八七改。

兵約束〔一〕，上批：「彭孫所部多彊人，難繩以常法，須特簡嚴爲一約束付孫，令據所犯隨宜處斷，勿令拘制送州縣。」遂詔應所部兵令彭孫知其甘苦，無令失所，如有罪犯，量輕重行罰。仍令經歷路分轉運司指揮隨處州縣密覺察，如有搔擾，〔即〕具以聞。

六月十六日，李憲言：「准宣發廣勇右二十指揮駐熙河，令臣將之以往。廣勇創置，未常出軍，乞於18宣武、神勇、殿前虎翼差一指揮爲臣親兵〔二〕。」詔改差殿前虎翼右一廂四指揮〔三〕，所乞親兵牙隊，至管軍方許〔四〕，可劄與憲令知〔五〕。

七月六日，經略司走馬承受麥文昞言〔六〕：「乞梓、夔兩路入蠻界人夫，令轉運司刺其額；如諸將獲級，委官看驗。」詔：「如入蠻界殺人夫以充級，其主將重行朝典。」

十一月九日，种諤言：「將來諸路兵乘冰渡河，竊慮推突相先，爭奪財貨，將佐不易禁止，乞早降約束。」詔諸路總兵官：「將來得賊府庫，應當日同有功士卒並主將親檢校均給。如金帛浩瀚，宜量留充將來置帥供贍之用〔七〕。若賊遁竄，尚有繫顧返據巢穴之心，即焚其所居。」

五年正月二十三日，詔彭(遜)〔孫〕追供奉官趙福，斬訖奏。先是，福隨涇原兵進討，隸(遜)〔孫〕將下〔八〕。至靈州，糧道斷絶，中路逢賊躡戰，大軍夜相失潰走。盧秉奏，已得旨放罪。福在秉幕下用事，見(遜)〔孫〕不爲禮，(遜)〔孫〕因以惡語奏福在軍中不殺賊故也〔九〕。

(三)〔二〕月二日〔一〇〕，詔環慶路經略司：「昨出界，將領官所部兵，除死事及因傷而死外，會計亡失數〔一一〕，如及二分追一官，二分半二官，三分三官，三分半四官，四分五官〔一二〕，四分半六官，免勒停，差遣依舊。其降官至奉職，各罷將副差遣。令曾布據出界時分隸將領官所部及失亡數，并應奪官人名位以聞。其鄜延路、涇原路、秦鳳、熙河、河東路取會亡失數准此。」

十八日，詔鄜延路經略司：「聞沿邊防拓將下士卒頗有逃歸者，勘會是實，嚴行收捕。爲首人陵遲處斬，餘並斬訖具人數以聞。」

五月十(一)〔三〕日〔一三〕，河東經略司言：「豐州屯駐神

〔一〕彭孫：原作「彭遜」，據《長編》卷三一一改。下文「孫」字並同。按，此人本書均作「彭遜」，而《長編》、《宋史》等幾乎所有其他文獻均作「彭孫」，因改。
〔二〕一：原脱，據《長編》卷三一三補。
〔三〕廂：原脱，據《長編》卷三一三補。
〔四〕至：原脱，據《長編》卷三一三補。
〔五〕「可」、「令」原脱，「知」下原有「管」字，並據《長編》卷三一三改删。
〔六〕麥文昞：原作「麥時昞」，據《長編》卷三一四改。
〔七〕贍：原作「饍」，據《長編》卷三一九改。
〔八〕「孫」(遜)字原在上句「福」字上，據《長編》卷三二二移。
〔九〕殺：原作「入」，據《長編》卷三二二改。
〔一〇〕二月：原作「三月」，據《長編》卷三二三改。下條亦是二月事，見《長編》同卷。
〔一一〕亡失：原作「已及」，據《長編》卷三二三改。
〔一二〕以上二句原作「五分半四分五官」，據《長編》卷三二三改補。
〔一三〕十三日：原作「十一日」，據本書刑法六之一八、《長編》卷三二六改。

銳指揮千餘人，薛義[19]所部照應修葭蘆寨。至府州百十寨，王安等百餘人鼓動軍衆擅還豐州，及恐喝指揮使張臻，言不遜。內捕獲十六人，張世矩已陵遲處斬〔一〕，其餘人見捕逐。」詔續獲人但嘗逼嚇指揮使，出不遜語，證佐明者，並處斬，餘更不得推究。爲首人家屬應緣坐者，押赴豐州處斬，其同居骨肉依編配法。其後經略司言，安等已斬，莫知爲首者，而安有母年六十，上特貸之。

六月十六日，詔：「將下諸軍從軍走回，並特免押赴軍前，配逐處本城，人員降一資。」

七月廿九日，詔熙河路：「自今如不用條詔擅役將下兵，毋得應副。」以李浩擅役令般木踏塹故也。

八月九日，詔：「鄜延路招納歸順蕃部壯人十人、老小婦女四十人，並遷一資，十歲以下不(許)〔計〕。累遷不得過三資。即不及，與減磨勘一年。不及減年及遷資，止每一壯人支絹四匹，老小、婦女二匹。殺降人者，許人告，每人賞錢二十千，至百千(上)〔止〕。告殺五人以上者，仍遷一資。殺降人者斬。」

六年三月二十六日，上批：「早來擬奏配軍畫一法，內稱『刺充某指揮』，恐於上軍稱呼有嫌，可諭修法官，改云『某指揮雜役』。」時犯罪法應配流者，其罪(得輕)〔輕得〕免配行，盡以隸禁軍營爲雜役，然禁卒素憚配法，嘗恥言之故也。上於人情至微，無不曲盡。

四月二十三日，熙河蘭會路制置司言：「准詔劾李浩罷蘭州猶帶本路鈐轄擅奏赴闕罪狀，浩自言雖嘗奏赴闕，未離任。」詔：「浩於法當以擅去官守論，以未[20]離本路，及近出塞有功，罰銅二十斤。」

五月一日，涇原路經略司言：「第五將申，熙寧寨硝坑堡巡檢王世隆追賊至水東口戰死，弓箭手十將王和等十四人各傷中。」詔：「世隆擅領兵過壕，又不能策知伏兵，致傷折人衆，如其生全，朝廷必重加責，可更不推恩。其輕重傷人依格，陣亡人依陣不勝例。」

六月十一日，河東經略司言：「葭蘆寨巡防兵逢賊，以衆寡不敵陷没，未敢依陣不勝法施行。」詔：「陣亡人惟將官、使臣等分陣勝、陣負，諸軍用陣勝例一等推恩。」

十四日，彭(遜)〔孫〕言：「涇原路蕃兵皆富有，出入止差顧人僕從軍，蓋舊無正官管轄，遇軍行即差將副，人心不相諳，故難指呼。乞差蕃官兩員及諳事將官同管轄處置〔二〕，貴皆得素養之兵爲用。」詔經略司看詳立法。

七年正月二十七日，詔：「葭蘆寨居山，形勢嶮絕，非出兵便地，縱賊大至，不過城守。兼本寨城圍止千餘步，步立一人，止千餘人；加倍計之，二千人足矣。經略司都不卹邊費，視朝廷財用輕若泥沙〔三〕，無故輒屯重兵，情不可赦。其

〔一〕張世矩：原作「張世規」，據《長編》卷三二六、《宋史》卷一六《神宗紀》三改。

〔二〕乞：原作「及」，據《長編》卷三三五改。

〔三〕若：原脱，據《長編》卷三四二補。

王居卿雖已離任，令提點刑獄司追上按罪以聞〔一〕。」

六月十一日，乾寧軍言〔二〕：「軍居河流之間，隄防之內，欲應有違犯〔三〕，若自大城越至本軍，或自本軍越過河東之類，並依已至越所未度法，併越兩河自依私渡法。」從之。

九月二十一日，鄜延路走馬承受李元嗣言，軍士崔皋自截手指〔四〕，規避出戰。詔崔皋配本處禁軍雜役〔五〕，令劉昌祚21體量軍中如此者，斟酌施行。

十二月十六日，詔：「諸軍雖非出戍，因差出不宿於家，其妻犯姦，許人告。」

哲宗元祐元年四月十八日，殿前、馬、步軍司言，禁軍排連，欲且依《熙寧編敕》施行。從之。

十月一日，樞密院言：「東南十三將，初未定出戍路分及不隸將兵，內有出戍名額少而所轄指揮數多處，未得均當。欲除廣南東、西兩路駐劄三將各專隸本路，及虔州第六將、全永州第九將專備兩路緩急，並免戍他路外，餘八將及不隸將兵，依均定路分輪戍，各聽路分都鈐轄司差使。即輪出將兵、不隸將兵路分，權撥在京步軍補戍，回日復初。」從之。

二年二月八日，太師文彥博言：「廂軍舊隸樞密院，新制改隸兵部，其本兵之府〔六〕，豈可無籍？」樞密院言：「官制行，廂軍分隸户、兵、工三部，於兵、工部置籍揭貼。」詔逐部自今進册〔七〕，以其副上樞密院，仍更互揭貼〔八〕。

三年正月十八日，詔：「陝西、河東出界總兵官奏功，必具還塞人數，其亡失也必具所因。其不出境，即賊退，亦具見數以聞。」

三月十日，詔：「廂軍歸營及一季，乃聽從役。」

閏十二月十四日，詔：「陝西、河東蕃官蕃兵，三路、廣西、川峽〔九〕、荆湖民兵及敢勇、効用之屬，並隸樞密院，兵部依舊主行。其餘路民兵，令兵部依舊上尚書省。」

四年十一月二十六日，刑部言：「諸軍率衆對本轄官員不唱喏〔一〇〕，法上軍處斬，下軍及廂軍徒三年，配廣南；對本轄將校、節級，依犯階級及立告賞22法。」從之。

六年七月十二日，湖北邊事司言：「自後馬軍犯罪該配者並免，特刺充沅州雄畧馬軍，不許差出。」從之。

閏八月十三日，兵部言：「諸軍指揮各置籍，細開姓名，遇有差使，務均勞逸。其因疾病權免者，損日先差。若

〔一〕上：原作「止」，據《長編》卷三四二改。
〔二〕乾寧軍：原作「建寧軍」，據《長編》卷三四六改。
〔三〕欲：原無，據《長編》卷三四六補。
〔四〕指：原脱，據《長編》卷三四八補。
〔五〕詔：原脱，據《長編》卷三四八補。
〔六〕之：原作「部」，據《長編》卷三九五改。
〔七〕「詔」原脱，「册」原作「用」，據《長編》卷三九五補改。
〔八〕互：原脱，據《長編》卷三九五補。
〔九〕峽：原作「陜」，據《長編》卷四一九改。
〔一〇〕官員：原脱，據《長編》卷四三五補。

限年合替者，前期檢舉。闕人者申轉運司，於別州應副。不檢舉差人或占留合替人，及妄作名目拘占，及妄多過限六十日不差者，各徒二年。每季州委官點檢，具有無不當申州，監司巡歷復視，失當者按舉。禁軍則知州、通判同共點檢〔一〕。」從之。

七年十一月四日，秦鳳路經畧司言：「近年兵將官與城寨等使臣，因違朝旨及帥司節制，以至敗事者，以其嘗立邊功〔二〕，多從寬減，上下玩習，浸已成風。請今後將官及城寨堡使臣，應緣守禦有違朝旨及帥臣節制，並乞不以邊功寬減，庶幾人知畏懔，紀律稍嚴。」從之。

紹聖（元年）〔三年十月〕〔三〕，西夏兵入鄜延，破金明寨，經畧使呂惠卿遣將張輿等襲逐〔四〕，專一其職任襲逐沒〔五〕。奏至，宰相章惇怒其失主將，欲誅全軍凡四千人。中書侍郎李清臣曰：「將沒亦多端，或先登爭利，輕身入敵。今全軍盡誅，異時亡將，全軍皆降虜矣。」上於是詔惠卿隨宜裁處。後得惠卿奏，所誅牙兵才十六人。

二年十月十三日，樞密院言：「接送人應差兵士者，知州及兵官路分都監已上，許差禁軍；路分總管、副總管、路分鈐轄，仍許差馬軍。差禁軍、馬軍，禁軍通計毋得過三分之一。內文武23官係知州、鈐轄已上，並貼差〔近〕下禁軍，通判、都監已上及依通判、都監資序差人者，亦許貼差近下禁軍，毋得過所闕之半。別有廂軍可差而輒差禁軍者，以違制論。」從之。

三年八月六日，樞密院言：「河北第七將狀：按舊法，將兵犯令，許將官一面決遣。昨自知州縣同管以來，凡將兵有犯及應干軍事動多牽制。欲依舊條外，諸軍轉補、排連、差使、窠坐、旬呈、給假並隸將司，州縣不得干預。非駐劄處，除轉補、排連候將副巡歷施行外，餘委訓練官。」從之。

九月八日，詔經畧司：「應軍馬出入臨時差人部押陣隊者，不及五十人不得過一人，五十人已上不得過兩人，每一百人不得過三人。」先是，樞密院言：「日近諸路保明賞功，漢蕃使臣部兵止五七十人至百人，有三四員共部一隊者。雖依格計隊内所獲分數各行推恩，比之獨員部人酬獎太優。」故有是詔。

四年九月二十九日，樞密院〔言〕：「禁軍長行犯杖若徒配，已升軍分而無過犯者，並聽排連。」從之。

元符三年五月二十六日，知成都府路昌衡奏：「乞精選諳曉軍政之官以爲將副，使之分總教習，各以逐色比較

〔一〕判：原脱，據《長編》卷四六五補。

〔二〕嘗：原作「當」，據《長編》卷四七八改。

〔三〕三年十月：原作「元年」，據《九朝編年備要》卷二四、《宋史》卷一八《哲宗紀》二改補。按，此條疑是《大典》從別處抄來，又誤作紹聖元年，遂補於此。

〔四〕張輿：原作「張與」，據《九朝編年備要》卷二四、晁補之《雞肋集》卷六二《資政殿大學士李公（清臣）行狀》、《宋史紀事本末》卷九改。

〔五〕此句有誤。《雞肋集》卷六二云「呂惠卿遣將襲逐，而張輿戰沒。奏至」云云，則「沒」字爲原有，「專一其職任襲逐」七字似爲衍文。

短長。除本習外，兼教他藝及擐帶衣甲。應將兵除諳會修泥城壁、弔掛樓櫓板木及補縫衣甲之人，許令存留，仍不妨本等事藝外，有手藝及機織諸色工匠，如年及四十者，並降填廂軍。官司如敢隱蔽，虛占名籍，請受，本將及本州官吏以違制分等科罪。」并臣僚上言：「禁軍內有會諸作手藝之類，諸處不得久占，妨廢教閱，致武藝隳[24]墮。其別作名目占破手藝人，未有立定條約，及禁軍習學手藝，雖有斷罪之文，即未有移降指揮，致軍人尚敢習學。」詔諸應禁軍處，當職官別作名目差占有手藝人，致妨教閱者，以違制論。

徽宗建中靖國元年二月二十三日，兵部狀：「鄜延路都總管司奏，乞今後有諸色人等輒敢將官軍器、衲襖、披氈之類質賣錢物，乞嚴立決配斷遣條約。」大理寺修立到下條：「諸軍以軍號、隨身衣服非。軍器、法物軍須、衲襖、披氈之類同。質買錢物者，徒二年。知情質買，若以官給鞍轡質(買)〔賣〕，借人及質買之者，各杖一百，軍號、器物等並追還，質買錢物沒官。」從之。

崇寧元年九月十七日，尚書省〔言〕：「臣僚上言：『竊以朝廷置兵，本備戰守，約束稍緩，游藝(寢)〔寖〕多，率以工匠之名影占身役。主兵之官差在本廳，則利於役使；習學之人得預占破，則利於偷安。又其甚者，巡檢土兵占充樂人，有妨巡邏。今欲乞應戰兵除食手泥瓦匠之外，不得招刺諸色匠人。及見今已有工作之人，官員並不得差充白直，及諸般名目占破。仍乞將手藝工匠並行降填廂軍，今後不得依前習學，責在本轄兵官常切覺察，依此逐旋降填。如敢隱蔽占破及復招刺者，並科違制之罪。其巡檢土兵依此。』」詔尚書刑部遍牒施行。

五年八月十六日，詔：「近來官司多有奏請，乞許軍兵投換，遂致軍制隳紊，紀律不嚴。慵墮軍兵巧避征役，公然逃竄，投換往來，借請衣糧，疊支[25]例物，惠奸壞法，莫甚於斯。已許投換去處，並限一月結絕。今後官司輒申請軍兵投換，以違制論。其廂、禁軍逃亡，並(係)〔依〕元豐法。」

大觀四年十月二十八日，樞密院言：「訪聞諸路招軍，殊不以人物年甲幼小、未及等尺爲限，但以數數塞責而已。往往侏儒、怯弱、童稚之人刺填軍分，計一營之數，十有二三。不唯徒有其數，蠹耗軍儲，竊恐緩急不堪實用。」詔：「諸路帥臣嚴切指揮轄下州軍當職官司，今後每遇招軍，常切子細審驗，不得更似日前鹵莽。仍逐時檢舉招軍條法行下，如敢不依，其當職官必定重行黜責，干繫人亦等第降配。」

政和三年三月三日，樞密院奏：「殿前、馬、步軍司准批送下梓夔路兵馬鈐轄掌民紀等狀：『伏覩《軍防令》，諸軍差赴川(陝)〔峽〕路屯駐者，如曾犯徒并逃亡捕獲，不係全軍差發者，所不應差人權移送本州或鄰近以次一等軍分指揮。即不審諸軍元差赴川峽路時不曾犯徒并逃亡捕獲，全軍到川峽路後有犯徒并逃亡捕獲之人，合與不合依舊在川峽路屯駐。』殿前、馬、步軍司相度，契勘自來諸軍遇差赴川峽路屯駐，未曾有本處被犯之人。欲今後諸軍差在川峽路，如有違犯之人，令逐處斷訖不至配降，即發遣赴所屬，依條施行。」從之。

七年三月二十一日，臣僚上言：「近來兵將官或有不能御下，以致兵衆弛慢；或有督責太甚，以致兵衆有言。欲損害兵將官，則因教閲而不[26]唱喏；欲損害州縣官，則因請物而相喧競。並不曾重行處斷。欲乞今後如有上件事，並乞嚴行推治。如是事由兵將、州縣官，即重責官吏；如係兵士驕恣，即乞於階級法外重斷遣。」奉御筆：依奏立法行下。

宣和元年六月十八日，陝西、河東、河北宣撫使司奏：「勘會諸邊遇事調發軍馬，其軍人隨身衣甲、器械悉從官給，事畢還納。比來墮卒闕請器甲、衲襖之類，避免征役，多是逃走，或託疾拖後，並將元請衣甲、器械、衲襖擅行貨易，或典質錢物。自知逃亡罪重，又已破貨器甲之類，理不可還，遂絶自新之意，兵額由此頓闕。臣詢究得，蓋緣典質收買器甲、衲襖之人，罪賞未嚴，亦未有鄰保備償及許覺察、自首、給賞、免罪之法，是以奸弊日增，有害邊（方）〔防〕大計。伏望朝廷詳酌立法，庶有以懲革。」奉詔依，立法聞奏。

三年四月一日，通奉大夫、新除户部尚書沈積中奏：「臣竊以今之河北乃古燕、趙之地，自昔號勁兵處。朝廷設置諸將，養兵之費不知幾何，宜其精悍無敵，而乃士氣驕惰，〔無〕一可用。日者羣寇嘯聚，纔數十人爾，官軍追捕，動以千計，强弱之勢固自明甚，而遇敵輒北，至有束手就死者。臣竊怪之，而考其所由來，蓋紀律不明、訓練不精之過也。夫禁軍逃亡，罪亦重矣，然將、副則遷就。歲終賞罰之格，軍校則利其每月糧食之入，往往逃亡者並不開落，獲者亦不行法。至有部轄人糾率隊伍公然私竄，其中[27]冒名代充者比比皆是。因循玩習，恬不爲異。至於教閲，則又苟簡滅裂，僅應文具。將佐未嘗朝夕親臨，訓以馳射格鬥之事，武勇者無賞，退惰者不懲，而州郡兵官違法占留，率不依次赴教。廂軍小分，冗占剩破，乃以禁軍充代差戍〔一〕，動妨教閲。一旦使之臨敵，是何異敺市人而戰之！（故）又況優重不均，廪食不精，而率斂乞索，畧不禁戢。凡此皆害軍政之大者。臣愚伏望聖慈明詔帥臣申嚴紀律，號令將佐精加訓齊，其諸積弊，悉俾革去。使人人鼓勇，則何獨不若陝、晉士卒之鋭也！且兵在於精，不在於衆。自崇寧以來，增置幾五之一，冗食縣官，未見有補。曷若汰其孱弱者，悉如元豐舊數，稍精其糧廪而教之加詳焉，則備預於不虞，銷患於未萌，誠今日先務也。」奉御筆依。

四年十二月六日，臣僚上言：「應今後諸軍減破，須及五十以上，實有病在假及百日，看驗委是不堪征役，即申提刑司差官審驗詣實，方行減破。若年未五十而患手足折

〔一〕戍：原抄作「代」，又加塗抹，今據文意改。

跌、眼目要害之處，不堪征役，並差官覆實減破。如違，並乞立法，其犯人與看驗官、部轄人等科罪，仍許人告。所貴軍額日有進益，軍人自無規倖之弊。」詔契勘見行條貫申嚴行下。

五年十一月十四日，詔樞密院：「士不用命，亡失掌兵官，即依軍法，不得容貸，有廢紀律。」以臣僚言承平日久，卒惰而驕故也。

七年十二月二十八日，詔：「已差諸路統制將兵應援河北、河東，如沿路故作住滯，[28]及申請爲名，逗留不進，有悞邊事，仰所至帥臣聞奏，當以軍法從事。其已遣諸路統制兵馬并召募効用、敢勇等，所過州軍合請錢糧、軍器，守令竭力應辦，不得少有稽慢。邊事寧息，當優異推恩；如敢違戾，並行軍法。」

欽宗靖康元年二月二十七日，知建州王賓言：「軍興以來，諸處敢(用)勇、効用、保甲、弓箭社等帶隨身器甲於經過州縣城内安泊，往往作過，未有明文禁止。檢准政和《軍防令》，諸全將差發，所由州縣承報，量兵馬標占驛鋪、官私邸舍，各以部分區處取定，仍前期一日以圖報本將。又《賦役令》，諸丁夫經過縣鎮城市，三里外下寨宿止，不得入食店酒肆。有所須物，火頭收買。竊原法意，全將之兵久經訓練，故經州縣合行摽撥驛鋪、邸舍。至於丁夫則不然，本皆愚民，不閑教督，若使持器杖入城邑，千百爲羣，耳目之欲不勝其求，必致爭亂。今來諸處所起人兵，皆新招烏合之衆，部押兵官素非統轄，縱有不循紀律，未敢以軍法從事，是以經由州縣例多(分)〔紛〕擾。乞比附丁夫法，並於城外下寨。仍令部押官前期報所過州縣，備合請錢糧，令就倉庫請領，或差官於城外支散，庶使平民得以安居。」從之。

十一月十四日，詔：「諸州勤王如敢後時，當職官並以軍法從(之)〔事〕。」

光堯皇帝建炎元年六月十四日，詔：「自今行軍用師，並依新法從事，可依下項：一、祖宗法，一階一級全歸伏事之(議)〔儀〕，敢有違犯，上[29]軍當行處斬，下軍徒三年，配五百里。近來因循，浸失法意，可遵守施行。一、祖宗〔法〕，禁軍逃亡，上軍處斬，在七日内者流三千里，配千里，首身杖一百。下軍第一度三年，首身杖九十；第二度流三千里，配鄰州本城，首身徒二年。自今可常切遵守。過七日者，不許自首，許人告捕，每獲一名，賞錢十貫文。一、禁軍出戰遇賊敵，進前用命者賞，輒退不用命者斬。賊衆我寡，力不能勝，因致潰散，不歸本部、本寨聚集者斬；因而逃歸住營去處及作過者，家族並誅。一、禁軍於行師之際，盜博鬥毆、飲酒至醉、拍擲器甲、藏匿婦人、脅持財物、扇搖惑衆，買物不還價錢，並依軍法。一、統制官、部隊將遇敵怯懦，不能率衆用命者斬；賊攻一軍危急，而餘軍不策應者，統兵官當行軍法；賊攻一部一隊，部隊不策應者，部隊將當行軍法。一、統制官(明保)〔保明〕公狀故不實、徇私不公者，當行軍法。一、統制官不能撫御將士，致士卒搖動者，當行竄黜。一、統制官不能用兵，不能乘機取勝，致敗北，事理重者（者）當行處斬，事理輕者編竄遠惡州軍。一、將士卒伍先登陷陣，及以弓弩射退賊者，雖不納級，亦行推賞。一、全軍勝則全軍推賞，全隊勝則全隊推賞，同退走者盡斬。軍隊雖不勝，其間有能自斬賊級及中傷在前者，自行推賞。一、將士戰没，五甲將佐親身而非逃亡者，委五甲將佐開具保明，當優恤其家，不得輒以收身不 30 到開落，違者重行編配，許其家陳訴。一、統制官、部隊將所統兵以十分爲率，遇敵接戰，獲級與殺死士卒人數等者，免罪推賞；獲級分數少，殺死士卒分數多，比折推恩；不能獲級而士卒殺死衆多者，斬。一、統制官不受大帥節制，部隊將、甲正、伍長不遞受節制，跡狀顯著者斬。一、統制以下因出師輒敢扇摇謀變者，（先）〔全〕家族。一、將佐卒伍出戰獲功多，緣再下保明，遂致行賞稽滯。夫賞不踰時，欲士卒之知勸也。自今大帥、統軍畫時保明，即行推賞。故不以實，許人告，根究得實，以賞與之。樞密院人吏輒拖延者，編配遠惡州軍。一、守紀律、保護其上者賞，違犯者斬。一、守控扼要害（敵處）〔處，敵〕至固守不去者賞，棄所守者斬。一、使劫寨，或邀截，或追逐，或設伏，或出奇，或入敵營壘探事，能如令者賞，違戾者斬。一、凡賞，應轉官資或支例物，並軍中畫時給付。一、凡有罪處斬訖，並梟首令衆。率先退走者，家屬盡殺。餘並依將法。」

十一月十一日，詔：「財用以贍軍兵，其詐冒軍兵姓名、僞造券旁、盜請係官錢糧入己之人，侵耗邦財，有害軍須，情犯深重，可特不用今降赦原免。」

二年三月二十一日，詔：「應行在并差出及五軍下出戰軍兵，閃避征役、拋離隊伍、妄通姓名應募他處之人，并招收知情爭占人，並依軍法施行。」

五月八日，詔諸路應緣軍事請求，依曲法請求法。以臣僚言行在五軍并御營司及差出將領等，所辟大小 31 使臣例各不公故也。

二十三日，御營使司言：「都統制王淵稱，兩浙路州府軍兵多不諳軍中紀律，止是扇摇撰造事端，致民間不安，乞差官幾察。」詔王淵依旨。時淵契勘：「兩浙路軍兵雖有營房，亦不在營房居住，多與居民雜居，（講）〔構〕造言語，致民不安。乞將見在街市居住軍兵並遣入營房，如有闕營舍去處，許用官（籛）〔錢〕修蓋。」詔本路提刑司措置以聞。

九月十四日，詔：「今後諸路應係將、不係將軍兵，並聽帥司差撥，應土軍、弓手並聽本路提刑司差撥。如輒敢申請占吝及直行差撥者，並以違制論。」其後樞密院言：「已降旨揮即未曾立定分數，切慮諸路帥臣、監司各不知體國，盡數抽差，却妨本處防守。今後如遇差撥，仍不得過見管人數三分之一。」

三年四月二日，詔：「自來將帥行軍，諸軍於軍前犯罪，或違節制不用命，自合於軍前處置外，若軍馬已還行在，諸軍犯罪至死，申樞密院取旨斷遣。」

六月二十八日，臣僚言：「軍興以來，鮮有可用之兵，蓋以紀律不嚴，軍政弛翫。每破驛券，多至數倍，每行一驛，必批數日，此冒請之患也。請受之外，須更犒設，此邀求之患也。州縣畏威暴斂，民力重困，此騷擾之患也。迫以軍期，脅以軍法，或執縛縣〔官〕，或箠撻公吏，此苛暴之患也。毁撤民居，以爲蒸（新）〔薪〕，强市飲食，不還價直，甚至攫拏財物，誘掠婦女，此剽攘之患也。婦女從行，謂爲老小，將領而下，各有所携，少則一人，多則數輩，上下相蒙，無復鬬志，此老小之患也。功狀〔泛〕濫失實，廣增俘馘，僥求上賞，公受貨賂，鬻賣官資，此冒賞之患也。空名告劄，以徯賞功，隨意補轉，功重資多，賞不當功，名器實濫，32 此補授之患也。凡此八者，爲患實大，或見敵而避，或望風而逃。乞下諸將，申嚴紀律，仍委三省、樞密院、御營使副按劾，及臺諫覺察以聞。」詔劄與諸將。

八月十九日，詔：「應差往諸路捉殺軍兵，經過州縣，不得直入州縣，止許城外踏逐寺院并空閑官舍安泊。如遇批請買賣物色，仰統兵官據差定人數預報諸縣給牌號，方許放入，不得經宿。其券驛並據往還合勘請日分支給，不得過數批勘。仍令州縣如遇軍兵過往，候起離日，（其）〔具〕有無搔擾及應副過錢物等數目申尚書省。仍劄與行在諸軍統兵官遵守。」以尚書省言，昨喬仲福領兵經由饒州，軍馬等直入州城，四散占據民居，擄掠良民妻女作過，故有是命。

閏八月十五日，詔：「分擘定防江臣僚：杜充建康府，王民、孟涓〔一〕、劉經、顔孝恭、魯珏〔二〕、郭仲荀並聽杜充使唤；劉光世太平州，兼保護池州；韓世忠鎮江府；辛企宗吴江縣；陳思恭福山口；王瓊常州〔三〕。内劉光世仍聽杜充節制。」

二十六日，江南東路宣撫使劉光世言，受杜充節制有六不可，乞不受杜充節制。上怒曰：「豈容如此跋扈！便降指揮，言杜充除將出自朕意，令盡護諸將，光世輒敢首拒詔命，恐紊朝綱，候指揮到，却令過江。如尚敢違拒，當寘典憲。仍令閤門不得收接朝見文字。」繼而光世已依指揮晝時渡江，即喜其遵奉詔令，遣中使以茶藥銀合賜之。

九月二十七日，御營使司言：「訪聞江東、西及兩浙路統兵官並不鈐束兵衆，致攘奪村民財物，虜掠婦女，拘占舍屋作過，深屬 33 不便。」詔令江南東、西、兩浙路防江統制等官嚴加鈐束，縱令有犯，其統制等官先行軍法，犯人不以多寡，並行處斬。

十〔月〕五日〔四〕，詔諸軍擅入川，依軍法。以利州路轉運司言：「興州准辛企宗牒，先得旨發送行在，帶領家屬人馬經由本路興、洋等州前去。緣本司不曾承准關報，本官（特）〔將〕帶人馬已入界前來，竊慮陝西將兵援例入川，不唯侵耗歲計，萬一本司應副不前，以致生事，乞立法約束。」有旨，令樞密院立法，至是上言。

紹興元年十二月二十四日，詔：「諸軍出師，並合嚴切鈐束一行，沿路不得秋毫騷擾作過。仍從樞密院採訪覺察大將，〔大將〕察統制官，〔統制官〕察統領官，統領官察將

〔一〕孟涓：原作「孟湑」，據《建炎要録》卷二七改。
〔二〕魯珏：原作「曾珏」，據《建炎要録》卷二七改。
〔三〕王瓊：原作「王燮」，據《建炎要録》卷二七、《宋史全文》卷一七上改。
〔四〕月：原脱，據《建炎要録》卷二八補。

副，將副察部隊將、使臣，部隊將、使臣察擁押隊旗頭，擁押隊旗頭察隊下人，如敢違犯之人，並行軍法。家人有犯而知情者，與同罪。若失覺察，別因敗露，其次序合覺察人並當重寘典憲。所有見在諸處屯泊出師軍馬，令依此遵守，各具知稟聞奏。」以右司諫方孟卿上言：「比年草竊蠭起，爲民久害，陛下遣師命將，掃蕩妖氛。然軍政久壞，士無紀律。凡大兵起發，其統制官（不）〔乞〕各給印曆，付部隊將排日書所過地分、宿食去處，覺察作過之人，便行軍法。更委本處監司、州縣覺察，如有軍兵作過而將佐容縱，即時申大將根究，仍具一般事狀申朝廷檢察。如大將蒙蔽，監司、州縣有失覺察，致朝廷訪聞或因人陳訴，別乞重寘典刑，嚴行黜責。」故有是詔。

二年四月十一日，詔：「應神武諸軍、御前（志）〔忠〕鋭（軍諸）〔諸軍〕，將准備差遣、使喚使臣不能馬步射者，逐軍統制將官體量放罷，今後不許衷私借差本軍兵卒。如違，及借之者並科違制之罪。」

閏四月二日，詔：「諸處分遣在州縣守戍官兵并餘統兵官等，元係朝廷遣使，即依將、副序位；若止是軍中或帥司一面差委，即與州都監序 34 位；其餘使臣，當與部隊將序位。如違，並依部内有犯，許令守臣、監司按舉。其兵校於屯駐去處知、通，並依階級法。」時軍興，諸處各有分屯守戍將官，與州縣官即無序官統攝，多在州縣欺凌官屬，過數批請，直入倉庫，以至請求犒設，虜掠（州）〔舟〕船，百端需索。至是，樞密院措置，故有是詔。

七月十一日，詔：「令諸軍統制官鈐束所部官兵，應有陳訴事務，並須依條次第經由朝廷施行，不得依前隔驀。如違，其越訴人當議重作行遣；統兵官容縱，亦仰取旨施行。各具依稟申樞密院。」以樞密院言：「勘會行在諸軍兵級，凡有陳訴事務，自合經本軍統兵官陳乞。近來諸軍官兵有陳乞本身恩賞、換授之類，往往不由所轄越訴，理宜約束。」故有是詔。

二十七日，臣僚言：「今來車駕駐蹕臨安府，日近府城遺火，諸軍以救火爲名，持刃乘鬧，公然搶奪錢物。乞今後遇有火，依京城例，止許馬、步軍司及臨安府兵級救撲。仍預給色號，常切准備外，其餘諸軍並不許輒離本寨。仍委統兵官鈐束，犯人重作行遣。若臨時御前處分，差殿前司官或搭財兵級或神武統制下一軍同共救撲。」從之。

十月九日，兵部言：「乞應今後統領、兵官、使臣等經由州縣，於守、倅、令如屯駐法。或輒以請受爲名，執縛笞撻命官，許州郡、監司按劾以聞，重加典憲。州郡、監司庇而不發，因而暴露，例行黜責。乞立法。」詔令限三日立法申尚書省。本部欲依諸軍違犯階級上軍法；州縣、監司庇而不發，因事暴露，依律文内諸監主首知所部有犯法不舉劾者減罪人三等科罪。從之。

三年三月二十三日，江南東西路 35 宣撫使韓世忠言：「累降指揮，諸軍不得互相招收，及將別人軍兵等一面差人拖拽。欲將諸軍官兵、効用已受應告敕、宣劄、文帖，許令本軍統制官於背後批寫某軍，押字用印。仍自今以後如遇後來官兵、効用批勘請受，並仰本軍先次取索出身文字照驗過勘，及令所屬糧料院復驗，委無違戾，批曆身訖放行。」詔依，若敢尚習舊弊，互相隱留，主兵官重行黜責，本軍幫書將佐及批勘官並徒二年。內外諸軍、忠鋭兵將並依此施行。

二十七日，臣僚言：「聞軍兵所屯之地，發掘墳墓，鞭尸暴骨，旁亘百里間，鮮有免者，死者銜冤，生者痛哭。又聞自來用兵破敵之後，必以所得（者）首級多少定賞，其空手無獲與所獲之少者，往往搜攝平人，借取其首以充納級之數。願降詔訓飭諸將，凡軍兵所至，申嚴紀律，令毋得發掘墳墓。凡遇敵乘勝，毋得借取平人首級。」詔劄與都督府及神武諸軍、逐路帥司常切遵守，嚴行覺察禁止。如有違犯之人，取旨重作施行。

四月二十三日，詔：「諸軍棄毀、亡失付身、宣帖之類，今後並依見行條令，所在州保奏施行，即不依前於本軍陳乞，一面出給公據。如輒敢一面出給公據，並從杖一百科斷。其給到公據亦不得收使。令殿前、馬、步軍司常切檢察遵守。」時樞密院言：「諸軍自來棄毀、亡失付身、宣帖之類，依條詔本色保官二人。如係將校，所在州保奏，餘人並報元給官司出給公憑。近年以來，諸軍亡失宣帖等，並不遵依條令經由所在州保奏，亦不報元給官司出給公憑，止於本軍等處陳乞，一面出給 36 公據，照驗批勘請受。遇有功賞轉補，便作付身擬（身）轉資級。兼日近諸軍換受前班都虞（侯）〔候〕，亦止憑本軍給到亡失公（平）〔憑〕收使換官。似此不唯有違條令，兼無以驗實，隔絶奸弊，有害（民）〔軍〕制。」故有是詔。

十月七日，樞密院言：「訪聞有軍兵持杖踰候潮門（城出）〔出城〕外作過，蓋緣兵將官從來有失覺察，理宜禁止。」詔令張俊、楊沂中嚴行約束所部官兵，寅夜不得輒出營寨。如違，收捉解赴樞密院，並行軍法。若本軍不覺察，致敗露，其本轄兵將官並重寘典憲。

四年六月二十六日（二十六日），詔：「今後使臣、効用軍兵並權住招收，令張俊、楊沂中根究，將日近强刺人數並給公據，放令逐便。及約束諸軍，今後不得擅便招人。若更有違犯，其本頭項統制、統領、將佐等，一例重作停降。所遣街市彊招人軍兵、使臣，並行軍法。仍立賞錢三百貫，許諸色人告捉。樞密院給黄榜曉諭。」先是，諫議大夫唐（暉）〔煇〕言：「近諸軍遣人於街市擒捉充軍，輦轂之下，人心必摇。乞降約束，不許彊刺。」故有是命。

十二月十五日，權淮東帥臣趙康直劾泰州兵官任顯不伏使令〔一〕，已械送有司，乞行竄責。上曰：「康直既權帥事，自合施行〔二〕。嘗記朕爲元帥時，有一部將醉入酒家，壞其盆盎，朕捐白金償之而斬部將，梟其首，自此更無一人犯令者。大抵用兵當以威信爲先。」

五年二月十四日，詔：「朝廷攘却寇盜，皆將帥之力，理須恩威兼濟，使人悦服，竭節效命。自頃戎虜荐至，賴二三大帥能體德意，撫馭士卒，果獲其用。尚慮本軍偏裨將佐不能遵守諸帥約束，非因行軍，用刑過當。自今本將本隊士 37 卒有犯，依條斷遣問當，有官人具情犯申樞密院，量度事因，重行編置，即不得故爲慘酷，因致殺害。務

〔一〕「直」下原有「言」字，「泰」原作「奏」，據《建炎要録》卷八三删改。
〔二〕合：原作「令」，據《建炎要録》卷八三改。

要士卒悦服，庶使主帥仰副朝廷責任事功之意。如遇教閲，行軍，合依自來條例施行。」

八年正月六日，宰臣趙鼎言：「建康府捕獲盜馬者，事連殿前司兵士，本府已行追究。」上曰：「朕嘗喻楊沂中，統兵既衆，其間豈無作過之人，切不可占護。若有所占護，則軍中紀律便不行矣。沂中亦曰，大凡軍中占護有過犯者爲非，建康府追逮，沂中必不敢隱而不遣。」

八月十七日，後殿進呈次，上以諸軍用巨(挺)〔梃〕捶偏裨有過數而死者，嘗戒殿帥楊沂中曰：「平日將士少有違誤，法令具存，不可以一時褊憤恣爲暴虐，不比在行軍處也。」

九年九月十四日，臣僚言：「兵興以來，蓋有不能悉如舊制者，然莫甚於諸軍代名之失也。紹興六年，密院措置空名給據付逐路宣撫司及其餘州軍，許令代名之人赴軍書填，一切不問。舊請給銷鑿元承代某人職次，候立功日改正補轉。此蓋都督視師于外，隨宜措置，以安一時，非良法也。行之至今，自陳承代冒名竊禄者不知幾人。乞將前降許代名指揮，自今日爲始，更不施行。」詔依，今後不許代名。

十四年正月二十四日，宰執言，領殿前都指揮職事楊存中乞將本軍未刺字人並刺字識認，以防諸處互相招置，及乞嚴行約束事。秦檜曰：「舊有一法，招刺軍人並從軍法，所以【38】難行。一法，立賞許人陳告，犯人請給計贓坐罪，統制、統領、將佐取旨。今欲依此施行。」上曰：「立法不必(大)〔太〕重，責在必行，法必行則人莫敢犯。」

二十五年十二月二十七日，詔：「御前諸軍統制可依見行管軍條法，不許出謁、接見賓客。内兼州事者依本法。」

二十八年正月十一日，宰執進呈臣僚論殿前司强刺人充軍事。上曰：「招軍一節，士大夫往往以爲不切事宜，殊不知除戎器，戒不虞，聖人所以思患而預防於無事之時，爲先事之備，豈可但已！今殿司見闕數千人，積之歲月，切恐暗失軍額不便，但當措置約束，無令擾人足矣。」宰臣沈該等奏曰〔一〕：「誠如聖訓。」

三十年六月二十五日，宰執進呈次，上曰：「如聞諸州軍私役禁軍，兼闕額多不招填，三省可同議，檢會條法行下。如守臣以下非法占破，監司按劾，仍令監司互察。」

三十一年二月一日，後殿進呈乞編修樞密院軍政條法，上曰：「依故事委編修官。」

十一月三日，詔後(諸)軍統制官韓霖，依軍法施行。以建康府駐劄御(馬前)〔前馬〕軍都統制王權言「霖(託詐)〔詐託〕中風不起，及差醫官診視得即無病證。諸軍與賊血戰終日，霖獨乘小舟泊於江内觀望，並不入賊」故也。

〔一〕沈：原無，據《宋史》卷二一三《宰輔表》四補。

九(月)〔日〕〔一〕，詔：「後軍準備將、權正將、武翼大夫季在除名勒停，令本軍自效。」以江州駐劄御前諸軍都統制戚方令統押人馬渡江，不稟號令，棄離軍馬，先用小舡過江，無人部轄，致渰死五十二人故也。

十八日，詔：「劉氾貸命，追毁出身文字，除名勒停，送英州編管。令鎮江府日下差使臣一員、兵級十人管押前去，内兵級逐州交替，各具已收管 39 申三省、樞密院。」以三省、樞密院機速(虜)〔房〕勘會，據諸處申到十一月四日瓜(州)〔洲〕之戰，首因劉氾退失，理合按軍法施行，故有是詔。

二十一日，詔：「王權可特貸命，除名勒停，永不收叙，送瓊州編管，月具存在聞奏。令臨安府差得力使臣二員、軍兵二十人押送前去，沿路不得時刻住滯，具已起發申三省、樞密院。」先是，臣僚言：「謹按建康府駐劄御前諸軍都統制王權，沿淮守禦之備初不經意，及虜人犯淮，得以繫橋，從而進兵，如入無人之境。權亦旋棄廬州，回屯昭關，將士雖有欲戰之心，權領親兵先遁，麾衆使退。及虜騎至尉子橋，始遣姚興一軍迎敵。興戮力血戰，數告急于權，權於仙宗山上以群刀斧手自衛〔二〕，飲宴自若，殊無應援之意。自辰至申，僅遣二百輩往，已無及矣。興勢雖却，然猶殺賊數百人，生擒賊首而回。不意賊假立權幟以誒之，興棄而入，遂與其衆俱陷，所存者無一二。權往回和州，謂已得金字牌，令棄城守江。故自十月二十一日先往采石，放火以燒西門，而城内錢糧、器甲、騾馬盡再委于賊，使軍民奔迸擁入城河及江爭渡，沉溺而死者又三之一。將士怨怒號呼，聲動天地，指船詆駡，皆(已)〔以〕權不戰誤國負朝廷爲言，且恨不食其肉也，其亦不容誅矣。乞明正典刑，梟首江上，使將士聞風，爭先効命，以副國難。」故有是詔。（以上《永樂大典》卷八三四五）

〔一〕九日：原作「九月」，按以下二條均爲十一月事，見《建炎要録》卷一九四，可證此條九月當作「九日」。

〔二〕仙宗山：原作「山宗山」，據《建炎要録》卷一九四改。

宋會要輯稿　刑法八

【宋會要】

淳熙十四年二月二十七日[一]，詔婺州蔭婦阿徐特送鄰州編管。婺州獄勘，阿徐爲顧主楊伷被人力陳山童殺死，山童父陳十六從伷家前經過，阿徐爲憤其子殺害顧主，用棒行打陳十六左脇身死，法當絞。刑部奏，以阿徐既能忘身爲顧主復讎，即與尋常毆鬭不同，忠於顧主，其節可嘉。故特貸之。（以上《永樂大典》卷九〇六〇）

[一]天頭原批：「應歸赦宥類。」按，此條出《大典》卷九〇六〇「讎」字韻「事韻」目，《大典》原題當是「復讎」。在《宋會要》中似本在前「刑法」類「矜貸」門（本書刑法六）。

宋會要輯稿　兵一

鄉兵

【宋會要】

1 真宗咸平五年正月，侍御史吳蒨言〔一〕：「奉詔與陝西轉運司點緣邊丁壯充保毅軍，凡得六萬八千七百七十五人〔二〕，已給資糧。」詔令分郡支。

五月，詔集近京諸州丁壯選隸軍籍。是時，西北邊屢請益兵〔三〕，輔臣請以河北强壯選充。帝曰：「河北、河東之民取而爲兵，數已甚衆。前年置强壯時諭以永不充軍，今一旦籍之，是失信也。」呂蒙正等言：「闕兵非取於民不可得〔四〕，請於河南諸州籍丁壯，量數抽取。」帝乃曰：「如此，必有騷動，然戍兵未充，衛士尚少，不得已也。」卒從之。

七月，詔：「邊防未定，遂募鄉兵，離去故土，足傷和氣。應諸州點充（疆）〔彊〕壯户〔五〕，税賦止令本州輸納〔六〕，有司勿得支移。」

景德元年正月，詔河北諸州先所募强壯，自今或逃亡，更不添補。先是，帝謂侍臣曰：「昨日戚（倫）〔綸〕自河北來，言磁州點集（疆）〔彊〕壯簡閲。且河朔之民，豈得無故追擾。」樞密使王繼英言：「近日磁州奏（疆）〔彊〕壯有逃亡者，恐不及額，故再有追集。」帝亟令止之，故有是詔。

九月五日，詔河北、河東州軍調集（疆）〔彊〕壯訓練之。

二年正月，詔：「河北諸州（疆）〔彊〕壯，除瀛州城守得功人令第其等級以聞，餘並遣歸農。」

四月，并代總管司言：「廣鋭充軍人老疾者〔七〕，須親屬代名，乃得除籍爲民。請自今應本土居人雖非親屬而願代者，亦聽。」從之。

大中祥符二年二月，**2** 詔：「河北諸州（疆）〔彊〕壯〔八〕，自今每歲十月至正月，以旬休日召集校閲，免奪農時。」

六（年）〔月〕〔九〕，帝謂知樞密院王欽若等曰〔一〇〕：「河北校閲强壯〔一一〕，自北鄙罷兵之後，尋令逐州並依常於農閑時教閲，蓋不忘兵戰而使其習以爲常。若絶而復行，契丹必生疑慮。昨日見趙州奏稱准宣命教閲，可密諭此意，及詰其不奉詔之由。」

四年十月，詔：「河北忠烈、宣勇軍士，本自户籍選置，其老疾者許召人承補，即聽歸農。如聞補者逃亡，官司復取歸農者充役，此甚無謂，自今禁之。」

〔一〕吳蒨：原作「吳清」，據《長編》卷四九改。
〔二〕凡得：原作「几男」，據《群書考索》後集卷四一、《玉海》卷一三九改。七十五：《長編》卷四九作「九十五」。
〔三〕兵：原作「云」，據《長編》卷五二改。
〔四〕得：原無，據《長編》卷五二補。
〔五〕諸州：原作「諸點」，據《宋史》卷一九〇《兵志》四改。
〔六〕輸：原作「諭」，據《宋史》卷一九〇《兵志》四改。
〔七〕廣鋭：原作「廣税」，據《長編》卷五九改。
〔八〕壯：原脱，據《宋史》卷一九〇《兵志》四補。
〔九〕六月：原作「六年」，據《長編》卷七一改。
〔一〇〕知：原無，據《長編》卷七一補。
〔一一〕校閲：《長編》卷七一作「教閲」。

五年七月二十一日，詔：「河北、河東忠烈、宣勇、廣鋭軍士，自今老疾者即歸農，無勒召人承替，其闕員並自京差補。」

六年四月九日，詔：「雄、霸州所調鄉丁爲忠順軍指揮，戍於河上，歲月既久，宜特遷補。」

九年十月，知秦州曹瑋等言：「本州先管保毅六指揮共三千人，後放四指揮歸農。緣皆土人，諳識番情，便習射藝，況今逐户姓名并本管人員見在〔一〕，欲乞勾點教閲，準備非時防托。」樞密院言〔二〕：「檢會景德二年〔三〕，以秦州保毅義軍三千人自來分番邊寨守把，甚有貧困不諳練之人，費耗家産禄廩，遂令選留少壯、會武藝而有家産者千人外〔四〕，餘並放歸農〔五〕。自後，知秦州王承衎、楊懷忠等累奏，自揀留保毅千人以來，多相決射及受雇替名逃竄，難爲拘管。兼河民學武藝，惰農業，實無濟用，乞並放歸農。」令〔知〕樞密院王欽若以此諭瑋等：北來軍兵數多，〔民〕〔保〕毅前後累經相度，看❸詳以聞〔六〕。

天禧元年十月，詔：「河北、河東忠烈、宣勇兵士有老病揀給半糧者，自來令人承替。如聞多是貧獨，無力召人，宜令轉運司自今有如此類及不給錢糧者，逐處保明放停。所少兵士，並依本城例招補。」

仁宗天聖五年三月，臣僚上言者稱，秦州保捷五指揮人内，有年老及十年以上〔者〕〔不〕曾揀選者。詔就差陝西同提點刑獄崔淮揀選。其十年以上不曾揀選兵士，令提點刑獄司及秦州分〔併〕〔具〕因依聞奏。

八月，詔：「河北、河東自今見在强壯身亡并老疾不〔在〕〔任〕充應者，本家别差一丁承填。除依常例修完城壘外，非時不得勾集差使。」

十二月，前河北轉運〔司〕〔使〕周好問言：「河北、河東强壯身死並年高殘疾及見今單獨不任充應者，令本家别差一丁充填。若無餘丁，並於本村别户差選。」從之。

景祐二年五月，詔：「施州義軍如聞多雇人代戍，既不時教閲，復私加役使。其令監司察視，違者以私役防兵論〔七〕。」

寶元三年二月八日，中書門下言：「累據臣僚上言，請令諸州强壯教習兵戰，以備征役。」從之。

十一日，詔：「陝西州軍已差轉運使張存等點集强壯，宜令安撫使韓琦等偏行撫諭，無致驚擾。其應蠲免事件，規畫聞奏。及令存、琦慰諭所差强壯，止本土防守城池，不差他處。」

〔一〕姓：原作「夾」，據《長編》卷八八改。
〔二〕言：原脱，據《長編》卷八八補。
〔三〕「檢會」下原空一格，似下文别爲一條，審文意不應有空格，今接排。
〔四〕有：原脱，據《長編》卷八八補。
〔五〕餘：原無，據《長編》卷八八補。
〔六〕自「北來」以下，《長編》卷八八僅作「令看詳具奏」。
〔七〕防兵：原倒，據浙江書局本《長編》卷一一六乙。

康定元年〔三〕〔二〕月〔一〕，詔：「陝西所募强壯，止留捍守城池，毋得遣戍邊。」

四月，詔河北都轉運使姚仲孫、緣邊安撫使高志寧密下諸州**4**軍添補强壯。初，知制誥王拱辰言：「昨奉使時，聞契丹不畏官軍而畏土兵。蓋天資勇悍，鄉關之地〔二〕，人自爲戰〔三〕，不費糧廪，坐得勁兵，宜速加招募而訓練之。」故有是詔。

二年七月，陝西都總管、緣邊招討司言：「准降下鳳翔府通判張䖍奏：『近邊州軍鄉兵、弓手應三等户以上，曁向下有及四丁以上者，並不限十月初、正月終，但遇邊上有事宜緊急，便許府郡勾集防護。』乞如所請。如不足，更於向下有物力弓手内勾抽，才候賊退，却放歸農。」

是月二十六日〔四〕，詔：「比置宣毅指揮，以防守城池。其先所增弓手於第二、第三等户内選壯勇者，益舊額兩倍，每五十人置節級一名，餘悉放歸農。」

十月，鄜延路兵馬都監种世衡請募青澗城土丁，不刺面，别名爲一軍。從之。

慶曆元年二月〔五〕，中書、樞密院言：「欲委逐路總管等於本處職員内擇有行止人，令募近邊土人，(立)〔止〕充護塞指揮，(立)〔止〕在鄉村教閲武藝，遇有事宜，勾集使唤。」從之。

二年五月，詔：「迺者以河北、河東弓手爲軍，蓋欲知鄉川道路，服習耕戰，而諸遊冗之人皆顧雇代人入籍。其非正身者，一切罷之。」

閏九月，詔：「河北路義勇鄉兵死而其家有丁壯者，令逐處選填之。」

〔五年〕十一月〔六〕，詔：「秦州六縣保毅指揮，自今如敢私役者，以計庸律論〔七〕。」初，涇原路都總管程戡言〔八〕：「陝西諸路舊有保毅，不知所置時。逐指揮不計人數，元不刺手面，父死子承，籍不可脱。原其初置之**5**意，蓋欲緩急集捍邊陲。近年唯充州縣夫役，無復責以武藝。比經點刺爲保捷軍，而家猶不免保毅之籍。今皆孤弱下户，既應役不任，即析賣田産〔九〕。所買之家以分數助役，至五七家共負一夫之役〔一〇〕。臣昨在秦州，見此輩每斬材、伐薪、修城、築堤，未嘗暫息，以至僦傭〔一一〕，日不下二三百錢，加有都將歛率，誠可矜念。況諸路已有鄉兵，沿邊又有弓箭手〔一二〕，

〔一〕二月：原作「三月」，按，《長編》卷一二六載此詔於康定元年二月十一日丙申，據改。

〔二〕地：原作「城」，據《長編》卷一二七改。

〔三〕戰：原作「鹹」，據《長編》卷一二七改。

〔四〕按，《長編》卷一三二載此條事於慶曆元年（亦即康定二年）六月二十五日壬寅。

〔五〕按，據史，康定二年十一月二十日丙寅改本年爲慶曆元年，則此處「慶曆元年二月」實爲康定二年二月。若所書年月不誤，則此條不應置於此。且《宋會要》通例，凡書年號均以改元前後實際年號爲準，則此處應稱「康定二年二月」。疑本條乃《大典》從他處抄來，又改其年號。

〔六〕五年：原脱，據《長編》卷一五七補。

〔七〕庸：原作「農」，據《宋史》卷一九〇《兵志》四改。

〔八〕天頭原批：「此節載《宋史》兵四『陝西保毅』下。」

〔九〕析：原作「折」，據《長編》卷一五七改。

〔一〇〕七：原作「十」，據《長編》卷一五七改。

〔一一〕僦：原作「就」，據《長編》卷一五七改。

〔一二〕弓：原脱，據《長編》卷一五七補。

請並罷保毅指揮。」下陝西都轉運司議經久利害〔一〕，而永興軍通判邵良佐言：「陝西保毅軍舊制：遇邊上有警，暫集以守城，事已則放歸農。今鄜延、環慶、涇原三路則不占它役，獨秦州賊馬未嘗至境，其保毅四指揮僅三千人，常供役本州。貧瘁之民，久廢農業，乞朝廷重約束之。」故降是詔。

六年六月二十七日，知并州鄭戩言：「本路義勇鄉兵昨因明鎬擘劃，乞今後相度邊事，或勾或放。今經二年，不曾教閱，慮因循惰廢武藝。乞下經略司，每歲九月農隙之際，分兩番，數多處分四番，番於本縣教閱半月，逐州軍吏教半月，放歸田里。」從之。

嘉祐七年六月，同判都水監張鞏言：「前爲河北轉運使，所部辰、鼎、澧三州有係籍（二）〔土〕丁，習知山川險易之處，而不習戰閱之事。請下（鈴）〔鈐〕轄、轉運司，每歲冬初集本州教閱一（司）〔月〕，令戍管下諸寨堡，減北兵歸京師。其技高者戍日少，次者戍日多，下者倍之。仍免其户下科調，人給口食二升。其技之尤高者，遷補之。」從之。

神宗熙寧二年 6 十月二十一日，知滄州李壽朋言：「乞將本州及乾寧軍界河之南低下經河水淤澱之地，不起租稅，每二頃招强壯堪征役一名，充爲寨户。如願養馬，更給地五十畝，只隸諸寨，更番戍守。所置將案、兵仗、刺手之法，並依義勇條例施行。」詔以强壯爲名。仍令河北安撫使司，應有合行處置事件，相度施行訖奏。

三年正月，廣南西路經略、安撫、轉運司言：「土丁每年冬，勾赴本縣教閱，次年赴州，並一月放散，有妨農務，已令諸州用十一月。」從之。

八月，荆湖北路都（鈴）〔鈐〕轄、轉運司言：「辰州舊用土丁二千人，分作三季入寨防托，每季計差六百人。今以江南銅安、龍門、漫水、敘浦等處閑（漫）〔慢〕地可減百人，仍展爲一季。所貴人得蘇息，不妨農業，省減禄廪。」從之。

（七）〔十〕月二十六日〔二〕，渭州言〔三〕：「奉詔，與保毅更不（匃）〔勾〕追應役，只令一名納錢三千。緣保毅元置年深〔四〕，多本户下下各户貧民〔五〕，沿邊納已前雠〔六〕，土人並願且依舊應役差使，更不納錢。」詔本名合納錢三千，更與減一等。咸平五年，李繼遷叛〔七〕，西陲用兵，遣侍御史吳蒨與陝西轉運司閲緣邊丁壯充保毅軍〔八〕，凡得六萬八千七百餘人，給資糧，與諸軍分戍。保毅之名自此始也。治平刺陝西義勇，環慶路保毅並撥充義勇；鄜延路或揀爲義勇，餘仍舊。秦鳳、涇原路（下）〔不〕應役，止（約）〔納〕庸錢，民頗苦之，故有是詔。

十（二）〔一〕月〔九〕，知定州滕甫言：「中國、夷狄之兵，常多寡之不敵。蓋中國兵有 7 定數，至於平民，則素不知戰（戰）。夷狄之俗，人人能戰，舉國皆兵。此其多勝也。今

〔一〕司：原作「使」，據《長編》卷一五七改。
〔二〕十月：原作「七月」，據《長編》卷二一六改。
〔三〕渭：原作「澧」，據《長編》卷二一六改。
〔四〕元：原作「充」，據《長編》卷二一六改。
〔五〕此句文意難解，《長編》卷二一六作「多非本户正丁，並各貧下」，當是。
〔六〕此句亦疑有誤。
〔七〕李繼：原作「益都」，據《長編》卷二一六改。
〔八〕「蒨」原作「倩」，「閲」原作「關」，據《長編》卷二一六改。
〔九〕十一月：原作「十二月」，據《長編》卷二一七改。

河北州縣近山谷處，民間各有弓箭社及射獵等人户，習慣便利，與夷人無異。欲下本道逐州縣，並令募諸色公人及城郭、鄉村百姓有武勇情願學習弓箭者〔一〕，自爲之社。每年春時，長吏就其射處勸誘閲試之〔二〕。況北人其俗勁悍，性亦樂爲，緩急雖不可調發，亦足以防守。」從之。

七年六月二十六日，尚書兵部言：「廣南東路轉運司申：『廣南東西路槍手、土丁內，第四等主户有三丁者，以一丁爲土丁，揀人材壯健者充，及立正副都頭，使副都頭各分番(匀)〔勾〕赴州教試，支與錢米等事。本司檢會本路十四州，唯廣、惠、循、潮、南恩五州已奉詔共置槍手一萬四千餘人，只是鄉耆遞相推排，不拘等第、主客人户。或招召不足，即於本屬分差填。其第三等以上免本身役，四等以上免役當何如也？所有都分將棄，只自副都頭以上，除將所置槍手於在州教閲外，縣委令佐，或差官以教，事畢放散。詳此，只說於第四等以上主户有三丁者，以一丁爲土丁，未委一户有六丁者合取二丁，或户有九丁者取三丁，爲復(令)〔令〕户內但有三丁以上者只取一丁。以此未敢編排。其第五等舊係槍手人數，已行放落外，有九州元無(搶)〔槍〕手，只新定保甲，每户二丁以上取一丁充保丁。即未委重行排定(搶)〔槍〕手，或更不置立。今(搶)〔槍〕手是三人者，保甲是兩丁以上，即 8 不知(搶)〔槍〕手一户六丁以上，或保甲四丁以上，合又差二丁。及已係排槍手人户，尚無更排保丁已否。』本部勘會，若依義勇條例，其第四等以上主户，每三丁合取一丁爲土丁。又緣元降詔旨，只言第四等以上主户有三丁者，以一丁爲土丁，及自來無土丁州軍，合與不合差點？」詔令逐路經略、安撫、轉運司，據元管槍手、土丁人户，依義勇例。廣南東路每三丁差一丁充槍手，廣南西路每三丁差一丁充土丁。其自來無土丁、槍手州軍，即更不差置。

八年十二月二十二日，詔：「廣(廣)〔南〕西路選募少健丁壯三二千守邕、賓等州城。不足，即於土丁內揀選。」

九年正月六日，詔廣南西路經略、轉運〔司〕：「應控扼州軍并修城去處土丁，並支與錢米。修城者仍分番赴役。內不當控扼去處，即依條教閲，滿一月罷〔三〕。」

十年七月十七日，詔：「應民兵户內餘丁，若歸明人子孫、官户、客户、女户，有男夫同居者，依有丁例。單丁户、探事人户、河北沿邊弓手户，并免丁之人，並令附保。」

元豐元年十一月二十八日，荊湖南路安撫使謝景温言：「相度轉運司乞以邵州武岡等縣保丁於界上置鋪堡。其已發往關硤等寨弩手〔四〕，並就本縣差填。所置鋪堡，望辰州界並在百里內。欲許保丁依條置器甲，以備保聚、教習，皆便。」從之。非蠻界百里者，不用此法。

〔一〕者：原無，據《宋史》卷一九〇《兵志》四補。
〔二〕勸：原作「覲」，據《長編》卷二一七改。
〔三〕月：原作「日」，據《長編》卷二七二改。
〔四〕弩：原作「拏」，據《長編》卷二九四改。

二年十一月二十八日，前權廣東提點刑獄許懋、知賀州王謂言：「韶〔一〕、英、南雄、連、賀、端、9康、封、新九州，宜依廣、惠、循、潮、南恩五州例，於四等以上主户，三丁取一爲槍杖手。」從之。

四年正月二十一日，詔：「河北、河東、陝西見訓民兵，不日什長藝成，當推行開封府界團教之法。其所須錢糧、設置官吏〔二〕，從此準畿縣取索會較，未知及期能辦與否？若更遷延，恐不能以時舉，可依府界近例，令樞密承旨司取索會較。」

七月十八日，詔：「三路見教民兵，第一番除澶、澤、陝州已有指揮外，據狄諮等奏，並已教成。若久不按試，不唯枉費錢糧，兼妨它州起教第二番，及轉教之法卒不得頒降。宜差天章閣待制、判尚書兵部趙卨，文思使、文州刺史、内侍押班李舜舉，依開封府界已引見格，逐一按閱推賞。仍差入内東頭供奉官宋鼎臣、高品劉友端充承受，兼監視按閱。」

五年九月二十三日，詔應緣民兵事，悉隸兵部。

六年六月四日，廣西經略使熊本言：「知宜州和斌、通判黄裪〔三〕，相度宜州思恩、天河、河池、龍水等縣，所管土丁二萬七千餘人〔四〕，遇有賊盜，緩急可以追呼。兼普義、德謹、思立、鎮寧四寨，控制蠻賊所出入路〔五〕，欲令所屬編排土丁，分作都分，除逐隘舊防托土丁外，各增三十人。其非防托者，遇有盜入省地，並許緣邊縣及州追呼，遣人部領，會合捕殺。」從之。

七年四月六日，福建路轉運使賈青言：「昨提點江西刑獄，編排虔州諸縣槍杖手立額，依保甲法，歲一按閱，民以爲便，江西一路可以推行。」詔下本路，依虔、撫10州、建昌軍等處見行法。

五月十一日，詔：「辰州土丁屯守誠〔六〕、沅州，每十人兼顧歸明人四人。」從荆湖路相度公事孫覽請也。

二十一日，詔明州昌國西監巡檢司招土兵百人，於明州崇節指揮除其數。以(鈐)〔鈐〕轄司言昌國西監、岱山鹽場控扼海道也。

哲宗元祐元年三月五日，樞密院言，修定監司按土兵賞格。從之。

十二月二十六日，詔：「熙河蘭會路住營土兵二十指揮，存留一十二指揮本路住營，移八指揮於秦、隴州、鳳翔府置營。」以極邊物價踊貴故也。

二年五月二十八日，瀘南沿邊安撫使司言：「請應瀘

〔一〕韶：原作「詔」，據《長編》卷三〇一改。
〔二〕置：原脱，據《長編》卷三一一補。
〔三〕黄裪：原作「豐裪」。按，《長編》卷三三五、卷四〇六作「黄陶」，而同書卷二八八及《欒城集》卷三〇、雍正《廣西通志》卷五一等俱作「黄裪」，當是，因改。
〔四〕土丁：原脱，據《長編》卷三三五補。
〔五〕賊所：原脱，據《長編》卷三三五補。
〔六〕誠：原作「城」，據《長編》卷三四五改。

州界土人因邊事補授班行，自出備土丁子弟在本家地分把扼之人〔一〕，並循久例把扼邊界，更不與請給，亦不理爲資任磨勘改轉。若別有勞績戰功，并被差入夷蠻界，合該推賞，自繫臨時奏請恩旨。其敢邀功生事，根究得實，並不用蔭贖，特行決配廣南遠惡州牢城。」從之。

三年二月十四日，詔：「廣南西路民兵第四等以上户兩丁〔二〕，第五等户不以丁多寡，及東路不以户等高下，並免教。」

四年三月二日，詔：「融州管下舊係皇祐勑差置全家成丁係籍之户，每年遇教閱，並三丁抽一丁，兩丁之家亦抽一丁赴教，單丁者即二年一赴外，户内餘丁，依舊存留係籍，以備邊防，更不教閱。」從廣西經畧司請也。

七年正月二十五日，荆湖南路兵馬（鈴）〔鈐〕轄謝麟言：「乞依舊制，於邵州邵陽、武岡、新化等縣 11 中等以下户，選充土丁弩手〔三〕，與免科役。七年一替，排補將級，不拘替放年月，分作兩番，邊寨防托，不得雇人。每遇上番，依禁軍例教閱武藝，及專習木弩。如妄有役使，並依私役禁軍法。」從之。

紹聖三年三月十六日，詔：「廣南東西路槍手、土丁，依熙寧舊法，一年縣教，一年上州。」以樞密院言元祐以來罷上州法，慮因此漸成廢惰，故有是詔。

四年二月四日，詔淮南東西、江南東西路巡檢，並依舊法，全招置土兵。

元符元年四月十三日，瀘南安撫司言〔四〕：「瀘州義軍，乞於十月農隙之際，赴所屬犒設，以便夷衆。應推排到義軍職級，亦乞委自本司出帖。每年合支衣物，乞據數給與逐處義軍職級，庶幾均被恩賜。」從之。

二年六月三日，環慶路總管司言：「展築慶州白豹城畢，係控扼處，全藉土兵戍守，合添置住營馬步軍二指揮。」從之。

三年三月二十七日，樞密院言：「京西路安撫、提刑司奏，乞依元豐五年詔，巡檢司全置土兵，仍須招有户籍或有主户一名保（住）〔任〕者。」

徽宗建中靖國元年二月八日，詔（有）〔以〕邊事寧息，減放秦鳳路土兵。

大觀三年六月二十七日，詔：「諸處捕盜巡檢下兵士，捕捉不行，多是逐縣弓手捕獲，可令諸縣各增置弓手。小縣一十人，中縣十五人，大縣二十人，其役錢令敷出。」

政和六年六月四日，詔：「諸縣尉司招置弓手，不許上三等人户投充〔五〕。近來往往作弊計會，縣官漫不省察，致使 12 下等人户承帶儹下夫役、支移科買等，以至破產。自

〔一〕分：原作「方」，據《長編》卷四〇一改。
〔二〕民兵：原倒，據《長編》卷四〇八乙。
〔三〕弩：原作「拏」，據《長編》卷四六九改。
〔四〕瀘南：原作「詔南」，據《長編》卷四九七改。
〔五〕投：原作「役」，據下文所述改。

今上三等人户輒敢計會投充者，每名立賞錢三百貫文，許人告，以犯人家財充賞。（行）〔將〕官吏、本保正副依條科罪，不以去官、赦降原減。其見今冒役之人，仰逐路提刑司指揮州縣，並行改正，自首特與免罪。」

十二月七日，詔：「河北路有弓箭社縣分，已降指揮，解發異等。所有逐路縣令、佐，候歲終教閱了畢，仰帥司比較。每歲具最優最劣各一縣，取旨賞罰，以爲勸沮，仍著爲令。」又高陽關路安撫使司奏：「准大觀三年十一月内朝旨，弓箭社人依保甲法推賞〔一〕。准《政和保甲格》，比較最優縣令、佐各減磨勘三年，巡檢減磨勘二年；最劣縣分令、佐各展磨勘三年〔二〕，巡檢展磨勘二年。若到任不及半年應賞罰者，並減半。即不經管勾聚教者，不在比較之限。」詔弓箭社準《保甲格》賞罰施行。

十八日，朝請大夫許翽奏：「本朝聯保甲於西北，籍槍杖於東南，深得寓兵於農之意。竊見東南諸槍杖手籍多至千員，下不減數百，其間係籍經年，寖失稽考，至疲癃力竭而莫或檢視，事藝日退而未嘗審察，名編於籍而人實不存。每遇歲終按閱，始行追呼，旋驅遊（子）〔手〕代名充數。望申勑州縣，嚴加括責，詢訪少壯通習事藝之人，重加較試，籍記姓名年甲，預爲之備。」從之。

宣和元年十二月二十九日，詔：「四川自討蕩晏州並綿、茂作過番部之後，開斥土疆，建置城寨，接連蕃界，全（籍）〔藉〕13土兵，以備戰守。應成都府等路土兵，可依陝西、河東法，除訓練官得差破外，餘並不得役使接送。（鈐）〔鈐〕轄司檢察，季具有無違戾申樞密院。」

三年六月十四日，詔福建路槍杖手，依元豐法隸提刑司。

七月二十四日，兵部言：「熙豐間，民兵總籍幾至百萬，而京畿三路保甲不與焉。近因江西漕臣請，本路槍杖手元豐七年以八千三十五人爲額，至元祐中減罷七千一百四十二人。元符間雖嘗增立人數，比之元額，猶減七分。乞詔諸路監司、帥臣並遵熙豐舊制補足元額，并後來損益之因，與今日增闕之數，歲申本部，按籍檢察。」從之。

十一月十二日，詔：「近降指揮，弓手依元豐法，募上三等人户，候召募到人，方得替罷。訪聞官司奉行苟且，其見存之人計屬障欄，至今歲餘，未見抵替了當。可立限一季，須管數足，監司、廉訪使者候限滿，覺察以聞。應重法地分准此。」

六年五月一日，中書省言：「勘會巡檢下招置土軍，自來不給口券，止於本寨月糧内零碎并合，令人（檐）〔擔〕夯隨行，以充口食。既將帶不多，則沿路必致飢餓，逃竄作過。緣此，巡檢雖出，不過旬日便回，多不遍由地界警捕。欲巡

〔一〕社：原作「射」，據《宋史》卷一九〇《兵志》四改。
〔二〕展：原脱，按《宋史》卷一九〇《兵志》四作「最優劣縣令各減、展磨勘年有差」，蓋言優者減年，劣者展年，據補。下句同。

檢應管兩縣以上，或都巡檢，並於所屬州先次出給差帶兵人都口券一道，付逐官拘掌。每遇出巡捕盜，即抄上所帶的實人兵姓名、月日，於〔在〕所倉驛，每人每日支借口食本色米豆二升，應付逐日喫用，候回日剋納。其券14一年一易，繳赴所屬驅磨。」從之。

七年二月十四日，臣僚言：「近歲邀功生事，使無辜之民坐罹其殃者，京東之置弓箭社是也。竊見京東、西路昨於宣和四年緣西路提點刑獄梁（楊）〔揚〕祖奏請，乞勸誘民户充弓箭社。繼下東路，令依倣招誘。若如立法之意，不過使鄉民自願入社者閱習武備，爲禦賊之具爾。如邀功生事之人，唯以入社之民衆多爲功，厚誣朝廷，督責州縣，取五等之籍甲乙而次之，悉驅之入社，豈問其願與否也。法始行於西路，西路既已冒受厚賞矣，於是東路憲司前後論列，誕謾滋甚。近者東路之奏，以數計至二十四萬一千七百人，又奏續勸誘三千八百二十八人，又奏武藝長優十一萬六千餘人，並已就緒，且云比之西路，僅多一倍。審如所奏，有被甲執兵之民數十萬，按閱有方，則山東之寇何至累月淹時，未見殄滅哉！且私有兵器，在律之禁甚嚴，今弓箭社一切兵器，民皆自藏於家，不幾於借寇乎？伏望斷自聖心，罷京東弓箭社之名，所藏兵器，悉送之官，使民得免非時追呼迫脅之擾，以安其生。應兩路緣弓箭社推恩者，並追奪改正〔一〕；首議之人，重賜黜責；後來奏請誕謾，亦乞特賜施行。」詔：「並依奏，梁（楊）〔揚〕祖落職。其禁兵器，令安撫司指揮逐州軍並拘收入官，弓箭社人依指揮放散。」

欽宗靖康元年五月九日，〔詔〕：「應緣（令）〔今〕來事宜，諸路被差兵民并守禦保甲人户等，並特免一料15支移變折，及借差（料）〔科〕一次。」

高宗建炎二年六月二十七日，詔：「福建路提刑司募少壯武勇槍杖手五千人，專一准備東南捕盜使喚。數内選取事藝高强衆所推伏、或曾經調發有功之人，每百人差一名部轄人，先次借補進武校尉。若所部人一年別無過犯，委所屬保明，特與補正所借名目。或別有立到功效，即隨所立功優加爵賞。令逐路曉諭，所募人並不差往西北。仍令逐州知、通專一措置合用器甲，常切訓練教習。合用錢糧，令提刑司立定則例，申尚書省。」

八月十一日，兵部尚書盧益言：「近制以田括丁，號爲民兵，亦古鄉兵之意。恐州縣奉行或過當滅裂，乞差官分路按察。」詔令逐路提刑司按察，仍具訓練招置次第申尚書省。

十一月二十二日，南郊赦：「近立法，選擇民兵備禦盜賊，保護鄉縣，以安吾民。訪聞州縣有奉行失當，猾吏姦民並緣煩擾，仰逐路轉運、提刑官躬詣所部，詢察所行次第，尚有合行更易利便，速具條奏。若違戾初意，致有煩擾去

〔一〕奪：原作「集」，據《宋史》卷一九〇《兵志》四改。

處，即仰按〔刻〕〔劾〕以聞。」

三年四月八日，赦：「應天下民庶，並許置弓弩，本家習學，以防外患。如有事藝高强，許於所在州縣自陳，委長吏審驗人材，解發赴御營使司審議推恩。」

六月六日，詔：「池州招槍杖手及忠義敢勇一萬人，充控扼守禦。內破用使臣，日支食錢四百文、米三升，錢糧並從朝廷應付。」從知州袁植請也。

閏八月十日，御營使司16參議官柳約言：「今〔修〕〔條〕畫：土豪召募民兵，沿江把隘，自備錢糧、器甲，二百五十人承信郎，四百人承節郎，七百人保義郎。土豪召募民兵，官給錢糧、器甲，五百人進義副尉，七百人進武副尉，一千人承信郎。以上並先與補授，如有逃亡作過等人，不及數，即計數多少具數申朝廷，依法行遣。若所部人兵立到功效，並依軍功推賞。」從之。

四年正月一日，知温州盧知原言：「本州召集土豪民兵，別無激勸，乞給降空名官告、度牒。」詔令禮部給降度牒三百道。

二月十二日，詔：「令後召募鄉兵、土豪，專委守臣召募。」以臣僚言：「近朝廷以兵不足而起鄉兵防江，又慮武藝未精，從而募土豪膽勇。殊不知土豪膽勇，是亦鄉兵也。或者置司自行募召，差守他郡，非也。募土豪當責守令，不必監〔守〕〔司〕。蓋守令近而親，勸以利害，必欣然而從，以其守鄉邦故也。監司遠而踈，雖多方誘之，未必從，以其未知所向也。乞召募土豪膽勇，必責守臣，使各守鄉井。」故有是詔。

七月十九日，臣僚言：「浙江、福建土豪等既立寨栅，團結槍杖手及民兵，內則恐迫縣道應副錢糧，外則騷擾百姓，要求犒設，無所不至。蓋緣州縣失守，監司不曾巡按。」詔：「令逐路提點刑獄與提舉茶鹽官斟量緊慢，分定州縣巡按，篤責措置。如不親臨，當重置典憲。仍州委通判、縣委知令，火急措置。其募充甲頭、寨長，所差官候過防秋，別無踈虞，〔令〕〔鈐〕束所部民兵、槍杖手17不曾作過，即具保奏，特與推恩。若稍有透漏違犯，及官吏用情，抑配不均，並當重作施行。各具相度到險隘置寨去處，令提點刑獄、提舉茶鹽官具以分定州縣，畫圖貼説以聞。」

八月九日，詔：「諸路州縣應水陸控扼合行把隘去處，委守臣、知縣召募土豪，招集鄉兵，捍禦把隘。如能自備錢糧、器甲，招到委可使喚兵及三百人，把隘二十日以上，其首領仰所屬州軍開具召募人數、把隘日分，保明奏聞，當議參酌，各隨人數、日分多寡等第補授官資。內有立到奇功、忠義顯著之人，即優加旌賞。其把隘土豪、鄉兵，並仰先期籍定姓名、人數。如遇警急，即赴隘所防托。仍仰所屬州縣，選擇清强官躬親前去隘所部轄。即不得以把隘及辦驗姦細爲名，將官員、商賈一例妄行阻當騷擾。如違，並依軍法施行。仍多出文榜於隘所并州縣，分明曉示。」以知越州陳君錫言：「乞將陸地把隘土豪正副首領，從朝廷比類前項申明，立定把隘日限及召募人數，量其費用，隨數多寡，立爲賞格。委自諸州守臣召募有能於衝要處結集民兵、出備糧食、置辦土俗器仗者，候見結定人數，令守臣選官前去點檢。見得所部人數委可使喚，器仗足備，即從本州一面依朝廷立定合該官資，先次給與公據照證。候過防秋，保守無虞，具奏正行補授。若或別有立到奇功之人，即乞優異推恩。」故有是詔。其後有旨，令諸州將昨來土豪 18 實曾立功之人，勘驗詣實，保明申奏，（賞）〔當〕議參酌推賞。仍分明出榜告諭。若今來防秋，或敢報怨復讎，劫掠作過，並許相容隱人并奴僕、同伴告首，特與推賞；犯人遣兵勦戮，定不招撫。

九月一日，詔：「今後並仰所屬州軍，將實有勞効官員、鄉兵、土豪，如因金賊立功，即保明申本路安撫司。或緣（捕）盜有勞，即申本路提刑司。並令逐司核實保明，聞奏推恩。」

十月〔一〕，承侍郎徐端禮言〔二〕：「自軍興以來，東南州縣糾率鄉兵捍禦盜賊，官司無一毫之費，若非激賞，難以勸功。欲將應鄉社守隘防托去處，每鄉首領限以名數，從州縣出給文憑，與免身役。候有勞績顯著之人，次第保明，申朝廷量加爵賞。」從之。

十一月二十六日，詔：「應諸路召募到土豪、鄉兵，各聽本州縣守、令節制。」

紹興五年五月十二日，秘書省正字李彌正言：「見存西北之兵，歲久銷減，乞令州郡募東南民兵教習，以壯國威，禦盜賊。萬一朝廷有警，亦可募以調發。」上曰：「朕自知南兵可用，向有五百人皆平江府人，在張浚軍中〔三〕，往往率先犯陣。其不可用者，但未教習耳。」

六月二十七日，福建路安撫司言：「臣僚乞將福建係籍槍杖手人悉行蠲放。本司相度福建漳、泉、南劍、汀州、興化、邵武軍逐州，熙寧年間，因南劍州將樂縣槍杖手廖承禹等捕獲强盜賊吳笋等，係提刑司奏准朝旨選（楝）〔揀〕，籍定姓名。今已五十餘年，元有武藝强壯之人，皆已老病，虛繫 19 名籍，遇有盜賊，並是臨時呼集遊手之徒充數。今乞依臣僚陳請，委實利便。」從之。

六年十二月四日，荆湖南路轉運司言：「湖南武岡軍管下有綏寧、臨岡縣，創置之時，於武岡、邵陽輪差鄉户作弩手名目，遠戍於彼。今欲依臣僚上言罷雇外，乞就本軍量差軍兵前（法）〔去〕沿邊二十一縣寨，分番防拓使喚。」從之。先是，三年八月十七日，臣僚言：「武岡軍管下三縣，除依郭武岡尚存外，有綏寧、臨岡兩處，舊來强名爲縣及寨者，盡爲猺人所有。往者創置之時，於武岡、邵陽兩縣輪差鄉户作弩手名目，遠戍於彼，及供役使。今既無縣寨之實，而弩手之名尚存，都頭、隊長及逐處胥隸，常執文引往來於兩縣之間，追呼騷擾，歲取其直，每名不下二三千，人民怨嗟，爲害甚大。望委本路監司詳究利害及更革之方，條具以聞。」詔令本路監司同共相度經久可行利害，具狀申尚書省。至是上言。

二十六日，荆湖北路經略安撫司言：「湖北路澧、辰、沅、靖州並係接連蠻猺溪洞，昨營田四州，（其）〔共〕招置弓弩手九千一百一十人〔四〕，已見就緒。散居邊境，教習武藝，彈壓蠻夷，並不請官中錢糧。平常無事，耕作自贍，若

〔一〕十月：疑當作「十日」，此門自高宗以下每條均記至日分，不應此條獨異。
〔二〕承侍郎：按宋代無此官名，疑爲「承事郎」之誤。
〔三〕「浚」原作「俊」，「中」原作「人」，據《建炎要録》卷八九改。
〔四〕一百：原作「九百」，據《宋史》卷四九四《西南溪峒諸蠻傳》下、《歷代名臣奏議》卷三三四、曹彥約《昌谷集》卷一一改。

(與)〔遇〕緩急，勾集使喚，極有便利。止(有)〔因〕靖康元年內全軍調發，應援河東，陷没，又遭兵火，遂致死亡闕額數多。今若盡行省汰，緣澧、辰、沅、靖州並無正兵防守，竊慮引惹蠻夷覰望，別致生事。欲將前項四州刀(拏)〔弩〕手元額，並權[20]行裁減，立三千五百人爲額：內澧州五百人，辰州一千人，沅州一千五百人，靖州五百人。依條責委知、通提舉，先將堪好田土摽撥，措置招填，訓練彈壓。仍候招補足數，從本司別行相度，以元申增添補。所有減下人額空(間)〔閑〕地土，並乞召人承佃，出租課，補助歲計，委於本路邊防、財計兩便。」從之。先是，知鼎州張觷言：「湖北路鼎、澧、辰、沅、靖州並係接連蠻傜溪洞去處，祖宗以來，各有排置刀弩手，最爲得力。比緣多事之際，例皆闕額。」詔令本路帥臣同觷將闕額人數參酌舊額，合與不合裁減，如(合)〔何〕招填可以敷額，並新舊管刀弩手若給回田土，如何標撥，若干數目。仍先多方招填，仍限一月，條(其)〔具〕邊防經久可行利便聞奏。至是上言。

八年三月二十六日，知福州折彥質言〔一〕：「諸州起發弓弩手，先行撥回〔二〕。」宰臣得旨，呼楊沂中到堂商量，欲朝廷應副錢物，招收填闕，可以久長使用。諸州弓弩手，欲節次遣還之。上曰：「甚好。」

二十七年九月二十五日，廣(西)〔南〕西路經略安撫、轉運、提刑司言：「宜州不係團結土丁，每年見納身丁米。緣與團結土丁一例，輪流差在沿邊守戍，合依團結土丁體例免納。」從之。

(二)〔三〕十一年九月十二日〔三〕，(准)淮南運副楊抗言〔四〕：「高郵軍創復之初〔五〕，錢糧闕乏，無力招置兵馬防捍〔六〕。有主管官莊秉義郎陳順〔七〕、忠訓郎車定方二人，各於本軍界糾集團練到義兵，內陳順六百餘人，車定方三百餘人。自[21]備器仗、旗號、錢糧，更不支破官中請給。其糾集到人，並是東北强壯義勇，堪披帶之人，皆有老小，緩急可以守禦使喚。委見陳順、車定方忠義可嘉。」詔陳順特與轉一官，車定方減三年磨勘。

十一月二十七日，樞密院言：「嚴州起發方文燧部押到義兵三百餘人，已送忠鋭第五將張耘，常切教閱。」詔令聽張耘節制。

孝宗隆興元年八月二日，詔：「廣西經略安撫司先次將土丁輸竹木上籍。州縣官科需，部轄人掊尅，堡寨官取(結)〔給〕，並日下嚴行禁絶。」

二年正月二十七日，兵部言：「契勘廣西土丁教閱，熙

〔一〕「福州」原作「楊州」，「折」原作「析」，據《建炎要録》卷一一八改。

〔二〕先行撥回：似當作「乞行發回」，《建炎要録》卷一一八作「乞發回」，是也。

〔三〕三十一年：原作「二十一年」，據《建炎要録》卷一九二、雍正《江西通志》卷八五改。

〔四〕楊抗：原作「楊杭」，據《建炎要録》卷一九二改。按，楊抗字抑之，抗與抑相對。

〔五〕郵：原作「陲」，據《建炎要録》卷一九二改。

〔六〕兵馬：原作「馬兵」，據文意改。按，所招義兵當是步兵或以步兵爲主，此處泛言招募兵馬，非只招馬兵。

〔七〕莊：原脱。按，據《建炎要録》卷一九二，陳順爲主管高郵軍官莊，車定方爲監高郵軍官莊，據補。

寧舊法，一年縣教，一年州教。昨自元祐以來，並罷之州。續紹聖三年指揮，每一年在縣，次年上州，各以都管指揮，均作三番，自十一月至正月終，每月輪教一番。如敢別有差倩及諸般科配、和雇，並科違制之罪。今竊詳土丁雖每一年在縣，次年上州，各自十月至次年正月，教閱三月。又緣分作三番，止係赴教一月，是致因緣私役差倩，及有私需。今來若照應元祐指揮，免赴州教，又恐漸成廢弛。今欲將州縣教閱並合住罷兩月，止於十二月赴教一月，分作兩番教閱，即依自來條例放散。所有命官及諸色人，私役手藝、土丁，並有妨教閱，並乞依私役禁軍（法條）〔條法〕斷罪。」從之。

三月二十七日，德音赦：「勘會高、藤、雷、容州土丁，昨緣教閱月日，并分番頻數，是致州縣因緣科需，私役差倩。已降指揮住罷兩月，止於 22 十二月赴教一月，分作兩番。所有諸色公人等斂掠乞取錢物，官司擅自勾抽，及諸般科配私役等，亦有斷罪指揮條法，非不詳備。竊慮州縣尚爾循習科擾，有失朝廷寬恤之意。仰本路監司常切覺察，如有違例去處，按劾以聞，當議重寘典憲。」

十二月十〔六〕日[一]，德音赦：「楚、滁、濠、廬、光州、盱眙、光化軍管內，并揚、成、西和州、襄陽、德安府、信陽、高（陲）〔郵〕軍應州縣土豪，并山水寨首領，自備錢糧，糾集鄉兵，把截關隘，或曾戰鬬，或能保護鄉井有功者，仰逐州軍守臣開具保明，委帥臣、監司（覆）〔覈〕實，申尚書省取旨推恩。」

乾道元年四月四日，知德慶府莫廷秀言：「二廣諸州多與江西（按）〔接〕境，江西之民以興販私茶鹽爲業，劫殺平民，而二廣諸州軍兵孱弱，惟賴土豪號曰統率者，聚其保伍以遏絶之。然其間百姓有以死戰而不見恤，統率保全州縣而無以賞功。望行下二廣諸州，或有百姓身死於戰，兼統率能阻遏賊勢、保全州縣者，所屬保明，申朝廷推賞。」從之。

十一月七日，權知荆門軍程逖言：「湖北荆門軍等處，曏緣疆埸有興[二]，從權制宜，團結丁壯，或號義勇，或號强壯，防秋之際，追集訓勵，以備不虞。今鄰國修好，並邊解嚴，望戒勅湖北諸州軍，應先團結民兵之類，非因邊事，不得分番追集，以守把教閱爲名。」詔依籍定姓名，並各放散。

二年正月二十四日，殿中侍御史張之綱言：「二廣有土丁、保丁之法。保丁則每 23 戶一名，土丁則父子兄弟皆在其數。常以十月一日聚而教閱于州縣，盡十二月而後罷。姦吏舞法，循習爲弊，拘留重役，盡正月而不得去，其爲民害大矣。望一切罷去，不得循習，別致勞擾。」詔令廣南東、西路經畧安撫司行下諸州，如有似此去處，並日下放散。今後不得依前追擾。

〔一〕六：原脱，據《宋史》卷三三《孝宗紀》一補。
〔二〕興：嘉業堂本批云：「『興』疑『釁』。」

三月二日，臣僚言：「金州等處以農夫户口差科役使，名曰『保勝』。每一家二丁則取一丁，四丁、五丁則取二丁、三丁，名曰『義士』。均州亦曰『保勝』。科取注籍，則州縣主之，至於差撥役使，乃係統兵官。如金州、洋州則係都統司，均州則係管内安撫司，州縣不得治之。遞年役使，未嘗少息。乞行下利路、均州等處，應有科役『保勝』、『義士』者一切放免。」詔依，令京西安撫司，並日下放散。更有似此去處，依此。

九月十三日，詔：「廣西一路邕、宜、融等州土丁，籍定姓名、年甲專統。土丁年至五十，即行揀汰，則選户丁承替。每歲遇農隙，秖於逐鄉便處各置教場，春秋二次，如法教習，候武藝精熟，即便放散。」從知潯州朱師孟之請也。

三年十二月十八日，宰執進呈主管淮南西路安撫司公事胡昉乞將淮西總首與補正一資，庶幾激勸。上曰：「且令帥司借補，俟二年，却申朝廷補正。」蔣芾奏：「胡昉之言，謂前此諸人受帥司借補，名目甚衆，不以爲重，須朝廷與補，乃可使之欣慕。」上曰：「五百餘人，如何盡補？可令胡昉具前此立功已借補人申朝廷。其 24 未經借補者，可徑令帥司借補一資。」

同日，胡昉言：「乞將本路籍定萬弩手之家，依元降指揮，並與免户下三百畝税賦。不唯有以激勸，庶幾緩急樂於用命。」從之。

四年正月五日，前知荆南、湖北路安撫使王炎言：「荆南團結義勇、民兵，取會得荆南七縣主客佃户，共管四萬二千二十户，丁口計一十餘萬，除官户并當差役人外，净得八千四百一十九人。若調集團教之際，使之自備食用，必不能辦。乞截留本府苗米一萬四千石〔一〕，又乞漕司應副錢二萬貫充日支錢米。自十月起發，每爲三番，每教一月即放，重給弓弩與總首，俾民暇日從便閲習，不得追擾。又於鄂州都統司關支弓一千五百張，箭五萬隻。於内選願爲弓弩手者，悉給以弓弩、官箭，仍加旗幟金鼓，盡出於官，民無毫髮之費。又於都統司關甲三千副，三番輪教，悉是全裝。若更蒙支降衣甲二三千副，即上流創添此一軍，遲以數年，更行蒐補，可得萬人。若比之所養官軍，利害豈不較然易見。乞下湖北安撫司，日後每於農隙月日，輪番教閲，及下總領所、轉運司，支降每年本府苗米、歲計錢，毋得違闕。」從之。

二十七日，四川宣撫使虞允文言：「興元府一帶義士，人材可用，一面委晁公武拘收人丁，并尋訪陝西弓箭手舊法，乃得之瀘州，蓋祖宗朝所頒降也。重加看詳，凡一百四十一條，分十三門，爲一書，敢編録爲册上進。竊詳興、洋之間， 25 在紹興初〔二〕，義士係籍者以七萬計。紹興三十一年大散關之戰，大將不授以甲，驅之使在官軍之前，死損逃

〔一〕本府：原作「苗府」，據下文改。
〔二〕紹興：原作「紹聖」，據《玉海》卷一三九改。

亡之後，僅存六千餘人。今公武所籍興元之丁，增至一萬六千四百三十四人，合洋州兩縣三千七百八十九人〔一〕，有真符一縣拘籍未到。大安軍一千七百六十八人，共二萬三千九百八十一人〔二〕，見已結成隊伍。其金、房、階、成、西和、鳳、興州，亦用結保社、守鄉村、防姦盜爲名，重加整治，約亦可得三萬人。有家屬物業，各有顧藉，人自爲死，其爲用過於官軍，而風聲氣俗，皆傳陝服之舊〔三〕，安於弓箭手之良法。舊係官給田，故其法從重；今義士等私田，止免家業錢，所立法皆從輕。絶增募之擾，歲可免六七百萬之費，而獲四五萬人之用。其爲便利甚明，乞付有司早賜頒降施行。」詔依，仍先次施行。照得興元義士自紹興初團結之後，獲其死力居多。兵火後，舊制不存，比年調發，隸屬諸軍，兵官不給衣甲，投之死地，始不聊生。然興元、梁、洋之民，素號驕勇，實可濟事，若爲專法，禁止私役，分隸統轄，必著成功。謹以陝西弓箭手條格擬定成法，爲永久之利。一、措置將新舊保丁揀選，每兩丁、三丁揀一丁，四丁、五丁揀兩丁，六丁、七丁揀三丁，選少壯堪充義士之人團結，每户免家業錢二百貫，非泛科率。今欲乞除常賦外，義士長行每户依舊與免家業錢一百五十貫，不及實免；擁隊一百七十貫，隊官二百 [26] 貫上科糴外，與免本户差役。言取義士一名，户下元管家業錢三百貫除免二百一貫外，其免不盡外數，即合依舊差科。一、即今見管義士人數，欲依將兵例團結隊伍，每六十五人爲一隊，推服管隊一名，火頭五名。仍於數内揀習神臂弓手，并平射弓手，及甲軍槍手，仍官爲置教閲弓箭手、槍、旗訓練。如遇調發，每人日破口食米二升半，回軍日止。其行軍犒賞、帶甲等錢，並許依正軍例一等支破。一、如遇調發，(計)〔許〕從安撫司踏逐，選官統押，申聽安撫司分撥使喚，其御前諸軍統兵官不得干預。一、逐州知州專一提舉義士，知縣兼義士軍正，縣尉兼軍副。非因調發輒差使義士者，乞依私役禁軍法。一、義士若追集教習，有妨農務。今欲且令各在鄉舍教習武藝，隸屬本路安撫司。本司遇農隙，自十一月一日追集生疎人教習，至十二月二十日放散。若武藝精熟，逐旋發歸。及一月以上人，量破口食。一、遇有緩急，其軍行所須什物、器械、衣甲，並自合官給。事寧息日，並納本路安撫司收管。一、義士内有願充馬軍之人，並聽。内願自備馬草料，乞請官馬，即從軍給。如一就自備，即與於已免家業上，更免錢三十貫。遇調發，官破草料，器甲依步軍並從官給。一、義士依效用法補轉，其陣亡恩例，自有條格。緣措置之初，多是白身，欲乞應陣亡内白身人除依例合得贈絹三疋外，更與補進勇副尉 [27] 恩澤一名；及因調撥在軍前病患身亡之人，與免户下三年稅賦科役。一、今來措置與免户下家業科役，專一准備緩急出戰，守把關隘，與陝西弓箭手利害一同。欲乞依陝西弓箭手，許行承籍。一、除興元府、洋州外，有興州、大安軍等處義士，金、房州保勝，階、成、西和、鳳州忠義軍，乞依洋州、今來興元府義士一體施行。一、今來措置義士比陝西弓箭手條，擬到專法，將敕令格式隨門類總入項内，乞以《義士專法》爲名行下。

二月四日，荆湖北路轉運判官程遜言：「澧、辰、沅、靖四州弓弩手，乞下本路安撫司，且以裁減定三千人爲額，委各州(守)守臣限以一年招募數足，將舊管田畝今係外人請佃數多者，於内分數次第撥與所招募到人，以時訓練。如守臣於限内招募撥田數足，乞與優異陞擢，或與轉官。」詔

〔一〕兩縣：原作「西縣」，據《宋史》卷八九《地理志》五，洋州轄興道、西鄉、真符三縣，而本文小注云「有真符一縣拘籍未到」，則此處所列爲兩縣之人，因改。

〔二〕按，《建炎雜記》甲集卷一八作「二萬九千九百餘人」。此二數字均與三地人數之和不符，當有誤。

〔三〕傳：原作「薄」，據《玉海》卷一三九改。

依。內逐州刀弩手田畝，如元係人户納錢承買之數，即於一般係官田內對數摽撥。

四月二十九日，淮南轉運副使沈復言：「沿邊之民豈無强壯之人，官司無糧以給，終不能統集。欲將舒、蘄州有義倉、常平等米樁留外，皆發赴無爲、廬江、巢縣等處，緩急之際，給散强壯之人，有以聚之，然後可役。」從之。

八月二日，尚書省言：「欲令諸路州縣，如强盜竊發，總首、保正、鄉豪之家，能率衆捕獲，第其勞効，從州縣次第申帥(師)〔司〕，保明奏聞，與優補官資。」從之。

十一月四日，詔：「令兩淮守臣，以户口多寡，28於三丁取其强壯者一名，籍爲義兵，於農隙教閱。自十月爲頭，正月終放散。每人日支破錢一百文、米二升，總首日支錢二百文、米三升。合用錢米，於合發赴户部窠名內取撥一半，諸州軍於係省錢米內自認一半，應副支遣。」

五年正月二十七日，詔：「舒州駐泊兵馬都監、專一充教閱民兵撥發官孫嗃，令本官再任，依舊專一充民兵等訓練撥發官。」以淮西總管李橫言，嗃教閱以來事皆躬親故也。

三月十二日，四川宣撫使虞允文言：「興元府、洋州、大安軍、興州見管義士二萬六千一百四十人，結成隊伍，見委利州東路總管皇甫倜訓練，已見成効。乞就移皇甫倜於興元府駐扎，專一教閱逐州義士，准備緩急使喚。」從之。

四月二十五日，樞密院言：「得旨，令沿江十州軍措置團集兵民，未有立定日限。」詔：「令逐處守臣限兩月相度條具經久可行利便，務在著實奉行，毋致擾民，開具申樞密院。俟條具到，聽候指揮，方得點集。」

九月八日，措置兩淮官田徐子寅言：「得旨，於農隙時官支錢米，將本路諸州軍已籍山水寨保伍民兵應三丁以上主户〔一〕，選取壯丁，赴州教閱一月。今相度，欲令諸州軍自十月十五日拘集民兵上教，至十一月初五日住教，仍每日於辰時、未時兩教。如遇雨雪，權免。所教民兵，本司差官比較拍試，武藝精熟之人令州軍優與犒賞。謂如射箭上帖，每隻支犒錢一貫文省，中紅心29每隻支犒錢二貫文省，槍手刺贏者每人支犒錢三百文省。所有合用錢物，乞依已降指揮，於合發赴户部窠名并本州軍係省錢米內〔二〕，各取一半應副支散。」從之。

十一月一日，知荆南、充荆湖北路安撫使劉珙言〔三〕：「荆門軍昨來團結到强壯民兵三千餘人，並係自備錢米、器械赴軍教習。今除節次抵替逃亡事故外，且以三千四百五十人爲則，分作三番追教，每番一月放散。每人每日官給米二升、錢三百文足，三番計合用錢四千三十二貫一百九十文省，米二千七十石，并有合用衣甲、槍刀、弓弩、器械。

〔一〕保：原脱，參《建炎雜記》甲集卷一八補。
〔二〕户部：原脱「部」字，據前四年「十一月四日」條補。
〔三〕荆：原作「制」，據《宋史》卷三八六《劉珙傳》改。

緣本軍係省闕乏，照得荆南路州縣義勇，每遇農隙，追集赴教，衣甲、器械盡是官給，日支錢米。今來荆門軍事體一同，既使教閲軍陣，却令自辦器械，自備裹糧，委是經久不便。已於本司甲仗庫見管衣甲軍器内量行分撥，及那融錢米權行應副外，欲望令本路轉運司貼撥應副。日後年分，亦乞依此應副。」從之。

六年二月三日，措置兩淮官田許子中言〔一〕：「萬弩手當立二千人之額，只就鄉社教閲。」從之。子中内殿奏事，上問：「萬弩手營寨招集起如何？」子中奏云：「恐未便。淮東有千四百人，淮西已申到千六百餘人，大率皆當立二千人之額。計人日支錢三百文、米三升，約一歲當用二十五萬緡；賞犒、射親之類，又須用五萬緡。若今年集起，苟財賦不給，却從放散，一旦再行結集，恐失信，招之不再來，徒[30]悮事。又淮西地里闊遠，不比淮東，遠不過三五日，人尚不便之，淮西動或半月程，寧不爲擾？」子中上曰：「朕不惜錢，放之則不若養之。若放之，既不集，將何以教閲之？」子中云：「臣欲就鄉社教閲，且如團結保甲，亦欲混爲一區而教閲。」上問：「恐人不用心。」子中奏云：「臣當以術激勵之，使人人各務精於武藝。」上曰：「其術如何？」子中答云：「臣欲先三令五申之，約總首、團寨長告報，於農務少閒，相率爲挽彊蹶張，并習擊刺。至農隙之際，先期行下，令團總指日告報，結集於縣中，俟臣之至，教閲三月。取武藝精熟射屢中的、擊刺雄捷者，即時放散；收惰慢不精熟者，率而赴州，依年例教三月。有能於州中兼晝夜有力，隨取其精者隨放之。如是，則民不受擾，耕不失業，習兵而不遠去其家，不勸而相率自習其藝。」上稱善久之，退回乞置萬弩營寨劄子，令别條具，更不拘集，從所請就鄉社教閲。

二十八日，四川宣撫使王炎言：「欲將大安軍義士只就鄉村自行教閲，令安撫司依時差官前去，就本軍點摘按試，所習武藝有無精熟。所有興元、洋州義士，亦乞一體施行。」從之。

三十日，劉珙言：「京西、湖北兩路民兵，條具如後：一、訪聞諸郡起籍民兵，其間有上三等户取義勇一人，亦有四等、五等户者，亦取義勇一人。凡家産多者，可以枝梧；若家産少者，往往棄産遁逃。欲乞應充義勇並與免非泛科役，有身丁錢處與免身丁錢。[31]其第四等户，除非泛科役外，更與免差保正及大小保（正）〔長〕。五等人户，除免應（于）〔干〕科差外，更與量免三分或二分税役；總首、部將係是部轄之人，一縣通不滿十數人，乞與免保正長差役。一、訪聞諸郡多將合作總首之人與陞作統制、統領，往往擅差民兵，分番當直，不受縣官號令。欲乞每郡只許選見任待闕武臣一兩員，遇教閲之際，俾充訓練官，教罷則不復相隸，不得輪差民兵當直。各縣只選有物力、材武爲衆所推服者作正副總首，不得稱統制、統領。緩急調發，方許帥司差官統之，庶免騷擾之患。一、訪聞諸郡民兵結隊，亦如正軍簡選結集。民兵散處村落，鄉分不同，（若非）〔非若〕正軍同一營寨，只合隨鄉結隊，每七十五人爲一隊，五十人正

〔一〕許子中：按，《建炎雜記》甲集卷一八「淮南萬弩手」條記本條正文及注文事，皆作徐子寅，而非許子中。同條原注引《實録》云：「乾道六年正月戊辰，詔徐子寅措置官田，……委有勞効，除駕部員外郎。四月，詔子寅往來措置。」據此，六年二月措置兩淮官田者仍爲徐子寅。而許子中此時乃是任措置淮西鹽酒事，亦見此注。

軍，十人准備帶甲，十五人輜重火頭，有零數則作畸零隊。一、訪聞諸郡向來民兵教閲，其糧食多令自備，人尤以爲苦。若盡令總、漕司應付，竊恐侵損歲計。契勘京西、湖北皆有屯、營田穀斛，民兵每人合日給米二升半，錢五十文省。一月計之，米七斗五升，錢一貫五百文省。穀每石可得米四斗，爲錢可準一貫省。若每歲於營屯田穀内據人數分撥，所用亦不至多。一、訪聞諸郡民兵，弓弩、槍刀、箭鑿之屬，並令民間自備，平居教閲，且不中用，況欲出戰，豈不誤事？近四川宣撫使司已發到三千副，僅可以應(荆)〔副〕荆南及荆門兩處。京西已蒙支撥器甲二千餘副，32其少數尚多，望支降數千副，應副使用。」詔並依。内器甲，令趙樽於諸軍退下舊甲内挪融五千副付湖北安撫司，應副兩路兵民使用。如尚闕少，即更於湖北路州軍見教閲禁軍甲内取撥，却令本處依數補造。

五月十六日，詔：「淮東萬弩手，令本路安撫司行下諸州軍，候秋成了日，依淮西路一體教閲施行。」

十月六日，淮南東路安撫司言：「臣僚乞，淮東萬弩手二千餘人，昨在真州置司教閲，已給假，時暫歸農，望許令淮東帥司一就拘收，不妨農務教閲。所合用器甲之類，乞賜給降，仍乞於農隙時官支錢米，與民兵一體教閲二十日，即便放散。」詔依。其器甲，委自安撫司相度，據闕少數，隨宜措置製造。

二十八日，淮南東路安撫使晁公武言：「揚州民兵素號驍捷，若教閲有方，必堪使用。緣未曾立定賞格，無以激勸。欲將利州路義士條法降下安撫司，以憑徧行諸州，遵依施行，庶幾有以激勸。」詔依，令户部(騰)〔謄〕寫給行。

七年正月二十五日，權知荆門軍馮忠嘉言：「教閲本軍義勇三千四百人，增補得三百人；又勸諭有馬人户爲馬軍，得馬四百匹，分爲六隊。見今上户有力之家，情願買馬以充馬軍。除已將馬軍日給以草外，有馬料一色，本軍所入微細，不能辦集。望給以五分之料，教之百日，不過千石。」詔令湖廣總領所應副五分馬料百(一)日。所有養户馬之家，免本户非泛差使科擾之類。其馮忠嘉33勸諭到户馬，同義勇教閲，及製造軍器有勞，可除直秘閣〔一〕，兼湖南北、兩淮諸州軍守臣照會。

六月十二日，知廬州趙善俊言：「昨來招置萬弩手効用，係作神勁一軍，至乾道元年，籍定姓名，放令歸耕。本司管下州軍，所管共二千八百三十一人，其人既經訓練，及熟行伍，不復留意農務。今若依前召募充萬弩手，必欣然聽從，是一日之間而得二千彊壯已習武藝之人。乞盡數根刷發赴廬州，依舊以神勁軍爲額，差諳練兵官一員教閲。自八月下旬赴本司，至二月上旬放散。」從之。

八月十四日，詔：「兩淮州軍民户既將二丁充民兵，其有本名丁錢，可與蠲免。」

〔一〕閣：原作「閲」，據本書選舉三四之二五改。

八年五月二十六日，詔：「荆門軍解發到義勇總首王昇、副總首孫奇、副撥發馬紳〔一〕，已依元解發弓弩斗力試驗合格，王昇特與補進義副尉，孫奇、馬紳各特與補守闕進勇副尉。」

六月一日，詔：「淮東、淮西兩路，并沿江諸州民兵及兩淮萬弩手，每歲農隙，拘集教閱。其間有武藝超越之人，令逐路帥司行下所部州軍，自今歲爲始，將所教民兵及萬弩手，遇教閱月，選擇能步射一石四斗力弓，踏三石五斗力弩，馬上直背射一石力弓，各應法，人材智勇可以伏衆，解赴本司拍試。（其）〔具〕姓名、事藝，保明申三省、樞密院，以憑抽摘覆試推恩。」

七月十八日，措置兩淮官田徐子寅言：「淮東諸山水寨并諸州民兵總首、首領內，有一寨止管民兵三四十名，而【34】總首、首領三四名者。若一例補授名目，誠恐泛濫。欲每縣選差總首一名，特與補一名目；諸寨應管轄閲習忠勇民兵每一百人者，置首領一名，特與借補一名目；如一寨不及百人者，許令更行勸募，候人數足者方與推恩。總首、首領并忠勇民兵，並與免户下科敷差使。如遇緩急使唤，官給錢米，以贍其家。欲每遇拍試，民兵、官將十二箭全上帖者，特與借補守闕進勇副尉〔二〕，候立到新功日補正。」詔依。總首與補進義副尉，首領令本路安撫司借補守闕進勇副尉。繼而知廬州趙善俊言：「兩淮之民，無非可用之兵。且以一縣爲言，大縣民兵之强壯者可籍五百人，下縣不下三四百人。今一縣擇總首一名素爲强壯所推服者，借補爵命，以充統領；又擇總首能統率强壯者二人借補，以爲正、副將；五十人置隊將一名，亦是總首借補。五人爲伍，每二十五人則置隊將一人。使居鄉井，遇閑暇之時，從便教閲，以習射刀槍爲殿最。歲終，帥司差官逐縣按試。如統領果能統率本籍定人數，教閲有方，明習戰陣，即先補一資。如後來教閲日久，武藝精熟，緩急委是可用，則補正承信郎。正、副隊將亦如之。其軍伍中能自奮發，騎射刀鎗精熟出衆者，亦與借補，以次選遷。仍以義勝名軍，並聽帥臣節制，緩急從帥臣調發。淮西一路，緩急之際，得勝兵五萬人。今（俱）〔具〕借補統領等官資及軍器、賞格如後：借補總首充統領【35】等官資，統領先借補承信郎；教閲有方，一年先補一資；後來所統民兵武藝精熟，即補正承信郎。正、副將先借補進武校尉，教閲有方，一年先借補承信郎；次年統帥所管兵民武藝精熟，即補一資。隊將先借補進義校尉，一年借補進武校尉，次年補一資。且以五百爲一軍，合用軍器數目，乞從朝廷給降。弩手一百人，槍刀二百人，弓箭手二百人。每遇差官按試犒賞，統領錢一貫，正、副將錢七百，隊將錢五百，隊身錢三百。中紅心錢五百，帖錢三百，垛錢一百。鎗比類弓箭。」詔並依淮東路已得指揮施行。

十一月二日，權發遣利州崔淵上言，論興元府、洋州等處義士，乞加存恤。上曰：「百姓肯出力爲國，如何不愛恤？」於是詔令四川宣撫司詳崔淵所奏事理施行。淵上言：「伏見蜀地偏在一隅，與關隴相接，故近西之民皆英氣奮發，剛健敢勇。異時陝西諸路有所謂弓箭手者，皆民兵也。今興元府、洋州等處有義士，亦皆弓箭手之意也。紹興初，饒風之戰，散關之捷，義士宣勞，與戰士功力相等，朝廷不知。至壬午之戰，原州、鞏州之舉，肝膽塗地，皆義士也。前此一二帥臣再加葺治，凡民户一家之産，官計其贏，名曰家業錢，爲義士則免之；一身之役，官

〔一〕副撥：原作「訓教」，據本書兵一九之二四改。

〔二〕守闕：原倒，據宋官制乙。

籍其年，名曰身丁錢者，爲義士則免之。以至遷補有次，率斂有罰，私役有禁。比年以來，浸以隳弛，或多張家業之數，抑勒不均；或根刷餘丁之人，更行差補。或 36 拘充白直，接送般家；或課其工程，修造第宅。或農隙點集，非錢則有留難之憂；或照集書名，非錢則有漏落之患。以至誅求有常例，公參有定價。屈抑士氣，虧損邊防，不知緩急何以使之！願下本路監司、帥臣，檢照前後義士指揮，將違戾去處嚴行（核）〔劾〕治，仍立罪賞，書爲殿最，求爲後日之用。」

十二月十三日，詔：「兩淮民兵，自乾道九年爲始，農隙日拘集教閲〔一〕，一月放散。每人日支錢二百文、米二升半。」

九年閏正月十四日，臣僚言：「訪聞淮西運司見今拘集本路民兵。方農事將興，久留城市，深可憐憫。望日下放散，候農隙日教閲一月。」從之。

九月一日，知荆南府葉衡言：「荆、襄兩路民兵，緣前年荒旱，民力未蘇，乞令各在家閲習武藝，候至來年春，略行追唤武藝精强人赴州，等第犒設，以激勸其餘。所有年例教閲，候至來冬别聽指揮。」從之。

十月八日，樞密院言：「湖北、江西昨團結民兵，差置總首，專責捕盜。近來不申官司，擅自捕人，及出别州縣界生事騷擾。」詔令總首、隊長須聽捕盜官及縣道約束，除正賊外，不得擅自捕人。或當會保伍及出界捕逐盜賊，即於官司出給文引，報所在去處，方許前去。（以上《永樂大典》卷八三〇五）

〔一〕拘集教閲：原作「拘閲教集」，不可通，據文意改。上文兵一之三三：「每歲農隙，拘集教閲。」《宋史全文》卷二七上：「自淳熙七年後，不曾拘集教閲。」是也。

宋會要輯稿　兵二

義勇保甲

【宋會要】〔一〕

1 仁宗慶曆二年二月，簡河北路强壯勁勇者，刺手背，爲義勇指揮。

三月，詔簡河東弓手有武勇者，不刺面，爲義勇指揮；陝西弓手爲保捷指揮。

四月，詔：「河北教閱義勇指揮，令番休于家，其墮游不業農者，聽其家長告官，重行科責。」

閏九月，詔河北路義勇、鄉兵死而其家有丁壯者，令逐處選填之。

六年三月十一日，資政殿大學士程琳自知大名府還，言河北義勇人員、軍士，乞今後每年入冬只令教閱一月，即便放散。從之。

六月，知并州鄭戩言，請每歲于九月農隙教閱義勇。從之。

嘉祐四年十一月二十二日，大名府路安撫使李昭亮言：「河北州軍見闕義勇，乞以來年爲始，三年内並令補足。其彊壯緣元不係教閱，欲候義勇足日，亦令補復。」從之。仍仰河北都轉運司、逐路安撫司，令轄下州軍于每年勾集義勇教閱時，具舊管及補填見闕人數以聞。

六年十月十七日，河南轉運司言：「嘉祐六年，滄州奏請，以殘疾之人不妨農作，遂令將一目盲、足無大母指及禿瘡無髮之人，並不免義勇身丁。續降内却言，六十以上及殘單丁之人，令本户下揀選少壯無病患人對替。如本户委無人丁，許于本鄉管内决射對替。即法意違戾，乞賜申明。」詔依滄州元奏施行。

英宗治平元年四月，詔以河北州縣官吏補義勇不足，令轉 2 運司劾治之。都轉運使趙抃言：「初受詔官吏多以罷散，今多新至，若皆治，則新至者被罪衆。請以歲盡爲限，不足乃劾。」詔許之。其它州軍令漸補之。

三年八月二十八日，知涇州劉涣言：「陝西自夏（雨）不雨，大失秋望，將及十一月初起教義勇，正在饑寒之際，乞權住今年拘集上教。」樞密院檢會，秦、隴等州軍義勇見別議優假次。詔緣邊秦、隴、儀、渭、涇、原、邠、寧、環、慶、鄜、延一十二州爲災傷，令只于逐縣教閱，每人日特支口食二升半。餘州如係災傷，准例施行。

十月二十五日，樞密院言：「陝西新刺義勇，内秦、隴等一十二州，民俗尚武，可以備邊。如遇緩急勾抽防托時，

〔一〕原稿此下標有「鄉兵」二字。按本書兵一至兵六之文大多出自《大典》「兵」字韻「鄉兵」目，《輯稿》中或標「鄉兵」，或不標，殊不統一。今除兵一外，均不再標此二字，而將原有小題升爲二級標題。

乞依環、慶州保毅例，日支口食米二升，月給醬菜錢三百文〔一〕，人員下馬，亦支草糧，放散日住。」從之。

慶曆二年〔二〕，簡河北強壯勁勇者，刺手背，爲義勇指揮〔三〕。治平元年，又于陝西四路鄉兵中選義勇，刺手如河北之法。熙寧三年，團籍開封府畿縣保甲，止警捕賊盜。故前《會要》「保甲」、「義勇」分爲二門，而河東、陝西弓手于「義勇」門附載。其後以畿甸之法推之五路，至元豐四年，遂以五路義勇悉改爲保甲，繼又推行保甲于諸路，于是前《會要》「保甲」門内亦多雜以義勇事迹。二者之法既同，則熙寧以後當併爲一門。

神宗熙寧元年五月二十五日，樞密使呂公弼言：「請以河北義勇每指揮揀少壯人材事藝者一百人爲上等〔四〕，手背添刺『上等』二字，量免户[3]下支移折變，别團聚一處，合陣子教閲，依日限放散，並給口食。逐州甲仗庫支樁逐人衣甲、器械，别庫題號姓名排場，候教閲，勾赴庫披帶。已及百人，更有武藝出衆者，亦籍定姓名，候有闕，依次補填。」從之。

同日，樞密院言：「義勇人員、長行内，有膽勇心力者，並令本州籍爲一等，用備非時捉殺羣黨賊徒。候有功效，當議量材優與，并呈試三等事藝。内上等許諸色人自陳，中下等許義勇乞試。」從之。

二年正月，陝西轉運、提點刑獄司言：「諸州軍所管義勇，乞不以月分爲限，每年冬至前，約元條日限起教，至節前三五日放散，所貴不妨農事，免值苦寒。」詔今後每年候教閲滿一月，約冬至節前十日放散。

二月，詔：「自來河北路諸州軍義勇，每年輪番上州教閲，指揮多處十餘年方遍，已令每州輪添上州教閲。陝西、河東路各係每年輪番，並須經隔年歲未遍。令陝西環、慶、秦、延、渭、邠、隴、鄜、儀、涇、原、寧一十二州别行指揮外，其餘州軍依河北重别分作番次，每年輪一番上州教閲，滿一月日放散，仍自今年起教月日爲始。如遇災傷，雖合權罷，亦須奏取朝旨。」

八月，詔河北、陝西、河東都轉運司，令不當輪番上州義勇，亦于本縣教閲，一月日放散。

九月七日，司空、兼侍中韓琦言：「河北州軍義勇，自災傷後來教閲久廢，今夏秋田苗有望，乞令依舊各自置弓弩，于縣令廳側近置庫架閣，準備教閲。」從之。

三[4]年九月十九日，秦鳳路經略安撫司言：「保毅人數不曾揀刺充義勇，無由破得元額。緣其子孫轉易田土，

〔一〕「月給」原作「各」，「三百」原作「三十」，據《宋史》卷一九一《兵志》五、《太平治迹統類》卷一一改。
〔二〕按，此段説明前後《會要》「義勇」、「保甲」二門分合之由，當是《大典》所據《宋會要》底本編者之按語，而非《會要》正文。
〔三〕天頭原批：「『慶曆二年』二行重文，删。」按，此非重文，嘉業堂本據此批語删去此數句，非是。
〔四〕揀：原作「使」，據《宋史》卷一九一《兵志》五改。

分烟析姓〔一〕，各于名下承認，每遇差使，于祖名上勾抽，年歲深遠者，少有正身。乞將見管人數勒令分析，見承祖名人丁，即揀充正身；其餘典賣分居，並爲助户，無人即隨田土所轉揀充。仍揀人材充將窠，並刺手背。近以轉運副使薛向乞揀刺義勇，重行點集，置簿籍定姓名人數。每事故，畫時銷鑿，或別立正名代當，仍常時點集拘管。」詔除乞令陝西逐路州軍見行買得保毅田土，承認保毅軍者，已于丁數等第内揀刺充義勇，與免承認，若係本户内（來）〔未〕正充者，亦等第更刺丁數充義（義）勇，餘並從之。

九月二十六日，樞密院言：「陝西初揀義勇，每家三丁揀一丁，六丁揀二丁，九丁揀三丁，以上數多，亦只揀三丁。」詔：「環慶路近有陣亡義勇，其本户内如尚有餘丁，合添刺義勇者，與免之。所有見闕人數，于別户内有人丁者刺填。」

十一月，上宣諭曰：「陝西義勇是一好事，聞教閱未有賞罰，宜令立格以勸沮，及約束不得給（宅）〔它〕役。」

五日，判延州郭逵言：「陝西起發義勇赴沿邊戰守，今後並令自齎一月糗糧，折本户税賦。若不能自備，乞就所發州軍預請口食一月者，亦聽。」從之。

十二日〔二〕，陝西安撫使司言：「今將義勇分爲七路，鄜、延、丹、坊爲一路，邠、寧、環、慶爲一路，涇、原、儀、渭爲一路，秦、隴爲一路，陝、解、同、河中 5 府爲一路，階、成、鳳州、鳳翔爲一路，乾、曜、華、永興軍爲一路。逐年將一州之數分爲四番，沿邊四路十四州每年秋冬各用一番屯戍，近裏三路十二州軍〔三〕，即令依此立定番次，未得逐年差發。遇本處闕少正兵，即得勾抽，或那往次邊守戍〔四〕。」從之。當秋季者，自八月一日；當冬季者，自十月下旬。必須滿三箇月日放回，周而復始，仍將季分底换差發。時以西賊作過多在春秋，當冬季者改作春季，自正月十五日至三月終放回。

三年十二月九日，中書門下言：「司農寺定到畿縣保甲條制，凡十家爲一保，選主户有心力者一人爲保長；五十家爲一大保，選主户最有心力及物力最高者一人爲大保長；十大保爲一都保，選主户最有行止、心力材勇爲衆所伏，及物力最高者二人爲都、副保正。凡選一家兩丁以上，通主客爲之，謂之保丁，但二丁以上皆充。單丁、老幼、病患、女户等，不以多少，並令就近附保。兩丁以上更有餘人身力少壯者，並令附保。内材勇爲衆所伏及物力最高者，充逐保保丁。除禁兵器不得置外，其餘弓箭並許從便自置，習學武藝。每一大保逐夜輪差三人，于保分内往來巡警，遇有賊盜，畫時聲鼓告報，大保長以下同保人户即時前去救應追捕。如賊入別保，即遞相擊鼓，應接襲逐。每捕

〔一〕姓：原作「生」，據《宋史》卷一九一《兵志》五改。
〔二〕按，此條事，《長編》卷二一六繫於熙寧三年十月十八日乙亥，《宋史》卷一九一《兵志》五亦記於十月。
〔三〕十二：原作「十三」，據《長編》卷二一六、《宋史》卷一九一《兵志》五改。十二州即上述後三路之十二州。
〔四〕往：原作「住」，據《長編》卷二一六改。

捉到盗賊，除《編敕》已有賞格外，如告捉到竊盗徒以上，每名支賞錢三千，杖以上支一千，以犯事人家財充。如委實貧闕，無可追理，即取保矜放。同保内有犯，除强竊盗、殺人、放火、强姦、畧人、【6】傳習妖教、造畜蠱毒，知而不告，並依律伍保法科罪〔一〕。其餘事不干己者，除依律許諸色人陳告外〔二〕，皆不得論告；若知情不知情，並不科罪。其《編敕》内鄰保合坐罪者，並依舊條。及居停强盗三人以上〔三〕，經三日，同保内鄰人雖不知情〔四〕，亦科不覺察之罪。保内如有人户逃移死絶〔五〕，即仰具狀申縣。如同保人户不及五户，即聽併入別保。其有外來人户入保居止者，亦便仰申縣，收入保甲。本保内户數雖足，且令附保收係，候及十户，即却令別爲一保。若一保内有外來行止不明之人，須覺察收捕送官。逐保各置牌拘管人户及保丁姓名。如有申報本縣文字，並令保長輪差保丁賫送。仍乞選官先于開封府祥符縣曉諭人户，躬親團成保甲，不得別致搔擾。候成次序，以次差官詣逐縣，依此施行。」並從之。先是，同管勾開封府界常平廣惠倉兼農田水利差役事趙子幾言：「昨任開封府曹官日，因勾當公事，往來畿内諸縣鄉村。嘗體問疾苦，皆以近歲以來寇盗充斥、刦掠公行爲患。中間雖有地分耆壯、鄰里諸人，大率勢力怯弱，與賊不敵。縱有捕捉赴官，即其餘徒黨同惡相濟，輙行讎報，肆極慘毒，不可勝言。因詰其所以稔盗之由，皆言自來鄉村人户各以遠近團爲保甲，當時官司指揮專于覺察姦僞，止絶寇盗。歲月浸久，此法廢弛，兼元初創置保甲〔六〕，所在縣道，事無苟簡〔七〕，別無經久從長約束，是致兇惡亡命容于其間，聚徒結黨，乘間伺隙，公爲民患，以此鄉村無由寧息。今相度，欲乞因舊來保甲重行隱括，將逐縣見管鄉民的寔户口都數〔八〕，除病患、老幼、單丁、女户別爲附保係籍保管外，將其餘主客户兩丁以上，自近及遠，結爲大小諸保，各立首領，使相部勒管轄。如此，則富者不虞寇刦，恃貧者相保以爲存〔九〕；貧者有所周給，恃富者相保以爲生。使富貧交親以樂業，謂無如使之相保之法也。所有置保及捕賊賞格，寅夜于保分内巡邏更宿，應係諸般約束，次第條(例)〔列〕。願陛下赦其狂愚，假以詰盗之權，使因職事，遍行畿【7】縣，得奏差勾當得事選人一兩員，及得選委簿尉，與當職官吏參校舊籍置法〔一〇〕。編户之氓，不獨生聚寧居，桴鼓不驚，若遂行之，綿以歲時，不爲常情狃習所廢，規模施設推及于天下，將爲萬世長安之術，生靈幸甚。」及下司農寺詳定，至是增損成條，中書進呈，特從其請。

十三日，陝西宣撫使司言：「延、慶、環三州義勇節級以上，係第三等人户，如有田土瘠薄無錢買馬者，並官給馬一匹，倒死不再給，勒令自填。」從之。

四年正月十三日，詔：「陝西宣撫司指揮河東路計度般糧義勇人夫，所備人數過多，頗聞騷擾。仰約度確寔人數，準備應副，不得騷擾。糧草亦須合用寔數，于近倉場支

〔一〕律：原作「從」，據《長編》卷二一八及《宋史》卷一九二《兵志》六改。

〔二〕外：原作「人」，據《長編》卷二一八改。

〔三〕停强盗：原作「民添益」，據《長編》卷二一八改。

〔四〕雖：原作「誰」，據《長編》卷二一八改。

〔五〕内：原作「甲」，據《長編》卷二一八改。

〔六〕置：原作「制」，據《長編》卷二一八改。

〔七〕事無苟簡：按，此句與前後文意正相反，「事無」二字當誤或衍。《長編》卷二一八此二句作「所在苟簡」。

〔八〕將：原無，據《長編》卷二一八補。

〔九〕恃：原無，據《長編》卷二一八補。

〔一〇〕官吏：原作「官員吏」，據《長編》卷二一八删。

給津般。仍嚴切約束州縣人吏，不得接便騷擾。」

二月二十八日，詔陝西、河東義勇戍邊，並免自負乾糧。時宣撫使韓絳言：「判延州郭逵近請以義勇赴邊戰守〔一〕，委能自備口食一月，與折將來户下錢賦租；願以在左右軍預請一月糧者〔二〕，亦聽。緣逐人已有官給乾糧及隨身衣裝等物〔三〕，若更負重，恐于人行非便〔四〕。」上以鄜、延累行之，頗云公私之便，（率）〔卒〕從逵請。

三月二日，詔：「河東運糧草義勇〔五〕、强壯免今來本户夏秋兩税支移折變，仍免一料和糴支移。逃亡者放罪，令復業，聽候（令）將來合勾抽差使，即補填月日。」

是日，臣僚上言：「竊聞陝西義勇所置弓弩，每歲教閱畢，悉納逐縣架（閤）〔閣〕收管。積壓經歲，偏窩損折，至教閱時支出，多有不堪施放。若遇緩急，深恐誤事。欲乞將弓弩弦箭給付逐人收執，所貴常行修整，兼農隙之際，時得閱習。」詔以弦并箭給付逐人，弓弩仍舊 8 寄納。如有損折，即依條修整。

四月六日，詔罷陝西路義勇差役。

五月四日，詔罷陝西諸路提舉義勇官，委本屬州縣依舊分番教閱，轉運、提點刑獄司遇起發日提舉〔六〕。初，陝西宣撫司請辟官八員，分總諸路義勇，人情以爲搔擾無補。曾公亮出鎮永興〔七〕，入對日首以爲言〔八〕，故罷之。

八月二日，詔：「今後應保甲人户因與賊鬥敵被傷者，給錢五千；折傷以上，給錢二千，至篤疾者，給其家錢二十千；因傷至死者，五十千，仍免三年科配支移折變。」先是，開封府界提點司言：「新籍畿民爲保甲，未幾已有奮不顧身捕盜者，願優恤之，以爲激勸。」故有是命。

九月二十四日，詔開封府界提點司，畿縣保甲官置旗鼓，以備教閱武藝。

十月二十九日，以權襄邑縣都監、内殿崇班楊復爲府界東路巡檢，教習諸縣保甲武藝。仍令提點司勘會府界巡檢有不諳會武藝之人，即舉官差替，依併省官員條，指射合入差遣。

十一月，詔：「陝西逐路經畧司遍下逐處，今後義勇除備邊禦敵使唤外，不得擅便勾抽役使。如修關池、關寨，委無合役人夫，即依條申轉運、經畧等，同相度施行訖奏。」

五年閏七月十九日，秦鳳路經略使吕公弼言：「乞從本司選差官，從十月初，擇諸州土番義勇材武者以爲『上義勇』，免賫送芻糧之役；募養馬者爲『有馬上義勇』，并免其

〔一〕守：原無，據《長編》卷二一七補。
〔二〕以在左右軍：不可通。按前文三年十一月「五日」條郭逵奏作「就所發州軍」，《長編》卷二一七作「於起發州軍」。疑此當作「於所在州軍」。
〔三〕「給」、「等」二字原無，據《長編》卷二一七補。
〔四〕行：《長編》卷二一七作「情」。
〔五〕運：原作「縣」，據《長編》卷二二一改。
〔六〕起發：《長編》卷二二三作「起教」。
〔七〕曾公亮：原作「魯公亮」，據《長編》卷二二三改。
〔八〕入：原無，據《長編》卷二二三補。

本户支移。」從之。後就差本路鈐轄周永清提舉訓練，亦從公弼請也。

九月四日，樞密院言：「河北義勇雖係籍萬數不少，訪聞其間年老患疾、少弱尪悴不堪征役者多。緣向[9]因地震、水災流移出外者衆，每遇災傷，又權罷教閲，官司既不勾集，無由見合去留數。欲因今冬教閲，委逐路安撫司選差兵官計會州縣閲視。如委是不堪征役，並令本縣依條給公憑放免。」從之。

六年九月三日，詔：「義勇人員、節級名闕，須因教閲排連遷補。」

十二月十六日，司農寺言：「看詳排定保甲漏丁條貫，自合候編排保甲籍簿了，方許陳告給賞。若有漏丁，依條施行。其增減年狀，即與漏丁同。」從之。

七年三月十九日，詔：「農事是時，秦鳳路勾起義勇人數不少，慮有妨田作，將來穀價翔貴，邊糧愈難計置。令秦州張詵，如從京差撥兵馬到本路，即相度將義勇先次放散。」

八年閏四月四日，詔：「五路義勇保甲，差在京有職事官一員提舉。仍各不限常制，奏舉選人或班行一員勾當公事，不以時差出，或躬親巡歷按察。」知制誥沈括兼提舉大名府、澶、恩州，提點在京倉草場沈希賢真定府、深、趙州，權發遣開封府推官兼管使院公事蹇周輔邢、洺、相州，中書檢正官呂嘉問定、祁、保州、永寧、安肅、廣信、順安軍，向宗儒瀛、冀、雄、莫州、保定軍，曾伉絳、隰州〔一〕，蒲宗孟濱、棣、德、博州，權發遣三司度支判官公事楊景略滄、霸州、乾寧、信安、永静軍，權知都水監丞公事劉璯潞〔二〕、澤州、威信軍，樞密院檢詳官劉奉世太原府、忻、代州、平定軍，張修嵐、石州、火山、寧化、保德、岢嵐軍〔三〕，杜紘晉〔四〕、汾州，直舍人院李定懷、磁州。定免，代以權發遣三司户部判官公事丁執禮。尋皆罷之。

五月十七日，詔諸路民兵皆有籍，惟保甲、江南西路槍手未籍名，並依義勇置籍。

七月二十四日，詔：「應義勇家人投軍後，本户餘丁數少，合免義勇，並許投軍。」

八月十一日，夔州路提刑司言：「見差在渝州[10]南川縣沿邊防托黔州義勇，欲乞依差往瀘州夷界防托條例，支給錢、糧、鹽等請受。」從之。

十九日，詔：「河東路義勇、保甲，雖遇災傷，放税及數，依例教閲，别給米付其家。」

十月七日，詔：「五路義勇每年赴州教，保甲赴縣教，並自十月至次年正月終。義勇不及十指揮，保甲不及十都者，自十一月起教〔五〕。各據人數，分定番次，教閲一月。不得坼破指揮、都保，其人數少處，只作一番、兩番，不須滿

〔一〕隰：原作「濕」，據《長編》卷二六三改。
〔二〕璯：原作「澮」，據《長編》卷二六三改。
〔三〕軍：原作「州」，據《長編》卷二六三改。
〔四〕紘：原作「弦」，據《長編》卷二六三改。
〔五〕「起」下原有「發」字，據《宋史》卷一九一《兵志》五刪。又「十一月」，《宋史》作「十二月」。

所教月分，即當年内以上番者止教半月〔一〕。」

十七日，詔：「永興、秦鳳、河北東西災傷，義勇、保甲並依河東路，不免教閲，别支口食，依條施行。」

同日，尚書兵部言：「秦〔二〕、隴、成州義勇不多，應援熙河路闕數〔三〕，乞以第四等以上兩丁，并第五等三丁保丁内兼充數。」從之。

十二月三日，詔：「五路義勇並與保丁輪充，及檢察盜賊，有違者並（致）〔寘〕于法。」

同日，兵部言：「河北、河東路各分擘本路州縣保甲赴巡檢司，日逐上番。檢會今年五月十三日詔旨，河東各路人户多少不等，巡檢、縣尉亦有相去遠數里者〔四〕，逐番上至巡檢、縣尉廨宇所在人户，以多少數以近及遠，就近分擘上番。今來逐司雖將人户以近及遠分擘，其間多有坼破保分去處，日逐上番。及河東路依上條以近及遠分擘番次，巡檢、縣尉各處無得差那以次附近保内人户，亦不（妄許）〔許妄〕自失次，本保内保正長、都轄亦不許妄差占。」從之。

九日，詔：「上番保甲合分番者，各三【11】十人以下，依疾患條寄教。」

九年正月二十八日，詔：「義勇、保甲，逐年教閲日比試所習武藝。五路每州以二十分爲率取一分，爲五等，第一等解發。」

三月二十八日，詔：「府界保甲，令提舉司今後每年于十二月内引呈一縣。仍預先于十一月内具逐縣人數申樞密院，取旨點定。」

四月二十五日，詔：「河北西路義勇、保甲分三十六番，隨便近村分于巡檢、縣尉下上番〔五〕，半月一替。歲于農閑月，并下番人，並令所轄巡檢、縣尉擇寬廣處聚教五日。（放）〔餘〕四路准此。」

五月六日，詔：「諸保甲每兩大保團爲一隊，其引戰、擁隊以大保長充，并每一小保各别爲一隊，小保長一人在後，仍依隊樣結隊。令兵部將隊樣送提點司，下諸路巡檢、縣尉司，每一都保給一本，（副）〔付〕都、副保正，令連隊。二百一十八本，令兵部關牒施行。」

是日，兵部言：「舊條義勇、保甲所習事藝，以十分爲率，弓不得過二分，槍刀共不得過二分，餘並習弓弩。看詳，若五路民兵合依府界隊法，即所用弓弩、槍刀、旗號與見行分數不同，緣分數弓弩見從官司給付。」詔：「槍手依舊專習外，刀牌手令兼習弓弩，其弩樣仍頒下五路施行。」

十三日，詔：「上番保甲，令兵部分擘定巡檢、縣尉司合輪保分，即不得坼破大保。」

十五日，夔州安撫司勾當公事程之元言：「編排保伍，

〔一〕止教：原作「上教」，據《宋史》卷一九一《兵志》五改。
〔二〕秦：原脱，據《長編》卷二六九補。
〔三〕援熙：原作「授西」，據《長編》卷二六九改。
〔四〕遠數里：疑有誤。
〔五〕上：原脱，據《宋史》卷一九一《兵志》五補。

係教閲路分，客户並附在保外。本州自來多兼并之家，至有數百客户者，以此編排不成。臣12欲乞將主户下所管客户，依法編排，就令主户充都、副保正等提轄，于人情事勢最爲順便。」詔令兵部勘會，立法推行。

二十三日，詔：「府界、五路保甲，合置都保正、副保正，並于十保長數外置立，總押一都保。諸隊仍令附保。」

九月二十二日，詔：「永興、秦鳳等路義勇，以主户三丁以上充，不拘户等。」

十月，樞密院言：「兵部立到五路上番條約，已施行外，合删者：諸縣尉弓手元額六十人以上，留二十五人；五十人以上，留二十人；不滿五十人，留十五人；餘以保甲填元額人數。諸上番各隨巡檢、縣尉所在，以近及遠，籍定番次，内保甲不得拆破都保，分在兩司上番。諸上番以額定人爲正番，别取三分爲貼番。人數雖多，不得過三十六番。」並從之。

十一月三日，詔開封府界保甲所養馬，不得過五千匹〔一〕。

十二月二日，中書門下言：「羣牧司勘會，自來府界提點司，于中牟縣將上京綱馬内截馬支給保甲，欲乞令提刑司先具保甲合支姓名人數關支給，更不截留。」詔：「近許府界保甲養馬二千匹，令作二年截留支給。仍令提舉司相度都、副保正以下願與不願三年一替利害，詳具以聞。」

熙寧九年，府界、諸路帳管義勇、保甲并民兵七百一十八萬二千二十八人〔二〕。不教閲保甲用九年刺狀，餘並係十年數。義勇、教閲保甲弓箭手等，隸兵部。義勇二十四萬七千五百三十七人，民兵、保甲六百九十三萬四百九十一人。教閲五十六萬八百二十七人，不教閲鄉13村六百二十萬三千三百七十四人，草鎮市二十三萬五百二十八人，城寨内察姦細一十萬二千六百六十二人，團洞六千一百二人。開封府界：保甲七萬三千七百一十八人。教閲七萬六百四十二人，不教閲草鎮市三千七十六人。京東東路：保甲三十四萬六千一百三人，不教閲。鄉村三十三萬八千三百八十四人，草鎮市七千七百一十九人。京東西路：保甲二十八萬三千八百九十人，不教閲。鄉村二十七萬六千五百三十八人，草鎮市九千三百五十二人。京西南路：保甲二十四萬一千六十五人，不教閲。鄉村二十三萬二千五百五十八人，草鎮市八千五百七人。京西北路：保甲二十二萬六千四百七十人，不教閲。鄉村二十一萬七千二百三十三人，草鎮市九千二百三十七人。河北東路：義勇三萬六千二百一十八人，保甲一十二萬五千五百七人。教閲九萬六千七十六人，不教閲草鎮市一萬六千三百一十三人，城寨内察姦細一萬三千一百一十八人。河北西路：義勇四萬五千七百六十六人，保甲一十二萬七千一百四十人。教閲十萬四千四百九十二人，不教閲草鎮市三千二百五十六人，城寨内察姦細一萬九千三百九十三人。永興軍等路：義勇八萬七千九百七十八人，保甲一十四萬五千七百六十二人。教閲一十二萬四百六十一人，不教閲鄉村七千九百三十四人，草鎮市五千七百一十

〔一〕千：原作「十」，據《長編》卷二七九改。

〔二〕本條各項總數與分項數目之和多有不符。

二人，城寨内察姦細一萬一千六百五十五人。秦鳳等路：義勇三萬九千九百八十(文)〔人〕，保甲一十二萬六千四百九十一人。教閲六萬三千九百五十八人，不教閲草鎮市二萬一千九百九十二人，城寨内察姦細四萬五百四十一人。河東路：義勇三千五百九十五人，保甲一十三萬五千六百三十八(文)〔人〕。教閲一十一萬五千一百九十六人，不教閲鄉村三十八人，草鎮市二千四百四十八人，城寨内察姦細一萬七千九百[14]五十六人。淮南東路：保甲三十八萬五千九百七十二人，不教閲。鄉村三十六萬七千四百九十六人，草鎮市一萬八千四百七十六人。淮南西路：保甲三十六萬五千三百八十四(文)〔人〕，不教閲。鄉村三十四萬九千九百一十人，草鎮市一萬五千四百七十四人。兩浙路：保甲八十(十)〔一〕萬七百七十人，不教閲。鄉村七十九萬六千三百一十四人，草鎮市一萬四千四百五十六人。江南東路：保甲五十六萬八千八百一十三人，不教閲。鄉村五十六萬二百六十人，草鎮市八千五百四十五人。江南西路：保甲六十七萬四千八百六人，不教閲。鄉村六十五萬七千七百四十七人，草鎮市一萬七千五十九人。荆湖南路：保甲四十四萬三千一百六十一人，不教閲。鄉村四十三萬五千九百二十五人，草鎮市七千一百八十六人。荆湖北路：保甲三十四萬四千五十八人，不教閲。鄉村三十三萬八千四百三十八人，草鎮市五千六百一十八人。隨團河排到保甲七千一百人，不在此數。福建路：保甲四十八萬七千五百七人，不教閲。鄉村四十七萬八千四百一十七人，草鎮市九千九十人。成都府路：保甲三十一萬五百五十二人，不教閲。鄉村三十萬一千六百二十一人，草鎮市八千九百三十一人。梓州路：保甲二十一萬九千三百五十五人，不教閲。鄉村二十萬七千二百三十九人，草鎮市一萬二千一百一十六人。利州路：保甲一十一萬五千三百八十二人，不教閲。鄉村一十一萬一千二百六人，草鎮市二千一百七十六人。夔州路：保甲九萬一千一百七十二人，不教閲。鄉村八萬五千八百三十一人，草鎮市五千三百四十一人。廣南東路：保甲二十一萬三千七百八十人，不教閲。鄉村一十九萬九千五百九十六人，鎮市一萬四千一百八十四人。廣南西路：保甲六[15]萬九千九百九十四人，不教閲。鄉村六萬五千七百一人，鎮市四千二百九十三人。

元豐元年二月二十四日，詔：「義勇、保甲上番所省諸軍請給，唯糧米聽留本色外，餘並封樁。仍以諸路義勇、保甲隸提點刑獄司，開封府界隸提點司。」

四月二十五日，詔：「義勇、保甲無得應進士舉。今日以前已習文業聽自陳，本州試驗，若堪取應，即給公據落籍，別籍本家一丁。」

十一月二十八日，荆湖南路安撫使謝景温言：「相度轉運司乞以邵州武岡等縣保丁于界上置鋪堡，其已發往關硤等寨弩手，並就本縣差填。所置鋪堡，望辰州界並在百里内。欲許保丁依條置器甲，以備保聚、教習。」詔從之。非蠻界百里内，不用此法。

十二月二日，權判兵部許將言：「開封府界、五路保甲、義勇支費，止有減兵級請受、賞給并弓手雇錢等充用，乞從本部委提點刑獄司取索應減錢糧及郊賞支賜、折支等，通取一年寔數立額，歲令所屬分四季撥與提點刑獄司。

除義勇、保甲所用物外，餘並變錢給用。歲終有餘，即封樁。」從之。

二年九月二十七日，中書、樞密院請河北、陝西義勇、保甲，皆如諸軍誦《教閱法》。從之。先是，內出《教閱法》，使人誦之。

十月十八日，樞密承旨司言：「會計減罷開封府界巡檢、縣尉下兵員、弓手請受、雇錢等，以給大保長教藝錢。」從之。（今）〔令〕承旨司立教閱法，更支府界坊場錢三萬緡給保甲。

十一月二十九日，詔開封府界教大保長充教頭，16其提舉官以昭宣使果州防禦使入內副都知王中正、東上閤門使榮州刺史狄諮爲之。初，王安石議減正兵，以保甲、民兵代之，于是始置提舉教閱之使，後又行于西北三路。太祖皇帝懲唐末五代之亂，始爲軍制，聯營厚祿，以收才武之士。宿重兵于京師，以清四方不軌之氣，番休互遷，使不得久而生變，故百餘年天下無事，雖漢、唐盛時，不可以爲比。養兵之費，一出于民，而禦戎捍寇〔一〕，民不知有金革之事。安石曾不深究而輕議變易，苟欲以三代之法行之于今，蓋不思本末不相稱，而利害異也。世議不以爲然，後卒改焉。

十二月十七日，詔廣南東路惠、廣、潮、封、康、端、南恩七州，依西路保甲教習武藝。先是，提舉廣南東路常平等事林顏言：「今天下之民家爲之保，保爲之長〔二〕、長爲之正者，豈特不容其姦而已，蓋歸兵食于農事，藏武士于耕夫，所謂教而後使之道也。故其法一總于兵部，而畿內之人，陛下又歲賜引見，旌其藝能以勸之。其在五路，則又使有司以時遣官分行按視。法既久而令益信，然則舉而加諸四方，其勢宜無不聽者〔三〕。今二廣之民，亦有伍保之籍。竊聞廣西沿邊稍肄習武藝，東路雖聞有槍手，然保甲之教常闕。欲乞本路沿江海諸州依西路法訓閱，使其人既熟山川之險易，而又知夫弓矢、金鼓之習，則一方自足爲備，可以不勞北兵矣。」詔下廣南東路經略、轉運、提舉、鈐轄司相度，皆言七州皆並邊及江海，外接蠻賊，可依西路保甲教習武藝，于是從之。

二十八日，詔：「開封府界旬上保甲，依五路增給米月三斗。」

〔三年〕四月十七日〔四〕，詔：「開封府諸縣自今先簡大保長，不足〔五〕，方選家丁及以次人。」以祥符知縣農時追集保17甲二千餘人簡閱人材，故有是命。

同日，樞密院言：「提舉教馬軍所教保甲，已經閱試，補三班借職五人，三班差使十六人〔六〕，披帶班殿侍四人，下班殿侍九人，賜銀絹六十人。」詔五人充王中正教大保長

〔一〕捍：原作「悍」，據《長編》卷三〇一改。
〔二〕之：原脱，據《長編》卷三〇一補。
〔三〕不：原脱，據《長編》卷三〇三補。
〔四〕三年：原脱，據《長編》卷三〇三補。以下各條亦爲三年事，見於《長編》。
〔五〕不：原作「大」，據《長編》卷三〇三改。
〔六〕使：原作「人」，據《長編》卷三〇三改。

隨行〔一〕，餘分差赴巡檢、縣尉下指教長上保丁〔二〕。

六月三日〔三〕，詔：「五路轉運、提舉官巡歷所至，許按閱見教義勇、保甲武藝，有不如法，關牒提點刑獄司施行。」以河北提點刑獄劉定言，一司不能偏閱州縣保甲故也。

十三日，詔：「河北、河東、陝西未置保甲以前義勇冬教所費錢糧，令逐路轉運司依舊數管認。」

同日，詔：「廣南、梓、夔、利州路保甲，令監司、提舉官歲分州縣按閱。」從兵部請也。

十五日，詔：「河北、河東、陝西路各選文武官一員提舉義勇保甲。武臣提舉義勇保甲兼提點刑獄，文臣提點刑獄兼提舉義勇保甲。自今五路提點刑獄准此。」

二十四日，京東路轉運副使李察言：「保甲之法，蓋將防檢姦盜，緩急得以呼集追捕。本路排定累年，既不教習，復無點閱之法，進丁開户，簿籍不明，寖成空文。乞每歲農隙，委提點刑獄司選官分縣，就鄉村對籍閱丁數，其不同者正之。」詔送司農寺。

八月三日，詔：「商、虢州保甲内大保長一例集教，其保甲隸兵部。」以提舉義勇保甲張山甫言：「商、虢州無義勇，有保甲，山險民遠者，法不教閱上番。」故有是詔。

同日，提舉河東義勇保甲王崇拯、黄廉言：「集教義勇、保甲，絳、晉、澤、潞、威勝等五州軍三十二縣〔四〕，置八場，節級、大保長總三千六百六人；太原府、忻、代、平**18**定、汾、隰、石、嵐、憲、岢嵐〔五〕、保德、火山、寧化等十三州軍三十七縣，置九場，節級、大保長總三千七十人。」

二十一日，永興軍等路提點刑獄兼提舉義勇保甲葉康直言：「近歲會比保伍，寄諸軍政，首于畿甸而推之五路，修明教戰之法，周旋曲折，近古所未有。然其兵隱于農則多寡異數，其教視成則遲速異期。今河東以二年，河北以三年，陝西民兵較諸河北，其數不甚相遠〔六〕，而獨以四年爲限。臣竊籌之〔七〕，欲乞陝西義勇節級、保甲大保長止作三年教閱，所貴速趣成效。」詔河北、陝西路教閱，毋過三年。

二十五日，提舉永興秦鳳等路保甲張山甫奏：「本路二十八州軍，義勇、保甲三十一萬七千六百二十三人，合教節級、大保長一萬二千六百六十四人，置集教場三十三所，欲乞併作三番，計三年可畢。」從之。

閏九月十二日，詔：「府界、河北、河東、陝西提舉保甲官，各給内降《教閱格》一本。」

十一月六日，詔知相州劉航，降勅獎諭，仍賜銀絹。以保甲司言，航到任半年，修置教場，室宇什器精至，教閱不驚擾故也。

〔一〕詔：原脱，據《長編》卷三〇三補。
〔二〕丁：原脱，據《長編》卷三〇三補。
〔三〕六：原缺，據《長編》卷三〇五補。
〔四〕五州軍：原作「軍五州」，據《長編》卷三〇七乙。
〔五〕岢：原作「苛」，據《長編》卷三〇七改。
〔六〕甚：原無，據《長編》卷三〇七補。
〔七〕籌：原作「遲」，據《長編》卷三〇七改。

十二月二日，瓊管體量安撫朱初平言：「四州軍兵備全少，若招誘生黎，籍成保甲，與黎人雜居分耕，教習武藝，足以枝梧邊寇。」從之。

四年正月六日，提舉永興等路義勇保甲司言，集教諸軍教頭并義勇、保甲合用馬。詔提舉陝西買馬監牧司選馬均配之。

九日，詔：「開封府界保甲，朝廷專命官訓習武事，加以肅清姦盜，可差入內副都 19 知王中正兼都大提舉開封府界巡檢公事，仍差澶州總管燕順同提舉〔一〕。及巡檢、縣尉下長上、番上保甲並罷。諸縣尉惟主捕縣城及草市內賊盜，鄉村並責巡檢主管。復置京城四面巡檢二員，其增減錢糧，並送樞密都承旨司會校。」已而都承旨司言：「開封、祥符縣各省尉一員，弓手四十人，存尉一員，弓手二十人。陳留等二十縣弓手亦如之。都、副保正主管教閱，欲令依舊主管本保公事。每保共募承幹七人，每月給顧錢千五百〔二〕，隸保正，承受文字，催稅租、常平等錢〔三〕。其大小保長舊法差使及催稅甲頭並罷，當教閱者專令赴教。凡省錢二十三萬六千七百緡有奇，費錢八萬五千三百緡有奇。」從之。上批：「其錢物宜付提舉保甲司，專令文臣領之，歲具帳上兵部。其承幹人改爲承帖人，如犯都副保正，依歐詈本屬保正法〔四〕。」

二十二日，判尚書兵部蒲宗孟言：「開封府界惟有保甲，無義勇。五路義勇、保甲教習之法，事體畧同，給錢糧亦不相遠。今上番集教既立一法〔五〕，五路不得獨異于府界。欲乞五路義勇並排爲保甲，所貴民兵法出于一。」樞密院言：「熙河五路義勇、保甲之法，主戶第四等以上，每三丁選一丁爲義勇。諸縣每百人爲都，五都爲一指揮，不及五都亦爲一指揮，不及百人附別都，即一縣總不及百人〔六〕，亦爲一都。每都有都頭、副都頭、十將、將虞候、承局、押官各一人，四都立副指揮使一人，五都立正指揮使一人。主戶兩丁選一丁爲保甲，以村疃五家相近者爲一 20 小保，有小保長；五小保爲一大保，有大保長；十大保爲一都保。保外別立都、副保正各一人〔七〕。及三小保以上〔八〕，亦立大保長一人；五大保以上，亦立都保正一人。不及者就近附別保。隔絕不可附者，二小保亦置大保長一人，四大保亦置保正一人〔九〕。」詔：「五路義勇宜悉改爲保甲。爾後丁口增減〔一〇〕，並依見行保甲法。河北、河東第四等、陝西第五等以上，每戶及五丁以上者取兩丁〔一一〕。令兵部具畫一

〔一〕燕順：原作「熙順」，據《長編》卷三一一改。
〔二〕百：原無，據《長編》卷三一一補。
〔三〕平：原脱，據《長編》卷三一一補。
〔四〕保正法：原脱，據《長編》卷三一一補。
〔五〕集：原脱，據《長編》卷三一一補。
〔六〕「即」原無，「總」原作「級」，據《長編》卷三一一補改。
〔七〕都副：原倒，據《長編》卷三一一乙。
〔八〕三：原作「二」，據《長編》卷三一一改。
〔九〕大：原無，據《長編》卷三一一補。
〔一〇〕口：原作「日」，據《長編》卷三一一改。
〔一一〕每：原無，據《長編》卷三一一補。

以聞。其舊管人員、節級，即改爲正、長。」

二十八日，提舉開封府界教閱保甲大保長所言：「管城縣民魏定訴兩目失明，惟有弟存一丁，祖母年八十一，今存選在集教場閱教，乞賜依條放免。本所按魏存選充保長，習學弓馬，請官中錢米不少，武藝稍成，今魏定乞放免，欲更取聖旨[一]。」詔本所問魏存，如願且在場學習武藝，即聽。

四月六日，上御延和殿觀閱試保甲。

五月十二日，詔：「保州守上皇墳園户，與免義勇、保甲，止令附保。」

七月六日，提舉河北路義勇保甲兼提點刑獄狄諮言：「懷、衛、澶、恩、冀、相、洺、邢、瀛、趙州，并北京教場所教義勇節級、保甲大保長等武藝，先奏乞于八九月引見，今至磁州教場按試，已皆應法。」詔先引呈澶、澤州集教場，其餘州別聽指揮。澶州八月中旬起發，令狄諮、劉定部領；澤州九月上旬起發，令王崇拯部領赴闕。其義勇、保甲自離場日，人日給食錢百。

九月十九日，帝御崇政殿，召執政，賜坐。閱試澶州集
21 教大保長并押教使臣等四百八十三人畢，三人補三班借職，三十三人補三班差使、借差，餘賜銀絹錢有差。東上閤門使、榮州刺史狄諮遷四方館使，朝散郎劉定遷集賢校理，監教使臣等轉官或減磨勘。

二十七日，詔權發遣提點河東路刑獄兼提舉義勇保甲、集賢校理黄廉轉一官。以引見澤州保甲推恩也。

十二月四日，詔：「三路保甲，每都保旗上並建州府縣名，所載禽獸等物，可依先降指揮次序圖識[二]，令提舉保甲司製造。」

十二日，鄜延路經略司言：「準朝旨，簡未嘗出界人兵，盡以與王中正，其諸城堡守禦頓闕，若有警急，須發義勇、保甲守城。慮逐州縣役使、放散、歇泊，臨時有誤勾集，欲乞令官司不得差顧占使[三]，違者以乏軍興論。」從之。

元豐五年正月十七日，詔：「陝西集教場出等義勇、保甲，昨按閱官誤以馬步射弓相須拍試，其一藝應格者不得解發。可再檢視元試弓弩，一事應格，即解赴闕。」

二十一日，詔：「河北路保甲司團結不及兩大保，即分附鄰近團教。其山河隔絶，去教處遠，或每及兩大保以上，許別置一團教場。如隔河歷亭縣人户，即附武城縣團教。陝西、河東準此。」

二十二日，詔：「三路集教大保長，除教騎人兼習馬槍外，其教步弓弩兼習步槍。其團教保丁，依元降指揮，二分教騎兼習馬槍，四分教弓，四分教弩。如不堪教弩者，即依開封府界敕教槍，雖多，不得過二分。」

[一]「欲更」句：原無，據《長編》卷三二一補。
[二]識：原作「讖」，據《長編》卷三二一改。
[三]占：原作「召」，據《長編》卷三二一改。

[22]二月一日，詔：「陝西諸路應經出界死亡義勇、保甲、人夫係本户正身者，與免夏秋二税兩料〔一〕。」

十四日，詔：「河北沿邊州軍，保甲與兩輸户連接者，更不起教。雖沿邊而無兩輸户處，不用此令。」

二十三日，提舉河北路保甲司言：「兩路團教場當用錢六十萬緡，乞支闕額禁軍及耆户長等役錢。」詔提舉保甲司具析支使名件以聞〔二〕。

三月一日，詔：「昨應募隨王中正出界開封府界大保長，雖未嘗立功者，各遷一資，庶可鼓舞百姓，使人人樂於公戰。」

十七日，秦鳳等路提舉保甲司言：「本路義勇並改爲保甲，其間多有一家男夫五人以上成丁者〔三〕，若排兩丁或三丁充保丁，即難拘以五家爲一小保〔四〕。欲每五丁爲一小保。」詔：「保甲以家聯保，以丁聯兵，小保長以上緣兵置。令三路依詳施行。如于舊法有礙，條畫以聞。」

十九日，詔：「諸路保甲封樁錢物，非有朝旨而輒支用者，論如支封樁錢法。」

四月三日，樞密院副都承旨張誠一言：「近者發兵西征〔五〕，告乏者數郡〔六〕，朝廷遣官裁削冗占，僅始足用。若三路則無慮皆隸將下，近裏州有不隸者，亦籍在沿邊，分時番上，故凡差使，率用將兵。遇調發時，近裏逐州惟有義勇、保甲與小分共守空壁。隨州軍大小〔七〕，稍增舊額，取諸路所減厢軍請給，以佐其費。十分人數，以五分教弩，及掛搭守城，五分專治壁壘。或值將兵俱出，則量數差發，以代其役，惟不許出城。」從之。

[23]十六日，詔：「漢弓箭手出戰，義勇、保甲在賊界因傷及病羸不能自還者，並依諸軍例賜其家〔八〕。」

二十七日，賜河北提舉義勇保甲狄諮每年公使錢千緡，專給犒設。

五月七日，詔：「開封府界保甲，三丁内一丁充太常樂工者，免餘二丁〔九〕。」

六月八日，提舉河東路保甲司言：「準朝旨：『保甲以家聯保，以丁聯兵，小保長以上緣兵置，令三路施行，如有未便事理，條畫以聞。』本司今相度，以家聯保：《差免敕》内，保甲以二丁、義勇以三丁入保，單丁、客户並爲附保。今欲乞除官户、女户〔一〇〕、歸明人子孫、刺事人、河北沿邊弓手户合依舊附保外，其客户、單丁户及免丁之人，自合排入

〔一〕料：原作「科」，據《長編》卷三二三改。
〔二〕析：原作「折」，據《長編》卷三二三改。
〔三〕家：原作「名」，據《長編》卷三二四改。
〔四〕「以」下原有「爲」字，據《長編》卷三二四删。
〔五〕征：原作「往」，據《長編》卷三二五改。
〔六〕乏：原作「之」，據《長編》卷三二五改。
〔七〕軍：原作「郡」，據《長編》卷三二五改。又「隨州」句與上文文意不接，《長編》有「竊以諸處壯城，其錢糧與下禁軍無甚相遠，欲」十八字，似可補入。
〔八〕諸：原脱，據《長編》卷三二五補。
〔九〕免：原作「充」，據《長編》卷三二六改。
〔一〇〕户：原作「口」，據《長編》卷三二七改。

家保，責以互相覺察。以丁聯兵：詳《差免敕》〔一〕，本縣與都保別置簿，遇有事故，如外來及進丁，限五日申舉開收、分併。今欲乞限五日申舉開收，限一年分併；其未分之間，多者就近權附，少者姑闕。若地里相遠，餘丁不可聯者，從舊法。小保長以上緣兵置：家保之法無所與於兵政，至其覺察欺詐，襲逐姦盜，亦其所當有事於保伍之間，非有總率，無緣齊一。今欲應家保之內，有大小保長，既亦干豫本保內事，並令就轄家保，所貴上下有分，緩急易使。」從之。其分併限三年。

十一日，詔：「廣南路保甲依戎、瀘州例，令自置裹頭無刃鎗、竹鏢排、木弓刀、蒿箭等，在保下閱習。若遇捕盜，器甲並從官給。」

七月二十一日，詔：「開封府界團教場置簿記保甲事藝，其紙 24 札并顧直，未知從何出辦，提舉司具析以聞。」先是，緣教習保甲費皆從官給，獨此無所從出，上恐其擾，故雖小亦令究治。

八月二日，河北轉運司言：「準朝旨，令兵部以三路自置保甲，候教過年分實費錢糧〔二〕，衮取一年數，爲自今封樁年額〔三〕，充保甲支費。契勘保甲冬教錢糧，朝廷已不封樁，今悉令本司承認，慮久遠不能供億。」詔自元豐四年降指揮後封樁，陝西、河東準此。

九月二十三日，詔：「應緣義勇事並隸樞密院〔四〕，其餘民兵悉隸兵部。」

十月一日，提舉河北路保甲司言：「見任巡檢多不曉教閱新法，欲望許本路選差人代。其十三場監教使臣，候按閱罷，權留本司，遇有不得力巡檢，補填訖奏。」從之。

十一日，河北路提舉保甲司言：「所統百七縣團教場五千五百，止有幹當公事官二員，乞更選差大使臣二員。」又言：「教罷第二番都教頭，當發赴闕，如蒙擢授三班使臣，乞令本司指名抽差，充本路巡檢。」從之。

十八日，詔：「自今義勇、保甲及呈試武藝得班行者，不許試换文資。」

十一月十四日，就差按閱河北集教保甲、樞密副都承旨張山甫，幹當御藥院劉惟簡，按閱本路團教保甲。依按閱賞格〔五〕，給賜弓箭手馬射第一等銀椀七兩、絹五匹，步射及弩手第一等銀椀五兩、絹五匹，第二、第三等各第減三之一。都副保正、大保長，并已補名目教本保人武藝及第一等，都副保正計本都保及十分，三班 25 差使九分，三班借差八分，大保長計一都保及十分〔六〕，三班借差九分，下班殿侍八分，並給銀椀十兩、絹五匹。不及十分，第減

〔一〕詳：原無，據《長編》卷三二七補。
〔二〕教：原脱，據《長編》卷三二九補。
〔三〕「爲」下原有「額」字，據《長編》卷三二九删。
〔四〕應緣：原作「慈練」，據《長編》卷三二九改。
〔五〕依：原作「以」，據《長編》卷三三一改。
〔六〕長：原作「正」，據《長編》卷三三一改。

有差。

六年正月十九日，河北提舉保甲司言：「都、副保正多於教成大保長内選補，係主教人員，團教一都保人武藝。方且責成，又令管本都保公事，應副州縣役使，以至期會稽違，必遭刑責，不惟有妨主教，恐非朝廷教養之意。乞應合係本縣于本都保追呼公事，止責承帖人計會追呼，毋令親身幹當及管解赴縣。」從之。

二十四日，詔：「自今禁軍馬軍、保甲教閲隸樞（蜜）〔密〕院。」

二十九日，提舉河北保甲司言：「乞義子孫、舍居壻、隨母子孫、接脚夫等，見爲保甲者，候分居日，比有分親屬給半〔一〕。」詔立法。

二月十一日，詔：「河北保甲使臣等共五十六人：保長五人與借職〔二〕，十七人與差使、減磨勘二年，二十六人與差使；授教指使四人遷一資、減磨勘三年，三人遷一資、減磨勘二年，兼差充諸縣新置團教場巡檢；指使一人遷一資、減磨勘三年。」

十五日，詔提舉河北東路保甲司：「沿邊州軍于今不教閲地以南二十里外，方得置團教場。若旁近北人小使所行路，並移于五里外。」

二十一日，提舉河東保甲司言，太原府十三州軍九場集教保甲，事藝及格。詔差王淵、梁從政按閲。

三月四日，詔：「開封府第三等以下見保甲户，去年以前逋負權住催一年。」從提舉教閲保甲劉琯請也。

十七日，[26]提舉河北路保甲狄諮、劉定，監教使臣孟斌等，所教武藝及九分，各遷一官。保甲司幹當公事李允齊、狄璋、孫文，各減磨勘三年；指使張彦孫等，各減二年。按閲河北集教保甲司上第二番集教功狀也。

同日，提舉開封府界保甲劉琯言：「諸縣保甲每起夫役，不計家産厚薄，但以丁口均差，故下户常艱于力役。伏望令有司立法，諸縣調夫不計丁之多少，而計户之上下，不惟國家力役之政大均，而所訓保甲亦得安居就教。」詔開封府界諸監司與提舉司同相度。

二十五日，詔：「開封府界、五路保甲輒投軍者，杖八十，還充本色。立告賞法。餘丁投軍而應免保甲者準此。其五路保甲餘丁願充弓箭手者聽，不在破丁之限。」

四月八日，提舉陝西保甲司言：「河中府民姚用和齎慶曆八年黄敕，言姚栖雲十世同居，孝行可法，賜旌表門閭，二税外免差徭〔三〕。乞與免保甲。」從之。

二十二日，永興軍等路安撫司言〔四〕：「近者盜賊屢發，其禁軍逐路拘抽，二邊全闕正兵差使。乞有盜賊，許令

〔一〕分：原脱，據《長編》卷三三二補。
〔二〕與：原脱，據《長編》卷三三三補。
〔三〕外：原脱，據《長編》卷三三四補。
〔四〕司：原作「使」，據《長編》卷三三四改。

所在官司量事勢追呼已集教大保長捕殺〔一〕。」詔遇有强盜及十五人以上，量數暫勾抽，日支錢米，候敗獲即放還〔二〕。

六月二十四日，同提舉開封府界教閱保甲劉琯言：「開封府界及滑州諸縣保甲元養馬五千疋，死損千九百餘疋，已催價錢萬緡，乞專委官往來買馬。其未納錢，亦可就令督趣應副。」詔專差呂公雅。其買到馬送劉琯，從武藝高者先給之。

27 閏六月二日，鄜延路經畧司言：「弓箭手于近裏縣置田，兩處立户，及四丁以上，乞取一丁爲保甲，一丁爲弓箭手；有二丁至三丁，即且令充弓箭手。」詔保甲願充弓箭手者聽，其見充弓箭手與當丁役〔三〕，毋得退就保甲。陝西、河東準此。

七月二十八日，河東路提舉保甲、客省副使王崇拯，同提舉、集賢校理黄廉，幹當公事、供備庫副使宋宣，及監教使臣九人，各遷一資。集教保甲武藝及九分也。

八月二十七日，詔：「提舉保甲司，三路比轉運司，提舉視轉運使，同提舉視副使，同主管視判官。開封府界比提點司，提舉視提點官，同提舉視三路同主管官，並爲監司。其人從、舉官、恩數等，並依所視職任。內武臣教閱，文臣催驅〔四〕、收支錢物，各不得侵紊。」

同日，提舉河東路保甲王崇拯乞自今差使民兵，以武藝優劣高下立爲力役之制，逐司不得擅差撥。詔樞密承旨司著爲令。其後承旨司言：「五路保甲非次欲差使，乞關本司相度指揮訖奏〔五〕，仍須量人材所宜，稱事差撥。若擅差者，徒二年。」從之。

九月四日，提舉河東保甲、兼提點刑獄王崇拯等言：「第四等以下保丁之家，如本户災傷及五分以上，即乞依常平條施行。」從之，仍令河北、陝西、開封府界並依此。

七日，詔：「諸路經畧安撫、轉運司要急差用保甲，牒提舉司隨色應副。戰守防托差武藝高强及第一等者，役使差以次人。」

十二月五日，詔：「開封府界 28 保甲餘丁投軍，更不會問，即斷罪放停。已及一年者聽充軍，父母願放停者勿限年。三路準此。」

十三日，詔：「諸路并畿內保甲，率五六年按閱一周，惟河東以金帛不豐，十一年乃徧。晉人土性悍勇，俗尚武事，又介居二虜之間，講勸武功不可緩，反居諸路之後。可下吳居厚，于京東新法鹽錢內歲賜十五萬緡，買紬絹送澤州，助保甲司給賞。自今年下半年爲始。」

二十四日，詔開封府界陳留縣置保甲都作院，修二十二縣兵器。

〔一〕已：原作「以」，據《長編》卷三三四改。
〔二〕敗：原作「收」，據《長編》卷三三四改。
〔三〕丁：原脱，據《長編》卷三三六補。
〔四〕催：原作「摧」，據《長編》卷三三八改。
〔五〕關：原作「閱」，據《長編》卷三三八改。

同日，提舉保甲劉琯言：「諸縣保甲户有年已成丁，尚爲稚小以避役者，欲乞本司官因巡按相視年貌，收入餘丁。」詔巡按見教保甲，有人材不任事，許追餘丁相視年貌選擇。又言：「鄢陵縣巡檢戴恩〔一〕，先引見第一都保甲，減磨勘三年，今按閱八都保畢，更減三年，乞以五年轉一官，餘一年候磨勘收使。」從之。

同日，詔開封府界團教保甲武藝各應格，劉琯除西上閤門副使。

七年正月十二日，提舉河北路保甲司言：「保甲逃亡免教，乞給捕賞外，更立藏隱之家追賞法。所藏之家雖誤相容隱〔二〕，亦不免賞錢。」詔：「三路知情庸顧、藏隱逃亡保甲之家，減保甲罪二等，許人告，均出賞錢。兩犯捕獲應配者，追其半，餘以保甲司封樁錢支。開封府界準此。」

十七日，詔：「保甲犯罪，情涉兇惡，速具奏聽裁。」

二十一日，詔：「近指揮，將來朝廷按閱保甲，令諸路提舉司擇藝成者先按。聞提舉29司乃以意欲與賞及成就巡檢處，偏擇當按保分，不時教習，甚失朝廷勸作之意。可令提舉司毋得預定合按閱保分。」

二月一日，河北轉運司言，保甲三百許人入澶州觀城舊縣鎮劫民財物〔三〕。詔追赴澶州根勘，呂公雅監之，先體量作過因依以聞。

八日，詔：「京東、京西路保甲免教閱。每都保養馬五十四，每匹給價錢十千。京東限十年、京西十五年數足，其當優卹，量給芻粟等，令轉運、提舉司同議，仍專置官提舉。其京東、京西路鄉村以物力養馬指揮不行。」

十三日，詔：「州縣除依條不許干預教閲外，其保甲有違犯及當撫諭、彈壓〔四〕，巡教官、指使違犯，自當覺察施行。若失于覺察，保甲司按劾〔五〕。」

十四日，樞密院言：「聞澶、魏作過保甲，多爲首人唱率，別無情理，官司已許首身。欲降指揮，首身保甲如唱率及拒捕傷人，並追鞫；餘皆放罪，令赴教。」從之。是時，狄諮、劉定縱保甲暴横，州縣不得呵問。澶、魏保甲白晝劫畧，驚動一路，而朝廷不聞其寔。自此，河北盜賊公行，多保甲也。

十六日，上批：「集賢校理劉定言，澶、魏保甲初無兇惡跡狀，乃是素懷不忠、異議之人張大扇摇，破壞保甲成法，以至上達朝廷，爲之動心，差官窮治其事〔六〕，駭聞四方。可下劉定具析從初張皇官司以聞，無得避忌不盡。仍下李宜之、王子淵，見鞫保甲事限十日結絶，杖以下勿禁。」

三月十四日，詔：「京東、西兩路保甲領于提舉司，近已專置官提舉，都保内所養馬，則保民相干，理難兩屬。令提舉京30東路保馬霍翔、管勾京西路保馬呂公雅並兼

〔一〕戴恩：《長編》卷三四一作「戴思」。
〔二〕誤：原作「許」，據《長編》卷三四二改。
〔三〕舊：原作「二」，據《長編》卷三四三改。
〔四〕彈壓：原作「壓彈」，據《長編》卷三四三乙。
〔五〕劾：原作「勘」，據《長編》卷三四三改。
〔六〕窮：原作「求」，據《長編》卷三四三改。

保甲。」

四月三日，詔：「開封府界、三路提舉教閱保甲官，并本司幹當公事、指使，每再遣官教閱，通比三等：武藝及五分與減磨勘三年，六分減四年，七分遷一官。以上每加一分，更減一年，至十分取旨。如止及三分，展磨勘二年，二分展三年，一分以下降一官。」

五月四日，詔三路保甲借民私馬習藝者，聽依舊。

二十一日，河東路提舉常平司言：「提舉河東保甲司乞借糧于停積之家，貸闕食保甲，常平司以常格止絶。若貸非保甲户，即爲侵越。已奉詔，聽本司施行。勘會保甲司勸誘，多勒令出辦，教事錢糧乃其本職，賑濟當關本司，豈非侵越？」詔提舉保甲放罪。提舉常平司撥糧二十萬碩〔一〕，約保甲隨處封樁。保甲司有災傷，奏聽朝旨賑濟。河北、陝西準此。河北等路各十五萬碩，永興等路各二十萬碩，秦鳳等路各十萬碩。

同日，提舉河東保甲司言，乞輪家保甲户逐村巡宿〔二〕。從之。

二十三日，提舉京東保甲馬霍翔言：「民有物力在鄉村而居城郭，謂之遥佃户。欲依鄉村保甲同等第人，均出助價；及單丁、女户、單户〔三〕，見與保甲同等第人，自第三等以上推排主養；官户守官在外及第四等以下女户、單丁，止出助錢；寺觀有物力，依附户。」從之。

六月一日，詔：「五路提舉保甲司，已撥常平糧準備賑濟。令相度保甲户，遇灾傷不及五分，當如何等第賑濟，條具以聞〔四〕。」[31]後提舉河東路保甲王崇拯言：「賑濟災傷，保丁四等以下，本户災傷及五分以上，即依常平司七分以上法。」從之。河北、陝西、開封府界準此。

同日，詔：「河東路銷廢五指揮禁軍錢糧，即非一路兵額偶有闕數衣糧之比，並封樁以給提舉保甲司起教之費。」

二十七日，詔府界保甲司市按賞銀〔五〕，毋得抑配。

七月二日，詔徐彦孚提舉荆湖北路常平等事。以彦孚知衛州黎陽縣，嘗言：「保甲逃亡，恐積以歲月，（寢）〔寖〕虧本數，乞立責正長法。」下開封府界、三路保甲司相度以聞，故有是命。

十日，知太原府呂惠卿言：「麟、府、豐州守禦人闕，已牒提舉保甲司發保甲。乞令提舉司官撫諭，并立調發約束之法。」從之。

二十三日，知延州劉昌祚言：「昨集教保甲，弓馬並不精當，但令守禦。已用土兵换赴將下團結成隊，遇敵呼使，如有功，乞優賜推恩。」從之。

八月十八日，詔：「河東、陝西發保甲給路費，出州界

〔一〕糧：原作「銀」，據《長編》卷三四五改。
〔二〕家保甲户：《長編》卷三四五作「小保人户」。
〔三〕單户：《長編》卷三四五無此二字，疑衍。
〔四〕條：原脱，據《長編》卷三四六補。
〔五〕銀：原作「錢」，據《長編》卷三四六改。

二百里以上，保正三千，副保正二千，保長一千，小保長、保丁七百。不滿二百里及沿邊不出本州界二百里以上，保正二千，副保正千五百，保長七百，小保長、保丁五百。」

九月十三日，詔：「提舉河北、永興、秦鳳等路保甲司官各兩員，自今奏請文字並聯書，機速〔文〕字不用此法。」

十一月二十一日，京東路都轉運使吳居厚乞歲以鹽息買絹十三萬，送河東保甲司。（河東保甲司）從之。

二十五日，廣南西路經略司【32】乞依温杲奏，召募邊州居民子弟有勇力武藝者，結保甲習戰，遇捕賊，官給甲仗、請受。下尚書省施行。

十二月二十七日，詔：「保甲願賣所賞銀盂椀入官者，聽保甲司買〔一〕。開封府界、河東路于禁軍闕額錢内借支，河北路于常平倉司借支，各七萬緡。」

八年四月二十二日，哲宗即位未改元。樞密院言：「府界、三路保甲兩丁之家，見教人小弱或久病，及除當教人外，家止有病丁，并第五等以下田不及二十畝者，聽自陳，提舉審驗，與放免。」從之。

六月四日，詔罷府界、三路保甲不許投軍及充弓箭手指揮。

七月六日，詔：「府界、三路保甲，自來年正月以後，並罷團教，仍依義勇舊法，每歲農隙赴縣教閱一月。其差官置場，排備軍器，教閱法式番次，按賞費用，令樞密院、三省同立法。」後詔五都保以上，並分四番，自十月起教，至正月罷。零保即先從多教，周而復始。其提舉錢糧官司並罷，令教閱司兼領。其後，門下侍郎司馬光言：「先帝以戎狄驕傲，侵據漢唐故地，有征伐開疆之志，故置保甲，令開封府界及河北、陝西、河東三路，皆五日一教閱，京東、西兩路保甲養馬。仍各置提舉官，權任比監司。既而有司務張皇，以希功賞。其提舉官專護本局，不顧他司，事干保甲，州縣皆不得關預，管内百姓不得處治。其巡檢、指使、保正、保長，競爲搔擾，饕食無厭，稍不如意，擅行捶撻。其保丁習于游墮，不復務農，或自爲劫掠，或侵陵鄉里。其本家耕種耘獲，率皆妨廢，供送不辦，率歛無窮，貲産耗竭，無以爲生。弱者流移四方，壯者亡爲盜賊。行之數年，先帝（寢）〔寖〕知其弊，申敕州縣，令保甲應有違犯并巡教官、指使違法事件，并許州縣覺察施行。及陛下踐祚聽政，首令京東西兩路保甲養馬〔二〕，並依元降年限收買，其剩買過數目〔三〕，並充以次年之數。開封府界、三路團教已及半年，經朝廷按閱者，每月併教兩日，未經教閱者併教三日。又令見教人身材弱小，【33】或久來疾病，及本家止有一丁，病患不堪營作，并第五等以下地土不及二十畝者，並許州縣保明〔四〕，提舉司審驗放免，又令一縣不得放免過二分。皆聖澤矜寬民力。保甲勞費，雖十減五六，然保甲、保馬向去點擇，買養、補填，尚猶如舊；其巡教、指使、保正、保長，名目猶在，于所轄保甲，恐不免須有陵逼侵漁。其四時教閱，雖減日數〔五〕，未免妨農。臣愚以爲，此保甲若使之逐捕盜賊，則近已有指揮，巡檢、縣尉及弓手、兵級人數，並令依保甲未上番以前人數復置，其保甲更不令管捕盜。若使之攻討四夷，則此皆畎畝白徒，教閱雖熟，未嘗見敵，與戎狄戰鬬，必望風奔潰。登極詔書敕邊吏，令不得侵擾外界，務要静守疆埸。然則此保甲、保馬，

〔一〕買：原脱，據《長編》卷三五〇補。
〔二〕京：原無，據《温國文正司馬公文集》卷四八補。
〔三〕買：原無，據《温國文正司馬公文集》卷四八補。
〔四〕許：原無，據《温國文正司馬公文集》卷四八補。
〔五〕雖：原作「日」，據《温國文正司馬公文集》卷四八改。

的實有何所用？徒令府界及五路農民不堪愁苦。幸賴社稷之靈，適值累年豐稔，猶流民甚多，盜賊充斥；若遇如明道年之蝗，康定年之旱，至和年之水，則爲國家大患，豈可盡言！近者羣盜王冲乘保馬諸處行劫，置保馬本欲逐盜〔一〕，今更爲盜資。又獲鹿縣保甲斫射毆傷提幹孫文、巡檢張宗師，以下陵上，是大亂之源，漸不可長。凡保甲、保馬有害無利，天下之人莫不知之，臣不知朝廷何憚而久不廢罷！伏乞斷自聖志，盡罷諸處保甲、保正、保長使歸農，依舊置耆長、壯丁巡捕盜賊，户長催督税賦。其所養保馬，揀擇拘收，太僕寺量給價錢，分配兩騏驥院坊監、諸軍。召提舉還朝，其勾當公事、巡檢、指使，並送吏部，與合入差遣。如此，開封府界及五路之民，孰不歡呼鼓舞，荷戴聖德？若以保甲中武藝已成之人可惜，使之歸農，即乞令逐縣户馬數每五十户置弓手一人，畧依沿邊弓箭手法，許蔭本户田二頃，與免二税；或税輕者，與免若干石斗税，及户下諸般科役；本户田不足，聽蔭親戚田。務在優假，使人勸慕。然後召募本縣鄉村户有勇力武藝者，必投充弓手，計即令保甲中有勇力武藝者，必當願募。若一人闕額，有二人以上爭投者，即委本縣令佐揀試武藝高强者充。若見充弓手人有勇力武藝衰退，許他人指名比較。若勝于舊者，即令充替。如此則不須教閲，武藝自然常精熟。一縣之中，其勇壯者既充弓手，其羸者雖使之爲盜〔二〕，亦無能爲患。仍委本州及提點刑獄常切按察，令佐有取捨不公者，量加刑典。若無人投名，乞更議優法。若尚召募不足，即且于鄉村户上依舊顧人，候有投名者即令充替。若弓手數多，即令分番更互在縣祗應，一年一替，其餘各分地分巡捕盜賊。每獲賊，勘得赦後住止及窩藏去處，其地分嚴行科責，及令出賞錢與獲賊之人。其賊發地分，更不作三限科校，只令捕賊給賞。如此，則賊發之處，捕盜之人不復掩蔽，住止窩藏之處，捕盜人不肯庇匿，盜賊無所容身，自然希少。」疏奏，以蔡確等執奏不行〔三〕。詔依樞密院今月六日指揮。

十[34]八日，樞密院言：「府界、三路團教保甲〔四〕，雖不當赴教日，從往于鎮市村疃，以習學事藝爲名〔五〕，聚集飲酒，不務生業。」詔提舉保甲司關牒轄下，不赴教日〔六〕，令務農作，遇閑暇，許于本家閲習事藝，違者重坐之。

二十三日，詔遣官分按逐路團教保甲。

八月二十六日，詔：「逐路保甲罷教騎，其借户馬及私馬並歸主，官馬以配諸軍〔七〕。」

十月二十八日，詔：「罷府界、三路提舉保甲官，諸路以提點刑獄兼領。其保甲止冬教三月。」

十一月十六日，詔：「罷監教保甲官，置勾當公事及指使一員。」

十二月六日，詔：「府界、三路保甲第五等兩丁之家，免冬教。」

哲宗元祐元年正月十四日，詔罷商、虢州保甲冬教〔八〕。

二月二日，樞密院言：「府界、五路保甲已罷團教，應保甲赴教日，止用民間衣裝，不得勒令别造。」從之。

八日，殿前都指揮使、武信軍節度使燕達言，試驗太原

〔一〕置：原作「蓋」，據《溫國文正司馬公文集》卷四八改。
〔二〕雖：原作「須」，據《溫國文正司馬公文集》卷四八改。
〔三〕蔡：原作「葵」，據《宋史》卷一九二《兵志》六改。
〔四〕團教：原作「團結」，據《長編》卷三五八改。
〔五〕事：原作「字」，據《長編》卷三五八改。
〔六〕日：原作「司」，據《長編》卷三五八改。
〔七〕官：原作「管」，據《長編》卷三五九改。
〔八〕甲：原作「州」，據《長編》卷三六四改。

府陽曲縣大保長劉用事藝應法〔一〕。詔與三班差使，賜衣帶，令歸吏部。

十四日，詔河北路解發到保甲，内尚榮、孟隆、李賛與三班差使，減二年磨勘，孔震與三班借差。並賜袍帶，令歸吏部。以試驗武藝出等推恩也。

同日，兵部言：「府界提舉（提舉）保甲司申：準朝旨，保甲更不教騎。諸縣見催人户買馬填官者，乞並令依元價送納價錢，本司封樁。」從之。仍以元價十分爲率，若養及一年以上倒死者，與免價錢二分，每及一年遞減二分，至五年者，依條蠲免。

十五日，詔府界、[35]三路提舉保甲官并官屬罷謁禁。

閏二月二十四日，詔：「河北東西路、永興、秦鳳等路提點刑獄兼提舉保甲司，並依提刑司例，各爲一司。」

四月六日，詔：「開封府界、三路保甲已罷團教，免按閲，只令隨逐次拍試事藝。」

二十二日，按閲河北團教保甲所保明到提舉保甲官等，合該酬獎。内狄諮、劉定、孫文、張彦孫〔二〕，各擬轉一官，更減磨勘二年；李允齊等轉官、減磨勘有差。樞密院言：「近吏部擬到提舉府界保甲司官酬奬，並已減半推恩。今來狄諮、劉定爲措置乖方，屢致保甲作過，及擅于團場種蒔，致保甲陪備錢物。孫文爲不受理指使受贓，及妄打保正等罪，已各責降。」詔狄諮〔三〕、劉定、孫文更不推恩，餘依吏部所定酬奬。

同日，提舉河東路保甲司言：「欲乞應坊郭、草市、鎮市義勇及委係義勇之家，改排充保甲。」詔：「三路坊鎮等處人户及有元（保）〔係〕充不教閲保甲〔四〕，其元係義勇教閲人不改正，依不教閲保甲法施行〔五〕。」

七月二十八日，詔：「府界、三路保甲，遇本户災傷及七分以上，並免放當年冬教訖奏。」

八月十二日，詔：「陝西路保甲冬教，並自十一月一日起，至次年正月終罷。」

十八日，詔：「河北路保甲見欠弓箭錢，如係第四等以下户，委經災傷檢放，今年秋税並權住，候來年夏熟日拘催。」

同日，詔：「三路轄下縣分，如災傷約及五分，其保甲權免今年冬教。」

十一月十七日，利州路提刑司言：「文、龍二州[36]保

〔一〕陽曲：原作「曲陽」，據《宋史》卷八六《地理志》二乙。曲陽縣屬定州，非此。

〔二〕按，《長編》卷三七六作「張彦孫俊」（下文同），似爲二人，然同書卷三三四亦作「張彦孫」，「俊」字當爲衍文。范祖禹《范太史集》卷三一有「西頭供奉官張彦孫」，當即此人。

〔三〕詔：原作「及」，據《長編》卷三七六改。

〔四〕户：原作「民」，據《長編》卷三七六改。

〔五〕按，此數句文意不甚明瞭，似有誤。《長編》卷三七六作：「詔：三路坊郭、鎮市人户依條合排充不教閲保甲，其上件去處居住人户元係義勇改充保甲者，並依不教閲保甲法施行。」

甲，其間有充役之人，欲乞並依府界、三路指揮，權免冬教。」從之。

二十六日，詔：「府界、三路保甲人户五等以下、土地不及二十畝者，雖三丁以上，並免放。」以殿中侍御史呂陶請也。

十二月六日，左諫議大夫鮮于侁言：「開封府界保甲授班行人不少，官户既多，縣道差役頗難。聞祥符縣内，一鄉止有一户可差。伏以武舉試策及弓馬入等，方得近下班行。今來保甲人事藝入等，纔授恩，便與公卿大夫一等爲官户免役，頗爲僥倖。臣欲乞保甲授班行人，依進納官例，候改轉陞朝官，方免户下色役，庶令縣道差役得行。其三路保甲亦乞依此。」從之。

二年正月十二日，左諫議大夫鮮于侁言：「熙寧中，以戎、瀘夷漢主客户通爲義勇、保甲，歲以農隙教習武藝。厥後夷人不免作過，而税地遂或廢耕墾〔一〕，請罷之。」會知鄭州岑象求亦爲言，詔本路轉運、鈐轄司詳度以聞。

二月四日，知邢州鞏彦輔言：「施、黔、戎、瀘州、南平軍極邊之地，保甲多居山谷。請每歲農隙，令縣尉親詣其居，如監司按閲，終一月而畢，毋復賞。監司三歲一閲如舊法。」從之。

五月二十八日，詔：「河北、陝（司）〔西〕路提刑兼提舉保甲，並依提刑司分路。」

六月二十八日，詔：「三路保甲司冬教賞物，據本路舊義勇、保甲合支冬教錢糧〔二〕，各依減定數，令轉運司每年分四季撥與保甲充賞。」

八月十二日，樞密院言：「河東、河北、陝西保甲不一，請並以五家 37 爲保。丁雖多，止作一保，其正、長各隨家保置。」從之。

三年六月八日，詔：「保甲補借差以上者，初該磨勘，有本轄官二員同時奏舉陞陟，聽如常法磨勘。即無舉主或不足，或犯贓若私罪徒，即展二年；應別格合展者，並累展。其元豐元年以後補授人，雖磨勘改轉，内歷一任元無舉主或不足者，將來磨勘亦如之。」

九月四日，樞密院言：「府界累年災傷，又夏田不熟，雖今方秋成，民力未裕，乞詔開封界保甲特免今年秋冬教。」從之。

二十一日，詔：「永興軍、耀、同、解、華、陝州〔三〕、河中府，今年秋災傷保甲不以分數，並權免冬教。内本户不係災傷者，亦放免。」其後五年十月，又以秋傷權免。

四年五月二十五日，尚書省言：「保甲出身補借差以上，初該磨勘，已降指揮用舉主；或無，即展二年磨勘。如已曾經磨勘，改轉準此。其補授殿侍或軍大將之類，即未

〔一〕而：原作「兩」，據《長編》卷三九四改。
〔二〕冬：原作「各」，據《長編》卷四〇二改。
〔三〕陝州：原作「陘州」，據《長編》卷四一四改。

有該説。」詔候至借差以上，該磨勘日，並依借差初該法。

七月八日，詔：「陝西、河北、河東路與免逐年封樁保甲冬教賞物，自今令轉運司應副，仍于教前排辦足備。如違，保甲司以聞。」

五年九月十一日，户部言：「諸保甲因娶宗室女并内命婦授官者，並不免本户科配。」從之。

六年二月十三日，樞密院上《冬教保甲敕》，詔行之。

閏八月十七日，詔：「三路保甲今後冬教，五都保以下，不及千人縣，分作一月；及千人或六都保以上，分作兩月；及一千五百人或十都保以上，分作三月。仍 38 須弓弩、教場、屋舍足備，如有不備，即依舊條。」先是，逐路提刑兼提舉保甲司相度，以併月聚教爲便。故有是詔。

七年三月二十一日，詔：「應保甲除指定合差者，許從經畧安撫、轉運司一面抽差訖，報提舉保甲司。其非次差使，並關本司相度，奏聽朝旨。如事體緊急，待報不及者，遣訖保明聞奏。仍須量人材所宜，稱事差撥，務要均當。」

八月，秦鳳路經畧司言：「秦州達隆堡〔一〕、安遠寨守禦人足用，請罷鳳州梁泉縣差來保甲。」從之。

紹聖元年五月二十七日，樞密院言：「户部看詳役法所申，諸路復免役法，未審保甲合與不合依舊行免役法。」詔並依熙寧舊敕施行。

二年七月八日，上問義勇、保甲數，宰臣章惇對曰：「義勇，自祖宗已來舊法。治平中，韓琦請遣使詣陝西再括丁數添刺。熙寧中，先帝始行保甲法，三路、府界得七十餘萬丁〔二〕，設官教閲，始于府界，衆議沸騰。教閲既成，更勝正兵。元豐中，始遣使徧教三路。先帝留神按閲，藝精者厚賞，或擢以差使、軍將名目，而一時賞賚率取諸封樁〔三〕、耆長，或禁軍闕額，未嘗費户部一錢。元祐弛廢，深可惜也。」中書侍郎李清臣曰：「元豐保甲，《備對》具詳。」上問《備對》何書，何人修纂，惇曰：「宰相吴充奏請，命檢正官畢仲衍修纂，今藏在中書。」上曰：「可録一本進。」

十二月二十四日，詔保甲補授人用舉主及展磨勘年條勿行。

三年二月一日，樞密院言：「三路保甲元祐以來冬教，文具而已，又無激勸之賞。大 39 抵保甲及義勇法皆弛壞。謂宜按義勇舊法，番次赴州，校試以射親挽彊，次第賞之。」從之。

八月十九日，樞密院言：「河北東、西路按閲保甲，額外主教人員如與額内正、長同教得本保人事藝分數該賞，並依格推賞。其額外都、副保正，比附大保長與本保内人，以等第高下衮同選補。」從之。

四年二月十一日，鄜延路經畧使呂惠卿言：「近奏乞

〔一〕堡：原作「保」，據《長編》卷四七六改。
〔二〕界：原脱，據《宋史》卷一九二《兵志》六補。
〔三〕諸：原作「者」，據《宋史》卷一九二《兵志》六改。

將永興軍路近裏保甲作兩番勾抽，分與延安府及軍、城、(保)〔堡〕、寨，(合)〔令〕守禦城壁、工役，各支糧餉、工直。得旨，難議勾抽。按本路保甲萬有四千餘人，去年春秋，西賊點集，兩次赴本府及諸軍城寨守禦甚勞。如朝廷以遠處不欲勾抽，即乞就近于河中府、同、華州勾抽應副。」從之，仍許勾第四等已上人應役。工役不得過一月。

五月二日，知福州温益言：「京東姦民多匿深山窮谷之間，時出爲盗，請應重法地分山谷僻遠處獨居無常産者，並遣居近裏鄉村，團結成保。」從之。

元符三年四月二十七日，徽宗已即位，未改元。樞密院奏：「陝西、河東路流冗未肯歸業，乞免今年保甲冬教一次。」從之。

徽宗崇寧五年二月三日，詔：「(詔)河北東西、河東、永興、秦鳳路，各置武臣提舉保甲，兼提點刑獄，罷提舉保甲文臣。」

政和三年五月十八日，樞密院言：「今年四月十八日指(指)〔揮〕下京東東西、京西南北路，(令)〔令〕將主客户點擇，主户重行編排，團成教閲保甲。今來京東西路任諒于兩月之内首先 40 點擇了當，團成教閲保甲一十五萬，顯是措置有方，並無搔擾。」詔諒轉一官，仍除直秘(閤)〔閣〕。

八月二十六日，樞密院奏：「京東、西四路教閲保甲，東路七百五十七都保，十九萬三百餘人；西路五百七十九都保，十五萬七百餘人；南路四百七十一都保，十二萬三千二百餘人；北路五百六十二都保，十四萬九千三百餘人。」詔提舉官轉一官。

九月九日，樞密院言：「《保甲令》，諸主户兩丁以上選一丁；又條，客户並令附保。」詔應稱主户處，並改爲税户。

四年十一月十五日，真定府路安撫使洪中孚奏：「按教保甲、鄉(共)〔兵〕、弓弩手，神臂弓射親至壕寨分隊、六軍互變、槍刀標牌與夫騎射，一皆如法。」詔提舉保甲官轉官有差。

五年十月十三日，詔：「應保甲聚教月分，知縣非應副軍期，雖不拘常制，並不得差出，違者以違制論。」

同日，詔：「大名府館陶、夏津，冀州棗强、武邑、衡水、南宮六縣，今後並令本路保甲司依條踏逐試驗，奏差武臣充縣尉。應教保甲州縣分無巡檢，係差文臣縣尉處，並依此。」

十二月十九日，詔：「河間路諸縣見教保甲，本路帥臣按試陣隊，並依得《元豐陣法式》，分行布隊，坐作進退，人各次第。其提舉本路保甲官，可依京東、西路檢會推賞。」

六年八月十二日，陝西宣撫使童貫奏：「鄜延路自去年五月夏賊犯順，保甲家丁守城，般運軍儲，已是勞費，若再行方田，深慮民力困乏。欲係曾應副軍儲 41 去處，權住方量。」從之。

宣和元年六月二十一日，詔：「提舉保甲官督察州縣都保，有不如條令者，並限一月改正。如奉行違戾，不依法差使，並以違詔論。保内有犯及匿盜三日，皆須究治，依法科罪。即匿强盜十人以上及十日，加二等。本縣當職官不覺察，以違制論；知、通、監司不按劾，與同罪。並仰廉訪使者以聞，當議重行黜陟。廉訪使者不得直，許監司互察，當議遠竄。」

二年六月十四日，詔：「諸路保甲法並遵元豐舊制，京東、京西路並罷。」

十七日，詔：「諸路保甲法並遵依元豐舊制，止爲罷京東、京西四路保甲，即不衝改京畿三路見行教閲條法。令申明行下。」

三年閏五月二十九日，成都府路提點刑獄公事高景山奏：「准朝旨，於諸路提點刑獄或提舉常平官内，每季選委一員，令專一督責逐縣令、佐，將保甲簿内人丁遂一開收，取見詣寔。契勘諸縣保甲簿係總闔縣人丁開收，及進丁、入老事，所繫利害非輕。欲依産業簿法，諸縣置櫃封鎖，每季依條批鑿開收。」從之。

七年五月九日，詔：「比降指揮，京東、河北路州縣保甲併免三次聚教，將事藝出等者比拍解發一次。慮其中有不願解發之人，一例勾集，有妨農作，却致搔擾。仰提舉保甲將事藝出等、願比拍解發人，方許勾集，依條（批）〔比〕拍解發。」

欽宗靖康元年三月十八日，以尚書户部侍郎錢蓋爲龍圖閣學士〔二〕、陝西五路制置使，專一措置京兆 42 府保甲。

五月十八日，河北、河東路宣撫司言：「河北諸州正兵闕少，乞以禁軍例物于陝西募游手惰民充義勇，五路各四千人，可趁防秋。」從之，仍令尚書省撥降銀絹。

高宗建炎元年五月一日，赦：「應去歲差人防秋，至今春未能放散，顯妨農務。應緣今來差科保甲，除逃亡人外，特與免一料支移折變。」

二年五月十一日，曲赦：「河北、陝西路保甲，累年應副軍期使喚，可特與權免今年聚教一次。」

同日，曲赦：「河北、陝西、京東路，應逐路諸州、軍、府見差赴行在民兵、保甲及効用人户，今年二税並與免支移，仍免諸色科配。」

三年三月十七日，詔：「諸路民兵火甲之令，重立勸沮誅賞之法，委逐州守臣措置，即不得因緣搔擾。仍委提刑司專切點檢。」以迪功郎吳樞言：「火保之利，諸州往往行之，恐未得策。若所至州軍推行，獲一級人，依軍功入資轉行，既有激勸，又可（阿）〔防〕微。」既而新授平江府司理參軍薛保言：「爲郡守者必能保一州，爲邑長者必能保一縣，莫如嚴保伍、授器械，教之鄉（射）〔社〕，使耳目惟金鼓旗幟之爲玩，則郡邑編民悉皆被（監）〔堅〕執鋭，爲敢戰之死士，盜賊何所嬰其鋒哉？望申嚴諸路。」故有是詔。

紹興六年三月一日，權發遣金州兼金、均、房三州管内安撫使柴斌言：「契勘金、均、房州保甲，緣其名翫習歲久，前鎮撫司稱呼作『保勝』。今來『保勝』稱呼又復日久，兼敵

〔二〕閣：原缺，據《宋史》卷一九二《兵志》六補。

境待爲民夫，恐不足以威遠。權行措置，將三州逐縣『保勝』結成陣隊，分爲五軍，乞名爲保勝軍，以壯軍勢。」從之。

三十二年閏二月十九日，户部言：「臨安府昨來車駕巡幸視師，得旨，權行團結保甲，巡察姦盜，候平息 43 日放免。今來車駕回鑾，欲下臨安府，且令依舊。」從之。

孝宗隆興元年六月十日，詔：「沿海州軍專委巡、尉將管下諸鄉人户，從本都保正、副重別編排。住處比鄰，每五家(給)〔結〕爲一甲，内選一名爲甲頭。五甲結爲一保，内選一名爲保長。五保結爲一隊，内選物力高并人丁强壯之家一名爲隊首。置籍統率彈壓，各從便置弓箭、槍刀之類。如保正、副受財，編排不當，許人户越訴，依條斷罪。如遇盜賊竊發，令隊首鳴鼓集衆，併力擒捕。内有托故不伏入隊之人，許令隊首申官勾追，從杖一百斷遣。若能擒捕，依格法給賞。」以臣寮言：「沿海之盜，盡是沿海之人。雖朝廷各令保甲，其間賊徒自與其黨爲伍，結爲保甲，遞相庇護。」故有是命。

二年十月二十八日，權發遣臨安府黄仁榮言：「本府團結保甲，昨得旨放免。緣今年係大禮年分，除在城別行措置外，所有城南北廂街巷地分廣闊，無以(姦)〔監〕察姦盜。望于本府城外權行團結保甲，庶幾可以巡警。」從之。

十一月十日，臨安府言：「本府城内居民繁盛，欲權依舊例，將在城居民結保，十家爲一小甲，一百家爲一大保，置大甲頭一名。週而復始，每夜輪一小甲，巡視甲内人户。遇有犯夜過往之人，詢問來歷，上連下接，傳送至所居地頭交管。仍乞不以官私房錢，將甲内輪當夜巡之家，與免房錢。一日不得過一百，充油火費用，杜絶姦盜。」從之。

二十六日，臣僚言：「欲行下沿江州軍，每縣發保甲一千人，分布諸渡口，官給錢 44 米，每日各人(來)〔米〕三勝、錢一百文。仍每渡擇土豪統之，各出其家資時時犒賞，以激敢戰之氣。候事平日，與補土豪承信郎。」詔委逐路監司、郡守日下措畫。

乾道元年十二月十四日，詔：「荆湖北路州縣所團保伍，軍器權行依舊存留，免行納官，使其彈壓盜賊，各保鄉閭。」以本路安撫、提刑言：「本路係産茶去處，常有興販私茶羣衆刦財物殺人，遂團結保伍，量置槍刀。近准指揮，令人户盡數納官，如有藏匿，許人陳告，依條斷罪，諸路依此。緣本路寔有上件利害，仍乞依舊存留。」故有是命。

六年二月三日，措置兩淮官田許子中奏云：「滁、濠、(濾)〔廬〕、和州、無爲軍所有民社，自覈寔之後，不曾團結。乞依河北路作保甲稱呼，仍依陝西弓箭手，興、洋義士法，量與減丁賦，令諸路守、令再行團結。」上曰：「極好。」

七年正月十七日，四川宣撫使王炎言〔一〕：「關外成、西和、鳳州所管忠勇軍，元係保甲改置，並依十資格法轉補。各自備鞍馬器甲，修置營寨，成立將分，差官訓練教閲，團結隊伍。係與見屯御前軍馬一般出入經戰，屢曾立功。其間有已補官資之人，偶因疾病揀汰，元未有指揮，許

〔一〕王炎：原作「言炎」。天頭原批：「清按，『言炎』乃『王炎』之誤。」今據《宋史》卷三四《孝宗紀》二改。

依諸軍揀汰人參部注授。乞將曾因經戰得功，補轉大小使臣、校副尉、下班祇應，遇有疾病揀汰之人，並許依諸軍離軍人前後條法指揮體例，分送四川轉運司，參部注授合(人)〔入〕差遣。」上曰：「雖是保甲，實曾立功，即與官(平)〔軍〕事體一同，可依奏施行。」

八年十月十二日，淮南轉運判官馮忠嘉言：「教閱本路保甲、民兵合行事件：一、逐縣差訓練官一員，人45數及二十人以上差兩員，于諸軍揀汰准備使喚使臣內差。每一員添支食錢八貫文，于逐州公使(軍)〔庫〕支給。一、保甲總首月給食錢五貫文，都教頭、撥發官四貫文，押擁隊、管事人月支食錢三貫文，隊身人月支食錢一貫文。米計口，並二勝半。月支錢米、食錢，照月分起支，放散日住支。一、有馬願充馬軍之人，馬支五分草料，免(兑)〔充〕身內諸役使喚。有知州、知縣及訓練官私役保甲，依私家(慕)〔募〕軍法科罪。一、取(下)〔丁〕依淮東選取民兵，三丁、四丁之家取一丁，五丁、六丁之家取二丁，七丁、八丁之家取三丁。一、教閱至歲終，欲乞令逐州事藝最高强人保明解發，(拍)〔經〕本司拍試，具申樞密院抽摘覆試推恩。一、本路二漕一置司真州，一置司無爲軍。今來教閱保甲，惟復兩司連銜，惟復依從來體例分領教閱，欲乞明降指揮，以憑遵奉。」詔依，令馮忠嘉專一教閱淮西路保甲。內訓練官添支食錢，保甲總首等月給食錢，隊身人月支錢米，令諸州軍斟量支破。仍自農隙日教閱，三月分散。

【續會要】

46 淳熙二年三月二日，詔：「刑部檢坐條法、指揮，行下諸路帥、憲司，委州、軍、縣、鎮及鄉村，將結甲保伍之法常切遵守，不得輒有追集騷擾，止差官巡門結定。務要盜賊屏息，民得安居。候結訖，開具置册，繳申樞密院。如窩藏姦盜，甲內不相救應覺察，一等科罪。」從臣僚請也。

五月四日，廬州言：「東南有焦湖，水面闊遠，港汊極多，乞籍定出入船隻、姓名，(結)〔給〕以牌號，庶可稽察盜賊。仍乞籍定湖內魚利錢四千五百貫，內減三分之一，召漁户分佃承認。仍令五家結爲一保，庶不至以取魚爲名，結黨作過。」從之。

八月二十五日，詔：「諸路帥、憲司結定保伍，置辦救火、捕盜器仗，州縣委知、通、令、丞，鎮寨、鄉村委縣官點檢。仍勸諭民户從便習弓箭，如射藝精强之人，許自陳，委守臣按拍，優加旌賞。」

六年五月一日，四川制置使胡元質言：「近降指揮，諸路帥、憲司責州、軍、縣、鎮、鄉村結爲保伍，令置救火、捕盜器仗。川蜀州縣，地狹人稠，少有荒迥可以容隱盜賊去處，止是穿窬，易於擒捕。舊存禁約，民間不得私造軍器。今若令自造，非唯有駭觀聽，又使平時所禁一旦盡弛，非便。乞依舊來結甲體例，遇有盜賊，止聲鼓遞相呼集，救應收捕。」從之。

十二年五月十五日，詔：「自今保伍寔緣禦盜被傷，或一時傷重致損者，令户、刑部檢坐賞格。如有該載未盡，即仰比擬開具，申樞47密院。」

紹熙五年九月十四日，明堂赦：「勘會保正、副依條止掌烟火、盜賊、橋道等事。訪聞官司敷用一切取辦，如差葺材料，差顧夫力，至于勒令催科，並是違法。仰今後州縣遵守條令，不得汎有科擾。如違，許充役之家越訴。仍仰監司按劾聞奏。」

慶元二年十一月十八日，湖南安撫司言：「潭州條畫措置保伍、防閑盜賊合行事件，委是經久可行，乞下本路州軍遵守。」從之。一、村疃保伍，自有舊法，緣縣道失于檢舉，遂至廢弛。湖湘鄉分闊遠，間有盜賊竊發，彼此不相救應。今措置團長，以便民情，初無騷擾。團長不久充，則無武斷鄉曲之患；官司不差使，則無追呼之弊。一、諸縣管下鄉分，五家結爲一甲，家出一丁，其丁多之家兩丁。一甲之内，推一名爲甲頭，五甲内輪一名爲隊長，于都内又推一名物力高者爲團長，同保正、副統率其丁，器仗等各隨所有。遇盜賊，有先覺處鳴擊梆鼓，隊長即時率甲士，或攔于前，或截于後，上連下接，其賊自無逃遁。團長一年一替。一、今來結甲，專委知縣、縣尉告諭，令保正、副就鄉結甲，具已推團長等姓名申縣。即不得差公人騷擾，縣尉許行點檢，一年不得過二次。非捕盜賊，不許役使，及追赴縣點集。如違，許人陳告，定行按劾。一、甲内人如停著逃軍、盜賊，及自爲刦掠者，仰團長等執捉，赴官斷罪給賞。其窩停人，照條坼屋行遣。甲内容庇，五家一例重斷。一、逃亡軍兵48及配隸之人，散在鄉村住泊，或經赦放回鄉，仰本保抄録姓名，取索放停公據等，解官驗寔，責保居住。或無停據，押歸元來軍分施行。一、盜賊竊發去處，甲内不覺察違漏，先行遣團長；近隊甲不即救助，許先發覺處隊長具名申官施行。一、市鎮居民邸店，多是作過之人藏泊。仰團長等隨所在集逐甲内丁每季點檢一次。于點檢之際，將前項約束逐一申飭隊丁。一、都分内居民稀少，不成保伍去處，各隨人家多少，自結成一保，從團長等管。一、所差團長，本縣不得使之承受文引等事；如違，許團長經州陳訴，將所犯官吏按治施行。

嘉定十五年九月十六日，夔路提刑兼提舉虞剛簡言：「夔路在蜀，素號僻阻，荒崖峭谷，民生其間，少知禮遜。不惟封疆廣袤，盜賊出没，難于擒捕；加以愚民無知，但營私利，爲之囊橐。且一家被盜，鄉鄰不恤，或不敢救之。因根括之徒，無異剽掠，拘糴之故，米爲翔湧，民生滋艱，計無所出。二三年來，至敢操戈，十百爲羣，白晝行刦，焚屋殺人，盪盡財物，至爲慘酷。官司雖例責之巡、尉，立限追捕，緣本路官吏少有正員，多是權攝，依應行遣，乞覓錢物，反更擾人，致使平民亦如被盜。臣誤司臬事，適在巴山，問俗之初，閱視民訟，多訴被劫，或稱被殺。私切凜思所以弭盜之計，亘無出保伍之法。蓋使之比聯保愛，出入守望，使民相親相恤，相友相助，平居無乖爭之習，緩急有援救之 49 義，而又有以察姦，不敢容姦。此誠成周鄉井之制，寔萬世經久之利也。是以熙寧盛時，嘗申行保甲之法。始自河北，遍及天下，所謂義勇、保社、保馬，其制備詳，不特爲盜賊之防，又深寓民兵之意。歲久因循，偶失修復。今若略倣舊規，嚴切措置，則一路盜賊，自今以始，遂其可弭。乞將本路郡縣城郭，徧及鄉村市鎮，以五家爲甲，五甲爲一小保，五小保爲一大保，使之遞相覺察。五家之内，有一家犯盜，四家不即糾察，皆當連坐。仍各行粉壁書寫甲下姓名，縣道鄉櫝則各置甲簿，書寫保甲細帳。仍圖其山川險易、住坐去處，稽考其寔，以防團結漏落之弊。則知保甲之成，盜賊將無所容，官司將有所恃。欲望聖慈特降睿旨，行下本司，依公團結，不潰于成，常加輯理，堅而凝之，庶幾成周鄉井之餘規，祖宗已行之良法，被之一路，永庇生民。」從之。

忠義巡社

建炎(切)(初)見州縣結集民社，名爲忠義巡社。所立條(注)(法)及廢罷事，并後來義社，具載此門。

50 高宗建炎元年八月十日，詔：「諸路州、軍、府巡社並以忠義巡社爲名，仍專隸安撫使司。」以户部尚書張慤(言)：「講究到河北路坊郭村鄉民户自結集强壯巡社，可因其情而用之，奬之以忠義之名，加之以撫馭之方，用禦金人，捕遏羣盜，每有實效。除依靖康元年七月七日敕勸募强民招集强壯禦捍賊寇補授官資指揮，以人數借補官資，并將校獲金賊并羣盜有功之人，即行激賞外，再講究得籍丁壯，分隊伍，務訓習，簡器械，嚴階級，正師律，敦教化，寬征役，明賞罰，重選舉，宜體咸平、慶曆年置兵選義勇詔旨，增修條制，速下諸路行之，便可得忠義巡社百萬，其官軍、保甲、弓手，并弓箭手，皆不預焉。」故有是詔。

同日，三省、樞密院言：「今參酌，立定諸路州、軍、府忠義巡社可行之法，乞遍下諸路。」詔依，「仰諸路安撫使及鈐轄司、提舉司，各依今來措畫，督責州縣疾速推行。仍令尚書户部遍牒行下，及令本部置籍舉(推)(催)，每旬檢舉取會諸路已施行次第，繳申樞密院(一)。」「一、鄉村民户，除三路保甲并京畿諸路諸色役人，并稚小老病外，雖客户但有家屬煙爨，而願入巡社者亦聽，即不得抑勒單丁貧弱之人。仍逐社置籍，縣置都簿。内有能自置馬者，於籍内開説，別加優恤。謂如免户下差使之類。籍内載其縣分、鄉村、户頭姓名及充巡社正身姓名、年甲，並聽鄉村民户自結集到人數，即不許州縣抑勒。其坊郭民户 51 巡社，並依鄉村巡社法施行，並以忠義彊壯爲名。仍各供申户部左曹置籍。一、忠義强壯巡社，令自相團結，每一十人爲一甲，互相保識。每一甲内推擇一名爲甲長。每五甲爲一隊，有馬者別爲隊，並注籍。於本隊内推擇一名爲隊長。每四隊爲一部，於本部内推擇一名爲部長。每五部爲一社，於本社内推擇二人，内

(一) 按，自「詔依」以下至「申樞密院」止，與本條末之文(兵二之五八)重複，可刪。此蓋《會要》編者前後偶有未照。

上名爲社長，次名爲副社長。每五社爲一都社，於内推擇二人，内上名爲都社正，次名爲副都社正。若及兩都社，謂及一萬人以上者。社内推擇首領爲忠義彊壯巡社都總轄，副首領爲副都總轄〔一〕。遇逐階有闕，依格目資次陞補。有勞績，無過犯之人，應充甲長以上職名次人，並免本家保甲身役。其逐階部轄人，從初並令本社内互相推擇自來有信義及有材勇智畧、兼物力高彊爲鄉里衆所推服者充。依靖康元年六月一日敕節文：『勸募到鄉民丁壯、忠義社，各使推擇爲首領，自相團結。若及千人以上，與借授保義郎；八百人以上，借授承節郎；五百人以上，借授承信郎。』今除依上條施行外，若結集及一萬人以上者，首領并副首領並與借授成忠郎。各據勸募結集到人數，令借授官資。差充社長以上，至都、副總轄職次，日後遷轉，依資次條格。若同力勸募結集到人數，即從衆人推排，依資次借授官資，差補職次。所有社長、副社長、部長及隊長、甲長，非時捕盜、禦金賊有功、合補官者，更不拘年 52 限資次補授外，自都總轄至甲長，各三年一次遞遷。内有過犯事理，或情理重及有病者，不在遷轉之限。内自甲長遷至正、副社長以上，依元結集到人數借授官資，充逐階職名。至該後項條格解發者，如以武藝解發，即赴闕引見。呈試合格，赴吏部補正元借官資，仍便注授監當、隊將，并許權入縣尉、巡檢及新置縣尉、諸縣指使差遣。若轉至都總轄，實歷二年、合該解發者，即直赴吏部補正元借官資，依上條注差遣。所有借官公據，從本州統制官、知、通及兩職官驗實，通簽給付，仍申户部左曹注籍。一、每十人結爲一甲，互相保識，覺察姦細賊盜、窩藏外來姦細賊盜等事。如失覺察者，減罪人罪三等，甲長、隊長各減一等，社長、副社長又減一等，社正、副及都、副總轄又減一等。能自覺察捕獲者，依條格推賞。一、鄉民集爲巡社，禦賊備戰，理須教習武藝陣隊。若驅率赴本州縣教場教習，竊慮民户勞費。訪聞巡社嘗于莊井近便處剳寨，以聚丁壯，以防寇盜，可各從便輪番就寨教習。如寨地係官地，即據地數，權免賦租。若係民田，即以官地撥，或給價錢。其近江河鄉村，仍相度沿江河置寨教閲，各分輪人准備應援。本州縣并鄰接鄉村州縣，或把截津渡外，當留一半人數防守村鄉莊井，並務要土（着）〔著〕人應援。若知鄰近鄉村或連接州縣緩急盜賊竊發，巡捕官及兵將未到，並許都總轄以下至部長、隊長、甲長，即時呼集社人，互相應援 53 鄰近鄉村州縣，或攔截掩殺盜賊。申報不及者，聽都、副總轄或都、副社正及社長臨時隨宜從便管押前去，仍飛申所屬州縣。其應援本州軍府及鄰近州縣，并把截津渡、離家地遠者，依保甲戍守巡防例，日給錢一百文、米三升，其馬日給草料七分。仍令逐州縣各將管内逐鄉村民户合納義倉糧

〔一〕按，《建炎要録》卷八載忠義巡社之組織法爲：五人爲甲，五甲爲隊，五隊爲部，五部爲社，五社爲一都社，二都社共六千二百五十人（今本訛作「一千二百五十人」）。與《會要》所載不同。

斛，樁充前件支用。如不足，以應係官錢糧、草料充。一、忠義巡社人，各許置合用器械，或甲冑之類，並赴本縣置籍拘管，應副本社使用。一、忠義彊壯巡社，一階一級，全歸伏事之義。每遇點集禦金賊，及應援本州軍府或鄰近州縣鄉村，及把截津渡，但依公聚集之時，若有違犯階級者，杖一百，毆者加一等，傷重加鬭傷二等。其違犯本屬官者，徒一年，詈者徒二年，毆者徒三年，仍配千里，傷者斬。若情犯兇惡，或事涉扇摇者，勘罪聞奏，即陵遲處斬。若不因點集等有犯，各加凡人一等。若遇禦捍金賊，或捉殺羣盜，臨陣有犯，並依軍法。一、巡社自都、副總轄及社正、長以下，事本縣令、縣尉及本州知、通，皆師帥之官也，合以縣令爲本縣忠義巡社統領官，縣丞爲同統領官，知州爲統制官，通判爲同統制官。若知州係本路安撫使或都總管，自依帥臣節制一路官軍、民兵條法。仍以一州一縣忠義巡社增耗功罪立法，知、通、縣令及縣尉殿最，歲終考較，最優者各轉一官，最劣者各降一官。知、通最優者轉一官，更減 54 一年磨勘，最劣者展三年磨勘。仍以鄰近有盜不犯，而犯不能擾，或能克獲者爲優。一、帥守、縣令，各實任教化之責，務化民忠勇，和睦孝悌，仍不廢農務。令逐縣於鄉村衝要去處，粉壁曉諭巡社在家之人，並須依時農作。若于家孝悌，又勤于農作、事顯著者，從本鄉社保明申縣，縣申州審實，特與陞補本社內階級職名。一、忠義巡社官司，并本轄官等，若專擅拘抽私役差使者，以違制論，徒二年，不以失減，仍不以去官、赦降原減。如遇點集收捕盜賊，及應援州軍府，把截津渡，并都保聚集之時，本轄官并都副總管及社正等，如有率斂，取受社人財物，罪輕者徒二年，贓重者自從本法。若許而未得，並依監臨主司因事受財物法，加一等。事若枉法者，自依枉法斷罪。不因事而率斂者，杖一百，一貫文徒二年，不入己減三等，應被率斂者不坐。並許人告，計贓依格支賞錢。統轄人知而不告，各減罪人罪五等坐之。其州縣(入)〔人〕吏及諸色公人、百姓等，如因點集，敢起動社人乞覓錢物，委州縣收捉。贓輕者科徒二年，刺配五百里外州軍本城；贓重者禁勘具奏。一、忠義巡社犯放火、彊盜、持仗劫盜，並各加凡人一等。如不因點集及教，遇本州軍府及鄰近鄉村縣分非次盜賊警急，即委自逐縣令或縣尉，畫時量盜賊多少，呼集社人，併力掩捕襲逐。其社人若捉殺到賊人，除依條即時支賞外，功大者具功狀保 55 奏，當量功力補授，或遷轉官資名目。若見賊不用心捉殺，有走透及自爲賊盜，并窩藏蓋蔽盜賊，至因事彰露，本管都副總轄、社正等不能覺察者，殿降一年名次。若能自設方畧，率衆殺獲持仗强盜及殺人賊，各據身分獲到人數，除依條支給賞錢外，若所獲人數多，及獲到近上首領、事狀明者，量功更與轉資；如無資可轉，即量勞效，別優加酬獎。若赴官司陳告，捉獲兇惡賊一名，除支賞錢外，亦與等第遷轉。如未有名目人，即特與借補官資名目。其告捉到殺人及持仗强盜，每獲一名，除支賞錢外，給與公憑；更獲一名，即依前項酬獎。其殺獲金寇立軍功、戰功之人，即量功力優加酬賞。功大者保奏，超授官資。一、巡社往往以辨認姦細爲名，劫奪居民或過往客旅、公人、官兵財物，或殺人者，其犯事人並行處斬。許人告，每名賞錢一百貫文。如根究得情理詣實，其賞錢並以官錢代支，於犯事并干繫人名下均備還官。一、巡社都總轄、副都總轄、都社正、副都社正、社長並副社長，各能統轄社衆，及教習社内人武藝精熟，并自結集成社，後來自己不曾犯盜，并糾察屏除得本城分内賊盜稀少，及應援本州縣并把截津要，及應援鄰近州縣鄉村，別無違悮，每歲從本縣統領官按試武藝解發。内都總轄及副都總轄各射得弓九斗、弩三石，都社正及副都社正各射得弓一石、弩三石二斗，社長及副社56長各射得弓一石一斗、弩三石五斗，本社保明申縣，縣申州，州審察按試得實，各保明申(按)〔安〕撫使司或鈐轄司，内京畿即保明申提刑司。覈較得實，聞奏得旨，解發赴闕引見，呈試前件身分弓弩斗力，赴吏部補正元借官資，仍便注授監當及隊將，并許權注授縣尉、巡檢及新置縣尉、諸縣指(揮)〔使〕差遣。仍依弓馬所子弟呈試武藝合格出身法，都總轄以下至副社長，每歲每〔州〕管内諸縣，所管以十分爲率，解發不得過五分。若合格人數多者，先取職名高者；若職名同，即取武藝斗力大者；若斗力同，即取精熟者解發。内有武藝不合格之人，都總轄實歷二年，自己不曾犯盜，并糾察屏除得本地分内賊盜稀少，及應援本州縣并把截津渡要害，及應援鄰近州縣鄉村，別無違戾者，本州縣保明，申安撫司或鈐轄司，内京畿即保明申提刑司，解發赴吏部，補正元借官資，仍更注授監當及隊將，并許權注授縣尉、巡檢，及新置縣尉、指使差遣。仍依弓馬所子弟呈試武藝合格出身法，遇都副總轄轉資出官，以次遞遷。若一職至兩名以上者，即以次人爲守(關)〔闕〕。一、巡社部長以下，至衆社人，每歲十月，從本縣統領官按試武藝。内部長、隊長、甲長，弓箭一石二斗，兼射親二中，弩射三石八斗；衆社人弓各射一石三斗，兼射親三中，弩四石。内部長、隊長、甲長能部轄及教習社人武藝精熟，并社人各不曾犯盜及徒以57上罪，并不曾違犯階級，並從本縣保明，解發赴州。本州再試合格，聽解發赴安撫使司或鈐轄司，内京畿諸縣即解赴提刑司，覆較得實，方許保奏，候得旨解發。每歲，每州管内諸縣所管巡社，共及三萬人以上，許解發六人；一萬人以上，許解發五人；一萬人以下，許解發三人。並依解發保甲赴闕引見呈試授官注授差遣。若無人應格，或應格者數少，即聽闕。一、逐社部長以上(致)〔至〕都總轄行遣文字，各從本州給木朱記行使。一、每遇春天，其社人並免身丁，自養馬者並非次科差夫役丁數並免。一、本社防護過往綱運、使命，轉送朝省文字及軍期急速文字，保護無疏失違滯，仰本州保明聞奏，當議特與推賞。一、除本縣官充統領官，本州軍府知、通充統制官，仍隸本路安撫使司；無安撫司處，即隸鈐轄司。京畿即隸提刑司。逐路提刑充提舉巡社官，除遇禦殺金賊并賊盜，許會合點集外，並不得非時追擾，役使巡社人。其提刑司人吏、公人、軍人，敢起動巡社，乞覓錢物者，並依州縣人吏公人等斷罪條法。一、諸縣奉行巡社措置先次就緒不擾者，許本州保明申帥司，帥司審察詣實保奏，當議優與推恩。其今來措置到巡社晝一，若與已降指揮文意相妨者，並依今降指揮施行。如有未盡或于本處土俗人情未便者，仰本縣條具申州，本州審實，内京畿申提刑司相度，如有利便可行事節，先次施58行訖奏。」詔依〔一〕，「仰諸路安撫使及鈐轄司、提刑司，各依今來措置，督責州縣疾速推行。仍令尚書户部遍牒行下，及令本部置籍舉催〔二〕。每旬檢舉取會諸路已施行次第，繳申樞密院。」

十月二十一日，樞密院言：「諸路招集巡社，内一項，除〔本〕縣官充統領官，本州軍府知、通充統制官，仍隸本路安撫司，無安撫司處即隸（鈴）〔鈐〕轄司，京畿即隸提刑司外，逐路提刑充提舉巡社官。今來契勘逐路創置武臣提刑一員，其舊保甲提刑，并今提刑（御）〔銜〕内，自合帶入『提舉巡社』字。」從之。

十二月二十五日，詔：「除京畿、京東、京西、河北、河東、陝西路依元降指揮置巡社外，後來增置路分並罷。内有已就緒去處，民情或以爲便，願存留者，仰本處申取朝廷指揮。」以臣寮言：「訪聞近日州縣頗行追呼，點集頻數，遂致農民失業，公私紛擾，殊乖朝廷立法本意。願申勅提舉、統制、統領官，令各以至誠惻怛之心，推廣至意，無令侵害吾民。仍令監司互察，敢有違戾者，重行黜責。」故有是命。

二年四月六日，詔：「京畿、京東、京西、河北、河東、陝西，依元降指揮置巡社外，餘路應權添置武臣提刑去處，並于銜内帶『兼專一措置捉殺盜賊公事』，仍除去舊銜内『提舉巡社』四字。内杭州、温州巡社已就緒願存留指揮更不施行。」從臣寮請也。

五月三日，詔諸州巡社内人户自置出戰鞍馬，今後官司不許差顧借倩〔三〕。從知（毫）〔亳〕州韓宗冑請也。

三年七月二十五日，知滁州向子伋言〔四〕：「乞罷民兵，復巡社。緣朝廷并監司等，將巡社例差把隘，動經歲月，並無請給；其民59兵則有減免科率，而巡社亦無減色。若有差出，往往破家，由此人不願募。今來所集巡社，係民自相糾率，保守鄉井，已曉諭不許差出州界及諸處勾押把隘，以此願就者衆。所屬三縣巡社，比以前召募增及十倍，委實利便。欲望立法，將募到巡社人不許差出州界，及行下諸司照會，所貴不壞良法。」從之。

〔一〕「依」及下句「仰」，原無，據本書兵二之五〇補。
〔二〕部：原作「路」，據本書兵二之五〇改。
〔三〕借倩：原作「措借」。按，「措」即「借」字，「措借」不可通，據文意與字形當作「借倩」。《方言》卷一二：「倩，借也。」借倩即借用。《歐陽文忠公集》卷五九《本論》上：「今廂、禁之軍，有司不敢役，必不得已而暫用之，則謂之借倩。」
〔四〕「滁」原作「除」，「向子伋」原作「向子仍」，據《建炎要録》卷二五改。

紹興三年五月十一日，三省、樞密院賞功房言：「迪功郎、前無爲軍廬江尉譚友，本貫宣州太平縣，待闕，自備錢糧，招集義社，捍禦羣賊。江東提刑司保明詣實。」詔譚友轉一官，比類施行。

十月九日，樞密院言：「淮南州縣有團集到義社民兵，每歲防秋，自保鄉土，及准備所屬州縣使喚。竊慮本路監司、帥司輒有呼集，及差往別州縣，不惟有妨本處緩急守禦，兼恐差出失所。」詔劄下淮南州軍，應管下防秋團結到義兵，並從守臣使喚。劄下監司、帥司，不得勾集及差出州界。

四年四月九日，詔：「洪州武寧縣義兵首領材武人佘茂、社長攝忠訓郎李真卿，並與補守闕進義副尉。其借補文帖，令拘收，繳申尚書省毀抹。」

五年五月三日，知和州皇甫彥言：「團結到巡社，雖合守臣使喚，切慮緩急難以統率，乞聽守臣節制。」從之。

六年正月五日，宰執進呈岳飛言：「太行山忠義保社梁興等百有餘人，奪河徑渡，欲自襄陽府至飛軍前。」上曰：「果如此，則梁興當與優轉官資，以勸來者。朕固知諜者之言未可盡信，[60]若此等人來歸，方見敵情。」沈與求曰：「若虜誠衰，則此等人皆相繼來歸，何但梁興。來歸者衆，則敵情寡矣。」

十年七月十六日，尚書省言：「淮北見有土豪，自備錢糧，聚集忠義民兵，劄立山寨，保守鄉土。今來楊沂中已除淮北宣撫副使，理合一就措置招諭。」詔：「遇有率衆前來願就使喚之人，令楊沂中斟量功力高下，先次出給照劄，逐旋申朝廷取旨推恩。」

十七年五月六日，知福州沈調言：「福建諸縣有忠義社，各隨鄉村人户多寡團結，推擇豪右衆所畏服者，以爲正副，仍量置槍仗、器甲之屬，以故盜賊屏息，民以爲便。今訪聞縣道不能安卹，尉司因而追集騷擾，及有科率置(辨)〔辦〕器甲之屬，却致社户不得安處，甚失元置忠義社之意。乞委逐州守臣常切覺察，務要不擾。如有違戾，令帥、憲司按劾以聞。」從之。（以上《永樂大典》卷八三〇六）

宋會要輯稿　兵三

厢巡

【宋會要】

❶真宗景德四年閏五月，詔：「京城内外諸厢，比差禁軍巡檢監察寇盗〔一〕，如聞以覘事爲名，取求財物，宜令開封府偵捕嚴斷，仍委殿前、侍衛司常行約束。」

大中祥符元年十二月，置京新城外八厢。真宗以都門之外居民頗多，舊例惟赤縣尉主其事，至是，特置厢吏，命京府統之。

二年六月，詔：「在京人户遺火，須候都巡檢到，方始救潑，致枉燒屋。先令開封府，今後如有遺火，仰探火軍人走報巡檢，晝時赴救。都巡檢未到，即本厢巡檢先救。如去巡檢地分遥遠，左右軍巡使或本地分厢界巡檢、員僚、指揮使先到，即指揮兵士、水行人等，與本主同共救潑，不得枉拆遠火屋舍，仍（軨）〔鈐〕轄不得接便偷盗財物。如有違犯，其軍巡使、厢虞候、員僚、指揮使，並勘罪以聞。其本犯人即送軍頭司引見。訪聞近日須候都巡到，方始下手，宜令檢會分明，榜示舉行，違者（計）〔許〕遺火人户、側近公私人等陳告，當行重斷。」天聖五年六月十五日，復申明前詔。

六年三月，開封府勘宿鋪兵士三人，因寒食節，假質庫衣裝賭博，不勝，遂謀於五鼓時伺行人擊之〔二〕，棄屍河流，取衣裝貿易，贖其所質。帝曰：「太宗時巡鋪兵士不令同指揮人一處，須馬步軍相參分擘。緣軍分不同，未相諳委，責令各相覺察。此乃朝廷機事，何故不能遵守？樞❷密院可申前詔行之。」

四月，詔禁諸厢鎮擅置刑禁者。至道初，禁鎮將、厢校妄理詞訴而禁箠人者。至是，潁州厢校張珪强箠斃牛者爲盗至死〔三〕，刑部請申前制。

七年五月，詔諸州厢鎮所由捕未獲，用百日爲三限，決罰減等如景德三年三大户條。

八月十九日，詔：「京城鬭競，願送開封府者並聽，本厢巡檢不得斷決。外州巡檢亦准此送所屬州府。」

天禧二年八月，詔：「新城裏地分巡檢兵士，自今捕獲逃軍一人支錢二百，賊一人支錢五百。」

三年二月，并代州走馬承受張永和等言：「并州城南草市關城内民户二千餘，亦有軍營在其間，止以厢〔兵〕四人巡邏。望詔并州總管司選指使忠佐一人，給兵健五人，每夜警巡。」從之。

四年四月九日，詔：「近日遺火稍多，雖累條約，訪聞

〔一〕監：原作「蓋」，據《長編》卷六五改。
〔二〕擊：原作「繫」，據《長編》卷八〇改。
〔三〕「潁」原作「穎」，「斃」原脱，據《長編》卷八〇改補。

尚有接便姦倖，放火謀盜財物。其救火兵士、水行人等，又不用心救潑及收捉賊人，致有將擎刀斧斫開門户籠櫃，般盜物色。本主收救，又爲巡檢人員約攔，不令向前，或致緣燒舍屋，疎失財物甚多。開封府宜令左右軍巡使、廂界所由及密切差人緝捉放火及遺火去處賊人。仍榜示許人陳告，候獲賊，勘逐人不虚，犯人於本處處斬，一房骨肉並配遠惡州軍；告事及緝捉人支賞錢一百千，軍人、公人更與轉三資，百姓願安排者亦聽，不願者更兩倍支賜。如同情并受寄賊人等，亦許徒中首告給賞，軍人與轉兩資，百姓願安排者亦聽，不願者 3 更一倍支賜。並以係省錢支。如止於遺火處偷竊，仰收捉勘罪，仍不得約攔本主收救財物。候救滅，即都巡檢等搜檢救火當直軍人及水行人等，如搜捉下財物，犯人即送開封府，依今條施行。別處捉獲及因事彰露，本地分人員、所由，並當嚴斷，巡檢並軍巡使亦重行朝典。」

十四日，增遣軍(王)〔主〕、都虞候各一員巡轄新城裏望火兵士。

五年正月，詔：「新城外置九廂，每五百户以上置所由四人，街子三人，行官四人，廂典一名；五百户以下置所由三人，街子二人，行官四人，廂典一名。内都所由於軍巡差虞候充，其餘並招所由。新舊城裏八廂，左軍第一廂管二十坊，人户約八千九百五十户，元街子、所由、行官、書手、廂典共三十二人，今減八人，差廂典、書手、都所由各一人，所由五人，街子二人，行官十四人；第二廂管十六坊，人户約萬五千九百户，元共三十四人，今減八人，定廂典、書手、都所由各一人，所由五人，街子四人，行官十四人。城南左軍廂管七坊，人户約八千二百户，元共二十人，今減四人，定廂典、書手、都所由各一人，所由二人，街子二人，行官九人。城東三軍廂管九坊，人户約二萬六千八百户，元共二十九人，今減十人，定廂典、書手、都所由各一人，所由四人，街子四人，行官八人。城北左軍廂管九坊，人户約四千户，元共二十六人，今減十人，定廂典、書手、〔都〕所由各一人，所由三人，街子三人，行官 4 七人。右軍第一廂管八坊，人户約七千户，元共二十一人〔一〕，今減九人，定廂典、書手、都所由各一人，所由二人，街子二人，行官六人；第二廂管南坊，人户約七百户，元共九人，今減三人，定廂典、書手、都所由各一人，所由三人，街子一人，行官二人。城南右軍廂管十三坊，人户約九千八百户，元共二十四人〔二〕，今減九人，定廂典、書手、都所由各一人，所由三人，街子六人，行官八人。城西右軍廂管二十六坊，人户約八千五百户，元共三十一人，今減六人，定廂典、書手、都所由各一人，所由五人，街子六人，行官十一人。城北右軍廂管十一坊，人户(都所)七千九百户，元共二十八人，今減十五人，定

〔一〕二十一人：與下文數目不合，當有誤。
〔二〕此項數目有誤。

厢典、書手、都所由各一人，所由二人，街子二人，行官六人。」

仁宗天聖二年正月，詔：「自今諸處遺火，如救火兵士、諸色水行人等於救火處偷取財物，其巡檢人員當面捉下，勘逐不虛，元捉人令開封府候斷遣贓人訖，具職次、姓名并贓人所偷贓物估直錢數以聞，當議於開封府贓罰錢内量與支賜。如獲偷物數多者，亦別與酬奬。諸色人告捉獲，亦比類申奏。」

三年三月，詔：「新舊城裏外左右厢巡檢，自今逐處所差巡檢人員、節（給）〔級〕、兵士等，逐月嚴切曉示，每收領公事，並須分明依實寫定元犯因依申送。（授）〔受〕事指揮使、員僚等收到公事，更切審問罪人元犯事狀申送，不得輒更虛妄添減罪狀。及所領罪人，除是賊盜拒捍及 5 兇惡人不伏收領外，其餘雜犯罪人，並不得非理毆打，乞覓錢物。」

四年三月，詔：「開封府勘得親從兵士裴達、御輦院節級唐政，百姓丁遂、田從等，各詐作後殿巡察親事官，并火下恐喝倉場所專典及官員、僧道、客旅金銀錢物，已斷達、政處死，遂、從決配沙門島，遇赦不還。宜令開封府每季一度出榜曉示在京倉場庫務，自今有犯罪未發，并無罪之人，如有稱巡察公事，恐喝却錢物，許盡時經官陳首，及收捉元犯人勘罪嚴斷，更不根勘被恐喝人因依情罪，並特放免。如不陳首，因事彰露或察訪得知，其被恐喝人一例依法施行。」

八年七月，詔殿前司、馬步軍司：「自今差在地方分巡檢禁軍〔一〕，將領到諸般公事取受錢物，衷私放却罪人，斷遣後，十將、節級勒充長行，上名長行移配近下軍巡。」

十一月，詔：「近日頻有遺火，雖累降條約，尚慮不切防慎。今南郊俯逼，宜令開封府指揮諸宮觀、寺院及裏外諸厢巡檢、人員等，常切提舉，不管疎遺。如違，並當極斷，經赦不原。」

十二月，詔：「京城諸厢虞候非次爲事故及逃亡者，令三司衙門，開封府依例權差人管勾，具因依、姓名申樞密院。」

明道二年八月十三日，殿中侍御史張奎言：「開封府日生公事，多依事頭決斷，欲乞在京裏外左右厢，各添置受事判官一員〔二〕。」詔令翰林學士盛度、馮元，樞密直學士張若谷、王曮，於在京或側近各舉一員聞奏。

神宗熙寧元年十二 6 月九日，詔：「《新舊城裏都巡檢諸處巡鋪圖》二面，如有可省罷，分明簽貼進入。」乃減罷八十六鋪，計五百四十六人。先是，京城巡鋪所占禁軍人數甚多，步軍兵士尤衆，不得番休，故量行裁省。其鋪分遠近不均者，委巡檢使移那焉。

十年正月十三日，詔：「諸巡捕人不覺察本地分内有

〔一〕地方分：似衍一字，當作「地方」或「地分」。
〔二〕受：原作「授」，據《長編》卷一一三改。

停藏透漏貨易私茶、鹽、香、礬、銅、錫、鉛，被佗人告捕獲者，量予區分：本犯人罪至徒杖八十，至流杖一百；同保知情杖六十，不知情并保長不覺察者各不坐。」

徽宗政和六年三月二十九日，開封尹王革上《政和營繕軍鋪録序》〔一〕，其文曰：「政和六年春，某月甲子，開封尹臣革奏事殿中，建言：『臣所部都城四廂無慮若干坊，坊有徼巡卒合若干人，故嘗築廬以居〔二〕，歲久廬壞，或廢徙亡失，無以庇風雨，禦寒暑，卒皆僑寄佗處，往往託民籬下，私賈販以自營，訟者莫知所愬。盜賊益玩，肆無忌憚〔三〕，甚不稱詔令。願下將作，以時繕完。臣昧死以聞。』皇帝曰：『嘻，弊有甚於此者邪！顧將作役多，力弗能專，汝言可續，其爲朕典司之〔四〕。』因出御府錢二萬緡，下開封府如章。臣既承詔，鳩功揆材，相方視址，均遠近，視要害，有遷有仍，或因或革。作以某月之甲子，成於某月之甲子。凡若干區〔五〕，碁布星列，縱見横出，股引鉤聯，聲通氣接。都人聚觀，愕怡踴躍。舊舍甲乙之次，雜取旁近官寺若佛老之居以爲題號，久或遷易，浸失本真。因一切削去訛舛，冠以坊名。**7** 具綆勺，儲水器，暑以療暍，火以濡焚。書之于籍，轉相付授，月校季考，稽比以時，有可以資備預者，無弗飭也。先時，無賴之民喜以嚚訟自賢，小睚眦即坐廬下，并愿良而就拘〔六〕。閭里重愧謝，或賄守者，迺得釋，習以爲常，長老苦之。上謂臣革曰：『訟之所聽，吏也。今公繫而私釋之，其如政何？』命增其禁。臣因以詔旨揭諸廬上。他日，爭者知繫之不可以苟釋也，雖盛氣虛驕，終相視而莫敢先，訟愈益衰。蓋京師者，天子之所居，四方之所會，百官有司之所治也。自唐虞三代以來，所以拱衛而尊崇之，咸所致嚴。漢家衛士於周垣下爲區廬，説者謂區廬，猶今之仗宿屋。班固因夸言之曰：『周廬千列，徼道綺錯。』此雖其宫中之制，然以内外推之，宜略相準。矧吾太平極盛之世，可使輦轂制度有所缺而弗講歟？昔者周人考牧，雖薪蒸簑笠，微末細碎，咸所記録，罔或遺漏。君子之於政事，凡可以爲法者，不厭其謹且詳也。今幸賴陛下至仁，加惠誰何之卒，使得聚廬而託處。臣謹緣聖恩，裒次前後所被詔令，與夫所費之要凡，器之品目〔七〕，廬之號名，地之阡陌，輯而成書，目曰《政和重建軍鋪録》，繕寫奏御，以待詔旨頒焉。庶使來者知聖訓之所自，時葺歲繕，毋敢不恭。他日吏欲因緣爲姦，有所詆欺，而按籍求之，可以輒得，雖至於千萬年可也。臣革謹序。」

高宗皇帝紹興二年正月二十一日，臣僚言：「錢塘州

〔一〕按，趙鼎臣《竹隱畸士集》卷一三題作《政和重建軍鋪録序》。此文蓋鼎臣代筆。
〔二〕故：原作「數」，據《竹隱畸士集》卷一三改。
〔三〕肆：原作「弛」，據《竹隱畸士集》卷一三改。
〔四〕其：原作「甚」，據《竹隱畸士集》卷一三改。
〔五〕凡：原脱，據《竹隱畸士集》卷一三補。
〔六〕愿：原作「原」，據《竹隱畸士集》卷一三改。
〔七〕之品：原作「凡」，據《竹隱畸士集》卷一三改。

城内相去稍遠，數有8盜賊。又緣兵火之後，流寓士民往往茅屋以居，則火政尤當加嚴。雖有左右廂巡檢二人，法制闊略，名存而已。乞下樞密院，委馬、步軍司措置。略倣京城内外徼巡之法，就錢塘城内分爲四廂，每廂各置巡檢一人，權差以次軍都指揮使有材能者充。每廂量地步遠近，置鋪若干。每一鋪差禁軍長行六名，夜擊鼓以應更漏，使聲相聞，仍略備防火器物。每兩鋪差節級一名，每十名差軍員一名，皆總之於巡檢。遇有收領公事，解送臨安府，仍日具平安申馬、步軍司。本地分有盜賊，則巡檢而下皆坐罪，如在京法。」從之。

二十六日，殿前、馬步軍司言：「左右廂巡，乞與臨安府都監司同共量度攤撥，定作一百二鋪〔一〕，計差禁軍六百七十三人。内軍員一十人，(丁)〔十〕將、節級五十一人，長行六百一十二人，充巡防。契勘係將在京住營軍兵，三司分定差撥。今來三司見管軍兵共係畸零，逐司亦當准備緩急使喚。切見臨安府即今見有將兵約二千人，不隸將兵一千人。欲將今來合差軍兵以十分爲率，五分令三司分差，每月一替；餘五分令臨安府管認，應副差撥。」從之。

四月二十二日，主管侍衛步軍司公事邊順言：「久來東京馬、步軍司管軍内，馬軍司兼舊城裏都巡檢，步軍司兼新城裏都巡檢。近臨安府略倣京城設置鋪分，及差置新城裏六巡檢。昨緣順主管兩司公事兼都巡檢提舉巡警，今來已差藺整主管馬9軍司，所有兼都巡檢職事，欲乞依舊例與馬軍司官分隸新舊城主管。」詔令馬、步軍司分左右廂巡警照管。

七月一日，臣僚言：「侍衛馬、步軍司管軍，在京分新舊城裏都巡檢，新城裏係步軍司，舊城裏係馬軍司。遇出巡，提舉逐地分軍巡人及鈐束望火人兵。如有民間盜竊，逐地分軍巡人等收捉，一面申解開封府，依法施行。自來條例，不曾干預管軍。今來行在分左右廂巡檢，倣傚在京承差到緝捕使臣二人，軍兵二十人充小火下，不唯無補於事，切緣在京不曾差破。」詔左右廂都巡檢差破緝捕使臣、軍兵並罷，發遣歸所屬。

二十二年十月十八日，知臨安府趙士㣇言〔二〕：「本府所管地分闊遠，元降指揮雖置一百一十五鋪，委是鋪分稀少，闕人巡警。今欲更增置三十五鋪，量地里緊慢分布置立，作一百五十鋪，應副寅夜巡警盜賊。所有合添兵級，乞於行在殿前、馬、步三司軍兵内，與本府相度差撥。」從之。

紹興三十二年孝宗已即位，未改元。六月二十七日，詔：「臨安府保甲夜巡可權罷，其軍巡人所屬常切差撥數足。本府除兵官巡邏外，仍仰多差使臣撣點。」

孝宗乾道元年三月二十八日，權發遣臨安府薛良朋

〔一〕一百二鋪：《建炎要録》卷五一、《咸淳臨安志》卷八九均作「百有十五鋪」，下文「二十二年十月十八日」條亦同，疑此誤。

〔二〕㣇：原作「粲」，據《建炎要録》卷一六三、《咸淳臨安志》卷四七改。

言：「本府與三衙所差軍巡人數，分定本府地界，每月均攤鋪分，逐鋪止差一處軍兵，不得依前混雜。仍於逐司并本府每月各輪差官統轄。」從之。

三年四月十九日，知臨安府王炎言：「契勘[10]本府城外四廂，去巡、尉廨遠，應接不及。欲乞差臨安府城外四廂都巡檢使，就城西置廨宇，將兵内撥三十人，兩月一替，量行添支食錢，專一往來提督城外巡、尉，措置警捕。」從之。

同日，王炎言：「契勘本府軍巡覺察警捕，元降指揮，殿前、馬、步三司及本府三將差撥，每月輪替。今所差軍巡内有累月不換。緣熟知街巷，往往作過，節次捉獲甚多。今欲乞下殿前、馬、步三司，遇差軍巡，令都轄人結罪保明有行止家累之人，月終盡數替換，不得再差。」從之。

二十七日，王炎言：「契勘本府城外四廂地分廣闊，已差都巡檢使，奉旨令更行添置。今於城東添置一員，以『臨安府城東廂都巡檢使』爲名，分管地分，於本府三將内各差三十人，許帶隨身器仗巡警，兩月一替。」從之。

七年正月二日，臨安府言：「契勘本府城内外地里闊遠，置立巡鋪二百三十二處，每鋪差軍兵四人，押鋪一名，共差軍巡一千一百五十五人。依元降指揮，令三衙同本府差撥。三衙人常是不足，兼多不守行止。本府見管新招禁軍三千人，欲椿二千人教閱外，每月選擇有家累行止一千人輪差，與本府所管軍兵地分巡邏，庶可鈐束。」從之。

九年九月十六日，詔：「臨安府城内外軍巡，可依舊差殿前、馬、步(舊)〔三〕司人，與臨安府將兵同共巡邏。」以上《乾道會要》。

淳熙七年二月七日，詔：「臨安府城南廂官朱俁、北廂官劉唐暨並放罷，令臨安府將冒役及受[11]財人依條施行。其公吏斟量存留外，餘人並腰廂並日下廢罷。」以臣僚言：「臨安府南廂散從官家人等近百輩，北廂亦不下六七十人，其間多市井惡少，亦有累經斷勒人吏，取受各有定數，又私置腰廂兩所，廂典手十餘人，應公事必先至腰廂關，不即申解。」詔本府體究得實，而有是命。

八年十二月三日，詔：「臨安府依三衙例，揀中軍兵内通融差撥諸鋪軍巡，一月一替，不妨教閱。」從守臣王佐請也。

九年四月十三日，詔：「三衙差到軍兵同臨安府將兵探拈地分軍巡，一季一替。」從守臣王佐請也。

十年十二月四日，詔臨安府添置兵官一員。以本府言：「在城八廂，惟左一地分散闊，所管四十鋪，内一十五鋪坐占山嶺，比之諸廂，地分最爲遥遠，兵官巡警力不能周，深慮隱匿姦盜。乞添置一兵官，令左一南廂、左一北廂分認地分。」送部勘當而從之。以上《孝宗會要》。

紹熙二年六月二十八日，臨安府言：「據城東諸巡檢使高琮申，外沙巡檢使沿江止二十五鋪，各軍兵五司地分闊遠，户口繁多，足力不及。今乞於塘勝堰、馬婆巷兩處地分各增置一鋪。」從之。以上《光宗會要》。

嘉定十年十一月二十八日，臣僚言：「近者都城内外有白晝攫人飲食者，有掠去婦女釵鐶者，又有暮夜於衢巷剥人衣裳、劫奪財物，至毆傷者，聽聞駭異，動摇人心，非所以示四方而戢姦宄也。乞下臨安府，於曲巷小徑更添置厢鋪 12 燈火，仍嚴督巡邏。竄逸者必明立賞罰，限日追捕，庶幾京城肅静。」從之。

十一年正月六日，楚州言：「城外舊有西北兩厢官，靖康胡騎蹂踐俱廢，紹興復置。逆亮犯淮，兩厢官及教授、山陽簿俱不置。至淳熙二年，始復教官、山陽簿。如城北厢官，則以北神監鎮兼領；若城西厢官，則因循不復。緣其地接連諸湖，向來湖海之叛，羣小已並緣劫掠。今雖無他，不可以全無警邏。合復置城西厢官一員，容本州（路遂）〔踏逐〕經任有材力人選辟一次。」從之。（以上《永樂大典》卷八三〇四）〔一〕

弓兵〔二〕

【宋會要】

13 高宗建炎元年六月十七日，樞密院言：「河北、河東、京東西、京畿要害控扼及附近去處，每縣各添差武臣縣尉，本縣指使各一員，招置土（着）〔著〕有家産户籍人充弓手，以五百人爲額。縣大民衆，調度有餘者，更許增置，不得過一二千人，並知縣兼領。内沿邊知縣，仍差武臣。」詔：「弓手五百人。神臂弓一百人：上等二十人，各兩石八斗；中等二十人，各兩石六斗；下等六十人，各兩石四斗。短樁神臂弓二百人：上等二十人，各三石四斗以上；中等二十人，各三石二斗以上；下等六十人，各三石以上。弓箭手三百人：上等六十人，各一石一斗以上，或馬射九斗；中等六十人，各一石以上〔三〕，或馬射八斗；下等一百八十人，各九斗以上，或馬射七斗以上。並兼習長槍袖棍。於内隨宜差兼牌手，以充蔽捍。每州四縣以上，置準備將領一員、部將一員總領，每旬遍〔詣〕諸縣教習。遇統弓手人馬出入，依將法。不及四縣，令帥司措置，以鄰近縣分兼隸。雖不及四縣，而人數及二千人者，依四縣法，更不兼附近别縣。弓手三等，月給每人米一石，食錢上等二貫五百文，中等二貫文，下等一貫五伯文。每五百人置都頭二人總轄。十將五人，分管一百人。左將虞候五人，右將虞（侯）〔候〕五人〔四〕，左承局五人，右承局五人。左右將虞（侯）〔候〕、承局每人分管二十五人。押官五人，分管一百人。差發事管轄人 14 有闕，先取有功人差填；如無有功人，於

〔一〕原稿中縫無《大典》卷次，但正文末有注云：「《大典》卷八千三百四。」據補。

〔二〕原無此題，查《永樂大典總目》，卷八三〇七爲「兵」字韻「弓兵」目，因補。又《補編》頁四二三有複文，出自《大典》卷一二〇七九，題爲「弓手」。

〔三〕上：原作「斗」，據《補編》頁四二三改。

〔四〕將：原無，據《補編》頁四二三補。

武藝内試高强人充長行填下名。押官至都頭並次第升填。若獲賊頭，依大教法每一級轉一資。若都頭獲級，本州保明，量功賞輕重，更不理年限，特與出官。如射得兩石五斗以上弓，上等神臂弓一百二十步，短樁上等神臂弓一百步，箭六隻皆上垛，三中帖，押解赴帥司，保明解赴闕再試，换承信郎。弓手教（教）頭無公私過犯，馬軍滿五年，步人滿七年，並换進武校尉。如招置數足，委是土著人户，武藝及格，州縣應副錢糧足備，本路帥司保明聞奏，特優與推賞。」

同日，詔：「江淮、兩浙路招置弓手，一切體格，並依河北、河東、京畿等路已降指揮，疾速催行。大縣以三百人、小縣以二百人爲額，小縣更不添置指使，餘依已降指揮施行。」

〔二〕十二日〔一〕，臣僚言：「乞諸郡縣招置弓手，依雄州歸信、容城縣法，以有物力人充，每縣置武尉一員。」

七月十四日，詔：「創置弓手，差武臣縣尉一員專一總領，不得預縣中差使。」

十五日，江南東西路經制使翁彦國言：「禁軍闕額錢，望下諸路，須管據闕額錢依條椿簇。雖無舊積，自此月有所入，歲有所積，可以遠久應副增置弓手縻費。」詔以應免役寬剩錢，并廂、禁軍闕額錢，五色田租課錢，裁減曹掾官錢，胥吏、散從官手力雇錢，充增置弓手。

十一月十二日，知光州任詩言：「今來招置弓手，係訓習武藝，以備使喚之人，如州縣官司輙役 15 使，並從私役禁軍法。所置弓手，如輙非理喫酒、賭博錢物，欲依禁軍法。所置弓手合用神臂弓、短樁弩、袖棍、槍牌之類，并衣甲等，除神臂弓、短樁弩欲令屬縣計置材料、赴州作院製造給降外，有袖棍、槍牌、衣甲等，令逐州降樣下縣置造，應副行使。弓手排補遷轉，本轄人及當案人吏乞覓錢物，並從贓法。其弓手輙敢無故下村，以捕賊爲名搔擾人户，乞覓錢物，欲並依彊乞取法。如聚衆作鬧，扇摇人户，情理巨蠹者，依軍法。今來逐縣置弓手，每遇將領教習，若不立定激賞，則無以爲勸。欲取其武藝高强人，每名欲支一兩銀椀一隻，小縣不得過兩隻，大縣不得過三隻；其次事藝高彊者，支半兩銀楪子一片，小縣不得過二十片，大縣不過三十片。乞每月一次支給。仍每上下半年委本州通判同將領詣縣按閲，例物依大教法。已降指揮招五百人，續降指揮招三百人或二百人，竊詳法意，謂恐錢糧不足，民户騷然。淮南控扼要害處，人户若有願召募五百人備禦盗賊者，欲特降指揮，如錢糧有餘，小縣所召募人不得過五百人，大縣不得過一千人行下，庶得州縣緩急可以守禦。」詔從之。

二十五日，臣僚言：「添置弓手立法，不可不行於福建，大縣止添三百人，中縣二百五十人，下縣二百人。且如建州七縣，并舊額弓手，可得二千餘人。訓練有方，統領得人，豈復有盗賊之虞？以京東、西等處添置弓手 16 法付

〔一〕二十二日：原作「十二日」，據《補編》頁四二三補，因上條已爲十七日。

與新除福建路運判謝如意，令至本州同提刑司措置。勘會福建路除建州〔一〕、邵武軍、南劍州、汀州及管下諸州已降指揮添置到外，詔本路未措置去處已降指揮〔二〕，將免役寬剩錢并厢、禁軍闕額錢、五色田租課錢、裁減曹掾官錢、胥吏、散從官手力雇錢，計可以贍養之數招置。」并從之。

十二月三十日，廣南西路經畧安撫司言：「本路邊面，比之他路，最爲闊遠。雖額管東南兩將及諸州不係將軍兵人數，即目例皆額闕一半。及朝廷添差來荆湖南北、江東西等軍兵，在本路出戍，分布沿邊州軍防拓，其間大半逃亡死損，止十有三四人。乞依京畿等路招置弓手。望下本路同共提刑司，將元降畫一參酌，以土俗人情相度措置招置，取旨施行。」詔依。仍令廣南東路，仰本路經畧安撫司相度，如可以招置，亦依此施行。

二年五月二十七日，臣僚言：「湖南、北路本荆楚之地，人素勇悍可用，欲乞並令招置弓手，推行新法。將領巡歷諸縣按試，其縣尉即不將帶弓手前路迎送。自今指揮下日，户絶逃田屋業，並係籍拘收，專應副弓手錢糧等支用。其有願給田産、不請官中月給錢糧者，每名聽給田三十畝；願養及格馬者，增給二十畝。官户役錢，舊法比民户減半。今來招置弓手以禦暴防患，與其他徭役不同，官户所賴尤重。欲令官户役錢更不減，而民户比舊役錢量增三分，專樁管以助養給。弓手 17 分爲三等，下等月給錢一貫五百文。初役民人，只支下等錢，日計得錢五十文省，故投名者少。乞每名添支錢一貫五百，庶易招集，仍可責辦。所習兵器、所用衣甲雖有定制，如遠方土俗，各有所宜，許將領官詳度按試，可以便於戰鬬者，權宜施行，仍具奏聞。所差將領等官，並以三年爲任。如得其人，不許移易；勞效昭著，即就任加秩褒賞。朝廷有指揮會合〔三〕，並令本路本縣官統領，自爲隊伍，不許分隸别將，庶幾上下相安，同心協力，可濟事功。」詔：「逃田以有指揮外，其給田以水陸色額不均，（令）〔令〕逐路提刑司相度聞奏。月給錢每等遞增五百文。餘並從之。」

八月十一日，詔：「新額招置弓手，令逐路提刑按察，仍具訓練、招置次第申尚書省。」從兵部尚書盧益請也。

九月九日，尚書省言：「諸路弓手、土兵，多是監司、州縣非緣巡捕盜賊，輒行差占，致妨教習，及有追呼勞費，緩急有悮差使。」詔：「今後除依條合差數外，若不因巡捕盜賊，即不得勾抽差占。如遇會合，並令巡、尉部領前去，仍不許畸零抽差。如違，仰逐路帥臣按劾聞奏，重寘典憲。」

十三日，兩浙西路安撫司言：「招置弓手，每州四縣以上，置準備將領、部將各一員教習。統弓手人馬出入，依將法。不及四縣，令帥司措置，以鄰近縣分兼隸。今來杭州

〔一〕「建州」下原有「郡」字，據《補編》頁四二四刪。
〔二〕此句似當作「乞詔本路未措置去處依已降指揮」。
〔三〕揮：原作「會」，據《補編》頁四二五改。

已有七縣，更令兼隸嚴州桐廬縣，即計八縣，地里南北大段遥遠。望更置準備將領、部將各一員，將兩州八 18 縣分隸教習，所貴每旬可以遍詣，緩急總領出入，不致悮事。」詔更添置準備將領、部將各一員。其諸路若一州係八縣，或不及八縣，以鄰近縣分合兼隸及八縣以上，並依此添置。

十二月五日，太平州言：「諸州增募弓兵，應募人若非特免身丁，量減科率，則願投者少。」詔令尚書省立法。今擬修：新置弓手聽免本身丁役。從之。

三年正月二十五日，臣僚言：「添置弓手州縣，但欲招募數足，往往半是小兒或老病者。每至州官季點，監司巡按，則以私身替名上教，僅同兒戲。望委鄰州通判遍詣逐縣，子細揀選。如有老弱不能披帶之人，即時放罷，別行召募。已揀中者，即於左手背上刺『揀中弓手』四小字爲號。將已揀中者，本縣置籍兩扇，籍定鄉貫、姓名、年甲、入月日，所習事藝，同所委官繫銜印押訖，一本送本路安撫司，一本留知縣廳收掌。遇開收，躬親對簿銷鑿。每月具人數、姓名申安撫司照會揭貼。」詔：「新置弓手遇教習，輒令人代及代之者，各杖一百。管轄人容縱，與同罪；失覺察，杖六十。餘並從之。」

二月十八日，知明州沈晦言：「新募弓手，欲逐州專委郡守覈實教閲，去其流寓，汰其怯弱，限半年補足。」從之。

六月九日，樞密院言：「添置弓手多與舊置弓手不務協和，却分彼我，若有緩急，必致悮事。」詔：「將京畿諸路添置武臣縣尉，將領等官，依舊通行總領部轄，添置縣尉亦與舊置縣尉通管職事。仍令 19 逐路通判遍詣所管縣分，將年老弱不堪使唤弓手便行揀放。今後即不得將不堪使唤之人亂行招填闕額，枉費錢糧。其未盡事理，仍令京畿提刑司、逐路安撫、鈐轄司，將新舊弓手條約，續降指揮，子細參酌，條具經久可行事狀聞奏。」

十九日，朝請大夫王梅言：「諸州新募弓手，請受、差使不同，事多抵捂。緣行之累年，難遽廢罷。乞下逐路提刑司，令逐州知、通外，縣即令、佐，公共揀選其老弱疾病、事藝生疎之人，量行揀放三分之一，更不招補，仍不得却將彊壯之人妄有減放。如有冒濫，許令越訴。其未及元額去處，更不補填。」從之。

八月六日，知樞密院事、御營副使、宣撫處置使張浚言：「舊置弓手請給，止有雇錢，無米；其新置弓手各有錢米。今既令新置弓手撥併與舊弓手一處衮同差使，望將諸路新招弓手請給，並依舊弓手則例支破施行。」從之。

閏八月二十三日，兩浙路提點刑獄公事王翻言：「兩浙東、西路新舊弓手，以七十縣言之，約計大小縣除各留百人外，可起二萬餘人。昨自王梅申，其老弱疾病、事藝生疎之人，請乞減三分之（人）〔一〕。每縣大不過三百人，小不過二百人，通起土兵，共約可起一萬五千餘人。若使防秋，緩急以當一路差委，使統制官得人，精鋭驍勇不在五軍之下。欲乞浙西令平江府憲臣差撥，浙東令本司差撥，仍乞各差曾經出戰大小使臣，不以有無違礙，抽差充統制[20]官。遇有防秋，緩急即行起發。」詔依，常切訓練，聽候勾抽使喚。

十月初一日，臣僚言：「吉州所管八縣新置弓手，見今所管八百餘人，依近降指揮，揀放三分之一，見存不過五六百人，而武尉、指使，八縣共一十六員，將領、部將四員。以五百人之弓手，而部轄官二十員，當直差使，尚自不足，教閱事藝，何暇及之？乞少加裁減。」詔部轄官減半，其餘州縣準此。

二十一日，知湖州張虞卿言：「湖州路兼水陸，管下長興縣四安鎮，最係水陸衝要，乞添置武尉一員，選曾經戰陣材武人差充。依舊法置弓手一百二十人，就四安鎮專一控扼水陸盜賊，仍不許諸處抽差。」從之。

四年正月二十四日，樞密院言：「江南東路提刑司申，本路州軍多有直差外縣巡、尉入城防拓，應管弓兵盡數帶行，以致居民未嘗安業，羣小乘隙作過，令、佐往往棄城逃避，倉庫官物爲之一空。乞重立法禁，戒逐州不得妄起屬縣弓兵，所貴可以禁戢姦盜，慰安細民。」詔：如遇本州差撥，不得過一半。

十月一日，樞密院言：「創置弓手，添差使臣，本以禦寇。訪聞過往官吏例於所屬出給文牒，於沿路巡、尉差弓兵，以防護爲名，差使頻併，多致逃亡。」詔令諸路提刑司出榜嚴行約束。如有違犯之人，密具職位、姓名申樞密院，取旨重作施行。

十一月五日，廣南東路提刑司言：「南雄州保昌縣元額添招弓手二百人，始興縣一百人，各置武臣縣尉[21]一員。後准朝旨，減三分之一。保昌縣見管三十六人，始興縣一十二人。今來南雄州係當二廣之衝，常有虔南、信豐等處賊徒作過，已申乞存留兩縣武尉，一面招填見闕弓手，以備使喚。其韶〔一〕、連州抵湖南路，潮、循、梅、封州接近福建、廣西等路，各是控扼去處，亦合依南雄州路存留武尉，及招填見闕弓手。」詔依。其揀放三分之一闕額處更不補填指揮更不施行。

十六日，詔：「諸路舊置弓手節級立功轉資，與比附新置弓手押官名目上轉行。」

二十八日，江南東路提點刑獄司言：「諸縣新添置弓手，乞置將領、部將各一員，饒州、南康軍將領、部將各一員，撫州、建昌軍將領、部將各一員，池州、太平州將領、部將各一員，宣州、廣德軍將領、部將各一員。」從之。

紹興元年十月十六日，福建路轉運判官魯詹言：「諸州申明，或乞罷武尉，或乞罷指使，或乞罷先到人，或乞候軍期事畢日減罷，顯屬遷延，虛費廩禄。乞明降指揮，應州縣新置弓手及六十人以上，即存留武尉，減罷指使；若不滿六十人，即減罷武尉，存留指使。一州通及五百人，即存留將領；如不滿五百人，將領、部將並減罷。庶幾州縣有

〔一〕韶：原作「詔」，據《補編》頁四二七改。

所遵守。」詔依。内見任合減罷人，候任滿日更不差人。

四年正月二十四日，尚書省言：「諸路州縣新置弓手，見一等支破雇錢。據諸處陳請，新弓手多有不堪使喚之人，乞行廢併，并舊弓手乞減支雇錢、添破糧米。錢【22】塘縣舊弓手減三分之一雇錢，并新弓手並罷，每人却添米七斗五升。又慮諸州縣人數多寡不一，欲令提刑司依倣錢塘縣支破新弓手、減罷雇錢等，各據減下錢數，先會計支舊弓手雇錢，及收糴舊弓手米外，將餘錢於内量行樁留，准備向去米價增長，貼助收糴〔一〕。所有其餘剩錢，仰紐計合贍養人數額外增置。仍將逐州縣數目逐一開具，限十日申樞密院。」詔並依。内新弓手撥併揀廢，限十日施行了當。其所支米斛，以今來指揮到日月分，限次月爲始支給。先是，江南東路提點刑獄公事朱異言：「昨者添置武尉一司，别立新弓手員額。後來朝廷酌見於事無補，應新弓手不滿六十人處，已降罷武尉指揮。契勘弓手舊法，係差第三等以上，故唯日支食錢一百。今來米穀飲食時價高貴，委是供給衣食不給，則必取足於鄉村人户。即是弓手員數之多，但見搔擾之害，過於緝捕之利也。今乞以新舊弓手合爲一營，並隸於舊尉。其懦弱羸老者先以揀退，内宴有材武堪任捕盗者，權聽於舊額外存留，（侯）〔候〕舊額足日，依舊仍與月給食錢、添支糧米，使其衣食得以稍足，而後可以絶其作過之弊。如此，則鄉村之民免受（受）搔擾。」詔令兵部勘當，申尚書省。至是上言。

四月二十八日，吏部言：「已降指揮，弓手准備將領欲依舊存留，令每季遍詣諸縣教閲，務要武藝精熟。其武尉、指使可以廢罷。本部即未審今來指揮，係止爲將諸路州軍新置弓手及五百人去處見任將領依舊存留，惟復將應干州軍元置窠闕弓手不及五百人去處一例存留將領。」詔諸州軍並令依舊差置弓手准備將領一員〔二〕。

十月二十二日，樞密院言：「諸路州郡差置將領、巡尉總領教閲弓手，以防寇盜。訪聞州縣止是縣官使令【23】般挈骨肉，防護逃避，緩急全不爲用。」詔令諸州弓手，准備將領、所管縣尉如敢更似日前私有役使，及借倩差占〔三〕，并般挈骨肉、防護逃避之類，並仰提刑按劾聞奏。

五年正月十六日，詔：「諸路州軍弓手，選人材少壯，以十分爲率，取五分，專一教習。弓手内弓八斗以上，弩二石七斗以〔上〕，並須施放精熟。每旬委守臣按視，量與支賜。令逐州選差兵官同巡、尉措置教習，委逐路提刑司歲終比較精粗，保明聞奏，其當職官依旨陞擢。如弛慢不職，重行黜責。」

二十六日，知湖州陳與義言〔四〕：「教閲弓手弓弩，除烏程、歸安縣係倚郭外，其餘長興等四縣，各係外縣，及湖、秀管界等五處巡檢，係在鄉村駐劄，即不在州縣城郭，竊慮難令兵官出城教習。欲將弓手就委六縣尉，每旬知縣按視，每月令本州弓手准備將領遍詣諸縣教閲，土兵就委巡

〔一〕貼：原作「貽」，據《補編》頁四二七改。
〔二〕令：原作「領」，據《補編》頁四二八改。
〔三〕借倩：原作「借情」，《補編》頁四二八作「借借」，並誤，當作「借倩」，參本書兵二之五八校記。
〔四〕與：原作「興」，據《陳與義集·簡齋先生年譜》改。

檢。每月就本縣差官一員前去按視。仍每季發遣赴州，委守臣按拍，量與支賜。」詔依，其餘州縣依此。仰諸路安撫、提刑司常切檢察施行，如有違慢去處，按劾聞奏。

四月一日，兩浙東路安撫司言：「紹興府嵊縣弓手每季起發赴府按拍，不唯緩急之際本縣闕人防托，緣往來道路裹費極重，乞與免發赴府，從本府每季差官下縣按拍。」詔依〔一〕。通判季點日，一就按拍施行〔二〕，餘依已降指揮。諸路逐縣依此。

二十一日，江南西路提點刑獄司言：「本路有兩員縣尉去處，謂如建24昌軍南豐縣〔三〕。兩尉廨宇相去縣郭八十里，若每旬令知縣前去按視，竊恐經日在外，妨廢縣事。或令縣尉遇按視，將帶弓級前來赴縣，亦慮往復，有妨教閱。今欲比附巡檢例，就縣尉逐日教閱，准備將領每月前去按視。所貴各不致妨廢職事。」詔令本縣每月委官前去按視，餘路若有似此去處，依此施行。

五月三日，知和州皇甫彥言：「團結到弓兵，雖合守臣使喚，竊慮緩急難以統率，乞聽守臣節制。」從之。

十二年七月五日，詔：「諸州軍添置諸縣教閱弓手准備將領，自今後並差大使臣年五十以下、應材武親民資序、無贓罪及私罪重、有舉主二員人充。諸路安撫司辟差准備將領准此。其日前已差下小使臣充逐件窠闕，未赴任之人依省罷法，已到任人且令終滿今任〔四〕。」

十五年閏十一月十二日，夔州路提刑、兼提舉常平司王利用言：「本路諸州屬縣，昨緣軍興之際添置弓手，其數頗多。今軍事寧息，理合減損。數内夔州係四川會口〔五〕，并其餘沿邊去處難以裁減外，有恭、涪、忠、萬、開、達州、梁山軍、大寧監，皆係近裏，欲將上件八州軍舊官并添置弓手一千五十五人數内，隨縣分大小，量減三分之一。」從之。

二十年十一月十七日，臣僚言：「諸路州軍、諸縣教閱弓手准備將領，昨緣軍興，一時添置。今既寧息，兼所管弓手自有本路憲司并巡、尉教閱，别無所掌職事，乞罷上件窠闕。」詔依。未赴人依省25罷法，見任人令終滿今任。

二十八年正月十四日，臣僚言：「乞行下沿淮郡縣，條具弓兵舊例及見管人數，斟量多寡，權立新額，措置招募，閱習巡捕，不得招占差使，違者重寘以法。」户部契勘：「楚州山陽、寶應、鹽城縣尉，盱眙軍天長、盱眙縣尉，弓手見闕人數不多，不須裁減，合依舊存留外，有其餘去處巡、尉弓兵人數，欲權行減半，立爲新額。應寔闕人數，督責州軍招填，以備巡捕盜賊使喚。」從之。

二十九(日)〔年〕六月十一日〔六〕，詔：「每州於兵官内

〔一〕詔：原作「照」，據《補編》頁四二八改。
〔二〕拍：原作「迫」，據《補編》頁四二八改。
〔三〕此注原作正文，據文意改。
〔四〕到：原作「列」，據《補編》頁四二八改。
〔五〕四川：原作「四州」，據《補編》頁四二八改。
〔六〕年：原作「日」，據《補編》頁四二九改。

選差有材武人一員，兼諸縣弓手將領，逐季下縣點檢教閱。」從臣僚請也。

三十二年閏二月二十八日，江西安撫、轉運、提點刑獄、提舉常平茶鹽公事司言：「洪州進賢縣所管縣界，路當衝要，地里闊遠，賊盜竊發，全藉所管弓手衆共協力緝捕。緣尉司止額管弓手五十名，比之其他縣分，數目極窄。乞添置弓手三十名，其合支雇食錢，乞於人户常平，每税錢一百文只增敷役錢一十四文一分一釐支給，充雇食錢。」户部勘當，欲依所乞。從之。

紹興三十二年七月二十七日，孝宗即位未改元。詔令浙東、江東西、湖南、福建路各添招弓手五分，除依本處支破錢米則例外，先次立定初應募日支給募錢五貫文。

孝宗乾道四年八月二日，尚書省言：「諸路州縣比因水旱之後，多有盜賊嘯聚，欲令諸路帥臣審察巡、尉昏謬不職者，亟加奏罷。仍仰撫恤弓手，請受按月支給；闕 26 額者，速招募數足，常切教閱。若捕盜有勞之人，合得功賞，催促保明。」從之。

五年五月十三日，權發遣處州軍州事范成大進對，奏：「弓手之制弊壞。大縣額管百人，姑以十分爲率，其闕額不補者常二分，差出借事者亦二分，縣中過數占留與縣尉干預民事、承引追呼者又二分。此三色者，固已占破六十餘人，寔在尉司者四十人而已。又有小吏、閽人、院子、市買之屬，亦不下十數人。寔計真爲弓手者，纔二十人而已，僅足以充縣尉當直肩輿之役，往往全無樁充教閱緝捕之數。欲望先委諸路提刑官徧行屬州，汰減老弱，隨闕招填，依今來訓練將兵之制，分定弓弩、槍牌諸色技藝，具名注籍。逐州委鈐轄或路分一員，每季下縣教閱，倣禁軍賞格，隨宜激賜，略以軍法檢校。如此，則州縣之勢稍壯。」上曰：「卿理會此，極切事情。」

十五日，詔：「逐路提刑司將本路州軍弓手、土軍闕額，須管日下招填數足。諸縣分番差撥貼司充巡、尉虞候、廳子。巡、尉只許乘馬，不得以土兵、弓手負轎。合支雇錢，按月支給，無致拖欠；不得以虛名積欠，勒令承認，有誤支給；所製造弓弩、刀甲，仍於逐州軍所得係省窠名錢內那融脩置。如有違戾去處，即按劾施行。」以吏部侍郎薛良朋言：「巡檢之土軍，縣尉之弓兵，州縣窘於財賦，凡舊以百人爲額者，止有五十人，日以減少，不復招填。內有虞候、廳子、負轎之類，往往占破其半。乞行下逐路提點刑獄，於所部州縣供具舊額，開坐闕額各若干人，就將闕數立限下州縣，須管招募填足。弓手合支常平錢米，仰於見管數按月支付，巡、尉只許乘騎，不得 27 以(上)〔土〕軍、弓手負轎。令本州那融官錢，置造弓弩、刀甲，日逐教閱。每季提點刑獄巡行按試。」故有是詔。

十二月八日，知臨安府周淙言：「本府諸縣額管土軍一千三百六十六人，闕四百五十五人；弓手七百八十二人，闕四十五人。見招闕額人及修置弓弩、刀甲等，督責巡、尉常切教閱，務要武藝精熟外，所有諸路州縣，望委守臣依此施行。」從之。

六年三月二十八日，知臨安府姚憲言：「巡、尉所管弓手、土軍，本爲巡捕盜賊，往往多被占破他役，以致捕盜之時，人力不勝。欲將本府管下土軍、弓手，令逐處巡、尉盡行拘收歸寨，從本府添置軍器，常切教閱，專一巡捕私鹽賊盜，不得他役。本府不時差官遍詣點檢按閱，如有占破他役去處，及教閱怠惰，從本府按劾施行。」從之。

五月四日，詔：「令諸路提刑司行下所部州縣，遵依已降指揮，將弓手精加教閱，每歲躬親前去點檢拍試，具有無事藝，陞進退憻，置籍申樞密院。」以起居舍人范成大言：「近日臨安府餘杭縣尉司弓手捕捉私鹽，勢力不敵，爲所殺傷。正以弓手單弱，疎失如此。伏見諸州禁軍占役、偷惰之弊，陛下令以姓名、事藝注籍于御前，不測於逐州點撥一二十人到行在核實。緣此，州郡皇恐奉承，斷不敢占留雜役，及不敢一日不入教場。若欲痛革弓手之弊，亦當依禁軍造籍，開具姓名及所執事藝斗力細數上之於兵部。一年一次，取旨量擇一二十縣，每縣點撥數名赴兵部或樞密院，依籍核試，以其殿最虛實，將教閱官及縣尉重作賞罰。其籍乞限指揮到一季申發，令兵部專一拘催，毋令迤邐廢格。」故有是命。

七年二月二日，帶御器械王明言：「得旨前去江南西路諸州軍點揀土兵、弓手。其能弓弩武藝者，十無二三，巡、尉往往不曉軍旅。竊見諸州軍多有軍中揀汰之人，每處添差一員，專一訓練。以(上)〔十〕分爲率，五分習弩，三分習[28]弓，二分習槍。揀汰老弱，招收彊壯填闕。」詔依。土兵令逐路安撫司，弓手令逐路提刑司，將見今闕額行下逐州，限日近招填數足。添差訓練官請給，按月批勘，不管拖積。

二十八日，兩浙西路兵馬鈐轄張荐言：「得旨點檢臨安府土軍、弓手，揀到彊壯第一第二等，及老弱病疾五等(單)〔姓〕名、年甲外，照得土軍外沙等一十三巡檢司額管一千三百六十六人，見管一千六十四人，見闕三百二人；弓手錢塘等九縣尉司額管七百八十二人，見管七百三十九人，見闕四十三人。」詔：「令臨安府守臣將老弱病患人限一季盡行抵換少壯及等、堪披帶之人，毋致依前違戾。具已抵換人數、姓名申樞密院，差官覈寔；見闕人額，疾速招填，務要日近數足。仍責令教習弓弩事藝。諸路州軍依此施行。」

六月八日，宰執進呈劉源點檢到湖南弓手、土兵。上覽其數，曰：「他日亦足以助大軍聲勢。其怯小老弱者，令州郡招人抵換。」虞允文奏曰：「湖南有可招之人，乞限以一季。」梁克家奏曰：「須令各路依將兵例分番教閱。既得事藝精熟，他日調發，亦不駭也。」上曰：「甚好。」

七月十九日，宰執進呈帶御器械、統轄訓練土軍弓手王明等具到浙東西土兵、弓手數。上曰：「兩路有萬餘人，莫可起發教閱否？」虞允文奏：「亦可依將兵體例發赴行在教閱。」上曰：「請給如何？」允文奏：「須朝廷應副。且土軍、弓手所請甚微，此間支口食錢米，則本身[29]請受可留以贍其家。亦可依將兵一般支給，庶無彼此厚薄之嫌。」上曰：「然。可令分作兩番起發，將每歲更番，抑半年乎？」梁克家奏：「歲更番。」上曰：「可悉依將兵例施行。」

二十三日，權發遣隆興府龔茂良言：「本路諸州軍土兵五十五寨，見管五千四百人，除彊壯外，老弱疾病一千四十四人，差出及緣公事三十一人。弓手六十一尉，見管四千四百九十三人，除強壯外，老弱疾病七百五十二人，差出及緣公事六十人。」詔令江西安撫司行下所部州軍，將老弱疾病人揀汰。如各人本家有子弟，却行招收；如無，限一季召募填闕。

二十四日，宰執進呈王明乞令州縣按月支土兵、弓手請給。虞允文等因奏：「兩浙諸州弓兵，有旨作兩番起發，州縣借請之類，所費甚多。忠鋭軍將兵舊分三番，今亦乞作三番。」上曰：「卿等契勘所費幾何，特與支降。止令作兩番起發教閲，庶幾早得精熟，以備緩急之用。」

十二月十二日，帶御器械、統轄訓練土軍弓手王明言：「得旨，兩浙路揀中土軍、弓手，分作兩番前來教閲，一年一替。今來見攢七十五隊，計四千五百餘人。每隊合用造飯鐵葉鍋二口，計一百五十口，望下有鐵去處支降應副。」令軍器所製造。

八年二月八日，統轄訓練兩浙土兵弓手宋端友言：「今具見管土兵、弓手内將帶到老小在寨居住，土兵四十七人，弓手三十一人。」詔：「有家屬人，與支雄威請給，每人令左[30]藏南庫支犒設三貫；續到家屬人，申樞密院。其舊請給令逐州椿管，别行召募補填。」

十月二十四日，宰執進呈臨安府鹽官縣申：「本縣合發揀中弓手五十五人，抵替第一番人歸縣。竊緣本縣瀕海，早晚兩潮，海船出没作過，全藉弓手防托巡捕，乞蠲免起發。」上曰：「鹽官人數不多，況又瀕海，特免起發。」

十一月八日，樞密院言：「嚴州申，淳安縣揀中弓手方亮等在縣作過。得旨，令本州依軍法施行。本州未准指揮以前，將方亮脊杖二十，刺配南劍州牢城，未曾上道，更合申取(明)朝廷處分。」詔方亮特貸命，刺面配廣南遠惡州軍牢城收管。

九年四月十三日，樞密院言：「得旨，發回兩浙路禁軍、土軍、弓手，乞令提刑司行下諸州軍，見在人各籍定人數、姓名，不得亂有差使窠占。仍委巡、尉並專一訓練教閲，以備不測差官(所)〔前〕去按閲。如武藝精彊，不致退慢，任滿即與陞擢差遣；若弛慢不職，當職官並取旨重作施行。」從之。

【續會要】

淳熙二年五月十一日，福建提刑司言：「已降指揮，令州郡每月差官下縣拍試弓手、土兵武藝。其弓手居處，各附尉司，可以趁赴。若土軍營寨，有至二三百里者，往來旬日，妨廢教閲。乞下諸路州軍，每季差官拍試。」從之。

十二年八月二十三日，新權發遣南康軍葉龔言：「乞下諸路州軍，籍其所隸之縣弓手、土軍之數，各置器甲，務[31]令具備，以時教閲。」詔令諸路州軍以時措置，毋致闕誤。如有違慢，仰安撫、提刑司覺察以聞。

淳熙十六年三月四日，前湖北提刑馬大同言：「本路土曠人稀，素多寇盜，又與蠻猺接境，所資備禦者惟土兵、弓手，最爲切近。蓋因州縣匱乏，凡土兵合得衣糧，常拖下數月不支，以此無人願充。竊見辰州思微寨土兵衣糧，未嘗仰給州縣，乃將刀弩手餘田撥付，俾其徑自佃種，以代衣糧之用。爲今之計，欲土兵之足額而有以自存，謂宜視思微寨已事之驗，每招土兵一名，給官田百畝，亦足以充一歲之用。使之或耕或佃，各從其便，仍盡蠲其租税。」得旨，令湖北諸司同逐州守臣相度，申尚書省。「照得逐州多稱管内田畝盡係民田〔一〕，别無係官荒閑田土。今相度，乞行下逐州，如日後管下諸寨近便去處，遇有逃移、户絶、没官田，專一措置樁管，不許撥充職田、學糧及百姓請佃，即行召募有家累、願管田之人充應土兵，給付耕墾。」從之。

紹熙二年正月二十一日，臣寮言：「竊見州縣之有弓手，所以徼巡一縣之盜賊，預備不虞之患。如汀、劍諸州與夫江之東西、湖之南北，民俗尤爲輕悍，捕緝之責，全藉弓兵。比年以來，教閲多廢，其弊（日）〔皆〕起於雇錢之不支。且弓兵月顧，係本縣役錢支給，縣道窘乏，遂致拖欠，動或數月，未嘗支散。既無以爲（皆）〔日〕給之費，往往貪緣差出，搔擾鄉民。教閲之事，縣官亦不復留意，深恐稍有 32 緩急，難以倚仗。乞下本州專一委任官，計一歲雇錢之〔數〕，從所委官拘催役錢，按月支給，具申本州，庶免拖欠。縣道不許侵支移用。而弓兵日給既有定期，然後嚴之以教閲，程之以藝能，汰其老弱，禁其差出，庶幾得以專習武事，禁止姦回。」從之。

三月十六日，臣寮言：「竊見淮東天長一縣，弓級等只有八人。密詢其故，緣州郡恐支役錢，不肯招收。乞依舊額招填取足。」詔淮東、西提刑司行下所屬州縣，照依元額招填。

十一月八日，前知桂陽軍徐閎言：「土軍之在州縣，去官司爲最近，一有緩急，朝令而夕至，彈壓封境，孰有急於此者？夫兵之所仰者衣食也，而糧不按月，衣不及時，惟凍餒之是憂，何以責其死力？乞行下諸路提刑司，應土軍請給衣糧，並就本州軍及時支給。若弓弩、器械未備，並支官錢修置。每日教閲，無得占破。如有闕額，即招壯勇及等仗之人。差注巡檢窠闕，必用有舉主、係親民資序之人，令吏部長貳精加銓量，方與注授。」從之。

十二月二十四日，詔：「逐路提刑司嚴行約束巡、尉，不得徇私違法，差借弓兵。」以知鄂州陳居仁言：「諸州軍弓手、土兵，近來諸處率多差借見任、寄居。如淮南、湖北弓手、土軍，管額不多，差借却同内地，緩急之間，豈不誤事？」故有是命。

三年八月十八日，江西提刑鄭湜、知贛州趙彦操言：「贛州諸縣昨因寇難，增創土軍，後來安静已久，而因仍不去。今凡一十二寨，所管一千一百餘人，歲費衣糧、料錢二萬七千餘貫、米二萬一千餘斛。當時 33 失於申明，科撥衣

〔一〕「照得」以下乃湖北諸司相度所申，史略其詞。

糧止是州縣那融支給。緣州縣財賦有限，支遣之日，土軍衣糧多不時得。今諸寨未敢遽議廢併，蓋亦量度緊慢，少損其數，別立新額。若見管人過於新額，姑與存留，有闕不補；苟不及新額，續議招填。如此，亦可以寬諸縣煎熬之憂，而科罰之擾不（足）〔及〕於百姓，衣糧之給無乏於土軍，一舉而三獲其利。今具元額及欲立新額下項：贛縣磨刀巡檢寨元額一百人，今欲六十人爲額。興國衣錦巡檢寨元額一百人，今欲六十人爲額。贛州南安軍都巡檢寨元額二百人，今欲一百二十人爲額。安遠、信豐、龍南三縣巡檢寨元額一百人，今欲六十人爲額。寧都青唐巡檢寨元額一百人，今欲六十人爲額。寧都投殺寨元額七十人，今欲四十人爲額。寧都巡檢寨元額一百人，今欲六十人爲額。寧都、石城、雩都三縣巡檢寨元額一百二十人，今欲七十人爲額。會昌湘鄉巡檢寨元額一百人，今欲六十人爲額。會昌、瑞金兩縣巡檢寨元額一百二十人，今欲七十人爲額。瑞金苟脚巡檢寨元額一百人，今欲六十人爲額。石城捉殺寨元額五十人，今欲四十人〔爲〕額。」詔令見在人並令仍舊。如已溢新額，將來有闕，更不招填。

嘉泰三年三月二十九日，浙西提舉趙不憹言：「弓手之置，所以禦盜賊而備巡警，隨其邑之大小以立定額，爲令、佐者固當體立法之意，參照元額，其有亡逸者從而招填，癃老 34 者從而汰易；庸錢有常給，以安其生；教閱有常時，以精其藝；冗使有常禁，以養其力。今乃不然。幸額數之闕，以爲虛破庸錢之地；教閱訓習，漫不經意；迎送差使，略無虛日。一旦有不測之警，捍禦無人，將何所恃？乞行下諸路，仰各縣重行置籍，照祖額數目，限三月招填。年齒若干、身（驅）〔軀〕長短，令本縣令、佐列銜保明，每季一申提刑司，不時差官點籍按視，一申提舉司憑籍，照數支破庸錢，自然名寔相副。仍戒敕逐縣訓習教閱，務在以時，迎送差使，不許違禁。稍有乖戾，重寘典憲。庶幾捍禦可恃，盜竊之徒望風畏戢。」從之。

開禧二年三月二十六日，臣僚言：「浙東諸郡瀕海則有販鬻私鹽之利，居山則有趁逐坑場之利。利之所在，民爭趨之。是以兇黠不逞之徒，黥竄逃亡之卒，烏合蜂聚，什百爲羣。坑場作過，則逃死於海濱；私販苟敗，則偷生於坑井。深山大澤，互爲窟穴。平時望屋而食，稍不如意，則公行剽剠，莫敢誰何。歲歉可乘，相挺而起，豈不重爲田里之憂哉！比年以來，鹽寇之患，人皆知之，而不知盜賊之可憂者，尤在於此。畿內密邇，所宜防閑。乞下本路帥臣、監司，常切禁戢。其有鹽監及坑場去處，所管巡、尉司土兵、弓手，並令日下招補及額，仍申嚴不許差出之令，以時教閱，使武藝精習，足以扞護鄉井，而爲盜賊之防。」從之。

四月十八日，樞密院言：「諸路揀中禁軍并土兵、弓手，累有指揮約束，不許 35 差借私役，非不嚴切。訪聞州郡往往視爲文具，全不留意。見任、寄居等官，例皆差借私役，是致入教人數稀少，及闕人巡警盜賊。理宜措置。」

詔：「令諸路帥司各行下所部州軍，並仰日下盡數拘收入教，專令兵官任責教閱。內土兵、弓手仍須巡警盜賊，雖監司、守臣亦不許占破一名，只許差破厢軍。寄居等官，雖厢軍亦不許差借。如尚敢占留，重鐫責。候今降指揮到日，限五日並要拘收齊足。仰安撫、提刑司并御史臺常切覺察，月具有無違戾聞奏。如安撫、提刑蒙庇及視爲文具，一例責罰。仰帥、憲司先次開具已拘收人數申樞密院。」

嘉定五年二月十四日，臣僚言：「郡無大小，皆有禁兵；兵無衆寡，皆厚廩食。弓手、土兵，其去民爲甚近，於警捕爲尤切。禁卒衣糧如期支給，土兵、弓手或至稽緩。所得月糧，或搡發綱運，縱使給付，多腐壞粞碎之米，使之何以充食？所得庸金，或輟那他用。至於官舍敝陋，責其修葺，送迎費耗，彊其陪備，使之何所從出？間有撥一二頑鄉役錢付尉司，徑自拘催給散，催理頗艱，未免愆期。甚至科折以酒，倍增其價，是直攘之而已矣。既蓄此曹，安可不優恤之乎？乞飭諸路州縣，視禁卒、弓兵均爲一體，勿令重輕。土兵衣糧，以堪好者如期給付；弓手庸直，於催到役錢按月支散。并禁止折酒掊尅之擾。或有闕額，並令招填，仍令監司、郡守常切覺察。」從之。

十年三月六日，臣僚言：「竊[36]惟國家之設兵，所以豫備不虞，非直爲是觀美也。今之弓手、寨兵，羣然坐食，無異平民。春秋教閱雖常程，視爲具文，安有實藝？每日不過奔走衙前，承受文引，供應雜役，伺候酉點之外，則晏然以爲無事矣。爲巡、尉者，不問弓兵額管多寡，其間占破如廳子、虞候動十餘人，甚至年方童稚，或衰老罷懦，力不勝任，補爲小廳院子，入宅使令。虛占名籍，耗費廩給，脫有緩急，何以倚仗？乞下州縣巡、尉兩司嚴督弓手、寨兵，除差出巡捕外，每日親到教場團集聚習，務在武藝精熟。汰去老弱，專選彊壯有力之人補填舊額。所差廳子、虞候止許存留三人，亦須隨衆教閱，不得避免，每日教罷前赴縣衙放散。其巡檢司或有去路遥遠，只令巡檢司更加點集。每遇春秋大閱，州縣按試，不得仍前視爲具文。擇武藝優彊者，厚加精賞，否則罪亦不恕。其巡、尉尚敢慢令，許監司、郡守覺察。併乞行下州縣，弓手、寨兵衣糧、雇錢，須管按月支給，不許積壓拖欠，可以責其練習精勤，而無饑寒之慮也。」從之。

十六年十一月一日，臣寮言：「仰觀國史，乾道間尚書省言：『諸州水旱之後，或有盜賊，欲令諸路察巡、尉之昏繆者，亟加奏罷，仍撫恤弓手，按月支請。闕額者，速招募數足。捕盜合得功賞，催促保明申聞。』孝宗從之。臣訪聞近來浙西有被潦去處，小寇間作，提刑司措置行下諸州招填弓手、土軍闕額，其嘗隸兵籍以微罪逐者，[37]俾之捕賊而復元名，以爲歉歲寇盜之防。僉謂所以，委是允當。臣每見州縣守令常以弓手、土軍闕額之多爲喜，蓋可以減月廩庸錢，以資妄用，不暇爲防姦計也。巡、尉間有振職以招填爲請，則往往忤長官之意，是豈容不自儆歎？欲望聖慈仰循祖法，行下刑部，疾速遍牒諸路提刑司，並仰日下從浙西例一體施行；仍察巡、尉之昏繆不任事者，具名申省。如郡邑違戾，弓手、土軍請給錢米，並須按月以本色支給。提刑即行按劾。」從之。（以上《永樂大典》卷八三〇七）

宋會要輯稿　兵四

弓箭手

【宋會要】

1 真宗景德二年五月，知鎮戎軍曹瑋言：「有邊民應募爲弓箭手者，欲給以境内閒田。每邊防警急，皆願爲前鋒，而官無資糧、戎械之費。請永蠲其田賦，使得安居。」從之。

大中祥符四年九月七日，涇原路鈐轄曹瑋言：「隴山外籠竿川熟户蕃部以閑田輸官〔一〕，今已規畫於要害之地立堡寨，募弓箭手居。」從之。

五年八月，鄜延路總管曹利用言：「沿邊所居歸明人户防遏立功者〔二〕，望補爲弓弩手十指揮。」詔利用詢其人，如願爲之，及經久利便，即依所奏。

六年十二月，涇原路兵馬都鈐轄曹瑋言：「原州五井堡弓箭手指揮使張文義，强毅有膽決，請補渭州蕃落指揮使。」真宗曰：「弓箭手人員，乃自鄉民補除，給冬服外，元無衣糧。未立顯效，便補蕃落軍職，即超越太甚。可副指揮使，仍以此意諭瑋。」

七年十月，吏部員外郎李及言：「鄜延路正當邊防，所管弓箭手員寮、指揮使自來並無衣甲，乞許量行置辦，以備緩急。」從之。

仁宗天聖二年九月，陝府西路轉運使范雍言：「准詔旨，相度原州沿邊弓箭手，欲將慶州割屬柳泉鄉趙明等百八十四人，并顯德五年至咸平三年抄點到係税弓箭手四百人，放免歸農，應副州縣色役，其無税弓箭手且令存留者。竊以原州最處極邊，全藉新舊弓箭手諳會蕃情道路，經慣出入，自備鞍馬、器械、糧食，分番極邊防托。復 2 又舊弓箭手准宣敕置立，子父兄弟相承，州縣不曾差擾，久經使唤，武藝精熟。新置弓箭手邊上差使，頗得氣力。今放免舊弓箭手，却令應當鄉縣色役，不惟極邊闕人把截，兼慮人户願就輕役，邊(補)〔備〕有妨。欲乞依舊存留，縣司不得妄有差役。」從之。

六年四月，詔：「渭州鎮戎軍所招弓箭手，自今揀選，及於左手背上各據州軍名刺第幾指揮字。不得虚立人數，請射官中地土。又鎮戎軍三百餘人，不曾令耕種，所有新人無處歸投，令將新開壕裏地土分(劈)〔擘〕與側近弓箭手等耕種，依鄉原例輸租課。」

九月，詔：「鎮戎軍弓箭手凡五十四指揮，共有七千九百餘人，令并爲三指揮名額。」

七年五月，鎮戎軍言：「昨聞托新壕包括山林甚多，近

〔一〕官：原脱，據《長編》卷七六補。
〔二〕遏：原作「過」，據《長編》卷七八改。

西人多伏林莽以害往來，乞沿壕立堡，以弓箭手防托。」從之。

十一月，涇原路鈐轄、兼知鎮戎軍王仲寶言：「准宣，鎮戎軍弓箭手，自今拋下地土，逃走避罪，三五日首身者，依格法區分，却給舊地土；逃走一月以上，地土已別招人種蒔，即永不得收録姓名。近准宣，令所招弓箭手並於手背上刺『弓箭手指揮』字號。欲乞自今如有未刺手背弓箭手逃走，一月内首身從獲者決訖，亦刺字號收管差使；一月以上，止依舊例，永不收録姓名，將地土別招人請射。其已刺手背，正身逃走，權令本家少壯兒孫弟侄承替應役。如無得力人丁及全家逃走者，限三月内首身，決杖十三，[3]捉獲決杖十五，依舊收管差使。限外不首身，本家却令兒孫弟侄情願投代，本指揮人員保明，押領赴官呈驗得中，依例刺手背收管，却給元舊地土耕種。如限外不首及捉獲，又無人代名者，即將地土納官別招人。如元逃弓箭手却來首身者，決杖十七，捉獲決二十。其地土如本家已有人承替，及別招到人請射，其逃人少壯有武勇者，亦乞却勒依舊別給空地土耕種。如刺手背人員、弓箭手年老病患，令兒孫弟姪承替，及逃走首身、捉到，其中亦有年老軟弱病患者，當官呈驗，委的不任征役，即乞給與公憑，放令逐便。或刺手背人往別州軍界逃避，及出取却字號，驗認有瘢痕，隨身別無公憑，捉送所屬州軍勘斷施行。」從之。

慶曆元年十一月，涇原路總管司請修業燮寨，募彊人、弓箭手十指揮。從之。

二年十一月，詔：「涇原路弓箭手避寇未還者，令經畧司招輯之。」

六年九月，知并州鄭戩言：「鄜、府二州有並塞閒田，可招弓箭手一二萬人，計口給田，以爲(彊)〔疆〕埸之防。」從之。

皇祐元年九月[一]，秦鳳路經略司言：「秦州沿邊弓箭手，雖令同社助錢買馬，然貧不得以自給，故馬多闕。乞許市屬户接漢界土田[二]，以資贍之。」從之。

三年二月，涇原路經略使夏安期言，選弓箭手萬三千人，分隸東西路都巡檢下，屬歲豐稔，召至州大閱，技擊精彊[三]。且言可當正兵五七萬，因上《弓箭手陣圖法》。有詔獎諭。

四年[4]三月，鄜延路經略使狄青言：「延州、保安軍弓箭手押官以上，皆給身分田，欲自十將至指揮使，量其家口數，更等第益以閑田。」從之。

至和二年四月，知并州韓琦言：「相度代州、寧化軍，宜如岢嵐軍例，去北界十里爲禁地。其餘地請就委鈐轄蘇安静、竇舜卿與兩州通判，召募强壯人，刺爲弓箭手，分給

[一] 九月：《長編》卷一六七繫於七月，疑「九」字誤。
[二] 許：原作「計」，據《長編》卷一六七改。
[三] 技擊：原作「投繫」，據《長編》卷一七〇改。

其田，令住坐防邊。」從之。

嘉祐六年五月，詔：「陝西逐路經略安撫司，沿邊州軍所置寨户弓箭手，專令防托邊界，累曾約束訓諫，今後所屬專切提點。有田土未足者，速根括支給。未置到鞍馬、器械者，限一月創置足。除係邊界禦捍巡防外，雖官中工役不得抽差，違者以違制論。」

七年四月，涇原路經略安撫使司言：「先有條約，沿邊弓箭手除巡防捍禦外，一切不得役使。近日本路沿邊諸州軍城寨，却申乞借倩弓箭手家人應副官中雜役〔一〕。看詳弓箭手各有身分地土，每遇輪番往邊上巡防窠坐，即全仰給家人。若更差借，即是兩項差使。雖已禁止，蓋緣元初未有正條，乞於弓箭手舊條內，添入『應逐處官吏，如敢以借倩爲名，擅役使弓箭手家人者，不以官私色役，並於抽差弓箭手條內同罪定斷』。」從之。

是歲，除慶州西谷寨弓箭手地基税錢。

治平四年十二月二十一日，神宗即位未改元。詔涇原路經略安撫使司常切安恤賑貸本路弓箭（弓）〔手〕。所有見逃人數，多方招喚，依舊住坐。

神宗熙寧元年二月，5 知青澗城劉怤言：「本城所管歸明弓箭手八指揮，元額三千四百餘人，馬九百疋。連歲不登，已是艱食，復會綏州事宜，物價翔踴，遂至孳畜餧糧罄盡，逃亡者多，官馬死者十已四五。白草、順安兩寨正當西界滿堂川，素藉此弓箭手禦扞，今隄防罅缺，深可爲虞。竊見丹州儲糧陳積，乞行賑貸，令户口自赴丹州請領。所貴人可存留，兼不廢耕耘，秋成有望。」詔本路轉運司詳所奏施行。

二年十二月，環慶路經略安撫使司言：「知環州种診言：『本州及鄰近州軍刺手背弓箭手，多相勾扇逃走，或因事投別路州軍，已嘗奏乞，下陝西有弓箭手州軍子細驗認手背。如內有元係別州軍者，即便押迴本處，所貴有以戒約。兼聞秦州召募敢勇人，每月等第支給料錢、白米，深慮誘動環州弓箭手、土人，轉見數少，有悮防邊。』本司勘會，環州平遠等寨弓箭手係近年招到，正當控扼要害去處，最爲得力。乞下陝西逐路經略司，令所轄州軍，今後如有投充本處弓箭手，須是當官驗認，委不是刺手背弓箭手，即得招刺。如係別州軍刺手背者，令先取問後，會本管州軍的寔逃走因依，却抽歸本處，依條收管施行。」從之。

五年六月十三日，鄜延路經略司言：「相度以舊捉生充正名弓箭手，其新刺舊捉生依舊支賜錢糧。」從之。

八月四日，管勾秦鳳路沿邊安撫司公事王韶言，就竹牛嶺東西，各招弓箭（弓）手一指揮。從6之。

十月八日，詔令秦鳳路沿邊安撫司支官錢收買鎮洮軍蕃部田土，招置弓箭手。

二十五日，河東察訪曾孝寬言：「根括到河北外荒地

〔一〕倩：原作「情」，據下文改。

七百餘頃，及沿邊州軍有不該歸業逃田，乞令根括，招弓箭手。」並從之。

十二月三日，知太原府劉庠言，根括到忻、麟州、寧化軍空閑田土。詔以可耕地招置弓箭手。

六年六月十一日，秦鳳路經畧使張詵言：「准詔打量官員職田及空閑地，得三千餘頃。」詔並招置弓箭手，内職田仍依例支鹽鈔。

十月八日，秦鳳路經畧司言，差弓箭手、强人二千人往岷州駐劄。詔於水洛城及永興軍駐劄軍馬内差人替歸本路。上以邊人調發頻數，慮民力不堪，故命寬之。

十〔一〕月四日〔一〕，麟府走馬承受全惟幾言，乞罷諸州軍廂兵充弓箭手。從之。初，河外多曠土〔二〕，上遣帶御器械王中正募民爲弓箭手以寔之，可省屯戍。轉運使趙子幾獻兼募廂軍策，而不較廩給之費。故罷之。

五日，詔：「麟府路弓箭手近行招添，全藉安集。本州及城寨除合差配及和顧馬牛驢、夫力等，皆申經畧使。若有賊馬入界，許差發訖申。如違，並以違制論，不以赦降、去官原減。仍許人告，官給賞錢二百千。」

六日，河東路經畧司言，修新招弓箭手牆院屋宇等。詔令官中並爲修築。如其人願請材木、自備人工者聽。

二十五日，涇原路經畧司言：「今後弓箭手人員立功授班行，名下地土更不帶過，只令兒孫或佃户刺填弓箭手。」從之。

七年三月二十五日，知熙州 7 王韶言：「乞以河州作過蕃部近城川地招弓箭手外，其山坡地招蕃兵弓箭手。每寨三五指揮，以二百五十人爲額，每人給地一頃，蕃官兩頃，大蕃官三頃。仍召募漢人弓箭手等充甲頭。候招及人數，補節級、人員，與蕃官同管勾。自來出軍多爲漢兵盜殺蕃兵以爲首功，今蕃兵各情願依正兵例黥面，或刺手背爲『弓箭手』字號訖，更於左耳前刺『蕃兵』字。」詔止刺耳前。

八年六月二十八日，詔：「岢嵐、火山軍堪耕種地土，如均給遷移弓箭手得足，即將西陘等寨未開耕官地堪耕種者，漸次招置弓箭手。」河東與北界分畫疆土，有起移弓箭手，籍曠土分給之，因其有餘，乃命增置。

七月十四日，臣僚上言：「沿邊弓箭手、寨户田土雖有都數，然經畧司自來素無拘管頃畝細帳，每有取索，須下城寨，亦恐經久不明。欲乞委經畧司將田段步畝、鄰至、户名單細置籍，每有增減，逐旋開收。」從之。

八月十三日，詔：「隴山一帶新經差官按視可耕官田，德順軍、儀州四千八百八十八頃，令王廣淵籍佃户刺充弓箭手，與免所納租課。内有不願充弓箭手者，即令退地土，别召人。仍具所籍人馬數目以聞。」

九月二十二日，詔頒陝西、河東弓箭手所養官馬條約。

〔一〕十一月：原作「十月」，據《長編》卷二四八補。
〔二〕多：原無，據《長編》卷二四八補。

九年五月，秦鳳路〔路〕轉運判官孫迥言：「乞令熙河路經略司與提舉弓箭〔弓〕〔手〕司同共據本路見在弓箭手，編排選定係堪充代正兵之人，所貴不至虛費財用。」從之。

十年，知延州呂惠卿 8 言：「自熙寧五年招到弓箭手，只是權行差補，未曾團定指揮。本司見將本路團結將分，除出守禦人數外不多。今來弓箭手並係少壯，堪任教習戰守之人，其乞排連軍員，遂與團成指揮、都分，置立將校統轄，即於臨時易爲勾喚。除保安軍畸零，欲只就近撥屬順寧寨舊管漢户弓箭手第七指揮外，餘並便團作四指揮，仍依資次排在沿邊第九指揮之下。其闕人數，候招到，即逐旋撥填。所有管轄人員，各立一名，仍以見管節級揀人材武藝最强之人排充。兼尚有空閑地土，見令招人，其後來招到人數，即便發入今來團成都分。」從之。

元豐元年六月十四日，經制財用司言：「熙河路弓箭手，昨准朝旨，四人同治官莊一頃，頗聞困於役使〔一〕，見闕二千人。欲罷四人治田指揮，唯收成時聽暫應副收穫，餘毋得役使〔二〕。兼秦鳳路轉運司綱運所兵級已詔隸本司〔三〕，乞勘會元額，下陝西轉運司簡廂軍投換〔四〕，以充治田。如不足，益以選中保寧兵。」從之。

十一月十七日，河東路經略司言：「准中書送下河東沿邊安撫司王崇拯言，豐州永安、保寧二寨地，昨與西界首領商量分定，以奢俄爲界，委官標量，合耕地三十頃有畸。乞下本司更令案視，募弓箭手耕治〔五〕。本司今欲依崇拯奏施行。」從之。

二年二月二十九日，經制熙河路邊防財用司言：「乞收熙、河、岷州、通遠軍官員職田，以募弓箭手。視逐官元給頃畝，每頃歲給本司 9 錢十千。」從之。

三月十四日，秦鳳路經略使呂大防言，階州漢、蕃户獻納并根括田五百二十頃，可募弓箭手〔六〕。詔依沿邊法，人給地兩頃。

八月六日，計議措置邊防事所言：「以涇原路正兵、漢蕃弓箭手爲十一將。第一第二將駐渭州，第三將原州，第四將綏寧寨，第五將鎮戎軍，第六將彭陽城，第七將德順軍，第八將水洛城，第九將静邊寨，第十將隆德寨，第十一將永興軍奉天縣。」並從之，仍於分定將內，別定一將策應熙河路。

三年二月七日，河東都轉運司言：「憲州静樂縣民請射石神、慢坡堝荒地千餘頃〔七〕，置弓箭手五百人，歲輸租米三千石。今據静樂縣尉按行，止有百二十三頃，即今林

〔一〕使：原作「便」，據《長編》卷二九〇改。
〔二〕使：原無，據《長編》卷二九〇補。
〔三〕詔：原作「招」，據《長編》卷二九〇改。
〔四〕換：原作「唤」，據《長編》卷二九〇改。
〔五〕耕治：原無，據《長編》卷二九四補。
〔六〕「可募」下原有「指揮」二字，據《長編》卷二九七删。
〔七〕堝：《長編》卷三〇二作「塢」。

木蓄茂，乞禁採伐，養成良材，以備官用。」從之。

三月十四日，上批：「聞群牧行司就給諸路弓箭手馬，殊不堪，宜專一委有風力監司覆按訖支配。」遂命陝西轉運使李稷按之。

四月二十一日，入内東頭供奉官、瀘州勾當公事韓永式乞差熙州弓箭手都虞候呂昱爲指使。上批：「昱本熙河弓箭手，累立戰功，補都虞候。近私隨韓存寶討夷賊，本路已作逃亡除籍，故困躓無所歸。可與三司軍將，令帶隨行。」

五月二十一日，權發遣鄜延路鈐轄曲珍乞德順軍界祖、父弓箭手地改正户名；不可，則乞輸錢。詔曲珍累有戰功，其地四頃半特賜之。

七月十七日，詔：「經制瀘州夷賊韓存寶所將涇原路弓箭手，可10月給其家。十將以下至長行錢一千，副兵馬使以上二千，都虞候以上三千。」

九月二十九日，熙河路經略司乞團結蕃弓箭手。從之。

四年五月二日，涇原路經略司言：「本路弓箭手闕地九千七百頃。渭州隴山一帶川原坡地四千餘頃〔一〕，可募弓箭手二千餘人。諸佃户或不願應募，乞如熙寧八年八月詔，收其地入官〔二〕，及以逃亡弓箭手地均給田少之人。」詔：「渭州、德順軍隴山一帶地，令民依舊佃租；見充弓箭手逃亡限滿不首獲者，其地即與（闕）（闕）地弓箭手。」

（七）〔九〕月二十七日〔三〕，熙河路都大經制司言：「蘭州西使城川原地極肥美，兼據邊面，須多選募强壯以備戍守。熙河民兵唯北關最得力，又地接皐蘭，歲入特厚，芻粟充衍，人馬驍勇。今既復蘭州〔四〕，遂可廣行選募〔五〕。欲乞除留置官莊地，並募弓箭手，人給二頃。緣初置州城，難得耕牛器用，若募新民，必種植不得。乞依熙河舊例，許涇原、秦鳳、環慶及熙河路弓箭手投换，仍帶舊户田土耕種二年，即收入官，別招弓箭手。」從之。

五年正月五日，鄜延路經略司乞以新收復米脂、吴堡、義合〔六〕、細浮圖、塞門五寨地置漢蕃弓箭手，及春耕種。其約束、補職，並用舊條。從之。

二月十五日，詔：「提舉熙河等路弓箭手、營田、蕃部共爲一司，隸涇原路制置司。許奏舉幹當公事官一員，准備差使臣三員，給公使錢千緡〔七〕。」

同日，秦鳳路提點刑獄康識言〔八〕：「熙河路四州軍弓

〔一〕「川」原作「州」，「坡」原作「陂」，據《長編》卷三一二改。
〔二〕地：原脱，據《長編》卷三一二補。
〔三〕九月：原作「七月」，據《長編》卷三一六改。
〔四〕既：原無，據《長編》卷三一六補。
〔五〕行：原無，據《長編》卷三一六補。
〔六〕合：原缺，據《長編》卷三二三補。
〔七〕天頭原批：「此卷有與《職官・提舉弓箭》重者。」
〔八〕識：原缺，僅存一左偏旁「耳」，據《長編》卷三三三補。

箭手，開11拓之初，所借牛〔一〕、種、借助等錢，及承地認欠之數，近諸州軍依例檢舉督索。緣逐人久在軍前，方此休養，望令倚閣，候歲豐日依料次送納。」詔與展限二年。

二十四日，知秦州呂公孺言：「經略司常平錢斛，法以救恤屬蕃弓箭手之類，今所存甚少，望特權借提舉司錢斛相兼支俵，仍展至三月。」詔權借錢穀五千貫、碩。

四月十六日，詔：「蕃弓箭手陣亡，依漢弓箭手給賻。漢弓箭手出戰因傷及病羸不能自還者，並依諸軍例賜其家〔二〕。」

五月四日，詔：「引戰環州弓箭手都指揮使王隱舊病右目〔三〕，因奪隘力戰，箭中左目，與三班借職〔四〕，給俸祿終其身〔五〕，並與引戰支賜，仍許子孫承襲。」

六月五日，鄜延路經略司言：「權葭蘆寨主折可適等乞招弓箭手，借與地耕種。」從之。

七月七日，提舉熙河等路弓箭手營田蕃部司康識言：「與兼提舉營田張大寧同議立法〔六〕，乞應新收復地，差官以《千字文》分晝經界，選知農事廂軍耕佃〔七〕，頃一人。餘並招弓箭手，人給二頃，有馬者加五十畝。」從之。

十月十九日，种諤言：「乞以永樂敗折漢蕃弓箭手及再招填得力人〔八〕，各支馬一疋，不納元買價，依舊給馬口分田。」從之。

六年正月八日，提舉熙河營田蕃部司言：「蘭州及定西城新招弓箭手貧乏，無種糧、牛具，乞貸錢十五萬貫與之，俟墾地得穀償納。」從之，仍增賜十萬貫。

閏六月二日，鄜延路經略司言：「弓箭手於近裏縣置田，兩處立户，及四12丁已上，乞取一丁爲保甲，一丁爲弓箭手；有二丁至三丁，即且令充弓箭手。」詔：「保甲願充弓箭手者聽。其見充弓箭手與當丁役，毋得退就保甲。陝西、河東准此。」

二十七日，詔借軍須錢五萬緡與陝西轉運司，支貧闕漢、蕃弓箭手。

九月十七日，權主管秦鳳路經略司呂惠卿，乞輪差將官在外城寨駐劄，訓練漢、蕃弓箭手兵馬。從之。毋得創修廨舍。

十月十九日，秦鳳等路提點刑獄、權主管經略司呂溫卿言：「昨點檢漢、蕃人馬，秦州漢弓箭手比元額少八百四十三人〔九〕，馬三百六十五疋。取諸城寨弓箭手丁產簿，初無開收，不可鈎考，經略司亦無文籍。勘會三陽寨主、內殿

〔一〕所：原無，據《長編》卷三二三補。
〔二〕諸：原脱，據《長編》卷三二五補。
〔三〕使：原脱，據《長編》卷三二六補。
〔四〕三：原作「十」，據《長編》卷三二六改。
〔五〕終：原作「於」，據《長編》卷三二六改。
〔六〕大：原作「太」，據《長編》卷三二八改。
〔七〕事：原脱，據《長編》卷三二八補。
〔八〕永樂敗折：原作「永寧樂敗」，據《長編》卷三三〇改。
〔九〕漢：原作「秦」字缺筆，據《長編》卷三四〇改。

崇班楊應辰到任三季〔一〕，招漢、蕃弓箭手五百三十三、馬一百七十二；主管治坊堡、供奉官王訥根括伏羌城等三寨荒田三百六十頃。以此見其餘城寨隱陷荒閑必多。兼訪聞甚有冒佃，及弓箭手占在名下不刺入丁〔二〕。乞降指揮，令經略司遣官根究逐城寨弓箭手官田〔三〕，置籍，具佃人姓名、頃畝，一送經略司，一留本城寨開收。其前占佃人，並免納租，釋罪，止令增刺〔人〕〔入〕。」從之。

七年二月三日，鄜延路經略司乞選保安軍蕃族貧闕單丁弓箭手刺充捉生。從之。

九月四日，詔知秦州吳雍依近降法，分四教場教漢、蕃弓箭手。

八年六月二十六日，哲宗即位未改元。詔罷秦鳳路置場集教弓箭手，令經略司講求土人習教所宜立法。本路經略安撫
13 司公事呂溫卿乞寬漢、蕃弓箭手集教，故有是命。

七月二十二日，詔：「河東第十一將下弓箭手新定團教等條格及創添上番人數更不施行。令本將並依舊條管轄教閱，不得有妨農務。如合增損條約，仰經略司講求土人教習所宜立法以聞〔四〕。」

哲宗元祐元年三月十八日，樞密院言：「請以蘭州、通遠軍沿邊水陸田募人充弓箭手。他路舊人聽帶舊地換充，並依例給田，自買馬者加五十畝。仍官借錢糧，俟及三年，乃令應役。」從之。

二十八日，詔罷提舉熙河等路弓箭營田蕃部司。

四月十二日，權發遣秦鳳路經略安撫司公事范育言：「熙寧八年内，知秦州張詵奏，諸城寨弓箭手、寨户、蕃户稍覺闕食，欲將秦州省倉陳次斛斗借支接濟，候夏秋熟日，常平倉撥還。今秦州外城寨省倉年計亦有剩處，經略司常平公據糴買糧草亦有樁管之數。乞將來如遇本倉糧斛賑捄不足，許以省倉年計之餘、陳次麤色斛斗借支〔五〕，并將經略司常平公據糴買糧草約度存留，准備緩急移用外，逐急支貸，或量減市價出糶。」從之。

〔三年〕九月二十六日〔六〕，兵部言：「涇原路隴山係官地例爲人指占，量輸租課，寅緣侵冒，畧無色役。累有朝旨，令招刺弓箭手，而人户侵冒歲久，財力富强，奸弊日深，儻非稟自朝廷置局招置摽撥，無以杜絶奸弊〔七〕。」從之。

〔元年〕十月十八日〔八〕，熙河蘭會路經略司言，乞將新復呸嘌川一帶地土，依舊令定西城招置弓箭手耕 14 種。從之。

四年正月二十四日，詔：「石州葭蘆、吳堡兩寨弓箭手

〔一〕楊應辰：《長編》卷三四〇作「楊應良」。
〔二〕入：原作「人」，據《長編》卷三四〇改。下文「增刺入」同。
〔三〕「經」原作「輕」，字缺筆，「逐」原脱，據《長編》卷三四〇改補。
〔四〕宜：原字僅存「門」字殘筆，茲據前條文例補。
〔五〕斗：原作「米」，據《長編》卷三七五改。
〔六〕三年：原脱，據《長編》卷四一四補。
〔七〕杜：原作「度」，據《長編》卷四一四改。
〔八〕元年：原無，據本書食貨二之六、《長編》卷三九〇補。

所貸錢斛，限三年爲六料，隨二税送納。」以同主管河東沿邊安撫司公事郭宗顔請也。

四月十二日，涇原路經畧安撫司請將隴山一帶弓箭手人馬别置一將管句，仍以涇原路第十二將爲名。詔令本司奏舉大使臣二員充訓練官，候二年减罷。

十一月四日，詔：「涇原路弓箭手以家業分三等，月集社錢買馬，上等二百，中等一百五十，下等一百，以備死損添填〔一〕。」從本路帥劉昌祚請也。

二十三日，殿前副都指揮使、武康軍節度使劉昌祚奏，根括隴山地凡一萬九百九十頃，招置弓箭手人馬凡五千二百六十一人騎。賜敕書奬諭。

五年四月三日，熙河蘭岷路經畧司言：「乞委城寨使臣同召募少壯堪耕戰人刺充弓箭手。每員招及三百人，着業及一年，减磨勘一年；百人减半。仍委知、通提舉，每及六百人，各與减磨勘一年，三百人减半。」從之。

七月九日，涇原路經畧司言：「請自元祐三年五月以後根括違法典買蕃部地土人，與免罪，許以兩頃五十畝出刺弓箭手一人，買馬一疋。」從之。

十一日，詔：「涇原路隴山及安化縣新招置弓箭手，及已降指揮將陳首違法并諸典買蕃部地土人據頃畝合刺弓箭手〔二〕，令本路經略司指揮，别團爲將〔三〕，以訓練將爲名。」

七年八月十八日，詔：「河東、陝西弓箭手，自今應排轉、承襲、承替、補職付身 15 文字，除十將已下從經略司一面給帖外，餘悉令兵部上樞密院。都虞候以上降宣，指揮使以下降朝旨〔四〕，令經畧司給牒。」

十月二十九日，河東路經略司言：「應弓箭手年老或病患不任征役者，給公憑放停。今看詳，未有立定許揀選之文〔五〕，其間不無隱庇，切慮緩急有誤驅使。欲委知州軍并將官，因每歲教閲揀選弓箭手。如有年高或病患及尫弱不任征役之人，許本家或親屬内選人承替。若遇灾傷及七分已上，權免教閲〔六〕，秖令作番次抽揀。」從之。

八年正月二十七日，兵部言：「河東路麟〔七〕、府、豐三州弓箭手承見耕熟地者，與免一年；得舊熟地今荒閑者，與免二年；得生荒地者，與免三年上番。」從之。

同日，麟府路體量安撫司奏〔八〕：「弓箭手每指揮多不敷額。緣弓箭手不費錢糧，可代正兵，而又便習弓馬，勇於戰鬭，諳熟山川，通知出入道路，在邊防誠爲得力。所以招

〔一〕添：原作「掭」，據《長編》卷四三五改。
〔二〕「諸」原作「許」，「買」原作「賣」，據《長編》卷四四五改。
〔三〕團：原作「圖」，據《長編》卷四四五改。
〔四〕朝：原作「明」，據《長編》卷四七六改。
〔五〕文：原作「人」，據《長編》卷四七八改。
〔六〕閲：原無，據《長編》卷四七八補。
〔七〕麟：原作「臨」，據《長編》卷四八〇改。
〔八〕司：原作「安」字殘筆，據《長編》卷四八〇改。

置不足，蓋緣河外地瘠〔一〕，差役頻併。欲行下河東路經畧司詳度，乞令巡檢司多方招置外，其所招並須土人爲保。若任内復有逃亡，任終考察，不理人數。」從之。

紹聖元年四月十一日，兵部言：「河南州軍弓箭手每遇耕種收刈月分，如願替請，令五日一替。如地（理）〔里〕遥遠，人情不願，及農隙月分，即仍舊條半月一替。」從之。

十一月一日，權兵部侍郎韓宗師言：「河東、陝西賦田招弓箭手，號邊郡勁兵。請令六路經畧司悉表隙地，益招置；地瘠，必以 16 差增之。」詔逐路經畧司措置，闢田、募士多者，樞密院以聞。

二年正月十六日，兵部言：「投弓箭手者，經所屬官陳狀，召有家業二人委保不是奸細、化外兩地供輸蕃部、河東義軍及已係弓箭手人，年十七至四十、堪披帶、射七斗弓者，諸闕有兩人以上投刺者，揀武藝高强人充。有司如招到已係弓箭手、河東義軍，年不應格、不堪披帶，不責保，或蕃部兩地供輸、化外姦細人等者，坐罪有差，仍奏裁。保識人亦坐罪有差。招弓箭手應賞而曾經上條責罰者，雖該恩原罪，不復推賞。」從之。

三年五月四日，樞密院言：「涇原、秦鳳、熙河路弓箭手、蕃兵，已專委鍾傳往逐路團結，及因便犒賞。按逐路正兵，昨等第給賜陝西、河東路經畧司度牒回易，專備探事及激賞漢蕃將。今來遇有出入，或因鍾傳犒賞，經畧司亦合相度，隨宜於回易錢内給賞。」詔熙（河）蘭岷路、涇原、秦鳳路經畧司，隨宜於回易息錢犒賞，務要漢、蕃士卒例霑勞賜，激厲士氣。并下鄜延、環慶、河東路。

六日，詔：「在京、府界、諸路馬軍槍手並改充弓箭手〔二〕，兼習蕃槍〔三〕。」

四年五月八日，詔：「張詢、巴宜專根括安西、金城膏腴地土頃畝，可以招置弓箭手若干人，具圖以聞。」

元符元年二月十七日，樞密院言：「鍾傳奏，近准朝旨，往涇原與章楶講究進築天都山、南牟等處。今相度，如展置青南訥心，須置一將，正將在青南訥心駐劄，副將在青南訥心、嶺耳中 17 間駐劄。逐城寨防守軍馬，乞權於熙、秦兩路輟那。新城内地土，並招弓箭手居住，仍置提舉官二員。熙、秦兩路弓箭手，每指揮以三百人爲額，乞作二十指揮招置。不一二年間，須得數千民兵，以充武備。」從之。

七月二十一日，詔：「陝西、河東路新城寨合招弓箭手，並依元豐四年九月詔，許别路弓箭手投换。其元祐八年四月不得招他路弓箭手指揮勿用。」先是，熙河蘭岷路招置弓箭手李夷行奏請，新建會寧關，全賴投换弓箭手〔四〕，庶諳山川道路，故有是詔。

二年二月十六日，樞密院言：「提舉熙河蘭會路弓箭

〔一〕蓋：原字僅存殘筆，不詳何字，兹據《長編》卷四八〇補正。
〔二〕槍手：「手」原作「守」，又被涂抹，今據《宋史》卷一九〇《兵志》四補正。
〔三〕兼：原作「蕃」，據《宋史》卷一九〇《兵志》四改。
〔四〕手：原作「弓」，據《長編》卷五〇〇改。

手李夷行言，乞許弓箭手就城寨將副處招刺，以絶州府往返勞費，及留滯邀阻之弊。」從之。

十二月二十一日，樞密院言：「呂惠卿奏，本路沿邊漢蕃弓箭手、蕃捉生，自來每遇事宜，作一番差在沿邊巡防把截及將下准備使唤，無事日分作兩番。今西賊進上誓表，已裁減東兵外，尋令逐將據分定巡防把截等合用處，作三番或四番。令一番在邊防守，餘令下番，更不支口食草料。仍諸路並合依此裁減上番人數，庶漢蕃軍兵稍得休息，及時耕種安業，不至坐糜糧食。」從之。

三年三月八日，徽宗即位未改元。提舉涇原路弓箭手安師文知涇州〔一〕，罷提舉弓箭手司。從章楶之請也。

徽宗崇寧二年十一月二十四日，提舉涇原路弓箭手安師文奏：「據權通判德順軍事盧逢原申，根括打量出四將地分[18]管下五寨，新包占到舊邊壕外地土共四萬八千七百三十一頃二十六畝零一百七十四步半。中間一萬八千三百六十頃係自來懷遠、隆德、得勝、静邊、治平五寨地分舊管三十六指揮合得身分地，每指揮元只合得五百一十頃；三萬三百七十一頃二十六畝零一百七十四步半係今來逢原根括打量到自來弓箭手冒占出剩地土數。除山坡溝澗不堪耕種之地外，有三萬九百六十三頃五十九畝零二百三十五步半，内二萬九百餘頃已有成效。一萬六千八百三十頃已團立招刺，别成三十三指揮；四千一百三十三頃五十九畝零二百三十五步半見召人請射。臣契勘朝廷方患新邊之田爲公私侵冒，設官立法，可謂備具。今來盧逢原根括到上項堪耕種地土，乞朝廷詳酌，特賜優賞。」詔盧逢原特轉三官，差提舉鄜延路弓箭手；將寨官等，令弓箭手司保明聞奏。

五年三月二十二日，權發遣陝西府路轉運判官黄鐸申：「勘會沿邊新置城寨，遠近甚有肥沃地土，多被城寨官及詭名目召人耕佃，或作園圃，蒙庇循習，官不檢察。似此之類，有妨招置弓箭手。擬乞指揮下提舉弓箭手司，體究冒占田土，分給與歸順蕃户耕種，使之奠居安業，而有常心。」詔依所乞。不得别致搔擾，使蕃、漢人户有失安居。河東路依此。

政和二年十二月三十日，詔：「諸路漢、蕃弓箭手守邊捍禦，藉爲軍鋒，素號驍勇。可令安撫司、提舉弓箭手官存恤，使謀生足食，以寔邊徼。仍令尚書省、樞密院同措置。」

五年二月十八日，詔：「陝西、河東逐路自紹聖開拓邊疆以來，及西寧、湟、廓、洮州、積[19]石等處新邊，各有包占良田，並合招置弓箭手，以爲邊防籬落。至今累年，曠土尚多。蓋緣自罷提舉官隷屬經畧司，事權不專，頗失措置。根括打量、催督開墾、理斷交侵等職事盡在極邊，帥臣無由親到。竊慮因循浸久，曠土愈多，銷耗民兵人額，有害邊防大計。兼提舉文臣罕能躬親衝冒寒暑，奔走往來議事。可令陝西、河東逐路并復置提舉弓箭手司，仍各選差武臣一員，每路勾當公事使臣二員。每歲令樞密院取索逐路招置

〔一〕知：原脱，據《宋史》卷一九〇《兵志》四補。

弓箭手并開墾過地土，比較優劣殿最，取旨黜陟〔一〕。」

四月二十七日，（大）〔太〕尉、武信軍節度使童貫奏：「據提舉陝西河東路弓箭手何灌等申請畫一下項〔二〕：一、（親）〔新〕邊地多有侵冒，自來將寨官已失覺察。今慮隱庇前非，無緣得寔，欲乞於近裏州軍差出文武官及本處將寨官同共打量根括，本州軍知、通覺察情弊。候打量了日，逐官連銜保明申。一、所立首限，乞自今年七月一日爲頭，其打量自十月一日爲頭，庶不妨農事。一、新邊官員職田，多是挑揀膏腴地，有害招置良法。今欲並行拘收，依條於近裏州軍支給價錢。一、檢承《崇寧弓箭手通用敕》：『給田，所屬出給户帖。』又敕稱『所屬』者，謂州縣城寨。緣此，諸路自來出給户帖不一，不無移易情弊。乞今後並從提舉司出帖，下所屬州縣城寨給付。如有阻節情弊，聽赴訴。一、沿邊騎兵，最爲先務。今逐路弓箭手闕馬甚多，自[20]來雖有馬社錢補助買馬，緣所積不多，馬價倍貴，歲給買馬不過三五匹，若非朝旨支降，無緣增置騎兵。今欲乞支降綱馬，均配逐路弓箭手。內熙河路乞依舊令弓箭手選買，官支價錢。其支降綱〔馬〕，乞專委邊防司計置分撥。一、逐路各許指名抽差手分三人、貼書二人。緣今來復司之始，文移繁冗，欲乞逐路添差典書二人、貼書二人，請給、（還）〔遷〕轉、出職，並依提舉保甲司已得指揮施行。兼先罷司日，人吏多在諸司充役，諳知本司行遣，欲乞許本司勾抽，諸司不許占留。仍許通理在司月日，聽從優處出職。一、弓箭手租田，其所出租子見隸經略司。緣弓箭手借助牛、糧、種子及賑貸之類，並係提舉司責限支給，今欲乞將前項租子撥隸提舉弓箭手司。不惟支遣不至留滯闕誤，兼得職事專一。一、欲乞逐路踏逐奏差校尉已上小使臣二員充本司准備差使，並依經畧司準備差使條例。如有違礙，乞特行差注一次。一、按試弓箭手武藝，舊分三等支賞：出等人支三錢銀椀，第一等支二錢銀楪子，二等支一錢銀楪子。其所支賞物，雖可以激勸，緣極邊難得（躬）〔射〕甲竹箭，今欲乞逐路各支降射甲箭三五萬隻。遇按試，武藝精熟及開耕土地、招置人馬數多，量輕重支給，充爲激賞。一、弓箭手指射堪好地土盡絶，內有薄弱稍堪耕種者自合增給，其不堪耕種者若一例品搭，則全無所得地利，贍家[21]不足，遂致逃亡，深害招刺良法。今欲乞將不堪耕地土除豁，更不品搭。一、弓箭手自來均糴雖分等第，緣物力貧富不同，遂至輕重不均。今欲乞上等均糴三碩，中等二碩，下等一碩，依在市中價，及乞依《崇寧弓箭手敕》本户結糴法，預借價錢。其新招到人，權免二年均糴。一、元降指揮，提舉弓箭手官理任、請給、恩數等並依提舉保甲司條例施行。契勘逐官次序不等，緣曾任都鈐轄、鈐轄、知州軍、路分都監資序，所有請給、人從、隨行指使、接送人，並乞依上項從高條

〔一〕陟：原作「降」，據《宋史》卷一九〇《兵志》四改。

〔二〕據：原僅存殘筆，據《宋史》卷一九〇《兵志》四補。

令支破施行。一、契勘提舉弓箭手司舊視提舉常平司〔一〕。檢承崇寧三年正月敕節文：提舉弓箭手官歲舉改官縣令比提舉常平官減半。今來本司係依提舉保甲，與提點刑獄條例並同，欲乞薦舉改官縣令依提點刑獄官減半外，有分曹建掾後來添舉改官員數内零分，更舉一員。其逐路城寨當職使臣並係奉行弓箭手職事，所有薦舉大小使臣，乞並依提舉保甲司條例，更不減半。一、元指揮禮部每路各支降空名度牒一百道，應副新邊招刺。今來法行之初，招刺人便合支借錢糧，所用不少，竊慮度牒難以便行變易，欲將上件度牒共六百道並回納，却乞逐路各支降錢三二萬貫，令平貨西場計置物帛起綱，前去應副。一、保甲司歲賜公使錢四百貫，今來本司創置之初，犒設得力官吏，比保甲司不同，支用不足。欲乞 22 逐路各添賜錢六百貫，以係省頭子錢充；如不足，支轉運使錢，欲逐司添支錢三百貫。一、弓箭手所置耕牛，欲乞於角上官用火印。如不堪使用，即令別買，赴官呈驗火印訖，却將替下牛火印退字，方得貨賣。如違，許人告捉，支賞錢五十貫，買賣人均備，仍依質賣兵器法。一、熙河新邊一帶土地荒蕪太久，開墾甚難，又人貧少力，種糧倍貴，故弓箭手旋募旋散。今雖當厚借貸以廣召募，亦宜委曲措畫，以成地利。如前日湟州東原近千頃，亦以荒曠太久，人悉置而不問。因得漢、唐引水故渠，修葺引水，不一月間，其田悉爲膏腴，人之占射者溢數。今西寧、湟、廓一帶，可入水之地甚多，又漢、唐故渠間亦依稀可考。今欲乞於本路近裏弓箭手步人内，輪差三五百人，每月一替，開渠引水，以變荒曠難闢之田，以勸富强難募之民。又地之所入，可數倍於旱田，庶得新邊立見富强。」並從之。

八月六日，樞密院言：「提舉涇原路弓箭手司狀，據人户李德等告論冒種田土，乞行打量及拖照。本司前後受理侵冒官田公事，動經三五年不能了當。欲將近裏弓箭手地土但有爭訟，其論侵耕冒種之處，並行打量，庶幾杜絶侵冒之弊。」從之。

九(月)〔日〕〔二〕，提舉河東路弓箭手司奏：「檢會熙寧八年閏四月四日河東路察訪司奏：『據代州繁畤縣百姓冀榮等(伏)〔狀〕，乞請射東作村人户住佃官莊地土，投充弓箭手。續據李素等 23 三十五户狀，稱自來先祖不記年月，住佃本村係省官莊地土，逐年出納租課，不曾有闕。若招弓箭手，退却地土，人户立見逃移。乞依舊承佃供輸。本司體訪得沿邊州軍逐處招置弓箭手，多是將人户久來用力開耕到熟地，指射劃奪住佃，其舊佃人户便致失業。又所出租課，只比佃户五分之一，顯是官私不便。今欲乞應係官莊、屯田已有人出租承佃及五年者，並不在招置弓箭手請

〔一〕視：原作「規」，據本書職官四四之五四改。
〔二〕九日：原作「九月」。按《宋史》卷一九〇《兵志》四載此條事，與上條同在八月，且本門徽宗各條均記至日分，則此「九月」應是「九日」之誤，因改。

射之限。所有今來冀（勞）〔榮〕等指射地土，亦乞依此施行。』本司勘會：本路沿次邊諸州、軍、縣、寨，熙寧八年以前人户租佃、合招弓箭手係官地土不少，爲有前項熙寧八年閏四月四日朝旨，自來不敢招人投刺弓箭手請射。今體訪得上件地土多是膏腴，盡被有力之家量出些小租課佃種，其碩斗不及弓箭手合納租課十分之一二，虧損官課，大爲僥倖。今且以忻州秀容一縣地土數少去處，先次根究到熙寧八年以前人户出租承佃官地七十八頃，每年出納租課二十九碩。若招弓箭手請射，每二頃五十畝，充人馬地一分，計合招三十一人。以肥濃及稍堪耕種地土相兼，依本路弓箭手久來出納租課條令取酌中數目，每畝止納租課三升，計合出租二百三十四碩。比之見佃人户，所納租課增添二百五碩。本路弓箭手請射官地，所出課則例，係自景德四年至熙寧六年立定，即非本司今來創有增添。又得弓箭手三十一人應副邊防差使。若將一路租佃 24 官地盡行根括，不惟增廣邊兵，兼增添入官租課。其河東路察訪司元初不以邊防民兵爲重〔一〕，姑息佃户，是致有此奏請。當時灼有弊倖，但年歲深遠，不可根究。欲乞應熙寧八年以前人户租佃係官地土，並先行取問見佃之人，如願令少壯及格家人或正身投刺弓箭手，每出一丁，許依條給見佃地土二頃五十畝，充人馬地一分。如所佃地土不足，別行貼撥。若不願充弓箭手，及出丁外尚有請占不盡地土，即拘收入官，依條品搭成分，召人指射投刺，或給與見闕地之人。」又奏：「代州崞縣寨見管户絶逃田〔二〕、官莊天荒地三百二十六頃，内已有佃人并人户指射，願自備錢買馬，投刺弓箭手。若許依所乞，即一路增添民兵人馬不少，以備緩急，委是利濟。伏望詳酌施行。」詔送邊防司看詳。本司看詳：「河東路熙寧八年以前人户所佃官田不出民兵，量行出租，從來未曾根括，委是虧官。今來本路申請乞行拘收，招置弓箭〔手〕，事理可行。但上件田土元係官莊天荒，人户開耕，並爲熟地，歲已深遠，若不量與立限，一起拘收，恐於人情未便。今相度，欲依河東弓箭手司所申施行外，其見佃人如願出家丁及正身充弓箭手給田外，尚有剩地，更許召親戚承刺。限一年，無人就刺，即行拘收，別行召人。所貴不至督逼，公私（隱）〔穩〕便。」從之。

二十七日，奉承御前處分邊防司奏：「據何灌申：『檢承（當承）二月十七日聖旨，招到 25 弓箭手，並於合給地土數内，各增給地土一頃，有馬者更增三十畝。緣極邊土地甚重，不宜容易添展，又弓箭手舊得二頃，若能使自耕，則人人自已富强〔三〕。（令）〔今〕遍詣新邊，自湟州以次西寧等州諸城寨，相視得地土悉皆膏腴，不消别有增添。惟有西寧州清平寨、積石軍懷和寨，地高氣晚，間歲種收，緣此（夕）

〔一〕重：原無，據《宋史》卷一九〇《兵志》四補。
〔二〕崞：原作「崞」，據《宋史》卷八六《地理志》二改。
〔三〕富：原作「當」，據文意、字形改。上文政和五年「四月二十七日」條有云「以勸富强難募之民」、「庶得新邊立見富强」，是當時習用此詞。

〔少〕人願募，理宜增地。今相度每〔石〕〔名〕欲只增地土五十畝，共作二頃五十畝，餘並依舊。』本司看詳：欲依上項所申外，其有馬者，並依元降指揮施行。」從之。

十一月十日，邊防司奏：「據提舉熙河蘭湟路弓箭手〔河〕〔何〕灌申：『本路邊遠，土地至重，非特養兵待戰，而收復之初，艱難亦甚，深宜寶惜。今在弓箭手雖已不容侵冒，而漢置蕃田尚甚泛濫。近緣打量，其人亦不自安，首陳已及一千餘頃〔一〕，若招弓箭手，即可以招五百人。若納租税，依條每畝三㪷五勝、草二束，一歲之間亦可以得米三萬五千碩、草二十萬束。今相度，欲乞將漢人置到蕃部土田願爲弓箭手者，兩頃已上刺一名，四頃以上刺二名。如不願者，依條立定租税輸納〔二〕。其巧爲蕃部將已買到地土别爲名影占者，重爲禁止，庶邊遠重地，不至僥冒。』本司契勘，欲依何灌所乞外，有别爲名影占者，許人首告，以所告地三分之一給與。所貴有以革去影占之弊。」從之。

同日，邊防司奏：「提舉河東路弓箭手〔同〕〔司〕申：『檢會崇寧陝西、河東路弓箭手通用敕：諸户絶 26 田土，委本州具頃畝、姓名申本司，招置弓箭手。今點檢得管下州縣户絶財産，條内有合給者，州縣公人作弊，將地土小估價直，給與得財産人，若不申請，即户絶田土無緣拘收招置民兵。欲乞應本路沿邊户絶財産依條給與者，先給見錢、物帛、斛㪷、什物、畜産之類，次給〔含〕〔舍〕屋，或不足，許給地土。所貴户絶田土本司拘收，招置漸有增廣，以備邊防。』」從之。

十三日，邊防司奏：「提舉涇原路弓箭手司奏：『據通安寨等處蕃官耕種外，餘剩冒占地土，往往荒閑，不曾耕種，及不曾牧放牛馬，止是虚冒占恡，不令漢人請射。今欲將蕃、漢所占地土，除已開耕熟地着業外，將不曾承準朝旨，止是州軍、安撫司一時狥情所撥地土，及不曾耕種、見今荒閑川原慢坡地土，並打量給發，招置見闕人馬。將不堪耕種去處，撥充〔收〕〔牧〕放地土。庶幾得盡地利，增廣民兵。』」從之。

十八日，提舉河東路弓箭手司申：「檢承政和三年四月十九日詔：『諸道監司置簿，應一路州司録事，各以其簿授之，將事之稽違、已經糾舉者具載其上〔三〕。候逐司巡歷到，檢察曹案，對簿所記，考其勤〔隋〕〔惰〕。歲終，諸監司參較，定爲優劣，悉聞於上，以俟陞黜。』契勘本司近奉御筆，復理任等，並依提舉保甲司條例，與提刑司事體一般。今來復置之初，奉行御前處分、朝廷措置并本司推行事務不少，切慮合依上條置簿，檢察參較。緣未有許置籍并依諸監司參 27 較定爲優劣、悉聞於上明文，乞詳酌降下。」邊防司契勘：「提舉弓箭手官理任等，並依提舉保甲司條例，與

〔一〕頃：原作「碩」，據《宋史》卷一九〇《兵志》四改。
〔二〕立：原作「所」，據《宋史》卷一九〇《兵志》四改。
〔三〕糾：原作「科」，據本書職官四五之九改。

提刑事體一般。兼招刺民兵，係備邊防戰守，事務頗重，欲陝西、河東路弓箭手司並依先降敕條，置簿檢察，及歲終，監司參較，定其優劣聞奏。」從之。

二十二日，邊防司奏：「提舉鄜延路弓箭手張琚申：『近巡歷管下新邊城寨包占到地土，召人請占，往往多是近裏城寨管蕃官指占地土，有及千頃，或至五七百頃。既已拘占，招刺只及百餘人，或五七十人，遂生僥倖，不肯招刺，贏落官中空閑地土，恣意冒種。且如威戎城四至界内，見今却有黑水、安定堡蕃弓箭手請射地土住坐耕種之人。洎至威戎地官前去根括打量勾呼，却稱我隸黑水、安定堡管轄；至如黑水等堡勾呼，又妄稱威戎城地界管轄。似此互相推避，不唯有害根括打量，又妨平日檢察姦細、理斷公事。既是近裏城寨所轄，却在近邊別寨地内住坐，緩急有害邊防大事。自來官司失於理會，因循至於今日。已牒逐地分，將寨官照會，如有別寨漢蕃弓箭手請射本城寨界内地土耕種住坐，合依天下諸州軍縣鎮體例，隨地隸屬逐城寨管轄。所貴易爲根括地土，及就便覺察姦細，勾呼理斷公事。萬一起遣，各得就便專一，免致兩處亂有推避。』」從之。

十二月九日，邊防司奏：「提舉涇原路弓箭手司申：『承朝旨，打量官若事未畢而任滿，[28]許新官就任，其打量官並候打量了日罷任。本司契勘，根括地土，地分闊遠，限内難以周遍，陰雪泥滑，農務未畢，不免等候。其打量官内有已替之人，別無請給、人從，委是難以坐待，乞從本司時暫差權。本路州縣、城寨闕官去處，其請給、人從、管幹月〔日〕，並依逐處見任，及所差官別無通理在任月日明文，亦乞特降指揮。』」從之。

六年九月四日，詔：「逐路提舉弓箭手官，常切講求興利除害，嚴（刑）〔行〕戒飭當職官等，無輒差科搔擾，優加存恤勸誘，以時耕種，務使安居樂業，家給人足，增壯軍聲，以寔邊陣。仰逐旋具已施行次第以聞。」

宣和三年八月十七日，樞密院言：「知定邊軍楊可世申：自來陝西沿邊歸順熟户蕃作過者，編置東南州軍，多是慣習弓馬桀（點）〔黠〕之人。比者東南盜賊，切意不可存留在彼。乞選少壯堪任戰鬭者，發赴定邊軍安撫司收管，刺充弓箭手。」從之。

七年五月九日，德音：「應陝西、河東蕃官蕃兵、漢蕃弓箭手合該承襲，偶緣差赴京東、河北路收捕群賊使唤，致限内失於陳乞，出違條限。候回日，許經所屬自陳，特與理限承襲。」

十一月十九日，南郊制：「應陝西、河東沿邊弓箭手、蕃兵見欠借貸錢物未經除放者，仰經略、轉運、提刑、提舉司開具聞奏，當議相度等第倚閣除放。其昨因收捕羣賊立功，未經推賞、因患身故之人，特許依戰歿條制承襲。應歿於王事被録用親，依條聽十年内陳[29]乞差遣。雖已出違條限，如在十五年内者，特與限兩季陳乞。應合承襲之人，限百日陳乞。如限内有失申陳在一年内者，特與展限一季。所屬勘會詣寔，若少壯無病患、武藝及等、堪任披帶，聽保明申本路帥司驗寔以聞，當議許令承襲。」

欽宗靖康元年二月二十四日，詔罷陝西、河東提舉弓箭手官，以其人復隸帥司。

五月七日，監察御史胡舜陟言：「國家自熙寧以來，陝右沿邊招置弓箭手。無事之時則服田力穡，不仰給於官；農隙之際則操戈挽彊，得以閑習；一有警急則馳以直前，號召不遠。其與招兵之利異矣。自河以北，信安軍及霸州文安、清州乾寧等縣，雖有淤澱田土招置弓箭手，然皆出租課以助邊廩。乞應河北沿邊州軍，並如陝右招置弓箭手法，給付田土，蠲除賦租，第其等級，團併教習，日以防托邊境爲事。」從之。

六月一日，真定府路安撫司言：「河北、山東荒閑之地，頃畝萬數，乞依陝西、河東體例，創起弓箭手。」從之。

十月二十四日，詔：「陝西招置弓箭手，給田不依舊法，以甲馬相爭，見今調發差出者往往逃歸，依舊却承佃元給田土。可令逐路帥司別行招置有甲馬武勇人，仍仰錢蓋疾速措置。」

高宗建炎元年六月十三日，赦：「應諸路漢、蕃弓箭手各合該承襲之人，因差使出入及別緣事故，有失陳乞，致出違日限者，候赦書到日，限百日經所屬自陳，許令依條承襲。」

十月二[30]十九日，臣寮言：「涇原路沿邊城寨郭外居民，盡係弓箭手之家，別無税地人户。自來城寨將粗可飽煖之家一同税户，安立等第家業，應科率一切責辦，然有法存恤〔一〕。當職官承習成風，不能頓革，逃移闕額之患，良由如此。深慮因循，銷廢兵額，緩急調發，致誤國事。前後約束雖嚴，無緣杜絶。望重立法禁，乞令帥司、監司、守臣嚴行覺察，庶使民兵安業，不至逃移。」詔依。如違，以違制論。

二年五月十一日，曲赦：「應陝西漢、蕃弓箭手合該承襲之人，如有限内失於陳乞者，出違條限，特與再限一季，許經所屬自陳承襲。」

十一月二十二日，南郊赦：「應漢、蕃弓箭手合承襲之人，依條限百日陳乞。如限内有失申陳，在一年内特與〔展〕限一季，許經所屬自陳。勘會詣寔，若少壯無病、武藝及等、堪任披帶，保明申本路帥司驗寔，許令承襲。」紹興元年九月十八日明堂赦、四年九月十五日明堂赦，並用此制。

紹興二年五月十六日，詔：「應神武五軍下漢弓箭手，除見隨韓世忠外，並依韓世清下軍兵，每月權添口食米三㪷，餘人不得援例。」以神武中軍統制楊沂中言：「本軍見管陝西漢弓箭手，近及二百人。先是，建炎二年於本路起發前來赴行在，到今四年有餘，累次扈從聖駕巡幸，委有勞效。兼逐人從軍日久，例各有老小三兩口，除每日支破口食錢米外，別無請給，養贍不足。」故有是詔。

〔一〕此句似有脱誤。

六年三月二十四日，宰執進呈韓世忠奏捷，上因語及：「世忠將所得青、徐州士兵、弓箭手皆放歸，甚善。朕思之，不若更與數百錢令去。此事雖似非急務，使中原之人知朝廷恩意，縱被劉豫 31 父子驅率，亦豈肯爲之盡力？」顧宰臣趙鼎曰：「卿可作書，速諭張浚。」

九年二月十日，京城副留守郭仲荀言：「乞將京城外空閑地土，依陝西、河東沿邊體例招置弓箭手，給地種蒔。」詔令郭仲荀候到，委官子細點檢。如地内遇有后妃、國戚墳塋，士庶冢墓，并有主私地，即仰回互除豁，不得一例摽撥侵占。（以上《永樂大典》卷八三〇七）

峒丁

【宋會要】32 仁宗皇祐四年夏，廣南經畧使司以邕州進士石鑑借昭州軍事推官，挈輕兵入三十六峒，以朝廷威德曉諭峒之壯丁，以類攻討，殺獠蠻頗衆。

英宗治平二年八月二十八日，知桂州陸詵言：「邕州溪洞壯丁，乞今後除有事宜非次勾抽外，二年一次勾抽教閱。」詔依前降指揮，今後每三年終造帳，開坐具狀聞奏。

神宗熙寧元年九月二日，衛尉卿王罕言：「乞委廣南安撫、轉運司及 33 邕州知州，曉諭諸峒首領體量逐峒人數多少，專切禦捍交趾，及以本路澄海、忠敢於邕州諸寨防托，更不須差禁軍往彼。」詔令廣南西路提舉司常切檢詳前後團結峒丁及添填土兵逐件指揮，遵守施行，不得隳廢，有悞邊備。

二年五月十一日，詔：「廣南西路分左右江，各置使臣提舉管下寨鎮兵甲。每有賊盜，遞相應援。撫御峒丁首領等，並須恩威並濟，服從驅策。」

七年五月二十一日，中書刑房言：「知桂州沈起奏〔一〕：『昨舉官八員，編排教閱邕州五十一州峒丁、保甲，齊會本州，同入諸峒。時屬農忙，前去未得，亦慮外界驚疑生事。本司相度，欲授與邕州并逐塞使臣規式，令使臣與逐州峒知州、峒管勾，仍罷所舉官。』」會起自罷〔二〕，詔付劉彝，令相度施行。

八年閏四月五日，知沅州謝麟言〔三〕：「招出溪洞草呼、古誠等州二十三州峒〔四〕二千七百一十九户，九千四百九十六丁，願出納課米，量支食鹽，逐州知州仍乞補授班行名目。」並從之。楊光富補右班殿直，楊昌進等五人並補奉職，楊琇延等六人並補下班殿侍，楊晟堅等十六人並補三司軍將〔五〕。候納到課米，即給以鹽。

〔一〕知：原無，據《長編》卷二五一補。
〔二〕自罷：似當作「已罷」。
〔三〕沅州：原作「桂州」，據《長編》卷二六三改。
〔四〕「峒」下原有「丁」字，據本書蕃夷五之八六删。
〔五〕堅：原作「情」，據本書蕃夷五之八六改。

十二月二十一日，廣南西路經畧安（府）〔撫〕司言，乞運致軍器及并差峒丁應副軍興〔一〕，及暫移經畧司往象州。並從之。

十年十二月二十七日，知桂州趙卨言：「奉詔相度邕、欽州峒丁。自極邊、次邊、腹内，分左江、右江州峒，定到提舉訓練條制，賞罰支賜[34]事節。」各以條目來上，並從之。

元豐元年三月九日，廣南西路經畧司乞以兩江峒丁團成指揮，權補人員部轄，及置馬社。乞降度僧牒五百，市戰馬千疋，分給峒丁，候教成可戰，以次令自買馬教習。從之。所乞教峒丁馬戰不行，只令習溪洞所長武藝。先是，權知邕州劉初等被旨抄點左右江峒丁，團結成保隊，乞每五百人爲一指揮，別差正副指揮使二人，都頭五人，統轄教閱。又言：「峒丁昨睹王師討伐交人，因馬取勝，願習馬戰〔二〕。乞選兩江武勇峒丁結成馬社，人自買蠻馬，每疋官給錢三萬。如死，即買填，馬主備三分之一，餘令社内均出。如習閱武藝出倫，優與遷補。仍令提舉教閱司遇呈試注籍，如藝疏，三次注籍，即以其馬別給藝精之人。」故有此旨。

二年五月十二日，廣西經畧司奏，根括團結到邕、欽州峒丁，成一百七十五指揮。内先籍定武藝上等一萬三千六百七人〔三〕。知邕州劉初又乞於邕州左、右江增置將官二員，令左、右江提舉官就充副將，及選兩江知州峒班行輪十人或八人充隊將或指使，逐指揮官給旗號、鑼鼓。其器甲、標牌之類，依溪峒例，私各置辦，官置籍拘收。詔備録前後所降朝旨，及趙卨、劉初論列更制什伍、訓隸部勒等利害，并凡諸臣獻議應干措置峒丁事，並降付曾布，令參酌。其後布言：「欲乞令逐鎮寨監押、寨主同管轄兵甲使臣並與巡檢等，分定州峒等，專一主管。立賞罰條約，以爲懲勸。增置都巡檢使兩員，分地分提舉〔四〕，及增首領、丁壯每歲按閱及大教犒設例物。其武藝絶倫之人，保明聞奏，量材補授名目，及分擘使臣主管地分。」詔添置都巡檢使二員，餘送熊本，擇可[35]行者一面施行。

九月十九日，詔權知邕州、莊宅副使、兼閤門通事舍人劉初等二十六人遷官、減磨勘年，賜銀絹有差。以團結邕、欽州峒丁爲指揮保隊凡十萬餘人，録其勞也。

六年正月二十六日，詔新廣西轉運判官許彦先、廣西提舉常平劉何赴樞密承旨司〔五〕，講議廣西峒丁依開封府界保甲集教法。所用錢糧，與經畧、轉運司計置。

二月十二日，提點廣南西路刑獄彭次雲言：「邕州外鎮寨水土惡弱，乞量留兵更戍，其餘盡用峒丁，於管下諸州以季月輪差，給禁軍錢糧。」詔許彦先、劉何相度。後彦先等言：「若盡以代正兵防守，妨其力農〔六〕，經久非便。請

〔一〕運致、并差：原無，據《長編》卷二七一補。
〔二〕馬：原脱，據《長編》卷二八八補。
〔三〕武：原脱，據《長編》卷二九八補。
〔四〕分地：原脱「分」字，據《長編》卷二九八補。
〔五〕司：原無，據《長編》卷三三二補。
〔六〕力農：原倒，據《長編》卷三三三乙。

計戍兵三分，以一分用峒丁代之〔一〕，季輪二千人赴邕州肄習武事。」從之。

徽宗大觀二年八月二十八日，上批：熙寧團集左、右江峒丁十餘萬衆，自廣以西，賴以防守。今又有二十萬衆投誠歸化，已令張莊依左、右江例，相度聞奏。尚慮官司不知先務，措置滅裂，可依下項。一、今來峒丁既願納土，可依觀、允、平、從等州例，先行犒設，仍更加優厚。其結保置籍，俸賜犒設，教閱按試，巡守番上之類，仰並依左、右江舊法施行，仍務加寬恤，條畫聞奏。一、峒丁能率衆從順，宜加優異，以適其心。舊來有都副指揮使、都頭、十將、節級名目，及小使臣官爵，并酬奬減年，未至優厚，今宜量與加等之法推恩。內有酋首爲衆推許并舊來統衆之人，可與使臣安排；人材尤異者，36更與轉三兩官。一、今來納土之人，新歸王化，深恐官司搔擾乞取，以失其心，可檢會昨降付熙、河、湟、廓侵犯禁約頒下，委張莊措置。緣邕州去融州遼遠，深恐安化之初，事務繁多，張莊力有不及，可令與程鄰同共協力相度，及令程鄰前去邕州，就近措置，仍並依張莊已得指揮，即不得輒分彼我。一、歸順峒丁地出良馬，可相度置場博買，及其餘出產之物，亦仰措置有無相易，不得虧損，以利其民，條具聞奏。一、峒丁去交趾稍近，今其民革心從化，不係朝廷用兵討伏，深慮異意樂禍之人故爲傳布，使之驚疑，可令安撫、經畧司差人賫公文告諭沿邊及交趾知委，不得別致生事。一〔二〕、大觀二年六月二十九日，檢會崇寧四年六月三十日敕：「中書省勘會：『熙河、秦鳳路歸順蕃族熟户歸投以來，本無背叛。訪聞止緣官吏及諸色人公然不法，奪取財物，姦私婦女，全不畏憚，蓋是法禁不嚴，人敢冒犯。今擬修下條。』詔依擬定到，湖南北、廣南西路新邊依此，仍多出榜曉示。『諸乞取蕃族熟户財物者徒二年，二貫徒三年，十貫加一等，至一百貫或姦若畧人者斬，不以赦降原減。諸與蕃部熟户交易而小爲價致虧損者，計所剩以監主自盜論。諸蕃族熟户無故輒勾呼追擾者，徒二年，禁留拘繫加一等，三日以上又加一等，因而致逃叛者又加一等。右，入《熙河蘭湟秦鳳路敕》。』勘會平、允等州已分爲黔南路，依上37件朝旨，即不該載。今欲黔南路應新邊並依崇寧四年六月三十日朝旨施行。」從之，仍入《黔南路敕》。

高宗建炎三年七月二十九日，詔：「江西、福建、廣南東西、湖南北槍杖手、峒丁，各預先依數團結，仍差官總領，排揀定姓名、人數，准備緩急勾喚。」

四年七月二十九日，知桂州、主管廣南西路經畧安撫司公事許中言：「本路兩江峒丁，祖宗以來，給田薄税，使各家給人足。居在窮南，冬衣絺綌，尋常來到桂州日，已自

〔一〕之：原無，據《長編》卷三三三補。
〔二〕按，詳此文，「不得別至生事」以上當是「上批」之文，「大觀二年六月」以下疑是本條注文，此「一」字疑衍。

不勝其寒，若更起向北使喚，非徒無益，反生大害。如臣僚妄乞調發別路戰守，許本司執奏。」從之。

八月二十七日，許中言：「提舉左右江峒丁司昨緣臣僚上言，廢併歸帥司，于屬官内遣差一員兼領。竊詳本司主管機宜文字外，止有屬官兩員，若就以一員兼領，則軍期之際，應辦不前。乞數内存留一員充本司屬官，專切提舉左右江峒丁及收買戰馬等公事。其請給、人從、序位並與幹辦公事一等。今踏逐宣義郎賈公庠，望特差充前件職事。所有合用人吏，止令量置三兩人。其創置招誘買馬官，候將來住買馬日減罷。」從之。

紹興元年六月二十九日，詔廣南西路峒丁提舉官歲破公使錢二百貫並行減罷。以本路轉運司言：「經畧司幹辦公事兼領提舉峒丁任輝彥，乞依例支給公使錢。契勘峒丁買馬提舉官已罷，止令帥司屬官一員兼領，乃更支破公使錢二百貫文，即是與存留峒丁買馬提舉官無異。」户部相度，欲依轉運司所申，故有是詔。

四年二月二十一日，廣南東路宣諭明槖言：「邕州有左、右 38 江峒丁，欽、廉州有沿海土丁，宜、融州有防拓土丁。平州元係王口寨，觀州元係高峯寨，各有拶邊土丁及省地山傜。上項峒丁、土丁，各要害防守去處。其邕州峒丁本以防遏交趾，比年以來本路帥臣委官點揀，差羈縻州峒官部押赴桂州防拓駈使。峒官親屬及其本户丁夫未嘗被差，其所差者率皆無勢可陵之人，科率錢糧，置造衣甲，擾之無所不至。兼處炎方，絕無寒雪，自來不備衣裘，凡遇風雨，入處巢穴，又且炊糯而食，以鼻飲水。今乃以防秋之故，驅率前來，動至三二千人，經涉寒冬，水土失常，死損居半。兼往來剽劫，所過騷然，頗爲民害。又宜、融州土丁，朝旨始以三等户五丁以一丁充募，名曰土丁，四等户以一丁充團結，至拶邊之地，又團結父子全丁，止爲控扼當地蠻傜，逐時更戍，不離本處。而比年以來，一例調發，盡同官兵。每遇戰守，其統兵官多惜正兵，必以土丁當先禦敵，乃至負重雜役，驚潰損折，其數已多。兼土丁別無衣賜請給，惟免身丁稅錢，其户下稅米，亦係支撥。雖有朝旨許團結土丁免支移之文，州縣翫習，未嘗得免。今來若又團結餘丁，則邊民愈擾，逃竄益多。乞嚴立禁約，行下廣西經畧司，應峒丁、土丁，各仰本處防守。其調發赴静江府并團結餘丁，並各住罷。仍令本路監司覺察，如有違戾，具狀奏聞〔一〕。」

九月五日，知鼎州程昌禹言〔二〕：「攻討水賊黄誠、楊太等，勘會辰州、沅、靖州 39 峒丁内有牌弩手，今邊州寧静，可以摘差，與官軍夾帶使喚。緣昨准朝旨，峒丁不須勾抽，致未敢一面行下。乞于逐州峒丁刀弩手内，選差刀弩手三百人，前來鼎州相兼使喚之。仍候捕賊了日，發歸元來去處。」（以上《永樂大典》卷八三〇六）

〔一〕此下疑脱「從之」二字。高宗從明槖奏所降詔見《建炎要録》卷七三。
〔二〕程昌禹：《建炎要録》卷八〇作「程昌寓」。

屯戍 上

【宋會要】

1 真宗咸平六年七月內，帝曰：「自來邊鄙戍兵受代往還，朝廷須遣使部押。本營既知各辦行計，洎別商議改更，或即且留，虛成煩費，各有怨咨。今後替移，並密封宣頭，令遣使直至軍前施行。」

十一月〔一〕，帝曰：「邇來累有人告論將校斂兵士緡錢，稱赴京於樞密院所司請求出軍及屯戍之處，及令鞫勘〔二〕，皆小人妄託名目，規求財利。兵士雖已寘於法，累行條約，尚有違犯。可再告諭諸軍，朝廷所發師旅，皆是進上兵籍，朕自點定所去之處〔三〕。所貴稟信，免令枉費，至陷刑辟。」

景德元年二月，詔：「應西川、峽路等處戍兵，先以二年爲限，其權管將校亦如之。」先是，帝曰：「劍外戍卒更代，已是有定制，其將校有至五、七年、十年者，尤所非便。」故有是命。

四月，詔：「并、代管內緣邊戍兵二年以上並代之，仍自今所上兵籍，並明註出外年月，不得隱漏。」先是，帝曰：「并、代邊塞苦寒，逃亡者相繼。王繼英等近閱并、代兵籍，其沿邊戍兵只自逐處移替，有至七年、十年不代者。」故有是命。

四年七月，帝謂知樞密院王欽若等曰：「河東一方，就糧禁軍數多，朕常以爲若措置失宜，久恐非便，今又併令并、代州總管司一處管勾，事權非輕。已議差吳元扆知潞州，其并、代州總管司所轄兵馬，可割澤、潞、晉、絳、慈、隰、威勝等七州軍就糧 2 禁軍，令吳元扆提舉管轄，更不隸并、代總管司。其潞州仍差如京使劉贇元（充）〔統〕轄，兼同提舉澤、潞等州軍馬。所降宣命，恐逐路未悉其事，未（有）〔免〕憂疑，可具以澤、潞等州軍屯駐、駐泊就糧本城諸軍兵士每有申帳及揀人呈馬并諸般公事，往并、代州總管司取候指揮，山路遙遠不易，今就近割屬吳元扆（管）提舉管勾，更不係并、代州總管司，仍盡籍兵馬之數付之。」

大中祥符二年九月，令有司籍川峽、廣南、福建、江南戍兵及三年者代之。

五年九月，廣州駐泊鈐轄秦羲言：「州有澄海三指揮，前準詔，止令訓練，無得差役。慮寖以驕惰，望徙屯嶺北州軍。」從之。

七年八月，詔：「嶺表屯駐、駐泊禁軍，本城兵士得替日，各支出嶺盤纏錢。」

九月，令瀘州淯井監戍兵自今分番而往〔四〕。以地多

〔一〕十一月：《長編》卷五五載於七月。
〔二〕令：原作「令」，據《長編》卷五五改。
〔三〕之處：原作「處之」，據《長編》卷五五乙。
〔四〕井：原作「并」，據《長編》卷八三改。

疾疫故也〔一〕。

天禧二年，詔：「外戍諸軍前賜緡錢減在營者半，令特全給之。」

仁宗寶元（二）〔三〕年二月七日〔二〕，輔臣張士遜等言：「禁兵西戍，其家屬在營者多貧窶。」帝曰：「朕亦慮之。」即召內侍等，就殿隅取刀筆，疏其大校以下至卒伍凡數，以示輔臣，曰：「今出內府錢十萬貫付有司，以濟其家。不欲損三司經費故也。」士遜等曰：「上恩如此，人臣安得不投死耶！謹奉詔。」

康定元年四月九日，詔：「在京諸軍戍邊者，其在營家屬，令入內內侍省每月一次選差內臣三兩（貫）〔員〕，就營存問。有疾者，令翰林祇候看驗；死喪無親屬者，官爲殯埋。其外處❸令本屬官差人依此存恤。」

二年七月十五日，翰林學士王堯臣言：「諸州土兵並差在沿邊屯駐，內有已及四年未得更替者，乞候入夏別無緊切事宜，即每指揮逐都作一番次（方）〔放〕歸，務令均一。」從之。

是月二十七日，詔陝西都總管司：「邊兵未經教閱者，權徙近裏州軍，俟訓練精熟，即遣戍邊面。」

慶曆二年正月，詔：「麟府路兵罷癃而不任征役者，徙近裏州軍，以省邊費。」

四年正月，詔以陝西災傷，永興軍軍馬徙近糧草多處，候麥收還軍。

五年正月，樞密副使韓琦言：「夏人雖已請命，而不可不備羌人翻覆之變。令四路所駐兵，十分中且留六分在邊，二分令東還，二分徙屯近裏州軍。其鄜延路徙屯河中府，環慶、涇原路徙屯邠州、永興軍，秦鳳路徙屯鳳翔府。」從之。

〔六年〕六月〔三〕，知益州文彥博言：「益、彭、邛、蜀、漢五州非用馬之地，而逐州共屯馬軍凡二千餘人，請皆易以步軍。」詔易三之一。

六年正月，詔廣南東西路轉運、（鈴）〔鈐〕轄司：「方春瘴起，戍兵在邊者權徙善地以處之。」

二月二日，河東經略安撫使、判并州夏竦言：「將來分屯本路軍馬，那三千河陽，二千懷州，乞下河北、京西轉運司計度糧草、營房。」從之。

四月，帝謂輔臣曰：「湖南蠻傜未平，而兵久留，方夏秋之交，嘗苦瘴霧之疾，其令醫官院定方和藥，遣使以給之。」

五月，徙陝西駐泊軍士月給錢糧多者，屯近裏州軍。

七月七日，廣南東路（鈴）〔鈐〕轄司言：「❹連、賀州兵

〔一〕疾：《長編》卷八三作「瘴」，較長。
〔二〕三年：原作「二年」，葉渭清曰：「二年乃三年之誤。」（《宋會要校記》）是也。《長編》卷一二六記此事於康定元年二月七日壬辰，按寶元三年二月二十一日丙午改元康定，二月七日尚未改元，故此稱寶元三年。
〔三〕六年：原無，據《長編》卷一五八補。此條當移後。

級屯戍多時，正當炎酷，久在煙嵐之地，人多病患，望量賜特支。」從之。

九月，知青州葉清臣言〔一〕：「登州地震不止〔二〕，請增屯禁軍，以防兵寇之變。」從之。

皇祐元年二月，詔發京師禁軍十指揮赴京東東西路駐泊，以備它盜，而京東東路安撫使富弼言：「本路遽增屯禁兵，慮動摇人心，欲量留一兩指揮。」詔兵已就道，俟將來歲豐，令還京師。

三月，三司户部副使包拯請徙河北闕糧處土兵及戍兵於近南州軍〔三〕，候經置邊儲有備，復令還屯〔四〕。從之。

六月，包拯言：「自河北經水災，而州郡多闕食，請權徙莫州馬軍十指揮于真定府，深州馬軍兩指揮于祁州，博州步軍兩指揮于澶州〔五〕。」從之。

十二月，詔陝西諸路經畧司徙屯馬軍近地，以省邊儲。

二年七月，詔：「廣南西路安撫司比留禁兵四千戍邕州，其月給錢三百，季給銀鞋錢一千。俟桂州募足雄畧軍，即代還之。」

五年閏七月，詔：「廣南西路戍兵及二年而未得代者，並罷歸。其(鈐)〔鈐〕轄司所遣土兵，歲一代之。」自儂智高之亂，駐泊禁軍及桂州等處雄畧、忠敢、澄海軍凡二萬四千四百四十一人〔六〕，分戍諸州，至是罷還戍兵，而令土兵屯戍。

嘉祐五年十一月，鄜延路經畧司言：「緣邊德靖等十堡寨頻有賊馬入界開墾生地，并剽畧畜産。雖以戍兵扞守，比稍習山川道路，又復代去。請就十堡寨招土兵兩指揮，教以騎射之法，每處留屯百人。」從之。

七年十 5 二月，詔：「陝西土兵毋得戍他路，見戍者亦遣代歸。」

治平元年九月二十六日，詔：「涇原路等處屯駐、駐泊近上禁軍，廣南西路都(鈐)〔鈐〕轄司桂州等處屯駐、駐泊等兵士，年滿，並依例抽差替換歸營。」

三年五月十五日，樞密院言：「桂州等處駐(泊)〔泊〕虎翼等指揮畸零人，依舊例差人替接外，全指揮兵士欲差在京或府界、京東西就糧禁軍、江淮教閲忠節對替，仍今後依此輪差。及勘會到廣西等處駐泊人數。」從之。先是，中旨：「自來東兵差往廣南瘴煙之地屯駐，多不服彼中水土，十無五六得回營者，(連)〔速〕具經久利害聞奏。」故有是(詔)〔奏〕。

治平四年五月二十八日，神宗即位未改元。樞密院言：「勘會賈昌朝乞在京就糧禁軍差往河北東路緣邊駐泊。如北京闕人，却乞於鄰近州軍輪那。」詔：「(令)〔今〕後太原府、代州路屯駐、駐泊在京禁軍，年滿者先自大(明)〔名〕府

〔一〕臣：原作「日」，據《長編》卷一五九改。
〔二〕登：原作「發」，據《長編》卷一五九改。
〔三〕包拯：原作「包極」，據《長編》卷一六六改。
〔四〕屯：原作「軍」，據《長編》卷一六六改。下同。
〔五〕博州：原脱，據《長編》卷一六六補。
〔六〕二萬：原作「三萬」，據《長編》卷一七五、《宋史》卷一九六《兵志》一〇改。

路差兩指揮替換，候年滿，即於真定府及高陽關路互換差撥。如鄜延、環慶路，即於河東路就便差撥替換。」

六月七日，同知諫院傅卞言：「乞今後畿縣屯禁兵及五千人以上，更添兵官一員，仍並精選材武之人。」詔府界縣分屯兵多處，知縣、都監依舊條精加舉選。

是月，右監門衛將軍蕭注言乞減省安撫、都監及兵員等事。樞密院檢會：廣南東、西兩路屯泊就糧兵士，蓋自儂賊事宜後來添屯。今賊平已久，嶺外無事，屯兵尚多，況廣西稅入至薄，糧餉不給，皆自内6地輪（輪）〔輸〕。詔下廣東經略使，具本路見屯兵甲合行減省利害以聞。經略安撫司言：「準詔，減屯駐兵士，仍揀刺澄海三千人添補。相度利害，廣、韶、南雄等州須至宿兵爲防，只淮南、江南東西、荊湖南北威果、忠節、雄略之類三百料錢全指揮充。」詔留駐泊禁軍一千人，分在三州。

十一月，陝西轉運（司）〔使〕薛向言：「緣邊多差東兵戍守。如慶州大順城、荔原堡，保安軍德靖寨，去虜境甚邇，皆有龍神衛、拱聖神騎。兵士輩不閑戰鬬，不（保安軍德靖寨去虜境甚邇皆有龍神衛拱聖神騎兵士輩不閑戰鬬不）知山川道路，往往敗事。却有土兵駐泊，只是防托。乞極邊城寨只土兵，却那東兵近裏城寨守把。」詔陝西四路經略司依此施行。

神宗熙寧元年十二月四日，詔令京東武衛四十二指揮，並隸河北逐郡都總管司管轄。定州、高陽關路各一十八指揮，大名府路六指揮，分番往戍。其下番者，於本路兵官中選差三員，依河北教閱新法訓練，仍差使臣押教。先是，此軍本備河北戍守，近歲亦分屯諸路。令並隸河北，將減沿邊土兵，以省三司供餽之費也。

二年正月十七日，樞密院進呈河北糴便司所具本路難得軍儲入中州軍，上曰：「近令勘會此事，欲於粟麥價貴州軍量減住營兵數，立爲定額，庶以省財用也。且祖宗朝北戎無警，即便罷兵〔一〕，今既講和，而屯兵至多，徒耗錢帛。若於近裏糧食賤處增募營兵，但令7往戍極邊，甚爲便計。」呂公弼曰：「沿邊之兵不可多減，若遇大閱，人數全少，北戎觀之非便。」彦博曰：「自有遣戍兵衆，不至闕事也。」上曰：「卿等可詳議以聞。」

三年九月十四日，詔樞密院：「畸零兵士，今後差往諸處屯駐、駐泊，并巡檢下及守把年滿，即令就整頭項差撥替換〔二〕，仍差令史李紘、張繼恩管勾。如遇轉移，依舊管勾。」

十二月三日，内降府界及諸路兵更戍之法。先是，諸路戍兵多是畸零不成隊伍，及互換差撥，絡繹道路，公私之間，皆所未便。故特降畫一指揮，仍詔（令）〔今〕後依此。其該說未盡事理，令樞密院比類條奏。

四年二月十四日，詔：「先差河北、廣南年滿全指揮禁

〔一〕便：原作「使」，據《太平治迹統類》卷三〇改。

〔二〕頭項：原作「頭頂」，據文意與字形改。宋人言「頭項」本謂項目、門類，用於軍隊，則指所屬各支部隊。如《長編》卷五〇一：「青唐二十二頭項兵馬，十九頭項欲歸漢。」此云「整頭項」，意即整支部隊、全部。

軍，差人替換歸營。陝西已差替兵士，逐處不得占留，發遣歸營。」先是，中旨：「勘會在京殿前、馬、步軍司差撥外兵數不少，京師根本之重，於理非便。其治平四年、熙寧元年差出之人，可契勘抽回。」故有是命。

（九）〔五〕年六月十六日〔一〕，詔：「河北軍馬番上河東屯泊者，今後並二年一替。」河北軍馬例不出戍，上慮其驕墮，因命更互於河東駐泊〔二〕，而減更期一歲以優之。

閏七月二十六日，樞密院請以京東武衛兵四十二指揮屬河北路，令總管司勾押差使。從之，仍並以二年一替，於數內以三千人赴揚州、杭州、江寧府權駐泊。河北兵籍比諸路爲多，其沿邊者悉仰給三司，言事者屢請損其數。比因撥併畸零而立額，止於禁兵七萬。京東土地沃饒，租賦[8]有餘，於是又增置武衛軍，嚴其訓練之法，數年皆爲精兵，至是分隸河北四路，物議稱便。京東除已將武衛等隸河北路屯戍外，見管軍馬四十三指揮，又以東南兵籍寡少，議者多以盜賊爲言，故遣戍焉。

八月十三日，詔陝西諸路經略使，夏國已差人進誓表，可相度減將下及州軍城寨屯泊東兵。

十月二十三日，詔京西路就糧禁軍番上永興軍路屯戍，二年一替；京東路〔就〕糧禁軍番上河北路屯戍。舊制：在京諸軍衮同差遣。上以兩路去河北、陝西地里便近，人情諳習，故先命京東武衛等六十指揮專戍河北，又以京西武騎等二十六指揮戍陝西，仍隸逐路都總管司統轄。分番迭上，人無遠戍之勞，率以爲便。

二十九日，詔：「河東路屯泊兵士減十指揮歸營，更不差人替。仍令本路相度，更于河外抽減就糧兵士歸營〔三〕。」時西事已平，又河外自慶曆事宜之後〔四〕，部族未完，非西賊寇掠之地，故命省兵，以惜財費。

六年五月二十五日，詔：「河東就糧馬軍四十七指揮，自今輪差七指揮赴鄜延路都總管司，抽減屯泊馬軍內十指揮歸營。」

十一月十一日，熙河路都總管司言：「乞將秦鳳路宣武等指揮赴本路，權替土兵歇泊。」從之。

七年八月二十六日，詔：「河北上番京東武衛等兵士，並抽歸營歇泊，以省邊儲。」

十二月二十四日，詔權發遣慶州范純仁、權同判武學劉奉世，看詳鄜延路分將文字，當如何措置以聞。其後純仁等言：「相度，將本路第一將駐慶州，第二將環州，第三將大順城，第四將淮安鎮，第五將業樂鎮，第六將木波鎮，第七將永和寨，第[9]八將邠州。各統領就糧屯駐、駐泊并下番正軍、强人、漢蕃弓箭手兵馬。」從之。

八年二月十三日，詔移河東屯戍兵馬五千歸營，以其餘糧賑濟飢民。具次第以聞。

十二月十三日，詔令鄜延、環慶、涇源、秦鳳路經畧司

〔一〕五年：原作「九年」，葉渭清天頭原批云《宋史·兵志》作「五年」。按，《長編》卷二三四在五年六月十六日甲子，據改。以下四條亦五年事，俱見《長編》。
〔二〕泊：原無，據《長編》卷二三四補。
〔三〕河：原無，據《長編》卷二三四補。
〔四〕事宜：《長編》卷二三九作「用兵」。

與本（司）〔路〕轉運司相度，如沿邊錢糧闕乏，即將上番就糧兵量減歸營。先是，中旨：「永興、秦鳳等連歲灾傷，邊鄙無事，可議減屯泊等。」故有是詔。

九年十一月一日，樞密院言熙河駐泊兵歲滿，今差當以在京虎翼等指揮代之。上批：「衛兵已少，若於京師取足，必恐日益朘減。可令在京步兵止差十二指揮：神勇、宣武、廣勇各一指揮，虎翼九指揮。」

元豐四年二月二十八日，詔：「諸州駐泊軍馬，知州與駐泊兵官同管，屯駐就糧本城軍馬，知州、通判與本州兵官同管。其五路都總管司所在舊分將分管轄者，即通判與本州兵官更不管轄。」以夔州路轉運司申明舊制故也。

五年正月十八日，詔：「諸路戍兵逾期久未更代，慮人情思歸，應守戍之人，展一年爲替限。」

四月十七日，熙河蘭會路經畧司言：「經制司欲以熙河州戰兵對替蘭州疲病不勝甲將士。緣本管兵不多〔一〕，乞自朝廷應副。」詔發在京拱聖、驍騎、雲騎、武騎各一指揮，殿前、步軍司虎翼各五指揮。

六年二月（二）十二日〔二〕，提點廣南西路刑獄彭次雲言：「邕州外鎮寨水土惡弱，乞量留兵更戍。其餘盡用峒丁，於管下諸州以季月輪差，給禁軍錢糧。」詔許彥先、劉何相度。10後彥先等奏：「若盡以峒丁代正兵防守，妨其力農，經久非便。請計戍兵三分，以一分用峒丁代之，季輪二千人赴邕州肄習武事〔三〕。」從之。

七年正月十八日，詔河東、鄜延、環慶、涇原路經畧司，如無大段賊馬嘯聚，可遣邊兵分屯，免虛食貴價糧草。

二月十一日，秦鳳路經畧司言，對境尚有賊馬，未敢放漢、蕃諸軍。詔：「諸州無寇，已散遣兵馬。委經畧司詳度，如虜不大入寇，即以次放散。」李憲言：「本路上下番土兵，自軍興以來未嘗更下〔四〕，近乞歸營補洗。」詔：「昨新發往永興軍駐泊將兵，可權差半將往代下番人。」

十一月十九日，樞密院言：「西賊近（冦）〔寇〕熙河、涇原，勢已敗北，深冬苦寒，必不能大舉。涇原、秦鳳防秋軍馬並在極邊，坐耗芻粟，欲委經畧司審度，抽兵各歸近裏。」從之。以陝西轉運司言賊退，乞減邊兵也。

哲宗元祐元年四月十八日，樞密院奏：「應諸州縣寨坐禁軍日分其半赴教，寨坐者月替，州界巡檢半年〔五〕，縣鎮等守禦季替，遇出戍並當日差人替換歸營。」

六月十四日，右諫議大夫孫覺言：「將兵之禁宜可少解，而責之所在守臣與州郡兵官，可乘此時令，所在廣行召募，稍補前日之額。循祖宗之法，使屯駐三邊及川、廣、福

〔一〕多：原作「少」，據《長編》卷三二五改。
〔二〕十二日：原作「二十二日」，據本書兵四之三五、《長編》卷三三三刪「二」字。
〔三〕肄：原作「隸」，據本書兵四之三五改。
〔四〕更：原無，據《長編》卷三四三補。
〔五〕年：原作「生」，據《長編》卷三七五改。

建諸道州軍往來道路，足以服習勞苦；南北番屯，足以均其勞佚。」詔：「陝西、河東、廣南將兵，不輪戍屯它路，河北輪近裏一將赴河東，府界、諸路逐將與不隸將兵，並更互差發出戍別[11]路〔一〕。赴三路者差全將或半將，餘路聽全指揮分差，仍不過半將。」

十月一日，樞密院言：「東南十三將初未定出戍路分，及不隸將兵內有出戍名額少而所轄指揮數多處，未得均當。欲除廣南東、西兩路駐劄三將各專隸本路〔二〕，及虔州第六將〔三〕，全、永州第九將專備兩路緩急並免戍他路外，餘八將及不隸將兵依均定路分輪戍〔四〕，各聽路分都鈐轄司差使。即輪出將兵、不隸將兵路分，權撥在京步軍補戍，回日復初。」從之。

十二月十六日，廣西經畧安撫、都鈐轄司言：「乞除桂、宜、融、欽、廉州係將〔五〕、不係將馬步軍輪差赴邕州極邊水土惡弱寨鎮監栅及巡防并都同巡檢等處，並乞依邕州條例，一年一替；其餘諸州差往邕州寨鎮及左右江溪峒巡檢并欽州如昔峒、抵棹寨，並二年一替；其諸州巡檢下，一年一替。」從之。

二年六月二十四日，樞密院言：「往者熙河蘭會路戍兵數多，尋以年滿，二千餘人節次抽減歸營，兼本路見管戍兵比額尚多一千三百餘人。今朝旨令熙河蘭會路都總管司遇本路緩急闕人，許於秦鳳路勾抽一將應副。緣本路慮向秋闕人防守，欲熙河蘭會路都總管司遇本路緩急闕人，聽全勾秦鳳路九將應副差使，從京差步軍五指揮赴永興軍、商、虢州權駐劄〔六〕，以備秦鳳路勾抽。」從之。

三年二月九日，詔以陰雪苦寒，令河東路經畧司於例外量度存恤差發戍兵。

四年五月[12]四日，樞密院言：「河北、陝西、河東路兵馬輪戍沿邊，舊例並係一年交替。內河東自元豐八年改作二年，欲請仍舊。」從之。

十二月八日，詔減鄜延等路戍兵，節次歸營。先是，夏人逆命，陝西諸路奏乞添屯，今已通貢，故有是命。

六年七月八日，樞密院言，調發諸路出戍軍兵，前一月差人替換〔七〕。從之。

十二(月)〔日〕〔八〕，湖北邊事司言：「沅州最處極邊，戍兵不習水土，例多死亡，乞以辰州雄畧兩指揮兵員更戍，免戍它路。」從之。

紹聖元年閏四月二十六日，詔：「廣西路戍兵欽州抵

〔一〕發：原作「撥」，據《長編》卷三七九改。
〔二〕廣南：原作「廣東」，據《長編》卷三八九改。
〔三〕第：原作「等」，據《宋史》卷一九六《兵志》一〇改。
〔四〕路：原脱，據《宋史》卷一九六《兵志》一〇補。
〔五〕廉：原作「廣」，據《長編》卷三九三改。
〔六〕虢：原作「虢軍」，據《長編》卷三九三改。
〔七〕前：原脱，據《長編》卷四六一補。
〔八〕十二日：原作「十二月」，據《長編》卷四六一改。

抵掉寨二百人〔一〕，如昔峒巡防二百人，廉州三村、鹿井寨各十人，融州王口寨、安厢寨共二百七十人，依逐州縣寨防托守隘例，輪差土丁以代正兵。内抵掉寨土丁六十人，如昔峒壯丁七十人，三村、鹿井寨土兵共二十人，王口、安厢寨土丁共九十人，並月一替，各支錢米有差，仍免冬教。」先是，經畧使謝麟奏請本路駐泊及巡檢下並差土丁以代三分之一，下轉運、提刑司相度。故有是詔。

三年正月二十八日，熙河蘭岷路經畧司言：「夏賊盜塞，多趣通遠軍。定西城尤當賊衝，而戍兵單寡，不足以威虜，欲分通遠軍駐劄第五副將屯定西城。」從之。

三月十六日，樞密院言：「自來調發軍馬出戍，到營年月深淺、差使，勞逸不均。」詔今後應發軍馬，並到營及二年，方許差戍。

四年二月九日，詔：「河東路都總管司那融替換上番兵馬，無令戍邊日久，致有勞弊。如無人替換，俟春月事宜稍息，即先後上13番四將抽減一番兵馬歸營〔二〕。」

二十二日，樞密院言：「呂惠卿奏：『諜告夏虜將盜（寨）〔塞〕〔三〕。（實）〔本〕路土兵多闕，番兵弓箭手比元豐元年少二千二百〔四〕，東兵馬步軍比元豐四年、七年少十六指揮。乞差東兵步人十六指揮助守。』按元豐中大兵加興、靈，是以東兵少，今鄜延戍兵已三萬六千，視元豐不爲少。正兵雖闕，（目）〔自〕可以招補，若能裁損冗占，分布要害，以待寇至，何不足之有？況其它被邊路未有請益兵者。」詔鄜延總管司，賊犯塞，實（戍）〔闕〕人戍守，可量留戍兵八指揮之年滿者，事平立遣。

元符二年六月二十四日，鄜延路都總管司言：「本路修米脂等八堡寨，乞不招置土兵，只用永興軍等四州新置番落八指揮，歲輪四指揮赴本路。」詔河中府、同、華州新置番落六指揮分作兩番，每年迭赴鄜延路。

三年十二月二十四日，徽宗即位未改元。詔邊師減額外戍兵。

徽宗大觀三年六月二十一日，詔：「東南兵雖令招足闕額，緣祖宗已來，人未繁盛，舊來兵數雖少，可以支吾。今承平百五十年之久〔五〕，地大人衆，已見兵寡勢弱，非持久之道。可除見今兵額外，帥府別屯兵二千人，望郡屯兵一千人，每二年令更互出戍。」

四年閏八月十日，臣僚言：「勘會自來宣發出戍將兵，每二千里外支借兩月錢糧，三千里外借三月錢糧，蓋所降宣命，係駐劄近而戍守遠。若今後宣發將兵，如駐劄遠而

〔一〕掉：上文元祐元年「十二月十六日」條作「棹」。按此寨之名，本書及其他史籍或作「抵掉」，或作「抵棹」，未知孰是。

〔二〕「四將」原作「四時」，「歸」下原有「番」字，並據《宋史》卷一九六《兵志》一〇改删。

〔三〕諜：原作「謀」，據《宋史》卷一九六《兵志》一〇改。

〔四〕比：原作「以」，據《宋史》卷一九六《兵志》一〇改。

〔五〕百：原缺，據《宋史》卷一九六《兵志》一〇補。

戍守近，或駐劄近而戍守遠，**14** 其借請恐合並從遠支借。自來未有明文。又契勘自來起發將兵州軍闕少衣糧錢物之類，並移申本路轉運司下有處州軍支移，其闕物州軍差衙前往彼般取，至有往復遲延，應用不及，致有闕誤。若不立法，竊慮今後紊煩朝廷。今檢會《元符令》，諸軍差出五百里以上，許借請受一月，千里以上兩月，三千里以上三月。諸借兑錢物應支地里脚錢者，借兑官司出備。《崇寧將官敕》，諸軍差出五百里以上，具人數、地里報州縣借支請受。看詳，除借兑錢物自合依條令借兑州軍出備脚乘外，其轉運司行下諸州借兑錢物，多不契勘的實有物州軍，致展轉般運，虚費脚乘，使軍兵有違起發日限，顯屬未便。今增修下條：諸軍差出五百里以上人數、地里報州縣借支請受，其一將下人兵住營在兩州以上者，以地里遠處爲限，一等支借。」謂如京東第二將人兵，係京南穀熟、徐州住營，若差發赴陝西，以徐州計地里之類。詔依修定例條施行。

宣和三年正月二十九日，詔：「河北軍馬與陝西、河東更戍，非元豐法，所有宣和二年九月二十一日更戍指揮可更不施行。應拖後及趕隊不上，因爲避罪東西人，並與免罪，依舊收管，仍免本營問當。」宣和二年九月二十一日指揮，檢未獲。

六月十一日〔一〕，知婺州楊應誠奏：「凡屯戍將兵，須隸守臣，使兵民之任歸一，則號令不二，然後可以立事。」詔從之。續有旨：「屯戍將兵所隸，自合遵依將官敕條，所降隸守臣指揮，更不施行。」

15 閏五月八日，江浙淮南等路宣撫使童貫奏〔二〕：「睦賊討平之後，脅從叛亡之徒方始還業，自非增屯戍兵鎮遏，無以潛消兇暴。臣今措置，已留戍兵共二萬五千五百七十八人〔三〕，分於江南東路、兩浙東西路州軍防托。緣所留東兵累經鬬戰，暴露日久，辛苦不易，已令通理自到本路捕賊日，止計一年滿替，便當出軍一次，依平蠻故事，每月各别給錢三百文，歲終給銀鞋錢一貫文。其軍並隸本路安撫司統轄訓練，委自將副并逐州知、通，當職常加撫存管責，令依時閲教。除專差防托外，不管别行差使。」從之。江南東路留七千九百六十人，内徽州一全將，餘分在江寧府、宣州、廣德軍等處(州)〔戍〕守。兩浙西路留九千六人，兩浙東路留八千六百一十二人，衢、婺、處三州各二(十)〔千〕人，温、台、明三州各五百人，餘數在越州戍守。

四年正月二十四日，提點制置譚積奏：「據知嚴州李遡申，本州所管擒虎等一十指揮人兵，自去正月以後，分屯前來戍守，止理一年滿替，便合回軍。緣今年歲首合行依條揀選年及七十歲將校，合該放停六十五歲將級、六十歲長行，合該減破請受。竊慮多有托以老病及願要減糧自在歸營，損折元額，欲乞權免揀選。」從之。

〔一〕按，此條排在閏五月條之前，疑月分有誤。《宋史》卷一九六《兵志》一〇叙此條事在下條事之後，書云「是年」，未説明月分。
〔二〕撫：原作「武」，據《宋史》卷一九六《兵志》一〇改。
〔三〕人：原作「日」，據《宋史》卷一九六《兵志》一〇改。

三月二十一日，臣僚言：「《政和令》：出軍衣，春限年前十月十六日支，十二月十五日以前發；冬限三月二十一日支，五月十五日以前發。在沿邊者，支、發各先二十日。蓋出戍軍先出給冬衣者，爲其離營已遠，旋寄異鄉，使無衣裘之憂。此良法美意也。然冬衣之到，多是八[16]九月之前，天氣尚暄，多是將綿衣典賣，非理破賣，洎至風雪之際，例皆赤露。伏望特降睿旨，凡戍去處，如冬衣已到未係冬月，未得俵散，當廳置櫃封鏁收藏，至下月上旬方得支俵。庶幾兵級軍裝，風雪之際，得獲温煖。」從之。

欽宗靖康元年五月二日，詔：「將來調發諸路防秋人兵，令安撫、鈐轄、轉運司將諸州係將、不係將合起之數，各辦半年合支糧直，易置輕貨，押赴隨軍，於屯泊處交割。」

十七日，詔：「調發諸路係將、不係將兵分屯河北、河東、京東等路防秋，各以遠近立爲到闕之期。京西、淮南、江、浙限七月十五日以前，陝西、湖、廣、福建限八月一日以前。令逐路轉運司預備錢糧，於經由州郡樁管。」

光堯皇帝建炎二年正月二十九日，知越州翟汝文言：「臣自到任已來〔一〕，城郭空虛，並無禁卒。逐急於厢軍内揀招，不滿千人，皆侏儒不及等尺。伏見武經郎王政見押回本路軍兵一千餘人還管下六州，其人昨戍河北〔二〕，稍習邊面，乞盡屯駐在越州，專委帥司合爲一軍，則兵勢稍衆，可以鎮壓一路，貼伏姦宄。」從之。

紹興三年五月十八日，提舉江南西路茶鹽公事趙伯瑜言：「洪州分寧〔三〕、武寧兩縣，歲趁茶課五百三十餘萬。此縣去州六百里，地界湖北鄂、岳、潭州三路之間，皆盜賊棲止之地，民不敢歸業。安撫司雖差兵捉殺，既退，其賊復出。望下(師)〔帥〕司或於岳飛下摘那有紀律兵將前去逐縣屯駐彈壓。」詔令[17]本路帥司選差官兵一千人，委有材武統領官統率，於分寧、武寧可以相照應去處駐劄彈壓。

二十五日，參知政事同都督江淮荆浙諸軍事孟庾、淮南東西路宣撫使韓世忠言：「得旨：『大金國已約和議，相度將已差往泗州解元、杜琳人馬且在盱眙下寨〔四〕，量差官兵往泗州屯戍，不得侵犯僞齊地分。其餘人馬，仰孟庾、韓世忠同相度屯泊去處聞奏。』今欲差路分都監劉綱帶領本頭項并宣撫司(貽)〔貼〕差共五百人於泗州屯泊外，將解元、杜琳兩軍人馬移於(楊)〔揚〕州駐劄。其宣撫司并自餘人馬並於鎮江府安泊，庶得夾江對岸，易爲照應。」詔解元、杜琳兩項軍馬内留二千人於泗州駐劄，其餘軍馬，斟量分撥於承、楚、揚州屯駐。

七月二十二日，樞密院言：「得旨，選差統兵官帶領官兵前去廣州駐劄，彈壓盜賊。契勘江西見有岳飛一軍二萬餘人，理宜就便差撥。」詔令岳飛就便差官兵三千人并家小

〔一〕臣：原作「從」，據《忠惠集》卷七改。
〔二〕昨：原無，據《忠惠集》卷七補。
〔三〕分寧：原作「邠寧」，據《宋史》卷八八《地理志》四改。
〔四〕盱眙：原作「盱貽」，據《建炎要録》卷六五改。

前去廣州屯戍，候及一年，各與轉一官資。仰精選可以委任統領官，具姓名奏差發遣。

六年六月二十五日，翰林學士朱震言：「願詔樞密院，令於潮州安泊一軍，以斷賊路。今韶州已有韓京一軍，虔賊度嶺，欲寇南雄、英、韶等州，則有所畏憚。如別置一軍屯于潮州，姦盜之心息於冥冥之間，不待剪鋤，心知其不可爲矣。」從之。

十年十月十七日，川陝宣撫使司言：「嘉州管禁軍三指揮，元額共一千一百八十[18]人，除差往別州軍守戍外，在州常不滿四百人，遇有蠻賊，闕人捍禦。乞樁留在州，以備使喚。所有嘉州舊額合差往外州軍守戍人兵數目，乞令鈐轄司於近裏不係邊州均差應副。」從之。

二十四年七月九日，殿前都指揮使職事楊存中言，乞差本司統領官杜伯通將帶官兵前去贛州屯戍。上曰〔一〕：「昨贛州軍賊竊發之初，外連百姓，率多響應，今留兵屯駐，庶得消弭。」

二十六年七月八日，左武大夫伏深言：「四川州郡駐泊東軍，皆係宣和間差發前來戍守，緣兵火各無所歸。今來邊事寧息，灼見諸州軍盡將年老或殘疾之人並行揀放，無所仰食，往往至於乞丐，甚可憐憫，殊失朝廷撫養士卒之意。乞下四川制置司，將應出戍東軍免行揀汰。如年老實有殘疾不堪執役之人，支破半分衣糧，至身故日止。仍將已揀放人拘收，依此存恤。」詔令四川制置司行下應駐泊東軍去處，措置存恤，無致失所。

二十七年六月十九日，户部侍郎王師心言，乞差兵三千人屯戍荆南府。上曰：「此事亦有利害。若荆南財力有餘，自可招兵。況兵火之後，民力不易，今增二三千屯戍，豈無科擾？舊差一千人在彼，足矣。但半年一替，往來勞勩，今後令每歲一替。」

二十八年正月二十二日，詔令池州駐劄御前都統制岳超差撥一千人赴江西帥司，分布駐劄，仍每歲一替。從本路帥司請也。

二十九年三月二十七日，詔：「[19]新差充荆湖北路副總管、鼎州駐劄，兼權知鼎州陳敏，令將帶所管泉州左翼軍官兵二千，前去本州屯駐彈壓。」

五月四日，詔：「訪聞江州瑞昌、興國軍界時有盜賊作過，可令楊存中選差統制官一員，將帶官兵一千人前去江州駐劄彈壓。今後三衙差人輪戍，一年一替。」其後七月三日，殿前司言：「今差統制官孟珪統押官兵一千四十二人前去江州屯駐，彈壓盜賊。切(盧)〔慮〕官兵内逐時有逃亡事故之人，欲令孟珪招收少壯，依本司(倒)〔例〕刺充(郊)〔效〕用勝捷、吐渾、雄威填闕，依見招人例支破請給。合用錢糧，令轉運司應副。」從之。

閏六月二日，知荆南府劉錡言：「本路所管屯駐官兵不多，闕人彈壓盜賊，欲量行添差官兵。」詔令馬軍司選差官兵一千人，馬二百騎，衣甲器械全，赴荆南屯駐。合支錢

〔一〕曰：原作「因」，據《建炎要録》卷一六七改。

糧草料，令户部依例科撥支降，起發犒設，照例倍支。

三十年五月十三日，詔馬軍司差撥三千人前去江州駐劄，彈壓盜賊。

十四日，殿前司差撥三千人前去江州駐劄。

三十一年四月二十四日，樞密院言：「太平州駐劄馬軍司統制陳敏稱：『先收到南劍州等處寄招軍兵虞免等一百九十三人，批放月糧口食米、折麥錢外，有日支食錢，望先次放行，候本軍有闕日，正行撥填。』勘會陳敏太平州屯駐，即與諸處額外先次收管支破請收使人心大同〔一〕。」從之。

紹興三十二年六月十三日，壽皇聖帝即位未改元。赦：「勘會諸軍出〔戍〕暴露官兵，已降指揮，各與推恩，至今尚未有中奏去處，致礙定賞。仰主帥遵依已降指揮，疾速一併開具 20 保明聞奏。」

孝宗隆興元年三月二十四日，都督江淮軍馬張浚言：「諸軍官兵自去年差出兩淮屯戍，已是日久，乞於殿前司差撥軍馬一萬人，步軍司五千人，起發前來鎮江府，分發前去〔淮〕〔淮〕上，抵替三衙并江上諸軍歸寨休息。」從之。

四月一日，詔：「令淮東、西、湖廣總領所將鎮江、建康、江州、鄂州、荆南等處見今差出屯戍官兵、在寨老小的實數目，依例支給犒設，使臣一貫文，軍兵七百文。仍於屯駐去處出牓曉諭。」以中書門下省言：「行在三衙差出官兵、在寨老小已行犒設，在外諸軍理宜一體存恤。」故有是命。

十七日，詔：「令四川總領所將諸軍昨差出德順屯戍官兵、在寨老小當時的實數目，依三衙等處差出官兵例支給犒設，仍出牓曉諭。」從中書門下省請也。

二年正月五日，詔：「湖廣、江西、京西路總領所，取見荆、鄂逐軍兩等最低小請受軍兵的實入隊、不入隊、有家累人數，依行在三衙差出軍兵體例，即便添破施行。仍自今降指揮日爲始。」以湖北、荆西路制置使虞允文言：「兩軍沿邊戍守，請受微薄，在寨老小，兩處食用不足。」故有是命。

三月十六日，宰執進呈殿前司狀：「遊奕軍統制王公述、選鋒軍統制宋受兩軍隨成閔出戍襄漢，至今將及三年，去行在三千里，鞋脚衣裝盡皆破損。乞移江淮屯駐，使近取送衣裝，不致逃竄。」上曰：「淮上自有兵，便降指揮，歸行本軍休息，入金字牌發去。令主兵官沿路存恤士卒，照管鞍馬器械。」繼而詔：「三衙軍兵可便降指揮，皆令歸司，建康、鎮江大軍更番出 21 戍。」

乾道元年正月十二日，主管侍衛步軍司公事郭振言：「得旨，殿前司出戍官兵先次班師，馬、步軍司節次起發。欲於本司諸軍人内共存留一千人在六合縣看守營寨，一季一次更替，歸司休息。」從之。

五月七日，主管殿前司公事王琪言：「本司昨差右軍統制員琦將帶官兵七百人往真州，戍守日久，未曾休息。

〔一〕此句疑有誤。

欲於本軍在寨官兵内，依元數差撥，仍差將官一員部押前去，交替歸司。」從之。

十一月十九日，執政進呈知盱眙軍胡堅常乞免白直人一次交替。上曰：「戍軍皆合更番。既家口不曾自隨，未必軍人之意願留。此法難改。」

二十六日，主管建康府駐劄御前諸軍都統制職事劉源奏，淮西都巡下官兵，亦乞半年一替。上曰：「既依舊是它部曲，合令半年更番。」

十二月二十日，宰執進呈淮東帥司等處申六合逃走官兵。上曰：「如何有此項人？」洪适等奏曰：「郭振先屯六合，自人馬回司，留千以下人看管營寨。此項人亦好追回。」上曰：「然。六合不須差人，得矣。」

二十五日，宰執進呈四川宣撫使、領御前諸軍都統制職事吴璘乞移屯興州等處軍馬。上曰：「如何兩下皆移，莫有勞擾？」洪适等奏曰：「吴璘等乞移屯軍馬，各以平時親兵要得自隨，以爲腹心矣。」從之。

二年正月二十三日，宰執進呈淮東、西諸州出戍屯田軍兵人數：淮東四千八百餘人，淮西一萬九百餘人。上曰：「泰、滁州各五百人，和州 22 二千人，並令發回元處；廬州一千人，可發回一半。餘依舊存留。」

二月六日，詔：「真州出戍官兵三百人可令追回，不須差替。」以王琪言乞令郭振差人抵替回司，故有是命。

三月十二日，宰執進呈户部員外郎、江西京西湖北總領司馬倬奏：「襄陽屯駐荆南軍馬，艱於漕運，乞以三分爲率分番，留一分屯駐。」上曰：「分番良便。然只可分作兩番。」适等奏：「防(日)〔秋〕日自合依舊。」上曰：「可。」

七月八日，詔：「令知泉州韓仲通於本州駐劄左翼軍官兵内揀選强壯二千人，將帶衣甲器械，差統領官李彦椿部押，日下起發前來江陰軍許浦一帶擺泊，彈壓海賊。其借請等，並依昨出戍體例。」

十一月七日，詔：「殿前、馬、步軍司昨各差三千人出戍江州，令苗定發遣殿前司三千人，馬、步軍司各二千人，仍令逐司各差統領一員，前去取押，分定月日資次起發。沿路不得擁併。」

三年正月十日，宰執葉顒等奏：「今雖和好少定，然邊備不可一日弛。如江州萬五千人，爲上流聲援，昨得旨令春暖抽回，臣等所未諭。」上曰：「今只發皇甫倜并江州續募人，令來鎮江。其餘三司人並依舊留江州，亦可爲聲援。」

三月二十九日，主管侍衛步軍司公事郭振言：「本司所取江州二千三百一人，已承指揮，且令至鎮江府。今乞將上件官兵就便發往六合縣屯駐外，於本司諸軍更差官兵二千人，令(通)〔統〕領官劉福同將官五員，將帶着脚鞍馬部押前去六合縣屯駐，並 23 依本司昨來差往屯戍官兵體例，一年一次交替。」從之。

十一月十一日，主管殿前司公事王琪言：「本司揚州見存留住官兵二千人，統領官一員。先自閏七月起發前去，到彼修築城壁，委是辛苦勞役，今來未有替期。乞於本司諸軍在寨人內摘差官兵二千人，內將官四員，并部轄統領官一員，於來年正月內起發前去揚州，抵替歸司。」從之。

四年三月十日，知潮州曾造言〔一〕：「郡界閩、廣兩路之間，東抵漳，西抵惠，兩郡相去雖十數程，剽竊之害，目今尚未寧。欲於漳州管下地名雲霄、漳溪之間，惠州管下地名鳳湖、南山嶺、烏龜徑，置巡檢官兵三五十人，差將官一員屯駐，季一更之，可以爲保伍之援，巡警盜賊。」從之。

九月十五日，主管侍衛步軍司公事王琪言：「本司有出戍六合三千人兵，至今半載有餘，欲於本司諸軍差撥官兵二千人，將帶隨身器甲，差將官二員部押前去六合屯駐，交替先差出人歸司休息。今後乞半年一次交替。」從之。

十六日，詔馬軍司差撥官兵一千人前去和州燒造塼灰等使喚，每及一季，差人交替。

十一月六日，四川宣撫使虞允文言：「荆襄邊面闊遠，合行遞儹軍馬互相照應。已措置將郭諶所管近裏劍州等處官兵共二千六百三十八人，同老少移那前去金州屯駐。仍於興元府別行遞儹兩將軍馬同老小前去洋州屯泊，緩急應援金州使喚外，所有郭諶等先差 24 馬軍二千五百人見在郢州，任天錫馬軍五百人見在荆南出戍。照得吳拱先帶軍馬三千二百人同老小前去襄陽府屯駐，後來依數招填。欲乞將荆南、郢州出戍軍馬家小，下總領所差撥舟舡，津發前去就糧屯駐，庶幾老小團聚安帖，防托荆襄邊面。」從之。

二十六日，詔：「今後殿前司、鎮江都統司差往揚州看守城壁官兵，並一年一替。」

五年十一月二十一日，詔：「昨差撥鎮江府駐劄御前右軍官兵三千餘人并馬，前去高郵軍屯戍，可正撥隸武鋒軍。」

六年正月二十七日，殿前司言：「已降指揮，今後殿前司、鎮江都統司差往揚州看守城壁官兵，並一年一替。續准揚州安撫莫濛申，上件官兵合在正月間交替。竊緣正月正是春寒之時，軍馬道塗不無暴露，又以江口兩處湖閘釘閉未開，日後出戍官兵，那候潮水登應開閘之時起發。朝廷已依所申施行。本司今年合差撥前軍人馬前去揚州，更替遊奕軍官兵歸司，欲候三月初間擇日起發。」從之。

四月二十五日，詔：「令殿前司於選鋒軍官兵內差撥三百人，策選鋒軍差二百人，馬軍司中軍差三百人，步軍司中軍差二百人，建康府都統司差五百人，應副舟舡津發，差人管押，同家小發赴江州王明軍收管使喚。並要全隊强壯，入隊之人不得以老弱不堪披帶人充數。內三衙人令户部、建康府人令總領所，依出戍人例，支給借請、起發犒 25 設。」

五月二十五日，詔楚州（建）〔見〕屯戍殿前司護聖步軍

〔一〕曾：原作「會」，據《宋史》卷三四《孝宗紀》二改。

官兵，盡發遣歸司。

六月十三日，馬軍司言：「修築和州城壁，今已畢工，所有工役官兵將及一季(一)，合行發遣歸司。今欲差本司左軍官兵三千人、馬五十疋，起發去和州。」詔依，仍一年一替。

九月八日，詔：「令殿前司差撥遊奕軍全軍人馬前去高郵軍出戍，聽陳敏節制，其忠鋭軍見管寄招軍兵，令遊奕軍統制官一就統押前去。」

七年正月五日，荆南駐劄御前諸軍都統制秦琪言：「荆南軍馬出戍襄陽，元降指揮許令三月一次更休。前後主帥議論不一，却作一月一次更替。到家未定，又復奔走。欲將見在襄陽七軍官兵及戰馬，乞自乾道六年正月爲始，遇春夏全留三軍在襄陽照管邊面，其餘四軍發回荆南休息；秋冬却發四軍前來襄陽更替，先留下三軍歸本寨。如遇緩急，則盡數勾抽前來襄陽使喚，庶幾軍士知有室家之樂。所有單身無家累官兵，徒走道路，欲將單身官兵免差前去更替。」從之。

二十一日，廣南西路經略安撫李浩言：「昨於荆南差撥大軍五百人前來本路更戍，彈壓盜賊。續降指揮，爲廣西盜賊已息，令廣西帥司自行招募親兵五百人。所有荆南差到官兵五百人已發遣前去訖，見所招効用纔及二百人，雖多方招募，而應者絶少。乞於屯戍大軍差撥三百人，選委有材畧、(請)〔諳〕曉戍事統領官一員前來本府駐劄，聽從**26**本司節制使喚。」詔令摧鋒軍於韶州在寨人内差撥二百人，餘一百人令帥司措置招收。

二十七日，興州駐劄御前諸軍都統制員琪言：「昨准指揮，差發官兵三千人前去荆南出戍，一年一替。其所差人已及一年，若更差三千人(去)〔前〕去，即是六千人，往來盤費，似見未便。今欲將已差在荆南三千人，於内取問願在荆南屯戍人存留一千人，津發老小前去本處永遠屯駐，餘二千人發回。如其間願存留之人，不及一千人之數，據餘少人於所部諸軍取問願去人，挨成一千人，差撥前去補數。其一千人闕，却令諸軍招填。」從之。

二月十七日，詔：「令湖南安撫司招募軍兵一千人，發往鄂州駐劄御前諸軍使喚，却令本軍差撥慣熟軍兵一千人前往柳州、桂陽軍屯戍，防托盜賊。」以知潭州沈介言：「本路柳州、桂陽軍昨因李金作過之後，蒙朝廷調發鄂州大軍一千人，分戍二郡。續令畢戍一年。緣今來戍期將畢，欲令依舊更戍。」故有是命。

二十一日，宰執進呈主管殿前司公事王琪乞更替遊奕軍出戍高郵軍人。上問：「降指揮？」虞允文奏曰：「止令出戍，不曾立限更替。」上曰：「纔及半年，且未須理會。」

三月四日，詔令馬軍司於三月中旬内將官兵連老小逐旋津發前去建康府，與出戍官兵一處居住。其後十月三日，臣僚言：「伏覩關報，馬軍司中軍已擇十月二十日起

(一) 一季：似當作「一年」。

發。今四軍久在建業，而主帥尚留輦下，事體未便。伏望申諭樞機之臣，俾鐫諭主帥誡(飾)〔飭〕裨將，令以是半月之頃，27一切計置起發，并指揮江東帥臣、總領，視其營寨，補其疎漏。」詔劄下李顯忠并江東帥、漕臣、總領，依此施行。

六月二十一日，荆南駐劄御前諸軍都統制秦琪等言：「得旨，荆南七軍官兵自乾道六年爲始，遇春夏全留三軍在襄陽，秋冬却發四軍前來襄陽更替。今來所差四軍一千人，却令荆南腹裏州軍屯駐，到襄陽四百五十里，竊慮緩急有警，不能接濟。望移屯襄陽，照應邊面。」從之。

七月十四日，宰執進呈福建安撫司申明起發土兵。虞允文等奏曰：「今春隄備海道，令福建先期起發土兵。比有到明州者，却得指揮發回，今陳俊卿申審合與不合再行起發。明州防托，恐不可無人。」上曰：「福建每歲起若干人？」梁克家奏曰：「福建、浙東各千人。」上(止)〔上〕曰：「除福州、興化發回四百人外，餘依年例起發。」

八月十一日，宰執進呈御筆處分：遊奕軍出戍人歸司。允文奏曰：「浙西、湖南募到二千餘人，乞均撥殿前諸軍。却依處分，每軍摘一將湊三千人戍高郵，俟來歲募人足額，再起三千人。」上曰：「甚好！先降指揮，均撥募到人，仍令遊奕軍歸司。餘續次施行。」

九月十二日，總領湖廣江西京西財賦呂游問言：「鄂州都統司差撥官兵一百三十九人前去江州，措置收捕盜賊，一季一替。而近年以來，江湖間有羣盜，其都統司所差巡江官兵，元無捉到人數。」詔令鄂州都統司拘收所差官兵歸軍教閱，專委安撫、提刑司28嚴責巡尉，多方巡捕。如遇有盜賊，須管捉獲。

十七日，呂游問言：「得旨，將諸屯人馬斟酌緊慢抽回教閱。今鄂州軍差出：見屯德安府欲留一千人，郢州欲留三千人，隨州欲留五百人，常德府欲留二百人；信陽軍三百人、棗陽縣六十五人、漢陽軍馬監九百六十人、應城縣孳生馬監二百二十七人，欲並存留；潭州九百九十二人、復州一百人、應城縣四百九十五人、武昌縣五十人、漢陽軍四人、永興縣八人，欲並抽回。荆南軍差出：襄陽一萬五千五百七十二人，均州一百人，光化軍一百九十八(二)〔人〕，欲並存留。江州差出：光化軍欲留三百人，黄州欲留五百人，大冶縣欲留三十人；麻城縣五十一人，欲抽回。」〔詔〕棗陽縣人並抽回，却於隨州存留人內，每季輪差五十人於本縣屯戍。漢陽、應城縣兩監養馬人發回本軍，(八)〔入〕隊教閱，却於本軍減半請給人内對數摘差赴逐監使喚，仍令將帶老小前去一處居住。黄州并大冶縣人並盡數抽回歸軍，令安撫司於係將、不係將人内差撥三千人赴大冶縣。餘從之。

十一月十九日，鄂州駐劄御前諸軍都統制韓彦直言：「近准指揮，令於揀下隊外無窠名軍効內，揀慣熟稍壯健一千人發赴湖南元出戍州軍屯駐。將上項人揀選，止有軍兵一千八百五人，擇出一千人，緣苦無大段壯健。」詔令韓彥直於內揀選筋力未衰、壯健堪使喚五百人前去，餘五百人令湖南[29]帥司疾速措置招填。

二十一日，權發遣隆興府龔茂良言：「江州興國軍接連淮甸、江東、湖北，每歲常有茶客百十爲羣前來。今歲大旱，茶芽不發，皆積壓在園户等處人家住泊。竊慮此曹乘時荒歉，聚集作過，乞下江州都統司輪差官兵一二百人前去屯駐彈壓，候來年秋熟日，依舊歸軍。」詔令龔茂良斟酌合差人數，於本路州軍係將、不係將禁軍內差撥施行。

二十三日，權發遣常德府劉邦翰言：「本府素爲茶寇出沒之地。今歲湖南、北旱傷，持杖劫掠者日多，望下鄂州都統司差撥五百人赴府出戍。」詔令湖北安撫司斟量合差人數，於本路州係將、不係將禁軍內差撥。

八年三月十一日，知常德府樓圖南言：「昨鄂州都統制司撥到官兵五百人，前來本府屯戍，聽候守臣節制。續鄂州都統制司發回二百人，正差三百人屯戍，一年一替。後來沅州管下傜賊楊再彤等作過，遂於鄂州調發，往復三千餘里。乞依舊令本路於係將內差撥五百人，聽守臣節制。」從之。

九年二月二十八日，樞密都承旨[一]、權知荊南葉衡言：「荊南馬軍并老小已得旨移屯襄陽。竊緣荊南係自來屯駐軍馬家計，止是逐年上下番更戍出襄陽。況襄陽去處尤近，止可分屯軍馬，即非存（着）〔著〕老小去處。望只令依年例上下半年出襄陽更戍，老小存留荊南，誠爲利便。」從之。

五月十八日，詔：「江州駐劄御前諸軍都統制，各差[30]撥官兵五十人於黃州麻城縣、興國軍大冶縣屯戍。」

六月十一日，御前諸軍都統制郭剛言：「廬州城壁每年差撥一軍五千人屯守葺治。內除馬步軍并入隊人趁赴教閱外，實入役者纔及千餘人住行差撥。欲止於諸軍共差一千人，委有心力統領官一員部押前去廬州，專一修治未備城池。每及一年，差人交替。」從之。

九月二十一日，汀州言：「本州下苦竹兩寨，係輪差在州禁軍一百五十人前去，半年或一年一替。見抽回教閱，欲於三溪、巡鹽兩寨逐寨各抽撥二十五人，明溪寨欲抽差五十人，共一百人，永爲額數，連老小前去苦竹兩寨，抵替逐寨禁軍歸州教閱。」從之。（以上《永樂大典》卷八三〇九）

[一] 都：原作「院」，據《宋史》卷三八四《葉衡傳》改。

屯戍 下

[1]淳熙二年五月二十七日，詔：「潼川府及綿州所屯將兵內，各輪差三百人，作兩番，分上下半年更替，於黎州屯戍。」從宣撫使沈夏請也。十月十六日，四川制置使范成大言：「更就綿州、潼川兩處屯駐西兵內，各選差一百人。」從之。

十月十二日，宰執進呈知常德府張璹申，辰州守臣尹機乞差撥大軍屯戍：「今相度，欲於靖州見屯官軍二百人內，分二百人在辰州屯駐，使逐州各有官軍，兵勢相接，可以應援。」上曰：「如此措置甚好，可依此施行。」

三年七月八日，詔荆鄂統制明椿：「候傜人平定了日，權留官兵四百人、將官一員，在靖州屯戍彈壓。至來春，申取朝廷指揮。」次年二月四日，詔辰州戍兵一百人依舊外，令明椿差撥官[2]兵二百人戍靖州，更差一百人戍沅州，並依例一年一替。其存留四百人，拘收歸軍。以湖北提刑司請，故有是命。

四年七月十四日，金州都統李思齊言：「房州竹山縣見屯軍馬，緣水土重惡，多成瘦疾，暗消軍額，乞移洋州屯駐。其合用錢糧，令兩浙應副。」從之。

十六日，四川總領李蘩言：「被旨同都統制相度，將金州、階、成等郡增戍兵稍移於沿流就糧，或近裏屯戍，少損和糴之額。今乞將黑谷軍馬依舊移在西和州屯駐。所有黑谷亦不可闕人防守，欲將西和州每年合差更戍官兵一千六十一人，於數內取步軍五百人出戍黑谷，依例交替。餘五百六十一人、馬二百疋，並行裁減，逐年更不差撥。一歲之內，已省添支口食米五千餘石。」從之。

九月十四日，詔：「興州駐劄御前諸軍所管馬步軍六萬人，作前、右、中、左、後、踏白、摧鋒、選鋒、策選鋒、遊奕(馬)〔軍〕爲名，每軍計六千人，差統制官一員、統領官一員，每將差正、副、準備將各一員。」以都統制吳挺言：「所管前、右、中、左、後、選鋒六軍，共四十七將，額管馬步軍六萬人。緣就糧在十一州軍，并管下縣鎮等一十六處，共二十七處屯駐[一]，更有出戍去處在外，周回二千餘里。緣先來移屯遷徙，致得軍將分析地理，遠近不相連接。每有行移，往返迂回，經數千里，不下累月，方得應報。乞將所管軍將，就近撥併軍次稱呼。」故有是命。

五年八月三日，鎮江武鋒軍都統、兼知揚州郭杲言：「已降指揮，將楚州屯戍武鋒軍左、右兩軍官兵老小移戍揚州西城。慮恐楚州闕人彈壓，已差鎮江前軍人馬、揚州看守城壁人前去楚州屯戍。又緣楚州係極邊，乞[3]於鎮江諸軍并武鋒軍摘差馬步軍前去楚州，更替前軍人馬歸司。」

[一] 二十七：原作「二二七」，按前述「十一州軍」、「一十六處」，合計當爲二十七處，因改。

其分差高郵軍看守城壁、盱(貽)〔眙〕軍巡檢下防托人，若依舊於屯戍人内摘差，却恐隊伍散漫，紀律失叙，欲於諸軍別行差撥前去，並乞依例半年一替。」從之。

七日，荆鄂副都統岳建壽言：「荆南諸軍依已降指揮，分番荆襄更休出戍。今來防秋之際，守戍襄陽邊面人數不多，其差出均州、光化軍、沅、靖州、荆南管下大江巡邏盜賊，松滋縣西平市把截屯戍人兵，共九百七十人，合與不合依鄂州軍例拘收歸軍，趁赴教閱？」詔除均州、光化軍屯戍四百人存留外，其沅州等處五百七十人，依鄂州體例，限一月拘收歸軍，趁赴教閱。

六年六月十二日，詔湖南帥臣王佐等，揀選精兵一千人彈壓郴、桂二州。内五百人屯駐黄沙寨，二百人屯駐宜章縣，三百人屯駐臨武縣，一年一替。

七年十一月十六日，詔：「六合防守城壁，差統領官一員。自今每年輪差，遇更替日，照檢城壁樓櫓等有無損動交割，申本司備(甲)〔申〕樞密院。」先是，有詔更戍官兵，其統轄兵官更不交替。至是，岳建壽言：「所差統領官一員，在彼別無經畫事務，若久在外，廢弛職事。」故有是命。

八年十一月二十四日，富順監王种言：「制置司揀摘綿、漢、邛、蜀、彭、眉、隆、簡等州禁軍共一千人，就成都府團結教閱，名曰雄邊軍，欲代西兵。然聚於成都而邊城無兵更替，欲將上件雄邊軍分差邊城守戍。」詔從之，仍令四川制置司將成都府禁軍闕額日4下招填數足，抵替見屯雄邊軍。

九年正月五日，詔：「自今屯駐兵官，如係横行以上大軍統制官，即專聽帥臣節制，所至州郡與守臣同共措置；如係統領官以下非横行，即依元降指揮，聽守臣調發。」從知潭州李椿請也。

二月一日，詔：「興元府屯駐中軍見管一萬二千一百六十一人，内將三將共管四千三百人排作右軍，令右軍統兵官前來主管，却將閬州、潼川府、大安軍一帶屯駐左、右、後三軍通管八千六百二十人，併作左、後兩軍，(今)〔令〕見在閬州左、後軍統兵官主管，各從見今將分去處屯駐，更不移動。」以都統制彭杲言：「得旨，每軍各差統制官一員、統領官二員。切詳所置統制、統領官五軍員數，緣各管軍馬人數多寡不同，本司除前軍見管四千七百一十人外，有中軍却管一萬二千一百六十一人，其左、右、後軍三軍通管八千六百二十人。以此較之，繁簡不均。」故有是命。

六日，詔兩淮出戍兵，令一年一替。從淮東漕臣錢冲之請也。

尋又詔於每年正月内交替。

九月二十日，詔殿前司於許浦差將官一員，撥水軍三百人，就江陰軍控扼去處置寨屯戍，專一巡捕彈壓盜賊。從浙西提舉張杓請也。

十一年四月六日，詔：「興元府義勝軍，皆係歸正之人，忠勇可用。其馬步軍共約五百餘家，近於二月一日本將遺火，屋宇被焚，雖別行蓋造，終是草創，可令改隸荆鄂，仰郭杲同牛僎於襄陽府踏逐空閑寨屋，伺候今秋移戍。」樞密院言：「勘會興元府都統司義勝軍近因遺火，沿燒寨屋，雖已起蓋，尚慮草創，已令襄陽府踏逐見成營舍，候至秋涼，同家[5]屬移戍。所有蕭幹里剌等四十餘人，見在金州都統司。緣係一體忠義遠來之人，切慮親故欲得團聚。」詔：「蕭幹里剌等候義勝軍今秋經過金州日，同家屬一就起發移戍襄陽，仍仰總領所、都統司優支犒設、路費。其寨屋委郭杲、牛僎先次措置。」

紹熙元年正月十四日，權知漳州傅伯壽言：「左翼水軍五百餘人，皆屯于泉州，乞移撥五七十人於漳州駐劄，以防海道。」詔：「可於泉州左翼軍差撥水軍五十人，并舡一隻，分劈口券及老小前去漳州，替換步軍五十人回軍。」

慶元元年正月十九日，殿前司言：「鎮江都統司屯駐與揚州止隔一水，本司去揚州僅數百里，即與鎮江軍附近差人事體不同。紹熙三年内條畫差千人戍守揚州，蒙朝廷指揮，許依步司出戍六合人例，分劈口券，添破錢米，支給犒設、借請等。今乞朝廷檢照施行。」從之。

二月十一日，興州都統制張詔言：「乞量帶隨馬牙兵先往關外，點視屯戍軍馬。」詔依，令張詔更切相度，檢照舊例，如見得不致張皇引事，即照應紹熙五年七月二十七日指揮，點視軍馬，拊循士卒，務要安静。量帶官兵前去約束，不得憑藉騷擾。

八月九日，户部侍郎袁説友等言：「左藏庫每歲春冬支散諸軍綿絹，又有支散外軍一項，係鎮江、建康屯駐大軍及建康馬軍、許浦水軍，共約計二十萬餘匹，並前來赴(往)〔行〕在支請。竊聞四處屯駐大軍，月請錢糧等(阮)〔元〕係各[6]路總領所科撥到上供錢米，何獨於春冬衣絹不照江、鄂諸軍例就總領所支散？乞劄付各處都統司同總領所，相度今來所陳，如委於軍中爲便，即行具申，然後本部照江、鄂諸軍例，將比近屯駐州軍每年各催到紬絹等，照春秋支散實數，科撥下總領所，徑行拘催給散。」從之。

十二月三日，宰執進呈臣僚劄子，論大軍屯江南不如屯江北形勢利害。京鏜奏云：「自講和，有誓約，彼此臨邊不許屯兵，所以只是分兵出戍。」上曰：「天時若至，却不問此。況師直爲壯，曲爲老，若臨邊屯兵，則我先背約，爲曲矣。」

十三日，詔：「楚州守臣更不兼帶統轄屯戍軍馬。其楚州戍兵，責在統兵官常切約束，務要遵守紀律，仍訓習事藝，毋致生疏。或與百姓相侵，陳訴事理，即照應乾道二年四月十五日條法施行。」以樞密院言：「戍兵既有統制部押，其守臣又帶統轄，號令不一，士聽不專。」故有是(命)詔。

開禧元年十二月二日，淮東安撫司言：「照對天長縣出戍殿前司官兵共一千九百三十七人，見係殿前司統制官馬梓管轄。本司近因拘回殿司出戍盱眙軍官兵，遂申明朝廷畫降指揮，於鎮江府都統司撥差軍兵二千八百八十七人，并差統領官(薜)〔薛〕恭管押前去天長，同殿司軍兵守戍。今係兩司軍人在彼，竊慮互分彼此，恣生喧鬨，乞將兩司軍兵悉聽殿前司統制官馮梓管轄。遇有修築城壁等役，均平差撥，務要人情和協。其修城應用物料之屬，並於殿司[7]支破。仍令各司所差主兵官常切鈐束軍校，不得互相作鬧，有壞軍律。」從之。

二年四月十八日，鎮江都統、兼知揚州、淮東安撫使郭倪言：「淮東邊面闊遠，目今出戍軍馬分布不敷。已恭承指揮處分差發等事，乞於殿前司通見出戍人共輳差精鋭壯健，正帶甲二萬人，準備帶甲、火頭、傔兵在〔外〕。庶幾可以分布使喚，如遇緩急，足可抵敵。」詔：「令郭杲、王處久疾速揀選精鋭官兵，内殿前司五千人，步軍司二千人，并有智勇統制、統領部押前去，並聽郭倪節制。合用軍器、衣甲等，並要足備。所有起發犒設，正帶甲每名四貫，不入隊每名三貫，令户部以會子支付，逐司給散起發。」

嘉定五年八月二十五日，知興元府、利路安撫使、四川制置大使安丙言：「夔路黔州接境思州，係夷族世襲。近緣田氏互爭承襲，於黔州省地紛擾。本州兵額絶少，備禦單弱，夷蠻無所畏忌，以致殺傷省民。又潼川路叙州係通放夷蠻互市之地，漢蕃雜揉，全藉近上兵官彈壓。又利州路天水軍係新創州郡，密邇對境，所管關堡比其他邊郡尤爲緊切，雖有出戍統兵將佐守禦，例皆半年一更，各懷去替之心。合將内郡閑慢近上兵官遷於三州屯駐，置司作聲援，以讋戎心，於官私別無侵損。竊見夔路所管兵馬都監一員在重慶府駐劄，係是内郡，又有提刑在彼置司，兵馬都監絶無職事〔一〕，乞令移司黔州，仍從重慶府分割禁兵一[8]百名前去，以鎮夷族。成都府等路第三副將一員，榮州駐劄，近乞將榮州所屯第三副將并禁兵移屯嘉定府管下之犍爲，已準樞密院從申移屯。緣嘉定府係屬成都府路，榮州係屬潼〔州〕〔川〕府路，竊慮分擘支移請給，恐有未便。欲將榮州第三副將移於本路叙州駐劄，專一彈壓漢蕃互市，庶使有以〔和〕〔知〕畏，亦不失與嘉定爲輔車之勢。其榮州第三副將下禁兵，於内量移五千人前去叙州屯駐。利州路兵馬都監一員，見在隆慶府管下劍門關駐劄，本處已有駐泊及兵馬都監二員，又有劍門縣專一幹當關事，兼御前從軍屯駐〔二〕，前有昭化縣，後有隆慶府，相去不遠，實非衝要。所有上件本路兵馬都監，欲還於天水軍管下湫池堡駐劄，量帶本關駐泊司禁兵五十名前去。兼天水軍近申獲樞密院指揮，招填把邊將軍兵共一百餘人，雖隸天水知縣管轄，又教閲不專，因而廢弛。乞令湫池堡駐劄兵馬都監兼管把邊將兵，依時用心教閲，照應邊面，實爲經久利便。所有官兵合得月糧請給，仍就元置司州郡支移前去支給。」從之。

七年九月十七日，樞密院言：「真州六合縣昨來招到淮效一千人，見管計七百三十一人，並隸步軍司〔關〕〔闕〕額人數。今來竊慮統屬不專，緩急不堪倚〔用〕〔角〕。」詔：「令步軍司將見在淮效人數改充真州六合縣守禦兵效稱呼，仍

〔一〕都：原作「郡」，據前述改。
〔二〕從軍：似當作「後軍」。

舊理作本司(關)〔闕〕額，令真州守臣節制，知縣彈壓，權令霍儀 9 專一統轄訓練，緩急差撥守禦。所有見管淮效，仰知縣劉昌詩同統制霍儀日下措置，逐一從公點揀彊壯、老疾的實人數，申取朝廷指揮，別議增招。」

十八日，侍衛步軍司言：「六合縣城坐落兩淮之中，地形平坦，最爲衝要，設有不測，要得騎軍追奔馳逐，巡連應用。今相度，欲除已差步軍二千人外，别於殿右兩軍通行差撥精鋭馬軍二百人騎，并火頭、傔兵六十人，更差將官一員部押，將帶椿辦器甲軍須，同已差更戍人兵，並令統領劉公輔一就部押起發，前去六合戍守，以備緩急，庶免倉卒誤事。所有差去人馬，乞下所屬並照出戍例，分擘請給、添破錢米、支給借請、起發犒設施行。」詔：「令步軍司行下部轄兵將官，密切起發前去，仍戒約在路無或騷擾。候到，並令霍儀總轄，仍專聽真州守臣節制，知縣彈壓。所有合用錢糧、草料，令淮東總領所疾速照例支給，應副食用，毋致闕誤。先具知稟并起發日時，申樞密院。」其後，十月一日，復請於前右軍更行選差馬軍一百人騎。以馬數稀少，緩急分布不敷故也。

十年二月四日，詔無爲軍巢縣戍兵聽本軍節制，仍與銜內帶行〔一〕。從知軍薛伯虎之請也。

四月十八日，淮東安撫司言：「六合縣係步司地分，西接滁、濠，比連天長，亦是衝要之地。契勘本縣見管戍兵二千餘人，設遇(緣)〔緩〕急，委是兵力單弱，分布不敷。乞下步軍司先次具差官兵三千人，湊見戍作五千人，以備守禦，仍帶衣甲、軍器隨 10 行，以備不測使喚。」詔：「令步軍司於後軍精選官兵二千五百人，內馬軍二百人騎，令統制徐端并統領將佐等人，密切統押，起發前去六合縣，同見戍人馬專備戰禦。」

同日，淮東安撫司言：「天長縣係殿司地分，與真、揚州、盱眙〔軍〕地界至相連屬，係是衝要之地；又有創築關城，亦合用兵屯守，以備不(慮)〔虞〕。照得本縣元有殿前司戍兵三千八百餘人、馬五百餘疋，近統制侯忠信將帶官兵一千三百餘人、馬二百疋移戍盱眙軍，目今本縣止管官兵二千五百餘人、馬三百疋，委是人馬數少，緩急分布不敷。乞下殿前司，且增差官軍二千五百人，湊見戍通作五千人，以備守禦，仍帶衣甲、軍器隨行，以便不測使喚。」詔：「令殿前司於選鋒軍精選官兵二千五百人，內馬軍二百人騎，令統制霍儀并統領將佐等人密切統押，起發前去天長縣，同見戍人馬專備戰禦，仍並聽盱眙軍守臣節制，天長知縣彈壓。仍令霍儀通行總轄差使，限兩日起發。其添支鹽菜錢米、起發盤纏錢，仍關報所屬疾速照例幫支，毋令遲誤。更切戒約兵將官用心部轄，務要整肅。合行事件，限一日條具保明〔申〕三省、樞密院。」

九月十一日，盱眙軍屯駐鎮江都統劉倬言：「竊見盱眙新壘屹然山巔，下視泗州，動息畢見，一望彼界，百里坦

〔一〕銜：原作「御」，據文意改。意即「知無爲軍」銜內帶「節制巢縣戍兵」。

平。是我先得要害之地，若措置得宜，孰敢侵犯？今泗之東、西兩城屯兵不滿三千，我據險阻而屯，反令衆宿[11]灘宿巷，暴露經時，士卒良苦。是我之兵日夜不得休息，而彼泰然自處，貽笑於敵，非良策也。宜備要害，察彼己，審虚實，少加通變，庶幾備禦兩全。令斟量減戍，誠可省總計，寬民力，養全師之鋭氣，以俟大舉。今欲於盱（貽）〔眙〕山城見屯守把及捍禦人内共減三千人外，有天長、六合連營相屬，數舍相望，亦欲各減千兵，共計減去戍兵五千。乞行下殿、步司照應施行。」從之。

十三年五月十三日，樞密院言，殿前司昨差發官兵前去揚州并天長縣戍守捍禦，已及二年。詔：「令殿前司日下於策選鋒軍揀選步軍二千人、馬軍二百人騎，令本軍統領官常思訓部押前去天長縣屯戍，就令統制王明在縣統轄捍禦，聽天長知縣彈壓。仍於遊奕軍揀選步軍五百人，令本軍統領官唐喜部押前去揚州戍守，及看管防城器具、軍器什物，聽揚州守臣節制。並要精擇彊壯勇悍官兵，不得以老弱怯懦之人充數。其添支鹽菜錢米、起發盤纏錢，令所屬疾速照例幫支，毋令遲誤。仍戒約兵將官用心部轄，在路及到彼，務要整肅，不得稍有騷擾。候到各處，仰淮東提刑兼知揚州鄭損、知天長縣張翼點覈。如内有老弱怯懦等人，各隨即摘發回司揀換，不許徇情容留。所有揚州、天長縣、高郵軍見戍殿前司官兵，令統制官王寧、統領官鄧略，候今來差撥人馬到日，更替歸司。」（以上《永樂大典》卷八三〇九）

營壘[一]

【宋會要】

[12]（直）〔真〕宗咸平五年七月，遣使臣完葺京城軍營。時應諸州因霖雨壞營舍，有軍出而家屬在營者，賜緡錢。時京師積潦，自朱雀門東抵宣化門尤甚，深至三四尺，浸道路，壞廬舍。城南流水皆入惠民河，河復漲溢。詔選使馳往河之上游有陂塘、古河道處，按視疏決。

六年六月，初，自望都失利，帝日訪禦戎之策，因防秋之始，與將相極（諭）〔論〕其利害焉。時議就定州爲大陣，既而慮北虜知之，潛爲姦計，乃詔王超遣裨校於徐、曹、鮑河別擇營柵之地以疑之[二]。

八月，以時雨稍頻，命樞密都承旨曹璨與天武捧日四廂都指揮使劉謙分往諸營，同除水患，令便宜施行。内有水勢稍深不可安處，即令遷徙於近便園苑及官舍内居止。

景德三年七月十日，帝宣諭曰：「河北諸州振武軍士比遣以少就多，團成指揮，並令總管司添補武衛。如聞所

[一] 此下原批「一作修軍營」五字，按「修軍營」乃《大典》卷八四六九之標目，今《補編》頁三二〇至三二二尚録有部分殘文。其文乃是《大典》選抄「營壘」門之部分條文編成，並非本門之複文，此云「一作修軍營」不確，今删。

[二] 鮑：原作「飽」，據《長編》卷五五改。

在官司不能預備營舍，軍士到日無以安泊，且逼冬寒，復難工作，可委逐處官吏依令辦集以聞。」

八月，詔：「諸州每有役徒赴京，雖時與優給，如聞多闕營舍。可遣使臣以京城就近指射係官屋宇，令居止。」

大中祥符元年三月，增置東西班殿侍院一於彰化橋北。

三年五月，大雨平地數尺，以諸軍營壁圮壞，令內侍都知閻承翰與八作司官吏按視完葺。

六年 13 六月，詔環州修城餘材〔一〕，令主者覆護之，備修營舍，自今不得配率〔二〕。環州窮邊，不產材木，凡有所須，即於內地科斫〔三〕，踰越山阻，輦致甚艱，故有是命。

七年八月，詔：「城門外軍營，雖各有本營人員，然闕人都提轄，可差近上軍主或都虞候一員點檢教閱，因令巡警。」

天禧四年二月，樞密使丁謂言：「昇州抽稅竹木官瓦甚多，而營壘多葺茅爲舍，延燔所及，難於救止，望令本州接續增益。」從之。

七月，以連雨，詔三司計度材木完葺營舍，又令八作司併集工徒修建。其軍士有無屋者，配以空閑廨宇處之。

五年正月，命內藏庫使劉贊元等同共管勾修葺諸班院營舍。

仁宗天聖四年十月，西上閤門使曹儀等言：「昨雨水損壞諸軍營房，蒙差臣與江德明提舉修葺。自六月二十五日用功起役，至今都修舍屋牆壁共十二萬九千一百餘間堵。所役兵士頗涉辛苦，欲自十月二十日後住役。所有八作司事材場各歸逐司，并內臣十人發歸兩省外，有畸零修蓋，乞令東西八作司將本司兵士、工匠一面修蓋。其外處并在京抽差到兵士等，却遣赴逐處收管。」從之。詔儀、德明各賜對衣、金帶、器幣，八作使臣賜中金束帛，內臣、使臣、軍員各賜緡錢有差。

慶曆六年六月二十四日，詔在京坊郭、軍營并畿縣鑿井數百。先是，京師閔雨，井汲多竭，人有暍死者。帝聞之惻然，遣中貴人及開封府屬官督作，以濟民 14 用。

至和元年六月十二日，帝曰：「諸軍營房，竊慮經此霖雨，有摧塌欹側去處，令三司速差人檢計添修，不得有妨兵士居止。」

二年十月九日，詔：「近撥併剩員營房，今爲冬寒，其未搬移者，（今）〔令〕權住。候春暖，其營房仍漸次添蓋，人給一間。」

嘉祐二年七月十二日，樞密院言，（令）〔今〕爲霖雨倒塌軍營、官私舍屋，及有積水去處。詔選差內臣大使臣三員、前班大使臣三人、忠佐三人，計會東西八作司、街道司分擘

〔一〕材：原作「財」，據《補編》頁三二〇改。下文「材木」同。
〔二〕「令」下原有「年」字，據《長編》卷八〇刪。
〔三〕內地：原作「地內」，據《長編》卷八〇乙。

溝畎積水，内忠佐即令提舉工役。

英宗治平元年六月二十二日，知制誥錢公輔言："伏見大雨之後，營舍必有圮壞，宜選能吏相視，可修者修完。"樞密院勘會："已下殿前、馬、步軍司，令點檢諸營房倒塌去處。如五間已下，即本營糞土錢修蓋；六間以上，即申三司檢計修整。"從之。

八月一日，知諫院吕誨言："訪聞諸軍甚多屋舍倒塌，乞朝廷差官計會修蓋。"詔選差朝臣二人、近上内臣二人，將帶壕寨工匠，計會殿前、馬、步軍司，詣諸班直及諸營點檢見在舍屋，内有疎漏倒塌合行修蓋者，立便檢計工料。

二年八月七日，命三司鹽鐵副使楊佐、權三司度支副使李肅之、景福殿使石全彬、入内押班張茂則都大提舉修葺在京諸班直及不出軍營房。内全彬、肅之提舉東南壁，茂則，佐西北壁。又分命差朝臣、大使臣共八員，度功督役。殿前司委郝質，馬、步軍司委宋守約，專切提舉修葺。應有合行事15件，仍與都大提舉修葺營房（近）遞相關報。又命四廂都指揮使盧政、步軍都虞候楊遂同其事，質、守約提綱而已。至四年二月二十二日奏工畢，自提舉已下，賞（賫）〔賚〕有差。

神宗熙寧八年閏四月二十一日，修廢營六所充馬軍教場，隸殿前、馬軍司。

八月十六日，詔在京剩員營房，差沈希顏專切管勾。以營房迫隘，疲老缺所依故也。

哲宗紹聖三年八月一日，河東路經略司言："吳堡寨在河之外，東岸渡頭有倉草場、酒税務、舟船等，而無城堡可以保守。渡口之東，山勢高險，下瞰黄河，可以築壘壁，置樓櫓，儲峙糧草，以爲吳堡寨聲援。就用見今監渡使臣主之爲便。"從之。

四年閏二月四日，樞密院言："向者熙河路築安西城，日夜不輟工，自今若復爾，將爲賊所乘。"詔陝西、河東等路經略司及提點熙河蘭岷等路漢番弓箭手鍾傳，如興役，非事機交急，毋得夜役兵。

徽宗大觀二年七月一日，御筆："闕額禁軍，久不招填，其營房必久不修治。在京仰工部，在外仰提刑、提舉司，限兩季完葺了當。"

政和元年十一月十日，臣僚言："訪聞西京自崇寧四年内創行招置皇城水南北三巡檢司土兵凡六百人，共三營，效忠指揮凡四百人，一營，未有營房，各於街市賃屋，居住混雜，逋逃寇盜，難以辨察，部轄西點，不得如律。聞已那容修蓋，將欲了當。兼訪聞諸路亦有似此創行招置，至今營房未了者。"詔轉運、提16刑司點檢督促所屬，限一季須管那容修蓋了當。

四年十一月七日，臣僚言："伏覩兩浙廂軍營房多因霖雨摧塌，致見管軍兵賃屋散居，將校難爲（鈴）〔鈐〕束。與逃軍雜居，捕盜官無以辨認；遇夜爲寇，部轄人無以知覺。是致逃軍日甚，盜賊滋多。欲乞下本路立限修蓋，須管足備，庶得逃軍、盜賊易爲緝捉。」從之，仍令所屬限半年修蓋了當。

宣和四年四月二十八日，詔：「國朝置禁旅於京師〔一〕，處則謹守衛，出則捍邊境，故擇諸爽塏，列屯相望，將校步騎，馳走教閱，分都置舍，多寡往來，各有區處，以相保守，其法甚嚴。比來官司、臣僚指射干請，置局增第，致吾禁旅暴露湫溢，不安其居。夫介冑之士，所與共患難，惟有以恤其私，然後可使之竭力。自今敢有如前指射者，以違制論。」

五年二月五日，詔：「江淛被賊州縣軍兵營房多有焚毁，仰轉運司檢計興修。其合用工料，並官爲應副，或有所闕，聽以係省錢顧買，不得因此搔擾。如依限了當，特與推賞；弛慢滅裂，並仰轉運司劾奏。」

光堯皇帝建炎四年六月十日，詔：「神武前軍統制王瓔軍兵頗多暴露，至於架篠枝、蒙破席而寢處，雨不能免沾濡，暑無以芘烈日。可賜錢三千緡，爲蓆屋之費。」

〔紹興〕三年四月二十七日〔二〕，詔：「韓世忠諸軍合用營寨蓆屋壹萬間，每間支錢四貫文。建康府（摧）〔榷〕貨務錢内支四萬貫文付世忠，令諸將搭蓋蓆屋以處人兵。」從江淮荆浙都督府請 17 也。

四年二月四日，神武中軍統制楊沂中言：「樞密張浚起發到馬軍一千人騎。已降指揮，令户部支錢一萬貫，令本軍收買蓆竹蓋屋二千間應副安泊外，有武騎鋭士、良家子、漢兒赤心軍并騾馬等，乞下所屬支降錢一萬貫文，蓋蓆屋二千間。」詔令户部更支錢五千貫付本軍修蓋。

七年九月十六日，宰執言：「張俊營寨未辦，乞與增支錢。」上因論：「財用皆出民力，若如此之費實不可已〔三〕，苟可已者須極愛惜。張俊嘗奏：『軍中費却陛下無限錢糧。』朕即語之：『朕何嘗有一錢與卿，皆百姓膏血也。卿須知百姓膏血不可窮竭，務與朝廷爲一體，則中興之功不難致矣。』」

十月九日，宰臣趙鼎言：「昨日遣人閱張俊營寨，云一半已了。」上曰：「朕昨日又遣人喻俊，令撫勞諸軍。本欲遣一内侍傳宣，又恐卒伍輩見内侍至，不無所覬望，或謂空言不濟實用。朕嘗聞楚子伐蕭，師人多寒，王巡三軍，拊而勉之，三軍之士皆如挾纊。要是古之軍士知義，與今人不同耳。」

十六年七月十九日，詔：「諸軍寨屋經夏霖雨，不無損壞。今修整，俾各安處。」於是人支錢一千。

十九年十月十三日，詔：「西溪摽撥馬軍寨地，可令宋貺親往檢視，毋得侵掘墳墓，多占民田。」

二十三年六月三日，詔：「近緣霖雨，軍營多壞，已降

〔一〕國：原作「宋」，據本書刑法二之八五改。
〔二〕天頭原批：「『三年』上疑落『紹興』二字。」是也，今補。
〔三〕實：原無，據《建炎要録》卷一一四補。

指揮，賜錢七萬貫，令修整，庶得安處。」

二十八年二月三日，殿前司言：「平江府合用寨屋一萬三千三百九十四間，并【18】秀州護聖軍添蓋二百間，除平江府已蓋瓦屋外，有合造瓦屋一萬二千二百五十三間。每間支錢一十貫文，共計錢一十二萬二千五百三十貫文。已承激賞庫節次支降，通計錢一十萬五千貫，尚少一萬七千五百三十貫，乞下椿管御前激賞庫一就貼降。」從之。

三十一年八月四日，淮南轉運副使王秬言：「得旨，同池州駐劄都統制李顯忠商議，於樅陽鎮以北二十五里地名中坊淨嚴寺，先次修蓋寨屋三千間；及江州駐劄都統制戚方軍馬踏逐得本州黃梅縣地名龍平山屯泊，見行措置蓋造寨屋。兩州合用材植物料、人工價錢，逐急於見管官錢內兑那支使。欲於見管常平錢內，却行撥還逐州借兑窠名。」從之。

壽皇聖帝隆興元年四月十五日，詔：「自紹興三十一年軍興以來，應朝廷科降，并督視行府、兩淮節制司、江淮宣撫司、都督府蓋造營寨之類，并係科撥經總制及支降激賞錢銀，於州縣和買計置。尚慮官吏作弊，因緣掊斂，不即支還價錢，許令人户越訴。仰所屬監司取索違戾去處，按治以聞。」

二年三月十七日，詔：「諸軍暴露日(夕)〔久〕，將來歸司休息，慮恐營寨損弊，可令三衙及在外諸軍檢計，預行修葺。在內委户部，在外總領所量支錢物應副〔一〕。」以宰執進呈王公述、宋受兩軍令歸行在休息指揮，湯思退奏：「乞下都督府、制置司相度事勢，出戍久遠，更番休息。」上曰：「先放歸不妨。」【19】故有是(誥)〔詔〕。

五月七日，馬軍司言：「已降詔，諸軍將校將來歸司休息，營寨損弊，令預行修葺。本司有疎漏倒塌、柱脚朽爛、籬壁笆箔損壞，合行修葺共計五千二百五十一間。每間計價錢二貫四伯有零，共計一萬二千八百餘貫，乞下户部支降施行。」從之。

乾道二年七月五日，户部言：「馬軍司申：差人前去嚴州收買木植二萬條，添置湖州牧放寨屋。下本部出給免抽税文引，有礙已降紹興三十一年正月二十五日依條收税，許執奏不行指揮，難以施行。」詔特依，仍免執奏。

三年三月二十五日，武鋒軍都統制、兼知高郵軍陳敏言：「蒙撥錢三萬貫，前去六合縣添造瓦屋。相度高郵軍所管舊寨屋，自武鋒軍起離後，經今日久，多是倒塌。乞將上件錢除六合支使外，往高郵軍添貼就蓋寨屋支使。」從之。

四年二月六日，詔令户部支降三合同五分優潤關子三十萬貫，舊會子三十萬貫，付郭振(克)〔充〕修蓋營寨等使用。

二月十一日，主管殿前司公事王琪言：「本軍元有小

〔一〕領：原作「令」，據《補編》頁三二二改。

教場寨屋一所，坐落東青門裏。昨臨安府起蓋環衛官宅，緣無官員居住，却盡行拆去。今來本軍先有收管江州撥到官兵，并新招到人兵及增添隊伍，見今官兵權行合併居住，委是闕少寨屋。乞下臨安府將見今空閑地段撥還本司，應副起蓋寨屋，令官兵居住。」從之。

十四日，詔降殿前指揮使寨圖，付殿前司依此改造新屋。

20 五月十三日，新權發遣處州范成大進對，論諸州軍簡閱未精，營伍未立。上曰：「正緣無營寨，所以紀律不行。」

六月四日，知(楊)〔揚〕州莫濛言：「措置起蓋(楊)〔揚〕州牧馬官兵寨三千間，其所用竹木，萬數浩瀚。緣淮東不係出産去處，已分差使臣前去和州、太平州以來收買。望行下所屬税場通放。」詔依，仍免執奏。

十一月六日，詔：「荊南、郢州出戍軍馬家小，並津發前去就糧屯駐。合用寨屋，令湖北轉運司於荊南大軍營寨相近踏逐係官空閑地段，疾速措置修蓋。合用錢物，於本司應管官錢内支給。」

六年三月十九日，兩浙路計度轉運副使劉敏士言：「得旨，令本司計置材植、蘆瓦等，(處)〔起〕蓋步軍司寨屋二千間，應副撥到廣西、湖南寄招人兵居止，望依例同與臨安分認起造一千間。仍乞下步軍司摽撥地段，應副蓋造。」詔令兩浙轉運司、臨安府各分認造一千間。繼而兩浙計度轉運副使劉敏士、權發遣臨安府姚憲言：「照得昨修蓋馬軍寨，應副班直居住，每間估計材植、塼、瓦、蘆、竹、篾、石灰等價錢一十八貫二伯五十九文省。今來所造寨屋二千間，共計三萬六千五百一十八貫文省，兩司各計一萬八千二百五十九貫文省。欲依例發送步軍司交收，計置物料，用軍工自行修蓋。」從之。

四月二十八日，詔兩浙路轉運司見蓋楊家橋寨屋一千間，權住修蓋。

十月四日，權江南東路計度轉運副使張松言：「得旨蓋造牧馬寨屋，今已畢工。」詔令張松將城東齊安寺、半山寺二寨並分屯殿前司牧馬官兵安泊。已而張松言：「21 建康兩次共起寨屋四萬五千餘間，三衙牧馬已占一萬二千間外，尚有寨屋三萬三千間。計九寨在馬鞍山外，餘八寨盡在東城兩路連秦淮一帶。今來上件寨屋闕人看守，欲望每寨差副將一員、軍兵三十人前來交割看守。」詔依，令馬軍司差人前去。

十一月十一日，張松又言：「創造寨屋二萬間，計五寨，并樁管到材植物料一萬間，各已圓備。每寨委幹辦官一員、知縣一員、巡檢一員，監督工役，委是協濟。望特與逐官量行推賞，庶可激勸。其指使以下，從本司犒設一次。」第一等：知建康府上元縣方廷瑞，江寧縣何作善，句容縣慕容邦用，溧水縣陳嘉善，溧陽縣喻仲遷。第二等：本司主管文字吳麟，幹辦公事趙彦聲、苗觀頤、茹驤，主管帳司文字趙彥駿。第三等：建康府東陽鎮巡檢王立，靖安寨巡檢商乂，馬家渡巡檢韓居實，溧水縣管界巡檢吳忠，溧陽舊縣管界巡檢陳沂。」詔第一等轉一官，第二等減三年磨勘，第三等減二年磨勘。選人比類施行。餘依。

十二月二十六日，權兩浙路轉運判官胡昉言：「得旨踏逐地段，修蓋鎮江府牧馬官兵寨屋。已到鎮江府西門七里店至高資一帶踏逐數處。見今標遷除官地外，有民間地段，欲從鎮江府踏逐係官田地，依數對換。內有墳塋，即22用籬圍搿截，許令春秋祭祀。」從之。

七年二月十六日，詔：「浙西諸州三衙舊牧馬寨屋，除存留秀州管下屋外，餘並令胡堅常拆移。內平江府屋發往建康府，令張松、沈度拘收；湖、常州屋發往鎮江府。各揀堪好瓦木、材植，內瓦充修蓋新牧馬寨屋，木植樁留，別聽指揮。其不堪物料，給散移戍諸軍充柴薪使用。」

三月四日，詔令張松疾速於建康府城內摽移都統司空閑六段寨地內，摽撥一處措置修蓋一千間，充馬軍司廨舍，并親隨衙兵及潛火官兵吏舍、庫局等使用。

十四日，主管侍衛馬軍司公事李顯忠言：「得旨，令本司將官兵連老小逐旋津發前去建康府，與出戍官兵一處居住。本司并諸軍各有自行計置買到教場等地段，候軍馬起發之後，許令本司拘收，召人耕種。」詔依，教場內營寨地令兩浙轉運司權行拘收。

四月十一日，宰執進呈馬軍司右軍已到建康。上曰：「聞寨屋稍齊整，人情莫安帖否？」虞允文等奏曰：「昨李顯忠說張松措置得板瓦甚多，今欲令張松廣行燒變，逐旋修換，庶幾可以慰安士卒之心。」上曰：「極是。雖日下未能一發修，但此聲一出，覆瓦有期，人心自喜。可便降指揮。」

五月十三日，宰執進呈洪遵已措置燒瓦。上曰：「洪遵近日職事甚留意。」允文等奏曰：「遵言建康寨屋間有木植小者，若欲覆瓦，須當抽換。臣等昨日因問李擇，乃知蕪湖、當塗所造兩寨木植甚小，不23能勝瓦。此皆太平管下縣也，故遵以爲言。」上曰：「遵樸不欺如此。」上又曰：「有內侍自建康回，聞馬司人至新寨，無不歡喜，皆云官家愛惜士卒。它日調發，止過一水，便可接戰，免得臨時道塗之勞。」允文奏曰：「士卒却知陛下聖意，朝臣喜爲紛紛之論，使聞此言，能無媿乎？」上曰：「然。」

十月六日，主管侍衛馬軍司公事李顯忠〔言〕：「本司舊管諸軍營寨，昨來蒙標撥到臨安府管下西溪一帶民戶地段起蓋營屋，并於寨牆外撥到空地，付本司自行計置材植，蓋造房廊，賃與隨軍父老作經紀買賣，收掠賃錢贍軍百色支用。今來移屯建康府，望依臨安府本司營寨體例，於寨牆外撥地五丈，令本司自行計置木植起蓋，收掠賃錢，補助軍用。」從之。

八年三月一日，步軍司言：「本司鎮江府擺木橋、石炭渚、高資五寨一萬七千間，差將官前去交點，以十分爲率，於內有八九分走趄踈漏，壁飾倒爛。望下兩浙轉運司修整施行。」詔令胡堅常將蓆草並行去拆，瓦屋別聽指揮。

八月，主管侍衛步軍司公事吳挺言：「六合見屯駐本司出戍官兵三千人，緣彼處寨屋多茅草搭蓋，低矮窄狹，官兵居止不便。竊見鎮江府七里崗新寨内有拆下寨屋材植、蘆瓦等，見在本處堆垛。欲望令兩浙轉運司於內取撥堪好材植一千間并蘆瓦等，差船津送往六合縣應副，本司自用軍工逐旋起蓋。」詔依，其六合縣見有寨屋如有損漏，24 令淮南轉運司量行應副材料。

十月十二日，知建康府洪遵言：「修蓋馬寨屋一行官屬：提督官添差江東安撫司幹辦公事韓琳，提督監轄修蓋左軍、後軍寨屋共一萬二千二百間；修造官知江寧縣何作善，修蓋本縣所分左右兩處寨屋三千五百五十間，提督右軍寨屋二千一百間；知溧水縣梁公永，修蓋本縣所分左右軍寨屋四千間；知上元縣方廷瑞，修蓋本縣所分左右軍寨屋三千五百五十間。」詔韓琳轉一官，減二年磨勘；何作善、梁公永、方廷瑞各轉一官。繼而遵言：「知溧陽縣丞蔣機，〔修〕蓋本縣所分後軍寨屋四千間；句容縣尉嵇忱，修蓋本縣所分左軍寨屋一千一百間；措置木植竹瓦官太平州軍事判官趙子勛，權句容縣日，收買右軍寨屋木植一千間，并收買板瓦及竹木五萬竿。」詔蔣機轉一官，嵇忱、趙子勛各減三年磨勘。

十九日，主管殿前司公事王友直言：「平江府舊管本司諸軍牧放戰馬寨屋共一萬三百二間，內九千四百四十五間先拆移往建康府起蓋，其木植椿留，別聽指揮。竊詳建康水草不便，若來年許令依舊平江府牧養，所有寨屋望行下計置修蓋，應副將來牧放人馬安泊。」詔依，令殿前司拘收見今椿留瓦木，并於將作監見管木植內，支降二寸半徑、三寸徑共五千條應副修蓋使用。所有昨鎮江府起蓋寨屋已搬取過瓦木，令左藏南庫支降 25 會子一千貫，依元數收買，添修使用。仍並依元間數起蓋，不得滅裂。

十一月九日，詔：「令臨安府於忠鋭軍寨相近踏逐地段，和買修蓋寨屋六百間；兩浙轉運司於忠武軍寨接連元馬軍司退下寨地內修蓋一千間。並限兩月了畢。」

二十四日，詔：「令殿前司差統領官一員，將帶壕寨等前去〔楊〕〔揚〕州，與胡堅常、高禹同共相視修蓋出戍官兵寨屋。」

九年三月二十七日，馬軍司言：「本司雲騎寨除倒塌外，見在一百六間，與樞密院親兵寨相連。鐵冶嶺寨除倒塌外，見在三百二十八間，與步軍司右軍潛火寨相連。竊恐日後倒塌數多不便，乞下逐處權行交割攤撥，付官兵居住，候本司軍馬回日，具申朝廷指揮施行。」從之。

六月二十三日，侍衛步軍都虞候郭弟言〔一〕：「本司中

〔一〕郭弟：史籍中未見此名，疑當作「郭棣」，蓋「弟」、「棣」音同，《大典》避明成祖朱棣之諱而改也。

軍營寨緣地形低窪，近因霖雨水漲，四面河道溢滿，所渰寨屋三千二百餘間。今欲盡數撥移往本軍西觀音寨內空閑地段上起蓋外，有湖州市兩寨屋宇二千七百餘間，例皆經水損壞。欲將兩寨通作一處，周圍開掘水道，就便取土，先次打築堤岸，復於堤上再築圍墻，庶幾牢固，可以隔水。所有合用材植、錢米，望應付支用。」詔依。左藏南庫支會子一萬貫文。

十一月二十二日，臣僚言：「臨安府所管將兵營房不多，往往星散而處，往來出入，更無關防。望令臨安府踏逐地段，據所闕廂、禁軍營房量事蓋造。」從之。

淳熙元年七月26三日，知建康府胡元質言：「乞將江東諸州已發回團結禁軍寨屋拆移入城，改充軍兵營屋。」從之。

二年九月十二日，詔西溪馬軍司教場、營寨地撥還馬軍司。先是，乾道七年三月十日，有旨：「西溪馬軍司人馬移屯建康府，其教場、營寨地，令兩浙轉運司拘收。」至是，馬司有請，故有是命。

五年正月十一日，詔：「諸路州軍所管廂、禁軍有在營外人，盡拘收入營；其無營房去處，限半年修蓋。」從臣僚請也。

十一年五月二十四日，步軍司言：「六合縣見管寨屋三千三百九十八間，內有草房三百一十四間，年深損爛，不堪居住。乞行拆卸，揀選堪好材植，令項椿管，應副逐時添修瓦屋使用。」詔令淮南轉運司如法修葺，付本司交管，均撥見屯官兵居止，日後毋致更有損壞。

八月十五日，淮南轉運判官趙彥逾言：「本司委官前去相驗得，目今見屯官兵不多，若以便行起蓋，亦是空閑未用，又致損壞，枉費工物。乞將來有添屯官兵，令步軍司預行關報本司，即行蓋造。」從之。

十二年十二月三日，詔福建路安撫司，同泉州措置蓋造殿前司左翼軍水軍官兵寨屋。

十三年正月六日，樞密院言：「温州申：本州僻在海隅，軍民雜居，動輒生事。軍人無營可歸，多是在外賃屋居止。所有威捷、雄威、節三十三〔一〕、崇節三十四、牢城等六營屋十闕八九。已撥係省錢收買木植蓋造，將軍人盡拘入營教閱。」從之。

閏七月27十六日，主管建康府行宮大內匙鎖鄧璪言：「行宮八作司營屋斜傾，乞下建康府并江東轉運司同共修蓋。」從之。

十五年正月二十一日，權發遣福建路兵馬（鈴）〔鈐〕轄鄭康孫言：「乞下諸州，將營房倒損闕少去處，悉令添造修葺，將在外兵卒拘收入營。」從之。

十六年正月二十六日，樞密院進呈知荊門軍王銖奏：「本軍創建義勇甲仗庫瓦屋五十一間，又創蓋廂、禁軍寨屋

〔一〕「節」上當脱一字，威捷、雄威及下崇節並見《宋史·兵志》。

四十一間。」上曰：「王銖如此，亦不可不賞，可特減二年磨勘。」

紹熙元年二月十一日，知建康府章森言：「本府(鈐)〔鈐〕轄司東南第五將兵馬司見管廂、禁軍三千五百一人。内禁軍一千人，撥充安撫司親兵，自淳熙二年劉珙措置營屋作兩寨居止，附大軍入教，目今事藝稍似精熟外，其餘皆無紀律。蓋緣諸軍徒有營基，初無營寨，散居四外，雖有隊伍，難於結集，逐時教閱，遂成虚文，實爲軍政之害。本府已差官逐一相視，將諸營基址盡復其舊，取傚御前屯駐營寨規模，創立屋宇，庶得軍伍屯聚，知其戎律，朝夕訓練，易於督責。見行標撥諸軍逐旋(選)〔遷〕入居止。」詔：「章森令學士院降詔奬諭，監造官徐文度、韓曆各特減二年磨勘〔一〕。」

二年十一月二十七日，詔：「鎮江大軍寨屋窄狹，深慮軍人居止未便，令韓彦古家將見賃地段標撥付本軍都統司，添蓋寨屋七百間。其賃地錢依數交還，候畢工，差官覈實。合用木植、物料錢，令淮東總領所先次[28]依數支降。」

五年三月十一日，詔：「廬州支撥鐵錢、交子共五萬貫文，添造本州屯戍建康都統司官兵寨屋八百二十一間。畢工日，開具出豁，申朝廷施行。」

慶元五年十二月二日，臣僚言：「諸州軍兵各有營房，近年因循不葺，旋至圮壞，其地多爲豪貴請佃，軍兵遂至賃屋以居。乞下諸路提刑司，督責州郡，限半年修蓋營屋，委官驗察，違者按劾。」詔：「諸路州軍如委有闕少營房及損壞去處，隨宜修蓋，拘收軍兵居止，不得因而大破官錢。候蓋造畢，具申監司覈實，保明申尚書省。」

嘉泰三年十月十一日，荆湖北路兵馬(鈐)〔鈐〕轄張舜臣言：「九江上游之地，控扼險要。禁軍舊皆營居，今則室廬圮壞，散處於外，每遇教閲，莫能點集。器仗之屬，必須特加磨礪，今既散居，臨時關請則有不及之憂，預先給付則有不測之患。況彼請給有限，僦居廛市，衣食必闕。乞令州郡計置營舍，無使散處。」詔依。隨宜措置，不得科擾。

開禧二年四月十五日，知隆興府、江西安撫施康年言：「隆興府所管廂、禁軍計一十五指揮，除團結揀中禁軍一千人見有營寨居止外，有不係揀中禁軍并廂軍，舊來各有營分，緣自建炎兵火之後，盡爲廢地。諸軍散居民間，雖有管營軍頭等人，名曰部轄，實不相統。向來帥守非無意於修廢，往往窘於用度，不敢過而問焉。取會諸營見管人數，合造屋一千五百八十六間，會約人工、物料錢二萬[29]五千餘緡、米七百餘石。本府財賦歲入有限，委難悉辦。伏望朝廷以今來會約到工料、錢米，許於本府見樁管錢内應副一半，其餘本府自行那容支遣。」詔令本府於交割錢内取撥會子一萬貫，專充蓋造寨屋支用，務要如法，毋致滅裂。

〔一〕曆：原抄作「曆」，旁批爲「歷」，似當以「曆」爲正。

嘉定五年二月十二日，臣僚言：「仰惟聖朝規模宏遠，諸州置立禁軍，有什五，有隊長，統於帥司，隸於州籍，厚其稍廩以代其耕，雄其營柵以安其處。一則責其教閱，以備不虞，二則不使與平民散處，易於關防也。臣頃以（鈐）〔鈐〕戎職事，每歲兩詣諸郡按閱，竊見營寨多致傾圮，主兵之吏恬不加意，而州郡又視爲故常，至使軍旅僦居市廛，與民無異。其患有二：一則軍民雜處，多有憑藉伍符因而屠沽賭博，陵轢細民。既無門禁關防，合干軍頭何由禁戢？深爲民患，誠不可忽。一則州郡之間，或有盜賊風燭，卒伍之衆，星分異處，卒難鳩集。乞行下諸路州軍，常切檢視營屋，如有傾壞，隨即修治。照所管軍頭拘收入營，不許仍前在外居止。仍委帥司嚴行覺察。」從之。

十一月二十日，南郊赦：「嘉定五年二月十二日指揮，行下諸路州軍，常切檢視禁軍營屋，如有傾壞，隨即脩治。竊慮州縣視爲文具，不與修葺，仰守臣常切差官檢視，歲具修過數目申安撫司照會。如違，許安撫司覺察以聞。」

十三年三月七日，詔：「鎮江府於令項寄樁交會内支撥會子五千貫，黄州充樁管米内 30 支取五百石，付知黄州、淮西提刑何大節，專充起蓋寨屋一千間工物、食口之費。」以本州增募敢死軍一千人故也。

十四年九月十日，明堂赦：「嘉定五年三月十三日指揮〔一〕，行下諸路州軍，常切檢視禁軍營屋，如有傾壞，隨即修治。竊慮州縣視爲文具，不與修葺，仰守臣常切差官檢視，歲具修過數目申安撫司照會。如違，許安撫司覺察聞奏。其諸處屯戍軍兵營屋，仰主帥一體施行。」（以上《永樂大典》卷一一〇七三）

〔一〕三月十三日：據前嘉定五年「十一月二十日」條所引相同文字，時間爲「二月十二日」，兩者當有一誤。

宋會要輯稿　兵七

親征

【宋會要】❶太祖建隆元年四月十四日，昭義軍節度李筠叛。

五月十九日，内出手詔曰：「朕仰膺天睠，肇啓皇圖，念可畏之非民，敢無名而動衆？李筠不知天命，犯我王誅，棄帶河礪嶽之恩，爲干紀亂常之事。已行攻討，即俟盪平。當九夏之炎蒸，念六師之勞苦，深居宫闕，情所難安，當議省巡，用申慰撫。朕取此月内暫幸軍前。所司供頓〔一〕，務從儉約；郡國長吏，不得擅赴行在；兩京留守官起居表章，傳置以聞。勿令勞擾，以稱朕意。」

二十四日，次滎陽，西京留守向拱、河陽節度使趙晁來朝。太祖召拱與語，拱曰：「李筠逆節久露，兵勢漸盛，陛下宜速濟大河，歷太行，乘其未集而擊之，平賊必矣。若稽浹旬，臣恐賊鋒益熾，攻之難力矣。」帝深然之。

三十日，王師環其城，龍捷軍使王廷魯率所部兵自昭義來歸。

六月一日，車駕傅澤州城下，命諸軍攻之。初，吐渾府都留後、汾州團練使王全德帥所部從筠至〔二〕，與王師接戰，兵大敗，奔潞州。及帝壓澤州，（金）〔全〕德大懼，率親信數十人斬關而出，歸於行在。

十三日，帝率衛兵急攻賊壘。巳時（援）〔拔〕之，獲僞宰相衛融，詔釋其罪。筠赴火而死。

十七〔日〕，車駕北伐潞州。十九日，其子守節舉城迎降，詔釋其罪，賜襲衣、鞍馬以撫之。是日，帝入潞州，宴從官於行宫，守節與焉。二十二日，升單州爲團練，❷以守節爲使，餘僞官効順者皆優録之。

二十三日，赦：「應行營將士，並與優給；没王事者，録其子孫；無子孫者，給其家糧廪二年；十將已上，仍加等贈官。」

七月十日，車駕至自澤、潞。

九月，（楊）〔揚〕州李重進叛。

十月二十一日，内降手詔曰：「朕以叛臣負國，兇黨嬰城，勞將帥以征行，救生靈之塗炭。重念蒙犯霜露，跋涉山川，將親示於撫巡，須暫離於京闕。朕取今月内幸（楊）〔揚〕州。凡所供須，務令省約，方期靖亂〔三〕，無至勞人。餘依征澤、潞詔書從事。」先是，帝謂侍臣曰：「朕於周室舊臣，無所猜間〔四〕，但重進不體朕心，自懷反側。今既遠勞師旅，須自撫巡。」故下詔焉。

〔一〕供：原作「借」，據《宋朝事實》卷一七改。供頓謂沿途暫住之供給。
〔二〕王全德：原作「五金德」，據《長編》卷一改。
〔三〕靖：原作「静」，據《宋大詔令集》卷一四四改。
〔四〕間：原作「問」，據《東都事略》卷一二二改。

二十四日，車駕南征。

二十七日，次宋州。時城中軍有戍(楊)〔揚〕州者，父母妻子頗懷疑懼，分命中使就撫之。

十一月八日，次泗州。命諸軍陸行而進。

十一日，次大儀頓〔一〕，前軍都總管石守信遣馳騎上言：「(楊)〔揚〕州破在頃刻，請速臨幸。」帝覽奏，徑至城下，併兵攻之，尋拔其城。重進擁其家屬登于城東樓，縱火自焚。重進兄深州刺史重興聞其叛，自剄而死；弟解州刺史重贇及其子尚食使延福並戮於市。(楊)〔揚〕州平，帝駐蹕西南隅，閱逆黨，誅數百人。賑給(楊)〔揚〕州民米，人一斛〔二〕，十歲以下半之，爲重進逼脅隸軍籍者賜衣屨遣之。又詔：「揚州城下役夫有死於矢石者，人給絹三匹，復其家。」

(三年二月)〔二十〕九日〔三〕，以宣徽北院使李處耘權知(楊)〔揚〕州。

十二月二十二日，車駕至自揚州。

開寶二年二月十 3 一日，內降手詔曰：「朕以菲薄，爲天下君。臨御以來，不敢逸豫，憂勞庶政，勤恤下民。所冀咸遂昭蘇，漸臻治定。雖未遑於偃革，固匪願於佳兵〔四〕。蠢爾太原，獨背朝化，潛依虜帳，數結蜀川。既喪劉鈞，旋立異姓，豈能保守，尋亦覆亡。今殘衆遊魂，騃童專國，乘我郊禋之際，來侵晉絳之民。焚盪鄉川，敺略黎庶，致數州之被害，顧涼德以何安？宜順人心，龔行天討。朕取此月內，率六師親征，沿路供須，並從官給，務令省約，無至勞人。」

十七日，車駕北征。

三月二十一日，傳令城下。

二十三日，觀兵於城南，命築長連城。

二十四日，幸汾河。修橋梁，分命朝臣發太原諸縣丁夫數萬赴城下。

二十六日，僞憲州軍事判官史昭文以郡來降，即授本州刺史，仍賜襲衣、金帶、鞍勒馬。

二十八日，幸城東南，始命築長隄，壅水灌其城。

二十九日，決晉祠水注于城下。

三十日，置寨於城四面：李繼勳軍於南，趙贊軍於西，曹彬軍於北，党進軍於東，以脅之。

四月四日，遣海州刺史孫方進率兵數千人圍汾州，以判四方館翟守素監其軍。

五月八日，幸城北〔五〕，引汾水入新隄，灌其城內。

十二日，幸城東南，命水軍乘小舟，載彊弩，以偪其城。

二十一日，命諸軍進攻西門。

〔一〕大儀頓：《長編》卷一作「大義驛」。
〔二〕人：原無，據《長編》卷一補。
〔三〕二十九日：原作「三年二月九日」，據《長編》卷一改。
〔四〕佳：原作「加」，據《宋大詔令集》卷二二七改。
〔五〕幸：原脱，據《長編》卷一〇補。

二十三日，僞知嵐州趙文度來歸，待罪於行宮。帝命釋之，賜襲衣、玉帶、鞍勒馬、器幣，應嵐州僞官賜物有差。時殿前指揮使、都虞候趙廷翰上言，以城壘未下，諸班衛士咸願登城，死力以**4**圖攻取。帝曰：「汝等，吾躬自訓練，皆一以當百，所以備肘腋，同休戚也。一旦以小寇未平而欲先登陷敵，吾寧不得太原城，不欲令汝輩蹈必死之地。」左右皆感泣再拜，呼萬歲。

閏五月二日，太原城堞摧圮，大水注於城中，并人莫之禦，太祖遂幸長隄觀焉。軍士登望樓，見城中人奔竄不暇。

三日，幸城南，命水軍乘舟以焚其門。

七日，移行宮於城東罕山之南[一]，將班師也。時太常博士李光贊上言曰：「陛下應天順人，體元御極，戰無不勝，謀無不臧，四方恃險之邦、僭竊帝王之號者，昔與中國爲鄰，今日與陛下爲臣。蕞爾晉陽，豈須親討，重勞飛輓，搆怨黔黎。得之未足爲榮，失之未足爲辱。國家貴静，天道惡盈。所慮向來恃險之邦、近日歸明之國，聞是役也，竭府庫之財，盡生民之力，中心踴躍，各有窺覦。《傳》曰：『鄰之厚，君之薄也。』豈若迴鑾復都，屯兵上黨，使夏取其麥，秋取其禾，既寬力役之勞，便是盪平之策。惟陛下裁之。况時屬炎蒸，候當暑雨，儻或河津汎溢，道路阻艱，輦運稽遲，恐勞宸慮。」帝覽奏甚喜，命宰相趙普撫諭之，而詔移軍焉。

六月十八日，車駕至自太原。（以上《永樂大典》卷七九九八）

【宋會要】

5 太宗〔太平〕興國四年二月二日，詔曰：「王者肆覲羣后，存問百年，必因龜筮之祥，會於方嶽之下。所以巡諸侯之守，達遠民之情，斯爲舊章，豈可暫廢？眷兹河朔，控乃邊陲，翠華久曠於豫遊，比屋實勤於望幸。宜親巡於疆埸，庶躬撫於士民。慰其徯后之心，用展省方之義。櫛風沐雨，朕無憚焉。朕今暫幸鎮州，以此月内進發。沿路供頓，並從簡儉。凡百費用，悉以官物充，不得於民間輒有科率，諸州不得於州縣輒有須索。車駕經過州府縣鎮，並不得於道路排比香臺、畫轝、青繩、欄竿等物。近處節度、防禦、團練、刺史、知州等，不得輒離任所，來赴朝覲[二]。兩京留守司官及諸州屯戍將校上表起居[三]，並附驛以聞。應經過除州府外，縣鎮官吏並不得輒以饗餼爲獻。」

十九日，次德清軍。均州刺史解暉、尚食使折彦贇攻隆州[四]。

二十七日，次臨城縣。契丹遣使耶律尚書拽剌梅里上表，對於行在。

三月一日，次真定府。

[一] 城：原無，據《長編》卷一〇、《太平治迹統類》卷二補。
[二] 來：原作「求」，據《宋大詔令集》卷一四四改。
[三] 兩：原作「西」，據《宋大詔令集》卷一四四改。
[四] 贇：原作「斌」，據《長編》卷二〇改。

四月十四日，發真定府。

二十二日，次太原，駐蹕於汾水東之行宫。

二十三日，幸太原城四面按行營壘，閲視攻具機石、革笴、梯衝、器用。所至皆下馬，召諸將慰勞久之。歸行宫，有詔諭劉繼元曰：「太原一方，介于三晉，有陶唐之舊俗，有西河之遺風。務穡勸農〔一〕，憂深思遠。知去就之分，爲禮義之邦。而乃詿誤閭閻，淪胥塗炭，北面稱臣於胡虜，南向拒命於闕庭，假息偷 6 安，苟延歲月。爲計如此，不亦謬歟！今朕親御戎衣，龔行天討，靈旗所指，虎旅爭先，以王者時雨之師，救比户倒懸之急。孤壘四絶，奇兵九攻〔二〕，翦滅之期，在於刻漏。又念一城之内，百姓何辜，用推仁恕之心，更諭安危之理。繼元素懷明略，合有遠圖，當兹窮蹙之中，必念通變之術。先人宗社，豈使絶於蒸嘗；編户生民，豈令塗於原野。比鄰之救何益，驅馬之悔莫追。事理較然，所宜熟慮。儻能翻然改過，束身來降，實亦富貴可期，何止待以不死。恃險與馬，往戒實深；大王小侯，朕言不食。在城文武官僚等，忠純事主，明哲保身，儻思轉禍之言，共定歸朝之計，我有好爵，與爾縻之。苟執迷之不悛，則追悔而無及。審定良計，以副朕懷。」傳詔至城下，守陴者疑懼不敢受詔〔三〕，繼元不之知也。

二十四日，夜漏未盡，太宗幸太原城西，督諸將麾兵發機石攻城。先是，帝決意取太原，乃選諸軍壯士數百，教以劍舞，皆能擲劍空中，躍其身左右承之，妙絶無比，見者震恐。會北戎遣使修貢，賜宴便殿，因出劍士示之。袒裼鼓譟，揮刃而入，跳躑承接，霜鋒雪刃，飛舞滿空。戎使見之，懼形於色。及是，每巡城耀武，必令劍舞前導，各呈其技，賊衆乘城〔四〕，望之破膽。帝每躬擐甲胄，犯矢石，指揮戎旅。左右有諫者，帝曰：「將士爭效命於鋒鏑之下，朕豈忍坐觀！」士卒聞之，人百其勇，皆爭先登。凡控弦之士數十萬，列陣於前，蹲甲交射，矢集賊城如蝟毛。每給諸軍矢數百萬，必頃刻而盡。捕得生口，云繼元城中購市所射之箭，以十錢易一雙，凡得百餘萬雙，聚而貯之。帝聞，笑曰：「此箭爲我蓄也。」及城降，盡得。

二十六日，幸諸寨，親督諸將攻城。

二十七日，夜漏未盡，又幸連城諸洞，命瀛州防禦使馬仁瑀〔五〕、成州刺史慕容福超〔六〕、飛龍使白重貴、八作使李繼昇分道率 7 卒攻城。

二十九日，幸城西連城樓，親督諸軍攻城，甚危。

五月一日，晚，帝躬擐甲胄，幸城西南隅，督諸將急攻，達曉而止，陷其羊馬城，生擒僞宣徽使范超，斬於纛下。

四日，幸城南，督衆攻城。帝自草詔賜繼元曰：「眷兹孤壘〔七〕，朝夕盪平。朕憫萬姓之倒懸，思一戎之底定。蓋救焚拯溺之舉，無佳兵樂戰之心，特推寬大之恩，爰示生全之路。繼元素懷英氣，當體朕懷。恐於危蹙之中，遽罹鋒

〔一〕農：原作「分」，據《宋大詔令集》卷二二七改。
〔二〕九：原作「各」，據《宋大詔令集》卷二二七改。
〔三〕陴：原作「裨」，據《長編》卷二〇改。
〔四〕城：原作「時」，據《長編》卷二〇改。
〔五〕瑀：原作「禹」，據《隆平集》卷一七、《宋史》卷二七三《馬仁瑀傳》改。
〔六〕慕容福超：《宋史》卷四六三《杜審進傳》作「慕容福起」。
〔七〕眷兹：原作「繼元」，據《宋大詔令集》卷二二七改。

鏑之禍。奉父母之遺體，當如是耶？此非男子之見也。日前或繕戈甲，敢抗王師，及至討除，悉皆釋放。昨者越王、吳王獻地歸明，或授以大藩，或列於上將；臣僚子弟，皆享官封。繼元但速歸降，必保終始富貴。先人之祭祀不絶，一城之生聚獲全，安危兩途，爾宜決擇。故兹詔示，當悉至懷。」

五日，諸將急攻，士卒奮怒乘城，矢石交發，梯衝並進，城欲壞，士氣不可遏。帝恐屠其城，因麾衆稍退。是夜，繼元遣僞客省使李勳上表納款，賜襲衣、金帶、銀器、綿綵、鞍馬。命通事舍人薛文寶齎詔入城宣諭繼元曰：「卿聿承世業，據有并門，與我國家，本無仇怨。屬中原之多故，遂王祭之闕供，致干戈之日尋，使生靈之塗地。朕君臨區寓，子育蒸黎。豈使三晉之邦未歸於封略〔一〕，一方之俗尚隔於照臨。是用親御六師，龔行天討，以神武而不殺，欲比屋之來蘇。當兹危迫之中，能定變通之計，上表待罪，束身請降，益彰君子之見機，實救生民之焚首。8嘉兹効順，副我好生，從前愆尤，並與洗滌，待以優禮，蓋有彝章。方示信於萬邦，必延賞於十世。諒卿明晤，深識朕懷。」

是夜，幸太原城北，張樂宴從官於城臺，受繼元之降。御製《平晉賦》及五七言詩，令從臣繼作。

十八日，幸太原城北，御沙河門樓〔二〕，遣使分部居民〔三〕，盡徙於新城。民既出，即命縱火，萬炬皆發，官寺民舍，一日俱燼。以行在所爲佛寺，賜號「平晉」，御製《平晉記》刻於石。

六月七日，詔發兖、鄆、齊、魏、貝、博、滄、鎮、冀、邢、磁〔四〕、洺、德、易、定、祁、瀛、莫、雄、霸、深、趙等州，及乾寧、保塞等軍芻粟赴北面行營〔五〕，分遣使督之，將有事於幽薊也。

十九日，次金臺頓，北戎據有之地也。募其民能爲鄉導者百人，人賜錢二千。

二十日，帝躬擐甲胄，率兵次東易州。州，戎人之所立也。僞刺史劉宇率官吏開門迎王師〔六〕，乞降，賜衣服、錢帛慰撫之，留兵千人守焉。

二十三日，未明，次幽州城南。契丹衆萬餘屯於城北〔七〕，帝親率兵乘之，斬首千餘級，餘黨遁去。契丹渤海兵三百餘人、范陽軍民二百餘人來降。

二十五日，命諸將分兵攻城。定國軍節度宋延渥部南面〔八〕，尚食使侯昭愿副之；河陽節度崔彦進北面，内供奉官江守鈞副之；彰信軍節度劉遇東面，儀鸞副使王賓副

〔一〕使：原作「是」，據《宋大詔令集》卷二二七改。
〔二〕沙河：原作「河沙」，據《長編》卷二〇乙。
〔三〕分：原無，據《長編》卷二〇補。
〔四〕磁：原作「滋」，據《宋朝事實》卷二〇改。
〔五〕塞：原作「寨」，據《宋朝事實》卷二〇改。
〔六〕劉宇：《長編》卷二〇作「劉禹」。
〔七〕城：原作「地」，據《長編》卷二〇改。
〔八〕宋延渥：《長編》卷二〇作「宋渥」。

之；定武軍節度孟玄喆西面〔一〕，閑廄副使張守明副之。命宣徽南院使潘美知幽州行府，度支判官奚嶼、户部判官杜載並爲行府判官。契丹鐵林都指揮使、右厢主李札盧存以部[9]下兵百二十五人來降。

二十六日，幸城北，督諸將攻城。村民獲戎馬三百餘疋來獻。幽州本城神武廳直并鄉兵四百餘人來降〔二〕。

二十八日，范陽鄉民百人相率以牛酒迎犒王師。

三十日，帝乘步輦至城下，督諸將攻幽州，（都）〔郡〕内諸縣令佐及鄉民一百五十人來降〔三〕。

七月三日，契丹僞武雄軍節度使〔四〕、知順州劉廷素率官屬十四人來降。

五日，僞節度使、知薊州劉守恩與官屬十七人來降。

六日，幸城西北隅，督攻城。

七日，詔班師。

二十八日，車駕至自范陽。先（自）〔是〕，帝平汾迴，欲承勝取范陽，諸將皆贊成其事。至是，以士卒疲頓，轉輪迴遠，且虞戎虜之至，遂班師。

（是年）〔五年〕十一月十日〔五〕，詔曰：「邊境多虞，寇戎猶梗。介胄之士，息肩未遑；樽俎之籌〔六〕，折衝靡暇。兩河之際，列障相望。烽火時至於近郊，羽檄尚馳於絶塞。是用大興戈甲，遂殄氛霾。昔者師人多寒，楚子所以躬撫；匈奴未滅，漢武於是親巡。蓋以慰虎旅之心，破犬戎之膽。雖在窮冬之候，敢辭夙駕之勞〔七〕。朕取此月暫幸邊陲，親撫士卒。應經過頓舍〔八〕，凡百費用，悉以官物充，所在不得輒有裒斂。諸司須索，非有勅命，州縣不得供給。馳道左右，並不得排比香臺、畫甕、青繩、欄竿等物。鄰近州府長吏各司其局，不得輒離本任，來赴行在，亦不得以貢奉爲名，輒有科率。兩京留守司及諸州起居表疏，並附驛置以聞〔九〕。」

十三日，車駕發京師。

十四日，關南言破契丹萬餘衆，斬首三千[10]餘級。翌日，從臣詣行宫稱賀。

十九日，駐蹕大名府。雄州言戎虜皆遁，邊候徹警，從臣稱賀。

十二月十六日，車駕至自大名〔一〇〕。

雍熙三年正月，詔幽州吏民曰：「朕祇膺景命，光宅中

〔一〕玄喆：原作「元喆」，據《長編》卷二〇、《宋史》卷四七九本傳改。

〔二〕四百：原作「四萬」，據《長編》卷二〇改。

〔三〕佐：原作「左」，據《長編》卷二〇改。

〔四〕武雄軍：《長編》卷二〇、《宋史》卷四《太宗紀》一作「建雄軍」。

〔五〕五年：原作「是年」，即指「四年」，《長編》卷二一于五年十一月己酉（十日）條云「詔巡北邊」。《宋大詔令集》卷一九八繫此詔年月日與《長編》同，據改。以下四條俱是五年事。

〔六〕籌：原作「儔」，據《宋大詔令集》卷一九八改。

〔七〕勞：原作「辭」，據《宋大詔令集》卷一九八改。

〔八〕舍：原作「合」，據《宋大詔令集》卷一九八改。

〔九〕驛：原作「厩」，據《宋大詔令集》卷一九八改。

〔一〇〕自：原脱。按《長編》卷二一載，十二月十六日「乙酉，至京師」，則是自大名回至京師也，據補。

區。右蜀全吳，盡在提封之內；東漸西被，咸歸覆育之中。常令萬物以由庚〔一〕，每恥一夫之不獲。睠此北燕之地，本爲中國之民，晉漢以來，戎夷竊據，迨今不復，垂五十年。國家化被華夷，恩覃動植，豈可使幽燕奧壤，猶爲被髮之鄉，冠帶遺民，尚雜茹毛之俗。爰興師律，以正封疆。拯溺救焚，聿從於民望；執訊獲醜，即震於皇威。凡爾衆多，宜體此意。今遣行營前軍都總管曹彬、副總管崔彦進等〔二〕，推鋒直進，振旅長驅。朕當續御戎車，親臨寇境，徑指西樓之地，盡焚老上之庭。灌爝火之微，寧勞巨浸；折春螽之股，豈待隆車。應大軍入界，百姓倍加安撫，不得誤有傷殺及發掘墳墓、焚燒廬舍、斬伐桑棗、虜掠人畜，犯者並當處斬。應收復城邑文武官吏，皆依舊任，候平幽州日，別加擢用。若有識機知變、因事建功，以節度、防禦、團練、刺史州降者，即以本任授之，仍加優賞。軍鎮、城邑亦如之。鄉縣户民候平定日，除二税外，無名科率並當除放。凡在衆庶，當體朕懷。」會歧溝關敗績，遂罷親征。

真宗咸平二年十二月二日，詔曰：「朕惟念遠圖，冀寧中夏，而引弓之俗，尚恣貪婪，侵軼我邊防，繹騷我黎庶，是用當食而歎，投袂以興。整七萃之師〔三〕，幸兩河之 11 壤，蓋所以慰編甿之徯望，撫戎士之多寒。朕今月五日暫幸河北，應經過頓舍，凡百費用，悉從官給，所在不得輒有率斂。諸司須索，非勑命，州縣不得供億。兩京諸州表章，附驛以聞。」

五日，車駕進發，真宗駐蹕澶州。

十三日，賜輔臣甲冑弓劍。

十四日，次德清軍〔四〕。

十五日，以扈從軍衛列爲行陣，真宗躬御鎧甲於中軍，諸王、樞密等介冑以從。命王顯、宋湜分押後軍。東西緜亘數十里，旌旗滿野，部伍嚴整。次天雄軍。

十七日，詔曰：「朕奄宅中宇，茂育羣生。眷全魏之部封，罹寇戎之侵軼，念茲瘡痏，惕然疚懷。爰整師徒，聿來巡幸，冀吾蒸庶〔五〕，咸遂撫寧。應驚擾流移人户，詔到日，各復本業，當別行優恤。仍委所屬州縣倍加安撫。」命屯田郎中李蟠，比部員外郎孟元振，虞部員外郎、史館檢討董元亨，秘書丞李易直，許洞，殿中丞宋革〔六〕，太子中舍耿忠明〔七〕，秘書郎董翺，齎詔馳往邢、洺、祁、趙、雄、霸、貝、冀諸州。帝謂之曰：「汝等此行，可遍詣閭里，諭以朕已至此，速令復業，無或流散。」

三年正月十二日，高陽關貝冀州路都總管范廷召遣寄

〔一〕庚：原作「庾」，據《太宗皇帝實録》卷三五改。
〔二〕彦：原作「秀」，據《太宗皇帝實録》卷三五、《宋史》卷五《太宗紀》二改。
〔三〕萃：原作「年」，據《宋大詔令集》卷一四四改。
〔四〕德清：原作「德靖」，據《長編》卷四五改。
〔五〕吾：原作「而」，據《宋大詔令集》卷一八七改。
〔六〕殿中丞：「殿」字原在「許洞」上，據本書職官五二之九乙。
〔七〕耿忠明：本書職官五二之九作「耿明」。

班侍禁郭筠入奏：「今月十九日㈠，領兵追契丹至莫州東三十里，大破之，斬首萬餘級，所虜老幼數萬，鞍馬、兵仗不可勝紀，餘寇遁逃出境。」宰臣率百官稱賀，帝作《喜聞捷奏》五、七言詩二首，題於行宮之壁，命近臣館（閤）〔閣〕屬和。

二十二日，車駕至自天雄軍。

六年，以契丹入寇，將議親征。七月十五[12]日，先命司封郎中欒崇吉自京至鎮、定檢視行宮頓遞。

景德元年九月，帝謂輔臣曰：「國家重兵多在河北，不乘此時決勝，則邊防之憂未已。朕決策親征，卿等共議何時可行。」宰臣畢士安等曰：「陛下已命將出師，委任責成，必立功效。如欲親征，宜駐澶淵，就便處事。然城郭非廣，兵難久聚，況冬候猶遠，順動之事，更望深圖。」寇準曰：「大兵在外，須勞聖駕暫幸澶州，進發之期，不可稽緩。」知樞密院王繼英等曰：「犬戎舉國入寇，朝廷必期決勝。所宜順動，以壯兵威，仍督諸路進軍，臨事得以裁制。然將來駐蹕，不可更越澶州，庶不虧慎重。所議進發，尤宜緩圖。若速至彼，勢難久留。」乃詔士安等各述所見，具狀以聞，而帝決意親征。

十一月二十日，車駕發京師。

二十二日，次韋城縣，命知滑州張秉、知齊州馬應昌、知濮州張晟往來河上，部丁夫鑿冰，以防戎馬之渡。

二十四日，晨發，極寒，左右進貂帽毳裘。帝曰：「臣下皆冒寒冱，朕不須此。」却而不御。次衛南，北戎遣使致書乞和。帝謂宰臣曰：「戎人雖有善意，國家以安民息戰爲念，固已許之㈡。然彼尚率腥羶深入吾土，又河冰已合，戎馬可渡，亦宜過爲之備。朕已決成算，親勵全師。況狄人貪婪，不顧德義，若盟約之際，別有邀求，當決於一戰，殄茲醜虜。上天景靈，諒必助順。可再督諸路將帥速會駕前，仍命陳堯叟乘傳赴澶州北寨，密諭將帥，整飭戎容，以便宜從事。」

二[13]十五日，給隨駕諸軍介冑。內出陣圖二，一行一止，付殿前都指揮使高瓊等。駕前東西路都排陣使李繼隆等遣人入奏：「戎寇過天雄軍，以德清軍無備，乘虛而入。二十四日，率衆至澶州城北，直犯大軍，圍合三面，輕騎由西北隅突進。大軍既成列，戎騎止而不進。臣等分伏勁弩，控其要害，有戎帥號先鋒統軍順國王撻覽者，異其旗幟，方出行軍，伏弩齊發，矢中撻覽額而斃。戎人數十百輩競前輿曳而去，戎師悉遁。至夕，分遣伺察，戎人漸北，但時令輕騎來窺大軍。」

二十六日，車駕將前進，李繼隆等言：「諸軍並集，澶州北城閭巷湫隘，望且於南城駐蹕。」從之。

㈠ 按，《長編》卷四六李燾原注云：「奏稱『今月十九日』，蓋衍『十』字。十二日奏達行在，豈得預指十九日耶？」

㈡ 許：原作「詳」，據《長編》卷五八改。

是日，次澶州南城，以驛舍爲行宮。遣使赴北州部分兵甲，闢除城中。是夕，帝步輦渡河幸北寨，御北門樓，覽觀營壁。召見李繼隆以下諸將，慰撫久之。賜諸軍酒食、緡錢。

十二月四日，幸北寨，歷覽營栅。詔東京官吏、將校、僧道、軍民等曰：「昨駕前大軍頓澶州城北，前月二十四日，蕃賊忽來奔衝，尋量出軍馬，當時殺退。今月一日，據德、博州各遣人入奏，蕃賊已移寨逃遁東北而去〔一〕。三日，又有從賊寨走來百姓石興等稱，蕃賊已奔逃北去。又北面都總管王超等〔二〕，遣借職張禹吉、殿侍劉潛走馬入奏，部領大軍，相次至駕前會合。鄆、齊、濮等州巡檢使丁謂奏捕到細作〔三〕，稱賊界遣百餘人過來河南，虚稱言詞，扇摇人户。朕以虜寇犯邊，生靈是念，親提鋭旅，直[14]抵澶淵。大軍合勢以南來，兇醜應時而遁去。如聞姦詐，妄有動摇，宜命近臣，往宣事實，覩兹寧静，勿復驚疑。朕俟安撫軍民，即還京闕。今特命給事中呂祐之齎勅榜撫諭，西京亦依此降下。」東京留守雍王元份等上表稱賀。

七日，命右正言知制誥陳堯咨、虞部員外郎兼侍御史知雜事李濬安撫河陽、懷、衛、澤、潞等州，都官員外郎王礪、祕書丞許洞安撫開封府界、滑、鄭等州。以戎人遁去，告諭閭里，所至放强壯歸農。

八日，遣侍御史高貽慶、三司户部判官屯田員外郎郝太沖、殿中丞通判天雄軍節度判官張紳，分詣河北諸州軍，招撫人民，悉令歸業。羣盜結集未擒獲者，移牒督官吏討逐，仍招誘首身。暴露骸骨，令逐處埋瘞祭奠。許北戎請和，遂班師。

十九日，車駕至自澶州。

欽宗靖康元年正月三日，詔曰：「朕以金國渝盟，藥師叛命，侵軼邊鄙，劫掠吏民，雖在纘承之初，敢忘付託之重！事非獲已，師實有名，已戒六師，躬行天討。應親征合行事件，令有司並依真宗皇帝幸澶淵故事。」

四日，募武舉及第有材武方畧，或有戰功、曾經戰陣，及經邊任大小使臣，不以罪犯、已叙未叙，及武學有方畧智謀及曾充弓馬所子弟，及諸色有膽勇敢戰之人，並許赴親征行營司。

高宗建炎元年七月十三日，詔曰：「祖宗都汴，垂二百年，天下乂安，重熙累洽，未嘗稍有變故，承平之久，超軼漢[15]唐。比年以來，圖慮弗臧，禍生所忽。金人一歲之間，再犯都城，信其詐謀，終墮賊計。肆朕纂承，永念先烈，顧瞻宮室，何以爲懷？是用權時之宜，法古巡狩，駐蹕近甸，號召軍馬，以防金人秋高氣寒，再來入寇。朕將親督六師，以援京城及河北、河東諸路，與之決戰。已詔迎奉元祐太后，

〔一〕遁：原作「巡」，據《宋大詔令集》卷一八七改。
〔二〕超：原作「起」，據《長編》卷五七改。
〔三〕捕：原作「部」，據《宋大詔令集》卷一八七改。

津遣六宮及衛士家屬，置之東南。朕與羣臣將士獨留中原，以爲爾京城及萬方百姓請命于皇天，庶幾天意昭答，中國之勢寖彊〔一〕，歸宅故都，還迎二聖，以稱朕夙夜憂勤之意。應在京屯兵聚糧，修治樓櫓、器具，並令留守司、京城所、户部疾速措置施行。咨爾士大夫、軍民，體朕至懷，無有疑慮。」

三年十一月二十三日，詔曰：「國家自遭金人侵逼，無歲無兵。朕纂承以來，深軫念慮，謂父兄在難而吾民未撫，不欲使之陷於鋒鏑，故包羞忍恥，爲退避之謀，冀其逞志而歸，稍得休息。自南京移淮甸，自淮甸移建康，自建康移會稽，播遷之遠，極於海隅。卑詞厚禮，遣使相望，以至願去尊稱，甘心貶屈，請用正朔，比於藩臣。在建康則遣洪皓、崔縱、杜時亮，在平江則遣張邵。其爲書旨，無不曲盡哀祈，假使金石無情，亦當少動。近探報，金人一項於和州，欲渡采石；一項於黃州渡兵，已至興國軍界。是朕累年卑屈拳拳哀祈者，卒未見從，生民嗷嗷，何時寧息？今諸路兵聚於江、浙之間〔二〕，朕不憚親行，據其要會。如金人尚容朕爲汝兵民之主，則朕16於事大之禮敢有不恭〔三〕。或必欲窺我行在，傾我宗社，塗炭生靈，竭取東南金帛、子女，則朕亦何愛一身，不臨行陣，以踐前言，以死保羣生。朕已取十一月二十五日移蹕前去浙西，爲迎敵之計。惟我將士、人民，念國家涵養之恩，二聖拘縻之辱，悼殺戮焚殘之禍，與其束手待斃，曷若并計合謀，同心戮力，奮勵而前，以存國家。故茲詔示，想宜知悉。」

紹興四年十一月一日，宰臣趙鼎等進呈韓世忠奏報，蕃僞賊馬自淮陽軍犯楚州。上曰：「朕爲二聖在遠，及天下生靈久罹塗炭，屈己請和，而黠虜貪惏不已，復肆侵凌。朕當親總六師，往臨大江，決於一戰。」遂詔先遣張俊統率所部馬軍前去應援韓世忠，及令劉光世移軍建康。

六年八月九日，詔曰：「廼者彊敵亂常，阻兵猾夏，兩宮北狩，六馭南巡。霜露十年，關河萬里。朕爲人之子，而雞鳴之問不至；爲人之弟，而鴒原之難不聞。眷言臣子之心，誰無父兄之念？而又干戈未息，疆埸多虞。遣戍經時，不離甲胄；飛芻越險，久棄室家。爾則效忠，朕寧不愧？是用當饋投匕〔四〕，未明求衣，弗辭馬上之勞，以便軍中之務。若投機制勝，朕將親撫於六師；若蓄鋭待時，朕則輯和於百姓。且黃帝以車爲衛，豈不知九重之安；漢文按轡而行，豈不知四體之逸？蓋國家急先務者，況禍難至於此乎！天實臨之，民亦勞止。諒彼同舟之衆，知吾發軔之情。咨爾有官，各揚其職。布告中外，悉17使聞知。」

七年正月一日，詔曰：「朕獲奉丕圖，行將一紀，每念多故，惕然于心。昨以盛秋，載親戎乘，露蓋于野，率示四

〔一〕寖彊：原抄作「寖彊」，被塗改爲「寖疆」，據《建炎要録》卷七回改。
〔二〕江浙：原作「浙江」，據《建炎要録》卷二九乙。
〔三〕大：原作「天」，據《宋史》卷一一四《禮志》一七改。
〔四〕匕：原作「已」，據《建炎要録》卷一〇四改。

方。屬叛逆之來侵，幸以時而克定。重念兩宮征駕未還於殊俗，列聖陵寢尚隔於妖氛，黎元多艱，兵革靡息。永惟厥咎，在予一人，其敢即安，彌忘大業〔一〕！思鼓士氣，以恢遠猷。惟黄帝以上聖之君，無常居之邑；周王當平治之日，有于邁之師。朕於斯時，敢替前軌。將乘春律，往臨大江，駐蹕建康，以察天意。播告遐邇，俾迪朕懷。」

三十一年九月二十九日，詔：「金虜無厭，背盟失信，軍馬已犯川界。今茲率精兵百萬，躬行天討。」於是內出手詔曰：「朕履運中微，遭家多難。八陵廢祀，可勝（抷）〔抔〕土之悲；二帝蒙塵，莫贖終天之痛。皇族尚淪於沙漠，神京猶污於腥羶。銜恨何窮，待時而動。未免屈身而事小，庶幾通好以弭兵。屬戎虜之無厭，曾信盟之弗顧，怙其篡奪之惡，濟以貪殘之兇，流毒徧於華夷，視民幾於草芥。赤地千里，謂暴虐爲無傷；蒼天九重，以高明爲可侮。輒因賀使，公肆嫚言，指求將相之臣，坐索漢淮之壤。吠堯之犬，謂秦無人。朕姑務於含容，彼尚飾其姦詐，嘯厥醜類，驅吾善良。妖氛寖結於中原，烽火遂交於蜀道。皆朕威不足以震疊，德不足以綏懷。負爾萬邦，于今三紀，撫心自悼，流涕無從。方將躬縞素以啓行，率貔貅而薄伐，取細柳勞軍之制，考澶淵却狄之規。詔旨未頒，歡聲四起。歲星臨【18】於吳分，冀成淝水之勳；鬬士倍於晉師，當決韓原之勝。尚賴股肱爪牙之士，文武小大之臣，戮力一心，捐軀報國。共雪侵陵之恥，各肩恢復之圖。播告邇遐，明知朕意。」又詔：「契丹與我爲二百年兄弟之國，頃緣姦臣誤國，招致女真，彼此皆被其毒。朕既移蹕江南，而遼家亦遠徙漠北，相去萬里，音信不通。天亡北虜，使自送死。朕提兵百萬，收復中原，惟大遼豪傑忠義之人，亦宜協力乘勢，殲厥渠魁，報耶律之深讎。將來事定，通好如初。」命吳璘爲陝西河東路招討使，劉錡爲京畿淮北京東路河北東路招討使〔二〕，成閔爲京西路河北西路招討使，楊存中爲御營宿衛使〔三〕。主管馬軍司公事成閔兼鎮江府駐劄御前諸軍都統制、淮南東路制置使、京東西路河北東路淮北泗宿州招討使〔四〕；李顯忠爲淮南西路制置使、京畿河北西路淮北壽亳州招討使，依前建康府駐劄御前諸軍都統制；吳拱爲湖北京西路制置使、京西北路招討使，依前鄂州駐劄御前諸軍都統制。

十二月五日，詔曰：「朕以逆亮逾盟，侵犯王略，肆頒詔旨，躬往視師。久已戒嚴，屬茲進發。凡遠邇股肱之郡，小大文武之臣，宜體朕心，各揚爾職。毋縱姦宄，毋虐善良，毋事征求，毋擾獄市。內則輯寧於封部，外則式遏於寇攘。共濟大勳，永底丕乂。」

十日，車駕自臨安府進發視師，次臨平鎮。

〔一〕忘：原作「志」，據《建炎要録》卷一〇八改。
〔二〕錡：原作「琦」，據《建炎要録》卷一九二改。
〔三〕中：原作「忠」，據《宋史》卷三二《高宗紀》九改。
〔四〕京東：原倒，據《建炎要録》卷一九四乙。

十一日，次秀州崇德縣。

十二日，次秀州。

十三日，次平[19]望。

十四日，次平江府姑蘇館。

十五日，自姑蘇館乘馬次平江府行宮殿。

十六日，次無錫縣。

十七日，次常州荆溪館。

十八日，次呂城。

十九日，次丹陽縣。

二十日，次丹陽館。

二十一日，次鎮江府。自丹陽館乘馬至鎮江府行宮殿。

三十二年正月三日，車駕自鎮江府出陸乘馬，次下蜀鎮。

四日，次東陽鎮。

五日，次建康府大内，下馬入宫。

二十一日，詔：「比者視師江上，虜騎遁去，兩淮無警。已委重臣統護諸將〔一〕，一面經畫進討。今暫還臨安府，奉恭文順德仁孝皇帝祔廟之禮。重惟建康形勢之地，宜令有司增修百官吏舍、諸軍營寨，以備往來巡幸。應諸軍合行推賞，除立功人別行推恩外，應扈衛人令御營宿衛司，出戍暴露人令主帥，往來道路勞役人令成閔，各開具的實人數，保明聞奏。」

二月六日，車駕自建康出陸進發，次東陽鎮。

七日，次下蜀鎮。

八日，次丹陽館。

九日，次丹陽縣。

十日，次呂城縣。

十一日，次常州荆溪館。

十二日，次無錫縣。

十三日，次平江府。

十四日，次平望。

十五日，次秀州北門外。

十六日，次崇德縣。

十七日，次臨平鎮。

十八日，次臨安府餘杭門外稅務亭。御幄乘馬入餘杭門，至祥曦殿，上降馬入宫。

孝宗隆興元年五月二十五日，詔親征，可令有司排辦，候秋涼擇日進發。詔曰：「朕惕膺睿訓，祗遹炎圖。永惟國步之艱，越在海隅之阻，間者亟馳於使軺，庶幾少戢於兵鋒。而邊候屢驚，敵情未革，[20]既摇蕩於秦、隴，復窺伺於荆、襄。念億萬姓之黎民，久遭殘虐；慨二百年之陵寢，莫獲薦陳。爰奮勵於諸軍，以肅清於舊壤〔二〕。靡待前茅之

〔一〕護：原作「獲」，據《建炎要録》卷一九六改。

〔二〕以：原作「比」，據《宋史全文》卷二四上改。

警備〔一〕，將臨細柳以勞師。副上皇與子之心，攄列聖在天之憤。肆諏龜筮，躬御戎車。眷言清蹕之初，申飭攸司之衆〔二〕，各揚乃職，明聽朕言。毋徭役以煩民，毋誅求以剥下，佇成嘉績，迄底丕平。咨爾内外，咸體至懷。」

六月十四日，中書門下省言：「近降指揮，候秋涼擇日巡幸，已差楊存中充御營使。」詔令楊存中先次起發，往建康府措置營寨，并點檢沿江一帶守備事務。

十八日，臣僚言：「伏覩視師之詔既頒，沿路州軍，日聽警蹕。財計事務與防邊之備，分而爲二，用志不專，深爲可憂。乞明諭州縣，展巡幸之期，别聽指揮。仍令專一措置邊防事務，庶得内外協心，軍旅整肅。」從之。

二十五日，右諫議大夫王大寶論及移蹕。上曰：「吾欲亟行。」大寶云：「今日之勢似未可，請少寬歲月。」

二年十一月五日，詔曰：「朕祗奉慈訓〔三〕，嗣有基業，永念祖宗陵寢，朝獻路絶，黎元塗炭，屯戍未休。朕爲人之後而不能報上世之憤，爲人之君而不能拯斯民之厄，故食不知味，寢不安枕，未嘗以尊位爲樂也。特以戰爭之役，肝腦塗地，不忍南北之人枉罹非命，自即位以來，兩發聘使〔四〕，冀尋舊盟，而鄰帥主兵〔五〕，及境弗納。迨行人再往，始則立式邀求，繼則迫脅囚辱。朕以兵隙難開，隱忍自屈，仍遣魏杞銜命復行，21不較禮文，書辭屢易，不愛四郡，割以奉之。乃渝元約，又求商州，且索臨陣係虜之人，是其更變無厭，必欲尋釁，初無休兵結驩之意。今使命逗遛，議論不決，積粟出船，包藏罔測。朕重違太上聖意，而宰輔羣臣前後屢請，已盡依初式，再换國書，歲幣成數，亦如其議。在我可從，無一顧惜。若彼堅欲商秦之地，俘降之人，則朕有以國斃，不能從也。儻或不諧前好〔六〕，至於交兵，天實臨之，非朕得已。想彼兵民，厭其黷武，亦當嗟怨。況我將校六師，受國家爵禄之久，忠義所激，自應奮勇捐軀，爲國雪恥。夫立非常之事，彰無窮之名，醲賞厚賜，朕不敢吝。嗚呼！兵，兇器也，朕既無德以修二國之睦，又無威以寢敵人之謀，時當三冬而使軍士有暴露之艱，人民有轉輸之勞，害貽爾衆，痛在朕躬。凡百臣子，當念興師用衆，匪朕本心；我直彼曲，動則有辭。共輸報國之忠，永饗安居之樂。」

十六日，（詔朕當擇日親征視師所過務從節省並不得有所騷擾）詔：「向者虜帥移書執政〔七〕，復欲議和，朕以生靈之故，不憚屈己，苟可以休兵息民者，一無所吝。而虜情變詐，意有包藏，遣使在途，興師壓境，侵撓淮甸，虔劉吏民。曲直甚

〔一〕茅：原作「茉」，據《宋史全文》卷二四上改。
〔二〕司：原作「同」，據《宋史全文》卷二四上改。
〔三〕祗：原無，據《盤洲文集》卷一二補。
〔四〕聘：原作「騁」，據《盤洲文集》卷一二改。
〔五〕鄰：原作「璘」，據《盤洲文集》卷一二改。
〔六〕好：原作「去」，據《盤洲文集》卷一二改。
〔七〕政：原無，據《中興禮書》卷二三三補。

明，神人共憤。朕當擇日，親往視師。所過務從省節，並不得有所騷擾。」

乾道八年八月七日，宰執進呈周操奏曰：「陛下天錫勇智如商成湯，不能鬱鬱久居漢中如漢高祖，恢復之計，久存聖抱。然而帝王之勝，出於22萬全。章聖皇帝澶淵之役，最爲盛德大業，當時議者猶有付乾坤一擲之語。陛下審而又審，萬全而後舉，宗社生靈之幸。」上曰：「甚是！」

（以上《永樂大典》卷七九九九）

出師　一 [一]

【宋會要】

李筠

23太祖建隆元年四月，以昭義軍節度使李筠叛，命侍衛親軍副都指揮使歸德軍節度使石守信、殿前副都點檢義成軍節度使高懷德率諸軍進討。

五月二日，又命宣徽南院使昝居潤赴澶州巡警[二]，詔殿前都點檢昭化軍節度使慕容延釗、彰德軍節度觀察留後王全斌由東路會兵進討。前德州刺史曹翰、前耀州刺史張暉並充行營濠寨使。其月，石守信敗李筠軍於長平，斬首三千餘級，拔大會寨。

十九日，命侍衛親軍都指揮使、天平軍節度使韓令坤率兵屯河陽。石守信、高懷德又破筠衆三萬於澤州，獲僞河陽節度使范守圖，降河東援軍數千，皆殺之。初，筠送欵於河東劉鈞，及王師至，筠求援於鈞，鈞遣守圖等赴之，故并獲焉。筠遁入澤州。及車駕親征，遂平之。

李重進

太祖建隆元年九月，以淮南節度使李重進叛，又命石守信爲揚州行營都總管兼知（楊）〔揚〕州行府事，殿前都指揮使、義成軍節度使王審琦副之，宣徽北院使李處耘、客省使潘美並爲都監，保信軍節度使宋延渥爲排陣使，統侍衛諸軍討之。

周保權

太祖建隆四年，武陵周行逢僞命衡州刺史張文表舉兵攻潭州，行逢子保權初嗣立，乞師於朝廷，以爲救援。正月

[一] 此門徐松原抄稿本無題，嘉業堂整理者批題爲「討叛」，並分爲一、二、三、四（嘉業堂抄本即據此編排）。按此題極不確切，此門征討者包括五代十國諸國、契丹、金國等，本不歸屬於宋，無所謂「叛」。查此門之文出自《大典》卷九三〇至九三二「師」字韻「出師」目，是《大典》本題作「出師」。又考《長編》卷一三七引本書兵八之二一「（康定）二年秋」條「自劉平」以下一段，注云：「此據《會要·出師》篇。」是《宋會要》本題亦爲「出師」，《大典》仍承其舊（以上參考葉渭清說，見《宋會要校記》）。今據改。至題下序號一、二、三、四則仍依嘉業堂本。

[二] 昝：顧作「咎」，據《長編》卷一改。

七日，詔以山南東道節度使慕容延釗爲湖南行營都總管，宣徽南院使李處耘爲都監，率兵討之。又以申州刺史聶章爲壕寨使，遣内酒坊副使24盧懷忠、氈毯使張繼勳〔一〕、染院副使康延澤領步騎數千赴之〔二〕。分命使臣十一人，發安、復、郢、陳、澶、孟、宋、亳、（穎）〔潁〕、光等州兵會襄陽，以判四方館事武懷節爲行營戰棹都監〔三〕，郢州刺史趙重進爲先鋒都監。

八日，以淄州刺史尹崇珂爲行營馬軍都指揮使。師至荆門，保權已擒文表殺之。

二月十一日，王師入荆南，高繼冲請舉族歸朝。時王師路出荆渚，繼冲即日迎延釗入城，聽命。自是，江陵數郡皆平。

三月二十六日，克武陵。初，保權既殺張文表，復謀拒命，故王師皷行而前，大破其軍於澧州，乘勝入其城，保權遁匿于溪洞。由是盡有湖湘之故地。

九月二十七日，慕容延釗獲賊將汪端，詔磔於武陵。

時廣南劉鋹數寇桂陽、江華，乾德二年，潭州防禦使潘美與武陵團練使尹崇珂、西南面都監引進使丁德裕、衡州刺史張繼勳，同率兵收復郴州，即詔以繼勳爲郴州刺史。

平蜀

太祖乾德二年十一月，詔曰：「朕奄宅萬邦，於茲五稔。陳師鞠旅，出必有名；伐罪弔民，動非獲已。睠惟邛蜀，久限化風，舞階詎識於懷柔，干紀自貽於禍釁。近擒獲西川僞樞密院大程官孫遇等三人〔四〕，搜得孟昶與河東劉鈞蠟書，潛相表裏，欲起寇戎，致姦謀之自彰，蓋天道之助順。將定一方之亂，難稽六月之師，爰命將臣，俾正戎律。言念坤維，久沉污俗，既建靈旗而遠指，授成算以徂征。民而除害，必俟后以來蘇。式清25全蜀之封，止正渠魁之罪。況西川將校，多是北人，所宜翻然改圖，轉禍爲福。苟執迷而不復，雖後悔以難追。如能引導王師，供饋軍食，率衆歸順，舉城來降，咸推不次之恩，用啓自新之路。重念行之際，宜申約束之文。已戒師徒，務遵法令，不得燔爇廬舍，毆畧吏民，開發丘墳，翦伐桑柘〔五〕。共體救焚之意，以成不陣之功。凡彼蒸黎，勿懷憂慮。故茲詔示，知朕意焉。」以忠武軍節度使王全斌爲西川行營前軍兵馬都總管，武信軍節度使、侍衛步軍都指揮使崔彦進副之，樞密副使王仁贍爲都監，龍捷右厢都指揮使史延德爲行營馬軍都指揮使，虎捷右厢都指揮使張萬友爲步軍都指揮使，隴州防禦使張凝爲先鋒都指揮使，左神武大將軍王繼濤爲濠寨

〔一〕張繼勳：《長編》卷四作「張勳」，原注云：「《實録》稱張繼勳，《國史》無『繼』字。」是《會要》同《實録》。張勳，《宋史》卷二七一有傳。
〔二〕康延澤：原作「康仁澤」，據《長編》卷四、《宋史》卷二五五《康延澤傳》改。
〔三〕棹：原作「掉」，據《長編》卷四改。
〔四〕「大」下原有「使」字，據《宋大詔令集》卷二二五删。
〔五〕柘：原作「祏」，據《長編》卷五改。

使，内染院使康延澤爲馬軍都監，翰林副使張煦爲步軍都監，供奉官田仁朗爲壕寨都監〔一〕。自全斌而下，率禁軍步騎二萬、諸道州兵一萬，由鳳州路進討。以給事中沈義倫爲隨軍水陸轉運使〔二〕，又以寧江軍節度使、侍衛馬軍都指揮使劉光義爲西川行營前軍兵馬副總管，内客省使兼樞密承旨曹彬爲都監，客省使武懷節爲前軍戰棹總管，龍捷左廂都指揮使張廷翰爲行營馬軍都指揮使，虎捷左廂都指揮使李進卿爲步軍都指揮使，前階州刺史高彦暉爲先鋒都指揮使，右衛將軍白廷誨爲壕寨使，御厨副使米光緒爲馬軍都監，儀鸞[26]副使折彦贇爲步軍都監，八作副使王令巖爲先鋒都監，供奉官郝守濬爲壕寨都監，馬步軍都軍頭楊光美爲戰棹左右廂都指揮使。自光義而下，率禁兵步騎一萬、諸道州兵一萬，由歸州路進討。以均州刺史曹翰爲西南面水陸諸州轉運使，仍鑄印以賜之。太祖召全斌等，示川峽地圖，授以方畧，仍令所至之處，以前詔告諭僞將吏軍民。

十二月，全斌等收復乾渠渡、萬仞、燕子二寨，下興州，僞刺史藍思綰退保西縣。敗蜀軍七千人，獲軍糧四十餘萬石。乘勝連拔石圖、魚關、白水閣二十餘寨。

二十八日，詔曰：「命將出師，指期殄寇。今所向皆下，捷音繼來。方乘破竹之功，更示戢兵之令。如聞收復州縣，其僞命軍員、兵士或旁投山林，或散匿民舍，俾安疑懼，特用招懷。詔到，限一月許於逐處首身，更不問罪。」

是月，史延德等進軍至三泉寨，敗蜀軍數萬人，生獲僞招討使、山南節度使韓保正，副使、洋州節度使李進等，又獲軍糧三十餘萬石。

三年正月，劉光義等收復三會、巫山等寨，殺僞將南光海等五千餘人，生擒戰櫂都指揮使、渝州刺史袁德宏等千二百人，奪戰艦二百餘艘，又殺水軍三千人。又拔夔州，僞節度使高彦儔縱火自焚。初，光義等將行，帝以地圖示之，指夔州鎖江處，謂光義等曰：「至此，我軍泝流而上，慎勿以舟師爭先，當以步騎陸行，出其不意而擊之。候其稍却，即以戰櫂夾攻，取之必[27]矣。」及捷奏至，帝問其狀，果如所料。詔蜀中僞將士死於兵及暴露原野者，所在郡縣速收瘞之。又詔行營兵士戰陣被傷者，等第給以繒帛。八日，詔行營馬步軍兵士及諸道義軍所經之處，長吏以牛酒犒之。

王全斌等拔利州，得軍糧八十萬石。崔彦進、康延澤等逐蜀軍過三泉，殺戮虜獲甚衆，遂至嘉川。進擊金山寨，又破小漫天寨，至深渡。蜀人依江列陣以待我師，彦進遣張萬友等擊之，奪其橋。會天暮，蜀人退保大漫天寨。詰朝，彦進、萬友與康延澤分兵三道擊之，蜀人悉以精鋭來拒，又大破其衆，乘勝奪其寨，擒寨主王審超、監軍趙崇渥、

〔一〕仁朗：原作「仁明」，據《宋史》卷二七五《田仁朗傳》改。
〔二〕給：原作「治」，據《長編》卷五改。

又獲三泉監軍劉延祚。蜀將王昭遠引兵來救，遇我師，三戰三敗。追至利州北，昭遠遁去，渡桔柏江，焚浮橋，退守劍門。王師遂入利州。先是，既至嘉川，會蜀人斷閣道，未得進。王全斌議欲取羅川路入，康延澤謂彥進曰：「羅川路險，軍士難進，不如督修閣道，取大路與全斌會於深渡。」彥進然之。不數日，閣道成，遂進軍。

王全斌等收復劍州，殺蜀軍萬餘人，生擒僞都統都監、通奏使、知樞密院事、山南節度使王昭遠，左衛聖馬步軍都指揮使、前洋州節度使趙崇韜。先是，王師發利州，至益光，全斌會諸將，令各陳進取之計，侍衛軍頭向韜曰：「得降卒牟進，言益光江東越大山數重，有小路名來蘇，蜀人於江西置寨，對岸有渡，路出劍關南二十里至青彊店〔一〕，與大路合，可於此進兵，則劍門之險不足恃也。」全斌等即欲領兵赴之〔二〕。康延澤曰：「來蘇細路，無煩[28]主帥自往。且蜀人自與官軍相遇，數戰數敗，今聞併兵守劍門，不如諸帥協力攻取，命偏將趨來蘇。若達青(疆)〔彊〕，北擊劍關，與大兵夾攻，破之必矣。」全斌等然之，遂命史延德等分兵趨來蘇，起浮橋於江上。蜀人見橋成，棄寨而遁。昭遠聞延德至青(疆)〔彊〕，即引兵陣於漢源坡上，留偏將守劍門。全斌等以鋭兵直擊，遂破之。昭遠、崇韜皆遁走，全斌遣追之〔三〕，悉生致焉。

劉光義等收復萬、施、開、忠四郡。至遂州，僞知州、少府少監陳愈率其將吏出降，光義即日入城安撫，盡出府庫錢帛以給軍士。初，諸將辭，帝謂曰：「所破郡縣，當傾帑藏爲朕賞戰士，國家所取惟土疆爾。」故人皆効命，所至成功，如席卷之易。

既而王全斌領兵至魏城，蜀主孟昶遣通奏使伊審徵持表詣軍門請降〔四〕。全斌令康延澤領騎兵百人入成都府安撫，遣通事舍人田欽祚馳騎入奏，以昶表來上。詔答之，又賜西川將吏、百姓詔諭焉。

是月，王全斌等殺蜀軍二萬餘人於成都夾城中。

四月一日，詔：「孟昶先代墳塋，令西川行營將校禁約軍民，不得侵毀。所屬田園，並蠲常賦，仍令每歲官給粟帛，充其時饗。川峽西路有僞蜀兵亡命者，委王全斌、劉光義廪食其家，仍加安撫。」

平廣南

太祖開寶三年九月八日，以潭州防禦使潘美爲賀州道行營兵馬都總管，武陵團練使尹崇珂副之，就命道州刺史王繼勳爲行營馬軍都監，仍遣使十餘人，發[29]諸州兵赴賀州。始用師於嶺表也。先是，廣南劉鋹爲政昏暴，民皆苦之。數舉兵

〔一〕青彊店：原作「青疆界」。按，《玉海》卷一九三上録此文作「青强店」，王禹偁《康公(延澤)神道碑》(《小畜集》卷二八)及其他史籍並同，據改。

〔二〕欲：原作「全」，據《長編》卷六改。

〔三〕遣追之：《玉海》卷一九三上録此文同。據《宋史》卷二五五《王全斌傳》，乃是遣輕騎。

〔四〕伊審徵：原作「審證」，據《長編》卷六補改。

來寇道州，刺史王繼勳上言，請討之。帝初爲含容，詔江南李煜致書諭令歸欵，鋹不聽，故命美征討之。

十月，潘美等克賀州。

十一月，下桂、昭、連三州，敗廣南軍萬人，殺獲甚衆，遂下韶州。

四年，收英、雄二州。

二月，潘美遣人部送廣南僞命左僕射蕭漼、中書舍人卓惟休赴闕，以鋹表來上。遂克廣州，擒劉鋹。

平江南

太祖開寶七年九月十八日，命（穎）〔潁〕州團練使曹翰率征南之師先赴荆南。

二十一日，命宣徽南院使、義成軍節度使曹彬，侍衛馬軍都虞候李漢瓊，賀州刺史、判四方館事田欽祚，同率軍赴荆南，領戰棹緣江而下。

二十二日，又命山南東道節度使潘美、侍衛步軍都虞候劉遇、東上閤門使梁迥領軍赴荆南〔一〕。

十月二十三日，以吳越國王錢俶爲昇州東南面行營招撫制置使，仍賜戰馬二百疋。

三十日，以曹彬爲昇州西南路行營馬步軍戰棹都總管，潘美爲都監，曹翰爲先鋒都指揮使。

閏十月，曹彬等收峽口寨，殺江南軍八百餘人，生擒二百七十人，獲池州牙内指揮使王仁震、指揮使王晏、副指揮使錢興，遂克池州。又敗江南軍七千餘人於銅陵，生擒八百人，獲戰艦二百餘艘。連拔蕪湖、當塗二縣，駐軍於采石磯。先是，李煜外示恭順，内懷觀望，及遣李穆諭旨召赴闕，果稱疾不朝，而完葺城壘，教習戰棹，爲自固之計。帝怒，命彬等興兵進討。既而捷音繼至，中外莫不稱慶。

十一月，又敗江南軍二萬餘衆於采石磯，生擒僞兵馬副總管龍驤都虞候楊收、兵馬 30 都監氈毯副使孫震等，獲馬三百餘匹。江表本無戰騎，先是，朝廷每歲賜與數百匹，至是驅爲前鋒，以扞王師。及獲之，驗印記，皆前所賜者。先時，於大江造浮梁，至是始成，命前汝州防禦使陸萬友往守之。先是，江南布衣樊若水嘗漁於采石磯，以小舟載絲繩，維南岸，疾櫂至北岸，以度江之廣狹。遂詣闕獻策，請造舟爲梁以濟師。帝命高品石全振往荆湖造黄黑龍船數千艘，又以大艦載巨竹絙，自荆南而下。及命曹彬等出師，乃遣八作使郝守濬等率丁夫營之。議者以爲自古未有浮梁渡大江者，恐不能就。是至，先試於石碑口造之，移置采石磯，三日而橋成。由是大軍長驅以濟，如履平地。彬等又敗江南軍數千人於新林寨，獲樓舡、戰櫂三十餘艘。

十二月，又敗江南軍五千餘人於白鷺洲，生擒一百三十人。

八年正月，又敗江南軍於新林港口，斬首三千級，獲戰舡六十餘艘。吳越王錢俶拔常州利城寨，敗江南軍，生擒二百五十人、馬八十匹來獻。又，田欽祚敗江南軍萬餘人

〔一〕迥：原作「迴」，據《長編》卷一五改。

於溧水，斬僞都統使李雄等〔一〕。曹彬等又敗其衆數千人於白鷺洲，拔昇州關城，江南軍千餘人溺死，守陴者遁入城。

三月，又敗其衆於江中，生擒五百人。

四月，又敗其衆於秦淮北。

四月二十九日，吳越國王錢俶遣越州觀察支使王通馳騎上言拔常州，即以通爲台州刺史。

六月，曹彬又敗其軍二萬餘衆於昇州城下，奪戰艦數十艘。

九月，降潤州，就命行營都監丁德裕領常〔二〕、潤等州經略巡檢使。

十月，劉遇等破江南軍三萬餘衆於皖口，生擒僞將朱令贇并戰櫂都虞候王暉等，獲戎器數萬事。

十一月，又敗其軍 31 五千人於城下。先是，彬等遣使以三寨攻城圖來上，帝視之，指潘美北寨，謂使者曰：「此宜深溝自固，吳人必夜寇其壘。爾亟去，令曹彬自督其役，并力速成之，不然，則爲其所乘矣。」彬等承命，晝夜濬之，纔畢，吳人果來寇。美等環新溝以拒之，吳人大敗，悉如帝所料然。二十七日，曹彬等拔昇州，擒僞國主李煜，及其臣寮百餘人，江南平。時詔諸軍虜得人口七歲已上，官給絹人五疋收贖；其七歲已下兒女，並給付本主，無得隱藏也。

平太原

太祖乾德二年二月，命昭義軍節度使李繼勳、兵馬鈐轄康延沼、馬步軍都軍頭尹訓〔三〕，率步騎萬餘攻河東遼州。僞將郝貴超領兵來援，戰於城下，貴超大敗，州城危蹙。僞刺史杜延韜與僞拱衛都指揮使冀進、兵馬都監供奉官侯美舉城來降。未幾，并人誘契丹步騎六萬來取遼州，又遣繼勳與羅彥瓌、郭進、曹彬領六萬衆赴之，大敗契丹及太原軍於城下。

六年八月十五日，將有事於太原，遣客省使盧懷忠等二十二人率禁軍赴潞州。

十七日，以昭義軍節度使李繼勳爲河東行營前軍都總管，侍衛步軍都指揮使、彰信軍節度使党進副之，宣徽南院使、義成軍節度使曹彬爲都監；棣州防禦使何繼筠爲先鋒總管〔四〕，懷州防禦使康延沼爲都監；建雄軍節度使趙贊爲汾州路總管，絳州防禦使司超副之，隰州刺史李謙溥爲都監。又命殿中侍御史李瑩等十八人分往諸州調發軍糧赴太原。時將親征，故先遣焉。

是月，繼勳等敗太原軍於洞過河。

開寶二年二月，又以趙贊爲馬步軍都虞候，洺州防禦使郭進爲馬步軍都指揮使，司超 32 爲步軍都指揮使，統軍先赴太原。

〔一〕李雄：原作「李椎」，據《長編》卷一六、《玉海》卷一九三上改。
〔二〕領：原無，據《宋史》卷二七四《丁德裕傳》補。
〔三〕尹訓：《長編》卷五作「尹勳」。
〔四〕棣：原缺，據《宋史》卷二《太祖紀》二補。

十八日，又以彰德軍節度使韓重斌爲北面都總管〔一〕，義武軍節度使祁廷乂副之〔二〕。

三月五日，以潁州團練使曹翰爲河東行營都壕寨使，八作使王令巖副之。李繼勳上言，敗太原軍於城下。

三十日，置寨於城四面，李繼勳軍於南，趙贊軍於西，曹彬軍於北，党進軍於東以脅之。

四月四日，遣海州刺史孫萬進率兵數千圍汾州，以判四方館事翟守素監其軍。時并人恃契丹爲援，守陴者揚言虜旦夕至矣。會帝親征，駐蹕晉陽，召何繼筠，授以方略，分精騎數千赴石嶺關拒虜，且約翌日亭午以俟捷奏。至期，繼筠遣使馳騎上言，敗契丹於陽曲，斬首數千級，擒僞武州刺史王彥符以獻。帝命以所獲首級及鎧甲示於城下，并人由是喪氣。俄詔罷兵。

開寶九年八月十三日，以侍衛馬軍都指揮使党進爲河東道行營馬步軍都總管〔三〕，宣徽北院使潘美爲都監，虎捷左右廂都指揮使楊光美爲行營馬步軍都虞候〔四〕；龍捷左第二軍都指揮使牛思進爲先鋒都指揮使，西京作坊副使米文義爲都監；八作使李繼昇爲壕寨使，供奉官梁鋭爲都監。

十七日，以鎮州西山巡檢、洺州防禦使郭進爲河東道忻代等州行營馬步軍都監。

二十二日，又遣使分兵入太原：西上〔閣〕〔閤〕門使郝崇信、解州刺史王政忠由汾州路，內衣庫副使閻彥進、澤州刺史齊超由沁州路，內衣庫副使 33 孫晏宣、濮州刺史安守忠由遼州路，引進副使齊延琛、晉隰等州巡檢汝州刺史穆彥璋由石州路，洛苑副使侯美、鎮州西山巡檢洺州防禦使郭進由忻、代州路。

九月，党進等敗太原軍數千人，獲馬千餘匹。郭進又破太原壽陽縣，得民九千餘口。又，穆彥璋入太原境，得民二千四百餘口。党進復敗其軍千餘人於其城北。會太祖上仙，罷兵。

太宗太平興國四年正月，將有事於晉陽，分遣常參官於諸州督軍糧芻茭。命右監門衛率府率崔亮按行太原軍糧。

其月十二日，命宣徽南院使潘美爲北路都招討兼制置太原行府。河陽節度使崔彥進爲太原城東面洞子頭車濠寨使，鄆州防禦使尹勳爲都監，馬軍副都軍頭朱守節爲寨主，供奉官史彥斌、殿直段珣隨行濠寨；相州節度使李漢瓊爲南面洞子頭車濠寨使，冀州刺史牛思進爲都監，馬步軍都軍頭楊進超爲寨主，殿直劉仁保、王守信隨行壕寨；桂州觀察使曹翰爲西面洞子頭車〔濠〕〔壕〕寨使，饒州防禦使杜彥圭爲都監，馬步〔軍〕副都軍頭孫繼鄴爲寨主，供奉

〔一〕韓重斌：《長編》卷一〇、《宋史》卷二五〇《韓重贇傳》作「韓重贇」。
〔二〕祁廷乂：《長編》卷一〇作「祁廷義」，《宋史》卷二《太祖紀》二作「郭延義」。
〔三〕都總管：原脱「都」字，據《長編》卷一七補。
〔四〕爲：原無，據《長編》卷一七補。

官賀令圖、張文正隨行壕寨；曹州節度使劉遇爲北面洞子頭車壕寨使，光州刺史史圭爲都監，馬步軍都軍頭馮鐸爲寨主，殿直李睿、承旨習彦斌隨行壕寨；八作使郝守濬爲四面壕寨都監〔一〕、馬軍都虞候米信爲行營馬軍都指揮使，西上閤門使郭守文爲都監；侍衛親軍步軍都虞候[34]田重進爲行營步軍都指揮使，判四方館梁迥爲都監〔二〕。命左贊善大夫張鑑、祕書省校書郎郝鎔、左武衛中郎將毋克恭、大理評事李煦分於邢、貝、洺、澤四州督芻糧；著作佐郎張潤之太原城下給納芻糧。

十三日，命雲州觀察使郭進爲太原石嶺關都總管，西上閤門使田仁朗〔三〕、閤門祗候供奉官劉緒爲太原城四面壕寨都監，提點頭車、洞子；殿直張守能城東面洞子監押，供奉官（吏）〔史〕彦瓊城南面洞子監押，供奉官史延廣城北〔面〕洞子監押，閑廄使武再興、八作副使張峻、閤門祗候供奉官董思愿城西面洞子監押；供奉官史斌，城下招收都監。先是，劉崇負固不恭，開寶中，太祖親征，圍守累月，會盛暑班師。太宗初即位，謂齊王廷美曰：「太原，我必當取之。」至是，始議攻討。事具「議兵」門中。

二月二十七日，命威勝軍使米文睿赴太原，隸曹翰麾下〔四〕。

三月二日，命鎮州馬步軍都監、客省副使齊延琛，洛苑副使侯美，分兵攻取盂縣。

八日，分遣太子中允扈革等十三人〔五〕，發安、復、唐、鄧、商、坊、徐、宿、兖、海、密、蔡等州軍糧赴太原。郭進攻破西龍門寨，擒獲甚衆，以俘馘及鎧甲來獻。時駐蹕真定。又命淄州刺史王貴、六宅使何繼隆攻沁州〔六〕，閤門祗候王僎攻汾州，知府州折御卿、監軍尹憲分兵攻嵐州。郭進破契丹於關南。

四月一日，嵐州行營又破賊千餘衆。詔發河南、鄆、濟、博、濱、澤、潞、懷、汝、同、華、虢及河中、晉、絳、慈、隰、解、齊、德、曹、單、淄、衛等州軍糧赴太原。齊延琛降十四縣，折御卿破岢嵐軍，殺戮甚[35]衆，擒僞軍使折令圖以獻。隆州行營兵馬總管解暉破隆州，殺賊兵三百餘人，擒僞招討使李恂等六人以獻。折御卿又破嵐州，殺僞憲州刺史霍翊〔七〕，擒僞夔州節度使馬延忠七人以獻。會車駕親征，劉繼元降。（以上《永樂大典》卷九三〇）

〔一〕爲：原脱，據《長編》卷二〇及上文文例補。
〔二〕迥：原作「迴」，據《長編》卷二〇改。
〔三〕仁朗：原作「仁明」，據《長編》卷二〇、《宋史》卷二七五本傳改。
〔四〕隸：原作「穎」，據《長編》卷二〇原注改。
〔五〕扈革：《長編》卷二〇作「扈華」，又「十三人」作「十二人」。
〔六〕何繼隆：《長編》卷二〇作「侯繼隆」。
〔七〕霍翊：原作「霍詡」，據《長編》卷二〇、《東都事略》卷二八、《宋史》卷二五三《折御卿傳》改。

宋會要輯稿　兵八

出師二

契丹　遼

1 太宗雍熙三年正月二十一日，帝將北伐，以天平軍節度使曹彬爲幽州道行營前軍馬步水陸都總管，河陽節度使崔彥進副之，内客省使郭守文爲都監；日騎天武四厢都指揮使傅潛爲都指揮使，龍衛右厢都指揮使李延斌爲馬軍都指揮使，神衛左厢都指揮使馬正爲步軍都指揮使；濱州刺史盧漢贇爲左厢排陣使，萊州刺史楊重進爲右厢排陣使〔一〕；馬步軍都軍頭范廷召充先鋒都指揮使〔二〕，都軍頭田紹斌〔三〕、荆罕英策之；文思使薛繼昭爲都監〔四〕，宫苑使李繼隆策之；光州刺史陳廷山、隰州刺史史珪爲監押總管，左神武軍將軍劉知信、六宅使符昭壽爲都監，崇儀使賀令圖、八作副使郝守濬〔爲〕三濠寨。侍衛親軍馬軍都指揮使、彰化軍節度使米信爲幽州西北道行營馬步軍都總管，汾州觀察使杜彥圭副之〔五〕，蔚州觀察使趙延溥、内衣庫使張紹勍〔六〕、引進副使董愿爲都監，亳州刺史蔡玉爲排陣使；馬步軍副都軍頭韓彥卿、竇暉爲先鋒都指揮使，曹美帥軍翼之。侍衛親軍步軍都指揮使、静難軍節度使田重進爲定州路行營馬步軍都總管〔七〕，右衛大將軍吴元輔、西上閤門使袁繼忠爲都監。

2 二十三日，又以馬步軍都軍頭高瓊爲樓櫓戰棹都指揮使，崇儀副使張承儼、安得祚分爲左右厢都監。

二十八日，詔幽州吏民：「北燕之地，中國舊封，晉漢以來，戎夷竊據，迨今不復，垂五十年。國家化被華夷，恩覃動植，豈可使幽燕奥壤，猶爲被髮之鄉，冠帶遺民，尚雜茹毛之俗？爰興師律，以正封疆。拯溺救焚，聿從於民望；執訊獲醜，即震於皇威。凡爾衆多，宜體兹意。今遣行營前軍都總管曹彬、副總管崔彥進等先往，朕當續御戎車〔八〕，親臨寇境。應大軍入界，百姓倍加安撫，不得誤有傷殺及發掘墳墓、焚燒廬舍〔九〕、斬伐桑棗、虜掠人畜，犯者並當處斬。應收復城邑，文武官吏皆依舊任，俟平幽州日，別加擢用。若有識機知變，因事建功，以節度、防禦、團練、

〔一〕排陣使：原無，據《宋史》卷四六三《賀令圖傳附楊重進傳》補。
〔二〕都指揮：「都」原無，據《宋史》卷二八九《范廷召傳》補。
〔三〕「都軍頭」原無，「田紹斌」原作「田斌」，據李宗諤《曹武惠王彬行狀》（《名臣碑傳琬琰之集》中集卷四三）、《宋史》卷二八〇《田紹斌傳》補。
〔四〕薛繼昭：原作「薛繼照」，據李宗諤《曹彬行狀》改。
〔五〕汾州：《曹彬行狀》及《宋史》卷五《太宗紀》二作「沙州」，《東都事略》卷一二三又作「代州」。
〔六〕内衣庫使張昭勍：原作「指揮使張紹」，據《曹彬行狀》改。
〔七〕「州路」下原重「州路」二字，據《宋史》卷五《太宗紀》二删。
〔八〕車：原作「軍」，據《太宗皇帝實録》卷三五改。
〔九〕焚：原無，據《太宗皇帝實録》卷三五補。

刺史州降者，即以本任授之，仍加優賞。軍鎮城邑亦如之。鄉縣户民，候平定日，除二税外，無名科率，並當除放。」

二月八日，以西上閤門使王侁、右監門衛將軍侯莫陳利用並爲并州駐泊都監。

十四日，以忠武軍節度使潘美爲雲應朔等州行營馬步軍都總管，雲州觀察使楊業副之，以王侁及軍器庫使、順州團練使劉文裕爲都監，磁州團練使郭超爲押陣都監。先是，知雄州、六宅使、平州團練賀令圖與其父懷浦〔一〕及薛繼昭〔二〕、劉文裕、侯莫陳利用等，相繼上言：「虜主年幼，國事皆決於母。有大將韓德讓者，以恩倖持權，國人憤焉，請因其釁，取幽薊故地。」帝信之，遣兵三道入討。曹彬、崔彦進、米信自雄州，田重進自飛狐，潘美、楊業自鴈門，約從齊舉。

三月，曹彬之師敗契丹於固安南，斬首千餘級，固安、新【3】城降。田重進又敗契丹于飛狐北，斬首五百級。潘美之師自西陘入〔三〕，與契丹遇，追之至于寰州，斬首五百級。偽寰州刺史趙彦辛舉城降。以爲本州團練使。曹彬之師又下涿州。潘美圍朔州，偽節度副使趙希贊舉城降。以爲本州觀察使。田重進又敗契丹于飛狐北，斬首千級，俘七百人，獲馬畜千六百，虜偽冀州防禦使西南面招安使大鵬翼、康州刺史馬頵、馬軍指押使何萬通，獲銀牌一，印五鈕。以鵬翼爲右千牛衛將軍、領平州刺史，頵爲右内率府率，萬通補軍校。鵬翼貌壯偉而勇健〔四〕，名聞邊塞〔五〕，至是擒獲，戎人喪氣。曹彬之師敗契丹于涿州南，斬首千級，獲馬五百疋。潘美之師至應州，偽節度副使艾正、觀察判官宋雄降。以正爲本州觀察使，雄爲鴻臚少卿，舊例同知州〔六〕。田重進又圍飛狐，偽武定軍馬步軍都指揮使郢州防禦使呂行德、副都指揮使張繼從、馬軍都指揮使劉知進舉城降。詔建其地爲軍，以行德爲右驍衛將軍、領順州防禦使，繼從爲右屯衛將軍、領檀州刺史〔七〕，知進爲左監門衛將軍。師進，圍靈丘，偽步軍都指揮使穆超舉城降。以超爲右監門衛將軍。

四月，潘美下雲州，殺千人；田重進又破契丹于飛狐，斬首千級，虜四百人；曹彬、米信之師又破契丹于新城東，斬首千級，獲馬二百疋。田重進大敗契丹于飛狐北，梟酋帥二人〔八〕，斬首千級，獲馬三百匹。師進至蔚州〔九〕，偽左右都押衙李存璋、許彦欽，大同軍營田使柴守榮，馬步軍都軍頭柴嘉榮，殺契丹酋帥蕭啜理及守卒千人〔一〇〕，執監城使、偽【4】同州節度使耿紹忠，舉城降。初，王師入虜境，緣邊要害之地多下之，啜理、紹忠懼，皆不自安，謀殺城中將吏〔一一〕，盡率豪傑入虜國。存璋等知其謀，乃殺啜理等，執紹忠而降。紹忠父美爲虜奉聖州節度使，紹忠爲衙内指揮

〔一〕懷浦：原作「懷補」，據《長編》卷二七及《宋史》卷四六三《賀令圖傳》改。
〔二〕繼昭：原作「繼招」，據《長編》卷二七及《宋史》卷二五七《李繼隆傳》改。
〔三〕陘：原作「涇」，據《長編》卷二七改。
〔四〕貌壯偉：原作「狀貌偉」，據《長編》卷二七乙。
〔五〕塞：原作「寨」，據《長編》卷二七改。
〔六〕舊例同知州：《長編》卷二七作「同知應州」。
〔七〕檀：原作「澶」，據《長編》卷二七改。
〔八〕酋：原作「首」，據文意改。《長編》卷二七作「酋長」。
〔九〕師進：《長編》卷二七作「田重進」，當是。
〔一〇〕殺：原脱，據《長編》卷二七及以下文意補。
〔一一〕中：原作「下」，據《長編》卷二七改。

使，累歷僞命同州節度使，同州在西樓南數百里。紹忠弟紹雍爲虜三司使。紹忠方從虜主在遥樂河，聞王師入境，以紹忠爲蔚州監城使，至是被執，送到闕下，帝責而貸之，授右千牛衛將軍，其子孫四人皆存録焉。存璋、彦欽既殺虜黨，慮孤城難守，且費朝廷供饋，乃率城中吏民老弱直歸田重進。詔重進善撫之。

十四日，詔曰：「王者之師，有如時雨，蓋所以静氛埃於保障，拯塗炭於生民。睠彼北燕，本爲内地，陷於醜虜，垂五十年，家懷憤心，人失生計，傒望漢土，厥路無繇。朕整飭師旅，蕩平妖孽，掃邊民之積恥，震中夏之天聲，復我遺民，歸于故地。況北邊民庶，本號雄豪，有能應接王師，糾合徒旅，憑茲天討，雪此世讎，便可濬發先機，挺身應募，必當資以糧饋，假以甲兵。有獲生口者，人賞錢五千；得首級者三千；馬，上等十千，中七千，下五千。平幽州後，願在軍者優與存録，願歸農者給復三年。」自是應募者甚衆。初，王師之入虜境也，邊民有驍勇者，團結以擊戎虜，或夜入賊壘斬其首級而還。帝聞而嘉之，曰：「此等素無廪禄，又無甲兵，邊陲之民，勇於戰鬭，若明立賞條，必大有應募者。」5乃下是詔。

蔚州既空，其壁不復守備，乃命田重進還軍定州。重進之師無一兵一矢之損，故獨全其功；而曹彬等至岐溝關北，與契丹追戰，我師不利，彬等收餘師，宵涉巨馬河，次于易州之南，臨易水營焉。宫苑使王繼恩馳騎入奏其事，亟詔分兵屯于邊。召曹彬、崔彦進、米信入朝，命田重進率全軍駐定州，遣潘美等還代州。

初，諸將將行，帝召謂曰：「潘美等但先取雲、應，令彬等以十餘萬衆聲言取幽州，且持重緩行，不得貪利以要虜。虜聞之，必萃勁兵於幽州。兵既聚，則不暇爲援於山後矣。」及王師入虜地，美果下寰、朔、雲、應等州，重進取飛狐、靈丘、蔚州，山後要害之地多得之矣。彬等亦連收新城、固安，下涿州，兵勢甚振。每捷奏至，帝已疑彬進軍之速，且憂虜斷糧道，而彬等至涿州，旬日食盡，乃退師至雄州，以援供饋。帝聞之大駭，曰：「豈有敵人在前而却軍以援糧運乎？何失策之甚也！」亟遣使止之，令勿前，引師緣白溝河與米信軍接，養兵畜鋭，張西師之勢。待美等盡略山後之地，會重進之師東下趍幽州，與彬、信合，以全師制虜，必勝之道也。而彬部下諸將聞潘美、田重進攻城野戰，累獲其利，以爲己握重兵不能有所攻取，繇是謀畫蜂起〔一〕，更相矛楯。彬不能制，乃裹五十日糧，再往攻涿州。虜當其前，且行且戰，百里之地，歷二十日始至城下。雖屢有克捷，而時方炎酷，軍士疲乏，所齎糧饋將盡。帝6憂之，令還師。既而彬退兵，無復行伍，爲虜所乘。比涉巨馬河，軍民、牛馬相蹂而死者甚衆。彬等至，命翰林學士賈黄中、右諫議大夫雷德驤、司門員外郎知雜李巨源鞫於尚書

〔一〕蜂：原作「鋒」，據《長編》卷二七改。

省。彬與郭守文、傅潛坐違詔逗留，退軍失律，士多死亡；米信、崔彦進坐違節制，別道迴軍，因致撓敗；杜彦圭不容軍士晡食，置陣不整，迴軍散失；蔡玉遇敵畏懦伏匿，陳廷山涿州會戰失期，薛繼昭先謀退陣，摇動軍情。法官言：據律，主將守備不設，爲賊掩覆，臨陣先退，皆斬。詔下其議，工部尚書扈蒙等請如法寺所定。特詔貶彬爲右驍衛上將軍，彦進右武衛上將軍，米信右屯衛上將軍，郭守文右屯衛大將軍，傅潛右領軍衛大將軍，杜彦圭均州團練副使，陳廷山復州團練副使，蔡玉除名配商州，薛繼昭降爲供奉官，而車駕亦罷北巡。

八月，潘美等既歸代州，未幾，詔盡遷四州民於内地，令美等以所部兵護之。時契丹僞妃與大臣耶律漢寧、南北皮室及五押惕隱領衆十餘萬，復陷寰州。楊業與戰于陳家谷口，兵敗，業死之。初，寇至，業謂美等曰：「今賊勢甚盛，不可與戰。朝廷秖令取數州之民，但領兵出大石路，先遣人密告雲、朔州守將，俟大軍離代州日〔一〕，令雲州之衆先出。我師次應州，契丹必悉衆來拒，即令朔州吏民出城，直入石碣谷〔二〕，列强弩千人於谷口，以騎士援於中路，則三州之衆，萬全可保矣。」王侁曰：「領數萬精兵，何 7 畏懦耶？但趍鴈門北川中，皷行而往馬邑。」劉文裕贊成之。業曰：「此必敗之勢。」侁曰：「君侯素號無敵，見敵逗撓不戰，豈有佗志乎？」業曰：「非愛死，蓋時有未利，徒殺傷士卒而功不立〔三〕，今君責業以不死，當爲諸公先死爾。」即率帳下騎兵自石峽路趨朔州〔四〕，指陳家谷口，謂潘美曰：「可於此張步軍强弩，爲左右翼以援，俟業轉戰至此，以步兵擊之，不然者，無遺類矣。」美即與侁領麾下兵陣於谷口，自寅至巳，侁使人登托邏臺望，以爲虜寇敗走。侁欲爭其功，即領兵離谷口，美不能制，乃緣灰河西南行二十里，俄聞業敗，即麾兵却走。業力戰，自日中至暮，果至谷口。望見無人，即拊膺大慟，再率帳下士戰，身被數十創，其子延玉死焉。帳下士殆盡，業猶手刃數十百人，馬重傷不能進，遂爲虜所擒，不食三日而死。詔優贈業大同軍節度使；削潘美三任，爲檢校太保；王侁除名，配金州；劉文裕除名，配登州。

端拱元年八月，以宣徽南院使郭守文爲鎮定兵馬都總管，洛苑副使康贊元爲鎮州駐泊兵馬都監，崇儀副使尹繼倫爲定州駐泊兵馬都監。

十一月，守文敗契丹於唐河。先是，犬戎累歲寇邊〔五〕，頗爲民患，國家乃於鎮、定、高陽關大屯兵甲以掎角。遣將之日，帝親授以成算，至是果克捷焉。

〔一〕軍：原作「將」，據《宋史》卷二七二《楊業傳》改。
〔二〕碣：原作「竭」，據《宋史》卷二七二《楊業傳》改。
〔三〕士卒：原作「士大夫」，據《長編》卷二七改。
〔四〕峽：原作「硤」，據《長編》卷二七改。
〔五〕天頭原批：「《長編》注引此，『犬戎』作『契丹』，當從之。」按，見《長編》卷二九李燾注。但徐乾學《資治通鑑後編》卷一三原注引李燾此注正作「犬戎」，知今本《長編》乃清人改。

真宗咸平二年七月，以侍衛馬步軍都虞候、忠武軍節度使傅潛爲鎮定高陽關行營都總管，西上閤門使、富州刺史張昭允爲都鈐轄，洛苑使、入内内侍副都知秦翰爲排陣都【8】監，萊州防禦使田紹斌爲押先鋒〔一〕，崇儀使石普同押先鋒，單州防禦使楊瓊爲策先鋒。

九月，田紹斌、石普與知保州楊嗣敗虜衆於廉良路，殺二千餘人，斬首五百餘級，獲馬五百匹，兵仗鎧甲稱是。

十二月，又以殿前都指揮使王超、權都虞候張進爲先鋒、策先鋒大陣往來都提點，馬步軍都軍頭呼延贊、馬軍都軍頭王潛爲先鋒，濱州防禦使王榮、馬步軍副都軍頭王繼忠爲策先鋒。内出陳圖，令識其部分。尋以王榮爲貝冀路行營副都總管，西京作坊使梁承勳、内殿崇班蔚昭敏並爲都監。

三年正月，又以殿前都虞候、鎮州駐泊都總管葛霸爲貝冀高陽關前軍行營都總管。會戎人南侵，緣邊城堡悉飛書告急於傅潛，潛逗留不出兵，以致虜破狼山諸寨，悉鋭攻威虜軍；不勝，遂引兵畧寧邊軍，入祁、趙，游騎出邢、洺間。百姓驚擾，鎮、定路不通者踰月。高陽關都總管康保裔與虜戰，而援兵不至，保裔遂陷于賊。潛坐是削奪在身官爵，長流房州，昭允長流通州。時潛與昭允及秦翰屯定州，而潛畏懦無方畧，其麾下步騎凡八萬餘〔二〕，咸自置鐵鍋、鐵捶，人蓄鋭器，爭欲擊賊，而潛閉門自守，將校請戰者，輒醜言罵之。朝廷屢間道遣使督其出師，與諸路兵合擊，而范廷召、桑贊、秦翰等屢促之，皆不聽。然猶不得已，乃令騎八千、步二千付廷召等，於高陽關逆擊之，仍許出兵爲援。洎廷召等與虜血戰，而【9】潛不至，康保裔遂没焉。及真宗將親征，又命石保吉、上官正自大名領前軍赴鎮、定，與潛會而擊虜，潛卒逗留不發，以至虜騎犯德、棣〔三〕，渡河至淄、齊，劫人民，焚廬舍。帝駐大名，邊捷未至，且聞驍將楊延朗〔四〕、楊嗣、石普屢請益兵，潛不之與〔五〕，有戰勝者，潛又抑而不聞，繇是大怒，命樞密都承旨王繼英馳召潛與石保吉等，各以所部兵赴貝冀路行營。潛至冀州，乃遣高瓊單騎即軍中代之，令潛等詣行在。至則下獄，命工部侍郎錢若水、御史中丞魏庠、知雜御史馮拯按劾之，一夕而獄具，罪當斬。百官議論如律，上封者皆請正典刑。詔特貸其死焉。

是月，高陽關貝冀路都總管范廷召帥兵追契丹至莫州東三十里，大破之，斬首萬餘級，獲所虜老幼數萬，鞍馬兵仗不可勝紀，餘寇逃遁出境。

四年七月，以山南東道節度使、同平章事王顯爲鎮定高陽關三路都總管，侍衛馬步軍都虞候、天平軍節度使王

〔一〕押：原脱，據《長編》卷四五補。

〔二〕八萬：原作「八百」，據《長編》卷四五改。

〔三〕棣：原缺，據《宋史全文》卷五補。又天頭原批：「『德』下空格係貼黃。」

〔四〕朗：原作「明」，據《長編》卷四六改。

〔五〕之：原作「知」，據《長編》卷四六改。

超爲副都總管，殿前副都指揮使、保静軍節度使王漢忠爲都排陣使，殿前都虞候、雲州觀察使王繼忠爲都鈐轄，西上閤門使韓崇訓爲鈐轄，宫苑使、入内都知韓守英爲排陣鈐轄，保州團練使楊嗣、莫州團練使楊延朗〔一〕、西上閤門使李繼宣、趙州刺史張凝、入内副都知秦翰並爲前鋒鈐轄，如京副使高素爲押先鋒，内殿崇班岑保正同之，冀州團練使石普爲押策先鋒，六宅副使王德鈞同之。仍以10顯兼定州都總管，超兼鎮州都總管，漢忠兼高陽關都總管，崇訓兼鎮州駐泊鈐轄，守英兼高陽關駐泊鈐轄〔二〕。時邊臣言北戎集兵，慮乘秋入寇，故命帥爲備也。又以侍衛馬步軍副都指揮使、河西軍節度使桑贊爲莫州駐泊都總管，供備庫使楊永遵、内殿崇班張繼勳並爲都監；馬步軍都軍頭荆嗣、供備庫副使趙彬、步軍都軍頭劉光世並爲北平寨駐泊；憲州刺史、滄州駐泊副總管陳興兼雄霸路緣界河海口都巡檢使〔三〕，内殿崇班、祗候王汀同之，供奉官閤門祗候馮若拙、侍禁閤門祗候劉知訓並爲都監。又以霸州防禦使李福爲鎮州副都總管，祁州團練使劉用爲高陽關副都總管，德州團練使張斌爲定州副都總管，南作坊使、昭州刺史張旻爲鎮州鈐轄，崇儀使順州刺史蔚昭敏、供備庫使帶御器械白守素並爲定州鈐轄，西京左藏庫使劉廷偉、西京作坊使帶御器械石知顒並爲高陽關鈐轄。

十月，增高陽關三路兵騎二萬爲前鋒，又命將五人，各領騎三千陣于先鋒之前。別命桑贊領萬人居莫州、順安軍爲奇兵，以備邀擊，荆嗣領萬人以斷西山之路。仍列繪爲圖〔四〕，遣内侍副都知閻承翰齎示王顯等，且戒之曰：「設有未便，當極言以聞，無得有所隱也。」先是，議以大兵陣于威虜軍，而斥候者言戎人尚在炭山，未謀南牧，故命悉徙於中山〔五〕。俄報契丹首領遽攻漁陽，漸逼威虜，故大兵不及進，帝甚歎息之。

是月，張斌破契丹于長城口〔六〕，殺獲甚衆。漸近戎首，11伏騎大起，三路統帥不進，前陣兵少，退保威虜軍。時戎人自威虜軍爲王師所敗，殺僞大王、統軍二人，蕃軍僅二萬人，餘衆號慟于野。俄詔桑贊分部下兵萬人於寧邊軍駐泊，令北面前陣兵居後以爲應援。真宗以前陣昨經力戰，均勞逸而休息之也。

十一月，前軍與契丹遇，大破之，戮二萬餘人，獲其僞命大王統軍鐵林相公等十五人首級，得僞印二紐，以羽林軍爲文，收甲馬甚衆。首領遁去。會河朔饑歉，遂罷兵。

閏十二月，李繼遷陷清遠軍，即以侍衛馬步軍都虞候、天平軍節度使王超爲西面行營都總管，環慶路駐泊總管、

〔一〕延朗：原作「廷郎」，據《長編》卷五〇改。

〔二〕「守英」上原有「武」字。按此句所叙兼職諸人皆見於上文，上文有韓守英，此「守英」即其人，非别有「武守英」（史書中亦不見有此人），「武」字應爲衍文，今删。

〔三〕陳興：原作「陳與」，據《宋史》卷二七九本傳改。

〔四〕繪：原作「績」，據《長編》卷四九改。

〔五〕中山：原作「忠山」，據《長編》卷四九改。

〔六〕長城：原作「河海」，據《長編》卷四九、《宋史》卷六《真宗紀》一改。

趙州刺史張凝副之，入内副都知、恩州刺史秦翰爲鈐轄。明年正月，張凝領兵入賊界，生擒賊將，焚帳族二百餘，毁芻糧八萬(數)，斬級五千，獲牛羊、器甲二萬，降九百餘人。

五年六月，以侍衛馬步軍都虞候、天平軍節度使王超爲定州路駐泊行營都總管，殿前都虞候、雲州觀察使王繼忠副之，宫苑使、入内都知韓守英爲鈐轄。初，王超至自雲州，即召問北邊事，超言：「將來出師，請止如去歲規畫。若欲交戰，則宜寨於保州之北、威虜軍南。」超又言：「去歲於大陣之外，别設奇兵，謂之前陣，今請令將帥統之。」帝語輔臣曰：「大陣兵已倍向來之數，去歲於天雄軍、莫州、北平路及前陣別布師旅〔一〕，此係朝廷機事。今王超復有是請，如何處分？」呂蒙正等曰：「此請固不可從。」帝曰：12「既任以外閫，則所奏豈可不從，宜召至中書、樞密院，詢其方畧何如。」於是咸言超材堪將帥，故有是命。

六年四月，契丹南寇，超發步兵千五百赴定州望都縣。至縣南六里，遇賊逆戰，殺戮甚衆。賊併攻東偏，出陣後，焚絶糧道。人馬渴乏，將士被重創，賊圍不解，衆寡非敵，王繼忠没焉。遂引兵還州。詔發河東廣鋭兵三十指揮〔二〕，由土門趣鎮，定以援之。

景德元年(三)〔正〕月〔三〕，北面三路都總管王超請募緣邊丁壯及發精兵入賊境。帝慮生事於邊陲，詔止之，若戎人南牧，但於境上驅攘，無得輕議深入。會契丹奚王及僞南宰相、皇太妃、令公各率兵約四萬騎，自鑿城川抵涿州，聲言俻平塞軍〔四〕、故城、容城三處。詔王超等嚴加斥候，虜若有事於三城，則併力城望都，以大兵夾唐河，令威虜、静戎、順安軍、北平寨、保州嚴兵應援，仍廣開方田以拒戎騎。若猶未也，則以俻新樂爲名，儲瓦木於定州。超又言：「戎人入寇，或誘擊王師，大軍不可輕動。請至時分兵掩擊。」詔如寇至，許便宜從事，仍令押陣使臣稟超節度。

七月，以保州團練使鄭誠爲鎮州路副都總管，深州團練使楊嗣爲趙州駐泊總管，同押大陣。

九月，詔曰：「北面行營諸軍將士等：國家藉祖宗之洪基，荷乾坤之眷祐，無思不服，有感必通，冀成一統之君，永作萬邦之主。而恩信難洽，封疆未寧，沙漠之區，車書尚異。每勞民而動衆，常護塞以防秋。汝等久别13家國，各當征戍，外則枕戈按劍，内思弭寇平戎，固宜並務忠勤，依予告諭。遇奔衝之際，即須盡力翦除；覩敗散之時，切在齊心守備。立功立事，有賞有酬。若是遷延，及聞退衄，決行軍令，以示衆多。」

閏九月，令代州副總管元澄，俟戎人南侵，即率所部於境上禦備牽制之。仍令并、代副都總管雷有終至時領兵由

〔一〕「及」原作「又」，「布」原作「有」，據《長編》卷五二改。
〔二〕三十：原作「三千」。按《長編》卷五四記此事作「發廣鋭兵一萬五千」，即三十指揮，「千」字誤，因改。
〔三〕正月：原作「三月」，據《長編》卷五六改。
〔四〕塞：原作「寨」，據《長編》卷五六改。

土門路赴鎮州〔一〕，與大軍合，寨於平定軍〔二〕。其月詔曰：「國家每誡邊臣，勿侵外境，庶安民而息戰，豈黷武而窮兵。而契丹屢犯邊陲，不遵理道，今已遣上將，大益精兵，諸路齊驅，剋期翦戮。尚慮控弦奄至，劫掠居民，其河北諸州軍强壯、諸色人能糾集徒衆，殺蕃賊者，仰所在官司策應。其生擒契丹一人，支錢十千，斬級支錢五千；十人十級以上，仍給公據，當議加獎。所獲物，悉與之。如擒斬近上首領、職員，除賜與外，速具聞奏，當優獎之。」又令緣界河總管康進、邢州路總管劉用各率所部赴滄、邢州屯守，戎人入寇，即邀擊之。

十月，契丹首領與其母來犯大軍，不交鋒而退，王超等按兵以俟。尋即引去，緣胡盧河以東。詔諸將整兵爲備，令威虜軍、保州、北平等路總管深入賊境，腹背縱擊，以分其勢。會契丹請和，遂罷兵。

大遼 附

徽宗宣和四年正月十三日，女真陷奚國，遂引兵至松亭關、古北口，屢敗契丹，降奚。

三月十一日，天祚自燕京犇雲中，留宰相張琳、李處温與燕王耶律淳守燕。處温與其弟14處能及蕭幹挾怨軍立燕王。契丹有東南路怨軍，其酋領坐討賊逗留誅，其隊長羅青詠衆爲亂，於是郭藥師等殺羅青等數十人以獻，餘徒悉降之〔三〕。二十七日，即位於燕，廢天祚爲湘陰王，遣知宣徽南院事蕭撻勃乜、樞密副承旨王珤充使、副，告謝朝廷。上以天祚見在夾山，燕王安得立，不受而還之。遂遣童貫爲陝西、河東、河北路宣撫使，勒兵十五萬巡邊。先是，政和七年秋，女真蘇州漢兒高藥師、曹孝才等率其親屬，以大舟浮海來登州，備言女真攻契丹數年，奪其地，已過遼河之西。知登州王師中以聞。詔蔡京、童貫措畫，令王師中選能吏使女真，講買馬舊好。八年春，遣武義大夫馬政與平海指揮軍員呼延慶〔四〕，隨高藥師等行至其國。其主酋阿骨打發渤海人李善慶、熟女真散都、生女真勃達三人，齎書、土物同馬政來。以宣和元年正月十日入國門，居十餘日，差歸朝官直秘（閤）〔閣〕趙有開、武義大夫馬政、王師中之子忠翊郎瓌充使，齎詔書、禮物，與善慶等渡海，往聘之。至登州，有開死。會河北奏女真嘗祈契丹修好，詐以其表聞，於是罷使人之行，止差呼延慶等用登州牒遣李善慶等歸。宣和二年正月，呼延慶至自女真，女真留之半年，責以中輟，且言登州移文之非，請別遣人通好。二月，詔右文殿修撰趙良嗣往使，忠訓郎王瓌副之，因約夾攻契丹，取燕雲舊地。夾攻之議起於此。自後朝廷與女真遣使往來議論，皆主童貫。至是，代州奏，准大金彰國軍牒：「近白水泊擊破（契破）契丹放鵝行帳，天祚脱身北走，本國軍馬已到山後平定州縣。」朝廷遂有此舉。詔曰：「朕荷天降康，登茲極治，聲教所曁，孰敢不庭？乃眷幽燕，實爲故壤，五季不造，陷于北戎。今上帝降禍于虜，傾國喪家，自取逋竄。朕致天之討，弔爾羣黎。已遣太師、領樞密院事童貫

〔一〕雷有終：原作「靁有終」，據《長編》卷五七、《宋史》卷二七八本傳改。

〔二〕軍：原無，據《長編》卷五七補。

〔三〕按，「契丹」以下原作正文大字，且分段。細審此段應爲注文，否則前後文意不貫，如下文「即位於燕」不知即位者爲誰。今改。

〔四〕呼延慶：原脱「延」字，據《三朝北盟會編》卷一補。後同。

董兵百萬〔一〕，收復幽燕故地，及已與大金計議，畫定封疆。亶茲告猷，迪爾有衆。秦晉國王如納土來朝，待以殊禮，世享王爵。應收復州縣、城寨，文武官並依舊職任，【15】事平第功賞，不次擢用。軍兵守戍之士，並加優賞，願在軍者，厚與存録，願歸農者，給復三年。收復之後，蕃漢一等待遇，民户除二税外，應干差徭、科率無名之賦，並行除放。已指揮大軍所至，務在安集百姓，不得誤有殺傷，或焚毀廬舍，虜掠人畜，犯者並行軍令。如或昧於逆順，干我王誅，若猶豫懷疑，弗克果斷，身膏原野，實爾自貽〔二〕。故茲詔示，想宜知悉。」仍以御筆三策付貫：「如燕人悦而服之，因復舊疆，策之上也；耶律淳能納欵稱藩，策之中也；燕人未即悦服，按兵巡邊，全師而還，策之下也。」

四月二十三日，駐軍高陽關。宣撫使司牓：「當司遵奉睿旨，務在救民，不專殺戮。爾等各宜奮身，早圖歸計。有官者復還舊次，有田者復業如初。若能身率豪傑，別立功效，即當優與官職，厚賜金帛。如能以一州一縣來歸者，即以其州縣任之。若有豪傑以燕京來獻，不拘軍兵百姓，雖未命官，便與節度使，給錢十萬貫，大宅一區。契丹諸蕃歸順，亦與漢人一等。已誡將士，不得殺戮。契丹自來一切横斂，悉皆除去。雖大兵入界，凡所須糧草及車牛等，並不令燕人出備，仍免二年税賦。」

五月十八日，續遣少保、鎮海軍節度使、開府儀同三司蔡攸爲河東河北路宣撫副使。於是西師會集。种師道總東路之衆屯白溝，王稟將前軍〔三〕，楊惟忠將左軍，种師中將右軍，王坪將後軍，趙明、楊志將選鋒。辛興宗總西路之衆屯范村，楊可世、王淵【16】將前軍，焦安節將左軍，劉光國〔四〕、冀景將右軍，曲奇、王育將後軍，吳子厚、劉光世將選鋒，並聽劉延慶節制。以劉鞈、宇文黃中爲參謀，鄧珪、鄧琯爲廉訪使者。貫初至雄州，令趙良嗣草書，差歸朝官張憲、趙忠諭淳禍福。淳得書，執二人斬之。貫知游説不效，遂募武翼大夫、閤門宣贊舍人馬擴自雄州齎軍書及敕牒入燕京招諭。淳亦甚懼，遣大石林牙、蕭曷魯領騎二千屯新城。种師道裨將楊可世乃將輕騎數千，欲直取之。二十六日，至蘭溝甸，爲大石林牙所敗。二十九日，淳益師二萬餘人渡白溝挑我軍，我軍遇之，又北。於是童貫以爲契丹尚盛，未可圖，上亦詔班師，遣諸將分屯。會耶律淳死，契丹無主，(大)〔太〕宰王黼力主再興師之議，於是悉諸道兵二十萬，期九日會三關。詔貫、攸毋歸，異議者斬，而伐燕之議成矣。

〔一〕董：原作「重」，據《三朝北盟會編》卷五改。
〔二〕自：原作「是」，據《三朝北盟會編》卷五改。
〔三〕王稟：原作「王亶」，據《三朝北盟會編》卷六、《宋史》卷四六八《童貫傳》改。
〔四〕劉光國：原作「劉元國」，據《三朝北盟會編》卷六、《文獻通考》卷三四六改。

（八）〔九〕月〔一〕，常勝軍管押、諸衛上將軍郭藥師囚涿州刺史蕭慶餘，遣團練使趙鶴壽帥兵八千、鐵騎五百，并一州四縣民士上表來降。

二十九日，西路統制劉光世與契丹迎戰于易州之南，光世稍却。州人趙秉淵等殺城中契丹，遣人納欵，衛尉少卿、通判易州王悰以州降，於是涿、易皆下。拜藥師恩州觀察使，餘命官有差。以常勝軍八千、易州義兵五千，並隸劉延慶前軍，爲鄉導。蕭太后聞常勝軍降，遂遣永昌宮使蕭容、乾文閣待制韓昉來使，奉表稱臣。

十月十三日，手詔：「應收復及已歸附州縣，見 17 禁罪人，除抗拒王師及謀不軌外，餘罪無大小並赦；見停廢文武官將校、公吏人，並許所在自陳，當議甄叙，隨才任使；流配人悉遷之；逃亡及爲盗賊者並釋罪，令歸業。」又手詔：「應日前無名科率、抑配及一切煩苛之令，敕諸州一一具聞，當悉行蠲罷。不必待報者，宣撫司除之。積欠税賦若公私子錢皆免，人户委州縣長吏招誘以歸，加意存撫。貧乏飢民〔二〕，並以官粟賑給，無令失所。畧獲人口者，各尋付其家。違者重寘典刑。」又手詔：「見居官耆俊若有功卿士，已議褒擢外，有懷才抱藝、堙沉下僚，或素爲鄉里所推，未被試用者，敕宣撫司及州縣長吏詢採以聞，當不次擢用。其以忠直得罪虜酋，或爲權幸排斥，或以詿誤抵罪者，並以名聞，咸當甄擢〔三〕，永用爲勸。」

十五日，詔燕京爲燕山府、廣陽郡〔四〕、永清軍節度使。

十八日，詔蔡攸知燕山府。

二十二日，以得涿、易二州，百官詣紫宸殿稱賀。

六年正月十四日，詔：「僞四軍大王斡離不擅即僞位，爰飭六師，大敗於燕山〔五〕，傳首京師，可擇日御紫宸殿受賀。斡離不首級，依典禮送（大）〔太〕社庫。」自金人屯白水泊，遣烏歇及高慶裔來歸〔六〕。緣前日遣曷魯、大迪烏等歸，不遣使，疑吾有謀，又聞童貫大軍趍燕，恐吾自取燕，則歲賂不可得，故專遣使來。朝廷遣趙良嗣、馬擴報其聘。良嗣等至奉聖州，與其國相蒲結奴計事，彼欲不論元約，止以燕京六州二十四縣歸于我，平、灤等州並 18 不在許與之數。蓋知劉延慶等還師故也。留馬擴從軍，再遣李靖、王度剌、撒盧母同趙良嗣來。朝廷復遣良嗣、周武仲往聘之。貫、攸再舉師，不能下燕，懼無功得罪，密使良嗣禱金人圖之，而金兵以先入燕，遣馬擴歸獻捷。良嗣等至金人軍前，阿骨打欲燕京税租而不議平、灤等州，再遣李靖、王度剌來議其事，且欲交歲幣。朝廷復遣良嗣、武仲同使人往議租

〔一〕九月：原作「八月」，據《三朝北盟會編》卷九、《宋史》卷二二《徽宗紀》四等改。下條亦九月事。
〔二〕「貧乏」下原有「若」字，據《三朝北盟會編》卷一〇删。
〔三〕咸：原作「或」，據《三朝北盟會編》卷一〇改。
〔四〕陽：原作「楊」，據《三朝北盟會編》卷二〇改。又該書云「舊號廣陽郡，有永清節度使」，疑此脱「舊號」二字。
〔五〕燕山：原作「峰山」，據《宋史》卷二二《徽宗紀》四改。
〔六〕來歸：似當作「來聘」，亦或「歸」字因下文而衍。

賦多寡之數,阿骨打欲得百萬緡,良嗣往復辨論,未決。遣良嗣歸。良嗣至雄州,以驛書聞,詔亦許之,再遣良嗣至軍前。阿骨打大喜,遂議雲中地。阿骨打云:「我增百萬緡,南朝一言不辭,今求西京,何辭拒之?」遂遣寧朮割、〔王〕度剌、撒盧母齎誓書來,朝廷又差盧益、趙良嗣、馬擴報聘。兀室云:「計議已定,近有燕京職官趙温訊等來南,須先以見還,議交燕月日。」良嗣諭宣撫司,以趙温訊與之,乃得其誓書。初,平燕之役,上以三策授童貫,意在保民觀釁,不急於攻取也,而王黼暨貫、攸鋭於成功,力主興師之議,調發累年,至是乃入燕云。

夏州

太宗淳化五年正月,以侍衛馬軍都指揮使、邠州節度使李繼隆充河西行營馬步軍都總管,以長州團練使〔一〕、尚食使尹繼倫充行營兵馬鈐轄〔二〕。先是,李繼遷攻圍靈州,洎通遠軍諸堡寨,侵畧居民,焚其積聚。帝怒曰:「繼遷叛涣沙磧中十年矣〔三〕,朝廷姑務含容,賜以國姓,授之觀察使,賜與加等,俸入優厚,仍通其關市,及以銀、綏州委其弟兄,恩寵極矣,乃敢如此! 朕今命將討之決矣。」故命繼隆等焉。三月,李繼隆等平夏州,擒僞節度使趙保忠,收獲牛羊、器甲數十萬,安撫其民,留兵鎮守銀、夏19州。蕃、漢户八千餘帳族歸順。

至道二年四月,以侍衛馬軍都指揮使、静難軍節度使李繼隆爲環慶靈州清遠軍兵馬都總管,殿前都虞候、涼州觀察使范廷召副之,以會州觀察使、知靈州田紹斌爲靈州兵馬都總管、内外都巡檢使。未幾,召紹斌赴(關)〔闕〕。先是,命洛苑使白守榮、西京作坊使馬紹忠與大將皇甫繼明率兵護送芻粟四十萬於靈州,令知靈州田紹斌率兵迎援。次浦洛河,會繼明卒,守榮等後期一日至,爲繼遷所圍。守榮等(故)〔欲〕擊之,紹斌曰:「蕃戎輕佻,勿棄輜重與戰,但按轡結陣徐行。」守榮曰:「我不(授)〔受〕汝節度,爾但率兵來迎爾,勿預吾事。」紹斌因率所部,去輜重四五里。繼遷初望見紹斌旌旗,不敢擊。守榮自欲邀功,遂與戰。戰敗,役夫棄輜重潰走,蹂踐死者無數,悉爲繼遷所獲。始,帝令調發車乘,分爲三輩護送,寇至易爲禦,而民力不匱乏。轉運使違旨,擅併爲一,遂致陷没。帝聞之怒,遣國子博士王用和乘傳捕轉運副使竇玭,繫獄驗問,白守榮責授洛苑副使,馬紹忠責授供奉官,而命繼隆等出討焉。繼隆至靈、環,逗撓未進軍,詔以深州防禦使尹繼倫爲靈慶兵馬副總管,以督其軍事。

七月,以殿前都指揮使王超爲夏綏麟府州兵馬都總管。

九月,夏、綏、延行營兩路合勢破賊於烏白池,斬首五千級,生擒二千餘人,獲米募軍主、吃羅指揮使等二十七人,馬二千疋,兵器鎧甲數萬,羣臣稱賀。先是,帝親部分諸將攻討繼遷,令繼隆自環州,丁罕自慶州,范廷召自延州,王超自夏州,張守恩自麟州,凡五路,率兵抵平夏,皆授以成算。師已有期,會繼隆遣其弟繼和馳驛上言路回遠,欲自清望峽直抵繼遷巢穴,不及援靈武。帝怒,召繼和於便殿,詰之曰:「汝兄此行,必敗吾事矣。」因手札數幅,切責繼隆,命引進使周瑩齎詔軍前督之。瑩至,而繼隆已便宜發兵,不俟報。既而與丁罕兵合,行數十日不見虜,引軍還。張守恩見虜不擊,率兵歸本部;獨王超、范廷召至烏白池,與

〔一〕長州:原作「萇州」,據《宋史》卷二七五《尹繼倫傳》改。
〔二〕繼倫:原作「綸」,據《長編》卷三五、《宋史》卷二七五《尹繼倫傳》改。
〔三〕涣:原作「换」,據《長編》卷三五改。

賊遇，大小數十戰，雖頻克捷，而諸將失期，士卒困乏，終不能擒賊焉。

三年正月，以侍衛親軍馬步軍都虞候傅潛爲延州路兵馬都總管，殿20前都虞候王昭遠爲靈州路兵馬都總管〔一〕，西京作坊使石普爲關右河西巡檢，户部使張鑑調發陝西諸州軍糧，知制誥張秉、馮起〔二〕、翰林侍讀呂文仲持節督之。未幾，太宗上仙，遂罷。

仁宗寶元二年四月，詔以夏國元昊叛命，指揮陝西諸路兵馬總管司各常訓練兵甲，預備蕃路出入山川道路，並須晝時會合掩殺。

六月二十三日，乃下詔削元昊在身官爵，除去屬籍，令陝西、河東點集丁壯，移戍軍馬。

九月，斬其僞環州刺史劉乞都于都市。是月，昊賊寇延州，副將死之。

十二月，攻保安軍，鈐轄盧守懃等擊退之。

三年正月，再攻延州甚急，知州范雍〔招〕諸路併兵〔三〕。

二月二日，乃命鎮海軍節度使、知樞密院事夏守贇爲宣徽南院使〔四〕、陝府西路馬步軍兵馬都總管，兼經略安撫使，尋加沿邊招討使〔五〕；龍神衛四廂都指揮使葛懷敏副之。知制誥韓琦、西上閤門副使符惟忠爲安撫副使，秘書丞田京、太子中允尹洙並簽書經略司事，陝西轉運明鎬充隨軍轉運使。以知涇州夏竦爲忠武軍節度使、兼涇原秦鳳經略安撫使。五月二十六日，遂除夏竦充陝府西路馬步軍都總管、兼經略安撫使、沿邊招討使、知永興軍，以葛懷敏知涇州代領其事；韓琦、范仲淹並爲經略副使，仍同管勾都總管司事；待制龐籍爲都轉運；耀州觀察使夏元亨爲副都總管、兼沿邊招討使；仍召夏守贇等還闕。以用師無功，更用將21帥也。又以太常丞田況爲安撫判官。昊賊出入常在保安、鎮戎等軍，往返環、慶而窺延州。康定元年春，鄜延、環慶路副都總管劉平、石元孫與賊接戰，獲首級甚衆。賊先以老弱，繼以精兵乘其後，援兵不至，平、元孫死之。是秋，昊賊領大兵寇保安、鎮戎，環慶路副都總管任福等自慶州東路聲言巡邊〔六〕，戰於白豹城，遂分部將士圍其城。福押大陣居城（福押大陣居城）南，夜漏未盡，四面合擊，平明，大破之。破蕩骨咩等族四十餘帳，焚其巢穴委聚四十餘里。

五月九日，復以夏竦知涇州，臨邊制事也〔七〕。以知青澗城种世衡、通判儀州耿傅計置陝西隨軍糧草〔八〕。

〔一〕昭遠：原作「超遠」，據《長編》卷四一、《宋史》卷二七六本傳改。
〔二〕馮起：原作「馮超」，據《長編》卷四一改。
〔三〕雍：原缺，據《宋史》卷二八八《范雍傳》補。
〔四〕贇：原作「斌」，據《長編》卷一二六改。
〔五〕沿：原作「江」，據《宋史》卷一〇《仁宗紀》二改。
〔六〕副都：原作「都副」，據《宋史》卷一〇《仁宗紀》二乙。
〔七〕按，此處記述有誤。考之《長編》卷一二四、一二七，寶元二年七月二十九日戊午，以知永興軍夏竦知涇州。康定元年（亦即寶元三年）五月九日壬戌，奉寧節度使夏竦爲忠武節度使，仍知涇州。五月二十五日，改知永興軍。是五月九日只是易其節度，並無「復知涇州」事。
〔八〕按，种世衡、耿傅事在本年十二月二十七日戊申。

九月，詔河東轉運使楊偕率并州强壯萬人〔一〕，自麟〔二〕、府入界。

是冬，詔鄜延、涇原兩路同進兵入討西賊。

〔康定〕二年秋〔三〕，韓琦在鎮戎，以兵馬盡授諸將，而任福等晝夜馳逐，倍道趨走，遂失利。大將葛懷敏領大兵趨渭州山外，爲賊據其地勢，吾軍少却，即衝我軍，繼以步奚挽强注射，遂遭掩殺。自劉平敗於延州，任福敗於鎮戎，葛懷敏敗於渭州，賊聲益振。然所以復守其巢穴者，以鄜延路兵屯六萬八千，環慶路五萬，涇原路七萬，秦鳳路二萬七千，以牽制其勢也〔四〕。

慶曆元年，命夏竦屯鄜州，陳執中屯涇州。是秋，昊賊陷豐州，又攻鄜州，又攻府州，阻於山險，爲我軍憑高擊之，死傷殆盡。元昊叛命數年，寇擾西邊，然彼亦大困矣。自此數來請和，然邊陲尚未解嚴。至四年，22以誓書來上。十月，行封册之禮，乃罷兵。

神宗元豐四年四月十九日，鄜延路馬步軍副都總管兼第一將种諤言：「近奏秉常爲賊臣所殺，乞朝廷興師問罪。今覘知秉常兵見聚所居木寨，國母及梁相公已出銀牌點集〔五〕。乞乘幾興師招討。」上批：「見遣王中正往，體量的確情僞。宜先令沈括、种諤密議，點集兵馬，告諭逆順，招懷並邊主兵酋，以俟大兵併力。」

六月〔二〕十五日〔六〕，上批：「應熙河路及朝廷所遣四將漢蕃宣馬，並付都大經制并同經制李憲、苗受，依階級法總領，照應董氈出兵，要約部分本路蕃弓箭手，量所用人數以往。如董氈渝前請〔七〕，不肯如期出兵，即相度機便，移兵討除。其臨敵利害，事干機速，申覆不及者，隨宜措置施行。其錢帛糧草，並委經制管句軍馬官胡宗哲計度應副。」初，熙寧元年，夏國主諒祚死，子秉常立。二年三月，遣使持節册爲夏國主，累侵邊境，至是命將討焉。

二十七日，詔以种諤爲鄜延路經略安撫副使，應本司事與經畧使沈括從長處置。以入内副都知王中正同簽書涇原路經畧總管司公事。如遇出界，令王中正及涇原路總管司兼本路第一將劉昌祚同往。發開封府界、京東西諸將軍馬分與鄜延、環慶兩路。以東上閤門使、英州刺史姚麟權環慶路副總管，遇出界，令知慶州高遵裕與姚麟同往。於在京七百料錢已下選募馬步軍萬五千人〔八〕，開封府界及本路共選23募義勇、保甲萬人。如涇原五千人不足，於

〔一〕偕：原作「揩」，據《宋史》卷三〇〇《楊偕傳》改。
〔二〕麟：原作「鄜」。按《宋史・楊偕傳》云：「密詔偕選强壯萬人，策應麟、府。」是「鄜」乃「麟」之誤，因改。
〔三〕康定：原無，據《長編》卷一三二補。
〔四〕《長編》卷一三七引録此文「自劉平」以下一段，注云：「此據《會要・出師》篇。」
〔五〕已：原作「凡」，據《長編》卷三一二改。又此節文字删節過甚，文意不明，可參閲《長編》。
〔六〕二十五：原作「十五」，據《長編》卷三一三補。
〔七〕前：原無，據《長編》卷三一三補。
〔八〕下：原作「上」，據《長編》卷三一三改。

秦鳳路選募。

七月五日，詔：「將士能立大功，蕩除賊巢，當比熙河賞功三倍〔一〕。臨賊不用命，並全家誅戮。鹵獲不以多寡，聽自與，官不檢校。能禽戮拒命賊帥，並量大小，與節度使以下至班行〔二〕。應先在國主左右及諸部族，并同心爲主者，並不誅殺，令展轉告諭，與官軍共力討除，當隨功大小，各有爵命。賊廷府庫所藏金帛〔三〕，並主將親檢校均給。諸路軍馬並須更互照應，即一路受敵，觀望不即赴救，回日主將當處斬。應降附部族，少壯以從軍，老少遷近便城砦，給口食安存之。降附部族，諸將、士卒輒希功殺戮者，主將即時處斬。河北州郡須候撫定賊巢，然後分兵討除，或招諭歸降。臨敵措置，非可豫爲計者，並隨宜經畫。」

八月五日，詔：「麟府路并鄜延、環慶、涇原兵馬出界後，並聽王中正節制〔四〕。」既而上批：「近差措置麟府路軍馬王中正兼管鄜延、環慶、涇原軍馬〔五〕，止謂未出界以前與逐路帥臣、將官議定進兵；其出界後，王中正止令遵稟宣命，節制鄜延一路諸將兵。其環慶、涇原自委高遵裕節度，中正更不當干預。俟先下興〔六〕、靈，方依畫一總六路軍馬節制。」

七日，鄜延路走馬承受楊元孫言：「西賊二萬餘人於無定河川、臨川堡出戰，斬獲首級。」上批：「朝廷諸城寨未嘗侵擾夏國，今輒領大兵入寇，緣所定師期尚遠，宜下鄜延路經畧司，令保安軍牒宥州詰問，庶使彼辭愈曲，我師出境，其名益直。」

十一日，24上批：「已指揮秦鳳一路兵付李憲從便節制處分。可再下都大經制司，依詳朝廷屬任之意。」

二十三日，熙河路都大經制司總領七軍至西市新城，遇賊約二萬餘騎，官軍掩擊敗之，擒酋首三人，殺獲首領二十餘人〔七〕，斬二千餘級〔八〕，奪馬五百餘匹。

二十五日，詔：「昨降指揮，合諸路期約進兵，一舉撲滅賊巢。近种諤先招納，遣諸將淺攻，各有斬獲之勞，未爲失謀。今師期不遠，其務全養士氣，依王中正議定期日，與諸路協力進討。」乃命聽王中正節制。初，种諤以鄜延兵先招納夏人。是月二日，次綏德城。八日〔九〕，分遣諸將出界，遇賊破之。朝廷以諤輕出故也。

二十六日，李憲駐兵女遮谷，遣漢蕃將士襲擊餘黨於山谷間，斬首百級，獲牛馬孳畜甚衆，大軍遂過龕谷川。

詔：「熙河路李憲等，見與董氈人馬期會攻討夏賊。緣鄜

〔一〕比：原作「此」，據《長編》卷三一四改。
〔二〕下：原作「不」，據《長編》卷三一四改。
〔三〕廷：原作「建」，據《長編》卷三一四改。
〔四〕中：原作「忠」，據《長編》卷三一五改。
〔五〕「王中正」至「涇原軍馬」十三字原脱，據《長編》卷三一五補。
〔六〕興：原脱，據《長編》卷三一五補。
〔七〕十：原作「千」，據《長編》卷三一五改。
〔八〕「斬」下原有「首領」二字，據《長編》卷三一五刪。
〔九〕日：原作「月」，據《長編》卷三一五改。

延等路師期尚在九月下旬，令李憲等：如兵馬出界遇賊，已見克捷，即進兵深討；若賊兵阻遏，未可長驅，即擇控要便於饋運之所權立營寨〔一〕，以俟諸路師期，首尾相應。」王中正、种諤奏：「涇原、環慶會兵取靈州渡，討定興州；鱗府、鄜延先會夏州，候兵合齊進，取懷州渡，討定興州。乞下涇原、環慶遵守。」從之。九月四日，詔中正、高遵裕，如行軍庶事已就緒，即相度乘機進討，不須拘以元定期日。

九月十七日，詔：「令諸路兵直趍興、靈，兼累據董氈亦稱欲往靈州破賊，若赴興、靈，道路阻遠，即領 25 全軍過河攻取涼州，不得止遣偏裨。」又上批：「累據劉昌祚奏請，多不中理，慮難當一道帥領。令知環州張守約往代昌祚，令昌祚赴遵裕麾下。」

二十七日，西賊兵馬七八萬自無定河川南來，欲救米脂之圍。种諤先戒後軍移師城下，阨賊兩門，鑿爲溝塹。二十八日，接戰，賊大潰〔二〕，斬首八千餘級，奪馬五千餘匹，駞畜、器甲萬計。詔諤更不受王中正節制。

十月六日，詔：「近令李憲等協力深入，或勒兵過河，攻取涼州。今聞糧草不繼，已械馬申等送獄，令李憲等未得進兵，候饋運稍辦，即依前詔。」

七日，王師至女遮谷。賊黨數萬，牛羊駞畜充滿川谷，於二十里外下寨，前據天澗兩重，後倚高川石峽〔三〕。賊逆戰，自午至酉，賊退保天澗。值夜，對岸相射。夜半，賊退，斬獲六百餘級，奪馬數百匹。

九日，詔：「李憲已總兵東行，涇原總管劉昌祚、副總管姚麟見統兵出界，如前路相去不遠，即與李憲兵會合，結爲一大陣，聽李憲節制。」

十二日，軍至西界堪哥平、磨哆隘口〔四〕，逢賊約二三萬拒隘，與僞統軍、國母弟梁大王戰，賊敗退。追奔二十里，斬獲大首領没囉臥沙、監兵使梁格嵬等十五級，小首領二百十九級，生擒首領統軍姪紇多理等二十三人〔五〕，斬二千四百六十級。

十五日，知夏州索九思遁去〔六〕，官軍入夏州。

十七日，高遵裕軍過横山。是日，种諤離夏州，遣曲珍等領兵通黑水、安定堡路，接運軍糧。遇賊，與之戰，斬獲賊鈐轄首領以 26 下千七十八級，招降六百五十人。

二十日，收復故清遠軍并韋州。詔令高遵裕速部分諸將進兵，與諸路會合，攻討興、靈。

二十四日，師次鳴沙城。

二十九日，趍靈州城下。先鋒遇賊接戰，斬首二百七

〔一〕控：原作「空」，據《長編》卷三一五改。
〔二〕賊：原作「衆」，據《長編》卷三一六改。
〔三〕高川：《長編》卷三一七作「南山」。
〔四〕哆：下文及《長編》卷三一七作「哆」，《宋史》卷四八六《夏國傳》作「臍」。
〔五〕理：原作「埋」，據《長編》卷三一七改。
〔六〕「知」原無，「索」原作「牽」，據《長編》卷三一八補改。《太平治迹統類》卷一五亦作「索」。

十二級，生擒四十三人，奪馬牛羊駞畜萬餘，糧草五萬餘。

十一月三日，西賊屯兵蒲萄山，李稷遣曲珍分鋭兵出賊後，首尾合擊走之。斬首四百級，獲器甲二千，馬五千〔一〕，僞宣勅七，銅印一，降四十餘人。

四日，涇原路經畧司言：「劉昌祚戰磨哆隘口〔二〕，生擒西賊三十二人，留爲鄉導；斬唱嚾等十二人。」

五日，詔熙河路都大經制司，已分畫地分討賊，更不節制涇原路軍馬，令劉昌祚等依舊受高遵裕節制〔三〕。

七日，熙河路都大經制司言：「軍行至天都山下營，西賊所居，内有七殿，其府庫、館舍皆已焚之。又至囉逋川，捕獲間諜，審問酋首嵬名統軍人，遂將兵追襲，斬獲千級，生擒百餘人，虜牛羊孳畜萬計。又離天都山，至滿丁川，嵬名賊衆敗散。追襲，又斬獲五百級，生擒二十餘人，奪馬二百餘匹，牛羊孳畜約七千。乃還，取蘭州城之增戍壘，差人降附者數萬帳。」

九日，种諤言〔四〕：「第三將楊進等破石堡城，斬首領已下百六十八級，降生口大首領葉示歸理已下千六百七十六，獲馬六十六，牛羊四千餘。」鄜延路城細浮圖、吳堡、義合、寨門、米脂五寨。

二十一日，鄜延路言，种諤軍前士卒奔潰入寨，未知行營所在。詔諤速引軍於便處 27 安泊，候士氣稍壯，糧餽有備，即依前詔施行。

二十二日，詔：「李憲亟旋師本路，安養士氣，品第功狀以聞。應行營漢蕃將士作番次厚與犒設〔五〕，仍大開恩信，廣務招來新土生羌，及密定置戍之所，計度版築之具，以俟春暖興作。」

二十四日，詔：「种諤兵馬部領還本路，俟稍近春暖再出討。其本路土兵各歸元駐劄州軍城寨，蕃兵并漢、蕃弓箭手等各歸元住處。開封府界、京東西將兵分擘於近裏有糧草州軍屯泊，其運糧夫皆放散。种諤下將佐各隨軍歇泊。」同日，詔：「環慶、涇原之師見攻靈州未破，令王中正將所部兵馬，於延州簡不隨种諤出界兵三萬人以上，速自環州洪德寨入至韋州以北〔六〕。如靈州可破，即換久役兵員回，通接轉餉；或糧餽闕乏，即迤邐退歸。」先是，涇原、環慶兩路兵進攻靈州，雖屢獲首級，其城廣闊，守禦具備，幾月不下。值大風雨寒凍，死傷士卒，賊決黄河水浸營，不能駐留，又糧道不通，彭孫以兵護涇原糧，爲賊所鈔畧，諸軍闕食，於是朝廷議退師。

十二月十五日，高遵裕、劉昌祚、姚麟、彭孫降官有差，以遵裕等攻取靈州無功，彭孫護糧草爲賊鈔畧故也。

五年正月二十七日，詔以种諤知渭州，李憲爲涇原路經畧安撫制置使，李浩兼權涇原路經畧安撫副使。諤、浩

〔一〕五千：《長編》卷三一九作「五十」，疑是。
〔二〕戰磨：原倒，據《長編》卷三一九乙。
〔三〕遵：原脱，據《長編》卷三一九補。
〔四〕言：原無，據《長編》卷三一九補。
〔五〕「將士作番」四字原脱，據《長編》卷三二〇補。
〔六〕德：原作「得」，據《長編》卷三二〇改。

於制置司並用階級法。

二月四日，詔以内侍押班李舜舉爲照管涇原路經略司一行軍馬，參議軍中大事。

三月二十一日，鄜延路副總管曲珍言，出界至金湯遇賊，焚蕩族帳七百，斬千級。

四月二十一日，詔秦鳳路經略司，如無賊馬28犯邊，毋得出兵。

五月十一日，詔沈括、李憲、苗授：「據環慶路經略司奏，夏國母自三月初點集河南、西涼府、囉龐界、甘、肅、瓜、沙，十人發九人，欲諸路入寇，人馬已發赴興州。及四月丁丑，西賊二萬餘人騎侵犯淮安鎮。宜以本路兵馬合成大陣，守控要害〔一〕，伺其深入，痛行掩殺。」种諤復建言，請盡城横山，占據地利，北瞰平夏，使虜不得絶磧爲患。

二十六日，詔給事中徐禧、内侍省押班李舜舉往鄜延路計議邊事。

六月一日，環慶經略司言，斬西賊統軍嵬名妹精嵬、副統軍訛勃遇，得銅印、起兵符契、兵馬軍書，并獲蕃丁頭凡三十八級。

七月三十日，涇原路經略司言：「諜報西界十二監軍司人馬齎五月糧〔二〕，於葫蘆河點集。國母、小大王七月末過黄河〔三〕，欲以八月尅日入寇鎮戎軍大川。」詔留李憲且在涇原照管邊面，多遣人深入覘候。如有寇狀，即追秦鳳、熙河先團結諸將兵馬，及環慶二萬人騎，令姚兕統領，合力驅逐，毋失機會。

九月五日，諜報西賊發六監軍司兵次銀州川〔四〕，沈括、徐禧戒勒諸將分定戰地。

十六日，沈括言：「九月九日，西賊三十萬寇永樂城〔五〕，副都總管曲珍等兵少，禦敵未退，將官寇偉、李師古、高世才、夏儼、程博古，及使臣十餘人、士卒八百餘人死之，賊遂圍城。」

二十日，永樂城陷，徐禧、李稷、李舜舉并漢、蕃官二百三十人，兵萬二千三百餘人皆没。初，經略沈括進言：「既獲米脂寨，以横山勢蹙，距宥29州才三舍，下瞰銀夏，平川千餘里皆沃壤，可以耕稼，爲屯田之計。今乞於米脂之間城永樂，屯勁兵以抗虜，則河北之地盡可耕種。」朝廷遣給事中徐禧、内侍李舜舉相視利害，時五年七月也。禧等至延安，與括（相同）〔同相〕度，意合，即奏言如括議，朝廷許之。八月，禧、舜舉與括等將蕃、漢兵十餘將，凡八萬，役夫荷糧者倍之。於是李稷將前軍，本路將官呂政佐之；曲珍將中軍，高永能佐之；王湛將後軍，景思誼佐之；李稷主運餉，治版築，而謀畫進止一決於禧。以二十五日興工，旬

〔一〕控：原作「空」，據《長編》卷三二六改。
〔二〕諜：原作「謀」，據《長編》卷三二八改。
〔三〕末：原作「未」，據《長編》卷三二八改。
〔四〕軍：原脱，據《長編》卷三二九補。
〔五〕寇：原作「通」，據《宋史》卷一六《神宗紀》三改。

有二日而城畢，賜名銀川寨。夏人聞之，以謂此城不爭，則橫山爲漢有，靈夏爲存亡所係要害，以死拒之，故有是役。初，虜兵尚遠，諸將多請擊之，以挫賊鋒，而高永能言尤切，禧獨不聽。及虜兵大至，極目不見邊際，俄而鐵騎涉無定河，永能又曰：「此號鐵鷂子，過河得平地，其鋒不可當，乘其未渡擊之，可使殲焉。若縱之盡，則我師殆矣。」禧又不聽，故及於敗。乃築女遮堡，展定西城以衛蘭州城。

六年正月二十九日，西賊渡河，直抵蘭州城下，西門幾爲所奪，遂(團)〔圍〕蘭州。六日圍解。

閏六月一日，夏國主秉常奉表乞修職貢。

十月一日，秉常遣使奉表復修職貢，乞還所侵地，徹備邊戍兵，長爲外藩。賜秉常詔：「地界已令鄜延路經畧安撫使司指揮保安軍移牒有州施行。歲賜候畺界了日依舊。」

哲宗元祐二年六月二十八日，秦鳳路經畧司[30]言，西賊人馬侵犯隴諸堡地分〔一〕。

七月二日，夏人寇鎮戎軍諸堡〔二〕。

八月十四日，詔：「夏國國亂主幼，所以輒敢犯邊及不遣使賀謝，皆緣强臣乙逋等擅權逆命，陰有異圖，即非其主與國人之罪，豈可遽興師討伐，使向化之人例遭誅戮？宜令諸路帥臣各嚴兵備，無得先起事端。其所發兵馬，權屯次邊。如乙逋等能幡然改圖，忠事其國，效順朝廷，本國上章通貢，特許收接，與之自新。若終犯順，即令諸路乘便深入，務在誅鋤首惡，不得濫及無辜。內首領素不附乙逋，欲自拔來歸，及乙逋同黨有能附順者，聽所在以聞。仍徧諭漢蕃。」以三省樞密院言：「夏國自秉常告喪，既弔卹其國，又封册其子，兩宮賜與甚厚，國中部落老幼無不歡躍。不謂彼國(疆)〔彊〕酋獨有異意，風聞乾順不治國事，有梁乙逋者擅權立威，輒犯邊，以請地爲名，不遣賀坤成節、謝封册使，反覆邀乞，別懷二心。若不加誅，無以威示夷狄。」故有是詔。

二十二日，夏人寇三川諸寨，敗之。

九月十日，夏人犯鎮戎軍。十五日，夏人夜遁。

三年正月十八日，詔陝西、河東經畧司嚴戒邊將及城寨官覘賊動息〔三〕，常若寇至以備之。

二月八日，西賊寇府州邊，將官鉗宗翊擊之。

三月二十八日，夏人侵德靖寨，將官張誠等敗之。

七月十九日，樞密院言，夏賊會軍馬，欲寇涇原、熙河路。詔葉康直遠斥候，常知賊境舉動，保無他虞。仍令劉昌祚、劉舜卿選本路兵將，涇原[31]路萬人於德順軍、熙河路五千人於通遠軍接秦鳳邊地要害處駐劄，爲掎角之勢，

〔一〕隴諸堡：原作「隴諸堡」，據《元豐九域志》卷三、蘇轍《論西邊商量地界劄子》（《欒城集》卷四六）改。《長編》卷四〇二作「隆諸特堡」，乃清人據滿語改譯。

〔二〕戎：原作「我」，據《長編》卷四〇三改。

〔三〕官：原無，據《長編》卷四〇八補。

當先事以待之。

八月十八日，樞密院言：「鄜延路七月牒抵宥州，踰月方報，乃專以疆土爲請，畧無悔罪謝恩之意。名欲議事，陰欵我師，諜知舉國欲併力來寇。」詔陝西、河東帥臣從宜行訖以聞〔一〕。

六年五月二日，樞密院言：「熙河蘭岷鄜延路奏，夏賊殺虜人民畜牧，毁烽火臺。經畧司以兵邀其歸路，生擒首領、獲級。」詔諸路益謹邊備，「如夏賊再來侵犯，即審度事勢，以計破之。勿貪功輕入，墮賊計中，亦不得無事妄生邊患。兼慮詭詐，屯兵一處，却乘別路之隙。其環慶、涇原、秦鳳、河東路，亦當依此指揮。」

二十八日，鄜延熙河蘭岷路經畧司言，西人侵界作過，遣兵邀截，各擒首領一名。詔：「令逐路經畧司只作本司意，將逐人放歸，仍面諭以：疆界雖少有未畢，夏國安得輒發兵衆，侵我邊境！今既生擒，即合斬首界上，蓋爲朝廷意在好生，又夏國見輸常貢〔二〕，且放汝回。候到本國，明諭梁乙逋并近上首領，今後不得縱放人馬，亂有侵犯。」

閏八月六日，夏國首領梁乙逋統領河南北人馬〔三〕，揚言謀欲犯邊。

九月二日，西賊深入攻圍麟、府州。詔麟府路軍馬司集兵應援，仍令范純粹審擇便利，牽制策應。

五日，西賊入寇麟、府州未退，詔河東路經畧司誡諭張若訥占據地利，審度賊勢，選募驍勇敢死之士，出奇逼逐；或乘師老墮歸之際，32擇利邀擊。

七日，樞密院言：「夏賊寇犯麟、府州，雖已遁去，今據陝西沿邊奏報，見各於並邊嘯聚，竊恐復寇別路。」詔陝西、河東路逐路經畧司，如遇西賊入寇，本路兵力不勝，即速令互行關報，牽制策應。

十月五日，樞密院言：「涇原路探報梁乙逋近犯麟、府界，爲人殺死；梁阿革乙逋爲夏國所誅。」詔逐路經畧司，如乙逋未誅，尚猶用事，即宜乘隙用間。仍選可用之人，厚遺金帛，優許職名，密切經畫。

七年六月九日，詔：「夏賊犯河東，合要諸路牽制。麟府路令府州軍馬司，嵐、石州令石州都巡檢司，舉橫烽入鄜延路，轉報以次路分〔四〕。其諸路得河東橫烽，若麟府軍馬司得諸路橫烽，並簡習軍馬，速赴順便堡寨駐劄，未得出界。各候探報得實，可以牽制，即從長取利進兵。」先是，樞密院言：「夏賊犯順，牽制策應，須候帥司牒諸路方會合。按舊置橫烽，遞相照應爲便。」故有是詔。

八年正月十三日，鄜延路經畧司言：「保安軍得宥州牒〔五〕：本國準北朝劄子，備載南朝聖旨，稱夏國如能悔

〔一〕帥：原作「師」，據《長編》卷四一三改。
〔二〕夏：原作「憂」，據《長編》卷四五八改。
〔三〕「逋」下原有「將」字，據《長編》卷四六五删。
〔四〕次：原作「咨」，據《長編》卷四七四改。
〔五〕牒：原作「縣」，據《長編》卷四八〇改。

過，上奏亦許應接。今再欲遣使詣闕。」十四日，詔：「夏國請命，未測情僞。令陝西、河東帥臣約束沿邊，過爲備禦。仍戒約兵馬，不得於邊界生事。」

四月一日，夏國主乾順遣使謝罪，獻蘭州，乞賜塞門寨。詔答不許。

紹聖三年五月六日，樞密院言：「西人雖稱欲遣人進貢誓表，却又侵犯鄜延、義合等處，豈宜遽弛攻討禦捍之備？」詔陝西、河東經畧司多方備禦。

八月五日，鄜延路經畧使呂惠卿言：「自六月 33 以後，五十日間，第一至第七將前後十四次俘斬甚衆，並獲副軍大小首領、副鈐轄，及得夏國起兵木契、銅記、旗鼓。」

二十一日，鄜延路奏西賊壓境。詔差府界兩將赴鄜延路，京西第二將赴熙河蘭岷路，府界第七將赴秦鳳路。

十一月二十四日，環慶路經畧司言：「宥州界正名嗋等，各帶領人馬於曲律、六掌等處駐劄，欲寇塞安等寨。遣鈐轄張存領兵將掩擊，斬首九百餘級。」

四年三月四日，涇原路經畧使章楶言：「今來進築，須藉別路聲援牽制。乞更下鄜延、河東，廣張聲勢，爲深入之計。」〔詔〕熙河蘭岷路經畧司，候見涇原路舉動月日，即疾速指揮蘭州廣作渡河討蕩聲勢，務要分撓賊計。仍令鄜延、河東經畧司，依涇原路所奏施行。

六日，涇原路經畧司言：「西夏起甘州、右廂、卓囉、韋州、中寨、天都六監軍人馬，屯（騙）〔駐〕江州白草原；又遣首領妹勒都逋、烏嗋革嗋領兵並塞。」詔涇原帥司嚴誡諸將，每事持重，務取全勝。

二十七日，孫覽奏：「西界長波川有賊兵屯聚，尋遣兵入界，遣先鋒張真等至津慶川，破敵，乘勝至惟烈川。折克行相繼而至，斬二千餘級，獲牛羊馬三千有餘，并燒蕩族帳，迤邐還寨。」

四月五日，知保安軍李沂統制兩將人馬入西界討蕩〔一〕，燔毀洪州城内外首領人民族帳等甚衆，得牛馬駞畜二千餘。

十三日，呂惠卿言，差路分都監劉安統制兵馬出塞，修復浮圖寨。

八月三日，河東經畧司言：「西 34 賊侵犯神堂等堡，遣將賈嵒、李俠以少擊衆，賊倉卒首尾不救，遁去。王師乘勝修復葭蘆。」

五日，鄜延路經畧使呂惠卿言：「近遣將官王愍破蕩宥州，燒毀族帳，斬獲五百餘級，牛羊以萬數。」

十二月二十一日，樞密院言：「熙河蘭岷路經畧安撫判官鍾傳將本路并秦鳳兵出塞〔二〕，斬獲僅四千級。」

元符元年三月二十四日，河東路經畧司奏：「崇儀使張世永等統制兵馬出界討蕩，獲千餘級、大小首領二十

〔一〕沂：原作「泝」，據《長編》卷四八五改。
〔二〕「傳」原作「傅」，「塞」原作「寨」，據《長編》卷四九三改。

餘人。」

十月二十五日，涇原路經署使章楶奏：「西賊三十萬犯塞，攻平夏城凡十三日，將寨官捍禦無虞。」

二十八日，熙河蘭會經署司言：「副都總管王愍統兵徑趍卓囉右廂以東攻討，以牽涇原賊勢。到罷沙〔一〕，會遇賊迎敵，愍躬率將士奮擊，大破賊衆，斬首千三百餘級，内一級係僞江落駙馬頭〔二〕，俘三百餘人，牛馬羊駞二萬五千餘，數百里族帳蓄積燒毀殆盡。」

二年三月十九日，遼國泛使國信使蕭德崇等齎國書爲夏國解和。其署云：「粤維夏臺，實乃輔藩〔三〕，累承尚主，迭受封王。近歲以來，連表馳奏，稱南兵之大舉，入西界以深圖，懇求救援之師，用濟攻伐之難。理當告急，事在解和〔四〕。蓋念遼之於宋，情重祖孫〔五〕，夏之於遼，義隆甥舅。必欲兩全於保合〔六〕，豈宜一失於綏存。」蓋其意止爲夏國游説，欲息兵及還故地云。

四月十九日，蕭德崇等辭，授以報書，許以自新。回劄子云：「夏國久失臣節，未當開納，今以北朝 35 遣使勸和之故，見令邊臣與之商量。又緣夏人前來曾一面修貢，一面犯邊，慮彼當計窮力屈之時，暫爲恭順以疑我邊備，俟候稍蘇，復來作過，則理須捍禦，及行討伐。若果是出於至誠，服罪聽命，亦當相度，許以自新。」

六月二十六日，鄜延路經署司言：「西人寇順寧寨，差第三副將張守德等至赤羊川掩襲〔七〕，斬獲首級。」

七月二十三日，環慶路經署司言：「知環州种朴領兵至赤羊川，收接到賞羅訛乞家屬百五十餘口，孳畜五千。夏賊千餘騎來追，與戰，生擒監軍訛勃囉并首領淚丁訛遇。」詔本司體問訛勃囉，如委是西界監軍，即取問在西界日所管地分、人馬及有何家屬在彼并所見聞事以聞，仍管押赴闕。所有賞囉訛乞家屬，仰多方存卹，及選差信實人持本家信號往招訛乞，令早歸順。

八月二十八日，洮西沿邊安撫司言：「夏賊五千餘騎來攻廝歸丁、南宗堡，遣兵接戰，遁去。」

九月一日，夏國主乾順上表遣使謝罪，見于崇政殿，詔賜夏國曰：「爾國亂常，歷年於此。迨爾母氏，復聽姦謀，屢興甲兵，擾我疆埸。天討有罪，義何可容！今凶黨殲除，爾既親事，而能抗章引慝，冀得自新，朕嘉爾改圖，姑從矜貸。已指揮諸路經署司，令各據巡綽所至處，明立界至，并約束城寨兵將官，如西人不來侵犯，即不得出兵過界。爾亦嚴戒沿邊首領，毋得侵犯邊境。候施行訖，遣使進納

〔一〕罷沙：《長編》卷五〇三作「羅沙」。
〔二〕江落：《長編》卷五〇三作「旺羅」，疑「江」當作「汪」。
〔三〕乃：原作「力」，據《長編》卷五〇七改。
〔四〕此二句，《契丹國志》卷九、《長編》卷五〇七作「理當依允，事貴解和」，較長。
〔五〕情：原作「親」，據《長編》卷五〇七改。
〔六〕合：原作「全」，據《長編》卷五〇七改。
〔七〕赤羊川：原作「牛羊川」，據《長編》卷五一一改。

誓表，當議許令收接。」

二十六日，樞36密院言：「鎮戎軍申，西界二千餘騎出浮圖岔，與官兵鬬敵，供奉官陳告〔一〕、差使李戩等死之。侵犯漢界，有違誓表。」詔鄜延路經略司，令保安軍移牒宥州，聞知本國主，令遵依已降詔書施行。

十二月三日，夏國差使副令能、嵬名濟寨等詣闕進上誓表謝恩，及進奉御馬。詔依例回賜銀器、衣著各五百匹兩。

交州 《續會要》作交趾

太宗太平興國五年七月，詔以蘭州團練使孫全興、鞍轡庫使陳欽祚、八作使張峻〔二〕、左監門衛將軍崔亮爲邕州路兵馬總管，寧州刺史劉澄、軍器庫副使賈湜、供奉官閤門祗候王僎爲廣州路兵馬總管，分路率師討交州。就命知邕州、太常博士侯仁寶爲交州路水陸計度轉運使。初，仁寶上言交州可取，因求乘傳入奏。參知政事盧多遜素不喜仁寶，因謂帝曰：「先召仁寶，泄其謀不便，可就除爲轉運使，經度其事。」事具「交趾」門。

神宗熙寧八年十二月二十一日，交趾入寇，詔廣南西路經略司嚴切自守，命置安南路經略使司，以預經制其事，將討之也。以天章（閤）〔閣〕待制趙卨充安南道行營馬步軍都總管、經略安撫招討使、廣南西路安撫使〔三〕，入内都押班李憲充副使。

九年二月二日，以知太原府、宣徽南院使郭逵爲安南道行營馬步軍都總管、本道經略招討使，兼判湖廣南東西路宣撫使，改趙卨爲安南道經略招討副使；以龍神衛四廂都指揮使燕達爲行營馬步軍副總管，而罷李37憲。用選人程壽孫等九人爲九軍主簿，仍命趙卨都大提舉計置糧草。

逵等以十二月十一日出界討伐，是日破決里隘，沿路賊黨望風逃潰。二十一日，大軍抵富良江〔四〕，未至交州三十里，賊以精兵乘舡逆戰，逵兵奮擊，斬僞大將洪真太子，其餘驅擁入江，溺死不知其數。其首領李乾德上表乞降。所收復廣源州、門州、蘇茂、思琅、諒州等處溪洞，開拓千餘里爲内地。先後降賊將觀察使劉應紀共一百九十人。以其事聞，輔臣稱賀。

十年二月二十五日，詔罷經略、招討等司，行營軍馬除量留屯守外〔五〕，發歸逐處。以逵就判潭州，卨就知桂州，以安撫其後也。（以上《永樂大典》卷九三〇〇）

〔一〕陳告：原作「陳吉」，據《長編》卷五一五、《宋史》卷四八六《夏國傳》下改。
〔二〕八作使張峻：《長編》卷二一作「八作使郝守濬」。
〔三〕西路：原脱，據《長編》卷二七一補。
〔四〕富：原作「當」，據《長編》卷二七九改。
〔五〕除：原作「徐」，據《長編》卷二八〇改。

宋會要輯稿　兵九

出師　三

青唐

【宋會要】

[1]神宗熙寧八年，董氈將青宜結鬼章與冷雞朴大入寇邊(一)，遣内侍省押班李憲捕之。

十年，鬼章驅誘熟羌圍岷州城寨，占據鐵城。憲命种諤夜出兵二千，度洮水，直抵鐵城。鬼章兵潰，臨〔陣〕斬冷雞朴(二)。於是董氈惱懼，遣首領入朝謝罪。詔以董氈爲都首領，結鬼章爲廓州刺史。

哲宗元祐二年三月，鬼章復寇洮州，分築洮州爲兩城以居。

五月一日，圍河州南川寨。詔出兵百五十指揮，凡七萬餘人戍邊，且博詢士大夫可與計畫者，大臣以奉議郎游師雄應詔。時鬼章與夏人連謀入寇(三)，中分熙河，師雄諜知之，言於熙河蘭會路經略使劉舜卿，請分兵兩道，急裝輕齎，並洮水而進。

八月十七日，姚兕、种誼攻講朱城，焚其飛橋。移時，羌十餘萬至，不得度。十八日晚，至洮州，士皆鏖戰，呼聲動天地，一鼓破之。擒鬼章及其大首領九人，斬馘數千。

十一月十二日，鬼章入獻于崇政殿。詰犯邊狀，伏罪誅死，聽招其子部屬歸附以自贖。

三年正月二十四日，詔：「阿里骨已差人奉表詣闕謝罪，令邊將無出兵，仍罷招納。」

元符二年春，洮西安撫王贍密畫取吐蕃之策，遣舉人黄亨上其事於朝。章惇喜其説，下熙河路經略使孫路計議，路即大發府庫，招來羌酋。

夏六月，河南大首領邊厮波結以錯鑿、講朱、一公、當摽四城降。

七月二十五日，贍引兵度河，取邈[2]川。因奏邈川古湟中地，東北控夏國，西接宗哥、青唐巢穴，南距河州一百九十里，東至蘭州二百餘里，乞建爲湟水軍。從之。王愍别提麾下兵出省章峡，取宗哥城。孫路度青唐未可朝夕下，欲先固邈川及河南北諸城，然後進師。贍乃奏青唐不煩大兵，可下也。朝廷以路逗留失機會，更以胡宗回爲經略使。宗回罷王愍統制，以贍爲之。初，贍（啣）〔銜〕路不專委己，故陳青唐可下，欲以中路。至是，乃陳夏人點集，謀

(一)青宜結：原作「青唐結」，據《宋史》卷一五《神宗紀》二改。
(二)冷：原作「泠」，據《宋史》卷一五《神宗紀》二改。
(三)連：原作「速」，據《長編》卷四〇四改。

救邈川，可守禦不可進攻。宗回怒其語反覆，遂以軍法趣瞻出師。

九月二十日，瞻提孤軍入青唐，隴㭊出降。

閏九月四日，詔以青唐爲鄯州，仍爲隴右節度；邈川爲湟州〔一〕。鄯州、湟州并河南北新收復城寨並隸隴右〔二〕，仍屬熙河蘭會路。以瞻知鄯州，充隴右沿邊安撫使、兼沿邊都巡檢使；以王厚知湟州。是冬，胡宗回奏，又營建洮州。

青唐下後數日，王愍語人曰：「今主帥不先固邈川以東城壁，而取青唐，非計也。以今日計之，青唐有不可守者四：自炳靈寺渡河至青唐凡四百里，道塗險阨，緩急聲援不能及，一也；羌若斷炳靈寺、浮梁寨、省章之險，我雖有百萬之師，倉卒不能進，二也；瞻以孤軍入青唐，後無援兵，羌人窺伺，必生他變，三也；設遣大兵，而青唐、宗哥、邈川食皆不支一月，內地無糧可運，難以久處，四也。」未幾，心牟欽乞師夏國，夏國遣監軍白峇牟、人多保忠，白峇牟本吐蕃首領，夏國以3女妻之；人多保忠即夏國右廂監軍〔三〕。點集四監軍兵，合吐蕃兵數萬人來攻。瞻止謂山南諸羌叛，遣部將李賓統精騎二千〔四〕，乘夜入保敦嶺擊之。

九日，以李遠、王瑜、米世隆、李昶、毛吉、張可久六人部押降羌部落守東城，瞻悉以所統兵守西城。羌攻東城甚急。

十二日，會李賓討山南族帳，解安兒圍，至是始還，與羌軍轉戰，城內軍士聞之，馳赴，羌遂奔潰。

時邈川亦被圍，城中不滿千人，守禦器械百無一二，總管王愍乃令軍士徹户爲盾，刻木爲戈，籍城中女子衣男子服以充軍〔五〕，以瓦炒黍供軍餉，晝夜備禦，率死士開門血戰。會帥司亦遣苗履、姚雄將兵來援，復下膔哥、黑城，焚蕩族帳。羌不知我兵衆寡，遂引兵遁去，圍始解。

十月五日，履、雄乘勢引兵開路至青唐，繼而結鬼章及峽外羌復叛，攻圍青唐、安兒、宗哥、林金城，瞻與宗回文檄不相通者四十餘日。陝西轉運判官秦希甫上其事，朝廷以青唐爲難守。

〔二〕〔三〕年二月二十八日〔六〕，命熙河蘭會路兵馬都監兼知河州姚雄統領軍馬救援青唐。時吐蕃不留兵守省章，却於峽外平川邀戰，雄軍既度峽，於是三戰三捷，直至青唐，合瞻軍棄鄯州以歸。自省章峽以西皆捐之，更以湟州爲都護。

四月，姚雄將兵城河州安鄉關，康謂將兵城蘭州京玉

〔一〕邈川爲湟州：原無，據《長編》卷五一六補。
〔二〕湟州：原重此二字，據《長編》卷五一六刪。
〔三〕此注原抄作正文，據文意改。
〔四〕李賓：《長編》卷五一六作「李忠」。
〔五〕女子：原作「子女」，據《長編》卷五一六乙。
〔六〕三年：原作「二年」，葉渭清《宋會要校記》謂「二年乃三年之誤」，是也。考以下四條均爲元符三年事，見《宋史》卷一九《徽宗紀》一、卷八七《地理志》三、卷三四九《姚雄傳》等。因改。

關，夾河咸築關堡以護浮梁。

八月，雄復築瓦吹，是爲寧洮寨；次築黑城，是爲安隴寨。以圓堡爲寧川堡，以臕哥爲 4 安川堡。

是冬，雄奏王贍貪功生事，收復窮遠之地，費財勞師，幾陷兩路兵馬，煩朝廷遣兵救應，及臣僚言贍、厚侵盜青唐珍寶財物。詔贍房州安置，厚添差監隨州酒稅，以雷秀知湟州。

徽宗建中靖國元年二月，朝廷委姚雄謀度棄守利害，雄以爲可棄無疑。

三月十六日，詔河西節度使趙懷德知湟州，盡賜見在糧草，委之招納攜叛，許以戎索從事。其元置守臣及官吏兵將，悉追還。除存留湟州城壁樓櫓外，沿路堡寨並令毀撤。仍命姚雄知熙州，委以措置。時湟州芻糧告竭，人馬多死，議者謂所費不貲，難以經久，議棄湟州，故有是詔。雄以雷秀爲東路統制，將湟州兵馬由京玉關以歸；以蕃兵總領劉玠爲西路統制，將兵護湟州居民、商旅由安鄉關以歸。

崇寧元年七月，蔡京自尚書左丞入相，日以興復熙寧、元豐、紹聖爲事。於是侍御史錢遹言，乞除雪贍、厚罪名，及正當時議棄地者之罪。於是詔王厚叙皇城副使，王贍追復供備庫副使，而一時議棄地韓忠彦、曾布、安燾、李清臣、蔣之奇、范純禮、陳次升、都貺、錢景祥、秦希甫、龔夬、張庭堅〔一〕，並貶責有差。收復湟、鄯之謀自此始矣。時上又問知樞密院事蔡卞曰：「鄯、湟可復否？」卞對曰：「可復。」問：「誰可將？」對曰：「王厚可爲大將，高永年可統兵。」上從之，於是命厚知河州，兼洮西安撫。厚請擇人以自助，詔遣內客省使童貫與偕。朝廷自棄鄯、湟，畔羌多 5 羅已迎隴桚之弟曰溪賒羅撒立之。趙懷德奔河南。

二年二月，以王厚權句當熙河蘭會路經畧司，童貫爲熙河蘭會路句當公事。六月，厚、貫發總領蕃兵將官高永年〔二〕，蕃兵將官李忠，熙州將辛叔詹，河州將辛叔獻，蘭州將姚師閔，劉仲武，通遠軍潘逢，王用及王亨、党萬等，提兵分道並進，連日大捷，遂圍湟州。溪巴温、溪賒羅撒遁去，收復湟州。以一公城爲循化城，達南城爲大通城，乩當城爲來賓城，當摽城爲安强寨。

九月，築來賓城，綏遠關，臨宗寨。

三年三月二十九日，厚、貫統大軍出篩金平。

四月九日，高永年三道進師，鼓行至鷂子隘，大捷，斬首四千餘級，追奔三十餘里。是日，入宗哥城。

十一（月）〔日〕，復安兒城，青唐首領僞公主壽宜結牟乞降〔三〕。

十二日，王師入青唐城。

〔一〕庭：原作「廷」，據《宋史》卷三四六《張庭堅傳》改。
〔二〕年：原作「平」，據《宋史》卷四五三《高永年傳》改。
〔三〕壽宜結牟：《長編紀事本末》卷一四〇作「青宜結牟」。

十三日，復林金城、蘭宗堡。

十八日，復結囉城。

十九日，復廓州。

五月，曲赦熙河、秦鳳、永興軍路，以鄯州爲西寧州。

大觀二年四月二十四日，童貫分遣統制官辛叔獻、馮瓘領軍自岷州入界，收復洮州，興工脩築。又分遣統制官劉法、張誠、王亨自循化城入界，統領官焦用誠、陳迪由廓州三路入。以五月三十日及溪哥城〔一〕，溪哥僞王子臧征僕哥降，以溪哥城爲積石軍。

政和〔五〕〔六〕年〔二〕，貫又進築震武城，以爲震武軍。自是，唃廝羅之地悉爲郡縣。

宣和元年六月一日，詔：「眷言西陲之人，世爲中國之輔，凡爾赤子，亦予良民。屬者輸欵來歸，有〔加〕〔嘉〕悔 6 罪，欲民休息，已詔罷兵。誓書之言，堅如金石。」

木征

神宗熙寧四年八月九日，命同提舉秦州西路蕃部及市易公事王韶管勾秦鳳路沿邊安撫司，始經營以復熙河也。

五年四月，詔招降洮河、武勝軍一帶蕃部千餘人〔三〕，各補職名。

五月，建古渭寨爲通遠軍，將恢復河隴，爲開拓之漸，就差韶兼知軍事。以八月八日韶等部將士收復武勝軍，賜名鎮洮軍。時木征餘黨尚懷拒命，知德順軍景思立專以本將軍馬策應。詔賞得功將吏。

十一月，詔招降馬蘭川東抹邦一帶大首領温遁、昌厮雞等，各補職名。

六年春，韶等領大兵收河州，先鋒斬首千餘級，木征遁走，生擒其妻瞎三牟并其子，而蕃賊約三千犯香子城，劫奪輜重，令苗授領勁騎擊退。韶領大兵繼進，戮牛精谷一帶作過蕃部。又差景思立、王君萬以兵招安通路，與蕃寇遇，斬首三千餘級，奪輜重牛羊等。

十一月，收復河州，破蕩其部族，繼收岷、疊、宕故州地。

七年四月，木征出降，并其家屬承引押赴闕。詔除團練使。

金國

高宗建炎元年五月六日，金人侵犯磁〔四〕、相等州，遣將馬忠將所部兵五千，號一萬，張換將所部如忠之數，與忠應接，相爲聲援，前去河北，自恩、冀州以北，取路過河，趍河間府、雄州以來追襲。

八日，遣薛廣將所部兵三千人自內黃過河，會合河北

〔一〕「三十日」下原有「收復洮州」四字，據《九朝編年備要》卷二七刪。
〔二〕六年：原作「五年」，據《宋史》卷二一《徽宗紀》三改。
〔三〕軍：原作「庫」，據《長編》卷二三三改。
〔四〕「金人」上原有「詔」字，審文意，以下爲史官叙述，非詔，因刪。

山寨義兵一萬人，收復磁、相等州。張瓊將所部兵三[7]千，自開德府西渡河，會合水寨義兵一萬人，與薛廣接濟，相爲聲援。

七月二十八日，詔賜河北西路招撫使張所章服〔一〕，遣行，以京畿兵三千於大名府置司，一面遣官於河北西路告諭，招撫山寨首領、民兵。候就緒日渡河，先復濬、衛、懷州、真定府，次解中山府等處圍。

二年五月八日，陝西諸路帥臣、東京北京留守司、京東等處奏報金人渡河，分頭出没，攻圍虜掠。詔韓世忠、閭勍各領所部人馬去京西攻討，令東京留守宗澤差楊進等諸軍相爲應接。

十月十二日，金人渡河，攻開德府，不破，往濮州攻城。詔差御營使司統制官張俊領所部兵由京師前去開德府，差統制官韓世忠領所部兵由徐州前去東平府迎敵。先差河外總管、見屯(住)〔駐〕冀州馬擴領所部兵與張俊、韓世忠互相應援。既而，議者謂張俊爲中軍統制不可遠去，留俊，差統制官范瓊由京師前去開德府。

三年十二月二十二日，詔起復檢校少保、武勝定國軍節度使、兩浙西路制置使韓世忠前軍駐青龍鎮，中軍駐江灣，後軍駐海口。

四年正月三日，詔韓世忠見駐軍華亭、江灣，將所部前軍往建康、鎮江、平江府、湖、秀州以東，等候金人北歸，率衆邀擊，盡死一戰。

五月二十七日，御營使杜充、都統制岳飛言：「親提重兵至建康府，與金賊戰鬭，追殺過江，收復了當。其生擒到僞知溧陽縣事渤海大師李撒八、千户留哥及女真、漢兒等，使臣申[8]解前去〔二〕。」詔除李撒八等處置外，餘漢兒分與諸軍收管。

六月二十一日，詔：「金賊見在江北滁、和、真州、天長軍、六合下寨，見遣發劉光世、張俊提領大兵前去措置掩擊外，令鎮撫使趙立會合淮南諸鎮，協力措置，出奇邀擊，務要速成大功。如立到功効，當不次推恩。」

八月十五日，詔：「金賊人馬於真、(楊)〔揚〕州界出没，及將滁、和舟舡出江，不測南渡。令劉光世前去鎮江府，分遣官兵於江岸張耀兵勢，過爲隄備，及會合淮南諸鎮軍兵併力邀擊。」

十九日，詔：「金人已犯揚州，必侵承、楚，令岳飛率兵腹背掩擊；及令劉光世遣兵渡江，應援淮南州軍，無失事機。」

九月三日，兩浙西路安撫大使、兼知鎮江府事劉光世言：「遣發統制官王德等，將帶軍馬前去揚州以北討殺。金賊新破諸鎮，其志正驕，必謂我兵不敢渡江，若連夜徑

〔一〕張所：原作「張俊」，據《宋史》卷三六三本傳及《建炎要録》卷七改。

〔二〕「使臣」句，《金佗稡編》卷一九《建康捷報申省狀》作「今差使臣管押申解前去」，意更明。

去，出其不意，決成大功。又别遣奇兵由天長路張耀兵勢，多方疑之。王德等於八月二十四日早渡江，次日兵過邵伯，逢賊夾河下寨，王德等突騎先至，敗賊，殺三千餘人，掩擊入水，莫知其數，活擒(汝)〔女〕真、契丹、燕人簽軍等四百餘人。復奪被虜人民二千餘人，並放歸元來去處。」詔令劉光世將擒到金賊四百餘人押赴行在。

六日，詔：「訪聞金賊尚在承、楚盤泊，未有歸意。竊慮賊情狡獪，别有姦謀，窺伺通、泰。令劉光世多遣精鋭軍馬渡江，令督責王德等進兵掩擊，仍令岳飛、趙立、王林掎角相應，併[9]力勦殺，逼逐渡淮。南界並無金人，方得勾回人馬。仍遣使臣深入賊寨體探賊情。進兵次第，日具申樞密院。」

十一日，光世奏：「探得金賊到楚州界，被楚州已填合河道，舟舡不通，却於承州以北别尋河路，入淮北道。」詔令光世選精鋭軍馬渡江，前去會合諸鎮，併兵掩殺，務要速成大功。如擒獲龍虎大王，白身與補觀察使，有官人取旨，優異推恩，不次陞擢。繼詔光世督王德等賈勇士卒，乘勝進兵，務成奇功。仍將逐次出戰立功人疾速開具聞奏。

十月三日，樞密院據報，金賊見爲楚州及淮北有生兵前來接應，推般對樓、鵝車洞子，填疊壕塹，連夜攻打。詔：「劉光世雖已遣王德等軍馬渡江前去，緣見與承州賊馬相拒，未能直抵楚州。仰光世親率大兵渡江，由天長軍西路徑抵楚州，仰會合諸鎮軍馬，務要成功。及郭仲威雖遣統制官楊望等部兵會合，即不見仲威躬親前去，仰郭仲威、岳飛、王林火急親率軍馬前去會合，併力討殺。稍失事機，當重作施行。」

二十一日，令樞密院差使臣二人督促張浚，令提關陜鋭旅疾速入援。

十二月二日，詔令知鄂州高衛總率張用、宋戢等軍馬疾速前來江州應援。如能解圍，其張用特與除正任觀察使，宋戢除横行遥郡；其餘將佐等，當議優異推恩。

紹興元年正月二十八日，浙西安撫大使劉光世奏：「據被虜人稱，隨金賊監軍龍虎離泰州前來到横塘，二十日晚，[10]聞得江南渡人馬三晝夜，其金賊復回攔馬營下寨。」詔劉光世極力措置隄防，如遣兵追襲，務保萬全，無速近功，却致落賊姦便。仍日具探報動息，入斥候鋪飛申樞密院。

二月十七日，江南東路安撫大使呂頤浩奏：「奉親筆處分，已遣張浚部領陳思恭、岳飛等全軍人馬相繼進發。張浚已除江淮招討，統率大兵前去討賊。候張浚到江東，令與臣約日於饒州或本路其他州縣，各量帶人兵，會合計議。」從之。

三年四月二十七日，樞密院奏：「韓世忠除淮南宣撫使，泗州置司，所有預支半年糧二十八萬石，已於平江及常、秀支撥，伺候韓世忠舟舡到來裝發，及差倉部郎官孫逸前去監督。其軍須專委都督，按月應副。」詔：「韓世忠忠誠體國，能任大事，仰疾速進發，或先遣輕兵夾淮屯駐，全軍相繼起發，毋失機會。所有糧運，分委近上將官統押舟舡，接續裝發前去。」

五年正月二十四日，詔：「陝西等處官吏、軍民，皆係國家赤子，昨緣金賊逼脅，遂陷僞邦，蓋非得已。應歸降人不得殺戮，仰與存卹。戒諭諸頭項官兵，所至陷僞州縣，城寨，官吏軍民各先宣導朝廷德音，務在以恩信招撫，使之懷來。非因犯抗拒，不得輒行殺戮；如有歸降之人，不得奪取衣物、鞍馬及加傷害，致失人心。仍多方存恤照管，無令失所。其招撫到人，並與擒獲人一等推恩。如人數稍多，仰保明申樞密院取旨，優異推恩。令宣撫司出榜 11 曉諭。」

二月十四日，淮南西路宣撫使劉光世奏：「僞齊賊馬犯光州，已遣統制官王德、靳賽等軍馬渡江，前去邀截掩殺，及過淮收復州軍。」詔：「僞地官吏、軍民，皆國家赤子，仰光世嚴切戒約所遣軍馬，務在推布德意，多方撫存，非因拒捍，不得少加傷害。」

閏二月六日，川陝等路宣撫使吳玠奏：「金賊元帥四太子、都統皇弟郎君撒離喝等[一]，領步騎十餘萬衆至殺金平，與官軍對壘劄寨，前來衝撞。官軍血戰三十餘陣，殺死賊兵不少。賊衆再來，分番攻擊，官軍用神臂弓、砲石併力捍禦，殺死金賊甚衆，統制官田晟遣兵追趕入寨。又，四太子親擁甲軍，分頭一擁前來，(立)[並]攻營壘，官軍與賊血戰，殺退賊衆。金賊不住別添生兵，分番緊攻約五十餘次，賊勢轉加厚重。玠遣統制吳璘領兵邀擊，蕃賊兵大敗，官軍追殺至賊寨門，殺死金賊甲兵并酋首莫知其數。又發遣將兵及分頭劫(動)[攻]賊寨，併力復來迎敵，統制官吳璘、田晟、楊政鼓率將兵，用命鏖戰，殺敗賊衆，死傷無數。其賊退却，終未退回。探得別蓄姦謀，欲遣軍馬於白水、七方關等路衝突入川。玠密遣將兵於賊寨後別置大寨，擂鼓發喊，進逼賊寨，及別遣鋭兵攻破四太子、皇弟郎君大寨，賊首尾不能相救，連夜遁走。玠續發同統制王浚帶領軍馬追襲，痛行掩殺。據王浚申，前去鳳州，分兵邀擊賊兵，追趕一百餘(百)[里]，累獲勝捷。前後生擒千户等及捉到活 12 人、斬獲首級、奪到金鼓旗幟器甲鞍馬不可勝計。」

三十一年十月，詔：「契丹與我爲二百年兄弟之國，頃緣姦臣誤國，招致女真，彼此皆被其毒。朕既移蹕江南，而遼家亦遠徙漠北，相去萬里，音信不通。今天亡北虜，使自送死。朕提兵百萬，收復中原。惟爾大遼豪傑忠義之士，亦宜協力乘勢，殲厥渠魁，報耶律之深讎。將來事定，通好如初。」命吳璘爲陝西、河東路招討使，劉錡爲京畿、淮北、京東路、河北東路招討使；成閔爲京西路、河北西路招討使；楊存中爲御營宿衛使[二]；主管馬軍司公事成閔兼鎮

[一] 離：原作「摛」，據《宋史》卷二七《高宗紀》四改。
[二] 中：原作「忠」，據《宋史》卷三二《高宗紀》九改。

江府駐劄御前諸軍都統制、淮南東路制置使、京東西路河北東路淮北泗宿州招討使；李顯忠爲淮南西路制置使、京畿河北西路淮北壽亳州招討使，依前建康府駐劄御前諸軍都統制；吳拱爲湖北京西路制置使、京西北路招討使，依前鄂州駐劄御前諸軍都統制。詔曰：「國家以金人不道，棄信渝盟，遂至興師，本非得已。指揮諸將，所到先問百姓疾苦，除以官庫金帛給散將士外，不得燒毀屋舍，殺戮平民，劫奪資財，虜掠婦女。其應干非法科歛、役使殘酷不便事件害及吾民者，日下除去。見作奴婢之人，並與釋放。如豪傑忠義之士能據一縣迎降者，即與知縣；以一州降者，與知州；以一路降者，除安撫使。其集合義兵自効者，並優補官爵，加別任使。爲女真奴婢能擒殺其本主者，便與其主在身官 13 職，仍以本户田宅錢物盡行給賜。朕念中原赤子及諸國等人，久爲金虜暴虐役使科歛，或世爲奴婢，已無生意。又指吾舊疆百姓爲宋國殘民，蹂籍殺戮，無所顧惜。朕聞之，痛心疾首。是用分遣大軍，諸道並進，以救爾于塗炭。想聞王師至，必能相率歸順，朕不惜官爵金帛，以爲激賞。若係有官之人，並依見今元帶官職，更不敦減。其有以土地來歸，或能攻取城邑，除爵賞外，凡府庫所有，盡以給賜。朝廷所留，惟器甲、文書、糧草而已。如女真、渤海、契丹、漢兒應諸國人能歸順本朝，其官爵賞賜，並與中國人一般，更不分別。內燕地人昨被發遣歸國者，蓋爲權臣所誤，追悔無及。今雖用事，並許來歸，當優加爵賞，勿復疑慮。朕言不食，有如皎日。」

是月十四日，知均州武鉅招納到北界忠義歸朝人巡檢杜海、昝朝等二萬餘人，并老小數萬口，殺到金人首級并捉到活人共二百餘人。

十六日，御前諸軍都統制王權遣統領姚興於廬州北地名定林見陣，活捉女真鶻殺虎。

十八日，武鉅遣總轄民兵荀琛、將官李元收復鄧州。

十九日，吳璘遣右軍第二將正將彭清、副將强英、左軍第二將副張德等攻破隴州方山原。

二十二日，武鉅遣巡檢趙伯适收復（浙）〔淅〕川、順陽兩縣，招納到忠義歸正人侯進等共一千餘户。

十一月一日，御前諸軍都統制戚方遣將官張寶收復蔣州。金賊蕭安撫等部領人馬七千餘人，於 14 十月初四日攻蔣州，至是收復。

七日，西和州床川知寨張彥忠收復蘭州〔一〕，招收到北界熙河路蘭州千户王宏〔二〕，同招撫部押軍馬魯孝忠率蘭州漢軍民投拜本州，僞官女真安遠大將軍、蘭州刺史温都烏七等酋首以不肯投拜，遂戮之。

八日，金、房、開、達州駐劄御前諸軍都統制王彥遣統

〔一〕西和州：原作「西河州」，據《三朝北盟會編》卷二三三改。床川：原作「床州」，據《宋史》卷八七《地理志》三「岷州」條改。

〔二〕宏：原作「庈」，當是「宏」之俗寫，今據《三朝北盟會編》卷二三二、《鄮峰真隱漫録》卷六《王宏補官知蘭州制》正之。

制任天錫、郭諶收復豐陽、商洛兩縣，攻破商州，捉到僞知州金人昭毅大將軍完顔守能、權同知商州武騎尉馬彦、金人千户信武將軍渾達并男子斤，金人涅合、番人楊大首、金人阿羅、金人安遠大將軍阿華并男六三，番人劉春、金人高婁石、高受、僧望宇，通事郭十一、李全，部落子、食糧軍一千餘人。

十一日，侍衛軍馬司中軍統制趙撙收復蔡州，殺死總管楊萬户。

十三日，江淮荆襄參謀軍事虞允文奏：「虜兵七十餘舟濾達采石南岸，遣步軍統制時俊先登，軍皆殊死鬭。俘斬既盡，而戰江中者，蒙衝相擊，虜舟多平沉，死者數萬，岸上之尸凡四千七百餘人。射殺萬户二人服紫茸線甲紵絲袍，生獲千户五人，女真五百餘人。」

十七日，戚方遣統制李貴，統領官張成、忠義總首孟俊收復順昌府，武鉅收復虢州盧氏縣。

二十一日，王彦遣發將兵會合忠義官辛溥，收復朱陽縣，捉到正女真、蕃人女人〔一〕，并招降到縣令奉議大夫劉楫，商酒都監供奉班祇候王元賓〔二〕，及收復虢州。

十一月二十七日，虜主完顔亮被弑。（以上《永樂大典》卷九三一）

15 孝宗紹興三十二年七月十九日〔三〕，未改元。詔主管侍衛馬軍司公事張守忠將帶精鋭官兵五千人前去淮西，同王彦、王之望措置邊備。

八月十五日，張守忠奏：「得旨，令本司諸軍人馬起發往巢縣屯駐，應副緩急使喚。今來已是秋涼，水脉減落，道途通行，正是防秋之時，諸探報不一。」詔令八月下旬擇日起發。

九月十二日，江淮宣撫司奏，已是秋深，乞撥甲軍前來（楊）〔揚〕州駐劄。詔令殿前司左軍全軍，馬軍司於前軍、左軍内各差二千五百人，令劉源統押，步軍司差五千人，並前去揚州屯駐，聽江淮宣撫司使喚。

十月四日，樞密院言：「已降指揮，捧日天武四厢都指揮使李横令襄陽府發赴行在，未到間，據虞允文劄子，乞分李横一頭項，假以官軍，使同忠義人進發。」詔從之。

八（月）〔日〕，詔令張守忠統轄三 16 司人馬，聽江淮東西路宣撫使張浚節制。

二十二日，張浚奏：「殿前司今月十三日得旨，更候十日起發，乞從令如期應副差使。」詔令殿前司疾速催督起發，不得住滯。

二十四日，主管殿前司公事成閔言：「得旨，令本司於

〔一〕女人：似當作「九人」。《建炎要録》卷一九三此句作「俘女真九人」。

〔二〕商酒：《三朝北盟會編》卷二三八作「商州」，《建炎要録》卷一九三作「商洛」。

〔三〕按，自此句至卷末，徐松原抄稿誤接於兵一〇之三七平楊么一節之後，此當是《大典》編纂之誤。嘉業堂本移於此，《輯稿》從之，甚是。

已差出戍人內選差一萬人前去鎮江府屯駐，今欲差前軍與策選鋒通共一萬人起發前去。」從之。

孝宗隆興元年三月二十八日，詔步軍司軍馬可改差統制李福統押，起發前去，其魯安仁依舊在寨管幹。

四月三日，詔遣殿前司右軍統制閻德統轄殿前、步軍司人馬，前去聽張浚節制。

十月八日，詔令殿前司於護聖馬軍差一千人騎，步軍差入隊二千人、不入隊一千人，往江淮都督府。令內庫支犒設，月半起發。

十日，殿前司申：「恭依差撥外，有馬軍一千人騎，合用不入隊傔人一千人打請草料，照管養馬，乞依數貼差前去。」從之。

十二日，詔：「已差發護聖軍人馬，且令於鎮江府屯駐。」

二年七月二十四日，詔令步軍司郭振全軍人馬於八月上旬擇日起發，前去淮東屯駐。

九月八日，詔：「殿前司軍馬，可令常作準備，不測起發。」

十九日，詔：「殿司護聖馬步軍、神勇軍、策選鋒軍、前後右軍人馬，並行起發。候到，令淮東宣諭使錢端禮差殿前司前軍先次往揚州，右軍往真州屯駐。其餘軍馬，並於鎮江府聽候朝廷指揮。劉寶除魏全、邢福下兩將軍兵在盱眙屯守外，其餘全軍[17]並令在楚州并清河口、淮陰、洪澤留屯。陳敏軍依舊屯守高郵，遇有警急，令陳敏自將兵千人往楚州就劉寶同共守禦，候事定日還任。如盱眙人少，更令劉寶相度那撥增戍。郭振步軍司全軍令拘收並在六合。揚州孫于、瓜洲劉端人馬，候(令)〔今〕來差撥殿前司軍馬到日，歸劉寶軍。如分屯去處，人數多寡，更切量度事勢輕重，一面增減分合備禦。」

二十三日，郭振奏：「據魏全申，准招撫使劉寶差管轄軍馬，日下起發，前來清河口防捍。全已於今月十八日起發前去訖。契勘虜人十五日交割泗州之後，日有增添人馬。竊料虜人既以重兵壓境，必有窺伺侵犯之意，正要多備人馬，以防不測衝突。況泗州昨來無事之時，尚差陳敏一萬五千餘人、魏全三千五百餘人在彼防托。(令)〔今〕來虜人對境屯泊重兵，却蒙遣陳敏往高郵，魏全往清河，獨臣在盱眙軍，竊恐緩急枝梧不前。」詔令劉寶部押陳敏、魏勝於楚州專一措置清河口、盱眙軍一帶，仍分差主兵官前去盱眙軍，體度備禦。郭振候劉寶軍到，即回六合。

二十五日，錢端禮言：「契勘盱眙軍近有郭振帶到三千餘人，緣清河口係是控扼緊切去處，劉寶乞抽回魏全一軍。郭振見在盱眙彈壓。乞候殿前司人馬到日，分撥二千人往盱眙，替回郭振官兵，依舊六合屯駐。所有盱眙，取天長路至揚州，兩日可到，最爲衝要，與高郵地里相關，合專委陳敏措置[18]防托。已行下郭振且去盱眙，指揮下日，遣發殿司人馬前去，方可起發，却回六合，及令陳敏專一措置天長守備。」詔：「令劉寶遵依已降指揮，全軍守把清河口，并差官往盱眙屯駐。緣近來淮西探報事宜稍重，令郭振日下回六合，陳敏將帶人馬前去天長。候殿前司前軍到揚州，令王琪先差撥三千人抵替陳敏，往楚州同劉寶、魏勝備禦楚州、盱眙軍一帶。其餘不可待報事，令錢端禮一面隨宜施行。」

十一月十五日，詔：「虜兵侵犯淮南，將士暴露，朕念之坐不安席，食不甘味。今月十六日，當避正殿，減常膳。」

十二月二十四日，樞密院勘會三衙官兵見屯戍兩淮，詔令殿前司官兵先次班師，步軍司節次起發。

乾道元年正月十一日，詔：「諸軍已班師，楊存中令赴行在奏事。」

四年十一月五日，詔：「殿前司差撥兵將官統押官兵三千人，先次起發前去揚州，權聽王任節制。」

九日，護聖步軍統制、兼知楚州左祐言：「得旨，將帶本軍官兵三千人，候至揚州，且於寨屋安泊，逐旋摘那前去楚州屯駐，不得張皇。竊見彼處目今正是盜賊出没竊發之時，若候所差人兵到來，委是遲緩，有失枝梧。欲乞於揚州本司策選鋒軍更戍官兵摘差二百至三百人，内馬軍一百人騎，逐旋起發至楚州，權暫聽祐使唤。候本部人兵到日，將借過人馬依舊發回揚州，庶幾不失事機。」從之。

十四日，詔護聖步軍差出揚州 19 更戍三千人，令今月十五日、二十五日、十二月五日，分作三次起發。

十二月十三日，左祐言：「將官褚淵管押第一次起發一千五十人，已於十一月二十六日到揚州安泊。賊兵雖已潰散，深恐尚有餘黨，緩急嘯聚。本州地居極邊，抵接對境，乞將褚淵一千五十人先次移那前來楚州屯駐，庶幾邊郡有以彈壓，不致疎虞。」從之。

五年六月二十三日，詔令殿前司於神勇見在寨人内差撥四千人、馬四百疋，選差統領一員，部押前去江州屯戍，權聽池州都統王明使唤，候秋涼日起發。

六年四月二十五日，詔令殿前司於選鋒軍内差撥三百人，策選鋒軍差二百人，馬軍司中軍差三百人，步軍司中軍差二百人，建康府都統司差五百人，赴江州王明軍使唤，並要全隊强壯入隊之人，不得以老弱不堪披帶人充數。

九月六日，詔令殿前司遣發遊奕軍全軍人馬，并忠鋭軍見管寄招軍兵，並令遊奕軍統制官統押前去高郵軍屯守，聽陳敏節制。

開禧二年五月七日〔一〕，内降詔曰：「天道好還，蓋中國有必伸之理；人心助順，雖匹夫無不報之仇。朕丕承萬世之基，追述三朝之志。蠢兹逆虜，猶託要盟，朘生靈之資，奉谿壑之欲。此非出於得已，彼乃謂之當然。衣冠遺黎，虐視均於草芥；骨肉同姓〔二〕，吞噬劇於豺狼。兼别境

〔一〕按，此條時間不誤，但與下文諸條失次。
〔二〕姓：原作「性」，據《兩朝綱目備要》卷九改。

之侵陵，重連年之水旱，流移罔恤，盜賊恣行。邊陲第謹於周防，文牒屢形於恐脅〔一〕。自20處大國，如臨小邦，迹其不恭，姑務容忍。曾故態之弗改，謂皇朝之可欺。軍入塞而公肆創殘，使來庭而敢爲桀驁。洎行李之繼遣〔二〕，復慢詞之見加。含垢納汙〔三〕，在人情而已極；聲罪致討，屬胡運之將傾。兵出有名，師直爲壯。而況志士仁人挺身而竭節，謀臣猛將投袂以立功。西北二百州之豪傑懷舊而願歸，東南七十載之生聚久鬱而思奮。聞鼓旗之電舉，想怒氣之飆馳〔四〕。噫！齊君復讎，上通九世；唐宗刷恥，卒報百王。矧吾家國之冤，接於耳目之近，夙宵是悼，涕泗無從。將勉輯於大勳，必允資於衆力。言乎遠，言乎邇，孰無忠義之心；爲人子，爲人臣，當念祖宗之憤。益勵執戈之勇，式對在天之靈。庶幾中興舊業之再光，庸示永世宏綱之猶在。布告天下，明體至懷。」

四月二十六日，鎮江武鋒軍統制陳孝慶率諸軍渡淮，攻泗州，射退城上番軍，鼓衆登城搏戰，生擒番軍三十餘人，遂復泗州。

二十七日，忠義人孫成等克復蔡州褒信縣。

二十八日，歸投人彤宣、終明并北界部押宮成潤等，結集莊民五百餘人，迎光化軍忠義統領成表等軍，同爲鄉導，克復順陽縣。

五月二日，統制淮西軍馬卜興克復虹縣。

同日，忠義石贇賢、楊榮等二十二人糾集其衆攻蘄縣，縣人王貴、劉允實、楊榮、蓋就等登城，開門迎石贇賢等入城〔五〕，遂克復蘄縣。

三日，馬軍司後軍統制、知濠州田俊邁率所部兵渡淮。

四日，池州都21統制郭倬兵繼之。是日，鍾離縣民兵統領曹智通、衡道、吳達等，率兵克復靈壁縣。

六日，主管侍衛馬軍李汝翼兵渡淮。

八日，俊邁兵至蘄縣。十一日，倬兵繼至。

十二日，倬、俊邁引兵趨宿州，虜遣騎迎戰，俊邁與倬麾下將孟思齊合力敗之於西流村。

十五日，至宿州城下，治攻具。翌日攻城，不克。

十七日，黎明，虜出兵來戰，我師敗之，虜退入城中。至暮，汝翼兵至。

十九日，虜又出兵城西，大王湖木林中來戰，已遁退歸，汝翼等復鼓衆攻城，不克。

二十日，俊邁及倬、汝翼所統兵以久雨，糧不繼，潰去者甚衆。

二十一日，虜出騎三千來攻。其夜，倬、汝翼、俊邁率

〔一〕屢：原作「婁」，據《兩朝綱目備要》卷九改。
〔二〕遣：原作「遺」，據《兩朝綱目備要》卷九改。
〔三〕含：原作「舍」，據《兩朝綱目備要》卷九改。
〔四〕飆：原作「猋」，據《兩朝綱目備要》卷九改。
〔五〕石贇賢：原無「賢」字，據上文補。按葉適《水心集》卷二、卷二二、《宋史》卷四三四有「石斌賢」，當即同一人，但「斌」、「贇」未知孰是。

軍退屯蘄州。至西流村，復爲虜邀擊，多所殺傷。

二十三日，虜兵圍蘄縣，我師勢不敵，虜乘勝登城，焚城北門縣治、倉庫等，倬等戰不利，兵多死。是晚，倬、汝翼受虜僞書，使人執俊邁送虜軍。虜既得俊邁，即鳴金斂兵北歸。其夜，倬、汝翼引餘衆南還。是役也，兵初渡淮，三帥所統合〔部〕〔步〕騎、民兵幾三萬人，倬、汝翼孱懦無謀，兵無鬭志，又值連雨，器甲爛脱，弓矢皆盡，所至水潦横溢，糧食不繼，軍還潰亂不整，士卒多奔散。至靈壁，兩軍所存纔五千餘人而已。先是，俊邁知濠州，嘗遣忠義人吴忠等入北界結集徒黨。事覺，爲虜捕獲，盡得俊邁所給旗號等。又，俊邁常遣人抄畧彼界，殺人，奪其鞍馬、槖馳等，故虜知俊邁名甚久。至是，倬等受虜僞書，其語謂能執送俊邁，則開以生路，免萬人性命。倬等愚怯，信之，用其帳下余永寧計，詐作請俊邁議事，遂擁衆圍簇俊邁，奪其馬及佩刀、兜鍪等，相與執縛送虜寨。倬、汝翼尋逮送詔獄，鞫得其實，倬伏誅，餘人論罪有差。詳見「特用刑」門。此據郭22倬獄案修入。緣欲見事實首尾全備，故不嫌與俊邁所書月日小有失次。

〔六月〕九日〔一〕，建康都統、兼知廬州李爽申：「初三日，分遣統兵將官領兵三處攻取壽州內北團樓，人登雲梯已及女牆，城上擂木、石頭、草火一時俱下，軍人姚旺冒死而進，臍下中槍而退。既而火石愈甚，恐有傷損，不免收兵。等第支犒，仍即躬巡營壘，逐一撫勞。至晚，復具雲梯五十座，於初四日併力攻取。分布雲梯，一時俱上，弓弩齊發，射中虜人無數。緣城壁陡峻，矢石如雨，積草縱火，難於向前。〔虜〕〔慮〕傷士卒過多，兼烈日中人力易疲，又恐虜人別有援兵，遂收兵養鋭，別圖進取。」詔：「李爽悉隨行軍馬先次添發於壽州策應，戮力攻取。如建康知州人馬已到安豐軍，更行調〔發〕，務要必獲勝捷。仍撫勞將士，一面喝轉官資，多設方略，早遂收復。中傷官兵，先與存恤支犒。」

〔五月〕十五日〔二〕，知隨州雷世忠部領軍馬克復唐州管下湖陽鎮。

〔四月〕二十六日〔三〕，江州左軍統制許進統率所部軍馬到蔡州，克復新息縣。

六月六日，詔：「趙淳、皇甫斌各將帶所部軍馬，併力守禦襄陽邊面，不管稍有疎虞。仍令彭輅除合存留看守金州寨柵〔四〕、守把關隘官兵外，斟量將帶所部軍馬星夜躬親前來襄陽軍前，同共捍禦。或虜人不測前來衝突，各仰乘機進取，毋致落賊姦便。」以知襄陽府、江陵副都統制、兼京西北路招撫副使皇甫斌申：「五月二十二日，知隨州雷世忠統馭軍馬過三家河，趕逐金賊，掩殺不知23其數。二十四日早，有唐州虜騎約五千人與世忠對壘交戰，不期番軍續添生兵，將軍馬衝突潰敗。今探聞虜人盡發重軍趨鄧州，欲犯襄陽。其襄陽根本之地，正要捍禦關防，除已存留

〔一〕六月：原脱，按下文所述李爽敗於壽州事，《兩朝綱目備要》卷九、《宋史全文》卷二九下、《宋史》卷三八《寧宗紀》二均載於六月初三日癸丑，可知此「九日」乃六月九日，據補。

〔二〕五月：原脱，參下「六月六日」、「十一日」二條皇甫斌申補。

〔三〕四月：原脱，據《宋史》卷三八《寧宗紀》二、《宋史全文》卷二九下補。

〔四〕彭：原作「鼓」，據本書兵二〇之八改。

兩軍官兵守把棗陽外，今將所帶軍馬且歸樊城，經畫守禦。」故有是命。

十一日，知襄陽府、江陵副都統制、兼京西北路招撫使皇甫斌申：「昨調發民兵攻取唐、鄧二州，繼遣大軍策應。不謂大軍進發未到，民兵恃勇直前，斌遂再遣知隨州雷世忠、知郢州王宗廉、知信陽軍李興宗并江、鄂兩司統制馬謹、馬全、王彦、嚴江、統領雍政等，將大軍佐佑民兵，魚貫而進。自五月十二日起發之後，大雨幾旬，既取湖陽，進距唐州南十五里三家河，阻水不前。虜兵亦臨河相持。雨霽水落，世忠等射退虜軍，乘勝渡河，直抵城下，大敗虜賊，逐北過唐州，回軍攻城。明日，虜騎四合，且戰且却。諸將狃於既勝，逐唐太深〔一〕，生兵四集，我兵不加，遂至潰散，死傷甚多，所失器械十幾七八。若將失利之兵只於棗陽再行整齪，猝未可復戰。今探聞虜兵又過鄧州，窺伺襄陽，反欲侵軼吾境。除留二千人守護棗陽外，斌一面躬親前來樊城，提督捍禦鄧州軍馬，就行整齪唐州失利之兵。」詔：「皇甫斌特降三官，仍先次措置招集整齪軍馬，葺治衣甲、器械，同趙淳守禦邊面，不得輒分彼此。常切過爲隄備，毋令虜人稍有侵犯。」尋詔斌更追五官，送南安[24]軍安置。以宣撫使薛叔似言「斌威令不立，以致敗衄，難以復統襄漢之師」故也。

二十一日，詔：「泗州雖收復，緣諸路尚未奏功，所有泗州可與不可堅守，令宣撫疾速措置條具聞奏。」繼而江淮宣撫使邱崈畫一條具言：「一、泗州之守，猶前日宿、壽之攻也。雖攻守異勢，然見可而進，知難而退。宿、壽惟不能知難而退，使兵力疲敝，故虜兵一來，皆不能當，遂至奔潰。方其未潰，可退而不退，猶今日泗州可棄而不棄。今宿、壽悔無所及，泗州豈可蹈其覆轍？所以當棄。一、宿、壽奔潰之後，人心至今皷作不起。猶賴淮東兵力尚完，譬之左手雖病，尚有右手。若右手又病，則爲廢人。故淮東之兵不宜挫衄，〔挫衄〕則心折氣喪，復如淮西，大勢不復可以枝梧。此泗州所以當棄。一、泗州有精兵萬六千人，守將畢再遇者，新立功，士心畏服，虜兵若來與戰，未必不勝。然亦不能保其必勝，則是勝與不勝，未可前知也。勝否既未可前知，豈可持必勝之説，僥未必勝之説。故擇利而言，莫若先爲不可勝。況州居民盡已搬移，聚於揚州，今獨空城而已。此泗州所以當棄。一、泗州果能堅守，不過得一空城，如今日初無所利。萬一不守，則喪失精兵〔良〕將，淮東所有之兵，其勢自然不振，雖欲固守，其能固守乎？若先自棄此一城，非是爲虜所奪，進退自如，不失勝勢，又得精兵萬六千人，及更換回漣水、金城之兵八千人，則是淮東添二萬四千[25]人，其爲守禦，豈不可恃？其與坐待挫衄，利害豈不相絶？設若不棄泗州，虜知精兵良將皆聚於此，更不謀取泗州，只於淮西徑入蹂踐，則泗州(迴)〔迴〕然於淮

〔一〕逐唐：疑當作「逐突」。

北，終亦必棄。故極而論之，不得不先事而棄。一、漣水、金城之兵八千，郭倪言皆是精兵。説者以謂漣水、金城皆在水中，但有一路通海州，又謂四邊皆沮洳。如此，則吾兵自屯於絶地。或言此兵若退歸，則其地必爲虜人所守，虜亦豈肯自屯兵於絶地哉！則所言之妄，豈不可見。一、泗州合棄，係關天下大計。但當論實利害在我者便與不便，其他小利害，如常情所謂不好看、惡模樣之類，皆不足計也。一、只如海州，壽皇之初固爲我地，又更膠西焚燒虜舟之勝，尚不能因海州得山東尺寸之地，如何今日得海州便能窺山東？則是雖得海州，亦無益。況於邳州，説則甚易，取則甚難。假使得之，方乃兵連禍結，不可徇妄庸之論而僥倖於萬一，不待詳述而後知也。一、今淮西四郡正是虜人入寇之衝，創殘之餘，守禦無策，士氣尚未回旋。今方和輯民兵，乞等候招集起發雜色軍兵，分布守禦，其危岌岌，殆不可言，豈可更望有所進取。所以必當棄泗州，換回漣水、金城等軍，方可斬斬爲自守之策。」

十一月一日，詔令管幹殿前司職事郭杲將帶精鋭甲馬步五千人，前去真州駐劄，專一策應兩淮。

十六日，詔：「朕惟淮民避寇，奔走失業；將士乘邊，戰守良苦。夙 26 宵念此，寢食靡遑。自今月十八日，當避正殿、減常膳。」

三年九月四日，詔令步軍都虞候王處久將帶本司官兵五千人并隨身衣甲〔一〕、器械，前去鎮江府江上一帶，往來措置，防捍江面，以備策應。

十月十七日〔二〕，内降詔曰：「朕寅奉基圖，適遵祖武。屬憂勤弗怠，敢忘繼志之誠；寡昧自量，尤謹交鄰之道。屬邊臣之妄奏，致兵隙之遂開。重困生靈，久勤征役。省躬自咎，攬涕何言。第惟敵人，陰誘曦賊，計其納叛之日，乃在交鋒之前，是則造端，豈專在我。暨僭狂之已戮，審迹狀之益明，詎曰無詞，然猶不校。況先捐泗上已得之地，亟諭諸將斂戍而還，蓋爲修好之階，所冀不遠之復。適傳來訊，自我元戎，洊遣行人，逮兹彌歲。比及反命，俱述彼言。庸告九廟之靈，併嚴三使之選，速裝於境，遲報即行。凡所要求，率多聽許，彌縫既至〔三〕，悃愊備殫，無非曲爲於斯民，詎意復乖於所約。議稱謂而不度彼己，索壤地而擬越封陲，規取貨財，數踰千萬。雖盟好之當續，念膏血之難朘。朕方服喪，禮無貳事，爰咨衆多之議，更(東)〔柬〕信實之人，祇務輸誠，終期改聽。倘求逞之弗恤，殆靡容於即安。兹敷露於腹心，用申警於中外。深惟暴露，重痛死傷，疆場耗於流離，郡縣煩於供億，致汝於此，皆誰之愆？當

〔一〕王處久：原作「王處九」。按《攻媿集》卷四七有《侍衛步軍都虞候措置防捍江面王處久制》，即此條事，據改。王處久又見於《兩朝綱目備要》卷九、《建炎雜記》乙集卷二等。

〔二〕按，《兩朝綱目備要》卷一〇、《宋史全文》卷二九下、《宋史》卷三八《寧宗紀》二均載此詔於十四日丙辰。

〔三〕縫：原脱，據《兩朝綱目備要》卷一〇補。

知今日之師，誠非得已而應。豈無忠義，共振艱虞？思祖宗三百年涵濡之恩，(極)〔拯〕南北億萬衆創殘之苦，上下同力，遐邇一心，鑒既往之莫追，幸 27 方來之有濟。嗚呼！凡事雖過舉，蓋猶繫於綱常；理貴反求，況已形於悔艾。緊爾有我和戰，視敵從違，各肩衛上之忠，茂建保邦之績。緊爾有衆，體茲至懷。」

嘉定十年六月十二日，内降詔曰：「朕厲精更化，一意息民。犬羊污我中原，天厭久矣；狐兔失其故穴，人競逐之。豈不知機會可乘，讐恥未復，念甫申於信誓，實重啓於兵端，故寧咈廷紳進取之謀，不忍絶使介往來之好。每示固存之誼，初無幸釁之心。豈謂亡胡〔一〕，遽忘大德，皇華之轡朝返，赤白之囊夕聞。叛卒鴟張，率作如林之旅；饑甿烏合，驅爲取麥之師。貪婪無厭，僥倖嘗試。宜神人之共憤，亦覆載所不容。守將効忠，開門而決戰；兵民賈勇，陷陣以爭先。羣酋既殲，殘黨自潰。允賴蕩攘之力，迄成綏静之功。然除戎當戒於不虞，縱敵必貽於後患。咨爾有衆，永肩厥心。毋忽其既退而懷苟安，毋狃於屢勝而忘遠畧。屬炎蒸之在候〔二〕，念戍役之方勞。雖摧枯拉朽之非難，而執鋭被堅之不易。視爾暴露〔三〕，如己焚惔。一朝背好〔四〕，誰實爲之？六月飭戎，予非得已。諒深明逆順曲直之理，其孰無激昂奮發之思？師出無名，彼既自貽於顛沛；兵應者勝，爾宜共赴於事功。苟能立非常之勳，則亦有不次之賞。爾其聽命，朕不食言。」(以上《永樂大典》卷九三二)

〔一〕胡：原作「故」，據《兩朝綱目備要》卷一五改。
〔二〕候：原作「後」，據《兩朝綱目備要》卷一五改。
〔三〕爾：原作「而」，據《兩朝綱目備要》卷一五改。
〔四〕背：原作「皆」，據《兩朝綱目備要》卷一五改。

宋會要輯稿　兵一〇

出師　四 1

黎瀘州蠻夷　瀘南附

2 真宗大中祥符二年八月，黎州蠻爲寇，命文思副使孫正辭爲黎雅州水陸都巡檢使，東染院副使張繼勳、內殿崇班閤門祇候侍其旭爲同巡檢使，發陝西兵嘗經陣戰者付之，仍令冬初到彼，以春夏瘴毒故也。仍以曹利用討宜州賊賞罰格付之。先是，黎州蠻擾動，命侍其旭馳往戎瀘招撫，夷人尋首罪來歸，殺牲爲誓。及案行鹽井，夷人復拒之，率部百餘，生擒其首領三人，斬首數十級，而部下被傷者幾二十人，遂還。黎州因上言：夷人辟在巖險，未即首罪，尚集徒黨拒捍。望發兵三五千，與近界巡檢并赴淯井監誘脅。如尚敢陸梁，因而討戮。故命正辭等。令陝西轉運使李士龍乘傳與正辭偕行，供給軍須〔一〕，又以閤門祇候康訓同管勾峽路駐泊公事。時以蠻寇未寧，慮施、黔、夔、峽夷人擾懼，故擇訓涖事，仍令慰撫之也。

會益州上言黎州蠻已招安外，有未寧輯者，望就選使臣撫諭。詔梓州路轉運使滕涉及侍其旭等，如孫正辭等未至，第依前詔安撫，案兵勿出，候發兵至彼，即便宜從事。會涉至黎州，有疾，命屯田員外郎李士龍權領其事。

時正辭以北兵不諳山川道路，乃點集鄉丁，目曰「白艻子弟」〔二〕，給兵器，使爲鄉導，又奏請益兵。帝以邊徼窮僻，供億非易，不許。仍詔正辭等，如蠻寇不受招安，已經誅翦畏服，勿窮追之。又以丁謂所招撫夔州蠻，令歃血爲盟，刻鐵石柱爲記事付之。侍其旭等招到夷人斗婆行等〔三〕，且言：「得衣服紬布，即率屬來歸，將召至軍前，按罪誅之。」詔有來赴招安者留之上請，無得殺害。如敢拒抗，即進兵討伐。3 既而正辭等議分三路入夷境，其不赴招安者多已逃竄。有蠻斗引者〔四〕，深匿村舍，即遣人就招諭之。正辭等又欲直趨淯井，而邛部蠻深憤瀘州夷人相殘，願舉兵從討，正辭等以聞，帝慮邛部蠻成功則過有覬望，詔第令其自守。

三年正月，詔以瀘州三月即苦瘴毒，如戎人尚未順，量留兵阨其險路。令孫正辭、侍其旭、李懷昷、史崇貴自三月領兵分屯近郡，又遣使以辟瘴藥馳賜之。

二月，孫正辭等上言：「安撫夷人，悉已平定。蠻羅忽餘等素來忠順，防援井監，至今捕殺叛蠻未已。」即遣内待郝昭信齎詔諭忽餘等，奬其向化，因諭以朝廷已釋放，無得

〔一〕供給軍須：原作「給事須」，據《長編》卷七二補改。
〔二〕弟：原無，據《長編》卷七二補。
〔三〕斗婆行：原作「計婆行」，據《長編》卷七二、《宋史》卷四九六《西南諸夷傳》改。
〔四〕斗引：原作「計引」，據《長編》卷七二改。

更有邀殺。又命入内供奉官史崇貴管勾戎瀘州軍馬事。時夷人雖已安静，尚有逃竄巖穴而未賓者，慮孫正辭等軍還，或致嘯聚，以崇貴嘗使在彼，頗知蠻情，故以命之。先是，孫〔正〕辭帥兵入溪洞，多焚其積聚廪庾。帝曰：「蠻夷亦吾民也，不可使乏食。」

六〔月〕〔年〕七月〔一〕，夷人復寇瀘州淯井監，奪鹽井。詔以内殿崇班王懷信爲嘉、眉、戎、瀘等州水陸都巡檢使，供奉官閤門祗候康訓、符承訓爲同巡檢使，馳往，與梓州路轉運使寇瑊體量招誘，三日一具事宜，驛置以聞。發陝西神虎、保捷兵三千二百七十二人付之。先是，孫正辭討蠻寇日，有虎翼小校三人率衆冒險先登破賊，真宗記其勤，即令超補。至是復令名隸懷信指使。又益州禁軍忠勇二百人嘗討王均有功，令用爲前鋒，仍令募「白芳子〔弟〕」以爲鄉導。又有殿直宋貴者〔二〕，嘗知江安縣，規畫溪洞事頗合機要，即召還秩，復往知縣，令懷信與寇瑊凡事與之同議。又以戎瀘瘴毒，士卒多疫，遣使齎藥[4]物賜之。

十一月，懷信與康訓、承訓等帥兵由淯井溪入夷界，至斗滿村，與夷人戰，敗之，追至屏風山。每戰獲夷人首級，及奪藤牌、梭槍、木弩諸兵器，及焚其庵寨、積聚糇糧，奪牛羊雞犬等，不可勝數。又自斗引村與夷人戰，殺傷甚衆，追至龍峩山，賊勢窘迫，多投崖而死。

十二月，康訓將壕寨兵先往涇灘峽開路，會夷人至，與戰，訓爲賊兵所傷，墜崖而死。王懷信等領兵赴之，夷人遁去。懷信等追之，遇涇灘山〔三〕，殺傷夷人甚衆。未幾，夷人謀攻思晏江口小寨，寇瑊與王懷信等部兵往禦之，夷賊萬人陳於寨北山上，王師與力戰，殺夷人五百，傷者千餘人，賊遂退走。

〔六〕〔七〕年正月〔四〕，賊復分三路來寇，王師與戰，敗之，殺傷及溺於江水而死者甚衆。自是，夷人挫衄，各來首罪，不復爲寇。

神宗元豐元年七月一日，以瀘州納溪夷人爲寇，詔西上閤門使、忠州團練使、涇原路總管韓存寶都大經制瀘州納溪夷賊，於渭州及涇原路選下番土兵五千〔五〕，内馬軍一千，及差經戰鬭使臣二十員，務要殄滅自來倔强村囤者〔六〕。若懾威丐命，即許自新。本路兵官并聽存寶節制，糧草、錢帛委梓州路轉運使高秉、判官程之才隨軍計置，不得與軍事；提點刑獄穆珦令歸本司。先是，珦言：「近准朝旨，令婉順開諭夷人，以見收捕蘇三七，毋得爲寇，以見陛下天地之仁，愛念元元至深厚也。然而醜類不識恩信，復侵逼納溪鏁水。欲望遣兵殲厥種類。」故命存寶討之。蘇三七者，納溪寨居民，初與羅筍夷相特意競，誤毆殺之。夷訴于寨，而江安縣檢驗其屍，夷人謂漢殺我人，官不[5]償我骨價，而又暴露之，於是憤怨，屯

〔一〕六年七月：原作「六月七月」，據《長編》卷八一改。

〔二〕宋貴：《長編》卷八一作「宋賁」。

〔三〕遇涇灘山：《長編》卷八一云「追斬至涇灘峽」。

〔四〕七年：原作「六年」，葉渭清《宋會要校記》云「六」爲「七」之誤，是。此條事見《長編》卷八一，記於六年十二月壬午，李燾原注謂「據《會要》，係明年正月」事，即七年正月也，因改。

〔五〕番：原作「蕃」，據《長編》卷二九〇改。

〔六〕倔：原作「屈」，據《長編》卷二九〇改。

聚爲寇。

十月十日，韓存寶破賊後城等十三囤〔一〕，除歸降外，并已焚蕩，斬首級五百，生擒百餘人，牛畜、銅鼓、標排器甲各千，領兵赴瀘州分屯。

十一月，乞弟率衆犯邊，縱火掠人。乞弟，知歸徠州甫望箇恕之子，甫望箇恕死，乞弟承襲。韓存寶之經畫羅筍夷也，乞弟嘗率兵助王師，存寶許以厚賞。賊徒既平，存寶不與賞，故犯邊。

三年四月十二日，上批：「崎嶇山獠，敢爾跳梁，雖已令鄰路濟兵應援，須議發兵深入討除。夔州路轉運判官程之才可徙梓州路，同轉運使高秉預於要便州縣城砦備人二萬、馬五千一月芻糧。」

十五日，梓夔路鈐轄司言：「本路都監、禮賓使王宣等與乞弟戰于囉牟(材)〔村〕，全軍敗没。」

五月二十二日，命韓存寶都大經制瀘州夷賊事，聽選本將及陝西并東兵萬人自隨，其義軍弩手亦聽選擇。又命内藏庫使、忠州刺史、湖北路鈐轄彭孫提舉捉殺夷賊，選馬步三千，自求便路進討。如與韓存寶軍會，聽存寶節制。

二十四日，韓存寶言，所領正兵萬五千人，依九軍陣法，分隸行營四將。詔以皇城使、雅州刺史、涇原路鈐轄姚兕爲第一將，莊宅使、權鄜延路都監呂真爲第二將，洛苑副使、兼閤門通事舍人、涇原路第五將孫咸寧爲第三將〔二〕，西京左藏庫副使、涇原路第四將郭振爲第四將。

六月一日，詔夔州路轉運副使董鉞往渝州應副瀘州事，留司農錢物之在6蜀者，以給攻討之費。

二十五日，詔：「韓存寶所領四將皆精鋭，亦足辦事，其彭孫所將兵可勿發。」

七月二十七日，詔入内東頭供奉官韓永式都大經制瀘州夷賊司照管軍馬〔三〕。

十二月二十二日，韓存寶言：「乞弟遣人以狀來，似有降意，又恐姦謀相欵。」上批：「乞弟昨既傷官兵〔四〕，又已害王宣等〔五〕。朝廷遣兵，必誅首惡。存寶自進兵以來〔六〕，未嘗大有斬獲，今收乞弟乞降文字，未知存寶且欲以計欵賊，乘便進討，或果欲受降？如以計欵賊，乃用兵所宜；若果欲受降，深非朝廷出師之意。如乞弟尚能蟻聚，委存寶多方擇利掩殺；如賊黨逃潰，亦選兵將搜捕，購募殺獲。若逗留不能成事，必正軍法。」

四年正月(十)六日〔七〕，詔：「成都府路提舉司支錢二十萬緡、米十萬石，梓州路支錢十萬緡，供瀘州軍須。」

〔一〕破賊後城：原作「破復賊城」，據《長編》卷二九三改。
〔二〕孫咸寧：原作「孫咸宣」，據《長編》卷三〇四改。
〔三〕式：原作「成」，據《長編》卷三〇六改。
〔四〕「昨」下原有「據」字，據《長編》卷三一〇删。
〔五〕已：原作「以」，據《長編》卷三一〇改。
〔六〕兵：原脱，據《長編》卷三一〇補。
〔七〕「六」上原有「十」字，據《長編》卷三一一删。

七日，以步軍都虞候、英州刺史、環慶路副都總管林廣爲都大經制瀘州夷賊公事。

二十五日，發府界第四將軍馬往資州，以備林廣濟師。又詔彭孫取間路進討，旁助林廣。又命入內供奉官麥文炳爲都大經制瀘州夷賊公事司走馬承受，兼照管軍馬，賊界遇軍馬會合，聽廣節制。

三月二十七日，夔州路轉運司言：「乞弟酋首宋阿訛最爲乞弟心腹之人，若果爲南平軍管下播州夾界巡檢楊光震所殺，深慮乞弟必讎報。乞令林廣、彭孫赴南平軍，同光震協力討捕。」上批：「令林廣、彭孫悉師以往，仍諭光震併力翦除。」

七月十九[7]日，斬四方館使〔一〕、忠州團練使韓存寶於瀘州，入內供奉官韓永式除名〔二〕，配沙門島；管幹機宜文字魏璋除名，編管賀州；梓州路運副董鉞除名。存寶自至瀘州兩月餘，進兵不過二百里，但常令偏裨與夷賊接戰，又擅遣諭乞弟投降，不候朝旨退軍，逗撓怯避。永式與存寶符同〔三〕。詔遣侍御史知雜事何正臣鞫存寶等，至是併以戰屢敗罪之，故有是命。

二十八日，林廣言，阿生等送乞弟降狀，未肯身至瀘州。詔中書降勅榜，許令投降貸死。仍密指揮林廣，候乞弟降日，押赴闕。

八月一日，詔付林廣勅榜，曉諭乞弟：「今朝廷再命將帥總領大兵至夷界進討，慮旁近生夷部族元非入寇之人橫遭誅戮，許乞弟出降，當免罪。如乞弟執迷如故，即行誅戮。」

三日，詔差梓夔路鈐轄高遵治副貳彭孫，同提舉捉殺瀘州夷賊。

九月二十六日，詔：「乞弟送降狀，前後反覆，必無降意，但欲遷延月日〔四〕，以欵師期。令林廣相度，降去勅榜如未可分付，更不須賫送，速進兵平蕩。」

十一月十九日，詔林廣：「今已深冬，若更涉春，天氣漸暖，烟瘴霖雨，轉難窮討巢穴。或遷延未了，即兩川不免騷擾。令林廣宜速進兵。」

五年二月四日，詔：「昨興師誅乞弟，今既蕩平巢穴，即與擒捕乞弟同功。其使臣軍兵等，除留戍外〔五〕，餘各遣歸。林廣候措置新立堡寨畢，還本任。」初，廣失乞弟於納江，去年十二月十九日也。軍十萬皆無人色，官吏噎嘿不食，[8]乃令進寨追賊。軍行無日不雨雪，刁斗無聲。庚辰〔六〕，次老大人山，山形皆劍立；次黑(涯)〔崖〕，然桂爲薪；上鴉飛不到山。正月己丑，乃次歸徠州，軍皆凍墮指。

〔一〕斬：原作「取」，據《長編》卷三一四改。
〔二〕官：原作「言」，據《長編》卷三一四改。
〔三〕永：原作「求」，據《長編》卷三一四改。
〔四〕欲：原作「願」，據《長編》卷三一六改。
〔五〕戍：原作「伐」，據《長編》卷三二三改。
〔六〕庚辰：《長編》卷三二三作「壬午」。

留四日，求乞弟不得。麥文昞問廣：「軍事當如何？」廣曰：「已如朝旨，蕩賊巢穴，雖不獲元惡，亦當班師待罪〔一〕。」文昞乃出去年六月所受密詔〔二〕，云：「將來大兵深入討賊，期在梟獲元惡。如已能破其巢穴，及城守要害，雖未得乞弟，萬一糧道不繼，亦聽班師。」軍中皆呼萬歲，曰天子居九重，明見萬里外。乃定計班師。是月癸丑〔三〕，次江門。自納江之役，暴師凡四十日，乃築樂共城、江門寨、梅令山、席帽溪堡，西達淯井，東通納溪，上下底逢堡已在腹中矣。皆苗時中、程之才爲韓存寶先（是）〔事〕畫策也。

桂陽蠻徭〔四〕

仁宗慶曆三年九月，湖南轉運司言桂（楊）〔陽〕監蠻徭內寇，詔發兵捕擊之。至十二月，幾千人寇邊。詔轉運使郭輔之等，徭賊如未能討除，即就便招撫之。

明年六月，詔知潭州劉沆招諭桂（楊）〔陽〕監蠻賊〔五〕，有首陳者，并與等第推恩。沆奉詔，招二千餘人，使散居所部。

五年二月，復內寇，擊敗之。是冬，知潭州劉夔言〔六〕：「桂（楊）〔陽〕監蠻人唐和等，比經禮賓副使胡元敗後，益聚衆生疑，恐轉爲邊患。乞降空頭宣命十道，欲行招安，與補逐處溪洞首領。」從之。

六年四月〔七〕，劉夔言捕擊徭賊唐和于銀江原，敗之。

十月，知桂（楊）〔陽〕監宋守信言：「徭賊唐和嘯聚千餘衆，爲盜五六年，朝廷不許窮討，以致未能平殄。今9衡州監酒黃士元頗知溪洞事，欲選取戰士二千、引路土丁二百，優給錢帛，不以遠近，使逐捕之，仍令本路鈐轄亓贇等合力以前〔八〕。其賊勢既窮，必有投降之心。」從之。又遣三司户部判官崔嶧往詢將吏討除、招安之策。至七年五月，廣南東西兩路轉運司言：「唐和令其子執要領，詣官自言〔九〕，願貸糧米，居所保洞中。請令荆湖南路鈐轄楊畋趣赴連、（詔）〔韶〕州山下，共告諭，將器杖送官，及以親屬爲質，即與補爲洞主。仍請元給誥下本司。」朝廷許之，乃補唐和、盤知諒、房承映〔一〇〕、承泰及文運等五人，并爲銀青光禄大夫、檢校國子祭酒、兼監察御史、武騎尉，充洞主。徭賊遂平。

〔一〕當：原無，據《長編》卷三二三補。
〔二〕出：原作「云」，據《長編》卷三二三改。
〔三〕月：原作「日」，據《長編》卷三二三改。
〔四〕陽：原作「楊」，徑改。
〔五〕知：原無，據《長編》卷一五〇補。
〔六〕知：原無，據《長編》卷一五七補。
〔七〕四月：《長編》卷一五八繫於五月六日乙酉。
〔八〕亓：原作「开」，據《長編》卷一五九改。
〔九〕詣官自言：原無，據《長編》卷一六〇補。
〔一〇〕房承映：原作「房承映」，據《長編》卷一六〇改。

儂智高

仁宗皇祐三年春〔一〕，廣源州蠻儂(知)〔智〕高入寇。詔同提點廣南東路刑獄公事李樞、知桂州陳曙同捕之〔二〕，仍令轉運、鈐轄司發兵應援。命知潭州余靖爲廣南西路安撫使、知桂州，起居舍人直史館楊畋、閤門通事舍人曹脩并同廣南東西路體量安撫經制盜賊；又命余靖經制。又以新知泰州孫沔爲荆湖南路、江南西路安撫使，入内内侍省押班石全彬副之。詔沔等，若軍中須人，任使聽於江南東路抽差。踰年，賊未就誅。

四年九月，乃命宣徽南院使、彰化軍節度使狄青爲荆湖南路宣撫使、都大提舉廣南經制賊盜事。以延州東路都巡檢使孫節、涇原路都監竹昺爲荆湖南北路駐泊都監，安肅軍駐泊都監時明移邵州，權霸州駐泊都監王【10】用、定州軍城寨監押何貴、定州都總司指使李守恩并爲押隊指使，皆青所請也。詔兩路將佐并從青節制。

五年(二)〔正〕月〔三〕，青領兵至邕州，陣于歸仁鋪，賊皆執大盾標槍，騎將孫節爲前鋒，死之。青起，麾所帶蕃落兵〔四〕，張左右翼，出其後急擊，大破之。智高遁去。詔狄青梟黃師宓等首于邕州城下，以其餘築京觀于歸仁鋪。

王均

真宗咸平三年正月一日，益州駐泊軍士害兵馬鈐轄、鳳州團練使符昭壽，(椎)〔推〕所部神衛都虞候王均爲主，逐知州牛冕等奔漢州，都巡檢使、西京左藏庫使劉紹榮没于賊。詔以户部使、工部侍郎雷有終爲瀘州觀察使、知益州、兼川峽(西)〔兩〕路招安捉賊事；御厨使李惠、洛苑使、入内(内)副都知秦翰、洛苑使、富州團練使、帶御器械石普，供備庫副使李守倫，并爲川峽路招安巡檢使。給步騎八千，命往招討。又以洛州團練使、新知青州上官正爲東川都鈐轄，西京作坊使李繼昌爲峽路都鈐轄〔五〕，内殿崇班王阮、高繼勳并爲崇儀副使、益州駐泊都監，供奉官、閤門祗候孫正辭爲諸州都巡檢使。

初，昭壽鞭朴軍士過當，由是神衛軍卒趙延順等八人謀害之而未發。會有中使自峨眉山還京，昭壽戒馭吏具鞍馬，將出送之。無何，馬逸庭中，延順等乘讙譟之際，率其徒登廳，害昭壽，出據甲仗庫。都監王澤聞變，召本軍都虞候王均率兵擒之，延順見均至，率衆迎奉，推而爲(師)〔帥〕。本軍指揮使孫進不從，亟殺之。餘兵及驍猛、威【11】武兵悉

〔一〕按，儂智高「入寇」實在皇祐四年，以下亦四年事，見《長編》卷一七二等。此云「三年」，不確。

〔二〕陳曙：原作「陳曉」，乃是避英宗諱，今據《長編》卷一七二回改。

〔三〕正月：原作「二月」，據《長編》卷一七四、《宋史》卷一二《仁宗紀》四，此條所述事均在正月内，因改。

〔四〕蕃：原作「藩」，據《長編》卷一七四改。

〔五〕「東川」至「昌爲」十四字原脱，據《長編》卷四六補。

合而爲亂。

三日，陷漢州，遂趣綿州，攻之不下，直抵劍門。先是，知劍州李士衡以州城難守，即運貲帛保劍門，焚其倉庫。十三日，均至劍門，士衡與鈐轄裴臻擊敗之。知蜀州楊懷忠會鄰州及巡檢兵，又調鄉丁，以十八日入益州，燒子城北門，至三井橋。均猶未至，爲逆黨威棹小校崔煦等所拒〔一〕，懷忠還本部。二十七日，均至益州。

〔二月〕三日〔二〕，賊將趙延順攻邛、蜀，爲懷忠所敗。

是月，雷有終至。石普先與綿漢巡檢張思鈞復漢州〔三〕，進壁昇僊橋。十四日，賊來攻，王師與戰，敗去。十七日，賊開門僞遁，有終等率兵徑入，賊伏發，官軍頗遭殺傷。有終等緣堞而墜，李惠没焉。遂退保漢州。均盡脅蜀中士民、僧道以爲兵。

三月，官軍進收彌牟寨，斬首千餘級，復抵昇僊橋。

四月，大敗賊衆。賊遂撤橋塞門，官軍進至清遠江，爲浮梁而渡，築壘於城北門，造梯衝攻具，石普專主之〔四〕。益州都監高繼勳、巡檢張煦〔五〕、孫正辭攻城東，峽(洛)〔路〕鈐轄李繼昌、益州都監王阮攻城西，楊懷忠與巡檢馬貴攻城南。賊將趙延順中流矢死，賊又遣其黨丁重萬來拒，亦射殺之。官軍每攻城，多阻霖雨，城滑難上，未幾，秦翰至，與有終等協謀，於城北魚橋上築土山。

八月，克羊馬城〔六〕，遂設敵棚，覆洞車進逼羅城。

九月二日，焚其敵樓，穴城爲道，賊亦築月城自固。

(三)〔二〕十日〔七〕，官軍由地道入，焚賊望櫓礮架〔八〕。至夕，賊衆由南門而遁，王均奔富順監。即遣楊懷忠追賊。後二日，石普繼往，秦翰亦至陵州。

(是)〔十〕月一日〔九〕，[12] 斬均於富順監，傳首至益州，梟於市。

陳進

真宗景德四年七月，宜州澄海軍校陳進率本部卒害知州劉永規，洎監押國鈞，擁判官盧成均爲帥，嬰城拒命。詔以東上閤門使忠州刺史曹利用、供備庫使賀州刺史張煦爲廣南東、西路安撫使，如京副使張從古、内殿崇班張繼能副之，虞部員外郎薛顔同勾當廣南東西兩路轉運事〔一〇〕。先是，永規在郡嚴酷，課澄海卒伐木葺州廨，數不中程即仗之，雖甚風雨，不停其役。進等因衆怨謀亂。初奏至，帝謂宰臣王旦等曰：「司天監屢上占候，言當有兵，方憂遠地牧守不得其人，今果有是，當遣使翦除。」廷議擇官，且言：「利

〔一〕崔煦：《長編》卷四六作「崔照」。
〔二〕二月：原脱，據《長編》卷四六補。
〔三〕思鈞：原作「恩均」，據《長編》卷四六改。
〔四〕上二句「具」原作「其」，「石」原作「右」，據《長編》卷四七改。
〔五〕張煦：原作「張照」，據《長編》卷四七、《宋史》卷二五五《王全斌傳》改。
〔六〕克：原作「牧」，據《長編》卷四七改。
〔七〕二十日：原作「三十日」，據《長編》卷四七改。
〔八〕礮：原作「礙」，據《玉海》卷一九三上改。
〔九〕十：原作「是」，據《玉海》卷一九三上改。
〔一〇〕事：原作「使」，據《長編》卷六六改。

用精於方畧，悉心王事；煦多邊任，尤熟用兵；從古諳知嶺外山川險阨；繼能勇敢可任。然朕料此寇不出三策：若保其家屬，據城拒守，一也；掠城中貲貨，以趣山林，二也。用此二策，不足爲慮。若選募驍勇，果立謀主，直趣廣州，此賊上策也。然其智識必不及此，但慮爲人誘教爾。」又遣入內高班內品于德潤馳驛將詔，諭賊中能束身自歸者，并釋罪。所至倍加安撫，將士務令整肅，無得妄傷平民，焚蕩閭舍，蹂踐田畝。立功者所在以官物給賜，即時遷擢，便宜從事。諸州官屬，如賊至所部，能規畫擒戮者，厚加酬賞。隨軍將校，日給肴酒，務於豐飫。命內侍高品周文質爲廣州駐泊都監。詔文質俟寇至，即使近州兵與巡檢使臣控要路以扞之。發荊湖南北路先屯禁兵，蘄、黄州虎翼、荊南雄畧等軍赴桂州閲習行陣，俟利用等合勢攻討，無得先進。時廣南西路轉運使舒賁言：「得陳進洎盧成均狀，具言興叛之由，願天恩赦罪，又上宜州牌印，臣察知其僞〔一〕。是夕，賊衆圍柳城縣〔二〕，官軍衆寡不敵，棄縣 13 保象州，望發兵進討。」帝曰：「此誠詐也，然進等既以此請，宜傳詔諭之，如解甲歸降，盡赦其罪，仍加轉補。」

八月，詔宜、融州諭溪洞諸蠻首領，部分族人，無得輒出疆境，搔擾邊民，俟賊平日第加優賞。時賊攻懷遠軍，城中固守，賊退而復集者累日，桂昭等州巡檢使張守榮等擊敗之，獲其器甲。又攻天河寨〔三〕，寨兵甚少，監押錢吉部分嚴整，出擊走之。賊再經敗衂，頗多潰散，衆心離矣。民有自賊中逃歸者，言賊將棄城，以家屬之悼耄者五百人棄江中。其衆約三千，度柳、象，至容州固守，分兵以劫廣州。其初至柳州，隔江不能渡，丁壯望賊潰散，知州王昱即遁去。又盧成均謀挈屬歸降，夜潛遁去，(正)〔至〕江見舟小，復還城中。帝慮曹利用等以官軍勇鋭，輕視其衆，即遣使以手詔諭利用等，以師行遠地，宜守萬全之計。既而賊衆挈族處思順州，分兵象州。知州大理寺丞何邴率衆城守四十日，賊不能下。賊衆分據柳州，聞官軍至桂州，勢頗窮蹙。乃降敕榜四十付利用等，遣齎示賊衆，及揭於要路，冀其歸順，免於屠戮。

九月，官軍進趣象州，賊自宜州率衆至武仙縣，直抵前軍。以騎士出賊左右，内侍史崇貴登山大呼曰：「賊已走，宜急殺之！」賊由是心動，遂敗。追襲至象州城下，擒賊首盧成均，斬僞將陳進并其黨，遂平象州。王師初至，賊不之知，惟陳進率衆來拒，象州攻城者亦不之覺。賊遇前軍，競執標牌以進，飛矢 14 攢鋒所不能却〔四〕。前軍即持戟刀巨斧破其牌〔五〕，賊皆衣順水甲〔六〕，標牌既破，力不能支，尋自奔潰。軍士逐之至象州城下，賊寨依然，猶有據長竿以瞰

〔一〕察：原作「傺」，據《長編》卷六六改。
〔二〕柳城：原作「抑城」，據《長編》卷六六改。
〔三〕天：原脱，據《長編》卷六六補。
〔四〕却：原作「劫」，據《長編》卷六六改。
〔五〕戟：原作「棹」，據《長編》卷六六改。
〔六〕順水：原作「預水」，據《長編》卷六六改。

城中者。盧成均遂自賊寨挈其族，執招安勑書來降。餘黨黎育等與其族屬老幼僅千人逃奔桂州〔一〕，知州宋希閔率僚屬出城竄避，賊遂入城，焚居人廬舍，經宿而去，希閔乃還。曹利用等尋即招收平定焉。

初，陳進之亂，宜州指揮使陳定、都頭黃晚不從，驅率先投象州。（欲進）〔進欲〕取此二人甘心，遂引衆攻圍，誓得之乃去。定等亦誓不從賊，與官吏糾率城中，諭以禍福，皆得其死力。及事平，皆優加賞擢。又象州城在高丘上，素無井，閉壘之日，皆以乏水爲慮。時頗得雨，停水將竭而復下，如是者兩月，所停水久而澄澈，汲之以濟。賊破圍解，水頓臭濁。賊既平，詔曹利用等偏巡象、柳、宜、融州、懷遠軍、天河寨訖赴闕。

王倫

仁宗慶曆三年五月，京東安撫司言：「本路捉賊虎翼卒王倫等殺巡檢使朱進叛。」遣東頭供奉官李沔、左班殿直曹元喆、韓周往彼擊之。倫初起沂州，安撫使陳執中遣京東都提舉巡檢、左班殿直、閤門祗候傅永吉追討之。倫率其黨奔淮南，所過巡檢、縣尉皆畏避不敢出。至揚州，出兵與鬭山光寺南，永吉等踵至和州，合擊敗其衆。歷陽縣民張矩等得倫首級。

七月，江淮制置發運司第其功以聞，詔傅永吉爲禮賓副使、兼閤門通事舍人，沂州巡檢、[15]三班借職宋璘爲右侍禁、閤門祗候，指使、散直長行鄭安爲三班奉職，差使、殿侍李九皐爲三班借職，前西頭供奉官、閤門祗候趙鼎爲供奉官，和州張矩爲三班奉職〔二〕，陳明、尚亨并爲三班借職〔三〕，軍校許千等遷擢者凡七人。

雲翼軍

仁宗慶曆四年八月，樞密院言，保州雲翼軍今月五日閉城作亂。先遣內侍劉保信馳往視之，即命知制誥田況往州城下處置叛軍，得以便宜從事，以步軍副都指揮使李昭亮將其兵。時方遣樞密使富弼爲河北路宣撫使，二府以兵官未有統領，即令弼兼程至城下，統其節制；而再降敕榜招安，仍令況等且引兵退，選人入諭城中以禍福。

二十五日，況與昭亮遣右侍禁郭逵入城曉諭，叛軍縋城下者約二千餘人。相次遂開城門，令楊懷敏部領軍馬入城。其元造逆兵士四百二十九人，聲言令歸本營，比點名入營，用刀槍擁大井中〔四〕，并盡殺戮。其傷殘軍民，即撫存之。於是況等上其功五等，詔并賞之。

〔一〕桂州：《長編》卷六七作「貴州」，當是。象州（今廣西象州）南走貴州（今廣西貴港市）甚近，而北走桂州（今桂林）較遠，且桂州爲宋朝重兵防守之大州，黎育等自當避實就虛。
〔二〕「和州」下，《長編》卷一四二有「歷陽縣壯丁」。
〔三〕尚：原作「禹」，據《長編》卷一四二改。
〔四〕刀槍：原作「刀搶」，據《長編》卷一五一改。

王則

慶曆七年十一月，河北安撫司言：「貝州宣毅卒王則久以姦教誘結郡胥牙校張巒〔一〕、卜吉輩謀叛，以冬至日開城竊發，因知州張得一已下，因僭僞號，立年號，命官屬，盡黥州民面，授以軍兵守城。」高陽關路總管王信尋統本路兵傅城下，乃命信爲貝州城下招捉都總管，進趣攻其城，降者甚衆。令信等〔二〕：「軍營在城内而與爲亂者，并囚其家屬，非爲亂者，常[16]加曉諭，勿使憂疑。」即詔諸兵馬會其下，令分部諸將攻討之。又遣樞密直學士、知開封府明鎬爲體量安撫使以節制之〔三〕。屢攻未克，暴師浸久〔四〕，參知政事文彦博請行。

八年正月八日，乃以彦博爲河北宣撫使，以經制其事，仍加鎬爲端明殿學士副之。彦博等親至城下，日夜督將士攻城，城遂陷。擒其逆黨王則、張（鑾）〔巒〕、卜吉及其家屬等，斬於都市。

方臘

徽宗宣和二年十一月，睦州青溪縣妖賊方臘據幫源洞，僭號改元，妄稱妖幻，招聚兇黨，分道剽劫。本路將蔡遵、顔坦以兵五千死之，勢愈猖獗。二十一日〔五〕，陷青溪縣。

十二月一日，陷睦州，殺官兵幾千人。又陷歙州，州東南將郭師中戰死。又陷杭州，帥臣趙霆棄城遁。

二十一日，詔童貫爲江淮荆浙等路宣撫使，譚稹爲制置使，王稟爲統制，將兵討之。同日，令樞密院起東南兩將、第一將、第七將。京畿一將第四將。前去捉殺。内將副如不係曾經戰陣人，日下差人抵替。其軍兵仍差曾經陝西出戍人，於是陝西六路漢蕃精兵同時俱南下。辛興宗、楊惟忠統熙河兵，劉鎮統涇原兵，楊可世、趙明統環慶兵，黄迪統鄜延兵，馬公直統秦鳳兵，翼景統河東兵，劉延慶都統制諸路軍馬。

二十四日，詔：「二浙安於承平，不見兵革垂二百年。屬者狂寇竊發，憑恃山險。然念無知之人或被脅從，兩州吏民或爲詿誤，或因逃亡敗衂軍卒，情有可矜，困於無告。仰譚稹量度事機，曉諭[17]德意。應干前項人及兇賊眷屬，并見在賊中徒伴，如能束身自歸，或告言動息，捕致賊黨，并特與免罪，一切不問。内稍有功績，即優與推賞。招攜止殺，以靖南土。」

〔一〕巒：原作「鑾」，據《長編》卷一六一、《太平治迹統類》卷一〇改。

〔二〕「信等」下原有「諭」字，據《長編》卷一六一删。

〔三〕鎬：原作「鍋」，據《長編》卷一六一改。

〔四〕浸久：原作「潛父」，嘉業堂本眉批云：「『潛父』疑『浸久』。」其是，今從改。《長編》卷一六二：「明鎬督諸將攻貝州城久不下，彦博乞身往破賊。」

〔五〕按，《長編紀事本末》卷一四一、方勺《泊宅編》卷下均載方臘陷青溪在十一月二十九日丙寅。

三年正月十一日，詔貫、稟先據潤州。

十九日，又詔：「金陵乃喉襟之要害，占據江寧府，守把鎮江，次議討賊。此其上策。」時王稟已守揚子江口，劉鎮守金陵，童貫次鎮江，賊已陷崇德縣，方圍秀州。

二十八日，王稟、辛興宗、楊惟忠夾擊之，秀州平。稟乘勝至錢塘。

二月，賊陷寧國旌德縣，劉延慶却守金陵，劉鎮移廣德軍，楊可世赴宣州，合兵討擊。

十八日，王稟統中軍，辛興宗統前軍，楊惟忠、何灌統後軍，自江漲橋與賊接戰，屢捷，克復杭州。

二十七日，楊可世由涇縣過石壁隘，斬首幾三千級，復旌德縣。

二十九日，劉鎮敗賊於烏村灣，復寧國縣。

是月，福建將韓起棄衢州，賊縱火屠其城，餘黨逼信州，又陷處州，而霍成富、求道人等用賊年號，肆行剽劫，東陽、義烏、武義、浦江、金華、新昌、仙居、剡諸縣悉爲賊占。

三月十日，楊可世、劉鎮等克復歙州。王稟等進兵離杭州，復富陽、新城、桐廬縣。

〔二〕十七日〔一〕，克復睦州。時上又遣梁衵押劉光世統領鄜延兵一千八百餘人至，分討衢、信賊，遣史珪押張思正統制河東兵二千六百餘人至，分討台、越州賊；續又遣關弼押姚平仲統涇原兵三千九百餘人至，分討浙東餘黨。

四月一日，劉光世兵到衢州，賊出城迎戰，斬獲二千 18 三百五十六級，生擒賊首鄭魔王。又戰於石塘，斬賊七百餘級，生擒五百餘人。凡三日，復衢州。乘勝進兵，復龍游、蘭溪縣。

十七日，光世薄婺州城下，斬獲四千餘級，復婺州。

十九日，王稟復青溪縣。

二十三日，姚平仲復浦江縣。初，王稟、劉鎮兩路軍預約會於睦、歙間，包圍幫源洞，表裏夾攻。至是，劉鎮、楊可世、王渙、馬公直率勁兵從間道奪賊門嶺。

二十四日，平旦入洞，縱火爲號，王稟、辛興宗、楊惟忠、黃迪望燎煙而進，與劉鎮合兵，賊腹背受敵，凡斬萬餘級。

二十六日，生擒臘於東北隅石澗中〔二〕，并其妻孥、兄弟、僞將相等三十九人，其餘黨散據，皆以次平蕩。

時江南東路轉運副使曾昇奏：「訪聞賊徒雖多，全少器械，惟以人衆爲援。本路所遣官兵各持器械，而賊徒獨以數百人前後奮拳，輒困官兵。童子、婦人在前，飾以丹黛，假爲妖怪，以驚我師；復在巢穴四向設險，陰爲陷穽；又爲長人服大衣，作關機以動止，執矛戟旗幟，飾以丹黛，爲鬼神之貌，以惑官兵。皆不足畏。必得熟知道路之人，即可進入。」詔劄與童貫、譚稹，自此賊情漸露，官兵始知所

〔一〕二十七日：原脫「二」字，據《長編紀事本末》卷一四一補。

〔二〕澗：原作「潤」，據《宋史全文》卷一四改。

向，以至擒殄。

閏五月十四日，詔：「兩浙、江東路破賊去處，州縣新復，事合防遏撫定者非一，兼處州等處餘黨亦未盡平，深慮宣撫、制置司(令)〔令〕同赴闕，賊黨妄有窺度，或致嘯聚。唐平淮西，以馬總治留務；國朝誅儂智高，留余靖知廣州。若宣撫司赴闕，尚有殘寇，譚 19 稹即當留彼三兩月措置，庶得保其成功。」

八月二十四日，方臘伏誅。

陳通

高宗建炎元年八月十五日，知鎮江軍府事、兩浙(兩)〔西〕路兵馬鈐轄趙子崧言：「兩浙轉運判官顏彥成報，今月初一日，杭州軍人陳通放火殺人，關閉城門，不放出入，事勢猖獗。乞遣人兵前來捉殺。」詔令浙東安撫司、浙西鈐轄司、兩浙提刑司起鄰近州軍弓兵，并江寧府鮑貽遜所領槍杖手，及(今)〔令〕淮東安撫司摘那將兵二千人，選擇將佐，火急前去，會合掩殺。其軍兵在路，委統領官以軍法部勒，不得縱容作過。其逐項軍兵等到，鎮江府聽趙子崧節制，平江府聽趙岍節制，杭州聽本路提刑司節制。既而，知杭州錢伯言〔言〕：「乞令前項諸路兵將等并聽臣節制，庶得一心効力。」詔已到杭州本路軍馬並聽節制。

十月十一日，御營使司都統制王淵差充杭州盜賊制置使。詔令户部應副銀絹一萬匹兩，給王淵充激賞等支用。

二十九日〔一〕，給事中劉珏言：「杭賊之變，九月八日既受招安，乃嬰城自守，復殺憲臣。今(郡)〔群〕寇又欲遣散鮑貽遜所統槍杖手，乃就招安。願申命王淵，且留槍杖手在杭州，同共討捕。」從之。

十二月八日，王淵至杭州撫定訖，斬陳通等一百八十餘人。淵未至間，通等受提刑趙叔近招安，叔近以素隊入城，通等月餘猶不解甲，故淵殺之。（以上《永樂大典》卷九三一一）

李成

【宋會要】

20 高宗建炎二年十〔月〕九日〔二〕，李成叛命。檢校少保、奉國軍節度使劉光世討之。成本雄州歸信縣弓手，累〔遷〕知歸信縣。雄州失守，成率其衆數萬人來歸，詔授右武大夫、忠州防禦使、京東河北路都大捉殺使。朝廷慮其黨太盛，命分二千人在南京，一千人往宿州就糧，餘衆令成押赴行在。至宿州，乃懷貳不進，故命光世討之。

四年八月一日，知江州姚舜明言：「李成據舒、蘄，與江州對壘。近因使臣馬珏齎到李成文字，意欲自新。」

〔一〕二十九日：《建炎要録》卷一〇載此條事於十一月十一日丁酉，並注云據《會要》增入，則《會要》此條應作「十一月十一日」，此作「(十月)二十九日」，疑誤。

〔二〕月：原脱，據《建炎要録》卷一七建炎二年八月辛巳條原注引《會要》補。李成以八月叛，至此日劉光世受命討之。

十一月三日，李成差人來都昌縣江南東路安撫大使呂頤浩處下文字，僞稱會合捉殺馬進人馬。詔令呂頤浩審度事勢，措置掩襲，仍一面勾抽王𤫊全軍策應。

二十五日，呂頤浩乞益兵討李成。上曰：「今兵既少衂，須令且持重，急遣王𤫊引兵助之。先以賞招擕其衆，許歸自新，則成必易擒，亦不欲多殺士衆也。」

二十六日，呂頤浩言：「李成賊兵於十一月一日夜劫南康軍寨，遣統制官巨師古、楊惟忠率兵力戰，已勾王𤫊全軍七千人、小張俊三千人、韓世清五千人前來都昌縣會合。」詔仰呂頤浩等務在持重，若得機便，可從長措置。

紹興元年二月二十二日，呂頤浩言：「湖南北路捉殺使孔彦舟近勦滅叛賊鍾相，欲自袁州經由前去洪州，約有五萬餘人，紀律甚嚴。今探報李成分遣邵支一項賊馬侵犯筠州界。」詔令 21 孔彦舟疾速統率軍馬，前來筠州掩殺，及措置把截袁州至臨江軍一帶，無(分)〔令〕賊勢滋長，侵犯以南州軍，仍與呂頤浩、張俊大軍約日會合。

二十六日，李成賊馬見分三路作過，一犯池州，一(守)〔犯〕江州，一犯筠州。

三月一日，李成賊舡前來彭澤、湖口縣，併兵攻犯饒州，及入徽州界劫掠。詔令呂頤浩與楊惟忠極力措置饒、信等州一帶隄備。

二十二日，辛執進呈江南路招討使張俊捷報，上曰：「朕昨日退朝深思，當須曲赦李成軍中脅從百姓。蓋李成所統雖號數萬，其實皆吾民，被成驅虜隨軍。若設賞募人擒成，其餘一切不問，所全生命，豈可勝計！」臣秦檜曰：「只此心可以破賊。」於是二十七日詔：「可除李成不赦外，其餘并許出首，以前罪犯一切不問。百姓放令逐便，軍人依舊收管，有官人量材録用。如依前拒抗，令張俊一例勦戮。徒中有能斬成級或縛成來赴軍前投降者，舊係大小使臣及白身，與正任承宣使；(係舊)〔舊係〕副使以上，與節度使。仍并支賜錢一萬貫，銀一萬兩。令尚書省給降黄牓付張(浚)〔俊〕，於賊壘附近去處遍行曉諭。」

五月二十五日，詔遣張俊疾速渡江前去，將李成賊黨日近措置除滅盡(靜)〔淨〕，候回軍日，且在江州駐劄，許班師方得赴行在。俊奏：「自三月初起離洪州，取生米渡過江，大破李成賊兵，收復江南州縣。緣李成元有副都統領二員，昨渡江前來作過者，止是副都統領馬進，尚有都統領胡 22 選并一軍人馬，止在江北。李成見蘄州〔一〕，今共約有賊兵十餘萬，戰舡千餘隻，事勢不輕。自收復江州，見渡江撲滅餘黨。」

六月十六日，詔：「張俊已破李成，可引兵復渡江州駐劄，候江、湖寧静，取旨班師。仍自沿江東下，群盗悉行招捕拘收。崔增、李進彦、韓世清、耿進所部戰舡人兵，權暫使喚，事畢遺還。」

〔一〕「見」下疑有脱字。

七月六日，張俊奏：「李成叛逆，李雱、許道計謀。今舒州太湖縣已捉獲李雱，大破賊衆，李成將殘黨過江遠遁。今據探報，引殘兵見在順昌府，已見窮蹙。」詔令蔡州范福、淮寧李寶遍諭所部將士，各奮忠勇，期約掩殺。如能擒獲或殺戮，當依已降指揮授以節鉞，支賜錢銀；以次首領，比類補授；有功將佐軍兵，一例不次推恩。雖未能勦除，但常令人馬攻擣，使不能遂成巢穴，亦當優異推恩。令樞密院選差使臣四人，原支激賞作兩番，齎蠟書前去，先次轉一官，回日更轉兩官。

九月二十一日，李成遠遁，徒黨趙端等各帶領徒衆來投降。

苗傅　劉正彥

高宗建炎三年四月三日，苗傅、劉正彥謀不軌。傅裨將苗翊與韓世忠兵戰于臨平南〔一〕，翊敗，傅、正彥遣兵救之。朝廷命諸將皆集兵於皇城門外。是夕，傅、正彥引兵開錢湖涌金門而出，時大雨，賊軍蒼黃夜遁，都省發收捉苗傅、劉正彥等牓，下淮南東西、兩浙東西、江南東西、湖南東西、京西南北、福建路諸州軍：「契勘賊臣苗傅、劉正彥謀不軌，諸路勤王軍馬於杭州 23 臨平鎮與賊兵接戰，王師大捷，皇帝已復尊位。其苗傅、劉正彥引同謀人王鈞甫、馬柔吉、張逵、王世修、苗翊、苗瑀并叛兵二千餘人，望嚴州路遁逃。除已擒到王世修、張逵淩遲處斬外，詔如生擒到苗傅、劉正彥，有官人與承宣使，無官人與正任觀察使。如捉到王鈞甫、馬柔吉、張逵〔二〕、苗翊、苗瑀，與轉七官。如能斬首級，亦與上件賞。其餘一行官兵將校，并與放罪，一切不問。仰於所在陳首，出給公據，發赴行在，依舊收管。如不願就上件官，每獲苗傅、劉正彥一名，支賞錢十萬貫，餘人每名支賞錢一萬貫。若徒中官員、將校、人兵等有能斬到逐人首級，亦依此施行。」

四日，詔：「苗傅、劉正彥下兵出清波門，其路至富陽，可通徽、宣、嚴、婺、湖、廣諸州軍。見今逢敵潰散，仰諸郡遣將領各於界首防托。如遇上件潰兵，便行招安。（降）〔除〕苗傅等數人爲首，其餘應干脅從人將佐、使臣、効用軍兵等，本不知謀，各係無罪之人，限一月出首，所在出給公據，赴行在依舊收管。其出首輒有擅行殺戮，并依擅殺平人法。」八日赦文，又限百日出首。

七日，殺獲王鈞甫。

九日，苗傅至白沙渡，所過輒焚橋梁以遏王師。遣統制王德助喬仲福追討。

十六日，苗傅等犯壽昌縣，據險二寨。詔令楊可輔催督嚴、徽、衢、信、饒、池州縣尉部領新舊弓手，三合把隘。其縣□□□仍聽喬仲福節制，即不得勾赴軍前使喚。其逐

〔一〕世：原作「士」，據《建炎要録》卷二二改。
〔二〕張逵：前言張逵已被處斬，此處重出，當有一誤。

州軍兵止令本州守禦防托。

十八日，江浙制置24使周望言〔一〕：「捕殺苗傅、劉正彦之賞既重，而其衆欲降者未有賞以來之，恐無以解疑。」詔賊衆降順人有官者遷一等，兵級遷二資，無官者補進武校尉。

十（七）〔九〕日〔二〕，苗傅犯常山縣。

二十日，命韓世忠爲江浙制置使，遣一軍往衢、信州擒捕苗傅等。

二十四日，苗傅屯沙溪鎮，喬仲福、王德（助）〔乘〕間道先入信州，與統制官巨師古同討。

五月三日，苗傅寇江山縣，其裨將張翼等七人謂王鈞甫反覆，斬鈞甫及馬柔吉與子忠、懋、憲及馬良輔、周祐，以衆降。張翼特轉翊衛大夫、温州觀察使；趙秉淵、張桂孫并與轉拱衛大夫，秉淵處州觀察使，桂孫康州觀察使；楊忠憫轉拱衛大夫、成州防禦使；劉祕轉拱衛大夫、忠州刺史；趙棫轉中奉大夫，（降）〔除〕直祕（閤）〔閣〕；趙休轉奉議郎，除直祕（閤）〔閣〕。宋福等十一人各轉三官資。選人依條施行。杜簡等三人，并與補承信郎。

九（月）〔日〕〔三〕，苗傅寇浦城縣。

十二日，韓世忠將兵夜至浦城北十里，與苗傅等賊徒相遇。賊跨溪據險，伏兵於路，世忠使統制官馬彦輔將軍擊之〔四〕，賊伏兵發，王師敗績，前軍没，彦輔死之。賊乘勝至中軍，世忠率親兵力戰，正彦兵大敗，擒之。傅棄軍遁去〔五〕，變姓名爲商，入建陽，爲儈標所識〔六〕，遂擒之，傳送赴行在。

七月六日〔七〕，苗傅、劉正彦、苗翊領赴都堂審驗，委是正身，詔並就建康府市曹陵遲處斬。

范汝爲

高宗建炎四年八月二十三日，臣寮言建州有范汝爲於吉陽嘯聚〔八〕。詔令程25邁節制諸軍，專一措置。

十一月十一日，差神武副軍都統制辛企宗將帶一行官

〔一〕周望言：原缺。按《宋史》卷二五《高宗紀》二：建炎三年四月癸亥（十六日），以給事中周望爲江浙制置使。據補。

〔二〕十九日：按，上條已爲十八日，不應此條反爲十七日。《建炎要録》繫於十九日丙寅，是，據改。

〔三〕九日：原作「九月」，按再下條爲七月，則此不應爲九月，「月」當是「日」之誤。《建炎要録》卷二三記於十日丁亥，亦僅相差一日。

〔四〕馬彦輔：按「輔」字，本書禮五八之九五作「溥」，其他史書或作「溥」（如《建炎要録》），或作「輔」，或作「博」，而以作「溥」者爲多，當是。

〔五〕傅：原無，據《建炎要録》卷二三補。

〔六〕標：原作「比」，據《建炎要録》卷二三改。

〔七〕七月六日：按《建炎要録》卷二五繫於七月五日辛巳，原注云：二凶伏誅之日，諸書所記不同，「今從《日曆》及《會要》」。據此，《會要》亦應作「五日」，而此作「六日」，或誤。

〔八〕吉陽：按宋代地名「吉陽」而見於史者唯有吉陽軍、吉陽縣，皆在今海南，與此無涉。諸史亦無范汝爲起於吉陽之説。宋董煟《救荒活民書拾遺》云：「建州甌寧縣有洞曰回源，其北與建陽接境，乃建炎初劇賊范汝爲竊發之地。」據此，「吉陽」似爲「建陽」之誤。

兵前去建州，收集撫定。

二十三日，神武前軍統制王𤫉言：「得旨，帶領全軍人馬，并來信州措置防托把隘。探報建州甌寧縣范汝爲賊馬幾數萬，已破建陽縣，殺散軍兵之後，聚衆愈多，氣焰益熾。信州與建陽北界相連，臣已差人賫公文、旗榜并檄書直入汝爲所止溪洞，婉順示以禍福，説諭招安。」

十二月三十日，措置福建路民兵寨栅謝嚮等申，范汝爲已受招安。從事郎施逵，國學内舍進士葉昭積説諭招安〔一〕，首先率部將范擒虎等出寨，繼而樞密謝嚮等賫金字牌前去〔二〕。内汝爲補從義郎，第二名范積中補忠訓郎，第三名葉格補忠翊郎〔三〕。

紹興元年正月二十五日，詔范汝爲令聽辛企宗節制。

九月二十一日，詔：「辛企宗措置放散汝爲徒黨民兵去後，經今半年，未見了當。令企宗措置放散，不得遷延，具見統、放散人數聞奏。」以汝爲見存留萬人分屯把隘故也。

十月四日，企宗〔奏〕：「汝爲乞移軍福州就糧，顯見不遵聖旨，若不就機措置，恐悞國事。」詔：「企宗今係一路制置，令火急前來福州，依前後指揮措置。具已到福州日時聞奏。」以樞密院言：「八月十一日，已令企宗移軍福州就糧，聞丁朝佐、熊志寧在建州浦城縣界猖獗，企宗九月十七日尚在南劍州，似闕人彈壓。自去年十一月企宗差往福建措置盜賊，續差充 26 本路制置使，放散汝爲徒黨，至今半年餘，並未見了當。」詔依前遷延不能措置，即當別行遣將前去。

九日，監察御史、福建路撫諭胡世將言：「范汝爲昨受招安，節次已補修武郎、閤門祇候，已次首領等第補官了當。其汝爲自就招安之後，心懷反(惻)〔側〕，依前剽掠。」詔：「官軍殺獲范汝爲，與補汝爲見帶官職；殺獲以次首領，亦與所獲人見帶名目。已有官資人，比附推恩；并其餘立功人，各等第優加賞典。徒中擒獲汝爲出首之人，特補武翼郎外，更與除一閤職。仍給降空名告一道，付宣撫司軍前旋賞。」

十一月十七日，福建等路宣撫使司言：「范汝爲等見在建州，往來政和、松溪界上；熊志寧見在建陽縣，往來浦城、崇安界上劫掠。本司大軍前去福州，竊恐賊徒奔迸，侵犯鄰近州軍。今來閤皐見在建昌軍，欲令進兵往光澤縣或邵武軍把截，仍乞聽本司節制。」從之。

二年(五)〔正〕月二十六日〔四〕，福建江西荊湖南北路宣

〔一〕昭：原作「招」，據《建炎要録》卷四〇改。

〔二〕樞密謝嚮：按本條前文，謝嚮不爲樞密院屬官，且單言樞密亦不明爲何職，疑「樞密」二字乃衍文。

〔三〕葉格：《建炎要録》卷四〇、《中興小紀》卷九、《朱子語類》卷一〇一均作「葉鐵」，疑此誤。

〔四〕正月：原作「五月」。按，據諸史，韓世忠以本年正月九日辛丑克建州，范汝爲自縊死，尋平其餘黨，世忠亦移師江西討曹成。是則不可能至五月始上奏平范汝爲事，此「五月」應是「正月」之誤，因改。

撫使韓世忠言：「得旨提領大兵前來福建路收捕范汝爲。正月四日卯時，大兵到建州城下，攻城凡六日，破城，殺戮賊衆三萬人，生擒賊首張雄等五百餘人。其范汝爲走入回源洞，窮迫自縊身死。其餘首領賊徒，或殺或招，已見盡静。」

李敦仁

建炎四年十二月十五日，虔化縣賊人李敦仁并弟世雄等，聚本縣六鄉，集兵數萬，在地名羅源作過，詐作本路提刑兵級，破石城縣，占洪州靖安縣。27遣將李山、張中彦統率兵馬會合措置，并力勦殺，仍令樞密院給降黄榜，前去曉諭。賊中應干被虜脅從之人，許令出首，特與放罪，給據歸業。其李世雄等正賊，須管捉獲。李敦仁元係虔州進士，昨因聚衆作過招安，補承節郎，同弟世雄在李山軍中使唤。緣差出捉殺，復聚徒黨，侵犯縣邑。

二十一日，賊徒萬餘人入虔化、石城縣。詔：「擒獲李敦仁，白身補修武郎，有官人轉七官，仍與帶閤職；擒獲世臣、世雄，白身補秉義郎，有官人轉七官。如徒中能自擒獲，依此推恩。樞密院降黄榜，下江東西兩路提刑司、虔州、建昌軍曉諭。」

紹興元年正月二十六日，李敦仁於撫州崇仁縣一帶用旗榜脅諸縣人丁，謂之闌丁，合衆四攻，已破江西四縣，燒劫江東兩縣。詔遣江淮路招討使張俊疾速措置招捉，無致滋長。

二月八日，賊衆數萬直湊建昌軍，圍閉攻擊。至二十四日，江東路安撫大使司准備差遣蔡延世部帶鄉兵、進士李曄等，南北兩路出奇兵，掩殺賊人數十寨，餘黨奔走于臨川、宜黄路遁。蔡延世轉兩官。

三月八日，李敦仁衝突汀州寧化縣、清流縣，行劫焚燒，復回虔化縣。

五月十三日，江西提刑司遣發巡檢劉僅往汀州、建昌軍南豐縣，糾集槍杖手首領陳皓等進兵掩殺，收復石城縣。劉僅斫到李世昌首級，殺死賊將李國臣等以萬數，生擒賴方等三百餘人，奪到騾馬、器械不計其數。首領陳皓補進武校尉，28就差虔州石城縣尉，巡檢劉僅先次轉兩官。

八月十八日，李敦仁與弟世忠復結集徒黨侵入虔化縣，劉僅殺獲逆黨李突三等，收復本縣。劉僅轉三官，除閤門祇候、權知虔化縣事。

十二月十一日，李敦仁殺死知虔化縣劉僅下人馬，依前猖獗。遣安撫大使司統制郝晸、顔孝恭各統所部軍馬，日下起發前去建昌軍界，權聽知建昌軍朱芾節制，併力勦殺。於是統制顔孝恭等進兵攻討，賊徒大敗，剿戮盡静。

邵清〔一〕

紹興元年五月二十四〔日〕〔二〕，水賊邵清發大小戰舡三千餘隻，直臨太平州城下擺泊，自褐山至采石四十餘里，及分兵於州城四面下寨。詔令兩浙西路安撫大使劉光世遣統制酈瓊軍馬火急前去掩殺，解圍太平州。

二十九日，邵清用雲梯、火礮等晝夜攻打。詔遣招討使張俊并韓世清併力討蕩。邵清及將姑熟溪圍岸盡行開撅，放水渰没太平州舊城，斷絶援兵來路。詔遣耿進、李進彦將海舡多載戰兵〔三〕，乘虚先擣江内水寨，斷絶糧道，然後措置進兵解圍，必取全功。

六月二十四日，賊兵邵清一行人舡稱要衝突江陰軍或福山河港，轉太湖入海。詔遣李進彦、耿進疾速統押人舡，權聽劉光世使喚。仍仰光世剿除盡静，毋令散逸。

七月七日，侵犯江陰軍界賊衆猖獗。詔光世速差官兵，期在殄滅。措置掩殺，次第聞奏。

九日，邵清賊衆武經郎李進統率使臣、効用、人兵六十八人，於江 29 陰軍投降。詔：擒獲邵清，白身與補修武郎，有官人轉七官，仍帶閤職。擒獲單德、孫立、魏義、閻在，白身人與補秉義郎，有官人轉七官。脅從之人，十日出首放罪；徒中自相擒獲，依此推恩。若踰限不首，例行剿殺。李進先轉三官。仍令樞密院榜諭，及令光世催促官兵擒捕，無令逋逸。

九月三日，光世言：「水賊邵清見占通州崇明鎮等作過，上岸虜糧，已遣喬仲福等人舡捉殺。」詔令劉光世措置，禁絶賊兵上岸虜糧。招收脅從，嚴戒諸軍乘機取勝，無致更有侵犯。

五日，劉光世言：「諸頭項官兵戰舡見分布崇明鎮，圍繞斷絶抄虜，已見邵清窮蹙，慮乘風拋洋侵犯明州。」詔遣徐文等乘駕本部海舡移明州定海縣港口，及餘（饒）〔姚〕縣醮山分布防托，錢糧令明州應付。

二十三日，光世言：「官軍於崇明鎮大木硬寨晝夜攻打，邵清窮蹙，城上放下幹辦、機宜二人乞降，只乞一放罪黄榜。」詔：「邵清既改過自新，可依所乞。」

張琪

紹興元年五月二十五日，兩浙提刑司言張琪賊馬侵犯常州宜興縣界。詔令兩浙西路安撫大使劉光世疾速分遣官兵招捕，無致滋長。張琪賊兵久在淮南，占據縣邑，自去年渡江劫虜建康、太平、池州諸縣，所至空殘。昨受劉洪道招安，尋即反側。

六月六日，侵犯湖州安吉、四安，入溧水縣。

〔一〕邵清：《建炎要録》、《三朝北盟會編》、《宋史》等史書均作「邵青」。
〔二〕按，以下所載史事及年月，與《建炎要録》、《宋史》等所載多有不同。
〔三〕李進彦：原無「進」字，據下文及《建炎要録》卷四三補。

九日，侵犯臨安府界。詔令韓世忠揀選精鋭軍兵三千人，差官統帥收捕，限一日起發。仍就榷貨務支起發錢。

十【30】日，犯宣、徽州。詔令王德統率軍馬追捕。繼犯臨安府獨松嶺、餘杭縣等處。詔劉光世先差統制官潘逵軍馬，令取便道，與王德併力剿殺，韓世清策應，無令稍失事機。

二十五日，詔令呂頤浩、劉洪道就分軍馬與韓世清掎角相應，務令擒獲首惡，撲滅(郡)〔群〕兇。

八月九日，江南東路安撫大使司奏：「張琪欲犯饒州，本司差統制閻臯等分布精鋭〔一〕，設伏交戰，遂大敗，追襲三十里。是夜，張琪愛將姚興、幹辦官王悦引所部將詣巨師古投降。張琪全軍望石門西走，已遣人馬追躡。」詔閻臯等會合韓世清，須管殺獲盡静。

十八日，徽州奏張琪賊馬復入(祈)〔祁〕門縣，去本州百八十里。詔令張俊摘一軍會合掩殺。

九月十二日，侵犯宣州。詔王瓌疾速領人馬同韓世清措置剿捕。劉洪道督責小張俊等軍馬會合，日下併力掩殺。李彦卿措置捍禦。

十三日，詔：「張琪見犯宣州，賊馬甚衆，令建康守臣張績就便遣發王冠人馬，併力剿殺。」

二十一日，樞密院奏：「張琪、李捧犯宣州日久，雖有韓世清隄備，慮無外援。」詔令張俊於已到衢州人馬内摘那軍馬，前去宣州，併力剿殺。

十月二十六日，於楚州活捉到張琪，申解赴行在。時劉光世言：「酈下使臣王真告首〔二〕：張琪使朱和來結約謀反，琪與李捧同反，被捧併殺，不捷，琪下水逃走，結約諸軍謀叛作過。光世專委知承州王林密切捉到將官冷用等，稱張琪向北去，即時差從義郎、閤【31】門祗候、總轄張賽帶領人馬前去，至是於楚州活捉到。」

十一月十二日，詔令張俊押領張琪赴市曹凌遲處斬。

曹成

紹興元年九月二十四日，詔：「曹成賊馬自今春已來，由岳、鄂入分寧〔三〕、武寧，南犯新昌、上高，西犯袁州四縣，西南寇攸縣、醴陵，遣湖東副總管馬友與李宏同率官軍討捕。」

二年正月二十一日〔四〕，犯郴州永興縣、衡州安仁縣，劫散湖南安撫使下一行官兵，挾持安撫向子諲留寨。詔遣宣撫司大兵取道筠、袁州，前去潭州。深恐賊徒侵犯二廣，

〔一〕統：原作「總」，據《建炎要録》卷四五改。

〔二〕「酈」下疑脱「瓊」字，高宗朝酈姓見於史較知名者唯有酈瓊，時爲劉光世屬下統制官。

〔三〕寧：原脱，據《宋史》卷八八《地理志》四隆興府條補。分寧、武寧二縣俱屬洪州。

〔四〕按，《建炎要録》卷四九載曹成犯安仁、執向子諲在紹興元年十一月壬戌（二十九日）。

仰分擘高舉一頭項人馬，由汀、道州路往廣東西界首把截，候宣撫司大兵到日會合。

二月五日〔一〕，侵犯道州寧遠縣。賊萬衆自東門入，占據本州城。其賊軍四散剽劫，稱要於本州屯駐，并緝問柳、桂等州路徑。

八日，詔令宣撫司催督高舉星夜應援二廣，及令湖東安撫使岳飛統率副總管馬友并李宏、吳錫、韓京軍馬急襲逐掩擊，馬友等聽岳飛節制。如宣撫大使司軍未到間，能擒獲曹成，特除馬友觀察使。逐項軍馬合用錢糧，令湖東漕臣極力應辦；內岳飛一軍，專委江西運副韓球應副。仍仰廣東西帥臣起發洞丁、刀弩手疾速統帥前去逐路界首，與岳飛等會合，併力夾擊，務要一舉萬全，無致稍失機會。高舉人馬權聽廣東帥臣節制，廣東漕臣應副錢糧，仍立定捕獲曹成等賞格下。

三月四日，宰執呂頤浩、秦檜奏：「湖南大寇曹成爲首，馬友、劉忠 32 次之〔二〕，此數人相與交結，爲輔車相倚之勢。」上曰：「宣撫司兵到，必能平湖南諸寇，續次令轉往湖北、襄漢間，以通川陝。譬如漢高祖先遣韓信破趙，復破齊，然後擒項籍。」

閏四月二十五日，樞密院言：「宣撫司大兵未到湖南之時，曹成已是不伏招安，侵犯二廣，勢已猖獗。」遂降旨揮，令岳飛統率諸頭人馬前去掩擊。據探報，曹成已占據賀州，侵犯昭、連州界作過。令岳飛取徑路前去廣南，併力追襲，不致侵擾州縣。其合用錢糧，委逐路漕臣多方那融，協力應副。令約程已到，詔令宣撫司酌量賊勢，如岳飛孤軍難以破賊，即疾速分撥人馬前去策應，務要剿除盡静，保全二廣，及期約廣西帥臣許中起發本路軍兵及洞丁等併力會合掩殺。

五月十一日，神武副軍都統制岳飛言：「閏四月六日進兵，離賀州二十餘里，逢曹成賊兵三萬餘人占據山險，迎捍官軍。即時鼓引士卒掩殺，賊兵奔走，追趕至賀州城東江岸，其賊望桂嶺逃遁。」詔令岳飛不以遠近襲逐掩捕，事畢，當議取赴行在，優與褒擢。如曹成實有自新之意，一面從長措置。

六月五日，福建江西荊湖南北路宣撫（使）〔司〕奏：「曹成至郴州，已受本司招安；其餘頭項，各已安帖。」繼詔武功大夫、榮州團練使曹成轉左武大夫、陞本州防禦使。

楊么

紹興二年十二月，鍾相餘黨楊么、黃誠、夏誠、周倫、劉衡、楊欽等，恃水出沒。鍾相者，本鼎州百姓，父子挾左道
33 惑衆，於建炎四年間占據荊、岳、鼎、澧四州。朝廷差孔

〔一〕按，《建炎要録》卷五〇載曹成據道州在元年十二月丁丑（十四日）。

〔二〕劉忠：原作「劉超」，據《建炎要録》卷五二改。劉超爲湖北寇，非與曹成等交結者。

彥舟捕之，事具《捕賊》。詔遣李綱、劉洪道、知鼎州程昌禹、荆南府鎮撫使解潛分遣將士督捕。既而昌禹言：「統率軍馬攻劫燒毀賊寨，與楊欽接戰，殺死五千餘人，活擒五十餘人，奪器甲四千餘件，戰舡十九隻。」

三年五月四日，楊么尚有二萬餘人，侵犯公安、石首。詔令折彥質節制鼎州并荆南鎮撫司軍馬，疾速措置招捕。仰程昌禹、解潛如承彥質勾索軍馬，不得逗留占吝。

六月十一日，楊么等賊火於澧、潭、岳之間，占據青草、洞庭湖一帶巢穴。遣荆南府潭鼎澧鄂岳等州制置使王𤩽統率全軍，并將帶崔增軍馬舟舡前去，直擣巢穴，出賊不意，併力討捕。其崔增并彥質、劉洪道、解潛、程昌禹所遣軍馬，并聽𤩽節制。如更合添差軍馬、戰舡，許關報逐路帥司差撥。所有崔增舟舡，盡數將帶前去，仍仰韓世忠、江南東路宣撫使劉光世刷那舟舡各五百隻，與𤩽前去。繼而𤩽言：「今大軍合用錢糧，雖蒙附帶三箇月，緣泝流四千餘里，恐錢糧不繼。」詔更支降兩月。神武後軍統領官高進官兵錢米，亦支五箇月。錢於建康榷貨務都茶場日取茶鹽錢内支，米令都督府應副。

十四日，又以巨師古下官兵二千人，隨𤩽前往。時彥質奏有持服人前知岳州范寅敷具到《討楊么議狀》〔一〕，甚有方畧，切中事機，乞賜睿覽，速降處分。其《議戰兵》云：「寅〔敷〕前知岳州，曾勒么 34 寨下王大供：賊寨二十，其諸寨事力不等，共有賊舡五百九十隻〔二〕，賊兵八千一百六十人。今首尾五年，其數必倍。然糧食闕乏，器械鮮少，官軍之一可以當其十。今約水陸兵各萬人可以取勝。一水軍萬人〔三〕，探聞鼎州見管正義兵八千，揀點精鋭，可得五千；潭州帥府若選五千，立可足備，不必遠召荆、鄂之兵矣〔四〕。」《議戰舟》云：「賊有車舡，如陸戰之陣兵；鰍頭舡，如陸戰之輕兵。官軍亦當分此。今以出水萬人，分五軍，每軍二千人，用車舡二隻，容正兵二百五十人，將佐、梢工百人；鰍頭舡三十隻，每隻容正兵五十人，并棹夫、押隊共八十二人。常令附帶錢糧，多集矢石。其行常與鰍頭舡相附，使鰍舡一進一却，進必有所取，却必有所誘，亦計之上者也。」《議兵器》云：「賊有鋭鈎柘叉〔五〕，竹爲之柄。若以快刀芟其頭刃，彼無能爲矣。其勝賊之具，弓矢爲上，鈎槍次之，手刀又次之。又擇十人爲牌砲手，使居前列，牌以衛我師，砲以擊賊徒。」《議棹夫》云：「戰兵恃其各善汩没，則緩不及事。當使戰士亦諳棹夫之能，則必安而可用。今所責甚重，賊禄行罸〔六〕，棹夫必與戰士同賞；仍使士卒汰其不能者，使令乘載人兵習其擊刺，使戰士習熟波濤，若履

〔一〕敷：原脱，據《建炎要録》卷六六及本書職官七七之一六補。
〔二〕五百：《建炎要録》卷六六作「三百」。
〔三〕「一」字似衍。
〔四〕「兵」下原有「足」字，據《建炎要録》卷六六删。
〔五〕鋭鈎柘叉：《建炎要録》卷六六作「鐃鈎拓叉」。
〔六〕賊：疑當作「賦」。

平地，何賊之不勝乎？」《議形勢》云：「岳州抵接賊寨，比諸州最近。如潭州遣發〔一〕，及會合荆、鄂舟師，皆合徑由于此。但專令潭州攻討幺賊，舟師進發，皆由于岳，而岳屬他路；況岳有土人可35募以爲前鋒者，緣本州闕乏〔二〕，不能集事。乞將岳州依舊隸湖北路，其討殺楊幺事干本州者，權令使司節制，於上供米內支撥一萬石。」《議錢糧》云：「昨湖南帥司會合鄂州、荆南兵馬，令各帶錢糧，就行支遣。各緣闕乏，乞專委湖南漕臣一員權兼充湖北路轉運使，專切應副〔三〕。」《議時月》云：「攻討水賊，須自十月霜降水落之時，港汊分隔，則易爲擒。又當分築甬道〔四〕，安置砲座，多發巨石，攻其附近。」《議攻討》云：「武陵、辰陽縣界，鼎江南岸，有夏誠、劉二〔五〕、楊幺下水北、上林等寨，各據陸向水，維舟岸側。其鼎州見與夏誠賊寨對壘，而賊於鼎江南北分布寨柵二十所。岳州去賊武口、陽口等寨甚便，止一日可行〔六〕。故鼎州爲陸兵之地，岳州爲水兵之地。如使陸兵萃於鼎州，攻夏誠、楊幺以禦其前，繼使水軍進自岳州，以乘其後，而我攻其心，伐其謀，使背腹受敵，進退無據，賊將安往？」詔下其議，(令)〔令〕彦質攻討。

七月九日，王瓛乞招安盜賊金字牌，上曰：「楊幺跳梁江、湖，罪惡貫盈，故命瓛討之，何招安爲？可勿予。」仍命瓛將來破賊，誅止渠魁三五人，盡貸脅從，許以自新。」

八月一日，上曰：「楊幺賊徒欲侵犯潭州界，蹂踐禾稼，秋成之際，深宜關防。令王瓛疾進討發措置。」

十月十一日，瓛具言：「大將軍到鄂州〔七〕，增壕設塹，擺布戰艦，見欲臨敵。緣大兵人舡須自岳州泝流，前去賊寨數百里，目今湖水瀰漫，未可下手。」詔即令湖水減落，疾速前去36討捕。

十二月十四日，詔：「大軍討蕩，已累破賊寨，訪聞其間有西北無歸之人，爲賊誘脅，竊慮一例殺戮。有旨降旗榜五副，付王瓛曉諭招收。今來王瓛見在上流鼎江一帶，慮逼逐賊徒奔衝岳、鄂州界，可令制置使岳飛、劉洪道同共遣兵掩殺，毋令走透。」上因諭輔臣曰：「王瓛令復往鼎州，岳飛繼回岳、鄂，兩軍上下重湖，楊幺早得平蕩。若歸過自新，必令招懷樓舡棹卒，上流之備，不勝用也。」

四年二月五日，統領官胡勉於巃石溪逢賊血戰，殺賊首(擅)〔檀〕成，其餘墮落山崖，及奪到軍器五百七十餘件。

五月二十七日，立賞，許幺等出首。

七月二日，王瓛言已招到賊衆一萬餘。荆南等州鎮撫使司并鼎州共節次招到賊將，等第賜官。

〔一〕潭：原作「澤」，據《建炎要録》卷六六改。
〔二〕闕：原作「屈」，據《建炎要録》卷六六改。
〔三〕切：原作「功」，據《建炎要録》卷六六改。
〔四〕甬：原作「角」，據《建炎要録》卷六六改。
〔五〕劉二：《建炎要録》卷六六作「劉三」。
〔六〕止：原作「令」，據《建炎要録》卷六六改。
〔七〕「將」字疑衍。

九月三日，知岳州程千秋遣准備使喚李實入賊寨，招安僞周七太尉等。

五年二月十四日，詔：「黄誠、楊太、周倫等，已前罪犯一切赦免，疾速前來太平州、建康府，以來樞密知院張浚行府并開府劉光世軍前公參，當更優異轉官，依舊充水軍。若内有願乞外任或鄰近軍州鈐轄、都監差遣者聽，或願歸農人，即於鼎、澧州撥賜田土，支破口食，借貸種子養贍，仍免五年税役。」昨自建炎間，孔彦舟領集潰兵於荆南、鼎、澧侵擾，是時土豪鍾相爲首，結集鄉社，與孔彦舟接戰。後因彦舟詐作鍾相，賺開潭州城門，傷害軍民，妄申朝廷，稱是鍾相、周倫等謀叛，因此朝廷發兵擒捕。彦舟[37]其所差官兵不知因由，致與忠義民兵交鋒，緣此累年疑貳，不敢自新。朝廷察見始末，故給勅榜撫諭云。

三月八日，解潛奏楊太併兵侵犯枝江、公安等縣，遣將斬獲太首、僞太尉夏景、都統李全，活擒僞統領趙暹等，獲捷。時王瓚爲賊敗衄於下山。

未幾，都統張浚言：「幺等屢行招撫，妄作遷延。今來岳飛親提大兵，分屯要害，及尅日進攻賊寨，致黄誠等畏懼失措，束手請降。除楊幺已就殺戮外，招接到楊欽、劉衡、夏誠、楊壽、楊收、黄進等二十餘頭項徒衆二十餘萬，破蕩巢穴，并已了當。」湖湘於是底平。（以上《永樂大典》卷九三二二）

宋會要輯稿　兵一一

捕賊一

【宋會要】❶太祖建隆三年十二月九日，詔曰：「賊盗鬭訟，其獄寔繁，逮捕多在于鄉閭，聽決合行于令佐。頃因兵革，遂委鎮員，時漸理平，合還舊制。宜令諸州府，今後應鄉村賊盗鬭訟公事，仍舊却隸縣司，委令、尉勾當。其一萬户以上縣，差弓手五十人；七千户以上，四十人；五千户以上，三十人；三千户以上，二十五人；二千户以上，二十人；一千户以上，一十五人；不滿千户，一十人。合要節級，即以舊鎮司節級充。其餘人并停歸縣司色役，其弓手亦以舊人充。如有賊盗，仰縣尉躬親部領收捉送本州；若是羣賊，畫時申本隷州府及捉賊使臣，委節度、防禦、團練使、刺史畫時選差清幹人員，將領廳頭小底兵士管押，及使臣根尋捕逐，務要斷除賊寇，肅静鄉川，不得(輙)〔輒〕便搔擾。其鎮將、虞候只許依舊勾當鎮(廓)〔郭〕下煙火、盗賊、爭競公事。仍委中書門下，每縣置尉一員，在主簿之下，俸禄與主簿同。」

十六日，詔頒捕賊條：「應劫賊、殺人賊，并給三限，限二十日：第一限内捕獲不計人數，令、尉各減一選；獲及一半以上，各減兩選。第二限捕獲不計人數，令、尉各超一資；及一半以上，各超兩資。第三限獲賊不計人數，令、尉各加一階；獲一半以上，各加兩階。出三限，并不獲賊，尉罰一月俸，令罰半月俸。尉三度罰俸，殿一選；令四度罰俸，亦(尉)〔殿〕一選。經三度殿選者勒停〔一〕，仍委本州依❷條批書本官曆子。應有劫賊、殺人賊，縣(委)〔尉〕畫時捕捉；尉已出捕賊，即令捕逐。如親自鬭敵，徒黨全獲者，令、尉並賜緋，尉除令，仍超兩資，令别與遷擢。如獲一半，及親入賊及捉獲酋領者，委本處優與酬奬。如令、尉力可捕賊，而公然逗留，致有透漏者，勘罪聞奏。力所不任，畫時報鄰近巡檢使臣及州府，同共捕捉。合報不報，亦仰勘罪。若巡檢使臣及州府(開)〔聞〕報不與借力，許令、尉直申奏，長吏、使臣並當重責。所差弓手，尉長須教習。應令、尉在任，如能肅静鄉川，一任内並無賊寇，本州聞奏，别行推賞，仍書上考。令、尉無事不得下鄉，或遇捉賊，亦不得煩擾人户。如有受財入己者，並以枉法論。應先行勑命，鄉村内爭鬭不至死傷，及遺漏火燭無指執去處，並仰耆長在村檢校定奪，不在經官申理，其縣鎮不得差人團保。(令)〔今〕後應前件小事，無(人)〔入〕詞訟，官中不得勘結。應縣尉校考〔二〕，并依判、司、主簿月限。邊上縣尉，並準前勑，

〔一〕三度：原作「三更」，據下「乾德六年三月」條改。
〔二〕縣尉校考：原作「校尉考」，據《補編》頁三八一改。

候官滿日，更不守遵。所有捉賊期限、賞罰條流，並如前勑，減一選者與超一資，殿一選者折一資。」

四年七月一日〔一〕，以大名府涇城縣令段滔爲國子博士，尉張又元爲大名府元城縣令〔二〕，賞捕盜之功也。天下縣尉久廢其任，是歲復置賞罰之令甚明，滔等首該賞典。

乾德六年三月七日，詔曰：「國家務致理之本，設捕盜之官，前降詔書，（其）〔具〕存條制。郡縣之内，既已奉行；賞罰之間，有所未盡。自今應有 3 劫賊，如縣尉親自捕逐被（捐）〔損〕傷，獲全火者，便與縣令，仍賜章服。如三分獲其二者，減三選，加三階；獲一分者，減兩選，加兩階；一分以下，減一選，加一階。若是尉出，（親令）〔令親〕自獲捕被傷全火者，與升朝官，仍改服色；其餘獲賊分數，一準尉例，等第旌酬。如令、尉因傷致死，其親的子弟，當與録用。如或遇賊逗留，因而漏失者，本官勒停。仍委本州郡給三限捕逐，每限二十日。第一限獲者減一選，第二（日）〔限〕獲者超一資，第三限獲者加一階。三限滿不獲，罰一月俸；經兩度罰俸者，殿一選；經三度殿者，勒停。仍委本州逐度批書本官曆，候赴調日，並許將功過除折，依賞罰施行。」

太宗雍熙四年十二月十三日，詔：「兩京及諸道擒獲劫賊，獄成遇赦者，隸本城軍〔三〕，仍廩給之。」先是，江南轉運使許驤上言：「劫盜遇赦得原還本鄉，讎告捕者，多行殺害，請以隸軍。」故下是詔。

淳化五年三月二日，詔曰：「近者兇民嘯聚，蜀郡驚騷，聊舉偏師，往伸（簿）〔薄〕伐，已聞虎旅，將覆梟巢。既顯戮于鯨鯢，慮俱焚于玉石。宜令招安使王繼恩候前軍所至處〔四〕，其賊黨敢抗王師，即須殺戮。其有本非同惡，受制兇徒，先被脅從，（令）〔今〕能歸順者，並釋其罪，倍與安存，庶以明好生惡殺之心，亦以舉懲惡勸善之典。凡爾民庶，深體至懷。」

九月五日，引對永興軍賊帥焦八等三人〔五〕，各賜錦袍、銀帶、衣服、緡錢，並擢爲龍猛軍使。焦八等皆關右劇賊，常嘯聚衆數百人 4 攻劫居民，爲三輔之害久之。帝令懸賞招募，待以不死，至是，請罪自歸。秦民處處相聚〔六〕，供佛飯僧，喜免侵暴之患也。

至道元年二月二十日，嘉州言獲賊帥張餘，函首送西川行營，餘黨皆盡。先是，李順之亂，群賊所在蜂起。王繼恩既平益州，因留鎮守，遣部下諸黄門分兵討擊。高品王文壽領虎翼卒二千人赴遂州路〔七〕。繼恩之在成都也，頗

〔一〕按，《長編》卷四記此條事在七月十二日壬戌。

〔二〕「尉」字原無，據《長編》卷四及本書職官四八之六〇補。張又元爲涇城縣尉，無此字則文意不明。《錦繡萬花谷》等類書稱張爲元城縣尉，誤。張又元：《錦繡萬花谷》後集卷一三、《記纂淵海》卷三五均作「張義元」。

〔三〕軍：原脱，據本書刑法四之二補。

〔四〕至：原作「下」，據《長編》卷三五改。

〔五〕引：原脱，據《長編》卷三六補。

〔六〕「至是」至「相聚」十二字原無，據《長編》卷三六補。

〔七〕遂：原作「逐」，據《九朝編年備要》卷五改。

縱卒剽掠子女、金帛，坐而翫寇，軍士亦無鬬志，帝憂之。王文壽御下嚴急，士卒皆怨，一夕，文壽卧帳中，指揮使張嶙遣卒數輩持刀排闥徑入，斬文壽首而出。夜昏黑，嶙猶疑其非是，然火照之，曰：「是也。」時賊帥張餘衆萬人劫掠州縣，嶙因率部下卒五百人與之合，賊勢益盛。奏至，帝欲盡按誅軍人妻子，近臣言曰：「可勿殺，令盡索營中書，遣使者招撫之，諭以釋罪，而親屬皆全，必自引來歸，可因破賊矣。」帝聽之，遣内侍齎詔，令巡檢程道符諭旨，士卒果斬張嶙首，自投來歸，因令爲鄉導擊賊。至是，遂破滅賊焉。

五月二十五日，西川行營縛送賊帥勾重榮等五人至，召見于崇政殿。帝謂近臣曰：「此本皆平民，官吏失于撫御，遂相誘起爲寇盜耳。及用兵討伐，將帥又恣行殺戮，此輩懼死，故亡命山澤。及朕遣中使齎詔招誘，以誠信待之，皆投（弋）〔戈〕請命，亦可哀也。」以重榮爲供奉官，餘四人爲殿直。

真宗咸平五年九月四日，遣如京使苗忠、入内高品石廷福提點河北捕賊，如京使栗仁環、入内殿頭 5 高品李懷岊提點京東捕賊，并率兵以往。

景德二年五月六日，知天雄軍府趙昌言上言：「所部寇竊未除，已下令軍民，有能告賊者賞以金帛，及補衙校、鎮將〔一〕，遷職。」下其狀，樞密王繼英曰：「鄉閭間小有攘竊，不當擅爲賞格，從之非便。」帝曰：「然則昌言所下令乃爲虚語，使長吏失信于下，政教何以興行？」使易其文，止云「當爲上言〔二〕，請行旌賞」而已。

八月二十三日，詔：「亡命軍人及劫盜，赦限内捕獲，罪至死者奏裁。限外，劫盜準法，亡卒罪至死者，杖脊黥面流沙門島，情理重者奏裁。罪不至死者，不以赦限内外，並依常法。」

二十四日，詔：「自今應賊盜贓物，並知〔州〕、通判親付本主。」慮爲下吏欺罔，致斷獄失實故也。

三年八月八日，詔：「沿邊州軍，自今（疆）〔彊〕竊盜入北界，其贓並據見存者追還，已費用者勿追。」時有司定邊民入北界爲盜有贓無贓等第刑名，其有贓者雖至死及配流，並追正贓，歸還北鄙。帝問舊法如何，對曰：「死及配流並徵。」故有是詔。

四年九月二十七日，福建巡撫、比部員外郎張令圖上言：「福建路諸寨柵巡兵捕得私鬻茶鹽人，多分其財物，縱所犯人逃逸。請自今許徒中反告，重寘其罪，仍以所分財之半没官，餘給告人。」從之。

大中祥符元年五月三日，詔曰：「（令）〔今〕稼穡豐登，鄉閭肅静，尚慮兇惡之輩，知有將來恩赦，侵害良民，輒敢爲非。宜令兩京、州府軍監并巡檢使臣，如有賊盜，速須追捕 6 斷遣。如遇赦恩，並仰禁繫，具所犯奏裁。」自是，凡

〔一〕鎮將：原作「鎮遠」，據《長編》卷六〇改。
〔二〕上：原無，據《長編》卷六〇補。

將大禮肆赦，皆申明此詔。

二年正月二十六日，詔：「聞京師有壯年爲盗被黥者，多縱不逞，以擾平民。宜令開封府具名捉搦，分隸于外州。」

九月，詔禁京城諸廂察盗人擾民者。先是，京城無頼輩繫名于廂司畜養，用以巡捕姦盗，常在闤闠中誘致愚昧，多設欺以取物，而其主不敢言。上封者請擒捕收竄，以絶其弊，故有是詔。

四年三月二十日，詔：「自今遣使出外捕賊，不得製造陵遲盗賊之具。」先是，内侍楊守珍捕賊京東，移牒應天府，令造木驢並釘架各二，準備陵遲賊人，本府以聞，故條約之。

十月二十一日，陝府西路提舉巡檢捉賊許懷信言：「昨因擒捕賊人，其賊突入百姓游知干地分，知干率家人持杵格鬬久之，知干殁賊。臣等尋盡獲賊人。」詔賜知干家米麥緡錢，仍給復三年。

五年正月十一日，京東都大巡檢胡守節言：「部民王吉知羣賊匿所，密以告官，請俟擒獲，以其贓給之。」帝曰：「如此，則被盗之家無乃重傷乎？宜賜官錢三萬，贓物悉歸其主。」

十一月二十五日，詔：「如聞沿汴護堤河清卒賊害行客，取其資帑，棄尸水中，頗難彰露。可明標賞典，許人糾告。」

六年五月八日，河北沿邊安撫副使賈宗言：「諸處捕獲賊徒，經本州勘斷，内有通指連帶別州爲盗之處，彼處以捕緝未獲，其捕賊官吏依限決斷，兩不相知。欲望自今後應如此類，並關 7 報被賊（州）軍銷破賊數。内若未獲全火，即令同共用心捉搦，免致虚行責罰。」從之。

八年八月二十八日，詔：「應巡檢捉賊使臣，許於手下選有行止幹事兵士三五人，給與貼文，令于地分内緝捉賊人。」

九月十二日，入内供奉官、提舉陝府西路捉賊楊守珍等言：「自今捕到（疆）〔彊〕劫賊内合死者，請以付臣陵遲，用戒兇惡。」詔曰：「法所以禁姦暴，明重輕，苟增峻于常科，寔滋章于政典。朕每覽載籍，詳思令猷，漢文帝因緹縈而廢肉刑，唐太宗讀《明堂》而減徒罪。惟刑之恤，在邦必聞。豈于安平之時，而行慘毒之事？宜令楊守珍等，捉到賊盗内累曾殺人爲惡者〔一〕，送所在州府照應詣寔奏裁，自餘並送所在依法論決。」

十一月十二日，上封者言：「川陝州軍民被盗者，多爲村耆隱匿，不（便）〔使〕晝時申官擒捕。欲望自今如有違犯，其耆長押赴闕，決隸軍籍。」從之。

九年八月八日，定州言：「安喜縣尉尚至忠遇賊力敵，親被流矢，賊逃走，至忠獨躍馬挾弓矢，逐之七十里，從行

〔一〕到：原無，據《宋大詔令集》卷二〇二補。

無及者。踰縣界，斬二首而回。以獲非全火，人數且少，無超奬之例。」詔令銓司替還，磨勘引見。

十七日，命入内殿頭趙懷賨、高品李允文率步騎四百往并、代州捕賊。

九月二十四日，命御前忠佐廉州刺史鄭懷德、内供奉官李知信發青州(虞)〔虎〕翼軍，與京東提舉都巡檢使何榮、趙繼昌等同捕盜賊。

十月五日，詔：「京東西、河北、河東、陝西、淮南巡檢使臣、縣尉，自8今獲賊，如贓(伏)〔狀〕露驗，事寔顯白，而拒抗不即承引及隱蔽徒伴者，許量栲訊，數勿過二十。無得因緣傷平民，容賊妄指讎隙，重成煩擾。」先是，捕獲(疆)〔彊〕賊，例皆拒抗，復不許決問，以是率多透漏，故有是詔。

天禧元年三月二十三日，給威猛卒二百人隸京東都巡檢使何榮、濱棣水陸巡檢使趙繼昌〔一〕，其捕盜有勞者奬之。時上封者言濱、棣、淄、齊、鄆、博州茭莽翳薈〔二〕，寇盜所伏，巡邏地遠，請益兵以儆故也。

九月三日，詔：「自今令、尉躬自鬬敵，獲劫盜十人已上，雖不全火七人已上，不及七人而(疆)〔彊〕惡者，并奏裁。」

八日，壽州言：「城西鎮將李文諒與勇健軍校孫興結徒十二人，賊殺沿淮巡檢、殿直王驥，權都監、右班殿直王日用捕殺之。」擢日用爲左班殿直、閤門祇候、本州兵馬都監，仍賜器帛，録驥子仁静爲三班借職。

二年三月，詔諸路轉運司：「應部内諸州有神廟不係賜額佛堂，無僧主持，據山險孤迥之地，爲盜賊藏伏者，並令毀拆。」時坊州有羣盜結搆于山中佛舍，至是捕獲，上封者以爲言，故有是詔。

四月十四日，(招)〔詔〕河東轉運司：「自今寇盜攻劫居民，令村保即時申官收捕，敢隱而不言，干繫人悉寘于罪。」先是，上封者言邊郡民有被盜者，本村耆保抑而不言，望賜條約，故有是詔。

閏四月三日，詔：「如聞自京西泗州沿汴兩岸〔三〕，有盜殺傷行人，及沿河邸店、官私舟中潛害旅寓之人，棄屍河流，没其衣9服財貨。可令開封府、京東西、淮南轉運司督沿河地分巡檢、催綱巡河使臣、捕盜官吏旦夕巡察，如有曠慢，重寘其罪。仍許同舟、鄰保、諸色人及同謀知情者首告，釋罪旌賞，知而不告，並案如法。」

五月十五日，詔：「先是，許巡檢使臣選所轄兵士，給牒令探刺盜賊行止之所。如聞不稟朝旨，輒取停廢軍士及無賴之民充選，搔擾平民。自今并依元詔，違者當寘于罪。」

十一月二十六日，詔：「諸路州縣鄉村耆保、公人，自

〔一〕棣：原作「杕」，據《長編》卷八九改。下同。
〔二〕博：原作「搏」，據《長編》卷八九改。
〔三〕「京西」下疑脱「至」字。

今除（疆）〔彊〕盜失于申報及捕盜遷延，并依舊條科違制之罪，自餘小可竊盜，并依捕盜官員例，從違制失定斷。」先是，都官員外郎嚴（潁）〔穎〕言：「凡鄉村有盜，耆保失于申報追捕者，悉科違制之罪，輕重未適。」乃命法官詳議而申明之。

十二月，詔：「開封府諸縣巡檢、捉賊使臣，自今後若捉到（疆）〔彊〕劫賊人，有通指徒伴，即須據的寔藏避所，密行追捉，仍詳聞贓仗去著，方得申解。不得妄出文引差人下村，勾追平人作眼，執縛恐喝錢物，搔擾户民。」

五年五月四日，判河南府王欽若言：「澠池縣民爲賊亡走，禁其妻僅三百日，晝日令衆，迫于飢寒。臣尋令本縣疎放知在。望告示諸路，有禁留令衆一季不獲正賊者，責保知在。或朝廷憫其淹延，止責地分巡檢、縣尉、耆長、保人依限緝捕。」詔從之。

八月十一日，駙馬都尉王貽永言〔一〕：「諸州捕盜，每限内不獲，其耆壯、弓手、典吏并行決罰。緣典吏止行遣文字，與弓手、10 耆長情理不等，望自今俟三限不獲，典吏從杖七十區斷〔二〕。」從之。

仁宗天聖元年十一月十八日，詔：「今後諸道州府弓手、耆長、壯丁、百姓等，因捉殺人賊傷中，重者支錢二千，輕者一千，以係省錢充。」

二年二月十二日，詔：「淮南、江浙、荆湖、福建路巡捉茶鹽司巡檢、捉賊使臣、縣尉，除依宣命比折酬奬外，如二萬斤以上，更能捉獲數目，委制置轉運司保明，優與酬奬。」

二十二日，詔：「諸處盜賊敗獲，根勘前後行劫度數極多，長吏已下止常行遣，殊無申奏，巡檢、捉賊使臣復不能用心捉賊，本路轉運使、提點刑獄亦不舉覺奏聞。凡有賊盜，多爲村耆告屬，或抑逼被劫之家私陪錢物，更不申報，及減落賊人數目，規避科校。及至賊敗，即便陳首。兼鄉村内多藏賊盜、逃軍及諸惡跡之人，或利資財，或懼讎報，並不告官。其巡檢、捉賊使臣亦避見不獲盜賊批書曆子，並不覺察申舉，諸州軍當職官復不能覺察，嚴行懲誡，以止絶鄉川惰農兇惡之人。每諸縣捕送正賊，多被賊人親黨用倖于司理院等處作弊漏洩，故出賊人。仰詔到日，委諸路轉運司具録遍牒諸州府軍監，自今常切覺察管屬諸縣，每有盜賊，晝時據寔申報。本州軍候見所報，即時（捉）〔差〕巡檢使臣捉殺。敢依前住滯，其耆〔長〕及應干捕賊人情理重者並當決配，命官亦當重斷，更不在陳首之限。仍令鄉村人户耆鄰、村保遞相覺察，有（隨）〔惰〕農兇惡爲盜之人，11 并受財窩盤賊人家，明告具官，耆保、鄰人與免蓋藏之罪。諸州軍每有盜賊，立便填寔日奏聞，仍追取巡檢、捉賊使臣曆子，依條批書，候獲，即與銷破。如捕到賊人，委本州提

〔一〕王貽永：原脱「永」字。按《宋史》卷四六四《外戚傳》，王貽永于咸平中尚鄭國公主，授駙馬都尉。今據補。

〔二〕杖：原作「被」，據《長編》卷九七改。

舉勘鞫，不得出入罪及漏泄獄情，違者並當重斷，經赦不原。應巡檢、捉賊使臣捉獲全火賊，或累行劫盜（疆）〔彊〕惡之人，當行酬奬。如不用心，致賊盜害民，及比較一界所捉賊之數少，亦當嚴行朝典。仍令委轉運使體量管下提舉捉賊及都同巡檢、駐泊捉賊、管界并在城巡檢，捕賊有勞及曠慢，年老懦弱者，各具事狀以聞。」

二十六日，詔：「覺察緝賊公人、軍人，如自作非違，及受倖放縱賊人，仰勘罪聞奏，當行嚴斷。即不得差軍人監逐耆長等，於別州軍緝捉，違者重行朝典。」

四年正月十八日，糾察在京刑獄司章得象言：「今後應有指引賊徒打劫人户財物人等，乞別立條制定斷。」審刑院、大理寺衆官參詳，欲乞今後如有指引賊人、受贓入己，並減元謀一等；若不受贓，又減一等。本條重者，自從重斷。從之。

六月十一日，金部員外郎尚霖言：「鄆州平陰縣弓手在家窩盤賊人，結連徒黨，資給糧糗，供借器仗，利其厚賂，庇此兇人。欲望自今應捕盜公人停藏賊人，雖遇赦，並奏候朝旨。」從之。

五年三月二十七日，詔：「自今應（疆）〔彊〕劫并殺人，許人陳告。如捕獲一名，支賞錢五貫，內軍人仍轉一資，公人百姓仍除二税、衙前差徭外，與免户下三年 12 諸雜差徭。如係全火敗獲者，告人據數支錢外，更（擾）〔優〕與酬奬。所支賞錢，以犯人家財充。如不足，即以係官錢充。」先是，供備副使張君平上言：「賊衆行劫之後，散往它處寓藏，典賣贓物。軍民雖有知者，以事不干己，不敢告官。望立條約。」故有是詔。

十二月八日，詔：「應諸處如獲捉（疆）〔彊〕劫賊人與民爲害者，雖該赦文，合行釋放，亦仰奏候指揮。其首身賊人該赦免罪者，委是（疆）〔彊〕惡與民爲害，不可存留在彼，即押送赴闕。」

七年五月二十一日，審刑院、大理寺上言：「自（如今）〔今如〕縣尉躬親鬭敵捉賊全火以上，傷與不傷，該舊勑酬奬者，內歷任資考合入令録，並授京官，仍賜緋章服。若全火不及十人而傷中者，亦授京官。」奏可。

八年八月七日，詔：「諸處令、尉捉殺到賊人，刑部詳定，多稱不該先降勑命酬奬。竊慮用功捉賊官吏無以激勸，須議別行條貫。應自今令、尉親領弓手鬭敵，捉殺全火十人以上（疆）〔彊〕劫賊人，傷與不傷，令除朝官，（衛）〔尉〕資考合入令録者除京官，未合入令録除節察推官，仍賜緋。全火不及十人已上傷中者，令亦除（官朝）〔朝官〕，尉資考合入令録者除京官，未合入令録除節察推官。雖是全火傷中不及三人者，奏取旨。鬭敵捉殺十人已上不全火，并七人以上全火，及雖不鬭敵，能設方略親自捉獲全火十人以上，令除京官，尉除令，如資考未合入令録除節察推官。鬭敵捉殺七人以上不全火，并五人以上 13 全火，及不鬭敵捉到十人以上不全火，七人以上全火，令除執事官，尉資考合入令録者除萬户縣令，未合入令録除萬户簿尉，仍並與家便差遣。兇惡賊徒以爲民害者，令、尉能親自鬭敵與不鬭敵捉殺全火，雖不及五人，亦許具收捉次第保明聞奏，當議比類量賜酬奬。內有朝廷曾降指揮，或待遣使臣收捕未獲，今來令、尉能親自捉獲者，別與指揮。若不該前項條貫酬奬，當時三分捉獲二分，與減三選，加三階；一分與減兩選，加兩階；一分以下，與減一選，加一階。若該前項條貫，合除京、朝、職事官者，內流外出身人，當議比類聞奏。其今日以前得替已經參選磨勘者，不在此限。所有隨行兵士、弓手，內有用命殺賊，顯有功勞者，亦仰具等第奏聞。所有諸司使、副已下班行、使臣等，樞密院比類指揮。」

九年八月十九日，(閣)〔閤〕門祗候李大夫言，乞許巡檢、縣令、尉、軍士、弓手緝捕寇盜。事下法寺，請止聽于本軍，縣擇弓手一名緝探。每季一代，仍與諸縣輪差，常切鈐轄，無縱搔擾閭里，恐喝財物，及有贓數。違者重治其罪。奏可。

二十二日，侍禁楊遵請令嵐、石、隰州逐鋪製小沙鑼皷，寇到，鳴鼓集衆，迭相救援。其鳴皷，止聽下、上兩鋪馳救，餘則各爲警備。從之。

閏十月二十一日，鼎州趙簡易言：「州縣鎮鋪郭門外有盜，望委令、尉、廂鎮同捕。」從之。

十年五月十日，尚書刑部言：「省司準中書批送諸處申奏，令、尉 14 稱捕捉(疆)〔彊〕劫賊，乞依天聖八年勑酬奬者。檢元案看詳，多是捕捉限內因緝逐根勘關連之人，或先獲一兩人，相次捉獲，或移牒別州捉送，雖有數目，緣不是聚集鬭敵捉殺，不該酬奬。按《編勑》，應轉運司及諸州軍部內令、尉獲賊合該酬奬，仰保明申奏。如不應條貫，妄有申奏，仰刑部疏駁聞奏。(所今)〔今所〕奏者，多稱據狀及下縣分析，官吏又不保明，便只鹵莽聞奏。如選人進狀，亦稱于曆子內批到，又將勘會，多與元奏案人數不同，須至再下本州，兼取保明。其當職官吏若或移罷，多不保明，只憑所司分析，淹延舛謬，易生僞濫。又不詳天聖八年八月勑意，不具鬭敵次第及素來兇惡，能設方略之狀，便請酬奬。欲乞自今後應捉殺(疆)〔彊〕劫賊，委是行劫之後不曾分散，及自來結集，雖各潛藏，捕獲之時一處拒敵，及鬭敵捉殺，趕(稱)〔趁〕四散，粘襲捉殺到，明有器仗、捕捉方略、圍掩鬭敵之狀。其賊須具兇惡情由，或朝廷專使收捉不獲，今來捉殺次第，應得元勑合該酬奬，保明聞奏，即委刑部以斷賊案勘會施行。若州軍長吏推避拖延，不爲保明申奏，致有陳訴者，亦重行朝典。如妄有保明，自依元勑施行。」奏可。

明道二年三月二十三日，詔：「縣弓手不得充巡檢司捕盜賊。」

九年八月敕文〔一〕：「禁民間誘聚兵民賭博之家，官司嚴行捕捉，人得告言。犯者具獄，當議投配惡地。告言有賞。縱而不察，有司論罪。」

景祐元年15正月十六日，京東安撫司言：「諸處捉獲彊劫賊人，有情理切害巨蠹者，許逐處凌遲。」詔：「應災傷州軍捉獲彊劫賊人，内有曾殺害人命及累行劫盜情理巨蠹者，即許凌遲處死。」

二月十五日，京東提點刑獄崔有方言：「體問得齊、鄆州界有軍賊打劫人户，期尅變主不敢申報。乞今後仰縣令知縣選差弓手二人緝探〔二〕。如有賊盜打劫，晝時申報。」詔依奏，候豐稔日依舊。

六月十八日，審刑院言：「自今巡檢、縣尉下軍人、弓手以緝賊爲名，捉搦平人，執縛拷決，逼取資財，乞從彊盜定斷，至死奏裁。」從之。

閏六月一日，梓州提點刑獄王端言：「今後殺人者，許人陳告，乞給賞錢三十貫。」詔：「殺人賊未獲，許人告捉，賞錢五十貫，以犯事人家財充；不足，以係省錢添給。」

二十八日，刑部言：「今後彊劫賊在三限内，縣尉能親自領人諸處捉獲七人以上全火，十人以上不全火，乞與免選注近官。」從之。

八月七日，刑部言：「令、尉捕盜合該加階、減選及超資者，乞移文逐州，批上曆子，代還，委銓曹磨勘。」從之。

（三）〔二〕年八月五日〔三〕，門下中書言：「應諸路州、府、軍、監等，今後如有委實彊劫兇惡殺人，結連徒伴十人以上，累行打劫，傷害人命，收捕未獲者，即官中出（賣）〔賞〕錢一百貫文，許人告捉。」奏可。

三年正月十三日，開封府范仲淹言：「上元放燈夜賊許人告捉，等第給賞錢。」從之。

五月二十日，詔〔四〕：「諸縣令〔五〕、尉捉殺强劫賊人，刑部定奪，多16稱不是躬親，不該酬獎。深慮不切用心，甚非激勸之意。自今令、尉如能設方畧，差人捕殺彊劫賊全火七人以上，不全火十人以上〔六〕，及以爲民害兇惡賊三人以上，并逐處保明聞奏，當議比類酬奬。合加階、減選而不願者，合入遠即與近地，合入近即與家便。」

七月十九日，侍禁、（閣）〔閤〕門祗候、咸平都監劉安道捕得逃卒張興引集亡命於禁門前渠内止宿，號無憂洞，詔開封府劾其事以聞。

寶元二年十一月四日，知青州趙槩請自今廂界耆長、弓手捕盜人等如交替，即有未獲立限捕賊，並交割管認。

〔一〕嘉業堂本卷四〇九此條天頭批云：「明道無九年，疑是九月八日之誤。」按，此條乃是禁聚衆賭博之家，並非捕賊。或是《大典》從他處抄來，此「九年」亦不知爲何年號之九年，未必爲字誤。
〔二〕知縣：疑當作「尉」。
〔三〕二年：原作「三年」，據《長編》卷一一七改。
〔四〕詔：原無，據《長編》卷一一八補。
〔五〕縣：原無，據《長編》卷一一八補。
〔六〕十：原作「五」，據《長編》卷一一八改。

將交割限內日數中分，定入限一半日以前交到，(今)〔令〕後人管認；捕獲以後交到，令前人管認。捕捉不獲，依條科決。第一限內交替，即前界認第一限科校，自餘并後人管認科校。其在第二、第三限內交替，准此。

康定元年十月三日，詔：「諸處彊惡賊有未獲者，委流內銓、三班院出榜募人捉殺，許于中書、樞密院投狀。如能巧設方畧，親行鬪殺有勞，當超資酬奬。」

十一月四日，江淮制置發運使張錫言：「沿江、淮南岸都同巡檢使臣、縣尉，自今並乞令通管江、淮內賊盜公事，不得止以中流爲界。如不獲盜，依條科罰。」從之。

二年(七)〔九〕月十四日[一]，廣東(鈴)〔鈐〕轄司言：「問得海商邵保稱，昨入占城市香藥，見軍賊鄂鄰等百餘人逋去本國，國人言國王見麇羈(人)〔之〕，恐大朝求取。」詔降詔占城示諭，賜與器幣，令本路轉運與 17 廣州選牙校或使臣二人齎往賜占城國王，仍推賊首五七人羈致闕下，餘黨于本國殄戮。其選去牙校，還日與班行，使臣循資。(以上《永樂大典》卷二二四八八)

【宋會要】[二]

18 慶曆元年十一月，詔：「如聞淄、齊等州民間置教頭[三]，習兵杖，聚人爲社。自今爲首者處斬，餘決配遠惡州軍牢城。仍令人告捕之，獲一人者賞錢三十千。」

二年五月二十四日，詔：「府界持仗劫粟盜賊未捕獲者六百九十餘人，恐結成群黨，轉爲民患。令開封府，應曾傷財主及元謀三人即加擒捕，依法處斷，餘限百日歸業，除其罪。」

八月二十八日，以侍御史仲簡、崇儀副使王整爲京東路體量安撫，並提舉催捉賊盜。

閏九月二十四日，江南西路轉運使齊廓言：「今後有結黨行販禁鹽之類，望許其徒舉告，節級加賞。」從之。

十一月二十九日，詔：「凡有劫盜入州縣城者，其長吏、都監、巡檢，令長並劾罪以聞。」

三年六月二十九日，右正言、集賢校理余靖言：「朝廷所以威制天下者，執賞罰之柄也。今天下至大，而官吏弛事，細民聚而爲盜賊[四]，不能禁止者，蓋賞罰之不行也。若非大設隄防以矯前弊，則臣憂國家之患不在夷狄，而起于封域之內矣。南京者，天子之別都也，賊入城，斬關而出。解州、池州之賊不過十人，公然入城虜掠人户。鄧州之賊不滿二十人，而數年不能獲。又清平軍賊人入城作

[一] 九月：原作「七月」，據《長編》卷一三三改。
[二] 此下原標「捕賊二」，此爲《大典》卷二二四八九之標題，但嘉業堂本此處未另分卷，故下卷又標爲「捕賊二」，《輯稿》仍之。今按，以下首條「慶曆元年」與上條之康定二年實爲同一年(本年十一月改元)，不應割裂，今删此三字。
[三] 齊：原作「濟」，據《長編》卷一三四改。
[四] 賊：原作「誠」，據《長編》卷一四一改。

變〔一〕，主者泣告〔二〕，而軍使反閉門不肯出。其弊如此，而官吏皆未嘗重有責罰，欲望賊盜衰息，何由可得？今京東賊大者五七十人，小者三二十人，桂陽監賊僅二百[19]人，建昌軍賊四百餘人，處處蜂起，而巡檢、縣尉未知處以何罪。當職大臣尚規規守常，不立法禁，深可爲國家憂。且以常情言之，若與賊鬭，動有死亡之憂，避不擊賊〔三〕，止于罰銅及罰俸。誰惜數斤之銅、數月之俸，以冒死傷之患哉！乞朝廷嚴爲督責捕賊賞罰，及立被賊劫質、亡失器甲除名追官之法。」從之。

八月二十六日，詔：「陝西比有賊張海〔四〕、郭邈山，群行剽劫，州縣不能制。其令左班殿直曹元喆〔五〕、張宏、三班借職黎遂領禁兵往捕之。」

九月一日，置開封府諸縣巡檢各一員，又分東、西二路置提舉捉賊各一員。

二十九日，詔諸路提點刑獄司專管勾巡檢賊盜公事。

十月二日，詔利州路轉運司：「如聞群盜入金州劫居民，其令梁、洋二州出兵邀擊之。」

十三日，詔：「有盜殺掠人〔六〕，其捕盜官吏并當日具所殺掠人數申本屬州軍，逐州軍亦限當日上奏。如敢隱落而輒稽違者，並以違制論。」

二十二日，資政殿大學士、知河南府范雍兼都大提舉京西四路諸州軍兵甲巡檢賊盜公事，內陳州提舉蔡、許、汝、（穎）〔潁〕四州，河陽提舉鄭、滑二州，鄧州提舉唐、隨二州、信陽、光化二軍，襄州提舉郢、均、房、金四州。仍詔：「今後並選差兩省以上或曾任轉運使、提點刑獄知大漏人〔七〕，令體量轄下都監、監押、巡檢、縣尉內有怯懦、老疾、貪濫苛酷者，管兵使臣、將校不善部轄教閱者，具名聞奏。每遇部內有賊盜處，催促捉殺。如[20]大段驚劫，便仰勾抽兵馬，疾速擘畫救應，不管走透。仍令部內逐州軍長吏、巡檢、縣尉，如鄰近州軍有賊盜但地分相近處，立便關報救應，仍申所隸提舉官司，仰候見報，即火急救應。提舉官如懈怠，朝廷察訪得知，或因言事官論奏，並行降黜。如在任舉職，致賊不犯境，或能除寇盜，並當升擢。」

四年三月十二日，賜荆湖南路捕擊山猺軍士緡錢，仍令內侍齎手詔體量捉殺次第以聞。

二十三日，詔：「如聞近日多有無圖之輩，虛稱有賊驚劫，扇搖人户，官吏不仔細巡察的實，惟務張皇，便作奏聞，驚擾人户，動惑衆情。其諭官吏，凡有申報，並仔細體（諒）〔量〕徒黨人數、行徑次第的實關報，鄰近州縣（遁）〔遞〕相關

〔一〕入城作變：原作「入變城」，據《長編》卷一四一、《余襄公奏議》卷上改。
〔二〕者：原脱，據《長編》卷一四一、《余襄公奏議》卷上補。
〔三〕擊：原作「入」，據《長編》卷一四一、《余襄公奏議》卷上改。
〔四〕比：原作「北」，據《長編》卷一四二改。
〔五〕喆：原作「詰」，據《長編》卷一四二改。
〔六〕殺：原作「賊」，據《長編》卷一四四改。下文亦云「殺掠」，非止掠也。
〔七〕知大漏：疑有脱誤。

報。不得便憑虛聲，張皇賊勢，鹵莽行遣，關報鄰州。驚(優)〔擾〕人情，別致失事，走透奸賊，必重行朝典。」

四月五日，帝謂輔臣曰：「前發兵捕衡、道、永州徭賊，如聞誤殺山下居民，其令每口給絹五匹，仍撫存其家。」

六月七日，樞密院言：「桂陽監等處蠻賊鄧文志、黃四等已行剪除。今據知潭州劉沆等奏，逐人有狀悔過，乞放罪招安。」詔降勑牓下衡、道、永州、桂陽監，應鄧文志、黃四等洞內一行徒黨，並許首身，特放罪，仍等第安排及支袍帶。

八月二十七日，田況言：「保州沿邊人户多扇言軍賊作亂，引契丹軍馬入界。以臣所料，必有姦人固欲動揺邊民。乞下沿邊安撫司，密令捕緝，法外施行。」從之。

五年四月二【21】十三日，樞密院言：「昨諭諸路州軍，如今後諸指揮內有知次第人陳告，洎徒中反告，並結構逃竄之人，並等第改轉及支賜。近諸處劾到告事軍人却有虛妄告首情罪，希望恩賞。欲令諸路轉運、提刑司，今後軍人或諸色人首告兵(給)〔級〕結構逃背，仰當職官員先且密切審問的實，方得施行，合要人密行追捕。」從之。

五月二十三日，詔：「官員、使臣、諸色人等捉殺到彊惡劫賊，只委本屬州具所獲人數，捕捉次第，保明申奏，不須候提刑、轉運保明文字，方行定奪。」

六年二月十七日，詔陝西四路經畧司：「陝西未用兵前，邊上失于防察，累有不逞之人投入西界。宜密諭沿邊官吏及(藩)〔蕃〕部弓箭手，有能以計捕獲者，(常)〔當〕不次遷擢之。」

十一月十六日，詔河北、京東西路安撫、轉運、提點刑獄司籍諸州軍所申盜賊數，嚴督官吏捕逐之，每半月據所獲人馬遞以聞。

皇祐元年二月八日，詔發京師禁軍十指揮赴京東西路駐泊〔一〕，以備它盜。

二年閏十一月二十四日，審刑院、大理寺言：「準中書送下何郯奏請：『今參詳，欲乞應捕盜官及非捕盜官，但能親率人衆鬬敵捉殺，及雖不鬬敵，能設方畧捕獲同火彊劫及兇惡賊人，并據人數于《慶曆編勑》本條上遞降一等酬賞。若捕盜官雖非躬親，但擘畫差人捉殺到，即據所獲人數依編勑元條各降一等外，更降一等酬賞。上項如各無可降，更不理爲勞績。內(募)〔幕〕職【22】州縣官未成兩考，獲賊降等外合轉次等京官者，職官循資，令録除節察推官，判司簿尉除初等職官，仍各知縣。其捕盜官及非捕盜官，委是躬親鬬敵，捉殺到久爲民害兇惡賊人，等外賞輕并不及前項賞格者，特與臨時量輕重取旨，加等酬奬。已上并委本州依條保明申奏。如有不實，其應干繫保明及州縣元勘賊官吏，并從違制分故失定斷。』詔依所奏施行。所有諸色人并公人、軍人及停藏賊人并受贓却捉殺賊人，并緝事軍

〔一〕「東」下原衍「東」字，據《長編》卷一六六删。

人等告捉賊人，并未曾定奪，(今)〔令〕審刑院、大理寺再詳定以聞。今參詳，欲望自今應公人及諸色人等，如遇賊發，能起意自設方畧，率衆捉殺到同火賊徒，每彊劫十人以上或兇惡七人以上者，與三班差使、殿侍内職員名目；高者臨時取旨，更與酬奬。不願者許買撲第一等酒場一次，仍支賞錢二百貫文。如或彊劫七人以上、兇惡五人以上，與下班殿侍，不願者許與第二等厢鎮或酒場一次，仍支錢一百貫文。如獲彊劫五人以上、兇惡三人以上者，與下班殿侍，不願者許指射第二等厢鎮或酒場一次，仍支錢五十貫文。如獲彊劫三人以上、兇惡兩人者，許指射第三等厢鎮、酒場。其餘各處身分獲到人數，每彊劫一名[一]，公人與轉一資。内有已充節級者，更與節級一次；無(級節)〔節級〕名目者，與免本户下一次差徭科配，無租税者官支賞錢十貫文。每兇惡賊人一名，並依彊劫賊酬 23 賞外，更各支錢十貫文。應停賊及知情受贓人，如却能計謀捉殺賊人，並賊人見在本家宿食，能來告官，因茲獲賊者，據所獲人數，並依上條酬賞，仍特免停(贓)〔賊〕、知情、受贓本罪。其雖計謀捉殺，不經官司告首，别致彰露，即不免停(贓)〔賊〕等罪。若只是知賊人處所，能來告，因茲獲賊，即據所獲人數，比起意捉殺人例減一等酬賞。内獲彊劫三人以上、兇惡兩人，合該減等酬賞者，並支錢五十貫文。如告獲彊劫二人或兇惡一名者，亦支錢十貫文。應差出緝事(人)公人，如緝得同火賊人告官，因而捕獲，每彊劫十人以上、兇惡七人以上，與轉一資，仍賞錢一百貫文。彊劫七人以上、兇惡五人以上，與轉一資。彊劫五人以上、兇惡三人以上，只支五十貫文；彊劫三人、兇惡兩人，亦支錢三十貫文。若不及上件人數，彊劫每〔名〕支錢五貫文，兇惡每名支錢十貫文。如一年内緝到彊劫、兇惡賊人累計數及二十人以上，委實得力，許本屬州軍次第保明聞奏，當議相度别與酬賞。其諸色人官司臨時差出緝賊者，亦比類此例酬奬。上項除合該殿侍(已)酬奬，〔已〕奏取朝廷指揮外，餘並委本州依條施行。」奏可。

十二月八日，臣僚上言：「四方州郡常切謹視盜賊，應採取金銀銅鑛及鼓(鐵)〔鑄〕錢幣、聚集群衆之處，宜密設方畧，常爲警備。」詔：「巡檢、縣尉、捉賊使臣内有疾病昏昧及弛慢不堪承職事者，令逐路轉運使常切體量。如有不 24 得力者，仰于轄下選差勾當得事官員對移，仍具因依以聞。」

三年四月二十八日，詔：「(北)〔比〕齊、鄆、(杕)〔棣〕、博等州寇盜群起，宜令巡檢、縣尉會合捕除之。其不任職者，安撫、轉運、提點刑獄司廉察以聞。」

八月，宿州言：「百姓董華屢嘗獲强惡盜，近又與賊鬬而死。其子海，復獲所鬬盜三人，請甄賞之。」帝曰：「海非獨除去民害，兼能復其父讎，宜優賞之。」

[一] 彊劫：原脱「劫」字，據上下文例補。

十月六日，大理寺言：「信州民有劫米而傷主者，法當死。」帝謂輔臣曰：「飢而劫米則可哀，盜而傷主則難恕。雖然，細民無知，緣于飢爾。」遂貸之。又曰：「用刑寬則民慢，猛則民殘。爲政者當得寬猛之中，使上下無怨，則水旱不作矣。卿等宜慎之。」

四年三月六日，置廣、惠二州提舉捉賊一員。

四月九日，詔：「應今後命官犯罪理雪及捕賊叙賞，如曾丁憂，並與除出持服月日外，依《編敕》年限釐革施行。」

六月十三日，命洛苑副使、兼閤門通事舍人曹修爲廣南東路同體量安撫經制賊盜。

七月三日，命秘書監〔一〕、知桂州余靖經制廣南東西路賊盜事。

八月十六日，詔：「廣南有能捕獲儂智高者，授正刺史，賞錢三千貫，絹二千匹。獲智高母，授諸司副使，賞錢三千貫。獲賊將黄師宓、黄瑋，授東頭供奉官，賞錢一千貫。」

九月四日，詔：「自來諸處奏到捕盜官捉賊殺人，並下刑部定奪。若係災傷地分及贓物内有斛斗者，皆不依元定酬奬條貫，依例降下等第。慮有雖係災傷地分，25却是兇彊賊徒，或贓内雖有斛斗，又別有大段財物，若一例降等，則酬奬稍輕，無以激勸。令刑部今後定奪捉贓酬奬，係是災傷地分闕食之民打劫糧食，或斛斗之外更有財物者，各具贓數，開析聞奏。雖係災傷地分，却是兇强賊徒，元初發意不因闕食打劫糧斛，其贓並是財物，或雖因劫到斛斗，餘外財物計贓自至死罪者，細詳元案内事理，開析定奪奏聞。」

十六日，詔：「諸州軍應勘鞫賊盜，據發意因依、行劫次第，並須盡公依實入案，不得受捕盜官囑求，增移事情，曲致酬奬。委長吏等覺察施行。其本州保明獲賊功勞，亦須具的實（聲）〔申〕述所獲賊徒係兇强徒黨，或闕食人民。如涉私狥，致朝廷誤有酬奬，並嚴行降責。其在京勘鞫賊盜，開封府依此施行。仍仰刑部細詳案内事理，開析定奪聞奏。」

五年五月十一日，詔審刑院、大理寺：「廣南西路城邑完，兵力可以固守，而官吏避賊者，正其罪。其城邑若兵力不敵者，奏聽裁。」

至和元年四月四日，詔諸路轉運、提點刑獄司：「賊盜發而不以聞者，其州縣長吏並以違制論。」

七月五日，以前真定府藁城縣主簿陳昌期爲光禄寺丞。先是，閩人范士舉與其黨數百人盜販私茶〔二〕，久不能獲，而昌期能往招降之也〔三〕。

九月七日，詔：「比聞有印匿名書謗樞密副使王堯臣，

〔一〕命：原無，據《長編》卷一七三補。
〔二〕「士」原作「二」，「販」原作「取」，據《長編》卷一七六改。
〔三〕也：原無，據《長編》卷一七六補。

布諸道以摇軍情者〔一〕，其令開封府揭榜召人陳告，賞錢二千緡，願入官者與大理評事或侍禁；[26]已有官及係軍籍者，優與遷轉。徒中自告，特免罪，亦與酬奬。僧、道褐衣者與紫衣，紫衣者與師號〔二〕，已賜師號與僧官。如願賜院額及欲度童行者〔三〕，亦聽。」

二年七月十一日，以博州民蔣憲爲三班奉職、京東西路安撫司指使，仍就賜袍笏〔四〕。以告獲京東劇賊劉唐等五人，特録之。

嘉祐四年六月二十五日，詔：「應强惡賊人結成群黨、爲民深患，捕盗官不能擒獲者，如知州、通判能設方畧差募人擒捕得獲，委提刑、轉運司同共保明聞奏，當議量輕重酬賞。」

十月二日，虔州巡檢、左侍禁王咸孚除名，廣南編管。以江南盗賊戴小八殺虔化令，不即掩捕也。

七年二月三日，命知南康軍蔡挺權提點江南西路刑獄公事〔五〕，專一制置虔、汀、漳州賊盗，兼提點虔州運鹽事。先是，江西、福建路鹽賊群聚至千百人，公行劫掠，殺害官吏，不能禁。蓋江西遠處官鹽價高，民少食，故趣利私販者多。言鹽事者或以爲運廣南鹽以給虔州便，或以爲減淮南鹽價鬻之便，朝廷方下其議，故令挺專領之。

英宗治平二年九月，命權發遣開封府判官王靖提舉捉殺開封府界及曹、濮、澶、滑州未獲盗賊。

三年四月五日，詔：「開封府長垣、考城、東明縣并曹、濮、澶、滑州諸縣獲强劫罪死者，以分所當得家産給告人，本房骨肉送千里外州軍編管，即遇赦降，與知人欲告、案問欲舉自首，災傷減等，并配沙門島。罪至徒者，刺配廣南遠惡州軍牢城，以[27]家産之半賞告人，本房骨肉送五百里外州軍編管，編管者遇赦毋還。五服内告首者，具案奏。獲賊該酬賞者，不用災傷降等。」

十六日，詔：「少卿、監以下知曹、濮州滿任，計其任内已獲未獲强盗數，申提點刑獄司勘會以聞，當議賞罰。」以上《國朝會要》。

治平四年閏三月二十三日，神宗即位未改元。詔：「京東災傷州軍頻有賊盗，令轉運、提刑司指揮當職官吏，常切覺察斷絶。」

六月二十三日，刑部言：「準治平三年四月五日詔書如前。省司看詳立法之意，蓋爲上件指定州縣居民自來習慣爲盗，以至結集徒黨，殺害官吏，遂立重法。據文稱：『上件州縣今後捉獲强劫賊人，慮有他處人曾于上件州縣詔書係開封府長垣、考城、東明縣并曹、濮、澶、滑州諸縣。行劫敗獲，亦合用此重法。』及有賊人犯在立重法以前，獲在立重法以

〔一〕摇：原作「招」，據《長編》卷一七七改。
〔二〕紫衣者與師號：原僅作「師龍」，據《長編》卷一七七補改。
〔三〕童：原作「量」，據《長編》卷一七七改。
〔四〕袍：原無，據《長編》卷一八〇補。
〔五〕知：原脱，據《長編》卷一九六補。

後，于條則合用犯罪逢格改、格重，聽依犯時。若〔文據〕〔據文〕稱，今後捉獲，則更不問犯罪在前，亦並用重法。緣省司定奪酬獎，合隨賊人所得刑名，竊慮執文定奪，違戾立法本意。今欲乞申明上條内『上件州縣今後捉獲〔疆〕〔彊〕劫賊人』一十二字，改作『今後上件州縣人犯〔疆〕〔彊〕劫捉獲』一十二字，所貴文與法通，刑賞不失。賊人如不是上件指定州縣人，即免没納家産及編管骨肉。」

九月十四日，審刑院、大理寺言：「〔知〕許州錢象先奏：『竊見巡檢、縣尉捕盜之官，本地分有〔疆〕〔彊〕盜及殺人賊，百日内收捉不28獲，各有敕條勘罰。如賊火數多，大段劫掠財物，殺害人命，收捉不獲，即有勒停衝替之法。若凶歉之歲，飢民聚盜，但地分内申報稱是〔疆〕〔彊〕劫，即捕盜之官盡依〔疆〕〔彊〕劫賊例立限捕捉。如不獲，即依條勘責，別無減等之罰。及捉獲正賊合該酬獎者，即朝廷以災傷地分及劫盜斛斗，各與減等酬獎，縣尉本合轉官，減外只該免選者。以此責人效力，恐難以激勸。欲乞下刑法司定奪，今後災傷地分持杖〔疆〕〔彊〕盜贓物，或劫掠斛斗，但同火三人以上，傷人及贓滿者，如捕獲正賊，鞫勘得本非良民，前來已曾作賊罪至徒，經斷不以赦前後，但今犯合至死者，別立條禁處斷。其捕盜官及捕賊公人如合該酬獎，更不減等。』寺司凖《刑部一司勅》捉獲年歲荒歉處盜賊，諸未得引用捉賊酬獎條貫，先據人數取旨，從朝廷相度酬獎。又治平三年四月詔：『開封府長垣、考城、東明縣并曹、濮、澶、滑州諸縣，累有兇惡之人結集，〔疆〕〔彊〕劫人户財物，殺害捕盜官吏，須議別立重法。應上件州縣獲賊官吏、將校、兵士、公人、諸色人等該酬獎者，如係災傷地分時，不用災傷降等條貫。』〔令〕〔今〕衆官參詳，捕獲災傷地分賊人，若一例減等酬獎，誠恐無以激勸捕盜之人。除開封府縣、曹、濮、澶、滑州諸縣自有上項條貫外，欲乞其餘州軍今後災傷地分〔特〕〔持〕杖彊盜，不以財物、斛斗，但同火三人以上，傷人及贓滿者，如捕盜官吏及諸色人等捕獲正賊，鞫29勘得本非良民，前來已曾作賊，罪至徒，經斷不以赦前後，但今犯合至死者，如合該酬獎，更不用災傷減等，並依元條施行。餘依刑部勅取旨。」從之。

十一月十七日，秦鳳路承受公事王有度奏：「秦、鳳州有賊郭秀等七人，三次〔特〕〔持〕仗踰城入盜民財。」上曰：「秦州係沿邊重鎮，盜三持仗越城，蓋官吏弛慢而然。」令陝西轉運司劾狀，并新獲賊具案以聞。（以上《永樂大典》卷二二四八九）

宋會要輯稿　兵一二

捕賊　二

■1神宗熙寧元年八月三日，詔：「訪聞祁州界有軍賊劉亨等結集，自稱在暗强人。仰轉運司嚴責地分及側近捕盜官會合捉殺，須管日近敗獲。」

十一月十二日，詔：「訪聞河北諸路自十月後來，所在賊盜甚多，及逃走軍人不少。其賊盜，嚴責轉運、安撫司捕捉；逃走軍人，仰逐處巡檢、縣尉緊行捕捉，早令盡静。」

三年二月四日〔一〕，詔：「今後强劫賊合該刺配廣南者，如同火五人以上，不得同配一路州軍，並須分擘人數，兼配河北、河東、陝西邊遠州軍。如係河北、河東、陝西三路賊人，即分配廣南、福建州軍。令刑部遍牒施行。」

四年正月二十一日，詔開封府東明、考城、長垣等縣，京西滑州，淮南宿州，河北澶州，京東應天府、濮、齊、徐、濟、單、兗、鄆、沂州〔二〕、淮陽軍，別立賊盜重法。

三月八日，以涇原路兵馬副都總管張玉充陝西招捉賊盜，入内副都知張若水副之〔三〕。應會合捕賊官，並取玉等節制。

十四日，詔：「慶州作過兵士，除招安、捉殺外，殘黨尚未殲剪，除見作首領及■2手殺邠州三使臣命官之人不赦外，餘並許歸首，更不問罪。如能自相併殺赴官，每殺到首領一名，與近上班行安排，更支賞鈔五百貫文；三名以上支賞外，更等第優與安排。諸色人如能用命，或設方畧，捉殺到賊人，並比類上項指揮酬奬。以上合轉資，仍依《編勅》施行。」

四月二十七日，詔：「如聞陝西(北)〔比〕來强劫賊盜稍多，未見捕獲。令五路經畧安撫司重立購賞，嚴責捕盜官吏緝捉，早令静盡。仍具逐路今年强劫盜已獲火數，及令太原府吕公弼體量本路提刑爲慶州軍賊竊發，嘗勾差諸州軍義勇守城事狀以聞。」

八年五月十二日，以告事人朱唐爲内殿崇班。唐，徐州人，李逢謀反逆有迹，唐素與逢游，告之。逢就鞫，狀明甚，既抵法，官唐以賞之。

九年正月十三日，詔：「淮南、江浙、荆湖南北(北)路今歲災傷，慮有寇賊，令逐路監司體量巡檢、縣尉，如有怯懦疲軟緩急不任事者，仰速具對移奏換。如將來敗事，元體量官當重行降黜，不以降赦、去官原免。」

八月二十二日，詔：「江東、福建路轉運司召人告捉信州强惡賊人仵小八，如能捉獲，即具名以聞，特與三班奉

〔一〕二月：本書刑法四之二五作「三月」。
〔二〕「沂州」下原有「等州」二字，據《長編》卷二一九删。
〔三〕副都知：原無「副」字，據《長編》卷二二一補。

職，本路巡檢。如徒中能自殺併，亦特與推恩。」

十一月二十六日，河北東路提點刑獄司言：「本路捉賊賞錢，每年定額二千餘貫，即（日）〔目〕支用少缺。乞今後更不額定錢數，據合支數逐旋于坊場錢内支給，或乞降祠部二百道。」詔：「河北東路捉賊賞3錢如額定錢數支用不足，即（時）〔特〕許于本路封樁茶税錢内每五千貫文作一料支給。」

十年二月七日，詔：「訪聞强劫賊盗多因案問貸命決配，走歸鄉里，讎害元告捕之人，致民間懼見，不敢告捕，因此賊盗轉多。令河北、京東路州軍，如强盗罪至死合該案問減等者，未得斷放，並具析以聞，候盗賊稀少日取旨。」

四月二十四日，中書門下省言：「河北、京東强盗罪至死合該案問減等者，並具情理聞奏。訪聞逐路因此致禁繫稍多。欲令逐路轉運司指揮轄下州軍，强盗罪至死，知人欲告及案問欲舉而自首，合令減等，内係群黨及情理重者，未得斷放，並具案聞奏，候賊盗稀少日取旨。」從之。

五月八日，祕閣校理、檢正中書户房公事安燾言：「準詔體量河北、京東等路賊盗公事，應合權宜指揮，並止于兩路施行，賊盗衰息日各依舊法。應强盗頭首，雖曾殺人，若能斬捕到本火及别火死罪劫賊兩人以上，及强盗爲從，雖曾下手殺人，亦能斬捕到本火及别火死罪劫賊一名以上，並許陳首。其本罪并捕告以前他罪，雖事已發，（首）〔許〕用首原。只告賊人所在，因而捕獲亦同。仍依諸色人例給賞。内有人材少壯願在軍者，支與盤纏，押赴軍頭司，編排于龍騎、壯勇指揮收管。應逃亡在兩路未首獲軍人，欲限兩月内隨所在官司首身，特與放罪，依舊收管。限滿不首，依法施行。應告獲强盗及兇惡賊徒，除各4依重法地分酬獎外，各遞加一等，以爲激勸。仍告諭諸色人，令散行緝捕，亦許計會官司同共掩捉。如告獲到兇賊首或人數稍多，並乞例外優與推恩，仍許以别火三人當同火一名累賞。大名府及濱、（杖）〔棣〕、德三州賊盗，如被告獲，並依重法地分條斷遣。雖犯罪在今來指揮以前，若兩月内不首，敗獲日並準此處斷，不用格改法。强盗賊徒如不自首，遇將來南郊，雖犯罪今年正月一日以前，如情理重害，未得引赦原免，並具情理奏裁。」從之。

六月十八日，詔：「福建路捉殺賊盗所召募軍民，隨行有料錢者添支二百文，無料錢者添支三百文，仍軍民負罪者亦許召募。其本路應差募捉殺兵級、槍仗手，每人特支錢五百文，人員增上。」

七月五日，詔：「廖恩群賊，至今一百（余）〔餘〕日未見撲滅，令福建路體量安撫劉定體量轉運、提刑司有措置乖方，即仰取勘以聞。」其應差募捉殺軍兵，仰轉運、提刑司頻行犒設，并宿食醫藥，無令失所，務使忘勞。仍出榜，如能捉殺到廖恩，授内殿崇班，賜錢一千貫；獲以次（投）〔頭〕首，並約此支賞。」

八月一日〔一〕，詔：「近已招降廖恩等，候管押到闕，等第安排。竊慮招降到賊黨内有不願赴闕人數，令江南東西路、福建路提刑躬親取問，放令前去，依舊作業。願充軍者，刺填就糧或本城等處。如有兇狡不肯歸首之人，依前藏伏山林，令審問廖恩，通指去處，即接勢討除，務令盡静。所有 5 應係捕盗人等，暴露在外，累曾鬬敵捉殺，各有勞効者，令逐路提刑司保明聞奏，當議等第推恩。」

九月二十四日，詔：「諸强盗被囚禁，告舉非同火强盗者，聽受理。若本犯至死，能告獲死罪者，奏裁。即妄有告舉，遇恩亦不得減原。」

十月九日，左藏庫副使彭孫以劫賊廖恩等見，上遣諭曰：「據爾罪惡，法所不赦。止以一方良民久被殘酷，特屈常憲，貸爾餘生。自今而悔過自新，改心忠赤。」命廖恩右班殿直、鄜延路指揮使，廖倫、余報九、仵鐵子並三班借職、陝西諸路指揮使，仍各賜袍笏、銀帶；次二十四人，與龍猛十將。又諭彭孫曰：「廖恩久在福建作過，汝能到彼開道朝廷恩意，使一方良民不被殘擾，其功爲優，特遷兩官。」又諭彭保曰〔二〕：「汝入山逐賊，遂致其窮(慼)〔蹙〕，能與彭孫首尾招捉，特遷一官。」

二十二日，詔：「諸路地分不覺察强盗。州縣城内竊盗罪至徒者，聽百日内分三限追捕。其應捕盗公人罰贖錢，唯得充本處捉賊賞錢支用。」

元豐元年閏正月十一日，詔：「應捕盗公人罰銅錢，並充轉運司捉賊賞錢。」

七月二十三日，詔：「近差京西南路提點刑獄張復禮督捕蔡州界强賊，會兵已多，深慮統制不一，各爲顧避遷延之計，致兇黨結集，驚擾州縣，令(獲)〔復〕禮毋得止在州縣行遣文字，速糾率諸處兵甲，不以遠近襲殺，須日近(人)〔全〕火敗獲。其軍校不用命，即行軍法，命官械繫聽旨。仍應干捉賊事，並聽復禮 6 指揮。」

二十五日，京西第六將李延講言〔三〕，選募兵五百赴唐州桐栢等縣捕賊。上批：「將官捕盗，募兵自隨，初無明條，乃是延(溝)〔講〕憚賊怯懦，彰大事勢，不唯不足(憚)〔彈〕治士卒，傳聞四方，亦足啓侮，宜衝替。」

八月四日，京西轉運司言：「軍賊黄青等正賊不多，餘多驅虜。乞令所虜百姓婦人等，許經村堡或官司自首〔四〕。雖嘗驅率作過，並釋罪。若捕盗人等見被驅虜之人〔五〕，即令招呼，亦免罪。如敢鬬敵者，自令捕殺。」中書擬依。上批：「今賊已破散，獵取餘黨，不難爲力。近安撫等司累奏獲級，深慮冒賞小人害及無辜，可速指揮，如尚有未盡之

〔一〕八月一日：按，《長編》卷二八四載以下詔在八月二十二日己亥，此作八月一日，疑誤。
〔二〕彭保：原作「彭孫保」，據《長編》卷六五刪。
〔三〕李延講：《長編》卷二九〇作「李延遇」。
〔四〕首：原作「守」，據《長編》卷二九一改。
〔五〕「見被驅虜之人」及下句「即令」：原無，據《長編》卷二九一補。

人，聽捕執赴官，毋得斬級。」

十月二十八日，荆湖南路轉運司言〔一〕：「湖北都監彭孫與詹遇等書，意欲招降。已牒何次公等，須得剪滅，乞更賜指揮。」詔孫頎密切體量〔二〕，如寔，即候彭孫到任，令具析準何指揮〔三〕，(檀)〔擅〕招呼賊黨。

十二月二十二日，權荆湖北路轉運使〔四〕、太常少卿孫頎以督捕詹遇等有勞，特賜紫章服。西京左藏庫使、權荆湖北路都監彭孫設謀殺遇，及獲婦女十八人、馬七匹，除崇儀使、忠州刺史、權發遣本路鈐轄，賜錢五百千。東作坊使、權潭州鈐轄何次公捕獲賊黨三十四人，馬十六匹。先，次公不救應仵全等，下孫頎劾罪，候頎再奏到取裁。餘轉資、減年及賜錢帛各有差。先是，岳州言：「賊詹遇與其黨入金場縱火殺人，劫掠財物，已遣捕盜官募敢勇士同力追逐。」詔委轉運使孫頎督捕，所用 7 兵卒，令于團結内選募。有不用命兵員，聽行軍法，品官械繫聽旨，三日一具已獲人數以聞。而荆湖南路提點刑獄司言賊詹遇已轉入洪州，詔孫頎速依前降指揮，不以本路别路，並監督官兵襲逐，仍立告捕賞格，關牒諸處，會合捕殺。又詔頎候會合諸處兵甲，選募敢死之兵六百人，擇材武使臣五六員，厚給犒設，令分兩項，賈勇而前，餘並遣回元差處。如賊黨結集寖多，會合官兵力不能制，即相度更留三二百人，或增一二頭項訖奏。其彭孫令部領元帶兵甲，除選募合留使用外，餘並歸荆南本將。應詹遇經劫及經歷地分，捕盜官不晝時捕殺〔五〕，令逐路提點刑獄司速劾罪，不以赦降、去官原減。繼而捕獲詹遇賊黨等，故有是命。

二年五月二十九日，詔：「諸路有(劫强)〔强劫〕盜人數稍衆，許於聽候差使得替待闕官内選武勇使臣捕逐，給驛券。」從大名府文彦博請也。

八月十八日，詔改沂州承縣尉孫師謂爲左班殿直〔六〕、本路巡檢，副保正潘翌爲三班差使，安撫司指使，給賞錢百千。論捕盜功也。

(同日)〔六年八月十八日〕〔七〕，御史翟思言〔八〕：「大理寺勘斷竊盜案問減等，例不給賞。謂宜立法，告捕竊盜，雖

〔一〕湖：原作「河」，據《長編》卷二九三改。

〔二〕切：原無，據《長編》卷二九三補。

〔三〕揮：原作「擇」，據《長編》卷二九三改。

〔四〕「湖」原作「河」，「使」原作「司」，據《長編》卷二九五改。

〔五〕官：原脱，據《長編》卷二九三補。

〔六〕孫師謂：原脱，據《長編》卷二九九補。

〔七〕六年八月十八日：原作「同日」，承上條則似爲元豐二年八月十八日。然《長編》卷三三八明載此條於元豐六年八月十八日辛卯。按翟思，據《京口耆舊傳》卷四《翟汝文傳》云：「擢熙寧三年進士第，自洪州教授除太常博士，召對，爲御史。」曾鞏《元豐類稿》卷二〇有《翟思太常博士制》。考曾鞏任中書舍人在元豐五年四月至九月之間（見近人周明泰《曾子固年譜稿》），制詞之撰即在此時。據此，翟思自太常博士除御史必在五年冬或六年初，故《長編》自六年正月始有「御史翟思」之記載，而此條之年代必爲六年，而非二年。疑此條乃《大典》從他處抄來，而脱去年分，誤以爲元豐二年八月十八日，遂插編於此，而改「八月十八日」爲「同日」。今改正。

〔八〕思：原作「翌」，據《長編》卷三三八改。

案問減等，並隨減至所斷罪，各給賞。」從之。

〔二年〕九月二十五日〔一〕，詔：「諸路州縣告捕獲盜，速依條限給賞。委提點刑獄等司，半年一次取索州縣所獲盜數及給若干錢數〔二〕上中書。」以州縣給賞稽留，無以激勸告捕者故也。

三年正月十九日，録[8]光州牢城兵士徐靖爲三班差使、殿侍，充京東路多賊盜州縣巡檢下指使，賞錢三百千。靖執劇賊闞昷，特録之。

三月十四日，詔：「監司督捕賊盜，許差馬步卒五十人并器械自隨。」從京西南路提點刑獄胡宗回請也。

五月十九日，詔：「〔穎〕〔潁〕昌府進士劉堂上《制盜十策》，觀其爲文雖未優長，然頗知時務，言不悖理，有可嘉者。可召赴中書，參考其寔。令本房檢正官以應干縣尉捕盜條付堂看詳〔三〕。」尋録堂爲徐州蕭縣尉。

六月四日，録沂州民程棐，傅暉爲右班殿直，傅臨三班借職，劉舜元三班差使，並監當差遣，皆以告捕徐州妖賊也。暉以嘗爲賊黨，永不爲親民，不許赴闕。

二十五日，詔：「開封府諸縣强盜屢發，當職官疑有疲懦不任事者。令提刑司躬行被盜縣督捕，仍體量不職巡檢、縣尉以聞。」

九月三日，陝西言〔四〕，虢州等處捕獲張晏賊徒光萬等七人〔五〕。詔賊黨已潰，慮捕盜人貪獲級之賞，因害平民，令提點刑獄司指揮捕盜官吏，如遇賊非拒捕者，並須擒送所屬勘鞫。

十月二十二日，定州路安撫司言：「北平縣尉、殿直張挺申，分捕賊人徐德，内弓箭社副長冉萬射中徐德，冉鐵毬因斬其首。本司已依格推賞外，乞特賜推恩。」詔冉鐵毬與三班差使，冉萬三班借差，張挺特減磨勘三年。

四年十一月一日，永興軍路安撫司言：「自發義勇、保甲、人夫赴邊，盜賊頗多。乞自軍興後，應强盜三人以上并[9]窩藏之家捕獲，並用重法。」從之。陝西路準此，河東轉運司詳度以聞。

十二月二十二日，夔州路轉運判官席汝明言：「招到義軍指揮使菊曩二，捕獲射殺魏從革賊木八，乞優轉官。」詔與三班借職，候獲木琴大等，與轉奉職，以爲夷界巡檢。

五年三月二十八日，提舉河北路保甲司言：「諸縣尉通管縣事外，惟主捕縣城及草市内賊盜，鄉村並責巡檢管勾，沿邊把截控扼巡檢兵級並依舊。其定州望都、曲陽、北平、唐縣，祁州蒲陰，保州保塞，廣信軍遂城，安肅軍安肅〔六〕，順安軍高陽，永寧軍博野，滄州清池，霸州文安、大

〔一〕二年：原無，按此條承再上條仍爲元豐二年事，見《長編》卷三〇〇，因補。
〔二〕次：原脱，據《長編》卷三〇〇補。
〔三〕付：原作「赴」，據《長編》卷三〇四改。
〔四〕西：原作「州」，據《長編》卷三〇八改。
〔五〕賊：原作「賦」，據《長編》卷三〇八改。
〔六〕「軍」下「安肅」原無，據《長編》卷三二四補。

城〔一〕，莫州任丘、雄州歸信、容城，逼近邊界，舊以使臣爲尉，其職事與内地不同，鄉村賊盜恐難一例專責巡檢。欲並令尉依舊條，惟不干豫教閲。」從之。

八月十一日，永興軍等路提點刑獄司言：「本路十八州軍多未獲强劫賊盜，即無立定年額捉賊賞錢增給。欲乞以四千緡爲額。」從之，仍給場務錢。

九月二十二日，福建路監司上斬獲康詵人功狀。詔東南第十將下押隊散直程建爲首功，授右班殿直、閤門祗候、劍州都巡檢使；宜州使喚劉福、黄周叠各遷二資〔二〕，吴谷遷一資，李士昌、李慶與下班殿侍。獲首級人全支賞錢外，每級更遷一資。其殺獲康詵妻男及虜掠去人，依正賊例推恩。助手兵（給）〔級〕每獲一級，助手人賞錢百千，累獲並累賞。傷中水手，依正兵例。」

六年三月十四日，封丘縣賊焚劫 10 庫兵，殺傷人，防護軍器車乘虎翼兵級王何、劉順、侯玉殺獲兇惡賊一人及禦捍軍器如法〔三〕。王何等各遷兩資，均賞錢百千。後詔：「徒黨繫獄日久，或以（瘦）〔瘐〕死。不施明刑，限十日結案，捕人三日内擬賞。其未獲賊人，將來捕獲，不用恩原減。」

七月二十一日，擢曹州乘氏縣尉李騆爲宣義郎，賜緋章服，知寃句縣。賞殺獲强盜十人也。

七年四月十九日，中書省言：「汀州軍賊藍載等行劫，走梅州界，又殺惠州歸善縣巡檢。」詔：「權宜州沿邊溪洞都巡檢、左班殿直〔四〕、閤門祗候程建乘驛與提點刑獄司選募兵民、土丁、鄉丁、槍杖手百人，給口券隨行捕殺。其去賊百里（里）内不拘路分〔五〕，捕盜官並聽程建處分。獲賊首人授班行，賞錢五百千；次頭首三百千。其餘徒黨，除依條酬賞外，更支錢百千。許徒伴自相殺併告首，亦推恩。」時廣南東路轉運司言：「軍賊藍載等，除虔、梅州二人外，餘皆汀州人。乞下福建路提點刑獄司及汀州協力捕殺。」詔兩路監司合兵捕逐，毋擅招誘，逗留養寇。八月五日〔六〕，福建路提點刑獄李茂直言，槍杖手李杭鬥敵，殺獲軍賊藍載等十八人。詔將官彭鐸等所領應募兵民各發歸元處，上殺獲正賊人功狀。

六月二十一日，永興軍路提點刑獄司言：「軍賊王沖，久於商、虢州界作過，除依條立賞外，乞親捕獲人與班行；官員設方畧或鬥敵捕殺徒伴，優與遷官。并召募土人，日支錢米，選捕盜 11 官統領，令分路入山緝捕。」從之。

八月二十六日，詔：「自今强盜，須州縣委不能制，或

〔一〕大城：原作「大成」，據《宋史》卷八六《地理志》二改。
〔二〕叠：《長編》卷三二九作「壘」。
〔三〕如：原作「不」，據《長編》卷三三四改。
〔四〕左：原作「五」，據《長編》卷三四五改。
〔五〕去：原無，據《長編》卷三四五補。
〔六〕「八月五日」上原空格，另作一條。按，此下仍叙藍載事，《會要》原文應只是一條，否則與下條月日失次，今接排。

兇惡巨蠹十人以上，方選募將兵捕殺。若本州有不屬將下兵，即乞選募；或不足，方得選募將兵捕殺。如違，開封府界、京東西路委提舉將兵官，餘路安撫、總管、鈐轄司舉劾。」

十月四日，權開封府界提點范峋等言：「諸縣尉專捕草市賊盜及通管縣務，歲下鄉常以百數，若省縣尉，恐一主簿不能辦事，乞依舊存留。」從之。

哲宗元祐元年三月十七日，尚書省言：「請自今申奏强劫十人、兇惡或軍賊五人以上，合朝旨收捉者，不送刑部，直送中書省取旨。」從之。

二十八日，陝府西轉運司言：「虢州南陽縣界有軍賊六七十人，盧王沖餘黨戈俊等亦在其間。乞於商、虢二州各置兵士一指揮，差德隆寨監押王用充兩州都大捉賊，仍就本路選募馬步軍二百人，并下延州，差侍禁賀英、借職劉遇，並隸王用，爲准備差使。」時朝廷已差李浦捉殺戈俊，詔依所奏。如遇李浦襲（遂）〔逐〕入界，其捕盜官並依已降指揮，聽李浦處分。其王用自作一項捉殺。

二年五月四日，詔：「廣南東路鈐轄楊從先生擒岑探，未嘗殺戮，特遷一官。李佛郎與右班殿直，仍賜名忠梁。仲文、李養並與三班借職。耿章等五人共賜錢五十萬，命經畧司等第給之。」先是，廣南東路經畧安撫、都鈐轄司言，西染院使、本路鈐轄楊從先躬率召募兵獲賊首岑探。12 詔親獲岑探人與西頭供奉官〔一〕，仍賜錢二百萬，令經畧安撫司以名聞，餘官吏等捕賊功賞，速具來上。故有是命。

同日，詔：「前廣南東路經畧安撫使張頡〔二〕、提點刑獄林顏各展二年磨勘，轉運副使高鎛、轉運判官張升卿各降一官，升卿仍與小郡通判。」坐言者論頡等不戢將佐，因捕岑探殺及平人故也〔三〕。

三年二月二十八日，詔誅内殿崇班、閤門祇候、廣南東路兵馬都監、兼權東南第十一將童政〔四〕；封康賀新州都巡檢使郭昭昇貸死〔五〕，杖脊，配沙門島。以捕賊首岑探而擅殺無罪者六十有三人也〔六〕。經畧安撫使蔣之奇措置有勞，充寶文閣待制；兵馬鈐轄楊從先能究治，遷一官。

五月七日，詔：「自今兇惡羣賊自它處入界，或經由已出界，雖不曾在部内作過，亦依賊發條限以聞。」

四年正月二十六日，詔：「京東及諸路捕盜賞錢，五分支提刑司場務錢，餘令轉運司應副。」

五年八月二十二日，前京東路轉運副使范鍔監督捕軍賊有勞，賜詔獎諭。

二十五日，刑部言：「捕盜官比折條内，强盜及殺人如

〔一〕親獲岑探人：原無，據《長編》卷三九四補。
〔二〕使：原無，據《長編》卷四〇〇補。
〔三〕及：原作「殳」，據《長編》卷四〇〇改。
〔四〕東：原脱，據《長編》卷四〇八補。
〔五〕郭昭昇：《長編》卷四〇八作「郭昭昪」。
〔六〕也：原無，據《長編》卷四〇八補。

係朝廷專立賞收捉者，除徒黨外，其爲首及以次兇惡之人，並許理賞，仍不顧比折者聽。」從之。

六年閏八月五日，刑部言：「强盜發而所臨官司不覺察，致事發它處，或監司舉劾者，候得替，以任内曾覺察功過相除外，每火降名次一月，至三季止。捕盜官降名外，五火杖六十，十火或兇惡五火者，仍奏裁。其非吏部差注官〔一〕，依13所降月數展磨勘，並不以赦原。」從之。

八年二月二日，京東東路提刑張元方言〔二〕：「諸州比較賊盜等事，提刑司及捕盜官外，欲乞諸知州及一年以上罷任者，除侍從官外，將任内已未獲强盜、殺人賊人數比折。如通獲不及五分，即具奏；若獲及五分，申尚書省。」從之。

七月十四日，尚書省言：「訪聞泗州盱眙軍普濟寺埋藏汴河流尸〔三〕，歲不下數百，其間非命者莫知其數。緣河隄上下多是遞鋪中藏匿兇惡逃軍，與鋪兵同情行盜，既得物主隨身衣物，遂殺而投之水中。其尸始沉，至數日方浮，則已去行盜之所數百里，由是少有敗獲。欲乞應河上强劫盜有不係重法地分處，並係重法地分施行，其捕盜賞罰少加重於常法。如此，則沉尸之害雖未能盡去，必可減半。并巡捕官如捕獲此色人，除比折事别行外，一任内及三人者，臨時取旨，優與推恩。」從之。

紹聖元年十一月二日，國信使、太常少卿井亮采言：「河北東路昨因河患及西路災傷，請詔逐部監司，謀所以銷盜賊者。」詔：「河北、京東路提點刑獄察捕盜官不足倚，擇材力任逐捕者對易之。即在職官無可使，許選差解任待次官及使臣之丁憂者。」

十二月五日，定州路安撫司言：「北賊劫軍城寨等處地分人户財物，雖令官司殺捕，亦宜立賞召人告捕。」詔捕獲指引藏匿之人，每名給賞錢百緡。若黨中能告，與免罪給賞。

二年十一月六日，河北經略司14奏請：「忻、代州都巡檢二員，所管邊面闊遠，與管界巡檢事體不同。乞今後如透漏化外人入本路强盜者，五人以上三次，衝替。」從之。

元符元年四月十四日，大理寺擬立到：有兇惡及羣黨賊盜，提刑司專委通判抽差近下禁軍三十人〔四〕，提舉捉殺。從之。

二年閏九月十六日，吏部侍郎徐鐸言：「乞今後知盜所在若寔，而賊雖起離本處，能襲蹤於五日内獲者〔五〕，並依條推告賞。」從之。

三年三月九日，刑部言：「大理寺奏：看詳獲盜分析

〔一〕官：原作「言」，據《長編》卷四六五改。
〔二〕「京東東路」原作「東京路」，「張元方」原作「張原方」，據《長編》卷四八一改。
〔三〕尸：原作「月」，據文意改。
〔四〕近：原脱，據《長編》卷四九七補。
〔五〕能：原脱，據《長編》卷五一六補。

出徒伴，差人收捉不獲，後別因人告捕得獲，已有元豐元年十一月二十六日指揮外，若犯盜及違犯禁物、倉法之類，雖已告發，未曾追捕，或追捕未獲間，有人不知已被告發，能自緝知捕獲；或雖知已發，官司追捕不獲之後，知犯人所在，告或捕獲。如此之類，終是不緣元告，恐並合給賞與後來告捕之人。或被徒伴説出，追捉不獲，後別因人告捕獲者，恐亦合依上件條法。其已被告首事發及徒伴説出之後自首者，除捕賞合免外，内已經差人追捉不獲者，其告賞恐合依無應受人法。乞送有司申明施行。」從之。

徽宗建中靖國元年五月二十九日，河東路經署安撫司奏：「切緣本路地多山險，每有賊徒作過已輒藏避。如遇提點刑獄官出巡在遠，或承報方依條差官前去捕殺，竊慮後時。乞如强盜徒黨結集數多，許安撫司於見存指使及聽候差使内選差人，量賊勢帶領 15 兵甲掩捕。」從之，諸路準此。

大觀元年八月一日，提點河北西路刑獄公事、兼提舉保甲司陳革奏：「今後巡檢、縣尉除依條舉辟人外，其吏部以法差注而疲懦謬不任事者，許安撫、鈐轄、提點刑獄司量人材能否對換，具奏聽旨。其非本職事不脩者，仍不理遺闕。」從之。

二年正月六日，詔：「訪聞今歲河北西路多有小賊羣聚，攘奪道路，漸見滋熾。可選有風力提點刑獄司官，令設方略處置，銓擇移易捕盜官員，或添立賞錢，催督依期即時支給，酌度賊盜多少，差撥人兵掩捕。於瀕河多有賊盜濟度，附近太行村野空迥不相應接地分，權添人兵，量給口食錢米，候賊盜衰息日相度存廢。」

十八日，中書省勘會諸路并京畿賊盜未至衰息，詔京畿專委吴擇仁、王嗣祖，餘路令轉運司、提點刑獄提舉捉殺。如巡檢兵官怯懦，並無心力，及界内未獲强盜數多，即許不以資序遠近、見任及待闕得替官對移。若因緣干求請託，或觀望權要，却致賊盜公行，其元差對移官當行停廢。其賞錢不以已結未結案，並限三日支訖奏。仍量失賊多寡，具數申尚書省。

二月二十二日，詔：「自今應獲賊以賞捕告者，即究物産家計，限三日估所直，加應給之數一倍，以物産給之，更不出賣，有餘納官，不足鄰保均備。應盜賊多處積下未支賞錢，可令提刑司限一月取責，具數以聞，給度牒充。」

二十七日，詔：「賊盜自來虜掠 16 人民，多置之左右前後，爲其捍蔽。深慮捉殺人兵爲見賞激優重，將賊所脅從者亂有殺戮，害及無辜，仰逐路帥臣、監司、提舉措置捉殺官常切覺察施行。」

五月一日，詔：「訪聞諸縣弓手多以工技、老疾、幼稚人充，此盜賊所以不禁。自今弓手輒容老疾、幼稚，杖一百；工技人加二等；見任(見)官以人力或親戚應募者，以違制論。」

七日，詔：「諸路監司所部若有盜賊，内有不切捕捉静盡，並行停替。如限内獲足，即與優加推賞。」尚書省措置：「諸路提刑司將見今未獲强盜，嚴緊催督捕盜官等，如本地分内有十人以上，與限一百日，不及十人六十日，五人以下五十日，三人以(以)〔下〕四十日，須管依限捕捉静盡。若限滿捕獲及五分，許具因依申乞展限；如獲及七分，於賞格外陞一等推賞；全獲者，本司保明聞奏，優與推恩。如限滿係五(分)〔人〕以下全不獲，杖八十，仍展半年磨勘，選人降半年名次。十人以下全不獲，具因依聞奏，當議特行差替。十人以上所獲不及五分，即取旨勒停。」從之。

六月十八日，臣僚言：「河朔沿西山一帶林木茂密，多有逋逃藏匿其間，稍失羈防，則聚爲賊盜。蓋是(後)〔從〕來經界未明，州郡互相推避，失於措置，及僻遠處官司幾察有所不及。欲乞應諸路州軍有迂僻山林、沮洳濼淀、牧馬監地、葦蒲蘩生、古寺廟宇等，並令監司遞相關會四至八到，明立界至。如幽僻深嶮合置官司覺察去處，令具 17 圖貼説利害，申明朝廷相度，隨宜措置施行。」從之。

七月九日，詔：「應直縣弓手，並發歸縣尉衙專責捕盜，其直縣並差手力，仍先次施行。」

八月二十二日，江南東路提點刑獄司奏：「信州上饒等縣盜賊劫奪財物，放火殺人，知州劉尋、通判周彦明用心措置捉獲，緣此賊盜衰息。」詔各與轉一官。捕盜官令提刑司保明，具所獲人數聞奏。

十一月三日，京東西路安撫司狀：「通判鄆州劉温舒能於限内監督捕盜官等，捉獲正賊張狗肆等十人，委是用心督捕。」詔劉温舒特與轉一官。其捕盜官仰本路提點刑獄司具職位、姓名，保明功狀聞奏。

十二月二十日，詔：「給降空名度牒各一百道，付淮南東西、兩浙路提點刑獄司封樁，專充今後捉賊賞錢，仍不許别行支用。」

三年十二月十二日，詔：「近裏州軍及指揮災傷逐路帥臣、憲司，令常切整飭巡檢、縣尉兵甲，督責警察巡邏。如有昏老失(戰)〔職〕者，即行替移放罷，不得庇隱廢事。」

四年正月二日，詔：「福建、江南、兩浙、淮南旱傷有盜，捕盜官不即覺察，須十人以上兇惡强盜，方敢申奏。可令逐路轉運、提刑、提舉司通行覺察。如有未獲，令分認州縣嚴切追捕，逐旬各具已未獲數保明申尚書省，類聚以聞。」

政和二年十二月五日，臣僚言：「竊見兩浙州縣多邊江湖及通海道，有姦盜竊發，全藉舠魚戰棹乘流捕掩。見今逐處所管舟舡歲久廢壞，每巡捕官出入，18 旋賃客船及借民間舫子，類非情願，不惟妨滯搔擾，又緣船舫子遲鈍，有姦盜追捕不及。乞應巡捕官司見闕舠魚戰船，責以近限脩置。」詔捕盜官見闕舠魚戰舡，限一月脩置。

三年三月七日，詔：「諸路增置弓手，小縣七人，中縣十人，大縣十五人，其役錢令據合用數敷出。」

十月二十七日，河北西路提刑司狀：「乞將應没納到犯盗之人有餘物色，依捕盗公人罰贖錢没官，賞錢隸提刑司拘管，專充捕盗賞等。」從之。

五年三月二十八日，梓州路提刑司奏：「叙州南溪縣尉、將仕郎張鈞躬親率領保正等，捕獲放水强盗賊人軟落亨等同火一十五人。內將十人合得改官酬奬外，餘五人雖不及一倍人數，乞優與推恩。」詔與降一等。

十一月十四日，手詔：「諸路盗賊竊發，掩覆蔽護，不即聞奏，長姦稔惡，群黨寖熾。如不能掩而後具奏，皆部使者之罪。令逐路走馬承受覺察，月具盗賊以聞。」宣和元年十二月十八日〔一〕，詔限一日檢會。是日準降旨處分，申明行下，或有犯者，不以赦原。

十二月十日，詔：「諸强盗三人以上，强惡巨蠹不及三人，並限即時入急遞關報本路廉訪所。無廉訪所路分，關報提舉保甲武臣。（注）〔住〕滯稽違者，以違制論。」

二十七日，詔：「廉訪使者、武臣提刑奏到强盗火數，仰樞密院籍定，逐旬具開排進入。」

六年閏正月二十八日〔二〕，提點京畿路刑獄公事錢歸善奏：「契勘巡檢、縣尉下弓兵，19 近來干託差借，或以防守寺園爲名，致妨巡捕。開封府祥符縣比之他處尤甚。若不嚴立法禁，無以杜絶私役差使之弊。」詔違者徒二年，仍不以赦降〔三〕，借之者與同罪。

（十）〔七〕年十二月十七日〔四〕，詔：「廬、壽州盗賊除敗獲外，餘黨潰散，內有渠魁姓劉人未獲。可遍下諸路，仰依已立賞格官品、見錢，候告首考驗得寔，日下立便以諸司係官錢，不以封樁，並支一色見錢，支訖具奏。其錢却於御前奏請支還。」

八年二月十三日，提點利州刑獄黄潛善奏：「今盗賊之禁纖悉備具，而捕盗官畏不獲之罪，務爲隱蔽；被盗者憚官吏之擾，不敢以聞。縱盗之由，寔原於此。乞自今捕盗官吏，如減落强盗贓狀、人數及抑塞被盗人寔狀者，許人告陳，示以必罰。」從之。

五月十五日，詔：「訪聞泗州盱眙縣官屬不守職任〔五〕，并將帶弓手甲隊出城迎迓過客，致賊乘間入縣門劫獄囚，并盗軍器殺人，走逸離縣十餘里，逢都巡檢鬥敵，殺獲十七級外，皆遁竄未獲。其盱眙縣當職（言）〔官〕吏先次衝替。仰提刑劉壽取勘，及密切多設方略，選募人兵，四散緝捉，須管日近擒獲盡絶。旬具措置并捉獲人數赴入內省遞聞奏，

〔一〕「宣和」上原空格另作一條，則似自此條以下均爲宣和年事，實則此乃接叙後事，並非另一條，以下「十二月十日」起仍爲政和。嘉業堂本不明於此，將以下九條均作爲宣和事，與後文宣和各條打散重編。葉渭清已於《宋會要校記》中詳列證據揭發其謬，文多不録。但葉氏未悟此處「宣和元年」云云應合於上條，因而致疑。

〔二〕按，閏正月在政和六年，可證上二條亦政和事。

〔三〕不以赦降：按此類文字通例，此下似脱「原減」二字。

〔四〕七年：原作「十年」。今按，政和無十年。本頁前後分別爲六年、八年，此處當爲「七年」之誤，因改。

〔五〕盱眙縣：原作「盱眙軍」，據下文改。建炎三年始升縣爲軍。

不得張皇，搔擾生事。」

六月二十二日，詔：「協忠大夫譚稹奉使淮西，自冬徂夏，渠魁生致，餘黨殆盡，一方塗炭之民悉獲奠居，宜除通侍大夫，同知入內內侍省，餘如故。一行官吏，仰譚稹具等第優劣聞奏。」至二十六日，詔：「統 20 領捉殺官、武功大夫、淮西兵馬都監鄭昌朝（興）〔與〕轉遥刺，陞充本路鈐轄。都大提舉淮西捉殺賊盜所勾當、通直郎俞向除直秘閣，差充淮西提刑。應副事務，差募人兵知廬州、朝散大夫、充顯謨閣待制景靖降詔獎諭，仍除學正〔一〕，權知壽春府。」

二十九日〔二〕，廣西路經畧司奏：「瓊州黎賊王居想等結集澄邁、臨高兩縣界作過，差將領李忠將帶將兵渡海，與知州郭曄同共措置捉殺。賊人請命投降，已行撫定，遣歸著業，邊面寧貼。立功人乞推恩。」詔特每獲一級與轉一官，兼重傷，更與轉一官。

八月二十五日，詔：「江、淮、荆、浙人户逃散，物産被溺，姦猾乘此敢行劫掠盜竊，使被水之民重遭困苦。可令縣委尉、州委巡檢、都監，同責州縣巡捕警察。如有情重之人，具案聞奏，當法外施行。」

宣和元年十二月六日，刑部員外郎宋伯友奏：「今後應因强盜貸配充軍之人，如有逃逸，即時關報捕盜官司，立限擒捕，庶幾强暴禁制，良善獲安。」從之。

二年四月二十日，詔：「訪聞諸路州軍凡有盜賊保明功賞，有司都是曲折問難，逗遛日月，故不圓備。猾胥姦吏得以乞取，甚失勸功除盜之意。自今後應州縣保明盜賊功賞，地里近者不得過五日，遠者不得過半月，須管推賞了當。故爲遷延，不即推賞者，以違制論。監司常切按察，仍著爲令。」

七月二十八日，臣僚言：「府州縣被受民户告發强盜，輒敢減落賊數，不寔以申奏 21 者，乞嚴立法禁，仍許被盜之家越訴，庶幾小盜不復滋長。」詔今後減落賊數，以違制論。

九月十二日，臣僚上言：「捕盜官不申舉而養賊，只務趁逐出界，必宛轉令人開喻，甚則彌縫蓋蔽。又遣捕人評議，問有被盜之家決要舉發，十人只稱三人，羣黨只稱小盜，上下欺弊如此。願於勅令已行法内添立罪賞，俾凡人（行）〔得〕以告論，被盜得以越訴。每有敗獲，直須根問來歷，結連之因，諸處行劫之數，并不曾申舉立限，或立限而人數不足者。」詔許被盜之家越訴。

十一月七日，刑部奏：「勘會江西未獲兇惡劉九軍等，在循州龍川縣界劫奪財物。廣東提刑司差委州司録、承奉郎（寥）〔廖〕玖躬親入山監督巡尉，節次殺獲劉九軍及徒伴八十八人，委是疚心，頗見勞力。」詔（寥）〔廖〕玖轉一官。

〔一〕學正：疑當作「學士」，謂顯謨閣學士。

〔二〕按，本書蕃夷五之四四亦有此條，時間爲政和「八年六月二十九日」，益證前後各條爲政和事。

三年正月十八日，詔兩浙、江東路：「應詐稱兇賊徒黨放火及劫奪財物人，及詐作羣賊貼匿名文榜驚恐州縣者，賞錢各一千貫，白身與承信郎，許諸色人、徒黨、知情人告。（知）〔如〕係捕盜或有官人捉獲，當議（此）〔比〕附，重加旌賞。候（護）〔獲〕，仰兩浙路提刑、鈐轄司送遠惡州軍禁勘，取旨斷遣。」

十一日〔一〕，詔：「訪聞在京賊盜多於三河舟船負搭上下，使捕捉之人不敢搜檢。自今後在京內外諸河應干舟船，不以官私，並許搜檢。應今日以前所畫不許入船搜檢指揮，並行衝改。仍不得貪緣盜賊，妄有入船搜索，驚擾人口，損壞官私物色及有乞取。如違，22以違御筆論。」

二十一日，詔：「兩浙、江東州軍獲到强盜贓滿或情理巨蠹人，並仔細根勘。如證佐情狀分明，即一面依法處斷訖申尚書省，候事平日依舊。」是月二十七日，江淮、荊浙、福建路發運使陳亨伯奏：「契勘近日自睦賊占據杭州後，有湖、秀、常州、平江府管下諸縣鄉村兇頑人户，乘此驚擾，結集徒衆，窺伺州縣。尋行指揮捕盜官及諸州分撥兵將，使臣部轄，計會巡尉，會合擒捕。今節次據逐項捉獲到强盜，見獲賊徒，（加）〔如〕證佐情狀分明，依此指揮施行。」

二十四日，詔：「訪聞江浙州縣即今多有假借睦寇聲勢作過之人。竊恐日久不獲，因而熾盛。若巡檢、縣尉及所在寄居待闕官能自設方畧，捉獲兇惡，即令所屬具名聞奏，當於常格外優與推恩。其賞錢不以是何名色官錢，限當日借支。其見闕巡尉，關報提刑司，限一日差權。如關報不及，即從所在監司、州郡逐急差填。」

二十五日，詔：「諸路州縣如有劫盜三人以上，州郡、監司畫時具奏。逐州仍月具境內劫盜竊發月日、已未獲火數，申廉訪、提舉司類聚，保明聞奏。如敢欺隱不舉，或申奏不以寔，並以違御筆論，監（察）〔司〕、廉訪互察，御史臺彈劾。若有司匿不以聞，亦當重行竄黜，仍申嚴條令行下。」

二月十二日，發運使陳亨伯奏：「湖州百姓陸行兒乘睦賊聚羣黨一千餘人，占據杭州。知州王倚差發軍兵、效用、水戰及弓級等，斬獲靜盡。」詔王倚轉23一官，除直龍圖閣，侯山等各補授名（日）〔目〕。並（官轉）〔轉官〕資及支賜人，並令宣撫制置司驗寔，量功力等第，疾速推恩。

二十二日，詔：「州縣捕盜官緣會合，許時暫出界粘蹤捉殺，他司不許妄作名目勾抽，致離官守。違者以違制論。」

二十三日，都省言：「契勘諸縣弓手多者不過百餘人，其間不無老弱疾病。近來諸縣因循弛慢，多有違法差使。其所差弓手，又計會干求幹當詞訟公事，緩急賊發，闕人擒捕，遂至滋蔓，甚非設法之意。」詔並依元豐法，今後如違法差占，以違制論，仍不以去官、赦降原免。諸路施行。

〔一〕按，此條與上條日分失次，當有一誤。嘉業堂本直將此二條位置對換，未必是。

二十八日，詔：「應盜賊嘯聚，訪聞其間多係驅虜(負)〔脅〕從之人，可並與放罪，各令自新歸業。內軍人，許令所在官司陳首免罪，仍舊軍分收管。百姓願充軍者聽。如强盜罪至死，徒中能自殺併告官，並與免罪，仍隨元得指揮補官給賞。如赦後不能改過，尚敢爲盜，並復罪如初，令所屬依專降指揮，嚴切收捕。」

同日，詔：「訪聞縣鎮小竊邏來妄稱賊徒姓名，貼寫文字，意在作姦詐惑農民，不得安居。仰逐處守倅及憲司官嚴切督責捕盜官屬收捉，及許諸色人告捕。若勘鞫得寔，日下給賞錢一百貫文，犯人當行重斷。」

三月一日，權淮南東西路提點刑獄公事高士曈奏：「兩浙提刑楊應誠以逆賊方(獵)〔臘〕猖獗未殄，窮民敗卒乘此擾攘，正須緝捕。一、乞從本司召募敢勇之士一千人。臣今相度，如合要捉殺人兵，若[24]本路人兵數少，差那不行，欲乞申本路宣撫使司逐急那移應副。一、乞自朝廷差大使臣二員，以『兩浙路提刑司捉殺賊盜勾當』爲名。臣今相度到兩浙添差使臣事理，如蒙聖慈矜允，其淮南亦乞依此添差。一、乞本路提點刑獄官二員，權差禁軍充當直人。乞將帶出當直兵士等，除給券外，別給(醫)〔醬〕菜錢，並乞本路應係邊海傍江及湖泖山僻遠去處巡檢，乞從朝廷差有材武膽勇之人。其縣尉皆是文臣，平時並不敢入賊，臨事必致誤事，今乞差有材武膽勇小使臣充。臣今相度，欲依楊應誠所乞逐項事理施行。一、乞應本路巡尉下弓兵，每處合添招三五十人，庶不闕事。臣相度本路巡尉下弓兵不消添招，只據逐處見闕人數，嚴責州縣招填額足，專習武藝，緝捕盜賊，不得差占役使。」詔：「楊應誠所奏(訖)〔乞〕添差使臣緝捕盜賊等畫一，可並依高士曈重別措置到事理施行。淮南路準此。」

二日，尚書省言：「威武軍承宣使、同知入內內侍省事、制置譚稹奏：契勘近緣睦賊竊發，侵(發)犯兩浙、江東州縣，既行剋復後，合要捕盜官及弓兵分布巡警盜賊。今措置到下項：一、巡檢、縣尉除(見)在正官外，其未見下落及本路其餘見闕去處，欲乞許提刑司權不依常制，於應見任、得替、待闕等官并校尉內奏辟一次，仍令先次赴任，不許辭避。任內如能緝捕盜賊，別無曠闕，令本司保明取旨推賞，願再任者聽。一、合[25]用捕盜人招募未足間，弓手欲乞從本路提刑司據寔闕人數，於鄰近州縣人額多處相度分數，權行摘那應副。上兵欲乞權依舊來巡檢下體例差禁軍，並選揀少壯能捕盜無過犯之人。其合破請給，委所屬依時支給，仍常加存恤。候召募到人，逐旋抵替，歸元差去處，即不得額外非理占留。」從之。

十六日，京東西路提點刑獄王時雍奏：「據告捉强盜人陳狀，有經隔年歲不支賞去處。訪聞近來盜賊多藏金銀在身，遇諸色人追襲緊急，即捐與金銀等物，以求解免。諸色人見獲賊之賞未使支給，皆利於目前所得，是故令脫走，則支(償)〔賞〕後時，最是滋長寇盜之源。」詔特許支州縣鈔旁定帖并出賣度牒錢充捉賊激賞，不得他用。

十八日，尚書省勘會：「兩浙捕賊合用錢物，今年二月十五日，已降申明指揮，據合用數目，先以係省錢物應副。如闕少，支諸司應在錢物；又委寔不足，（使）〔支〕本路使見在上供錢物。」詔令兩浙路轉運司詳所奏事理，據合用錢糧，遵依上件已降指揮施行，不管少有闕悞。二月十五日申明旨揮，檢未獲。

四月二十五日，權知信州王愈奏：「因强盜竊發三十人以上，帥臣、監司並請所發州縣措置捉捕，候獲賊許回。雖別有故除，並候獲賊日替移。欲令監司並詣賊所在措置捉殺，內提刑雖合替移，須獲賊方得離任。」從之。

五月三日，詔：「近緣諸州軍守臣間非其人，以致盜賊竊發。唯徽猷（問）〔閣〕待制、知海州張叔夜，直龍圖閣、[26]知襲慶府錢伯言，直龍圖閣、知密州李延熙，能責所部斬捕賊徒，聲績著聞，寇盜屏跡。宜各進職一等，以爲諸郡守臣之勸。」

二十四日，臣僚言：「比者睦寇謀非一日，乃巡尉不警察之過。乞立法，應捕盜官常切覺察境內，月聽十日在廨舍。郡給印紙，批書宿之所，鄉分置粉牌記月日。長吏檢察其山川險阻可爲賊巢穴處，委官相視，申所屬奏聞。」詔檢會見行條令，參酌行下。

七月四日，廣東經畧司奏：「昨委潮州通判王炳等監督應干巡尉等官收捉劉花三一百餘人。奉詔，並令本路安撫使疾速保奏，先次推恩。本司勘會到武翼郎、東南第十一副將霍迪身亡，已推恩；循州司録廖玖已轉一官。」詔：「王炳、朝散郎。朱縝承議郎、惠州司録。各轉一官，廖玖降授承務郎、循州司録。減二年磨勘。」

十五日，中書省言：「大理少卿陳迪奏：昨（降）〔除〕京西提刑，專一收捕京西南北兩路羣賊。當年九月間，一併敗獲，已具奏聞。勘會陳迪所差官知魯山縣武子定言各已推恩了當。」詔陳迪與轉一官。

十一月二十一日，尚書省言：「前通判襲慶府惠需劄子，陳述郡縣盜賊利害。如正賊敗獲，過其所申之數，或本處隱而不發，其當職官及捕盜官宜各重其責。或因本界有盜，縱而爲害、犯及他境者，亦乞罪其起發地分。」從之。

四年正月十一日，中書省言：「檢會宣和三年十二月十九日奉御筆：『河北羣賊自呼賽保義等，昨[27]於大名府界往來作過，良民爲之驚擾，久之未獲，惻然于懷。迺降御筆處分，令大名府路安撫使鄧洵仁選擇兵將，河北漕臣呂頤浩、黃叔敖應副隨軍糧草，提點刑獄高公純不以遠近粘蹤捉殺，廉訪使者錢懌隨逐監督，不踰一月勦除。高公純、錢懌各已轉官陞職外，鄧洵仁與降詔獎諭，呂頤浩、黃叔敖宜有褒勸，以風（西）〔四〕方。可將上取旨，特與推賞。』」詔呂頤浩、黃叔敖各轉一官，內黃叔敖依條施行。時叔敖降授朝議大夫。

五年五月四日，詔：「中大夫、直祕閣、提點河東路刑獄、兼提舉保甲李孝揚，可特授直龍圖閣。朝散郎、直秘閣、權發遣磁州韓景，可特授直徽猷閣。承議郎、通判磁州趙將之，可特授朝奉郎。」以三月七日將帶本州軍兵等前去昭德鎮捕捉羣賊韓用等有勞也。

二十九日，詔：「昨(元)〔沅〕州管下田爛棧作過，鼎、澧路鈐轄、監司措置有方，不致滋蔓，遂獲安帖。鈐轄孟廣威、提刑臧時中並特轉一官。」

十一月十五日，京畿提刑司奏：「今後遇有强盗及殺人賊，捕盗官以耳目根緝得在窑務、宗室及官員或綱運船栰内窩藏，恃賴官司影蔽，不令收捉，或知情窩藏，其窑務監官并官員、宗室、綱運船栰内管押人，除依見行勑條斷罪外，欲乞不以去官、赦降原減。」從之。

十七日，詔：「昨差諸路使臣、軍兵、諸色人等赴江浙捕賊立功，依條例并已降指揮，合得賞絹支賜。近來帥司往往以闕絹爲名，28不即支給。仰諸路將應合支給上件錢、絹，每疋支錢一貫文。内合支鐵錢地分，並(細)〔紐〕計銅錢。仍限一月支絶。」

十八日，大名府路安撫使徐處仁奏捕戮羣盗措置：「欲乞被驅虜農民，雖曾隨從驚劫縣鎮，元不曾放火殺人，雖曾受贓，能自脱身，雖被捉獲，便招本情，候會問到鄰保，委見詣寔，直與疎放。其被劾獄囚，能自陳首或捉獲，雖曾隨從驚劫縣鎮，不曾放火殺傷人口，便招本情，並候勘會得寔，各斷元犯本罪。以上並限十日内陳(道)〔首〕。」從之。

十二月六日，吏部侍郎盧益奏：「乞申敕監司、守令，凡盗發所部，毋得蔽匿。若羣黨既成而後言，當重寘于法。捕賊賞功，如有司予奪故不以寔及迂枉沮格，或逐捕之官率先當寇，而隨逐者畏怯不進，遂致被害，並宜顯戮。賞罰既明，人知勸沮。」從之。

二十九日，河東路提刑司申：「體訪得捕盗官兵、弓級等自來追捕盗賊，賊徒多以所盗財物等遺棄道路，捕人等爭利，不向前黏逐趕捉，走失賊徒，及有因此殺傷捕盗官兵。蓋緣從來未有專一斷罪約束，乞重立法禁，許人告捕。」詔：「捕盗弓兵緣捕逐盗賊，因爭取賊人遺棄財物，致賊徒失逸者，徒二年。許人告，每名賞錢五十貫。」

六年四月十八日，權發遣淮南西路提點刑獄司公事雷壽松奏：「契勘捕盗官等親獲强盗，其間有僥冒朝廷賞典，往往多以被驅虜或般(檜)〔擔〕贓物等人一例便作徒伴解縣，公然干請。承29勘獄司非理鍛鍊，必令依隨供招。欲乞應親獲强盗，如死亡及五分，即候解見在徒伴到州，先委知、通親行審問，已死人有何照驗，取責審狀入案，送所司覆勘。一面(情)具情犯申提刑司，限五日差無干礙官或因巡歷躬親往彼，再加審察。如涉妄冒，其元勘官吏並乞重立刑名。」詔依所乞。如涉妄冒，其元勘官吏罪輕者，以違制論。

九月二十一日，詔：「應捕捉盗賊軍兵等，如敢輒緣捕盗，乞取民户財物，並行軍法。將佐、部押使臣、提舉捉殺官亦當停廢。仍許被擾之家越訴。」

十二月二十四日，詔：「京東路見今作過羣盜，如能出首，應已前罪犯一切不問，並與釋放，更不解上京，便令各歸原業，軍人依舊本營收管。内有係首領人，當議優與補(受)〔授〕官資。其歸業人如闕食，不能自存，仰所屬州縣量行賑給，務令安堵。」

七年正月一日，詔：「河北、京東路盜賊，唐、鄧、汝、潁流移人户，比緣用非其人，政失厥中，徭役荐興，使民不能自存，乃轉而爲盜，求生至急，遂抗官軍，鬥兵將，非其本心。今親手詔，差官前去撫諭：一、州縣見禁賊徒，如犯劫殺放火不赦外，餘一切不問，並與放罪。一、宣和六年未納税賦、租賦，沿納和買、預買，並與免放。其分糴、結糴、敷糴，配糴，更不輸納。一、應合科敷率斂，應流移及盜賊歸業民户，當牽挽、負擔、防守、迎送之類，並免一年。盜賊、流民復業所齎隨行物不得收税，妄有搜檢邀阻。一、流移及盜賊歸[30]業人户，其宣和七年分合納租税等，更與免一科。一、流移及盜賊歸業人户，尚慮衣食未足，各特依常平法借貸一次，仍免出息，候至宣和八年豐熟日，分料送納。一、今來放免租税等，仰所屬監司具放免過寔數聞奏，當議朝廷支降錢物應副。如輒敢别作名目科納，官吏當重寘典刑。一、應復業人并盜賊應公私欠負，不以多寡，不得理索。一、有罪在宣和七年以前，見勾捉、見寄杖，不得勾追寄杖，除其籍。一、仰差去官若民户能聽命，或爲賊首，或上等户，仰具名聞奏，當授以官爵。有文材可用，與將仕郎；有武藝可收，與承信郎；餘人以次補官及軍額。一、軍人入火，逐隊流移，與免罪，差使出戍工役一年。其有願放停、願歸農、願歸營養老，聽從便。官司違法不支月糧衣賜者，並限十日支給。」是年三月二日，詔：「近降招首盜賊免罪及流移人户放免科斷税租等指揮，訪聞以無日限，致人户覬望免科率、税租、招首官爵例物，相率流移爲盜。限以三月一日以前，依已降手詔處分，以後不在放免之限。」

二月十四日，詔：「京東、河北路捕盜官，如遇追捕羣賊，獲到首級，仰本州日下關牒無干礙官躬親詣戰場，依公驗寔，次牒鄰州選無干礙官，限即時起發前去體究。如委因鬥敵斫到，非平民老小女婦，係正賊首級，即關牒本路廉訪所保明詣寔聞奏。諸路依此。」

三十日，京東路轉運副使李孝昌奏招[31]安羣盜張仙等五萬餘人，詔補官，犒設有差。

三月十二日，中奉大夫、徽猷閣待制、知海州錢伯言奏招收山東賊賈進等静盡。詔補官有差。

四月六日，詔朝請大夫、直顯謨閣、知密州郭奉世，朝請大夫、知洺州柳瑊，各轉兩官，奉世陞直龍圖閣。皆以捕盜有方故也。

欽宗靖康元年二月十二日，詔：「應聚集盜賊，並限一月出首，與除其罪，百姓放令逐便，軍人依舊收管。限滿不首，復罪如初。」

十三日，中書省、尚書省言：「統制軍馬劉光世狀：追趕羣賊到洺州肥鄉縣界〔一〕，親詣陣前門敵掩殺，約斬獲一千五百餘級。」詔今後以婦人小兒効〔二〕，並行處斬。

同日，詔青州千乘縣民張重亨補承信郎〔三〕。以自備錢糧勸誘羣盜復業，故録之。

十月七日，詔：「河北、京東羣賊竊發，兵將及捕盜官緣鬥敵陷没，縣鎮場務官被殺者，或未經推恩，許於所在自陳，保明聞奏。」

十一月十四日，詔：「京東、河北、淮南路捉殺羣賊，朝廷并宣撫司差出統制官下使臣、軍兵、敢勇、效勇等，部獲捉到活人、獲級，傷中陣殁、因傷限内殁故推恩等，如不係朝廷并宣撫司差撥，隨統制官下立到功勞，仰所屬申尚書省推賞。」以上《續國朝會要》。（以上《永樂大典》卷二二四八九）

〔一〕洺：原缺，據《宋史》卷八六《地理志》二補。
〔二〕「効」字後當有脱文。
〔三〕千：原無，而有「原本昏」三字小注，據《宋史》卷八五《地理志》一補。

宋會要輯稿　兵一三

捕賊 三[一]

【宋會要】

1 高宗建炎元年七月二日，詔差御營使司都統制王淵、統制官張俊討陳州叛兵杜用，都巡檢使劉光世討黎驛、馬忠下叛兵，統制官喬仲福討京東賊李昱，統制官韓世忠討單州魚臺軍賊[二]。仍宣諭宰職召王淵等赴都堂，授以方略。其後，光世、仲福、世忠盡破李昱、黎驛、魚臺賊衆，各斬首以獻。王淵、劉光世以功除節度使，張俊、喬仲福、韓世忠各轉三官。其餘有功官兵，等第轉官資。於是，劇賊如湖北閻瑾[三]、党忠、薛廣、祝靖等皆入宿衛，河北丁順、楊進等赴招撫司自効，餘皆赴東京留守宗澤納欵，盜益衰止。

十四日，吏部尚書路允迪言：「近來州軍保明捕獲酬奬，盡是獲到首級，並無案欵照證，不見得賊人姓名、同夥行劫情由、贓錢數目、斷遣刑名。乞今後官員、諸色人如係殺獲，別無生擒徒伴照證，即令所屬州軍保明，徑申提刑司勘會詣實，委是同夥彊盜贓滿死罪正賊，別無驅虜脅從平人，依條保奏。」從之。

九月二十四日，楚州言：「契勘獲到兇惡賊徒，勘見情犯分明，結案聚録審問訖，合申提刑詳覆，候報處斷，或往復動經數月，不能結絶。今欲權將應有獲到賊人，若係兇惡徒黨，勘見贓證分明，結案聚録訖，一面依條斷訖，録案申提刑司，候賊盜衰息日依舊。」從之。十二月二 2 十一日，又詔：「今後獲到彊盜罪至死，依京東已降指揮；如係人衆，或所犯巨蠹大情明白者，令本州差不干礙官再行審問，一面依法處斷訖，具犯由申提刑司審察，候賊盜衰息日依舊。」

十月七日，詔：「諸處盜賊起因各各不同，其間有本心忠義，偶因事罥罣不能自明，或緣過失負罪不敢出首，或逃亡潰散歸隊不得，或遭驅虜勢不獲已之人。若遣發重兵盡行捕殺，則情有可憫；若一例招安，則其間作過不改之人又不可恕。可曉諭，應干賊盜如能與見領徒衆同體國家分別之意，併滅別火或本火盜賊了當，赴官出首，自表本心，當依下項正補官資，除授差遣，更令立功，以雪前恥。一、併滅別火盜賊或本火作過不改賊衆一萬人以上，並計州縣通知確實人數，後項準此。立功人第(十)〔一〕名武功大夫、忠州刺史，正將差遣，第二名武翼大夫、閤門宣贊舍人，副將差遣，第三名武顯郎，閤門祗候，準備將領差遣，第四名武經郎，

[一] 標題原批作「捕賊下」，正文前又有「捕賊」二目，今改與前兩卷編序相承。
[二] 按，此上某人討某賊，《建炎要録》卷七所載有所不同。
[三] 瑾：原作「僅」，據《建炎要録》卷七改。

第五名武翼郎，並諸州兵馬都監，第六名已下及小頭領，並令首領保明，以次賞之。併滅千人至五百人，立到賞格有差。如能勸諭本火作過人改過自新，經官出首，送納器仗，軍人聽歸舊營，或與一般軍分；百姓令歸業，或願充軍，比附職次安排，亦(許)〔計〕人數依格推賞。如更能勸諭別火依此改過自新者，仍別取旨推恩。如不能併滅全火，但能殺到衆所共識近上賊首，送官審驗得實，亦隨所殺賊【3】首大小高下取旨，等第推賞。立功人元係有官者，依前項第格推恩外，仍取旨加轉。仍令帥臣、監司募人賫赴賊寨告諭。」

十一月十四日，知湖州梁端言：「本州兇賊童照等一十二人結謀作亂，兵級沈賓等告説，尋遣官兵擒獲，已將童照等并家屬並行斬首號令外，所有元告人乞正補官資。」詔沈賓、張成特與更加兩官，正補保義郎，其餘捕獲官兵等特與加兩資，並轉四資。

二年正月十日，詔曰：「訪聞諸處百姓緣被賊驅虜，面刺入火等字，後來遁歸，經由鄉村，其巡社輒便殺害。深恐無辜良民陷賊，永不敢歸業。令諸路帥臣、憲司行下州縣，牓諭村社，係被虜百姓，即(綸)〔給〕公據，放令歸業。如非被虜之家，依條施行。」

二十二日，詔：「應盜賊能回心易慮，散歸田里，或失業不能自還者，令所屬官司條具以聞，朕當區處。其日前罪犯，一切不問。」

二月十七日，知揚州呂源言：「竊見臣僚上言，訪聞揚州街市有不逞之人，妄造語言，驚擾百姓，竊慮乘間作過。乞下吏部選差曾歷任使臣三五十員，送呂頤浩分管地分，專切巡察姦細盜賊。」詔令(按)〔安〕撫司於内外見任或得替待闕使臣、副校尉内，不以諸般拘礙踏逐差委，理爲在任月日，仍差破當直厢軍二人外，其日支食錢，依已降指揮。如將來別無違闕，與理短使一次。

六月十日，樞密院言：「盜賊未衰，諸路創添武臣提刑一員，專管捉殺。若只依舊法差人【4】兵，委是使用不足。」詔：「除依舊法差人兵外，權增差係將或不係將兵一百人，有馬軍處差三分之二，更於廨宇所在州差新募弓(首)〔手〕二百人，(係)〔依〕軍兵例支破口食，並充隨行捉殺使喚。仍須依條被旨及親行督捕，方得將帶隨行。内弓手候捉殺回，限一日發遣逐縣，事平日依舊。」(從之)

十九日，淮南西路提刑司言：「諸州通判不任捕賊，託故求免，乞重立法。」從之。刑部立下條：「諸有彊惡羣盜，州委通判，差近下禁軍，不得過三十人；若盜滿五百人，不得過二百人滿千人(百人)以上，劫掠州縣同，下文準此。不得過三百人。並量給器甲，提舉擒捕。捕盜官捕逐入他界者亦同。仍申提點刑獄司。如別有幹辦及歸任，並遣還。即盜滿千人以上，雖別有幹辦，因本州及監司差委同。不許罷提舉擒捕等。」從之。

七月二十八日，浙西路安撫司言：「本路州縣遇有賊寇竊發，鄰郡不爲之援，必待奏報，輒勤王師，道路往回，賊已張甚。自今乞許本處召募健卒，厚以犒賞。令告急于四鄰郡（一），得報，不移時遣發兵民救援。如已受告給文字及奉帥（邀）〔檄〕，逗遛不進，其兵將或捕盜等官並依軍法行遣，守令、當職官並奏劾，乞重行竄黜。如能率先應援，因而立功之人，隨功力輕重，許書填空名告敕，賞以官爵，其次轉資、支賞，不得踰時。所有統制及統領等官或軍民，有立異功，即具奏聞，優加官爵，不次擢用，以爲勸沮。候至本路行之有驗，即乞推行天下。」詔依。其應兵 5 將、捕盜等官，於合應援地里內逗遛不進，許從軍法。

十一月十四日，御營副使張俊擒斬建州（判）〔叛〕兵葉濃等。先是五月，建州選差威果指揮兵士葉濃等三千餘人勤王，督起程間，六月一日夜率其徒作亂，盜州印及觀察使印，妄作文移，攻掠州縣。二十一日入福州，七月還至建州，官兵屢戰不勝而潰。上命俊同兩浙提刑趙哲率兵收捕。十一月十三日，王師與賊兵接戰，大捷，俘獲二千餘級。殘黨星散，（兵分）〔分兵〕追襲。十四日，（逐）〔遂〕擒葉濃及以次首領葉明珍、范擒虎等，皆戮之。

四年二月二十四日，廣東路提刑曾統言：「據連州申，茶陵縣賊人二千餘人已入郴州永興縣作過，欲自韶、連州尋路去投虔州（二），及虜到鄉民，又各刺『聚集興宋』四字，其意望朝廷招安。除已措置官兵隄備守禦外，逐急旋作朝廷劄子下本司，差官還委宣教郎、監韶州永通監宋履，齎牒前去見今作過去處撫問軍兵，及令開具統領并五軍姓名回報，以憑申奏朝廷推恩。所有不候朝廷旨揮之罪，乞重賜施行。」詔曾統放罪。

四月三日，詔：「明州象山縣令、儒林郎周祕，擒到兇惡賊人林吉等九人，特與改合入官。」時林吉結集朱寅等，將帶槍杖往盛神家劫盜財物。爲縣尉差出，係祕躬親部領弓兵捉獲全火，以本州言，故有是命。

六月二日，宰執進呈建康府獲蕃賊一名公狀，取問係涿州人。上曰：「此吾民也，止令諸軍使令，不 6 可殺也。若女真則不可留（三）。」

七日，（止）〔上〕諭宰執曰：「劉光世押魔賊使臣，已令加倍犒設，可遣還。聞光世討此賊，凡洗兩縣，殺人幾二十萬。皆吾民也，生靈何辜？」顰蹙久之。范宗尹曰：「臣等見辛企宗等奏，殺賊以鉅萬計，夸大其功，殊不知皆赤子也。雖盧益亦不免如此。」張守曰：「中國之民，非蕃賊比，豈貴多殺。玉石俱焚，誠可痛傷。」

十一月十一日，（誤）〔詔〕虞澈與改合入官，吳擇善與補下州文學，賞捕賊之勞也。澈是時爲溫州瑞安縣令，有兇惡人夏祥爲劫賊，澈遣本處社長吳擇善擒之。

（一）四鄰郡：疑作「四鄰州郡」。
（二）「連」原作「漣」，「虔州」原作「六官」，據《建炎要録》卷三一改。
（三）真：原作「貞」，據《建炎要録》卷三四改。

十二月十二日，荆湖南路提點刑獄司言：「管下地分闊遠，上接溪峒，下與湖北、江西相鄰，時有盜賊作過。照應止得捉殺使臣二員，緩急闕人。乞召募有膽勇武藝劾用一十人，添助使臣領兵討捕。若有勞効，聽依海行法推賞。」從之。

十二月，詔湖南北路捉殺使孔彦舟除利州觀察使，尚書考功員外郎、宣撫處置使司主管機宜文字傅雱特轉兩官。以旌勦滅叛賊鍾相之勞故也。相本鼎州百姓，父子挾左道惑衆，占據州縣，於建炎四年二月二十一日徒黨册立僭號，改年天戰，文移皆稱聖旨，差補官屬皆用黄牒。侵占荆、岳、鼎、澧四州，勢甚猖獗。先是，宣撫處置使司遣本司統領和安等掃蕩，其勢愈熾。至是，遣彦舟救援。自三月一日到州，日與賊戰，二十六日辰時遂破巢穴，生擒僞楚王鍾相，僞太子鍾昂、鍾全、鍾緒，僞皇后 7 伊氏及僞將相等。除殺死以次首領斬首號令外，其相父子并妻伊氏檻送行在。彦舟已論賞外，有詔賜戰袍、金束帶、銀纏捍槍、團牌并細葉全裝甲一副。

紹興元年二月十一日，知鄂州、兼本路安撫使高衛言：「乞今後非承朝旨指定姓名許令招安及承頒降旗牓，及帥司待報不及，便宜措置許招安外，其他官司及州郡并統制、統領官擅行招安者，並依律坐罪。其擅招安盜賊，如元無許補轉官資朝旨，不得申奏陳乞，并招安盜賊官司兵將不得理爲勞績，僥冒恩賞。」詔今後盜賊令州縣極力措置擒捕，不得擅便招安〔一〕。

十八日，江州路安撫大使、兼知江州朱勝非言：「方今寇賊之患，其目有三：曰虜寇，曰游寇，曰土寇。其土寇之由，緣南人資産素薄，比年科率繁重。願特降寬詔，稍蠲苛擾，察贓吏之尤者〔二〕，舉行祖宗顯戮之典，以慰疲民。」詔：「諸州軍非理科率人户錢米繁重，仰逐路提刑司取問違法官司，具析因依申尚書省。餘依已降德音指揮施行。」

四月二十三日，詔：「福建路目今盜賊未息，州縣鄉村豪俠信義之人爲人推服者，仰所部州縣公共訪詢，次第保明，申諸司籍記鄉里、姓名，遇有盜賊，臨時隨鄉里選委彈壓説諭。候實有勞効，即諸司同共保奏，量材録用。」從本路安撫使程邁之請也。

七月七日，御前給降招安旗牓，曰：「奉聖旨，南劍州將樂縣百姓昨因闕食，遂致嘯聚作過。訪聞已受官司招安，尚 8 懷反側，未敢出首。仰吴逵星夜之任，多方招諭，各令安業。應已前罪犯，一切不問。如敢依前作過，仰本路制置安撫司遣兵收捕。」仍令尚書省給降敕牒，付吴逵前去曉諭。是月十三日，又以德安府、舒、蘄、光、黄、復州、漢陽軍宣撫使朱勝非言「盜賊嘯聚，乞給降金字牌、旗牓十副招安」，詔曰：「昨逆賊李成占據淮南作過，已遣張俊討殺

〔一〕便：原作「使」，據《建炎要録》卷四二改。
〔二〕吏：原作「史」，據《建炎要録》卷四二改。

外，其舒、蘄等七州軍管下尚有緣賊驅虜或因闕食嘯聚作過，實非本心，並令招收赦罪。被虜老弱，給據歸業。其實堪出戰人，並聽宣撫使朱勝非使喚，仍具首領姓名聞奏，當議推恩。」其後十一月四日，江南東路安撫大使葉夢得言：「逐路有非嘯聚盜賊，乞依例給降金字牌、旗牓招安。」詔曰：「爾等素懷忠義，爲國宣力〔一〕，比緣闕食，因而嘯聚，原其所自，實非本心。今遣使招收，應日前罪犯，特與赦免。仰將被虜及老弱不堪披帶人經所屬給據放散外，其（實）〔餘〕堪披帶出戰之人結成隊伍，並聽江南東路安撫大使使喚。仍具首領姓名聞奏，當議推恩。依此給降三十副。」

十九日，詔：「將仕郎、權福州閩縣尉陳允亨躬親部領弓級，捉獲同火死罪彊盜林喜等一十六人，及知盜所在，會合抵界福清縣尉，共力捉獲郭新等一十人，共二十六人，可特（受）〔授〕承奉郎。」允亨以功授承務郎訖，吏部言：「於法，用林喜等一十人改合入官酬獎外，有蕭大等一十六人，係餘數又及一倍者。」奏裁，故 9 有是命。

九月四日，宰執進呈盜劫江上舟黄德等案目，其徒二人伺于岸次，刑寺欲原死。上曰：「彊盜不分首從，此何用貸。朕尋常不敢食生物，恐多殺也。於此時須當以殺止殺。」

二十九日，詔：「福建路盜賊未平，鄉村久被焚掠，民力困于養兵，師老患深，不當玩寇。若不速行招安，即合併力掩捕。差監察御史胡世將前去充撫諭，限三日起發，兼程前去，與辛（止）〔企〕宗商量。如合招收，即疾速措置。如合掩擊，疾速進兵，不得有失措置。」

十二月二十九日，詔：「應係昨因蓄寇、潰兵作過之時，居民有乘時殺人放火虜奪財物者，如首領人已經捉獲依法斷治外，其餘徒黨元係脅從，本無他意者，委州縣詳度虛實，方許受理。其緣此見禁勘公事大情已正，小節未圓，並許結斷。仍委提刑司專切點檢覺察，即不得將正賊妄作脅從之人，一例不行受理。其見禁公事，限半月結絶。」從江南路轉運判官張匯之請也〔二〕。

二年二月八日，臣僚言：「川陝之民比年困於調發，遂因張浚累奏戎捷，特差内侍任源傳宣撫問，中外皆以爲宜。源又得旨下五事，差人兵護送。源又自乞令樞密院給降旗牓及金字牌五副，遇有賊盜，欲與州縣長貳同共招安，皆從其請。蓋自崇寧以來，宦官握兵〔三〕，馴致禍變。今來源所經由，就使偶有盜賊〔四〕，止當移文所屬措置施行，而乃欲以招安自任，然則盜賊肯聽之乎？又況挾招賊之名，開握

〔一〕爲國：原作「國家」，據本書職官四二之七〇改。
〔二〕「判官」原作「通判」，「張匯」原作「張匪」。按《建炎要録》卷三四載：建炎四年六月癸酉，以張匯爲江南路轉運判官。據改。
〔三〕官：原作「兵」，據《建炎要録》卷五一改。
〔四〕偶：原作「遇」，據《建炎要録》卷五一改。

兵[10]之漸〔一〕，事有幾微，不可不慮。欲望收還所降旗牌等，戒約任源，止從元降畫一事件，不得別有陳請。」詔如前路遇有賊盜去處，令任源將金字牌旗給付守令招安。

三月二十一日，詔湯易道特與補承信郎，捕捉官都監安壽、高居實，縣尉侯秉衡各與轉一官，捉事兵員劉贊、林禮、洪仲、蔡旺、陳養、王周、陳靖、高勝各與轉一資，並於正(賊)職名上遷轉。內侯秉衡已係承直郎，候改官了日收使。以泉州禁軍兵級鄭貴等相結要，就都教場合陣，乘時擁兵衆殺人放火作過，客人湯易道經道，告之都監安壽等捕獲。獄具，斬首號令訖，帥司奏乞推恩，故有是命。其後四年五月四日，邵武軍兵士黃嵩特補保義郎，仍添差本州指使；軍員孫旺、聶生、十將李回各轉四資，本軍巡檢、保義郎管遺直轉一官以嵩等告首蕭吉等同謀作過，遺直捕獲伏誅故也。

二十二日，詔臨安府使臣劉坦、王勣各轉一官，減二年磨勘，各更支賞錢一千五百貫；李振、郭立各減三年磨勘，各更支賞錢五百貫。內賞錢等第分給緝捕人兵，令戶部支給。以捉獲劫賊顧安酬賞也。以知府宋煇言顧安等打劫承信郎劉深船財物，係坦等捉獲，其合得賞，理合分別輕重故也。

閏四月十九日，吉州言：「準紹興元年九月明堂赦書，應有盜賊，許一月內出首自新，以前罪犯一切不問。又承提刑司備到宣撫使司備降詔旨，立便改過自新，[11]速行放散人丁歸業。上項指揮，亦稱以前罪犯一切不問。竊詳逐項指揮，今後招安出首賊盜，不得以追贓識認人口之類爲名，勾追根究以前罪犯。緣其間却有盜賊作過，係被害人於赦前經官論理追捕未到，續於赦後一月限內出首歸業，其被劫之家再有詞訴，未審合與不合受理施行。」刑部看詳：「如盜賊係依赦限一月之內出首之人，雖被害人於赦前經官陳理，官司追捕未到，緣既在限內出首，自不合受理根究前罪。所有出首歸業之後，有元虜到人口顯然存在者，無問被盜之家論訴在赦前後，難以一例不行受理。」從之。

六月二十三日，詔孟庾特轉通議大夫，依前參知政事、兼福建等路宣撫使。以招捕賊盜績效顯著故也。

七月五日，福建路安撫使司言：「南劍州沙縣替下弓手節級羅仁，因召募防托楊勍賊，殺獲兇惡彊盜張遷等三名，及舊充弓級日隨從捕盜官捉獲彊盜盧三十八等七人，欲乞推恩。」詔羅仁與補効用甲頭。

十七日，廣東、福建帥司言：「得旨相度措置海盜事宜，欲責令逐處本地分巡尉與海上緝捕使臣，於本地分(活)〔括〕責應有大小(獎)〔槳〕船之家，並籍記姓名，每三家或五家結爲一保。遇有下海興販買賣，如保內人輒敢劫(勍)〔掠〕作過，許同保人收捉。如同保人蓋庇，許別保人告捉。

〔一〕開：原作「聞」，據《建炎要録》卷五一改。

又不覺察，致被官司捉獲，其保人一例坐罪。逐路巡尉遇有大（獎）〔槳〕船作過，即時捉獲，並與12依條推賞。若勢力不加，即時關報鄰近巡尉會合掩捕。如致大小（獎）〔槳〕船走漏，限滿收捕不獲，即行收禁，根勘聞奏。」詔劄付福建路提刑司，依相度到事理。初，臣僚乞於廣東、福建、兩浙路瀕海州軍及近裹江面自來有大棹停藏及往來去處，各置水軍，專管捕大棹盜賊。詔下兩路帥司相度，故有是請。

十二月十二日，詔：「今後捉獲放火人，有官人與轉一官，無官人支給賞錢一千貫。令臨安府出牓曉諭。」

三年二月六日，詔令江西帥司：「今後應有招收賊火，分明諭以朝廷德意。若已受招安，放散之後，復有結集作過，即遣發大兵，不以遠近討捕，焚蕩廬舍，籍没家産，更不招安。」

十九日，詔：「令江西帥司摘那一項軍馬二千人以來，常在袁州駐劄，緩急捉殺盜賊。」從知袁州趙士峻之請也。

二十六日，詔：「李通元係路進下以次首領，其路進等係已受招安再行作過之人，元在司空山劄寨，侵擾舒、蘄二州。因知舒州武赳死〔一〕，路進、李通聚衆攻破舒州，殘害不少。後來雖受都督府招安，令往和州駐劄，又遷延累月，不下山寨，前後反覆，放兵劫掠作過不已。今來止是因起發間被火内殺併，即不見得的實事因，難以追贈，令都督府照會施行。」時以江淮荆浙都督府言李通係忠義，率其衆來歸，不幸爲其徒所殺，乞行褒贈，故有是命。

三月四日，宰執進呈招捕虔州盜賊事。上曰：「此雖盜賊，本吾赤子，必13不得已而後殺之，況爲將者自不可多殺。」是月二十二日，又詔：「虔民嘯衆，皆吾赤子，雖曾作過，尚務寬貸。仰江西帥、憲及本州告諭，限二十日自新，一切罪犯特與赦免。如違，即令虔州見屯軍馬依已降指揮前去收捕。」

五月五日，不理選限登仕郎劉清臣言：「權南劍州劍（蒲）〔浦〕縣丞，親獲兇惡彊盜張仁等七人，依法合補承信郎，仍與指射差遣，爲乞就文資。」特旨補上州文學。先是，有權會稽尉、石州助教阮商霖捕彊盜韓珍等七人，合補進武副尉，乞就文資，特旨補下州文學。清臣因用是例陳乞也。

七月九日，樞密院〔言〕：「昨差統領官申世景福州駐劄，其本路盜賊已見寧息外，有廣東一路（頻）〔瀕〕海去處，理宜措置。」詔令樞密院選差統官兵一員，帶（令）〔領〕官兵三千人并家小前去廣州駐劄，彈壓盜賊，權聽本路帥臣節制。

十五日，淮南東路提刑司言：「盜賊作過，其間多有脅從之人，若一例捕殺，深恐枉害平民。緣本路實係邊面，緩急賊發，申乞招收，亦恐後時，欲望給降招安旗牓。」詔給降

〔一〕武赳：《建炎要録》卷五一作「武糾」。又按武赳（糾）實未死，至紹興二十八年乃死，見《建炎要録》卷一七九等。此蓋傳聞之誤。

三副。

二十一日，江南西路安撫大使趙鼎言：「虔州管下賊火不一，今來岳飛雖已破蕩巢穴，竊慮大兵起離之後，復行嘯聚，合要一項軍馬彈壓措置。除已牒岳飛量留軍馬五千人權就虔州駐劄，自餘軍馬發往吉州歇泊，量帶親兵并劉僅人馬赴行在。」從之。

二十七日，詔：「神武中軍統制楊沂中招捕魔賊繆羅等[14]了畢，可除沂中遥郡承宣使，其餘人第一等各轉兩官，第二等各轉一官，第三等減三年磨勘。」是年五月，羅等於嚴、衢州作過，差沂中前去招捉。其後沂中言：「前後生擒到賊徒，根問得元是十頭項。除繆羅已就嚴州招安外，所有見擒捉到王倉等九十六人，辨認並是正賊，就元犯處一面號令處置，脅從之人（於）〔放〕令歸業訖。續搜捉到羅家屬妻男等九人，未敢施行。」詔並送永州羈管。至是，樞密院言合行推恩故也。

十月八日，左通直郎唐恕言：「江湖之上彊盜虜劫舟船，間有舉船盡遭屠戮，蹤跡滅絶，官司無由得知。蓋緣刑部久例有獲賊盜不知被主姓名，無人照對，則不該推恩。捕盜官司既知無激勸之方，又欲逃捕限之責，爲盜者窺知此意，往往殺人，唯恐噍類之不盡。乞下有司，若彊盜案據分明，已經論決，雖無被主照對，其捕盜官司特與依獲盜之法推賞。」吏部看詳：「欲將賊人行劫到財物，無被主照證，不曾經結斷，依刑部定例，不許收使酬奬外，有彊盜傷人、或不曾傷人贓滿各罪至死，如曾經提刑司詳覆或朝廷定奪，所斷刑名允當，及徒流罪雖不曾經提刑司詳覆，如欵内所招情犯明白，已經論決，欲並許依條推賞。」從之。

二十五日，進呈廣西盜賊事。上諭宰執曰：「凡擒捕盜賊〔一〕，多緣賊首未殄，遽已奏功，兵退又復聚衆爲寇。兼監司、州縣不能卹民，侵刻所至，故散而爲盜賊，盜賊發[15]又不時奏〔二〕，故使滋蔓。可嚴戒約之，令之以實聞，且令江西帥司移虔州所屯兵南戍。」

四年正月五日，詔：「應羣盜發去處，如差去官兵掩捕，即會合本地分并鄰界巡尉官兵把截。若走透入別州縣或別路界分，其元差官兵及本地分巡尉官兵並不以路分遠近追襲，須管勦除盡静，方得回軍。如違，仰逐路安撫、提刑具統兵、巡尉職位、姓名申樞密院，取旨重作行遣。」

六日，刑部言：「臨安府城内犯彊盜之人，緣有紹興二年三月四日已降指揮，並依開封府條法斷罪。其本府城内知欲爲彊盜之情，而藏匿、過致、資給，令得爲盜、令得隱避者，即未有許依開封府條法指揮。若有似此犯人，亦乞引用開封府條法。餘非犯彊盜者，即知情藏匿、過致、資給之人，自不合一例引用開封府條法。」從之。

四月六日，詔左從政郎、南劍州劍浦縣令陳份改左宣

〔一〕凡：原作「允」，據《中興小紀》卷一五改。
〔二〕不：原作「有」，據《中興小紀》卷一五改。

教郎，更減二年磨勘。以捕彊盜吳大有等二十六〔日〕〔人〕，準令同火又及一倍推恩賞也。是年十月二日，建州（杜）〔社〕首丁德高補進武校尉，更減三年磨勘。五年五月十四日，忠訓郎、廣州新會縣崖門山巡檢尚惟寅轉敦武郎，更減二年磨勘。皆捕獲同火外又及一倍該賞。

二十九日，詔：「諸色人能引接賊人出首赴州縣者，準獲級理賞。每刺面三名、老幼婦女七名，準一級。其出首歸業人，聽指射閑（甲）〔田〕耕種，並免稅役差科二年。」從知泉州程昌禹之請也。

五月 16 二十五日，詔：「左從事郎、樞密院編脩官田如鼇殺獲南安軍兇賊宋破壇等，可依軍功捕盜法與轉一官，南安軍通判魏彦杞減三年磨勘。」初，紹興元年六月，吳忠結集宋破壇、劉洞天數千人，燒劫（高）〔南〕安軍管下南康、上猶縣，殺害兵民，侵犯軍城。時如鼇乃土人，江西提刑司差權南康縣丞，并委彦杞說諭掩捕，至是殺獲推賞。

二十七日，臣僚言：「鄉村被盜，巡尉遣弓兵根捕，類皆捶縛四鄰，乞覓搔擾，正賊未嘗獲。欲申嚴法禁，杜絕前弊。」刑寺看詳：「因緝捕知非本犯之人，輒毆縛以取財物者，依詐稱官遣追捕毆縛人取財法，以不持杖彊盜論罪，止流三千里，流罪皆配千里。乞坐條行下。及違法之人，許人户於本路帥司越訴。」從之。

七月十三日，詔福建安撫司統制申世景、單德忠、逮道各轉一官〔一〕，其餘推恩有差。以世景等捉獲虔賊陳顒及收捕建昌軍石陂寨軍賊李寶等故也。

十五日，臣僚言，乞將《紹興敕》犯盜以錢定罪者，遞增其數。刑寺看詳：「在法，不止竊盜一事，其餘計錢定罪者，理合一體措置。今欲權宜將敕內應以錢定罪之法各與遞增五分斷罪，謂如犯竊盜三貫徒一年之類。候邊事寧息，物價平日依舊。」從之。

九月一日，詔：「諸州並給承信郎以上至成忠郎告各一道。如有告首作過之人，審驗詣實，書填補官訖，具已補因依申尚書省。其已補人，特添差本處指使。」從臣僚之請 17 也。

十二月二十七日，詔鄒崇補承信郎，仍差充江西安撫制置使司緝捕使喚。以捕獲吉州兇賊唐英推賞也。時永豐縣有賊唐小龍名英，前後殺知縣并臨江軍都監等九員。今招諭到首領鄒崇，逢賊拒戰，除殺死外，崇能生擒唐英等，故賞之。

五年二月十四日，詔：「湖廣、江西盜賊已遣大軍前去招捕外，緣初因州縣失於撫存，以致嘯聚，原其本心，實非（已得）〔得已〕。宜就委倉部郎官章傑前去〔二〕，因便措置撫諭。如有出首之人，但於所屬州縣將被虜老小給據放散，其首領令本路帥司權行收管，具名申樞密院，當議補官

〔一〕「逮」字疑誤，或是「逯」。
〔二〕章傑：原作「章外」，據《建炎要録》卷八五改。

施行。」

十八日，詔：「郴、虔、廣東羣寇復作過，自今降指揮到日，再限兩月，許令出首。內有材武之人願赴都督府使喚，令帥司照券津遣前來，當議不次任使。」

三月九日，詔：「諸盜發州縣，取索捕盜官印紙批書，而違限者杖一百；監司所至，不爲取索印紙點檢者，更減二等。」

十日，刑部言：「契勘犯罪之人，情狀既有輕重，則本罪刑名亦有等差。看詳結集徒黨及十人以上，欲爲彊盜，未行而被獲，或雖不及十人，若情犯如泰州王安等者，依法寺供到條例，比附結集徒黨立社法徒罪刺配，從者編管。其結集不及十人，欲爲彊盜，不曾指定劫某人家財物，又無嘯聚情意，并止欲（劍）〔劫〕某人家財物，而未行被獲，比之欲爲羣盜嘯聚作過者情犯頗輕，合從不應爲重斷。法寺以其情犯輕重議 18 刑。若結集人衆所謀重害之人，如王安等情犯，即合作（輕）〔情〕重法輕奏裁，其餘自合依條施行。」從之。

四月三日，詔程愿與轉一官。以湖南安撫司備申愿所陳，前任潭州醴陵縣事，與賊對敵，中傷不死，敵退賊衆故也。

八月二十四日，福建海賊朱聰等補保義郎，其次各補官有差。是年正月，聰等海內聚集船三十（余）〔餘〕隻，約二百餘人，入廣東諸縣殺人放火。後朝廷委福建、廣西帥司措置招捕，至是聰率衆來降。詔聰等所率徒衆萬數甚多，於是（將）〔特〕補保義郎，薛通、林廷彦各補承信郎，程逵、曾元、侯侻、張仲、吳猶、林日光、林舉、林元壽、吳德並補進武校尉。

六年八月九日，詔海賊鄭廣、鄭慶各補保義郎，以次〔等〕第推恩。廣、慶本皆良民，緣收捉鄭九在官，致懷疑貳，因而下海作過。朝廷遂給降告命，至是招安。

八年八月二十七日，詔：「招捕盜賊事，可委監察御史一員前去宣諭。」先是，上曰：「朕夜來思慮得江西盜賊未息，使平民不安，當就楊（浙）沂中軍中差撥一二千人前去勦除。又慮州縣不能存恤，致百姓失業，不得已而爲盜，及降黃牓曉示，使之改過歸業。如尚不悛，然後誅戮。」故有是命。

十二年二月二十日，臣僚言：「閩、廣去朝廷遠甚，捕盜之人多詐冒功賞，難以偏察。乞將詐冒告捕盜人依紹興六年八月二十日詐冒獲盜指揮斷罪外，仍許人告，將所詐授官資依條格與告獲詐冒（作）告捕人 19（抵）〔祇〕受。如不願轉官資，即支賞錢一千貫。」從之。

十三年五月十七日，吏、刑部看詳臣僚言：「今後獲到彊盜，已經結案，長貳聚録訖，刑名已定遇恩之人，許依賞格。如在縣未結，解到州未結案，長貳未聚録之人，即係刑名未定，更不推賞。其冒賞，除正犯人已有立定告賞外，如諸色人告捕人吏赦後折換彊盜公案，故入人罪，迎就賞格，與轉一資，錢二百貫充賞。」十六年八月二十七日〔一〕，詔：「今後捕獲彊盜，在州縣未經結案聚録遇恩之人，候案成依大辟法外，令長吏以下聚録取索文狀，方許斷遣。如捕獲人陳乞推賞，仰所屬次第覈實，保明聞奏，遵依紹興舊條備受，各依本法施行。餘依見行條法。」權刑部尚書周三畏請也。

七月九日，吏部言：「命官、諸色人親獲强盜功賞，依見行條法外，其廣南有緝告盜賊之賞，少得其實。今欲將緝告彊盜人酬賞，依格改作支賜。餘路亦合一體關防。如告獲羣盜，從來未有立定支賜格，欲下班祗應以下每一資依條支錢五十貫，進義校尉依下班祗應格支賜。」詔從之。以廣東運判范正同申請，吏部看詳，故有是命。

十五年六月二十三日，上謂輔臣曰：「可説諭殿前司，今後招捉到賊，分隸諸軍填（關）〔闕〕額，如此則盜賊銷矣。」

十七年六月二十三日，上謂輔臣曰：「弭盜賊當爲遠慮，若但招安補授，恐此輩以嘯聚爲得計，是啓其爲寇之心。今已招到，且依所乞。可劄 20 下諸路，日後不許招安。」二十八年三月二十四日〔二〕，進呈推賞平嚴州山峒草寇事，上曰：「朕嘗謂後世用官招安盜賊，將以弭之，適所以勸之也，不若以資寇之官賞捕盜之人，茲爲良策。」

二十三年二月十一日，詔欒虔州軍賊首黃明〔三〕、劉先、段忠，處斬，并斬以次首領鄧聰、李福、鍾榮、曾臯、劉勝、鄧貴於市。明等本虔州禁軍，初緣步軍司差官前來揀兵，有齊述者于諸營率斂財物，計屬免行揀發，及將彊壯軍兵以彈壓收捕盜賊爲名，差往諸縣，不令赴揀。因而結會倡亂，攻打州城，逼殺本州駐劄殿前司統制吳進并（按）〔安〕撫統領官馬晟，遂據城縱火，殺虜良民。及朝廷遣大兵收捕，又拒戰，殺害官軍。至是擒獲，付棘寺鞫實，遂抵於法。

二十四年八月十四日，詔（樂）〔欒〕衢州百姓俞八等七人，處斬，并斬項念等六人，絞蘇伯世等五人。初，俞八與佃主徐三不足，因集保户持杖劫奪穀米，不計數目，并擒捉徐三等同往祠神，燒香鳴鼓，結集徒伴至一千餘人，前去嚴州界虜劫財物，燒毀壽昌縣等處倉庫、居民屋宇，殺損平民，并拒抗官軍。既而捉獲，付棘寺鞫實，遂抵于法。

二十六年正月十一日，詔：「諸州縣有犯彊竊盜，須管督責巡尉嚴限收捕，不得抑令鄰保出備賞錢搔擾，仍將所通委實窩藏及寄贓等人，並令獄官開具申州，州委通判、縣委知縣親行審問詣實，方得勾追。如有虛妄，加本罪一等。若承勘官 21 司教令供通，人吏重行決配，勘官取旨黜責。防送人故縱，依條斷遣外，特行編配。」

七月二十五日，三省、樞密院言：「捕獲海洋劫盜，除所屬保奏推恩外，即未有海船每隻賞錢則例。今參酌，捕

〔一〕此處原稿分段另作一條，以致前後年月失序。今詳本條内容與上條爲同一事，本當是一條，不應分段，因改。
〔二〕「二十八年」以下原亦另作一條，今據内容與上文合爲一條。
〔三〕欒：原作「樂」，據《建炎要録》卷一六四改。

獲海船賊徒，每隻十人以上，欲支錢三百貫；二十人以上，欲支錢四百貫；三十人以上，欲支錢五百貫。」從之。

二十八年六月二十五日，詔：「福建路安撫司都巡檢、武功大夫張佐，水軍統領、武翼郎鄭慶巡，成忠郎李元，各轉兩官；忠訓郎李儀，從義郎李受，準備差遣、權水軍同統領、承節郎林元，各轉一官，減三年磨勘；廣東安撫司水軍統領、保義郎江渙，轉一官，減二年磨勘。」以佐等捕獲海賊劉臣興等推恩也。

三十年七月二十八日，詔興國軍免解進士吳堯獻特與補右迪功郎。以臣僚言本軍賊徒猖獗，堯獻糾率丁壯捍禦擒殺，闔境安堵，乞下帥司究實推賞，繼有是命。

三十一年六月二十三日，詔：「諸路州軍除正巡尉獲盜依舊法推賞外，有暫權巡尉及督捕并非捕盜官告捕獲盜之人，並依所得酬賞上減半推賞。其暫權巡尉之人，若任內有不獲盜，亦合依透漏榷貨，比正官減半責罰。謂如正官全不獲彊盜一火，罰俸一月，其時暫權官兩火罰俸一月之類。仍鏤板遍牒諸路監司、諸州軍遵守施行。」時以言者謂州縣假名權攝僞冒盜賞者衆，故有是命。

十月二十五日，詔：「近緣車駕進臨安府，遇 22 有兵級犯罪，若彊盜同火七人以上，或彊盜殺人及告捕人，并監司、州縣人吏有犯情理深重者，許令安撫司時暫依條酌情處斷。候事定日依舊。」已上《中興會要》。

孝宗紹興三十二年八月二十三日，已即位，未改元。中書門下省言：「勘會淮〔南〕東西、京西南路間有盜賊擾界上，乞敕逐路安撫司，如遇有盜，即遣兵掩捕，務在擒獲。」從之。

隆興元年三月七日，臣僚言：「近聞明州象山〔國〕及秀州華亭多有海賊剽略居民，宜詔沿海諸路帥臣、監司督責州縣及捕盜官量度事宜，設爲方略。或土豪大姓，使之幾察覘伺，密行迹捕；或喻以禍福，招爲平民。及於沿海控〔振〕〔扼〕之所增置水軍，擇所統轄，往來巡邏，州縣〔彊〕〔疆〕封連接，互相追捕，使無所止，則海上之盜庶乎少弭。」從之。

同日，臣僚言：「捕盜之要，在於賞功，若該賞者例被沮抑，則有功之人無以示勸。乞將沿海兵將、州縣捕盜官及土豪、弓級捕獲海盜者，監司、帥守以時保明聞奏，及其黨與能自殺并經官告獲者，皆依格給賞。庶幾信賞必罰，人知奮勵。」從之。

五月二十九日，參知政事、督視湖北京西路軍馬汪澈言：「近日全州軍士擅劫兵仗及傷守臣，掠奪公私財物，一路震恐。臣即於出戍選鋒軍內揀選百人，委武功大夫、步軍第一正將牛信將之，止以廣西取馬爲由，掩賊不備。已將首亂之人一夕俱擒，自餘軍民悉無驚擾。」

十一月十二日，臣僚言：「竊見二廣及泉、福州 23 多有海賊嘯聚，其始皆由居民停藏資給，日月既久，黨衆漸熾，遂爲海道之害。如福州山門、潮州沙尾、惠州澚落、廣州大奚山、高州硇州，皆是停賊之所。官兵未至，村民爲賊耳目者，往往前期告報，遂至出没不常，無從擒捕。乞行下沿海州縣，嚴行禁止，以五家互相爲保，不得停隱賊人及與賊船交易。一家有犯，五家均受其罪，所貴海道肅清，免官司追捕之勞。」從之。

二年二月十七日，容州言普寧縣百姓李雲等嘯聚，在藤州界縱火殺略居民。詔劄下廣西經略安撫、提刑、轉運司，疾速措置招捕。已而，廣西運判鄭安恭言：「李雲部(令)〔領〕千餘人，去容州二十餘里，即時差官兵拒敵，生擒賊首李雲等八名，餘黨潰散。」

二十四日，三省、樞密院言：「廣西兇賊王宣、鍾玉等結集徒衆，其初不滿二百人，後至千餘人，連破雷、藤二州。近據廣西轉運司申，已督諸將進兵與賊接戰，斬副賊首曾權，(主)〔生〕擒副首領謝權等。其王宣、鍾玉等已詣軍前自首，餘黨悉平。」

(二)〔三〕月二十七日[一]，德音：「容、雷、高、藤四州應緣近來盜賊，良民或被驅脅，因而隨從作過，本非得已。限德音到日，以前罪犯並一切不問，各令歸業。如曾被賊刺涅之人，令州縣勘驗詣實，給據放令逐便。」

十月二十七日，臣僚言：「臨安府比來盜賊猥衆，或白晝攘竊，或昏夜穿窬。輦轂之下，豈容若此？乞令臨安府嚴切收(補)〔捕〕，如擒獲賊人，於常法外嚴行處斷。所貴 24 寇竊屏迹，居民安堵。」從之。

十二月十日，臣僚言：「兩淮之民自虜騎入境，遷移渡江，散處浙西、江東諸郡。歷日既久，資糧罄竭。初則十百爲羣，斫伐居民林木以爲(新)〔薪〕蒸，已而畧奪商旅貨財。曹聚既衆，遂致居民之家間遭剽劫者。流民迫於饑寒，相扇爲盜，誠可矜憫。欲望申敕江東、浙西轉運、常平司廣行賑濟，務令實惠及民。仍委兩路提點刑獄巡歷所部，禁戢剽劫。如捕獲爲首兇惡人，與重加刑辟，庶幾恩威並行，姦盜自息。」從之。

乾道元年五月二十八日，臣僚言：「湖廣盜賊連年竊發，今聞郴寇李金等又復蕃作，至於鼓行而前，直擣縣邑，衆以萬計，器甲部伍粗備。緣郴州旁連二廣，外邇章貢，皆平時盜賊淵藪，若不早行勦除，非徒恐相唱和，而二廣諸郡城壘兵備率皆單寡，儻或深入于彼，竊恐爲患未已。乞於近地屯戍大軍遣發精鋭數千人，前往討捕，并敕二廣諸司糾集諸郡兵，據其走集之地，使賊不能越軼衝突，則其勢必窮蹙而易於撲滅矣。」從之。

七月十九日，知潭州、兼湖南安撫使劉珙言[二]：「郴賊李金等結集民衆，攻圍英、連等州，嘯聚萬數。已差本路安撫司統制官田資統率官兵前往討捕，近已獲捷。」詔劉珙將脅從及被虜人子細辨驗，出給公據，放令逐便，不得一例

[一] 三月：原作「二月」，據《宋史》卷三三《孝宗紀》一改。
[二] 劉珙：原作「劉洪」，據《宋史全文》卷二四下改。下同。

誅殺。八月二十七日，中書門下省言：「據湖南申，昨蒙朝廷差拱衛大夫、成州團練使、鄂州駐劄御前水軍統制楊 25 欽統率大軍討捕兇賊李金等，至今月四日，連破賊黨。初七日至莽山何家洞，生擒賊首李金，餘黨皆平。」詔劉珙同楊欽等具立功將士以聞。詳見「軍賞」門。

十月二十九日，臣僚言：「邇來淮北紅巾多過界剽劫，若不早行措置，深恐爲患滋熾。乞劄下鎮江、建康都統制司，戒約沿邊守把將官及都巡檢司，如官軍與賊拒敵，計所斬賊級立定賞格，或逐處居民自能殺賊者，亦依例推賞。」從之。

十一月二十八日，知楚州胡時言：「近有羣盜蕭榮自淮北過淮，劫掠淮陰縣，縱火焚燒官私屋舍，戕殺居民。尋遣所部巡尉統兵躬帥，并勸諭忠義人追捕，蕭榮及徒黨應時擒獲。」詔蕭榮并賊首並臠于市，其餘徒黨依軍法施行。

十二月三日，廣東提刑石敦義言：「近日李金雖已擒獲，餘黨尚繁，往往奔竄山峒，藏隱出沒，深慮異日復行結集。今措置，欲令詿誤脅從之人自首者，並押赴摧鋒軍充効用。其間老弱疾病不願從軍者，與給公據，放令歸業。」從之。

二十六日，三省、樞密院言：「光、濠、壽春流離之民，近方(案)〔安〕集，又爲盜賊搔擾，不安其居。聞(准)〔淮〕上盜賊類皆江左閩越之人，非遊手不逞，(别)〔即〕軍伍竄卒，誘集徒黨，肆爲剽竊。乞敕諸州守臣督責巡尉，嚴切警捕。」從之。

二年七月六日，臣僚言：「乞今後賊盜竊發，守令即時措置收捕。如出限不獲，除巡尉各坐罪外，其守令仰提刑司具職位、姓名按奏。」從之。

十八日，知揚州 26 周淙言：「照應淮東諸州軍山寨、水寨内多彊壯精習武藝之人，乞自今遇有賊盜竊發，其間有能擒捕者，除依格推賞外，更保明申朝廷優與推恩。」從之。

二十二日，知和州胡昉言：「近日多有亡命之徒至州界劫奪民旅財物，或乘舟大江，往來剽掠。乞自今捕獲劫盜，或殺死財主，或傷捕盜官，或殺捕盜公人，或嘗縱火虜掠，或州縣鎮寨船栰内行劫，或係累行劫盜，許從守臣一面酌情處斷。」詔今後捕獲前項盜賊，許直具奏聞。

四年五月十五日，臣僚言：「今歲諸道間有荒歉之所，饑民乘勢劫取富民廩穀，有司往往縱釋不問，深慮滋長不已。頃紹興間嚴陵小饑，民有率衆發人廩穀者，守臣蘇簡知不可長，梟其首謀四人，故雖年饑，而郡境帖然。使甲戌衢州之變守臣亦能出此，豈余七、余八敢聚衆生變哉！臣以謂不幸而遇歉歲，賑救不可不極其至，而禁亂亦不得不極其嚴。凡有劫取升斗以上者，皆以多寡爲罪輕重，庶幾銷患未形，民得安堵。比之養禍成變，始以兵討定，萬不侔矣。」從之。

二十八日，臣僚言：「聞沿江幽僻之所多有漁舟聚集，寅夜剽劫，潛伏江湖，莫能擒獲。乞行下諸路提刑司，督責州縣嚴加警捕。」從之。

八月七日，廣西提刑滕膺言：「兇賊謝實等嘯聚徒衆，侵犯高、藤、容三州，縱火殺略居民。即調發官兵前往收捕，已擒斬謝實并獲其黨謝達等六十二人，錮送静江府處斷，餘 27 黨皆平。」

五年十二月十日，知廣州吳南老言：「廣右封(彊)〔疆〕闊遠，連接江西、福建、湖南諸路，多有無賴惡少結爲黨與，私藏器刃，詐爲商旅，盡入二廣。豪右之家窩藏資給，使之恣行劫殺，或捕盜官有直姦貪刻剥之人，反受賊賂，容其出沒。欲望特降指揮，應廣南兵官、巡尉有御下有方、善於擒捕者，許經略司保明敷奏，優加褒擢；或庸懦老病、姦贓非法者，亦令案劾聞奏，重寘典憲。庶幾一路官吏職在捕盜者，有所懲勸。」從之。

六年十一月六日，大禮赦：「訪聞諸路州縣饑貧小民，或於鄉村山谷，或在海嘯聚，止因闕食，情實可矜。仰州縣出榜曉諭，候赦書到日，限一月於所在州軍自首，日前罪犯一切不問。委州軍長貳躬親審量，將少壯及勇敢之人就近發赴屯駐大軍，刺填軍兵。如諳會船水，發赴鄰近水軍，換老弱不堪披帶人，給據逐便。如限滿不(省)〔首〕，復罪如初。」

七年正月二十四日，權知臨安府韓彥古言：「近勘放管軍人伍興，自紹興三十年七月至乾道六年十二月前後爲盜，凡十三犯，累經斷遣，如徒杖、刺環，色色有之，仍前不悛，復出爲過。若止從杖罪斷配，毋以懲姦。緣本府係輦轂之下，即與其他帥府事體不同，欲乞就本府斟酌處斷。」從之。

二十八日，樞密院言：「近日州郡間有盜賊嘯聚，皆是竄卒及閭里姦惡無賴之人。乞令守臣及屯駐軍主兵官協力收捕，仍委監司覺察。稍有違戾，監 28 司、守臣、主兵官一等科罪。」從之。

二月六日，知南安軍吕大猷言：「盜賊敗獲，在法雖有告捕之賞，而今之官司多不以時支給。爲盜者入獄，均贓往往多指告事之人，遂致監索禁繫，反爲己累。欲望申詔郡邑，應告捕賞錢並以時支給，其盜賊已係贓滿，止據贓定罪，雖有(功)〔供〕通隱匿贓物之人，並免追理。(幾庶)〔庶幾〕告捕者爭相効命，姦盜不能存跡矣。」從之。

十四日〔一〕，册皇太子赦：「訪聞多有逃亡軍人并沿海州縣犯罪小民，畏避刑憲，因而嘯聚，在海作過。雖已降指揮，委帥、憲司督責捕盜官會合收捕，務要日近静盡。可自赦到日，立限一月，許經所在官司陳首，以前罪犯並與原免。或徒中能相擒捕，更與推賞。內軍人赴本軍收管，百

〔一〕十四日：《宋史》卷三四《孝宗紀》二：「二月癸丑，立子惇爲皇太子，大赦。」《兩朝綱目備要》卷一同。癸丑爲八日，與此異。

姓給據自便。限滿不首，即依已降指揮施行。」

三月四日，知臨安府韓彦古言：「近以鼠竊滋繁，措置擒捕，城中知名盜賊同日執獲者計一百四人，皆累經刺環斷罪〔一〕，跡狀明白。欲乞差官同驗來歷，分送江、鄂、韶州屯駐軍及饒州等處鑄錢監充役。所貴與邑肅清，民得奠枕。」詔依，差馬希言同具姓名，申尚書省。

五月五日，勑令所狀：「準送下吏部侍郎張津劄子：『在法，捕獲劫盜，須財主照證，方與推賞。若海道相遇，適然行劫，盜賊主名，何由而知？必（欽）〔欲〕被劫之家照證，方與推賞，則捕盜官司欲露尺寸，難矣。乞降指揮，自今海道捕獲盜賊，如已勘見情實，許一面推賞，所貴更加激勵。』
29 本所契勘，在法彊盜十次得財，如一傷人，當兩得財，並謂有財主照證者。或傷捕盜官，或手殺捕盜將校，或結集徒黨，並與兇惡。官司勘鞫，止憑被劫財主認贓理作次數。今若將海洋賊徒一槩斷罪，慮恐希賞之人因而計囑獄司，將賊人不及次數非理煅煉，輳爲數足，理作兇惡。不惟僥倖賞典，深慮刑獄冤濫。乞自獄司根勘，見得十次得財，内六次有財主照證，其餘次數雖無財主追究，亦聽入兇惡色目。餘依見行條法施行。」從之。

六月二十一日，廣東提刑姚孝資言〔二〕：「據成忠郎、水軍統制熊飛劄子：海道之險，爲賊淵藪，出入往來，居民被害。官兵追捕，例皆冒風濤、涉險阻，以身犯不測之淵。比之平陸，事體不同。欲乞重立賞格，自今如捕獲海寇，一舟之贓，官不拘籍，悉以充戰士〔賞〕。或有停贓、資給之家，令官司根究鋤治。庶幾士卒有爭奮之心，盜賊無支黨之助，肅清海道，將自此始。」從之。

十一月二十三日，知常德府劉邦翰言：「本府素爲茶寇出没之地。今歲湖南北旱傷，持杖劫掠者日多，欲望劄下鄂州都統司，差撥五百人赴府出戍，庶幾鎮壓寇盜，民得奠枕。」詔湖北安撫司勘量合差人數，於本路州軍係將、不係將禁軍内差撥。

九年六月十六日，知荆南府葉衡言〔三〕：「近日興國一帶多有劫盜，數百爲羣，劫掠舟船，往往皆係興販私茶之人及刺配逃軍。州縣雖有巡尉，力不能敵。乞自今令江、鄂
30 州、襄陽并逮屯駐水軍各差二百人〔四〕，於所管界内往來江中巡邏。仍令主帥擇將官一員部轄，率以四月下江，至九月水落歸軍，庶幾江湖數千里免有盜賊之虞。」從之。

已上《乾道會要》。

淳熙元年四月二十八日，刑部言：「近來所屬保奏捕獲兇惡彊盜遇赦後結録之人，其被賞者止是本州保奏到

〔一〕刺環：原作「刺還」，據《文獻通考》卷一六八改。

〔二〕姚孝資：原作「姚考資」，據雍正《福建通志》卷四八《楊方傳》改。按姚孝資，高、孝間歷官於二廣，見本書選舉三〇之二一、刑法三之八四及《嶺外代答》、《萬姓統譜》等書。

〔三〕南：原作「州」，據《宋史》卷三八四《葉衡傳》改。

〔四〕逮：疑誤。

部，提刑司不曾覈實保奏，致本部取會，動經歲月，無以杜絕詞訴。」敕令所看詳，欲於賞令注文内「提點刑獄司覈實」字下添「保奏」二字，從之。

二年六月十九日，詔：「茶賊於吉州永新縣界禾山等處藏匿，已令王珙、皇甫倜遣兵將搜捕。如能捕殺賊首之人，每人捕獲或殺賊首一名，特補進武校尉；二人，承信郎；三人，承節郎；四人，保義郎；五人，成忠郎。各添差一次。五人以上，取旨優異推恩。二人已上立功，即行分賞。」

八月六日，詔：「茶寇已立賞格，許人捕殺。其官兵、土豪、諸色人等，如能生擒及捕殺正賊首，第一名特與脩武郎，第二名從義郎，第三名秉義郎，各更支賞錢五千貫，添差陞等差遣一次。或徒中有殺併出參之人，與免罪外，亦依上件賞格補官，支賞、添差。其徒衆多是脅從，有能拔身出首之人，亦與免罪，依已降賞格施行。」

閏九月十四日，樞密院言：「茶寇已收捕。其湖南、江西、廣東安撫司、荊鄂都統司先具到陣亡并輕重傷人，理宜存恤推恩。」詔戰亡人依乾道二年收捕李金例推恩，其輕重傷人各給錢 31 有差。

二十八日，宰執進呈：「昨茶寇自湖北入湖南、江西，侵犯廣東，已措置勦除，理宜黜陟。」上曰：「辛棄疾捕寇有方，雖不無過當，然可謂有勞，宜優加旌賞。汪大猷身爲帥守，督捕玩寇，不可無罰。廣東提刑林光朝亦肯避事，躬督摧鋒軍以遏賊鋒，志甚可嘉。初謂其人物懦緩，臨事乃能如此，宜與進職。湖北提刑徐宅，盜發所部，措置乖方，宜加責罰。」於是詔江西提刑辛棄疾除祕閣修撰；廣東摧鋒軍統制路海、路（鈴）〔鈐〕黄進掩殺賊徒，不致侵犯，海落階官，除正任刺史，〔進〕特轉行遥郡團練使；林光朝特進職一等；江西提刑錢佃軍前督運錢糧不闕，除祕閣修撰；前湖北提刑徐宅追三官；前江西帥臣汪大猷落職，送南康軍居住。

十月二十七日，詔：「統制官解彦祥〔一〕、統領官梁嘉謀、張興嗣，收捕茶寇，調發乖謬。彦祥追三官，嘉謀、興嗣各追兩官，並勒停。」

四年四月十八日，詔：「武功大夫、榮州刺史林文特轉成州團練使，承節郎、充沿海制置司正將趙藎臣特轉成忠郎，承信郎、充沿海制置司正將董珍特轉保義郎，葛安、陸倪德特轉一資，傅興等一百十四人，令制置司特支犒設一次。」賞捕明州海盜之功也。

七月二十四日，詔：「捕盜之賞，正官在假而暫權者，獲盜止與循資；其捕劇賊及人數多者，即聽奏裁。本州及提刑司保奏盜賞，並須指定保明；不實者，守倅、監司一例坐罪。」先是，左司諫蕭燧言：「捕盜官 32 應各改官，往往

〔一〕祥：本書兵一九之二七、又二〇之三〇、刑法六之三九等作「詳」，然彭龜年《止堂集》卷一一《論解彦祥敗茶寇之功書》仍作「祥」。

湊足人數，遷就獄情，求合法意。乞止與循資。」既而吏部尚書韓元吉奏，謂輕重不均，則恐捕盜之賞驟廢，故有是命。

六年二月二十三日，興州統制吳挺言：「西和、成、鳳州沿邊一帶多有彊盜來往兩界作過。今説諭招到首領楊廣等九十八人，係少壯有膽氣膂力勇敢之人。乞依昨招收竇淵等例，將前件人隨高下置之軍中，所屬支破衣糧。」詔依所乞，自今如有似此作過人，令收捕，依法施行，不得依前援例招收。

四月二日，詔：「縣尉捕盜賞，有濫及平民以求滿數者，提刑司嚴切覺察。如有違戾，重作施行。日後或因詞訴考見冤濫，提刑司亦當議罪。」從臣僚之請也。

十三日，詔：「湖南賊徒陳峒等嘯聚作過，累降指揮，差發鄂州駐劄大軍前去會合將兵、弓兵等，措置掩捕。如徒中有欲立功自新出參及土豪、諸色人能捕殺賊首，依下項推恩。如係二人已上立功，即行分賞。每人捕獲或殺併賊首一名，特與補進武校尉；二人，補承信郎；三人，補承節郎；四人，補保義郎；五人，補成忠郎。各與添差一次。如(補)〔捕〕殺五人已上，取旨優異推恩。」尋委王佐前去專一節制軍馬，其鄂州大軍捕賊事宜，一就奏報。未幾，峒敗獲，於是湖南運判陳孺以應辦有勞(陳)〔除〕直祕閣，王佐除顯謨閣待制。其元遣發殿前司摧鋒軍正將劉安，準備將羅宗旦，訓練官巫遷、張德、謝先及其餘將兵，推恩有差。

二十七日，詔：「捕盜如33弓兵、保(五)〔伍〕果獲正賊，雖有他過，若因犯人供通弓兵某人曾奪去錢物若干，保伍某人曾受錢物若干，並不許追(沼)〔治〕。」

十一月十一日，江西運副錢佃言：「在法，窩藏彊盜，籍没家財充捕盜賞。然亦有初不知情，止是以屋地税賃，使之耕作，或有所犯，州縣從而坐其窩藏之罪。乞自今除逃軍自不合存留，别有正法外，自餘賊盜元非作過經斷配人，所居或與主家隔遠，初不知情，止坐以不覺察之罪，不得籍没家財。」從之。

七年二月十三日，廣西提刑徐詡言：「昨降指揮，諸路州縣自今如有盜賊竊發稍甚去處，仰本路提刑即時躬親起發前去，措置收捕。竊見一路兵權盡在帥司，惟土兵、弓手隸提刑司，其去本司遠者二千餘里，近者亦是五六百里，若倉卒起離，本司必須徒手而出，何濟於事？乞撥本路見管摧鋒軍一百七十人及其他將下或効用等兵，(揍)〔湊〕成五百人，隸提刑司，庶得朝夕閲習，及其未甚猖(蹶)〔獗〕，便可掩捕。」從之。

七年三月十八日，詔：「自今承直郎以下捕盜合得轉一官，與改次等合入官，每歲以八員爲額。若合得減三年磨勘，與循一資，餘一年磨勘候改官畢日收使。其乾道賞令内承直郎以下捕盜改官條令，敕令所依此删脩。」

八年閏三月十三日，新知建康府范成大言：「海道荒(沓)〔沓〕，界分不明，時有寇攘，並無任責。臣昨將明州管下諸寨各考古來海界，繪成圖本，及根括沿海船户，34以五家爲甲，如一船有犯，同保併科，亦已攢寫成册，並藏在制司。如遇獲到海賊，即檢照犯人船甲根株究治。乞行下制置司，令于所隸州縣一體施行。」從之。

九年四月四日，詔：「自今盗發所臨，其帥守不能先事彈壓，仰三省、樞密院具名將上，先議責罰。如平定有勞，却行推賞。」

十一年十一月二十七日，福建路安撫、提刑司奏討捕汀賊姜大老等立功官屬、將佐軍兵。詔趙汝愚、延璽各特轉一官，趙希曾轉一官，餘人各轉官、受賞有差。

十二年二月三日，進呈知平江府(兵)〔丘〕崈言：「停藏海賊王鬶郎等二十七户住屋盡行拆毁，仍將妻屬出界，不令並海縣分居住。」上曰：「今後停藏劫盗人除斷罪外，並令拆毁住屋，移徙家屬。」

四日，廣西經略安(府)〔撫〕司言：「瓊州樂會縣管下白砂洞首黎人王邦佐等聚集黎人五百餘賊作過，及與地爛陳洁讎殺，保義郎陳升之部領兵効前去撫諭，各得寧静，及捕獲殺人軍賊林知福等。乞特賜推賞。」上曰：「黎人聚集作過，萬一撫諭不定，必須獲罪，可與減三年磨勘以旌賞之。」

三月十六日，樞密院言：「浙東勘，餘姚、上虞縣劫賊王鬶郎等，係許浦、定海、平江、秀州等處官兵次第捕獲。」詔各令所屬將實有勞効之人逐一保奏，不得汎濫。候到，從樞密院參照元案，如無異同，取旨等第推賞。於是浙東提刑(兵崇)〔丘崈〕除直龍圖閣，趙師夔轉一官，餘各以次轉官資。

十二月四35日，詔承節郎、延祥寨正將鄭華特轉兩官資。以福建路安撫使趙汝愚言：「華深入大洋與賊接戰，生擒賊首蔡八等四十二人，奪到被虜三十人。華有捕賊活人之功，乞賜酬賞。」故有是命。

二十六日，詔：「守闕進勇副尉、惠州海豐縣駐劄官陳章贈承節郎；男興祖特補進武校尉，差充訓練官，仍賜錢五百貫。巡檢張亨祖、縣尉洪鑄各降兩官資，放罷。」以廣東路經畧安撫潘畤等言〔一〕：「海豐縣兇賊行劫，陳章將帶駐劄官兵與賊接戰，殺傷死亡三十餘人。緣章所帶兵太少，身被重傷身亡。其張亨祖、洪鑄不發弓兵會合討賊，妄稱守護倉庫，端坐廨舍，乞賜降黜。陳章以少擊衆，體被重傷，殁於王事，有男興祖，材武出衆，頗有父風，乞優與推賞。」故有是命。

十三年八月二十三日，詔：「興州都統吴挺，肅清姦(究)〔宄〕，銷患未形，可令學士院降詔奬諭。」以樞密院言挺管下諸州累年招收彊盗數多故也。

九月二十八日，廣西安撫司言：「莫記因越獄逃入化外，犯邊作過，守臣王侃密作措置，選委効用劉大明，親書批字，先以誠意諭令蠻酋，不動聲色，生擒莫記，得正典刑。

〔一〕潘畤：原作「潘時」，據《會稽續志》卷五、雍正《廣東通志》卷三九改。

乞優加旌賞，使之再任。所有王侃一時選差擒獲莫記往來宣力之人，効用劉大明，進勇副尉、權經略司準備將領、思立寨駐劄陳端，乞賜甄録。」詔王侃特轉一(員)〔資〕，減三年磨勘，候今任滿日令再任；劉大明特補進義副尉，陳端與轉三資。

十四 36 年十二月十四日，知黎州姚艮特轉一官，餘以次推賞。以四川制置司奏姚艮等躬親前去體究蕃賊侵犯安静舊寨，與賊鬬敵，殺退蕃賊，守寨無虞，委是勞効，故有是命。

十五年二月二十三日，樞密院言：「昨汀州寧化縣管下有賊人上官黄三等，與三溪寨兵鬬敵，殺死官兵作過。上官黄三被首領(揚)〔楊〕斌捉獲，次賊首夏陳師被首領李朝卿殺獲首級。」奉旨，楊斌特補進義校尉，李朝卿補進義副尉。汀州續申楊斌生擒賊首，委有奇功，乞不拘常制優異推恩。詔楊斌特補承信郎。既而右諫議大夫謝諤又言，乞加一官以酬其勞，詔特與更轉一官。

八月十一日，知廣州朱安國言：「海寇陳青軍結集徒黨，在海虜掠商旅，上岸剽劫居民。正猖(蹶)〔獗〕間，差李實部轄兵効擒獲到陳青軍等一十六名，付獄禁勘。捐一階級，旌此(獄)〔役〕勞，以爲軍士之勸。」詔朱安國進職二等，李實補承信郎。

淳熙十六年二月二十七日，詔汀州寧化縣首領楊光祖特補進義副尉，明溪寨管營副指揮使湯旺與轉一資。以擒獲兇賊〔上〕官黄三等，本州申奏乞與推賞，故有是命。（以上《永樂大典》卷二二四九〇）

【宋會要】

37 (紹興)〔紹熙〕元年四月四日[一]，臣僚言：「嶺南地廣人稀，每歲冬月盜賊尤劇，商旅不敢行於道。臣嘗熟詢其故，蓋由江西、湖南之游手，每至冬間，相率入(領)〔嶺〕，名曰經紀，皆設爲旅裝，出没村落，嘯聚險隘，伺便剽掠。又諸州過犯人配遠惡州軍者，往往皆刺於廣南。此其所以多盜也。廣南兵卒寡弱，所恃以禦盜者，常藉首領。蓋廣南之俗，隨方隅爲團，團有首領，凡遇警，則合諸團以把截界分。所謂首領者，能因其俗而激用之，誠除盜之一助也。乞令有司重立賞格，爲嶺南專法。若首領能保護鄉井，歲久無虞，前後捕盜委有勞績者，令州縣保奏，補以名目。或兇悍徒黨稍盛，累捕不獲者，能追捕之，亦許保奏，庶幾知所激勸，爭相效力。應諸州有刺配過犯人於廣南者，當擇其彊壯，分配屯駐軍中，無使兇徒駢聚炎荒，以滋多患。」從之。

[一] 紹熙：原作「紹興」。天頭原批：「此卷與前卷數相接，『紹興』恐『紹熙』之誤。」按，下文「二年五月四日」條言「知潭州趙善俊」，而《宋史》卷三九三《林大中傳》正有「紹熙二年知潭州趙善俊」之記載。又其後「三年八月十七日」條末注云：「以上《光宗會要》。」光宗朝只有「紹熙」一年號。凡此皆證明「紹興」乃「紹熙」之誤，因改。

十月三日，詔知西和州（揚）〔楊〕緯特減三年磨勘。本州威遠鎮賊徒蔡淵等作過，緯差委得人，即將淵等全火擒捕。本路帥臣言其功，故有是命。

二年五月四日，知潭州趙善俊言：「盜賊之發，往往熾而難治者，患在州縣不即聞於所屬，而養成其患也。夫監司帥兵去所部州縣動數百里，盜發數百里外，晝時以告，尚恐不及，況匿而不聞者乎！臣除已措置印給軍期格目，38立定時刻，行下所屬州縣，今後遇有盜賊竊發去處，仰所屬一面先次火急收捕。仍於所給格目晝時刻專差人星夜飛申，以憑措置施行。如將來點檢得所申稽違一時一刻，致失機事，（訴）〔許〕臣將守令申奏，乞重賜黜責。」又言：「州縣盜發，不即申諸司，或慮諸司差到官兵收捕必須應副錢糧，以故遲延，養成後患。除已行下逐州，遇申到事宜，即從本司斟量緩急措置。如合差撥官兵，並從本司與漕臣取撥錢糧應副，纖毫不擾州縣。」又言：「尋常州縣官吏有一種邀功生事之人，遇有盜賊竊發，故意遲延，縱令猖獗，覬平定後策勳推賞。此尤當禁戢。」從之。

八月二十九日，宰執進呈趙充夫以汀州盜發自劾。上曰：「趙充夫首先捕獲賊徒，與轉一官。如兵將官、總官等，當與次第推賞。」

十月二日，詔：「諸路州縣應彊盜并殺人賊未獲者，其所立賞錢，先須契勘犯人有無居止及有無藏匿之家，即不得先於被盜被殺處（材）〔村〕保均備。如獲正賊後，見得犯人委無居止及藏匿之家，即依條令被盜被殺處（材）〔村〕保出備。」

三年八月十七日，從事郎、溫州永嘉縣尉俞厚與改次等合入官。以捕獲彊盜林崇等酬賞故也。以上《光宗會要》。

慶元元年十月二十六日，湖南諸司申：「紹（興）〔熙〕五年猺賊蒲來矢等作過，邵陽、新化兩縣巡檢龐福、邵陽縣東尉李國良、西尉喬滋、邵州都監薛章、邵州黃安洞首領白身廖才興各係追趕鬬敵立功39之人，統轄官田昇係招撫立功之人。」詔龐福、田昇各特與減二年磨勘，李國良、喬滋、薛章各特與減一年磨勘，廖才興令湖南安撫司更特與犒設一次。

三年五月六日，臣僚言：「今之盜賊所以滋多者，其巢穴有二：一曰販賣私鹽之公行，二曰坑冶爐户之恣橫。二者不能禁制，則盜賊終不可彌。乞於産鹽去處，嚴行禁戢，毋令透漏。如弓兵受贓縱容，一併根究，重行決配。諸路坑冶户管下夫匠，州委通判、縣委縣丞，各令五家結爲一甲，互相覺察，如有違犯，爐户及結甲人同罪。仍於置爐去處揭立板榜，備坐指揮曉示，令本處巡尉逐月巡歷，守倅常切覺察。如有違戾，令提刑司按劾。」從之。

七月十二日，臣僚言：「向來陳侗、李金、賴文政、姜大老之徒，始者官司不即掩捕，竟成大盜，所過殘滅。乞行下逐路帥、憲諸司并州府軍縣，令後凡有不逞之徒，仰所屬官司徑申上司照會，即時起發弓兵，務在必獲，特與從條推賞。若因循怠慢，以致賊黨熾盛，亦不以輕典宥之。其或乘間投隙，邀功生事者，監司、郡守嚴行禁戢。」從之。

十二月二十五日，詔：「新(雝)〔邕〕州左江提舉林壎，特除名勒停，送筠州拘管，永不放還。日下差人管押前去，仍令筠州月具存在申三省、樞密院。商榮、商佑、商佐候經略司保明到日取旨推賞。」以提舉廣東常平茶鹽公事陳宏規奏：「大奚山賊包藏禍心，蓋非一日。壎向在水軍，曾任統領，40與大奚山人素來通同。故賊(目)〔自〕竊發之初，便聲言須是林左江來乃受撫諭。及壎到彼，教賊索戰，亦曾對衆自言高登等曾到其家，意欲誇人，以賊(索)〔素〕相親信，而不知其姦計自露。此寇所以敢如是猖獗，實緣内有所恃。若非錢之望調(登)〔發〕有方，商榮與其子率衆兵血戰，廣州亦岌岌乎殆哉！乞將林壎重寘典憲，以泄百姓之怨；將商榮父子優加旌賞，以〔慰〕一路之心。」故有是命。

五年五月二十四日，臣僚言：「今之州郡軍政廢弛，教閱具文，武備弗言，何以止盜！且郡守安於苟簡，一切委於下吏。縣尉職主捕寇，患在權輕，不能禁暴於未然。令長雖共其事，不任其責。乞將守令批書，嚴立盜賊殿最之法，必能嚴(飾)〔飭〕武備，繕脩鎧衣，補足兵額。而縣道所管土軍、弓手之屬，亦須留意招填，以時教閱。與其責巡尉捕盜於已發之後，孰若責守令止盜於未然之前？」從之。

六年三月二十七日，宰執進呈聶有乞減捕盜賞劄子，京鏜等奏：「其議(以)〔似〕有理，亦難以一槩論。所在固有多盜處，要得縣尉用心警捕，祖宗之法未易輕改。」上曰：「豈可例行鐫削？」

二十八日，右正言、兼侍講程松言：「乞嚴敕州縣之吏，毋得以禁卒、弓手、寨兵充給他役，專一教閱，申嚴保伍之法，遇有盜賊，更相救赴。諸州配隸之人，其間有犯彊盜情重者，悉令於土牢收管。」從之。

六月二十四日，詔：「令浙東安撫、提刑司將收捕係破面傷中弓兵三十五人41審驗詣實，每名各特支犒設錢一十五貫，於紹興府係省錢内支，目下當官給散。内有捕賊被傷殘廢篤疾之人，依舊支破請給，以終其身。或願以本名下長成子弟承填者聽，日下係籍收管，支破合得請給，仍仰逐一開具聞奏。其軍寨子弟委的曾隨父兄出力收捕，更行契勘人數、姓名，申樞密院。」

九月十一日，詔：「朝奉郎、知(雝)〔邕〕州王宗孟與轉一官。其未獲賊，仰本州嚴行根捉，須管日下敗獲。」以廣西經略安撫司奏：「化外安南國門州牒：繳到權俅縣黃宗德(壯)〔狀〕，被(雝)〔邕〕州永平寨管下石西州溪峒百姓楊六芝等劫去牛馬。又，安南諒州正副使阮承節等，被禄州賊首黎爾釋等破蕩村舍，劫掠人口，取去家資，見在界首。本司體訪得交趾人使擁數千人在境上，事體非輕，已即時行下(雝)〔邕〕州安撫、都監司，催促永平寨同巡檢、寨官措置彈壓，仍究實前項事迹，就行追捕賊徒赴官，根出元劫去交趾物色牛馬等，發還交(跡)〔趾〕受領，及將所獲賊徒根究情犯，從條施行。遂委權通判（睢）〔邕〕州蔣來叟前去左江永平寨，從長措置，斟酌事宜，將溪峒賊人所劫去交趾牛馬等件，日下根出交還。如有虜到人，仍令先次發還。續據永平寨官修武郎時方中等申，（管）〔安〕南阮承節等肯從説諭，退回本處，其交趾一行人各已退回諒州去訖。（睢）〔邕〕州都巡檢顔世興説諭出楊六芝所虜交趾婦人阿甲、阿劉、五娘三人，見在溪峒思【42】明州，聽候發還交趾。權永平都巡檢柳宗彦擒獲到正賊楊六芝、馮大檄二名，已關報交趾前來承領阿甲等回歸。本司照得交趾係安南國，地里闊遠，朝廷封以王爵，非其他小小夷獠之比。今因石西州溪峒人作過，劫奪交趾牛馬等物件，又虜婦（三人）〔人三〕名，並係安南國近上戚屬，以致交趾遣使二員，仍以數千人至境上，事體非輕。今來知（睢）〔邕〕州王宗孟分遣官吏，授以方略，開諭禍福，以致交趾一行人盡回本國。繼又督責官兵管捉獲石西州賊人楊六芝、馮大檄等，又根出賊人所虜交趾婦人，還歸本國。一時之變，並已銷彌，委是區處合宜，顯有勞効。」故有是命。

嘉泰元年三月十八日，詔：「令沿江諸軍主帥責委巡江將官、兵效，今後用心巡邏。或賊徒經由本界分作過，他處敗獲，勘出元透漏日分，即仰主師將當月將官、兵効具申樞密院，等第重行責罰。」

六月十八日，詔：「沿江都統司申明透漏縱容之禁，使之上下接連，相與伺察。每江只有賊船去處，日下會合擒捕。用命者許爲保奏，優加恩賞。其透漏去處，仍與議罪，務在必行。」以臣僚言大江自京口至池陽，去冬以來，有私鹽賊船出没作過，若不及早區處，必爲後患，故有是命。

九月十二日，臣僚言：「今日盜賊之多，在于士大夫不知以殺止殺，專尚姑息。每遇獲盜，便即減落情節，務從輕典，彼安得痛自懲艾？乞自今遇獲彊盜，無得姑息。核實【43】情犯，盡法必行，懲一勸百，使盜賊之風日（彌）〔弭〕。」從之。

四年正月十八日，臣僚言：「詞訴之間，備見海寇行劫者非一。蓋緣瀕海豪户利在窩贓，巡尉、水軍與爲表裏，洎其敗獲，獄吏又陰與爲市，多方全護者，海道何由肅清？乞嚴敕提刑、安撫司及沿海水軍統帥，自今各須督勵所部，明示賞罰，務要盜賊息絶，海道肅清。其獲到賊徒，亦須窮情根勘，毋縱吏姦，鋤去根株囊橐之弊。若或仍前曠弛，被劫人有詞訴到臺，擇其甚者，將憲帥、統兵官具名彈奏，取旨責罰。」從之。

二十八日，廣西諸司言：「瓊州西浮峒吴四弟等聚集劫掠，兵馬鈐轄耿明等捕獲立功。」詔耿明特轉一官，部將宋執中等推賞有差。

五月十二日，右正言、兼侍講楊炳言：「自今獲彊盜改合入官，比類優與循資。若欠一名或兩名，乞與理爲全火。或只及其半，與減半推賞。或有餘剩人數，與增累推賞，願留將來改官後收使者聽。如此，則不至以平人足數而濫賞，亦不絶其希賞求進而縱盜，於人情、法意皆兩全也。欲令吏、刑部、大理寺官公共看詳，果得允當，乞從(之)指揮日爲始。」詔令吏、刑部、大理寺看詳聞奏。既而，吏部侍郎湯碩、刑部侍郎周祕等言：「看詳賊賞，或以持(仗)〔杖〕竊盜，私情計囑獄司改爲彊盜，教令賊徒案首以出其罪，則是所得刑名即與本犯持(仗)〔杖〕竊盜無異。引用前條備受，各依本法，以全縣尉改官。今措置，自今後承勘彊盜44內有盜官案首之人，不許改官，止許比類循資。在法，獲別火彊盜，每四人比當同火一名，獲兇惡彊盜二名比當同火一名理賞。往往縣尉獲同火彊盜，雖及七八人而未成全火，即將續獲別火累輳，從賞格轉官。今看詳，今後不許用別火輳數，止據獲到同火人數，不許改官，止減磨勘，比類循資。如此，則輳數之弊、獄司受囑之弊，十可減其七八。臣僚所請，已爲允當，乞遍牒施行。」從之。

開(僖)〔禧〕二年六月五日，江西提刑、兼權贛州鍾將之言：「方今規恢遠圖，尅復(彊)〔疆〕宇，州郡屯駐之兵既已調發，城池守禦之備未免闊疎。平日盜賊往來之衝，豈無潛竊陰伺之患。惟有土豪可以術用，使之自保鄉閭。考之條格，諸色人能捕彊盜者七人補校尉，十人補承信；捕兇惡彊盜者五人補校尉，七人補承信。自此以上，則賞典所不該載矣。今欲于見行條格之外，若有能捕獲彊盜兩倍其數者，與升一階一級；若更能爲剪除者，仍更與差遣一次。」從之。

八月二十一日，臣僚言：「乞申飭監司、郡守，嚴督所部巡尉下謹擇隅官，分委正長，團結(申)〔甲〕户，俾鄉井有相保之義，盜賊絶窺伺之心。或奉行鹵莽，即仰監司、郡守將巡尉重者按劾，輕者批上印紙，仍具申吏部照條施行。其隅官、保正并本甲長，並從所屬追斷。」從之。

嘉定二年八月二日，内殿進呈江西帥司已捕獲曾口賊首李伯珫等人，就本司處斷。雷孝友等奏：「政45緣去年黑風峒賊徒例皆招安，雖作過之後，復得官爵，犒給，因此又復作過。今來江西、湖南賊作，焚毁巢穴，剿除净盡。」上曰：「招安本非美事，高宗聖語具載，不可不知。」

九月十六日，湖南安撫司言：「曾口賊徒李伯珫等嘯聚作過，督捕親兵忠義統領許國率兵剿除，一方清肅。」詔許國特轉兩官。

三年三月十四日，詔：「彈壓劉禹特補承信郎，土豪鄧鼎、典押鄧鏗、弓手鄧拱、彈壓曹舟，並特補進義校尉。」以廣東安撫司言禹等捕獲韶州九峰峒賊徒黃福等，故有是命。

五月十八日，監察御史鄭昭先言：「比年海道之寇時或出没，商賈被害。水軍寨兵、弓級不即殄滅，或養寇以自豐，或玩寇而不捕，陰受其賂，反與交通。乞戒敕沿海州郡嚴督將官、巡尉，如遇海寇竊發，以時剿除，毋致滋蔓。其有尚仍舊習，仰監司、郡守按劾以聞。」

九月二十七日，廣西安撫司言：「宜州管下安化蠻酋蒙文謂等結集諸蠻，出犯省地。督捕官劉涇等收捕，逆賊出降。」詔劉涇等六員，各與(捕)〔補〕轉兩官資；出等奇功，各與補轉兩官資；第一等立功，各與轉一官資；第二等、第三等立功，優支犒設一次。

二十八日，詔雄邊軍權統轄張黯特轉兩官。以傜賊劫掠邊民，黯深入傜峒，捕獲賊首侯明等，慰安殘傷，委立勞效，故有是命。

十一月八日，詔：「鎮江都統、兼權淮東安撫畢再遇特轉六官，仍特賜金帶、束帶各一條；統制陳世雄、蔣世顯、馮楙各特轉四官，仍各特賜金 46 帶一條；宋顯等一十四名各特轉三官；正副將曹輝等七名各特轉兩官；統領李進四十五名各特補轉一官資；主管機宜文字劉燧、書寫機宜文字畢衍各特轉兩官，仍與陞擢差遣一次；節制淮東軍馬司準備差遣丁潛夫特補承節郎；知興化縣徐景特轉一官，與陞擢差遣一次；知寶應縣張叔敖特轉兩官，與陞擢差遣一次；興化縣尉周大川特循兩資；巡檢盧之才、監莊趙涓、沿淮巡檢陳子衛各特轉一官資。」以捕獲彊盜胡海等勞效，故有是命。

四年十月二十三日，詔忠義人胡友睦特補脩武郎、(閣)〔閤〕門祗候。以友睦捕獲賊徒羅孟二，從江西帥司請也。

十一月五日，樞密院言：「江州副都統制劉元鼎昨統兵往贛州、南安招捕賊徒，委有勞効，合議旌賞。」詔劉元鼎特與帶行遙郡刺史，仍特賜金帶、束帶各一條。

八日，江西安撫司言：「池州副都統制許俊剿獲賊首李元勵、羅孟二等，委有勞效。」詔許俊特與轉武功大夫，仍賜金帶、束帶各一條。

同日，湖南安撫司言：「鄂州統制官雍政深入賊巢〔一〕，捕獲賊首李孟一并其餘徒黨，委有勞效。」詔雍政特與轉五官，仍賜金帶一條。

五年四月二十五日，詔：「前湖南轉運司主管帳司趙旹夫轉一官；準備差遣趙汝緝、邵州推官王堅、郴州司法李文子、檢法官邵繼元、贛縣丞陳桙、贛縣主簿楊洽、前昭信軍節度使推官梁鎮各循一資，仍與減常員舉 47 主一員；幹辦公事檀涣、郴州郴縣令邢必學各循一資；參議官林叔度、機宜文字陳元勳、贛州通判尚振英各減二年磨勘。內礙止法人，許依條回授。」以湖南諸司言各收捕李孟一、(按)〔招安〕鍾安誠等之功故也。

八月二十九日，詔：「統領官郭榮、許國各特轉三官；統制官孫鐸、統領馬旺、權統領李義各特轉兩官資；統制曹顯權、權撫幹張志寧各特轉一官；正將康世英轉一(次)〔資〕。餘各遷轉、犒賞有差。」以湖南諸司言各收捕李孟一，招安鍾安誠等之功故也。

十年八月二十七日，臣僚言：「近聞天台饑甿結集惡

〔一〕政：原作「正」，據下文改。按雍政亦見曹彥約《昌谷集》卷一二、魏了翁《鶴山集》卷八九。

少，以借糧爲名，恐喝彊取財者相繼，交鬭互敵，殺傷甚多。若衢、婺、饒、信，亦寖漸有此。今不早爲之所，將恐其黨愈增，其兇愈熾。乞頒告諸路監司、郡守，督促巡尉日下收捕，務令息絶。渠魁寘之典憲，脅從許之自新，復安生業。」從之。

十一年三月十六日，知慶元軍府、兼沿海制置司公事韓元禮言：「温、台、明、越四郡海道遼闊，盜賊出没不常。州縣各顧其私，不相統一，出彼入此，無由捕獲。于是專立沿海制置一司以統之，假以刺舉之權，故能使沿海州縣勠力一心，不敢私自縱容，盜賊無所隱庇。近歲玩習爲常，盜發某州某縣地分，本司就委推勘，率是淹延，不與結絶。或盜賊供通，合行取會，本司行移，邈然無報。乞行下沿海州縣，同心一體，以奉王事，不得仍前違慢。自後遇本司行下推勘盜賊，其有48淹延不早結絶及行移不即報應者，容具奏施行。」從之。

七月七日，詔：「知通州林介特與轉一官；兵馬監押賴嘉言、進武校尉陳源、録事參軍胡慶祖各特與轉一官資；隅官張邦權、許桂各特與補一資。」以淮東安撫司言介等廣設方略，發蹤指授，招收海洋賊首倪珍等受降旌賞，故有是命。

十一月二十一日，詔知台州喻珪特轉一官。以督責巡尉出海捕獲賊首王子清等旌賞故也。

十三年十月三日，知循州牛斗南言：「循陽風俗亦頗淳朴，而獨苦于剽盜，皆出于章貢販鹺之徒。蓋江西之鹽仰給於通、泰，地邈而價穹；由惠州私販以往，地近而價廉。乃姦猾失業之民、逃亡配隸之卒，急于射利，法禁難施。贛與循爲鄰（壞）〔壤〕，私販往來，十百爲（郡）〔羣〕，取道境内，吏不敢呵。小失其意，則弛（檐）〔擔〕剽掠，已而遁入於贛，雖欲收捕而不可得。乞明詔（唐）〔廣〕東、江西兩路憲司，合爲一體，各嚴責州縣之吏。若盜發而不能捕，與夫伏藏境内而不爲捕，皆坐以不職之咎，則姦民無所容而盜賊彌矣。」從之。

十四年二月九日，詔：「朝奉郎、四川茶馬鄒孟卿，四川宣撫司參議官張已之，各特轉兩官。」以樞密院言各收捕叛賊張福、莫簡等之功故也。

八月十五日，倉部郎中趙師懿言：「乞行下沿海州縣，訓飭所部弓兵，編排所屬保甲，應界分之内遇有寇盜未發而結黨，既散而跧伏，責保甲之必緝，嚴弓兵之必捕。勢若可捕，則協49力以圖；力所不加，則密告于上。他時論功，皆推重賞。若弓兵違限不獲，官吏同罪；保甲容情不首，保内同科。或其他官司追緝，有一二名敗露者，即就研窮徒黨著落，盡與追捕。究見某處弓兵、某處保甲平日爲之隱庇，爲之道地，則本處失覺察官吏、頭目等人，皆重寘典憲。」從之。

九月十日，明堂赦文：「應命官合得捕盜賞，或因臣僚論奏繳駁，小節不圓，一時阻滯，未曾放行。除非贓私罪犯之人，可令吏部契勘，具申尚書省，特與斟酌放行一次。」

十五年正月九日，臣僚言：「今日警捕有官，執獲有賞，縱緩有罰，而沿海之寇猶多冒禁，劫掠商旅，多致殺傷。上司督捕之令雖嚴，而有司擒捕之效未覩。大抵邑尉倅於成賞，不繫心〔一〕，制領養逸，不屑躬勞，偏裨權輕，莫能令下。至於弓手、寨兵，倚盜爲利，巡捕所至，鄰里騷然，瀕海細民，反以爲害。盜不爲止，職此之由。乞行下制司，嚴（詰）〔緝〕盜之禁，重緩縱之罪，仍痛戢寨兵，出巡毋得騷擾。如或有此，（彼）〔被〕害之人徑赴制司陳訴，官吏而下，重寘典憲。併就沿海出榜禁戢。」從之。

十二月九日，詔沿海制置章良朋特與轉一官。以樞密院言近者海盜不戢，良朋能究心措置，擒獲賊徒二百六十五名，並已酌情行遣，海道由是肅清，故有是詔。

十七日，詔新除廣東運判張從之特轉一官。以湖南諸司言：「去歲本路郴州桂陽縣管下有鍾志一等聚衆作過，前知郴州張從之 50 遣桂陽簿蕭允恭、桂陽令周思誠調發隅官何惟炎，排日督捕，賊急就擒，廣東、江西、湖南三路遂得寧静。餘官已乞等第推賞外，從之實有指縱之功，宜優與旌賞。」故有是命。（以上《永樂大典》卷二二四九一）

〔一〕不繫心：按文意、句式，「不」下似脱一字。